Forschungen zum Römischen Recht

Herausgegeben von
Rolf Knütel und Ulrich Manthe

60. Abhandlung

böhlau

Christine Lehne-Gstreinthaler

Iurisperiti et oratores

Eine Studie zu den römischen Juristen der Republik

BÖHLAU VERLAG WIEN KÖLN WEIMAR

Gedruckt mit freundlicher Unterstützung durch
das Vizerektorat für Forschung der Universität Innsbruck
und der Österreichischen Forschungsgemeinschaft.

Zugleich Dissertation 2012 an der Universität Innsbruck
mit dem Titel „Sententiae et opiniones. Eine Untersuchung
zur römischen Rechtswissenschaft der Republik"

Gefördert von

Bibliografische Information der Deutschen Nationalbibliothek:
Die Deutsche Nationalbibliothek verzeichnet diese Publikation in der
Deutschen Nationalbibliografie; detaillierte bibliografische Daten
sind im Internet über http://dnb.de abrufbar.

Satz und Layout: büro mn, Bielefeld
Druck und Bindung: Hubert & Co. BuchPartner, Göttingen
Printed in the EU

Vandenhoeck & Ruprecht Verlage | www.vandenhoeck-ruprecht-verlage.com

ISBN 978-3-412-50899-9

Inhalt

Danksagungen

Dieses Buch wäre ohne die Hilfe Vieler nicht möglich geworden. Zu diesen zählen auf beruflicher Seite die damaligen Begutachter meiner Dissertation, Prof. Dr. Artur Völkl und Prof. DDr. Martin Schennach, die Angehörigen des Instituts für Römisches Recht und Rechtsgeschichte (Prof. Dr. Martin Pennitz, em. Prof. Dr. Fritz Raber, Mag. Mathias Rollinger, Mag. Dr. Gerhard Schedler, Mag. Dr. Rainer Silbernagl und Mag. Ines Raffler) und Prof. DDr. Johannes Michael Rainer, die mir alle mit Rat und Tat zur Seite gestanden sind und mich auf jede nur erdenkliche Weise unterstützt haben. Ein besonderer Dank gilt auch Prof. Dr. Rolf Knütel und Prof. Dr. Ulrich Manthe, die sich das Manuskript aufmerksam durchgelesen haben und die Aufnahme in die Reihe „Forschungen zum Römischen Recht" befürwortet haben.

Doch der größte berufliche Erfolg wäre ohne privates Glück belanglos: Daher möchte ich mich im Speziellen bei meiner Familie bedanken: Meinen Eltern möchte ich besonders dafür danken, dass sie in mir schon früh die Liebe zum Wissen gefördert haben und mich bei meiner Laufbahn stets unterstützt haben, meinen Geschwistern bin ich für die unzähligen ertragreichen Gespräche, die Aufmunterung und das Verständnis verbunden und nicht zuletzt gilt ein besonderer Dank meinem Ehemann Tom und unseren Söhnen Felix, Jakob und Leonhard, ohne die mein Leben wesentlich leerer wäre.

Einleitung

Die vorliegende Monographie entstand aus meiner 2012 eingereichten Dissertation „*Sententiae et opiniones*. Eine Untersuchung zum römischen Rechtswissenschaft der Republik", und weist eine etwas längere Entstehungsgeschichte auf. Ziel der Dissertation war es ursprünglich, die Rolle der Juristen im Prozessrecht neu zu erforschen und zu diesem Zweck alle vorhandenen *responsa* der römischen Juristen der Republik auf ihre prozessrechtliche Relevanz zu untersuchen.[1] Dabei kam ich jedoch relativ rasch zur Erkenntnis, dass trotz des wichtigen Werks von Kunkel[2] und der wegweisenden Arbeiten von Liebs[3] und Behrends[4] noch viel Forschungsbedarf zu dieser oft wenig beachteten Epoche der römischen Rechtswissenschaft besteht.[5]

Dies betrifft etwa die soziale Stellung und die Aufgabenbereiche dieser Juristen: Während in der Vergangenheit erstere oft zu Unrecht auf das Stichwort „Honoratiorenjurisprudenz" reduziert[6] und letzteren, abgesehen vom

---

1 Dieser ursprünglich dritte Teil der Dissertation wurde 2014 in der Savigny-Zeitschrift für Rechtsgeschichte veröffentlicht und findet daher im Rahmen dieser Monographie keine Berücksichtigung.

2 Die römischen Juristen. Herkunft und soziale Stellung. Unveränderter Nachdruck der 2. Auflage von 1967, 2001.

3 Z. B. Liebs, Rechtsschulen und Rechtsunterricht im Prinzipat, ANRW II 15 (1976) 197–286; Liebs, Rechtskunde im römischen Kaiserreich. Festschrift Mayer-Maly, 383–407; Liebs, Die Juristensippe der Marci Junii Bruti, Festschrift Schlechtriem, 107–117; Liebs, Der ungeliebte Jurist in der römischen Welt, SZ 123 (2006) 1–18.

4 Behrends, Der assessor zur Zeit der klassischen Rechtswissenschaft, SZ 86 (1969) 192–226; Behrends, Tiberius Gracchus und die Juristen seiner Zeit, Symposion Wieacker, 25–121; Behrends, Der Kommentar in der römischen Rechtsliteratur, in: Assmann/Gladigow (Hrsg.), Text und Kommentar, 421–462.

5 Teilweise widmet sich diesem Bereich auch das Projekt „Scriptores Iuris Romani", dessen erster Band, Ferrary/Schiavone/Stolfi (Hrsg.), Q. Mucius Scaevola, 2018, zum Zeitpunkt der Drucklegung leider nicht mehr berücksichtigt werden konnte.

6 Die Tradition dieser Argumentationslinie führt von Mommsen über Schulz (Schulz, Geschichte der römischen Rechtswissenschaft, 26, 70) zu Kaser (Kaser, Zur Methode der römischen Rechtsfindung, 57) und hat dementsprechend auch Eingang in zahlreiche Hand-

„Kerngeschäft" des Respondierens wenig Aufmerksamkeit geschenkt wurde, so hat sich in den letzten Jahrzehnten, bedingt durch eine bessere Quellenlage und Fortschritte in der Forschung, diese Sicht doch stark geändert und es zeigte sich immer mehr, dass das Respondieren zwar eine wichtige, aber bei weitem nicht immer die Hauptbeschäftigung der römischen Juristen war.

Zum anderen ist die römische Republik nicht nur politisch, sondern auch wissenschaftlich eine Übergangszeit, in der sich die Rechtswissenschaft und ihre wissenschaftliche Behandlung maßgeblich veränderten. Freilich kann man darüber streiten, ob die „Rechtswissenschaft" der Republik diesen Namen auch verdient, war doch für viele Juristen dieser Zeit die juristische Beschäftigung eine reine Nebentätigkeit und die Ausbildung und Professionalisierung keineswegs mit unserer Zeit vergleichbar.[7]

Dennoch ist die Bezeichnung auch für diese Epoche angemessen. Einerseits wäre die Verwendung von Bezeichnungen wie *iuris peritia* oder *iuris prudentia*, wie sie die römischen Autoren der Republik verwendeten, der Lesbarkeit nicht unbedingt zuträglich, andererseits sind Bezeichnungen wie „Rechtskunde" o. ä. ebenfalls nicht treffend, da sie das z. T. sehr hohe Niveau und den Einfluss, den die republikanischen Juristen auf die nachfolgenden Generationen hatten, nicht ausreichend würdigen.

Bedingt durch die vergleichsweise „unprofessionelle" Ausbildung[8] ist auch unser heutiger Begriff „Jurist" nicht unbedingt im Verhältnis eins zu eins auf diese Epoche übertragbar. Für die Monographie wurde daher mit einer sehr quellennahen Begrifflichkeit gearbeitet: Als Jurist soll innerhalb der folgenden Abhandlung jeder Römer betrachtet werden, der von anderen als *iuris consultus*, *iuris peritus* o. Ä. bezeichnet wurde, dem juristische Kenntnisse zugeschrieben wurden oder von dem *responsa* erhalten sind. Ferner sollen in diesem Werk auch jene Persönlichkeiten der römischen Republik berücksichtigt werden, bei denen aufgrund ihrer Tätigkeit davon ausgegangen werden kann, dass sie solide juristische Kenntnisse hatten oder als juristische Berater tätig waren.

Dieses Buch beschränkt sich dabei nicht nur auf jene Juristen, die im Bereich des *ius civile* tätig waren, da eine solche Eingrenzung nicht dem Interesse der

---

und Lehrbücher gefunden, siehe etwa Wieacker, Römische Rechtsgeschichte I, 533; Rainer, Römisches Staatsrecht, 143; Honsell, Römisches Recht, 7.

7 Siehe dazu S. 367, 376 ff., 381 ff., 387 ff. Vgl. auch die Ausführungen von Schulz, Geschichte der römischen Rechtswissenschaft, 1: „Aber dieser enge Wissenschaftsbegriff (scil. der Rechtswissenschaft) führt gerade bei der römischen Rechtswissenschaft zu argen Verzeichnungen und erweist damit seine Unbrauchbarkeit für den Historiker."

8 Siehe dazu S. 381 ff.

Juristen der römischen Republik entsprach.[9] Gerade das *ius publicum* war in politischen Diskussionen von großer Relevanz, und Rechtsauskünfte zu diesem Problemkreis wurden sehr wohl als genuin juristische Äußerungen wahrgenommen. Neben ihrer Respondiertätigkeit bedienten sich die römischen Juristen der Republik auch in anderen Tätigkeitsbereichen ihrer Expertise, etwa beim Entwurf von Gesetzen, Senatsbeschlüssen, oder als Anwälte, Richter oder Mitglieder von *consilia*. Daher werden in dieser Monographie nicht nur die Rechtsauskünfte, die der jeweilige Jurist erteilt hat, geordnet nach Rechtsgebieten,[10] dargestellt, sondern es wird auch vertieft auf ihre sonstige juristische Tätigkeit eingegangen.

Durch diese beiden Punkte bietet dieses Buch eine bei weitem breitere und tiefere Darstellung der römischen republikanischen Rechtswissenschaft, als es in bisherigen Darstellungen der Fall war, in denen viele der in dieser Monographie genannten Persönlichkeiten nicht oder kaum behandelt wurden. Ziel dieser Arbeit ist es jedoch nicht nur, eine nach Epochen gegliederte Geschichte der Rechtswissenschaft der Republik zu bieten, in der die einzelnen Juristen mit ihren Rechtsauskünften vorgestellt werden, sondern die Monographie soll zugleich auch als Handbuch dienen, das die Suche nach Literatur zu den einzelnen Juristen und ihren jeweiligen *responsa* erleichtert, und das in dieser Form bis jetzt nicht existiert.

Im zweiten, allgemeiner gehaltenen Teil werden die im ersten Teil gewonnenen Erkenntnisse dazu benutzt, ein „Berufsbild" der Juristen der römischen Republik zu entwerfen, ihre Tätigkeitsfelder allgemein zu erläutern und die gesellschaftliche Stellung der Rechtswissenschaft innerhalb der römischen Gesellschaft näher zu untersuchen. In den Conclusiones werden die Hauptthesen dieser Arbeit noch einmal herausgestellt. Ein Personen- und Quellenindex schließen das Werk ab.

Den veränderten Charakter des Werks soll auch ein veränderter Titel widerspiegeln: Während sich die Dissertation eher auf die *sententiae et opiniones*, die *responsa* der römischen Juristen und ihre prozessrechtliche Stellung konzentrierte, stehen im Mittelpunkt der jetzigen Monographie die *iurisperiti et oratores*, die Juristen der Republik, die trotz des viel beschworenen Gegensatzes von Cicero, nicht nur entweder Juristen oder Redner, sondern oft beides zugleich

9 Vgl. KUNKEL, Die römischen Juristen. Herkunft und soziale Stellung, 5, während NÖRR, Pomponius, 506 hervorhebt, dass gerade die wichtigsten Juristen der späten Republik und frühen Kaiserzeit sich mit dem öffentlichen Recht beschäftigten.

10 Die Gliederung orientiert sich dabei im Großen und Ganzen an BREMER, Iurisprudentiae antehadrianei quae supersunt, 1896–1901, wenn mir die Zuweisungen unsicher oder unzutreffend erschienen, bin ich davon abgewichen.

waren und mit ihrem breiten Aufgabenspektrum vielleicht auch Vorbilder für heutige Juristen sein können: Denn für die römischen Juristen der Republik waren Recht und Rechtsfortbildung nicht nur eine „Privatangelegenheit“, sondern durch ihr Mitwirken an Gesetzesvorhaben, ihre *responsa* zum *ius sacrum* und *ius publicum* und ihre Beratung der politischen Führungspersönlichkeiten (die z.T selbst eine sehr beeindruckende juristische Ausbildung vorzuweisen hatten)[11] prägten sie auch die Politik ihrer Epoche.

11 Siehe dazu etwa S. 111 ff. oder S. 340 f

Teil I: Die Juristen der Römischen Republik

I.1. Die Frühzeit

I.1.1. Allgemeine Vorbemerkungen

In der Forschung wird der Ursprung der römischen Rechtswissenschaft fast durchgängig auf die Priesterkollegien und hier besonders auf die *pontifices* zurückgeführt.[12] Diese Tradition hat ihren Ursprung in Pomp. l. s. enchir. D. 1.2.2.6: *Omnium tamen harum et interpretandi scientia et actiones apud collegium pontificum erant, ex quibus constituebatur, quis quoquo anno praeesset privatis. Et fere populus annis prope centum hac consuetudine usus est.* (Doch für die Auslegung dieser Vorschriften und für die Klagen war das Kollegium der *pontifices* zuständig. Von ihnen wurde jährlich einer bestimmt, welcher der Bevölkerung in diesen Angelegenheiten vorstand. Und das Volk pflegte diese Praxis fast 100 Jahre.) Die Authentizität und der genaue Inhalt dieser Passage (wie auch des gesamten Fragments des *liber singularis enchiridii*) sind innerhalb der Forschung umstritten, wobei weitgehend die These akzeptiert ist, dass der Text zumindest in Teilen korrupt ist, und die fragliche Passage wird daher teilweise sehr unterschiedlich übersetzt[13] und interpretiert: So bleibt unklar, was die Zuständigkeit der *pontifices* bei Klagen war – waren sie als Magistrate und/

---

12 Siehe etwa Kunkel, Die römischen Juristen. Herkunft und soziale Stellung, 45; Bauman, Lawyers in Roman Republican Politics, 2; Wieacker, Römische Rechtsgeschichte I, 310–341; Talamanca, Elementi di diritto privato romano, 9, 13.

13 Mommsen/Krüger/Watson, The Digest of Justinian I, übersetzt etwa „In relation to all these statutes, however, knowledge of their authoritative interpretation and conduct of the actions at law belonged to the College of Priests, one of whom was appointed each year to preside over the private citizens. The people followed this practice for nearly a hundred years", während Behrends/Knütel/Kupisch/Seiler, Corpus Iuris Civilis. Text und Übersetzung II. Digesten 1–10, 97 f., die Stelle folgendermaßen wiedergibt: „Doch lag für alle diese Vorschriften sowohl die Auslegungszuständigkeit als auch die Formulierung der Klagen bei dem Priesterkollegium der Pontifices, aus dem alljährlich jemand bestimmt wurde, der für die Rechtsangelegenheiten der Bürger zuständig war. Und das Volk lebte ungefähr an die hundert Jahre nach dieser Gewohnheit."

oder Richter tätig oder „nur" für die Formulierung der Klagen zuständig – und auch der Inhalt des *praeesse privatis* ist nicht unbedingt sofort erschließbar: War der jeweilige *pontifex* exklusiv für die Beratung der Bevölkerung zuständig oder beschreibt Pomponius den Vorsitz bei Gerichtsprozessen?

Dementsprechend variieren die Meinungen zum Inhalt stark. Große Skepsis bringt etwa Tellegen-Couperus der Auffassung entgegen, die Richter hätten das Verfahren geleitet – die sich aus dem Text ergeben kann, aber nicht muss –, und glaubt an ein Engagement der Magistrate schon in der Frühphase des Legisaktionenverfahrens,[14] während Wieacker[15] dem Fragment im Großen und Ganzen Glauben schenkt, aber dabei z.B die Passage *quis quoquo anno praeesset privatis* bewusst unübersetzt lässt.[16] Watson gibt diese Passage in seiner Übersetzung der Digesten ziemlich wörtlich wieder, scheint darunter aber die juristische Beratung zu verstehen.[17] Von großem Einfluss war auch die Meinung Schulz', der den *pontifices* die Schaffung mehrerer Institute des Erb-, Familien-, Obligationen- und Sachenrechts zuschreibt, für die jedoch zum großen Teil Belege fehlen.[18] Wie im entsprechenden Kapitel zu den *pontifices* genauer ausgeführt werden wird,[19] gibt es jedoch mehrere Gründe, den Ursprung der Rechtswissenschaft nicht beim Kollegium der *pontifices* zu verorten.

Dennoch ist es aus mehreren Gründen wichtig, sich ausführlicher mit den römischen Priesterkollegien zu beschäftigen. Zum einen war das Sakralrecht nicht nur in der Republik, sondern auch im Prinzipat eine enorm wichtige Materie, die besonders in politischen Debatten von Relevanz war. Das *ius sacrum*[20]

---

14 Tellegen-Couperus, A Short History of Roman Law, 159 f. Ähnlich äußert sich auch Kaser/Hackl, Das römische Zivilprozessrecht, 32.

15 Wieacker, Römische Rechtsgeschichte I, 310–315.

16 Wieacker, Römische Rechtsgeschichte I, 314. Siehe auch *ibidem*, FN 19: „Der unklare Text zeigt Pomponius' fehlende eigene Anschauung."

17 Watson, The State, Law and Religion, 2.

18 Schulz, Geschichte der römischen Rechtswissenschaft, 23 f. Die entsprechende Passage (D. 1.2.2.6) wird von Schulz als juristische Beratung interpretiert (Schulz, *ibidem*), zugleich erachtet er aber die Delegierung an eines der Mitglieder als „unglaubwürdig".

19 Siehe S. 34 ff.

20 Zu beachten ist hier allerdings, dass der terminus *ius sacrum*, der in der lateinischen Literatur sehr selten verwendet wurde (Johnson, The Pontifical Law of the Roman Republic, 89 zählt drei Zeugnisse – Quint. inst. 2.4.33; Sen. Oed. 875 f.; Auson. Griph. tern. num. 61 f.) in seiner Bedeutung nicht deckungsgleich mit dem von der romanistischen Literatur verwendeten Terminus *ius sacrum* ist. Bei zwei von diesen drei Stellen wird *ius sacrum* als Teil des *ius triplex* (*ius sacrum*, *ius publicum*, *ius privatum*) verwendet. Johnson weist auch zu Recht darauf hin, dass die von Kaser (Das altrömische *ius*, 78) zitierten Stellen zum *ius sacrum* diesen Terminus gar nicht enthalten. Der von der Romanistik verwendete Terminus ist in seiner Bedeutung hingegen eher mit dem Terminus *ius sacrorum* vergleichbar (Johnson, The Pontifical Law of the Roman Republic, 90).

bildete einen integralen Bestandteil der römischen Rechtsordnung; dies zeigt sich an der häufigen Verbindung von *ius sacrum* und *ius publicum*[21] und wird auch von Ulpian bei seiner Zweiteilung des *ius*-Begriffs[22] berücksichtigt. Besonders gilt das für das Auguralrecht, mit dem sich in der Republik zahlreiche Autoren beschäftigten und dem daher ein eigenes Kapitel gewidmet ist.[23] Aber auch die *pontifices*, *fetiales* und *decemviri* hatten juristisch relevante Aufgaben und prägten mit ihren Entscheidungen die römische Innen- und Außenpolitik.

Zum anderen waren sehr viele Juristen Mitglieder dieser Kollegien und die Arbeit, die sie darin verrichteten, beeinflusste auch ihre juristischen Werke. Und schließlich erteilten die Priester im Rahmen ihrer jeweiligen Tätigkeit Rechtsauskünfte zum Sakralrecht, weshalb sich aufgrund der Rolle des Respondierens als Kerntätigkeit des römischen Fachjuristen[24] eine enge Verbindung mit der Geschichte der römischen Rechtswissenschaft ergibt.[25]

Die seltene Verwendung des Terminus' als solchen – was auch angesichts der oft wenig ausgebildeten Terminologie der römischen Juristen nicht ungewöhnlich ist – soll aber nicht darüber hinwegtäuschen, dass das Sakralrecht im privaten wie auch im öffentlichen Bereich relevant war. Hinweise darauf finden sich etwa bei der Rekonstruktion des Edikts unter den Titeln *de religiosis et sumptibus funerum* und *de interdictis* (Lenel, Das edictum perpetuum, 226–231, 456–459) oder bei den in den FIRA, besonders unter dem Titel *negotia* wiedergegebenen Dokumenten mit religionsrechtlichen Bezügen (Bruns, Fontes iuris romani antiqui, 283–288, 300–302, 377–386, 388–394, 398). Dass ist besonders deshalb bemerkenswert, als sich aufgrund der durch das Christentum bedingten Tilgung dieser Materie kaum Spuren im Corpus Iuris Civilis finden lassen.

21 Siehe etwa Ulp. 5 ad ed. D. 2.4.2, Ulp. 67 ad ed. D. 43.1.1 pr. und Paul. 63 ad ed. D. 43.1.2.1. Eine Verbindung zwischen *ius sacrum* und *ius publicum* zeigt sich auch beim Provokationsrecht gegen eine koerzitive Mult des *pontifex maximus* an die Tributskomitien (dazu Bleicken, Kollisionen zwischen *sacrum* und *publicum*, Hermes 85 (1957) 457) oder beim Verzicht auf die Eidesleistung der Vestalinnen und des *flamen Dialis* (Gell. 10.15.31). Zum Vergleich Ulp. 2 reg. D. 1.1.10.2 mit Fest. s. v. *ordo sacerdotum* (ed. Lindsay, p. 198–200) siehe D'Ippolito, Giuristi e sapienti in Roma arcaica, 91 und Watson, The State, Law and Religion, 29. Vgl. auch Ulp. 1 inst. D. 1.1.1.1. Vgl. aber Schulz, Geschichte der römischen Rechtswissenschaft, 36–38; Wieacker, Römische Rechtsgeschichte I, 310.

22 Ulp. 1 inst. D. 1.1.1.2.

23 S. 309 ff.

24 Liebs, Römische Rechtsgutachten und „Responsorum libri", 83. Siehe auch Cels. 9 dig. D. 1.3.24 *In civile est nisi tota lege perspecta una aliqua particula eius proposita iudicare vel respondere.*

25 Siehe Schanz/Hosius (Bearb.), Geschichte der römischen Literatur bis zum Gesetzgebungswerk des Kaisers Justinian I, 36 f.; Schulz, Geschichte der römischen Rechtswissenschaft, 6–43, bes. 19–21, hier befindet sich auch eine Liste der Gutachten der republikanischen Zeit, die von Priesterkollegien stammen; Gordon, Art. pontifex, DNP 10 (2001) Sp. 135–138; Wieacker, Altrömische Priesterjurisprudenz, FG Kaser, 354 f. und Wieacker, Römische Rechtsgeschichte I, 310–340.

Um allerdings die schon in der Frühzeit[26] stark säkulare Prägung des von Priestern entwickelten Rechts zu erklären, sind einige Vorbemerkungen zum Verständnis des römischen Religions- und *ius*-Begriffs nötig: Behrends versteht, gestützt auf die Forschungen Orestanos[27], *ius* als harmonisches Verhalten zu den Göttern und damit als Gegensatz zu *religio* iSv Frevel.[28] Er tritt damit in einen Gegensatz zu Kaser, der *ius* im Kontext des privaten Rechtsstreits als Erlaubnis für gerichtliche Handlungen sah („Selbsthilfetheorie"),[29] einen Standpunkt, den Kaser allerdings später modifizierte, indem er sich der von Santoro, Orestano u. a. vertretenen Meinung annäherte.[30] Von wie großer Bedeutung dieser *ius*-Begriff für die römische Rechtswissenschaft war, zeigt sich an der Abschlussklausel der republikanischen Gesetze: *si quid ius non esset rogarier, eius ea lege nihil rogatum.*[31] Somit hätte sich die Respondiertätigkeit der Priesterkollegien zunächst darauf beschränkt, ob ein Verhalten mit der religiösen Verehrung konform (*ius*) war bzw. wie ein nicht konformes Verhalten „geheilt" werden könne,[32] um die *pax deorum* wiederherzustellen.[33]

Die römische Religion war – im Gegensatz zur griechischen oder germanischen – eine stark auf den Kult ausgerichtete, auf den ersten Blick fast steril anmutende Religion. Um das Verhältnis zu den Göttern positiv zu beeinflussen, war es wichtig, die rituellen Handlungen korrekt auszuführen; der persönliche Glaube des Einzelnen spielte dabei eine eher untergeordnete Rolle.[34] Gerade diese Förmlichkeit der römischen Religion war infolge der Zuweisung der

26 Zum fast vollständigen Fehlen von religiösen Vorschriften in den 12-Tafel-Gesetzen siehe Watson, The State, Law and Religion, 16–19.

27 Orestano, Dal ius al fas, BIDR 46 (1939) 194–273.

28 Behrends, Ius und Ius civile, Sympotica Wieacker, 11–58; vgl. auch Hägerström, Der römische Obligationsbegriff, 555 f. und Wieacker, Römische Rechtsgeschichte I, 269. Zur *religio* als objektiver Richtwert im Prozess, der v. a. die Berücksichtigung des Staatsinteresses durch die Richter determinierte, siehe Hartung, Religio und Sapientia Iudicum, Hermes 102 (1974) 556–566.

29 Kaser, Das altrömische ius. Ähnlich auch Wieacker, Römische Rechtsgeschichte I, 269–288, der als ursprüngliche Bedeutung von *ius* die „Zulässigkeit eines Zugriffs auf Personen und Sachen" ansieht, aber aufgrund des von ihm angenommenen Übergriffs des *ius*-Begriffs auf den kultischen Bereich („Kontamination" von *ius* und *fas*) im Endergebnis zu einem ähnlichen Resultat wie Behrends kommt.

30 Kaser, Römisches Privatrecht I, 24–26.

31 Cic. Caecin. 95; Prob. 3.13 (ed. Keil 4.272); Cic. Balb. 14. Siehe Kaser, Das altrömische ius, 32.

32 Sinngemäß Behrends, Ius und Ius civile, Sympotica Wieacker, 18 f.

33 Dabei handelt es sich in erster Linie um Akte der *expiatio*. Siehe dazu die Auflistung in Voci, Diritto sacro romano in roma archaica, SDHI 19 (1953) 52–67.

34 Siehe Mitchell, Patricians and Plebeians, 173 f. und Muth, Vom Wesen römischer religio, 290–354. Vgl. auch Pol. 6.56.6–12. Dazu Szemler, Religio, Priesthood and Magistracies, Numen 18.2. (1971) 126.

Rechtsfortbildung an die *pontifices* von entscheidender Bedeutung: Die starke Betonung der Form war kennzeichnend für viele Institutionen des frühen *ius civile*, wie der *stipulatio*, der *mancipatio* und den Legisaktionen.[35] Zwar haben diese Institute ihren Ursprung nicht in der Religion, aber gerade die ihnen eigene Förmlichkeit förderte die Anwendung von Regeln, die an sich zur Fortbildung kultischen Handelns gedacht waren.[36] Aufgrund der großen Bedeutung der tradierten Form waren die römischen Priester allerdings gezwungen, andere Wege zu finden, um eine sakrale Handlung bzw. später ein juristisches Institut auf neue Sachverhalte anzuwenden.[37]

Auf die Nähe zwischen Religion und Jurisprudenz[38] weist auch die folgende Definition der *auguralis scientia* von Cicero hin, die ebenso gut auf die republikanische Rechtswissenschaft zutreffen könnte. Nachdem Cicero die Weissagung in zwei *genera* einteilt, eine, die *ars* benötige – wozu Cicero auch die Auguraldisziplin rechnet –, und eine, die ohne diese auskomme, wie die Sprüche der erythreischen Sibylle, liefert er eine Definition der ersten Gattung: *Est enim ars in iis, qui novas res coniectura persequuntur, veteres observatione didicerunt.*[39] Linderski hat gezeigt, dass *conicere* sehr oft gleichbedeutend mit *interpretari* verwendet wurde.[40] *Interpretari* wiederum wird, besonders in juristischen Texten,

35 Zum „legalismo religioso" siehe Voci, Diritto sacro romano in roma archaica, SDHI 19 (1953) 67–92.

36 Wieacker, Altrömische Priesterjurisprudenz, FG Kaser, 352. Über die Gründe für die vergleichsweise frühe Trennung zwischen profanen und religiösen Normen Wieacker, Altrömische Priesterjurisprudenz, FG Kaser, 349–352. Siehe auch Wieacker, Römische Rechtsgeschichte I, 318–324.

37 Sehr kritisch dazu Cancelli, La giurisprudenza unica dei pontefici e Gneo Flavio, 34–40. Vgl. auch Wieacker, Römische Rechtsgeschichte I, 324–326.

38 Gerade auf diesem Gebiet zeigen sich die grundlegenden Differenzen hinsichtlich der Abgrenzung zwischen Recht und Religion:

Die strikte Trennung von Recht und Religion wurde besonders von der deutschen Wissenschaft unter den Schlagworten „Isolierung" und Säkularisierung" vertreten. Zu nennen sind etwa Mitteis, Römisches Privatrecht bis auf die Zeit Diokletians I, 26; Schulz, Prinzipien des römischen Rechts, 13–17; Kaser, Religione e diritto in Roma arcaica, Annali del Seminario Giuridico dell'Università di Catania 3 (1948/49) 77–98; Latte, Religiöse Begriffe im frührömischen Recht, SZ 67 (1950) 47–61; Gioffredi, Ius, Lex, Praetor, SDHI 13/14 (1947/48) 17–140; Humbert, Droit et religion dans la Rome antique, Melanges Wubbe, 181–206, modifiziert auch Wieacker, Römische Rechtsgeschichte I, 322 f., 503.

Die Gegenmeinung, die eine engere Verbindung von Recht und Religion propagiert, wurde hingegen v. a. von italienischen Forschern vertreten: Catalano, Per lo studio del ius divinum, Studi e Materiali di Storia delle Religioni 33 (1962) 129–153; Ders., La religione romana internamente, Studi e Materiali di Storia delle Religioni 62 (1996) 144–159; Orestano, Dal ius al fas BIDR 46 (1939) 194–273; Voci, Diritto sacro romano in roma archaica, SDHI 19 (1953) 38–103.

39 Cic. div. 1.34. Vgl. hierzu Manthe, Stilistische Gemeinsamkeiten, 70.

40 Linderski, The Augural Law, 2228. Siehe auch Pringsheim, Id quod actum est, SZ 78 (1961) 14.

häufig in der Bedeutung von „das Recht, die Gesetze auslegen" verwendet,[41] es wird aber auch vielfach zur Beschreibung der Aktivitäten der Priesterkollegien, besonders der Auguren und der *XVviri sacris faciundis*, benützt, wenn auch dort häufiger in der Form des Substantivs *interpres*.[42] Ähnlich gestaltete sich die Entwicklung des Rechts durch die römischen Juristen: Auf Basis der alten, überkommenen Normen passten sie das Recht in Form sehr weitgreifender Interpretationen an geänderte wirtschaftliche und soziale Bedingungen an.

I.1.2. Methodische Vorbemerkungen

Eine der großen Schwierigkeiten bei Forschungen über die römische Frühgeschichte stellt das Fehlen zeitlich naher Zeugnisse dar. Dies gilt besonders für juristische Quellen, da der juristische Gehalt der vorhandenen literarischen Quellen von Fall zu Fall zu beurteilen ist und über die Akkuratesse vieler antiker Autoren bis heute keine *communis opinio* herrscht.[43]

Nicht zu vernachlässigen ist dabei das Element der *oral tradition*, die die römische Geschichtsschreibung besonders beeinflusst hat:[44] Als *oral tradition* bezeichnet man Erzählkomplexe, die zunächst mündlich überliefert wurden und erst später schriftlich fixiert wurden. In Rom ist dieser Zeitpunkt in der Annalistik mit Q. Fabius Pictor anzusetzen. Die *oral tradition* muss v. a. deshalb berücksichtigt werden, weil die durch sie tradierten Erzählungen, die ursprünglich nicht einem festen Zeitpunkt zugeordnet waren, später an teilweise unterschiedliche Daten gekoppelt wurden; dieses Vorgehen erklärt die diversen Doppelungen in der römischen Geschichtsschreibung.[45] Daher ist es

41 VIR III/1 Fasc. 3 (1937) Sp. 877 f. s. v. *interpretor*; Heumann/Seckel, Handlexikon zu den Quellen des römischen Rechts, 283 s. v. *interpres, interpretari* u. *interpretatio*. Vgl. auch Georges, Ausführliches lateinisch-deutsches Handwörterbuch, Sp. 383 f. s. v. *interpretor*; OLD Fasc. 4 (1973) 947 f. s. v. *interpretari* (1 c), TLL VII/1 Fasc. 10 (1972) Sp. 2257–2263 s. v. *interpretor*; TLL VII/1 Fasc. 10 (1972) Sp. 2250–2253, s. v. *interpres*, hier: Sp. 2252, Z. 21–34.

42 Siehe z. B: OLD Fasc. 1 (1968) 947 f. s. v. *interpretari* (1 b); OLD Fasc. 4 (1973), 947 s. v. *interpres* (3 b); TLL VII/1 Fasc. 10 (1972) s. v. *interpres* Sp. 2251, Z. 21–42; Sp. 2252, Z. 3–21; siehe auch Pomp. l. s. enchir. D. 1.2.2.6 .

43 Siehe etwa Forsythe, A Critical History of Early Rome, 59.

44 Dazu besonders Reinaus/v. Ungern-Sternberg, Vergangenheit in der mündlichen Überlieferung. Auch Fögen (Römische Rechtsgeschichten) scheint der *oral tradition* im Bereich der römischen Rechtsgeschichte großen Einfluss zuzuschreiben. Siehe auch Beck/Walter, Die frühen römischen Historiker I, 31. Eine Zusammenfassung der gängigen Hypothesen zur Entstehung der *oral tradition* liefert Forsythe, A Critical History of Early Rome, 74–77.

45 Walt, Der Historiker C. Licinius Macer, 57. Siehe auch Fögen, Römische Rechtsgeschichten, 147–150 (zu den „doppelten" Appii Claudii).

für die Frühzeit viel schwieriger, den historischen Kern zu erfassen, als z. B. für die Zeit der mittleren und späten Republik, für die parallele schriftliche Quellen vorliegen, denn gerade in der *oral tradition* wurden sehr viele Erzählungen einander angeglichen bzw. wurden sie aufgrund der Rolle der Geschichtsschreibung als Mittel zur Selbstdarstellung zu Mythen umgewandelt.[46] Nicht zuletzt trugen auch die Familientraditionen der verschiedenen *gentes* ihren Teil zur historischen Ungenauigkeit bei.[47] Weiters sei darauf verwiesen, dass Wahrheit bei den römischen Historikern eher als Unvoreingenommenheit des Autors gegenüber den Quellen verstanden wurde, während die Ausgestaltung des Texte sowohl in Hinblick auf den Inhalt als auch auf den Stil einen größeren Stellenwert als in der Moderne hatte.[48] Besonders zu berücksichtigen ist dieser Unterschied bei den Auseinandersetzungen zwischen Patriziern und Plebejern und allen legistischen Neuerungen, die mit dem Ständekampf in Verbindung gebracht werden.[49]

Ein weiteres Merkmal (nicht nur) der römischen Geschichtsschreibung, das besonders bei der Frühgeschichte zum Tragen kommt, ist die anachronistische Darstellung und – als besonderer Aspekt – die sog. Verrechtlichung,[50] also die Rückprojektion von Institutionen und Regelungen auf einen früheren Zeitpunkt.[51] Auf dieses Problem der Historizität der jeweiligen Ereignisse stößt man in der römischen Frühgeschichte z. B. bei der Einführung der Priesterämter und der gesetzgebenden Versammlungen.

---

46 Vgl. hierzu etwa auch die Ausführungen von Rainer, Römisches Staatsrecht, 23–26 zur Verfassung der Königszeit und frühen Republik.

47 Walt, Der Historiker C. Licinius Macer, 57. Zum Einfluss von Familientraditionen auf die Geschichtsschreibung, bes. durch die Benutzung der Grabreden siehe Walt, Der Historiker C. Licinius Macer, 184–191; Beck/Walter, Die frühen römischen Historiker I, 29–31; Forsythe, A Critical History of Early Rome, 76. Vgl. auch Cic. Brut. 61 f. und Liv. 8.40.3–5.

48 Siehe dazu v. a die Forschungen von Wiseman (z. B. Legendary Genealogies in Late Republican Rome, Greece & Rome 21 (1974) 153–164; Roman Drama and Roman History, 1998) und Walt (Der Historiker C. Licinius Macer, Einleitung, Fragmente, 1997, 61–66). Vgl. dazu auch Ciceros Darstellung der Geschichtsschreibung in Cic. de orat. 2.62–2.64: Zum Wert von Livius als Quelle, speziell auf den Ständekampf bezogen, siehe Mitchell, Patricians and Plebeians, 221–228, zu Licinius Macer und Valerius Antias siehe Mitchell, Patricians and Plebeians, 225 f. Vgl. auch die Einleitungen zu den frühen römischen Historikern bei Beck/Walter, Die frühen römischen Historiker I und II, und Pina Polo, Die nützliche Erinnerung, Historia 53 (2004) 147–172.

49 Dazu allgemein Mitchell, Patricians and Plebeians. Vgl. dazu auch Fögen, Römische Rechtsgeschichten, 61–124 über den historischen Kern der 12 Tafeln sowie Bleicken, Geschichte der römischen Republik, 129 f.

50 Allgemein Walt, Der Historiker C. Licinius Macer, 172–184.

51 Siehe hierzu auch die Ausführungen von Bleicken, Geschichte der römischen Republik, 108–115.

I.2. Die Priesterkollegien

Wie bereits oben dargestellt, spielten die Priesterkollegien bei der Entwicklung des römischen Rechts eine wichtige Rolle. Die Gründe, warum die Kollegien so viel Einfluss auf die Entwicklung des Rechts gewannen, sind bei jedem einzelnen Kollegium verschieden. Sicher ist, dass der politische Hintergrund der Mitglieder der Priesterkollegien eine wichtige Rolle spielte.[52] Die Priester fungierten häufig während ihrer Amtszeit als Magistrate oder sie hatten vor ihrer Ernennung schon ein Amt bekleidet.[53] Außerdem stammten sie oft aus Familien, deren Mitglieder im Senat saßen oder ein Priesteramt innegehabt hatten.[54] Berücksichtigt

52 Vgl. dazu auch MITCHELL, Patricians and Plebeians, 27 f., der aufzeigt, dass von neun *interreges* nach dem Jahr 200 v. Chr. nur für Ser. Sulpicius Rufus kein Priesteramt nachgewiesen ist (ob Ap. Claudius Caecus *pontifex* war, ist umstritten, wird aber von MITCHELL angenommen).

53 SCHULZ, Geschichte der römischen Rechtswissenschaft, 9. Vgl. dazu Livius' Anmerkung bei der Wahl von P. Licinius Crassus Dives, dass nach dessen Wahl – mit Ausnahme von P. Cornelius Calussa – niemand zum *pontifex maximus* gewählt worden war, der nicht vorher die *sella curulis* innehatte (Liv. 25.5.4). Vgl. auch Liv. 27.8.4–10 zur Aufnahme des Flamen Dialis C. Valerius Flaccus in den Senat (dazu FORSYTHE, A Critical History of Early Rome, 167). Vgl. auch MITCHELL, Patricians and Plebeians, 64–130, bes. 114–116, der annimmt, dass auch noch zur Zeit der mittleren Republik die Mitgliedschaft bei vielen Priesterschaften zu einem automatischen Sitz im Senat berechtigte. Siehe dazu auch RÜPKE, Fasti Sacerdotum, 1421 „quasi-magistratische Spezialisten".

54 Nach SZEMLER, Priesthood and Priestly Careers, 2326 f. waren bis auf zwei Ausnahmen alle bekannten 36 Priester des Zeitraums 300–211 v. Chr. *consulares*; für den Zeitraum 211–43 v. Chr. hatten 144 von 179 bekannten Priestern (ca. 80 %) die Prätur oder das Konsulat innegehabt. Für die Zeiträume 44 v. Chr. bis 68 n. Chr. und 69 n. Chr. bis 235 n. Chr. ergibt sich für SZEMLER, gestützt auf die Daten SCHUMACHERS (Prosopographische Untersuchungen zur Besetzung der vier hohen römischen Priesterkollegien im Zeitalter der Antoniner und Severer, 655–819), ein Prozentsatz von 77 bzw. 76 %. Durch RÜPKES Fasti Sacerdotum hat sich der zahlenmäßige Befund verändert, das Ergebnis jedoch nicht.

Diese Korrelation führt FORSYTHE zu der Annahme, dass ursprünglich für sehr viele Priesterämter *ex officio* eine Mitgliedschaft beim Senat vorgesehen war (FORSYTHE, A Critical History of Early Rome, 168 f.), der damit auch die bei Liv. 2.1.11 und Fest. s. v. *qui patres, qui conscripti* (ed. Lindsay, p. 304) dokumentierte Dichotomie von *patres* und *conscripti* erklärt: *patres* sei die Bezeichnung für die Angehörigen der Priesterkollegien gewesen, mit *conscripti* wären jene bezeichnet worden, die auf andere Weise in den Senat gelangten. In weiterer Folge

man zudem, dass die Priester im Gegensatz zu den Magistraten auf Lebenszeit bestellt waren,[55] so ergibt sich daraus eine solide Machtbasis,[56] die nicht leicht zu erschüttern war.[57] Und auch dann, wenn die Priester nicht selbst als Magistrate fungierten, sondern „nur" in einer Vermittlerrolle auftraten, so war es gewiss nicht selten der Fall, dass ein Magistrat selbst Priester war.[58]

---

benutzt FORSYTHE dieses Modell auch, um den Gegensatz zwischen Patriziern und Plebejern zu definieren: Da häufig Söhne ihren Vätern oder zumindest Mitgliedern derselben *gens* nachfolgten, hätten sich ganze *gentes* über ihre Priesterschaften, nämlich als *patricii* definiert (vgl. WIEACKER, Römische Rechtsgeschichte I, 199 FN 69, 230–232). Er stützt sich für diese Theorie v. a. auf die Forschungen von MITCHELL. MITCHELL, Patricians and Plebeians, 1–30, 62 f. ist der Ansicht, dass die Herausbildung einiger weniger Familien, die sowohl die politische Macht als auch innerhalb der *gens* vererbbare Positionen in den diversen Priesterkollegien innehatten, zum Gegensatz zwischen Patrizieren (= jene, Familien, die Priesterämter innehatten) und Plebejern (jene, die keine hatten) führte. Unter dem Eindruck der Unruhen in der Zeit der Gracchen habe die römische Annalistik dieses Bild des Ständekampfs (zu Unrecht) auf die Frühzeit Roms zurückprojiziert. Für diese Ansicht spricht auch die Verwendung des Begriffs *patres* in Zusammenhang mit „religiösen" Beschlüssen des Senats. Siehe dazu Liv. 22.9.7–22.10.8, 22.33.9–12, 23.31.12–14, 34.44.1–3, 39.7.8–9, 40.19.1–4, 41.16.6, 42.3.1–11; Macr. Sat. 1.16.22–24. Vgl. aber WIEACKER, Römische Rechtsgeschichte I, 344 f.

55 BLEICKEN, Kollisionen zwischen *sacrum* und *publicum*, Hermes 85 (1957) 468; SCHULZ, Geschichte der römischen Rechtswissenschaft, 9; SZEMLER, Religio, Priesthood and Magistracies, Numen 18.2. (1971) 103; SZEMLER, Priesthood and Priestly Careers, 2325. Zur Personalunion von Priesterämtern und Magistraturen siehe auch FUSTEL DE COULANGES, La cité antique, 297; MOMMSEN, Römisches Staatsrecht II, 18; BLEICKEN, Kollisionen zwischen *sacrum* und *publicum*, Hermes 85 (1957) 446–449; FORSYTHE, A Critical History of Early Rome, 167–170.

56 FÖGEN, Römische Rechtsgeschichten, 134; RÜPKE, Fasti Sacerdotum, 1587–1589, 1599–1602. Vgl. auch SZEMLER, Priesthood and Priestly Careers, 2316: „In Rome [...] religious establishment was identical with political establishment. It was part of a man's *cursus honorum* to aim for and actively seek priesthood; that the priests belonged to the same classes to which those individuals belonged who year after year contended for and often held the magistracies." Siehe auch Sen. ira 3.31.1–2.

Die Wichtigkeit der Priesterämter, insbes. der *pontifices* und der *augures*, lässt sich auch in den *laudationes funebres* nachweisen, die für gewöhnlich drei Aspekte des öffentlichen Lebens würdigten: zivile Ämter, militärische Ämter, öffentlichen Kult. SZEMLER, Religio, Priesthood and Magistracies, Numen 18.2. (1971) 117. Siehe auch STEWART, The jug and lituus on Roman Republican coin types, Phoenix 51.2 (1997) 170–189 zu Symbolen der *augures* und der *pontifices* in der Numismatik.

57 Vgl. dazu auch COHEE, Decrees and responses of the Roman Priesthoods during the Republic, 10 f.: „While for us even the word ‚bureaucracy' has a negative connotation, for the Romans the departmentalization of religion meant that sacral and augural matters were in the competent hands of experts who had at their disposal centuries of precedent and decision, and who could be approached by state and individual alike for advice. The decrees and responses document the validity of the state religion, on one hand tenaciously preserving traditional prescriptions and on the other adapting those same prescriptions in a most pragmatic way to public life throughout the varied fortunes of the Roman Republic."

58 SZEMLER, Priesthood and Priestly Careers, 2324; RÜPKE, Fasti Sacerdotum, 1446 f. Anderer Ansicht ist WISSOWA, Religion und Kultus der Römer, 480. Siehe dazu auch Lyd. mag. 1.35.

Die Mitglieder der Priesterkollegien, die zunächst aus dem Patrizierstand und ab etwa 300 v. Chr. zumindest bei den *pontifices* und *augures* auch aus dem Plebejerstand stammten,[59] wurden auf Lebenszeit ernannt. Ihr Amt verloren sie nur bei einer gerichtlichen Verurteilung.[60] Die Bestellung der Mitglieder erfolgte zunächst durch Kooptation, später wurden sie auf Vorschlag der Mitglieder durch die Komitien gewählt.[61] Eine Ausnahme galt für die *flamines*, die Vestalinnen und den *rex sacrorum*, die durch den *pontifex maximus* bestellt wurden.[62]

Bei den römischen Priesterkollegien muss zwischen den Opferpriestern ieS (*pontifices*, *fetiales*) und den für die Divination zuständigen Priestern (*augures*, *decemviri sacris faciundis*) unterschieden werden. Die größere Rolle bei der Entwicklung des Rechts spielten die *pontifices* und die *fetiales*, deren sakralrechtliche Kompetenzen Parallelen zum frührömischen Recht aufweisen.[63] Allerdings sollte man angesichts der – besonders in der Frühzeit – sehr engen Verzahnung von Recht und Religion auch die anderen Kollegien der *XVviri sacris faciundis* und die *augures*, die beide eine bedeutende politische Rolle spielten, in die Untersuchung miteinbeziehen; zu beachten ist allerdings, dass ihr Beitrag zur Entwicklung der Rechtswissenschaft in der Literatur höchst unterschiedlich beurteilt wurde.[64]

59 Die Öffnung der Augural- und Pontifikalkollegien geschah durch die *lex Ogulnia* (Liv. 10.6.3–8, 10.9.2; Lyd. mag. 1.45) ca. 300 v. Chr. Zu den *decemviri sacris faciundis* waren die Plebejer schon früher, nämlich 367 v. Chr. zugelassen worden (Liv. 6.37.12). Wann die Fetialen den Plebejern zugänglich gemacht wurden, ist nicht belegt.

60 Szemler, Religio, Priesthood and Magistracies, Numen 18.2. (1971) 114. Eine Ausnahme bildeten dabei die Auguren, die selbst in diesen Fällen ihr Amt behielten (Plut. Qu. R. 99; Plin. epist. 3.8.1), und die Arvalen (Plin. nat. 18.6). Siehe auch Lex Coloniae Genetivae Iuliae. c. 67 (*in demortui damnative locus*). Zur Diskussion, ob der Verlust des Amts für Auguren in den *coloniae* auch auf die Stadt Rom übertragbar ist, siehe Rüpke, Religion in the lex Ursonensis, 44.

61 Szemler, Religio, Priesthood and Magistracies, Numen 18.2. (1971) 114 f. 104 v. Chr. wurde durch ein *plebiscitum* des Volkstribuns Cn. Domitius Ahenobarbus, der kurze Zeit später selbst zum *pontifex* und zum *pontifex maximus* gewählt wurde (dazu Sumner, The orators in Cicero's Brutus, 97–100), die Wahl der *pontifices*, *augures*, *decemviri sacrorum* und *epulones* von den Kollegien auf 17 *tribus* übertragen. Cic. Deiot. 31; Liv. per. 67; Val. Max. 6.5.5. Kunkel, Die römischen Juristen. Herkunft und soziale Stellung, 49 sieht diese Änderung des Wahlmodus als einen entscheidenden Beitrag zur engültigen Trennung von Priesteramt und Jurisprudenz. Siehe auch Latte, Römische Religionsgeschichte, 395 f.

62 Szemler, Religio, Priesthood and Magistracies, Numen 18.2. (1971) 114.

63 Siehe S. 28 ff., 42 ff. Zu den Parallelen zwischen der *rerum repetitio* der *fetiales* und der *legis actio per condictionem* siehe Wiedemann, The fetiales. A reconsideration, CQ 36 (1986) 487, zu jenen zwischen *vota* und *stipulationes* siehe Watson, The State, Law and Religion, 39–43. Siehe auch Wolf, *Comitia quae pro conlegio pontificum habentur*, Symposion Wieacker, 2.

64 Wieacker (Römische Rechtsgeschichte I, 217 f., 310–340) und Wolf („*Comitia quae pro conlegio pontificum habentur*", Symposion Wieacker, 1–24) sehen einzig die *pontifices* als für

Für die Miteinbeziehung der Priesterkollegien in eine Untersuchung zur Respondierpraxis spricht auch die häufige Verwendung der Wörter *respondere* („einen fachlichen Rat erteilen")[65] und des mit ihm korrespondierenden Verbs *consulere* („um Rat fragen") in den *responsa* der Priesterkollegien und der römischen Juristen.[66] Beide Begriffe hatten eine religiöse Konnotation[67] und wurden noch in der ausgehenden Republik mit den *pontifices* assoziiert.[68]

Angesichts des uneinheitlichen Wortgebrauchs und der schwierigen Abgrenzung zwischen *decreta* und *responsa*[69] sollte dieser Untersuchung zumindest vorläufig ein möglichst weiter *responsa*-Begriff zugrunde gelegt werden, der alle fachkundigen sakralrechtlichen Äußerungen sowohl der Kollegien als auch einzelner Priester gegenüber dem Senat, einzelnen Magistraten oder Privatpersonen umfasst und somit auch alle *decreta* beinhaltet.

---

das Zivilrecht relevant an, während Kunkel, Die römischen Juristen, 45 FN 83 die sakralrechtlichen Kenntnisse der *augures* und *XVviri sacris faciundis* betont. Die juristische Kenntnis der *fetiales* werden bei Watson, The State, Law and Religion, 89 besonders hervorgehoben. Vgl. auch Bleicken, Oberpontifex und Pontifikalkollegium, Hermes 85 (1957) 345–366, hier 345 f., der vor voreiligen Analogieschlüssen im Bereich der Sakralverfassung warnt, Schulz, Geschichte der römischen Rechtswissenschaft, 7 f. und Manthe, Stilistische Gemeinsamkeiten, 69.

65 VIR 5 (1939) Sp. 170–178 s. v. *respondere*, hier Sp. 171–177; VIR 5 (1939) Sp. 178 f. s. v. *responsum*; Heumann/Seckel, Handlexikon zu den Quellen des römischen Rechts, 514 s. v. *respondere*. Siehe dazu auch Georges, Ausführliches lateinisch-deutsches Handwörterbuch, Sp. 2351–2353 s. v. *respondeo*; OLD Fasc. 7 (1980) 1633–1635 s. v. *respondeo* (4 c).

66 VIR I (1903) Sp. 965 s. v. *consulo*; Heumann/Seckel, Handlexikon zu den Quellen des römischen Rechts, 100 f. s. v. *consulere*. Siehe auch Georges, Ausführliches lateinisch-deutsches Handwörterbuch, Sp. 1574–1578 s. v. *consulo*, TLL IV Fasc. 3 (1907) Sp. 576–590 s. v. *consulo*, hier Sp. 581 f.; OLD Fasc. 2 (1969) 423 f. s. v. *consulo* (1 c). Siehe auch Wolf, *Comitia quae pro conlegio pontificum habentur*, Symposion Wieacker, 2.

67 Zur Verwendung von *responsum* für „Orakelspruch" siehe Georges, Ausführliches lateinisch-deutsches Handwörterbuch, Sp. 2352 s. v. *respondeo* (II A. a); OLD Fasc. 7 (1980) 1634 s. v. *respondeo* (4 b); OLD Fasc. 7 (1980) 1635 s. v. *responsum* (2 a). Zur Verwendung von *responsum* iSv Weissagung in juristischen Texten siehe z. B. Ulp. 1 ad ed. aed. cur. D. 21.1.1.10. Zu *consulere* in der Bedeutung von „eine Gottheit oder deren Mittler um Rat fragen" siehe TLL IV Fasc. 3 (1907) Sp. 576–590 s. v. *consulo*, hier Sp. 582 f.; OLD Fasc. 2 (1969) 423 f. s. v. *consulo* (1 d); Georges, Ausführliches lateinisch-deutsches Handwörterbuch, Sp. 1577 f. s. v. *consulo* (II d). Zur (wahrscheinlich) spätantiken Bezeichnung *hostia consultatoria* siehe Nasse, Zum Begriff *hostia consultatoria*, 111–124.

68 Cic. leg. 2.29. Behrends, Ius und Ius civile, Sympotica Wieacker, 18 weist zu Recht darauf hin, dass diese Stelle als Erläuterung zu Cic. leg. 2.20 zu verstehen ist (so auch Dyck, A commentary on Cicero, *De Legibus*, 339). Johnson, The Pontifical Law of the Roman Republic, 47 FN 128 will die Stelle als Verweis auf jene Priester verstehen, die zugleich auch *iuris consulti* waren und sieht das in leg. 2.29 erwähnte *ius respondendi* nicht als priesterliche Pflicht.

69 Siehe S. 47 ff.

I.2.1. *pontifices*

Das Kollegium der *pontifices*[70] wurde der römischen Überlieferung nach durch Numa begründet.[71] Der Name *pontifex* bedeutete ursprünglich „Brückenbauer" und geht nach Ansicht der modernen Forschung zurück auf die Aufsicht der *pontifices* über den *pons Sublicius*, die älteste Brücke Roms.[72] Das Pontifikalkollegium unterstand der Leitung des *pontifex maximus*, der über umfangreiche Machtbefugnisse gegenüber den anderen Mitgliedern des Kollegiums verfügte[73] und der ab der Kaiserzeit von einem *promagister* unterstützt wurde[74]. Dem Kollegium gehörten die 9, später 15 *pontifices*, der *rex sacrorum*,[75] die *flamines* (drei *flamines maiores* sowie 12 *flamines minores*)[76], die Vestalinnen[77] sowie die später hinzugekommenen *pontifices minores*[78] an.[79] Als Versammlungsort des Kollegiums

70 Allgemein Wissowa, Religion und Kultus der Römer, 501–523; Rohde, Die Kultsatzungen der römischen Pontifices; Bleicken, Oberpontifex und Pontifikalkollegium, Hermes 85 (1957) 345–366; Latte, Römische Religionsgeschichte, 195–213, 400–402; Szemler, Religio, Priesthood and Magistracies, Numen 18.2. (1971) 106–108; Szemler, Art. pontifex, RE Suppl. XV (1978) Sp. 331–396; Wolf, *Comitia quae pro conlegio pontificum habentur*, Symposion Wieacker, 1–24; Wieacker, Altrömische Priesterjurisprudenz, FG Kaser, 347–370; Tondo, Appunti sulla giurisprudenza pontificale, 1–15; Gordon, Art. pontifex, DNP 10 (2001) Sp. 135–138; Rinolfi, Livio 1.20.5–7: pontefici, sacra, ius sacrum, Diritto@Storia 4 (2005) und Johnson, The Pontifical Law of the Roman Republic. Die Begriffe *pontifices* und Pontifikalkollegium werden in der modernen Literatur oft synonym gebraucht. Johnson, The Pontifical Law of the Roman Republic, 8 plädiert für einen exakteren Sprachgebrauch, da das *collegium* auch die Vestalinnen, die *flamines* und den *rex sacrorum* umfasste.

71 Liv. 1.20–21; Dion. Hal. ant. 2.64.3, 2.72 f.; Plut. Numa 9.1–8, 12.2. Siehe Szemler, Art. pontifex, RE Suppl. XV (1978) Sp. 340–341; Johnson, The Pontifical Law of the Roman Republic, 65. Vgl. aber Bleicken, Oberpontifex und Pontifikalkollegium, Hermes 85 (1957) 365, der Dionysius von Halikarnass als Quelle für eine Untersuchung der Kompetenzen des Kollegiums für unbrauchbar hält.

72 Siehe z. B. Hallett, „Over Troubled Waters", TAPA 101 (1970) 219–222; Mitchell, Patricians and Plebeians, 74–76; Van Haeperen, Le collège pontifical, 11–42 und Forsythe, A Critical History of Early Rome, 138. Anderer Ansicht ist Kavanagh, Pontifices, Bridge-Making and Ribezzo Revisited, Glotta 76 (2000) 59–65. Siehe auch Varro ling. 5.83.

73 Wissowa, Religion und Kultus der Römer, 510 f.

74 Wissowa, Religion und Kultus der Römer, 509.

75 Rüpke, Fasti Sacerdotum, 1618 f., 1639 f.

76 Gai Inst. 1.112, Fest. s. v. *maximae dignationis* (ed. Lindsay, p. 144) und s. v. *ordo sacerdotum* (ed. Lindsay, p. 198/200).

77 Zu der bei Gell. 1.12.11 f. referierten und zeitlich nicht genau einordenbaren *lex Papia*, die die Auslosung der Vestalinnen regulierte, siehe Szemler, Religio, Priesthood and Magistracies, Numen 18.2. (1971) 108 und Rüpke, Fasti Sacerdotum, 1579–1584, 1640 f.

78 Wissowa, Religion und Kultus der Römer, 519.

79 Schulz, Geschichte der römischen Rechtswissenschaft, 8; Gordon, Art. pontifex, DNP 10 (2001) Sp. 135–138.

fungierte die *regia* auf dem *forum Romanum*,[80] während der *pontifex maximus* in der *domus regia* am Palatin residierte.[81]

Wissowa, Latte und Bleicken sehen die ursprüngliche Aufgabe der *pontifices* in der Beratung des Königs bzw. Heerführers und die Aufsicht über die Zeremonien.[82] Historisch relativ früh nachweisbar ist die Beratung aufgrund von Vorzeichen: Das um Beratung ersuchte *collegium* erließ ein *decretum* oder *responsum*[83], das vom Senat in einem *senatus consultum* umgesetzt wurde.[84] Später übernahmen *pontifices* all jene Aufgaben, für die nicht ein anderes Priesterkollegium zuständig war.[85] Als „Bürokraten der *pax deorum*"[86] hatten sie die Durchführung kultischer Handlungen (*sacra et caeremonia*)[87] durch den Senat und die Magistrate zu beaufsichtigen,[88] Privatleute in Fragen des *ius sacrum* zu beraten[89] und Prodigien richtig zu deuten.[90]

Entscheidungen und Tätigkeiten der *pontifices* sind für folgende Bereiche überliefert:[91]

– Angabe der Lustrationsmittel und der zuständigen Götter bei Prodigien[92]

---

80 Gestützt wird diese Behauptung auf Plin. epist. 4.11.6. Johnson (The Pontifical Law of the Roman Republic, 152–155) zieht als zusätzlichen Versammlungsort die *curia Calabra* in Betracht und verweist auf Varro ling. 6.27 f.; Macr. Sat. 1.15.9–13; Fest. s. v. *curia* (ed. Lindsay, p. 42) und Serv. Aen. 8.654.

81 Gordon, Art. pontifex, DNP 10 (2001) Sp. 135–138; Wieacker, Römische Rechtsgeschichte I, 215.

82 Wissowa, Religion und Kultus der Römer, 502; Bleicken, Oberpontifex und Pontifikalkollegium, Hermes 85 (1957) 362–365; Latte, Römische Religionsgeschichte, 197.

83 Szemler, Art. pontifex, RE Suppl. XV (1978) Sp. 352.

84 Szemler, Religio, Priesthood and Magistracies, Numen 18.2. (1971) 119.

85 Gordon, Art. pontifex, DNP 10 (2001) Sp. 135–138. Vgl. auch Johnson, The Pontifical Law of the Roman Republic, 2.

86 Gordon, Art. pontifex, DNP 10 (2001) Sp. 135–138. Es existierten auch Monographien über die öffentlichen Priesterämter (Hinweis etwa in Gell. 10.15.1), die heute aber verloren sind.

87 Die beiden Begriffe werden oft synonym gebraucht, jedoch impliziert die Verwendung von *sacra* eine „offizielle" Verwendung. Siehe Johnson, The Pontifical Law of the Roman Republic, 77 f.

88 Vgl. Cic. leg. 2.20. Zur Bezeichnung *sacerdotes publici* für die *pontifices* siehe Cohee, Decrees and responses of the Roman Priesthoods during the Republic, 19 FN 3. Vgl. auch Rüpke, Fasti Sacerdotum, 1421–1423.

89 Liv. 1.20 f.; 6.1.10. Siehe Wissowa, Religion und Kultus der Römer, 501; Watson, The State, Law and Religion, 8.

90 Wieacker, Altrömische Priesterjurisprudenz, FG Kaser, 345–357, Rinolfi, Livio 1.20.5–7: pontefici, sacra, ius sacrum, Diritto@Storia 4 (2005).

91 Aufzählungen und Nachweise bei Wissowa, Religion und Kultus der Römer, 514 f.; Latte, Römische Religionsgeschichte, 197 f., 400–402; Schulz, Geschichte der römischen Rechtswissenschaft, 20 f.; Szemler, Art. pontifex, RE Suppl. XV (1978) Sp. 358–364; Wieacker, Römische Rechtsgeschichte I, 311–318.

92 Liv. 24.4.9, 27.4.15, 27.34.4,7, 27.37.4, 30.2.13, 31.12.4–5, 34.45.8, 37.3.1, 39.22.4, 40.37.2, 41.16.6. Siehe auch Cohee, Decrees and responses of the Roman Priesthoods during the Republic,

- Angabe der *piacula* bei Verstößen gegen Zeremonialvorschriften, Sühnung eines sakralen Frevels[93]
- Vorbereitung und Zulässigkeit eines *votum*[94]
- Fragen zur korrekten Vorgehensweise beim *ver sacrum*[95]
- Richtige Vornahme der *ludi*[96]
- Zulässigkeit und korrekte Ausführung einer *consecratio* und einer *dedicatio*[97]
- Feststellung von *loca sacra* und *religiosa*[98]
- Feststellung von *loca publica* und *privata*[99]
- Festlegung der *dies feriatae*, *dies fasti* und *nefasti* und Regelungen der Aktivitäten an diesen Tagen[100]

55–62; Johnson, The Pontifical Law of the Roman Republic, 115–117. In diesem Bereich „konkurrierten" die *pontifices* mit den *XVviri sacris faciundis* und den *haruspices*. Vgl. auch Cic. div. 2.42.

93 Liv. 9.46.6, 24.44.9, 29.19.8, 29.20.10, 29.21.4, 32.1.9, 38.44.5, 41.16; Cic. leg. 2.22, 2.37; Cic. har. resp. 21; Hor. epod. 17.58; Macr. Sat. 1.16.10. Von besonderer Relevanz war diese Kompetenz bei der Entweihung von *res sacrae* des Gegners im Zuge kriegerischer Auseinandersetzungen (z.B. Liv. 29.19.8, 38.44.5). Siehe auch CIL VI 2067, eine Inschrift, die besonders interessant ist, da hier ein *piaculum* für ein falsch ausgeübtes Opfer der Arvalbruderschaft zugewiesen wird. Siehe dazu Delgado Delgado, La legislación pontifical, Revista de Ciencias de las Religiones 12 (2004) 26f.

94 Liv. 5.23.8–11, 5.25.4–12, 31.9.5–10; *vota* der *fratres Arvales*: CIL VI 32348, CIL VI 2065, CIL VI 2067. Zum Thema siehe Franchini, Voti di guerra e regime pontificale della condizione, und Johnson, The Pontifical Law of the Roman Republic, 191–204.

95 Liv. 22.9.7–22.10.8 (dazu Schulz, Geschichte der römischen Rechtswissenschaft, 34; Sini, Religione e poteri, Diritto@Storia 6 (2007)), Liv. 33.44.1, 34.44.1–3. Zum *ver sacrum* im allgemeinen Heurgon, Trois Études sur le Ver Sacrum.

96 Liv. 39.5.7–10; Cic. har. resp. 21.

97 Liv. 27.25.6–10; Cic. dom. 127f., 130, 136f.; Cic. har. resp. 12f.; Cic. Att. 4.2.3. Siehe dazu Johnson, The Pontifical Law of the Roman Republic, 165–180. Nach Wissowa, Constitutio Arae, Hermes 39.1 (1904) 156–160 haben *dedicatio* und *consecratio* dieselbe Bedeutung, bezeichnen aber zwei verschiedene Aspekte: *dedicatio* die Auflassung des bisherigen Eigentümers, *consecratio* die Umwandlung in eine *res sacra* (ähnlich Johnson, The Pontifical Law of the Roman Republic, 173f.). Diese Meinung wird allerdings nicht von Allen geteilt (vgl. Linderski, The libri reconditi, Harvard Studies in Classical Philology 89 (1985) 216f.). Siehe auch Fishwick, The imperial cult in the Latin West I.2, 204–218. Siehe auch Tert. nat. 1.10.14 und apol. 5.1.

98 Liv. 26.34.12; Cic leg. 2.58; Cass. Dio 48.53.6; Macr. Sat. 3.3.1; Fest. s. v. *sacer mons* (ed. Lindsay, p. 423/424). Dass *loca sacra et religiosa* oft Anlass für Prozesse boten, zeigt Frontin. controv. p. 9 (ed. Thulin). Zur Unterschiedung zwischen *sacer*, *sanctus* und *religiosus* siehe auch Rives, Control of the sacred in Roman Law, 165–180.

99 Zur Rückwidmung eines Tempels in eine *res profana* siehe die *lex a vicanis Furfensibus templo Iovi dicta* (CIL IX 3513). Siehe auch CIL VI 933/ILS 249 (75 n. Chr.).

100 Liv. 6.1.11f., 32.1.9; Cic. leg. 2.55; Colum. 2.21; Serv. georg. 1.272; Gell. 4.6.10, 5.17.1f.; Macr. Sat. 1.8.1, 1.16.9–12,21–27, 3.3.11; Fest. s. v. *Nonarum, Idum, Kalendarum* (ed. Lindsay, p. 187). Siehe auch Johnson, The Pontifical Law of the Roman Republic, 181–191.

- Vorschriften zur Ehrung einer Vestalin, Strafen über deren unzulässiges Verhalten[101]
- Recht zur *captio* einer Vestalin oder eines untergeordneten Priesters[102]
- Aufsicht über andere Priesterämter bzw. Erlassung einer Mult bei Verstößen[103]
- Sonstige Zeremonialvorschriften[104]
- Begräbnisvorschriften, Arbeiten am Grab und Veräußerungen von Gräbern[105]
- Eherecht[106]
- *adrogatio*[107]

---

101 Liv. 4.44.11 f., 8.15.7 f.; Dion. Hal. ant. 9.40.3; Ascon. Mil. § 32 (p. 39 f. ed. Stangl); CIL VI 32424. Dazu Cohee, Decrees and responses of the Roman Priesthoods during the Republic, 51–55; Johnson, The Pontifical Law of the Roman Republic, 204–254. Für *incestus*-Verfahren waren nach einer *lex Peducaea* ab dem Jahr 113 v. Chr. ordentliche Gerichte zuständig; dieses Gesetz wurde aber im Lauf der späten Republik oder frühen Kaiserzeit nicht mehr angewendet (Johnson, The Pontifical Law of the Roman Republic, 224 f.).

102 Liv. 27.8.4 f.; Gell. 1.12.1–5.

103 Ob die Ausübung dieser Disziplinargewalt als Entscheidung zu werten ist, ist strittig. Die Bezeichnung als *responsum* findet sich nur bei Tac. ann. 3.71; siehe auch Liv. per. 19; Val. Max. 1.1.2; Liv. 37.51.1–6, 40.42.8–11; Cic. Phil. 11.18; Fest. s. v. *Saturno* (ed. Lindsay, p. 462/464); Tac. ann. 3.58 f. Wichtig ist, dass in diesen Fällen das *ius sacrorum* stets Vorrang vor dem *ius magistratuum* hatte. Siehe auch Rüpke, Fasti Sacerdotum, 1571–1574; Johnson, The Pontifical Law of the Roman Republic, 96–100.

104 Siehe z. B. Gell. 2.28.2 f.; 10.15.17; Plin. nat. 8.206.

105 Liv. 1.20.7; Cic. leg. 2.57 f.; Cass. Dio 48.53.6; Plin. epist. 10.68; Plut. Numa 12.1; Pap. 6 quaest. D. 5.3.50; Ulp. 25 ad ed. D. 11.7.8 pr.; Ulp. 1 opinion. D. 11.8.5.1; CTh. 9.17.2 pr. CIL VI 369, CIL VI 1884, CIL VI 10724, CIL VI 10284, CIL VI 19596, CIL VI 29924, CIL X 8259. Weitere Inschriftennachweise bei Latte, Römische Religionsgeschichte, 102 FN 3 u. 198 FN 1. Zum *ius Manium* Wissowa, Religion und Kultus der Römer, 478 f.; Johnson, The Pontifical Law of the Roman Republic, 114 f.

106 Siehe Tac. Ann. 1.10 und Cass. Dio 48.44.2 zur Heirat des Oktavian mit der schwangeren Livia. Zur Kompetenz der *pontifices* bei der *confarreatio* siehe Watson, The State, Law and Religion, 14, 51 f., der auch eine Regelung der *confarreatio* in den 12 Tafeln postuliert (anderer Ansicht bezüglich der familienrechtlichen Implikationen der *confarreatio* ist Wieacker, Römische Rechtsgeschichte I, 318 FN 44). Siehe auch Mitchell, Patricians and Plebeians, 80–90. Mitchell nimmt auch an, dass die *manus*-Ehe ursprünglich einen religiösen Kontext hatte und das *trinoctium* eingeführt worden sei, um Frauen von den sakralen Pflichten der Familie ihres Ehemanns zu befreien – aus religiösen Gründen war es den *flamines Diales* und ihren Ehefrauen nicht erlaubt, länger als zwei aufeinanderfolgende Tage von den religiösen Pflichten fernzubleiben. Johnson, The Pontifical Law of the Roman Republic, 39 betont die sakrale Komponente der *confarreatio* und plädiert dafür, die Tatsache, dass eine *confarreatio* auch Auswirkungen im *ius civile* hatte, nicht als Einfluss der *pontifices* anzusehen. Die Heirat Oktavians ist das einzige bekannte Beispiel für ein eherechtliches Gutachten der *pontifices* und wenn man bedenkt, dass sowohl Ti. Claudius Nero als auch Oktavian Mitglied des Kollegiums war, könnte das Gutachten eher im Zusammenhang mit Verhaltensvorschriften für die *pontifices* selbst (bez. der Fortführung von deren *sacra*) als mit einer grundsätzlichen Kompetenz im Eherecht stehen.

107 Cic. dom. 34, 36, 38; Gell. 5.19.5 f.; Tac. hist. 1.15. Bleicken, Oberpontifex und Pontifikalkollegium, Hermes 85 (1957) 354–356; Latte, Römische Religionsgeschichte, 400; Wieacker,

Die *pontifices* erstellten ihre *responsa* und *decreta* entweder aus eigener Initiative oder auf Anfrage von Privatleuten, Magistraten oder des Senats.[108] Angefragt wurden sie in der Regel durch den Senat, der einen Magistrat (häufig in Form eines *senatus consultum*) beauftragte, die Rechtsmeinung der *pontifices* zu einem bestimmten Problem einzuholen.[109] Johnson geht in diesem Zusammenhang davon aus, dass diese Anfrage in der Regel an den *pontifex maximus* gerichtet wurde, der ohnehin meist Mitglied des Senats war.[110] Die Rechtsmeinung der *pontifices* wurde entweder direkt im Senat verkündet[111] oder in einer externen Versammlung[112] gefasst und durch den *pontifex maximus* als Sprecher der *pontifices* bekannt gemacht.[113]

Die herrschende Lehre geht davon aus, dass die Entscheidungen meist kollegial[114] (für ein kollegiales *responsum* waren nach Auskunft Ciceros drei *pontifices* ausreichend)[115] – also nur selten von Einzelpersonen – erstellt wurden und in Form von *decreta* und *responsa* ergingen.[116] In diesem Zusammenhang sei auch darauf verwiesen, dass – Pomponius zufolge – intern ein bestimmter *pontifex* mit der Beantwortung privater Anfragen betraut war,[117] dies bedeutete aber nicht,

---

Römische Rechtsgeschichte I, 318 FN 42; WATSON, The State, Law and Religion, 52 f.; JOHNSON, The Pontifical Law of the Roman Republic, 39; SEELENTAG, Ius pontificium cum iure civili coniunctum. Zur *adrogatio* als Möglichkeit, Mitglied einer Priesterschaft zu werden, die aufgrund der Zuordnung zur *gens* verwehrt geblieben wäre, MITCHELL, Patricians and Plebeians, 90–97.

108 SZEMLER, Art. pontifex, RE Suppl. XV (1978) Sp. 352 nimmt an, dass vielen *senatus consulta* ein *responsum* der *pontifices* vorging, auch wenn diese meist nicht erhalten sind. Ähnlich COHEE, Decrees and responses of the Roman Priesthoods during the Republic, 43–45.

109 JOHNSON, The Pontifical Law of the Roman Republic, 143–150.

110 JOHNSON, The Pontifical Law of the Roman Republic, 146 f.

111 Zum Verfahren vor dem Senat RYAN, Rank and participation in the Republican Senate, 25–27. Vgl. auch die Diskussion zwischen Curio und seinen Kollegen bei Cass. Dio 40.62, die jedoch zu keinem Beschluss führte. Siehe dazu auch Cic. fam. 8.6.5.

112 Ein sogenannter „Jour fixe", an dem das Kollegium zusammentrat, ist nur für die *augures* belegt, die sich jeweils an den Nonen trafen (Cic. Lael. 7 f.). RÜPKE erwägt, basierend auf der These, dass das Treffen Caesars mit Calvinus (Val. Max. 8.11.2) im Rahmen des Pontifikalkollegiums geschah, dass die *pontifices* sich jeweils an den Iden trafen. RÜPKE, Fasti Sacerdotum, 949 FN 3, 1425.

113 JOHNSON, The Pontifical Law of the Roman Republic, 147–149. Zur Rolle des *pontifex maximus* als Sprecher der *pontifices* siehe auch SZEMLER, Art. pontifex, RE Suppl. XV (1978) Sp. 352.

114 Von der herrschenden Lehre wird angenommen, dass eine einfache Stimmenmehrheit bei der Meinungsfindung ausreichend war. WISSOWA, Religion und Kultus der Römer, 514; JOHNSON, The Pontifical Law of the Roman Republic, 160 f.

115 Cic. har. resp. 12. Siehe dazu LINDERSKI, The Augural Law, 2154 FN 25; COHEE, Decrees and responses of the Roman Priesthoods during the Republic, 50; JOHNSON, The Pontifical Law of the Roman Republic, 156 f.

116 Siehe dazu S. 47 ff.

117 Pomp. l. s. enchir. D. 1.2.2.6. Zu den verschiedenen Interpretationen dieser Passage siehe S. 17 ff., 34 ff.

dass er ausschließlich dafür zuständig war.[118] Demgegenüber hat sich Johnson jüngst um eine klarere Zuschreibung der Kompetenzen innerhalb des Kollegiums bemüht.[119] Während eine *religionis explanatio* von jedem einzelnen Mitglied abgegeben werden konnte, war für *incestus-decreta*[120] ein höheres Quorum erforderlich.[121] Die *responsa* wurden zunächst mündlich erteilt; niedergeschrieben wurden sie (vermutlich) in den *commentarii pontificum*[122] und in den privaten Aufzeichnungen der *pontifices*.

Ein zusätzliches Problem bei der Klärung der Kompetenzen ist die Tatsache, dass viele Juristen, v. a. des 3. und des 2. Jhdts. v. Chr., auch als *pontifices* fungierten. Deshalb ist im Einzelfall nicht immer genau eruierbar, in welcher Funktion sie das jeweilige *responsum* erteilten.

Gegenstand von Kontroversen ist, wie schon oben kurz erläutert,[123] die juristische Zuständigkeit der *pontifices*: Aufgrund ihres Wissens um kultische Vorgänge, der Führung des Kalenders (*fasti*)[124], der für das Wissen um die Gerichtstage vonnöten war, und vor allem aufgrund der Aufzeichnungen (*pontificum annales*)[125], die sie über ihre Aufgaben führten und die auch die offiziellen Listen der römischen Magistrate beinhalteten,[126] habe sich die Rechtswissenschaft, so die *communis opinio*, zunächst durch die Weiterbildung existierender Spruch- und Geschäftsformeln durch die *pontifices* entwickelt.[127] Die für die Entwicklung des römischen Rechts entscheidende Prägung hätten die *pontifices* durch die Publikation der 12 Tafeln, für deren Interpretation jährlich ein *pontifex* abgestellt wurde, erfahren.[128] Aber auch schon vor Veröffentlichung der 12 Tafeln seien

---

118 Wieacker, Römische Rechtsgeschichte I, 314.

119 Johnson, The Pontifical Law of the Roman Republic, 123–127.

120 Cic. har. resp. 13. Siehe auch Johnson, The Pontifical Law of the Roman Republic, 73–75.

121 Johnson, The Pontifical Law of the Roman Republic, 128–131 vertritt die Auffassung, dass auch für Maßnahmen, die die *disciplina pontificalis*, also die Feststellung und Fortbildung des *ius pontificium*, betrafen, ein höheres Quorum erforderlich gewesen sei; er stützt sich für diese Vermutung hauptsächlich auf die Forschungen Linderskis zum *ius augurale*.

122 Siehe dazu die Ausführungen zur juristischen Literatur S. 56 ff., 395 ff.

123 Siehe S. 17 ff.

124 Wieacker, Römische Rechtsgeschichte I, 312. Zur Bedeutung von *fas* und zu den *fasti* siehe Behrends, Ius und Ius civile, Sympotica Wieacker, 32–40. Zur *lex Acilia de intercalando* Rotondi, Leges publicae, 273; Rüpke, Kalender und Öffentlichkeit, 289–330; Rüpke, Fasti Sacerdotum, 1627–1630.

125 Siehe dazu S. 57.

126 Zu den *fasti consulares* und den damit zusammenhängenden Widersprüchen innerhalb der Chronologie der frühen Republik siehe Forsythe, A Critical History of Early Rome, 155–157.

127 Fögen, Römische Rechtsgeschichten, 133. Zur Priesterjurisprudenz siehe Tondo, Appunti sulla giurisprudenza pontificale, 1–15.

128 Watson, The State, Law and Religion, 27 schließt daraus, dass *ius civile* die Bedeutung „anerkannte Fachmeinung zu den 12 Tafeln“ hatte. Ob die 12 Tafeln Sakralrecht enthielten

die *pontifices* nicht nur für das *ius sacrum* zuständig gewesen, sondern auch für andere Bereiche des Rechts;[129] nach Meinung mancher Forscher hatten sie auch die Jurisdiktion inne, bevor diese im späten 5. Jhdt. v. Chr. – unter dem Einfluss der 12-Tafel-Gesetzgebung – an die kurulischen Magistrate übergegangen sei.[130]

Aufgrund der Pomponius-Passage, die den Ursprung der Rechtswissenschaft beim Pontifikalkollegium verankert sah, wurde in der Forschung versucht, diese Tradition durch die Konstruktion zivilrechtlicher Kompetenzen der *pontifices* zu erhärten. Am glaubwürdigsten erscheint diesbezüglich die Theorie, dass die *pontifices* am Legisaktionenprozess[131] mitgewirkt hätten. Wegen der Bedeutung von *sacramentum* im Sinn von Eid wäre es denkbar, dass die Priester über den Verfall an die Gottheit aufgrund eines Eidbruchs urteilten und der Eidbruch mittels Sühnegeld abgelöst wurde.[132]

Doch auch diese Theorie ist nicht unbestritten:[133] So spricht gerade die an sich einfache Verifizierung der Behauptungen, die der *legis actio per sacramentum in rem* zugrunde liegen,[134] gegen die Hinzuziehung eines Dritten. Umstritten

---

oder nicht, ist umstritten, allerdings spricht Livius' Bezeichnung der (zu diesem Zeitpunkt) 10 Tafeln als *fons omnis publici privatique iuris* meines Erachtens eher dafür, vor allem wenn man das *ius publicum* in einem weiteren Sinn versteht, wie in Ulp. 1 inst. D. 1.1.1.2.: Watson, The State, Law and Religion, 14–20 spricht sich dagegen aus, anderer Meinung ist Forsythe, A Critical History of Early Rome, 230. Einige Forscher nehmen auch an, dass sich Pomp. l. s. enchir. D. 1.2.2.6 *Omnium tamen harum et interpretandi scientia et actiones apud collegium pontificum erant, ex quibus constituebatur, quis quoquo anno praeesset privatis* auf die *sacra* beziehe. Cancelli, La giurisprudenza unica dei pontefici e Gneo Flavio, 24 f. mit weiteren Nachweisen (siehe auch Liv. 1.20.6). Zum Inhalt der 12 Tafeln siehe auch Harris, Ancient Literacy, 151–153.

129 Als Beleg wird häufig Dion. Hal. ant. 10.1.3 f. (zu Entscheidungen der Konsuln) angeführt. Jedoch weist Cancelli, La giurisprudenza unica dei pontefici e Gneo Flavio, 16 f. zu Recht darauf hin, dass die *pontifices* nicht explizit genannt werden und sich die ἱεραὶ βύβλοι nicht unbedingt auf sie beziehen müssen. Dass die *leges regiae* bei den *pontifices* aufbewahrt wurden, hält Liebs, § 110.2, in: Suerbaum (Hrsg.), Die archaische Literatur, 66 für plausibel.

130 Forsythe, A Critical History of Early Rome, 212 f.; Mitchell, Patricians and Plebeians, 170–179. Dagegen Cancelli, La giurisprudenza unica dei pontefici e Gneo Flavio, 18–34 mit weiteren Nachweisen. Vgl. auch Placid. s. v. *pontifices*, (ed. Goetz, p. 134).

131 Siehe Wieacker, Römische Rechtsgeschichte I, 257–260.

132 So Wieacker, Altrömische Priesterjurisprudenz, FG Kaser, 356 f. Vgl. auch Jhering, Der Geist des Römischen Rechts I, 300–303.

133 Siehe Behrends, Ius und Ius civile, Sympotica Wieacker, 28; Wieacker, Altrömische Priesterjurisprudenz, FG Kaser, 356; Watson, The State, Law and Religion, 113 f. FN 6; Tondo, Appunti sulla giurisprudenza pontificale, 8 f. Vorsichtiger Wieacker, Römische Rechtsgeschichte I, 217 FN 76, 273 f. Die Basis für die Vermutung, dass das beim Sakramentsprozess versprochene Geld bei den *pontifices* aufbewahrt wurde, liefert eine Konjektur in Varro ling. 5.180, bei der *ad pontes* zu *ad pontifices* emendiert wurde; die Vermutung ist daher kritisch zu hinterfragen.

134 So zumindest Wieacker, Römische Rechtsgeschichte I, 258. Zur Mitwirkung bei der *legis actio sacramento in rem* Mitchell, Patricians and Plebeians, 171–173.

ist auch, ob die *pontifices* die *nuncupationes* bei der *mancipatio* (und ev. beim *testamentum per aes et libram*) formulierten bzw. bereitstellten.[135] Ebenso erwogen wurde eine sakralrechtliche Herkunft der *sponsio*[136], eine Zuständigkeit der *pontifices* beim *testamentum calatis comitiis*[137] und eine Mitwirkung bei der *usucapio pro herede*[138]. Problematisch ist jedoch, dass zwar mehrere Zeugnisse der Pontifikaljurisprudenz zum *ius publicum* und zum *ius sacrum* erhalten sind, aber nur wenige Belege, auf die die Tätigkeit der *pontifices* zum *ius civile* gestützt werden kann: Mehrheitlich bleibt es bei Vermutungen und es können lediglich Analogien zur späteren Tätigkeit der Juristen gezogen werden.[139]

Nicht zuletzt spricht auch die Tatsache, dass die *pontifices* bei den Historikern, die die frühe Republik behandeln, Livius und Dionysius von Halikarnass, nicht im Zusammenhang mit irgendeiner juristischen Tätigkeit genannt werden, gegen diese These. Bei Livius wird im dritten Buch die Anwesenheit des *pontifex*

---

135 Nicht herrschende Lehre, aber vertreten durch Corbino, Il formalismo negoziale nell'esperienza romana, Lezioni, 51, und Bellocci, Ius sacrum e sollemnes nuncupationes in Roma antica, Ius Antiquum (1999) 166–174. Vgl. auch Behrends, La mancipatio nelle XII tavole, IURA 33 (1982) 64 und Blanch Nougues, Nuncupare Heredem, RIDA 47 (2000) 125–129.

136 Pernice, Zum römischen Sacralrechte, Sb Berlin (1885) 1143–1169 und Sb Berlin (1886) 1169–1203; Berger, Art. Ius sacrum, RE X (1919) Sp. 1294; Kunkel/Schermaier, Römische Rechtsgeschichte, 37; Waldstein/Rainer, Römische Rechtsgeschichte, 64. Vgl. auch Manthe, Geschichte des römischen Rechts, 64, der den Ursprung der *stipulatio* in der Auguralpraxis vermutet. Gegen diese Theorie spricht, dass in den juristischen Quellen kein Anhaltspunkt für ein religiöses Verständnis der *stipulatio* zu finden ist. Siehe dazu Wieacker, Römische Rechtsgeschichte I, 560 FN 46, der sich ausdrücklich gegen einen Bezug zu *spondere* ausspricht, Watson, The State, Law and Religion, 34 und Liebs, Contrarius Actus, Sympotica Wieacker, 111–153.

137 Diese Annahme findet sich bei Wieacker, Römische Rechtsgeschichte I, 318, der sich auf die *detestatio sacrorum* (vgl. Gell. 15.27.1–4) stützt. Die Art der Mitwirkung der *pontifices* bei den Kalatkomitien ist umstritten. Die überwiegende Meinung ist, dass die Komitien von einem *pontifex* oder dem *pontifex maximus* geleitet wurden (so etwa Wissowa, Religion und Kultus der Römer, 512 oder Szemler, Art. pontifex, RE Suppl. XV (1978) Sp. 360–363), Skepsis äußern Latte, Römische Religionsgeschichte, 400; Bleicken, Oberpontifex und Pontifikalkollegium, Hermes 85 (1957) 352–356 und Wolf, *Comitia quae pro conlegio pontificum habentur*, Symposion Wieacker, 3–6). Zum Zusammenhang zwischen Adoption und Erbrecht siehe auch Cic. dom. 35.

138 Cic. leg. 2.48–53. Der Zusammenhang mit anderen Kompetenzen der *pontifices* (die *usucapio pro herede* war besonders wegen der Fortführung des Kults bedeutsam) spricht hier eher für eine Zuständigkeit der *pontifices*. Siehe zu dieser Passage Mayer-Maly, Studien zur Frühgeschichte der usucapio III, SZ 79 (1962) 90 f.; Watson, The Law of Property, 33–37 und Dyck, A commentary on Cicero, *De Legibus*, 381–384.

139 Wieacker, Altrömische Priesterjurisprudenz, FG Kaser, 348 FN 2. Zum Spannungsverhältnis zwischen *ius sacrum* und *ius civile* siehe auch den Diskurs in Cic. leg. 2.46–2.53 sowie Cic. Brut. 156. Zur Behandlung des *ius sacrum* und *ius publicum* in der Romanistik siehe Sini, A quibus iura civibus praescribebantur, 12–62; Johnson, The Pontifical Law of the Roman Republic, 46 f., 53.

maximus bei der Wahl der Tribune erwähnt,[140] bei Dionysius werden sie bei der Durchführung von religiösen Zeremonien gezeigt.[141] Und auch der Einwand, dass Livius' Interesse an juristischen Fragen nicht sehr groß ist, zieht nicht, wenn man bedenkt, dass er auch der Veröffentlichung des *ius Flavianum* Raum schenkt.[142]

Daher liegt der Verdacht, nahe, dass es sich bei D. 1.2.2.6 um eine nachträgliche Zuschreibung handelte, und es stellt sich die Frage, wie die Überlieferung der gegenteiligen Meinung zustande kam und welchen Zweck sie verfolgte. Die erste Frage ist leichter zu beantworten: Mit der juristischen Beratung beschäftigte sich in der Zeit der Republik die Oberschicht, jene Schicht also, die auch die Mitglieder der Priesterkollegien stellte. Durch die Ähnlichkeit der Tätigkeitsbereiche einerseits (auf die Parallelen zwischen der römischen Religion und dem römischen Recht wurde schon hingewiesen)[143] und durch das hohe Ansehen, das sowohl die Priesterkollegien als auch das *ius sacrum* innerhalb des römischen Staates genossen,[144] kam es wiederholt zu Doppelfunktionen, die die Tradition, dass Inhaber von Priesterämtern zugleich juristischen Rat erteilten, wenn nicht verursachten, so zumindest verstärkten:[145] Zu den bekannten Juristen, die zugleich *pontifices* waren, zählten etwa Ti. Coruncanius, der erste bekannte Jurist, aber auch P. Mucius Scaevola und sein Sohn Q. Mucius Scaevola.

Ein weiterer Grund könnte gewesen sein, dass Pomponius durch die Rückführung auf die *pontifices* das Ansehen der Jurisprudenz zu erhöhen versuchte, zumal der *mos maiorum* und die Berufung auf diesen eine besondere Legitimationsfunktion hatte.[146] Und nicht zuletzt muss der Tatsache Aufmerksamkeit geschenkt werden, dass zu Pomponius' Zeit der Kaiser das Amt des *pontifex maximus* innehatte[147] und zugleich durch die Konstitutionen und die Tätigkeit der kaiserlichen Kanzleien wichtigste Quelle der Rechtsschöpfung und Rechtssetzung war.

Hinzu kommt, dass vor allem vonseiten der Popularenfraktion versucht wurde, den zeitgenössischen Konflikt zwischen Nobilität und *plebs* auch auf die Geschichtswissenschaft und das antiquarische Schrifttum zu übertragen.[148] Da die

140 Liv. 3.54.

141 Dion. Hal. ant. 10.57.6

142 Liv. 9.46.1–15.

143 Vgl. Wieacker, Römische Rechtsgeschichte I, 317–326.

144 Vgl. hierzu die Stellung der ἐξηγηταί im griechischen Recht, die bei der Blutgerichtsbarkeit herangezogen wurden. Busolt, Griechische Staatskunde, 813.

145 Siehe dazu auch Cancelli, La giurisprudenza unica dei pontefici e Gneo Flavio, 259.

146 Siehe dazu etwa Pina Polo, Die nützliche Erinnerung, Historia 53 (2004) 147–172 und die Aufsätze in Linke/Stemmler, Mos maiorum.

147 Zum Kaiser als *pontifex maximus* siehe Cameron, Pontifex Maximus: From Augustus to Gratian – and Beyond, 139–159 mit weiteren Literaturhinweisen.

148 Siehe S. 82 ff., 111 ff., 119 ff.

Popularen bestrebt waren, die Nobilität als machtgierige Klasse darzustellen, hätten sie gute Gründe gehabt, die Priester als Hüter einer okkulten Geheimwissenschaft zu beschreiben. Denkbar ist auch, dass dieses zunächst negative Bild von einigen Historikern aufgenommen wurde (zum Beispiel von Mitgliedern der *gens Mucia*), um ein positives Bild der eigenen Familie zu zeichnen, zumal der Status der Rechtswissenschaft in der römischen Antike bei weitem nicht mit jenem in der Moderne vergleichbar war[149] und durch politische Macht der eigenen Familie – auch wenn sie nur rückprojiziert war, – aufgewertet wurde. Nicht zuletzt ist die Akzeptanz dieser These auch davon abhängig, ob man eine frühe Trennung von Religion und Recht annimmt oder nicht; Befürworter einer strikten Trennung halten ein frühes Monopol der *pontifices* für unwahrscheinlich, im Gegensatz zu den Forschern, die nicht von einer strikten Trennung ausgehen.[150]

Tatsächlich aber ist die Erklärung für das sog. Monopol der *pontifices* relativ einfach und hierzu muss man nur den bei Pomponius folgenden Absatz lesen.[151] In D. 1.2.2.7 schildert Pomponius die Publikation des *ius Flavianum* durch Cn. Flavius, den Schreiber des Ap. Claudius Caecus. Dadurch, dass bis zu diesem Zeitpunkt die Klagen und Fasten – so die wahrscheinliche Bedeutung des *ius Flavianum*[152] – bei den *pontifices* bzw. bei einzelnen Mitgliedern[153] aufbewahrt wurden, waren sie nur eingeschränkt für Nicht-Mitglieder und hier vor allem für Plebejer einsehbar. In der Praxis dürften die Klagen nicht so geheim gewesen sein[154] und auch das Wissen um den römischen Kalender hatte eine größere Verbreitung als gewöhnlich angenommen.[155] Zusammen mit der fast gleichzeitig erfolgten Erweiterung des

149 Zur Darstellung der republikanischen Rechtswissenschaft in den Handbüchern siehe etwa Wieacker, Römische Rechtsgeschichte I, 314, 596; Kunkel/Schermaier, Römische Rechtsgeschichte, 125; zu den Lehrbüchern siehe etwa Hausmaninger/Selb, Römisches Privatrecht, 25 oder Apathy/Klingenberg/Pennitz, Einführung in das römische Recht, 7 f.

150 Befürwortet wird ein Monopol der *pontifices* etwa von Kunkel/Schermaier, Römische Rechtsgeschichte, 123–125, während z. B. Valgaeren, The jurisdiction of the pontiffs at the end of the fourth century BC, 107–118, ein Monopol ablehnt.

An dieser Stelle möchte ich mich bei Michael Crawford und Paul Mitchell sowie den anderen Diskussionsteilnehmern für ihre konstruktiven Anregungen zur Rolle der *pontifices* und zur Entstehung der römischen Rechtswissenschaft anlässlich meines Vortrags an der UCL am 14. 3. 2014 bedanken.

151 Siehe auch Rüpke, Rationalizing religious practices, 100, der auf den Zusammenhang zwischen den 12 Tafeln und dem *ius Flavianum* verweist und in diesem Kontext auch Cic. Att. 6.1.8 zitiert sowie Valgaeren, The jurisdiction of the pontiffs at the end of the fourth century BC, 108–110.

152 Cic. Att. 6.1.8.

153 Zur Frage der Archive der Priesterkollegien siehe S. 53 ff.

154 So auch schon Schulz, Geschichte der römischen Rechtswissenschaft, 12.

155 Anderer Ansicht ist Valgaeren, The jurisdiction of the pontiffs at the end of the fourth century BC, 114.

Augural- und Pontifikalkollegiums durch die *lex Ogulnia* hatte die Veröffentlichung jedoch ein erhöhtes Maß an Zugänglichkeit für die Bevölkerung[156] und infolgedessen auch mehr Prozesse und einen erhöhten Bedarf an Beratung zur Folge. Es gab vermutlich schon vor diesem Zeitpunkt juristische Beratung, die durch Private erfolgte, schließlich waren die 12 Tafeln ja allgemein bekannt und Prozesse fanden in der Regel in der Öffentlichkeit statt, weshalb der Aneignung von Rechtskenntnissen durch Einzelne nichts im Wege stand. Durch die Veröffentlichung jedoch hatten nunmehr auch Mitglieder aus nichtpontifikalen Familien Zugang zu den Fasten und Mitglieder aus plebejischen Familien gewannen infolge der *lex Ogulnia* Zugang zu den *commentarii* der Priesterkollegien – da diese ja zumindest z. T. in den Häusern der Mitglieder aufbewahrt wurden –, was das Erlangen von Expertise im Bereich des Sakralrechts sicher erleichterte.

Zwar vergingen zwischen der Veröffentlichung der 12 Tafeln und jener des *ius Flavianum* 150 Jahre und nicht *fere centum annis*, wie in D. 1.2.2.6 dargestellt, doch ist dies kein zwingendes Gegenargument, waren doch Datierungsschwierigkeiten, wie Cic. Att. 6.1.8. zeigt (Cicero belehrt Atticus, das Flavius nicht vor den *decemviri* gelebt habe), schon in der Antike ein Problem.

I.2.2. *augures*

Die Auguren,[157] die in ihren Funktionen und in der Auswahl ihrer Mitglieder eine Parallelorganisation zu den *pontifices* darstellten,[158] waren in einem Kollegium organisiert, dessen Ursprung man wie jenes der *pontifices* auf Numa zurückführte.[159] Nach zuerst wohl nur drei Mitgliedern,[160] wurde die Zahl der Auguren durch die *lex Ogulnia* (ca. 300 v. Chr.) auf neun erhöht, von denen fünf Plebejer sein mussten.[161] Unter Sulla erreichte die Zahl der Mitglieder 15.[162] Den Vorsitz

156 Ein in diesem Zusammenhang häufig übersehenes Zeugnis ist Liv. 4.3.9, wo Canuleius beklagt, dass die Plebejer keinen Zugang zu den *commentarii pontificum* und zu den *fasti* hätten.

157 Wissowa, Art. augures, RE II (1896) Sp. 2313–2344; Wissowa, Religion und Kultus der Römer, 523–534; Latte, Römische Religionsgeschichte, 397; Szemler, Religio, Priesthood and Magistracies, Numen 18.2. (1971) 108–110; Linderski, The Augural Law, 2146–3212; Wieacker, Römische Rechtsgeschichte I, 216; Norden, Aus altrömischen Priesterbüchern, 1–106; Briquel, Art. augures, DNP 2 (1997) Sp. 279–281; Rüpke, Fasti Sacerdotum, 21.

158 Szemler, Religio, Priesthood and Magistracies, Numen 18.2. (1971) 109.

159 Liv. 4.4.2; Dion. Hal. ant. 2.64.4.

160 Wissowa, Art. augures, RE II (1896) Sp. 2317.

161 Liv. 10.6.3–8, 10.9.2; Lyd. mag. 1.45. Zur *lex Ogulnia* siehe Rotondi, Leges publicae, 236; D'Ippolito, Das ius Flavianum und die lex Ogulnia, SZ 102 (1985) 9–128; Elster, Die Gesetze der mittleren römischen Republik, 103–106.

162 Liv. per. 89. Siehe Hantos, Res publica constituta, 125; Rüpke, Fasti Sacerdotum, 1639 f.

nahm vermutlich das ältesteste Mitglied ein.[163] Ähnlich wie bei den *pontifices* erfolgte auch bei den *augures* die Bestellung neuer Mitglieder durch Kooptation, ein Verfahren, das durch die *lex Domitia*,[164] die das Vorschlagsrecht der *augures* normierte, modifiziert wurde.[165] In der Kaiserzeit ging die Wahl von den Tributkomitien auf den Senat über.[166]

Eine vergleichsweise vollständige Aufstellung ihrer Aufgaben erfolgte durch Cicero, der selbst dem Kollegium angehörte.[167] Von besonderer Bedeutung sind die *augures* für die römische Rechtsentwicklung – insbesondere für die Verfassung des Staats – aufgrund ihrer Kompetenz in der Deutung der *auspicia*.[168] Der Grund hierfür liegt darin, dass Wahlen und Abstimmungen, aber auch die Einberufung des Heeres nur bei günstigen *auspicia* stattfinden konnten.[169] Die *augures* hatten Einfluss auf die Entscheidungen der Gremien, weil sie deren Vorsitz innehatten[170]; letztendlich konnten sie sogar Wahlen oder Gesetze aufheben.[171] Verstöße gegen die Auspizien hatten für die an den Auspizien beteiligten Magistrate rechtliche Folgen.[172]

Nach Giovannini nahm das *collegium augurum* quasi die Rolle eines Verfassungsgerichts ein.[173] Darin zeigt sich nicht unbedingt ein Widerspruch zur

---

163 Szemler, Religio, Priesthood and Magistracies, Numen 18.2. (1971) 109. Die Unsicherheit ist auch darauf zurückzuführen, dass eine Stelle, die auf den Vorsitz des Ältesten hinweisen könnte (Cic. Cato 64), textkritisch verderbt ist.

164 Zur *lex Domitia* Rotondi, Leges publicae, 329; Rüpke, Fasti Sacerdotum, 1636–1639.

165 Wissowa, Art. augures, RE II (1896) Sp. 2318 mit Quellennachweisen.

166 Wissowa, Art. augures, RE II (1896) Sp. 2318.

167 Cic. leg. 2.20 f. Strittig ist, inwieweit Cicero bei dieser Passage auf echte Texte des *ius augurale* zurückgreift, hier zeigt sich Linderski, The Augural Law, 2150 skeptisch. Zum Begriff der *iniusta* siehe besonders Behrends, Ius und Ius civile, Sympotica Wieacker, 47.

168 Zur Unterscheidung der *auspicia* Fest. s. v. *quinque genera* (ed. Lindsay, p. 317); Serv. Aen. 6.180, 12.259. Siehe auch Forsythe, A Critical History of Early Rome, 139. Für die Annahme, dass die *augures* die *auspicia* an Stelle der Magistrate durchgeführt haben, spricht sich u. a. Weinstock, Art. obnuntiatio, RE XVII (1937) Sp. 1726–1735 aus, während Wissowa, Art. augures, RE II (1896) Sp. 2337 anderer Ansicht ist. Eine vermittelnde Stellung nimmt Linderski, The Augural Law, 2190–2192 ein, der darauf hinweist, dass sich Belege für die Durchführung der Auspizien nur auf die Königszeit beziehen und *in auspicio esse* nicht nur Hilfe bei der Vornahme der Auspizien bedeute, sondern auch im Sinn einer Hinzuziehung zu den Versammlungen (zwecks *nuntiatio*) aufgefasst werden könne. Vgl. auch Liv. 41.18.16 *periti religionum iurisque publici*.

169 Behrends, Ius und Ius civile, Sympotica Wieacker, 20; Walt, Der Historiker C. Licinius Macer, 84; Giovannini, Il pasaggio dalle istituzioni monarchiche, GS Castagnoli, 77. Siehe auch Liv. 1.36.6.

170 Cic. leg. 3.27; 3.43. Dazu Dyck, A commentary on Cicero, *De Legibus*, 516–518.

171 Cic. leg. 2.31. Dazu Dyck, A commentary on Cicero, *De Legibus*, 342–344.

172 Cic. div. 2.71.

173 Watson, The State, Law and Religion, 13; Giovannini, Il pasaggio dalle istituzioni monarchiche, GS Castagnoli, 81. Der Vergleich findet sich auch bei Ross Taylor, Party Politics in

gelegentlichen Instrumentalisierung oder Manipulation von Auspizien. Sie sind eher ein Symptom für die widersprüchliche Haltung der Römer gegenüber ihrer Religion im Allgemeinen und den Auspizien im Besonderen. Während formell penibel auf die Einhaltung der Vorschriften des *ius augurale* geachtet wurde, wurde die Auguraldisziplin – teilweise auch von Mitgliedern des Kollegiums selbst – als raffinierte politische Einrichtung betrachtet.[174]

153 v. Chr. wurde das Recht, Versammlung aufgrund der Meldung ungünstiger Auspizien aufzulösen (*obnuntiatio*),[175] durch die *leges Aelia und Fufia* in seiner politischen Wirkung eingeschränkt.[176] Diesen Gesetzen zufolge musste die Meldung über ungünstige Vorzeichen stets vor der Abstimmung in den gesetzgebenden Versammlungen vorgebracht werden. Eine weitere Änderung der Obnuntiation erfolgte 58 v. Chr. durch die *leges Clodiae*, über deren Inhalt und Geltungszeitraum nach wie vor Uneinigkeit herrscht.[177] Nicht zuletzt erfuhr das *ius obnuntiandi* durch diverse *senatus consulta*, die den Magistraten Dispens von den *leges Aelia et Fufia* erteilten, d. h. im Resultat die Obnuntiation verboten, weitere Einschränkungen.[178] Ein anderer Bereich, bei dem *responsa* von *augures* erteilt wurden, war die Inauguration von Priestern, Zeremonien und Orten.[179]

Eine Befragung der *augures* geschah meist auf Anfrage des Senats, vereinzelt auch auf Ersuchen einzelner Beamter,[180] manchmal wurde das Kollegium oder

---

the Age of Caesar, 84. Vgl. auch Behrends, Rez. zu Bretone, Techniche ed ideologie, Gnomon 45 (1973) 795 FN 3. Die mangelnde Beachtung der Auspizien beklagt hingegen Cic. div. 2.77. Vgl. Cic. div. 1.28 und 2.72 f., in denen Cicero Beispiele für die Manipulation von *auspicia* gibt. Zur widersprüchlichen Einstellung der Römer zu ihrer Religion siehe auch Watson, The State, Law and Religion, 10, 12 f., 99 f. Vgl. aber Rüpke, Fasti Sacerdotum, 1141–1456, bes. 1451–1453.

174 Cic. div. 1.105; Cic. leg. 2.33. Vgl. auch Bleicken, Kollisionen zwischen *sacrum* und *publicum*, Hermes 85 (1957) 470, der die Auguraldisziplin als „geradezu ein Arcanum der politischen Intrige“ sieht. Zu Ciceros eigener, skeptischer Haltung gegenüber der Divination im allgemeinen und der Auguraldisziplin im Besonderen siehe Volk, Signs, Seers and Senators: Divinatory Expertise in Cicero and Nigidius Figulus, 334–342.

175 Zum *ius obnuntiandi* und seinen politisch begründeten Missbräuchen Bleicken, Kollisionen zwischen *sacrum* und *publicum*, Hermes 85 (1957) 449 f., 468–480.

176 Bleicken, Kollisionen zwischen *sacrum* und *publicum*, Hermes 85 (1957) 471 f.; Sumner, Lex Aelia, Lex Fufia, AJPh 84 (1963) 337–358. Die *leges* wurden durch den Volkstribun P. Clodius 58 v. Chr. abgeschafft; die Gültigkeit der Aufhebung wurde von der Nobilität jedoch wegen ungünstiger Auspizien am Tag der Adrogation des Claudius bestritten. Vgl. aber Mitchell, Patricians and Plebeians, 220.

177 Siehe dazu Mitchell, The Leges Clodiae and obnuntiatio, CQ 36 (1986) 172–176.

178 Bleicken, Kollisionen zwischen *sacrum* und *publicum*, Hermes 85 (1957) 474; G. V. Sumner, Lex Aelia, Lex Fufia, AJPh 84 (1963) 340–342.

179 Wissowa, Art. augures, RE II (1896) Sp. 2326, Linderski, The Augural Law, 2151, 2215–2218.

180 Siehe etwa Cic. nat. deor. 2.11. Zum Ablauf siehe Linderski, The Augural Law, 2211. Vgl. dazu auch das Prozedere bei den *pontifices* S. 32.

eines seiner Mitglieder auch aus eigener Initiative aktiv. Die Antwort des Kollegiums[181] (die Anwesenheit von drei *augures* wurde als ausreichend erachtet)[182] erfolgte mündlich[183] – häufig unter Benutzung der Formeln *vitio diem dictam esse* oder *vitio creatum videri*, später auch *leges contra auspicia latas*[184] – und wurde entweder im Senat oder in der *contio* referiert.[185]

Gelegentlich wurden die *augures* auch „kautelarisch“ hinzugezogen, indem man ihnen im Rahmen ihrer Anwesenheit bei den *comitia* das Recht gab, *auspicia oblativa* festzustellen und mit dem Ausspruch *alio die* die Versammlung aufzulösen.[186]

Linderski teilt die Beschlüsse der *augures* in drei Kategorien ein:[187]

– *decreta*, die eine Verletzung des *ius augurale* ieS im Zuge der folgenden Zusammenkünfte behandelten:
  • Wahlen[188]
  • gesetzgebende Versammlungen[189]
  • sonstige durch einen Magistrat einberufene Versammlungen, bes. im Zusammenhang mit Kriegsführung[190]

---

181 Linderski, The Augural Law, 2208–2210 und Cohee, Decrees and responses of the Roman Priesthoods during the Republic, 62 f. sprechen sich dagegen aus, dass auch einzelne Auguren bindende Gutachten erstellt haben könnten. Ebenso anderer Ansicht scheint Mitchell, The Leges Clodiae and obnuntiatio, CQ 36 (1986) 174 FN 10 zu sein.

182 Cic. Att. 4.17.2. Dazu Cohee, Decrees and responses of the Roman Priesthoods during the Republic, 50.

183 Cic. dom. 39 f.; Cic. har. resp. 48. Linderski, The libri reconditi, Harvard Studies in Classical Philology 89 (1985) 224 nimmt an, dass es sich bei der „Causa Bibulus“ um eine Volksversammlung gehandelt hat, zu der Clodius als *tribunus plebis* die Auguren eingeladen hat. Die dabei geäußerten *responsa* seien die Meinungen der einzelnen Mitglieder, nicht des Kollegiums gewesen. Die Differenzierung ergibt jedoch mE wenig Sinn: Clodius wollte doch, wenn schon, die Meinung des ganzen Kollegiums zur Legitimation.

184 Wissowa, Art. augures, RE II (1896) Sp. 2334.

185 Linderski, The Augural Law, 2212.

186 Cic. leg. 2.31; Cic. Phil. 2.83. Siehe auch Wissowa, Art. augures, RE II (1896) Sp. 2335 f.

187 Linderski, The Augural Law, 2158 f., 2162 f. Vgl. auch die Aufzählung bei Giovannini, Il pasaggio dalle istituzioni monarchiche, GS Castagnoli, 79 f.

188 Eine Liste der Magistrate *qui vitio facti abdicarunt* findet sich bei Degrassi, Fasti consulares et triumphales, 615–635. Siehe z. B. zur Annullierung der Wahl des Diktators: Liv. 8.15.6 und 8.23.14; zur Wahl der Konsuln Liv. 23.31.13; Cic. nat. deor. 2.11: Cic. div. 2.72. Siehe auch Linderski, The Augural Law, 2168–2172

189 Cic. leg. 2.31; Cic. har. resp. 48; Cic. fam. 10.12.3; Macr. Sat. 1.16.9. Linderski, The Augural Law, 2213 f. Dazu Rüpke, Fasti Sacerdotum, 259. Volksversammlungen konnten allerdings, da sie ohne *auspicia impetrativa* vor sich gingen, nur wegen *vitia* aufgrund von *auspicia oblativa* aufgehoben werden (vgl. Iul. Obs. prod. 46). Siehe dazu Linderski, The Augural Law, 2166.

190 Siehe z. B. die Kampagne des C. Flaminius und seines Kollegen P. Furius Philus 223 v. Chr. (Plut. Marcellus 4.2–4), die Ligurische Kampagne des Q. Petilius Spurinus und C. Valerius

- *decreta*, die unklare Formulierungen u. ä. erläuterten:
  - Erklärung der Termini *consul maior*, *praetor minor*, *maior* und *maximus*[191]
  - Zulässigkeit der *auspicia de tripudiis*[192]
- *decreta*, die die *religio*, d. h. die Entfernung von religiösen Hindernissen,[193] behandelten[194]

I.2.3. *fetiales*

Die Gründung des Priesterkollegiums der Fetialen[195] wurde von den antiken Autoren u. a. auf Numa, Tullus Hostius oder Ancus Marcius zurückgeführt.[196] Die *fetiales*, deren Kollegium 20 Mitglieder umfasste, waren eines der ältesten Priesterkollegien[197] und standen im Rang nur knapp hinter den *pontifices*, *augures* und *XVviri sacris faciundis*.[198] Den Vorsitz des Kollegiums übernahm der *pater patratus*, der von Fall zu Fall bestimmt wurde; ihm zur Seite stand ein *verbenarius*.[199] Die *fetiales* waren für die Auslegung und Bewahrung sakralrechtlicher Vorschriften

Laevinus (Liv. 41.18.7 f.; LINDERSKI, The Augural Law, 2173–2175) und das Ignorieren der Auspizien durch P. Claudius Pulcher vor der Schlacht von Drepanum (Liv. per. 19; Pol. 1.49–51; Cic. nat. deor. 2.7; Cic. div. 1.29, 2.71; Val. Max. 1.4.3, 8.1.4; LINDERSKI, The Augural Law, 2176 f.). Siehe auch Liv. 21.6.3, 22.1 und 41.10.

191 Fest. s. v. *maximum praetorem* und *maiorem consulem* (ed. Lindsay, p. 152/154); Gell. 13.15. Dazu LINDERSKI, The Augural Law, 2177–2180; STEWART, Public Office in Early Rome, 211–213.

192 Cic. div. 1.27 f. und 2.73. Siehe dazu LINDERSKI, The Augural Law, 2155 f.

193 LINDERSKI, The Augural Law, 2159 „the term *religio* meaning here the religious (= augural) obstacle".

194 Liv. 4.31.4 f. (dazu LINDERSKI, The Augural Law, 2180 f.; COHEE, Decrees and responses of the Roman Priesthoods during the Republic, 152 f.) und Liv. 41.8.16 (dazu LINDERSKI, The Augural Law, 2184 f.; JAHN, Interregnum und Wahldiktatur, 150–153). Siehe auch Liv. 8.15.5 f.; Cic. Att. 9.15.2; Gell. 14.7.7; Fest. s. v. *referri diem prodictam* (ed. Lindsay, p. 366).

195 WISSOWA, Religion und Kultus der Römer, 550–554; SAMTER, Art. fetiales, RE VI (1909) Sp. 2259–2265; LATTE, Römische Religionsgeschichte, 121–124; WIEDEMANN, The fetiales. A reconsideration, CQ 36 (1986) 478–490; BROUGHTON, Mistreatment of Foreign Legates and the Fetial Priests: Three Roman Cases, Phoenix 41 (1987) 50–62; RÜPKE, Domi militiae, 97–116; MITCHELL, Patricians and Plebeians, 110–113; WATSON, International Law in Archaic Rome; PRESCENDI, Art. fetiales, DNP 4 (1998) Sp. 496–497; BALDUS, Regelhafte Vertragsauslegung, 412–460; CIMMA, I feziali e il diritto internazionale antico, Ius antiquum 6 (2000) 24–32; LIEBS, Bellum iustum, FS Behrends, 305–318; ZOLLSCHAN, The longevity of the fetial college, 119–144.

196 Für Numa Dion. Hal. ant. 2.72.1; Plut. Numa 12.3–7; Camillus 18.1. Für Tullus Hostius Cic. rep. 2.31. Für Ancus Marcius Liv. 1.32.5; Ps.-Aur. Vict. vir. ill. 5.4; Serv. Aen. 10.14.

197 Die Erfindung des *ius fetiale* wird auf den König der Aequiculer, Fertor Resius, zurückgeführt. Siehe CIL VI 1302. Vgl. auch Iul. Par. nom. epit. 1.

198 SAMTER, Art. fetiales, RE VI (1909) Sp. 2259.

199 SAMTER, Art. fetiales, RE VI (1909) Sp. 2261.

im Rechtsverkehr mit fremden Völkern, bes. im Bereich kriegerischer Auseinandersetzungen (*ius fetiale*), zuständig.[200] Ihre *responsa* erteilten sie auf Anfrage der Magistrate und des Senats.[201] Zudem war ihre Anwesenheit beim Abschluss von Bündnissen[202] und bei der Forderung nach Genugtuung (*res repetere*) nötig, wenn dem römischen Volk Unrecht zugefügt worden war[203].

Einige Forscher sind der Meinung, dass die *fetiales* ab dem 3. Jhdt. v. Chr. durch Gesandte abgelöst wurden,[204] wobei aber ihre Kompetenz, *responsa* zu erteilen, unbeschadet blieb. Das Ritual des Speerwerfens als Akt der Kriegserklärung wurde unter Oktavian, der Mitglied des Kollegiums war, (wieder-) eingeführt.[205] Wiedemann betont die ursprüngliche Funktion der *fetiales* als „Hüter" der Verträge, auf die ihre beiden Hauptkompetenzen – die *rerum repetitio* mit folgender Kriegserklärung und die Auslieferung von Vertragsbrüchigen – zurückgeführt wurden.[206]

Die *fetiales* erteilten *responsa* zu folgenden Tatbeständen:

- *rerum repetitio*[207] – diese war jedoch beschränkt auf Staaten, mit denen Rom ein *foedus* abgeschlossen hatte[208]
- Kriegserklärung[209]

---

200 Tondo, Appunti sulla giurisprudenza pontificale, 2. Cimma, I feziali e il diritto internazionale antico, Ius antiquum 6 (2000) 2, 4, betont die hoch entwickelte Rechtstechnik der *fetiales* und die Parallelen zum *ius pontificium.*

201 Samter, Art. fetiales, RE VI (1909) Sp. 2260.

202 Liv. 1.24.6; 9.5.3.; Suet. Claud. 25; App. Samn. 4.13; Serv. Aen. 12.206.

203 Liv. 7.6.7, 7.32.1, 10.45.7; Varro ling. 5.86.

204 Diese Theorie basiert auf Serv. Aen. 9.52 und wird u. a. durch Harris, Rome in Etruria and Umbria, 166; Goar, Cicero and the State Religion, 10; Beard/North/Price, Religions of Rome, 132 f.; Beard/Crawford, Rome in the Late Republic, 29, 37 und Rüpke, Domi militiae, 120 vertreten. Skeptisch äußert sich Mitchell, Patricians and Plebeians, 111 f., der die *fetiales* als eine frühe Form der Gesandschaft sieht. Watson, International Law in Archaic Rome, 34 führt dies darauf zurück, dass nur innerhalb Italiens andere *fetiales* existierten. Siehe auch Liebs, Bellum iustum, FS Behrends, 310 f. Gänzlich anderer Ansicht ist Zollschan, The longevity of the fetial college, 119–144.

205 Wiedemann, The fetiales. A reconsideration, CQ 36 (1986) 482 gibt zu bedenken, dass es sich bei der Kriegserklärung durch das Werfen eines Speers ev. um eine Rückprojektion gehandelt haben könnte, die Oktavian von den Diadochenstaaten übernommen haben könnte. Ähnlich Rüpke, Domi militiae, 106.

206 Wiedemann, The fetiales. A reconsideration, CQ 36 (1986) 484–490. Siehe auch Plut. Numa 12.3–5.

207 Z. B. Liv. 1.32.5–14, 4.30.12, 8.22.8, 9.45.6; Dion. Hal. ant. 2.72.8. Dazu Cimma, I feziali e il diritto internazionale antico, Ius antiquum 6 (2000) 1. Wiedemann, The fetiales. A reconsideration, CQ 36 (1986) 487 betont die Parallelen zur *legis actio per condictionem.* Vgl. auch die juristische Terminologie in Liv. 1.32.10–12.

208 Wiedemann, The fetiales. A reconsideration, CQ 36 (1986) 488.

209 Serv. Aen. 9.52; Liv. 31.8.3, 36.3.7–10. Nur ein nach dem *ius fetiale* erklärter Krieg galt als *bellum pium.* Dazu Cimma, I feziali e il diritto internazionale antico, Ius antiquum 6 (2000) 1–6.

– *deditio*[210] – Auslieferung eines Schuldigen, der das Gesandtschaftsrecht verletzt hatte[211] oder sich sonst einer Verletzung von Vorschriften schuldig gemacht hatte.[212]

I.2.4. *decemviri (quindecemviri) sacris faciundis*

Das Kollegium der *decemviri* (später *quindecemviri*) *sacris faciundis*[213] hatte besonders großen Einfluss im 3. Jhdt. v. Chr. Nach der Niederlage von Cannae 216 v. Chr.[214] trat es gegenüber den *pontifices* und den *haruspices* in den Hintergrund.[215] Während die *decemviri* noch im 2. und im 1. Jhdt. v. Chr. recht häufig befragt worden waren, nahm ihr Einfluss mit dem Verlust der alten Bücher beim Brand des Kapitols 82 v. Chr. und der Überführung der neuen *libri* in den Tempel des Apoll ab.

Ab Sulla hatten die *decemviri*, die bis 367 v. Chr. aus zwei Mitgliedern[216] bestanden und dann auf zehn erhöht wurden, 15 Mitglieder;[217] unter Cäsar wurde ihre Zahl auf 16 Männer aufgestockt, sie behielten aber ihren alten Namen. Unter

---

210 Zu den Parallelen zur Noxalhaftung siehe Wiedemann, The fetiales. A reconsideration, CQ 36 (1986) 488 f. und Rüpke, Domi militiae, 110 f. Vgl. dazu auch den Wortgebrauch in den Liviusstellen Liv. 9.10.9 und 26.29.4. Zur *deditio* einer Gemeinde an die Römer siehe Nörr, Aspekte des römischen Völkerrechts, 15, der allerdings im konkreten Fall den Zusammenhang zwischen *deditio* und *ius fetiale* bezweifelt.

211 Non. s. v. *faetiales* (ed. Lindsay, p. 850); Dion. Hal. ant. 2.72.5; Val. Max. 6.6.3, 6.6.5; Liv. 38.42.7; Liv. per. 15. Siehe auch Broughton, Mistreatment of Foreign Legates and the Fetial Priests, Phoenix 41 (1987) 54–58.

212 Liv. 8.39.14; 9.4–10; Plut. Numa 12.6 f.; Val. Max. 6.3.3; der prominenteste und unter den römischen Juristen am intensivsten diskutierte Fall war die *causa Mancini* (Cic. top. 37; Cic. Caecin. 98; Cic. de orat. 1.181 f., 2.137 f.; Plut. Tib. Gracchus 7.3–5; Ps.-Aur. Vict. vir. ill. 62.2; Plin. nat. 34.18; Vell. 2.1 f. ; Mod. 3 reg. D. 49.15.4; Pomp. 37 ad Q. Muc. D. 50.7.18).

213 Wissowa, Religion und Kultus der Römer, 534–543; Boyce, The development of the Decemviri sacris faciundis, TAPA 69 (1938) 161–187; Latte, Römische Religionsgeschichte, 160 f., 397 f.; Szemler, Religio, Priesthood and Magistracies, Numen 18.2. (1971) 110–112; Radke, Art. Quindecimviri sacris faciundis, RE XXIV (1963) Sp. 1114–1148; Linderski, Art. Quindecimviri sacris faciundis, DNP 10 (2001) Sp. 713 f.; Mazurek, The decemviri sacris faciundis, FS Linderski, 151–168; Rüpke, Fasti Sacerdotum, 21; Satterfield, Rome's own sibyl: The Sibylline Books in the Roman Republic and Early Empire.

214 Evtl. auch weil die vorgeschlagenen Sühnemaßnahmen nichts bewirkt hatten. Siehe dazu Mazurek, The decemviri sacris faciundis, FS Linderski, 153.

215 Mazurek, The decemviri sacris faciundis, FS Linderski, 152.

216 Liv. 6.37.12; 6.42.1–2. Siehe Flach, Die Gesetze der frühen römischen Republik, 282 f; Rüpke, Fasti Sacerdotum, 1617 f., 1620 f.

217 Gizewski, Art. decemviri sacris faciundis, DNP 3 (1998) Sp. 343; Rüpke, Fasti Sacerdotum, 1639 f.

Augustus kam es immer wieder zu Überbesetzungen.[218] Das Amt des *magister* als Vorsitzender des Kollegiums wurde vermutlich erst in der Kaiserzeit eingeführt.[219] Die Assoziation der *decemviri* mit Apollo ist ein Phänomen späterer Zeiten; eventuell ist diese Verbindung im Kontext der Reise von Q. Fabius Pictor nach Delphi entstanden.[220]

Die *decemviri* waren jenes Priesterkollegium, das für die Auslegung der Sibyllinischen Bücher zuständig war und die Aufgabe hatte, diese in für den Staat kritischen Zeiten zu befragen. Die Sammlung der *libri Sibyllini*, die Tarquinius Superbus der Überlieferung nach einer alten Frau abgekauft hatte,[221] stammte vermutlich aus dem 6. Jhdt v. Chr.[222] und kursierte auch unter den Namen *fata Sibyllina*[223] und *libri fatales*[224]. Mit ihnen gemeinsam wurden auch die Bücher zweier hellseherisch begabter Brüder, der Marcii, aufbewahrt. Ob es sich bei den *libri Sibyllini* um Orakelsprüche und Prophezeiungen oder um Ritualvorschriften für Situationen handelte, in denen dem römischen Staat Unheil drohte oder ein solches gar schon eingetreten war, ist in der Forschung umstritten.[225] Die *libri Sibyllini* waren in griechischer Sprache in Akrosticha verfasst, über das Datum der Sprüche herrscht Unklarheit. Während man davon ausgeht, dass am Ende der Republik das Kollegium seine Sprüche selbst verfasste, ist die Benutzung eines älteren Bestandes nicht auszuschließen.[226] Ähnliche Spruchsammlungen wie die *libri Sibyllini* wurden im Lauf der Geschichte mehrfach einkassiert und vernichtet;[227] die *libri Sibyllini* wurden angeblich unter Stilicho zerstört.[228]

---

218 Radke, Art. Quindecimviri sacris faciundis, RE XXIV (1963) Sp. 1143.

219 Latte, Römische Religionsgeschichte, 160 FN 4. Anderer Ansicht Rüpke, Fasti Sacerdotum, 21.

220 Radke, Art. Quindecimviri sacris faciundis, RE XXIV (1963) Sp. 1139.

221 Lact. inst. 1.6.10; Isid. orig. 8.8.5; Solin. 2.17; Lyd. mens. 4.47; Serv. Aen. 7.72.

222 Radke, Art. Quindecimviri sacris faciundis, RE XXIV (1963) Sp. 1118.

223 Cic. Cato 3.4.

224 Liv. 5.15, 22.57; Plin. nat. 11.105.

225 Für einen mantischen Charakter Boyce, The development of the Decemviri sacris faciundis, TAPA 69 (1938) 163; Mazurek, The decemviri sacris faciundis, FS Linderski, 151, dagegen Radke, Art. Quindecimviri sacris faciundis, RE XXIV (1963) Sp. 1126 f.

226 Latte, Römische Religionsgeschichte, 161.

227 Liv. 25.1.12, 39.16.8; Suet. Aug. 31.1; Tac. Ann. 6.12; Cass. Dio 57.18.4 f. ; Iust. mart. apol. 44.12. Zum Bücherfund im Jahr 181 v. Chr. in einem Sarg, der angeblich religiöse Schriften des Numa Pompilius enthielt, und dessen anschließender Vernichtung Beck/Walter, Die frühen römischen Historiker I, 276–279, 296 f. mit weiterführender Literatur. Nach Plin. nat. 13.87 enhtielt der Sarg auch *libri pontificales*. Siehe auch Funaioli, Grammaticae Romanae Fragmenta, 229; Kronenberg, Varro the Roman Cynic, 316 f.

228 Rut. Nam. 2.51 f. Siehe dazu Brocca, Il proditor Stilicho e la distruzione dei Libri sibyllini, 137–184.

Zu den Aufgaben der *decemviri* zählte neben der Auslegung der Sibyllinischen Bücher auch die Aufsicht über den Apollo-Kult und den Kult der Magna Mater.[229]

Erschien ein unheilvolles *prodigium*[230], – dazu zählten nach Dionysius von Halikarnass neben *ostenta* (unheilvolle Omen) auch *tumultus* (στάσις εμφύλιος, iSv Bürgerkrieg) und *clades* (iSv Hungersnöten, Seuchen, Kriegsgefahr usw.) – beschloss der Senat, die Sibyllinischen Bücher zu konsultieren.[231] Die *decemviri* suchten in den Sibyllinischen Büchern daher nach der Vorschrift, mit der die *pax deorum* wiederhergestellt werden konnte. Die Beschlüsse der *decemviri* enthielten neben der Feststellung der *fata* auch die *remedia* und *sacra*, die zur Abwehr des drohenden Unglücks nötig sein würden.[232] Die *decemviri* trugen ihre *responsa* dem Senat bzw. manchmal auch der Öffentlichkeit vor.[233]

Die in den *responsa* der *decemviri* vorgeschlagenen Maßnahmen waren in der Regel kultischer Art,[234] wie die Einführung neuer Gottheiten oder Feiern, wie die Säkularfeier im Jahr 249 v. Chr.,[235] an die Augustus für seine Säkularfeier im Jahr 17 v. Chr. anknüpfte.[236] Nicht selten betrafen die *responsa* allerdings auch politische Maßnahmen.[237] Beispiele dafür sind die Untätigkeit gegenüber Coriolan,[238] die Warnung vor Attacken von außen und vor einer *seditio* im Jahr

229 Dazu Radke, Anmerkungen zu den kultischen Maßnahmen in Rom während des zweiten punischen Krieges, Würzburger Jahrbücher für die Altertumswissenschaft 6 (1980) 105–121.

230 Dion. Hal. ant. 4.62.

231 Beispielshaft geschildert wird dieser Vorgang anhand der *carmina Marciana* von Cohee, Decrees and responses of the Roman Priesthoods during the Republic, 46–48.

232 Radke, Art. Quindecimviri sacris faciundis, RE XXIV (1963) Sp. 1120; Rasmussen, Public Portents in Republican Rome, 94. Siehe z. B. Liv. 36.37.4–6, 38.36.4, 39.46.5, 40.19.4 f., 41.21.10 f., 43.13.7.8; Gran. Lic. p. 13 (ed. Criniti) ; Plut. Qu. R. 83.

233 Radke, Art. Quindecimviri sacris faciundis, RE XXIV (1963) Sp. 1141; Wieacker, Römische Rechtsgeschichte I, 567.

234 Dazu zählt auch das in seiner Bedeutung stark umstrittene Opfer eines Gallier- und eines Griechenpaars im Jahr 216 v. Chr. (Liv. 22.57.4–7; Plin. nat. 38.12; Min. Fel. 30.4). Radke glaubt an eine Verwechslung mit dem Totenopfer für Accia Larentia (Radke, Art. Quindecimviri sacris faciundis, RE XXIV (1963) Sp. 1133–1135), anderer Meinung sind Boyce, The development of the Decemviri sacris faciundis, TAPA 69 (1938) 177, Latte, Römische Religionsgeschichte, 256 und Forsythe, A Critical History of Early Rome, 331 f. Weitere Bespiele sind die Weihe eines Apollotempels im Jahr 433 v. Chr., die Abhaltung eines *lectisternium* im Jahr 399 v. Chr. (dazu Forsythe, A Critical History of Early Rome, 248 f.), die Einführung des Äskulapkults 293 v. Chr. und die Einführung des Kults der Magna Mater 204 v. Chr. Weitere Beispiele bei Boyce, The development of the Decemviri sacris faciundis, TAPA 69 (1938) 161–187.

235 Cens. 17.8; Aug. civ. 3.18; Ps.-Acro in Hor. carm. saec. 8.

236 Siehe auch CIL VI 877.

237 Boyce, The development of the Decemviri sacris faciundis, TAPA 69 (1938) 165. Siehe auch Cic. div. 1.4; 1.97 und Cass. Dio frg. 49.1.

238 Dion. Hal. ant. 8.37 führt eine Befragung der sybillinischen Bücher als möglichen Grund an. Siehe auch Liv. 2.39.9–2.40.12 und Plut. Coriolanus 24 f., 32.

461 v. Chr.,[239] das Bündnis mit Lavinium,[240] die Mahnung an den Prokonsul Cn. Manlius Vulso, den Taurus nicht zu überschreiten (187 v. Chr.),[241] die Gründung der Kolonie Eporedia (ca. 100 v. Chr.)[242] und die Diskussion zur Rückkehr des Ptolemaios XII. (Auletes) (57/56 v. Chr.).[243]

I.2.5. *decreta* und *responsa*

I.2.5.1. Allgemeines

Die Abgrenzung der beiden Begriffe *decretum* und *responsum* wurde bereits häufig in der romanistischen Literatur behandelt; eine herrschende Meinung hat sich bisher aber nicht herauskristallisiert. Einer gängigen Theorie zufolge ist *decretum* die Bezeichnung für ein kollektiv ergangenes Urteil,[244] sei es aufgrund einer Anfrage von politischen Organen, sei es auf Anfrage von Einzelnen[245], mit *responsum* hingegen wird die (fachkundige) Beantwortung einer Frage, häufig durch Einzelne, beschrieben,[246] wobei selbstverständlich Schnittmengen verbleiben. Eine andere Theorie differenziert, ausgehend von den Forschungen Linderskis zu Beschlüssen der *augures*, danach, von wem die Initiative für einen Beschluss ausging: Demzufolge waren *responsa* Gutachten des Einzelnen oder des Kollegiums auf Anfragen Dritter, *decreta* hingegen seien aufgrund der Initiative des Kollegiums selbst beschlossen worden.[247] Daraus ergibt sich, dass

239 Liv. 3.10.6 f.; Dion. Hal. ant. 10.2.

240 Boyce, The development of the Decemviri sacris faciundis, TAPA 69 (1938) 173 unter Bezug auf Liv. 7.28.7 f., 8.11.15 und CIL X 797.

241 Liv. 38.45.3. Siehe auch Mazurek, The decemviri sacris faciundis, FS Linderski, 160.

242 Plin. nat. 3.123. Hierzu Piper, Latins and the Roman Citizenship in Roman Colonies, Historia 36 (1987) 41 f.; McDougall, The Reputation of Appius Claudius Pulcher, Cos. 143 BC, Hermes 120 (1992) 455 f.

243 Cic. fam. 1.7.2–6; Cass. Dio 39.15 f., 39.55 f., 39.59–62; Fantham, The Trials of Gabinius in 54 B.C., Historia 24 (1975) 425–443; Siani-Davies, Ptolemy XII Auletes and the Romans, Historia 46 (1997) 306–340.

244 Zur besonders bei Livius häufig gebrauchten Wendung *pro collegio pontificum* iSv *ex decreto pontificum* siehe Wolf, *Comitia quae pro conlegio pontificum habentur*, Symposion Wieacker, 7.

245 Hesky, Art. Decretum, RE IV (1901) Sp. 2302: „gutachterliche Äußerungen, welche das Collegium auf eine an dasselbe gerichtete Anfrage über religiöse Angelegenheiten abgibt".

246 Wissowa, Religion und Kultus der Römer, 514; Hesky, Art. Decretum, RE IV (1901) Sp. 2302–2306. Vgl. auch Linderski, The libri reconditi, Harvard Studies in Classical Philology 89 (1985) 216.

247 Linderski, The Augural Law, 2154 f.; ihm folgend für die *responsa* und *decreta* der *pontifices* Johnson, The Pontifical Law of the Roman Republic, 11, 132 f. Siehe auch Cohee, Decrees and responses of the Roman Priesthoods during the Republic, 21 f.

alle *responsa* zugleich auch *decreta* darstellten, aber nicht alle *decreta responsa* waren.[248] Eine dritte Theorie stammt von Wieacker und sieht (bezogen auf die Äußerungen der *pontifices*) *decreta* als Beschlüsse in Staatsangelegenheiten, während *responsa* die Bezeichnung für Gutachten einzelner Mitglieder auf Anfrage von Privatpersonen sei.[249] Wieacker räumt allerdings ein, dass Anfragen von Privatpersonen teilweise auch vom gesamten Kollegium erledigt worden seien.[250]

Nicht zuletzt äußerten einige Forscher, gerade aufgrund des uneinheitlichen Wortgebrauchs[251], Zweifel an der Unterscheidbarkeit von *decreta* und *responsa*.[252] So lässt sich anhand der *responsa*, die uns überliefert worden sind, zwar eine Häufung bestimmter Verbformen als Ausdruck für ein *decretum/responsum* der *pontifices* festmachen, von einer einheitlichen Terminologie, die auch Hinweise auf die Unterscheidung zwischen *decreta* und *responsa* liefern könnte, kann man jedoch nicht sprechen.[253] Sogar bei Grabinschriften, die die größte Zahl an Hinweisen auf Gutachten der *pontifices* ausmachen, lässt sich nur eine Häufung bestimmter Wendungen nachweisen.[254] Einigkeit scheint nur darüber zu herrschen, dass im Einzelfall oft nicht entschieden werden kann, ob es sich um ein *decretum* oder ein *responsum* handelt,[255] unabhängig davon, wie diese Begriffe von dem jeweiligen Autor interpretiert werden. Hinzu kommt, dass man bei vielen Ereignissen ein einschlägiges *responsum* vermuten kann, sich für dieses jedoch kein Beleg finden lässt.[256]

Sinnvoll erscheint hier zunächst eine Bestimmung des allgemeinen und des juristischen Wortgebrauchs für *decretum* und *responsum*:

---

248 Linderski, The Augural Law, 2155.

249 Wieacker, Römische Rechtsgeschichte I, 313.

250 Wieacker, Römische Rechtsgeschichte I, 313 FN 18.

251 Siehe dazu die Auflistung der v. a. bei Livius verwendeten Ausdrücke für gutachterliche Äußerungen der *pontifices, augures* und *decemviri* bei Cohee, Decrees and responses of the Roman Priesthoods during the Republic, 22–26, der für die *pontifices* u. a. *uti pontifices censuissent, per pontifices, pontificibus placuit, arbitratu pontificum, ex auctoritate pontificum, iudicio pontificum, permissu pontificum, videretur pontificibus* auflistet. Folglich umfasst die von Cohee, Decrees and responses of the Roman Priesthoods during the Republic, 62–240 zusammengestellte Liste von *responsa* und *decreta* der *pontifices, augures* und *decemviri* wesentlich mehr Beschlüsse als vergleichbare Listen von anderen Autoren.

252 Sini, Documenti sacerdotali, 27 FN 12; Sini, A quibus iura civibus praescribebantur, 93 FN 25 mwN.

253 Vgl. die Aufzählung der Verben in Johnson, The Pontifical Law of the Roman Republic, 50 f.

254 Z. B. *ex permissu pontificum, ex decreto pontificum, ex auctoritate pontificum, per collegium pontificum, secundum sententiam pontificum.* Vgl. die Nachweise bei Johnson, The Pontifical Law of the Roman Republic, 52 FN 148.

255 Johnson, The Pontifical Law of the Roman Republic, 133 f.

256 Für *senatus consulta* Hesky, Art. Decretum, RE IV (1901) Sp. 2303.

responsum hat zunächst die Bedeutung von „Antwort". In einem technischen Zusammenhang werden damit Orakelsprüche und fachkundige Äußerungen der *iuris consulti* bezeichnet.[257] Im spezifisch juristischen Sprachgebrauch hat *responsum* gleichfalls die Bedeutung von „Antwort": *responsum* bzw. *respondere* werden am häufigsten in den Antworten der *iuris consulti* und Behörden auf Anfragen verwendet, aber auch bei der Stipulation, bei der *interrogatio in iure*, bei der Befragung des Zeugen, als Bezeichnung für *rescripta* des Kaisers und für die Verteidigung der Partei oder des Angeklagten vor Gericht.[258] Daneben bedeutete *responsum* auch „Weissagung", wie oben schon erwähnt.[259]

decretum bezeichnet die Entscheidung oder abschließende Regelung einer Angelegenheit, d. h. den Endpunkt eines Entscheidungsprozesses.[260] Häufig wird *decretum* zur Beschreibung einer verbindlichen Entscheidung von Organen des römischen Staats, speziell des römischen Senats, und von Einzelpersonen verwendet.[261] Daneben hat *decretum* auch die Bedeutung von „Prinzip, Grundsatz, Meinung" oder „Plan". Als juristischer *terminus technicus* hat *decretum* überwiegend die Bedeutung von „Entscheidung, Beschluss, Verordnung" und wird als Bezeichnung für die Beschlüsse des Kaisers, der Magistrate, des Senats und der Kollegien verwendet.[262]

Der Unterschied zwischen den Begriffen liegt wohl darin,[263] dass bei den *decreta* in erster Linie der verbindliche Charakter und bei den *responsa* der Antwortcharakter betont wurde. Dies schließt jedoch nicht aus, dass zwischen

257 Georges, Ausführliches lateinisch-deutsches Handwörterbuch, Sp. 2534 s. v. *responsum*; OLD Fasc. 7 (1980) 1635 s. v. *responsum*: 1) und 2); TLL V Fasc. 1 (1910) Sp. 139–157 s. v. *decerno*, bes. Sp. 151–157.

258 VIR 5 (1939) Sp. 170–178 s. v. *respondere*; VIR 5 (1939) Sp. 178 f. s. v. *responsum*; Heumann/Seckel, Handlexikon zu den Quellen des römischen Rechts, 514 s. v. *responsum* u. s. v. *respondere*. Siehe auch Manthe, Dubletten im Text der Collatio als Spuren der Redaktionstätigkeit, FS Liebs, 398 f.

259 Heumann/Seckel, Handlexikon zu den Quellen des römischen Rechts, 514 s. v. *responsum*.

260 Georges, Ausführliches lateinisch-deutsches Handwörterbuch, Sp. 1930 s. v. *decretum*; OLD Fasc. 2 (1969) 493 f., s. v. *decretum*: 1)–3); vgl. auch Cohee, Decrees and responses of the Roman Priesthoods during the Republic, 20 f.

261 Siehe TLL V Fasc. 1 (1910) Sp. 151 f. Siehe dazu auch Kunkel/Wittmann, Staatsordnung und Staatspraxis der römischen Republik, 184 f.

262 VIR II (1933) Sp. 106–108 s. v. *decerno*; VIR II (1933) Sp. 112 f. s. v. *decretum*; Heumann/Seckel, Handlexikon zu den Quellen des römischen Rechts, 123 f. sv. *decernere* u. *decretum*.

263 Bei antiquarischen Schriftstellern finden sich jedoch Hinweise auf eine engere Verbindung des Begriffspaars, besonders zwischen *decernere* und *consulere*, dem mit *respondere* korrespondierendem Verb. Siehe z. B. Fest. s. v. *senatus decretum* (ed. Lindsay, p. 454) sowie Liv. 3.21. Für *consulere* in der Bedeutung von „beschließen" siehe TLL IV Fasc. 3 (1907) Sp. 576–590 s. v. *consulo*, hier Sp. 586–589; Heumann/Seckel, Handlexikon zu den Quellen des römischen Rechts, 101 f. s. v. *consulere*.

den beiden Begriffen Überschneidungen existierten – im Gegenteil, eine solche Schnittmenge auszuschließen, wäre angesichts unserer Erkenntnisse zum Wortgebrauch juristischer Texte im Allgemeinen und von *decreta* und *responsa* im Besonderen sogar voreilig, wenn nicht kontraproduktiv.[264] Aufgrund der uneinheitlichen Terminologie sollen für diese Untersuchung auch alle *decreta* miteinbezogen werden – zumal der Unterschied zwischen *decreta* und *responsa* in der Antike nicht thematisiert wurde, ja sogar beinahe als Hendiadyoin verwendet wurde[265]; es darf deshalb vermutet werden, dass für die Römer die Unterscheidung der beiden Begriffe keine allzugroße Bedeutung hatte.[266]

I.2.5.2. Verbindlichkeit

Die in der Romanistik derzeit herrschende Meinung ist, dass die Gutachten der Kollegien zwar faktische, aber keine rechtliche Verbindlichkeit hatten.[267] So nimmt Hesky an, dass bei *decreta* eine Bindungswirkung hinsichtlich der religiösen Frage zwar eintrat, ihre Konsequenzen aber stets von der Tätigkeit des Senats und der Magistrate abhängig waren;[268] ähnlich äußert sich Schulz.[269] Eine Ausnahme bildet hier Wolf, der eine Verbindlichkeit der *decreta* und *responsa* der *pontifices* kraft ihrer Autorität als Amtsträger annimmt.[270] Watson wiederum

264 Das beste Beispiel für die Überschneidung von *decreta* und *responsa* sind die Gutachten der *pontifices* zum *ius Manium*, bei denen besonders auf den Inschriften häufig die Wendung *ex decreto pontificum* o. ä. zu finden ist (siehe z. B. CIL VI 19236, CIL VI 30578, CIL X 8259). Vgl. auch die Liste bei Johnson, The Pontifical Law of the Roman Republic, 52 FN 148. Vgl. hierzu auch den Hinweis Cohee, Decrees and responses of the Roman Priesthoods during the Republic, 24, dass Cicero für die Entscheidung der *pontifices* über die Widmung seines Hauses zunächst den Ausdruck [...] *pontifices responderunt* (Cic. Att. 4.1.7) und später [...] *cum pontifices* [...] *decressent* (Cic. Att. 4.2.3) verwendete.

265 Siehe z. B. Cic. Att. 16.16e.1;. Cic. de orat. 2.100, 2.116; Cic. Mur. 29; Liv. 35.33; 38.20.

266 Vgl. auch den Heinweis Sinis (Documenti sacerdotali, 179 FN 6) auf die mangelnde Systematisierung bei den *genera* der antiken juristischen Literatur.

267 Wissowa, Religion und Kultus der Römer, 514; Rohde, Die Kultsatzungen der römischen Pontifices, 130; Linderski, The Augural Law, 2162.

268 Hesky, Art. Decretum, RE IV (1901) Sp. 2302.

269 Schulz, Geschichte der römischen Rechtswissenschaft, 18: „Der Staat ist auch berechtigt, die Rechtsfindung der Priester als „unrichtig" zurückzuweisen." Siehe auch Schulz, Geschichte der römischen Rechtswissenschaft, 19–22. Zu beachten ist allerdings, dass diese „Konfliktfälle" am häufigsten bei den *auspicia* der Auguren vorkamen, die eine gewisse Sonderrolle einnahmen, jedoch kaum bei den anderen Priesterkollegien. Zudem ist gerade bei den *augures* zwischen Äußerungen einzelner Mitglieder und Beschlüssen des Kollegiums zu differenzieren. Zur Rolle der Auspizien als Instrumente der politischen Kommunikation siehe Rüpke, Fasti Sacerdotum, 1451–1456.

270 Wolf, *Comitia quae pro conlegio pontificum habentur*, Symposion Wieacker, 2–3.

sieht die *responsa* der *pontifices* als rein deklaratorisch an, d. h. als Feststellung der *pontifices*, ob eine gewisse Äußerung mit dem korrekten Verhalten gegenüber den Göttern vereinbar sei, und führt als Beleg für seine These auch die mangelnde Überprüfung des der Anfrage zugrundegelegten Sachverhalts – impliziert durch die Formel *si ea ita sunt quae in libel(l)o continentur*[271] – an.[272]

Da der Terminus *decretum* iSv „Entscheidung, Regelung" fast nur in Verbindung mit Organen des römischen Staats – bes. den Magistraten,[273] dem Senat[274] und dem Kaiser – angeführt wird[275], wodurch bei seiner Verwendung von einer rechtlich verbindlichen Anweisung auszugehen ist, und auch die sonst im Zusammenhang mit Äußerungen der Kollegien verwendeten Verben zumeist Verbindlichkeit implizieren[276], darf man eine solche generell auch bei den Entscheidungen der Priesterkollegien annehmen. Zudem sollte bedacht werden, dass der in der Sekundärliteratur häufig verwendete Terminus „Gutachten" zu sehr mit dem geltenden Recht verknüpft ist und daher einen Mangel an rechtlicher Verbindlichkeit sowie eine gewisse unabhängige Stellung im Entscheidungsprozess impliziert; dies kann weder mit der Bedeutung von *responsum* noch mit jener von *decretum* vereinbart werden.

I.2.5.3. Angabe von Gründen

Häufig wird in der Literatur angeführt, dass die *responsa* der *pontifices* autoritativ waren und die Angabe von Gründen für Entscheidungen und Antworten in den pontifikalen *responsa* nur in bestimmten Fällen erfolgte.[277] Übersehen wurde

271 CIL X 8259. Allerdings ist hier zu bemerken, dass diese Formel (*sacrum collegium pontificum decrevit*), zumindest in der epigraphischen Datenbank Clauss-Slaby, ein *hapax legomenon* darstellt.

272 Watson, The State, Law and Religion, 6 f.

273 Vgl. Kunkel/Wittmann, Staatsordnung und Staatspraxis der römischen Republik, 185: „Wo sie (sc. *decernere* und *decretum*) aber auf Magistrate bezogen werden, zeigt sich wiederum eine gegenständliche Beschränkung, die vor allem dem Hauptwort einen gewissern technischen Charakter verleiht. Es handelt sich dann stets um jurisdiktionelle oder kognitionelle Entscheidungen, meist im Zusammenhang eines Rechtsstreits, stets aber mit dem Ziel der Klärung oder Begründung rechtlicher Verhältnisse."

274 Zu der nicht nur faktischen Verbindlichkeit von Senatsbeschlüssen siehe Kunkel/Wittmann, Staatsordnung und Staatspraxis der römischen Republik, 243 f.

275 Für den ironischen Gebrauch von *decretum* bei der Verwendung im Zusammenhang mit Einzelpersonen siehe TLL V Fasc. 1 (1910), Sp. 156, Z. 65–81.

276 Siehe dazu die Liste bei Cohee, Decrees and responses of the Roman Priesthoods during the Republic, 22–26 und seine Ausführungen zu *placuit* und *visum est* (*pontificibus*) in Cohee, *ibidem*, 61 f. Siehe auch Cancelli, La giurisprudenza unica dei pontefici e Gneo Flavio, 110 f.

277 Exemplarisch Schulz, Geschichte der römischen Rechtswissenschaft, 20; Schiavone, Giuristi e nobili nella Roma repubblicana, vii.

dabei freilich, dass innerhalb der Quellen zu differenzieren ist. Dass bei *responsa* zu *res sacrae* und *res religiosae,* die sich häufig auf Inschriften finden, keine Begründung angeführt ist, ist angesichts dessen, dass Inschriften pro Buchstabe bezahlt wurden, nicht sonderlich verwunderlich. Bei den literarischen Quellen kommt es wiederum häufig auf den Kontext der Entscheidung an. Bei Livius und anderen Historikern werden Gründe v. a. dann angeführt, wenn es darum geht, zwei verschiedene Ansichten – innerhalb der *pontifices, augures* usw. oder zwischen dem Kollegium und den Magistraten – zu veranschaulichen; sonst fehlt eine Begründung meistens. Dass bei Meinungen von einzelnen Mitgliedern der Kollegien Begründungen eher angeführt wurden, ist auch deshalb verständlich, da eine einheitliche Begründung für Beschlüsse des Gesamtkollegiums vermutlich nicht immer existierte.[278]

Klarer werden die Unterschiede bei der Begründung, wenn man die Materie der jeweiligen *decreta,* angefangen bei den *decreta* der *pontifices,* betrachtet. Vergleichsweise selten wird eine Begründung bei *decreta* zur Festsetzung von *dies feriatae, dies fasti* und *nefasti* und von an diesen Tagen erlaubten Tätigkeiten geliefert;[279] häufig finden sich hingegen Begründungen bei *dedicationes,*[280] bei denen anstelle einer Begründung auch oft ein Verweis auf das *ius publicum* erfolgte, und bei *vota.*[281] Eine umfangreiche Begründung existierte z. B. für die Einzelmeinung des P. Licinius Crassus Dives bezüglich des *votum ex incerta pecunia.*[282] Auch die Rechtsmeinung des L. Cornelius Lentulus Caudinus zum *ver sacrum* enthielt eine Begründung.[283] Bei anderen *responsa* der *pontifices* wurden wiederum primär nur Feststellungen oder Handlungsanweisungen geliefert, so etwa bei der Interpretation von Prodigien,[284] bei der Anordnung von Sühneriten[285] oder bei der Feststellung, *quod sacrum, quod sanctum, quod religiosum sit.*[286] Dasselbe gilt auch für *decreta* bei *incestus*-Fällen, wo „nur" festgestellt

278 Vgl. hierzu etwa die *seperate opinions* im anglo-amerikanischen Recht.

279 Gell. 4.6.10, 5.17.1 f.; Macr. Sat. 1.16.22–24, 1.16.28. Siehe auch Beck/Walter, Die frühen römischen Historiker I, 265 f.

280 Cic. dom. 136; Cic. Att. 4.2.2; Liv. 9.46.4–7, 27.25.6–10. Siehe auch Cohee, Decrees and responses of the Roman Priesthoods during the Republic, 11 .f, 77 f.

281 Liv. 5.25.6 f., 33.44.1.

282 Liv. 31.9.5–10. Die angeführten Präjudizien werden zwar nicht von Crassus selbst genannt, doch ihre Anführung zeigt Parallelen zu den zeitgleich verfassten juristischen *responsa* auf. Vgl. Watson, The State, Law and Religion, 70. Zu diesem Fall siehe auch Bollan, Pontificalis Honor, 53 f.

283 Liv. 22.9.7–22.10.8.

284 Dion. Hal. ant. 8.89.3–5, 9.40; Liv. 24.44.7–9, 27.4.11–15, 27.37.2–4, 27.38.5–7, 30.2.9–13, 34.45.6–8, 37.3.1–3, 39.22.4.

285 Siehe z. B. Dion. Hal. ant. 5.75.5, Liv. 28.11.6 f., 29.19.7 f., 40.37.1 f.

286 Liv. 26.34.12., 38.43.1–38.44.5.

werden musste, ob die Vestalin des *incestus* schuldig war und die dazugehörigen Maßnahmen (z. B. *ut sacris abstineret et familiam in potestate haberet* im Fall einer Verurteilung)[287] beschlossen werden mussten.

Auch bei den Auguraldekreten wird zumindest bei jenen *decreta*, die eine Verletzung des *ius augurale* behandelten, das *vitium* in der Begründung genannt;[288] manchmal war eine Begründung auch nicht nötig, weil das *vitium* offensichtlich war[289]. Bei den anderen Beschlüssen der Auguren wird eine Begründung meist nicht überliefert. Zudem sind im Verhältnis zu den *pontifices* weniger Auguraldekrete überliefert, wodurch konkrete Aussagen zusätzlich erschwert werden. Eine Sonderstellung nehmen schließlich die *decemviri* ein, deren Aufgabe es war, in den *libri Sibyllini* Hinweise für die Wiederherstellung der *pax deorum* zu finden und deren Beschlüsse keine Begründungen enthielten. Bei den *fetiales* sind zu wenige *responsa* überliefert, um konkrete Aussagen treffen zu können. Das *responsum* zur Kriegserklärung an König Antiochus ist allerdings recht ausführlich begründet[290]; es ist anzunehmen, dass auch andere *responsa* zu Kriegserklärungen eine Begründung enthielten.

Es ist daher festzustellen, dass die *responsa* der römischen Priesterkollegien keinesfalls so autoritativ und unbegründet waren, wie in der Literatur häufig dargelegt wurde. Allerdings ist zu beachten, dass allen Rekonstruktionsversuchen zum Trotz nur sehr wenige Original-*decreta* erhalten sind und daher diese Schlussfolgerungen nicht mehr als eine Hypothese bleiben können.

I.2.5.4. Archivierung und Verhältnis zu anderen Quellen der Pontifikalkollegien

Die Frage nach der Aufbewahrung der *decreta* und *responsa* führt zu den Archiven der Kollegien. Zwar wird häufig angenommen, dass jedes Kollegium über ein solches verfügte, über die genaue Lage der Archive bzw. die in ihnen enthaltenen Dokumente ist jedoch kaum etwas bekannt und in der Literatur dominieren mehr oder weniger plausible Annahmen.[291] Bedenkt man zusätzlich, dass sich die

287 Siehe Liv. 4.44.11 f., 8.15.7 f.

288 Liv. 4.7.1–3, 30.39.8, 41.18.7 f.

289 Liv. 23.31.12–14, 45.12.9–10; Cic. fam. 10.12.3; Cic. nat. deor. 2.10 f.

290 Liv. 36.3.7–10.

291 So vertritt etwa Wissowa, Art. augures, RE II (1896) Sp. 2323 die Ansicht, dass die *augures* kein fixes Amtslokal besaßen und legt sich folglich auch auf keinen genauen Ort für das Archiv fest. Catalano, Contributi allo studio del diritto augurale I, 109 hingegen glaubt, dass die Archive der Auguren in der Nähe des *auguraculum*, in der Gegend des Kapitols zu suchen sind; ihm folgt Linderski, The libri reconditi, Harvard Studies in Classical Philology 89

meisten Priesterkollegien in den Häusern ihrer Mitglieder trafen[292] – wobei die *domus publica*[293] des *pontifex* nur eine scheinbare Ausnahme bildet –, stellt sich die Frage nach dem Ort der Archivierung umso dringender.[294] Möglich und für die Frühzeit sogar wahrscheinlich ist es, dass die Aufzeichnungen zunächst in den Privathäusern der Mitglieder aufbewahrt wurden.[295] Da den Mitgliedern ohnehin meist ein Mitglied derselben *gens* nachfolgte, war auch eine gewisse Kontinuität gegeben. Eventuell wurden die Aufzeichnungen später zentral gelagert, vielleicht im Tempel der Juno Moneta, in dem auch die *libri lintei*[296]

(1985) 214, der den Tempel der Iuno Moneta als Archiv der Auguren sieht. Bei den *pontifices* nimmt Wissowa, Religion und Kultus der Römer, 502 an, ihr Archiv habe sich in der *regia* befunden, Linderski, The libri reconditi, Harvard Studies in Classical Philology 89 (1985) 213 zieht die *domus publica* in Betracht.

292 Rüpke, Fasti Sacerdotum, 1426.

293 Vgl. auch Ascon. Pis. § 52 (p. 18 f. ed. Stangl).

294 Das *tabularium*, das Staatsarchiv auf dem Kapitol, in dem die *leges*, SC, Militärdiplome und Verträge aufbewahrt wurden, wurde erst um 78 v. Chr. gegründet (CIL VI 1314). Davor wurden die Akten der Magistrate, mit Ausnahme jener SC, *leges* und *plebiscita*, die im *aerarium Saturni* (vgl. Liv. 39.4.8, Suet. Iul. 28, Non. s. v. *praefestinatim* (ed. Lindsay, p. 238), Serv. georg. 2.502) oder im Tempel der Ceres (Liv. 3.55.13) aufbewahrt wurden, privat verwahrt. Einige Gesetze wurden auch im Tempel der Fides und im Tempel des Jupiter Capitolinus gelagert, letzterer enthielt auch Militärdiplone und *decreta* und war der ursprüngliche Aufbewahrungsort für die Sibyllinischen Bücher; Aufzeichnungen der *censores* befanden sich im *atrium libertatis* oder im Tempel der Nymphen, Dokumente zu Landverteilungen im Tempel der Diana auf dem Aventin, einige Aufzeichnungen (so vielleicht die *libri lintei*) wurden evtl. auch im Tempel der Juno Moneta aufbewahrt. Generell ist zu bemerken, dass die existierenden Archive sich nicht besonders gut für Recherchen eigneten, sondern antike Autoren, die sich mit diesem Thema beschäftigten, lieber auf private Aufzeichnungen zurückgriffen. Siehe dazu Ogilivie, Livy, Licinius Macer and the *libri lintei*, JRS 48 (1958) 40–46; Culham, Archives and Alternatives in Republican Rome, CPh 84 (1989) 113–115; Harris, Ancient Literacy, 164 f., 206–208; Meadows/Williams, Moneta and the Monuments, JRS 91 (2001) 27–49.

295 Aus Cic. nat. deor. 2.11 geht hervor, dass Ti. Sempronius Gracchus die nicht näher bezeichneten Bücher unmittelbar vorliegend haben musste, wenn er sie nicht sogar in die Provinz selbst mitnahm. Vgl. auch Bömer, Der *commentarius*, Hermes 81 (1953) 244; Culham, Archives and Alternatives in Republican Rome, CPh 84 (1989) 104 und Beard/North/Simon, Religions of Rome, 85. Eine Alternative zur Aufbewahrung von Dokumenten bildete die öffentliche Aufstellung auf Holz-, Blei- oder Bronzetafeln. Siehe dazu Culham, Archives and Alternatives in Republican Rome, CPh 84 (1989) 105–109. Dass Familienarchive als Aufbewahrungsort für öffentliche Akten dienten, bestätigt Fest. s. v. *tablinum* (ed. Lindsay, p. 490). Zu den Familienarchiven siehe auch Meyer, Legitimacy and Law in the Roman World, 27–29 mit weiteren Hinweisen.

296 Bei den von Macer erwähnten *libri lintei* handelt es sich vermutlich um alte Magistratslisten, deren Inhalt teilweise widersprüchlich zu den *annales prisci* war. Walt, Der Historiker C. Licinius Macer, 75–85, Frier, Libri annales pontificum maximorum, 155–159 und Meadows/Williams, Moneta and the Monuments, JRS 91 (2001) 27–49. Leinenbücher wurden im

aufbewahrt wurden,[297] oder im *tabularium*.[298] Als Archiv infrage käme auch das Senatsarchiv, zumal die Kollegien auf Antrag des Senats um Rat gefragt wurden.[299]

Eine besondere Rolle bei der Diskussion um die Entscheidungen der *pontifices* spielten die *annales maximi*,[300] eine öffentlich zugängliche *tabula*, auf der alle wichtigen Ereignisse eines Jahres dokumentiert wurden.[301] Dabei handelte es sich in erster Linie um besondere astronomische und meteorologische Ereignisse, wie eine Sonnenfinsternis oder Missernten, aber auch um Ereignisse, die die *pax deorum* störten, und rituelle Handlungen der Priester. Da zu solchen Ereignissen auch Prodigien, *dedicationes*, *vota* usw. gerechnet werden können, nahm Cohee an, dass diese *annales* – in welcher Form auch immer sie später redigiert wurden – eine wichtige Quelle für die frühen römischen Historiker, v.a. in Bezug auf ihre Äußerungen zu den Priesterkollegien, darstellten.[302]

Ein weiterer Grund für die Verwirrung um den Inhalt der priesterlichen Archive ist die Tatsache, dass die als Quellen benannten Dokumente verschiedene Bezeichnungen tragen (*libri, commentarii, acta, fasti*).[303] Leider wurde die Möglichkeit, dass es sich bei derart bezeichneten Dokumenten auch um die *annales maximi* oder um verschiedenartige Abhandlungen zum *ius sacrum* handeln könnte, zu wenig berücksichtigt,[304] stattdessen konzentrierte man sich

---

kultischen Bereich häufig verwendet (siehe dazu die Hinweise bei Blanck, Das Buch in der Antike, 52–55).

297 Suerbaum, § 103.5, in: Ders. (Hrsg.), Die archaische Literatur, 18 f. Die Rolle der Tempel als Archiv wird besonders betont von Beard/North/Price, Religions of Rome, 93–98.

298 Einigermaßen gesichert ist, dass bei der Verwaltung der Aufzeichnungen in großem Ausmaß Sklaven beschäftigt wurden. Wissowa, Religion und Kultus der Römer, 497 FN 2; Norden, Aus altrömischen Priesterbüchern, 115 f. Vgl. aber Beard/North/Price, Religions of Rome, 90 f.

299 Vgl. auch Scheid, „Livres" sacerdotaux et erudition, 161–170.

300 Siehe dazu Harris, Ancient Literacy, 153 f.; Frier, Libri annales pontificum maximorum, Forsythe, A Critical History of Early Rome, 69–74; Rich, Annales maximi, in: Cornell (Hrsg.), The fragments of the Roman historians, I 141–159, II 10–31, III 3–12.

301 Eines der in diesem Zusammenhang wichtigsten Fragmente ist Gell. 2.28.4, erläutert bei Beck/Walter, Die frühen römischen Historiker I, 196 f. Siehe auch Beck/Walter, Die frühen römischen Historiker I, 32–37.

302 Siehe dazu Cohee, Decrees and responses of the Roman Priesthoods during the Republic, 27–29. Vgl. aber Frier, Libri annales pontificum maximorum, 100 f., der der Ansicht ist, dass der Inhalt der *tabulae* sofort in *libri annales* geschrieben wurde.

303 Sini, Documenti sacerdotali, 21.

304 Vgl. Linderski, The libri reconditi, Harvard Studies in Classical Philology 89 (1985) 220 und Cohee, Decrees and responses of the Roman Priesthoods during the Republic, 41. Siehe auch Porph. in Hor. epist. 2.1.26 (*pontificum libros, annosa uolumina uatum*): *Utrum annales an ius pontificium significat*?

zunächst darauf, *libri* und *commentarii*[305] als zwei verschiedene Gattungen von Dokumenten zu unterscheiden.[306]

Der gängigsten Interpretation zufolge enthielten die *libri* generelle Vorschriften zum *ius sacrum*, Formeln und Anweisungen, die *commentarii* hingegen *responsa* und *decreta*.[307] Zu Beginn des 20. Jhdts. wurde diese Unterscheidung jedoch zunehmend infrage gestellt und es setzte sich die Meinung durch, dass keine wissenschaftlich zuverlässige Unterscheidung getroffen werden könne.[308] Der größere Teil der Lehre neigte zur Ansicht, *commentarii* sei ein Hinweis auf *decreta* und *responsa* der *pontifices*.[309] Nichtsdestotrotz wurden in jüngster Zeit wieder einige Versuche unternommen, die Einteilung von *libri* und *commentarii* zu neuem Leben zu erwecken. So vertrat Tondo die Ansicht, dass die Bezeichnung *libri* eher den esoterischen Charakter der Schriften betone, während das Wort *commentarii* unterstreiche, dass es sich um Aufzeichnungen handle.[310] Auch Szemler geht bei den *libri augurum* davon aus, dass in den *commentarii responsa* und *decreta* erfasst waren, während die *libri* andere Aufzeichnungen enthielten.[311] Nicht zuletzt plädierte Sini in seiner Monographie über die Aufzeichnungen der Priesterkollegien für eine systematische Gliederung der Archive und versucht anhand einer „Hierarchisierung der Quellen“[312] aufzuzeigen, dass die *libri* den religiösen „Kern“, also v. a. Kultvorschriften, *carmina* und Formeln enthielten, während die *commentarii* die später erfolgten Neuerungen, hauptsächlich in Form von *decreta* und *responsa* beinhalteten.[313]

---

305 Sini, Documenti sacerdotali, 92 f. bietet eine Liste der Belege für *libri* und *commentarii*. Sowohl *libri* als auch *commentarii* sind bei den *pontifices* und *augures* bezeugt, nur *commentarii* bei den *decemviri*, weder *libri* noch *commentarii* bei den *fetiales*, obwohl für diese sowohl Formeln als auch Gutachten belegt sind (Sini, Documenti sacerdotali, 201 FN 112). Siehe auch Rohde, Die Kultsatzungen der römischen Pontifices, 14 für eine Auflistung der Belege von sakralen Aufzeichnungen der pontifices. Vgl. auch Bömer, Der *commentarius*, Hermes 81 (1953) 210–250.

306 Eine Zusammenfassung der Lehrmeinungen findet sich bei Sini, Documenti sacerdotali, 43–87. Vgl. auch Linderski, The Augural Law, 2242, FN 380; Cohee, Decrees and responses of the Roman Priesthoods during the Republic, 34–36; Petersmann/Petersmann, § 108.5, in: Suerbaum (Hrsg.), Die archaische Literatur, 63 f.; Meyer, Legitimacy and Law in the Roman World, 30–34; Rüpke, Fasti Sacerdotum, 1547–1566.

307 Rohde, Die Kultsatzungen der römischen Pontifices, 131.

308 Sini, Documenti sacerdotali, 50–53; Wissowa, Religion und Kultus der Römer, 497 FN 3; Linderski, The Augural Law, 2245; Beard/North/Price, Religions of Rome, 60.

309 Rohde, Die Kultsatzungen der römischen Pontifices, 131. Anders jedoch (zu den *libri augurum*) Giovannini, Il pasaggio dalle istituzioni monarchiche, GS Castagnoli, 81–83.

310 Tondo, Leges regiae e paricidas, 20 f.; Sini, Documenti sacerdotali, 59.

311 Szemler, The Priests of the Roman Republic, 25.

312 Siehe dazu Sini, Documenti sacerdotali, 143–145.

313 Sini, Documenti sacerdotali, 143–206, bes. 159 f.

Angesichts des uneinheitlichen Wortgebrauchs und der Vielfalt von möglichen Quellen, auf die die verschiedensten Autoren Zugriff hatten – neben den *annales maximi*, den Monographien zum Priesterrecht und der annalistischen Tradition sind auch die auf *responsa* und *decreta* basierenden *senatus consulta*,[314] die ebenfalls in *commentarii* gesammelt wurden, miteinzubeziehen –, ist eine Unterscheidung von *libri* und *commentarii*, sofern eine solche angesichts der unklaren Archivsituation überhaupt berechtigt postuliert werden kann, auch weiterhin illusorisch.[315]

Eine zweite große Frage ist jene nach der Zugänglichkeit der Dokumente, die von den modernen Autoren teils sehr unterschiedlich beurteilt wurde.[316] Für die Zugänglichkeit von *decreta* und (teilweise) *responsa*, nicht aber von anderen Dokumenten, spricht sich Linderski aus,[317] der nur eine Gattung von *libri* annimmt. Rüpke[318] geht davon aus, dass die *commentarii pontificum* öffentlich zugänglich und teilweise sogar auch publiziert waren – die erste Redaktion schreibt er Ti. Coruncanius zu.[319]

Einen Hinweis auf die Zugänglichkeit der priesterlichen Dokumente könnten eventuell jene zahlreichen antiquarischen und juristischen Abhandlungen[320]

314 Diese wurden im Ceres-Tempel am Aventin aufbewahrt (Liv. 3.55.13; Cic. Att. 13.33.3). Vgl. auch CIL VIII 23246. Ein Beispiel für ein solches *senatus consultum* ist der von Cic. dom. 136 geschilderte Fall der Vestalin Licinia. Siehe auch Cohee, Decrees and responses of the Roman Priesthoods during the Republic, 38 f.

315 Vgl. dazu auch das Werk des Fabius Pictor, das bei Macr. Sat. 3.2.11 und Non. s. v. *picumnus* (ed. Lindsay, p. 834 f.) als *libri iuris pontificii*, bei einem Varro-Zitat bei Non. s. v. *salis* (ed. Lindsay p. 330) jedoch als *commentarius veteris Fabi Pictoris* bezeichnet wird.

316 Literaturhinweise zur Diskussion bei Linderski, The libri reconditi, Harvard Studies in Classical Philology 89 (1985) 218. Szemler, Art. pontifex, RE Suppl. XV (1978) Sp. 364–366 geht davon aus, dass die *libri pontificum* nicht öffentlich zugänglich waren. Pina Polo, Die nützliche Erinnerung, Historia 53 (2004) 161 verweist darauf, dass die Quellen für die römische Geschichtsschreibung nur einem eingeschränkten Kreis der Aristokratie zugänglich waren. Da sich die Quellen für die Geschichtschreibung und für Werke zur römischen Religion teilweise deckten, war die Anzahl der möglichen Autoren von vorneherein begrenzt. Siehe dazu z. B. zu Ciceros Recherchen Sumner, The orators in Cicero's Brutus, 161–176.

317 Linderski, The libri reconditi, Harvard Studies in Classical Philology 89 (1985) 216. Vgl. auch die unterscheidlichen Erläuterungen von Rohde, Die Kultsatzungen der römischen Pontifices, 18; Cohee, Decrees and responses of the Roman Priesthoods during the Republic, 37 f.; Beard/North/Price, Religions of Rome, 47–49.

318 Rüpke, Fasti Sacerdotum, 1490–1493.

319 Rüpke, Fasti Sacerdotum, 1489.

320 Hinweise bei Schulz, Geschichte der römischen Rechtswissenschaft, 16 f., 104 f.; Wieacker, Römische Rechtsgeschichte I, 568 f.; Cohee, Decrees and responses of the Roman Priesthoods during the Republic, 39–41. Zur Schwierigkeit, das antiquarische Schrifttum zu definieren, und zur Abgenzung gegenüber der Geschichtswissenschaft siehe Stevenson, Aulus Gellius and Roman Antiquarian Writing, 11–15.

liefern, die ab dem 2. Jhdt. v. Chr. zu diesem Bereich des Rechts verfasst wurden.[321] In der früheren Forschung wurde besonders bei antiken Autoren, die zum Sakralrecht schrieben, eine Mitgliedschaft bei einem der Priesterkollegien postuliert,[322] um die Tatsache, dass die Autoren Zugang zu internen Dokumenten der verschiedenen Kollegien hatten, zu erklären[323]; bei den Autoren, die zweifelsfrei nicht Mitglied eines Kollegiums waren, wurde dementsprechend entweder die direkte Benutzung der Archive[324] oder sogar die Autorenschaft selbst in Zweifel gezogen.[325] Dieses Argument enthält jedoch einen Zirkelschluss, da die Prämisse (nur Mitglieder der Kollegien hatten Zugang zu den Archiven, alle anderen Autoren schrieben nur ab) mit der Schlussfolgerung (die Archive bzw. die in ihnen enthaltenen Dokumente waren nur eingeschränkt zugänglich) ident ist. Da jedoch über die Archive bzw. die in ihnen aufbewahrten Dokumente kaum etwas bekannt ist und zudem belegt ist, dass viele Römer Aufzeichnungen aus ihrer Ämterkarriere (sowohl offizielle wie auch private Dokumente) daheim aufbewahrten, ist dieser Schluss methodisch nicht haltbar. Hilfreich ist es auch, sich in diesem Zusammenhang die große Zahl der Autoren vor Augen zu halten:

Arbeiten zum Pontifikalrecht existieren aus der Republik von zwei Fabiern, Q. Fabius Pictor (*libri iuris pontificii*)[326] und Q. Fabius Maximus Servilianus (*de iure pontificio*),[327] sowie von Veranius, der *quaestiones pontificales*

---

321 Siehe dazu S. 111 ff., 309 ff., 315 ff.

322 Abgesehen von der grundsätzlichen Fragwürdigkeit dieser These entbehrt die Annahme, Mitglieder eines bestimmten Kollegiums hätten auch zu Archiven anderer Kollegien Zugang gehabt, jeglicher Grundlage in den Quellen.

323 So wurde für M. Terentius Varro beispielsweise auch eine Mitgliedschaft bei den *XVviri sacris faciundis* postuliert. Vgl. hierzu auch die Anmerkung Linderskis, The libri reconditi, Harvard Studies in Classical Philology 89 (1985) 221: „For the libri [scil. die von Varro ling. 5.98 zitierten *augurum* und *pontificum libri*] in question to have been the original archival documents, we would have to admit that Varro was a *quindecimvir* and that the members of one *collegium* had access to all priestly archives. But in fact we can very well imagine that Varro quotes here at second hand from the studies written by learned augurs and pontiffs."

324 Siehe z. B. Linderski, The libri reconditi, Harvard Studies in Classical Philology 89 (1985) 226 f.: „Knowing Cicero's habits of work and study we can safely assume that he did not conduct any independent archival research; his *liber* [scil. *de auguriis*] was probably a compilation based on published materials" oder die „Tradentenkette", die Gladigow, Condictio und Inauguratio, Hermes 98.3 (1970) 373 für den Konflikt zwischen dem *pontifex* Metellus und dem *augur* Claudius anführt und die von Ap. Claudius Pulcher über C. Ateius Capito und M. Verrius Flaccus zu Festus führt. Vgl. auch Schulz, Geschichte der römischen Rechtswissenschaft, 22.

325 Siehe hierzu auch die Hinweise in Köves-Zulauf, Plinius d. Ä. und die römische Religion, 187–289, der die Zuverlässigkeit und eigenständige Quellenforschung des Plinius bei religiösen Fragen aufzeigt.

326 Zu Q. Fabius Pictor siehe S. 78 f.

327 Fragmente bei Peter, Historicorum Romanorum Reliquiae I, 114–116. Zu überlegen ist, ob nicht das Cognomen Servilianus abgekürzt und als Pränomen verlesen und verschoben

verfasste.[328] Speziell mit den Fasten beschäftigten sich M. Fulvius Nobilior,[329] L. Cincius (*De fastis*)[330] und M. Iunius Gracchanus (*commentarii*).[331] Eine weitere wichtige Quelle sind ferner Ovids *fasti*[332]. Weiters schrieb Granius Flaccus *de iure Papiriano ad Caesarem* und ein *liber de indigamentis*, das von Wieacker diesem Rechtskreis zugeordnet wird.[333]

Aus der Zeit der Republik gibt es Arbeiten über das Auguralrecht von L. Iulius Caesar (*augurales libri*), Ap. Claudius Pulcher (*auguralis diciplinae libri*), C. Claudius Marcellus (*auguralis disciplinae libri)* und M. Valerius Messala Rufus (*libri de auspiciis*).[334] Ferner schrieb P. Nigidius Figulus *libri augurii privati* und Cicero *de auguriis*; diesen zuletzt genannten Titel trug vielleicht auch das Werk von Varro.[335] Außerdem kursierte unter dem Namen des Ennius das Werk *de augurandi disciplina*[336] und von Veranius sind Fragmente aus einem Werk *auspiciorum libri* überliefert.[337]

Mit der etruskischen Divination befassten sich während der Republik A. Caecina,[338] P. Nigidius Figulus (*de extis*)[339], Umbricius Melior[340] und T. Caesius.[341]

---

wurde. Forsythe, A Critical History of Early Rome, 70 spricht sich dafür aus, dass die Bücher der beiden Fabii Überarbeitungen der *annales maximi* darstellten. Siehe auch S. 93.

328 Zu Veranius siehe auch Schanz/Hosius, Geschichte der römischen Literatur I, 600 und del Ponte, Documenti sacerdotali in Veranio e Granio Flacco, Diritto@Storia 4 (2005). Zu den Fragmenten aus seinem Werk siehe Bremer, Iurisprudentiae antehadrianae, II 5–9; Funaioli, Grammaticae Romanae Fragmenta, 429–433.

329 Siehe zu M. Fulvius Nobilior Schanz/Hosius, Geschichte der römischen Literatur I, 235 und Suerbaum, § 190.3, in: Suerbaum (Hrsg.), Die archaische Literatur, 536 f. Zu den Fragmenten siehe Funaioli, Grammaticae Romanae Fragmenta, 15 f.

330 Zu L. Cincius siehe S. 315 ff.

331 Zu M. Iunius Gracchanus siehe S. 115 ff.

332 Siehe dazu Fauth, Römische Religion im Spiegel der „Fasti" des Ovid, 104–186.

333 Wieacker, Römische Rechtsgeschichte I, 308 FN 113. Evtl. handelt es sich um dasselbe Werk. Zu Granius Flaccus siehe S. 322 ff.

334 Zu L. Iulius Caesar siehe S. 314, zu Ap. Claudius Pulcher siehe S. 309 ff., zu C. Claudius Marcellus siehe S. 311, zu M. Valerius Messala Rufus siehe S. 311 ff.

335 Zu P. Nigidius Figulus und M. Terentius Varro siehe S. 330 ff. Zu Cicero siehe S. 289 ff. Vgl. auch Macr. Sat. 1.16.19.

336 Zur Autorenschaft siehe Schanz/Hosius, Geschichte der römischen Literatur I, 98. Schon in der Antike wurde das Werk einem später lebenden Ennius zugewiesen (Suet. gramm. 1).

337 Zu Veranius siehe S. 59 FN 238.

338 Cic. fam. 6.5–6.8. Siehe zu A. Caecina Schanz/Hosius, Geschichte der römischen Literatur I, 602; Thulin, Die etruskische Disciplin, I 23 f., 70; Rawson, Intellectual Life in the Late Roman Republic, 304 f.; Levick, A. Caecina, in: Cornell (Hrsg.), The fragments of the Roman historians, I 633 f.

339 Macr. Sat. 6.9.5. Zu Nigidius Figulus siehe S. 330 f.

340 Plin. nat. 10.19. Zu Umbricius Melior siehe Schanz/Hosius, Geschichte der römischen Literatur I, 602 f; Thulin, Die etruskische Disciplin, III 106–108.

341 Zu T. Caesius siehe S. 195.

Allgemein religionsrechtliche Arbeiten oder Werke, die sich besonders dem Sakralrecht widmen, stammen teilweise von Juristen wie C. Trebatius Testa (*de religionibus*) und Ser. Sulpicius Rufus (*de sacris detestandis*).[342] Weiters zu nennen sind M. Terentius Varros *antiquitates rerum humanarum divinarumque* sowie sein *logistoricus* (*Curio de cultu deorum*) und der Kommentar von L. Aelius Stilo zum *carmen Saliare*.[343]

Weitere bezeugte Abhandlungen zur römischen Religion stammen von Gavius Bassus (*de diis*),[344] Q. Cornificius Longus (*de etymis deorum*)[345], L. Cornelius Balbus d. J. (Ἐξηγητικά),[346] Poseidonios (Περί μαντικῆς und Περί θεῶν)[347] und M. Octavius Hersennius (*de sacris saliaribus Tiburtim*).[348] Nicht einer bestimmten Gattung zuordenbar sind M'. Manilius' *monumenta*[349] und Q. Valerius Soranus' Ἐπόπτιδες.[350]

Mit Sicherheit rekurrierten zumindest einige der Autoren auf Werke ihrer Vorgänger, auf die sie, wenn diese nicht im Handel erhältlich waren, (die nötigen Kontakte vorausgesetzt) in den großen Privatbibliotheken[351] zurückgreifen konnten. Dennoch ist es methodisch nicht haltbar, der größeren Zahl der Autoren nur aufgrund ihrer Nicht-Mitgliedschaft in einem Kollegium ein eigenständiges Quellenstudium *a priori* abzuerkennen. Allein die große Zahl der Abhandlungen und der hohe Anteil der Nicht-Mitglieder sprechen dafür, dass die Quellen für ihre Bücher nicht so sehr in den „offiziellen" Archiven der Kollegien, sondern eher in den Privathäusern ihrer Mitglieder zu finden waren und somit im Großen und Ganzen – zumindest für diejenigen mit den richtigen gesellschaftlichen

342 Zu C. Trebatius Testa siehe S. 264 ff., zu Ser. Sulpicius Rufus siehe S, 164 ff.

343 Zu M. Terentius Varro siehe S. 331 ff., zu L. Aelius Stilo siehe S. 324 ff. Zu den Fragmenten aus dem *Logistoricus* siehe Funaioli, Grammaticae Romanae Fragmenta, 225–228.

344 Zu Gavius Bassus siehe Schanz/Hosius, Geschichte der römischen Literatur I, 585 f. Zu den Fragmenten siehe Funaioli, Grammaticae Romanae Fragmenta, 486–491.

345 Zu Q. Cornificius Longus siehe S. 327 f.

346 Zu L. Cornelius Balbus d. J. siehe S. 324.

347 Zu Poseidonios siehe Inwood, Art. Poseidonius [3], DNP 10 (2001) Sp. 211–215.

348 Zu M. Octavius Hersennius siehe S. 329.

349 Zu M'. Manilius sowie zur Natur der *monumenta* siehe S. 96 ff.

350 Zu Q. Valerius Soranus siehe S. 313 f.

351 Siehe dazu Blanck, Das Buch in der Antike, 152–160. Eine öffentliche Bibliothek existierte in Rom erst seit 39 v. Chr., sie befand sich im *atrium libertatis* und wurde von C. Asinius Pollio gegründet (Plin. nat. 7.115; Isid. orig. 6.5.2). Eine zweite Bibliothek wurde 28. v. Chr. auf dem Palatin errichtet (Suet. Aug. 29.3). Zu den öffentlichen Bibliotheken Roms siehe auch Blanck, Das Buch in der Antike, 160–167. Es ist auch davon auszugehen, dass sowohl die öffentlichen als auch die privaten Bibliotheken teilweise die Funktion von Archiven übernahmen bzw. diese beiden Funktionen nicht sehr streng voneinander getrennt wurden. So stieß etwa Gellius bei der Recherche in den *bibliothecae divi Traiani* auf Edikte von Prätoren (Gell. 9.17.1).

Kontakten[352] – zugänglich waren. Selbstverständlich gab es auch Dokumente, deren Inhalt nur den Mitgliedern bekannt war und bei denen es sich wirklich um *libri reconditi* handelte; wenn etwa die *augures*, wie Plutarch berichtet,[353] durch Eid verpflichtet waren, nichts von den Geheimnissen zu verraten, dürfte es auch den schriftstellerisch tätigen *pontifices*, *augures*, *decemviri* usw. nicht erlaubt gewesen sein, diese in ihren *opera* darzulegen.

Zusammenfassend lässt sich sagen, dass die Interpretation des Sakralrechts durch die Kollegien, v. a. durch die *pontifices*, die spätere Rechtsentwicklung und deren Protagonisten entscheidend prägte und eine wichtige Legitimitätsfunktion ausübte: Aufgrund der hohen Zahl an Juristen, die zugleich auch Mitglied eines Priesterkollegiums waren, war der geistige Einfluss der Priesterkollegien auf die Rechtsentwicklung bis in die jüngere Republik zu spüren und endete nicht schon mit der sog. „Säkularisierung" der Rechtswissenschaft.

352 Vgl. Culham, Archives and Alternatives in Republican Rome, CPh 84 (1989) 105.
353 Plut. Qu. R. 99.

I.3. „Säkularisierung" der Rechtswissenschaft

I.3.1. Allgemeines

Das Zeitalter der Säkularisierung ist zugleich jene Epoche, während der die ersten lateinischen Autoren ihre Werke verfassten, sodass für diese Zeitspanne auch mehr Quellen vorhanden sind als aus den Jahrhunderten davor. So treten während dieser Epoche auch die ersten namentlich bekannten Juristen auf; deshalb wird dieser Zeitraum häufig mit dem Begriff „Säkularisierung" der Rechtswissenschaft (iS des Übergangs der juristischen Aufgaben von den *pontifices* an einzelne Privatleute) bezeichnet[354]. Den Beginn dieser Epoche setzt man mit der Veröffentlichung des *ius Flavianum* und der Promulgation der *lex Ogulnia*, die die Kollegien der *pontifices* und *augures* auch für Plebejer öffnete, an. Beide Ereignisse datieren um 300 v. Chr. Die Bezeichnung „Säkularisierung" ist jedoch irreführend, da viele Juristen neben der Tätigkeit vor Gericht[355] und der Magistratur[356] auch Mitglied eines großen Priesterkollegiums waren.[357] Dabei

---

354 In diesem Sinn SCHULZ, Geschichte der römischen Rechtswissenschaft, 9, 13–15; KUNKEL, Die römischen Juristen, 48; WIEACKER, Römische Rechtsgeschichte I, 345 f.

355 Sex. Aelius Paetus, Scipio Nasica (sowohl der Vater P. Cornelius Scipio Nasica wie auch der als Jurist tätige Sohn P. Cornelius Scipio Nasica Corculum) und Cato Censorius waren zweifelsfrei als Anwälte tätig. Siehe DAVID, Le patronat judiciaire, 673. Zu berücksichtigen ist auch, dass die Datenlage für diese Epoche im Vergleich zu den Jahrhunderten danach lückenhaft ist, so dass es sehr gut möglich ist, dass weitere Juristen als Redner vor Gericht auftraten.

356 Bemerkenswert ist, dass viele der hier aufgezählten Juristen Mitglieder in Gesandschaften und Kommissionen zur Gründung von Kolonien und Zuteilung von Staatsland waren. Für Nachweise siehe SAGE/WEGNER, Administrative Commissions and the Official Career, CPh 31 (1936) 23–32. Zum politischen Hintergrund der Kommissionen zur Zuteilung von Staatsland siehe BRUNT, Social Conflicts in the Roman Republic, 60–65; LINTOTT, Judicial Reform and Land Reform in the Roman Republic, 34–43.

357 WIEACKER, Die römischen Juristen in der politischen Gesellschaft, FS v. Lübtow, 185. Vgl. auch KUNKEL, Die römischen Juristen, 46 f. P. Sempronius Sophus war als einer der ersten Plebejer ab 300 v. Chr. Mitglied der *pontifices* (Liv. 10.9.2), Sex. Aelius Paetus war selbst nicht *pontifex*, wohl aber sein Vater und sein Bruder (MITCHELL, Patricians and Plebeians, 233 FN 40). Ti. Coruncanius gehörte den *pontifices* an; umstritten ist die Mitgliedschaft des Ap. Claudius

ist zu beobachten, dass die Kooptation oft vor einer magistratischen Karriere stattfand – ein Prozess, der sich im Lauf des 2. und 1. Jhdts. v. Chr. ins Gegenteil verkehrte.[358] Auch für ein „juristisches Monopol“ der *pontifices* gibt es – sieht man von der viel diskutierten Pomponius-Passage[359] ab – nur wenige Anhaltspunkte,[360] sodass nicht einmal sicher ist, ob überhaupt juristische Aufgaben von den *pontifices* an „Laienjuristen“ übergingen.

In diese Epoche fallen auch einige bedeutende Neuerungen der Gerichtsverfassung: So wurde ein *praetor peregrinus*[361] eingesetzt (242 v. Chr.), das Zentumviralgericht[362] geschaffen (241 v. Chr.) und zwischen 230 v. Chr. und 225 v. Chr. die Zahl der Prätoren auf vier erhöht.[363]

Ein zusätzlicher bedeutender Faktor für die Entwicklung der römischen Rechtswissenschaft war der Literarisierungsprozess, der zu dieser Zeit in der römischen Gesellschaft stattfand.[364] Die vordergründig wichtigste Folge dieses Wandels zur

---

Caecus (dafür Kunkel, Die römischen Juristen, 46; D'Ippolito, Das *ius Flavianum* und die *lex Ogulnia*, SZ 102 (1985) 97 Anm. 8; Mitchell, Patricians and Plebeians, 233; Rüpke, Fasti Sacerdotum, 1481; dagegen Schulz, Geschichte der römischen Rechtswissenschaft, 11). Vgl. auch Liv. 10.8.4 f.

358 Rüpke, Fasti Sacerdotum, 1627 f.

359 Pomp. l. s. enchir. D. 1.2.2.35.

360 In diesem Sinn auch Cancelli, La giurisprudenza unica dei pontefici e Gneo Flavio. Siehe auch Valgaeren, The jurisdiction of the pontiffs at the end of the fourth century BC, 107–118.

361 Ob der *praetor peregrinus* geschaffen wurde, um Rechtsstreitigkeiten zwischen Nicht-Bürgern zu entscheiden, wurde in jüngster Zeit zu Recht angezweifelt (Brennan, The Praetorship in the Roman Republic, 461). Überliefert ist nur, dass für Verfahren gegen Peregrine besondere Termine (*dies stati*) vorgesehen waren (Macr. Sat. 1.16.14 f.) und bei einer zu erwartenden längeren Abwesenheit des *praetor peregrinus* dieser per Edikt seine Rechtsfälle an den *praetor urbanus* übertrug (dazu Brennan, The Praetorship in the Roman Republic, 107, 603 f.). Zu den Kompetenzen des *praetor peregrinus* siehe Brennan, The Praetorship in the Roman Republic, 87–89, 133–135, 608 f.; Stewart, Public Office in Early Rome, 182–195. Anderer Ansicht Frezza, Storia del processo civile in Roma fino alla età di Augusto, 169 f.; Kaser, Ius honorarium und ius civile, 15–23; Kaser/Hackl, Das römische Zivilprozessrecht, 156 f. Siehe auch die Hinweise bei Elster, Die Gesetze der mittleren römischen Republik, 157–159.

362 Zum Zentumviralgericht siehe La Rosa, Decemviri e centumviri, 14–54; Behrends, Die römische Geschworenenverfassung, 103–109; Jolowicz/Nicholas, Historical Introduction to the Study of Roman Law, 198 f.; Kelly, Studies in the Civil Judicature, 1–39; Brunt, The Fall of the Roman Republic, 234–236; Kaser/Hackl, Das römische Zivilprozessrecht, 52–55; Gagliardi, Decemviri e centumviri. Origini e competenze, 99–483.

363 Liv. per. 20. Siehe dazu Brennan, The Praetorship in the Roman Republic, 91–95.

364 Zwar gibt es schon frühere Nachrichten (siehe z. B. Liv. 3.44.6, der für das 5. Jhdt. v. Chr. von einer Mädchenschule in Rom berichtet). Für Falerii ist für das 4. Jhdt. die Existenz von Elementarschulen bezeugt (Liv. 5.27.1; Plut. Camillus 10; Dion. Hal. ant. 13.1.1). Von einer Kenntnis der Schrift durch eine breite Schicht der römischen Gesellschaft ist jedoch erst für das 3. Jhdt. auszugehen, in dem auch die Entwicklung der lateinischen Literatur mit Livius Andronicus ihren Anfang nimmt (Suerbaum, § 113 f. in: Ders. (Hrsg.), Die archaische Literatur, 83–90). Vgl. hierzu auch die Nachricht über den Freigelassenen Sp. Carvilius Ruga,

Schriftlichkeit war die Ausbildung einer eigenständigen juristischen Literatur. Bei diesem Prozess spielte die Gattung des *commentarius* eine große Rolle; das Verfassen von juristischen Schriften wurde jedoch erst im 1. Jhdt. v. Chr. zur Norm.[365] Eine weitere Folge der Literarisierung war eine florierende Urkundenpraxis,[366] die in hohem Maße zur Entwicklung des Vertragsrechts beitrug.

Eine von der Romanistik häufig betonte Entwicklung ist das Vordringen der Plebejer in den patrizisch dominierten Juristenstand. Voraussetzung dafür war u. a. die Zulassung von Plebejern zum Konsulat (367 v. Chr.), zum *magister equitum* (368 v. Chr.) und zu den Sakralämtern.[367] In der Folge wurde die soziale Herkunft der einzelnen Juristen lebhaft diskutiert.[368] Gewöhnlich wird angenommen, dass diese eher aus patrizischen *gentes minores* wie der *gens Papiria*, der *gens Acilia* oder der *gens Mucia*, also aus Familien, die die Nobilität noch nicht so lange innehatten,[369] oder finanziell gut gestellten plebejischen Familien wie der *gens Licinia* oder der *gens Aelia* stammten.[370] Die nicht unerhebliche Zahl von Juristen plebejischer Herkunft (P. Sempronius Sophus, Ti. Coruncanius, Sex. und P. Aelius Paetus) während dieser Epoche, steht mit dem von der herrschenden Lehre implizit vorausgesetztem hohen gesellschaftlichem Ansehen der Rechtswissenschaft in einem gewissen Widerspruch.[371] Relativiert wird dieser Befund allerdings durch die schon zu dieser Zeit vorhandenen politischen Verbindungen

der im Jahr 236 v. Chr. die erste gegen Entgelt besuchbare Elementarschule in Rom errichtete (Plut. Qu. R. 59; siehe auch Funaioli, Grammaticae Romanae Fragmenta, 3;). Zu Schule und Unterricht im antiken Rom siehe Harris, Ancient Literacy, 157–162; Blanck, Das Buch in der Antike, 32–39. Als wichtiger Einschnitt in der Geschichte der Rechtswissenschaft wird die Literarisierung betont von Schiavone, Giuristi e nobili nella Roma repubblicana, 3–5 und Fögen, Römische Rechtsgeschichten, 125–165.

365 Harris, Ancient Literacy, 173. Vgl. auch Schulz, Geschichte der römischen Rechtswissenschaft, 106–113.

366 Zur Sicht der Romanistik zu der sich entwickelnden Urkundenpraxis siehe Meyer, Legitimacy and Law in the Roman World, 37–39. Weitere Literaturhinweise bei Wieacker, Römische Rechtsgeschichte I, 79–81.

367 Nach der Öffnung der *augures* 334 v. Chr. und der *decemviri sacris faciundis* 326 v. Chr. folgte zuletzt um 300 v. Chr. die Zulassung zum Pontifikalkollegium (*lex Ogulnia*). Wieacker, Die römischen Juristen in der politischen Gesellschaft, FS v. Lübtow, 188; Wieacker, Römische Rechtsgeschichte I, 343 f. Zu den *leges Liciniae Sextiae* siehe Flach, Die Gesetze der frühen römischen Republik, 280–297.

368 Das nach wie vor wichtigste Werk dazu ist Kunkel, Die römischen Juristen.

369 Cic. fam 9.21.2; Münzer, Römische Adelsparteien und Adelsfamilien, 11.

370 Münzer, Römische Adelsparteien und Adelsfamilien, 11; Wieacker, Die römischen Juristen in der politischen Gesellschaft, FS v. Lübtow, 202.

371 Wieacker, Die römischen Juristen in der politischen Gesellschaft, FS v. Lübtow, 185, erklärt dies mit dem hohen Ansehen vieler prominenter plebejischer Familien und der Möglichkeit, dass *homines novi* ein juristisches Amt als gesellschaftliches Sprungbrett verwenden konnten.

zwischen plebejischen und patrizischen Familien, die besonders von D'Ippolito herausgearbeitet wurden.[372]

Das Vordringen der Plebejer wird häufig als indirekte Folge der Promulgation der *lex Ogulnia* und der Veröffentlichung des *ius Flavianum*[373] durch Cn. Flavius[374], den Schreiber[375] von Ap. Claudius Caecus, betrachtet, zwei Ereignisse, die den Status der Plebejer verbesserten und ungefähr zur selben Zeit, nämlich ca. 300 v. Chr., stattfanden. Die Bewertung beider Ereignisse ist in der Forschung stark umstritten: In der älteren Literatur[376] wird mit der *lex Ogulnia* das Ende des aristokratischen Monopols in der Rechtswissenschaft impliziert. Inzwischen gibt es aber mehrere Forscher,[377] die die *lex Ogulnia* als keineswegs besonders revolutionär ansehen, sondern eher als „eine anstehende Flurbereinigung und [...]

372 So durfte Ti. Coruncanius auf die Unterstützung des M. Curius Dentatus und des Q. Aemilius Papus zählen (D'Ippolito, Sul pontificato di Tiberio Corunciano, Labeo 23 (1977) 133) und Sex. Aelius Paetus und sein Bruder gehörten wie auch L. Licinius Crassus dem Scipionenkreis an (D'Ippolito, Sul pontificato di Tiberio Corunciano, Labeo 23 (1977) 138), während der politische Aufstieg Catos, eines *homo novus*, durch die Hilfe des L. Valerius Flaccus und die Freundschaft zu Q. Fabius Maximus ermöglicht wurde (Gelzer, Die Nobilität der römischen Republik, 104 f.).

373 Nach der Überlieferung der römischen Geschichtsschreibung veröffentlichte der Schreiber des Ap. Claudius Caecus, Cn. Flavius um das Jahr 300 v. Chr. die Formeln und den Kalender, die bis zu diesem Zeitpunkt von den *pontifices* geheim gehalten worden waren; dadurch wurden sie dem Volk bekannt. (Liv. 9.46.1–15; Cic. Mur. 25; Cic. de orat. 1.185–187; Cic. Att. 6.1.8; Pomp. l. s. enchir. D. 1.2.2.7; Plin. nat. 33.17–19; Val. Max. 2.5.2; Gell. 7.9.1–6; Macr. Sat. 1.15.9). Siehe auch Beck/Walter, Die frühen römischen Historiker I, 312–315.

374 aed. 304 v. Chr. Siehe Bremer, Iurisprudentiae antehadrianae, I 6; Münzer, Art. Cn. Flavius (15), RE VI (1909) Sp. 2526–2528; Broughton, Magistrates, I 168; Cancelli, La giurisprudenza unica dei pontefici e Gneo Flavio, bes. 63–85; J. G. Wolf, Die literarische Überlieferung der Publikation der Fasten und Legisaktionen durch Gnaeus Flavius, Nachrichten der Akademie der Wissenschaften in Göttingen 2 (1980) 9–29; Bauman, Lawyers in Roman Republican Politics, 24–31, 39–45; Giaro, Art. Flavius, Cn. [I 2], DNP 4 (1998) Sp. 544–545; Cascione, Tresviri capitales, 205 f.; Liebs, § 111.3, in: Suerbaum (Hrsg.), Die archaische Literatur, 77 f.; Rüpke, Fasti Sacerdotum, 986. Zur Veröffentlichung des Kalenders siehe Humm, Spazio e tempo civici: riforma delle tribù e riforma del calendario alla fine del quarto seculo a. C., 91–119, der einen Zusammenhang mit der Tribusreform des Appius annimmt, und Walter, Kalender, Fasten und Annalen, 40–58, 729–731.

375 Gelzer, Die Nobilität der römischen Republik, 10, betont die Nähe der *scribae* zum Ritterstand (ähnlich Szemler, Art. pontifex, RE Suppl. XV (1978) Sp. 338 f.; D'Ippolito, Das *ius Flavianum* und die *lex Ogulnia*, SZ 102 (1985) 91–128; Forsythe, A Critical History of Early Rome, 318–320). Vgl. auch Liv. 2.12.7 und Dion. Hal. ant. 5.28.2, wo der *scriba* des Porsenna von C. Mucius Scaevola mit dem König selbst verwechselt wird.

376 Wieacker, Die römischen Juristen in der politischen Gesellschaft, FS v. Lübtow, 188; Bauman, Lawyers in Roman Republican Politics, 39–45; D'Ippolito, Giuristi e sapienti in Roma arcaica, 71–92.

377 Siehe dazu Rüpke, Fasti Sacerdotum, 1594, 1621–1623; Forsythe, A Critical History of Early Rome, 320 f.

nicht grundsätzlich umkämpft“[378]. Beim *ius Flavianum* wiederum herrscht Uneinigkeit – nicht nur über seine Bedeutung, sondern auch zur Historizität des Ereignisses. Während es von einem Teil der Forschung als bedeutende Neuerung und revolutionär angesehen wird,[379] tendiert ein anderer Teil dazu, das *ius Flavianum* als Edikt zu interpretieren, das Flavius im Rahmen seiner Amtstätigkeit veröffentlichte;[380] wieder andere Forscher zweifeln zur Gänze an der Veröffentlichung.[381] Einen neuen Ansatz verfolgt Rüpke, der die Veröffentlichung der *fasti* durch Flavius als eine notwendige Folge der Kalenderreform, die den bisherigen Mondkalender ablöste und ein neues System initiierte, sieht.[382]

Dabei ist jedoch ganz grundsätzlich zu überlegen, inwieweit die Geschichte vom Aufstieg der Plebejer und Abstieg der Patrizier ein Mythos ist, der im Zuge des Ständekampfs des 2. Jhdt. v. Chr. geschaffen wurde und auf vorhergehende Epochen zurückprojiziert wurde. So wird in der neueren Forschung die Auffassung vertreten, dass in der römischen Frühzeit eine größere soziale Mobilität vorherrschte als in späteren Jahrhunderten[383] Eine große Rolle bei der Bewertung dieser Ereignisse spielt die römische Annalistik,[384] deren Autoren zu

378 Wolf, *Comitia quae pro conlegio pontificum habentur*, Symposion Wieacker, 17.

379 Mommsen, Römische Forschungen I, 304; Jörs, Römische Rechtswissenschaft, 70; Bauman, Lawyers in Roman Republican Politics, 24–28; D'Ippolito, Das *ius Flavianum* und die *lex Ogulnia*, SZ 102 (1985) 91–128; D'Ippolito, Giuristi e sapienti in Roma arcaica, 39–50; Beck, Karriere und Hierarchie, 178–180.

380 Forsythe, A Critical History of Early Rome, 241 f., 318–320; Mitchell, Patricians and Plebeians, 232 f.; Harris, Ancient Literacy, 152, 155. Vgl. auch Wieacker, Römische Rechtsgeschichte I, 534–536, der eine vermittelnde Position einnimmt.

381 So beispielsweise Seeck, Die Kalendertafel der *pontifices*; Bleicken, Oberpontifex und Pontifikalkollegium, Hermes 85 (1957) 363 f.; Schulz, Geschichte der römischen Rechtswissenschaft, 11; Cancelli, La giurisprudenza unica dei pontefici e Gneo Flavio; Fögen, Römische Rechtsgeschichten, 125–165. Vgl. auch Kunkel/Schermaier, Römische Rechtsgeschichte, 124: „An dieser Geschichte ist wohl wenig wahr.“

382 Rüpke, Rationalizing religious practices, 85–106. Siehe auch Humm, Appius Claudius Caecus, 465–480. Diesem Ansatz folgt auch Valgaeren, The jurisdiction of the pontiffs, 110–113.

383 Forsythe, A Critical History of Early Rome, 166. Zu der von der modernen Forschung eher abgelehnten *transitio ad plebem*, mit der die römischen Autoren (z. B. Cic. Brut. 62; Liv. 4.16.3) selbst diese Diskrepanz erklärten, siehe Forsythe, A Critical History of Early Rome, 162, FN 10.

384 Forsythe, A Critical History of Early Rome, 318 f. nimmt an, dass es aufgrund der Wahlreform des Appius und des Kriegs gegen die Samniten zu einem Anstieg der Freigelassenen in den städtischen *tribus* kam und deshalb Flavius, der selbst Freigelassener war, zum Ädil gewählt werden konnte. Dies habe wiederum dazu geführt, dass bei manchen Historikern, namentlich C. Licinius Macer, Ap. Claudius Caecus als unruhestiftender Reformer dargestellt wurde, der Freigelassene im Senat zuließ und das Monopol der *pontifices* störte. (Vgl. dazu Liv. per. 20 und Diod. 20.36). Zu erwähnen ist auch, dass eine der Prämissen für die Bewertung der römischen Geschichtsschreibung – nämlich dass die meisten der römischen Historiker in ihrer Darstellung ein parteipolitisches Ziel verfolgten (bemerkbar etwa bei

einem großen Teil aus der Senatorenschicht stammten und daher naturgemäß die Figur des Flavius eher kritisch betrachteten.

I.3.2. Die ersten namentlich bekannten Juristen

Bedauerlicherweise fehlt in der Überlieferung nach Coruncanius fast eine ganze Generation von Juristen,[385] sodass für dass 3. Jhdt. v. Chr. nur wenige Namen überliefert sind. Über diese Lücke (sie beläuft sich bei Pomponius auf ca. 50 Jahre) wurde schon viel spekuliert,[386] aber das Fehlen fast jeglicher anderer Erwähnungen in der sonstigen Literatur zeigt, dass der Mangel an Juristenpersönlichkeiten nicht allein auf Kürzungen des Enchiridions zurückgeführt werden kann.[387]

Zeugnisse aus dem beruflichen Tätigkeitsbereich von einzelnen, namentlich bekannten Juristen treten bereits im 4. Jhdt. v. Chr. auf: Zwar sind weder von dem (vermutlich unhistorischen) C. Papirius[388], noch von P. Sempronius Sophus[389]

PETER, Historicorum Romanorum Reliquiae I, CCCLVIII und WOLF, Die literarische Überlieferung der Publikation der Fasten und Legisaktionen durch Gnaeus Flavius) – zumindest für Macer, dem SEECK die „Erfindung" der Veröffentlichung des *ius Flavianum* zuschreibt, in jüngerer Zeit widerlegt wurde. Siehe WALT, Der Historiker C. Licinius Macer, 279 (vgl. aber BECK/WALTER, Die frühen römischen Historiker II, 314–317, 338 f.). Zu Licinius Macers Darstellung des Flavius WALT, Der Historiker C. Licinius Macer, 331–334, die D'IPPOLITOS Sicht des Ap. Claudius Caecus als zu stilisiert ansieht und ihn keineswegs als Radikalreformer sieht. Zur Figur des Ap. Claudius Caecus vgl. auch v. UNGERN-STERNBERG, Die gens Claudia, 290–299 sowie BECK, Karriere und Hierarchie, 162.

385 Pomp. l. s. enchir. D. 1.2.2.38.

386 Dazu SCHULZ, Geschichte der römischen Rechtswissenschaft, 13; WIEACKER, Römische Rechtsgeschichte I, 535.

387 Siehe WIEACKER, Die römischen Juristen in der politischen Gesellschaft, FS Lübtow, 191. Vgl. auch FÖGEN, Römische Rechtsgeschichten, 169–172.

388 Zum Beinamen *peritus* D'IPPOLITO, I giuristi e la città, 8 f. Der Vorname des Papirius lautet bei Pomponius (D. 1.2.2.2, 36, 48) Sextus bzw. Publius und bei Dion. Hal. ant. 3.36 Caius. Zur Diskussion um die Existenz eines *pontifex maximus* Papirius und die Datierung des *ius Papirianum* BREMER, Iurisprudentiae antehadrianae, 132–138; STEINWENTER, Art. Ius Papirianum, RE X (1919) Sp. 1285; SCHILLER, Roman Law, 140–142; DI PAOLA, Dalla Lex Papiria al Ius Papirianum, Studi Solazzi, 631–651; STEIN, Art. Papirius (1–5), RE XVIII (1949) Sp. 1005–1007; BAUMAN, Lawyers in Roman Republican Politics, 21–66; SINI, Documenti sacerdotali, 165 f., 198 f.; WIEACKER, Römische Rechtsgeschichte I, 308 f., 533; WATSON, Legal Origins and Legal Change, 113; DERS., The State, Law and Religion, 87–90; CANNATA, Per una storia della scienza giuridica europea, 42–44; BUJUKLIC, Leges regiae, RIDA 45 (1998) 89–142; SANTORO, Sul ius papirianum, Mélanges Magdelain, 399–416; LIEBS, § 111.2, in: SUERBAUM (Hrsg.), Die archaische Literatur, 76 f.; RÜPKE, Fasti Sacerdotum, 1481; LAURENDI, Leges regiae e ius papirianum.

389 trib. pleb. 310 v. Chr., cos. 304 v. Chr., cens. 300 v. Chr., praet. 296 v. Chr. Zu P. Sempronius Sophus siehe BREMER, Iurisprudentiae antehadrianae, I 7; MÜNZER, Art. P. Sempronius

oder von Ap. Claudius Caecus[390], dessen *liber de usurpationibus*[391] bis heute für Diskussionen sorgt, juristische Äußerungen bekannt, doch ab etwa 280 v. Chr. verbessert sich die Quellenlage deutlich. Die ersten bekannten *responsa* stammen von Mitgliedern des Pontifikalkollegiums und wurden zumeist in ihrer Funktion als *pontifices* erteilt; eine endgültige Zuordnung, ob ein *responsum* als *pontifex* oder als Jurist erteilt wurde, ist allerdings nicht immer möglich.

Der erste plebejische *pontifex maximus*, Ti. Coruncanius[392], ist zugleich auch der erste Jurist, dessen Respondiertätigkeit bezeugt ist: Pomponius berichtet, dass Coruncanius mehrere und erinnerungswürdige Rechtsauskünfte erteilt habe

---

Sophus (85), RE II (1923) Sp. 1437 f.; KUNKEL, Die römischen Juristen, 6; WIEACKER, Die römischen Juristen in der politischen Gesellschaft, FS v. Lübtow, 190 f.; D'IPPOLITO, I giuristi e la città, 9; BAUMAN, Lawyers in Roman Republican Politics, 66–71; D'IPPOLITO, Giuristi e sapienti in Roma arcaica, 77–84, 88–92; WIEACKER, Römische Rechtsgeschichte I, 534 f.; SINI, A quibus iura civibus praescribebantur, 71–80; SCHMITT, Art. Sempronius Sophos, P. [I 20], DNP 11 (2001) Sp. 395; RÜPKE, Fasti Sacerdotum, 1272.

390 cens. 312 v. Chr., praet. 295 v. Chr., cos. 307 v. Chr. und 296 v. Chr. Zu Ap. Claudius Caecus siehe BREMER, Iurisprudentiae antehadrianae, I 1–6; MÜNZER, Art. Ap. Claudius Caecus (91), RE III (1899) Sp. 2681–2685; FUNAIOLI, Grammaticae Romanae Fragmenta, 1; SCHANZ/HOSIUS, Geschichte der römischen Literatur I, 40–42; SCHULZ, Geschichte der römischen Rechtswissenschaft, 11–13; MALCOVATI, Oratorum romanorum fragmenta, 1–4; KUNKEL, Die römischen Juristen, 7 f.; WIEACKER, Die römischen Juristen in der politischen Gesellschaft, FS v. Lübtow, 189 f.; BAUMAN, Lawyers in Roman Republican Politics, 21–66; D'IPPOLITO, Giuristi e sapienti in Roma arcaica, 50–61, 65–67; WIEACKER, Römische Rechtsgeschichte I, 534; LORETO, La censura di Appio Claudio, l'edilità di Cn. Flavio e la razionalizzazione delle strutture interne dello stato romano, Atene e Roma 36 (1991) 181–203; ELVERS, Art. Claudius Caecus, Appius [I 2], DNP 3 (1997) Sp. 8; LINKE, Appius Claudius Caecus, 69–78; SUERBAUM, § 112, in: DERS. (Hrsg.), Die archaische Literatur, 80–83; SANTORO, Appio Claudio e la concezione strumantalistica del ius, 293–365; HUMM, Appius Claudius Caecus; RÜPKE, Fasti Sacerdotum, 878; BECK, Karriere und Hierarchie, 159–187; RICHARDSON, Ap. Claudius Caecus and the Corruption of the Roman Voting Assemblies, Hermes 139 (2011) 454–463. Siehe auch InscrIt. 13,3, Nr. 79 (Ehreninschrift des Ap. Claudius Caecus).

391 Hinweise zu den gängigen Thesen bei MAYER-MALY, Roms älteste Juristenschrift, Mnemosynon Bizoukides, 219–235 und GUARINO, Appio Claudio de usurpationibus, Labeo 27 (1981) 7–11.

392 cos. 280 v. Chr., pont. max. 254 v. Chr., dict. 246 v. Chr., gest. 243 v. Chr. Siehe JÖRS, Römische Rechtswissenschaft, 73–79; BREMER, Iurisprudentiae antehadrianae, I 7 f.; JÖRS, Art. Ti. Coruncanius, RE IV (1901) Sp. 1663–1665; SECKEL/KÜBLER, Iurisprudentiae anteiustinianei quae supersunt, I 1; JAHN, Interregnum und Wahldiktatur, 103 f.; D'IPPOLITO, Sul pontificato di Tiberio Coruncaniano, Labeo 23 (1977) 131–145; D'IPPOLITO, I giuristi e la città, 29–50; BAUMAN, Lawyers in Roman Republican Politics, 71–92; CAIRNS, Tiberius Coruncanius and the spread of knowledge about law in early Rome, The Journal of Legal History 5.2 (1984) 129–135; WIEACKER, Römische Rechtsgeschichte I, 535; SINI, A quibus iura civibus praescribebantur, 81–99; CANNATA, Per una storia della scienza giuridica europea, 145–149; GIARO, Art. Coruncanius, Ti., DNP 3 (1997) Sp. 210; RÜPKE, Fasti Sacerdotum, 1489–1491. Siehe auch Pomp. l. s. enchir. D. 1.2.2.35; Liv. per. 18; Vell. 2.128; Cic. de orat. 3.134 f. ; Cic. Brut. 55.

(*responsa complura et memorabilia*). Zwei von ihnen – eine viel diskutierte Stelle zur Zuordnung der *sacra* – er vertrat wie später P. Mucius Scaevola *pontifex* die Auffassung, dass derjenige, der genausoviel vermacht bekommen habe wie alle Erben zusammen, zur Fortführung der *sacra* verpflichtet sein solle[393] – und ein Gutachten, dass Wiederkäuer (*ruminales*) erst dann als reine Opfertiere (*purae hostiae*) zu qualifizieren seien, wenn sie zwei Zähne hätten[394] – werden bei Cicero und Plinius erwähnt. Für ein drittes *responsum*, nämlich dass Atilius Regulus nicht unter dem *ius postliminii* zurückgekehrt sei, da er geschworen hatte, er werde nach Karthago zurückkehren,[395] hält Wieacker eine Urheberschaft des Coruncanius für möglich.[396] Bei Gellius ist außerdem überliefert, dass unter Coruncanius' Vorsitz die *pontifices* beschlossen, die *feriae praecidaneae* zu *dies atri* zu erklären.[397] Dass weitere *responsa* von ihm existierten, kann man aus Ciceros *Brutus* erschließen, in dem dieser erwähnt, dass Zeugnisse von dessen Begabung (*ingenium*) in den *commentarii pontificum* enthalten seien.[398]

Bei den von Coruncanius überlieferten *responsa* ist es – mit Ausnahme des ihm von Wieacker zugeschriebenen *responsum* – mehr als wahrscheinlich, dass er diese in seiner Eigenschaft als *pontifex* oder *pontifex maximus* tätigte. Da der *pontifex maximus* das *decretum* häufig im Namen aller *pontifices* erteilte, lässt

393 Cic. leg. 2.52. Siehe auch WATSON, The Law of Property, 33–35; WATSON, The State, Law and Religion, 80 f.; SINI, A quibus iura civibus praescribebantur, 95–98; JOHNSON, The Pontifical Law of the Roman Republic, 41–45; RÜPKE, Religion in Republican Rome, 116 f. Vgl. auch die Anmerkung 73 in MANTHE, Rez. Corpus Iuris Civilis, Gnomon 66 (1994) 533.

394 Plin. nat. 8.206. Dazu KUGENER, Hostia Bidens, Mélanges Thomas, 493–497. Siehe dazu auch COHEE, Decrees and responses of the Roman Priesthoods during the Republic, 81; SINI, A quibus iura civibus praescribebantur, 89–92; JOHNSON, The Pontifical Law of the Roman Republic, 133 f. Vgl. auch Macr. Sat. 6.9.1–7 und Non. s. v. *bidentes* (ed. Lindsay, p. 75). COHEE interpretiert diese Stelle als *responsum ad privatos*.

395 Pomp. 37 ad Q. Muc. D. 49.15.5.3. Siehe auch WATSON, The Law of Persons, 162 f.; 240; MAFFI, Ricerche sul postliminium, 130; KORNHARDT, Regulus und die Cannaegefangenen, Hermes 82 (1954) 85–123; HERRMANN, Le cas d'Atilius Regulus, IURA 14 (1963) 159–175; COSKUN, Bürgerrechtsentzug oder Fremdenausweisung?, 89 f., 106; Vgl. auch NORDEN, Aus altrömischen Priesterbüchern, 166–169.

396 WIEACKER, Die römischen Juristen in der politischen Gesellschaft, FS v. Lübtow, 191 FN 48; nach WATSON, The Law of Persons, 242 f. ist Q. Mucius Scaevola der Urheber. An dem von BESELER, Et (atque) Ideo, et (atque) idcirco, ideoque, idcircoque, SZ 45 (1925) 487 beanstandetem *responsum est* findet WIEACKER nichts auszusetzen.

397 Gell. 4.6.7–10. Dazu COHEE, Decrees and responses of the Roman Priesthoods during the Republic, 80 f.; SINI, A quibus iura civibus praescribebantur, 92–95; LINDERSKI, The Augural Law, 2146–2312, bes. 2190, 2222; JOHNSON, The Pontifical Law of the Roman Republic, 135–142. Siehe auch Non. s. v. *praecidaneum* (ed. Lindsay, p. 240).

398 Cic. Brut. 55. Zu den *commentarii* siehe S. 56 ff. RÜPKE nimmt auch an, dass Coruncanius die *libri pontificum* gesammelt und teilweise herausgegeben habe (RÜPKE, Fasti Sacerdotum, 1489–1491).

sich allerdings nicht beantworten, ob es sich bei den beiden oben erwähnten *responsa* um eine Einzelmeinung des Coruncanius oder um ein *decretum* der *pontifices* handelte.

Strittig ist, wie Pomponius l. s. enchir. D. 1.2.2.35 *Et quidem ex omnibus, qui scientiam nancti sunt, ante Tiberium Coruncanium publice professum neminem traditur* zu interpretieren ist. Aus dem nachfolgenden Satz (*ceteri autem ad hunc vel in latenti ius civile retinere cogitabant solumque consultatoribus vacare potius quam discere volentibus se praestabant*) wird geschlossen, dass *profiteri* iS von „öffentlich lehren" zu verstehen sei.[399] Die Gegenmeinung bezieht hingegen *profiteri* auf die Praxis und übersetzt den Ausdruck mit „öffentlich respondieren" oder „öffentlich praktizieren".[400] Beide Deutungen lassen sich verbinden, wenn man sich bewusst wird, dass sowohl in der republikanischen Zeit als auch während des frühen Prinzipats das Recht gelehrt wurde, indem die Schüler bei Rechtsbelehrungen ihrer Lehrer an Ratsuchende anwesend waren.[401]

Ebenfalls *pontifices* waren L. Cornelius Lentulus Caudinus und P. Licinius Crassus Dives. L. Cornelius Lentulus Caudinus[402], der übernächste *pontifex maximus* nach Coruncanius, verfasste im Jahr 217 v. Chr. ein *responsum* zu *ver sacrum* und statuierte, dass ohne Anordnung des Volks kein Gelübde vorgenommen werden könne.[403] In der Funktion als *pontifex maximus* exekutierte er auch das Todesurteil gegen den *pontifex minor* L. Cantilius,[404] der des *stuprum* mit einer Vestalin für schuldig befunden worden war.[405]

399 So BERGER, Art. Iurisprudentia, RE X (1918) Sp. 1161; HEUMANN/SECKEL, Handlexikon zu den Quellen des römischen Rechts, 466 s. v. *profiteri*; HONORÉ, Emperors and Lawyers, 5; BAUMAN, Lawyers in Roman Republican Politics, 76–79; WATSON, The State, Law and Religion, 127 FN 54; LIEBS, Rechtskunde im römischen Kaiserreich, FS Mayer-Maly, 384.

400 SCHULZ, Geschichte der römischen Rechtswissenschaft, 13; CAIRNS, Tiberius Coruncanius and the Spread of Knowledge about Law, The Journal of Legal History 5 (1984) 129–135; D'IPPOLITO, Sul pontificato di Tiberio Corunciano, Labeo 23 (1977) 145 FN 24; DERS., I giuristi e la città, 47–50. Gänzlich angezweifelt wird Pomp. l. s. enchir. D. 1.2.2.35 von WHEELER, Sapiens and Stratagems, Historia (1988) 175: „probably a myth".

401 Siehe S. 383 ff.

402 cos. 237 v. Chr., cens. 236 v. Chr., princ. sen. 220 v. Chr., pont. max. 221–213; Liv. 22.10.1–6, 25.2.2; MÜNZER, Art. L. Cornelius Lentulus (186), RE IV (1900) Sp. 1366 f.; ELVERS, Art. Cornelius Lentulus Caudinus, L. [I 45], DNP 3 (1997) Sp. 174; SINI, A quibus iura civibus praescribebantur, 101–112; RÜPKE, Fasti Sacerdotum, 915, 1572; BECK, Karriere und Hierarchie, 281.

403 Liv. 22.10.1–6. Dazu COHEE, Decrees and responses of the Roman Priesthoods during the Republic, 84 f.; SINI, A quibus iura civibus praescribebantur, 103–112; DERS., Religione e poteri, Diritto@Storia 6 (2007); JOHNSON, The Pontifical Law of the Roman Republic, 38 f.; ELSTER, Die Gesetze der mittleren römischen Republik, 195–197.

404 Liv. 22.57.2–6.

405 Weiterführende Literaturhinweise bei BECK/WALTER, Die frühen römischen Historiker I, 273 f. Zu *decreta* bei *incestus*-Verfahren siehe S. 33, 52 f.

Die Amtszeit von P. Licinius Crassus Dives[406] war durch seine Auseinandersetzungen mit Q. Fabius Pictor[407] und C. Valerius Flaccus[408] und seine Bestrafung einer nachlässigen Vestalin[409] geprägt. Eine Rechtsauskunft von ihm betraf die Zulässigkeit eines *votum ex incerta pecunia*[410], bei der er von der Meinung des gesamten Kollegiums abwich und die Zulässigkeit verneinte, eine andere die richtige Durchführung des *ver sacrum*[411]. Ob Licinius Crassus bei diesen Rechtsauskünften von religiösen Skrupeln oder parteipolitischen Erwägungen beeinflusst wurde, ist in der Literatur umstritten. Dass er sein Amt überaus ernst nahm, zeigen die während seiner Amtszeit ergangenen sakralrechtlichen Maßnahmen,[412] wie das *senatus consultum* zur Wahl des *curio maximus* (209 v. Chr.),[413] die *lex Licinia de tresviris epulonibus creandis* (196 v. Chr.)[414] und die *lex Acilia de intercalando* (191 v. Chr.).[415] Auch seine Mitwirkung bei der *lex* und dem

406 pont. 216 v. Chr., aed. cur. u. pont. max. 212 v. Chr., mag. equ. 210 v. Chr., praet. 208 v. Chr., cos. 205 v. Chr., gest. 183 v. Chr. Siehe BREMER, Iurisprudentiae antehadrianae, I 12; MÜNZER, Art. P. Licinius Crassus Dives (69), RE XIII (1926) Sp. 331–333; SUMNER, The orators in Cicero's Brutus, 33 f.; BAUMAN, Lawyers in Roman Republican Politics, 92–110; NADIG, Art. Licinius Crassus Dives, P. [I 18], DNP 7 (1999) Sp. 164; MITCHELL, Patricians and Plebeians, 103; SINI, A quibus iura civibus praescribebantur, 113–129; RÜPKE, Fasti Sacerdotum, 1107 f., 1573, 1626–1630; FRANCHINI, Aspetti giuridici del pontificato romano. Siehe auch Liv. 25.5.2–4, 28.38.12, 30.1.4–6, 39.46.1–4; Cic. Cato 50; Cic. de orat. 3.134; Cic. Brut. 78.

407 Liv. 37.51.1–6. Dazu BLEICKEN, Kollisionen zwischen *sacrum* und *publicum*, Hermes 85 (1957) 451 f.; KUNKEL, Untersuchungen zur Entwicklung des römischen Kriminalverfahrens, 22 FN 49.

408 Liv. 27.8.4.

409 Liv. 28.11.6–7; Val. Max. 1.1.6.

410 Liv. 31.9.5–10. SCHLAG, Regnum in senatu, 149 sieht den Grund für dieses ungewöhnliche *votum* in der hohen Staatsverschuldung (zustimmend BERNSTEIN, Ludi publici, 99). Zum *votum* siehe auch WATSON, The State, Law and Religion, 7 f.; SINI, A quibus iura civibus praescribebantur, 122–125; COHEE, Decrees and responses of the Roman Priesthoods during the Republic, 12–14, 98 f.; STEWART, The jug and lituus on Roman Republican coin types, Phoenix 51.2 (1997) 176 f.; BERNSTEIN, Ludi publici, 99–100; FRANCHINI, Voti di guerra e regime pontificale della condizione, 27–61; JOHNSON, The Pontifical Law of the Roman Republic, 160 f., 197–200.

411 Liv. 34.44.1–3. Der abweichende Wortgebrauch (*pontifex* statt *pontifex maximus*) könnte evtl. auf ein Einzelgutachten hinweisen. Der Fehler bei der Durchführung des *ver sacrum* lag darin, dass die Tiere, die im vorangegangenen Jahr geboren worden waren, geopfert wurden, und nicht jene des laufenden Jahres. Zur Erläuterung der Stelle COHEE, Decrees and responses of the Roman Priesthoods during the Republic, 49–51, 104 f.; SINI, A quibus iura civibus praescribebantur, 128 f.; BERNSTEIN, Ludi publici, 155–157; JOHNSON, The Pontifical Law of the Roman Republic, 142, 201.

412 RÜPKE, Fasti Sacerdotum, 1625 f. Siehe auch Liv. 27.8.

413 Dazu RÜPKE, Fasti Sacerdotum, 1624 f. Zum *curio maximus* WIEACKER, Römische Rechtsgeschichte I, 201 FN 75.

414 Siehe ROTONDI, Leges publicae, 267; RÜPKE, Fasti Sacerdotum, 1625–1627.

415 Siehe S. 33 FN 124.

senatus consultum zum Kult der Magna Mater[416] sowie beim *SC de Bacchanalibus* (186 v. Chr.) kann nicht ausgeschlossen werden.[417]

Die ersten namentlich bekannten, nichtpontifikalen Juristen sind für die Wende zum 2. Jhdt. v. Chr. belegt: Über die Respondiertätigkeit des Sex. Aelius Paetus[418], Schöpfer der *Tripertita*[419], berichten Cicero und Pomponius.[420] Auch sein Bruder P. Aelius Paetus[421] war juristisch tätig, von ihm sind allerdings keine Rechtsauskünfte erhalten. In den überlieferten *responsa* des Sex. Aelius, dem

416 Rüpke, Fasti Sacerdotum, 1630 f.

417 Rüpke, Fasti Sacerdotum, 1631. Zum Hintergrund des *SC de Bacchanalibus* Venturini, Processo penale e società politica, 160–165; Nippel, Orgien, Ritualmorde und Verschwörung?, 65–73, 199–202; Ermann, Strafprozess, öffentliches Interesse und private Strafverfolgung, 7–32; Brennan, The Praetorship in the Roman Republic, 204 f.

418 aed. 200 v. Chr., cons. 198 v. Chr., cens. 194 v. Chr. Siehe Pomp. l. s. enchir. D. 1.2.2.7, 1.2.2.38 sowie Jörs, Römische Rechtswissenschaft, 99–112; Bremer, Iurisprudentiae antehadrianae, I 13–16; Klebs, Art. Sex. Ailius Paitus Catus (105), RE I (1893) Sp. 527; Funaioli, Grammaticae Romanae Fragmenta, 14 f.; Schanz/Hosius, Geschichte der römischen Literatur I, 236 f.; Lenel, Palingenesia, I 1; Kunkel, Die römischen Juristen, 8 f.; D'Ippolito, Sextus Aelius Catus, Labeo 17 (1971) 271–283; Sumner, The orators in Cicero's Brutus, 37; Fuhrmann, Interpretatio, Sympotica Wieacker, 102–108; Nörr, Pomponius, 538 f.; Behrends, Les veteres et la nouvelle jurisprudence, RHD 55 (1977) 17–19; D'Ippolito, I giuristi e la città, 53–70; Bretone, Cicerone e i giuristi del suo tempo, Ciceroniana 3 (1978) 47–68; Bretone, Techniche e ideologie, 75 f.; Wieacker, Römische Rechtsgeschichte I, 536–538; Bauman, Lawyers in Roman Republican Politics, 121–148; Behrends, Staatsrecht und Philosophie, SZ 100 (1983) 468–472; Liebs, Ist unter den römischen Juristen mit einem zweiten Cäcilius zu rechnen?, SZ 107 (1990) 371 f.; David, Le patronat judiciaire, 667; Sini, A quibus iura civibus praescribebantur, 131–153; Bretone, Sesto Elio e le Dodici Tavole. Labeo 41 (1995) 66–82; Giaro, Art. Aelius Paetus Catus, Sex. [I 11], DNP 1 (1996) Sp. 170, Cannata, Per una storia della scienza giuridica europea, 149–154; Liebs, § 111.4, in: Suerbaum (Hrsg.), Die archaische Literatur, 78 f.; Beck, Karriere und Hierarchie, 357, 378, 379; D'Ippolito, Problemi storico-esegetici delle XII tavole, 61–149.

419 Zur *Tripertita* siehe Watson, Ius Aelianum and Tripertita, Labeo 19 (1973) 26–30; D'Ippolito, Problemi storico-esegetici delle XII tavole, 105 f.; Nörr, Pomponius, 534–536. Einige Autoren (Jörs, Römische Rechtswissenschaft, 103–109; Schulz, Geschichte der römischen Rechtswissenschaft, 41 f.; Watson, Ius Aelianum and Tripertita, Labeo 19 (1973)) sind der Meinung, dass die *Tripertita* nicht mit dem *ius Aelianum* ident ist, für eine Identität der beiden Werke plädieren Liebs und Wieacker (Wieacker, Römische Rechtsgeschichte I, 537 f.; Liebs, § 111.4, in: Suerbaum (Hrsg.), Die archaische Literatur, 78 f.). Siehe auch Bömer, Der *commentarius*, Hermes 81 (1953) 231, der sich skeptisch gegenüber dem Titel *Tripertita* zeigt und darauf aufmerksam macht, dass Cicero (de orat. 1.240) das Werk als *commentarius* bezeichnet, sowie Nörr, Pomponius, 539 und seine Kritik an Watson.

420 Cic. rep. 1.30; Cic. de orat. 3.133; Pomp. l. s. enchir. D. 1.2.2.38. Siehe auch Cic. de orat. 1.193, 1.198; Cic. Brut. 78. Zum Einfluss des Sex. Aelius Paetus vgl. Behrends, Die fraus legis, 90–94.

421 aed. 204 v. Chr., praet. 203 v. Chr., cons. 201 v. Chr., cens. 199 v. Chr. Siehe Klebs, P. Ailius Paitus (101), RE I (1893) Sp. 526; Broughton, Magistrates, I 327; Kunkel, Die römischen Juristen, 9; Bauman, Lawyers in Roman Republican Politics, 110–121; Beck, Karriere und Hierarchie, 378.

Ennius den Beinamen Catus[422] gibt, stauiert dieser, dass der Käufer bei einem von ihm verschuldeten Verzug bei der Übergabe des Sklaven dem Käufer den Unterhalt ersetzen müsse[423] und erläutert den Begriff *penus* („Essensvorrat" – Aelius zählte auch Weihrauch und Wachs dazu)[424] sowie den Begriff *lessus funeris* im 12-Tafel-Satz *mulieres genas ne radunto neve lessum funeris ergo habento*, den Aelius (fäschlicherweise) als Trauerkleidung interpretierte.[425] Weiters wird sein Name bei einer Diskussion erwähnt, in der erörtert wurde, ob die *actio furti* auf den Erben übergeht, wobei jedoch nicht klar wird, welche Meinung er vertreten hatte.[426] Zudem weist Mommsen – mit Verweis auf eine Plinius-Stelle[427], in der

422 Das Ennius-Zitat findet sich bei Cic. Tusc. 1.18 und rep. 1.30. Eine Interpretation der Stellen unter besonderer Berücksichtigung der Verwendung des Worts *catus* findet sich bei Behrends, Staatsrecht und Philosophie, SZ 100 (1983) 458–484. Siehe auch Non. s. v. *catus* (ed. Lindsay, p. 132).

423 Cels 8 dig. D. 19.1.38.1. Zum *responsum* siehe v. Lübtow, Catos leges venditioni et locationi dictae, 419 f.; Broggini, Iudex arbiterve, 221–223; Watson, The Law of Obligations, 70; Behrends, Institutionelles und prinzipelles Denken, SZ 95 (1977) 198–201; Bürge, Retentio im römischen Sachen- und Obligationenrecht, 191 f; Sini, A quibus iura civibus praescribebantur, 142 f.; Apathy, Mora accipiendi und Schadenersatz, SZ 101 (1984) 193 f.; Zimmermann, The Law of Obligations, 822; Quintana Orive, Observaciones sobre el depósito, RIDA 46 (1999) 427–450; Göttlicher, Auf der Suche nach dem gerechten Preis, 27, 56; Albanese, Sulla sententia di Sesto Elio Peto in D. 19.1.38.1, AUPA 47 (2002) 77–85; Cascione, Consensus, 305–349.

424 Gell. 4.1.20. Dazu Ormanni, Penus legata, Studi Betti, 579–736, bes. 674–678; Wieling, Testamentsauslegung, 24, 34 f.; Treggiari, Roman Marriage, 389 f.; Biavaschi, Caesari familiarissimus, 221–240. Weitere Hinweise bei Sini, A quibus iura civibus praescribebantur, 139.

Inhaltlich deckt sich diese Aussage mit Ulp. 22 ad Sab. D. 33.9.3.9. Aelius ist eine Konjektur von Agustin aus dem Jahr 1579. Eventuell könnte es auch an anderen Stellen zu Verschreibungen zu Caelius oder Caecilius gekommen sein. Vgl. dazu Bremer, Iurisprudentiae antehadrianae, 13 (Stellen in Lenel, Palingenesia, I 35, 80–82). Zum Inhalt siehe Ormanni, Penus legata, Studi Betti, 579–736; Costa, Cicerone giureconsulto, 248; Astolfi, Studi sull'oggetto dei legati in diritto romano II,79–85; Watson, The Law of Succession, 134–140; Stein, The Place of Servius Sulpicius Rufus, FS Wieacker, 178; Broughton, Magistrates, III 170; Wieacker, Römische Rechtsgeschichte I, 579; Sini, A quibus iura civibus praescribebantur, 139–142; D'Ippolito, Problemi storico-esegetici delle XII tavole, 115–117; Alburquerque, Alimentos y provisiones, Revista de derecho uned 2 (2007) 13–38; Biavaschi, Ofilio e il legatum penoris, Scritti Melillo, 133–148, 221–240; Biavaschi, Quinto Mucio Scevola, Aulo Ofilio e l'ambito del legatum ligni, DO-SO-MO 9 (2011) 97–115.

425 Cic. leg. 2.59. Vgl. aber die Konjektur von Böhm, Emendationen zu Cic. de legib. II, FS Guarino, 922 f. Zur Stelle siehe auch Bretone, Geschichte des römischen Rechts, 52; Flach, Die Gesetze der frühen römischen Republik, 193 f.; Sehlmeyer, Die Anfänge der antiquarischen Literatur in Rom, 158 f.; Sehlmeyer, Auseinandersetzungen mit Religion in antiquarischer Literatur, 59.

426 Cic. fam. 7.22. Dazu De Francisci, Cic. ad fam. 7.22 e i libri iuris civilis di Q. Mucio Scevola, BIDR 66 (1963) 93–94; Costa, Cicerone giureconsulto, 238 f.; Watson, The Law of Obligations, 228 f.; Behrends, Wissenschaftslehre, 291; D'Orta, La giurisprudenza tra repubblica e principato, 111–114; Schiavone, Ius, 158–160; Cantarone, Ius controversum e controversie giurisprudenziali, Scritti Franciosi, I 433–441; Fenocchio, Il momento genetico, 298 f.; Gebhardt, Sermo iuris, 42 f.

427 Plin. nat. 33.142.

referiert wird, dass Aelius ein silbernes Essgeschirr der ätolischen Gesandtschaft zurückgewiesen habe – Sex. Aelius die Autorenschaft an einem Paulus-Zitat zu:[428] Dieser referiert, dass in früherer Zeit Silbergeschirr nicht zum *suppellex* („Hausrat") gezählt habe, sich aber diese Ansicht im Lauf der Zeit geändert habe.

I.3.3. Cato Censorius

Ob M. Porcius Cato Censori(n)us[429] als Jurist angesehen werden sollte oder nicht, ist in der Literatur umstritten.[430] Ebenfalls zur Debatte steht, ob er Autor der

428 Dig. ed. maior (1870), 140 FN 1 Paul. 4 ad Sab. D. 33.10.3.5. Dazu Wieling, Testamentsauslegung, 41.

429 geb. 234 v. Chr., quaest. 204 v. Chr., aed. 199 v. Chr., praet. 198 v. Chr., cos. 195 v. Chr., cens. 184 v. Chr., gest. 149 v. Chr. Bremer, Iurisprudentiae antehadrianae, I 16–18; Seckel/Kübler, Iurisprudentiae anteiustinianei quae supersunt, I 2; Schanz/Hosius, Geschichte der römischen Literatur I, 178–193; Funaioli, Grammaticae Romanae Fragmenta, 9–14; Helm, Art. M. Porcius Cato Censorius, RE XXII (1953) Sp. 108–165; Lenel, Palingenesia, II 126; Malcovati, Oratorum romanorum fragmenta, 12–97; Kunkel, Die römischen Juristen, 9; Labruna, Plauto, Manilio, Catone: premesse allo studio dell'emptio consensuale, Labeo 14 (1968) 39–48; Wieacker, Die römischen Juristen in der politischen Gesellschaft, FS v. Lübtow, 193 f.; Sumner, The orators in Cicero's Brutus, 33; Astin, Cato, the Censor; Bretone, Techniche e ideologie, 7–10, 54; Bauman, Lawyers in Roman Republican Politics, 148–224; Guarino, Catone giureconsulto, Index 15 (1987) 41–49; Wieacker, Römische Rechtsgeschichte I, 538 f.; Fleck, Cicero als Historiker, 109–115; David, Le patronat judiciaire, 669–673; Kierdorf, Art. Porcius Cato, M., DNP 2 (1997) Sp. 1033–1035; Beck/Walter, Die frühen römischen Historiker I, 148–224 (zu den *Origines*); Gehrke, M. Porcius Cato Censorius, 147–158; Suerbaum, § 162, in: Ders. (Hrsg.), Die archaische Literatur, 380–418; Cugusi/Sblendorio Cugusi, Opere di Marco Porcio Catone Censore, I 9–101; Kierdorf, Römische Geschichtsschreibung der republikanischen Zeit, 19–32; Suerbaum, Cato Censorius in der Forschung des 20. Jahrhunderts; Pasco-Pranger, Naming Cato(s), The Classical Journal 108 (2012) 1–35; Cornell, M. Porcius Cato, in: Cornell (Hrsg.), The fragments of the Roman historians, I 191–218, II 134–243, III 63–159.

Nach Plut. Cato mai. 1 hatte dieser ursprünglich den Beinamen Priscus und erhielt das *cognomen* Cato wegen seiner außergewöhnlichen Klugheit (vgl. hiezu auch den Beinamen Catus bei Sex. Aelius Paetus). Siehe auch Wheeler, Sapiens and Stratagems, Historia (1988) 192, der feststellt, dass das (auch Cato zugeschriebene) *cognomen sapiens* im 3. Jhdt. v. Chr. eher die allgemeine Bedeutung von „listig, raffiniert" besaß sowie häufig im militärischen Zusammenhang gebraucht wurde und erst im 2. Jhdt. juristische Kenntnisse implizierte (Gell. 4.1.16). Nichtsdestotrotz spricht die Zuweisung dieses *cognomen* in der Literatur der Republik und des Prinzipats eher für juristische Kenntnisse des Cato. Siehe hierzu auch Giaros (Giaro, Römische Rechtswahrheiten, 181–188) Ausführungen zum Begriff der *sapientia*.

430 Skeptisch Schulz, Geschichte der römischen Rechtswissenschaft, 55 FN 1 und Wieacker, Die römischen Juristen in der politischen Gesellschaft, FS v. Lübtow, 193 sowie Ders., Römische Rechtsgeschichte I, 538 f., befürwortend Guarino, Catone giureconsulto, Index 15 (1987) 45 und Cugusi/Sblendorio Cugusi, Opere di Marco Porcio Catone Censore, I 36. Die besseren Gründe sprechen für eine Qualifikation Catos als Jurist: So wird er bei Cic. fam. 4.6.2

commentarii iuris civilis ist,[431] die häufig seinem Sohn zugeschrieben werden. Sie enthalten eine Etymologie des Wortes *mundus* (eine Kammer, die den Eingang zur Unterwelt darstellte, oder nach Ansicht anderer eine Opfergrube)[432] und ein Fragment zur Frage der Bezahlung einer Vertragsstrafe durch die Erben des *promissor*, bei dem Cato zwischen verschiedenen Unterfällen differenzierte.[433] In die *commentarii* wurden laut Cicero, wie auch in jene des M. Iunius Brutus, die echten Namen der Adressaten aufgenommen.[434]

Ebenfalls auf eine schriftliche Äußerung eines der beiden Catones gehen zwei Fragmente zurück: In dem einen erläutert Cato, dass ein Sklave, dem ein Finger oder eine Zehe abgeschnitten worden sei, *morbosus* sei,[435] in dem anderen stellt er fest, dass ein Sklave durch Adoption automatisch zu einem Freien werde.[436]

---

und Nep. Cato 3 Jurist genannt. Gute juristische Kenntnisse des Cato werden auch in Cic. Lael. 6; Gell. 1.12.17; Plut. Cato mai. 20.4 und Quint. inst. 12.3.9 impliziert. Abgesehen davon werden bei Pomp. l. s. enchir. D. 1.2.2.38 sowohl Vater als auch Sohn Juristen genannt.

431 Herrschende Meinung ist, dass die *commentarii* dem jüngeren Cato zuzuschreiben sind (z. B. Schulz, Geschichte der römischen Rechtswissenschaft, 108; Cannata, Per una storia della scienza giuridica europea, 208–210; Liebs, § 194.3, in: Suerbaum (Hrsg.), Die archaische Literatur, 563). Anderer Ansicht sind Bretone, Techniche e ideologie, 7; Bauman, Lawyers in Roman Republican Politics, 149–153; Guarino, Catone giureconsulto, Index 15 (1987) 45 f. Einer Festlegung enthalten sich Astin, Cato, the Censor, 185, Behrends, Der Kommentar in der römischen Rechtsliteratur, 432 und Cugusi/Sblendorio Cugusi, Opere di Marco Porcio Catone Censore, I 81.

432 Fest. s. v. *mundus* (ed. Lindsay, 144/146). Siehe auch Thulin, Die etruskische Disciplin, III 17–19; Funaioli, Grammaticae Romanae Fragmenta, 14; Behrends, Der Kommentar in der römischen Rechtsliteratur, 432; Humm, Le mundus et le Comitium, Histoire urbaine 10 (2004) 43–61; Bendlin, Mundus Cereris, 43–47; Blätz, Sacrae virgines, 251 f.; Sehlmeyer, Auseinandersetzungen mit Religion in antiquarischer Literatur, 59 f.

433 Paul. 12 ad Sab. D. 45.1.4.1 Umstritten ist, ob es sich bei dem von Cato erläuterten Fall wirklich um eine Konventionalstrafe im eigentlichen Sinn handelt oder ob die Stipulation nicht negativ formuliert war, dass also der *promissor* sich dazu verpflichtet hatte, eine bestimmte Handlung zu unterlassen oder das Wegerecht zu dulden. Dazu Watson, The Law of Obligations, 5 f.; Watson, The Law of Succession, 119 und Finkenauer, Direkte Stellvertretung bei Stipulationen, SZ 125 (2008) 459 f. sowie Ders., Vererblichkeit und Drittwirkungen, 171 f. Die Stelle steht unter starkem Interpolationsverdacht, siehe z. B. Solazzi, Stipulazioni di servitù prediali, IURA 5 (1954) 136, sehr kritisch ist Beseler, Romanistische Studien, SZ 46 (1926) 100 f., relativierend hingegen Stein, Regulae Iuris, 31–33. Weitere Literaturhinweise auch bei Cugusi/Sblendorio Cugusi, Opere di Marco Porcio Catone Censore, II 460–463 und bei Knütel, Stipulatio poenae, 62.

434 Cic. de orat. 2.142.

435 Ulp. 1 ad ed. aed. cur. D. 21.1.10.1. Vgl. dazu auch Manfredini, La „Bestrafung des schuldigen Gliedes“, Index 26 (1988) 231–239 und Giaro, Dogmatische Wahrheit und Zeitlosigkeit, BIDR 90 (1987) 59–61.

436 Inst. 1.11.12. Siehe auch Theoph. Inst. 1.11.12. Siehe dazu Watson, The Law of Persons, 90–98; Behrends, Prinzipat und Sklavenrecht, 71 f.; Cosentini, Nota minima sui liberti, Sodalitas Guarino, III 1345–1351. Vgl. auch Gell. 5.19.12–14.

Auch die Aussage, dass ein Interkalarmonat als zusätzlicher Monat (*additicius*) anzusehen sei, ist von ihm überliefert.[437] Auf ein *responsum* zurückgehend ist nach Ansicht Bremers das Fragment D. 24.3.44 pr,[438] das die Frage behandelt, ob eine Tochter die Erben des Vaters auf Rückgabe ihrer *dos* klagen könne, wenn ihr Vater von ihrem Ehemann als Erben eingesetzt worden war und dann verstorben war, was von Cato und Nerva bejaht wurde. Ein weiteres von Cato überliefertes *responsum* auf die Frage, ob es sich um ein böses Omen (*monstrum*) handle, wenn Schuhe von Spitzmäusen angenagt worden waren, hat keinen allzu großen Wert, da es sich hierbei um eine Wanderanekdote zu handeln scheint.[439]

Zahlreiche juristische Anmerkungen sind in Catos *orationes* überliefert: Beispiele für in den *orationes* überlieferte juristische Probleme finden sich z. B. in *de dote*, in der das Weinverbot für Frauen und das Tötungsrecht bei *adulterium* behandelt werden,[440] in *pro L. Turio*, wo Cato rät, bei nicht eindeutiger Beweislage und gleichem sozialen Ansehen zugunsten des Klägers zu entscheiden[441] oder in der Rede für die *lex Voconia.*[442] Auch Catos Bejahung der Sakrosanktizität

---

437 Cels. 39 dig. D. 50.16.98.1. Siehe Radke, Fasti Romani, 47; Färber, Zeit ist Geld, FS Malitz, 61. Zur Schaltung des Interkalarmonats durch die *pontifices* siehe Rüpke, Kalender und Öffentlichkeit, 289–330.

438 Paul. 5 quaest. D. 24.3.44 pr. Ob dieses Fragment wirklich von einem der Catones stammt, ist unsicher: Lenel vermutete, dass dort statt Cato Capito gestanden habe könnte (Lenel, Palingenesia, I Sp. 125). Als Grund für die Unechtheit dieses Fragments wird auch häufig vorgebracht, dass die *actio rei uxoriae* zu dieser Zeit nicht existiert haben könne, so z. B. von Bonfante, Diritto di famiglia, 467.

439 Aug. doctr. christ. 2.20. Bremer, Iurisprudentiae antehadrianae, 17 verweist auf Clem. Al. strom. 7.4.24. Siehe auch Seckel/Kübler, Iurisprudentiae anteiustinianei quae supersunt, I 2 sowie Cascione, Minima de soricibus Catonianis, FS Wubbe, 45 f.

440 Gell. 10.23.1–5. Siehe dazu Wolff, Das iudicium de moribus und sein Verhältnis zur actio rei uxoriae, SZ 54 (1934) 315–321; Malcovati, Oratorum romanorum fragmenta, 89 f.; Minieri, Vini usus feminis ignotus, Labeo 28 (1982) 150–163; Treggiari, Roman Marriage, 268–271, 325; Astolfi, Il matrimonio nel diritto romano preclassico, 156–158, 352–354; Ford Russell, Wine, Women, and the Polis, Greece & Rome 50 (2003) 77–84; Smith, Satiric advice on women and marriage, 43 f. Weitere Literaturhinweise bei Cugusi/Sblendorio Cugusi, Opere di Marco Porcio Catone Censore, II 399 f.

441 Gell. 14.2.21. Siehe Malcovati, Oratorum romanorum fragmenta, 83 f.; Kennedy, The Rhetoric of Advocacy in Greece and Rome, AJPh 89 (1968) 428 f. Weitere Literaturhinweise bei Cugusi/Sblendorio Cugusi, Opere di Marco Porcio Catone Censore, I 388–391; Cardilli, Vir bonus e bona fides, 183–188. Dass der Kontrahent des L. Turius, Cn. Gellius, mit dem gleichnamigen Annalisten ident ist, ist möglich (Schanz/Hosius, Geschichte der römischen Literatur I, 197; Cugusi/Sblendorio Cugusi, Opere di Marco Porcio Catone Censore, I 389; Briscoe, Cn. Gellius, in: Cornell (Hrsg.), The fragments of the Roman historians, I 252–255).

442 Gell. 17.6.1,8. Die Stelle ist in wenig verändertem Wortlaut auch bei Fest. s. v. *recepticium servum* (ed. Lindsay, p. 356) und Non. s. v. *recepticium* (ed. Lindsay, p. 76) überliefert. Siehe auch Ps.-Ascon. Verr. 2.1.106 (p. 248, ed. Stangl) sowie Funaioli, Grammaticae Romanae Fragmenta, 13, 511 f. und Malcovati, Oratorum romanorum fragmenta, 60 f. Zum Inhalt siehe Heyse,

der plebejischen Ädilen ist als juristische Äußerung zu qualifizieren, zumal sich neben ihm auch noch andere Juristen mit dieser Frage befassten.[443] Juristisch relevant sind auch seine Äußerungen zum Klientelwesen, die an anderer Stelle behandelt werden sollen.[444] In dem Geschichtswerk *origines* und in der Schrift *de agri cultura* werden ebenfalls juristische Probleme erörtert.[445]

Berger schließt aus zwei Stellen, dass Cato ein Werk zum *ius pontificium* verfasst hat.[446] Aus diesen Quellen lässt sich jedoch eine schriftliche Bearbeitung des *ius pontificium* nicht entnehmen, da die betreffende Anspielung in Cic. Cato 38 sich ohne weiteres auch auf die *origines* oder seine Reden beziehen könnte.

Zur Respondierpraxis von Cato sind vor allem Ciceros Schriften eine wertvolle Quelle: Besondere Aufmerksamkeit verdient in diesem Zusammenhang eine Stelle aus dem *Laelius*,[447] in der berichtet wird, Cato habe im Senat und am Forum klug Vorkehrungen getroffen (*prudenter provisa*), konsequent als Redner vorgetragen (*constanter acta*) und scharfsinnig geantwortet (*acute responsa*). Auffällig ist hier die Korrespondenz zum *cavere*, *agere*, *respondere* – laut Cicero die Kernaufgaben der römischen Jurisprudenz.[448] Die besondere Begabung des Cato in Rhetorik und Rechtswissenschaft wird von Cicero auch an anderer Stelle betont;[449] auch die Eloquenz Catos und seine hohe literarische Produktivität wurden in der antiken Literatur sehr häufig erwähnt.[450]

Mulier non debet abire nuda, 47–77; Stagl, Favor dotis, 223 f.; Vigneron/Gerkens, The Emancipation of Women in Ancient Rome, RIDA 47 (2000) 110 f. Weitere Literaturhinweise sind bei Cugusi/Sblendorio Cugusi, Opere di Marco Porcio Catone Censore, I 326 f. zu finden.

443 Fest. s. v. *sacrosanctum* (ed. Lindsay, p. 422). Siehe dazu Malcovati, Oratorum romanorum fragmenta, 89; Garofalo, Iuris interpretes e inviolabilità magistratuale, BIDR 100 (1997) 537–541; Licandro, In magistratu damnari, 120–127; Astin, Cato, the Censor, 19 f. Siehe auch Liv. 3.55.

444 Gell. 5.13. Siehe S. 375.

445 Zu den *origines* siehe etwa die Fragmente in Prisc. 2.254 (erläutert bei Beck/Walter, Die frühen römischen Historiker I, 198), Prisc. 2.382 (erläutert bei Beck/Walter, Die frühen römischen Historiker I, 207), Cic. Lael. 38 und Gell. 1.12.7 (erläutert bei Beck/Walter, Die frühen römischen Historiker I, 218). Zum juristischen Gehalt von *de agri cultura* siehe z. B. v. Lübtow, Catos leges venditioni et locationi dictae, 227–441; Castello, Sui rapporti tra „dominus" e „vilicus", 76–140; Ders., Nuovi spunti su problemi di storia, economia e diritto, GS Donatuti, I 237–264; Burdese, Catone e la vendita di vino, SDHI 66 (2000) 269–276; Braukmann, Pignus, 102–108; Jakab, Risikomanagement beim Weinkauf, 47–71, 216 f., 232.

446 Gell. 1.12.17; Cic. Cato 38. Siehe auch Berger, Art. Ius pontificium, RE X (1919) Sp. 1288; Cornell, M. Porcius Cato, in: Cornell (Hrsg.), The fragments of the Roman historians, III 138 f.

447 Cic. Lael. 6.

448 Siehe dazu S. 371 f.

449 Cic. de orat. 3.135. Siehe auch Wisse/Winterbottom/Fantham, M. Tullius Cicero: De oratore libri III. A Commentary on Book III, 96–230, 138–140.

450 Siehe die Nachweise bei Cugusi/Sblendorio Cugusi, Opere di Marco Porcio Catone Censore, I 250–255.

I.3.4. L. Acilius, Q. Fabius Pictor und weitere Juristen des 3. Jhdts. v. Chr.

Wenige Zeugnisse gibt es von Catos Zeitgenossen L. Acilius,[451] abgesehen von Pomponius, der ihm gemeinsam mit Sex. Aelius Paetus und P. Aelius Paetus eine *maxima scientia in profitendo* zuschreibt.[452] Daraus kann man, je nachdem wie *profiteri* an dieser Stelle zu verstehen ist,[453] auf eine Lehr- oder Respondiertätigkeit des Acilius schließen. Zudem wird überliefert, dass er, wie Sex. Aelius, *lessus funeris* im 12-Tafel-Satz *mulieres genas ne radunto neve lessum funeris ergo habento* als Begräbnisgewand verstanden habe.[454]

Wenn man Q. Fabius Pictor[455], den frühesten römischen Historiker, als Autor der *iuris pontificii libri* ansieht, was allerdings keineswegs gesichert ist[456], wäre zu

451 ev. praetor 197 v. Chr. Bremer, Iurisprudentiae antehadrianae, I 18; Jörs, Römische Rechtswissenschaft, 247; Klebs, Art. Acilius (7), RE I (1893) Sp. 252; Funaioli, Grammaticae Romanae Fragmenta, 15; Schanz/Hosius, Geschichte der römischen Literatur I, 236; Schulz, Geschichte der römischen Rechtswissenschaft, 55; Kunkel, Die römischen Juristen, 10; Wieacker, Die römischen Juristen in der politischen Gesellschaft, FS v. Lübtow, 194; D'Ippolito, I giuristi e la città, 10–12; Badian, The Clever and the Wise, FS Skutsch, 6–12; Elvers, Art. Atilius, L. [I 7], DNP 2 (1997) Sp. 212; Liebs, § 111.5, in: Suerbaum (Hrsg.), Die archaische Literatur, 79; Manzo, Un' ipotesi sul profilo intellettuale e sull' individualità scientifica di Lucio Acilio, Scritti Melillo, 743–762. Dass es sich bei Acilius um den bei Pomponius (D. 1.2.2.38) genannten P. Atilius handelt, scheint *communis opinio* zu sein. Badian, The Clever and the Wise, FS Skutsch, 12 macht darauf aufmerksam, dass in vielen Livius-Ausgaben Acilius zu Atilius emendiert wurde. Siehe auch Cic. Lael. 6; Liv. 32.27.7, 32.28.2 und Sylloge inscriptionum Graecarum^3, Nr. 585.

452 Pomp. l. s. enchir. D. 1.2.2.38.

453 Siehe dazu auch S. 70.

454 Cic. leg. 2.59. Siehe auch Funaioli, Grammaticae Romanae Fragmenta, 61. Liebs, § 111.5, in: Suerbaum (Hrsg.), Die archaische Literatur, 79 vermutet, dass der Satz aus einem Kommentar des Acilius zum 12-Tafel-Gesetz stammt. Siehe auch Baltrusch, Regimen morum, 45, der meint, dass L. Aelius Stilo mit seiner Interpretation von *lessus* als Klagegeheul wohl eher Recht hatte.

455 geb. ca. 254 v. Chr., praet. zwischen 219–214 v. Chr., 216 v. Chr. Reise nach Delphi. Der Vorname des Fabius Pictor ist nicht gesichert. Allgemein Bremer, Iurisprudentiae antehadrianae, I 9–12; Münzer, Art. Q. Fabius Pictor (126), RE VI (1909) Sp. 1836–1841; Peter, Historicorum Romanorum Reliquiae I, xix–c, 5–39; Seckel/Kübler, Iurisprudentiae anteiustinianei quae supersunt, I 2–5; Schanz/Hosius, Geschichte der römischen Literatur I, 171–174; Gelzer, Römische Politik bei Fabius Pictor, Hermes 68 (1933) 129–166; Kunkel, Die römischen Juristen, 12; Montanari, L'idea giuridica e politica di Roma, 9–23; Fleck, Cicero als Historiker, 97–102; Walt, Der Historiker C. Licinius Macer, 109 f.; Frier, Libri annales pontificum maximorum, 230 f., 233–253; Beck/Walter, Die frühen römischen Historiker I, 55–136; D'Ippolito, Fabio Pittore rivisitato, Atene e Roma 43 (1998) 142–155; Scholz, Art. Fabius Pictor, Q. [I 35], DNP 4 (1998) Sp. 373–374; Suerbaum, § 157, in: Ders. (Hrsg.), Die archaische Literatur, 359–370; Beck, Den Ruhm nicht teilen wollen. Fabius Pictor und die Anfänge des römischen Nobilitätsdiskurses, 72–92; Walter, Memoria und res publica, 229–254; Bishop/Cornell, Fabius Pictor, in: Cornell (Hrsg.), The fragments of the Roman historians, I 160–178, II 32–105, III 13–49.

456 Die überwiegende Zahl der Autoren setzt den Historiker mit dem bei Cicero genannten Rechtshistoriker gleich, während sich Münzer, Art. Ser. Fabius Pictor (128), RE VI (1909)

überlegen, ob in dieses Werk – wie in das Werk des Q. Fabius Maximus Servilianus – eventuell *responsa* der *pontifices* aufgenommen wurden. Die erhaltenen neun Fragmente der *iuris pontificii libri*[457] lassen diesbezüglich aber keine Schlüsse zu.

Von zwei weiteren, nur spärlich bezeugten Juristen sind keine Rechtsauskünfte überliefert: Dabei handelt es sich um den von Pomponius[458] genannten Q. Mucius Scaevola[459] und seinen Sohn P. Mucius Scaevola,[460] der wiederum Vater der beiden Juristen P. Mucius Scaevola *pontifex* und P. Licinius Crassus Dives Mucianus war. Mucianus war am *SC de Thisbensibus* beteiligt und stand als *praetor urbanus* 179 v. Chr. einer *quaestio de veneficiis* vor.

Ebenfalls als Jurist zu qualifizieren ist der *pontifex* Q. Fabius Labeo[461]. Cicero notierte, dass diesem dieselbe Ehre wie Q. Fabius Pictor, i. e. *iuris et litterarum*

Sp. 1842–1844; Schulz, Geschichte der römischen Rechtswissenschaft, 47; Kunkel, Die römischen Juristen, 12, Frier, Libri annales pontificum maximorum, 232 f., 247; Forsythe, The Historian L. Calpurnius Piso Frugi and the Roman Annalistic Tradition, 50; Suerbaum, § 157, in: Ders. (Hrsg.), Die archaische Literatur, 359; Liebs, § 194.4, in: Suerbaum (Hrsg.), Die archaische Literatur, 564 f., dagegen aussprechen. Unentschieden zeigt sich Beck/Walter, Die frühen römischen Historiker I, 60 FN 26.

Dafür, dass beide Werke von demselben Autor stammen, sprechen die Fragmente Non. s. v. *picumnus* (ed. Lindsay, p. 834 f.) ; Gell. 1.12.14, 10.15.1. Weitere Fragmente aus den *libri iuris pontificii* sind bei Macr. Sat. 3.2.3 und 3.2.11 überliefert. Von Kunkel, Die römischen Juristen, 12, Liebs, § 194.4, in: Suerbaum (Hrsg.), Die archaische Literatur, 564, Wieacker, Römische Rechtsgeschichte I, 568, und Rüpke, Fasti Sacerdotum, 973 wird Fabius Pictor, Autor der *libri iuris pontificii*, mit dem Mitte des 2. Jhdts. v. Chr. lebenden Ser. Fabius Pictor identifiziert. Varro (zitiert bei Nonius) nennt das Werk *commentarii*, was auf eine eher praktische Ausrichtung schließen lässt. Wahrscheinlicher ist aber, dass das *ius pontificium* durchaus dem Fabius Pictor zuzurechnen ist, da der bei Cicero belegte Vorname Ser. nur in einer einzigen Handschrift überliefert ist (vgl. auch Rüpke, Fasti Sacerdotum, 973 FN 1) und zwei etwa zu derselben Zeit lebende Historiker mit demselben *cognomen* eher unwahrscheinlich sind. Zudem werden bei Nonius die *annales* und die *libri iuris pontificii* explizit demselben Autor zugerechnet. Für eine umfassende Darstellung der Diskussion siehe Suerbaum, § 157, in: Ders. (Hrsg.), Die archaische Literatur, 359–370 mit weiteren Hinweisen. Siehe auch Cic. Brut. 81, der Fabius Pictor als *iuris et litterarum et antiquitatis bene peritus* bezeichnet.

457 Nachweise bei Bremer, Iurisprudentiae antehadrianae, 9–12.

458 Pomp. l. s. enchir. D. 1.2.2.37 (sowohl P. Cornelius Scipio Nasica Corculum als auch Q. Mucius Scaevola, die beide in D. 1.2.2.37 genannt werden, lebten nachweislich vor dem im folgenden Satz angeführten Coruncanius). Die Gründe für diesen Anachronismus sind umstritten. Literaturhinweise bei Wieacker, Römische Rechtsgeschichte I, 535 FN 25.

459 praet. 215 v. Chr. gest. 209 v. Chr. Zu Q. Mucius Scaevola siehe Münzer, Art. Q. Mucius Scaevola (19), RE XVI (1933) Sp. 429 f.; Kunkel, Die römischen Juristen, 8; Wieacker, Die römischen Juristen in der politischen Gesellschaft, FS v. Lübtow, 199; Bauman, Lawyers in Roman Republican Politics, 226 f.; Brennan, The Praetorship in the Roman Republic, 142.

460 praet. 179 v. Chr., cos. 175 v. Chr. Zu P. Mucius Scaevola siehe Bauman, Lawyers in Roman Republican Politics, 227–230.

461 quaest. 196 v. Chr., praet. 189 v. Chr., cos. 183 v. Chr., pont. ab 180 v. Chr. Siehe Münzer, Art. Q. Fabius Labeo (91), RE VI (1909) Sp. 1773–1775; Kunkel, Die römischen Juristen, 10;

et antiquitatis bene peritus, zustand.[462] Bekannt ist Q. Fabius Labeo vor allem für seine Funktion als Schiedsrichter zwischen den Städten Neapel und Nola, in der er für die Römer ausgesprochen vorteilhaft agierte.[463] Zusätzlich war er als *IIIvir coloniis Potentiam et Pisaurum deducendis*[464] tätig und an der Gründung der Kolonie Saturnia[465] beteiligt.

Außerdem werden in Ciceros *Brutus* die *pontifices* Q. Fabius Maximus und Q. Caecilius Metellus genannt. Während bei Q. Fabius Maximus seine Rechtskenntnisse bezeugt sind, sind sie bei Q. Caecilius Metellus aufgrund seiner politischen Tätigkeit wahrscheinlich. Q. Fabius Maximus[466] verfügte über gute Kenntnisse im Auguralrecht, die er bei der Annulierung von zwei Konsulatswahlen anwandte.[467] Zudem wirkte er bei der Reform der Komitien mit,[468] verfolgte eine intensive Religionspolitik[469] und trat für die *lex Cincia de donis et muneribus* ein.[470] Q. Caecilius Metellus[471] trat vor allem durch sein Engagement

Sumner, The orators in Cicero's Brutus, 43; Elvers, Art. Fabius Labeo, Q. [I 20], DNP 4 (1998) Sp. 368; David, Le patronat judiciaire, 678; Rüpke, Fasti Sacerdotum, 970. Zur Prätur siehe Beck/Walter, Die frühen römischen Historiker II, 208 f.; Broughton, Candidates Defeated in Roman Elections, TAPA 81 (1991) 12 Nr. 16; Kreuter, Die Beziehungen zwischen Rom und Kreta, 135–150. Siehe auch Suet. Ter. 4.

462 Cic. Brut. 81.

463 Cic. off. 1.33; Val. Max. 7.3.4. Siehe dazu Knütel, Die actio finium regundorum und die ars gromatica, 292; Baldus, Regelhafte Vertragsauslegung, 342–344.

464 Liv. 39.44.10.

465 Liv. 39.55.9.

466 pont. 215 v. Chr., cos. 233, 228, 215, 214, 209 v. Chr., dict. 221, 217 v. Chr., cens. 230 v. Chr., princ. sen. 209, 204 v. Chr., gest. 203 v. Chr. Siehe Münzer, Art. Q. Fabius Maximus (116), RE VI (1909) Sp. 1814–1830; Malcovati, Oratorum romanorum fragmenta, 4–6; Sumner, The orators in Cicero's Brutus, 30–32; Jahn, Interregnum und Wahldiktatur, 106–124; Guarino, Il dittatore appiedato, Labeo 25 (1979) 7–15; Broughton, Magistrates, III 88; Gusso, Appunti sulla notazione dei fasti Capitolini, 291–333; Evans/Kleijwegt, Did the Romans like young men?, ZPE 92 (1992) 192; Elvers, Art. Fabius Verrucosus, Q. [I 30], DNP 4 (1998) Sp. 372–373; Beck/Walter, Die frühen römischen Historiker II, 269–301; Beck, Quintus Fabius Maximus, 79–91; Beck, Karriere und Hierarchie, 269–301. Siehe auch Liebs, Rechtsschulen und Rechtsunterricht im Prinzipat, 229 FN 173, der unter Hinweis auf Gell. 10.27 annimmt, dass in D. 1.2.2.37 statt Q. Mucius Q. Fabius Maximus gestanden habe.

467 Cic. Cato 12. Siehe auch Müller-Seidel, Q. Fabius Maximus Cunctator und die Konsulwahlen der Jahre 215 und 214 v. Chr., RhM 96 (1953) 241–281, und Jahn, Interregnum und Wahldiktatur, 106–124.

468 Fest. (ed. Lindsay, p. 480).

469 David, Le patronat judiciaire, 122 f.; Rüpke, Fasti Sacerdotum, 1628.

470 Cic. Cato 10. Siehe auch Elster, Die Gesetze der mittleren römischen Republik, 255–261.

471 pont. 216 v. Chr., aed. 209 v. Chr., cos. 206 v. Chr. Zu Q. Caecilius Metellus siehe Münzer, Art. Q. Caecilius Metellus (81), RE III (1897) Sp. 1206–1207; Malcovati, Oratorum romanorum fragmenta, 9–11; Sumner, The orators in Cicero's Brutus, 32; Broughton, Magistrates, III 36; Rüpke, Fasti Sacerdotum, 831; Elvers, Art. Caecilius Metellus, Q. [I 18], DNP 2 (1997)

bei diversen Schiedskommissionen hervor: Er war als *Xvir agris dividundis* für die Gründung einer Siedlung für Scipios Veteranen zuständig, Mitglied einer Gesandtschaft zur Streitschlichtung in Macedonia und auf der Peloponnes sowie Mitglied der Kommission, die die Vorfälle von Lokri untersuchte.[472]

I.3.5. Zusammenfassung

Kennzeichnend für die Epoche der Säkularisierung ist eine teils sehr ungünstige und unklare Quellenlage. Dass für viele der während dieses Zeitraums auftretenden Juristen Pomponius' *enchiridion* eine Hauptquelle ist, trägt auch nicht unbedingt zu Klarheit bei, da seine Formulierungen (man denke etwa an *praeesse* in D. 1.2.2.6 oder *profiteri* in D. 1.2.2.35) oft mehr Fragen aufwerfen als klären. Offene Fragen und Diskussionen in der Forschung bestimmen auch andere Ereignisse dieser Epoche, wie etwa die Veröffentlichung des *ius Flavianum* und die Auswirkungen der *lex Ogulnia*.

Da ein großer Teil der wenigen erhaltenen *responsa* dem Sakralrecht gewidmet ist, wurden die betroffenen Juristen in der Nachwelt oft nicht als Juristen wahrgenommen;[473] dies änderte sich auch während der nächsten Jahrhunderte nur langsam. Vermutlich spielte die Interpretation der 12-Tafel-Gesetze während dieser Zeit eine große Rolle, da sich sowohl Sex. Aelius Paetus mit seinem Werk *Tripertita*, das einen Kommentar zu den 12 Tafeln zusammen mit mit den entsprechenden Klagen enthält, wie auch L. Acilius mit den 12 Tafeln beschäftigten und eine Beschäftigung von Cato zumindest plausibel ist. Ebenso ist anzunehmen, dass die Änderungen in der Gerichtsverfassung juristisch diskutiert wurden, aber diese Vermutung kann ebenfalls nicht belegt werden. Aufgrund der geringen Zahl an Juristen und *responsa* können über diese Epoche nicht viele aussagekräftige Schlüsse gezogen werden.

Sp. 888; Sánchez Vendramini, Naevius' Fehde mit Q. Caecilius Metellus, Mnemosyne 62 (2009) 471–476; Simmons, From Obscurity to Fame and Back Again.

472 Die *quaestio* behandelte das Fehlverhalten des *legatus* des Scipio, Q. Pleminius, der 205 v. Chr. die Bevölkerung von Lokri unterdrückt und den dortigen Tempel ausgeraubt hatte. Zwei Tribunen, die sich ihm widersetzten, ließ er auspeitschen. Nachdem Beschwerden über sein Verhalten beim Senat eingegangen waren, schickte dieser eine Gesandschaft, die die Vorfälle überprüfen und feststellen sollte, ob auch Scipio dafür verantwortlich war. Siehe dazu Jones, The Criminal Courts of the Roman Republic and Principate, 20 f.; Kunkel/Wittmann, Staatsordnung und Staatspraxis der römischen Republik, 155 FN 205; Licandro, In magistratu damnari, 222–234; Brennan, The Praetorship in the Roman Republic, 141 f. Vgl. auch Liv. 26.15 f., 26.33 f.; Diod. 27.4.

473 So etwa Kunkel, Die römischen Juristen. Herkunft und soziale Stellung, 5.

I.4. Das 2. Jhdt. v. Chr.

I.4.1. Allgemeines

Das 2. Jhdt. v. Chr. war eine Epoche, in der das Römische Reich von zahlreichen äußeren und inneren Kämpfen heimgesucht wurde: Während die Kriege gegen Karthago und Mazedonien das Gebiet des Römischen Reichs massiv vergrößerten, verstärkten sich die sozialen Spannungen innerhalb Italiens immer mehr.[474] Dies führte u. a. zu den politischen Unruhen unter den Gracchen und den Sklavenaufständen innerhalb Italiens Ende des 2. Jhdts. und mündete schließlich im römischen Bundesgenossenkrieg.[475] Der Krieg zwischen den einzelnen Fraktionen fand auch in zahlreichen politischen Prozessen seinen Niederschlag, deren Höhepunkt der sog. „Prozesskrieg" der Jahre 92–90 v. Chr. bildete.[476]

Das durch die Konflikte zwischen Popularen und Optimaten geprägte politische Klima im 2. Jhdt. v. Chr. beeinflusste nicht nur Gesetzgebung[477] und Gerichtsbarkeit,[478] sondern auch die Rechtswissenschaft.[479] Dies machte sich

474 Zum ökonomischen Hintergrund siehe Finley, The Ancient Economy, 40, 80, 101, zum politischen Hintergrund siehe Wieacker, Römische Rechtsgeschichte I, 360–362. Zu den Problemen siehe Linke, Die römische Republik von den Gracchen bis Sulla, 7–16.

475 Zu den Hintergründen der Sklavenaufstände siehe Christ, Krise und Untergang der römischen Republik, 82–88, zu den Problemen der Bundesgenossen siehe Christ, Krise und Untergang der römischen Republik, 102–109, 179–186.

476 Siehe hierzu Badian, From the Gracchi to Sulla (1940–59), Historia 11 (1962) 220; Gruen, Roman Politics and the Criminal Courts, 6; Alexander, Trials in the Late Roman Republic, 49–58.

477 Zur Gesetzgebung der Gracchen siehe Gruen, Roman Politics and the Criminal Courts, 79–105; Rainer, Römisches Staatsrecht, 162–164; Christ, Krise und Untergang der römischen Republik, 123–126, 137–141; Bleicken, Geschichte der römischen Republik, 194 f., 199–201; zur *lex Sempronia agraria* und ihrem Hintergrund siehe Roselaar, Public Land in the Roman Republic, 221–256.

478 Neben den Neuerungen speziell des Repetundenverfahrens hatten die Unruhen auch auf die Ausübung der Gerichtsbarkeit Auswirkungen: Das Gerichtswesen selbst kam wegen der Tumulte kurzfristig zum Erliegen (Cass. Dio 24.83.6).

479 Zu dem politischen Hintergrund der Unruhen siehe Brunt, Social Conflicts in the Roman Republic, 76–95.

beispielsweise in einem Anstieg der Publikationen zum *ius publicum* bemerkbar,[480] aber auch in der Diskussion wichtiger, das öffentliche Recht betreffender Fragen, wie etwa der *causa Mancini*,[481] der Fall des Dolmetschers Menanders[482] oder der Kompetenzen des Tribunats.[483] Ausgesprochen viele Juristen dieser Epoche waren zudem als Rechtsschöpfer tätig, also entweder als Gesetzesinitiatoren oder als Prätoren, die das Edikt um Formeln ergänzten. Die juristischen Spezialisten im Umfeld der Gracchen, insbesondere P. Mucius Scaevola und sein Bruder P. Licinius Crassus Dives Mucianus[484], hatten maßgeblichen Anteil an der gracchischen Gesetzgebung; dies wird am Beispiel der *lex agraria* von Plutarch erläutert.[485]

Die Aufwertung des Ritterstands, dessen Mitglieder aufgrund der *leges iudiciariae* als Richter fungieren durften,[486] brachte es mit sich, dass Angehörige dieses Stands verstärkt in den Juristenstand vordrangen. Selbstverständlich existierten schon vor dem 2. Jhdt. v. Chr. Juristen niederen Standes, die – wie ihre sozial höher stehenden Kollegen – zur Prozessführung herangezogen wurden. Ab der Zeit der Gracchen änderte sich dies und schon zu Ciceros Zeit erreichten Juristen aus dem Ritterstand einen prominenten Status innerhalb der Rechtswissenschaft.[487]

Trotz dieses Wandels lag die Macht der Rechtswissenschaft im 2. Jhdt. v. Chr. nach wie vor in den Händen der Aristokratie. Nicht ganz zu Unrecht wurde die Tätigkeit der Juristen dieser Epoche von manchen Autoren als Honoratiorenjurisprudenz bezeichnet,[488] sind doch die homogene Herkunft der Juristen und die persönlichen Verflechtungen zwischen den einzelnen

480 Zu M. Iunius Gracchanus siehe S. 115 ff., zu C. Sempronius Tuditanus siehe S. 114 f. Siehe auch die Ausführungen im Kapitel „Juristen als Politiker. Politiker als Juristen“ (S. 111 ff.), sowie die das *ius publicum* betreffenden Äußerungen von L. Cassius Hemina (S. 118 f.).

481 Siehe dazu S. 44 FN 212, 91 f., 94, 100, 112, 139.

482 Siehe dazu S. 100 f.

483 Cic. rep. 1.31. Zur Diskussion dieser Stelle siehe BEHRENDS, Tiberius Gracchus und die Juristen seiner Zeit, Symposion Wieacker, 81–100.

484 WIEACKER, Die römischen Juristen in der politischen Gesellschaft, FS v. Lübtow, 199.

485 Plut. Tib. Gracchus 9.1. Siehe auch App. civ. 1.19 sowie BAUMAN, The Gracchan Agrarian Commission, Historia 28 (1979) 385–408 mit weiteren Hinweisen.

486 Cass. Dio 24.83.7; Diod. 35.25; Plut. Tib. Gracchus 16. Siehe auch BADIAN, From the Gracchi to Sulla (1940–59), Historia 11 (1962) 220; ROWLAND, C. Gracchus and the Equites, TAPA 96 (1965) 361–373; ALFÖLDY, Römische Sozialgeschichte, 69 f.

487 Für etliche von Ciceros Zeitgenossen (wie auch für ihn selbst) ist die Herkunft aus dem Ritterstand bezeugt, so etwa für C. Aquilius Gallus, C. Trebatius Testa, A. Ofilius, A. Cascellius, C. Visellius Aculeo, C. Visellius Varro und L. Aelius Stilo.

488 KUNKEL, Die römischen Juristen, 58: „Adelsjuristen“. Siehe auch WIEACKER, Die römischen Juristen in der politischen Gesellschaft, 202 f. und BRETONE, Geschichte des römischen Rechts, 111 f.

Juristen in der römischen Rechtswissenschaft nie so deutlich sichtbar wie in diesem Jahrhundert.[489]

Im 2. Jhdt. v. Chr. kam es auch zu einschneidenden Änderungen in der römischen Gerichtsverfassung. Sowohl der *praetor peregrinus* als auch der *praetor urbanus* verweilten nun regelmäßig in Rom und vor allem entwickelte sich das Amt des *praetor urbanus* von einem ursprünglich militärischen zu einem zivilen Amt.[490] Dadurch wurde auch die Einrichtung und Besetzung der *quaestiones perpetuae* erleichtert, deren Vorsitz in der Regel von Prätoren übernommen wurde. Diese Entwicklung der Prätur und die auf das 2. Jhdt. v. Chr. datierbare *lex Aebutia* bedingten in gewisser Weise auch die Weiterentwicklung des prätorischen Edikts, das durch die Rechtsschöpfung des Prätors zu einer neuen Rechtsquelle wurde.[491] Eingeschränkt wurde die Freiheit des Prätors bezüglich des Inhalts seines Edikts erst durch eine *lex Cornelia* (67 v. Chr.).[492]

Im Strafrecht kam es zur Einrichtung der ersten *quaestiones*, die vorerst nur *ad hoc* bestellt wurden. Die erste *quaestio perpetua* wurde erst 149 v. Chr. durch eine *lex Calpurnia repetundarum* eingesetzt.[493] Vor allem unter Sulla erfolgte der Ausbau der *quaestiones*, die nunmehr das alte Verfahren der Volksversammlungen ablösten.[494] Außerdem beeinflusste die steigende Zahl der Prozesse und der vor

489 So spielten beispielsweise die Fabier eine Schlüsselrolle innerhalb der Jurisprudenz: Zwar traten sie selten selbst als Juristen auf (zu Q. Fabius Pictor siehe S. 78 f., zu Q. Fabius Labeo siehe S. 79 f.), waren jedoch mit den Mucii, den Aelii und den Acilii politisch verbündet (Wieacker, Die römischen Juristen in der politischen Gesellschaft, FS v. Lübtow, 202 f.) und der politische Aufstieg des Cato Censorius wurde durch seine Verbindung zu Q. Fabius Maximus, dem Verwandten des Annalisten, gefördert (Gelzer, Die Nobilität der römischen Republik, 104 f.).

Einen viel größeren Einfluss hatten jedoch die Aemilier und Scipionen (Wieacker, Die römischen Juristen in der politischen Gesellschaft, FS v. Lübtow, 203): Die Töchter des L. Aemilius Paullus waren mit Q. Aelius Tubero und Cato Licinianus verheiratet. Einen besonderen Ruf genoss der sog. Scipionenkreis. Zu diesem zählten etwa M'. Manilius, Q. Aelius Tubero, A. Verginius und Q. Mucius Scaevola Augur. Glaubt man Cicero, war auch Cato Censorius mit Scipio befreundet (dazu Suerbaum, § 178.1, in: Ders. (Hrsg.), Die archaische Literatur, 483–487, hier 485, und Sacchi, Le nozioni di stato e di proprietà in Panezio, RIDA 52 (2005) 325–357).

490 Brennan, The Praetorship in the Roman Republic, 110; Rainer, Römisches Staatsrecht, 74–78. Siehe auch Non. s. v. *picumnus* (ed. Lindsay, p. 834 f.) zur Prätur von P. Aelius Paetus.

491 Siehe dazu besonders Kelly, The Growth-Pattern of the Praetor's Edict, The Irish Jurist 1 (1966) 341–355; Watson, The Development of the Praetor's Edict, JRS 60 (1970) 105–119; Watson, Law Making in the Later Roman Republic, 31–62; Elster, Die Gesetze der mittleren römischen Republik, 454–457.

492 Ascon. Cornel. (p. 48, ed. Stangl). Ein Beispiel der durch die *lex Cornelia* bekämpften Missstände bietet Cass. Dio 36.40. Siehe auch Kelly, Roman Litigation, 86.

493 Dazu Rotondi, Leges publicae, 292; Gruen, Roman Politics and the Criminal Courts, 12–16; Brennan, The Praetorship in the Roman Republic, 235–239; Elster, Die Gesetze der mittleren römischen Republik, 418–422; Bleicken, Geschichte der römischen Republik, 206–208.

494 Zu diesem Wandel, der vor allem von Kunkel (hier vor allem W. Kunkel, Untersuchungen zur Entwicklung des römischen Kriminalverfahrens in vorsullanischer Zeit, 1962) erforscht

Gericht tätigen Anwälte auch die Entwicklung des Patronats, das von wechselseitigen Rechten und Pflichten geprägte Vertrauensverhältnis zwischen *cliens* und *patronus*, nachhaltig.[495]

Eine dritte wichtige Entwicklung dieser Epoche war die Entfaltung der juristischen Literatur: Wie in anderen Wissenschaften wurden schriftliche Werke auch in der Rechtswissenschaft zur Selbstverständlichkeit; doch die römischen Juristen scheinen weit publikationsfreudiger gewesen zu sein als Astronomen, Landvermesser oder Vertreter anderer *artes liberales*. *Commentarii*, die ursprünglich der Darstellung der eigenen politischen Karriere unter Miteinbeziehung der *negotia forensia* gedient hatten, wurden mit Schilderungen von Fällen gefüllt und *libelli* mit Klagesammlungen und Rechtsfällen fanden bald regen Einsatz vor Gericht.[496]

I.4.2. M. Porcius Cato Licinianus, T. Manlius Torquatus und P. Cornelius Scipio Nasica Corculum

Der Erste in der Reihe der Juristen des 2. Jhdts. v. Chr. ist M. Porcius Cato Licinianus[497], der Sohn von Cato Censorius. Sein Vater widmete sich ganz seiner Erziehung und brachte ihm vermutlich auch juristische Kenntnisse bei.[498] 168 v. Chr. war M. Porcius Cato Licinianus Gesandter im 3. Makedonischen Krieg, 152 v. Chr. starb er, bevor er seine Prätur antreten konnte.

Probleme gibt es bei der Zuordnung der Werke zu Vater und Sohn. Daher ist auch nicht sicher, ob Cato Censorius, Cato Licinianus oder beide die *commentarii*

---

wurde, siehe KUNKEL/WITTMANN, Staatsordnung und Staatspraxis der römischen Republik, 269 f. mit weiteren Hinweisen.

495 DAVID, Die Rolle des Verteidigers, 31. Siehe auch „Der Patronat und die Rechtswissenschaft" (S. 373 ff.).

496 Siehe hierzu die Hinweise im Kapitel „Die juristische Literatur" (S. 395 ff.). Einen kurzen Überblick über die reiche juristische Literatur des 2. Jhdts. v. Chr. bietet LIEBS, § 194.1, in: SUERBAUM (Hrsg.), Die archaische Literatur, 560–562.

497 168 v. Chr. Legat im 3. Makedonischen Krieg, 152 v. Chr. als *praetor designatus* verstorben. Siehe auch BREMER, Iurisprudentiae antehadrianae, I 19–22; SECKEL/KÜBLER, Iurisprudentiae anteiustinianei quae supersunt, I 2; SCHANZ/HOSIUS, Geschichte der römischen Literatur I, 238; LENEL, Palingenesia I 125 f.; SCHULZ, Geschichte der römischen Rechtswissenschaft, 55, 108; MILTNER, Art. M. Porcius Cato Licinianus (14), RE XXII (1953) Sp. 167 f.; KUNKEL, Die römischen Juristen, 12; GUARINO, Catone giureconsulto, Index 15 (1987) 41–49; SZYMAŃSKI, Who Is Who in Cato's Progeny? (Plut. Cat. Mai. 27, 7), Hermes 125 (1997) 384–386; GIARO, Art. Porcius Cato Licinianus, M. [I 9], DNP 10 (2001) Sp. 161; LIEBS, § 194.3, in: SUERBAUM (Hrsg.), Die archaische Literatur, 563. Siehe auch D. 1.2.2.38. Zu dessen Vater Cato Censorius siehe S. 74 ff.

498 Zur Erziehung des Cato Licinianus siehe Plut. Cato mai. 20 f., zu der Rolle der Rechtswissenschaften bei der römischen Erziehung siehe S. 381 ff.

iuris civilis hinterließen:[499] Diese enthielten eigene *responsa*, bei deren Sachverhaltsangaben die Parteinamen nicht entfernt wurden, was von Cicero sehr missbilligt wurde.[500] Gellius spricht von *libri de iure civili* des Sohns,[501] Pomponius schreibt, dass Vater und Sohn Schriften hinterlassen hätten.[502] Da die Frage der Urheberschaft nicht wirklich geklärt werden kann, sind alle unter dem Namen Cato überlieferten Fragmente in dieser Abhandlung bei Cato Censorius eingeordnet, da dieser eine längere Wirkungszeit hatte, Jurisprudenz als Betätigung des Alters galt und Cato Censorius als Beispiel für diese Beschäftigung angeführt wurde.[503] Ebenfalls unsicher ist, auf welchen Cato die *regula Catoniana*[504] zurückzuführen ist und ob sie einem *responsum* entstammt.[505]

Ein Zeitgenosse des jüngeren Cato war T. Manlius Torquatus[506], von dessen Respondierpraxis wir durch die Berichte vom Begräbnis seines Sohns D. Iunius Silanus unterrichtet werden, da er diesem nicht beiwohnte, sondern in seinem Haus Rechtsauskünfte erteilte:[507] D. Iunius Silanus war im Jahre 141 v. Chr. Prätor in der Provinz Macedonia. Nach Beschwerden über seine Amtsführung bat sein leiblicher Vater den Senat, ihm die Ermittlungen zu überlassen. Silanus wurde

499 Zu den verschiedenen Meinungen um die Autorenschaft siehe die Ausführungen beim älteren Cato S. 74 f.

500 Cic. de orat. 2.142.

501 Gell. 13.20.9.

502 Pomp. l. s. enchir. D. 1.2.2.38.

503 Siehe etwa Cic. de orat. 1.199, 1.254; Cic. Cato 22, 38; Ov. met. 9.551; Val. Max. 8.7.1.

504 Cels. 35 dig. D. 34.7.1 pr. Zur *regula Catoniana* siehe Daube, Zur Palingenesie einiger Klassikerfragmente, SZ 76 (1959) 205–209; Stein, Regulae Iuris, 33; Hausmaninger, Celsus und die regula Catoniana, TR 36 (1968) 469–488; Schmidlin, Die römischen Rechtsregeln, 10 f., 68–70; Watson, The Law of Succession, 158 f.; Wacke, Ex post facto convalescere im römischen und im modernen Recht, Mélanges Wolodkiewicz II, 1025–1052; Flume, Die regula Catoniana – ein Exempel römischer Jurisprudenz, FS Niederländer, 17–26; Wimmer, Das Prälegat, 13, 24, 146, 269–274, 299–301; Paulus, Die Idee der postmortalen Persönlichkeit, 220 f.; Watson, The State, Law and Religion, 67 f.; Effer-Uhe, Die Wirkung der condicio im römischen Recht, 75–79; Leesen, Gaius meets Cicero, 149–163; Choe, Regula Catoniana und Servius, der Meister, FS Knütel, 213–227; Babusiaux, Wege zur Rechtsgeschichte: Römisches Erbrecht, 251–253, 326.

505 Dafür Bremer, Iurisprudentiae antehadrianae, 20, der Cato Licinianus für den Urheber hält, und Guarino, Catone giureconsulto, Index 15 (1987) 46; unentschieden Hausmaninger, Celsus und die regula Catoniana, TR 36 (1968) 472 FN 8, der als Autor der *regula* sowohl Cato Censorius als auch dessen Sohn in Betracht zieht. Stein, Regulae Iuris, 63–67 hält Labeo für den Urheber der *regula Catoniana*.

506 pont. ab 170 v. Chr., cos. 165 v. Chr. Zu T. Manlius Torquatus siehe Münzer, Art. T. Manlius Torquatus (83), RE XIV (1928) Sp. 1209 f.; Mitchell, The Torquati, Historia 15 (1966) 25; Kunkel, Die römischen Juristen, 11; Nadig, Art. Manlius Torquatus, T. [I 20], DNP 7 (1999) Sp. 827; Rüpke, Fasti Sacerdotum, 1130.

507 Liv. epit. 54, Z. 178–181; Val. Max. 5.8.3; Cic. fin. 1.24. Zu D. Iunius Silanus siehe Mitchell, The Torquati, Historia 15 (1966) 25; Brennan, The Praetorship in the Roman Republic, 227 f., 345; Nadig, Art. Iunius Silanus, D. [I 29], DNP 6 (1999) Sp. 64.

durch seinen Vater ohne Hinzuziehung eines *consilium domesticum* verurteilt und beging daraufhin Selbstmord. Der Urteilsspruch ist bei Valerius Maximus überliefert, der die Rechtskenntnisse des Torquatus (*iuris quoque civilis et sacrorum pontificalium peritissimus*) hervorhebt.[508]

Nach Behrends bezieht sich auf T. Manlius Torquatus auch jene Cicero-Stelle, nach der ein A. Torquatus im Fall der *gens Popillia* urteilte, dass niemand rechtsmäßig ohne *sacra* und außerhalb des Familienverbands begraben werden könne.[509] Als *sacra* bezeichnete man die aufwendigen Begräbnisriten, die jährlich dargebracht werden mussten: Der Aufwand für die *sacra* kann von den Römern nicht besonders geschätzt worden sein, da *hereditas sine sacris* soviel wie „wunschlos glücklich" bedeutete.[510] Trotz des Verbs *iudicavit* (das vielleicht nur die faktische Verbindlichkeit widerspiegelt) könnte man an ein *responsum* im Rahmen von Torquatus' Funktion als *pontifex* denken; es könnte sich jedoch genauso gut um ein Urteil handeln.[511]

Ob es sich bei dem *pontifex* P. Cornelius Scipio Nasica Corculum[512] um den bei Pomponius genannten C. Scipio Nasica handelt, ist nicht sicher bewiesen.[513] Ebendort liest man, dass C. Scipio Nasica ein Haus in der *via sacra* zur Verfügung

508 Val. Max. 5.8.3.

509 Cic. leg. 2.55. Behrends, Ius und Ius civile, Sympotica Wieacker, 16 FN 27 nach einem Vorschlag von Münzer (Art. A. Manlius Torquatus (75), RE XIV (1928) Sp. 1194). Unentschieden zeigt sich Dyck, A commentary on Cicero, *De Legibus*, 392. Vgl. auch Cohee, Decrees and responses of the Roman Priesthoods during the Republic, 145. Brennan, The Praetorship in the Roman Republic, 149 identifiziert A. Manlius Torquatus mit dem Prätor von 167 v. Chr.

510 Fest. s. v. *sine sacris hereditas* (ed. Lindsay, p. 370).

511 Gestützt werden kann diese Annahme sowohl auf den Wortlaut (*fas negent esse*) als auch auf den Regelungsbereich. T. Manlius Torquatus war ab 170 v. Chr. *pontifex*. Siehe Rüpke, Fasti Sacerdotum, 1130.

512 aed. 169 v. Chr., praet. 165 v. Chr., cos. 162 v. Chr. (musste jedoch wegen Fehler bei den Auspizien abdanken) und 155 v. Chr., cens. 159 v. Chr., pont. max. ab 150 v. Chr., princ. sen. 147 und 142 v. Chr., gest. ca. 141 v. Chr. Siehe auch Bremer, Iurisprudentiae antehadrianae, I 7; Münzer, Art. P. Cornelius Scipio Nasica (353), RE IV (1900) Sp. 1497–1501; Kunkel, Die römischen Juristen, 11; Wieacker, Die römischen Juristen in der politischen Gesellschaft, FS v. Lübtow, 196; Sumner, The orators in Cicero's Brutus, 39; D'Ippolito, I giuristi e la città, 9 f.; Broughton, Magistrates, III 72; Wieacker, Römische Rechtsgeschichte I, 540 f.; David, Le patronat judiciaire, 669; Elvers, Art. Cornelius Scipio Nasica Corculum, P. [I 83], DNP 3 (1997) Sp. 184; Ryan, Rank and participation in the Republican Senate, 181–183; Sehlmeyer, Stadtrömische Ehrenstatuen der republikanischen Zeit, 155–159; Rüpke, Fasti Sacerdotum, 924; Rich, P. Cornelius Scipio Nasica Corculum, in: Cornell (Hrsg.), The fragments of the Roman historians, I 636 f. Über den Beinamen *Corculum*, der eine ähnliche Bedeutung wie *Catus* oder *Sapiens* hatte, siehe Wheeler, Sapiens and Stratagems, Historia (1988) 189 f.

513 Pomp. l. s. enchir. D. 1.2.2.37. Bremer, Iurisprudentiae antehadrianae, 7 vermutet, dass Pomponius ihn mit seinem Vater, P. Cornelius Scipio Nasica, verwechselt habe. Die Identifikation durch Kunkel, Die römischen Juristen, 11 hat sich jedoch mittlerweile durchgesetzt.

gestellt wurde, damit er leichter um Rat gefragt werden konnte. Diese *domus publica* blieb bis zum Tod von M. Aemilius Lepidus[514] die Wohnstätte der *pontifices maximi* und zeigt, wie eng noch zu dieser Zeit juristische Tätigkeiten und das Amt des *pontifex* miteinander verknüpft waren.[515]

Generell war vorgeschrieben, dass die Häuser von hohen Beamten und Mitgliedern höherrangiger Priesterkollegien eine Mindestgröße sowie eine gewisse Nähe zur Stadt aufweisen mussten.[516] Dass Scipio ein Haus in besonders zentraler Lage zur Verfügung gestellt wurde, zeigt, wie wichtig seine juristische Beratung eingeschätzt wurde.

Scipio, der erst in hohem Alter *pontifex maximus* wurde,[517] war auch als Anwalt tätig. So verteidigte er 187 v. Chr. seinen Cousin L. Cornelius Scipio Asiaticus und war 171 v. Chr. einer der *patroni* der Spanier in einem in Antike und Moderne stark kritisierten Repetundenverfahren gegen M. Titinius, P. Furius Philus und C. Matienus.[518] Dass er auch in anderen Angelegenheiten vor Gericht auftrat, ergibt sich aus einer Passage in Ciceros Schrift *de oratore*.[519] Außerdem war er Teil der Gesandtschaft nach Africa 152 v. Chr., die zwischen Massinissa und Karthago vermitteln sollte.[520] Seine sowohl privat- als auch sakralrechtlichen Kenntnisse werden von Cicero und Aurelius Victor bezeugt.[521] Einige Forscher nehmen an, dass er auf das Edikt *de in integrum restitutione* wesentlichen Einfluss genommen hat.[522]

514 Augustus, sein Nachfolger als *pontifex maximus*, weihte das Haus den Vestalinnen und widmete einen Teil seines eigenen Palasts der Öffentlichkeit. Siehe Cass. Dio 54.27.

515 Diese *domus publica* war auch bei anderen Berufen üblich, wie der Bericht des älteren Plinius zum ersten Arzt Roms, Archagathos, zeigt (Plin. nat. 29.12 f.). Vgl auch Ascon. Pis. § 52 (p. 18 f. ed. Stangl).

516 Vgl. etwa Lex Tarentina Z. 26–31; Lex Coloniae Genetivae Cap. 91.

517 Cic. Cato 50.

518 Liv. 43.2. Titinius wurde freigesprochen, Matienus und Philus entzogen sich der Verurteilung durch freiwilliges Exil. Schon Livius erwähnt, dass es Gerüchte gab, die *patroni* hätten ihren Klienten davon abgeraten, gegen mächtige Männer der Nobilität vorzugehen, wozu auch die plötzliche Abreise des Prätors Canuleius beitrug. Zum Verfahren siehe Gruen, Roman Politics and the Criminal Courts, 10; Eder, Das vorsullanische Repetundenverfahren, 34–41; Lintott, The leges repetundis and Associate Measures in the Republic, 164–172; Bauman, Lawyers in Roman Republican Politics, 203–205; Brennan, The Praetorship in the Roman Republic, 172.

519 Cic. de orat. 3.124. Siehe dazu auch die Hinweise bei Wisse/Winterbottom/Fantham, M. Tullius Cicero: De oratore libri III. A Commentary on Book III, 136 f.

520 Liv. per. 48. Im Gegensatz zu Cato war Scipio Nasica ein deklarierter Gegner eines Krieges gegen Karthago. Hintergrund dieser Kommission war daher auch, festzustellen, ob ein Anlass gegeben war, gegen Karthago Krieg zu führen. Siehe auch Storm, Masinissa, 74–76.

521 Cic. Cato 50; Cic. Brut. 79; Ps.-Aur. Vict. vir. ill. 44.

522 Kornhardt, Restitutio in integrum bei Terenz, FS Kapp, 75 f.; Wieacker, Die römischen Juristen in der politischen Gesellschaft, FS v. Lübtow, 203.

I.4.3. Die *fundatores iuris civilis*

Als „Begründer des *ius civile* (*qui fundaverunt ius civile*)" wurden von Pomponius M'. Manilius, M. Iunius Brutus und P. Mucius Scaevola *pontifex* bezeichnet.[523] Als Trias galten sie noch in späteren Jahrhunderten als Vertreter einer wichtigen, aber vergangenen Epoche der Rechtswissenschaft,[524] deren Wirken bis heute als bedeutender Einschnitt in der Geschichte der römischen Rechtswissenschaft betrachtet wird.[525]

Über den Inhalt des Ausdrucks *fundare iura* existiert eine rege Debatte in der Forschung[526] – nicht zuletzt wegen der Ähnlichkeit zu *condere iura* in den Institutionen von Gaius und Justinian.[527] Einige Wissenschaftler nehmen an, die Redewendung habe sich auf die vermehrt publizierte juristische Literatur bezogen.[528] Alle drei Juristen waren literarisch tätig, was im 2. Jhdt. v. Chr. wohl noch als Ausnahme von der Regel gelten darf.[529] Auf einen „wissenschaftlichen Neuansatz" hingegen bezieht Behrends die Formulierung, der als entscheidende Neuerung für diese Epoche den durch philosophische Schulung beeinflussten Wechsel in der Rechtsethik sieht.[530] Wieder andere Forscher sind der Ansicht, die Redewendung stelle auf die verstärkte Systematisierung des Rechts ab, die die weitere Entwicklung der römischen Rechtswissenschaft erst ermöglichte.[531] Auch die aktive Rechtsschöpfung dieser drei Juristen wird immer wieder betont.[532]

523 Pomp. l. s. enchir. D. 1.2.2.38. Siehe auch Bretone, Publius Mucius et Brutus et Manilius, qui fundaverunt ius civile (D. 1.2.2.39), 103–116; Nörr, Pomponius, 536 f.; Behrends, Gesetz und Sprache, 143 f.; Bretone, Techniche e ideologie, 257–273; Wieacker, Römische Rechtsgeschichte I, 541 FN 66.

524 Siehe auch Varro ling. 5.5 oder Paneg. or. 3 (XI): Claudii Mamertini Gratiarum actio de consulatu suo Iuliano imp. (anno 362), cap.: 20, par.: 1, linea: 16.

525 Siehe z. B. Schiavone, Giuristi e nobili nella Roma repubblicana, xi.

526 Siehe z. B. Nicosia, Iura condere, 267–275. Literaturhinweise bei Nicosia, Iura condere, 269 FN 2 und Tuori, Ancient Roman Lawyers, 77 FN 22. Eine relativ zurückhaltende Meinung nimmt Nörr, Pomponius, 537, ein, der *fundare* mit „Konsolidierung" wiedergibt.

527 Gai Inst. 1.7, Inst. 1.2.8. Vgl. auch Non. s. v. *condere* (ed. Lindsay, p. 376). Vgl. auch Casavola, Giuristi adrianei, 112 f., 123–135.

528 Jolowicz/Nicholas, Historical Introduction to the Study of Roman Law, 92 f.; Stein, Regulae iuris, 26–28; Schiavone, Giuristi e nobili nella Roma repubblicana, xii.

529 Pomp. l. s. enchir. D. 1.2.2.39.

530 Behrends, Tiberius Gracchus und die Juristen seiner Zeit, Symposion Wieacker, bes. 51–57, 64, 70.

531 Bretone, Techniche e ideologie, 170; Cannata, Per una storia della scienza giuridica europea, 223–234. In abgeschwächter Form wird diese Auffassung auch von Archi, Interpretatio iuris, 17 FN 20 vertreten.

532 Bretone, Publius Mucius et Brutus et Manilius, qui fundaverunt ius civile (D. 1.2.2.39), 114.

In diesem Zusammenhang ist es hilfreich, darauf zu achten, wie das Trio bei Cicero und Gellius bezeichnet wurde: Cicero nennt Manilius, Brutus und Scaevola *principes civitatis*, bei Gellius werden sie als *viri adprime docti* bezeichnet.[533] Das deutet darauf hin, dass sie sich in ihrem Ansehen innerhalb der *civitas* – sei es aufgrund ihrer politischen Tätigkeit, sei es aufgrund ihrer herausragenden fachlichen Eignung, die Gellius betont – von anderen, zu derselben Zeit lebenden Juristen unterschieden und man kann daraus folgern, dass sie aufgrund ihrer persönlichen Autorität unter ihren Zeitgenossen herausstachen und dadurch auch die Rechtswissenschaft als Disziplin selbst an Ansehen gewann.

Über das Leben von M. Iunius Brutus[534] ist nicht besonders viel bekannt, außer dass er als Redner auftrat[535] und drei Bücher *de iure civili* verfasste.[536] Nicht einmal seine politischen Ämter, die Ädilität 146 v. Chr. und die Prätur 142 v. Chr., sind eindeutig belegt.[537] Möglicherweise war Brutus der Urheber der *lex Iunia repetundarum*.[538] Bei den *libri de iure civili* handelte es sich um einen an drei Schauplätzen spielenden Dialog, der u. a. von ihm erstellte *responsa* enthielt.[539] Wie bei Catos Rechtsauskünften wurde auch bei den *responsa* des Brutus der Name des Adressaten angegeben.[540]

533 Cic. fin. 1.12; Gell. 17.7.3.

534 aed. 146 v. Chr., praet. 142 v. Chr. Zu M. Iunius Brutus siehe Bremer, Iurisprudentiae antehadrianae, I 22–25; Seckel/Kübler, Iurisprudentiae anteiustinianei quae supersunt, I 7; Gelzer, Art. M. Iunius Brutus (49), RE X (1918) Sp. 971; Schanz/Hosius, Geschichte der römischen Literatur I, 239; Kunkel, Die römischen Juristen, 12; Sumner, The orators in Cicero's Brutus, 77; Wieacker, Römische Rechtsgeschichte I, 542 f.; Liebs, § 194.6, in: Suerbaum (Hrsg.), Die archaische Literatur, 565 f.; Liebs, Die Juristensippe der Marci Junii Bruti, FS Schlechtriem, 112–116; Liebs, Rechtsfortbildung durch römische Juristen, 51–53.

535 Cic. Brut. 130.

536 Pomponius D. 1.2.2.39 spricht von sieben Büchern, Cicero (Cic. Cluent. 141; Cic. de orat. 2.223 f.) von drei und zitiert die Anfänge der drei Bücher. Bona, Sulla fonte di Cicero, de oratore, 1,56,239–240, SDHI 39 (1973) 457 FN 101 geht von zwei unterschiedlichen Sammlungen aus, von denen nur der Dialog aus der Feder des „echten Brutus" stamme (die Annahme von sog. *libri spurii* findet sich auch bei Bremer, Iurisprudentiae antehadrianae, 41). Eine Verwechslung bei Pomponius (so schon Gelzer, Art. M. Iunius Brutus (49), RE X (1918) Sp. 971) ist jedoch die elegantere Lösung. Zu ihrer Bezeichnung als *commentarii* siehe Bömer, Der *commentarius*, Hermes 81 (1953) 232 f.

537 Die Ädilität des M. Iunius Brutus basiert auf einer Anmerkung im Codex Bembinus zur Aufführung der Komödie Eunuchus des Terenz: *M. Iunio L. Iulio aedilibus curulibus*; in allen anderen Ms. steht *L. Postumio Albino L. Cornelio Merula aedilibus curulibus*. Die Komödie wurde zweimal aufgeführt. Die Prätur basiert auf D. 1.2.2.39.

538 Crawford, Roman Statutes, I 102. Siehe auch Rotondi, Leges publicae, 306 f.; Elster, Die Gesetze der mittleren römischen Republik, 452–454.

539 Liebs, § 194.6, in: Suerbaum (Hrsg.), Die archaische Literatur, 566.

540 Cic. de orat. 2.142.

Im Unterschied zu den anderen beiden *fundatores iuris civilis* wird die Meinung von Brutus selten allein, sondern eher gemeinsam mit anderen Juristen zitiert. So findet sich sein Standpunkt zusammen mit dem von Scaevola und Manilius bei der Diskussion um den *partus ancillae*,[541] bei der Brutus die Auffassung vertrat, das Kind einer Sklavin sei nicht als Frucht zu qualifizieren und der Usufruktuar habe daher keinen Nießbrauch am Kind.[542] Mit Scaevola vertrat er außerdem dieselbe Meinung wie später Labeo, Sabinus und Celsus: Wenn drei Verkäufer einen Grund verkaufen und zwei davon ein besseres Angebot abwarten möchten, so verkauft der Verkäufer, der keine *in diem addictio* vereinbart hat, an den ersten Käufer, die anderen beiden an den späteren Käufer. Dies gelte aber nur, wenn verschiedene Preise vereinbart worden seien; hätten hingegen alle zu demselben Preis verkauft, so ginge der *fundus* zur Gänze an den ersten Käufer.[543]

Eine andere Meinung als P. Mucius Scaevola vertrat Brutus bei der politisch hochbrisanten *causa Mancinii*: C. Hostilius Mancinus, Konsul des Jahres

---

541 Cic. fin. 1.12. Siehe auch Ulp. 17 ad Sab. D. 7.1.68 pr., Ulp. 15 ad ed. D. 5.3.27 pr. und Gai. 2 rer. cott. D. 22.1.28.1. Zum *partus ancillae* siehe Kaser, Partus ancillae, SZ 75 (1958) 156–200; Arangio Ruiz, Cicerone giurista, Ciceroniana 1 (1959) 3–19; Sturm, Zur ursprünglichen Funktion der actio Publiciana, RIDA 9 (1962) 404 f.; Watson, The Law of Property, 214–216; Ders., Morality, Slavery and the Jurists in the Later Roman Republic, Tulane Law Review 42 (1968) 289–303; Bona, Sulla fonte di Cicero, de oratore, 1,56,239–240, SDHI 39 (1973) 464–467; Waldstein, Entscheidungsgrundlagen klassischer Juristen, 51; Behrends, Tiberius Gracchus und die Juristen seiner Zeit, Symposion Wieacker, 66–69; Behrends, Prinzipat und Sklavenrecht, 71–74; Linderski, Partus ancillae, Labeo 33 (1987) 192–198; Watson, Partus Ancillae and a Recent Inscription from Regium, Labeo 38 (1992) 335–338; Filip-Fröschl, Partus et fetus et fructus, FS Waldstein, 99–121; Herrmann-Otto, Ex ancilla natus, 268–270, 285; Abramenko, Eine übersehene Stellungnahme des Trebatius, SZ 114 (1997) 423–434; Cardilli, La nozione giuridica di fructus, 82–96; Belovsky, Usucapio of Stolen Things and Slave Children, RIDA 69 (2002) 57–99; Di Nisio, Osservazioni in tema di partus ancillae, Studi Labruna, 1493–1517; Cantarone, Ius controversum e controversie giurisprudenziali, Scritti Franciosi, I 441–457; Sanna, L'usucapione del partus ancillae furtivae, SDHI 74 (2008) 397–438; Quadrato, Hominum gratia, Studi Martini III, 279 f.

542 D. 7.1.68 pr. Über das Datum, ab dem sich die Meinung des Brutus durchsetzte und über seine Begründung herrschen Uneinigkeit. Arangio Ruiz, Cicerone giurista, Ciceroniana 1 (1959) 10; Sturm, Zur ursprünglichen Funktion der actio Publiciana, RIDA 9 (1962) 404 f. und Abramenko, Eine übersehene Stellungnahme des Trebatius, SZ 114 (1997) 425 f. gehen davon aus, dass zur Zeit der Abfassung von Ciceros *de finibus* die Frage noch nicht geklärt war, während Watson, Morality, Slavery and the Jurists in the Later Roman Republic, Tulane Law Review 42 (1968) 300 f. eher die gegenteilige Ansicht vertritt. Vgl. auch Brini, La sentenza di Bruto sul partus ancillae, 3–57 und Liebs, Die Juristensippe der Marci Junii Bruti, FS Schlechtriem, 113 f.

543 Ulp. 28 ad Sab. D. 18.2.11.1, Pomp. 9 ad Sab. D. 18.2.12, Ulp. 28 ad Sab. D. 18.2.13 pr. Zu dieser Stelle siehe Troje, Graeca leguntur, 38 f.; Watson, The Law of Obligations, 98; Talamanca, Costruzione giuridica e strutture sociali fino a Quinto Mucio, 20–23; Bretone, Techniche e ideologie, 196.

137 v. Chr., war im Kampf mit den Numantinern derart in Bedrängnis geraten, dass er mit ihnen einen eidlich bekräftigten Friedensvertrag geschlossen hatte, der später vom römischen Senat als schimpflich erachtet wurde. Er verteidigte sich, dass er keine andere Wahl gehabt hätte, denn die Armee, die ihm sein Vorgänger Q. Pompeius hinterlassen habe, sei in einem sehr schlechten Zustand gewesen. Zudem sei der Krieg unter schlechten Vorzeichen begonnen worden. Mancinus war aber mit seiner Argumentation nicht erfolgreich und wurde nackt und gefesselt an die Numantiner ausgeliefert (*deditio*), die sich weigerten, ihn anzunehmen.[544] Brutus vertrat (wie auch Q. Mucius Scaevola) die für Mancinus äußerst vorteilhafte Ansicht, dass die *deditio* als Vertrag zu betrachten sei, der – da er nicht wirksam geworden war – auch keinen Bürgerrechtsverlust zur Folge hatte, während P. Mucius Scaevola der Meinung war, dass Mancinus sein Bürgerrecht verloren habe.[545]

Der Fall des Mancinus war nicht der erste dieser Art und es ist für ein Verständnis der juristischen Diskussion unabdingbar, den politischen Hintergrund miteinzubeziehen: Hispania ulterior und citerior waren Provinzen, die auch nach dem Zweiten Punischen Krieg immer wieder von Unruhen erschüttert

544 App. Ib. 80, 83; Liv. per. 55, 56.

545 Mod. 3 reg. D. 49.15.4, Pomp. 37 ad Q. Muc. D. 50.7.18, Cic. Caecin. 98–100; Cic. top. 37. Siehe auch Boeth. in Cic. top. 1111D–1112A. Dass die in Cic. Caecin. 98–100 und Cic. top. 37 von Q. Mucius Scaevola referierte Rechtsansicht auf Brutus zurückzuführen ist, glauben zu Recht Wieacker, Die römischen Juristen in der politischen Gesellschaft, FS v. Lübtow, 205 f. und Liebs, Die Juristensippe der Marci Junii Bruti, FS Schlechtriem, 114 f. (dies ergibt sich auch aus D. 50.7.18). Anderer Ansicht ist Pesaresi, Studi sul processo penale in età repubblicana, 159–163.

Zur *causa Mancini* siehe Simon, Roms Kriege in Spanien 154–133 v. Chr., 147–159; Watson, The Law of Persons, 245–247; Gruen, Roman Politics and the Criminal Courts, 40–42; Horak, Rationes decidendi, 238–241; Wieacker, Die römischen Juristen in der politischen Gesellschaft, FS v. Lübtow, 204–208; Crawford, Foedus and Sponsio, Papers of the British School at Rome 41 (1973), 1–7; Bona, Sulla fonte di Cicero, de oratore, 1,56,239–240, SDHI 39 (1973) 467–469; Behrends, Staatsrecht und Philosophie, SZ 100 (1983) 483 f.; Bretone, Techniche e ideologie, 269 f.; Crifò, Sul caso di C. Ostilio Mancino, GS Schiller, 19–32; Bauman, Lawyers in Roman Republican Politics, 237–244; Wieacker, Römische Rechtsgeschichte I, 585 f.; D'Orta, La giurisprudenza tra repubblica e principato, 197–199; Coskun, Bürgerrechtsentzug oder Fremdenausweisung?, 100–105; Meulder, Une trifonctionnalité indo-européenne dans Valère Maxime, RIDA 46 (1999) 315–368; Baldus, Regelhafte Vertragsauslegung, 401–403; Ermann, Strafprozess, öffentliches Interesse und private Strafverfolgung, 319 f.; Gagliardi, Decemviri e centumviri, 179–195; Beck/Walter, Die frühen römischen Historiker II, 155 f.; Elster, Die Gesetze der mittleren römischen Republik, 445–449; Harries, Cicero and the Jurists, 144–146; Cantarone, Ius controversum e controversie giurisprudenziali, Scritti Franciosi, I 422–433; Liebs, Bellum iustum, FS Behrends, 313–316; Zack, Forschungen I, Göttinger Forum für Altertumswissenschaften 14 (2011) 96–98; Indra, Status quaestio, 39–42; Forschner, Die Einheit der Ordnung, 12–14.

Zum ähnlich gelagerten Fall des Claudius, dessen *deditio* ebenfalls nicht angenommen wurde, siehe Elster, Die Gesetze der mittleren römischen Republik, 169–171.

wurden. Diese mündeten schließlich im Keltiberischen Krieg, in dem die römischen Feldherren teils große Schwierigkeiten hatten, sich gegen den Gegner zu behaupten. Q. Fabius Maximus Servilianus[546] etwa schloss 141 v. Chr. einen Friedensvertrag mit den Lusitaniern und ihrem Anführer Viriathus ab, der diesem große Gebiete zugestand. Q. Servilius Caepio, der leibliche Bruder des Servilianus, beschwerte sich im Senat über die Friedensbedingungen, woraufhin dieser den Vertrag für ungültig erklärte und den Krieg von neuem eröffnete.[547] Derselbe Q. Fabius Maximus Servilianus war zugleich *pontifex* und verfasste ein mindestens 12-bändiges Werk, aus dem ein *responsum* zur Zulässigkeit von Totenopfern an einem *dies ater* erhalten ist, die von Servilianus verneint wurde.[548]

Ein Jahr später, 140 v. Chr., schloss Q. Pompeius, Konsul des Jahres 141 v. Chr., mit den Bewohnern von Numantina und Termantia einen Friedensvertrag, dessen Abschluss von ihm aber später geleugnet wurde. Auch hier kam es im Senat zu einer Debatte um die Gültigkeit des Vertrags und der Senat beschloss, den Krieg fortzusetzen.[549] Q. Pompeius wurde deshalb 138 v. Chr. in einem Repetundenverfahren angeklagt und freigesprochen.[550] Auch M. Aemilius Lepidus,

---

546 cos. 142 v. Chr. Zu Q. Fabius Maximus Servilianus siehe BREMER, Iurisprudentiae antehadrianae, I 28, 30 f.; GRUEN, Roman Politics and the Criminal Courts, 19; FLECK, Cicero als Historiker, 117 f.; KALLET-MARX, Quintus Fabius Maximus and the Dyme Affair (Syll. 684), CQ 45 (1995) 129–153; KIERDORF, Art. Fabius Maximus Servilianus, Q. [I 29], DNP 4 (1998) Sp. 372; LIEBS, § 194.5, in: SUERBAUM (Hrsg.), Die archaische Literatur, 564 f.; NORTHWOOD, Q. Fabius Maximus Servilianus, in: CORNELL (Hrsg.), The fragments of the Roman historians, I 227–229, II 282–287, III 192–194.

547 App. Ib. 67–70; Liv. per. 54.

548 Macr. Sat. 1.16.25. Dazu LATTE, Römische Religionsgeschichte, 206 FN 3; WATSON, The State, Law and Religion, 8; RINOLFI, Livio 1.20.5–7: pontefici, sacra, ius sacrum, Diritto@Storia 4 (2005); SEHLMEYER, Auseinandersetzungen mit Religion in antiquarischer Literatur, 60; NORTHWOOD, Q. Fabius Maximus Servilianus, in: CORNELL (Hrsg.), The fragments of the Roman historians, III 193 f. Zu den *dies atri* siehe RÜPKE, Kalender und Öffentlichkeit, 570–575.

Da im Macrobius-Fragment kein Titel überliefert ist, ist nicht auszuschließen, dass auch dieses aus den *annales* des Fabius Servilianus entnommen ist und dieser nicht zwei verschiedene Werke verfasste (so aber die hM). Unsicher ist, ob Q. Fabius Servilianus mit dem bei Cicero genannten Fabius Pictor (Cic. Brut. 81) ident ist. Beide verfassten Werke zum Pontifikalrecht und da die Brutus-Stelle korrupt ist, ist auch der Vorname des Fabius Pictor nicht wirklich gesichert. Die beiden verschiedenen *cognomina* scheinen jedoch gegen eine Identität zu sprechen. Vgl. auch SUMNER, The orators in Cicero's Brutus, 43, der wie BADIAN, Review of E. Malcovati (ed.), Scripta Quae Manserunt Omnia. Fasc. 4. Brutus, JRS 57 (1967) 228) die Variante Numerius für Cic. Brut. 81 bevorzugt.

549 App. Ib. 76–79; Liv. per. 54; Cass. Dio 33 fr. 79. Siehe auch ELSTER, Die Gesetze der mittleren römischen Republik, 438–440.

550 Siehe ALEXANDER, Trials in the Late Roman Republic, 6 Nr. 8.

der Amtskollege von Mancinus, der für diesen nach Spanien geschickt wurde, hatte dort keinen Erfolg: Als er bei der Belagerung von Pallantia scheiterte, wurden ihm Konsulat und Oberkommando entzogen; nach seiner Rückkehr wurde er in einem *iudicium populi* wegen seines militärischen Misserfolgs zu einer Geldstrafe verurteilt.[551]

Die Kriegsführung in Spanien und der militärische Erfolg oder Misserfolg waren in Rom ein Politikum ersten Rangs. Vor diesem Hintergrund sind auch die Meinungen der Juristen in der *causa Mancini* zu betrachten; die Argumente, die sie vorbrachten, waren von ihrer politischen Zugehörigkeit geprägt. Fast alle Befehlshaber, die sich in Spanien Misserfolge zuschulden hatten kommen lassen, wurden danach vor Gericht belangt. Der Unterschied im Fall des Mancinus lag darin, dass dieser das *foedus* mit einem Eid bekräftigt hatte und die Römer deshalb diesen Vertrag nicht ohne weiteres für nichtig erklären konnten. Die politischen Implikationen zeigen sich auch beim *responsum* des Brutus. Dieser war ein Verwandter des ebenfalls in Spanien agierenden D. Iunius Brutus und unterstützte daher die politische Linie des Mancinus.

Auch in anderen Materien erteilte Brutus *responsa*: Wie Manilius befand Brutus, dass derjenige, der ein Grundstück lange Zeit besessen hatte, einen darunterliegenden Schatz auch dann ersitzen könne, wenn er selbst von der Existenz dieses Schatzes nichts gewusst hatte – eine Meinung, die sich allerdings langfristig nicht durchsetzen konnte.[552] Mit Sex. Aelius und Manilius diskutierte Brutus die Frage, ob der Erbe die *actio furti* wegen eines Diebstahls *antea factum* erheben könne; ob mit *antea factum* vor Antritt der Erbschaft oder zu Lebzeiten des Erblassers gemeint war, ist umstritten.[553] Da allerdings Trebatius Verwunderung zeigte, dass über diesen Punkt Uneinigkeit bestehen könne, ist wohl eher davon auszugehen, dass es um die Vererblichkeit der *actio furti* ging, die von Brutus, Aelius und Manilius verneint, von Scaevola, Test-

551 App. Ib. 80–83; Liv. per. 55.

552 Paul. 54 ad ed. D. 41.2.3.3. Dazu Costa, Cicerone giureconsulto, 112 f.; Watson, The Law of Property, 55–58; MacCormack, The Role of Animus in the Classical Law of Possession, 112–114; Hausmaninger, Besitzerwerb solo animo, FG Herdlitczka, 113–119; Behrends, Gesetz und Sprache, 178–180; Backhaus, Casus Perplexus, 146–148; Giaro, Dogmatische Wahrheit und Zeitlosigkeit, BIDR 90 (1987) 70 f.; Daube, Collected Studies, 21–31; Knütel, Von schwimmenden Inseln, wandernden Bäumen, flüchtenden Tieren und verborgenen Schätzen, 571–574; Klinck, Erwerb durch Übergabe an Dritte, 33 f.; Bretone, Labeone e l'ordine della natura, 258–260; Krämer, Das besitzlose Pfandrecht, 167–170; Fenocchio, Il momento genetico, 228; Giglio, The Taxonomy of the actio furti, SZ 314 (2017) 134 f.

553 Cic. fam. 7.22. Zur Diskussion siehe auch Costa, Cicerone giureconsulto, 238 f.; Sini, A quibus iura civibus praescribebantur, 144–148; Watson, The Law of Obligations, 228 f.; Gebhardt, Sermo Iuris, 42 f.

und Cicero jedoch bejaht wurde. Alle drei *fundatores* diskutierten auch, ob die Bestimmung der *lex Atinia „quod supruptum erit"* als Perfekt oder Futur zu verstehen sei, die *lex Atinia* also auch für Diebstähle vor ihrer Promulgation anzuwenden sei; diesbezüglich setzte sich wohl später die gegenteilige Ansicht (keine Rückwirkung der *lex*) durch.[554]

Des Weiteren findet sich ein Hinweis auf *acria et severa iudicia* der *veteres* bei Gellius, der erläutert, dass Brutus der Ansicht war, man hafte mit der *actio furti*, wenn man ein zum Gebrauch überlassenes Tier an einen anderen Ort als vereinbart führe oder es für eine längere als die abgesprochene Zeit benutze.[555] Der Fall basiert, wie Frier illustriert hat, auf einem realen Anlass: Ein Reiter war auf einem geliehenen Pferd bis auf einen Hügel hinter Arricia geritten und war wegen Diebstahls verurteilt worden, weil das Pferd nur bis Arricia entliehen worden war.[556]

Außerdem äußerte sich Brutus zu zwei Anwendungsfällen der *lex Aquilia*.[557] Seiner Meinung nach würde diese auch dann Anwendung finden, wenn eine schwangere Sklavin oder eine schwangere Stute von einem Schlag getroffen eine Fehlgeburt erleide oder wenn ein Maultier, das zu schwer beladen wurde, sich deswegen das Bein breche.

---

554 Gell. 17.7.1–3. Siehe auch Pomp. 26 ad Q. Muc. D. 50.16.123. Dazu Stein, Regulae Iuris, 21–25; Watson, The Law of Property, 24–29; Nörr, Pomponius, 584; Behrends, Tiberius Gracchus und die Juristen seiner Zeit, Symposion Wieacker, 65 f.; Behrends, Gesetz und Sprache, 163–181; Wieacker, Ius civile und lex publica, FS Hübner, 369 f.; Belovsky, Usucapio of Stolen Things and Slave Children, RIDA 69 (2002) 57–99; Cantarone, Ius controversum e controversie giurisprudenziali, Scritti Franciosi, I 457–463; Fenocchio, Il momento genetico, 224–232.

555 Gell. 6.15.1, Gai Inst. 3.196, Inst. 4.1.6. Schulz, Prinzipien des römischen Rechts, 34; Watson, The Law of Obligations, 227 f.; Wieacker, Über das Verhältnis der römischen Fachjurisprudenz zur griechisch-hellenistischen Theorie, IURA 20 (1969) 458; Wieacker, Römische Rechtsgeschichte I, 578; Nelson/Manthe, Gai Institutiones III 182–225, 164–167; Pennitz, Acria et severa iudicia de furtis habita esse apud veteres … (Gellius 6,15,1), SZ 134 (2017) 147–187.

556 Siehe Frier, The Rise of the Roman Jurists, 167. Vgl. auch Val. Max. 8.2.4.

557 Ulp. 18 ad ed. D. 9.2.27.22 f. Vgl. dazu Pomp. 17 ad Q. Muc. D. 9.2.39 pr. und Ulp. 18 ad ed. D. 9.1.1.4. Dazu Watson, The Law of Obligations, 237 f., 280; Hausmaninger, Das Schadenersatzrecht der lex Aquilia, 62; Behrends, Gesetz und Sprache, 244; Nardi, Aborto e omicidio nella civiltà classica, 376; Nörr, Causa Mortis, 130; Wacke, Notwehr und Notstand bei der aquilischen Haftung, SZ 106 (1989) 490–494; García Garrido, Due tradizioni testuali, 159–161; Cannata, Per una storia della scienza giuridica europea, 232 f.; Klausberger, Vom Tierdelikt zur Gefährdungshaftung, Teoria e Storia del Diritto Privato IV (2011); Neumann, Der Bürgenregress im Rahmen des Auftragsrechts, 173. Weitere Literaturhinweise bei Zimmermann, The Law of Obligations, 984 FN 217.

Der zweite der *fundatores*, M'. Manilius,[558] erteilte schon als junger Mann (*adulescens*) *responsa*.[559] Nach einigen militärischen Erfolgen erreichte der *homo novus* 149 v. Chr. in fortgeschrittenem Alter das Konsulat, im darauffolgenden Jahr war er einer der Befehlshaber im Dritten Punischen Krieg. Politisch war er ein Gegner der Gracchen und versuchte Ti. Sempronius Gracchus von der Verabschiedung der *lex agraria* abzuhalten.[560] Vielleicht saß er auch bei den Beratungen zur *causa Mancini* im *consilium* des Konsuls L. Furius Philus und war somit für die Nichtigerklärung des Vertrags mit den Numantinern verantwortlich.[561] Cicero, der Manilius zu einem der Sprecher in seinem Dialog *de re publica* machte, porträtiert ihn als Mitglied des Scipionenkreises und lobt seine Redekunst.[562] Manilius hinterließ einige juristische Schriften, die unter dem Titel *libri actionum* oder *actiones* und *monumenta* zitiert werden.[563] Pomponius spricht von drei *libri*,[564] möglich wäre allerdings eine Verwechslung mit Brutus, da dieser – dem von Pomponius sieben Bücher zugeschrieben werden – fast sicher einen Dialog mit drei Büchern verfasst hatte. Daher könnte Manilius auch sieben Bücher hinterlassen haben,[565] die der herrschenden Meinung zufolge

558 praet. 155/154 v. Chr., cos. 149 v. Chr. Bremer, Iurisprudentiae antehadrianae, I 25–27; Seckel/Kübler, Iurisprudentiae anteiustinianei quae supersunt, I 5 f.; Funaioli, Grammaticae Romanae Fragmenta, 18; Schanz/Hosius, Geschichte der römischen Literatur I, 239; Münzer, Art. M'. Manilius (12), RE XIV (1928) Sp. 1135–1139; Lenel, Palingenesia, I 589 f.; Schulz, Geschichte der römischen Rechtswissenschaft, 55, 108; Kunkel, Die römischen Juristen, 11 f.; Labruna, Plauto, Manilio, Catone: premesse allo studio dell'emptio consensuale, Labeo 14 (1968) 37–39; Wieacker, Die römischen Juristen in der politischen Gesellschaft, FS v. Lübtow, 196 f.; Sumner, The orators in Cicero's Brutus, 62; Wieacker, Römische Rechtsgeschichte I, 541 f.; Broughton, Magistrates, III 134; David, Le patronat judiciaire, 690 f.; Liebs, § 194.2, in: Suerbaum (Hrsg.), Die archaische Literatur, 562 f.; Harries, Cicero and the Jurists, 29–32. Vgl. auch Cic. Brut. 108 und Pomp. l. s. enchir. D. 1.2.2.39. Dazu Watson, The Law of Succession, 170.

559 Cic. rep. 3.17.

560 Plut. Tib. Gracchus 11.1.

561 Von seiner Mitwirkung im *consilium* berichtet Manilius als Sprecher in Cic. rep. 3.28. Siehe auch Stockton, The Gracchi, 79.

562 Cic. rep. 1.18; Cic. Brut. 108.

563 Der Titel *libri actionum* ist Varro rust. 2.5.11 und 2.7.6 entnommen. Schulz, Geschichte der römischen Rechtswissenschaft, 108, hält *monumenta* für den Titel und nimmt an, dass das Werk hauptsächlich *responsa* enthalten habe. Ein Werk mit dem Titel *monumenta* ist nur in D. 1.2.2.39 bezeugt und seine Existenz wird von den meisten Forschern bezweifelt. Eine Ausnahme bilden Seckel und Kübler, die dem Werk einen religionsgeschichtlichen Inhalt zuzuschreiben scheinen (Seckel/Kübler, Iurisprudentiae anteiustinianei quae supersunt, I 6 f.). Bretone, Publius Mucius et Brutus et Manilius, qui fundaverunt ius civile (D. 1.2.2.39), 109 ist unschlüssig; Liebs, § 194.2, in: Suerbaum (Hrsg.), Die archaische Literatur, 563 meint, dass es sich hier um eine andere Bezeichnung für die *libri actionum* handle.

564 Pomp. l. s. enchir. D. 1.2.2.39.

565 In diesem Sinn Bretone, Publius Mucius et Brutus et Manilius, qui fundaverunt ius civile (D. 1.2.2.39), 103, FN 2.

Vertragsformulare enthielten.[566] *Responsa* des Manilius könnten auch in *commentarii* anderer Autoren aufgezeichnet worden sein, zumal sie häufig im Rahmen einer *controversia* belegt sind.

Wie bei Brutus ist auch der Name des Manilius oft in Zusammenhang mit klassischen *controversiae* überliefert: So äußerte Manilius wie Brutus seine Meinung zum *partus ancillae*[567], den er im Gegensatz zu Brutus als Frucht ansah, zur Frage, ob der Erbe des Bestohlenen die *actio furti* erheben könne (dies wurde von ihm verneint),[568] zur Interpretation der Wortfolge „*quod subruptum erit*" in der *lex Atinia*[569] und zur Frage, ob der Ersitzungsbesitzer eines Grundstücks auch den unter diesem liegenden, ihm unbekannten Schatz ersitzen könne, was von ihm bejaht wurde.[570] Seine Definition des *nexum*, das er als Libralakt beschrieb, unterschied sich von jener des Q. Mucius Scaevola, der die obligationsbegründende Wirkung des *nexum* betonte.[571] Die zahlreichen Kontroversen, an denen die drei *fundatores iuris civilis* teilnahmen, zeigen auch, dass das *ius dubium* schon zur Zeit der mittleren Republik in Erscheinung trat und es sich nicht um ein späteres Phänomen handelte.

Dass Manilius häufig respondierte, ist durch Cicero belegt; im Verhältnis dazu sind allerdings wenige Rechtsansichten von Manilius überliefert.[572] Bezeugt ist, dass er nach dem In-Kraft-Treten der *lex Voconia* (169 v. Chr.) eine andere Rechtsansicht zu Legaten und Erbschaften von Frauen vertrat als davor. Deshalb ist davon auszugehen, dass er *responsa* zum Erbrecht erteilte, zu deren Inhalt allerdings nichts überliefert ist.[573] Die *lex Voconia*, ein Plebiszit,

566 So Wieacker, Römische Rechtsgeschichte I, 104; Behrends, Das nexum im Manzipationsrecht, RIDA 21 (1974) 156; Liebs, § 194.2, in: Suerbaum (Hrsg.), Die archaische Literatur, 563.

567 Cic. fin. 1.12. Zur Diskussion des Fragments und weiterführende Literaturangaben siehe S. 91.

568 Cic. fam. 7.22. Siehe auch S. 73, 94 f.

569 Gell. 17.7.3. Siehe auch S. 95.

570 Paul. 54 ad ed. D. 41.2.3.3. Siehe S. 94.

571 Varro ling. 7.105. Dazu Funaioli, Grammaticae Romanae Fragmenta, 125; Kaser, Das altrömische ius, 233; Costa, Cicerone giureconsulto, 160; Stein, Regulae Iuris, 30; Bretone, Manilio e il nexum, IURA 32 (1981) 143–146; Behrends, Das nexum im Manzipationsrecht, RIDA 21 (1974) 156–160; Bretone, Publius Mucius et Brutus et Manilius, qui fundaverunt ius civile (D. 1.2.2.39), 109 f.; Nelson/Manthe, Gai Institutiones III 88–181, 534; Elster, Die Gesetze der mittleren römischen Republik, 63–71; Cannata, Per una storia della scienza giuridica europea, 228 f.; Amunátegui Perelló, Potestas manus mancipiumque, RIDA 59 (2012) 74–78; Santoro, Su D. 46.3.80 (Pomp. 4 ad Quintum Mucium), AUPA 55 (2012) 569 f.; Cardilli, Nexum e damnatio, FS Sirks, 107–111; Koptev, Principles of the Nexum and Debt Law in the Twelve Tables, 227–246.

572 Cic. de orat. 1.212. Siehe auch Cic. de orat. 3.133 und Cic. rep. 1.20.

573 Cic. rep. 3.17. Dazu Marky, Appunti sul problema della retroattività, BIDR 53/54 (1948) 274; Costa, Cicerone giureconsulto, 22; Watson, The Law of Succession, 170; Weishaupt,

das durch den Volkstribun Q. Voconius Saxo eingebracht und von Cato mit einer Rede unterstützt wurde, setzte fest, dass kein Bürger der ersten *census*-Klasse eine Frau als Erbin einsetzen durfte, und dass generell durch Legate und Fideikommisse maximal die Hälfte der Erbschaft hinterlassen werden durfte.[574] Aus Ps.-Quintilians *declamationes minores* geht hervor, dass die Juristen die *lex* eher dem (angenommenen) Sinn des Gesetzes nach interpretierten und den Wortlaut eher vernachlässigten,[575] und es ist anzunehmen, dass Manilius ebenfalls dieser Linie folgte.

Andere Rechtsauskünfte des Manilius sind unsicher überliefert: Auf eine Vermutung von Bremer geht die Zuschreibung einer Rechtsauskunft bei Priscian zurück, derzufolge ein Unmündiger weder als *libripens* noch als Zeuge fungieren könne.[576] Weiters beinhalten seine Äußerungen im Diskurs zur „Doppelsonne" in Ciceros *de re publica* möglicherweise eine Anspielung auf seine juristische Meinung zum Mitbesitz.[577]

Die lex Voconia, 16. Zum möglichen Hintergrund der *lex Voconia* als promilitärische Maßnahme, um die Zahl der Männer im ersten *census* zu erhalten, siehe MITCHELL, Patricians and Plebeians, 250.

574 Gai Inst. 2.226 f., 274; Inst. 2.22 pr., Theoph. Inst. 2.22, PS 4.8.20, Coll. 16.3.20; Cic. Verr. 2.1.106–109; Cic. Cato 14; Cic. fin. 2.17; Ps.-Ascon. Verr. 2.1.106 (p. 248 ed. Stangl); Liv. per. 41; Liv. 41.28; Ps.-Quint. Decl. 264; Gell. 6.13.3, 17.6.1, 20.1.23; Cass. Dio 56.10.2. Zur *lex Voconia* siehe ROTONDI, Leges publicae, 283 f.; GUARINO, Lex Voconia, Labeo 28 (1982) 188–191; BALTRUSCH, Regimen morum, 73–76; SIRKS, Sacra, Succession and the lex Voconia, Latomus 53 (1994) 273–296; VAN DER MEER, Made for Men. A Study of the Origins and the Influence on Roman Society of the lex Voconia (169 BC); DIES., The Voconian Law: Nova or Phoenix?, TR 67 (1999) 115–123; WEISHAUPT, Die lex Voconia; VIGNERON/GERKENS, The Emancipation of Women in Ancient Rome, RIDA 47 (2000) 110 f.; CUGUSI/SBLENDORIO CUGUSI, Opere di Marco Porcio Catone Censore, I 324–328; ELSTER, Die Gesetze der mittleren römischen Republik, 374–380; GÜNTHER, Vectigalia, 23–27; MELILLO, Media (la) iurisprudentia e le limitazioni alla legittimazione successoria delle donne, Studi Nicosia V, 285–325; SPAGNUOLO VIGORITA, Joersiana IV: Livia, Augusto e il plebiscito Voconio, Index 40 (2012) 257–270; HÄHNCHEN, Ratio Voconiana, 35–54.

575 Quint. decl. 264.7 f. Dazu NÖRR, Rechtskritik in der römischen Antike, 37.

576 Prisc. 2.382 (ed. Keil). Siehe dazu BREMER, Iurisprudentiae antehadrianae, 26; FUNAIOLI, Grammaticae Romanae Fragmenta, 71; TERRANOVA, Sull'antestatus negli atti per aes et libram, Iuris antiqui historia 2 (2010) 103–146. Letztere ordnet das Fragment freilich Aelius Gallus zu. Zur Zeit des Gaius war diese Frage anscheinend geklärt. Vgl. Gai Inst. 2.104 und 107.

577 Cic. rep. 1.19–20. Für die Interpretation entscheidend ist der von Laelius geäußerte Satz *immo vero te audiamus, nisi forte Manilius interdictum aliquod inter duos soles putat esse componendum, ut ita caelum possideant ut uterque possederit.* (Cic. rep. 1.10). BEHRENDS, Staatsrecht und Philosophie, SZ 100 (1983) 479 f. nimmt an, dass Cicero darauf anspielt, Manilius habe einen solidarischen Mitbesitz befürwortet; D'IPPOLITO, I giuristi e la città, 85 f. sieht in dem Text hingegen einen Hinweis auf die astronomischen Kenntnisse des L. Furius Philus, des P. Rutilius Rufus und des Q. Aelius Tubero. Vgl. auch BERGER, Art. Iurisprudentia, RE X (1918) Sp. 1163 und GREENIDGE, The Legal Procedure of Cicero's Time, 76.

Wie oben erwähnt, war Manilius Urheber einiger Vertragsformulare; dazu zählen auch Stipulationsmuster für Kaufverträge, die bei Varro überliefert sind.[578] Dass das Erstellen von Formularen ein Schwerpunkt seiner Tätigkeit war, zeigt auch die bei Cicero überlieferte Bezeichnung *Manilianae venalium vendendorum leges*[579]. Das Formulieren von Verträgen und Klagen galt, wie auch das Beispiel des Sex. Aelius Paetus zeigt,[580] zu dieser Zeit noch als juristische Tätigkeit, auch wenn sie später etwas mehr in den Hintergrund trat und teilweise auf *tabelliones* und *scribae* übertragen wurde.[581]

Der dritte *fundator iuris civilis*, P. Mucius Scaevola,[582] stammte aus einer Juristenfamilie: Sein Vater P. Mucius Scaevola (Q. f.)[583] und sein Großvater, der

578 Varro rust. 2.3.5, 2.5.11, 2.7.6. Zu Varro rust. 2.3.5 siehe Jakab, Praedicere et cavere, 160; Meyer, Legitimacy and Law in the Roman World, 56, 59; zu Varro rust. 2.5.11 siehe Watson, The Law of Obligations, 75; zu Varro rust. 2.7.6. siehe Schiavone, Giuristi e nobili nella Roma repubblicana, 14 FN 46; Mantello, L'analogia nei giuristi tardo repubblicani e augustei, Studi Martini, 652 f.;. Bremer, Iurisprudentiae antehadrianae, I 27, ordnet auch Varr. rust. 2.4.5 den Formularen des Manilius zu. Auf Manilius könnte auch das in Varro rust. 2.2.6 überlieferte Formular zurückgehen (so Sturm, Stipulatio Aquiliana, 343 und Finkenauer, Vererblichkeit und Drittwirkungen, 57). V. Lübtow, Catos leges venditioni et locationi dictae, 261 und Thielscher, Des Marcus Cato Belehrung über die Landwirtschaft, 343 sehen Manilius auch als Urheber der Formulare in Cato agr. 144 f.

579 Cic. de orat. 1.246. Siehe dazu Kunkel, Die römischen Juristen, 11, Liebs, § 194.2, in: Suerbaum (Hrsg.), Die archaische Literatur, 563.

580 Siehe S. 72 f.

581 Vgl. auch Suda s. v. *tabellio*. Zu den *tabelliones* und *scribae* siehe auch Fernández de Buján, A propósito del oficio de tabellio como jurista práctico, FS Miquel, 305–320.

582 geb. ca. 175 v. Chr., trib. pleb. 141 v. Chr., praet. 136 v. Chr., cos. 133 v. Chr., ab 130 v. Chr. pont. max., gest. 115 v. Chr. Zu P. Mucius Scaevola siehe Bremer, Iurisprudentiae antehadrianae, I 32–34; Seckel/Kübler, Iurisprudentiae anteiustinianei quae supersunt, I 1–9; Schanz/Hosius, Geschichte der römischen Literatur I, 238 f.; Münzer, Art. P. Mucius Scaevola (17), RE XVI (1933) Sp. 425–428; Kunkel, Die römischen Juristen, 12; Gruen, The Political Allegiance of P. Mucius Scaevola, Athenaeum 43 (1965) 321–332; Grosso, Publio Mucio Scevola tra il diritto e la politica, Archivio giuridico 175 (1968) 204–211; Wieacker, Die römischen Juristen in der politischen Gesellschaft, FS v. Lübtow, 200–214; Bernstein, Prosopography and the Career of Publius Mucius Scaevola, CPh 67 (1972) 42–46; Bona, Sulla fonte di Cicero, de oratore, 1,56,239–240, SDHI 39 (1973) 425–480; Sumner, The orators in Cicero's Brutus, 62; Briscoe, Supporters and Opponents of Tiberius Gracchus, JRS 64 (1974) 128 f.; Behrends, Les veteres et la nouvelle jurisprudence, RHD 55 (1977) 22 f.; Bauman, Five Pronouncements by P. Mucius Scaevola, RIDA 25 (1978) 223–245; Behrends, Tiberius Gracchus und die Juristen seiner Zeit, Symposion Wieacker, 25–121; Guarino, La coerenza di Publio Mucio; Bauman, Lawyers in Roman Republican Politics, 230–302; Schiavone, Giuristi e nobili nella Roma repubblicana, 3–22; Schiavone, Publio Mucio e la nascitá della letteratura giuridica romana, 139–160; Liebs, § 194.7, in: Suerbaum (Hrsg.), Die archaische Literatur, 566 f.; Rüpke, Fasti Sacerdotum, 1599 ; Liebs, Rechtsfortbildung durch römische Juristen, 53–57.

583 praet. 179 v. Chr., cos. 175 v. Chr. Zu P. Mucius Scaevola (Q. f.) siehe Münzer, Art. P. Mucius Scaevola (16), RE XVI (1933) Sp. 424 f.; Kunkel, Die römischen Juristen, 10 und Wieacker,

209 v. Chr. verstorbene *decemvir* Q. Mucius Scaevola, hatten eine juristische Ausbildung genossen;[584] größere Bekanntheit als Juristen erlangten sein leiblicher Bruder P. Licinius Crassus Dives Mucianus, sein Cousin Q. Mucius Scaevola *augur* und sein Sohn Q. Mucius Scaevola *pontifex*.

Im Unterschied zu Brutus und Manilius zeigte P. Mucius Scaevola großes politisches Engagement: Während seines Volkstribunats 141 v. Chr. initiierte er eine *quaestio* gegen den Ex-Prätor L. Hostilius Tubulus.[585] Im Jahr seiner Prätur (136 v. Chr.), die er gemeinsam mit seinem Bruder erreichte, erhielt er die *praetura urbana* zugelost und war für die *quaestio de veneficiis* verantwortlich.[586] In dieses Jahr fiel auch die Untersuchung zum Fall des C. Hostilius Mancinus,[587] bei der Scaevola den Standpunkt vertrat, dass aufgrund der *deditio* – die er ebenso wie die *aquae et ignis interdictio* als einseitigen Akt des römischen Volks verstand – Mancinus vom Volk verstoßen worden sei und er daher sein Bürgerrecht verloren habe.[588] Aufgrund der Überlieferung in den Schriften seines Sohnes Quintus nimmt Wieacker an, dass sich Scaevola auch zum Fall des Dolmetschers Menander geäußert habe.[589] Dieser war nach seiner Freilassung

Die römischen Juristen in der politischen Gesellschaft, FS v. Lübtow, 199.

584 Für juristische Bildung des Vaters Cic. Brut. 98, für den Großvater Pomp. l. s. enchir. D. 1.2.2.37, wo dieser vor Ti. Coruncanius genannt wird. Zu Q. Mucius Scaevola siehe auch Kunkel, Die römischen Juristen, 8.

585 Cic. fin. 2.54, 4.77. Zum Fall siehe Mommsen, Römisches Strafrecht, 197; Gruen, Roman Politics and the Criminal Courts, 29–31; Bauman, Lawyers in Roman Republican Politics, 234–237. Weitere Literaturhinweise bei Alexander, Trials in the Late Roman Republic, 5 Nr. 5 und Elster, Die Gesetze der mittleren römischen Republik, 435–437.

586 Liv. 40.44.6.

587 Siehe dazu Wieacker, Die römischen Juristen in der politischen Gesellschaft, FS v. Lübtow, 204–208; Bretone, Publius Mucius et Brutus et Manilius, qui fundaverunt ius civile (D. 1.2.2.39), 113 f.; Bauman, Five Pronouncements by P. Mucius Scaevola, RIDA 25 (1978) 225 f.

588 Cic. top. 37, Pomp. 37 ad Q. Muc. D. 50.7.18. Über die möglichen Motive für diese Entscheidung – auch Ti. Sempronius Gracchus war bei dem Abkommen beteiligt und entkam nur knapp schwereren Konsequenzen – siehe Wieacker, Die römischen Juristen in der politischen Gesellschaft, FS v. Lübtow, 207. Siehe auch Funaioli, Grammaticae Romanae Fragmenta, 126; Liebs, Bellum iustum, FS Behrends, 314 f. sowie S. 44 FN 212, 83, 94 f., 112, 139.

589 Pomp. 37 ad Q. Muc. D. 49.15.5.3. Siehe auch Cic. Balb. 28; Cic. de orat. 1.182; Cic. top. 37 f.; Boeth. in Cic. top. 1111B–1112C. Zum Fall siehe Kornhardt, Regulus und die Cannaegefangenen, Hermes 82 (1954) 100; Bretone, Publius Mucius et Brutus et Manilius, qui fundaverunt ius civile (D. 1.2.2.39), 112 f.; Watson, Law of Persons, 240–242; Radke, Versuch einer Sprach- und Sachdeutung alter römischer Rechtsbegriffe, FS v. Lübtow, 38–44; Wieacker, Die römischen Juristen in der politischen Gesellschaft, FS v. Lübtow, 208–210; Bretone, Techniche e ideologie, 268 f.; Wieacker, Römische Rechtsgeschichte I, 516,552; Maffi, Ricerche sul postliminium, 81–92; Wiotte-Franz, Hermeneus und Interpres: zum Dolmetscherwesen in der Antike, 74 f.; Cantarone, Ius controversum e controversie giurisprudenziali, Scritti Franciosi, I 431–433; Coskun, Bürgerrechtsentzug oder Fremdenausweisung?, 88–93; Zack,

nach Griechenland zurückgekehrt und es war umstritten, ob er dadurch das römische Bürgerrecht verloren hatte.[590] Schließlich wurde zu seinen Gunsten eine *lex* erlassen, in der statuiert wurde, dass Menander das römische Bürgerrecht behalten solle – ein Vorgang, der von Pomponius später als überflüssig bezeichnet wurde.[591]

Politisch stand P. Mucius Scaevola zunächst auf der Seite der Gracchen: Gemeinsam mit seinem Bruder unterstützte er Ti. Sempronius Gracchus bei der *lex agraria* und vermutlich auch bei anderen Gesetzesvorhaben.[592] Während der Unruhen selbst mahnte er zur Mäßigung und äußerte sich – von P. Cornelius Scipio Nasica Serapio dazu gedrängt zu handeln – dahingehend, dass er keine Gewalt anwenden wolle und keinen Bürger ohne ein Verfahren hinrichten wolle.[593] Außerdem erklärte er, Beschlüsse der Volksversammlung, die unter Druck oder Zwang von seiten des Ti. Sempronius Gracchus zustande gekommen seien, für ungültig zu betrachten.[594]

Nach dem Tod des Tiberius verteidigte er die Tat des Scipio Nasica mit den Worten, er habe *optimo iure* gehandelt – eine Äußerung, die in der Folge als Präzedenzfall in ähnlich gelagerten politischen Situationen diente.[595] Diese Rechtfertigung der Ermordung des Tiberius dürfte aber nicht primär aufgrund einer proscipionischen Haltung erfolgt sein: Denn Tubero bezeichnete P. Mucius Scaevola später als einen der Anführer der antiscipionischen Fraktion und P. Cornelius Scipio Nasica Serapio, der Mörder von Ti. Sempronius Gracchus, lehnte ihn wegen Befangenheit als Richter in seinem Verfahren (vermutlich einer *actio per sponsionem*) ab.[596]

Wahrscheinlich bewegten familiäre Beweggründe P. Mucius Scaevola zur Rechtsanschauung, die er im Rahmen der Rückerstattung der Mitgift an Licinia, Witwe des C. Sempronius Gracchus und Nichte des P. Mucius Scaevola

Forschungen I, Göttinger Forum für Altertumswissenschaften 14 (2011) 62–108, BARBATI, Sui presupposti di applicazione e la natura giuridica degli effetti del postliminium, 711–729.

590 WIEACKER, Die römischen Juristen in der politischen Gesellschaft, FS v. Lübtow, 208–211. Zum *ius postliminii* siehe auch den Regulus-Fall (S. 69).

591 Pomp. 37 ad Q. Muc. D. 49.15.5.3.

592 Plut. Tib. Gracchus 9.1; Cic. ac. 2.13. Siehe dazu BAUMAN, Lawyers in Roman Republican Politics, 245–267. Zur *lex agraria* siehe auch PENNITZ, Der Enteignungsfall, 133–139.

593 Val. Max. 3.2.17; Ps.-Aur. Vict. vir. ill. 64.7. Dazu BAUMAN, Five Pronouncements by P. Mucius Scaevola, RIDA 25 (1978) 227–229; NIPPEL, Aufruhr und Polizei, 79 f.

594 Plut. Tib. Gracchus 19.3 f. Vgl. Dazu auch LINTOTT, Violence in Republican Rome, 139 und GRAEBER, Auctoritas patrum, 198.

595 Cic. Planc. 88. Weitere Hinweise bei BAUMAN, Five Pronouncements by P. Mucius Scaevola, RIDA 25 (1978) 229–238; NIPPEL, Aufruhr und Polizei, 80 f.

596 Cic. de orat. 2.285. Dazu LINTOTT, The Procedure under the Leges Calpurnia and Iunia de Repetundis, ZPE 22 (1976) 212. Vgl. auch Cic. rep. 1.31.

vertrat.[597] Für die in den Unruhen nach dem Tod des C. Sempronius Gracchus zerstörten Gegenstände der *dos* verlangte Scaevola Ersatz, mit dem Argument, Gracchus habe die Unruhen verschuldet und deshalb müssten die zerstörten *dos*-Gegenstände aus dem (konfiszierten) Vermögen des Verstorbenen ersetzt werden.[598] Über die Situation, in der dieses *responsum* erstellt wurde, und über den Ausgang des Prozesses gibt es unterschiedliche Theorien. Während einige Autoren der Ansicht sind, Licinia habe die Erben des Gracchus, ihre eigenen Kinder, verklagt, meinen andere, dass die Republik das Vermögen des C. Sempronius Gracchus eingezogen habe und die Rückforderung der *dos* eine Konkursforderung gegen die *res publica* gewesen sei.[599] Auch die Rolle des P. Mucius Scaevola ist umstritten. Er könnte als nicht direkt in den Prozess involvierter Gutachter, als *advocatus* oder als Richter[600] tätig gewesen sein; angesichts der verwandtschaftlichen Beziehung zwischen ihm und Licinia sind aber die ersten beiden Möglichkeiten wahrscheinlicher.

Als Richter war er vermutlich in einem in der *rhetorica ad Herennium* wiedergegebenen Fall tätig, wo er einen Schauspieler (*mimus*), der Accius auf der Bühne angegriffen hatte, wegen *iniuria* verurteilte.[601]

---

597 Plut. C. Gracchus 15.2; Oros. 5.12.4.

598 Iav. 6 ex post. Lab. D. 24.3.66 pr., Plut. C. Gracchus 17.5. Zur *dos Liciniae* siehe Daube, Licinia's dowry, Studi Biondi, 199–212; Wieacker, Die römischen Juristen in der politischen Gesellschaft, FS v. Lübtow, 211–214; Waldstein, Zum Fall der dos Liciniae, Index 3 (1972) 343–361; Bona, Sulla fonte di Cicero, de oratore, 1,56,239–240, SDHI 39 (1973) 469; Bauman, Five Pronouncements by P. Mucius Scaevola, RIDA 25 (1978) 238–245; Watson, The Law of Persons, 75; Alexander, Trials in the Late Roman Republic, 14 Nr. 26; Palma, Publio Mucio Scevola e la dote di Licinia, Studi Amirante, 323–330; Tellegen-Couperus, The Role of the Judge in the Formulary Procedure, The Journal of Legal History 22 (2001) 5–10, Stagl, Favor dotis, 252; Miglietta, Servius respondit, 367–373; Cardilli, Gestione empirica dell'imputazione e culpae adnumeratio nella riflessione dei giuristi romani, Index 42 (2014) 313–316.

599 Für einen Prozess gegen die Erben des Gracchus Bauman, Five Pronouncements by P. Mucius Scaevola, RIDA 25 (1978) 238–243; für einen Prozess anlässlich der *publicatio bonorum* Daube, Licinia's dowry, Studi Biondi, 199–212 und Behrends, Tiberius Gracchus und die Juristen seiner Zeit, Symposion Wieacker, 68 f. Etwas anderer Ansicht zur Rückforderung ist Waldstein, Zum Fall der dos Liciniae, Index 3 (1972) 355 f., der davon ausgeht, dass bei der *publicatio bonorum* die *dos* normalerweise nicht miterfasst war; demzufolge sieht er die Einziehung der *dos* als „Akt besonderer Gehässigkeit", der evtl. durch die besondere Unterstützung des C. Sempronius Gracchus durch seine Frau begründet war.

600 Als Gutachter sieht ihn Kaser, Römische Rechtsquellen, 59 FN 55. Für P. Mucius Scaevola als Richter sprechen sich Collinet, Le rôle des juges, 23 und Tellegen-Couperus, The Role of the Judge in the Formulary Procedure, The Journal of Legal History 22 (2001) 6–10, aus.

601 Rhet. Her. 2.19. Siehe auch Rhet. Her. 1.24. Dazu Barr, Lucilius and Accius, RhM 108 (1965) 101–103; Watson, The Law of Obligations, 151 f.; Stambusky, Roman Comedy on Trial in the Republic, Educational Theatre Journal 29 (1977) 29–36; Bauman, Lawyers in Roman Republican Politics, 243 f.; Alexander, Trials in the Late Roman Republic, 169 Nr. 352;

Wie M'. Manilius war auch P. Mucius Scaevola als Anwalt vor Gericht tätig,[602] und war in dieser Funktion auch anwesend, als sich die Anwälte Cn. Octavius und M. Plautius Hypsaeus vor dem Prätor wegen einer Tutelangelegenheit stritten.[603] Als *pontifex maximus* folgte er 130 v. Chr. seinem Bruder, der in die *gens Licinia* adoptiert worden war, und beendete die Aufstellung der *annales maximi;*[604] die ihm in der Literatur zugeschriebene Publikation von 80 Büchern *annales maximi* wurde jedoch zuletzt angezweifelt.[605] Zudem verfasste er zehn Bücher juristischen Inhalts.[606] Auch als Lehrer konnte P. Mucius Scaevola einige Erfolge verbuchen. Zu seinen Schülern zählten neben seinem Sohn Q. Mucius Scaevola *pontifex* auch P. Rutilius Rufus und A. Verginius.[607]

Einige der unter seinem Namen überlieferten *responsa* gehen auf seine Funktion als *pontifex maximus* zurück. Dieses Amt hatte er von seinem Bruder, P. Licinius Crassus Dives Mucianus, nach dessen Tod im Krieg gegen Aristonicus[608] übernommen. So entschied Scaevola in seiner Funktion als *pontifex maximus pro conlegio*, dass die *dedicatio* eines Altars, eines Schreins und eines Götterpolsters (*pulvinar*) durch die Vestalin Licinia,[609] die 114 v. Chr. wegen *incestus* angeklagt und 113 v. Chr. in einem neuen Verfahren unter dem Vorsitz von L. Cassius Longinus Ravilla verurteilt worden war,[610] ungültig sei. Der darauf

---

Behrends, Die Gewohnheit des Rechts und das Gewohnheitsrecht, 69; Bravo Bosch, Sobre el origen histórico de la cláusula edictal qui adversus bonos mores convicium, RIDA 53 (2006) 148f.

602 Cic. Brut. 108.

603 Cic. de orat. 1.166–168. Die Stelle wird häufig als ein Beispiel für das *consilium* des Prätors angeführt; gesichert ist das aber keinesfalls. Siehe dazu auch Lehne, Die Stellung der Juristen im Formularverfahren, SZ 108 (2014) 281f.

604 Cic. de orat. 2.52.

605 Frier, Libri annales pontificum maximorum, bes. 179–200, glaubt, dass die Edition der *annales maximi* erst unter Augustus erfolgte. Nichtsdestotrotz ist eine Edition durch P. Mucius Scaevola immer noch die vorherrschende Meinung. Zum politischen Ziel dieser Publikation siehe Rüpke, Fasti Sacerdotum, 1497–1499, der jedoch, wie die herrschende Lehre, Scaevola als Herausgeber annimmt. Schiavone, Giuristi e nobili nella Roma repubblicana, 19, vermutet aufgrund von Varro ling. 5.5. eine Mitarbeit des Brutus an der Publikation.

606 Pomp. l. s. enchir. D. 1.2.2.39. Siehe dazu Bona, Sulla fonte di Cicero, de oratore, 1,56,239–240, SDHI 39 (1973) 425–480 und Schiavone, Giuristi e nobili nella Roma repubblicana, 3–19.

607 Siehe auch S. 121, 125, 145.

608 Eutr. 4.20; Vell. 2.4.1.

609 Cic. dom. 136. Siehe dazu Bona, Sulla fonte di Cicero, de oratore, 1,56,239–240, SDHI 39 (1973) 463; Bauman, Women and Politics in Ancient Rome, 52f.; Cohee, Decrees and responses of the Roman Priesthoods during the Republic, 123f.; Johnson, The Pontifical Law of the Roman Republic, 12f.; DiLuzio, A Place at the Altar, 228–231.

610 Siehe Bauman, Women and Politics in Ancient Rome, 53; Brennan, The Praetorship in the Roman Republic, 385.

folgende Senatsbeschluss verbot die Behandlung der Gebäude als *sacra* und ordnete die Zerstörung der Weihinschriften an.[611] Scaevola war auch Urheber eines *responsum* zur Frage nach richtigen Sühneopfern bei Tod auf hoher See, d. h. wenn der Tote auf einem Schiff getötet und anschließend ins Meer geworfen wurde oder wenn er im Meer selbst verstarb.[612]

Das Pontifikalrecht betrifft auch die Rechtsauskunft, die er gemeinsam mit seinem Sohn zur Frage, wer zur Fortführung der *sacra* verpflichtet sei, erteilte: Diese Verpflichtung treffe in erster Linie die Erben, an zweiter Stelle jene, die aufgrund des Todesfalls oder des Testament ebenso viel (*tantundem*) wie alle Erben erhielten (in erster Linie Legatare und Beschenkte). Wenn aber kein Erbe existiere, so sei der verpflichtet, der durch *usucapio* den größten Teil des Erbes erhalten habe; wenn weder Erben noch Legatare noch Usukapienten existieren, so werde an vierter Stelle der Gläubiger, der den größten Anteil erhalten habe, und an fünfter Stelle der Schuldner, der durch den Todesfall von seiner Schuld befreit worden sei, verpflichtet.[613] Bei den an zweiter Stelle Verpflichteten trafen die Scaevolae eine weitere Differenzierung: Legatare waren dann nicht zur Fortführung der *sacra* verpflichtet, wenn alle Erben insgesamt mehr erhalten hatten als die Legatare. Schenkungen an Personen, die unter der Gewalt ihres *pater familias* standen, wurden nur insoweit berücksichtigt, als sie durch den *pater familias* anerkannt wurden.[614] Im Zuge dessen wurden von P. Mucius Scaevola und seinem Sohn auch einige Kautelen erfunden, mithilfe derer sich die Betroffenen der Verpflichtung zur Fortfolge der *sacra* entziehen konnten. So rieten sie einem Legatar, dem ein Teil der Erbschaft als Legat hinterlassen worden war (*legatum partitionis*), weniger anzunehmen, als der Anteil der Erben ausmachte, um nicht zur Leistung der *sacra* verpflichtet zu sein. Eine andere Möglichkeit für den Legatar bestand darin, den Erben *per aes et libram* von der Verpflichtung, das Legat zu leisten, zu befreien, oder durch

611 Dazu Linderski, The libri reconditi, Harvard Studies in Classical Philology 89 (1985) 215.

612 Cic. leg. 2.57. Dazu Bona, Sulla fonte di Cicero, de oratore, 1,56,239–240, SDHI 39 (1973) 459–463; Cohee, Decrees and responses of the Roman Priesthoods during the Republic, 124; Albanese, P. Mucio Scevola pontefice e l'uccisione sulla nave, BIDR 37/38 (1995/96) 25–44. Siehe auch Böhm, Emendationen zu Cic. de legib. II, FS Guarino, 920–922 zur Textkritik.

613 Cic. leg. 2.48 f. Dazu Costa, Cicerone giureconsulto, 242 f.; Watson, The Law of Property, 32 f.; Watson, The Law of Succession, 4; Dyck, A commentary on Cicero, *De Legibus*, 381–384. Vgl. Auch Gai Inst. 2.54 f. Diese Neuregelung stand in einem gewissen Widerspruch zu älteren Vorschriften der *pontifices*, denen zufolge in erster Linie die Erben zur Fortführung der *sacra* verpflichtet waren, dann derjenige, der durch Ersitzung den größten Teil der Erbschaft erworben hatte, und erst an dritter Stelle der Legatar, dem der größte Anteil zugewendet worden war (Cic. Leg. 2.49). Siehe auch die ähnlich gelagerten *responsa* des Coruncanius und des Torquatus (S. 69, 87).

614 Cic. leg. 2.50. Dazu Dyck, A commentary on Cicero, *De Legibus*, 384 f.

Stipulation einen Betrag für das Legat zu versprechen.[615] Auch einen anderen, ebenfalls in *de legibus* referierten Fall könnte Cicero den Schriften eines der beiden Scaevolae entnommen haben, denn *caput* in Cic. leg. 2.51 könnte auch als Bezeichnung für „Kapitel, Abschnitt" verstanden werden: Einer der Legatare hatte nur einen Teil seines Legats angenommen, um von den *sacra* befreit zu werden. Einer seiner Erben forderte den noch ausstehenden Anteil und wurde durch die Hinzufügung zu seinem eigenen Anteil dazu verpflichtet, die *sacra* fortzuführen, nicht aber die Miterben des Legatars.[616] Generell vertrat P. Mucius Scaevola im Erbrecht eine starke Berücksichtigung des Wortlauts; seine diesbezügliche Rechtsmeinung wurde von seinem Sohn bei dessen Auftritt in der sog. *causa Curiana* vertreten.[617]

Bereits erwähnt wurden jene Fälle, in denen Scaevolas Meinung gemeinsam mit der von einem oder den beiden anderen *fundatores* genannt wird: Diese betreffen das Rückwirkungsverbot der *lex Atinia*,[618] die rechtliche Qualifikation des *partus ancillae*,[619] den er wie Manilius als Frucht ansah, und die Konsequenzen bei einem Verkauf, wenn nur ein Teil der Verkäufer eine *in diem addictio* vereinbart hatte – hier vertrat Scaevola dieselbe Meinung wie Brutus.[620] Des Weiteren legte Scaevola fest, dass als *ambitus aedium* das Vordach gelte, das gebaut wurde, um die gemeinsame Mauer zu schützen; der Eigentümer des Vordachs jedoch verpflichtet sei, das abfließende Wasser wieder auf sein Grundstück zu leiten.[621] Interessant ist dieser Fall vor allem deshalb, weil er in Ciceros *Topica* als Beispiel eines *argumentum inartificiale* genannt wird, also als Beweis, der ohne rhetorische Kunstmittel erbracht wurde, und dies eine der wenigen Stellen ist, in denen die Verwendung juristischer Argumente in der Rhetorik thematisiert wird.

615 Cic. leg. 2.51, 2.53. Siehe dazu Watson, The Law of Succession, 6 f., Nelson/Manthe, Gai Institutiones III 88–181, 414–416 und Dyck, A commentary on Cicero, *De Legibus*, 385–388.

616 Cic. leg. 2.51.

617 Cic. de orat. 1.245. Dazu Bona, Sulla fonte di Cicero, de oratore, 1,56,239–240, SDHI 39 (1973) 470 f. Zur *causa Curiana* siehe S. 109, 126, 143.

618 Gell. 17.7.

619 Cic. fin. 1.12.

620 Ulp. 28 ad Sab. D. 18.2.13 pr.

621 Cic. top. 24. Siehe auch Costa, Cicerone giureconsulto, 131; Watson, The Law of Property, 115 f. (vgl. dazu die Kritik in Crook, Property in the Roman Republic, The Classical Review 20 (1970) 359–361); Watson, Limits of juristic decision in the later Roman Republic, 221; Schiavone, Giuristi e nobili nella Roma repubblicana, 21 f.; Flach, Die Gesetze der frühen römischen Republik, 156–159; Möller, Die Servituten, 123–127.

I.4.4. Weitere Juristen aus der *gens Mucia*

Politisch und juristisch tätig war auch der Bruder des P. Mucius Scaevola, P. Licinius Crassus Dives Mucianus[622], der von der *gens Mucia* in die *gens Licinia* adoptiert worden war. Wie sein Bruder durchlief Licinius Crassus den *cursus honorum*, war als Anwalt tätig[623] und Mitglied im angesehenen Kollegium der *pontifices* – dass beide Brüder zugleich *pontifices* waren, war wegen der Adoption in die *gens Licinia* möglich. Auch Licinius Crassus war ein großer Unterstützer der Gracchen: Er war Anführer der Popularenfraktion im Senat,[624] Schwiegervater des C. Sempronius Gracchus[625] und folgte Ti. Sempronius Gracchus nach dessen Tod in die Landverteilungskommission nach.[626] Möglicherweise war er auch Urheber einer *lex Licinia de sumpto minuendo.*[627]

Hervorzuheben ist auch, dass er den Parteien vor Gericht in den von ihm im Zuge des Feldzugs gegen Aristonicus besetzten Gebieten freistellte, auch die griechische Sprache zu benutzen; dieser Umstand wurde von den Provinzialen sehr geschätzt.[628] Möglicherweise war Licinius Crassus auch der Urheber eines Edikts, das Cicero als Statthalter der Provinz Asia zum Vorbild nahm.[629]

Obwohl Licinius Crassus häufig um Rechtsauskünfte gebeten wurde,[630] ist nur ein *responsum* von ihm erhalten, das Cicero in seiner Schrift *de oratore*

---

622 quaest. 152 v. Chr.; aed. 142 v. Chr., cos 131 v. Chr., gest. 130 v. Chr., pont. max. ab 132 v. Chr. Zu P. Licinius Crassus Dives Mucianus siehe Bremer, Iurisprudentiae antehadrianae, I 31 f.; Münzer, Art. P. Licinius Crassus Dives (72), RE XIII (1926) Sp. 334–338; Malcovati, Oratorum romanorum fragmenta, 141 f.; Kunkel, Die römischen Juristen, 12 f.; Wieacker, Die römischen Juristen in der politischen Gesellschaft, FS v. Lübtow, 200–202; Sumner, The orators in Cicero's Brutus, 52; Nörr, Pomponius, 524; Briscoe, Supporters and Opponents of Tiberius Gracchus, JRS 64 (1974) 129 f.; D'Ippolito, I giuristi e la città, 13; Bauman, Lawyers in Roman Republican Politics, 303–312; Broughton, Magistrates, III 120; Wieacker, Römische Rechtsgeschichte I, 548; David, Le patronat judiciaire, 689 f.; Nadig, Art. Licinius Crassus Mucianus, P. [I 19], DNP 7 (1999) Sp. 164–165; Rüpke, Fasti Sacerdotum, 1639. Siehe auch Pomp. l. s. enchir. D. 1.2.2.40. Dazu Nörr, Pomponius, 524 mit weiteren Hinweisen.

623 Cic. Brut. 114.

624 Cic. rep. 1.31.

625 Cic. rep. 1.32; Cic. ac. 2.13; Plut. Tib. Gracchus 21.1. Zu Pomp. l. s. enchir. D. 1.2.2.40 und einer mögliche Verwechslung durch Pomponius siehe Bretone, Pomponio lettore di Cicerone, Labeo 16 (1970) 180 f.

626 Münzer, Römische Adelsparteien und Adelsfamilien, 258.

627 So Aste, Autore e tempo della lex Licinia de sumptu minuendo, Aevum 15 (1941) 581–588 und Sauerwein, Die leges sumptuariae, 97–103. Ablehnend Baltrusch, Regimen morum, 88–93.

628 Val. Max. 8.7.6; Quint. inst. 11.2.50.

629 Münzer, Art. P. Licinius Crassus Dives (72), RE XIII (1926) Sp. 337 unter Bezug auf Cic. Att. 5.3.2.

630 Cic. Brut. 98. Seine Rechtskenntnisse werden auch bezeugt durch Vell. 2.4 und Gell. 1.13.10.

anlässlich der Diskussion um den Wert der juristischen Bildung für einen Redner von M. Antonius referieren lässt.[631] Dieser Anekdote zufolge habe sich P. Licinus Crassus, von Ser. Sulpicius Galba[632] begleitet, auf das Forum begeben, um dort um Wählerstimmen für die Wahl zum Ädil zu werben. Bei dieser Gelegenheit sei er von einem am Land lebenden Mann um seine Meinung zu einem bestimmten juristischen Problem gefragt worden. Crassus habe diesem wahrheitsgemäß, aber nicht seinen Wünschen entsprechend geantwortet. Daraufhin sei Galba eingeschritten und habe eine zweite, nicht dem geltenden Recht entsprechende, aber der *aequitas* Rechnung tragende Rechtsauskunft abgegeben. Von deren Inhalt sei schließlich sogar Crassus selbst fast überzeugt gewesen und habe konzediert, die Auskunft sei glaubwürdig und nahe der Wahrheit (*probabilem et prope veram*), obwohl seine eigene Antwort dem geltenden Recht entsprochen habe und seine Meinung von P. Mucius Scaevola sowie Sex. Aelius geteilt worden sei.[633]

Über den Inhalt der beiden *responsa* wurde lange Zeit spekuliert, ehe Manfredini unter Bezug auf die Scholien zu Hor. sat. 1.2[634] eine glaubwürdige These vorschlagen konnte: Horaz rät in dieser Satire fremdgehenden römischen Männern, sich eher an Prostituierte als an verheiratete Matronen zu halten, da der Verkehr mit diesen oft unliebsame Konsequenzen habe. Diese werden im Folgenden von ihm aufzählt: So sei ein Mann auf der Flucht vom Dach gefallen, ein anderer wurde tot gepeitscht, wieder ein anderer konnte sich nur durch Überlassung seines ganzen Vermögens vor der Rache des betrogenen

631 Cic. de orat. 1.239 f. Siehe dazu STROUX, Römische Rechtswissenschaft und Rhetorik, 54 f.; BONA, Sulla fonte di Cicero, de oratore, 1,56,239–240, SDHI 39 (1973) 439 f., 442–449; SCHIAVONE, Giuristi e nobili nella Roma repubblicana, 16–18; MANFREDINI, Galba negabat, FS Watson, 93–101.

632 cos. 144 u. 138 v. Chr. Zu Ser. Sulpicius Galba siehe MALCOVATI, Oratorum romanorum fragmenta, 109–115; SUMNER, The orators in Cicero's Brutus, 44 f.; DAVID, Le patronat judiciaire, 680 f.; SUERBAUM, § 179.2, in: DERS. (Hrsg.), Die archaische Literatur, 494–496. Siehe auch Liv. per. 49; Suet. Galba 3.2.

633 Häufig wird diese Anekdote als Zeugnis für den Gegensatz zwischen Rechtswissenschaft und Redekunst verwendet. BONA, Sulla fonte di Cicero, de oratore, 1,56,239–240, SDHI 39 (1973) 440, 443 f. hält diese Anekdote, von der er annimmt, sie stamme aus der Autobiographie des P. Rutilius Rufus, für von Cicero verfälscht, da der historische Galba vermutlich nur den Wahlerfolg des Crassus unterstützen wollte, an der *aequitas* aber eher desinteressiert gewesen sei. Besonders Galba, der einer Verurteilung für das Massaker an den Lusitaniern nur knapp entkam, habe sich wohl schwerlich als *exemplum* der *aequitas* geeignet (vgl. dazu auch BECK/WALTER, Die frühen römischen Historiker I, 215–217). Die durch BONA angeführten Indizien sprechen dafür, dass eine Identifikation Ciceros mit den von Antonius geäußerten Ansichten (i. e. ein Gerichtsredner brauche keine überdurchschnittlichen Rechtskenntnisse, diese könnten ihm sogar schaden) zumindest bezweifelt werden darf. Vgl. auch BEHRENDS, Wissenschaftslehre, 269.

634 Hor. sat. 1.2.28–46. Siehe dazu MANFREDINI, Galba negabat, FS Watson, 93–101.

Ehemanns retten. Die Aufzählung schließt Horaz mit der Aussage, dass man bei Ehebruch auch damit rechnen könne, kastriert zu werden, was nach Horaz von allen Juristen für richtig gehalten und einzig von Galba geleugnet worden sei (*Galba negabat*). Die Scholiasten Acro und Porphyrio erläutern diese Stelle dahingehend, dass der *iuris peritus* Servius Galba, selbst ein Schürzenjäger, entgegen der herrschenden Meinung respondiert habe, dass bei Ehebruch primär eine Geldstrafe zu begleichen sei und nicht eine körperliche Strafe, d.h. Tod oder Kastration.[635] Diese Horaz-Stelle würde nun sehr gut zu dem bei Cicero geschilderten *responsum* passen, da in diesem Fall die wahrheitsgemäße Antwort für den *rusticanus* wahrscheinlich eher nicht seinen Wünschen entsprechend ausfiel. Manfredini weist zudem darauf hin, dass es vor der *lex Iulia de adulteriis* ein Nebeneinander von körperlichen Strafen wie Tod oder Kastration und Geldbußen gegeben habe und das Strafausmaß wesentlich vom *goodwill* des betrogenen Ehemanns abhängig gewesen sei.[636]

Dieses *responsum* ist jedoch nicht nur aufschlussreich, weil es einiges über die Rechtslage vor der *lex Iulia de adulteriis* verrät, sondern es illustriert auch die Situation der Juristen und Redner während der Zeit des P. Licinius Crassus Mucianus. Licinius Crassus benutzte in dieser Anekdote seine Rechtsberatung zur Wahlwerbung, ein Mittel, das auch schon von anderen Juristen eingesetzt wurde.[637] Allerdings respondierte nicht nur er, sondern auch der Schwiegervater seiner Tochter, Ser. Sulpicius Galba, der in allen anderen Quellen „nur" als Anwalt auftritt. Das ist ein Hinweis darauf, dass die Respondierpraxis zu diesem Zeitpunkt kein allein „juristisches" Monopol war, sondern auch von entsprechend gebildeten Rednern ausgeübt wurde. Denn obwohl das *responsum* des Galba nicht mit dem *manifestum ius* übereinstimmt, argumentierte dieser so geschickt, dass er beinahe auch Licinius Crassus überzeugte, der sich zur Verteidigung seiner Ansicht schließlich auf die *auctoritas* seiner berühmten Vorgänger berufen musste.

Q. Mucius Scaevola *augur*[638], ein Cousin der beiden vorhin genannten Scaevolae, gehörte dem Kollegium der *augures* an und erreichte 117 v. Chr. das

635 Ps.-Acro in Hor. sat. 1.2.46; Porph. in Hor. sat. 1.2.46.

636 Manfredini, Galba negabat, FS Watson, 98–101.

637 Siehe S. 145, 298, 367, 378 f.

638 augur ab 129 v. Chr., cos. 117 v. Chr. Zu Q. Mucius Scaevola *augur* siehe Bremer, Iurisprudentiae antehadrianae, I 36 f.; Schanz/Hosius, Geschichte der römischen Literatur I, 241; Kübler, Art. Q. Mucius Scaevola (21), RE XVI (1933) Sp. 430–436; Malcovati, Oratorum romanorum fragmenta, 199–201; Kunkel, Die römischen Juristen, 14; Briscoe, Supporters and Opponents of Tiberius Gracchus, JRS 64 (1974) 129; Wieacker, Die römischen Juristen in der politischen Gesellschaft, FS v. Lübtow, 200; Sumner, The orators in Cicero's Brutus, 55 f.; Bretone, Cicerone e i giuristi del suo tempo, Ciceroniana 3 (1978) 47–68; Bauman, Lawyers

Konsulat. Nach seiner Statthalterschaft als *praetor pro consule* in der Provinz Asia (120 v. Chr.) wurde er von T. Albucius im Repetundenverfahren angeklagt, wurde jedoch aufgrund seines großen persönlichen Ansehens freigesprochen – ein Verfahren, dass in der zeitgenössischen Literatur intensiv behandelt wurde.[639] Politisch kann ihm, wie seinen Cousins, eine gewisse Nähe zu den Gracchen attestiert werden, obwohl sein Schwiegervater C. Laelius den Scipionen nahe stand. Eine seiner Töchter heiratete M'. Acilius Glabrio, der C. Sempronius Gracchus politisch unterstützte. Aus Scaevolas Eintreten für das *SC ultimum* gegen L. Appuleius Saturninus und der ehelichen Verbindung zwischen dem Sohn des Marius und der Enkelin des Scaevola erschließt Bauman zudem eine gewisse Nähe zu Marius,[640] die durch Scaevolas Weigerung gegenüber Sulla, Marius zum Staatsfeind zu erklären, gestützt wird.[641]

In der *causa Curiana* beriet er seinen Schwiegersohn L. Licinius Crassus und hatte maßgeblichen Anteil an dessen Prozessgewinn.[642] Ansonsten scheint sich Scaevola, zumindest nach der Meinung Ciceros, als Redner nicht besonders hervorgetan zu haben.[643] Weiters wurde von ihm eine Nachricht über das Vorkommen der *sanquales aves* verfasst, einer Untergattung der Adler, die als Auguralvögel betrachtet wurden – möglicherweise stammt sie aus einem Werk zum *ius augurale*.[644] Cicero, der zu Scaevolas Schülern zählte, berichtet, dass dieser Konsulenten zum *ius praediatorium*, dem Versteigerungsrecht, an Furius und Cascellius weiterverwies; dies ist einer der frühesten Hinweise auf eine Spezialisierung innerhalb der römischen Juristen.[645] Zu berücksichtigen ist, dass Q. Mucius Scaevola *augur* häufig mit Q. Mucius Scaevola *pontifex* verwechselt wurde; deshalb ist nicht auszuschließen, dass einige unter dessen Namen überlieferte *responsa* in Wahrheit von dessen Namensvetter stammten.

in Roman Republican Politics, 312–340; BROUGHTON, Magistrates, III 145; WIEACKER, Römische Rechtsgeschichte I, 546 f.; ELVERS/GIARO, Art. Mucius Scaevola, Q. (Augur) [I 8], DNP 8 (2000) Sp. 426–427; RÜPKE, Fasti Sacerdotum, 1160; BENFERHAT, Cicero and the Small World of Roman Jurists, 71–87. Siehe auch Val. Max. 8.8.2, 8.12.1; Athen. Deipnosoph. 6.274e; Cic. Brut. 212.

639 Cic. de orat. 2.281. Siehe auch GRUEN, Roman Politics and the Criminal Courts, 112–116; ALEXANDER, Trials in the Late Roman Republic, 17, Nr. 32. Der Prozess wurde v. a. von Lucilius im zweiten Buch seiner Satiren behandelt, die Fragmente finden sich bei KRENKEL, Lucilius. Satiren, 126–139. Siehe auch MALCOVATI, Oratorum romanorum fragmenta, 201.

640 Siehe BAUMAN, Lawyers in Roman Republican Politics, 330–340.

641 Val. Max. 3.8.5. Siehe auch Val. Max. 4.5.4. Zur Ächtung siehe MEIER, Res publica amissa, 225.

642 Siehe auch S. 105, 126, 143.

643 Cic. Brut. 102.

644 Plin. nat. 10.20. Siehe auch KÖVES-ZULAUF, Plinius d. Ä. und die römische Religion, 268.

645 Cic. Balb. 45. Siehe auch Val. Max. 8.12.1.

Zu Scaevolas Schülern zählten neben Cicero, der ihn in drei seiner Dialoge – *de oratore, de re publica, de legibus* – zum Gesprächspartner machte, sein Schwiegersohn L. Licinius Crassus, sein Enkel M'. Acilius Glabrio, P. Sulpicius Rufus und Ciceros Freund Atticus. Interessierte Zuhörer konnten ihm beim Beantworten der Rechtsanfragen zuhören; Scaevolas Unterricht stand also ganz in der Tradition des *tirocinium fori.*[646]

C. Laelius[647], Schwiegervater von Q. Mucius Scaevola *augur*, war Berater und Unterstützer Scipios;[648] ob er als Jurist anzusehen ist, ist in der Forschung umstritten.[649] Als Indiz für eine juristische Tätigkeit gilt eine Stelle aus Ciceros *de re publica*, in der Manilius auf die juristischen Kenntnisse des Laelius anspielt. Auch Laelius' Cognomen *sapiens* könnte für seine juristischen Kenntnisse sprechen, da dieses Cognomen auch für Cato und Acilius bezeugt ist.[650] Cicero selbst scheint eine Qualifikation von Laelius als Jurist verneint zu haben, da er ihn in *de oratore* in die Gruppe der Staatsmänner – gemeinsam mit Ti. Sempronius Gracchus *pater* und P. Cornelius Lentulus – einordnet, während er als Juristen Sex. Aelius Paetus, M'. Manilius und P. Mucius Scaevola aufzählt.[651] Diese Bemerkung allein schließt aber eine juristische Betätigung des Laelius nicht unbedingt aus, sondern bedeutet eher, dass er vor allem als Politiker bekannt war.

Wie sein Schwiegersohn war auch Laelius *augur*, und Cicero bezieht sich ausdrücklich auf eine seiner Reden als Quelle für sein Verständnis der *religio.*[652] Macrobius zitiert Laelius als Autorität für einen Senatsbeschluss, durch den im Zweiten Punischen Krieg ein *lectisternium* (Göttermahl) angeordnet wurde, zu

646 Cic. Brut. 306.

647 praet. 145 v. Chr., cos. 140 v. Chr., augur. Zu C. Laelius siehe Münzer, Art. C. Laelius (3), RE XII (1924) Sp. 404–410; Schanz/Hosius, Geschichte der römischen Literatur I, 214 f.; Malcovati, Oratorum romanorum fragmenta, 115–122; Sumner, The Orators in Cicero's Brutus, 44; Behrends, Tiberius Gracchus und die Juristen seiner Zeit, Symposion Wieacker, 37 f.; Broughton, Candidates Defeated in Roman Elections, TAPA 81 (1991) 12 Nr. 19; Broughton, Magistrates, III 116; David, Le patronat judiciaire, 679 f.; Suerbaum, § 178.3, in: Ders. (Hrsg.), Die archaische Literatur, 489–491; Elvers, Art. Laelius, C. [I 2], DNP 6 (1999) Sp. 1055 f.; Rüpke, Fasti Sacerdotum, 1090 f.

648 Vell. 2.127; Plut. An seni respublica gerenda sit 27; Schol. Bembina in Ter. Ad. 15.

649 Behrends, Staatsrecht und Philosophie, SZ 100 (1983) 480 spricht sich dagegen aus; als Jurist sieht ihn Guarino, La coerenza die Publio Mucio, 157.

650 Cic. rep. 1.30. Zu diesem Passus vgl. Behrends, Staatsrecht und Philosophie, SZ 100 (1983) 479 f. Siehe auch Cic. rep. 1.19 f., in dem Manilius ebenfalls auf die juristischen Kenntnisse des Laelius anspielt. Zur Bedeutung des Cognomen *sapiens* siehe Cic. Lael. 6. Die *mitis sapientia* des Laelius wird auch bei Hor. sat. 2.1.72 (gerichtet an C. Trebatius Testa) gelobt.

651 Cic. de orat.1.211 f.

652 Cic. nat. deor. 3.5. Gemeint ist vermutlich die Rede über den Wahlmodus für die Priesterkollegien (vgl. Cic. Brut. 83). Zur Rede *de collegiis* siehe Suerbaum, § 178.3, in: Ders. (Hrsg.), Die archaische Literatur, 490 mit weiteren Hinweisen.

dem auch freigelassene Frauen, die die Stola trugen, Geld beitragen durften, und infolgedessen auch den Söhnen von Freigelassenen das Tragen der *toga praetexta* erlaubt wurde.[653] Ob diese Notiz aus einer seiner Reden oder einem unbekannten Werk stammt, ist nicht bekannt.

Neben seinen sakralen Pflichten widmete sich Laelius auch der Anwaltstätigkeit. Seine Redekenntnisse waren berühmt und wurden noch im Prinzipat als sprichwörtlich zitiert.[654] Als Anwalt war er ausgesprochen häufig tätig[655] – sein bekanntester Fall war die Verteidigung der Mitglieder von Pachtgesellschaften, an die die Pechgewinnung im Sila-Wald verpachtet war und die für mehrere Morde an bekannten Personen (*noti homines*) verantwortlich gemacht wurden. In diesem zur damaligen Zeit sehr berühmten Verfahren vertrat Laelius zunächst die Angeklagten, gab aber die Verteidigung später an Ser. Sulpicius ab. Beide gemeinsam erreichten, dass die *publicani* freigesprochen wurden.[656]

I.4.5. Juristen als Politiker, Politiker als Juristen

Die politischen Konflikte des 2. Jhdts. v. Chr. spiegelten sich auch in den Überzeugungen der Juristen dieser Zeit wieder: Mehrere von ihnen bezogen in dieser Auseinandersetzung Stellung und verwendeten zum Teil auch ihre Werke (deutlich wird dies an den Beispielen von Tuditanus und Gracchanus), um für eine der beiden Seiten Stimmung zu machen. Auf der Seite der Scipionenfraktion standen vor allem C. Laelius, L. Furius, Q. Aelius Tubero d. Ä. und C. Sempronius Tuditanus, während die Gracchen von P. Mucius Scaevola, P. Licinius Crassus Mucianus, Q. Mucius Scaevola *augur* und M. Iunius Gracchanus unterstützt wurden.

L. Furius[657] wird gewöhnlich mit dem Konsul des Jahres 136 v. Chr., L. Furius Philus, identifiziert. Während seines Konsulats war er mit der Überprüfung des

653 Macr. Sat. 1.6.13. Zu dieser Stelle siehe Watson, The Law of Persons, 35; Haley, Suetonius, Claudius 24,1 and the Sons of Freedmen, Historia 35 (1986) 115–121; McGinn, Prostitution, 154 f.; Rüpke, Fasti Sacerdotum, 1090; Olson, Dress and the Roman Woman, 28 f.

654 Cic. Brut. 82 f.; Vell. 1.17.3, 2.19.1. Weitere Hinweise bei David, Le patronat judiciaire, 679, FN 4–8.

655 Cic. rep. 3.42.

656 Cic. Brut. 85–88. Zu dem Prozess siehe Kunkel, Die Funktion des Konsiliums, SZ 84 (1967) 224–228; Ermann, Strafprozess, öffentliches Interesse und private Strafverfolgung, 107–111 und Venturini, Processo penale e società politica, 140–142. Siehe auch Malcovati, Oratorum romanorum fragmenta, 120.

657 Die Identifikation mit dem Konsul des Jahres 136 v. Chr. wird zwar ausgesprochen häufig vertreten, gesichert ist sie allerdings nicht: Seckel und Kübler halten es für möglich, dass es sich bei Furius um A. Furius Antias handelt, den Macrobius auch an anderer Stelle Furius nennt; Bernhardy, Grundriß der römischen Litteratur, 191 f., identifiziert ihn mit

von Q. Pompeius geschlossenen Friedensvertrags mit den Numantinern betraut und kam dabei zu einem für Pompeius und Mancinus günstigen Resultat.[658] Auch für das politische Scheitern des *foedus Mancinum* war er teilweise verantwortlich.[659] Cicero galt er als ein guter Redner, leider sind aber – ähnlich wie bei Laelius – nur kleine Bruchstücke seiner Reden erhalten.[660]

In Macrobius' *Saturnalia* findet sich der Hinweis auf ein *vetustissimus liber cuiusdam Furii*, doch da Macrobius diese Information und die im Folgenden zitierten *carmina* selbst einer anderen Quelle, dem 5. Buch der *res reconditae* des Q. Sammonicus Serenus, entnimmt, ist die Zuordnung zu L. Furius alles andere als sicher.[661] Die dort referierten *carmina* geben die Formeln für das Wegrufen der Götter aus einer feindlichen Stadt (*evocatio deorum*) und die darauf folgende Verwünschung (*devotio*) am Beispiel der Stadt Karthago wieder.

Q. Aelius Tubero d. Ä.[662] war ein Enkel des L. Aemilius Paullus Macedonicus, Freund des Panaitios und überzeugter Stoiker.[663] Der aus dieser Überzeugung herrührende Geiz kostete ihn 129 v. Chr. bei der Bewerbung um die Prätur seine Chancen, da er für die Leichenfeier seines Onkels P. Cornelius Scipio Aemilianus

M. Furius Bibaculus. Zu L. Furius siehe auch Bremer, Iurisprudentiae antehadrianae, I 29 f.; Seckel/Kübler, Iurisprudentiae anteiustinianei quae supersunt, I 15–17; Münzer, Art. L. Furius Philus (78), RE VII (1910) Sp. 360; Schanz/Hosius, Geschichte der römischen Literatur I, 235; Malcovati, Oratorum romanorum fragmenta, 137; Bretone, Techniche e ideologie, 55; Sumner, The orators in Cicero's Brutus, 61; David, Le patronat judiciaire, 688 f.

658 Cic. rep. 3.28. Zur *causa Mancini* siehe S. 44 FN 212, 83, 91 f., 94, 100, 139.

659 Briscoe, Supporters and Opponents of Tiberius Gracchus, JRS 64 (1974) 131.

660 Cic. Brut. 108.

661 Macr. Sat. 3.9.6–13. Dazu Rawson, Scipio, Laelius, Furius and the Ancestral Religion, JRS 63 (1973) 168–173; Peppe, La nozione di populus e le sue valenze, 329–338.

662 Siehe auch Pomp. l. s. enchir. D. 1.2.2.44. Zu Q. Aelius Tubero d. Ä. siehe Bremer, Iurisprudentiae antehadrianae, I 42; Klebs, Art. Q. Aelius Tubero (155), RE I (1893) Sp. 535–537; Schanz/Hosius, Geschichte der römischen Literatur I, 222; Malcovati, Oratorum romanorum fragmenta, 171 f.; Kunkel, Die römischen Juristen, 14; Wieacker, Die römischen Juristen in der politischen Gesellschaft, FS v. Lübtow, 197; Bretone, Pomponio lettore di Cicerone, Labeo 16 (1970) 177–182; Sumner, The orators in Cicero's Brutus, 70 f.; Briscoe, Supporters and Opponents of Tiberius Gracchus, JRS 64 (1974) 131; Nörr, Pomponius, 527; Talamanca, Per la storia della giurisprudenza Romana, BIDR 80 (1977) 263 f.; D'Ippolito, I giuristi e la città, 73–89; Bretone, Techniche e ideologie, 183 f.; Broughton, Magistrates, III 5; Wieacker, Römische Rechtsgeschichte I, 543 f.; David, Le patronat judiciaire, 682; Elvers, Art. Aelius Tubero, Q. [I 16], DNP 1 (1996) Sp. 171; Cascione, Tresviri capitales, 208–210. Bretone, Pomponio lettore di Cicerone, Labeo 16 (1970) 178, spricht sich gegen das Konsulat aus (so auch Wieacker).

663 Pomp. l. s. enchir. D. 1.2.2.40. Siehe auch Strasburger, Poseidonios on Problems of the Roman Empire, JRS 55 (1965) 40 f., 49 und Briscoe, Supporters and Opponents of Tiberius Gracchus, JRS 64 (1974) 131 zur politischen Überzeugung Tuberos.

zu wenig Geld ausgegeben hatte.[664] Politisch war er ein vehementer Gegner der Gracchen: Eine Rede von C. Sempronius Gracchus gegen ihn sowie eine Gegenrede Tuberos waren noch zu Ciceros Zeiten existent.[665] Sumner hält ihn auch für den Urheber der *lex Aelia*, die er als politisches Instrument zur Verhinderung der Gracchen sieht.[666] Die rhetorischen Fähigkeiten von Q. Aelius Tubero d. Ä. beschreibt Cicero als *mediocris in dicendo, doctissimus in disputando* („mittelmäßig im Vortrag, sehr gelehrt bei der Diskussion").[667] Diese Aussage könnte sich auch auf seine juristischen Kenntnisse beziehen, die von Cicero in *de iure civili in artem redigendo* lobend erwähnt wurden.[668]

Bei Cicero ist ein interessantes *responsum* zur *vacatio munerorum publicorum* überliefert: Gegen seinen Onkel Scipio vertrat Tubero die Ansicht, dass die *augures* nicht von der Pflicht, als Richter zur Verfügung zu stehen, befreit werden sollten.[669] Diese Befreiung kam zunächst vor allem den Magistraten zugute, für die Inhaber der Priesterämter war sie zur Zeit der Republik noch umstritten.[670] Andere *responsa* sind von Tubero nicht erhalten, auch von seinen Schriften, die bei Cicero erwähnt werden,[671] sind weder Fragmente noch Titel bekannt.

---

664 Cic. Mur. 75; Val. Max. 7.5.1. D'IPPOLITO, I giuristi e la città, 86–88, vermutet einen Zusammenhang mit der *lex Fannia de cibariis*. Siehe auch BROUGHTON, Candidates Defeated in Roman Elections, TAPA 81 (1991) 35 Nr. 1 sowie PASSET, Frugalité et banquet offert au peuple à l'occasion de funérailles: la vaisselle de terre et les peaux de bouc de Q. Aelius Tuberon, Ktèma 35 (2010) 51–67.

665 Cic. Brut. 117; Prisc. 2.88 (ed. Keil).

666 SUMNER, Lex Aelia, Lex Fufia, AJPh 84 (1963) 348. Die herrschende Meinung datiert die *leges Aelia et Fufia* allerdings auf ca. 150 v. Chr. Vgl. auch ROTONDI, Leges publicae, 288 f.

667 Cic. Brut. 117. Das Stilurteil des Pomponius über den jüngeren Q. Aelius Tubero (Pomp. l. s. enchir. D. 1.2.2.46) könnte sich auch auf den älteren Tubero beziehen. Vgl. NÖRR, Pomponius, 592.

668 Gell. 1.22.7. Dazu auch BRETONE, Quale Tuberone?, IURA 27 (1976) 72–74. Für die Identifikation mit Q. Aelius Tubero d. Ä. sprechen sich BRETONE, Pomponio lettore di Cicerone, Labeo 16 (1970) 177–182; NÖRR, Pomponius, 527 f.; D'IPPOLITO, I giuristi e la città, 73 FN 1; BRETONE, Techniche e ideologie, 277–279, 284–286; WIEACKER, Römische Rechtsgeschichte I, 544 aus. Mit Q. Aelius Tubero d. J. identifizieren ihn PETER, Historicorum Romanorum Reliquiae I, CCCLXVII, CCCLXX; NÖRR, Pomponius, 527 f.; TALAMANCA, Per la storia della giurisprudenza Romana, BIDR 80 (1977) 263 f.

669 Cic. Brut. 117. BRISCOE, Supporters and Opponents of Tiberius Gracchus, JRS 64 (1974) 131 schlägt vor, *triumviratu* zu *tribunatu* zu emendieren, da er die *IIIviri capitales* für unzuständig hält, eine Ansicht, die auch von D'IPPOLITO, I giuristi e la città, 80–82 geteilt wird. Anderer Meinung ist JONES, The Criminal Courts of the Roman Republic and Principate, 27. Siehe zu dieser Stelle auch BAUMAN, Lawyers in Roman Republican Politics, 268; CASCIONE, Tresviri capitales, 196–203.

670 Zur Befreiung von der Geschworenenpflicht siehe MOMMSEN, Römisches Staatsrecht III, 226; WISSOWA, Religion und Kultus der Römer, 429; RÜPKE, Domi militiae, 63–65. Vgl. auch Lex Col. Gen. Iul. c. 66.

671 Cic. rep. 1.14.

Ein weiterer bekannter Jurist der Epoche und ein dezidierter Gegner der Gracchen war C. Sempronius Tuditanus[672], Autor der *libri magistratuum* und begnadeter Redner.[673] Während seines Konsulats wurden ihm durch ein *senatus consultum* sämtliche aus der Zuteilung durch die *tresviri agris iudicandis adsignandis* erwachsende Rechtsstreitigkeiten zugewiesen; dies versuchte er durch einen eiligst arrangierten Feldzug nach Illyrien zu vermeiden[674]. Die Prozesse kamen infolgedessen zum Erliegen und harrten noch Jahre später einer endgültigen Erledigung.[675]

In den erhaltenen Fragmenten der *libri magistratuum* werden die Zahl der ursprünglich vorhandenen *tribuni plebis*,[676] die Tuditanus wie Cicero, Atticus und Livius mit zwei ansetzte, das Datum der ersten Interkalation (Tuditanus sah die *decemviri* als Urheber an)[677] und der Ursprung der *nundinae* (Markttage) durch Romulus behandelt.[678] Weiters befasste sich Tuditanus mit der Frage, ob ein Prätor einen anderen Prätor oder einen Konsul zur Wahl vorschlagen

672 geb. ca. 172 v. Chr., trib. mil. 146 v. Chr., quaes. 145 v. Chr., praet. 132 v. Chr., cos. 129 v. Chr. Zu C. Sempronius Tuditanus siehe BREMER, Iurisprudentiae antehadrianae, I 35 f.; SECKEL/KÜBLER, Iurisprudentiae anteiustinianei quae supersunt, I 9 f.; MÜNZER, Art. C. Sempronius Tuditanus (92), RE II (1923) Sp. 1441–1443; SCHANZ/HOSIUS, Geschichte der römischen Literatur I, 196 f.; MORGAN, Pliny, N. H. III 129, the Roman Use of Stades and the Elogium of C. S. Tuditanus, Philologus 117 (1973) 29–48; SUMNER, The orators in Cicero's Brutus, 46 f.; D'IPPOLITO, I giuristi e la città, 13–16; BROUGHTON, Magistrates, III 190; FLECK, Cicero als Historiker, 149–151; FRIER, Libri annales pontificum maximorum, 210; KIERDORF, Art. Sempronius Tuditanus, C. [I 22], DNP 11 (2001) Sp. 395–396; BECK/WALTER, Die frühen römischen Historiker I, 330–339 (zu Tuditanus als Historiker); SEHLMEYER, Die Anfänge der antiquarischen Literatur in Rom, 157–171; LIEBS, § 194.8, in: SUERBAUM (Hrsg.), Die archaische Literatur, 568; SMITH, C. Sempronius Tuditanus, in: CORNELL (Hrsg.), The fragments of the Roman historians, I 240–242, II 336–343, III 222–224.

673 Cic. Brut. 95.

674 App. civ. 1.18 f. Siehe auch BAUMAN, The Gracchan Agrarian Commission, Historia 28 (1979) 403; LINTOTT, Judicial Reform and Land Reform in the Roman Republic, 45 f.

675 App. civ. 1.27. Weitere Hinweise zu dieser Thematik bei BAUMAN, The Gracchan Agrarian Commission, Historia 28 (1979) 385–408.

676 Ascon. Cornel. (p. 60 ed. Stangl). Dazu FLACH, Die Gesetze der frühen römischen Republik, 75; SINI, Una sententia di iuris interpretes sulla inviolabilità dei tribuni della plebe, Diritto@Storia. 6 (2007); BECK/WALTER, Die frühen römischen Historiker I, 332 f.; URSO, Cassio Dione e i magistrati, 53–59; SMITH, C. Sempronius Tuditanus, in: CORNELL (Hrsg.), The fragments of the Roman historians, III 223 f.

677 Macr. Sat. 1.13.21. Dazu FLACH, Die Gesetze der frühen römischen Republik, 87–89, 198; RÜPKE, Kalender und Öffentlichkeit, 204; WOLKENHAUER, Sonne und Mond, Kalender und Uhr, 169; ELSTER, Die Gesetze der mittleren römischen Republik, 315–318; SMITH, C. Sempronius Tuditanus, in: CORNELL (Hrsg.), The fragments of the Roman historians, III 222.

678 Macr. Sat. 1.16.32 f. Dazu RÜPKE, Kalender und Öffentlichkeit, 228; BECK/WALTER, Die frühen römischen Historiker I, 332; SMITH, C. Sempronius Tuditanus, in: CORNELL (Hrsg.), The fragments of the Roman historians, III 223.

könne,[679] was von ihm verneint wurde, und mit dem Fund der sog. „Numa-Bücher" 181 v. Chr. – diese enthielten (je nach Lesart) 14 Bücher oder ein Buch Entscheidungen (*decreta*).[680] Da sowohl die den *libri magistratuum* zugewiesenen Fragmente einen stark historischen Einschlag haben, als auch jene Fragmente, die gewöhnlich seinem Geschichtswerk zugeschrieben werden, durchaus auch aus einem juristischen Buch stammen könnten, ist anzunehmen, dass es sich um ein und dasselbe Werk handelt; diese Vermutung wird durch die Tatsache unterstützt, dass bei den Fragmenten, die vermeintlich aus dem Geschichtswerk stammen, kein Titel angegeben ist.[681]

Der Gegenspieler des Tuditanus, M. Iunius Gracchanus[682], wird mittlerweile überwiegend mit M. Iunius Congus identifiziert.[683]. Er galt als gebildet und wurde in Ciceros *de oratore* durch den Redner Antonius aufgrund seiner Kenntnisse der Geschichte und wegen seiner *prudentia iuris publici* gelobt.[684] Gracchanus schrieb *libri de potestatibus* in mindestens sieben Büchern, von denen angenommen wird,

---

679 Gell. 13.15.4. Dazu BLEICKEN, Zum Begriff der römischen Amtsgewalt, 279 f.; LINDERSKI, The Augural Law, 2182, 2192; BECK/WALTER, Die frühen römischen Historiker I, 337–339; RÜPKE, Domi militiae, 47 f.; HUMM, The curiate law and the religious nature of the power of Roman magistrates, 65–73; SMITH, C. Sempronius Tuditanus, in: CORNELL (Hrsg.), The fragments of the Roman historians, III 222 f.

680 Plin. nat. 13.86 f. Über ihre Bezeichnung als *commentarii* siehe BÖMER, Der *commentarius*, Hermes 81 (1953) 232; SMITH, C. Sempronius Tuditanus, in: CORNELL (Hrsg.), The fragments of the Roman historians, III 223. Zu den Numa-Büchern siehe die Hinweise bei PENNITZ, Der Enteignungsfall, 51–59; SUERBAUM, § 189.1, in: DERS. (Hrsg.), Die archaische Literatur, 528; BECK/WALTER, Die frühen römischen Historiker I, 337.

681 Zu C. Sempronius Tuditanus als Historiker BECK/WALTER, Die frühen römischen Historiker I, 330–339; SMITH, C. Sempronius Tuditanus, in: CORNELL (Hrsg.), The fragments of the Roman historians, I 240–242, II 336–343, III 222–224. Die dem Geschichtswerk zugeschriebenen Fragmente sind Dion. Hal. ant. 1.1.1; Ps.-Aur. Vict. Orig. 10.4; Gell. 7.4.1,4; Plut. Flaminius 14.2. Ein eigenes Geschichtswerk des Tuditanus lehnt auch FLECK, Cicero als Historiker, 150 f., ab.

682 Zu M. Iunius Gracchanus siehe BREMER, Iurisprudentiae antehadrianae, I 37–40; SECKEL/KÜBLER, Iurisprudentiae anteiustinianei quae supersunt, I 10–14; WISSOWA, Art. M. Iunius Congus Gracchanus (68), RE X (1918) Sp. 1031–1033; FUNAIOLI, Grammaticae Romanae Fragmenta, 120 f.; SCHANZ/HOSIUS, Geschichte der römischen Literatur I, 235 f.; ZUCCHELLI, Un antiquario romano contro la nobilitas: M. Giunio Congo Graccano, Studi Urbinati 49 (1975) 109–126; BRETONE, Techniche e ideologie, 55 f.; RAWSON, Intellectual Life in the Late Roman Republic, 234 f.; RANKOV, M. Junius Congus the Gracchan, FS Bramble, 89–94; ELVERS, Art. Iunius Congus (Gracchanus?), M. [I 20], DNP 6 (1999) Sp. 63; SEHLMEYER, Die Anfänge der antiquarischen Literatur in Rom, 157–171; LIEBS, § 195.2, in: SUERBAUM (Hrsg.), Die archaische Literatur, 572. Den Beinamen Gracchanus erhielt er wegen der Freundschaft zu C. Sempronius Gracchus (Plin. nat. 33.35).

683 Dafür BÖMER, Der *commentarius*, Hermes 81 (1953) 232; KRENKEL, Lucilius. Satiren, 345; LIEBS, § 195.2, in: SUERBAUM (Hrsg.), Die archaische Literatur, 572. Eher dagegen WIEACKER, Römische Rechtsgeschichte I, 569. Vgl. Plin. nat. praef. 7 (dazu siehe KRENKEL, Lucilius. Satiren, fr. 591–593).

684 Cic. de orat. 1.256. Siehe auch Schol. Bob. in § 58 Planc. (p. 163, ed. Stangl).

dass sie gegen das Werk des Tuditanus gerichtet waren.[685] Der Titel des Werks wird durch eine Stelle aus Ciceros *de legibus* bestätigt, in der Cicero anmerkt, er werde sich bei den Kompetenzen der Magistrate kurz halten, da diese ohnehin in einem Werk des *sodalis Iunius*, das dem Vater des Atticus gewidmet war, behandelt würden.[686]

Das Werk des Gracchanus gehörte zur Literaturgattung des *commentarius* und wies daher wie jenes des Tuditanus einen starken Bezug zur praktischen Tätigkeit des Autors auf. Die daraus enthaltenen Fragmente behandeln durchaus ähnliche Themen wie jene des Tuditanus. So findet sich bei Gracchanus die Notiz, dass schon unter Romulus und Numa zwei durch Volkswahl gewählte Quästoren amtierten[687], sowie die Erläuterung der Einberufung des *inlicium* (Versammlung) durch den *augur*.[688] Weiters verneinte Gracchanus, dass der *praefectus urbi* den Senat einberufen könne, da er nicht das *ius sententiae dicendae* habe, eine Auffassung, die von Q. Aelius Tubero und C. Ateius Capito später bestritten wurde.[689] Der römische Kalender wurde ebenfalls von Gracchanus behandelt – ihm zufolge hatte das römische Jahr ursprünglich zehn Monate[690] und im Gegensatz zu Tuditanus nahm er an, dass Servius Tullius und nicht die *decemviri* die erste Interkalation durchgeführt hätten.[691] Die übrigen Fragmente von Gracchanus behandeln den Standort der *porta Saturnia*[692], die Etymologie der Worte *quaestor*,[693]

685 Über ihre Zugehörigkeit zu den *commentarii* Bömer, Der *commentarius*, Hermes 81 (1953) 232. Lt. Behrends, Rez. zu Bretone, Techniche ed ideologie, Gnomon 45 (1973) 794, stellte das Werk des Gracchanus die populare Antwort auf Tuditanus' *libri magistratuum* dar; von einer umgekehrten Reihenfolge der beiden Werke geht Beck/Walter, Die frühen römischen Historiker II, 35–83 aus.

686 Cic. leg. 3.48 f. Siehe auch Dyck, A commentary on Cicero, *De Legibus*, 553–555.

687 Ulp. l. s. de offic. quaest. D. 1.13.1 pr. Siehe auch Lyd. mag. 1.1, 1.24. Dazu Funaioli, Grammaticae Romanae Fragmenta, 120 f., 438; Bauman, The duumviri, 22–35; Cloud, Motivations in ancient accounts of the early history of the Quaestorship, Chiron 33 (2003) 91–120; Urso, Cassio Dione e i magistrati, 38 f., 183–185; Sini, Una sententia di iuris interpretes sulla inviolabilità dei tribuni della plebe, Diritto@Storia. 6 (2007).

688 Varro ling. 6.95.

689 Gell. 14.8.1. Dazu Develinal, The Atinian Plebiscite, Tribunes, and the Senate, CQ 28 (1978) 141–144; Ryan, The Origin of the Phrase „ius sententiae dicendae", Hermes 121 (1993) 206–210; Kunkel/Wittmann, Staatsordnung und Staatspraxis der römischen Republik, 242 FN 495.

690 Cens. 20, 22. Siehe auch Varro ling. 6.33 f. Dazu Rüpke, Kalender und Öffentlichkeit, 192; Walt, Der Historiker C. Licinius Macer, 171, 226.

691 Macr. Sat. 1.13.20. Dazu Wolkenhauer, Sonne und Mond, Kalender und Uhr, 168 f.; Beck/Walter, Die frühen römischen Historiker II, 322; Elster, Die Gesetze der mittleren römischen Republik, 315–318.

692 Varro ling. 5.42. Zur *porta Saturnia* siehe auch Wifstrand Schiebe, Vergil und die Tradition von den römischen Urkönigen, 61; Sehlmeyer, Auseinandersetzungen mit Religion, 61.

693 Ulp. l. s. de offic. quaest. D. 1.13.1.1. Siehe auch D'Orta, Trebazio Testa e la questura, SDHI, 59 (1993) 167–187.

Subura[694] und *Luceres*[695], die Bezeichnung *trossuli* für den *ordo equitum*[696] und die *lex Silia de ponderibus publicis*.[697] Neben seiner literarischen Tätigkeit war Gracchanus eventuell auch als Gesetzgeber tätig: Möglicherweise war er der Antragsteller der *lex Iunia de repetundis*, auf die in der *lex Acilia repetundarum* Bezug genommen wird.[698]

I.4.6. L. Coelius Antipater und L. Cassius Hemina

Ein Zeitgenosse von Gracchanus und Tuditanus war der Historiker L. Coelius (Caelius) Antipater[699], ein bekannter Redner, der u. a. L. Licinius Crassus zu seinen Schülern zählte[700] und ein Werk zum Zweiten Punischen Krieg verfasste.[701] Seine rhetorischen Fähigkeiten werden von Cicero nicht besonders

694 Varro ling. 5.48. Siehe auch Funaioli, Grammaticae Romanae Fragmenta, 121; von Gerkan, Das Subura-Problem, RhM 96 (1953) 20–30.

695 Varro ling. 5.55. Zu den Bezeichnungen der *tribus* siehe auch Smith, The Roman Clan, 189. Siehe auch Thulin, Die etruskische Disciplin, III 48 ; Funaioli, Grammaticae Romanae Fragmenta, 121.

696 Plin. nat. 33.35 f. Dazu Nicolet, Les loix judiciaires et le tribunaux de concussion, 204 und Wiseman, Review of E. Badian, Publicans and Sinners, Phoenix 27 (1973) 189–198. Siehe auch die Hinweise bei Stemmler, Eques Romanus, 107–121.

697 Fest. s. v. *publica pondera* (ed. Lindsay, p. 288). Dazu Sini, Una sententia di iuris interpretes sulla inviolabilità dei tribuni della plebe, Diritto@Storia. 6 (2007). Siehe auch Crawford, Roman Statutes, II 737–740.

698 So Rankov, M. Junius Congus the Gracchan, FS Bramble, 92 f. Beard/Crawford, Rome in the Late Republic, 6, halten Brutus für den Urheber; Jones, The Criminal Courts of the Roman Republic and Principate, 50, plädiert für M. Iunius Silanus. Auf die unterschiedlichen Zuweisungen verweist auch Rotondi, Leges publicae, 306 f.

699 Zu L. Coelius (Caelius) Antipater siehe Bremer, Iurisprudentiae antehadrianae, I 42 f.; Gensel, Art. L. Coelius Antipater (7), RE IV (1900) Sp. 185–194; Schanz/Hosius, Geschichte der römischen Literatur I, 200–202; Kunkel, Die römischen Juristen, 13; Sicari, Pomponio e Celio Antipatro, Studi Sanfilippo, II 548–577; Wieacker, Die römischen Juristen in der politischen Gesellschaft, FS v. Lübtow, 198 f.; Sumner, The orators in Cicero's Brutus, 56 f.; Fleck, Cicero als Historiker, 134–143; David, Le patronat judiciaire, 686; Kierdorf, Art. Coelius Antipater, L. [I 1], DNP 3 (1997) Sp. 56–57; Suerbaum, § 167, in: Ders. (Hrsg.), Die archaische Literatur, 430–435; Beck/Walter, Die frühen römischen Historiker II, 35–83; Briscoe, L. Coelius Antipater, in: Cornell (Hrsg.), The fragments of the Roman historians, I 256–263, II 384–4233, III 243–270.
Umstritten ist, ob Coelius dem Senatorenstand angehörte (eher bejahend Kunkel, Die römischen Juristen, 13; Sumner, The orators in Cicero's Brutus, 57; Beck/Walter, Die frühen römischen Historiker II, 35), da aufgrund seines griechischen Cognomens angenommen wurde, er oder zumindest sein Vater sei ein Freigelassener gewesen. Sumner, The orators in Cicero's Brutus, 57 begründet das (seiner Ansicht nach mazedonische) Cognomen mit dem Legat des L. Coelius in Illyricum.

700 Cic. Brut. 102; Cic. de orat. 2.54.

701 Cic. orat. 229 f. Über Coelius als Historiker siehe Herrmann, Die Historien des Coelius Antipater; Beck/Walter, Die frühen römischen Historiker II, 35–83.

überschwänglich gelobt:[702] Pomponius merkt an, dass er sich mehr der Rhetorik als dem Recht gewidmet habe.[703] Zweifel an seiner Qualifikation als Fachjurist sind angesichts der eindeutigen Bezeichnung als *iuris peritus* bei Cicero und Pomponius jedoch nicht angebracht.[704] Eventuell Coelius zuzuweisen ist ein in der *rhetorica ad Herennium* überliefertes Urteil: Diesem zufolge habe ein gewisser Coelius als *iudex* die *actio iniuriarum* des Lucilius gegen jemanden, der ihn auf der Bühne beleidigt hatte, abgewiesen – im Widerspruch zu einem Urteil des P. Mucius Scaevola, der in einem ähnlich gelagerten Fall den Beklagten verurteilt hatte.[705]

Ebenfalls Historiker war L. Cassius Hemina[706]. Er hatte ein Geschichtswerk mit dem Titel *historiae* oder *annales* verfasst. Dass zu seinen Werken auch ein Buch *de censoribus* zählte, wie von einem Fragment suggeriert wird, ist wenig wahrscheinlich; *de censoribus* ist wohl eher als ein Hinweis auf den Inhalt des Fragments zu verstehen.[707] Eine gewisse Nähe zum *ius publicum* ergibt sich jedoch aus anderen Fragmenten seines Geschichtswerks, die z. B. die Einrichtung der *nundinae* durch Servius Tullius,[708] das Datum der ersten Interkalation, die er wie Tuditanus auf

702 Cic. de orat. 2.54.

703 Pomp. l. s. enchir. D. 1.2.2.40.

704 Cic. Brut. 102; Pomp. l. s. enchir. D. 1.2.2.40. Vgl. aber Schulz, Geschichte der römischen Rechtswissenschaft, 56 und Wieacker, Die römischen Juristen in der politischen Gesellschaft, FS v. Lübtow, 199.

705 Rhet. Her. 2.19. Vgl. Lucil. fr. 945 (ed. Krenkel). Siehe dazu Kaser, Römische Rechtsquellen, 43 f.; Behrends, Die Gewohnheit des Rechts und das Gewohnheitsrecht, 69; Scott, Omnes unius aestimemus assis, Roman Legal Tradition 3 (2006) 104 f. Die Identifikation mit L. Coelius Antipater geht bereits auf Cichorius zurück, traditionellerweise wird Coelius allerdings mit C. Caelius Caldus identifiziert (Barr, Lucilius and Accius, RhM 108 (1965) 103). Zu P. Mucius Scaevola siehe auch S. 99 ff.

706 Zu L. Cassius Hemina siehe Bremer, Iurisprudentiae antehadrianae, I 28; Funaioli, Grammaticae Romanae Fragmenta, 17; Cichorius, Art. L. Cassius Hemina (47), RE III 2 (1899) Sp. 1723–1725; Schanz/Hosius, Geschichte der römischen Literatur I, 194 f.; Rawson, The First Latin Annalists, Latomus 35 (1976) 689–717; Scholz, Zu L. Cassius Hemina, Hermes 117 (1989) 167–181; Forsythe, Some Notes on the History of Cassius Hemina, Phoenix 44 (1990) 326–344; Fleck, Cicero als Historiker, 115–117; Kierdorf, Art. Cassius Hemina, L. [III 5], DNP 2 (1997) Sp. 1016–1017; Suerbaum, § 163, in: Ders. (Hrsg.), Die archaische Literatur, 418–421; Beck/Walter, Die frühen römischen Historiker I, 242–281; Reichardt, Sprachlich-stilistische Untersuchungen, 102–127; Briscoe, L. Cassius Hemina, in: Cornell (Hrsg.), The fragments of the Roman historians, I 219–223, II 244–271, III 160–184.

707 Non. s. v. *moliri* (ed. Lindsay, p. 548). Siehe auch Forsythe, Some Notes on the History of Cassius Hemina, Phoenix 44 (1990) 337; Beck/Walter, Die frühen römischen Historiker I, 268 f. Anderer Ansicht bezüglich des Titels ist Bretone, Techniche e ideologie, 54 f. Zum Kontext des Fragments siehe Sehlmeyer, Stadtrömische Ehrenstatuen der republikanischen Zeit, 159–161; Reichardt, Sprachlich-stilistische Untersuchungen, 108; Briscoe, L. Cassius Hemina, in: Cornell (Hrsg.), The fragments of the Roman historians, III 183 f.

708 Macr. Sat. 1.16.33. Siehe auch Beck/Walter, Die frühen römischen Historiker I, 259 f.; Briscoe, L. Cassius Hemina, in: Cornell (Hrsg.), The fragments of the Roman historians,

die *decemviri* zurückführte,[709] den Fund der Numa-Bücher[710] und *leges regiae* des Numa und des Tarquinius Superbus behandeln. Numa ordnete an, dass nur gerösteter Dinkel[711] und schuppige Fische für Opfer verwendet werden dürften,[712] während Tarquinius dem Volk befahl, Entwässerungskanäle zu errichten, und, als es deshalb zu Suiziden kam, Selbstmörder ans Kreuz zu nageln.[713]

Wie anhand von L. Coelius Antipater, L. Cassius Hemina, Q. Fabius Pictor und Q. Fabius Maximus Servilianus verdeutlicht werden kann, wies das *ius publicum* eine große Nähe zur Geschichtsschreibung und zu antiquarischen Studien auf und erlebte besonders im 2. Jhdt. v. Chr. eine erste große Blüte.[714] Die Verwandtschaft zur Geschichtsschreibung war der Ursprung für eine stark antiquarische Strömung

---

III 169 f. Siehe auch S. 114.

709 Macr. Sat. 1.13.21. Siehe auch Beck/Walter, Die frühen römischen Historiker I, 263 f. Briscoe, L. Cassius Hemina, in: Cornell (Hrsg.), The fragments of the Roman historians, III 170 f. Siehe auch S. 116.

710 Plin. nat. 13.84–86, 13.88. Siehe dazu die Hinweise bei Scholz, Zu L. Cassius Hemina, Hermes 117 (1989) 179 f.; Forsythe, Some Notes on the History of Cassius Hemina, Phoenix 44 (1990) 329 f.; Suerbaum, § 189.1, in: Ders. (Hrsg.), Die archaische Literatur, 528; Beck/Walter, Die frühen römischen Historiker I, 276–279, 296 f.; Reichardt, Sprachlich-stilistische Untersuchungen, 122–124; Briscoe, L. Cassius Hemina, in: Cornell (Hrsg.), The fragments of the Roman historians, III 177–180. Siehe auch S. 115.

711 Plin. nat. 18.7. Beck/Walter, Die frühen römischen Historiker I, 258 f.; Purcell, The Way We Used to Eat, AJPh 124 (2003) 329–358; Reichardt, Sprachlich-stilistische Untersuchungen, 115; Briscoe, L. Cassius Hemina, in: Cornell (Hrsg.), The fragments of the Roman historians, III 168. Vgl. auch Carcopino, Les prétendues „lois royales", Mélanges d'archéologie et d'histoire 54 (1937) 344–376.

712 Plin. nat. 32.20. Siehe dazu Scholz, Zu L. Cassius Hemina, Hermes 117 (1989) 178 f.; Beck/Walter, Die frühen römischen Historiker I, 258 f.; Purcell, The Way We Used to Eat, AJPh 124 (2003) 329–358; Reichardt, Sprachlich-stilistische Untersuchungen, 121; Briscoe, L. Cassius Hemina, in: Cornell (Hrsg.), The fragments of the Roman historians, III 168 f. Vgl. auch Carcopino, Les prétendues „lois royales", Mélanges d'archéologie et d'histoire 54 (1937) 344–376.

713 Serv. Aen. 12.603. Siehe dazu Beck/Walter, Die frühen römischen Historiker I, 260 f.; Reichardt, Sprachlich-stilistische Untersuchungen, 115 f.; Frantzen, Mors voluntaria in reatu, 24–26; Briscoe, L. Cassius Hemina, in: Cornell (Hrsg.), The fragments of the Roman historians, III 170.

714 Gemeinsamkeiten bei der Methode waren durchaus gegeben: Der hohe Wert der *auctoritas* sowie das Aufzeigen von *exempla* waren beiden Wissenschaften eigen ebenso die Berufung auf die *mores maiorum* und die starke Benutzung von – teils korrekten, teils falschen – Etymologien (siehe dazu Rawson, Intellectual Life in the Late Roman Republic, 210 f., 218). Auch die Geschichtsschreibung und die Rechtswissenschaft waren von der Schriftlichkeit stark geprägt; dies war in der römischen Antike durchaus ein herausstechendes Merkmal. Zur schwierigen Abgrenzung zwischen Juristen und Antiquaren siehe Nörr, Pomponius, 503 und Wieacker, Römische Rechtsgeschichte I, 532 FN 7. Siehe hierzu auch Rawson, Cicero the Historian and Cicero the Antiquarian, JRS 62 (1972) 35, und Stevenson, Aulus Gellius and Roman Antiquarian Writing, 20, die den Zusammenhang zwischen politischen Krisen und antiquarischen Studien hervorheben.

innerhalb der juristischen Literatur, die vor allem während der letzten Jahre der Republik und während der Spätantike ihren ersten Höhepunkt bildete.[715] Im Zivilprozess hatten derartige Debatten keine große Relevanz, weshalb sie auch in Darstellungen der römischen Rechtswissenschaft nicht oder kaum berücksichtigt wurden,[716] wohl aber im politischen Alltag, wo *exempla* aus der Vergangenheit gerne und oft bemüht wurden, um aktuelle Mißstände anzuprangern.[717] Dieser politische Hintergrund erklärt auch, warum diese Art der Literatur besonders bei den Autoren der Republik, denen die Spezialisierung der Moderne völlig fremd war, besonders beliebt war. Für die Juristen war der Gegensatz zwischen *ius publicum* und *ius privatum* keinesfalls ein besonders fundamentaler. Er äußerte sich vor allem in unterschiedlichen Betätigungsfeldern; dies drückt schlussendlich auch Ulpians Unterscheidung zwischen *ius publicum* und *ius privatum* aus,[718] auch wenn die zu Ulpians Zeit herrschenden politischen Zustände sich wesentlich von jenen der Republik unterschieden. Während Expertisen zum *ius privatum* bei Zivilprozessen und hier besonders bei den *bonae fidei iudicia* gefragt waren, war die Beschäftigung mit dem *ius publicum* vor allem bei politischen Debatten relevant, bei denen juristische Argumente im politischen Tageskampf instrumentalisiert wurden.[719] Dies

715 Vgl. hierzu Pöschl, Politische Wertbegriffe in Rom, Antike und Abendland 26 (1980) 12: „Aber etwas von einem magistratischen Charakter ist der römischen Geschichtsschreibung immer geblieben. Fast alle großen Historiker Roms hatten hohe Ämter inne und waren Mitglieder des römischen Senats: Cato, Q. Fabius Pictor, Sallust, Tacitus. Livius ist die große Ausnahme. *Fides* verpflichtet nun den römischen Magistrat auch in seiner Eigenschaft als Geschichtsschreiber. Mit dem Ansehen seiner Person steht er für die Wahrheit dessen ein, was er sagt." Die Verwandschaft zwischen Rhetorik und Geschichtsschreibung wird auch betont bei Cic. de orat. 2.51–64. Siehe hierzu auch Bretone, Techniche e ideologie, 10–15.

716 Siehe etwa Kunkel, Die römischen Juristen, 5.

717 Siehe dazu etwa die Aussage des Antonius in Cic. de orat. 1.256 über M. Iunius Gracchanus (*Reliqua vero etiam si adiuvant, historiam dico et prudentiam iuris publici et antiquitatis memoriam et exemplorum copiam, si quando opus erit, a viro optimo et istis rebus instructissimo, familiari meo Congo mutuabor* […]). Cicero selbst rekurrierte in seinen Gerichtsreden häufig auf die Vergangenheit und argumentierte z. B. in *de domo sua* mit vorhergehenden *decreta* der *pontifices*, während er in *pro Milone* vergangene *senatus consulta ultima* thematisierte. Augustus wiederum verlas bei der Einführung der Ehegesetze eine Rede des Zensors Q. Caecilius Metellus Macedonicus (Suet. Aug. 89) aus dem Jahr 131 v. Chr. Auf die bedeutende Rolle der Vergangenheit für den politischen Diskurs verweisen Fuhrmann, Erneuerung als Wiederherstellung des Alten, 131–151 und V. Ungern-Sternberg, Römische Studien, 29; Augustus' Instrumentalisierung der Vergangeheit betont Bringmann, Von der res publica amissa zur res publica restituta, FS Bleicken, 113–123. Ciceros Geschichtsbild wird dargestellt bei Samotta, Das Vorbild der Vergangenheit. Geschichtsbild und Reformvorschläge bei Cicero und Sallust.

718 Ulp. 1 inst. D. 1.1.1.2.

719 Cic. de orat. 1.201. Siehe hierzu auch die Hinweise in Ross Taylors Kapitel „Manipulating the State Religion" (Ross Taylor, Party Politics in the Age of Caesar, 76–97) sowie bei Bretone, Techniche e ideologie, 3–71 (und seine Rezension durch Behrends, Rez. zu Bretone, Techniche ed ideologie, Gnomon 45 (1973) 793–795).

zeigen beispielsweise das Fragment Catos über die Volkstribune oder auch Cäsars Brief an Cicero, in dem er ihn um seine rechtliche Expertise zur Abhaltung von Wahlen bittet, sowie die Debatte um die wechselnden *interreges* des Jahres 52 v. Chr.[720]

I.4.7. P. Rutilius Rufus

P. Rutilius Rufus[721], Schüler des P. Mucius Scaevola[722] und Schwager des C. Livius Drusus,[723] war politisch und privat eng mit den Scipionen verbunden.[724] Sowohl bei der Wahl zum Volkstribun als auch bei seiner ersten Bewerbung für das Konsulat scheiterte er, weshalb er dieses erst 105 v. Chr. erreichte.[725] 93/92 v. Chr. war er Legat des Q. Mucius Scaevola *pontifex* in Asia und saß dabei in dessen *consilium*.[726] Nach seiner Rückkehr wurde er etwa 90 v. Chr. von einer Jury von Rittern (*Gracchani*) in einem Repetundenprozess verurteilt, der noch Generationen später

720 Ascon. Mil. (p. 30–34, p. 36 ed. Stangl); Ascon. Mil. § 13 (p. 38, ed. Stangl) und Cass. Dio 40.45. Siehe auch Jahn, Interregnum und Wahldiktatur, 21 f., 176–181.

721 trib. mil. 134 v. Chr., praet. 118 v. Chr., cos. 105 v. Chr. Zu P. Rutilius Rufus siehe Bremer, Iurisprudentiae antehadrianae, I 43–45; Seckel/Kübler, Iurisprudentiae anteiustinianei quae supersunt, I 14 f.; Schanz/Hosius, Geschichte der römischen Literatur I, 207–209; Münzer, Art. P. Rutilius Rufus (34), RE I (1914) Sp. 1269–1280; Malcovati, Oratorum romanorum fragmenta, 168–171; Carney, Was Rutilius' Exile Voluntary or Compulsory?, Acta Juridica 1 (1958) 242–244; Kunkel, Die römischen Juristen, 15; Wieacker, Die römischen Juristen in der politischen Gesellschaft, 197 f.; Wiseman, New Men in the Roman Senate, 145 f.; Bona, Sulla fonte di Cicero, de oratore, 1,56,239–240, SDHI 39 (1973) 440–443; Sumner, The orators in Cicero's Brutus, 70; Broughton, Magistrates, III 184; Briscoe, Supporters and Opponents of Tiberius Gracchus, JRS 64 (1974) 133; Bretone, Cicerone e i giuristi del suo tempo, Ciceroniana 3 (1978) 47–68; Bretone, Techniche e ideologie, 68–70; Wieacker, Römische Rechtsgeschichte I, 544; Kallet-Marx, The Trial of Rutilius Rufus, Phoenix 44.2 (1990) 122–139; Amiotti, A proposito dell'immagine di P. Rutilio Rufo, 159–167; Broughton, Candidates Defeated in Roman Elections, TAPA 81 (1991) 16 Nr. 32, 47 Nr. 8; David, Le patronat judiciaire, 695 f.; Nadig, Ardet ambitus, 178 f., 207; Kierdorf/Giaro, Art. Rutilius Rufus, P. [I 3], DNP 10 (2001) Sp. 1169–1170; Fantham, The Roman World of Cicero's de oratore, 126–128; Beck/Walter, Die frühen römischen Historiker II, 100–108; Candau, Republican Rome: Autobiography and Political Struggles, 139–147; Liebs, Rechtsfortbildung durch römische Juristen, 57–61; Smith, P. Rutilius Rufus, in: Cornell (Hrsg.), The fragments of the Roman historians, I 278–281, II 458–471, III 284–288; Manzo, Magnum munus de iure respondendi substinebat. Studi su Publio Rutilio Rufo. Vgl. Cic. Brut. 113; Suet. Aug. 89.

722 Cic. off. 2.47, Pomp. l. s. enchir. D. 1.2.2.40. Siehe auch Dyck, A Commentary on Cicero, De Officiis, 429.

723 Zu diesem siehe S. 145.

724 Kunkel, Die römischen Juristen, 15.

725 Kunkel, Die römischen Juristen, 15; Broughton, Candidates Defeated in Roman Elections, TAPA 81 (1991) 16 Nr. 32.

726 Diod. 37.5.1.

als Beispiel eines ungerechten Prozesses galt.[727] Als Grund für diesen Prozess wurde kolportiert, dass Scaevola gemeinsam mit Rutilius die Rechte der Steuerpächter in der Provinz eingeschränkt habe,[728] die Anklage lautete auf die Annahme von Bestechungsgeldern während seiner Gesandschaft in Asia.[729] Während seines Prozesses weigerte er sich, die Hilfe berühmter Redner wie M. Antonius oder L. Licinius Crassus in Anspruch zu nehmen, sondern sprach selbst, was damals als außergewöhnlich galt. Unterstützung erhielt er dabei von Q. Mucius Scaevola *pontifex* und seinem Neffen C. Aurelius Cotta.[730] Nach seiner Verurteilung lebte er im Exil in Smyrna, wo ihn 78 v. Chr. auch Cicero besuchte. Dort verfasste Rutilius seine Autobiographie, und vielleicht auch ein Geschichtswerk in griechischer Sprache.[731] Seine *sententiae* wurden von Ulpian kommentiert und viele seiner *responsa* wurden durch seine Schüler tradiert, weshalb im Einzelfall die Urheberschaft strittig sein kann.

Obwohl als Redner nicht besonders herausragend (Cicero attestierte ihm fehlendes Talent),[732] war Rutilius häufig als Anwalt tätig. U. a. war er als *advocatus* der Steuergesellschaften im Prozess über die Morde von Sila involviert und trat 116 v. Chr. als Ankläger des M. Aemilius Scaurus auf.[733] Seine Reden waren (nach Cicero) trocken, enthielten aber viel Juristisches.[734] Eine seiner Reden, *de modo aedificiorum*, wurde von Augustus im Senat im Rahmen seiner Bauinitiative vorgetragen.[735]

727 So lautet die einhellige Meinung aller darüber berichtenden Quellen (z. B. Val. Max. 6.4.4; Liv. per. 70; Vell. 2.13; Cass. Dio 28 fr. 97; Oros. 5.17.12). Eine vollständige Auflistung der Quellen findet sich bei Alexander, Trials in the Late Roman Republic, 49 f., Nr. 94; Siehe zu diesem Prozess auch Gruen, Roman Politics and the Criminal Courts, 204–206; Bauman, Lawyers in Roman Republican Politics, 382–400; Alexander, Trials in the Late Roman Republic, 49 f., Nr. 94; David, Le patronat judiciaire, 191 f.; Manzo, Magnum munus de iure respondendi substinebat, 17–27. An einer alternativen Deutung (Rutilius war schuldig) versucht sich Kallet-Marx, The Trial of Rutilius Rufus, Phoenix 44.2 (1990) 122–139.

728 Ps.-Ascon. div. in Caec. § 57 (p. 202, ed. Stangl); Liv. per. 70.

729 Cass. Dio 28 fr. 97. Tatsächlich informiert von allen 13 Autoren, die den Prozess behandeln, nur Cassius Dio über den Anklagevorwurf, er wurde also offensichtlich als nicht relevant bzw. als Vorwand empfunden.

730 Cic. Brut. 115. Zu den Fragmenten aus seiner Verteidigungsrede siehe Malcovati, Oratorum romanorum fragmenta, 170 f.

731 Hendrickson, The Memoirs of Rutilius Rufus, CPh 28 (1933), 153–175; Bömer, Der *commentarius*, Hermes 81 (1953) 227 f.; Lewis, Imperial Autobiography, Augustus to Hadrian, 662–666. Die Fragmente des Geschichtswerks finden sich bei Beck/Walter, Die frühen römischen Historiker II, 100–108.

732 Cic. Brut. 110; Cic. Brut. 116.

733 Cic. Brut. 85–89, 110, 113, 118; Cic. div. in Caec. 69. Zu dem Prozess siehe S. 111, zu M. Aemilius Scaurus siehe S. 141.

734 Cic. Brut. 114.

735 Suet. Aug. 89. Siehe auch Malcovati, Oratorum romanorum fragmenta, 169 f. und Manzo, Magnum munus de iure respondendi substinebat, 89–91.

Als Jurist erteilte Rutilius häufig *responsa*[736] und war Urheber zahlreicher Neuerungen. Während seiner Prätur war er für die Eingrenzung der Patronatsrechte verantwortlich und schuf die *societas Rutiliana*, eine (Zwangs-)Gesellschaft zwischen Patron und *libertus*, die dem *patronus* Teilhabe am Vermögen des Freigelassenen ermöglichte, wenn der Freigelassene sich weigerte, die versprochenen Leistungen zu erbringen.[737] Zugeschrieben wird ihm auch die *constitutio Rutiliana*, durch welche die Ersitzbarkeit von *res mancipi*, die von einer Frau ohne Mitwirkung des Tutors verkauft worden waren, bejaht wurde, wenn der Preis bezahlt worden war.[738] Auch die „Erfindung" der *actio Rutiliana* als Klage des *bonorum emptor* sowie die Einrichtung der *bonorum venditio* werden auf ihn zurückgeführt.[739] In den unter seinem Namen überlieferten *responsa* äußerte er sich zum Inhalt des Legats des *penus* (lt. Rutilius zählten auch Holz und Kohle zum *penus*)[740], zur Dauer der *habitatio* (er vertrat die Ansicht, dass das Wohnrecht bis zum Lebensende gewährt werden solle, andere Autoren sprachen sich für ein Jahr aus)[741] und zum

736 Cic. Brut. 113.

737 Ulp. 42 ad ed. D. 38.2.1 pr–2. Dazu Watson, The Law of Persons, 228, 231–234; Treggiari, Roman Freedmen during the Late Republic, 78 f.; Di Lella, Formulae ficticiae, 60–63; Waldstein, Operae libertorum, 130–153; Brunt, The Fall of the Roman Republic, 407 f.; Masi Doria, Die societas Rutiliana und die Ursprünge der prätorischen Erbfolge der Freigelassenen, SZ 106 (1989), 358–403; D'Orta, La giurisprudenza tra repubblica e principato, 34; Masi Doria, Civitas, Operae, Obsequium, 83–136; Dies., Inpudicitia, SZ 110 (1993) 77–102; Gardner, Being a Roman Citizen, 25–32; Meissel, Societas, 198–204; Gonzales, Les relations d'obsequium et de societas à la fin de la République, Dialogues d'histoire ancienne 23 (1997) 155–187; Waldstein, Patroni e liberti, 557–559; Waldstein, Patrone und Freigelassene, FS Knütel, 1364, 1367 f.; Miglietta, Servius respondit, 443–448; Manzo, Magnum munus de iure respondendi substinebat, 83–88.

Über die genaue Interpretation des Wortlauts gibt es unterschiedliche Auffasungen. Eine Zusammenschau der verschiedenen Meinungen findet sich bei Meissel, Societas, 198–204.

738 Frag. Vat. 1. Dazu Bauer, Die Rutiliana constitutio des Julian, TR 54 (1986) 97–100; Behrends, Gesetz und Sprache, 151 f.; Manzo, Magnum munus de iure respondendi substinebat, 101–103. Weitere Literaturhinweise bei de Filippi, Fragmenta Vaticana, 104 FN 45. Bauer selbst vermutet eine Verschreibung von *utilitatem constituit* zu *Rutilianam constitutionem*.

739 Gai Inst. 4.35. Zur *actio Rutiliana* Di Lella, Formulae ficticiae, 49–66; Wieacker, Römische Rechtsgeschichte I, 452, 54; Kaser/Hackl, Das römische Zivilprozessrecht, 342, 399–401; Giuffré, Sull'origine della „bonorum venditio" come esecuzione patrimoniale, Labeo 39 (1993) 351–364; Giuffré, La substantia debitoris tra corpus e bona, 267–298; Grevesmühl, Die Gläubigeranfechtung, 21–23; Nelson/Manthe, Gai Institutiones III 1–87, 199; Babusiaux, Funktionen der Etymologie, Fundamina 20 (2014) 50; Manzo, Dall' esecuzione personale all' esecuzione reale, Scritti Franciosi, III 1611–1642 ; Manzo, Magnum munus de iure respondendi substinebat, 70–83.

740 Ulp. 22 ad Sab. D. 33.9.3.9. Siehe S. 73. Vgl. dazu Gell. 4.1.20. Siehe auch Manzo, Magnum munus de iure respondendi substinebat, 96–99.

741 Ulp. 17 ad Sab. D. 7.8.10.3. Dazu Watson, The Law of Property, 220; Manzo, Magnum munus de iure respondendi substinebat, 93–96.

interdictum de arboribus caedendis, wo Rutilius die Auffassung vertrat, dass der ganze hineinragende Baum (und nicht nur ein Teil) abgeschnitten werden solle.[742] Ein Zitat von ihm zur Einrichtung der *nundinae*, durch welche die Bevölkerung nach acht Tagen Arbeit ihre Geschäfte tätigen, die verkündeten Gesetze anhören und an den Volksversammlungen teilnehmen konnte, findet sich außerdem in Macrobius' *Saturnalia*.[743]

I.4.8. Q. Mucius Scaevola *pontifex*

Der bekannteste Jurist des 2. Jahrhunderts v. Chr. war Q. Mucius Scaevola *pontifex*,[744] Sohn des *pontifex maximus* P. Mucius Scaevola.[745] Gemeinsam mit dem bekannten Redner L. Licinius Crassus bekleidete er Ädilität, Prätur und Konsulat.[746] Während ihres Konsulats initiierten sie die *lex Licinia Mucia*, die eine

---

742 Ulp. 71 ad ed. D. 43.27.1.2. Siehe Watson, The Law of Property, 118 f.; Häcker, Trees and neighbours, GS Rodger, 601; Manzo, Magnum munus de iure respondendi substinebat, 99 f.

743 Macr. Sat. 1.16.34. Dazu siehe Lintott, Trinundinum, CQ 15.2 (1965) 281–285; Rüpke, Kalender und Öffentlichkeit, 226; Beck/Walter, Die frühen römischen Historiker II, 103 f.; Smith, P. Rutilius Rufus, in: Cornell (Hrsg.), The fragments of the Roman historians, III 287.

744 quaest. ca. 110 v. Chr., trib. 106 v. Chr., aed. 104 v. Chr., praet. 100 v. Chr., cos. 95 v. Chr., pont. max. 89 v. Chr., gest. 82 v. Chr. Zu Q. Mucius Scaevola *pontifex* siehe Bremer, Iurisprudentiae antehadrianae, I 48–104; Seckel/Kübler, Iurisprudentiae anteiustinianei quae supersunt, I 17–22; Funaioli, Grammaticae Romanae Fragmenta, 124–126; Schanz/Hosius, Geschichte der römischen Literatur I, 239 f.; Kübler, Art. Q. Mucius Scaevola (22), RE XVI (1933) Sp. 437–446; Malcovati, Oratorum romanorum fragmenta, 259–262 ; Kunkel, Die römischen Juristen, 18; Sumner, The orators in Cicero's Brutus, 97; Schiavone, Quinto Mucio teologo, Labeo 20 (1974) 315–361; Behrends, Wissenschaftslehre, 265–304; Bretone, Cicerone e i giuristi del suo tempo, Ciceroniana 3 (1978) 47–68; Bretone, Techniche e ideologie, 67–70, 107–120; Ders., Giuristi e profani a Roma, GS Paradisi, 76–78; Bauman, Lawyers in Roman Republican Politics, 340–429; Bona, Cicerone e i „libri iuris civilis" di Quinto Mucio Scevola, 205–279; Rawson, Intellectual Life in the Late Roman Republic, 205–209; Schiavone, Giuristi e nobili nella Roma repubblicana, 25; Broughton, Magistrates, III 145 f.; Wieacker, Römische Rechtsgeschichte I, 596–600; Behrends, Quintus Mucius Scaevola, 444 f.; David, Le patronat judiciaire, 716 f.; Giuffré, La traccia di Quinto Mucio; Cannata, Per una storia della scienza giuridica europea, 250–266; Elvers/Giaro, Art. Mucius Scaevola, Q. (Pontifex) [I 9], DNP 8 (2000) Sp. 427–428; Liebs, § 195.1, in: Suerbaum (Hrsg.), Die archaische Literatur, 569–571; Tuori, The Myth of Quintus Mucius Scaevola, TR 72 (2004) 243–262; Winkel, Quintus Mucius Scaevola once again, FS Pool, 425–433; Rüpke, Fasti Sacerdotum, 1159; Harries, Cicero and the Jurists, 11–26; Dozhdev, Il preteso consorzio domestico e l'autonomia individuale nel pensiero di Quinto Mucio, Studi Labruna, 1645–1656; Fiori, Contrahere e solvere obligationem in Q. Mucio Scevola, Studi Labruna, 1955–1974; Tuori, Ancient Roman Lawyers, 20–69; Castro Sáenz, Itinerarios servianos, Studi Martini, I 509–543; Liebs, Rechtsfortbildung durch römische Juristen, 61–64; Bollan, Pontificalis Honor, 118–173.

745 Zu P. Mucius Scaevola *pontifex* siehe S. 99 ff.

746 Siehe S. 141 ff.

quaestio einrichtete,[747] vor der Latiner und Bundesgenossen angeklagt wurden, denen die Vortäuschung des römischen Bürgerrechts vorgewurfen wurde. Durch die restriktive Handhabung[748] war das Gesetz ein wesentlicher Faktor für die Entstehung des Bundesgenossenkriegs.[749] Die im Gesetz zutage tretende Auffassung Scaevolas, dass allein durch das Verlassen der Heimatgemeinde nicht das Bürgerrecht verloren gehe und folglich auch nicht das römische Bürgerrecht erworben werden könne, zeigte sich auch bei der Diskussion des *ius postliminii* in Zusammenhang mit der *causa Mancini*.[750] Ein Jahr nach seinem Konsulat übernahm er als Statthalter die Provinz Asia, die er, wie sein Verwandter Q. Mucius Scaevola *augur*, mit einer für Statthalter zu dieser Zeit unüblichen Redlichkeit verwaltete.[751] Von den Provinzialen wurde er sehr geschätzt, und besonders seine Rechtsprechung wurde von Diodor ausdrücklich gelobt.[752] Sein redigiertes Edikt für die Provinz Asia enthielt u. a. die *ex-fide-bona*-Klausel bei der *negotiorum gestio* und die Anwendbarkeit des griechischen Rechts, wenn beide Parteien Griechen waren.[753] Sein Legat während der Statthalterschaft war P. Rutilius Rufus, den Q. Mucius Scaevola *pontifex* in seinem Repetundenverfahren (erfolglos) verteidigte. Auch er selbst wurde 86 v. Chr. von C. Flavius Fimbria angeklagt, das Verfahren wurde jedoch eingestellt.[754] Sein politisches Engagement gegen Marius wurde ihm schließlich zum Verhängnis: 86 v. Chr. wurde ein Mordanschlag auf ihn verübt, dem Scaevola entrinnen konnte. 82 v. Chr. wurde er jedoch von Anhängern des Marius ermordet.[755] Der Mord geschah auf Initiative des damaligen *praetor urbanus* L. Iunius Brutus Damasippus, der eine Senatssitzung einberief (*quasi*

---

747 Über die Zuständigkeit der *quaestio* und den Beleg hierfür siehe Coskun, Bürgerrechtsentzug oder Fremdenausweisung?, 153 f.

748 Siehe dazu Bollan, Pontificalis Honor, 128 f.

749 Cic. off. 3.47; de orat. 2.257; Balb. 48 f., 54; Brut. 63; Ascon. Cornel. (p. 54 ed. Stangl). Dazu Rotondi, Leges publicae, 335; Bauman, Lawyers in Roman Republican Politics, 365–379; Kelly, A History of Exile, 96 f.; Dyck, A Commentary on Cicero, De Officiis, 553; Behrends, La Lex Licinia Mucia de civibus redigundis de 95 a. C., 15–33; Tweedie, The Lex Licinia Mucia and the Bellum Italicum, 123–139; Elster, Die römischen leges de civitate von den Gracchen bis Sulla, 195–197, 212–214; Coskun, Bürgerrechtsentzug oder Fremdenausweisung?, 149–154.

750 Siehe S. 44 FN 212, 83, 91 f., 94, 100, 112, 139. Siehe auch Watson, The Law of Persons, 243.

751 Cic. Att. 5.17.5.

752 Siehe Val. Max. 8.15.6 und Diod. 37.5 f. Siehe weiters Radt, Favorin. φυγῆς col. XXI 5 ff., ZPE 49 (1982) 1–2; Eilers/Milner, Q. Mucius Scaevola and Oenoanda, Anatolian Studies 45 (1995) 73–89; Brennan, The Praetorship in the Roman Republic, 549–552; Ferriès/Delrieux, Quintus Mucius Scaevola, un gouverneur modèle pour les Grecs de la province d'Asie?, 207–230.

753 Cic. Att. 6.1.15.

754 Dazu Greenidge, The Legal Procedure of Cicero's Time, 352; Alexander, Trials in the Late Roman Republic, 61 f. Nr. 119. Siehe auch Val. Max. 9.11.2.

755 Cic. S. Rosc. 33 f. Siehe auch Diod. 37.29, 38.17; Lucan. 2.126–133; Aug. civ. 3.28.

ad consultandum), im Zuge derer nicht nur Q. Mucius Scaevola, sondern auch C. Papirius Carbo, L. Domitius und P. Antistius ermordet wurden.[756]

Auch in anderen Fällen trat Scaevola, der von Cicero als *iuris peritorum eloquentissimus* beschrieben wurde, als Rechtsanwalt auf.[757] Seinen heute bekanntesten Fall – die *causa Curiana*[758], in der Scaevola M. Coponius vertrat, – verlor er allerdings gegen seinen Kontrahenten und früheren Kollegen Crassus.[759] In der causa *Curiana* klagte ein Verwandter des Erblassers, M'. Curius, der von ihm im Glauben, seine Frau sei schwanger, als Pupillarsubstitut eingesetzt worden war, auf Herausgabe der Erbschaft. Scaevola argumentierte, der Fall, dass der Erblasser kinderlos sterbe, sei vom Testament nicht erfasst und deshalb trete die gesetzliche Erbfolge ein; er stütze sich bei der Verteidigung seines Klienten vor allem auf die Rechtsmeinung seines Vaters. Diese Niederlage gegen Crassus war nicht die erste für Scaevola, vor Gericht unterlag er ihm häufig.[760]

Als Scaevola, der neben seiner Tätigkeit als Anwalt auch als Zeuge auftrat, in dieser Funktion in einem ansonsten unbekannten Prozess ein für den Angeklagten äußerst ungünstiges *responsum* erteilte, äußerte er sich dahingehend, dass seiner Meinung nach ein einziges *testimonium* nicht den Ausschlag für eine Verurteilung geben dürfe.[761] Diese bei Valerius Maximus wiedergegebene Anekdote zeigt, dass, obwohl es im römischen Recht während der vorklassischen

756 Oros. 5.20. Siehe auch App. civ. 1.88. Weitere Literaturhinweise bei Brennan, The Praetorship in the Roman Republic, 380.

757 Cic. de orat. 1.180.

758 Cic. inv. 2.122; Cic. Caecin. 53, 67–69; Cic. de orat. 1.180, 1.238, 1.242–245, 2.24, 2.140 f., 2.220–222; Cic. Brut. 143–145; 194–198, 256; Cic. top. 44; Quint. inst. 7.6.9 f.; Boeth. in Cic. top. 1117B–C. Siehe auch Mod. l. s. heur. D. 28.6.4 pr. Dazu Neuhauser, Patronus und Orator, 184 f.; Wieacker, The causa Curiana and Contemporary Roman Jurisprudence, The Irish Jurist 2 (1967) 151–164; Wieling, Testamentsauslegung, 9–15; Bretone, Techniche e ideologie, 111–116; Bretone, Giuristi e profani, GS Paradisi, 78–84; Frier, The Rise of the Roman Jurists, 135–138; Falchi, Interpretazione tipica nella causa curiana, SDHI 46 (1980) 388–430; Tellegen, Oratores, Iurisprudentes and the „Causa Curiana", RIDA 30 (1983) 293–311; Vaughn, Law and Rhetoric in the Causa Curiana, Classical Antiquity 4 (1985) 208–222; Manthe, Ein Sieg der Rhetorik über die Jurisprudenz, 74–84; Cannata, Per una storia della scienza giuridica europea, 240–250; Tellegen/Tellegen-Couperus, Law and Rhetoric in the causa Curiana, Orbis Iuris Romani 6 (2000) 171–202; Harries, Cicero and the Jurists, 97–102; Liebs, Vor den Richtern Roms, 45–52, 198–203; Könczöl, Law, Fact and Narratives In Ancient Rhetoric: The Case of the Causa Curiana, International Journal for the Semiotics of Law 21 (2008) 21–33; Thomas, The intention of the testator, FS Sirks, 727–740. Weitere Literaturhinweise bei Alexander, Trials in the Late Roman Republic, 48 f. Nr. 93 und David, Le patronat judiciaire, 11 FN 25. Siehe auch Malcovati, Oratorum romanorum fragmenta, 260–262.

759 Zu Crassus siehe S. 141 ff.

760 Cic. Brut. 155.

761 Val. Max. 4.1.11. Zu *responsum* als *terminus technicus* für die Zeugenaussage bei der *interrogatio in iure* siehe S. 49. Siehe auch das bei Plut. Cato min. 19.4 überlieferte *dictum*, eine einzige

Zeit keine Beweisregeln im modernen Sinn gab, sich doch Richtlinien bildeten, nach denen der oder die Richter zu entscheiden hatten.

Wie auch andere Juristen seiner Zeit erteilte Scaevola juristischen Unterricht: Sein bekanntester Schüler war C. Aquilius Gallus, aber auch Cicero, L. Lucilius Balbus, Sex. Papirius und T. Iuventius zählten zu seinem Schülerkreis.[762] Strittig ist sein Verhältnis zu Volcatius und Ser. Sulpicius Rufus. Eine bei Pomponius referierte Anekdote erzählt, dass Servius als junger Anwalt zu Scaevola gegangen sei, um ihn wegen einer juristischen Frage zu konsultieren. Da Servius selbst auf mehrmalige Nachfrage hin das *responsum* des Scaevola nicht begriffen habe, habe ihn Scaevola scharf getadelt, woraufhin sich Servius, unterstützt von L. Lucilius Balbus und C. Aquilius Gallus, den *studia iuris* widmete und einen so ausgezeichneten Ruf erlangte, dass er von seinen Zeitgenossen als Jurist mitunter Scaevola vorangestellt wurde.[763] Servius vertrat in vielen Dingen eine zu Scaevola gegensätzliche Meinung und galt als Verfasser der Schrift *reprehensa Scaevolae capita*, in der er sich kritisch mit den *responsa* des Scaevola auseinandersetzte.[764]

Scaevolas juristische Tätigkeit war eng mit seinem Amt als *pontifex maximus* verknüpft (u. a. konzipierte er einen Eid für die *adrogatio*[765]) und er erteilte einige Rechtsauskünfte zum Sakralrecht: So setzte er etwa das Sühneopfer für einen Prätor, der an *dies nefasti* Gericht gehalten und ohne Absicht die „verbotenen Worte" (*do*, *dico*, *addico*) gesprochen hatte, mit einer *hostia piacularis* fest, während bei einem bewussten Handeln seiner Ansicht nach keine *expiatio* möglich war.[766] Auch Etymologien zur Herkunft der Worte *pontifex* (das Scaevola von *posse* und *facere* ableitete)[767], *petila sura*[768] und

---

Zeugenaussage dürfe nicht den Ausschlag für eine Verurteilung geben, selbst wenn sie von Cato stamme.

762 Pomp. l. s. enchir. D. 1.2.2.42. ; Cic. leg. 1.13; Cic. Lael. 1.

763 Pomp. l. s. enchir. D. 1.2.2.43; Cic. Brut. 152. Siehe auch SCHMIDLIN, Horoi, pithana und regulae, 102–104 und TUORI, The Myth of Quintus Mucius Scaevola, TR 72 (2004) 243–262. Vgl. auch Quint. inst. 12.3.9 und Vell. 2. 9.

764 Gell. 4.1.20; Paul. 6 ad Sab D. 17.2.30.

765 Gell. 5.19.5 f. Dazu WATSON, The Law of Persons, 86 f.; BRETONE, Techniche e ideologie, 11; ZABLOCKI, The Image of A Roman Family, Pomoerium 2 (1996) 38 f.; MIGLIORINI, L'adozione tra prassi documentale e legislazione imperiale, 11 FN 16, 183 FN 22; FACCHETTI, All' origine del „testamentum", Index 30 (2002) 227–234; SEELENTAG, Ius pontificium cum iure civili coniunctum, 16–27. Zur *adrogatio* siehe auch S. 31.

766 Varro ling. 6.30. Siehe auch Macr. Sat. 1.16.10. Dazu COHEE, Decrees and responses of the Roman Priesthoods during the Republic, 130; STEWART, Public Office in Early Rome, 128; SCHEID, The Expiation of Impieties, 331–348; TELLEGEN-COUPERUS, Sacred Law and Civil Law, 158–163.

767 Varro ling. 5.83. Siehe auch FUNAIOLI, Grammaticae Romanae Fragmenta, 125; CANNATA, Per una storia della scienza giuridica europea, 19 f.; BOLLAN, Pontificalis Honor, 53 f.

768 Fest. s. v. *petilam suram* (ed. Lindsay, p. 224). Siehe auch FUNAIOLI, Grammaticae Romanae Fragmenta, 125; BETTINI, Petilam suram, Rivista di cultura classica e medioevale 18 (1976) 161–171.

nefrens[769] sind von ihm überliefert. Eine weitere Rechtsauskunft betraf die während der *feriae* erlaubten Tätigkeiten, zu denen Scaevola all jene rechnete, deren Unterlassen Schaden anrichten würde.[770] Außerdem stammen von ihm eine Berechnung der Frist für die *usurpatio* in der *manus*-Ehe[771] und eine Berechnung der Tage des Interkalarmonats.[772] Vermutlich auch mit seiner Funktion als *pontifex* steht Scaevolas Einteilung der Götter nach ihrer Entstehung (nämlich durch Dichter, Philosophen und Staatsmänner) in Zusammenhang, die durch ein Zitat aus Augustinus *de civitate dei* erhalten ist.[773] Strittig ist, ob Scaevolas *responsum* zur Fortsetzung der *sacra privata* seiner Funktion als *pontifex maximus* entsprang oder ob er es im Rahmen seiner „regulären" juristischen Tätigkeit erteilte, da nach Ciceros Einschätzung sowohl Scaevola als auch sein Vater die beiden Tätigkeitsbereiche oft vermischten.[774]

Literarisch war Scaevola ausgesprochen produktiv: Neben den bekannten *iuris civilis libri XVIII*, die wegen ihrer systematischen Behandlung einen herausragenden Platz innerhalb der Rechtsliteratur der römischen Republik einnahmen,[775] verfasste er ein Buch über Definitionen,[776] den *liber singularis*

---

769 Fest. s.v. *nefrendes* (ed. Lindsay, p. 156/157). Siehe auch Funaioli, Grammaticae Romanae Fragmenta, 73, 125, 140 f. Vgl. Varro rust. 2.4.16.

770 Macr. Sat. 1.16.11. Siehe dazu Caimi, Uomini e animali in pericolo, SDHI 69 (2003) 73–83; Rüpke, Kalender und Öffentlichkeit, 466; Cohee, Decrees and responses of the Roman Priesthoods during the Republic, 130. Vgl. auch Verg. georg. 1.268–275 sowie Serv. georg. 1.269 f. (dazu Mynors, Virgil. Georgics, 60–63). Bremer, Iurisprudentiae antehadrianae, 57 weist auf die Parallelen zu Mt. Ev. 12.11 hin.

771 Gell. 3.2.12 f., Macr. Sat.1.3.9. Siehe Mayer-Maly, Studien zur Frühgeschichte der usucapio II, SZ 78 (1961) 259; Watson, The Law of Persons, 19 f.; Horak, Rationes decidendi, 87; Villers, Le Mariage comme institution d'etat, 292 f.; Treggiari, Roman Marriage, 18–21; Astolfi, Il matrimonio nel diritto romano preclassico, 236–238.

772 Cels. 39 dig. D. 50.16.98.1 (S. 76).

773 Aug. civ. 4.27. Dazu Lieberg, Die Theologia tripertita in Forschung und Bezeugung, 63–115; Behrends, Wissenschaftslehre, 285 FN 89; Bauman, Lawyers in Roman Republican Politics, 351–361; Calboli, Apetti prosopografici nella cultura giuridica tardo-repubblicana, 50; Kronenberg, Varro the Roman Cynic, 318 f.

774 Cic. leg. 2.48–50. Zu dieser Passage siehe Dyck, A commentary on Cicero, *De Legibus*, 381–385. Zu Cic. leg 2.48 f. siehe auch S. 35; zur Meinung des Vaters des Quintus, P. Mucius Scaevola *pontifex*, siehe S. 104. Siehe auch Bruck, Über römisches Recht im Rahmen der Kulturgeschichte, 24–45; Gandolfi, Sull'evoluzione della „hereditas" alla luce dei „sacra", SDHI 21 (1955) 223–248; Watson, The Law of Property, 32–37; Ders., The Law of Succession, 5–7; Voci, Linee storiche del diritto ereditario romano I, 406 f.; Böhm, Emendationen zu Cic. de legib. II, FS Guarino, 918 f.; Bona, Cicerone e i „libri iuris civilis" di Quinto Mucio Scevola, 242 f.; Sini, A quibus iura civibus praescribebantur, 95–99; Cancelli, La giurisprudenza unica dei pontefici e Gneo Flavio, 101–105; Harries, Cicero and the Jurists, 149–156.

775 Pomp. l.s. enchir. D. 1.2.2.41. Siehe auch Schmidlin, Horoi, pithana und regulae, 106 f.

776 Index auctorum III 1. Zum Inhalt siehe Schmidlin, Horoi, pithana und regulae, 107–111; vgl. dazu Talamanca, Per la storia della giurisprudenza Romana, BIDR 80 (1977) 308–316.

ὅρων, und eventuell eine Sammlung von Reden. Da jedoch der *liber singularis* ὅρων – zumindest soweit dies anhand der daraus existierenden Fragmente rekonstruiert werden kann[777] – vorwiegend aus Exzerpten der *libri iuris civilis* zu bestehen scheint, ist umstritten, ob Scaevola als sein Autor anzusehen ist oder ob es sich um eine später erfolgte Kompilation handelt.[778] Die Gliederung der *libri iuris civilis* kann anhand der Kommentare des Pomponius (*ad Quintum Mucium*, 39 Bücher)[779] vergleichsweise gut rekonstruiert werden.[780] Ebenso wurde Scaevola kommentiert von Modestinus[781], Laelius Felix[782] und Gaius,[783] dessen Institutionen in weiten Teilen der Gliederung Scaevolas folgen. Aufgrund der zahlreichen Bearbeitungen ist es mitunter schwierig, die Urheberschaft an den einzelnen *responsa* zu ermitteln, weshalb im Folgenden nur die *responsa* erwähnt werden, in denen Scaevola namentlich erwähnt wird. Scaevola war als Konsultationsjurist ausgesprochen beliebt, sodass Cicero sein Haus zu Recht als *oraculum iuris* bezeichnete, das auch, als Scaevola sehr betagt war, von vielen Besuchern täglich aufgesucht wurde.[784]

Neben der Systematisierung des Rechts – Scaevola teilte die *tutela*[785] und die *possessio*[786] in *genera* ein und war Urheber eines Katalog der *bonae fidei*

---

777 Siehe auch die Zusammenstellung der Fragmente bei Bremer, Iurisprudentiae antehadrianae, 103 f.

778 Zur Diskussion siehe Schmidlin, Horoi, pithana und regulae, 107 f.

779 Index Florentinus XI 1 Zum Text siehe Di Marzo, Saggi critici sui libri di Pomponio „ad Q. Mucium", 1899 (teilw. Neudruck in Labeo 7 (1961) 218–246, 352–383). Siehe auch Wieacker, Über das Verhältnis der römischen Fachjurisprudenz zur griechisch-hellenistischen Theorie, IURA 20 (1969) 448–477.

780 Zur Gliederung siehe Bremer, Iurisprudentiae antehadrianae, 60–64 sowie Schulz, Geschichte der römischen Rechtswissenschaft, 111–113. Zu den von Bremer diesem Werk zugeordneten Fragmenten siehe Bremer, Iurisprudentiae antehadrianae, 69–103.

781 Mod. 14 ad Q. Muc. D. 41.1.53, Mod. 31 ad Q. Muc. D. 41.1.54. Im Index auctorum ist der Titel nicht enthalten.

782 Gell. 15.27.1.

783 Gai Inst. 1.188.

784 Cic. de orat. 1.200. Siehe auch Pomp. l. s. enchir. D. 1.2.2.43.

785 Gai Inst. 1.188. Dazu Watson, The Law of Persons, 130; Stein, The Place of Servius Sulpicius Rufus, FS Wieacker, 177; Sacchi, Il privilegio dell'esenzione dalla tutela per le vestali (Gai. 1.145), RIDA 50 (2003) 331–334; Giomaro, Unde quidam putant (Gai. 3.91), Studi Martini, II 303 f. Vgl. auch Boeth. in Cic. top. 1109C.

786 Paul. 54 ad ed. D. 41.2.3.23. Dazu Mayer-Maly, Das Putativproblem bei der usucapio, 137; Costa, Cicerone giureconsulto, 122 f.; Rainer, Bau- und nachbarrechtliche Bestimmungen, 140; D'Orta, La giurisprudenza tra repubblica e principato, 251 f.; Behrends, Der Kommentar in der römischen Rechtsliteratur 458 f.; Grevesmühl, Die Gläubigeranfechtung, 39; Winkel, Quintus Mucius Scaevola once again, FS Pool, 426 f.; Platschek, Studien zu Ciceros Rede für P. Quinctius, 275 f.; Rainer, Quintus Mucius, der Besitz und die cautio damni infecti, FS Knütel, 887–908.

iudicia,[787] – schuf er auch einige neue Rechtsfiguren und erweiterte bestehende. Scaevola war Urheber der *cautio Muciana*, einer Stipulation, die Personen, die unter einer negativen, aufschiebenden Potestativbedingung bedacht wurden, abschließen mussten und dafür im Gegenzug sofort ihr Erbe oder ihr Vermächtnis antreten konnten.[788] Auch die *praesumptio Muciana* geht auf ihn zurück, eine Beweisregel, der zufolge Gegenstände im Vermögen der Frau im Zweifel von ihrem Mann oder von einem seiner Gewaltunterworfenen stammten.[789]

Besonders häufig respondierte Scaevola auf dem Gebiet des Erbrechts. Bekannt ist seine Meinung, dass unverständliche Testamentsbestimmungen als inexistent zu betrachten seien.[790] Weiters erteilte er die Auskunft, dass der Stallknecht (*agaso*), der sich zufällig auf dem Grundstück befand, nicht im *instrumentum* des hinterlassenen *fundus* enthalten sei,[791] und *ligna legata* nicht

---

787 Cic. off. 3.70. Dazu v. Lübtow, Catos leges venditioni et locationi dictae, 409–411; Honsell, Quod interest im bonae-fidei-iudicium, 29 f.; Behrends, Wissenschaftslehre, 293–304; Schmidlin, Der verfahrensrechtliche Sinn des ex fide bona, FS v. Lübtow, 359–372; Dyck, A Commentary on Cicero, De Officiis, 584 f.; Calboli, Apetti prosopografici nella cultura giuridica tardo-repubblicana, 49; Dajczak, Erklärungen römischer Juristen, RIDA 46 (1999) 219–242; Grimzek, Studien zur taxatio, 65, 74; Nelson/Manthe, Gai Institutiones III 88–181, 249 f.; Cascione, Consensus, 406; Schmidlin, Nominatsprinzip und actio praescriptis verbis, SZ 124 (2007) 60–63; Cardilli, Vir bonus e bona fides, 191–207; Deppenkemper, Negotiorum gestio, 219 f.

788 Ulp. 18 ad Sab. D. 35.1.7 pr., Gai. 18 ad ed. provinc. D. 35.1.18, Pap. 19 quaest. D. 35.1.73. Siehe auch Schulz, Geschichte der römischen Rechtswissenschaft, 58. Der Anwendungsspielraum für die *cautio Muciana* war bei den römischen Juristen umstritten; siehe auch Levy, Zur Lehre von der Muciana cautio, SZ 24 (1903) 122–151; Masi, In tema di „cautio Muciana", IURA 13 (1962) 175–192; Backhaus, Casus Perplexus, 39 FN 50, 44 f., 48, 68–70; Harke, Actio utilis, 229–231.

789 Pomp 5 ad Q. Muc. D. 24.1.51. Dazu Kaser, Beweislast und Vermutung im römischen Formularprozess, SZ 71 (1954) 232–234; Watson, The Law of Succession, 153 f.; Nörr, Pomponius, 589; Kaser/Hackl, Das römische Zivilprozessrecht, 118; Heyse, Mulier non debet abire nuda, 81; Behrends, Die Gewohnheit des Rechts und das Gewohnheitsrecht, 86; Scacchetti, La presunzione muciana; McGinn, Prostitution, Sexuality and the Law, 185 f.; Lamberti, Suggestioni in tema di praesumptio Muciana, GS Franciosi, 1241–1280; Miglietta, Servius respondit, 168 f.

790 Q. Muc. l. s. hor. D. 50.17.73.3. Dazu Stein, Regulae Iuris, 37–39; Schmidlin, Horoi, pithana und regulae, 109 f.; Calzada Gonzalez, Ademptio legati, 269–276. Vgl. Alf. 5 dig. D. 34.8.2. (S. 224).

791 Ulp. 4 disp. D. 28.5.35.3. Dazu Steinwenter, Fundus cum instrumento, 27 f.; Horak, Rationes decidendi, 215; Watson, The Law of Succession, 143; Wieling, Testamentsauslegung, 29 f.; John, Die Auslegung des Legats von Sachgesamtheiten, 2–7; D'Orta, La giurisprudenza tra repubblica e principato, 166; Watson, Legal Origins and Legal Change, 42; Bretone, Geschichte des römischen Rechts, 210 f.; Aubert, Productive Investments in Agriculture, 173.

jene Bäume betreffen, die als Bauholz (*materia*) gefällt worden seien.[792] Auch einige andere Definitionen sind von Scaevola aus diesem Bereich überliefert, so eine Auslegung des Begriffs *penus* („Vorrat"), zu dessen Inhalt er vor allem Essen mit langer Haltbarkeitsdauer, das typischerweise im Haus gelagert wurde, zählte, nicht jedoch Holz und Kohle sowie Weihrauch und Wachs.[793] Außerdem vertrat Scaevola die Ansicht, dass, wenn ein *penus* unter dem Wortlaut *si penum non dederis, centum dari spondes* zugewandt worden sei, das versprochene Geld schon ab dem Zeitpunkt eingefordert werden könne, ab dem der Erbe das *penus* hätte leisten können, dies aber unterlassen hatte, da dies auch dem Willen des Erblassers entsprochen habe.[794]

Im Fall eines Senators, der zum Essen häufig Frauengewänder trug, entschied Scaevola, dass, wenn dieser *vestis muliebris* als Legat hinterlassen würde, die persönlichen Gewänder des Senators, die dieser *quasi virili veste* trug, nicht darin enthalten wären, da allein der Wille des Erblassers und nicht ihre Beschaffenheit ausschlaggebend sei.[795] Wenn verarbeitetes Silber (*argentum factum*) zugewendet worden sei, seien zwar silberne Gefäße in diesem Legat enthalten, nicht aber

---

792 Ulp. 25 ad Sab. D. 32.55 pr. Siehe auch WIELING, Testamentsauslegung, 45; ASTOLFI, Studi sull'oggetto dei legati in diritto romano II, 145–147; JOHN, Die Auslegung des Legats von Sachgesamtheiten, 59–61; SCHERMAIER, Materia, 16; BRETONE, Geschichte des römischen Rechts, 212; BIAVASCHI, Caesari familiarissimus, 240–253; LÓPEZ GÁLVEZ, Consideraciones casuísticas, Revista de Derecho UNED 11 (2012) 523 f., 526; BIAVASCHI, Quinto Mucio Scevola, Aulo Ofilio e l'ambito del legatum ligni, DO-SO-MO 9 (2011) 97–115.

793 Gell. 4.1.17, Ulp. 22 ad Sab. D. 33.9.3 pr.,6,9. Zu diesen beiden Stellen siehe FUNAIOLI, Grammaticae Romanae Fragmenta, 124; WIEACKER, Textstufen klassischer Juristen, 279–281; HORAK, Rationes decidendi, 201 f.; ASTOLFI, Studi sull'oggetto dei legati in diritto romano II, 79–85, 128–131; WATSON, The Law of Succession, 134–140; WIELING, Testamentsauslegung, 35; JOHN, Die Auslegung des Legats von Sachgesamtheiten, 38–52; WIEACKER, Römische Rechtsgeschichte I, 579; BRETONE, Geschichte des römischen Rechts, 213; BIAVASCHI, Penus est quod esculentum aut posculentum est, Alessandria: Rivista di glottologia 2 (2008) 177–189; MIGLIETTA, Servius respondit, 454 f.; DUBOULOZ, La propriété immobilière, 420–425; BIAVASCHI, Caesari familiarissimus, 221–240.

Das *penus* war ein Thema, das von den Juristen der Republik sehr häufig aufgegriffen wurde, so etwa von Ser. Sulpicius Rufus in seinen *Reprehensa Scaevolae capita* (Gell. 4.1.20), und auch in der allgemeines Diskussion präsent war, wie folgendes Lucilius-Fragment zeigt: *legavit quidam uxori mundum omni penumque/quid „mundum"<atque „penus"?> quid non? Quis dividet istuc?* (KRENKEL, Lucilius. Satiren, Fr. 520 f.). Siehe auch die Diskussion des *penus* bei Sex. Aelius Paetus und P. Rutilius Rufus (S. 73, 123).

794 Pap. 2 quaest. D. 45.1.115.2. Dazu siehe ASTOLFI, Studi sull'oggetto dei legati in diritto romano II, 92–96; WATSON, The Law of Succession, 137 f.; KNÜTEL, Stipulatio poenae, 123 f.; BABUSIAUX, Id quod actum est, 51–54.

795 Pomp. 4 ad Q. Muc. D. 34.2.33. Dazu ASTOLFI, Studi sull'oggetto dei legati in diritto romano II, 252–254; JOHN, Die Auslegung des Legats von Sachgesamtheiten, 102–104; WATSON, The Law of Succession, 87 f.; ASTOLFI, Abiti maschili e femminili, Labeo 17 (1971) 33–39; WIELING, Testamentsauslegung, 37 f., 46 f., 122 f.; GUARINO, Ineptiae iuris Romani II, 1–15; ALBANESE,

zum Hausrat (*supellex*) gehöriges Silber.[796] Ähnlich urteilte Scaevola über verarbeitetes Gold (*aurum factum*), das der Ehefrau vermacht wurde: Gold, das dem Goldschmied zur Verarbeitung übergeben worden sei, sei im Legat von *aurum factum* nicht enthalten; der Zusatz *quod uxoris causa paratum esset* beschreibe den Goldvorrat im Haus zum Zeitpunkt der Abfassung des Testaments, die Klausel *quod uxoris causa paratum erit* jenen zum Zeitpunkt des Erbantritts.[797] Ebenfalls in Zusammenhang mit Legaten erläutert Scaevola den Zusatz *quod eius causa emptum paratumve esset*, der seiner Meinung nach all jene Sachen betreffe, die für die Ehefrau zu deren alleinigen und nicht zum gemeinsamen Gebrauch erworben worden seien.[798]

Eine großzügige Auslegung benutzte Scaevola bei der Interpretation der Zuwendung eines Erbteils an die Ehefrau (*partitio legata*) mit dem Zusatz *quantulam unus heres habeat*, indem er wie C. Aquilius Gallus annahm, damit sei der größte einem Erben zugewandte Erbteil gemeint, während Servius und Ofilius die Meinung vertraten, damit werde der kleinste Erbteil zugewendet.[799]

Volontà negoziale e forma in una testimonianza di Q. Mucio Scevola, FS v. Lübtow, 155–162; Wacke, Die potentiores in den Rechtsquellen, 567 f.; Harke, Verba und voluntas, 63.

796 Ulp. 20 ad Sab. D. 34.2.19.9, Ulp. 44 ad Sab. D. 34.2.27 pr. Dazu Costa, Cicerone giureconsulto, 248; Wieling, Testamentsauslegung, 46; Astolfi, Studi sull'oggetto dei legati in diritto romano II, 156–158; John, Die Auslegung des Legats von Sachgesamtheiten, 90; Schermaier, Materia, 288; Gamauf, Vindicatio nummorum, 39–43.

797 Pomp. 9 ad Q. Muc. D. 34.2.34 pr.–2. Dazu Amirante, Ricerche in tema di locazione, BIDR 62 (1959) 65 f.; Mayer-Maly, Locatio conductio, 38 f.; Costa, Cicerone giureconsulto, 248; Horak, Rationes decidendi, 100 f.; Watson, The Law of Succession, 91; Wieling, Testamentsauslegung, 37 f., 130 f.; John, Die Auslegung des Legats von Sachgesamtheiten, 98–101; Nörr, Pomponius, 548; Giaro, Dogmatische Wahrheit und Zeitlosigkeit, BIDR 90 (1987) 74–76; Benke, Zum Eigentumserwerb des Unternehmers bei der locatio conductio irregularis, SZ 104 (1987) 158–191; Stoop, Non solet locatio dominium mutare, TR 66 (1998) 7; Fiori, La definizione della locatio conductio, 50–63; Gröschler, Die Eigentumszuordnung beim Werkvertrag – ein Vergleich, 68–71; Mayer-Maly, Argumentum, SZ 125 (2008) 254 f.; Miglietta, Servius respondit, 180 f.; Forschner, Das Schiff des Saufeius, Forum Historiae Iuris 11 (2011) Rz 48–55; Harke, Verba und voluntas, 67 f.

798 Pomp. 5 ad Q. Muc. D. 34.2.10. Dazu Astolfi, Studi sull'oggetto dei legati in diritto romano II, 261 f.; John, Die Auslegung des Legats von Sachgesamtheiten, 97 f.; Giaro, Dogmatische Wahrheit und Zeitlosigkeit, BIDR 90 (1987) 76–78; Lamberti, Suggestioni in tema di praesumptio Muciana, GS Franciosi, 1241–1280; Miglietta, Servius respondit, 178 f.

799 Lab. 6 post. a Iav. epit. D. 32.29.1. Dazu Stiegler, Art. partitio legata, RE Suppl. XI (1968) Sp. 1033–1049; Horak, Rationes decidendi, 94–96; Watson, The Law of Succession, 130–132; Wieling, Testamentsauslegung, 22–24; Stein, The Place of Servius Sulpicius Rufus, FS Wieacker, 179; Backhaus, In maiore minus inest, SZ 100 (1983) 142 f., 169; Kohlhaas, Die Überlieferung der libri posteriores des Antistius Labeo, 96–99; Paulus, Die Idee der postmortalen Persönlichkeit, 276 f.; Miglietta, Servius respondit, 291 f.; Biavaschi, Caesari familiarissimus, 137–146. Zum *legatum partitionis* siehe auch Vigneron/Gerkens, The Emancipation of Women in Ancient Rome, RIDA 47 (2000) 111.

Außerdem entschied er als erster, dass auch der Ehemann der Frau im Haus wohnen könne, wenn dieser der *usus domus* hinterlassen worden sei.[800] Mit dem Erbrecht in Zusammenhang stehen könnte auch seine Definition von *pars* als *res pro indiviso*[801] ebenso wie seine Definition des Begriffs *gentiles* als von Freigeborenen Abstammende, die denselben Familiennamen tragen, deren Vorfahren sich nie in Sklaverei befunden und die selbst keine *capitis deminutio* erlitten haben.[802]

Bezüglich der als Legate hinterlassenen Sklaven war Scaevola der Ansicht, dass ein als Vindikationslegat hinterlassener Sklave, der unter Bezahlung einer gewissen Summe an den Legatar frei sein solle, als *statuliber* („freiwerdender Sklave") zu betrachten sei. Seiner Meinung schlossen sich Gallus, Labeo und Javolen an, die Gegenansicht vertraten Servius und Ofilius.[803] Diese Rechtsfrage hatte ihren Ursprung darin, dass unter den römischen Juristen zu diesem Zeitpunkt strittig war, wie der Status eines bedingt freigelassenen Sklaven sei und, wenn er vermacht wurde, wer als Eigentümer des *statuliber* gelten solle.[804] Bei ihr handelte es sich, wie bei der Diskussion um das *penus* und die *partitio legata*, um eine klassische Juristenkontroverse. In einem anderen Fall

800 Ulp. 17 ad Sab. D. 7.8.4.1. Dazu Watson, The Law of Property, 219 f.; Wieling, Testamentsauslegung, 29; Misera, Der Bereicherungsgedanke bei der Schenkung unter Ehegatten, 265; Montana Casani, La veuve et la succession héréditaire, RIDA 47 (2000) 429 f.; Dubouloz, La propriété immobilière, 420–425.

801 Paul. 21 ad ed. D. 50.16.25.1. Dazu Horak, Rationes decidendi, 230; Stein, The Place of Servius Sulpicius Rufus, FS Wieacker, 179; Wieacker, Römische Rechtsgeschichte I, 587; Schermaier, Teilvindikation oder Teilungsklage?, SZ 110 (1993) 158 f.; Malenica, De la notion de res dans la doctrine juridique romaine; Diritto@storia 5 (2006) Dozhdev, Il preteso consorzio domestico e l'autonomia individuale nel pensiero di Quinto Mucio, Studi Labruna, 1647 f.; Miglietta, Servius respondit, 145–147, 415–418; Dubouloz, La propriété immobilière, 216; Finazzi, Intorno a Pomp. Ench. D. 1,2,2,43, FS Sirks, 232–235; Pelloso, Bis de eadem re sit actio, 226 FN 32.

802 Cic. top. 29. Siehe auch Funaioli, Grammaticae Romanae Fragmenta, 125; Botsford, Some Problems Connected with the Roman Gens, Political Science Quarterly 22 (1907) 663–692; Watson, The Law of Persons, 100 f.; Doer, Die römische Namengebung, 41; Romano, Capitis deminutio. An unresolved problem, Cuadernos de filología clásica. Estudios latinos 3 (1992) 59 f.; Smith, The Roman Clan, 15; Nelson/Manthe, Gai Institutiones III 1–87, 75 f.
Auf einen möglichen Zusammenhang mit einem Zentumviralprozess zwischen den Marcelli und den Claudii (Cic. de orat. 1.176) weist zurecht Bergk, Studien zur römischen Nobilität, 112, hin.

803 Iav. 4 post. Lab. D. 40.7.39 pr. Dazu Costa, Cicerone giureconsulto, 246; Watson, The Law of Persons, 203; Horak, Rationes decidendi, 137 f., 145; Schmidlin, Die römischen Rechtsregeln, 157; Stein, The Place of Servius Sulpicius Rufus, FS Wieacker, 181; Bretone, Techniche e ideologie, 162; Miglietta, Servius respondit, 361–364; Biavaschi, Caesari familiarissimus, 182–188.

804 Vgl. Gai Inst. 2.200. Siehe auch Milazzo, Statuliber ex die?, Rivista di diritto Romano 14 (2014) 8 f.

wurde Scaevola gefragt, was passiere, wenn der bedingt freigelassene Sklave die geschuldete Summe dem Erben zahlen solle, aber unklar sei, wer der Erbe sei. Hier entschied Scaevola, dass der Prozessausgang den Status des Sklaven bestimme, der Sklave also nicht die Freiheit erreiche, wenn er dem testamentarischen Erben die Summe gezahlt und dieser den Erbschaftsprozess verloren hatte, eine Entscheidung, die von der späteren Lehre revidiert wurde.[805]

Ein weiteres *responsum* des Scaevola befasste sich mit dem Problem, ob ein unter einer Bedingung freizulassender Sklave als *legatum* gewählt werden könne, wenn bei einem *legatum optionis* vor der Auswahl bei einem der Sklaven die Bedingung eintrete. Julian schloss sich in diesem Fall der Meinung Scaevolas an, der die Ansicht vertrat, dass der Sklave die Freiheit erst mit Antritt der Erbschaft erlange und deshalb gültig als *legatum* gewählt werden könne.[806]

Auch andere Testamentsbestimmungen wurden von Scaevola kommentiert: So sei aufgrund der Anordnung an den Erben, den Kindern des Erblassers Alimente zu zahlen, für denjenigen, bei dem sich die Kinder befänden, keine Klage möglich, wenn sich die *tutores* weigerten, das Geld an ihn auszubezahlen; außerdem erzeuge der Wunsch des Erblassers, die Kinder hätten sich am Aufenthaltsort der Mutter zu befinden, zwar eine sittliche, aber keine rechtliche Verpflichtung.[807] Scaevola zufolge nahmen Tutel und Erbschaft in der Regel denselben Weg (außer Frauen wurden als Erbinnen eingesetzt) – eine Aussage, die von Watson eher als Hinweis für Praktiker denn als generelle Regel verstanden wurde – und ein *tutor testamentarius* konnte nur für die *sui heredes* des Erblassers bestimmt werden.[808] Außerdem erläuterte Scaevola, dass auch bei Wahnsinn des Mündels dieses vorläufig unter der Vormundschaft seines Tutors bleibe[809] und

805 Pomp. 18 ad Q. Muc. D. 40.7.29.1. Dazu Watson, The Law of Persons, 201; Horak, Rationes decidendi, 113; Frier, The Rise of the Roman Jurists, 165 f.; Wieling, Subjektive Reichweite der materiellen Rechtskraft im römischen Recht, SZ 102 (1985) 299 f.; Gagliardi, Decemviri e centumviri, 123–128; Starace, D. 40,7,29,1: L'interpretazione di Aristone, Labeo 46 (2000) 379–403; Scevola, La responsabilità del iudex privatus, 349 f.; Miglietta, Servius respondit, 174–178; Pelloso, Do ut des e do ut facias, 114–125.

806 Iul. 32 dig. D. 33.5.9.2. Dazu Donatuti, Lo statulibero, 63 f.

807 Pomp. 8 ad Q. Muc. D. 33.1.7. Dazu Watson, The Law of Persons, 143 f.; Horak, Rationes decidendi, 216 f.; Astolfi, Studi sull'oggetto dei legati in diritto romano III, 132; Paulus, Die Idee der postmortalen Persönlichkeit, 161 f.; Höbenreich/Rizzelli, Scylla, 50; Miglietta, Servius respondit, 171–174; Dubouloz, La propriété immobilière, 435–439.

808 Q. Muc. l. s. hor. D. 50.17.73 pr.,1. Dazu siehe Stein, Regulae Iuris, 38 f.; Watson, The Law of Persons, 118; Horak, Rationes decidendi, 245; Schmidlin, Horoi, pithana und regulae, 108 f.; Avenarius, Der pseudo-ulpianische liber singularis regularum, 110, 310.

809 Ulp. 37 ad Sab. D. 26.1.3 pr. Dazu Watson, The Law of Persons, 139; Nardi, Squilibrio e deficienza mentale, 95 f.; Zuccotti, Il „custos" nel diritto romano arcaico, Rivista di diritto romano 9 (2009) 7.

einem *tutor* mindestens 50 Tage zur Verfügung stehen sollten, um Entschuldigungsgründe vorzubringen.[810]

In Zusammenhang mit der *lex Aquilia* und der *actio de pauperie* sind drei Fragmente des Scaevola erhalten. U. a. respondierte er, dass auch für Fahrlässigkeit gehaftet werde, wenn auf einem privaten Grundstück ein Baumschneider einen Ast fallen lasse und dabei einen Menschen töte oder wenn ein Arbeiter, der auf einem Gerüst stehe, bei der Arbeit jemanden versehentlich töte, wenn ein Weg über das Grundstück gehe und keine Vorkehrungen getroffen worden seien.[811] Weiters entschied er, dass die *actio legis Aquiliae* erhoben werden könne, wenn eine schwangere Stute, die auf einem fremden Grundstück weidete, von dessen Eigentümer vertrieben werde und durch Schläge oder absichtlich aggressives Vorgehen ihr Fohlen verliere.[812] Wenn Widder oder Rinder sich gegenseitig angriffen, so werde nach Meinung Scaevolas keiner Klage stattgegeben, wenn das angreifende Tier sterbe, wohl aber, wenn das angegriffene dabei getötet werde.[813]

Zum Kauf respondierte Scaevola, dass, wenn die Bestimmung *ita ut optimus maximusque* nicht hinzugefügt werde, ein Grundstück in seinem üblichen Zustand, nicht aber frei von Belastungen, übergeben werden müsse und daher der Verkäufer auch nicht wegen Eviktion hafte, wenn das Grundstück mit einer Servitut belastet sei.[814] Ein weiteres *responsum* betraf die Interpretation der Klausel *ruta caesa quaeque aedium fundive non sunt*, die nach Scaevola einen Pleonasmus darstellt, da Material, das ausgegraben und gefällt oder abgehauen worden

810 Inst. 1.25.16. Siehe auch Theoph. Inst. 1.25.16.

811 Paul. 10 ad Sab. D. 9.2.31. Dazu WATSON, The Law of Obligations, 238 f.; MACCORMACK, Aquilian Studies, SDHI 41 (1975) 44 f.; WACKE, Ein Unfall beim „Prellen“, RhM 123 (1980) 75 f.; REDL, Die fahrlässige Tötung durch Verabreichung schädigender Substanzen, RIDA 52 (2005) 320; WINKEL, Quintus Mucius Scaevola once again, FS Pool, 428 f.; PASCHALIDIS, What did iniuria in the lex Aquilia actually mean?, RIDA 55 (2008) 351 f.; BEHRENDS, Wie haben wir uns die römischen Juristen vorzustellen?, SZ 128 (2011) 95 f.; TELLEGEN-COUPERUS, Sacred Law and Civil Law, 161–163; SIRKS, Did Q. Mucius Scaevola introduce a broad concept of culpa in the lex Aquilia?, Scritti Corbino, VII 5–18; CARDILLI, Gestione empirica dell'imputazione e culpae adnumeratio nella riflessione dei giuristi romani, Index 42 (2014) 316–321.

812 Pomp. 17 ad Q. Muc. D. 9.2.39 pr. Siehe auch v. LÜBTOW, Untersuchungen zur lex Aquilia de damno iniuria dato, 167; NÖRR, Causa Mortis, 130 f.; WACKE, Notwehr und Notstand bei der aquilischen Haftung, SZ 106 (1989) 491; GIANGRIECO PESSI, Ricerche sull'actio de pauperie, 177–180; SIRKS, Did Q. Mucius Scaevola introduce a broad concept of culpa in the lex Aquilia?, Scritti Corbino, VII 14 f.

813 Ulp. 18 ad ed. D. 9.1.1.11. Dazu WATSON, The Law of Obligations, 282; WACKE, Notwehr und Notstand bei der aquilischen Haftung, SZ 106 (1989) 490; GIANGRIECO PESSI, Ricerche sull'actio de pauperie, 109–116; POLOJAC, Actio de pauperie, Fundamina 18 (2012) 129 f.

814 Cels. 8 dig. D. 18.1.59, Ven. 16 stip. D. 21.2.75. Dazu WATSON, The Law of Obligations, 79; BANNON, Gardens and Neighbours, 206–208; BACKHAUS, Die Einstandspflicht des Verkäufers, FS Knütel, 58–62, 64 f.

sei, ohnehin nicht mehr Bestandteil eines Grundstücks sei.[815] Erwähnenswert ist auch, dass Scaevola selbst kritisiert wurde, weil er beim Kauf eines Grundstücks, dessen Preis ihm zu niedrig schien, freiwillig den Preis erhöhte.[816]

Als einer der ersten argumentierte Scaevola mit dem Utilitätsprinzip, als er die Haftung für einen Entleiher für fahrlässige und sorgfaltswidrige Schäden festsetzte. Für den Fall, dass die Sache zu einem Schätzwert übergeben worden sei, habe der Übernehmer die volle Gefahr für den Untergang der Sache zu tragen.[817] Zur *societas* respondierte Scaevola, dass es unzulässig sei, eine Gesellschaft zu gründen, bei der einer der beiden Gesellschafter einen höheren Anteil am Verlust trage und der andere einen höheren Gewinnanteil erhalte; Servius jedoch meinte, dass der Gewinn (*lucrum*) nur als Gewinn unter Abzug der Kosten zu verstehen sei und dass es bei einer Gesellschaft sehr wohl möglich sei, unterschiedliche Anteile am Gewinn auszuzahlen oder zu vereinbaren, dass der Verlust unterschiedlich aufgeteilt werde.[818] Außerdem war Scaevola der Ansicht, dass eine *societas* nicht eingegangen werden könne, um einen Gewinn aus einer Erbschaft, einer Schenkung oder einem Legat zu teilen, sondern nur für Erträge aus eigener Arbeit.[819] Ein weiteres *responsum* betraf die Frage, ob ein Bürge, wenn er die vom Schuldner bestrittenen Zinsen bezahlt hatte, diese vom Schuldner

815 Pomp. 31 ad Q. Muc. D. 18.1.66.2, Q. Muc. l. s. hor. D. 50.16.241. Dazu STEIN, Regulae Iuris, 37; BANNON, Pipes and Property in the Sale of Real Estate (D.19.1.38.2), 212.

816 Cic. off. 3.62. Siehe auch Plin. nat. 18.32. Zu dieser Passage siehe DYCK, A Commentary on Cicero, De Officiis, 571–573; GÖTTLICHER, Auf der Suche nach dem gerechten Preis, 65–67.

817 Ulp. 28 ad ed. D. 13.6.5.3. Dazu ROSENTHAL, Custodia und Aktivlegitimation zur actio furti, SZ 68 (1951) 229 f.; NÖRR, Die Entwicklung des Utilitätsgedankens, SZ 73 (1956) 103–113; WATSON, The Law of Obligations, 169; MACCORMACK, Custodia and Culpa, SZ 89 (1972) 207; MACCORMACK, Periculum, SZ 96 (1979) 153; BEHRENDS, Feste Regelungsstruktur oder auslegungsfähiges Pflichtenverhältnis, Mélanges Schmidlin, 52; CASTRESANA, Das aestimatum, SZ 128 (2011) 154.

818 Paul. 6 ad Sab. D. 17.2.30, Gai Inst. 3.149, Inst. 3.25.2. Siehe auch Theoph. Inst. 3.25.3. STROUX, Römische Rechtswissenschaft und Rhetorik, 103 f., führt die Diskussion auf den Fall des Schauspielers Q. Roscius zurück. Siehe auch WATSON, The Law of Obligations, 137–139, 142 f.; HORAK, Rationes decidendi, 158–165; WALDSTEIN, Entscheidungsgrundlagen klassischer Juristen, 65 FN 216; STEIN, The Place of Servius Sulpicius Rufus, FS Wieacker, 179; SCHIAVONE, Giuristi e nobili nella Roma repubblicana, 125–128; MELILLO, Forme e teorie contrattuali, 462 f.; BÜRGE, Römisches Privatrecht, 100–102; NELSON/MANTHE, Gai Institutiones III 88–181, 307–312; HARKE, Societas als Geschaftsführung und das römische Obligationensystem, TR 73 (2005) 51–54; BLANCH NOUGUÉS, Reflexiones acerca de la societas leonina en el Derecho Romano, RIDA 55 (2008) 83–106; CARDILLI, Il problema della resistenza del tipo contrattuale, 15–26 ; MIGLIETTA, Servius respondit, 316–322; SANTUCCI, The equality of contributions and the liability of the partners, 93–96.

819 Ulp. 30 ad Sab. D. 17.2.7, Ulp. 30 ad Sab D. 17.2.9, Ulp. 30 ad Sab D. 17.2.11. Dazu WATSON, The Law of Obligations, 135; MEISSEL, Societas, 113–115; WACKE, „Erfenis is geen winste", Fundamina 16 (2010) 557–559.

zurückverlangen könne. Scaevola verneinte dies, wenn der Bürge den Schuldner daran gehindert hatte, vor Gericht eine Einrede gegen die Zinsen geltend zu machen, bejahte aber die Rückzahlungspflicht, wenn der Bürge aus Furcht um seinen Ruf die Zinsen bezahlt hatte.[820] Zu diesem Themenbereich gehört auch Scaevolas Definition des *nexum* als obligationsbegründenden Libralakt unter Ausschluß der Manzipation, die schon an anderer Stelle besprochen wurde.[821] Eher allgemeinerer Art ist Scaevolas Erläuterung des Grundsatzes, dass niemand einen Vertrag zugunsten eines Dritten schließen könne.[822]

Einige *responsa* erteilte Scaevola zum *furtum*: So definierte er als *furtum* auch den Gebrauch einer nicht zum Gebrauch überlassenen (z. B. hinterlegten) Sache sowie einen anderen als den vereinbarten Gebrauch.[823] Weiters vertrat er die Ansicht, dass die *actio furti* dem Eigentümer der Sache zustehe, nicht aber dem ersten Dieb, wenn dem Dieb die Sache von einem zweiten Dieb gestohlen werde, während Servius die gegenteilige Auffassung vertrat, wenn der Eigentümer nicht vorhanden sei.[824] Hier ist auch die von Scaevola referierte Debatte zur Interpretation der *lex Atinia* zu nennen, an der sich die *fundatores* Brutus, Manilius und P. Mucius Scaevola beteiligten und bei der Scaevola die Ansicht vertrat, *erit* sei sowohl als Perfekt wie auch als Futur zu verstehen.[825]

---

820 Cels. 7 dig. D. 17.1.48 pr. Dazu WATSON, The Law of Obligations, 152 f.; NÖRR, Mandatum, fides, amicitia, 25, FINKENAUER, Direkte Stellvertretung bei Stipulationen, SZ 125 (2008) 488; NEUMANN, Der Bürgenregress im Rahmen des Auftragsrechts, 142–144.

821 Varro ling. 7.105 (S. 97).

822 Q. Muc. l. s. hor. D 50.17.73.4. Dazu v. LÜBTOW, Catos leges venditioni et locationi dictae, 252, 282; CLAUS, Gewillkürte Stellvertretung, 84–93; BEHRENDS, Überlegungen zum Vertrag zugunsten Dritter, Studi Sanfilippo, 37, 48; WIEACKER, Römische Rechtsgeschichte I, 578; GIARO, Römische Rechtswahrheiten, 245; FINKENAUER, Direkte Stellvertretung bei Stipulationen, SZ 125 (2008) 443 f.; FINKENAUER, Vererblichkeit und Drittwirkungen der Stipulation, 15 f.

823 Gell. 6.15.2. Dazu SCHULZ, Geschichte der römischen Rechtswissenschaft, 79; WATSON, The Law of Obligations, 227 f.; LIEBS, Die Klagenkonkurrenz im römischen Recht, 103 f., 110; WIEACKER, Römische Rechtsgeschichte I, 578; NELSON/MANTHE, Gai Institutiones III 182–225, 164; BRETONE, Geschichte des römischen Rechts, 207; SCHEIBELREITER, Zwischen furtum und Litiskreszenz, RIDA 56 (2009) 137; WALTER, Die Funktionen der actio depositi, 325. Siehe auch Pomp. 38 ad Q. Muc. D. 13.1.16.

824 Pomp. 38 ad Q. Muc. D. 47.2.77.1. Dazu STEIN, Regulae Iuris, 46 f.; LIEBS, Die Klagenkonkurrenz im römischen Recht, 133 f.; STEIN, The Place of Servius Sulpicius Rufus, FS Wieacker, 180 f.; MANTHE, Die libri ex Cassio, 138 f.; GIARO, Dogmatische Wahrheit und Zeitlosigkeit, BIDR 90 (1987) 79–82; NÖRR, Mandatum, fides, amicitia, 28 f.; KLINGENBERG, Constitutum est, RIDA 46 (1999) 248–254; MIGLIETTA, Servius respondit, 138 f., 375–377; NELSON/MANTHE, Gai Institutiones III 182–225, 191–193; DESANTI, Sapere di agire contro la volontà del proprietario, credere di averne il permesso, Annali dell'università di Ferrara 5 (2010) 17–41; FINAZZI, Intorno a Pomp. Ench. D. 1,2,2,43, FS Sirks, 230 f.; GIGLIO, The Taxonomy of the actio furti, SZ 314 (2017) 114–116.

825 Gell. 17.7.1. (S. 95).

In einer weiteren Rechtsauskunft war Scaevola der Ansicht, dass kein Eigentum übergegangen sei, wenn der Verkäufer von Bäumen, die noch auf dem Grundstück stehend verkauft worden waren, das Geld zwar angenommen hatte, aber sich geweigert hatte, diese zu übergeben.[826] Zu einem anderen Fall, der den Verkauf des Nießbrauchs an einen freien Mann und dessen Bestellung durch *in iure cessio* betraf, erteilte Scaevola die Rechtsauskunft, dass der freie Mann zum Sklaven werde, wenn der Verkäufer ihn in gutem Glauben verkauft habe, andernfalls sei er ohne Eigentümer.[827] Weitere Fragmente von Scaevola betreffen die *usucapio libertatis* einer Servitut, die nach Scaevola scheitere, wenn sich statt eines Bauwerks ein Baum auf dem Grundstück befinde, da dieser wegen seiner Entwicklung nicht in demselben Zustand und an demselben Platz verbleibe,[828] sowie die Nutzung des Wasserleitungsrechts (das Verlegen von Röhren im Wasser durch den Berechtigten ist erlaubt, wenn sich der Wassergraben nicht verschlechtert).[829] Außerdem vertrat Scaevola die Meinung, dass der Berechtigte eines Wasserleitungsrechts das Wasser, wie er wolle, über das Grundstück leiten könne, solange der Wasserweg dadurch nicht abgelenkt werde.[830] Die *actio aquae pluviae arcendae* stand nach Scaevola nicht zu, wenn das *opus*, aufgrund dessen Regenwasser auf das Nachbargrundstück drang, zum Zweck der Bewirtschaftung des Bodens erbaut wurde; hierzu seien auch Gräben zu zählen, die zur Trockenlegung des Grundstücks gezogen wurden, nicht aber Wassergräben, denn eine Verbesserung des Grundstücks sei nur zulässig, solange das Nachbargrundstück dadurch nicht beeinträchtigt werde. Trebatius ließ diese Ausnahme nur zu, wenn dadurch der Getreideertrag erhöht wurde.[831] Mit dieser Klage in Verbindung steht

826 Pomp. 31 ad Q. Muc. D. 19.1.40. Dazu Watson, The Law of Obligations, 61; Astolfi, Passi di Sabino nel Commentario di Pomponio, Studi Biscardi, 209; Pennitz, Das periculum rei venditae, 341.

827 Paul. 50 ad ed. D. 40.12.23 pr. Costa, Cicerone giureconsulto, 77; Watson, The Law of Persons, 166; Rainer, Die Begründung des Sklavenstatus nach ius gentium und ius civile, 64 f.; Indra, Status quaestio, 189.

828 Pomp. 26 ad Q. Muc. D. 8.2.7. Dazu Watson, The Law of Property, 181 f.; Behrends, Die lebendige Natur eines Baums, FS Wolf, 2–7; Miglietta, Servius respondit, 166 f.; Möller, Die Servituten, 191 f.

829 Pomp. 31 ad Q. Muc. D. 8.3.15. Siehe auch Pomp. 34 ad Sab. D. 43.20.3.5. Siehe dazu Watson, The Law of Property, 190; Torrent, El origen de la servitus aquaeductus, Studi Biscardi, 270 f.; Bannon, Gardens and Neighbours, 119–121; Möller, Die Servituten, 83–85; Fiorentini, Struttura ed esercizio della servitù d'acqua, Quaderni del Dipartimento di Scienze Giuridiche 8 (2003) 155–157.

830 Scaev. l. s. hor. D. 43.20.8. Watson, The Law of Property, 189 f.; Torrent, El origen de la servitus aquaeductus, Studi Biscardi, 270 f.; Möller, Die Servituten, 81 f.

831 Ulp. 53 ad ed. D. 39.3.1.3–4. Siehe Costa, Cicerone giureconsulto, 114; Watson, The Law of Property, 170–172; D'Orta, La giurisprudenza tra repubblica e principato, 117–121; Talamanca, Trebazio Testa fra retorica e diritto, 70 f.; Behrends, Gesetz und Sprache, 235–237;

auch Scaevolas Definition von *aqua pluvia*: Darunter sei vor allem jenes Wasser zu verstehen, das durch Regen anwachse und auf das Nachbargrundstück fließe.[832] In Zusammenhang mit dem Interdikt *quod vi aut clam* definierte Scaevola als *vis* alle Verstöße gegen ein Verbot, als *clam* aber alle Handlungen, die jemand vollzogen habe, weil er einen Streit hatte oder sich im Glauben befand, dass er einen Streit haben werde. Unter das Interdikt subsumierte er alle Handlungen, die durch den Interdizierten selbst, durch dessen *familia* oder auf dessen Befehl hin vollzogen worden seien.[833]

Dem *ius publicum* zuzurechnen ist Scaevolas Definition des *postliminium*, das auch in seiner Rechtsansicht zur *causa Mancini* Niederschlag fand, bei der er einen Verlust des Bürgerrechts für Mancinus verneinte,[834] und seine Auskunft, dass derjenige, der einen Gesandten verletzt habe, denjenigen auszuliefern sei, die die Gesandten geschickt hatten.[835] Mit der Präsumptionswirkung des *census* in Zusammenhang steht Scaevolas Auskunft, dass jemand, der beim *census* fremde Güter als sein Eigentum angebe, nicht zu deren Eigentümer werde.[836] Außerdem vertrat Scaevola wie L. Aelius Stilo und C. Ateius Capito die Meinung, dass Myrrhenwein (*murrina*) als ein für Frauen genießbares süßes Getränk (*dulce*) und nicht als Wein anzusehen sei. Diskutiert wurde diese Frage vermutlich aufgrund des gesetzlichen Weinverbots für Frauen.[837] In seinen ursprünglichen Zusammenhang nicht einzuordnen ist Scaevolas Bericht über das Datum der (Vor-)Namensgebung für Mädchen und Buben, die bei Buben

---

Seyed-Mahdavi Ruiz, Die rechtlichen Regelungen der Immissionen, 86 f.; Scotti, Diritto e agronomi latini: un caso in tema di actio aquae pluviae arcendae, Agri Centuriati 10 (2013) 28–31; Scotti, Actio aquae pluviae arcendae e piccola bonifica agraria, Scritti Zablocka, 725–783.

832 Cic. top. 38; Boeth. in Cic. top. 1112D–1113A. Siehe auch Rodger, Roman Rain-Water, TR 38 (1970) 417–431; Behrends, Gesetz und Sprache, 235–237; Seyed-Mahdavi Ruiz, Die rechtlichen Regelungen der Immissionen, 73–75.

833 Ulp. 71 ad ed. D. 43.24.1.5, Ulp. 70 ad ed. D. 43.24.5.8, Q. Muc. l. s. hor. D. 50.17.73.2. Siehe dazu Stein, Regulae Iuris, 36 f.; Watson, The Law of Property, 222–224, 226; Stein, The Place of Servius Sulpicius Rufus, FS Wieacker, 180; D'Orta, La giurisprudenza tra repubblica e principato, 24 f.; Mantovani, Gli esordi del genere lettterario ad edictum, 130; Fargnoli, Studi sulla legittimazione attiva all'interdetto quod vi aut clam, 9–15, 38 f.; Harke, Actio utilis, 135.

834 Cic. top. 37. (Siehe auch S. 44 FN 212, 83, 91 f., 94, 100, 112).

835 Pomp. 37 ad Q. Muc. D. 50.7.18. Siehe auch Watson, The Law of Persons, 245; Rainer, Die Begründung des Sklavenstatus nach ius gentium und ius civile, 79; Bloch, Res sanctae in Gaius and the Founding of the City, Roman Legal Tradition 4 (2006) 54 f.; Mantello, L'analogia nei giuristi tardo repubblicani e augustei, Studi Martini, 645–647.

836 Q. Muc. l. s. hor. D. 41.1.64.

837 Plin. nat. 14.93. Siehe dazu Funaioli, Grammaticae Romanae Fragmenta, 62; Deufert, Textgeschichte und Rezeption der plautinischen Komödien im Altertum, 133 f.; Tietz, Dilectus ciborum, 248–250.

nicht vor dem Anlegen der *toga virilis*, bei Mädchen nicht vor der Hochzeit vorgenommen wurde.[838]

Aus den *responsa* des Scaevola kann abgeleitet werden, dass das Erbrecht einen Schwerpunkt seiner Respondierpraxis und vielleicht auch seiner Gerichtspraxis bildete. Zwar wurde das Zentumviralgericht nach Auskunft des Tacitus in der Republik von den großen Rednern vernachlässigt,[839] doch die *causa Curiana* zeigt, dass auch ein sehr erfolgreicher und angesehener Redner wie L. Licinius Crassus sich nicht zu schade war, in einem Erbschaftsprozess als Anwalt auftreten. Auch bei der Interpretation von Vertragsklauseln scheint Scaevola häufig herangezogen worden zu sein. Im Nachbarrecht, das ansonsten bei den Juristen der Republik sehr beliebt war, sind hingegen nur vergleichsweise wenige *responsa* von Scaevola erhalten, ebenso zum Personenrecht, zu dem – mit Ausnahme der *tutela* – ebenfalls nur wenige Rechtsmeinungen tradiert worden sind.

Q. Mucius Scaevola gilt zu Recht als einer besten Juristen der Republik: Nicht nur weisen seine *responsa* eine enorme Breite auf, er trat auch in einzigartiger Weise als Neuerer und Systematiker der entstehenden republikanischen Rechtswissenschaft auf. Dass er sich mit seiner Meinung im Resultat nicht immer durchsetzte, tut seinem Ruf keinen Abbruch, denn gerade für eine sich entwickelnde Disziplin ist ein Wandel in den Anschauungen und den ihnen zugrunde liegenden Werten nur natürlich.[840] Scaevolas Stellung zeigt sich darin, dass auf ihn reagiert wurde und sich auch hunderte Jahre später lebende Juristen mit seinen Rechtsmeinungen auseinandersetzten – ein Schicksal, das nur wenigen seiner Zeitgenossen zuteil wurde.

I.4.9. Weitere bekannte Anwälte des 2. Jhdts. v. Chr.

Das 2. Jhdt. v. Chr. ist jene Epoche, in der die meisten Juristen der römischen Republik vor Gericht auftraten. Auch die Abgrenzung zwischen Laien und „professionellen" Juristen ist in dieser Zeit besonders schwierig zu ziehen – vor allem bei jenen Anwälten, für die juristische Kenntnisse nachweisbar vorhanden sind.

838 Iul. Par. nom. epit. 3. Marquardt, Das Privatleben der Römer, 10, vermutet, dass erst ab diesem Datum die Namen in den *census* eingetragen wurden. Siehe auch Doer, Die römische Namengebung, 8 f.

839 Tac. dial. 28.

840 Ein Beispiel hierfür wäre der *favor libertatis*, der sich zur Zeit Scaevolas noch nicht durchgesetzt hatte (D. 40.7.29.1) oder eine gegenüber der späten Republik unterschiedliche Bewertung des *furtum* (Gell. 6.15.2).

Einer dieser Anwälte und eine der schillernsten Figuren der Republik war M. Aemilius Scaurus d. Ä.[841] Scaurus war nicht nur einer von Roms bekanntesten Politikern, sondern auch ein erfolgreicher Anwalt, der in sehr vielen Prozessen als Zeuge oder Anwalt auftrat und auch selbst einige Male angeklagt wurde. Einige Reden von ihm waren noch zu Ciceros Zeit erhalten, weiters hinterließ er auch eine Autobiographie.[842] Bezüglich seiner politischen Karriere ist hervorzuheben, dass er als Ädil der Rechtsprechung mehr Zeit widmete als der Veranstaltung von Spielen, was für seine Zeit sehr ungewöhnlich war.[843] Während seines Konsulats zerschlug er den Sessel des Prätors P. Decius und untersagte ihm die Rechtsprechung.[844] Er war Mitglied einer Schiedskommission in Numidien und als *consul auctor* einer *lex sumptuaria* und einer *lex de suffragiis libertinorum* – weitere Indizien für die juristische Kenntnis von Scaurus.[845] Speziell erwähnt wird, dass er L. Opimius und Marius „mit seinem Rat bewaffnete"; was wegen der Bedeutung von *consilium* als „juristischer Rat" als juristische Beratung interpretiert werden kann.[846]

L. Licinius Crassus[847] war einer der bekanntesten Redner seiner Zeit, besaß jedoch auch profunde Rechtskenntnisse, nicht zuletzt, weil er seine Ausbildung

841 geb. 163 v. Chr., praet. 119 v. Chr., cos. 115 v. Chr., cens. 109 v. Chr. Zu M. Aemilius Scaurus d. Ä. siehe Klebs, Art. Aemilius (140), RE I (1893) Sp. 584–588; Schanz/Hosius, Geschichte der römischen Literatur I, 205 f.; Malcovati, Oratorum romanorum fragmenta, 162–167; Geer, M. Aemilius Scaurus (Suetonius Nero ii. 1 and Asconius on Cicero Pro Scauro 1), CPh 24 (1929) 292–294; Sumner, The orators in Cicero's Brutus, 69 f.; Bates, Rex in Senatu, Proceedings of the American Philosophical Society 130 (1986) 251–288; Broughton, Magistrates, III 10–12; Broughton, Candidates Defeated in Roman Elections, TAPA 81 (1991) 7 Nr. 5; David, Le patronat judiciaire, 682–684; Nadig, Ardet ambitus, 145 f., 190; Tansey, The Death of M. Aemilius Scaurus (Cos.115 B.C.) Historia 52 (2003) 378–383; Smith, M. Aemilius Scaurus, in: Cornell (Hrsg.), The fragments of the Roman historians, I 267–270, II 432–439, III 273 f.

842 Cic. Brut. 112.

843 Ps.-Aur. Vict. vir. ill. 72.4.

844 Ps.-Aur. Vict. vir. ill. 72.6. Zum politischen Hintergrund siehe Badian, P. Decius P. f. Subulo, JRS 46 (1956) 91–96; Brennan, The Praetorship in the Roman Republic, 454.

845 Sall. Iug. 25.4, Sall. Iug. 28–29; Ps.-Aur. Vict. vir. ill. 72.5. Siehe auch Rotondi, Leges publicae, 320 f.; Baltrusch, Regimen morum, 86; Elster, Die römischen leges de civitate von den Gracchen bis Sulla, 195–197.

846 Ps.-Aur. Vict. vir. ill. 72.9.

847 geb. 140 v. Chr., quaest. 109 v. Chr., aed. 100 v. Chr., praet. 98 v. Chr., cos. 95 v. Chr., cens. 92 v. Chr., gest 91 v. Chr. Zu L. Licinius Crassus siehe Bremer, Iurisprudentiae antehadrianae, I 46 f.; Häpke, Art. L. Licinius Crassus (55), RE XIII (1926) Sp. 252–268; Schanz/Hosius, Geschichte der römischen Literatur I, 224–229; Malcovati, Oratorum romanorum fragmenta, 237–259 ; Kunkel, Die römischen Juristen, 18; Sumner, The orators in Cicero's Brutus, 94–97; Ward, Crassus' Slippery Eel, The Classical Review 24.2. (1974) 185–186; David, Promotion civique et droit à la parole: L. Licinius Crassus, les accusateurs et les rhéteurs latins, Mélanges de l'Ecole française de Rome. Antiquité 91 (1979) 135–181; Broughton,

bei dem Historiker und Juristen L. Coelius Antipater[848] genossen hatte. Aufgrund der Verwandtschaftsbeziehungen zwischen der *gens Licinia* und der *gens Mucia* ist auch eine Ausbildung bei P. Mucius Scaevola oder Q. Mucius Scaevola *augur* nicht auszuschließen. Seinen *cursus honorum* bestritt L. Licinius Crassus über lange Zeit hinweg gemeinsam mit Q. Mucius Scaevola *pontifex*: Sie amtierten jeweils zusammen als *quaestor*, *aedilis* und *consul*, ehe sie sich während ihres Konsulats wegen eines Triumphzugs entzweiten.[849] Gemeinsam waren sie auch die Urheber der *lex Licinia Mucia de civibus redigundis*, die den Bürgerkrieg mit verursachte.[850] Auch bei anderen Gesetzesvorhaben wirkte L. Licinius Crassus mit: Er war als Zensor Schöpfer eines Edikts gegen die sog. *latini rhetores*[851] und hielt ein Plädoyer für die *lex iudiciaria* des radikalen Volkstribuns M. Livius Drusus.[852] Neben seiner intensiven Anwaltstätigkeit saß er gemeinsam mit Q. Mucius Scaevola *augur* im *consilium* des Prätors Q. Pompeius Rufus,[853] war *IIvir coloniae Narbonensis deducendae* und *Xvir agris dividundis*[854] und leitete mit Cn. Domitius Ahenobarbus, seinem späteren Mitkonsul, eine Kommission zum Münzwesen.[855]

Crassus begann seines Karriere als Anwalt mit der Anklage gegen C. Papirius Carbo (über das *crimen* herrscht Uneinigkeit: vorgeschlagen wurden v.a. die *quaestio de reptundis* und die *quaestio de maiestate minuta*).[856] Erwähnenswert ist, dass der Sohn des Angeklagten Carbo von Crassus in sein *consilium* aufgenommen wurde, als Crassus als *proconsul* die Provinz Gallia zu verwalten hatte.[857] In einem weiteren Fall verteidigte er eine Verwandte, die Vestalin Licinia,

---

Magistrates, III 118 ; Roman, Débuts oratoires et causa popularis à Rome au II siècle avant J.-C. L'exemple de L. Licinius Crassus, Ktèma 19 (1994) 97–110; David, Le patronat judiciaire, 714–716; Walde, Art. Licinius Crassus, L. [10], DNP 7 (1999) Sp. 158–161; Suerbaum, § 183, in: Ders. (Hrsg.), Die archaische Literatur, 510–514; Fantham, The Roman World of Cicero's de oratore, 26–48. Von der herrschenden Lehre wird angenommen, dass in Pomp. l.s. enchir. D. 1.2.2.40 eine Verwechslung mit P. Licinius Crassus Dives Mucianus vorliegt. Siehe Kunkel, Die römischen Juristen, 18. Vgl. Cic. Brut. 145 und Cic. de orat. 1.40 für Crassus' juristische Bildung.

848 Cic. Brut. 102; Cic. de orat. 2.54.

849 Cic. inv. 2.111; Cic. Pis. 24, 26; Ascon. Pis. § 62 (p. 19 f., ed Stangl).

850 Ascon. Cornel. (p. 54, ed. Stangl).

851 Suet. rhet. 1; Gell. 15.11.2. Zum Edikt siehe auch Pina Polo, Contra arma verbis, 81–88.

852 Cic. dom. 50.

853 Cic. De orat. 1.168. Siehe auch Alexander, Trials in the Late Roman Republic, 52 Nr. 99.

854 Cic. Brut. 160; Häpke, Art. L. Licinius Crassus (55), RE XIII (1926) Sp. 262.

855 Häpke, Art. L. Licinius Crassus (55), RE XIII (1926) Sp. 260. Vgl. auch Cic. de orat. 2.230; Cic. Brut. 164; Val. Max. 9.1.4; Ail. nat. var. 8.4, Plin. nat. 17.1, 36.7; Suet. Nero 2.2.

856 Alexander, Trials in the Late Roman Republic, 16 Nr. 30 mit weiteren Hinweisen. Siehe auch Malcovati, Oratorum romanorum fragmenta, 80 f.

857 Val. Max. 3.7.6.

als diese vor eine *quaestio extraordinaria* wegen *incestus* angeklagt wurde, hatte jedoch keinen Erfolg.[858] Als *advocatus* trat er für L. Calpurnius Piso in dessen Repetundenverfahren auf[859], verteidigte Q. Servilius Caepio *de maiestate minuta* (eine der im Verlauf dieses Prozesses vorgebrachten Definitionen von *maiestas* stammt möglicherweise von ihm)[860] und vertrat Cn. Munatius Plancus in dessen Prozess wegen eines unbekannten *crimen*.[861] Im Rechtsstreit gegen Plancus hielt er dem *accusator* M. Iunius Brutus vor, das Erbe seines Vaters, des berühmten Juristen M. Iunius Brutus, verschleudert zu haben, indem er dessen drei Bücher *de iure civili* vorlesen ließ, mit dem Hinweis, dass der Sohn des Brutus alle Güter, an denen der Dialog seinen Schauplatz hatte, verkauft hatte.[862] Möglicherweise assistierte Crassus auch seinem Verwandten C. Marius, als dieser seinen Klienten T. Matrinius in einem Bürgerrechtsprozess verteidigte.[863] Außerdem war er Zeuge im Verfahren gegen M. Claudius Marcellus d. Ä.[864]

Seinen heute bekanntesten Fall, die *causa Curiana*, bestritt L. Licinius Crassus 93 v. Chr.: Ein gewisser Coponius hatte im Glauben, dass seine Frau ein Kind erwartete, für den Fall, dass dieses Kind vor Erreichung der Mündigkeit versterben sollte, M'. Curius als Erben eingesetzt (Pupillarsubstitut). Der Erblasser starb, es stellte sich heraus, dass die Frau nicht schwanger war und Curius nahm die Erbschaft in Besitz. Dagegen klagte M. Coponius, ein Verwandter des Erblassers. Im Prozess stützte sich Crassus, der M'. Curius vertrat, nicht nur auf Beispiele und Testamentsformulare, sondern auch auf die Autorität mehrerer Juristen, darunter auf die seines Schwiegervaters Q. Mucius Scaevola *augur* und gewann den Prozess.[865]

---

858 Plut. Qu. R. 83. Weitere Hinweise bei ALEXANDER, Trials in the Late Roman Republic, 21 Nr. 41. HÄPKE, Art. L. Licinius Crassus (55), RE XIII (1926) Sp. 256, nimmt an, dass Rhet. Her. 4.47 sich auf diesen Prozess bezieht. Siehe auch BONNER, Roman Declamation in the Late Republic and Early Empire, 33, der vermutet, dass Sen. contr. 1.3 und 6.8 sich an der Rede des Crassus orientierten. Siehe auch MALCOVATI, Oratorum romanorum fragmenta, 242.

859 Cic. de orat. 2.265, 2.285. MALCOVATI, Oratorum romanorum fragmenta, 258; ALEXANDER, Trials in the Late Roman Republic, 24 Nr. 48.

860 Cic. Brut. 162; Rhet. Her. 1.21, 2.17. MALCOVATI, Oratorum romanorum fragmenta, 245; ALEXANDER, Trials in the Late Roman Republic, 45 Nr. 88 f.; CALBOLI, Introduzione alle inventio, 218. Zur Problematik der Definition von *maiestas* siehe NIPPEL, Aufruhr und Polizei, 65.

861 Cic. de orat. 2.222–226; Cic. Cluent. 140 f. ; Quint. inst. 6.3.43 f.; Cass. Dio 40.55. Siehe auch MALCOVATI, Oratorum romanorum fragmenta, 254–257; ALEXANDER, Trials in the Late Roman Republic, 52 Nr. 98.

862 Cic. de orat. 2.223 f.; Cic. Cluent. 141; Quint. inst. 6.3.44.

863 Cic. Balb. 48 f. Siehe auch ALEXANDER, Trials in the Late Roman Republic, 46 Nr. 89.

864 Cic. Font. 24; Val. Max. 8.5.3. MALCOVATI, Oratorum romanorum fragmenta, 258 f.; ALEXANDER, Trials in the Late Roman Republic, 45 Nr. 87.

865 Cic. Caecin. 69; Cic. de orat. 1.180, 1.242–245; Cic. Brut. 194–198. Siehe auch MALCOVATI, Oratorum romanorum fragmenta, 245–248; ALEXANDER, Trials in the Late Roman Republic, 48 f. Nr. 93. Siehe auch S. 105, 109, 126.

In einem anderen Zivilverfahren vertrat Crassus C. Sergius Orata bei seiner Klage gegen M. Marius Gratidianus, der von M. Antonius vertreten wurde: Gratidianus hatte Orata ein Haus manzipiert und dabei nicht deklariert, dass dieses mit einer Servitut belastet war. Allerdings hatte Gratidianus das Haus wenige Jahre von Orata gekauft, weshalb Orata von der Belastung wissen musste. Die Klage wurde schließlich abgewiesen.[866]

Auch einem weiteren Fall fungierte Crassus als Anwalt des C. Sergius Orata, als gegen diesen durch den Steuerpächter Considius Klage erhoben wurde, da Orata seiner Meinung nach zu viel öffentliches Wasser für sich beanspruche. Über den Ausgang dieses Rechtsstreits ist nichts bekannt.[867] In einem anderen Zivilverfahren mit unbekanntem Inhalt vor dem Richter M. Perperna vertrat er C. Visellius Aculeo gegen M. Marius Gratidianus.[868]

C. Flavius Fimbria[869], ein *homo novus*, wird von Cicero in erster Linie als gefragter Anwalt erwähnt, seine Kenntnisse im *ius civile* werden von ihm im *Brutus* betont.[870] Vermutlich 106 v. Chr. wurde er durch M. Gratius im Repetundenverfahren angeklagt und freigesprochen.[871] Erwähnenswert ist, dass er als Richter für eine Klage *per sponsionem* unter der Bedingung *ni vir bonus esset* eingesetzt wurde.[872] Fimbria weigerte sich, ein Urteil zu sprechen, da er dem Ruf des M. Lutatius Pinthia nicht schaden wollte, sich aber auch nicht zu einem positiven Urteil entschließen konnte, da die Frage, ob jemand ein *vir bonus* sei, von vielen Faktoren abhängig sei und keinesfalls eine Momentaufnahme

---

866 Cic. de orat. 1.178; Cic. off. 3.67. Dazu Behrends, Wie haben wir uns die römischen Juristen vorzustellen?, SZ 128 (2011) 95; Alexander, Trials in the Late Roman Republic, 173 Nr. 362; Dyck, A Commentary on Cicero, De Officiis, 579 f.; Brennan, Gardens and Neighbors, 222–224.

867 Val. Max. 9.1.1, Plin. nat. 9.168. Siehe auch Malcovati, Oratorum romanorum fragmenta, 257 f.; Alexander, Trials in the Late Roman Republic, 174 Nr. 364; Brennan, Gardens and Neighbors, 221 f.; Bannon, C. Sergius Orata and the Rhetoric of Fishponds, The Classical Quarterly 64 (2014) 166–182. Vgl. Auch Häpke, Art. L. Licinius Crassus (55), RE XIII (1926) Sp. 265.

868 Cic. de orat. 2.262, 2.269. Siehe auch Alexander, Trials in the Late Roman Republic, 174 Nr. 366.

869 cos. 104 v. Chr. Zu C. Flavius Fimbria siehe Münzer, Art. C. Flavius Fimbria (87), RE VI (1909) Sp. 2598 f.; Schanz/Hosius, Geschichte der römischen Literatur I, 224; Malcovati, Oratorum romanorum fragmenta, 206 f.; Kunkel, Die römischen Juristen, 16 f.; Wieacker, Die römischen Juristen in der politischen Gesellschaft, FS v. Lübtow, 199, 231 Nr. 180; Sumner, The orators in Cicero's Brutus, 76; Broughton, Candidates Defeated in Roman Elections, 45 Nr. 4; Broughton, Magistrates, III 92; David, Le patronat judiciaire, 703 f.; Muñiz Coello, C. Flavius Fimbria, consular y legado en la provincia de Asia (86/84 a. de C.), Studia historica. Historia antigua 13/14 (1995/96) 257–276.

870 Cic. Brut. 129.

871 Cic. Font. 24, 26; Cic. Brut. 168; Val. Max. 8.5.2.

872 Cic. off. 3.77; Val. Max. 7.2.4. Dazu Crook, Sponsione provocare, JRS 66 (1976) 133; Churchill, Sponsio Quae in Verba Facta Est?, CQ 50 (2000) 162; Platschek, Studien zu Ciceros Rede für P. Quinctius, 124.

gestatte. Diese Anekdote zeigt deutlich, welch große Rolle das soziale Ansehen der Parteien und des Richters in Prozessen der römischen Republik spielten und dass Juristen und juristisch erfahrene Personen nicht nur in *bonae fidei iudicia* als Richter ausgewählt wurden.[873]

Zu nennen sind auch Cn. Servilius Caepio[874] und Q. Servilius Caepio[875], die beiden leiblichen Brüder von Q. Fabius Maximus Servilianus. Cicero hebt lobend hervor, dass sie ihre Klienten mit *consilium* et *lingua*, also durch Rechtsberatung und Vertretung im Prozess, unterstützten.[876] Von diesen Prozessen ist leider nichts bekannt; man weiß nur, dass sie als Zeugen gegen Q. Pompeius in dessen Repetundenverfahren aussagten, dieser jedoch freigesprochen wurde.[877] Cn. Servilius Caepio saß als *consul* der *quaestio* gegen L. Hostilius Tubulus vor.[878]

Außerdem gibt es einige Juristen, deren Respondiertätigkeit bekannt ist, aber von denen keine Rechtsauskünfte überliefert sind, so etwa der von Valerius Maximus genannte Jurist C. Marcius Figulus.[879] Dieser hatte erbost über seine Niederlage bei der Wahl zum Konsul die Ratsuchenden mit den Worten entlassen: „*an nos consulere scitis, consulem facere nescitis*?" („Um Rat fragen könnt ihr, zum Konsul machen könnt ihr mich nicht!");[880] diese Aussage kann als ein Indiz für die politische Relevanz der Respondierpraxis angesehen werden.

Wenig bekannt ist auch über A. Verginius[881], Schüler des P. Mucius Scaevola und Mitglied des Scipionenkreises[882], sowie C. Livius Drusus[883], der sich großer

873 S. 155 f., 222, 361, 375.

874 praet. 144 v. Chr., cos. 141 v. Chr., cens. 125 v. Chr. Zu Cn. Servilius Caepio siehe MÜNZER, Art. Cn. Servilius Caepio (46), RE II (1923) Sp. 1781; SUMNER, The orators in Cicero's Brutus, 51; BROUGHTON, Magistrates, III 194; DAVID, Le patronat judiciaire, 699.

875 cos. 140 v. Chr. Zu Q. Servilius Caepio siehe MÜNZER, Art. Q. Servilius Caepio (48), RE II (1923) Sp. 1782 f.; SUMNER, The orators in Cicero's Brutus, 51; HACKL, Senat und Magistratur, 68–73; DAVID, Le patronat judiciaire, 699.

876 Cic. Brut. 97.

877 ALEXANDER, Trials in the Late Roman Republic, 6 Nr. 8.

878 ALEXANDER, Trials in the Late Roman Republic, 5 Nr. 5.

879 C. Marcius Figulus war der Sohn des gleichnamigen Konsuls des Jahres 162 v. Chr. und scheiterte 132 v. Chr. bei der Konsulatswahl. Siehe BREMER, Iurisprudentiae antehadrianae, I 40; MÜNZER, Art. C. Marcius Figulus (62), RE XIV (1930) Sp. 1559; KUNKEL, Die römischen Juristen, 14; BROUGHTON, Candidates Defeated in Roman Elections, TAPA 81 (1991) 14 Nr. 26.

880 Val. Max. 9.3.2.

881 Pomp. l. s. enchir. D. 1.2.2.40. Siehe auch Cic. Laelius 101. Zu A. Verginius siehe BREMER, Iurisprudentiae antehadrianae, I 109; GUNDEL, Art. A. Verginius (6), RE VIII (1958) Sp. 1511 f.; KUNKEL, Die römischen Juristen, 15 f.

882 KUNKEL, Die römischen Juristen, 15.

883 BREMER, Iurisprudentiae antehadrianae, I 27; KUNKEL, Die römischen Juristen, 14 f.; SUMNER, The orators in Cicero's Brutus, 65 f.; WIEACKER, Römische Rechtsgeschichte I, 543; DAVID, Le patronat judiciaire, 690; LIEBS, § 194.9, in: SUERBAUM (Hrsg.), Die archaische Literatur, 568.

Beliebtheit bei Klienten, die eine Rechtsauskunft suchten, erfreute.[884] Als Redner war er beinahe so bekannt wie sein älterer Bruder Marcus, Urheber der *leges Liviae iudiciariae* und vehementer Gegner der Gracchen;[885] politisch war er, vermutlich weil er blind war, nicht aktiv.[886] Seine Rechtsmeinung ist nur in einem Fall überliefert: Gemeinsam mit Sex. Aelius bejahte er, dass der Verkäufer bei Annahmeverzug des Käufers die Nahrungsrationen (*cibaria*) des verkauften Sklaven geltend machen könne.[887] Von seinen Büchern zum *ius civile*, wenn er solche verfasst hatte,[888] ist nichts erhalten.

I.4.10. Zusammenfassung

Im Verlauf des 2. Jhdts. v. Chr. entwickelte sich die römische Rechtswissenschaft langsam zu einer eigenständigen Disziplin. Rechtsinstitute wurden teils neu erfunden, teils weiterentwickelt, die Rechtschöpfung des Prätors nahm ihren Anfang und der beginnende Diskurs unter den Juristen – in diesem Jahrhundert zeigen sich auch die ersten Juristenkontroversen – beeinflusste die Rechtsfortbildung dieser und späterer Jahrhunderte.

Zugleich war das 2. Jhdt. v. Chr. aber auch eine Zeit großer außen- und innenpolitischer Konflikte, die die römische Gesellschaft spalteten und schließlich auch zum Untergang der römischen Republik führten. Diese Debatten äußerten sich auch in den *responsa* der römischen Juristen, die sich in ihren Werken sowohl mit außenpolitischen Fragestellungen wie der *causa Mancini* oder dem Fall des Übersetzers Menander befassten als auch *responsa* zur Entstehung der Magistraturen oder zu den Kompetenzen der einzelnen Imperiumsträger[889] verfassten.

Gerade in diesem Jahrhundert zeigt sich besonders gut die enge Verknüpfung zwischen politischer Tätigkeit und juristischer Beratung: Juristen waren häufig in Kommissionen tätig, entwarfen Gesetzesanträge und meldeten sich in politischen Debatten zu Wort. Die Juristen des 2. Jhdts. v. Chr. waren

884 Cic. Tusc. 5.112; Val. Max. 8.7.4.

885 Vgl. Cic. Brut. 109. Siehe auch Diod. 37.10, aus dem hervorgeht, dass beide Drusi (sowohl Marcus als auch sein Bruder) großes Ansehen in Rom genossen. Die erfolgreiche Anwaltstätigkeit des Volkstribuns beschreibt Sen. brev. vit. 6.1.

886 Kunkel, Die römischen Juristen, 14.

887 Cels. 8 dig. D. 19.1.38.1 (siehe S. 73).

888 Aus dem Wortlaut von Val. Max. 8.7.4 (*Livius Drusus* [...] *utilissimaque discere id cupientibus monumenta conposuit*) geht nicht eindeutig hervor, dass Liviuis Drusus Bücher verfasst hat.

889 Siehe hierzu auch die Hinweise bei Fuhrmann, Erneuerung als Wiederherstellung des Alten, 146 f., zu Tribunat und Diktatur.

Universalisten – sie waren nicht nur Juristen, sondern primär Politiker und Anwälte, häufig auch noch Feldherren, deren Existenz nicht allein durch ihre juristische Tätigkeit bestimmt wurde.[890] Juristische Beratung war zwar förderlich, wenn man sich um politische Ämter bewarb, aber nicht das allein ausschlaggebende Element bei der Erlangung der Wählergunst, wie z. B. C. Marcius Figulus leidvoll erfahren musste. Der einzige Jurist, der in dieser Hinsicht eine gewisse Sonderstellung einnahm, war Q. Mucius Scaevola *pontifex;* doch auch er durchlief den *cursus honorum*, und trat häufig vor Gericht auf, und hatte auf anderen Gebieten Ruhm erworben.

Auch das Respondieren war im 2. Jhdt. v. Chr. keinesfalls eine kernjuristische Tätigkeit, sondern wurde von vielen Römern, die in der Öffentlichkeit standen, ausgeübt: Die Weigerung des L. Licinius Crassus, sich durch Respondieren mit Q. Mucius Scaevola zu messen,[891] wird eher als Ausnahme geschildert, wie auch anhand der *responsa* des Ser. Sulpicius Galba und des P. Cornelius Scipio Aemilianus, beide nicht in erster Linie für ihr juristisches Wissen bekannt,[892] gezeigt werden kann. Generell ist eine Abgrenzung zwischen Anwälten und Juristen, sei es aufgrund ihrer Rechtskenntnisse, sei es anhand des Auftretens vor Gericht, zu dieser Zeit besonders schwierig vorzunehmen, zumal die meisten Juristen dieser Zeit nachweislich plädierten und auch für viele Anwälte Rechtskenntnisse nachgewiesen werden können. Dass eine unserer wichtigsten Quellen für dieses Jahrhundert Cicero ist, der sich in Werken wie *Laelius*, *Brutus*, *de legibus*, *de re publica* oder *de oratore* mit den Juristen des 2. Jhdts. v. Chr. befasste, macht die Abgrenzungsfrage nicht einfacher, standen doch für Cicero, der bisweilen selbst eine zwiespältige Haltung zur Jurisprudenz einnahm,[893] vorwiegend deren Wirken als Staatsmänner und Redner im Vordergrund.

Auffallend ist auch, dass nach wie vor viele Juristen *pontifices* oder *augures* waren. Ob der Grund dafür darin lag, dass diese Funktionen ihr juristisches Können verstärkten oder darin, dass die Priesterwürde ihre *auctoritas* erhöhte, die im römischen Prozessrecht einen hohen Stellenwert einnahm, ist letztendlich nicht feststellbar. Sicher ist jedenfalls, dass das *ius publicum*, zu dem auch

890 Dies zeigt sich auch an Ciceros Versuch, Staatsmänner und Juristen voneinander abzugrenzen. Siehe S. 110.

891 Cic. Brut. 155.

892 Freilich hatte Scipio Aemilianus wohl gewisse juristische Kenntnisse, wie z. B. seiner Aussage, Tiberius Gracchus sei zu Recht getötet worden, wenn er nach der Herrschaft über den Staat gestrebt habe (Vell. 2.4.4), zu entnehmen ist. Siehe dazu auch Nippel, Aufruhr und Polizei, 83, der die Äußerung als *responsio* charakterisiert. Zur Diskussion mit seinem Neffen Q. Aelius Tubero d. Ä. siehe S. 113, zum *responsum* des Galba siehe S. 108.

893 Siehe dazu S. 294 ff.

das *ius sacrum* gezählt wurde, eine hohe Relevanz für die römische Politik hatte und dass die aus heutiger Sicht antiquarisch anmutenden Debatten beispielweise um die Feinheiten des römischen Kalenders oder die Entstehung des Tribunats häufig einen handfesten politischen Hintergrund hatten – so wurde z. B. für das Verfahren gegen Rabirius wegen *perduellio* explizit auf antiquarische Studien zurückgegriffen.[894] Dies erklärt auch die starke Nähe der Jurisprudenz zur Geschichtsschreibung, die zu dieser Zeit besonders wichtig wurde.

894 Cic. Rab. perd. 15. Siehe auch Nippel, Aufruhr und Polizei, 105 f.

I.5. Das 1. Jhdt. v. Chr. bis zum Prinzipat – die Zeit des Umbruchs

I.5.1. Allgemeines

Das 1. Jhdt. v. Chr. stand stark im Zeichen der politischen Auseinandersetzungen, zunächst des Bundesgenossenkriegs, und später der Kämpfe zwischen Marius und Sulla und der darauf folgenden Proskriptionen.[895] Zudem mussten die Römer den im Süden Italiens entstandenen Sklavenaufstand unter der Führung von Spartacus niederschlagen.[896] In den darauffolgenden Jahrzehnten prägten der Machtkampf zwischen Cäsar, Pompeius und Crassus und deren Gegnern sowie der Nachfolgekrieg zwischen Antonius und Octavian Rom und seine Rechtswissenschaft.[897]

Vor allem der Bundesgenossenkrieg veränderte die römische Rechtswissenschaft stark.[898] Aufgrund der hohen Zahl an Neubürgern[899] durch die *lex Iulia de civitate latinis et sociis danda*,[900] die *lex Calpurnia de civitate sociorum*[901] und die *lex Plautia Papiria de civitate*[902] waren Vereinfachungen im Prozessrecht

895 Siehe dazu Brunt, Social Conflicts in the Roman Republic, 97–111; Christ, Sulla, 78–121; sowie zu den Proskriptionen Kunkel/Wittmann, Staatsordnung und Staatspraxis der römischen Republik, 238–240.

896 Brennan, The Praetorship in the Roman Republic, 431–434; Christ, Krise und Untergang der römischen Republik, 243–250.

897 Siehe dazu Brunt, Social Conflicts in the Roman Republic, 112–147.

898 Zu den Hintergründen siehe Brunt, The Fall of the Roman Republic, 93–143 und Gabba, Esercito e società nella tarda repubblica romana, 70–130. Zur *lex Licinia Mucia* siehe S. 124 f., 142.

899 Allein im Zeitraum 90–86 v. Chr. kam es zu einer Verdoppelung der Zahl der Bürger. Siehe Gabba, Esercito e società nella tarda repubblica romana, 149.

900 Siehe Rotondi, Leges publicae, 338 f.

901 Siehe Rotondi, Leges publicae, 340.

902 Siehe Rotondi, Leges publicae, 340 f. Zu allen drei Gesetzen siehe Luraschi, Sulle leges de civitate (Iulia, Calpurnia, Plautia Papiria), SDHI 44 (1978) 321–370; Coskun, Zu den Rechtsgrundlagen der römischen Bürgerrechtsvergabe infolge des Bundesgenossenkrieges, RIDA 51 (2004) 101–132.

unausweichlich und der Formularprozess, der schon seit dem 2. Jhdt. v. Chr. verstärkt für Prozesse mit Peregrinen verwendet wurde,[903] setzte sich in den meisten Rechtsbereichen durch.[904] Gleichzeitig kam es nach dem Krieg zu einer Neuordnung und Vereinheitlichung der munizipialen Gerichtsbarkeit.[905]

Von großer Bedeutung waren auch die rechtspolitischen Neuerungen Sullas, unter dessen Ägide es zu einer umfassenden Neuordnung des Staatsrechts und zu einer Systematisierung und Vereinheitlichung auf dem Gebiet des Staats- und Strafrechts kam.[906] So erhöhte Sulla die Zahl der Prätoren auf acht,[907] erweiterte den Senat auf 600 Personen,[908] strukturierte den *cursus honorum* um (*lex Cornelia de magistratibus*), indem er den 10-Jahresabstand für die Wiederwahl zum selben Amt wieder einführte, die Reihenfolge des *cursus honorum* mit Quästur, Prätur und Konsulat fixierte und vielleicht auch das Mindestalter veränderte,[909] und änderte die Organisation der *quaestiones*: Zu den *quaestiones perpetuae* zählten nunmehr neben der *quaestio repetundarum*, die schon 149 v. Chr. eingerichtet worden war, die *quaestio de maiestate*, die *quaestio de sicariis et veneficiis*, die *quaestio de peculatu* und die *quaestio de ambitu*.[910] Später, aber ebenfalls im 1. Jhdt. v. Chr., wurden die *quaestio de testamentariis*, die *quaestio de vi*, die *quaestio*

903 Siehe Kunkel/Wittmann, Staatsordnung und Staatspraxis der römischen Republik, 324 FN 94; Coskun, Bürgerrechtsentzug oder Fremdenausweisung?, 47–55.

904 Zur Teilhabe von Peregrinen am römischen Rechtsleben siehe Brunt, Italian Aims at the Time of the Social War, JRS 55 (1965) 102; Coskun, Bürgerrechtsentzug oder Fremdenausweisung?, 39–73.

905 Kaser/Hackl, Das römische Zivilprozessrecht, 177–180.

906 Seine rechtspolitischen Reformen wurden bei seiner Würdigung lobend hervorgehoben Val. Max. 7.5.5; Vell. 2.25.1. Für eine Übersicht siehe Christ, Sulla, 122–132, und Rainer, Römisches Staatsrecht, 166–169. Zurückhaltender äußert sich Badian, From the Gracchi to Sulla (1940–59), Historia 11 (1962) 231.

907 Ob es sich hier wirklich um eine eigene *lex Cornelia de praetoribus octo creandis* handelte, wie von Rotondi, Leges publicae, 353, angenommen wird, ist unsicher. Allerdings ist eine *lex Cornelia de quaestoribus XX creandis* inschriftlich überliefert (dazu Crawford, Roman Statutes, I 293–300).

908 Dazu Hantos, Res publica constituta, 45–61.

909 Zum Inhalt (Mindestalter für Magistraturen) der *lex Villia Annalis*, die durch die *lex Cornelia de magistratibus* ergänzt wurde, siehe Brennan, The Praetorship in the Roman Republic, 170; Elster, Die Gesetze der mittleren römischen Republik, 344–347; Rainer, Römisches Staatsrecht, 57; Jehne, Statutes on Public Powers, 422–425. Zur *lex Cornelia de magistratibus* siehe Rotondi, Leges publicae, 351; Timmer, Altersgrenzen politischer Partizipation in antiken Gesellschaften, 84 f., 91. Siehe auch Hantos, Res publica constituta, 33–45 und de Wilde, The Dictatorship and the Fall of the Roman Republic, SZ 130 (2013) 12–16.

910 Dazu Brennan, The Praetorship in the Roman Republic, 416–424. Zur *lex Cornelia de maiestate*, zur *lex Cornelia de sicariis et veneficiis*, zur *lex Cornelia de peculatu* und zur *lex Cornelia de ambitu* siehe auch Rotondi, Leges publicae, 357 f., 360 f. Zur *lex Cornelia de sicariis et veneficiis* siehe auch Crawford, Roman Statutes, II 749–753. Siehe auch S. 84.

legis Papiae und *die quaestio de sodaliciis* eingerichtet.[911] Auch eine Reihe von Strafgesetzen wurde unter Sullas Regierung verabschiedet.[912]

Große Nachwirkungen hatte auch die Institutionalisierung der Promagistratur, die ebenfalls unter Sulla initiiert wurde. Bis zum 1. Jhdt. war es üblich, dass neu gewählte Prätoren (mit Ausnahme des *praetor urbanus*) eine der Provinzen zur Verwaltung übernahmen. Ab dem 1. Jhdt. kehrte sich dieses Verhältnis um: Die neu gewählten Prätoren blieben zumeist in der Stadt Rom, während die Verwaltung der Provinzen einem *legatus pro consule* oder *pro praetore* übertragen wurde.[913] Den Vorsitz über jeweils eine der *quaestiones perpetuae* übernahmen deshalb vermehrt *praetores*, auch wenn, wie bis dahin üblich, zusätzlich *iudices quaestionis* eingesetzt wurden. Neben dem Vorsitz über die *quaestiones* waren die Prätoren auch für andere Aufgaben, wie die Verpflegung mit Korn, die Erstellung des Edikts oder die zivile Rechtsprechung, zuständig. Diesen Aufgaben konnten sie sich aufgrund der Zahl an anwesenden Magistraten nunmehr in größerem Ausmaß widmen, während zuvor der *praetor urbanus* und der *praetor peregrinus* häufig zusätzlich eine Provinz erhielten,[914] mitunter wurden auch die *provincia urbana* und die *provincia peregrina* miteinander kombiniert.[915]

Insgesamt kam es unter Sulla zu einer großen Neuordnung des Rechts, bei der dieser freilich in einem großen Ausmaß auf die Gesetzgebung der Gracchen und auf andere frühere Gesetze, darunter die (für nichtig erklärten) Gesetze und Anträge des M. Livius Drusus,[916] zurückgreifen konnte.[917] Nichtsdestotrotz hatte Sullas Kodifikation, die auch durchaus als solche intendiert war,[918]

---

911 Siehe Hantos, Res publica constituta, 63–68; Brennan, The Praetorship in the Roman Republic, 421–424. Zur *lex Cornelia de falsis* und zur *lex Cornelia de vi* siehe Rotondi, Leges publicae, 356 f., 361.

912 Dazu Brennan, The Praetorship in the Roman Republic, 388–403. Für die Zahl der Prätoren siehe Brennan, The Praetorship in the Roman Republic, 390 f.

913 Brennan, The Praetorship in the Roman Republic, 394–398. Zur Neuordnung der Provinzverwaltung unter Sulla siehe Hantos, Res publica constituta, 89–120. Die Existenz einer *lex Cornelia de provinciis* ist in der Forschung umstritten. Siehe Pina Polo, The Consul at Rome, 225–248.

914 Siehe Kunkel/Wittmann, Staatsordnung und Staatspraxis der römischen Republik, 189; Beck, Karriere und Hierarchie, 35 f.

915 Liv. 25.3.2, 27.36.11, 37.50.8.

916 Zu den Gesetzesvorhaben des M. Livius Drusus siehe Nippel, Aufruhr und Polizei, 87–89; Christ, Krise und Untergang der römischen Republik, 174–179; Kunkel/Wittmann, Staatsordnung und Staatspraxis der römischen Republik, 654.

917 Vgl. auch Brennan, The Praetorship in the Roman Republic, 299 f.

918 Zum Zusammenhang zwischen den *decemviri legibus scribundis* und der *dictatura legibus scribundis et rei publicae constituendae* siehe Bellen, Sullas Brief, 559–561, 566. Zu Sullas Diktatur siehe Kunkel/Wittmann, Staatsordnung und Staatspraxis der römischen Republik,

in den Augen der Nachwelt Vorbildcharakter[919] und Cassius Dio benutzte sie in seiner Maecenas-Rede, um Augustus die Vorteile der Alleinherrschaft vor Augen zu führen.[920]

Auch andere politische Persönlichkeiten dieser Übergangszeit waren juristisch nicht untätig. Sowohl Cäsar als auch sein zeitweiliger Verbündeter und späterer Konkurrent Pompeius sowie der dritte *triumvir* M. Licinius Crassus waren als junge Männer als Anwälte tätig und das Rechtsleben blieb ihnen zeitlebens ein großes Anliegen. Gerade durch Cäsar wurden einige Entwicklungen vorbereitet, die später charakteristisch für das Rechtswesen des Prinzipats wurden, etwa das Amt des Hofjuristen,[921] die Kaisergerichtsbarkeit[922] oder der Kognitionsprozess.[923]

Die Juristen des 1. Jhdt. v. Chr. widmeten sich verstärkt der Systematisierung des Rechts; dies machte sich vor allem in einer hohen Zahl an Einteilungen (*partitiones*) und Definitionen (*definitiones*) bemerkbar.[924] Letzteren widmete Q. Mucius Scaevola sogar ein eigenes Buch, den *liber singularis* ὅρων. Diese Entwicklung steht sicherlich zu einem gewissen Grad mit dem Vordringen der griechisch beeinflussten Rhetorik und Philosophie in Zusammenhang,[925] wenn auch der Einfluss, den die griechische Argumentationskunst, speziell die *divisio*

706–711; Vervaet, The lex Valeria and Sulla's empowerment as dictator (82–79 BCE), Cahiers du Centre Gustave Glotz 15 (2004) 37–84.

919 Vgl. auch Pomp. l. s. enchir. D. 1.2.2.32, wo Sulla in einer Reihe mit Cäsar und Augustus genannt wird.

920 Cass. Dio 52.13.5. Eine weitere (durchaus gewollte) Parallele zwischen Sulla und Augustus ist deren Rückgabe des Amts und der darauffolgende Rückzug ins Privatleben, der bei Augustus freilich nur ein scheinbarer war (siehe Vervaet, The lex Valeria and Sulla's empowerment as dictator (82–79 BCE), Cahiers du Centre Gustave Glotz 15 (2004) 64–66). Zu weiteren Ähnlichkeiten zwischen Sulla und Augustus siehe Dettenhofer, Herrschaft und Widerstand im augusteischen Principat, 11, 72, 83.

921 Siehe dazu etwa Malitz, Die Kanzlei Caesars, Historia 36 (1987) 51–72; Liebs, Hofjuristen der römischen Kaiser, 15–17.

922 Siehe Tuori, The Emperor of Law, 21–67.

923 Siehe Millar, Triumvirate and Principate, JRS 63 (1973) 60 f.; Bringmann, Der Diktator Caesar als Richter?, Hermes 114 (1986) 87; Gotoff, Cicero's Caesarian Orations, 255, 265; Balbo, Attività giudiziaria, 552.

924 Dazu Schulz, Geschichte der römischen Rechtswissenschaft, 73–84; Wieacker, Römische Rechtsgeschichte I, 618–639.

925 Zum Einfluss der Rhetorik auf die Rechtswissenschaft siehe etwa Schmidlin, Horoi, pithana und regulae – Rhetorik, Dialektik und juristische Regelbildung, ANRW II 15 (1976) 101–130; Leeman, Die Konsultierung des Trebatius. Statuslehre in Horaz Serm. 2.1, 209–215. Zum Einfluss der Philosophie siehe (wenn auch mitunter etwas über das Ziel hinausschiessend) Behrends, Die Wissenschaftslehre im Zivilrecht des Q. Mucius Scaevola pontifex; Behrends, Staatsrecht und Philosophie in der ausgehenden Republik, SZ 100 (1983) 458–484.

und der *status definitivus*, auf die Ausbildung der römischen Rechtswissenschaft hatte, leider bis jetzt zu wenig erforscht ist.

Auch die Literatur zum *ius sacrum* erlebte eine Blüte, was teilweise mit der hohen Relevanz des *ius sacrum* für politische und juristische Auseinandersetzungen zu erklären ist. So spielte die Frage, ob Gabinius das Orakel der Sibyllinischen Bücher missachtet hatte, eine entscheidende Rolle bei seinem Prozess *de maiestate minuta* und die Missachtung von Auspizien war u. a. bei der Kritik an Clodius' Gesetzesvorhaben ein Thema.[926] Ein weiteres Beispiel ist die später rückgängig gemachte Weihung von Ciceros Haus, die ein *decretum* der *pontifices* zur Folge hatte. Ein Jahr später wurde die *dedicatio* wieder ein Thema, als ein *responsum* der *haruspices* die Debatte hervorrief, wer von den beiden politischen Gegnern, Cicero oder Clodius, sich eines religiösen Vergehens schuldig gemacht habe.[927]

Wie Kunkel bereits in seinem Klassiker „Die römischen Juristen" feststellte, ist die Zahl der *equites*, die während des 1. Jhdt. v. Chr. als Juristen tätig waren, höher als in den Jahrzehnten hervor.[928] Seine Folgerung, dass während dieser Zeit die Jurisprudenz nicht mehr als Beschäftigung der Nobilität galt, ist jedoch nur teilweise richtig.[929] Zwar ist vermehrt zu beobachten, dass einige Juristen dieser Epoche keine politische Karriere anstrebten, etwa C. Livius Drusus, A. Verginius und Sex. Pompeius;[930] angesichts der im 1. Jhdt. v. Chr. vorherrschenden politischen Lage, in der die falsche politische Zugehörigkeit unter Umständen das Todesurteil bedeuten konnte,[931] ist dies jedoch nicht besonders verwunderlich. Gerne wird dieses „Versagen" in der Politik auch mit der Unvereinbarkeit mit dem juristischen Berufsethos in Verbindung gebracht.[932] Übersehen wird

926 Zum Prozess gegen A. Gabinius siehe Ross Taylor, Party Politics in the Age of Caesar, 85 f. Zu Clodius siehe S. 40, 307 f.

927 Dazu Ross Taylor, Party Politics in the Age of Caesar, 86–90.

928 Kunkel, Die römischen Juristen, 38–40. Siehe auch D'Ippolito, Il diritto e i cavalieri, 30–50.

929 Zwar stimmt es, dass für das 3. und 2. Jhdt. die meisten Juristen aus der Nobilität stammen, doch ist hierbei zu bedenken, dass die Quellenlage für diese Jahrhunderte generell nicht so gut ist. Auch die Existenz einiger *homines novi* unter den Juristen dieser Epoche, wie z. B. Ti. Coruncanius, M. Porcius Cato Censorius, P. Rutilius Rufus oder C. Flavius Fimbria weist darauf hin, dass es um die soziale Durchlässigkeit wohl besser bestellt war, als oft postuliert wird. Zu den teils aus der Unterschicht stammenden rechtskundigen Personen in der römischen Komödie siehe Lehne, Die Stellung der Juristen im Formularverfahren, SZ 131 (2014) 245–254.

930 Vgl. auch Cic. off. 1.71 zu den Günden, sich nicht der Politik zu widmen. Siehe auch die Ausführungen zur *vita contemplativa* auf S. 394.

931 So etwa bei Q. Mucius Scaevola *pontifex* (S. 124 ff.) und den beiden Bruti (S. 337 f.). Auch M. Terentius Varro (S. 331 ff.) stand auf den Proskriptionslisten.

932 Vgl. Kunkel, Die römischen Juristen, 58.

hier allerdings, dass die Chancen, Politik zu machen im 1. Jhdt. v. Chr. für jene, die keine Intimissimi der Herrschenden waren, grundsätzlich nicht zum Besten standen und dass die Juristen mehrheitlich den Optimaten zuzurechnen waren und sich daher oft in Opposition zu Marius und Cäsar befanden.[933]

In der Tat scheint die „falsche" politische Wahl eine Spezialität der Juristen der Übergangszeit gewesen zu sein. Auf Seiten des Pompeius standen etwa neben Cicero auch Ser. Sulpicius Rufus[934] und Q. Aelius Tubero d. J. Pacuvius Labeo starb als Gesandter des Brutus bei Philippi. Cäsartreu waren hingegen C. Trebatius Testa, A. Ofilius, L. Ateius Capito, der Vater des bekannten Juristen,[935] und vielleicht auch Granius Flaccus.[936] Die genannten Juristen übertrugen ihre Loyalität auch auf Cäsars Adoptivsohn und machten – sofern ihnen daran gelegen war – politische Karriere. Die meisten der ehemaligen Pompeianer wurden zwar unter Cäsar begnadigt, eine weitere politische Karriere war für sie aber kaum mehr möglich. Ciceros *de officiis* 2.65, das die Basis für Kunkels These vom Aufstieg des Ritterstands bildet, sollte daher nicht überbewertet werden.[937] Fest steht, dass die Jurisprudenz zu diesem Zeitpunkt immer noch fest in den Händen der Nobilität war, wenn auch das soziale Ansehen der *equites* zugleich mit ihrem politischen Gewicht seit der Zeit der Gracchen zugenommen hatte[938] und folglich auch mehr Männer aus dem Ritterstand als Juristen auftraten.

Eine Sonderrolle nimmt in dieser Zeit Cicero ein, dessen Werken wir einen großen Teil unseres Wissens über die Jurisprudenz der römischen Republik verdanken. Durch ihn, der selbst eine äußerst zwiespältige Haltung gegenüber der Rechtswissenschaft hatte, wurde der Gegensatz zwischen Jurisprudenz und Rhetorik in einem Ausmaß thematisiert, wie es vor ihm und nach ihm keiner getan hat. Gerade anhand der historischen Gestalt Ciceros wird sichtbar, wie eng Anwaltsberuf und Rechtswissenschaft miteinander verknüpft waren und dass die Politik sowohl während der Republik als auch während des Prinzipats die Rechtswissenschaft stark beeinflusste. Der Zusammenhang zwischen der politischen und der juristischen Tätigkeit der Juristen ist nicht neu – man denke etwa an die *causa Mancini* und ihre unterschiedliche

933 Siehe dazu etwa die Auflistung von 85 Personen der Generation zwischen Cäsar und Augustus und deren weiteres Schicksal bei Dettenhofer, Perdita iuventus, 11–31.

934 Liebs, § 195.1, in: Suerbaum (Hrsg.), Die archaische Literatur, 570.

935 Siehe Buongiorno, Ateii Capitones, IURA 59 (2011) 195–216.

936 So D'Ippolito, I giuristi e la città, 114.

937 Kunkel, Die römischen Juristen, 38–61. Vgl. hierzu auch Brunt, The Fall of the Roman Republic, 144–193, der Ritter- und Senatorenstand als eine im Grunde genommen homogene Bevölkerungsschicht mit teilweise widersprechenden Interessen auffasst.

938 Siehe Bleicken, Geschichte der römischen Republik, 206.

Bewertung durch die drei *fundatores* sowie den Einfluss des P. Mucius Scaevola auf die Gesetzgebung der Gracchen –, im 1. Jhdt. v. Chr. wurde er jedoch so deutlich wie nie zuvor.

I.5.2. Die Schüler des Q. Mucius Scaevola *pontifex*

Eine eigene Juristengeneration bildeten die Schüler des Q. Mucius Scaevola *pontifex*, des vermutlich einflussreichsten Juristen des ausgehenden 2. und beginnenden 1. Jhdts. v. Chr. Zu seinen Schülern zählten neben C. Aquilius Gallus auch die weniger bekannten Juristen L. Lucilius Balbus, T. Iuventius und Sex. Papirius.

C. Aquilius Gallus[939] stammte aus dem Ritterstand und war der Schüler von Q. Mucius Scaevola, der den größten Einfluss auf die spätere Rechtsentwicklung hatte.[940] Im Rahmen seiner politischen Laufbahn erreichte er die Prätur, bei der ihm die *quaestio de ambitu* zugeteilt wurde.[941] Die Bewerbung um das Konsulat lehnte er wegen seiner vielfältigen Verpflichtungen (*regnum iudiciale*) und seines schlechten gesundheitlichen Zustands ab.[942] Die letzten Jahre seines Lebens verbrachte er auf den Kerkenna-Inseln; er starb vor 44 v. Chr.[943] Gemeinsam mit L. Lucilius Balbus war er Lehrer von Ser. Sulpicius Rufus.[944]

C. Aquilius Gallus scheint sich hauptsächlich als Anwalt betätigt zu haben und Rechtsauskünfte erteilt zu haben; er zeichnete sich darin durch seine besondere Schnelligkeit aus[945] und wurde deshalb häufig von Cicero für juristische Auskünfte konsultiert.[946] Was mit Ciceros Bemerkung über Gallus' *regnum iudiciale* gemeint ist, ist nicht ganz klar: Wegen seiner verschiedenen Tätigkeitsbereiche

---

939 praet. 66 v. Chr. Zu C. Aquilius Gallus siehe Bremer, Iurisprudentiae antehadrianae, I 111–121; Klebs/Jörs, C. Aquilius Gallus (23), RE II (1895) Sp. 327–330; Kunkel, Die römischen Juristen, 27 f.; Frier, The Rise of the Roman Jurists, 139–155; Tellegen-Couperus, C. Aquilius Gallus dans le discours pro Caecina de Cicéron, TR 59 (1991) 37–46; Broughton, Candidates Defeated in Roman Elections, TAPA 81 (1991) 23 Nr. 5a; Giaro, Art. Aquilius Gallus, C. [I 12], DNP 1 (1996) Sp. 937; Liebs, Rechtsfortbildung durch römische Juristen, 64–69; Triggiano, Conlega et familiaris meus: Note minime su Cicerone e Aquilio Gallo, Index 38 (2010) 373–400.

940 Pomp. l. s. enchir. D. 1.2.2.42.

941 Cic. Cluent. 147.

942 Cic. Att. 1.1.1.

943 Cic. Att. 4.12; Cic. top. 32.

944 Pomp. l. s. enchir. D. 1.2.2.43, Cic. Brut. 154.

945 Cic. Brut. 154. Anderer Ansicht ist Frier, The Rise of the Roman Jurists, 145: „Aquilius appears never to have spoken in public." Wenn er nicht öffentlich aufgetreten wäre, hätte Cicero ihn kaum in eine Geschichte der Rhetorik seiner Zeit (*Brutus*) aufgenommen. *Agendo* ist hier iSv „auftreten als Anwalt" zu verstehen.

946 Cic. Balb. 45. Siehe auch Cic. Caecin. 77 f.

stehen mehrere Möglichkeiten offen: Am plausibelsten erscheint jedoch, dass sich Ciceros abfällige[947] Bemerkung auf die Tätigkeit von C. Aquilius Gallus als Richter bezog, da das Richteramt in Ciceros Augen besonders unpopulär war.[948] Für Gallus' Richtertätigkeit sind zwei Fälle bezeugt, der Prozess zwischen P. Quinctius und seinem ehemaligen Geschäftspartner Sex. Naevius, sowie der Gerichtsstreit zwischen C. Visellius Varro und seiner ehemaligen Geliebten Otacilia:

Die Vorgeschichte des Prozesses zwischen Quinctius und Naevius war folgende: P. Quinctius war nach dem Tod seines Bruders nach Gallien gereist und hatte mit Sex. Naevius, der mit seinem Bruder Gaius eine Gesellschaft gebildet hatte, Geschäfte gemacht. Nachdem sie sich wegen einer Forderung des P. Quinctius Scapula, über die ebenfalls Gallus als Richter entschied,[949] zerstritten hatten, erhob (vermutlich) Naevius die *actio pro socio* aufgrund von Forderungen gegen C. Quinctius;[950] der Prozess wurde aber wegen einer vorläufigen Einigung der beiden abgebrochen.[951] Da P. Quinctius daher auch sein Gestellungsversprechen (*vadimonium*) nicht einhielt, beantragte Naevius beim Prätor P. Burrenus eine *missio in possessionem* und begann mit der Proskription des Vermögens des Quinctius. Daran hinderte ihn Sex. Alfenus, der Geschäftsführer des Quinctius, der anbot, sich als *procurator* des Quinctius auf den Prozess einzulassen und versprach, dass sich P. Quinctius an einem neuen Termin stellen werde. Eineinhalb Jahre passierte nichts, dann forderte Naevius eine *satisdatio iudicatum solvi*. Quinctius sagte zu, unter der Bedingung, dass geklärt werde, ob Naevius die Güter des Quinctius aufgrund des Edikts 30 Tage lang besessen habe. Der Prätor Cn. Cornelius Dolabella ordnete daraufhin eine *sponsio praeiudicialis* („*si bona P: Quinctii ex edicto P. Burreni praetoris dies XXX possessa non essent*") an, über die C.

947 Dass die Bemerkung abfällig gemeint war, wird beispielsweise von Frier, The Rise of the Roman Jurists, 148, bestritten. Allerdings führt Frier nicht nur selbst Vergleichstellen mit einem ähnlichen Inhalt an, sondern auch *ille, illa, illud* wird gerade bei Cicero häufig in der Bedeutung „wohlbekannt" und zwar sowohl im positiven wie auch im negativen Sinn verwendet (Belege bei Baier (Hrsg.), Der Neue Georges. Ausführliches Handwörterbuch Lateinisch – Deutsch, Sp. 2428). Betrachtet man zudem Ciceros eigene Einstellung zum *cursus honorum*, so erscheint an dieser Stelle ein abfälliger Wortgebrauch wahrscheinlicher als das Gegenteil.

948 Cic. Att. 13.6.3; Ps.-Ascon. Verr. 2.1.158 (p. 256, ed. Stangl). Siehe auch Bablitz, Actors and Audience in the Roman Courtroom, 110–116.

949 Cic. Quinct. 17.

950 Welcher der beiden *socii* die Klage erhob, lässt sich aus dem Text nicht sicher ermitteln. Siehe die Diskussion bei Platschek, Studien zu Ciceros Rede für P. Quinctius, 50 f. Platschek (ibid., 121 f.) spricht sich für eine *actio communi dividundo* aus, dagegen spricht aber die in der Rede angesprochene Infamie (Cic. Quinct. 46). Diese wird auch von Wolf, Das Stigma ignominia, SZ 126 (2009) 113 betont.

951 Cic. Quinct. 23.

Aquilius Gallus zu entscheiden hatte, der dabei von einem *consilium*, bestehend aus den Juristen L. Lucilius Balbus, P. Quinctilius Varus und M. Claudius Marcellus,[952] unterstützt wurde.[953] Der Ausgang des Prozesses ist umstritten, wenn auch die Veröffentlichung der Rede eher für einen Sieg Ciceros spricht.[954]

Das zweite Verfahren, in dem C. Aquilius Gallus als Richter fungierte, betraf die Klage der Otacilia gegen C. Visellius Varro. Dieser hatte im Glauben, bald zu sterben, eine Forderung von 300.000 Sesterzen zugunsten seiner (verheirateten) Geliebten Otacilia in sein Haushaltsbuch eingetragen, aus der sie sich nach seinem Tod nach Art eines Legats (*quam legati genus esse voluit*) befriedigen sollte. Wider Erwarten wurde C. Visellius Varro jedoch wieder gesund, was Otacilia dazu veranlasste, die eingetragene Forderung einzuklagen. Der Klage wurde von Gallus, der zur Entscheidung „führende Männer der Bürgerschaft" (*principes civitatis*) in sein *consilium* berufen hatte, nicht stattgegebenen.[955]

Bei beiden Fällen sprechen mehrere Indizien dafür, dass Gallus als *iudex electus* tätig geworden war. Bei der Klage gegen P. Quinctius hatte sich Gallus schon zuvor mit dessen Vermögensangelegenheiten befasst, als dieser die Schulden seines Bruders bei den Erben des P. Quinctius Scapula zu bezahlen hatte.[956] Beim Verfahren gegen C. Visellius Varro spricht der Wortlaut (*iudex addictus*) für eine Auswahl des Richters durch die Parteien; außerdem war C. Visellius Varro selbst Jurist und ihm dürfte daher eher daran gelegen sein, dass auch über seinen Fall ein Jurist zu entscheiden hatte. Bei beiden Fällen bediente Gallus sich eines *consilium*, was als Indiz für die große Wichtigkeit der Prozesse für

952 Cic. Quinct. 54. Zu den Juristen siehe auch S. 162 f., 304.

953 Cic. Quinct. Siehe auch Gell. 15.28.3. Den ausführlichsten Kommentar zur Rede bietet Platschek, Studien zu Ciceros Rede für P. Quinctius. Siehe auch Kübler, Der Process des Quinctius und C. Aquilius Gallus, SZ 14 (1893) 54–87 ; Davies, Cicero. Pro Quinctio, Latomus 28 (1969) 156 f.; Kinsey, Cicero, Hortensius and Philippus in the Pro Quinctio, Latomus 29 (1970) 737 f.; Kinsey, M. Tulli Ciceronis Pro P. Quinctio Oratio; Bannon, Self-Help and Social Status in Cicero's Pro Quinctio, Ancient Society 30 (2000) 71–94; Lintott, Cicero as Evidence, 43–59.

954 So auch Lintott, Cicero as Evidence, 58. Siehe auch die Hinweise bei Platschek, Studien zu Ciceros Rede für P. Quinctius, 8 FN 35.

955 Val. Max. 8.2.2. Dazu Watson, The Law of Obligations, 32–35; MacCormack, Aliud simulatum, aliud actum, SZ 104 (1987) 642 f.; Kaser, Über Verbotsgesetze und verbotswidrige Geschäfte, 80–86; Liebs, Vor den Richtern Roms, 65–78, 205–208; Nelson/Manthe, Gai Institutiones III 88–181, 207 f.; Corbino, Il caso di Visellio Varrone e Otacilia Laterense (Val. Max. 8, 2, 2), Studi Talamanca, 249–277; Finkenauer, Stipulation und Geschäftsgrundlage, SZ 126 (2009) 332–334.

956 Cic. Quinct. 17. Siehe dazu Platschek, Studien zu Ciceros Rede für P. Quinctius, 33–39. C. Aquilius Gallus war mit den Scapulae verwandt und pflegte auch gesellschaftlichen Umgang mit ihnen. Plinius bezeugt, dass ein Quinctius Scapula während des Essens bei C. Aquilius Gallus verstarb (Plin. nat. 7.18).

das Ansehen des Beklagten angesehen werden kann. In jenem, das über die *sponsio* zu entscheiden hatte, saßen die Juristen L. Lucilius Balbus, P. Quinctilius Varus und M. Claudius Marcellus; über die Namen der *principes civitatis*, die im *consilium* des C. Aquilius Gallus bei der Klage der Otacilia saßen, ist hingegen nichts Näheres bekannt.[957]

Der dritte Prozess, für den ein Mitwirken des Gallus überliefert ist, war jener gegen A. Caecina; die genaue Rolle des Gallus ist allerdings nach wie vor umstritten: Da er der Urheber der von Cicero vertretenen Rechtsansicht war,[958] wird gewöhnlich davon ausgegangen, dass er entweder als Zeuge oder als Anwalt auftrat.[959] Möglicherweise berief sich auch die Gegenseite auf ihn.[960] Inhaltlich ging es beim Rechtsstreit um ein Grundstück, auf das sowohl A. Caecina, Witwer und (Haupt-)Erbe der Caesennia, der es als Teil des Nachlasses ansah, wie auch Sex. Aebutius, Caesennias Vermögensverwalter und Miterbe, der behauptete, das Grundstück stehe in seinem Privateigentum, Anspruch erhoben. Caecina vereinbarte mit Aebutius, dass er eine *deductio moribus*,[961] eine Art förmliche Vertreibung, vornehmen würde, wurde aber von Aebutius daran gehindert. Daraufhin beantragte Caecina beim Prätor P. Cornelius Dolabella ein *interdictum unde vi*. Über die *sponsio ni adversus edictum praetoris vis facta esset* („wenn nicht Gewalt entgegen dem Edikt des Prätors ausgeübt wurde")[962] hatte ein Rekuperatorenkollegium zu entscheiden. Caecina wurde dabei von M. Tullius Cicero vertreten, während als Aebutius' Anwalt C. Calpurnius Piso fungierte.[963]

957 Zu L. Lucilius Balbus S. 162 f., zu P. Quinctilius Varus S. 304, zu M. Claudius Marcelllus S. 304.

958 Cic. Caecin. 77–79.

959 *Adesse* (Cic. Caecin. 77) spricht für eine Tätigkeit als Anwalt, *de Aquili sententia respondere* und *testimonia* (Cic. Caecin. 95) für ein Auftreten als Zeuge. In der Literatur wird diese Frage nicht wirklich behandelt: Stroh, Taxis und Taktik, 88, deklariert Gallus als „Rechtsberater"; Frier, The Rise of the Roman Jurists, 27, 83, zählt Gallus zum *consilium* des Caecina; Mühlhölzl, Cicero „pro A. Caecina", 3, bezeichnet die Äußerungen des Gallus als „formlose" Beratung; bei Behrends, Selbstbehauptung und Vergeltung, SZ 119 (2002) 123–125, bleibt die Frage offen.

960 Cic. Caecin. 79. Siehe dazu Platschek, Der auctor defensionis in Ciceros Rede für A. Caecina, SZ 121 (2004) 323–335. Anderer Ansicht ist Frier, The Rise of the Roman Jurists, 139–195. Vgl. auch Stroh, Taxis und Taktik, 80–103.

961 Cic. Caecin. 20, 27, 32, 95. Zur *deductio* siehe Platschek, Überlegungen zur vis ac deductio, Studi Labruna, VI 4395–4422.

962 Cic. Caecin. 45.

963 Cic. Caecin. Zum Prozess siehe auch da Nóbrega, Herméneutique juridique appliquée à l'interdictum unde vi coactis armatisve dans le Pro Caecina de Cicéron, RIDA 7 (1960) 507–519; Rau, Zu Ciceros Rede für A. Caecina, FS Zinn, 173–181; Stroh, Taxis und Taktik, 80–103; Rantz, Les droits de la femme romaine tels qu'on peut les apercevoir dans le pro Caecina de Cicéron, RIDA 29 (1982) 265–280; Corbino, La Pro Caecina di Cicerone e l'acquisto della proprietà mediante intermediario estraneo, Studi in onore di A. Biscardi 3, 1982, III 277–287.Frier, Urban Praetors and Rural Violence: The Legal Background of Cicero's Pro Caecina, TAPA 113 (1983) 221–241;

Auch bei der Rede *pro Caecina* ist der Ausgang des Prozesses unklar, allerdings wird die Publikation der Rede als ein Indiz für einen Sieg Ciceros gesehen.[964]

C. Aquilius Gallus war ein ausgesprochen kreativer Jurist und u. a. der Schöpfer der *stipulatio Aquiliana*:[965] Bei dieser wurden alle bestehenden Obligationen in einer Stipulation zusammengefasst und durch *acceptilatio* erlassen. Außerdem erfand er eine Erbeinsetzungsformel für die *postumi Aquiliani*,[966] die zum Zeitpunkt der Testamentsabfassung noch ungeborenen Enkel des Erblassers. Zudem war er Schöpfer der *actio de dolo*[967] und wahrscheinlich auch der *exceptio doli*,[968] wobei er *dolus* dann vorliegen sah, wenn etwas anderes vorgegeben werde als getan werde (*aliud simulatum, aliud actum*).[969] Schriften des C. Aquilius Gallus

---

Frier, The Rise of the Roman Jurists; Tellegen-Couperus, C. Aquilius Gallus dans le discours pro Caecina de Cicéron, TR 59 (1991) 37–46; Mühlhölzl, Cicero „pro A. Caecina"; Behrends, Selbstbehauptung und Vergeltung, SZ 119 (2002) 44–142; Platschek, Der auctor defensionis in Ciceros Rede für A. Caecina, SZ 121 (2004) 323–335; Lintott, Cicero as Evidence, 68–80; Platschek, Bemerkungen zu Ciceros Rede für A. Caecina, Symposion Pieler, 127–136.

964 Frier, The Rise of the Roman Jurists, 232; Mühlhölzl, Cicero „pro A. Caecina", 11.

965 Inst. 3.29.2, Flor. 8 inst. D. 46.4.18. Siehe auch Theoph. Inst. 3.29.2. Zur *stipulatio Aquiliana* siehe Kaser, Römisches Privatrecht I, 649; Sturm, Stipulatio Aquiliana, 203–205; Schulz, Geschichte der römischen Rechtswissenschaft, 58; Kaser, Stipulatio Aquiliana, SZ 90 (1973) 346–358; Watson, The Law of Obligations, 218 f.; Zimmermann, The Law of Obligations, 757; Nelson/Manthe, Gai Institutiones III 88–181, 391 f.; Ter Beek, Dolus, 108, 595–600; Fuenteseca Degeneffe, La „stipulatio aquiliana" como documento, Labeo 50 (2004) 175–187; Reichard, The creation of the stipulatio Aquiliana (first century BC), 63–86.

966 Scaev. 6 quaest. D. 28.2.29 pr–2, 13, Afr. 2 quaest. D. 28.6.33.1. Dazu Schulz, Geschichte der römischen Rechtswissenschaft, 58 f.; Watson, The Law of Succession, 31 f.; Babusiaux, Wege zur Rechtsgeschichte, 204; von Mitschke-Collande, Die Auswirkungen der Geburt oder Adoption eines Kindes, 42 f. Vgl. auch Afr. 2 quaest. D. 28.6.33.1.

967 Cic. nat. deor. 3.74; Cic. off. 3.60 f.; Cic. top. 66. Zur *actio de dolo* (*malo*) siehe Albanese, La sussidiarietà dell'a. de dolo, 1961; v. Lübtow, Die Ursprungsgeschichte der exceptio doli und der actio de dolo malo, Eranion Maridakis, I 183–201; Wacke, Zum dolus-Begriff der actio de dolo, RIDA 27 (1980) 349–386; MacCormack, Aliud simulatum, aliud actum, SZ 104 (1987) 639–646; D'Ippolito, Sulla data dell'„actio de dolo", Labeo 41 (1995) 247–250; Dyck, A commentary on Cicero, de officiis, 567–569; MacCormack, Roman Jurisprudence and Interpretation, FS Gallo, 539–560; Ter Beek, Dolus; ter Beek, Ciceros Bericht über die Einführung der Rechtsmittel gegen Arglist, FS Kessels, 327–338; Triggiano, Conlega et familiaris meus: Note minime su Cicerone e Aquilio Gallo, Index 38 (2010) 382–391.

Die Datierung in der Forschung ist umstritten: Frier, The Rise of the Roman Jurists, 148, im Anschluss daran auch Crawford, Roman Statutes, I 316, plädieren für ein Datum vor 76 v. Chr., der Zeitpunkt, zu dem *de natura deorum* spielt; Watson, Law Making in the Later Roman Republic, 72–75, setzt als Einführungsdatum 66 v. Chr., das Jahr von Gallus' Prätur, an, während Wacke, Zum dolus-Begriff der actio de dolo, RIDA 27 (1980) 378, die Einführung auf 60 v. Chr. datiert.

968 Darauf verweist die Formulierung *formulae* in Cic. off. 3.60. Siehe auch Ter Beek, Dolus, 507 mit weiteren Hinweisen.

969 Cic. nat. deor. 3.74; Cic. off. 3.60.

waren Pomponius nicht bekannt,[970] seine Formeln und *responsa* sind der Nachwelt durch Zitate anderer Juristen und durch Cicero überliefert.

Häufig setzte sich Gallus in seinen *responsa* mit den Meinungen seines Lehrers Q. Mucius Scaevola auseinander. So bejahte er Scaevolas Interpretation, dass unter einem *legatum partitionis*, bei dem der Ehefrau „derselbe Anteil wie einem Erben" vermacht wurde, der größte einem Erben zugewandte Anteil zu verstehen sei, während sein Schüler Servius und dessen Schüler Ofilius sowie Labeo darunter den kleinsten Anteil verstanden.[971] Ebenfalls die Meinung des Scaevola teilte Gallus bei der juristischen Beurteilung eines unter einer testamentarischen Bedingung freigelassenen und zugleich als Vindikationslegat vermachten Sklaven. Beide sahen ihn, im Gegensatz zu Servius und Ofilius, als *statuliber* an.[972] Eine ähnliche Ansicht wie Scaevola vertrat Gallus auch bei der Interpretation der bei Grundstücken üblichen Klausel, dass Ausgegrabenes und Niedergehauenes (*ruta caesaquae*) vom Verkauf des Grundstücks ausgenommen sei, die er wie Scaevola für redundant hielt, weil diese Gegenstände, wenn sie nicht explizit versprochen wurden, mit der *actio ad exhibendum* herausverlangt werden könnten.[973] Es wäre möglich, dass Scaevola und Gallus zu demselben Fall ein *responsum* erteilten, da in der Praxis sehr häufig *responsa* mehrerer Juristen für einen Fall eingeholt wurden. Andererseits wurde diese Klausel besonders häufig verwendet,[974] sodass auch eine traditionelle Juristenkontroverse (wie auch im Fall des *legatum partitionis* und des *statuliber*), in der Gallus sich der Meinung Scaevolas anschloss, möglich ist.

Bei der Einsetzung eines Erben mit den Worten *excepto fundo, excepto usu fructu heres esto* urteilte C. Aquilius Gallus, dass der Zusatz nach *ius civile* als nicht beigefügt gelten sollte.[975] In einem anderen *responsum* vertrat Gallus die Ansicht, dass der *postumus* des verstorbenen Bruders durch *fideicommissum* belastet werden könne und dass auch *alieni postumi* gesetzliche Erben sein können.[976] Das Erbrecht betrifft auch die Interpretation der Testamentsklausel *quas*

---

970 Pomp. l. s. enchir. D. 1.2.2.42.

971 Lab. 2 post. a Iav. epit. D. 32.29.1. Siehe auch S. 132.

972 Iav. 4 ex post. Lab. D. 40.7.39 pr. Siehe S. 133.

973 Ulp. 32 ad ed. D. 19.1.17.6. Dazu Watson, The Law of Obligations, 95; Watson, The Law of Property, 108; Horak, Rationes decidendi, 114; Manthe, Die libri ex Cassio, 232; Bannon, Pipes and Property in the Sale of Real Estate (D.19.1.38.2), 212 f. Zum *responsum* des Scaevola (Pomp. 31 ad Q. Muc. D. 18.1.66.2, Q. Muc. l. s. hor. D. 50.16.241) siehe S. 135 f.

974 Varro ling. 9.104; Cic. top. 100; Cic. de orat. 2.226; Fest. s. v. *ruta caesa* (ed. Lindsay, p. 320).

975 Licin. 2 reg. D. 28.5.75 (74). Siehe auch Watson, The Law of Succession, 45 f.; Wieling, Testamentsauslegung, 81.

Interessant ist der Hinweis auf die *auctoritas* des Gallus, da damit ein direktes Auftreten des Gallus im Prozess, sei es als Richter, Anwalt oder Zeuge, angedeutet sein könnte.

976 Paul. l. s. de iur. codic. D. 30.127. Dazu Guarino, Pauli de iure codicillorum liber singularis, SZ 62 (1942) 209–254; Watson, The Law of Succession, 179 f.

pecunias legavi, quibus dies adpositus non est, eas heres meus annua bima trima die dato. Diese Auszahlungsbestimmung für Legate, derzufolge diese – wenn nichts anderes bestimmt ist – in drei Jahresraten auszuzahlen seien,[977] galt nach Meinung von Gallus, Ofilius und Trebatius nicht nur für jene Legate, die im Text davor aufgezählt wurden, sondern für alle im Testament enthaltenen Legate.[978] In einem weiteren *responsum* suchte Gallus festzulegen, was *aurum factum* einschließt; seiner Meinung nach zählten dazu auch Goldornamente, die an Steinen und silbernen Gefäßen fixiert worden waren, aber abgelöst werden könnten.[979]

Zur *servitus oneris ferendi* respondierte Gallus, dass der Belastete nicht zur Instandhaltung der Mauer, sondern nur zu einem Dulden gezwungen sei, da bei allen Servituten mit der Instandhaltung derjenige belastet sei, der sie ausübe, während Servius die gegenteilige Ansicht vertrat, die sich schließlich durchsetzte.[980] Außerdem zweifelte Gallus, ob die *exceptio quod incendii defendendi causa factum non sit* vor Gericht Anwendung finden dürfe, wenn ein Nachbar ein Haus niedergerissen habe. Diese Frage wurde von seinem Schüler Servius dahin gehend beurteilt, dass die *exceptio* zulässig sei, wenn gegen einen Magistrat das *interdictum quod vi aut clam* beantragt oder mit der *actio legis Aquiliae* geklagt werde, nicht aber bei einem Privatmann. Treffe Letzteres zu, dann sei danach zu urteilen, ob das Feuer das Haus erreicht habe: wenn ja, sei der Beklagte freizusprechen, wenn nein, sei er in den einfachen Betrag zu verurteilen.[981]

977 Die Zahlung in drei Jahresraten war auch bei der Mitgift üblich. Ulp. Epit. 6.8.

978 Ulp. 19 ad ed. D. 30.30 pr., 7. Dazu Watson, The Law of Succession, 113, 155; Talamanca, Trebazio Testa fra retorica e diritto, 175–178; Biavaschi, Caesari familiarissimus, 218–221.

979 Paul 2 ad Vitel. D. 34.2.32.1. Dazu Watson, The Law of Succession, 85–87; Wieling, Testamentsauslegung, 48 f.; Astolfi, Studi sull'oggetto dei legati in diritto romano II, 196 f., 202; John, Die Auslegung des Legats von Sachgesamtheiten, 91 f.; Bottiglieri, Su alcuni aspetti dell'interpretatio di Q. Elio Tuberone il giovane, Labeo 42 (1996) 379 f.; Vgl. auch Pomp. 9 ad Q. Muc. D. 34.2.34 (S. 132).

980 Ulp. 17 ad ed. D. 8.5.6.2. Dazu Costa, Cicerone giureconsulto, 132; Watson, The Law of Property, 198–200; Horak, Rationes decidendi, 120 f.; Rainer, Bau- und nachbarrechtliche Bestimmungen, 20; Corbino, Servitus oneris ferendi e refectio parietis, FS Cannata, 25–35; Behrends, Die lebendige Natur eines Baums, FS Wolf, 46 FN 82; Burdese, Sulla refectio parietis nell'actio de servitute oneris ferendi, Scritti Bonfiglio, 59–76; Miglietta, Servius respondit, 432–435; Möller, Die Servituten, 200–208; Torrent, Estudios sobre la servitus oneris ferendi. I. Utilitas, tipicidad, Studi Broggini, 419–436; Fiorentini, Struttura ed esercizio della servitù d'acqua, Quaderni del Dipartimento di Scienze Giuridiche 8 (2003) 171 f. Vgl. Paul. 5 epit. Alf. dig. D. 8.2.33 (S. 230). Aufgrund des Wortlauts (*evaluit sententia*) ist es möglich, dass beide zu demselben Fall ihre Meinung abgaben, das *responsum* des Servius jedoch siegreich war.

981 Ulp. 71 ad ed. D. 43.24.7.4. Dazu Watson, The Law of Obligations, 240 f.; Watson, The Law of Property, 228; MacCormack, Aquilian Studies, SDHI 41 (1975) 53 f.; Wesener, Nichtediktale Einreden, SZ 112 (1995) 120; Nörr, Zur Interdependenz von Prozessrecht und materiellem Recht am Beispiel der lex Aquilia, RJ 6 (1987) 114; Gerkens, État de nécessité et damnum incendii

Überliefert sind von Gallus auch einige Definitionen, so die Erläuterung das Getreide (*frumentum*) alles sei, was in einer Ähre (*arista*) enthalten sei, während Saubohnen (*fabae*) und Wolfsbohnen (*lupina*) als Feldfrüchte (*fruges*) zu bezeichnen seien, da sie in Schoten enthalten seien.[982] In Ciceros *Topica* findet sich eine Gallus-Definition des Ufers (*litus*) als jenes Stück Land, an dem die Wellen herausplätschern.[983] Interessanter als die eigentliche Definition ist allerdings das „Fehlzitat" in den Digesten, in denen diese Definition einem Cicero *arbiter* zugeschrieben wird.[984] Möglicherweise handelt es sich hier nicht um einen Irrtum des Celsus, sondern Cicero berief sich wirklich in einem Fall, den er als Schiedsrichter zu entscheiden hatte, auf das *responsum* des Gallus.

Insgesamt gilt Gallus zu Recht als der letzte große Kautelarjurist,[985] als welcher er auch von Cicero gelobt wird,[986] da sich seine Neuerungen, wie die *actio de dolo* oder die *stipulatio Aquiliana* schnell und unbestritten durchsetzten. Daher ist es umso bedauerlicher, dass aus seinem offensichtlich umfangreichen Wirken nur sehr wenige Rechtsauskünfte erhalten sind.

L. Lucilius Balbus[987], der bereits oben erwähnt wurde,[988] saß beim Prozess zwischen Quinctius und Naevius im *consilium* des C. Aquilius Gallus[989] und war auch als Anwalt tätig.[990] Beide, L. Lucilius Balbus und C. Aquilius Gallus, waren

arcendi causa datum, RIDA 44 (1997) 121–153; BEHRENDS, Das Gewaltmonopol der Magistratur, FS Spruit, 283–295; GEBAUER, Hypothetische Kausalität und Haftungsgrund, 211; PASCHALIDIS, What did iniuria in the lex Aquilia actually mean?, RIDA 55 (2008) 346–349; GERKENS, Vis maior and vis cui resisti non potest, FS Pool, 114–116; MIGLIETTA, Servius respondit, 343–347.

982 Paul. 49 ad ed. D. 50.16.77. Dazu SCARANO USSANI, L'utilità e la certezza, 198; ZUCCOTTI, Fruges fructusque (studio esegetico su D. 50.16.77); MIGLIETTA, Servius respondit, 420–425; JOHNSTON, Lenel's Palingenesia: Two Footnotes to Rodger, 180–185.

983 Cic. top. 32; Quint. inst. 5.14.34; Boeth. in Cic. top. 1108A. Dazu FUNAIOLI, Grammaticae Romanae Fragmenta, 421; WATSON, The Law of Property, 13; WATSON, The State, Law and Religion, 13; MANTHE, Die libri ex Cassio, 300; SCARANO USSANI, Romanus sapiens and civilis vir, 293; GEBHARDT, Sermo iuris, 15 f.; TRIGGIANO, Conlega et familiaris meus: Note minime su Cicerone e Aquilio Gallo, Index 38 (2010) 377–382.

984 Cels. 25 dig. D. 50.16.96 pr. Dazu NÖRR, Cicero als Quelle und Autorität bei den römischen Juristen, FS Sontis, 39–41; DERS., Cicero-Zitate bei den klassischen Juristen, 126–131; MASI DORIA, Litus maris: definition et controverses, 236 f.

985 FRIER, The Rise of the Roman Jurists, 145. Vgl. aber die Kritik an der Bezeichnung bei MAYER-MALY, Rez. zu The Rise of the Roman Jurists. Studies in Cicero's pro Caecina by Bruce W. Frier, Gnomon 59 (1987) 413.

986 Cic. Caecin. 78.

987 praet. ca. 90 v. Chr. Zu L. Lucilius Balbus siehe BREMER, Iurisprudentiae antehadrianae, I 130; MÜNZER, Art. Lucilius (19), RE XIII (1927) Sp. 1640; KUNKEL, Die römischen Juristen 21; ELVERS, Art. Lucilius Balbus, L. [I 3], DNP 7 (1999) Sp. 462; SCHOLZ, Den Vätern folgen, 151 f.

988 Siehe S. 157.

989 Cic. Quinct. 16.

990 Cic. Brut. 154.

Schüler des Q. Mucius Scaevola *pontifex* und Lehrer des Ser. Sulpicius Rufus.[991] Er und sein Bruder Q. Lucilius Balbus, ein bekannter stoischer Philosoph, waren auch mit L. Licinius Crassus und C. Trebatius Testa befreundet.[992] *Responsa* sind von ihm nicht bekannt.

Über Sex. Papirius[993] und T. Iuventius, die beiden anderen Schüler von Q. Mucius Scaevola *pontifex*, weiß man ebenfalls kaum etwas. Kunkel nimmt an, dass der Name Sex. Papirius bei Pomponius korrupt ist.[994] Möglicherweise war Papirius Urheber einer Kompilation der *leges regiae*, des sog. *ius Papirianum*,[995] dessen Entstehung, je nachdem welchem Papirius sie zugeschrieben wird, in der frühen, mittleren oder späten Republik angesetzt wird.[996]

T. Iuventius[997] wird sowohl bei Pomponius als auch bei Cicero als Jurist genannt, allerdings mit unterschiedlichen Vornamen: Während bei Pomponius Gaius als Vorname überliefert ist, nennt Cicero ihn T. Iuventius, sein *cognomen* war vielleicht Thalna.[998] Wie sein Lehrer Q. Mucius Scaevola *pontifex* war auch er als Redner und Anwalt tätig,[999] worin ihm sein Schüler P. Orbius, ebenfalls Jurist, folgte.[1000]

Der in D. 1.2.2.45 genannte Volusius, vermutlich ebenfalls ein Schüler Scaevolas, wird gewöhnlich zu Volcatius[1001] emendiert. Volcatius war Lehrer des Cascellius

---

991 Pomp. l. s. enchir. D. 1.2.2.42 f.; Cic. Brut. 154.

992 Cic. de orat. 3.78; Cic. fam. 7.16. Zur Rede des Balbus in *de natura deorum* siehe Spahlinger, Tulliana simplicitas, 82–96.

993 Pomp. l. s. enchir. D. 1.2.2.42. Siehe auch Bremer, Iurisprudentiae antehadrianae, I 132–138; Kunkel, Die römischen Juristen, 22.

994 Kunkel, Die römischen Juristen, 22.

995 Pomp. l. s. enchir. D. 1.2.2.2. Die Quellen sind aufgelistet bei Schanz/Hosius, Geschichte der römischen Literatur I, 35 f. Siehe auch Bujuklic, Leges regiae, RIDA 45 (1998) 89–142; Liebs, § 111.2, in: Suerbaum (Hrsg.), Die archaische Literatur, 76 f.; Laurendi, Leges regiae e ius papirianum. Zum *ius Papirianum* siehe auch S. 67.

996 Eine Zusammenfassung der verschiedenen Zuschreibungen findet sich bei Wieacker, Römische Rechtsgeschichte I, 308 FN 114 sowie bei Liebs, § 111.2, in: Suerbaum (Hrsg.), Die archaische Literatur, 76 f. Zu C. Papirius siehe auch S. 67.

997 Pomp. l. s. enchir. D. 1.2.2.42. Zu T. Iuventius siehe Bremer, Iurisprudentiae antehadrianae, I 106; Münzer, Art. T. Iuventius (10), RE X (1919) Sp. 1363; Kunkel, Die römischen Juristen, 22 f.; Bauman, Lawyers in Roman Transitional Politics, 106 f. Siehe auch Cic. Brut. 178.

998 Shackleton Bailey, Onomasticon to Cicero's Letters, 37. Eine Verwandschaft mit Iuventius Celsus erwägt Bauman (Bauman, Lawyers in Roman Transitional Politics, 106). Ob T. Iuventius mit Q. Iuventius, einem Freund des Augustus (Nikol. Dam. vita Aug. 133), verwandt war, ist unklar.

999 Cic. Brut. 178.

1000 Cic. Brut. 179. Zu P. Orbius siehe S. 338.

1001 Zu Volcatius siehe Bremer, Iurisprudentiae antehadrianae, I 109; Mayer-Maly, Art. Volcatius (9), RE IX (1961) Sp. 757 f.; Kunkel, Die römischen Juristen 20 f.; Bauman, Lawyers in Roman Transitional Politics, 67–69. Siehe auch Pomp. l. s. enchir. D. 1.2.2.45. Volusius wird wegen Plin. nat. 8.40 gewöhnlich zu Vulcatius/Volcatius emendiert. Zum Lehrer-Schüler-Verhältnis zwischen Cascellius und Vulcatius siehe Plin. nat. 8.40.

und wird von manchen Forschern mit L. Volcatius Tullus[1002] (cos. 66) identifiziert. Auch eine Identifikation mit dem *curator viarum* des Jahres 71 v. Chr. wäre möglich.[1003] Ein Zitat historischen Inhalts zur Begräbnisstätte der Prochyta ist in der Schrift *origo gentis Romanae* erhalten.[1004]

I.5.3. Ser. Sulpicius Rufus

Eine der herausragendsten Persönlichkeiten unter den Juristen der späten Republik war Ser. Sulpicius Rufus[1005], den sein Zeitgenosse Cicero als bedeutendsten Juristen seiner Epoche bezeichnete.[1006] Auch bei späteren (nichtjuristischen) Autoren war er hoch angesehen und galt im Prinzipat als einer der einflussreichsten

1002 Zu L. Volcatius Tullus siehe Gundel, Art. L. Volcatius Tullus (98), RE IX (1961) Sp. 756; Broughton, Magistrates, III 223.

1003 Kunkel, Die römischen Juristen, 10 f. spricht sich für den *curator* aus; Bauman, Lawyers in Roman Transitional Politics, 69, lässt die Identifikation offen. Es sollte jedoch nicht ausgeschlossen werden, dass Pomponius wirklich einen Volusius, evtl. einen Angehörigen des Gesandten Ciceros in Cilicia, gemeint hatte und somit zwei verschiedene Juristen namens Vulcatius und Volusius existierten.

1004 Ps.-Aur. Vict. Orig. 10.2. Vgl. Smith, The Origo Gentis Romanae, Bulletin of the Institute of Classical Studies 48 (2005) 115. (Vulcatius wurde in vielen Editionen zu Lutatius emendiert).

1005 quaest. 74 v. Chr., praet. 65 v. Chr., cos. 51 v. Chr., procos. 47 v. Chr., gest. 43 v. Chr. Zu Ser. Sulpicius Rufus siehe Bremer, Iurisprudentiae antehadrianae, I 139–242; Schanz/Hosius, Geschichte der römischen Literatur I, 593–595; Funaioli, Grammaticae Romanae Fragmenta, 421–426; Münzer/Kübler, Art. Ser. Sulpicius Rufus (95), RE IV (1931) Sp. 851–860; Malcovati, Oratorum romanorum fragmenta, 376–379; Kunkel, Die römischen Juristen, 25; Bretone, La tecnica del responso Serviano, Labeo 16 (1970) 7–16; Michel, Le droit romain dans le pro Murena e l'oeuvre de Servius Sulpicius Rufus, Hommages Kumaniecki, 181–195; Bretone, Cicerone e i giuristi del suo tempo, Ciceroniana 3 (1978) 47–68; Schiavone, Il caso e la natura, 41–78; Syme, A Great Orator Mislaid, CQ 31 (1981) 421–427; Bauman, Lawyers in Roman Transitional Politics, 4–65; Rawson, Intellectual Life in the Late Roman Republic, 209 f.; Waldstein, Cicero, Servius und die Neue Jurisprudenz, Iura 44 (1993) 85–147; D'Ippolito, Cicerone e i maestri di Servio, 53–71; Schiavone, Giuristi e nobili nella Roma repubblicana, 109–152; Behrends, Servius Sulpicius Rufus, 562 f.; Cannata, Per una storia della scienza giuridica europea, 266–291; Giaro, Art. Sulpicius Rufus, Servius [I 23], DNP 11 (2001) Sp. 1102–1103; Stein, The Place of Servius Sulpicius Rufus, FS Wieacker, 175–184; Wieacker, Römische Rechtsgeschichte I, 602–607; Broughton, Candidates Defeated in Roman Elections, TAPA 81 (1991) 18 f. Nr. 37; Paricio, La vocación de Servio Sulpicio Rufo, FS Mayer-Maly, 549–568; Rüpke, Fasti Sacerdotum, 1310; Harries, Cicero and the Jurists, 76–91, 116–133; Mantello, Natura e diritto da Servio e Labeone, 201–248; Castro Sáenz, Itinerarios servianos, Studi Martini, I 509–543; Finazzi, Intorno a Pomp. Ench. D. 1,2,2,43, FS Sirks, 219–239; Liebs, Rechtsfortbildung durch römische Juristen, 70–74; Dyck, Cicero pro Murena 47 and 85, CQ 64 (2014) 417 f.; Benferhat, Cicero and the Small World of Roman Jurists, 71–87; Harries, Servius, Cicero and the res publica of Justinian, 123–141.

1006 Cic. Brut. 155 f.; Cic. Phil. 9.10.

Juristen der Antike.[1007] Servius strebte ursprünglich eine Karriere als Anwalt an. Mit Cicero reiste er nach Rhodos und studierte dort bei Apollonius Molon Rhetorik.[1008] Später erhielt er – angeblich durch die Abmahnung des Scaevola motiviert – Rechtsunterricht bei L. Lucilius Balbus und C. Aquilius Gallus.[1009] Als Prätor hatte er den Vorsitz über die *quaestio de peculatu* inne (65 v. Chr.)[1010] und als *interrex* vollzog er die Wahl von Pompeius zum Konsul.[1011] Durch dessen Unterstützung wurde er – nachdem er schon 63 v. Chr. bei der Wahl zum Konsul gescheitert war – 51 v. Chr. mit M. Claudius Marcellus zum Konsul gewählt.[1012] Während seines Konsulats wollte er den sich abzeichnenden Konflikt zwischen Cäsar und Pompeius verhindern, hatte damit aber wenig Erfolg.[1013] Im Bürgerkrieg galt er als Zauderer, der versuchte, sich zwischen beiden Seiten hindurchzulavieren.[1014] So schickte er seinen Sohn auf eine Friedensmission zu Pompeius und nahm währenddessen selbst am Rumpfsenat des 1. 4. 49 v. Chr. teil.[1015] Später versöhnte er sich mit Cäsar, der ihm 46 v. Chr. die Statthalterschaft über Achaia übertrug.[1016] Ab 45 v. Chr. hielt er sich in Rom auf, floh jedoch nach dem Tod Cäsars aus Rom und starb 43 v.Chr. während einer Gesandtschaft zu Antonius.[1017] Die Leichenrede auf ihn integrierte Cicero in seine *Philippica*.[1018] Ser. Sulpicius Rufus' gleichnamiger Sohn, später ebenfalls ein bekannter Anwalt und Schüler von Cicero, war *subscriptor* bei seiner Anklage gegen Murena.[1019] Sein Schwiegersohn war Q. Aelius Tubero der Jüngere.[1020]

1007 Siehe z. B. Manil. 4.209–216; Petron. 137; Vell. 2.36.3.

1008 Cic. Brut. 151.

1009 Pomp. l. s. enchir. D. 1.2.2.43; Cic. Brut. 154.

1010 Cic. Mur. 35, 41–43. Siehe auch Classen, Recht – Rhetorik – Politik, 152 f.

1011 Jahn, Interregnum und Wahldiktatur, 180.

1012 Laut Cass. Dio 40.58 wurde der eine wegen seiner Eloquenz, der andere wegen seiner Rechtskenntnisse gewählt. Siehe auch Cic. Att. 2.5.2. Zur Unterstützung des Pompeius vgl. Bauman, Lawyers in Roman Transitional Politics, 27–32. Schmitt, Tacitus über Pompeius als Gesetzgeber 52 v. Chr., 244 hält auch eine Mitarbeit des Ser. Sulpicius Rufus an der Gesetzgebung des Pompeius für möglich.

1013 Cic. fam. 4.4.

1014 Cic. fam. 8.10.3; Cic. Att. 10.14, 14.19.4. Cicero kritisierte die unschlüssige Haltung des Servius teils sehr stark.

1015 Dazu Bauman, Lawyers in Roman Transitional Politics, 37–47.

1016 Siehe dazu besonders Cic. fam 4.3, 6.6.10. Zu Servius' Statthalterschaft in Achaea siehe Bauman, Lawyers in Roman Transitional Politics, 48–54.

1017 Cic. Att. 15.7 Cic. Phil. 9.17; Hier. chron. p. 239 (ed. Pearse). Zur Gesandschaft und der vorhergehenden Debatte siehe Bauman, Lawyers in Roman Transitional Politics, 58–64.

1018 Cic. Phil. 9.

1019 Alexander, Trials in the Late Roman Republic, 111 f. Nr. 224; Nadig, Ardet ambitus, 167–169, 208; Alexander, The Case for the Prosecution, 121. Siehe auch Cic. fam. 4.3.5, 4.4.4 sowie Hor. sat. 1.10.81–92.

1020 Pomp. l. s. enchir. D. 1.2.2.51. Siehe S. 254 ff.

Im Rahmen seiner politischen Tätigkeit trat Servius auch als Gesetzgeber in Erscheinung. Er war einer der Initiatoren der *lex Tullia de ambitu* und trat vehement gegen die *lex Manilia de libertinorum suffragiis* auf.[1021] Nach dem Tod Cäsars trat er für ein *senatus consultum* ein, demzufolge keiner von Cäsars Beschlüssen nach den Iden des März Gesetzeskraft erlangen sollte: *ne qua tabula post Idus Martias ullius decreti Caesaris aut beneficii figeretur.*[1022] Auch an dem *senatus consultum*, das es Cäsars Adoptivsohn Oktavian erlaubte, sich vor Erreichen der dafür nötigen Altersgrenze für politische Ämter zu bewerben, wirkte Servius mit.[1023] Möglicherweise war er auch der Urheber einer *lex Rivalicia.*[1024]

Servius war, wie schon erwähnt, bereits vor seinen juristischen Studien erfolgreich als Anwalt tätig und wurde von Cicero als einer der herausragendsten Redner seiner Zeit gewürdigt.[1025] 63 v. Chr. war er einer der Ankläger, die L. Licinius Murena wegen *ambitus* belangten; der Prozess endete jedoch mit einem Freispruch für Murena.[1026] Auch gegen den Redner Antonius trat Servius als Ankläger des Norbanus de *maiestate minuta* auf.[1027] Zu Quintilians Zeit waren noch drei Reden bzw. Arbeitsmaterialien von Servius erhalten; die Rede für Aufidia zählte zu seinen bekanntesten.[1028] Bei diesem Fall vertrat M. Valerius Messala Corvinus die Gegenseite.[1029]

Bezüglich der juristischen Praxis von Servius hob Cicero besonders dessen Fleiß,[1030] dogmatische Schärfe und Systematik hervor und betonte, dass Servius seine beiden Lehrer C. Aquilius Gallus und L. Lucilius Balbus an Schnelligkeit

---

1021 Cic. Mur. 43–47. Siehe auch Classen, Recht – Rhetorik – Politik, 156; Ryan, Cicero, Mur. 47: text and meaning, Gymnasium 101 (1994) 481 f.; Dyck, Cicero pro Murena 47 and 85, CQ 64 (2014) 417 f. In der Rede *pro Murena* versucht Cicero, die Autorenschaft des Servius herauszustreichen und sein eigenes Engagement für die nach ihm benannte *lex* herunterzuspielen. Wer von den beiden wieviel Anteil an der *lex* hatte, lässt sich wohl nicht eindeutig klären. Zur *lex Tullia de ambitu* siehe auch Nadig, Ardet ambitus, 48–55.

1022 Cic. Phil. 1.3. Siehe auch Bauman, Lawyers in Roman Transitional Politics, 54–58.

1023 Cic. ad Brut. 1.15.7. Siehe auch Bauman, Lawyers in Roman Transitional Politics, 61.

1024 Fest. s. v. *sifus* (ed. Lindsay, p. 458). Zur *lex Rivalicia* siehe Crook, Lex rivalicia (FIRA I no.5), Athenaeum 64 (1986) 45–53; Mateo, Sobre la supuesta lex Sulpicia rivalicia, SDHI 62 (1996) 287–308; Bannon, Gardens and Neighbours, 21–23.

1025 Cic. Brut. 150 f.; Cic. fam. 4.4.

1026 Zur Rolle des Servius im Prozess gegen Murena siehe Bürge, Die Juristenkomik in Ciceros Rede Pro Murena, 71–140; Bauman, Lawyers in Roman Transitional Politics, 15–24; Nadig, Ardet ambitus, 207; Harries, Cicero and the Jurists, 76–79. Siehe auch Malcovati, Oratorum romanorum fragmenta, 378.

1027 Cic. de orat. 2.109.

1028 Quint. inst. 4.2.106, 6.1.22, 12.1.22, 12.7.30; Fest. s. v. *municas* (ed. Lindsay, p. 140). Siehe auch Malcovati, Oratorum romanorum fragmenta, 379.

1029 Zu M. Valerius Messala Niger siehe S. 339.

1030 Cic. Mur. 22.

und Genauigkeit übertraf.[1031] In der Rede *pro Murena* erwähnt Cicero zudem, dass Servius aufgrund seines Berufsethos auch den Gegnern seiner Freunde *responsa* erteilte.[1032]. Als herausragender Jurist wird er auch in Ciceros sonstigen Schriften gelobt.[1033] Nicht zuletzt zeigt auch die hohe Zahl der von ihm überlieferten *responsa*, – neben P. Alfenus Varus ist Servius jener Jurist der Republik, von dem am meisten erhalten ist – dass Servius nicht nur von seinen Zeitgenossen, sondern auch von dem ihm nachfolgenden Juristengenerationen außerordentlich geschätzt wurde.

Servius hinterließ 180 *libri*, u. a. *reprehensa Scaevolae capita*, in denen er sich kritisch mit der Auffassung Scaevolas auseinandersetzte.[1034] Vom Wortlaut des Gellius-Fragments, aus dem der Titel entnommen ist, ist es aber auch durchaus möglich, dass Gellius nur eine Beschreibung des Inhalts des Fragments („was Servius zu den kritisierten Kapiteln des Scaevola notierte") anfertigen wollte, zumal im 1. Jhdt. vor Chr. eine einheitliche Titelgebung für Bücher noch nicht existierte.[1035] Weitere überlieferte Titel von Servius sind *de sacris detestandis*[1036] und *de dotibus*[1037]. Als ziemlich sicher gilt auch, dass Servius als einer der ersten Juristen einen Kommentar zum Edikt in zwei Büchern verfasste, den er Brutus widmete.[1038] Möglicherweise stammte auch ein Kommentar zu den 12 Tafeln von ihm.[1039] Der größte Teil der von ihm überlieferten *responsa* ist freilich nicht einem

1031 Cic. Brut. 152–154.

1032 Cic. Mur. 9.

1033 Cic. off. 2.65; Phil. 9.10; Cic. leg 1.17. Siehe auch Stein, The Place of Servius Sulpicius Rufus, FS Wieacker, 176.

1034 Gell. 4.1.20; Paul. 6 ad Sab. D. 17.2.30 (S. 127).Weitere Fragmente, die von Bremer diesem Werk zugeordnen werden, finden sich in Bremer, Iurisprudentiae antehadrianae, 220–224. Da allerdings der Titel des Werks (*reprehensa Scaevolae capita* bzw. *notata Mucii*) nur in diesen beiden Fragmenten zu finden ist, erschien mir die Zuordnung zu unsicher.

1035 Siehe zu diesem Problem auch Daly, The Entitulature of Pre-Ciceronian Writings, FS Oldfather, 20–38, der betont, dass die Titel oft erst in der Überlieferung zustande kamen, sowie Horsfall, Some problems of titulature in Roman literary history, Bulletin of the Institute of Classical Studies 28 (1981) 103–114, der Dalys Befund teilweise relativiert.

1036 Gell 7.12. Siehe auch Bremer, Iurisprudentiae antehadrianae, 224 f.; Watson, The Law of Succession, 2; Cardauns, Terentius Varro, Antiquitates rerum divinarum, II 170; Rawson, Intellectual Life in the Late Roman Republic, 211; Arces, Note in tema di sacrorum detestatio, Diritto@Storia 5 (2006); Miglietta, Giurisprudenza romana tardorepubblicana e formazione della „regula iuris", Seminarios Complutenses de Derecho Romano 25 (2012) 212 f.

1037 Ner. 2 membr. D. 12.4.8 (S. 181). Auch hier werden von Bremer mehrere Fragmente diesem Buch zugeordnet (Bremer, Iurisprudentiae antehadrianae, 226–228), als Titel belegt ist es aber nur für D. 12.4.8.

1038 Pomp. l. s. enchir. D. 1.2.2.44; Ulp. 28 ad ed. D. 14.3.5.1 (S. 192). Zu den von Bremer diesem Werk zugeordneten Fragmenten siehe Bremer, Iurisprudentiae antehadrianae, 230–237.

1039 Vgl. die Fragmente bei Bremer, Iurisprudentiae antehadrianae, 228–230.

bestimmten Werk zuordenbar, weshalb seine Fragmente hier nach Rechtsgebiet geordnet vorgestellt werden.[1040]

Als Lehrer war er sehr beliebt: Zu seinen Schülern zählten P. Alfenus Varus,[1041] A. Ofilius, T. Caesius, Aufidius Tucca, Aufidius Namusa, Flavius Priscus, C. Ateius, Pacuvius Labeo, Cinna, Publicius Gellius und Q. Servilius Caepio Brutus, den Servius während seines Aufenthalts in Griechenland unterrichtete.[1042] Der Schülerkreis des Servius spielte auch bei der Überlieferung seiner *responsa* eine große Rolle.

Befreundet war Servius mit A. Manlius Torquatus[1043] und M. Terentius Varro, an den er eine Anfrage zur Bedeutung der Worte *favisae Capitolinae* schrieb.[1044] Dieser antwortete ihm, dass es sich um unterirdische Kammern, in denen Statuen und geweihte Objekte aufbewahrt wurden, handle, und das Q. Valerius Soranus geschrieben habe, dass das griechische Wort *thesauri* dem frühen lateinischen Wort *flavisae* entspreche und hier möglicherweise ein Buchstabe ausgefallen sei.[1045] Ein häufiger Korrespondenzpartner von Servius war Cicero, der sich mit ihm hauptsächlich über die politische Lage austauschte[1046], mit dem er aber auch private Probleme besprach. Besonders hervorzuheben sind der Trostbrief von Servius an Cicero nach dem Tod von dessen Tochter Tullia[1047] und seine Benachrichtigung von der Ermordung seines Konsulatskollegen M. Claudius Marcellus.[1048] Die im 13. Buch der *epistulae ad familiares* enthaltenen Briefe an Servius beschränken sich hauptsächlich auf Empfehlungsschreiben. So behandelt etwa *fam.* 13.17 ein Empfehlungsschreiben für den Händler und Anwalt M'. Curius aus Patras.[1049] Interessant ist auch *fam.* 13.26: In diesem Brief bittet Cicero Servius als Schiedsrichter in einem Erbschaftsstreit zwischen L. Mescenius Rufus, Bruder des Toten, und Oppia, Witwe des Verstorbenen, aufzutreten, bei Schwierigkeiten möge Servius die Sache nach Rom verweisen. *Fam.* 13.28 zufolge erledigte Servius diese Angelegenheit zur Zufriedenheit

---

1040 Vgl. auch die Ordnung bei Bremer, Iurisprudentiae antehadrianae, 167–217.

1041 Zu Ser. Sulpicius Rufus als Lehrer des P. Alfenus Varus, der ihn auch politisch unterstützte, siehe Porph. in Hor. sat. 1.3.130.

1042 Pomp. l. s. enchir. D. 1.2.2.44; Cic. Brut. 156. Siehe auch Casavola, Auditores Servii, 1–11.

1043 Cic. fam 6.1.6.

1044 Gell. 2.10. Siehe auch Funaioli, Grammaticae Romanae Fragmenta, 78, 262 f.; Egelhaaf-Gaiser, Kulträume im römischen Alltag, 340 f.; Ferri, Valerio Sorano e il nome segreto di Roma, Studi e Materiali di Storia delle Religioni 73 (2007) 279–281.

1045 Zu Q. Valerius Soranus siehe S. 313 f.

1046 Cic. fam. 4.1–4.4.

1047 Cic. fam. 4.5. Dazu Wilcox, Sympathetic Rivals: Consolation in Cicero's Letters, AJPh 126 (2005) 237–255.

1048 Cic. fam. 4.12.

1049 Zu diesem siehe S. 297.

Ciceros.[1050] Der Briefwechsel veranschaulicht gut, wie die Auswahl eines Richters oder Schiedsrichters zustande kommen konnte – nämlich nicht nur durch die Initiative der Parteien, sondern auch durch die Vermittlung von Freunden und Bekannten.[1051]

Eine der bedeutendsten Neuerungen des Servius war die Schöpfung der *formula Serviana*, mithilfe derer der *bonorum emptor* Forderungen des Schuldners geltend machen konnte.[1052] Im Unterschied zur Vorgängerklage, der *actio Rutiliana*, bei der in den jeweiligen Klagen der Gemeinschuldner in der *intentio* und der Vermögenskäufer in der *condemnatio* genannt wurde, wurde bei der *actio Serviana* fingiert, dass der *bonorum emptor* Erbe des Gemeinschuldners sei. Das Verhältnis der beiden Klagen zueinander ist nicht eindeutig geklärt. Man nimmt aber an, dass die *actio Rutiliana* verwendet wurde, wenn der *bonorum emptor* von einem Lebenden erwarb, die *formula Serviana*, wenn eine überschuldete Erbschaft aufgekauft wurde.[1053] Außerdem gilt Servius als Schöpfer der *actio Serviana*, mit welcher der Verpächter Anspruch auf die *invecta* et *illata* des Pächters, die stillschweigend oder ausdrücklich verpfändet worden waren, erheben konnte.[1054] Unter dem Namen *actio quasi Serviana* wurde sie dann allgemein als dingliche Pfandklage (*actio pigneraticia in rem*) angewendet.

1050 Siehe zu dem Fall auch Shackleton Bailey, Epistulae ad familiares, 447 f.; Cotton, Cicero, Ad Familiares XIII, 26, 28, JRS 69 (1979) 39–50; Finkenauer, Direkte Stellvertretung bei Stipulationen, SZ 125 (2008) 484–489.

1051 In der Literatur wird freilich die Bezeichnung *te arbitro* als untechnisch wahrgenommen und angenommen, dass Servius als Magistrat tätig geworden war. So auch Finkenauer, Direkte Stellvertretung bei Stipulationen, SZ 125 (2008) 484; unentschieden hingegen Cotton, Cicero, Ad Familiares XIII, 26, 28, JRS 69 (1979) 42.

1052 Zur *formula Serviana* Gai Inst. 4.35. Dazu Di Lella, Formulae ficticiae, 49–66; Giuffré, La substantia debitoris tra corpus e bona, 288–295; Grevesmühl, Die Gläubigeranfechtung, 22 f., 144 f. Anderer Ansicht ist Platschek, Gai 4.35/36: Kein Beleg für eine *actio Serviana* des Vermögenskäufers, SZ 128 (2011) 366–369.

1053 Kaser, Römisches Privatrecht I, 645 FN 14; Kaser/Hackl, Das römische Zivilprozessrecht, 399; Grevesmühl, Die Gläubigeranfechtung, 22 f., 51–53, 79.

1054 Zur *actio Serviana* siehe Inst. 4.6.7. Siehe auch Kaser, Römisches Privatrecht I, 472 f.; Wubbe, Der Streitwert bei der actio Serviana, FS Kaser, 179–200; Kaser, Die vindicatio pignoris zwischen ius civile und ius praetorium, FS Hübner, 64–84; Kaser, Römische Rechtsquellen, 363–368; La Rosa, La protezione interdittale del pignus e l'actio Serviana, Studi Sanfilippo, VII 281–317; Ankum/Van Gessel de Roo/Pool, Die verschiedenen Bedeutungen des Ausdrucks in bonis alicuius esse/in bonis habere, SZ 104 (1987) 369–436; Hanard, Interdit Salvien et action Servienne. La genèse de l'hypothèque romaine, RIDA 41 (1994) 239–286; Pichonnaz/Wubbe, L'action servienne dans l'edit du préteur, Mélanges Magdelain, 361–382; Sirks, The farmer, the landlord, and the law in the fifth century, 256–271; Braukmann, Pignus, 22; Krämer, Das besitzlose Pfandrecht, 38–51. Siehe auch Theoph. Inst. 4.6.7.

Das Talent des Servius für begriffliche Schärfe und Systematisierung[1055] äußerte sich vor allem in seinen *divisiones* und *distinctiones*. So stammte von ihm eine Definition[1056] der *tutela* als vom *ius civile* gestattete Gewalt und Herrschaft zum Schutz eines Freien, der sich aufgrund seines Alters nicht verteidigen kann, ebenso wie eine Einteilung derselben in drei *genera*[1057] sowie eine Einteilung der vier Arten des Diebstahls (*furtum*).[1058] Bei seinen *distinctiones* ist die Unterscheidung zwischen *vis, cui resisti non potest* und *vitia ex ipsa re* bezüglich der Gefahrtragung bei der Pacht besonders hervorzuheben.[1059] Auch zahlreiche Definitionen, bei denen seine antiquarische Neigung stark zur Geltung kam, gehen auf ihn zurück, so etwa Erläuterungen zu den Begriffen *testamentum*[1060], *postliminium*[1061], *penus* (wozu Servius auch Weihrauch und Wachs zählte)[1062] und *religio*, worunter Servius alles verstand, was aufgrund einer gewissen Heiligkeit

1055 Cic. Brut. 152 f.

1056 Paul. 38 ad ed. D. 26.1.1 pr.; Inst. 1.13.1. Dazu FUNAIOLI, Grammaticae Romanae Fragmenta, 424; COSTA, Cicerone giureconsulto, 66; WATSON, The Law of Persons, 102; KASER, Römisches Privatrecht I, 86 FN 11; BRUNT, The Fall of the Roman Republic, 419; KUPISCH, Paulus, schon wieder der „maledictus" Paulus, Fundamina 11 (2005) 210; BRIGUGLIO, Servio Sulpicio e la definizione di tutela, Studi Metro, I 163–179; MIGLIETTA, Servius respondit, 418–420. Vgl. Theoph. Inst 1.13.1.

1057 Gai Inst. 1.188. Dazu STEIN, The Place of Servius Sulpicius Rufus, FS Wieacker, 177; MIGLIETTA, Servius respondit, 400–402.

1058 Gai Inst. 3.183. Vgl. auch Theoph. Inst. 4.1.3–4. Dazu HORAK, Rationes decidendi, 97; STEIN, Regulae iuris, 62; STEIN, The Place of Servius Sulpicius Rufus, FS Wieacker, 177; NELSON/MANTHE, Gai Institutiones III 182–225, 127–129; MIGLIETTA, Servius respondit, 410 f.

1059 Ulp. 32 ad ed. D. 19.2.15.2. Dazu MAYER-MALY, Locatio conductio, 11, 163; SEAGER, Of Vis and Weesa: D. 19.2.15.2 and 19.2.19.1, SDHI 31 (1965) 330–333; SITZIA, Considerazioni in tema di periculum locatoris e di remissio mercedis, Studi D'Amelio, I 331–361; DE NEEVE, Remissio Mercedis, SZ 100 (1983) 296–339; NÖRR, Kausalitätsprobleme im klassischen römischen Recht, FS Wieacker, 121 f.; ERNST, Das Nutzungsrisiko bei der Pacht, SZ 105 (1988) 541–591; FRIER, Law, Economics and Disasters down on the Farm, BIDR 92/93 (1989/90) 237–270; PENNITZ, Der Enteignungsfall, 228 f.; HARKE, Locatio conductio, 14–19; CAPOGROSSI COLOGNESI, Remissio mercedis, 9–14, 37–58; FIORI, Bona fides. Formazione, esecuzione e interpretazione del contratto nella tradizione civilistica (Parte seconda), 148–151; MÜLLER, Gefahrtragung bei der locatio conductio, 54 f., 57, 63, 67 f., 71, 76; VACCA, Sul rischio del locatore nella locatio conductio rei, Studi Nicosia, VIII 305–331; DU PLESSIS, Letting and Hiring, 42 f., 48, 139 f.

1060 Gell. 7.12.1. Dazu FUNAIOLI, Grammaticae Romanae Fragmenta, 422; WATSON, The Law of Succession, 2; FACCHETTI, All' origine del „testamentum", Index 30 (2002) 227–234; MIGLIETTA, I giuristi romani e la formazione della regula iuris, 45 f.; TERRANOVA, The ὅρος ἤτοι ἐτυμολογία of testamentum and the problem of sources in the Paraphrase of Theophilus, Subseciva Groningana 9 (2014) 243–265.

1061 Cic. top. 36; Boeth. in Cic. top. 1111D. Siehe auch FUNAIOLI, Grammaticae Romanae Fragmenta, 424; RADKE, Versuch einer Sprach- und Sachdeutung alter römischer Rechtsbegriffe, FS v. Lübtow, 38–44; HARRIES, Cicero and the Jurists, 128, 147.

1062 Gell. 4.1.17, 20. Siehe auch S. 73, 123, 127, 131.

(*sanctitas*) abgesondert und getrennt werde.[1063] Einige Definitionen von Servius sind auch im Werk von Festus zu finden, so etwa Etymologien von *noxia*,[1064] *orbus*,[1065] *pedem struit*,[1066] *postica linea*,[1067] *sanates*,[1068] *sarcito*[1069], und *vindiciae*.[1070] Die Erläuterungen zu *noxia*, *pedem struit*, *sanates*, *sarcito* und *vindiciae* sowie die Feststellung, dass eine zweimalige Verneinung innerhalb eines Gesetzes eine Bejahung bedeute,[1071] stammen wahrscheinlich aus seinem Kommentar zum 12-Tafel-Gesetz.[1072] Außerdem erläuterte er, dass die Ausnutzung der Freigelassenen der Grund für die Einführung des Edikts zu den *operae libertorum* sei.[1073] Die bei Varro überlieferte Äußerung, dass die Erträge der Äcker bezogen auf die Bodenfläche reichlich unter dem Volk aufgeteilt werden, steht – wie

1063 Macr. Sat. 3.3.8. Dazu FUNAIOLI, Grammaticae Romanae Fragmenta, 425 f.; WATSON, The Law of Property, 5, DEL PONTE, Santità delle mura e sanzione divina, Diritto@Storia 3 (2004); GUILLAUMIN, La notice sur sanctum, religiosum, sacrum et profanum, Dialogues d'histoire ancienne 39 (2013) 67.

1064 Fest. s. v. *noxia* (ed. Lindsay, p. 180). Siehe auch FUNAIOLI, Grammaticae Romanae Fragmenta, 423; DAUBE, Collected Studies, 101, 334; GIANGRIECO PESSI, Ricerche sull'actio de pauperie, 99 f.; PELLOSO, Studi sul furto nell'antichità mediterranea, 199.

1065 Fest. s. v. *orba* (ed. Lindsay, p. 194). Siehe auch FUNAIOLI, Grammaticae Romanae Fragmenta, 423, 478, 549.

1066 Fest. s. v. *pedem struit* (ed. Lindsay, p. 232). Siehe auch FUNAIOLI, Grammaticae Romanae Fragmenta, 424; CARCATERRA, Sei kaluitur pedemue struit, SDHI 41 (1975) 171–177; .LICANDRO, Domicilium, 56.

1067 Fest. s. v. *posticam lineam* (ed. Lindsay, p. 262). Siehe auch FUNAIOLI, Grammaticae Romanae Fragmenta, 424; HÜBNER, Himmel und Erdvermessung, 157; GARGOLA, The Ritual of Centuriation, Commentationes Lindersky, 131 f.

1068 Fest. s. v. *Sanates* (ed. Lindsay, p. 426). Siehe auch FUNAIOLI, Grammaticae Romanae Fragmenta, 79, 90 f., 376; KOPTEV, Principles of the Nexum and Debt Law in the Twelve Tables, 235 f.; COSKUN, Bürgerrechtsentzug oder Fremdenausweisung?, 42; AMUNÁTEGUI PERELLÓ, Potestas manus mancipiumque, RIDA 59 (2012) 79–83. Vgl. Gell. 16.10.7.

1069 Fest. s. v. *sarcito* (ed. Lindsay, p. 430). Dazu FUNAIOLI, Grammaticae Romanae Fragmenta, 424; KASER, Das altrömische ius, 223; v. LÜBTOW, Untersuchungen zur lex Aquilia de damno iniuria dato, 22 f.; PÓLAY, Iniuria-Tatbestände, SZ 101 (1984) 167–169; DAUBE, Collected Studies, 101, 334; FLACH, Die Gesetze der frühen römischen Republik, 169 f.; COSKUN, Bürgerrechtsentzug oder Fremdenausweisung?, 42 f.; CORBINO, Danno, lesioni patrimoniali e lex Aquilia, Scritti Franciosi, I 609.

1070 Fest. s. v. *vindiciae* (ed. Lindsay, p. 516/518). Siehe dazu FUNAIOLI, Grammaticae Romanae Fragmenta, 381, 425; BROGGINI, Iudex arbiterve, 127–136, ALBANESE, Il processo privato romano delle legis actiones, 92–99; FLACH, Die Gesetze der frühen römischen Republik, 202–204; D'IPPOLITO, Servio e le XII tavole, 38 f.; MIGLIETTA, Servius respondit, 479–481; FALCON, Ipsam rem condemnare in Gai 4.48, GS Burdese, III 564–566.

1071 Gai. 5 ad leg. 12 tab. D. 50.16.237. Dazu FUNAIOLI, Grammaticae Romanae Fragmenta, 425; MIGLIETTA, Servius respondit, 411 f.

1072 Dazu SCHANZ/HOSIUS, Geschichte der römischen Literatur I, 595; DAUBE, Collected Studies, 101, 334; ZABLOCKA, I problemi della ricostruzione delle fonti giuridiche romane nella scienza moderna, Ius Antiquum 3 (1998).

1073 Zu den *operae libertorum* siehe Ulp. 42 ad ed. D. 38.2.1 pr.–1 (S. 123).

seine Definition der *postica linea* – im Kontext der Landvermessung.[1074] Interessant ist Servius' Erklärung, warum das Verlassen des Tisches als böses Omen angesehen wurde: Dann seien mehr Gänge als Tischgefährten vorhanden, was als schlechtes Vorzeichen angesehen wurde. Ebenfalls als Unglück wurde es angesehen, wenn ein Gang wegen eines Niesens (des Kellners) zurückgetragen und nicht verkostet wurde.[1075]

Der Schwerpunkt der Respondierpraxis von Servius lag auf dem Gebiet des Erbrechts; dies bezeugen seine zahlreichen auf diesem Gebiet erteilten *responsa*. So berichtete sein Schüler P. Alfenus Varus, dass Servius respondiert habe, ein Testament werde zwar begonnen, aber nicht gültig vollendet, wenn jemand bei einem *testamentum nuncupatum* die Namen der Erben (*heredes primi*) ausspreche, dann aber vor der Benennung der Ersatzerben (*heredes secundi*) verstumme, und daher könnten die genannten Erben nicht testamentarisch erben. Dies wurde von Labeo für den Fall eingeschränkt, dass der Erblasser vorgehabt habe, noch weitere Erben zu nennen, eine Meinung, die von Javolen gebilligt wurde.[1076] Bei einer anderen Rechtsauskunft wurde Servius gefragt, wem der restliche Anteil zuwachse, wenn jemand zwei Erben auf insgesamt 11/12 und zwei ohne Anteile eingesetzt hatte und einer von denen, die ohne Anteile eingesetzt wurden, die Erbschaft abgelehnt habe. Servius zufolge wuchs dieser Anteil (1/24) allen Erben im gleichen Ausmaß zu und nicht nur demjenigen, der ohne Anteil eingesetzt worden war.[1077] In einem anderen Fall verlangte der Erblasser unter Androhung einer Geldstrafe, ihm ein Grabmal nach der Art aufzustellen, wie es P. Septimius Demetrius auf der Via Salaria habe. Da es auf dieser Straße kein Grabmal eines P. Septimius Demetrius, sondern nur eines P. Septimius Dama gab, von dem vermutet wurde, dass es das Grabmal war, das der Erblasser gemeint hatte, fragten die Erben, was sie tun sollten. Servius antwortete, dass, wenn erkennbar sei, welches Grabmal gemeint sei, ein Grabmal nach diesem Vorbild errichtet werden solle, wenn nicht, dann eines, das der Stellung des Verstorbenen entspreche. Im letzten Fall sei die Androhung der Strafe jedoch unwirksam.[1078]

1074 Varro ling. 5.40. So auch Lachmann, Kleinere Schriften zur classischen Philologie, 186. Siehe auch Miglietta, Servius respondit, 431 f.

1075 Plin. nat. 28.26. Dazu Köves-Zulauf, Reden und Schweigen, 48–50; Bäumer, Die Macht des Wortes in Religion und Magie, Hermes 112 (1984) 84–99; Miglietta, Servius respondit, 462–465.

1076 Iav. 5 ex post. Lab. D. 28.1.25. Dazu siehe Horak, Rationes decidendi, 167 f.; Watson, The Law of Succession, 25 f.; Miglietta, Servius respondit, 239–241.

1077 Ulp. 7 ad Sab. D. 28.5.17.1. Dazu Watson, The Law of Succession, 47 f.; Manthe, Die libri ex Cassio, 192 f.; Lohsse, Ius adcrescendi, 56; Miglietta, Servius respondit, 450 f.; Lösch, Die coniunctio in testamentarischen Verfügungen, 25–27.

1078 Alf. 5 dig. D. 35.1.27. Siehe auch Alf. 5 dig. D. 34.8.2 (S. 224). Zur Stelle siehe Horak, Rationes decidendi, 218 f.; Watson, The Law of Succession, 107–109; Paulus, Die Idee der postmortalen

Wenn ein Erblasser dem Erben aufgetragen hatte, seiner Ehefrau eine Summe von 50, die er *propter uxorem* erhalten hatte, zu restituieren, die *dos* aber nur 40 betragen hatte, hatte der Erbe nach Servius' Meinung trotzdem 50 zu leisten, da vom Erblasser ein Betrag von 50 vermacht worden war.[1079] Wurde ein *curator ventris* noch nicht bestellt, da eine Bestellung oft nicht oder zu spät erfolgte, so war Servius der Ansicht, dass der eingesetzte Erbe oder der Ersatzerbe die zur Erbschaft gehörigen Gegenstände nicht versiegeln müsse, sondern ein Verzeichnis erstellen müsse und der schwangeren Frau übergeben solle, was sie brauche. Bestehe Bedarf an einem Wächter, müsse dieser vom Erben gestellt werden und bei Streitigkeiten über die Entnahme aus der Erbschaft solle man einen Schiedsrichter bestellen.[1080] Wenn ein Erbe unter der Bedingung *si Maevia mater mea et Fulvia filia vivent* eingesetzt wurde, und eine Tochter nie geboren wurde, die Mutter aber überlebe, sei die Erbeinsetzung trotzdem gültig, da eine unmögliche Bedingung keine Gültigkeit habe.[1081]

Wurde als Vindikationslegat alles hinterlassen, was zum Betrieb der *tabernae* sowie zur Einrichtung und Ausübung einer Mühle (*pistrina*) und eines Wirtshauses (*caupona*) nötig war, waren nach Servius dabei auch Pferde und Müller sowie Geschäftsführer, eine Köchin und die in Gasthäusern vertriebenen Waren enthalten.[1082] Eine weitere Rechtsauskunft betraf ein Legat mit der Bestimmung

---

Persönlichkeit, 185 f.; ROTH, Alfeni Digesta, 188–190; MIGLIETTA, Intorno al metodo dialettico della scuola serviana, Diritto@Storia 3 (2004).

1079 Lab. 2 post. a Iav. epit. D. 33.4.6 pr. Siehe dazu ASTOLFI, Studi sull'oggetto dei legati in diritto romano I, 181; WATSON, The Law of Succession, 96; WIELING, Falsa demonstratio, condicio pro non scripta, condicio pro impleta im römischen Testament, SZ 87 (1970) 201; WIELING, Testamentsauslegung, 26 f.; STEIN, The Place of Servius Sulpicius Rufus, FS Wieacker, 181; KOHLHAAS, Die Überlieferung der libri posteriores des Antistius Labeo, 45–47; HEYSE, Mulier non debet abire nuda, 98; VIGNERON/GERKENS, The Emancipation of Women in Ancient Rome, RIDA 47 (2000) 112; MIGLIETTA, Servius respondit, 233–235; STAGL, Favor dotis, 229; BIAVASCHI, Caesari familiarissimus, 167–180. Siehe auch Lab. 2 post. a Iav. epit. D. 33.4.6.1 (S. 202).

1080 Ulp. 41 ad ed. D. 37.9.1.24–25. Siehe dazu WATSON, The Law of Succession, 82–84; MIGLIETTA, Servius respondit, 336–338.

1081 Alf. 2 dig. a Paul. epit. D. 28.5.46 (45). Siehe HORAK, Rationes decidendi, 123 f.; WATSON, The Law of Succession, 102 f.; WATSON, D. 28.5.45 (44): An unprincipled Decision on a Will, The Irish Jurist 3 (1968) 389 f.; WIELING, Falsa demonstratio, condicio pro non scripta, condicio pro impleta im römischen Testament, SZ 87 (1970) 214; MACCORMACK, Impossible Conditions in Wills, RIDA 21 (1974) 265–269; LIEBS, Rechtsschulen und Rechtsunterricht im Prinzipat, 254 f.; PAULUS, Die Idee der postmortalen Persönlichkeit, 252 f.; NELSON/MANTHE, Gai Institutiones III 88–181, 127 f.; MIGLIETTA, Servius respondit, 227–231; TELLEGEN, The Immortality of the Soul and Roman Law, 196–201. Siehe auch Pomp. 3 ad Sab. D. 35.1.6.1.

1082 Pomp. 6 ad Sab. D. 33.7.15 pr. Siehe auch COSTA, Cicerone giureconsulto, 246; JOHN, Die Auslegung des Legats von Sachgesamtheiten, 94 f.; WAGNER, Zur wirtschaftlichen und rechtlichen Bedeutung der Tabernen, Studi Biscardi, III 409; MIGLIETTA, Servius respondit, 251–253;

quanta pecunia ex hereditate Titii ad me pervenit, tantam pecuniam heres meus Seiae dato. Servius statuierte, dass der Betrag des Legats sich nach dem Eintrag des Erblassers in sein Wirtschaftsbuch zu richten habe. Im Übrigen müsse der Legatar dem Erben für eventuell entstehende Forderungen aus der Erbschaft von Titius Sicherheit leisten, eine Meinung, die von Labeo abgelehnt wurde.[1083]

Eine besonders interessante Auskunft zum Erbrecht findet sich in fam. 7.21 (44 v. Chr.).[1084] In diesem Brief bat Cicero C. Trebatius Testa um eine Rechtsauskunft für seinen Freund Silius. Dieser war testamentarischer Erbe einer reichen Römerin, deren Testierfähigkeit umstritten war, hatte vom Prätor die *bonorum possessio* zugesprochen bekommen und hatte auf den Rat des Trebatius eine Prozesswette (*sponsio*) mit der Formulierung „*Si bonorum Turpiliae possessionem Q. Caepio praetor ex edicto suo mihi dedit*" abgeschlossen. In derselben Angelegenheit hatte Cicero auch schon die Auskünfte zweier anderer Juristen, Ser. Sulpicius Rufus und A. Ofilius, eingeholt. Beide waren der Meinung, dass die verstorbene Turpilia kein gültiges Testament hätte aufsetzen können, da ihr die Testierfähigkeit gefehlt habe; Silius würde daher die Prozesswette verlieren – eine Ansicht, die möglicherweise in den *Topica* Ciceros ihren Niederschlag fand.[1085] Cicero, der mit diesem Resultat offenbar nicht zufrieden war, fragte Trebatius nach seiner Meinung und bat ihn, Silius zu helfen. Ob Trebatius dieser Aufforderung nachkam und ein von Servius und Ofilius abweichendes *responsum* erstellte, ist leider nicht bekannt.

Besonders breiten Raum nahm die Behandlung von testamentarischen Freilassungen ein, was vor dem Hintergrund der zahlreichen testamentarischen Freilassungen, denen Augustus durch die *lex Aelia Sentia* und die *lex Fufia Caninia*

Dubouloz, La propriété immobilière, 123 f.; Giomaro, Dall'instruere all'instrumentum e viceversa nell'economia della Roma antica, Studi Urbinati 62 (2013) 146.

1083 Labeo 2 post. a Iav. epit. D. 32.29.2. Siehe Horak, Rationes decidendi, 196 f.; Watson, The Law of Succession, 150 f.; Kohlhaas, Die Überlieferung der libri posteriores des Antistius Labeo, 99–101; Wubbe, Iavolenus contra Labeonem, Satura Feenstra, 104 f.; Gröschler, Die tabellae-Urkunden, 235; Miglietta, Servius respondit, 358–361.

1084 Cic. fam. 7.21. Watson, The Law of Succession, 22 f.; Cerami, Il sistema ofiliano, 96–98; Gebhardt, Sermo iuris, 43 f.; Tellegen-Couperus/Tellegen, Nihil hoc ad Ius, ad Ciceronem, RIDA 53 (2006) 396–408; Cantarone, Ius controversum e controversie giurisprudenziali, Scritti Franciosi, I 410–412; Biavaschi, Caesari familiarissimus, 265–275; Biavaschi, Cicerone cambia opinione? Ad familiares 7.21 e l'apparente ripensamento dei Topica, Scritti Corbino, I 221–243.

Dieser Fall ist in gewisser Weise repräsentativ für die Respondierpraxis der römischen Juristen, da sehr viele *responsa* außerhalb und oft bereits im Vorfeld eines Prozesses erteilt und sehr häufig zu ein und demselben Fall Gutachten mehrerer Juristen eingeholt wurden, die – wie in diesem Fall – nicht immer untereinander einig waren.

1085 Cic. top. 18, 50.

entgegenzutreten versuchte, nicht weiter verwunderlich ist. Auffällig ist jedoch die hohe Zahl der *responsa* des Servius zu diesem Rechtsgebiet. Servius erteilte beispielsweise einem Freigelassenen folgende Rechtsauskunft: Der Freigelassene hatte seinem Eigentümer einen festgesetzten Betrag für seine Freiheit bezahlt. Vor der Freilassung war der Eigentümer gestorben, hatte ihn testamentarisch freigelassen und ihm sein *peculium* vermacht. Der Freigelassene fragte, ob die Erben des *patronus* dazu verpflichtet seien, ihm das Geld, das er für seine Freilassung bezahlt hatte, zu übergeben. Servius antwortete, wenn der Eigentümer das empfangene Geld zu seinem eigenen Geld eingezahlt habe, gehöre es nicht mehr zum *peculium*, wenn er es aber dem Sklaven zurückgegeben habe, sei es Teil des *peculium* und müsse von den Erben herausgegeben werden.[1086] Außerdem äußerte sich Servius dahin gehend, dass vom *peculium* Beträge, die vom Sklaven dem Eigentümer oder *paterfamilias* und dessen Gewaltunterworfenen geschuldet wurden, abgezogen werden sollten.[1087] Forderungen der Untersklaven (*vicarii*) gegenüber dem Sklaven zog er hingegen nicht vom *peculium* ab.[1088] In einem anderen Fall – ein Eigentümer hatte seinen Sklaven testamentarisch freigelassen und ihm durch Legat fünf *aurei* vermacht, eine Forderung, die er auch in seine Rechnungsbücher eingetragen hatte – verneinte Servius die Gültigkeit des Legats mit der Begründung, dass einem Sklaven nichts geschuldet werden könne.[1089]

1086 Alf. 4 dig. D. 40.1.6. Siehe auch Watson, The Law of Persons, 178 f.; Watson, Legal Origins and Legal Change, 273 f.; Gröschler, Die tabellae-Urkunden, 217. Die Autorenschaft des Servius wird durch die Scholia zur entsprechenden Basilica-Stelle (48.1.6) bezeugt. Roth, Alfeni Digesta, 24 FN 49, lässt die Entscheidung, ob die Fragmente (neben Basil. 48.1.6 zählen dazu auch Basil. 20.1.27, Basil. 48.5.15 und Basil. 60.2.5), bei denen in den Basiliken Servius als Autor genannt wird, Servius oder Alfenus zuzuweisen sind, offen.

1087 Ulp. 29 ad ed. D. 15.1.9.2–3. Siehe Watson, The Law of Obligations, 189; Horak, Rationes decidendi, 166; Astolfi, Studi sull'oggetto dei legati in diritto romano III, 3; Miglietta, Servius respondit, 437–439.

1088 Ulp. 29 ad ed. D. 15.1.17. Dazu Watson, The Law of Obligations, 189; Horak, Rationes decidendi, 144 f.; Aubert, Productive Investments in Agriculture, 178; Miglietta, Servius respondit, 273–275; Fleckner, Antike Kapitalvereinigungen, 307.

1089 Iav. 2 ex post. Lab. D. 35.1.40.3. Siehe dazu Watson, The Law of Persons, 205; Watson, D. 28.5.45 (44): An unprincipled Decision on a Will, The Irish Jurist 3 (1968) 383 f.; Horak, Rationes decidendi, 105 f.; Wieling, Falsa demonstratio, condicio pro non scripta, condicio pro impleta im römischen Testament, SZ 87 (1970) 202; Wieling, Testamentsauslegung, 27 f.; Astolfi, Studi sull'oggetto dei legati in diritto romano III, 21, 45 f.; Stein, The Place of Servius Sulpicius Rufus, FS Wieacker, 181; Kohlhaas, Die Überlieferung der libri posteriores des Antistius Labeo, 183–187; Watson, Legal Origins and Legal Change, 36, 269 f.; Paulus, Die Idee der postmortalen Persönlichkeit, 235 f.; Heyse, Mulier non debet abire nuda, 99 f.; Harke, Liber homo bona fide serviens, RIDA 52 (2005) 177–179; Nelson/Manthe, Gai Institutiones III 88–181, 138 f.; Waldstein, Equità e ragione naturale, 314–319; Waldstein, Natura debere, ius gentium und natura aequum, AUPA 52 (2007/2008) 449–457; Miglietta, Servius respondit, 237–239; Heinemeyer, Der Freikauf des Sklaven mit eigenem Geld, 140 f.;

Servius erteilte auch einige Rechtsauskünfte zum Problem der *statuliberi*: In einem Fall hatte sich der Erbe geweigert, Schulden wegen Aufwendungen, die der *statuliber* für den Erblasser gemacht hatte, zurückzuzahlen, in einem anderen, dem *statuliber* bei der Eintreibung von Schulden bei Dritten behilflich zu sein, und hinderte ihn somit, Geld, das er für seine Freilassung zahlen musste, aufzutreiben. Wenn dem *statuliber* vom Erblasser sein *peculium* vermacht worden war, ließ Servius ihn frei werden, falls die Verzögerung am Erben gelegen war. Dies gelte auch, wenn er ihn nicht bei der Eintreibung von Schulden bei Dritten unterstütze.[1090] Grundsätzlich war Servius der Meinung, dass die testamentarischen Freilassungen von Sklaven gültig seien, wenn die Sklaven sowohl zum Zeitpunkt der Abfassung des Testaments als auch beim Tod des Eigentümers sein Eigentum waren.[1091] Ein anderes *responsum* betraf einen Sklaven, der unter der Bedingung, dass er dem Erben 10 zahle, freigelassen werden sollte. Als der durch die *operae* erwirtschaftete Lohn, den der Sklave an den Erben weitergegeben hatte, die Summe von 10 überstieg, vertrat der Sklave die Meinung, er sei frei. Servius, vermutlich vom Eigentümer um Rat gefragt, verneinte dies mit der Begründung, dass der Lohn für die *operae* von der Zahlung für die Freiheit zu unterscheiden sei, so als ob der Sklave von ihm ein Grundstück gepachtet und ihm statt der Früchte Geld bezahlt hätte.[1092] In einem ähnlichen Fall hatte der Erblasser testamentarisch verfügt, dass ein Sklave, wenn er dem Erben sieben Jahre lang *operae* geleistet habe, frei sein solle. Der Sklave war geflohen und hatte ein Jahr auf der Flucht verbracht. Servius verneinte, dass der Sklave nach sieben Jahren frei werde, da er während seiner Flucht keine *operae* geleistet habe, und meinte, dieser müsse die nicht abgeleisteten *operae* nachholen.[1093] Ebenso

---

Biavaschi, Caesari familiarissimus, 167–180; Longo, Il credito del servus nei confronti di un extraneus, AUPA 58 (2015) 157–160.

1090 Ulp. 27 ad Sab. D. 40.7.3.2. Dazu Watson, The Law of Persons, 204 f.; Horak, Rationes decidendi, 176 f.; Astolfi, Studi sull'oggetto dei legati in diritto romano III, 19; Burdese, Controversie giurisprudenziali in tema di capacità degli schiavi, Studi Biscardi, I 164–168; Miglietta, Servius respondit, 355–358; Heinemeyer, Der Freikauf des Sklaven mit eigenem Geld, 139 f.; Longo, Il credito del servus nei confronti di un extraneus, AUPA 58 (2015) 158.

1091 Paul. 50 ad ed. D. 40.4.35. Dazu Watson, The Law of Persons, 194; Avenarius, Der pseudo-ulpianische liber singularis regularum, 199; Miglietta, Servius respondit, 313–315.

1092 Alf. 4 dig. D. 40.7.14 pr. Die Urheberschaft des Servius ergibt sich aus den Scholien zu Basil. 48.5.15. Zu dem Fall siehe Amirante, Ricerche in tema di locazione, BIDR 62 (1959) 104 f.; Watson, The Law of Persons, 215; Horak, Rationes decidendi, 144, 264 f.; Waldstein, Operae libertorum, 117; Giliberti, Servus quasi colonus, 37–44; Cardilli, La nozione giuridica di fructus, 125–128; Roth, Alfeni Digesta, 38 f.; Fiori, La definizione della locatio conductio, 111–118.

1093 Alf. 4 dig. D. 40.7.14.1. Dazu siehe Watson, The Law of Persons, 216; Waldstein, Operae libertorum, 115.

lehnte Servius es ab, dass ein Sklave nach sieben Jahren frei werde, der unter der Bedingung, dass er dem Erben sieben Jahre lang *operae* leiste, freigelassen werden sollte, während dieser Zeit aber in ein *iudicium publicum* verwickelt worden war.[1094]

Besonders häufig wurden von Servius auch Interpretationen zu unklar formulierten Vermächtnissen diskutiert. Dabei reihte er sich in die lange Reihe republikanischer Juristen ein, die versuchten, allgemein geläufige und besonders häufig benutzte Begriffe wie *instrumentum*, *suppellex* oder *penus* genau zu definieren. Allerdings ist nicht immer leicht zu erkennen, ob sich diese Definitionen auf einen praktischen Fall bezogen, zu dem mehrere Juristen ihr *responsum* abgaben, oder ob sie als Fortführung einer jahrelangen Juristenkontroverse zu betrachten sind. Bei einem solchen Fall wurde von mehreren Juristen diskutiert, ob Sklaven, die der *familia rustica* - die als Zubehör zum Grundstück angesehen wurde - zugehörig waren, mitvermacht seien. Servius bejahte seinen Schülern zufolge diese Frage für Weberinnen, Scherer, Walker und eine Köchin.[1095] Auch Wein und Getreide (zu dem Servius auch Hülsenfrüchte zählte)[1096] für die Sklaven gehörten laut Servius zum Zubehör.[1097] Als das Zubehör für einen Weinbau hinterlassen wurde, waren nach Meinung des Juristen Q. Cornelius Maximus darin Pfähle, Stangen, Harken und Hacken enthalten, während Servius zufolge kein Zubehör für den Weinberg existierte, weshalb der Zusatz hinfällig sei.[1098]

Die Kinder einer Sklavin betrachtete Servius als ihren Zuwachs (*accessio*), sodass, als bei einem Legat mit dem Inhalt *ancillae omnes et quod ex his natum*

1094 Iav. 4 ex post. Lab. D. 40.7.39.3. Siehe auch WATSON, The Law of Persons, 216; WALDSTEIN, Operae libertorum, 115.

1095 Ulp. 20 ad Sab. D. 33.7.12.6. Dazu STEINWENTER, Fundus cum instrumento, 74; WATSON, The Law of Succession, 142–147; D'ORTA, La giurisprudenza tra repubblica e principato, 158–160; ASTOLFI, Studi sull'oggetto dei legati in diritto romano II, 3–5; JOHN, Die Auslegung des Legats von Sachgesamtheiten, 22–25; HERRMANN-OTTO, Ex ancilla natus, 141; AUBERT, Productive Investments in Agriculture, 174, 176 f.; MIGLIETTA, Servius respondit, 280–287; GIOMARO, Dall'instruere all'instrumentum e viceversa nell'economia della Roma antica, Studi Urbinati 62 (2013) 130–132; BIAVASCHI, Caesari familiarissimus, 94–97.

1096 Paul. 49 ad ed. D. 50.16.77 (S. 162).

1097 Ulp. 20 ad Sab. D. 33.7.12 pr. Dazu STEINWENTER, Fundus cum instrumento, 74; ASTOLFI, Studi sull'oggetto dei legati in diritto romano II, 3–5; JOHN, Die Auslegung des Legats von Sachgesamtheiten, 32 f.; WATSON, The Law of Succession, 143; MIGLIETTA, Servius respondit, 278–280; GIOMARO, Dall'instruere all'instrumentum e viceversa nell'economia della Roma antica, Studi Urbinati 62 (2013) 117–119.

1098 Alf. 2 a Paul. epit. D. 33.7.16.1. Dazu AUBERT, Productive Investments in Agriculture, 167–185; JOHN, Die Auslegung des Legats von Sachgesamtheiten, 33 f.; MIGLIETTA, Servius respondit, 220–222, 231–233; MIGLIETTA, Determinare infine la regola attraverso la quale stabilire ciò che è vero e ciò che è falso, 59 f.; GIOMARO, Dall'instruere all'instrumentum e viceversa nell'economia della Roma antica, Studi Urbinati 62 (2013) 141.

erit eine Sklavin starb, Servius deren Kinder, da sie *accessionis loco* vermacht worden seien, dem Erben und nicht dem Legatar zusprach, was von Celsus abgelehnt wurde.[1099] In einem anderen *responsum* erörterte er, dass, wenn das ganze Baumaterial (*materia*) hinterlassen worden sei, kein Kasten oder Schrank im Legat enthalten sei.[1100] Wenn *aurum* oder *argentum factum* als Legat hinterlassen wurde, wurden nach Servius zerbrochene oder beschädigte Gegenstände nicht mitvermacht.[1101] Bei einem anderen Vermächtnis hatte der Erblasser alles Gold, das sich zum Zeitpunkt seines Tods auf seinem Gut in Tusculum befand, als *legatum* hinterlassen und kurz bevor er starb, hatte er eine erhebliche Menge dorthin transportieren lassen. Laut Servius wurde dieses Gold geschuldet, da der Transport von dem Verstorbenen befohlen worden war, anders verhalte es sich, wenn dem Transport kein Befehl des Verstorbenen zugrunde lag.[1102] Auch im Zusammenhang mit Legaten steht Servius' Unterscheidung zwischen *lapilli* und *gemmae* – *gemmae* waren nach seiner Ansicht durchsichtig, *lapilli* nicht[1103].

Wenn ein *patronus* seinen Freigelassenen in die Provinz Asia geschickt hatte, um Stoffe aus Purpur zu kaufen, und der *patronus* seiner Frau purpurne Stoffe als Legat hinterlassen hatte, gehörte auch der vom Freigelassenen gekaufte purpurne Stoff nach Meinung des Servius zum Legat, wenn der Kauf vor dem Todeszeitpunkt des *patronus* erfolgt war.[1104] In einem anderen Fall war dem Erben aufgetragen

1099 Cels. 17 dig. D. 30.63. Dazu Kaser, Partus ancillae, SZ 75 (1958) 196 f.; Horak, Rationes decidendi, 168; Watson, The Law of Succession, 93 f.; Wieling, Testamentsauslegung, 32 f.; Hausmaninger, Zur Legatsinterpretation des Celsus, IURA 35 (1984) 22 f.; Stein, The Place of Servius Sulpicius Rufus, FS Wieacker, 183 f.; Herrmann-Otto, Ex ancilla natus, 281; Cantarone, Ius controversum e controversie giurisprudenziali, Scritti Franciosi, I 449 f.; Miglietta, Servius respondit, 294–296.

1100 Pomp. 30 ad Sab. D. 32.57. Dazu Miglietta, Servius respondit, 377 f.; López Gálvez, Consideraciones casuísticas, Revista de Derecho UNED 11 (2012) 524.

1101 Ulp. 44 ad Sab. D. 34.2.27.3. Dazu Astolfi, Studi sull'oggetto dei legati in diritto romano II, 213; Wieling, Testamentsauslegung, 45 f.; John, Die Auslegung des Legats von Sachgesamtheiten, 91; Benke, Zum Eigentumserwerb des Unternehmers bei der locatio conductio irregularis, SZ 104 (1987) 172; Schermaier, Materia, 288; Miglietta, Servius respondit, 457 f. Vgl. hierzu auch die Definitionen von *aurum* und *argentum legatum* durch Q. Mucius Scaevola (S. 131 f.).

1102 Iav. 2 ex post. Lab. D. 34.2.39.2. Dazu Seager, D, 34,2,39,2, SDHI 35 (1969) 373 f.; Watson, The Law of Succession, 89; Wieling, Testamentsauslegung, 30; John, Die Auslegung des Legats von Sachgesamtheiten, 72; Kohlhaas, Die Überlieferung der libri posteriores des Antistius Labeo, 168 f; Miglietta, Servius respondit, 235–237; Biavaschi, Caesari familiarissimus, 161–166.

1103 Ulp. 20 ad Sab. D. 34.2.19.17. Siehe Miglietta, Servius respondit, 451, 453.

1104 Paul. 54 ad ed. D. 34.2.4. Dazu Astolfi, Studi sull'oggetto dei legati in diritto romano II, 264; Watson, The Law of Property, 79 f.; Claus, Gewillkürte Stellvertretung, 100–104; Watson, Studies in Roman Private Law, 109 f.; Waldstein, Mandat und operae libertorum, 344 f.; Klinck, Erwerb durch Übergabe an Dritte, 194–197; Coppola Bisazza,

worden: *mulos duos, qui mei erunt cum moriar, heres dato*, der Erblasser hatte jedoch nur zwei Mauleselinnen. Dazu respondierte Servius, mit dem Legat seien die beiden Mauleselinnen gemeint, da die männliche Bezeichnung für beide Geschlechter gelte.[1105] Bei der Frage, ob bei einem Betrag von 100 in bar (*praesentia*) dieser sofort oder in drei Jahresraten bezahlt werden müsse, antworteten Servius und Labeo, dass das Legat sofort geschuldet werde.[1106] In einem anderen Fall hatte der Erblasser eine Person zum Erben eingesetzt, wenn sie das Kapitol besteige, und ihr, wenn nicht, ein Legat vermacht. Die Person starb, bevor sie das Kapitol besteigen konnte. Servius entschied, dass das Legat mit dem Tod der Person wirksam werde.[1107] Weiters wurde Servius gefragt, ob jemand mit einem Legat bedacht werden könne, der in der Gewalt des Erben stehe. Servius meinte, dies sei möglich unter der Bedingung, dass der Bedachte bei Fälligkeit des Legats (*dies cedens*) nicht mehr in der Gewalt des Erben stehe. Wenn er zu diesem Zeitpunkt noch *alieni iuris* sei, sei das Legat hinfällig.[1108] Zum Hausrat (*suppellex*) respondierte Servius, dass zwar der Wille des Erblassers und sein Wortgebrauch beachtet werden müssten, wenn er aber etwas, das nach allgemeiner Ansicht überhaupt nicht zum Hausrat gehöre, wie etwa Speisesilber, Umhänge oder Togen, als *suppellex* bezeichne, sei das nicht in einem *legatum suppellectile* enthalten.[1109]

Dallo iussum domini alla contemplatio domini, 270 f.; MIGLIETTA, Servius respondit, 265 f.; WACKE, Gallico aut germanico sermone stipulari?, SZ 130 (2013) 245 f.; Vgl. auch Alf. 2 dig. a Paulo epit. D. 32.60.2, bei dem es sich möglicherweise um denselben Fall wie wie D. 32.2.4 handelt.

1105 Iul. l. s. de ambig. D. 32.62. Dazu HORAK, Rationes decidendi, 203; WATSON, The Law of Succession, 119 f.; WIELING, Testamentsauslegung, 120 f.; SCARANO USSANI, L'utilità e la certezza, 195; PAULUS, Die Idee der postmortalen Persönlichkeit, 294; MIGLIETTA, Servius respondit, 246–248; HARKE, Verba und voluntas, 64.

1106 Ulp. 19 ad Sab. D. 30.30 pr.,2. Dazu MIGLIETTA, Servius respondit, 354 f.

1107 Pap. 13 quaest. D. 28.7.28. Dazu WATSON, The Law of Succession, 114 f.; WATSON, D. 28.5.45 (44): An unprincipled Decision on a Will, The Irish Jurist 3 (1968) 390; WIMMER, Das Prälegat, 128; MAYER-MALY, Argumentum, SZ 125 (2008) 255–257; MIGLIETTA, Servius respondit, 257 f.; BABUSIAUX, Papinians Quaestiones, 216 f., 255.

1108 Gai. Inst. 2.244. Siehe auch HORAK, Rationes decidendi, 145; WATSON, The Law of Succession, 159 f.; JOHN, Die Auslegung des Legats von Sachgesamtheiten, 78–87; LIEBS, Rechtsschulen und Rechtsunterricht im Prinzipat, 256; MANTHE, Die libri ex Cassio, 54; PAULUS, Die Idee der postmortalen Persönlichkeit, 237 f.; WIMMER, Das Prälegat, 268–272; AVENARIUS, Der pseudo-ulpianische liber singularis regularum, 466; EFFER-UHE, Die Wirkung der condicio im römischen Recht, 72–80; LEESEN, Gaius meets Cicero, 148–163; CHOE, Regula Catoniana und Servius, der Meister, FS Knütel, 213–227; MIGLIETTA, Servius respondit, 402–404.

1109 Cels. 19 dig. D. 33.10.7.2. Siehe HORAK, Rationes decidendi, 225 f.; ALBANESE, Tre studi celsini, AUPA 34 (1971) 79–129; ASTOLFI, Studi sull'oggetto dei legati in diritto romano II, 158 f., 164–167; WATSON, The Law of Succession, 85 f., 141 f.; ASTOLFI, Abiti maschili e femminili, Labeo 17 (1971) 33–39; MARTINI, Ancora sul legato di vesti, Labeo 17 (1971) 157–168; WIELING,

Zum *penus* zählte Servius, der dieses Thema in den *reprehensa Scaevolae capita* behandelte,[1110] auch Parfum und Papyrus für Briefe.[1111]

Neben der Juristenkontroverse zum *penus* vertrat Servius auch in weiteren Fragen eine anderen Auffassung als Scaevola,[1112] so etwa bei der Frage, was darunter zu verstehen sei, wenn der Testator seiner Frau durch Legat einen Anteil „so groß wie einer der Erben" vermachte; hier nahm Servius gemeinsam mit Ofilius – anders als Scaevola, der den größtmöglichen Anteil annahm – den kleinsten Anteil an, da dem Erben die Bestimmung des Anteils überlassen sei.[1113] Auch bei einer anderen Kontroverse waren die Protagonisten wieder Q. Mucius Scaevola und C. Aquilius Gallus auf der einen Seite, Ser. Sulpicius Rufus und A. Ofilius auf der anderen. Sie diskutierten die Frage nach dem Status eines als Vindikationslegat hinterlassenen Sklaven, der vom Erblasser unter der Bedingung, dass er dem Legatar 100 zahle, freigelassen wurde. Scaevola und Gallus, denen sich auch Labeo und Javolen anschlossen, bejahten die Gültigkeit des Vindikationslegats und sahen den Sklaven als *statuliber*, der im Eigentum des Erben stand, an; Servius und Ofilius vertraten die gegenteilige Auffassung.[1114] Ebenfalls von der Definition des Scaevola abweichend ist Servius' Definition von Teil (*pars*). Während Scaevola unter *pars* den Anteil an einer unteilbaren Sache verstand, meinte Servius, *pars* könne je nach Kontext den Teil einer teilbaren oder einer unteilbaren Sache bedeuten.[1115]

Im Zusammenhang mit der *tutela testamentaria* behandelte Servius die Klausel *filio filiisque meis hosce tutores do*: Laut Servius waren damit nur die

---

Testamentsauslegung, 38–41, 47 f.; HAUSMANINGER, Zur Legatsinterpretation des Celsus, IURA 35 (1984) 19–22; STEIN, The Place of Servius Sulpicius Rufus, FS Wieacker, 178, PAULUS, Die Idee der postmortalen Persönlichkeit, 186; BRETONE, Geschichte des römischen Rechts, 213–215; BOTTIGLIERI, Su alcuni aspetti dell'interpretatio di Q. Elio Tuberone il giovane, Labeo 42 (1996) 372–379; SCHANBACHER, Zum Einfluß der stoischen Sprachtheorie auf die römische Jurisprudenz, FS Knütel, 1025–1035; MIGLIETTA, Servius respondit, 296–300; CASAVOLA, Giuristi adrianei, 88–96; DUBOULOZ, La propriété immobilière, 91–96; HARKE, Verba und voluntas, 56–58; BIAVASCHI, Caesari familiarissimus, 114–123; NEUMANN, Der Bürgenregress im Rahmen des Auftragsrechts, 176.

1110 Gell. 4.1.17, 4.1.20. Siehe auch S. 73, 123, 127, 131, 167, 170.

1111 Ulp. 22 ad Sab. D. 33.9.3.10. Dazu WATSON, The Law of Succession, 135; BÜRGE, Fiktion und Wirklichkeit, SZ 104 (1987) 516 f.; ASTOLFI, Studi sull'oggetto dei legati in diritto romano II, 44, 131; JOHN, Die Auslegung des Legats von Sachgesamtheiten, 48; D'ORTA, La giurisprudenza tra repubblica e principato, 231; SCHERMAIER, Materia, 31; MIGLIETTA, Servius respondit, 453 f., 455 f.; BIAVASCHI, Caesari familiarissimus, 221–240.

1112 Siehe auch STEIN, The Place of Servius Sulpicius Rufus, FS Wieacker, 175–184.

1113 Lab. 2 post. a Iav. epit. D. 32.29.1. (S. 132).

1114 Iav. 4 ex post. Lab. D. 40.7.39 pr. (S. 133).

1115 Paul. 21 ad ed. D. 50.16.25.1 (S. 133).

Söhne gemeint, da *filiis* als Alternative zu *filio* verstanden werden müsse.[1116] Zwei weitere *responsa* des Servius zur *tutela* sind ebenfalls erhalten: Wenn der Erbe des Tutors nach seinem Tod die Geschäfte des Mündels weiterführe oder Geld des Mündels verbrauche oder Geld, das sein Vater sich als Tutor hatte versprechen lassen, einforderte, stehe auch gegen ihn die *actio tutelae* zu.[1117] Nicht zuletzt äußerte sich Servius dahingehend, dass ein Sachwalter eines Mündels, dessen Tätigkeitsbereich nicht näher bestimmt sei, im Zweifelsfall für alle Streitigkeiten des Mündels gegen den *tutor* bestellt sei.[1118]

Einige *responsa* von Servius sind zur *dos* überliefert, von denen mindestens zwei aus seiner Monographie *de dotibus* stammten. U. a. interpretierte Servius die Klausel *cum commodissimum esset* bei der Bestellung der *dos* als jenen Zeitpunkt, zu dem eine Zahlung ohne Schmach und Schande für den Besteller zulässig sei.[1119] Des Weiteren verneinte er, dass der Vater die *dos* für seine Tochter zurückfordern könne, wenn diese vom Großvater väterlicherseits bestellt worden war, da er die *dos* nicht aus eigenen Mitteln bestellt hatte.[1120] Außerdem teilte Servius die Meinung des P. Mucius Scaevola, dass der Ehemann bei der Rückgabe der *dos* für *dolus* und *culpa* hafte.[1121] Nicht zuletzt war Servius der Ansicht, dass, wenn beide Ehepartner noch nicht im ehefähigen Alter waren, die *dos* zurückgefordert werden könne; dies gelte allerdings nur, wenn sie sich scheiden ließen, bevor beide das heiratsfähige Alter erreichten.[1122] In seinem Buch *de dotibus*, aus dem auch das vorhergehende Fragment stammt, beschrieb er auch

---

1116 Pomp. 8 ad Q. Muc. D. 50.16.122. Dazu Pringsheim, Id quod actum est, SZ 78 (1961) 20; Watson, The Law of Persons, 115; Horak, Rationes decidendi, 204; Wieling, Testamentsauslegung, 37, 122; Miglietta, Servius respondit, 140, 304 f.; Harke, Verba und voluntas, 64 f.; Finazzi, Intorno a Pomp. Ench. D. 1,2,2,43, FS Sirks, 219–239.

1117 Ulp. 36 ad ed. D. 27.7.4 pr. Dazu Watson, The Law of Persons, 145; Miglietta, Servius respondit, 439–443.

1118 Ulp. 37 ad Sab. D. 26.1.3.4. Dazu Watson, The Law of Persons, 128 f.; Miglietta, Servius respondit, 456 f.

1119 Lab. 6 post. a Iav. epit. D. 23.3.79.1. Dazu Söllner, Actio rei uxoriae, 55; Watson, The Law of Persons, 65; Stagl, Favor dotis, 138 f.; Wacke, Zur Einrede des Notbedarfs, Studi Metro, VI 459–462.

1120 Lab. 6 post. a Iav. epit. D. 23.3.79 pr. Dazu Söllner, Actio rei uxoriae, 55; Watson, The Law of Persons, 65 f.; Horak, Rationes decidendi, 110; Baldus, Regelhafte Vertragsauslegung, 596 f.; Stagl, Favor dotis, 53; Wolf, Das Stigma ignominia, SZ 126 (2009) 59; Miglietta, Servius respondit, 241–243, 364–367.

1121 Iav. 6 ex post. Lab. D. 24.3.66 pr. (S. 102).

1122 Ner. 2 membr. D. 12.4.8. Dazu Kupiszewski, Studien zum Verlöbnis im klassischen römischen Recht I, SZ 84 (1967) 86 f.; Feenstra, Impossibilitas and causula rebus sic stantibus, FS Daube, 83 f., 98; Watson, The Law of Persons, 39, 63; Behrends, Die condictio causa data causa non secuta, FS Wacke, 18–20; Pichonnaz, From clausula rebus sic stantibus to Hardship, Fundamina 17 (2011) 133 f.; Miglietta, Servius respondit, 293 f.

das Verlobungszeremoniell in Latium, das dort bis zum Bundesgenossenkrieg üblich war.[1123] Von seinen antiquarischen Interessen zeugt auch die Information, dass die Bezeichnungen Schwiegervater und Schwiegermutter (*socer*, *socrus*) und Schwiegersohn und Schwiegertochter (*gener*, *nurus*) schon ab der Verlobung verwendet wurden,[1124] sowie der Hinweis, dass *cautiones* für die Rückgabe der Mitgift erst nach der Scheidung des Carvilius Ruga – dieser hatte sich von seiner Frau wegen Kinderlosigkeit scheiden lassen – üblich wurden.[1125]

Einen praktischen Hintergrund hatte vermutlich ein prozessrechtliches *responsum*, in dem Servius erklärte, dass bei einjährig befristeten Klagen (*actiones annuae*), die durch den vermeintlich Freien gegen den Scheinherrn erhoben wurden, die Frist mit dem Beginn des Freiheitsprozesses zu laufen beginne.[1126] Unklar ist, ob die Erläuterung des Scholiasten Acro zu der Frage *licet antestari*, nämlich dass der zum Zeugen Aufgeforderte dem Fragenden ein Ohrläppchen darreichte, in einer der Satiren des Horaz ebenfalls auf Servius zurückgeht. Acro nennt als Urheber einen Servius *magister;* da Horaz mit Servius' Sohn bekannt war, ist es aber durchaus glaubhaft, dass diese Information von Servius stammt.[1127]

1123 Gell. 4.4. Dazu Funaioli, Grammaticae Romanae Fragmenta, 422 f.; Medicus, Id quod interest, 213; Kupiszewski, Studien zum Verlöbnis im klassischen römischen Recht I, SZ 84 (1967) 70 FN 2;Watson, The Law of Persons, 11 f.; Kaser, Die Stipulationsklausel quanti ea res erit, SZ 90 (1973) 216 f.; Melillo, Forme e teorie contrattuali, 457; Nelson/Manthe, Gai Institutiones III 88–181, 108; Treggiari, Roman Marriage, 142 f.; Coskun, Bürgerrechtsentzug oder Fremdenausweisung?, 37; Bramante, Patres, filii e filiae nelle commedie di Plauto, 109 f.

1124 Pomp. 1 enchir. D. 38.10.8. Dazu Casavola, Lex Cincia, 63; Kupiszewski, Studien zum Verlöbnis im klassischen römischen Recht I, SZ 84 (1967) 88 f.; Watson, The Law of Persons, 18; Bretone, Techniche e ideologie, 215; Miglietta, Servius respondit, 137 f., 373–375.

1125 Gell. 4.3.1–2. Dazu Costa, Cicerone giureconsulto, 59; Söllner, Actio rei uxoriae, 84; Eisenring, Die römische Ehe als Rechtsverhältnis, 176; Astolfi, Il matrimonio nel diritto romano preclassico, 155 f. Zur Scheidung des Carvilius Ruga siehe Watson, The Divorce of Carvilius Ruga, TR 33 (1965) 38–50; Robleda, Il divorzio in Roma prima di Costantino, 347–390; Watson, Studies in Roman Private Law, 23–36; Zablocki, The Image of A Roman Family, Pomoerium 2 (1996) 42 f.; Matthews/Hilton, Veiled or Unveiled (Plut. Quaest. Rom 267B–C), CQ 58 (2008) 340–345; Jacobs, Carvilius Ruga vs. Uxor: A famous Roman divorce, Fundamina 15 (2009) 92–111.

1126 Paul 51 ad ed. D. 40.12.24 pr.–1. Dazu Watson, The Law of Persons, 219 f.; Behrends, Die römische Geschworenenverfassung, 112; Hackl, Praeiudicium, 130; Wacke, Zur bona fides bei Ersitzung, Geschäftsführung und Eviktionsregreß, FS v. Lübtow, 284 f.; Miglietta, Servius respondit, 425 f.; Indra, Status quaestio, 223, 226.

1127 Ps.-Acro in Hor. sat. 1.9.76. Siehe zu dieser Stelle Selinger, Das Ohrläppchenziehen als Rechtsgeste?, Forschungen zur Rechtsarchäologie und zur rechtlichen Volkskunde 18 (2000) 201–226. Schanz/Hosius, Geschichte der römischen Literatur I, 173, weist die Autorenschaft dem Grammtiker zu, ebenso Cloud, Some thoughts on vadimonium, SZ 119 (2002) 172, während Selinger sich diesbezüglich nicht äußert. Gegenteiliger Ansicht ist Geymonat,

Bei einem weiteren *responsum* sah Servius, ebenso wie Labeo, eine *restitutio in integrum*, wenn ein Urteil aufgrund eines Fehlers des Magistrats nicht erfolgt war, dann als zulässig an, wenn der Magistrat die Rechtsprechung verweigert hatte (*ius non dixit*), nicht aber, wenn der Magistrat nach Prüfung der Sachlage (*causa cognita*) eine Klage abgelehnt hatte.[1128] Außerdem respondierte Servius, dass bei einer Richtereinsetzung aufgrund einer Vereinbarung der Streitparteien, in der der Richter mit einem falschen Namen oder Vornamen benannt worden sei, derjenige zum Richter ernannt werden solle, den die Parteien gemeint hatten.[1129] Hinsichtlich der Zahlung aufgrund eines Urteils eines *arbiter ex compromisso* war Servius der Auffassung, dass ein angemessener Zeitraum zur Zahlung vorzusehen sei, wenn im Urteil kein Zahlungstermin genannt sei.[1130]

Zum *iudicium secutorium* des Interdikts *uti possidetis* ist eine *sententia* des Servius überliefert, der zufolge der Interdiktengegner in so viel verurteilt werden müsse, wie der Wert der Sache betrage.[1131] Außerdem erweiterte Servius den Wirkungsbereich des *interdictum quod vi aut clam* auf Handlungen, bei denen der Interdizierte damit rechnen musste (auch wenn er selbst nicht daran gedacht hatte), dass eine Kontroverse entstehen würde, mit der Begründung, dass die Dummen im Prozess nicht besser dastehen dürften als die Klugen;[1132] dieses *responsum* stand eventuell in Zusammenhang mit Scaevolas Definition von *clam*.[1133] In Zusammenhang mit dem Interdikt *quod vi aut clam* und der *actio legis*

Servius as Commentator on Horace, FS Claussen, 33 FN 14, der die Stelle auf den Grammtiker und Scholiasten Servius bezieht.

1128 Ulp. 12 ad ed. D. 4.6.26.4. Dazu Lewis, Advocatio, FS Pool, 221 f.; Metzger, Lawsuits in context, 198 f.; Miglietta, Servius respondit, 431 f.; Sciortino, Denegare actionem, decretum e intercessio, AUPA 55 (2012) 669–673.

1129 Pomp. 2 ad Sab. D. 5.1.80. Dazu Horak, Rationes decidendi, 227 f.; Miglietta, Servius respondit, 248 f.

1130 Afr. 7 quaest. D. 44.7.23. Dazu Litewski, Römisches Seedarlehen, Iura 24 (1973) 113, 150, 174; Liebs, Rechtsschulen und Rechtsunterricht im Prinzipat, 258; Knütel, Stipulatio poenae, 139, 216; Klingenberg, Das modicum-Kriterium, SZ 126 (2009) 235–238; Miglietta, Servius respondit, 380–382. Siehe auch Ulp. 77 ad ed. D. 22.2.8 (S. 187).

1131 Ulp. 69 ad ed. D. 43.17.3.11. Dazu Watson, The Law of Property, 87 f.; Rodger, A Note on A. Cascellius, CQ 22 (1972) 135–138; Behrends, Selbstbehauptung und Vergeltung und das Gewaltverbot, SZ 119 (2002) 100 FN 115; Grevesmühl, Die Gläubigeranfechtung, 161 FN 749; Miglietta, Servius respondit, 338–341. Das Wort *sententia* in Verbindung mit dem Inhalt des *responsum* lässt auch hier an eine direkte Beteiligung von Servius am Prozess denken, sei es als einer der *recuperatores* oder als ein am Prozess beteiligter Anwalt.

1132 Ven 2 interd. D. 43.24.4. Dazu Watson, The Law of Property, 222–224; Stein, The Place of Servius Sulpicius Rufus, FS Wieacker, 180; Rainer, Bau- und nachbarrechtliche Bestimmungen, 237; Watson, Legal Origins and Legal Change, 264; Behrends, Selbstbehauptung und Vergeltung und das Gewaltverbot, SZ 119 (2002) 109; Miglietta, Servius respondit, 306–308.

1133 Q. Muc. l. s. hor. D. 50.17.73.2 (S. 139).

Aquiliae hielt Servius die Einrede *quod incendii defendendi causa factum non sit* für zulässig, wenn ein Magistrat, nicht aber, wenn ein Privatmann belangt wurde – eine Frage, die auch schon Gallus behandelt hatte.[1134] Des Weiteren antwortete Servius, dass, wenn jemanden zugestanden wurde, Bäume auf dem Grundstück eines anderen zu fällen, diesem auch das *interdictum quod vi aut clam* zustünde, wenn ein anderer die Bäume gewaltsam oder heimlich gefällt hatte, besonders wenn ein Kaufvertrag oder ein anderer Vertrag zugrunde liege.[1135] Und wenn eine bauliche Veränderung am Grundstück einer Frau vorgenommen werde, reiche es aus, dies dem Ehegatten zu melden, um den Eindruck, etwas verbergen zu wollen, zu vermeiden und um gegen das *interdictum quod vi aut clam* geschützt zu sein.[1136] Wenn sich das *opus* auf öffentlichem Grund befinde, solle man dies dem zuständigen Magistrat melden.[1137] Das *interdictum quod vi aut clam* stehe dem Eigentümer auch dann zu, wenn der Störende das *opus* aufgrund einer Verwechslung vor einem Dritten (weil er diesen für den Eigentümer hielt)[1138] oder vor dem Sklaven oder *procurator* des Eigentümers verheimlichen wollte.[1139]

Ein interessantes *responsum* gilt folgendem Fall: Ein Sohn hatte bei der Aufteilung des Vermögens seines Bruders versehentlich etwas zugeteilt, was der Vater dem Bruder, als er noch unter seiner Gewalt stand, geschenkt hatte. Servius war der Auffassung, der Gegenstand könne nicht ersessen werden, da eine nicht testamentarisch bestätigte Schenkung an einen Gewaltunterworfenen ungültig sei.[1140] Die Ersitzung bejahte Servius hingegen, wenn ein Tutor bei einer Versteigerung von Gütern seines Mündels einen Gegenstand im Glauben, er stehe

1134 Ulp. 71 ad ed. D. 43.24.7.4 (S. 161).

1135 Ulp. 71 ad ed. D. 43.24.13.4. Dazu Watson, The Law of Property, 227; Fargnoli, Studi sulla legittimazione attiva all'interdetto quod vi aut clam, 54–56; Pennitz, Das periculum rei venditae, 416 FN 202; Miglietta, Servius respondit, 448 f.

1136 Ulp. 70 ad ed. D. 43.24.5.3. Siehe Watson, The Law of Property, 225 f.; Behrends, Selbstbehauptung und Vergeltung und das Gewaltverbot, SZ 119 (2002) 108 FN 130; Miglietta, Servius respondit, 342 f.

1137 Ulp. 70 ad ed. D. 43.24.5.4.Dazu Watson, The Law of Property, 225 f.; Eck, Die staatliche Organisation Italiens, 225; Fargnoli, Studi sulla legittimazione attiva all'interdetto quod vi aut clam, 95; Miglietta, Servius respondit, 342 f.

1138 Ulp. 70 ad ed. D. 43.24.5.5. Dazu Watson, The Law of Property, 225 f.; Miglietta, Servius respondit, 342 f.

1139 Ulp. 70 ad ed. D. 43.24.5.6. Dazu Watson, The Law of Property, 225 f.; Miglietta, Servius respondit, 342 f.

1140 Frag. Vat. 294, Iul. 44 dig. D. 41.5.2.2. Dazu Casavola, Lex Cincia, 107 f.; Mayer-Maly, Das Putativproblem bei der usucapio, 76–81; Söllner, Actio rei uxoriae, 130 f.; Watson, The Law of Property, 51–53; Horak, Rationes decidendi, 108 f.; Daube, Collected Studies, 736 f.; Böhr, Das Verbot der eigenmächtigen Besitzumwandlung, 116, 200–202; Miglietta, Servius respondit, 300–304, 308–310; Johlen, Die vermögensrechtliche Stellung der weströmischen Frau, 29 f.; Harke, Possessionis causae mutatio, SZ 134 (2017) 263 f.

im Eigentum des Mündels, gekauft hatte.[1141] In einem anderen Fall, wo strittig war, wer der Eigentümer eines aus Zypressenholz hergestellten Schiffs sei, der Eigentümer des Holzes oder der Verarbeiter, sprach Servius das Eigentum dem Verarbeiter zu, da sich das Wesen (*qualitas*) des Gegenstands geändert habe.[1142]

Zur *cautio damni infecti* respondierte Servius, dass, wenn der Wind Ziegel vom Dach auf das Nachbarhaus wehe und dies aufgrund einer fehlerhaften Bauweise geschehe, der Eigentümer des Hauses hafte, jedoch keine Haftung bestehe, wenn die Ziegel wegen sehr heftigen Winds oder einer anderen Form von *vis divina* heruntergefallen seien.[1143] Gleichfalls hafte der *promissor* nicht aus der *cautio damni infecti*, wenn Wasser ein Mietshaus umreiße, wenn aber das Wasser die Mauern schädige und das Haus infolgedessen zusammenbreche, werde die Stipulation fällig.[1144] Anders als sein Lehrer C. Aquilius Gallus vertrat

1141 Paul. 54 ad ed. D. 41.4.2.8. Dazu Watson, The Law of Persons, 135; Benöhr, Das sogenannte Synallagma in den Konsensualkontrakten, 31 f.; Wacke, Zur bona fides bei Ersitzung, Geschäftsführung und Eviktionsregreß, FS v. Lübtow, 273; Navarra, Ricerche sulla utilitas, 121 f.; Miglietta, Servius respondit, 315 f.

1142 Paul. 14 ad Sab. D. 41.1.26 pr. Dazu Costa, Cicerone giureconsulto, 114; Kaser, Natürliche Eigentumserwerbsarten im römischen Recht, SZ 65 (1947) 243 f.; Watson, The Law of Property, 77; Thielmann, Zum Eigentumserwerb durch Verarbeitung, FS v. Lübtow, 212–214; Schermaier, D. 41,1,24 und 26 pr.: Ein Versuch zur Verarbeitungslehre des Paulus, SZ 105 (1988) 436–487; Schermaier, Materia, 206–210; Stoop, Non solet locatio dominium mutare, TR 66 (1998) 7 FN 31; Behrends, Die Spezifikationslehre, SZ 112 (1995) 225–229; Gamauf, Vindicatio nummorum, 181 FN 524; Plisecka, Accessio and specificatio reconsidered, TR 74 (2006) 53 f.; Miglietta, Servius respondit, 323–327.

Je nach Zeichensetzung kann die Meinung des Servius allerdings auch auf die folgenden statt auf die vorhergehenden Sätze bezogen werden, sodass Servius die Meinung vertreten habe, dass der Nebenteil bei jenen Gegenständen, bei denen die Qualität der Sache zähle (*propria qualitas*), dem Schicksal des Hauptteils folge. Diese Lösung wird etwa von Behrends, Die Spezifikationslehre, SZ 112 (1995) 226, Gamauf, Vindicatio nummorum, 181 FN 524, und Plisecka, Accessio and specificatio reconsidered, TR 74 (2006) 53 f. vertreten, während z. B. Stoop, Non solet locatio dominium mutare, TR 66 (1998) 7 FN 31, die gegenteilige Ansicht vertritt. Watson, The Law of Property, 77, lässt die Frage offen.

1143 Ulp. 81 ad ed. D. 39.2.24.4. Siehe auch Alf. 2 dig. D. 39.2.43 pr. Dazu De Robertis, La responsabilità contrattuale nel diritto romano, 119; Watson, The Law of Property, 149–152; Stein, The Place of Servius Sulpicius Rufus, FS Wieacker, 182 f.; Molnár, Verantwortung und Gefahrtragung bei der locatio conductio zur Zeit des Prinzipats, ANRW II 14 (1982) 667 FN 253; Molnár, Alfenus Varus iuris consultus, Studia Pólay, 323; Nörr, Kausalitätsprobleme im klassischen römischen Recht, FS Wieacker, 117–119, 130; Rainer, Bau- und nachbarrechtliche Bestimmungen, 118; Daube, Collected Studies, 290; Rainer, Servius und Labeo zur cautio damni infecti, FS Waldstein, 288–291; Spengler, Studien zur interrogatio in iure, 132; Roth, Alfeni Digesta, 166–170; Miglietta, Servius respondit, 349–353; Deppenkemper, Negotiorum gestio, 434 f.

1144 Ulp. 81 ad ed. D. 39.2.24.5. Vgl. Alf. 2 dig. D. 39.2.43 pr. Dazu Watson, The Law of Property, 152 f.; Stein, The Place of Servius Sulpicius Rufus, FS Wieacker, 183; Nörr, Kausalitätsprobleme im klassischen römischen Recht, FS Wieacker, 117–119, 131; Rainer, Bau- und

Ser. Sulpicius Rufus die Meinung, dass der Eigentümer des dienenden Grundstücks bei einer *servitus oneris ferendi* zu einem aktiven Tun, im konkreten Fall zur Instandhaltung der Mauer, verpflichtet sei.[1145]

Zur Bemessung der Zeit für die Nichtausübung des Wasserrechts respondierte Servius, dass bei einem Wasserrecht, das nur zu einem bestimmten Monat oder einer bestimmten Jahreszeit ausgeübt werde, das Zweifache der üblichen Zeit für die Ersitzung der Servitutsfreiheit genüge, bei einem Wasserrecht hingegen, das nur an bestimmten Tagen oder zu bestimmten Zeiten ausgeübt werden dürfe, sei für die *usucapio libertatis* die normale Zeitspanne ausreichend.[1146] Außerdem schrieb er, dass es zulässig sei, einen bisher geschlossenen Wasserlauf offen zu führen; vor allem wenn damit das Wasser besser erhalten werde, könne das dem Berechtigten nicht verboten werden.[1147] Zudem respondierten Servius und Labeo, dass es zu gestatten sei, wenn ein bisher mit Erde begrenzter Wasserlauf zementiert werde, da durch diese Maßnahme weniger Wasser auslaufe. Ebenfalls zu gestatten sei es, wenn ein Wasserlauf, der auf Stützen geführt wurde, zur Gänze oder zum Teil auf der Erde geführt werde.[1148]

Bei der Definition von *dolus malus* folgte Servius der Definition von C. Aquilius Gallus und fasste *dolus malus* als bewusste Vortäuschung falscher Tatsachen auf.[1149] Außerdem sagte Servius, dass keine Strafstipulation für ein Seedarlehen fällig werde, wenn es am Gläubiger gelegen habe, dass er das rechtzeitig geleistete

---

nachbarrechtliche Bestimmungen, 19; Rainer, Servius und Labeo zur cautio damni infecti, FS Waldstein, 284–288; Spengler, Studien zur interrogatio in iure, 132; Miglietta, Servius respondit, 349–353.

1145 Ulp. 17 ad ed. D. 8.5.6.2. Siehe S. 161.

1146 Paul. 13 ad Plaut. D. 8.6.7. Dazu Watson, The Law of Property, 202; Horak, Rationes decidendi, 176; Behrends, Die lebendige Natur eines Baums, FS Wolf, 25–30; Zuccotti, La tutela interdittale, GS Provera, 476–480; Krämer, Das besitzlose Pfandrecht, 271 f.; Bannon, Gardens and Neighbours, 91 f.; Miglietta, Servius respondit, 426–428.

1147 Ulp. 70 ad ed. D. 43.21.3 pr. Siehe auch Watson, The Law of Property, 191 f.; Bannon, Gardens and Neighbours, 122; Miglietta, Servius respondit, 341 f.; Fiorentini, Struttura ed esercizio della servitù d'acqua, Quaderni del Dipartimento di Scienze Giuridiche 8 (2003) 157–159.

1148 Ulp. 70 ad ed. D. 43.21.3.1. Dazu Watson, The Law of Property, 191 f.; Bannon, Gardens and Neighbours, 122 f.; Fiorentini, Struttura ed esercizio della servitù d'acqua, Quaderni del Dipartimento di Scienze Giuridiche 8 (2003) 157–159.

1149 Ulp. 11 ad ed. D. 4.3.1.2. Siehe auch Watson, Actio de dolo and actiones in factum, SZ 78 (1961) 392–402; Costa, Cicerone giureconsulto, 153; v. Lübtow, Untersuchungen zur lex Aquilia de damno iniuria dato, 194; Carcaterra, Dolus bonus/dolus malus. Esegesi di 4,3,1,2–3; MacCormack, Aliud simulatum, aliud actum, SZ 104 (1987) 639–646; Bretone, Geschichte des römischen Rechts, 135–137; Zimmermann, The Law of Obligations, 665; Backhaus, Ethik und Recht in Cicero, de officiis 3.12.50 ff, FS Laufs, 11; Miglietta, Servius respondit, 428–431; Santucci, Verba edicti e definitiones: Labeone e Pedio nel commento ulpianeo de pactis, AUPA 59 (2016) 101–110.

Geld nicht empfangen habe.[1150] Ähnlich entschied er bei der Stipulation, wenn die Verzögerung am Versprechensempfänger lag.[1151] Bei der Frage, auf welchen Zeitpunkt die *litis aestimatio* zu beziehen sei, sagte Servius: auf den Zeitpunkt der Verurteilung und, wenn die Sache vernichtet sei, auf den Zeitpunkt des Todes.[1152] Gaius berichtet, dass Servius die Hinzufügung einer Bedingung auch dann als Novation sah, wenn die Bedingung zu diesem Zeitpunkt in der Schwebe war (der Gläubiger also schon zu diesem Zeitpunkt nicht mehr aus der alten Stipulation klagen konnte), und dass, sollte sich die Bedingung nicht erfüllen, weder aus der alten noch aus der neuen Stipulation geklagt werden könne. Daher trete auch dann, wenn man sich das, was einem von L. Titius geschuldet werde, von einem Sklaven habe stipulieren lassen, eine Novation ein, und die Forderung gehe verloren.[1153] Ausgehend von dem Fall, dass jemand von zwei geschuldeten Sklaven den Stichus leistete, dann das Eigentum an diesem wiedererlangte und nochmals den Stichus leiste, erläutert Marcellus, dass Servius respondiert hatte, wie vorzugehen sei, wenn ein Gläubiger einen Teil der stipulierten Schuld erlassen wollte. In diesem Fall müsse der Schuldner eine kleine Summe, die ihm gleich darauf vom Gläubiger zurückgegeben werde, wiederholt dem Gläubiger geben, ehe dieser sie zum Schluss behalte.[1154]

Wenn ein Verkäufer sich beim Verkauf das Gebrauchsrecht für den Mieter oder Pächter für eine bestimmte Zeit zurückbehalten habe, so meinte Servius, könne er auf den störungsfreien Gebrauch durch den Mieter oder Pächter mit

1150 Ulp. 77 ad ed. D. 22.2.8. Siehe dazu Watson, The Law of Obligations, 2; Visky, Das Seedarlehen und die damit verbundene Konventionalstrafe im römischen Recht, RIDA 16 (1969) 400; Knütel, Stipulatio poenae, 211; Biscardi, La double configuration de la clause pénal en droit romain, FS v. Lübtow, 266; Miglietta, Servius respondit, 449 f.

1151 Pomp. 11 ex var. lect. D. 4.8.40. Dazu Watson, The Law of Obligations, 2; Knütel, Stipulatio poenae, 108; Pennitz, Zu den Voraussetzungen der mora accipiendi, SZ 123 (2006) 168 f.; Miglietta, Servius respondit, 379 f.

1152 Ulp. 27 ad ed. D. 13.3.3. Dazu Watson, The Law of Obligations, 12; Miglietta, Servius respondit, 435–437. *Tempus condemnationis* ist eine Konjektur; im Original stand wahrscheinlich *tempus litis contestationis*. Siehe auch Bremer, Iurisprudentiae antehadrianae, 197, sowie Watson, The Law of Obligations, 12.

1153 Gai. Inst. 3.179. Vgl. Theoph. Inst. 3.29.3. Dazu Watson, The Law of Obligations, 217; Flume, Der bedingte Rechtsakt nach den Vorstellungen der römischen Klassiker, SZ 92 (1975) 73–81; Apathy, Animus novandi, 30, 35, 124; Horak, Rationes decidendi, 109 f.; Nelson/Manthe, Gai Institutiones III 88–181, 430–434; Pennitz, Das periculum rei venditae, 208 FN 76; Babusiaux, Id quod actum est, 86 f.; Armgardt, Zum Bedingungsdogmatik im klassischen römischen Recht, TR 76 (2008) 228; Effer-Uhe, Die Wirkung der condicio im römischen Recht, 15–23, 47, 80; Miglietta, Servius respondit, 408–410.

1154 Marcell. 13 dig. D. 46.3.67. Dazu Watson, The Law of Obligations, 208 f.; Paulus, Die Idee der postmortalen Persönlichkeit, 308; Gamauf, Vindicatio nummorum, 219 f.; Kroppenberg, Amicitia, Delegations- und Auftragsrecht, SZ 126 (2009) 296–299; Miglietta, Servius respondit, 253–255.

der *actio venditi* klagen, während Tubero anmerkte, dass auch der Käufer den Verkäufer mit der *actio empti* zwingen könne, den Pächter aus dem Pachtvertrag zu klagen, sofern dieser einen Schaden angerichtet habe.[1155] Beim Sklavenkauf qualifizierte Servius einen Sklaven als *morbosus*, dem ein Zahn fehlte, und meinte, dass die *actio redhibitoria* in einem solchen Fall zustehe, Labeo beurteilte den Fall genau gegenteilig.[1156] Auch in einem anderen Fall gab es erhebliche Meinungsunterschiede unter den Juristen: Der Ausgangsfall war, dass jemand einen *statuliber*, der bei der Zahlung von 10 freigelassen werden sollte, verkauft hatte; dabei hatte er aber angegeben, dass er 20 bezahlen sollte. Einige Juristen waren der Meinung, dass der Verkäufer aus der *actio auctoritatis* hafte. Servius verneinte dies und sagte, dass die *actio empti* die zulässige Klage sei, da der Verkäufer offengelegt habe, dass es sich um einen *statuliber* handle.[1157]

Zwei recht umfangreiche *responsa* des Servius zur Miete sind bei Africanus überliefert. Wenn der Vermieter das Haus, in dem sich die Wohnung befinde, abreiße, sei darauf zu achten, ob der Abriss zu Erneuerungszwecken nötig war oder nicht, da er nur in letzterem Fall auf das Interesse hafte – eine Unterscheidung (*distinctio*), die von Servius eingeführt worden sei. Allerdings gelte diese Distinktion nicht für den bösgläubigen Vermieter.[1158] Bei einem weiteren Fall ging es um zwei Miteigentümer eines Grundstücks, die abwechselnd je ein Jahr

1155 Ulp. 32 ad ed. D. 19.1.13.30. Dazu Mayer-Maly, Locatio conductio, 55 f.; Watson, The Law of Obligations, 52, 123; Frier, The Tenant's Liability for Damage to Landlord's Property, SZ 95 (1978) 253 f.; Behrends, Überlegungen zum Vertrag zugunsten Dritter, Studi Sanfilippo, 56 f.; Kaser, Römische Rechtsquellen, 203; Watson, Studies in Roman Private Law, 226 f.; Reichard, Die Frage des Drittschadensersatzes, 216–224; Miglietta, Servius respondit, 439.

1156 Gell. 4.2.12. Dazu Horak, Rationes decidendi, 270; Stein, The Place of Servius Sulpicius Rufus, FS Wieacker, 184; Nörr, Kausalitätsprobleme im klassischen römischen Recht, FS Wieacker, 125 f.; Jakab, Praedicere und cavere beim Marktkauf, 266; Végh, Cui dens abest…: Bemerkungen zu einem zahnlosen Argument, Acta Universitatis Szegediensis 65 (2004) 401–412; Miglietta, Servius respondit, 243–245.

1157 Scaev. 2 quaest. D. 21.2.69.3 Dazu Watson, The Law of Obligations, 76 f.; Horak, Rationes decidendi, 173–175; Behrends, Gesetz und Sprache, 213 FN 156; Nörr, Probleme der Eviktionshaftung im klassischen römischen Recht, SZ 121 (2004) 185; Miglietta, Servius respondit, 412–414. Im Original stand vermutlich *auctoritatem* statt *stipulationem*. Siehe auch Lenel, Palingenesia, II Sp. 273. Die Wendung *auctoritas praevaluit* spricht m. E. für einen Zusammenhang mit einem konkreten Fall, in dem auch die Rechtsmeinungen anderer Juristen vorgebracht wurden.

1158 Afr. 8 dig. D. 19.2.35 pr. Dazu Mayer-Maly, Locatio conductio, 132 f., 165; Kaser, Periculum locatoris, SZ 74 (1957) 158 f.; Watson, The Law of Obligations, 102 f., 117; du Plessis, Janus in the Roman Law of Urban Lease, Historia 55 (2006) 60 f.; Vacca, Sul rischio del locatore nella locatio conductio rei, Studi Nicosia, VIII 318–320; Harke, Das Vertragsrecht in Afrikans Quaestionen, 38 f.; Miglietta, Servius respondit, 382–398; Du Plessis, Letting and Hiring, 155; Petrucci, Sopravvenienze e regolamento contrattuale, Scritti Corbino, V 542 f.

verpachteten. Am Ende des einen Jahres vernichtete der Miteigentümer und derzeitige Verpächter die Saat für das nächste Jahr. Africanus meinte, dass dem anderen Miteigentümer primär die *actio conducti* (für die fremde Hälfte) und die *actio locati* (für die eigene Hälfte) zustehe, jedoch auch mit der *actio communi dividundo* der Schaden lukriert werden könne. Richtig sei die Meinung des Servius, dass beide Klagen nicht kumulativ verwendet werden könnten.[1159]

Eine weitere Unterscheidung des Servius betraf die Gefahrtragung des Verpächters für höhere Gewalt. Ihm zufolge trage der Verpächter gegenüber dem Pächter die Gefahr für jede Form „höherer Gewalt" (*omnis vis cui resisti non potest*), also Naturgewalten wie Überflutungen oder Vögelplagen, aber auch Angriffe durch Feinde; der Pächter aber trage das Risiko für *vitia ex ipsa re*, z.B. wenn Wein sauer werde oder die Saat durch Würmer oder Unkraut vernichtet werde, und wenn nichts Außergewöhnliches passiere.[1160] In einem anderen Pachtfall entschied Servius, der Verpächter hafte nicht für giftige Pflanzen auf seinem Grundstück, wegen derer Vieh gestorben oder in seinem Wert verringert worden sei, wenn er nicht davon wusste, könne aber keinen Zins begehren. Wenn er davon wusste, habe er das Interesse zu leisten. Dieser Ansicht schlossen sich auch Labeo und Sabinus an.[1161] Wenn ein Mieter oder Pächter aus Angst das

1159 Afr. 8 dig. D. 19.2.35.1. Dazu Mayer-Maly, Locatio conductio, 132 f.; Watson, The Law of Obligations, 102 f.; Misera, Der Nutzungstausch bei Nachbarn und Miteigentümern, SZ 94 (1977) 267–292; Harke, Locatio conductio, 33; Harke, Das Vertragsrecht in Afrikans Quaestionen, 39 f.; Miglietta, Servius respondit, 382–398.

1160 Ulp. 32 ad ed. D. 19.2.15.2. Dazu Mayer-Maly, Locatio conductio, 161 f.; Kaser, Periculum locatoris, SZ 74 (1957) 169–175; Watson, The Law of Obligations, 110 f.; Seager, Of Vis and Weesa: D. 19.2.15.2 and 19.2.19.1, SDHI 31 (1965) 330–333; Horak, Rationes decidendi, 103 f.; Sitzia, Considerazioni in tema di periculum locatoris e di remissio mercedis, GS D'Amelio, I 331–361; Frier, The Tenant's Liability for Damage to Landlord's Property, SZ 95 (1978) 237; Frier, Landlords and Tenants, 97 f.; Molnár, Verantwortung und Gefahrtragung bei der locatio conductio zur Zeit des Prinzipats, 666–669; De Neeve, Remissio Mercedis, SZ 100 (1983) 308–313; Ernst, Das Nutzungsrisiko bei der Pacht, SZ 105 (1988) 541–567; Pennitz, Der Enteignungsfall im römischen Recht, 228–230; Rainer, Servius und Labeo zur cautio damni infecti, FS Waldstein, 291–293; Zimmermann, The Law of Obligations, 370; Fiori, La definizione della locatio conductio, 80–111; Fernández de Bujan, Deductio mercedis, forma alternative de „garantía" del conductor, RIDA 53 (2006) 158 f.; Miglietta, Servius respondit, 330–333; Du Plessis, Letting and Hiring, 139–142; Petrucci, Sopravvenienze e regolamento contrattuale, Scritti Corbino, V 528. Siehe auch PSI XIV 1449.

1161 Ulp. 32 ad ed. D. 19.2.19.1. Dazu Mayer-Maly, Locatio conductio, 169 f.; Kaser, Periculum locatoris, SZ 74 (1957) 164–166; Watson, The Law of Obligations, 113; Seager, Of Vis and Weesa: D. 19.2.15.2 and 19.2.19.1, SDHI 31 (1965) 330–333; Honsell, Quod interest im bonae-fidei-iudicium, 134 f.; Molnár, Verantwortung und Gefahrtragung bei der locatio conductio zur Zeit des Prinzipats, 670 f.; Bretone, Techniche e ideologie, 153 f.; Luig, Zur Vorgeschichte der verschuldensunabhängigen Haftung des Vermieters für anfängliche Mängel nach § 538 BGB, FS Hübner, 121–144; Ernst, Das Nutzungsrisiko bei der Pacht, SZ 105 (1988)

Grundstück verlassen habe, sagte Servius, dann werde dem Verpächter kein Zins geschuldet, wenn der Mieter/Pächter berechtigten Grund zur Angst gehabt habe, auch wenn keine Gefahr bestand.[1162] In einem anderen Fall respondierte Servius, dass, wenn bei einem Schiff, das in Seenot geraten war, ein Teil der Waren ins Meer geworfen worden war, die Eigentümer der vernichteten Waren mit der *actio locati* den Kapitän klagen könnten, um die Waren der anderen Eigentümer bis zur Leistung des Ausgleichs zurückzubehalten und dieser könne mit der *actio conducti* auf die Eigentümer der heil gebliebenen Waren Rückgriff nehmen, damit der Schaden aufgeteilt werde. Wenn Ladeplätze auf dem Schiff vermietet worden seien, hätten die geschädigten Eigentümer die *actio conducti* gegen den Kapitän.[1163]

Neben der *locatio conductio* beschäftigte sich Servius auch in mehreren *responsa* mit der *societas*: Wenn ein Gesellschafter in seinem Testament einen Sklaven unter der Bedingung freiließ, dass ihn der Mitgesellschafter ebenfalls freiließ, so wurde der betreffende Sklave nach Servius zum gemeinsamen *libertus* des Freilassers und der Familie des verstorbenen Mitgesellschafters.[1164] Bezüglich der Zulassung einer Gesellschaft, bei der die einzelnen Gesellschafter an

---

554–558; Frier, Law, Economics and Disasters down on the Farm, BIDR 92/93 (1989/90) 248 f.; Apathy, Sachgerechtigkeit und Systemdenken, SZ 111 (1994) 102; Harke, Locatio conductio, 22; Zimmermann, The Law of Obligations, 365; Krampe, Vom Weinfässer-Fall zur Garantiehaftung des Vermieters, FS Schrage, 266–272; Müller, Gefahrtragung bei der locatio conductio, 29–31; Vacca, Sul rischio del locatore nella locatio conductio rei, Studi Nicosia, VIII 322 f.; Schrage, Die verschuldensunabhängige Haftung des Vermieters, Studia prawno-ekonomiczne 83 (2011) 191–203; Miglietta, Servius respondit, 333–336; Du Plessis, Letting and Hiring, 125–127.

1162 Alf. 2 dig. D. 19.2.27.1. Servius als Autor des *responsum* wird in den Scholien zu Basil. 20.1.27 genannt. Dazu Mayer-Maly, Locatio conductio, 217; Watson, The Law of Obligations, 115; Molnár, Verantwortung und Gefahrtragung bei der locatio conductio zur Zeit des Prinzipats, 664 f.; Frier, Landlords and Tenants, 94 f.; Roth, Alfeni Digesta, 165 f.; Müller, Gefahrtragung bei der locatio conductio, 89–91; Litewski, Die Zahlung bei der Sachmiete, TR 70 (2002) 244; Harke, Locatio conductio, 27. Die Worte *iterum interrogatus* in diesem *responsum* deuten auf eine mündliche Konsultation hin, wie es bei der Beratung am Forum oder bei der Beratung im Haus des Juristen der Fall war.

1163 Paul. 34 ad ed. D. 14.2.2 pr. Siehe auch Paul. 3 epit. Alf. dig. D. 14.2.7. Dazu Watson, The Law of Obligations, 121; Watson, The Law of Property, 80; Benöhr, Das sogenannte Synallagma in den Konsensualkontrakten, 98 f.; Reichard, Die Frage des Drittschadensersatzes, 131–142; Wagner, Die lex Rhodia de iactu, RIDA 44 (1997) 363 f.; Chevreau, La lex Rhodia de iactu, TR 73 (2005) 78 f.; Schanbacher, Zur Rezeption und Entwicklung des rhodischen Seewurfrechts in Rom, FS Laufs, 257–273; Aubert, Dealing with the Abyss, 161–163; Miglietta, Servius respondit, 262–265; Pasquino, Rimedi pretori in alcuni casi di accessione, Teoria e Storia del Diritto Privato 4 (2011) 39–48; Krampe, Römisches Recht auf hoher See, 121 f.

1164 Pap. 10 quaest. D. 40.4.48. Dazu Watson, The Law of Persons, 196; Miglietta, Servius respondit, 255 f.

Gewinn und Verlust unterschiedlich beteiligt waren, unterschieden sich die Ansichten von Servius und Scaevola. Scaevola zufolge widersprach eine derartige Abmachung der Natur der *societas*, Servius war nicht dieser Meinung und meinte, es komme darauf an, welchen Beitrag die einzelnen *socii* zur Gesellschaft leisten würden.[1165] Servius wurde gefragt, ob bei einer *societas omnium bonorum* die anderen *socii* Ausgleichszahlungen leisten müssten, wenn einer der *socii* aufgrund einer *actio iniuriarum* verurteilt werde. Atilicinus, Sabinus und Cassius waren der Meinung, dass dieser, wenn er zu Unrecht verurteilt wurde, das Geld wiedererlangen könne, nicht jedoch, wenn er wegen einer eigenen Untat verurteilt wurde. Servius unterschied danach, ob der Beklagte während des Prozesses anwesend gewesen sei. Wenn ja, müssten sich alle am Schaden beteiligen, wenn der *socius* beim Prozess jedoch nicht anwesend gewesen sei, müsse er den Schaden alleine tragen, wenn er jedoch anwesend war und wegen eines Fehlverhaltens des Richters verurteilt wurde, könnte er den Schadensausgleich von den anderen verlangen.[1166] Außerdem merkte Servius an, dass, wenn ein *socius* den *procurator* eines anderen *socius* kündige, es diesem *socius* freistehe, ob er die Kündigung billigen wolle oder nicht. Hinsichtlich der *renuntiatio* werde derjenige, dessen *procurator* gekündigt wurde, von der Haftung gegenüber seinem *socius* befreit, die Befreiung des kündigenden *socius* liege im Ermessen des Partners.[1167]

Servius verneinte, dass ein *mandatum* entstanden sei, wenn jemand einem anderen geraten habe, Titius ein Darlehen zu geben; dies sei genauso zu behandeln, wie wenn geraten worden sei, das Geld gegen Zinsen zu verleihen.[1168] In einem anderen Fall wurde das Einschlagsrecht für fünf Jahre verkauft und es wurde gefragt, wer der Eigentümer der Früchte der Bäume sei. Servius antwortete, zunächst sei zu fragen, was ausgemacht worden sei. Wenn dies unklar sei, so gehörten die Früchte der nicht gefällten Bäume dem Verkäufer und die Eicheln,

---

1165 Gai Inst. 3.149, Inst. 3.25.2; Paul. 6 ad Sab. D. 17.2.30. (S. 136).

1166 Ulp. 31 ad ed. D. 17.2.52.18. Dazu Watson, The Law of Obligations, 136; Wollschläger, Das eigene Verschulden des Verletzten im römischen Recht, SZ 93 (1976) 123; Meissel, Societas, 261; Scevola, La responsabilità del iudex privatus, 340–342; Miglietta, Servius respondit, 275–278; D'Amati, Litem deserere, GS Burdese, 195–203.

1167 Paul. 32 ad ed. D. 17.2.65.8. Dazu Watson, The Law of Obligations, 133 f.; Daube, Collected Studies, 1300; Miglietta, Servius respondit, 310–313.

1168 Gai Inst. 3.156. Dazu Watson, The Law of Obligations, 150 f.; Wolf, Haftungsübernahme durch Auftrag?, 69 f.; Willvonseder, Die Verwendung der Denkfigur der conditio sine qua non bei den römischen Juristen, 44–46; Michel, Gaius et le mandat mea, tua ou aliena gratia, RIDA 44 (1997) 293–309; Krampe, Das Mandat des Aurelius Quietus, FS Wolf, 133–136; Nelson/Manthe, Gai Institutiones III 88–181, 346–348; Miglietta, Servius respondit, 404–408; Neumann, Der Bürgenregress im Rahmen des Auftragsrechts, 177 f. Siehe auch Theoph. Inst. 3.26.2.

die an den gefällten Bäumen hingen, dem Käufer.[1169] Von Servius ist auch eine Definition des Begriffs „Schlagwald“ (*silva caedua*) überliefert: Dies sei ein Wald, der sich durch Sprösslinge oder Wurzeln erneuere. Diese Definition könnte mit dem vorherigen Fall in Verbindung stehen.[1170] Im Zusammenhang mit den adjektizischen Klagen qualifizierte Servius in seinem Ediktskommentar[1171] u. a. den Mietshausverwalter (*insularius*), den Gebäudeverwalter und denjenigen, der zum Getreidekauf angestellt worden war, als *institor* und bejahte in diesen Fällen die Haftung des Geschäftsherrn *in solidum*.[1172] Wenn jemand ein Pfand öffentlich zum Verkauf ausgeschrieben hatte, so als ob er es vom Eigentümer erhalten habe, um denselben zu infamieren, so meinte Servius, dass man gegen ihn mit der *actio iniuriarum* vorgehen könne.[1173]

In einem anderen Fall kam ein Stallknecht, der ein Pferd zu einer Kneipe führte, an einem Maultier vorbei. Das Pferd schnupperte am Maultier, dieses schlug aus und brach dem Knecht das Bein. Nach seiner Rechtsansicht gefragt, meinte Servius, dass man in diesem Fall die *actio de pauperie* gegen den Eigentümer des Maultiers erheben könne.[1174] Die *actio de pauperie* sei laut Servius

1169 Lab. 5 post. a Iav. epit. D. 18.1.80.2. Dazu PRINGSHEIM, Id quod actum est, SZ 78 (1961) 18 f.; KAUFMANN, Die altrömische Miete, 313; WATSON, The Law of Obligations, 94; WATSON, The Law of Property, 120 f.; HONSELL, Ambiguitas contra stipulatorem, FG Kaser, 86; NENNINGER, Die Römer und der Wald, 47, 54 f. FN 329; DAUBE, Collected Studies, 751, 1036, 1054; BABUSIAUX, Id quod actum est, 213; NELSON/MANTHE, Gai Institutiones III 88–181, 75 f.; MIGLIETTA, Servius respondit, 223–226.

1170 Gai. 7 ad ed. prov. D. 50.16.30 pr. Siehe auch FUNAIOLI, Grammaticae Romanae Fragmenta, 422; MIQUEL, La definición de Servio de silva caedua, FS Iglesias, 451–456; NENNINGER, Die Römer und der Wald, 47 FN 285; MIGLIETTA, Servius respondit, 398–400; BUONGIORNO, Definire il bosco nell'esperienza romana, 7.

1171 Ulp. 28 ad ed. D. 14.3.5.1 ist das einzige gesicherte Fragment aus seinem Ediktskommentar, weshalb hier die bei BREMER unter diesem Titel aufgeführten Fragmente nicht als eigene Masse behandelt werden. Die kaum vorhandene Rezeption des Kommentars fiel schon FRIER, The Rise of the Roman Jurists, 170, auf.

1172 Ulp. 28 ad ed. D. 14.3.5.1. Dazu COSTA, Cicerone giureconsulto, 51; WATSON, The Law of Obligations, 192; CLAUS, Gewillkürte Stellvertretung, 77; BEHRENDS, Der Kommentar in der römischen Rechtsliteratur, 444 f.; FRIER, Landlords and Tenants, 29; D'ORTA, La giurisprudenza tra repubblica e principato, 33; MANTOVANI, Gli esordi del genere lettterario ad edictum, 74 f.; COPPOLA BISAZZA, Dallo iussum domini alla contemplatio domini, 165, 170, 186, 248; MIGLIETTA, Servius respondit, 329 f.; DUBOULOZ, La propriété immobilière, 180–183.

1173 Ulp. 77 ad ed. D. 47.10.15.32. Siehe auch DAUBE, Ne quid infamandi causa fiat, 411–450; RABER, Grundlagen klassischer Injurienansprüche, 67, 75, 150 f.; WITTMANN, Die Körperverletzung an Freien, 32, 34; HAGEMANN, Iniuria, 41, 61, 77; SCOTT, Omnes unius aestimemus assis, Roman Legal Tradition 3 (2006) 105 f.; BRAUKMANN Pignus, 53; MIGLIETTA, Servius respondit, 348 f.; SEELENTAG, Das convicium als Beispiel außergerichtlicher Konfliktlösung in Rom, 133–135.

1174 Alf. 2 dig. D. 9.1.5. Servius wird als Autor in Schol. ad Basil. 60.2.5 genannt. Siehe zu dieser Stelle JACKSON, Liability for Animals in Roman Law, The Cambridge Law Journal 37 (1978)

dann zu erheben, wenn ein vierfüßiges Tier aufgrund seiner Wildheit einen Schaden anrichte, so etwa wenn ein häufig ausschlagendes Pferd trete oder wenn ein Rind häufig mit den Hörnern attackiere oder ein Maultier wegen zu großer Wildheit angreife. Wenn der Unfall allerdings wegen der örtlichen Lage oder des Verschuldens des Maultierführers oder einer zu hohen Belastung des Tiers geschehe, greife nicht die *actio de pauperie*, sondern die *actio legis Aquiliae.*[1175] Ferner meinte Servius, das Edikt *ne quis in suggrunda* sei nicht anwendbar, wenn ein Maler in seinem Atelier ein Bild aufgehängt oder einen Schild aufgestellt hatte und das Objekt beim Herunterfallen einen Schaden angerichtet hatte. Er begründete dies damit, dass, da das Bild weder auf einem Vorbau noch auf einem Schutzdach angebracht worden war, eine *actio ad exemplum* zu wählen sei. Ähnlich sei der Fall, wenn eine Amphore aus dem Netz falle, weil auch hier keine Klage nach *ius civile* oder *ius honorarium* möglich sei.[1176]

Responsa von Ofilius, Servius und Labeo existieren zu einem Fall, bei dem ein Schiff von Piraten überfallen und freigekauft worden war. Alle drei erteilten die Auskunft, dass das Lösegeld auf alle aufzuteilen sei, der Verlust für Gegenstände, die von den Piraten geraubt worden waren, aber von dem jeweiligen Eigentümer selbst zu tragen sei und daher auch kein Ausgleich zu leisten sei, wenn diese vom Eigentümer zurückgekauft wurden.[1177] Ähnlich lautete die Antwort von Servius

---

122–143; Giangrieco Pessi, Ricerche sull'actio de pauperie, 51 f.; Roth, Alfeni Digesta, 27 f.; Miglietta, Servius respondit, 328, 528.

1175 Ulp. 18 ad ed. D. 9.1.1.4. Dazu Watson, The Law of Obligations, 280; MacCormack, Aquilian culpa, FS Daube, 212; Jackson, Liability for Animals in Roman Law, The Cambridge Law Journal 37 (1978) 122–143; Honoré, Liability for Animals, Satura Feenstra, 239–250; Nörr, Causa mortis, 141, 142; Behrends, Gesetz und Sprache, 247 FN 217; Giangrieco Pessi, Ricerche sull'actio de pauperie, 42–50; Ragoni, Actio legis Aquiliae, actio de pauperie, edictum de feris: responsabilità per danno cagionato da cani, Diritto@Storia 6 (2007); Miglietta, Servius respondit, 327–329; Klausberger, Vom Tierdelikt zur Gefährdungshaftung, Teoria e Storia del Diritto Privato 4 (2011); Polojac, Actio de pauperie, Fundamina 18 (2012) 128 f., 130; Cursi, Modelle objektiver Haftung, SZ 132 (2015) 365 f.

1176 Ulp. 23 ad ed. D. 9.3.5.12. Dazu Watson, The Law of Obligations, 268; Horak, Rationes decidendi, 86; Stein, The Place of Servius Sulpicius Rufus, FS Wieacker, 183; Vacca, Delitti privati e azioni penali nel principato, 715 f.; Longo, I quasi delicta, Studi Sanfilippo, 461–464; Gordon, The Actio de Posito Reconsidered, GS Thomas, 45–55; van Hoek, D. 9,3,5,4: Übersetzungsfragen im Bereich der actio de deiectis vel effusis als Popularklage, SZ 117 (2000) 467–472; Palmirski, Some remarks on Ne quis in suggrunda protectove id positum habeat, RIDA 50 (2003) 287–300; Braukmann, Pignus, 32 FN 58; Miglietta, Servius respondit, 268–273; Mattioli, Ricerche sulla formazione della categoria dei cosiddetti quasi delitti, 179–183; Pennitz, Zur Noxalhaftung bei den sog. actiones de deiectis vel effusis und de posito (aut suspenso), RIDA (2011) 288 f.; Behrends, Wie haben wir uns die römischen Juristen vorzustellen?, SZ 128 (2011) 105–107; Neumann, Der Bürgenregress im Rahmen des Auftragsrechts, 176 f.

1177 Paul. 34 ad ed. D. 14.2.2.3. Dazu Watson, The Law of Obligations, 121; Ziegler, Lösegeld-Probleme im römischen Privatrecht, FG Kaser, 383 f.; Ziegler, Pirata communis hostis

im sog. „Lusitanierfall“: Drei Männer wurden von den Lusitaniern gefangen genommen. Einer wurde losgeschickt, um Lösegeld für alle drei zu beschaffen, kehrte aber nicht mehr zurück und die beiden anderen zahlten auch für ihn das Lösegeld. Servius hielt es für zulässig, dass der Prätor gegen den Dritten eine Klage gewähre.[1178] Eventuell in Zusammenhang mit diesem Fall stehen Servius' Ausführungen zum *ius postliminii*, das seiner Meinung nach im Krieg immer gelte, in Friedenszeiten aber nur für diejenigen, für die nichts vereinbart worden war. Dies begründete er damit, dass im Krieg die Hoffnung mehr gefördert werden sollte.[1179] Schließlich respondierte Servius im Gegensatz zu Q. Mucius Scaevola, dass ein Dieb, wenn er von einem zweiten Dieb bestohlen werde, gegen diesen die *actio furti* erheben könne, wenn kein Eigentümer eruiert werden könne oder der Eigentümer nichts unternehme.[1180]

Neben Q. Mucius Scaevola *pontifex* war Ser. Sulpicius Rufus der große Neuerer der Rechtswissenschaft der römischen Republik. In seinen *responsa* zeigte er sich als Universalist, der in allen Gebieten des Rechts beschlagen war. Ein gewisser Schwerpunkt auf dem Gebiet des Erbrechts ist hierbei nicht zu verkennen, wobei er in seinen *responsa* besonderen Wert auf testamentarische Freilassungen legte, während sich seine zahlreichen Rechtsauskünfte zu Legaten und ihrer Interpretation ebenso wie die vielen Definitionen gut in das allgemeine Bild der republikanischen Rechtswissenschaft einfügen. Verhältnismäßig viele *responsa* erteilte Servius zum Nachbarrecht und zur *locatio conductio* sowie zur

omnium, FS v. Lübtow, 100; Wagner, Die lex Rhodia de iactu, RIDA 44 (1997) 368; Krampe, Römisches Recht auf hoher See, 141 f.; Chevreau, La lex Rhodia de iactu, TR 73 (2005) 68; Aubert, Dealing with the Abyss, 163; Stolfi, Quaestiones iuris. Casistica e insegnamento giuridico in romanisti e civilisti napoletani di fine Ottocento, Teoria e Storia del Diritto Privato 1 (2008) 1–61; Miglietta, Servius respondit, 262–265. Alle drei Juristen lebten zu derselben Zeit, was wahrscheinlich macht, dass sich ihre *responsa* auf denselben Fall bezogen.

1178 Paul. 9 ad ed. D. 3.5.20 pr. Dazu Watson, The Law of Obligations, 206 f.; Seiler, Der Tatbestand der negotiorum gestio, 80–86; Ziegler, Lösegeld-Probleme im römischen Privatrecht, FG Kaser, 383 f.; Cenderelli, In tema di origini e sviluppo delle actiones negotiorum gestorum, Studi Impallomeni, 85–106; Miglietta, Servius respondit, 258–262; Deppenkemper, Negotiorum gestio, 227 FN 1162, 238. Ob Servius an die *actio negotiorum gestorum*, die *actio mandati* oder eine andere Klage dachte, ist in der Forschung umstritten. Da im *responsum* der Prätor genannt wird, wäre ein Auftreten des Servius im Stadium *in iure* oder im Rahmen einer Konsultation im Vorfeld eines Prozesses möglich.

1179 Tryph. 4 disp. D. 49.15.12 pr. Dazu Watson, The Law of Persons, 247 f.; D'Orta, La giurisprudenza tra repubblica e principato, 196 f.; Maffi, Ricerche sul postliminium, 42–60; Rainer, Die Begründung des Sklavenstatus, 74; Baldus, Regelhafte Vertragsauslegung, 259–265; Miglietta, Servius respondit, 414 f.; Zack, Forschungen I, Göttinger Forum für Altertumswissenschaften 14 (2011) 102, 111 f.; Barbati, Sui presupposti di applicazione e la natura giuridica degli effetti del postliminium, 711–719, 733–745.

1180 Pomp. 38 ad Q. Muc. D. 47.2.77.1 (S. 137).

societas, ebenso zum Prozessrecht. Schon hervorgehoben wurden auch seine häufigen *distinctiones*, etwa bei den *responsa* zur *cautio damni infecti* und zur *locatio conductio*, die von seinem Schüler P. Alfenus Varus übernommen wurden, der neben Ofilius und Labeo[1181] am meisten zur Verbreitung der Lehren des Servius beitrug.

I.5.4. Die Schüler des Servius

Servius hinterließ einen großen Kreis von Schülern. Besonders traten mit ihrem juristischen Wirken P. Alfenus Varus und A. Ofilius hervor, die beide weiter unten gesondert behandelt werden.[1182] Über viele Servius-Schüler ist jedoch wenig bis nichts bekannt, so etwa von T. Caesius,[1183] der sich einem Arnobius-Fragment zufolge mit den Penaten beschäftigte.[1184] Ähnliches gilt für Flavius Priscus[1185] und Aufidius Tucca[1186]: Von beiden sind keine *responsa* überliefert, allerdings wäre es möglich, dass einige der Fragmente, die gewöhnlich Aufidius Namusa zugeschrieben werden, von Aufidius Tucca stammen. Die Zugehörigkeit des Brutus zum Schülerkreis von Servius könnte vielleicht einen Hinweis auf die Identität des Flavius Priscus geben: Ein römischer *eques* namens C. Flavius wird gemeinsam mit Pacuvius Labeo[1187] als einer der engsten Vertrauten des Brutus genannt, der ihm als *praefectus fabrum* bei der Schlacht von Utica zur Seite stand und dort fiel.[1188]

1181 Zum Verhältnis Labeo-Servius in den *libri posteriores* siehe MANTOVANI, Sull'origine dei libri posteriores di Labeone, Labeo 34 (1988) 302–305.

1182 Siehe S. 203 ff., 221 ff.

1183 Pomp. l. s. enchir. D. 1.2.2.44. Zu Caesius siehe auch BREMER, Iurisprudentiae antehadrianae, I 267; JÖRS, Art. T. Caesius (14), RE III (1897) Sp. 1312; SCHANZ/HOSIUS, Geschichte der römischen Literatur I, 603; KUNKEL, Die römischen Juristen, 30.

1184 Arnob. 3.40. Siehe auch BREMER, Iurisprudentiae antehadrianae, 267; FUNAIOLI, Grammaticae Romanae Fragmenta, 344; CARDAUNS, Varro und die römische Religion, 91; BAUMAN, Lawyers in Roman Transitional Politics, 105 f.

Auf Caesius bezieht sich evtl. Catull. 14.17–19, in welchem Catull die Werke des Caesius, Aquinus und Suffenus als Gift für den Büchermarkt beschreibt. Dazu GREEN, The Poems of Catullus, 280.

1185 Siehe BREMER, Iurisprudentiae antehadrianae, I 267 f.; STEIN, Art. Flavius Priscus (154), RE VI (1909) Sp. 2609; KUNKEL, Die römischen Juristen, 31; BAUMAN, Lawyers in Roman Transitional Politics, 105.

1186 Siehe BREMER, Iurisprudentiae antehadrianae, I 267; JÖRS, Art. Aufidius Tucca (39), RE II (1896) Sp. 2296; KUNKEL, Die römischen Juristen, 30 f.

1187 Zu Pacuvius Labeo siehe S. 197 f.

1188 Plut. Brutus 51. Siehe auch Cic. ad Brut. 1.6.4, 1.17.3; Cic. fam. 13.31. Zu diesem C. Flavius siehe MÜNZER, Art. C. Flavius (11), RE VI (1909) Sp. 2526. Besonders erwähnenswert ist Cic. ad Q.

C. Ateius[1189], ein weiterer Schüler von Servius wird in den Digesten, in denen er in fünf Zitaten genannt wird, als Ateius zitiert. Häufig wird er mit dem Volkstribun des Jahres 55 v. Chr.[1190] und dezidierten Gegner von Pompeius identifiziert, der sich als einer von wenigen der Verlängerung des Kommandos über die prokonsularischen Provinzen widersetzte.[1191] Dieser war *augur* und erteilte in dieser Funktion eine Meldung böser Vorzeichen (*obnuntiatio*) zum Auszug des Crassus in den Partherkrieg. Das römische Heer erlitt in diesem Krieg eine seiner schlimmsten militärischen Niederlagen, Crassus selbst starb. Die Konsequenzen, die die Äußerung des Ateius nach sich zog, sind in gewisser Weise illustrativ für die widersprüchliche Haltung der Römer zum *ius augurale*. Ateius wurde wegen seiner Rechtsauskunft durch den Zensor Ap. Claudius Pulcher, wie er *augur*, mit einer *nota* gerügt und aus dem Senat geworfen.[1192] Die Reaktion des Appius wurde jedoch von Cicero, der ebenfalls *augur* war, scharf kritisiert und er vermutete darin eher einen persönlichen Racheakt als religiöse Skrupel.[1193] Man darf vermuten, dass Ateius auch deshalb nach dem Partherfeldzug keine weiteren politischen Ämter mehr erreichte. Nach dem Sturz von Pompeius wurde er jedoch unter Cäsar Mitglied einer Ackerverteilungskommission.[1194] Außerdem bewarb er sich gemeinsam mit L. Cornificius um die Anklage gegen T. Annius Milo.[1195]

Cicero, der mit Ateius korrespondierte, unterstützte ihn bei einer Erbschaftsangelegenheit, die möglicherweise die Rivalität zwischen C. Ateius Capito, dem Neffen des Ateius,[1196] und M. Antistius Labeo erklären könnte. Ateius war von seinem Verwandten T. Antistius zu 5/6 als Erbe eingesetzt worden, dessen Vermögen war jedoch konfisziert worden. Cicero bat L. Munatius Plancus, der

---

fr. 1.6.4, wo erwähnt wird, dass Flavius Cicero als Richter für seinen Prozess mit der Gemeinde Dyrrhachion ausgewählt hatte. Siehe auch BAUMAN, Lawyers in Roman Transitional Politics, 105.

1189 Pomp. l. s. enchir. D. 1.2.2.44. Siehe auch BREMER, Iurisprudentiae antehadrianae, I 269 f.; JÖRS, Art. C. Ateius (3), RE II (1896) Sp. 1902 f.; KUNKEL, Die römischen Juristen, 31 f.; WISEMAN, New Men in the Roman Senate, 215 Nr. 52; BAUMAN, Lawyers in Roman Transitional Politics, 107–109; DENIAUX, Clientèles et pouvoir à l'époque de Cicéron, 393, 455–457; BUONGIORNO, Ateii Capitones, IURA 59 (2011) 208–2013; MOORE, Ex senatu eiecti sunt, 188–190, 303–306.

1190 trib. pleb. 55 v. Chr. Siehe auch KLEBS, Art. C. Ateius Capito (7), RE II (1896) Sp. 1903 f.; DETTENHOFER, Perdita iuventus, 22 f.

1191 Cass. Dio 39.32, 39.35 f.; Plut. Crassus 16.

1192 Siehe dazu MOORE, Ex senatu eiecti sunt, 188–190, 303–306, mit weiteren Hinweisen.

1193 App. civ. 2.18; Cic. div. 1.29; Plut. Crassus 16; Cass. Dio 39.39.5–7. Dazu SIMPSON, The Departure of Crassus for Parthia, TAPA 69 (1938), 532–541; BLEICKEN, Kollisionen zwischen *sacrum* und *publicum*, Hermes 85 (1957) 473.

1194 BUONGIORNO, Ateii Capitones, IURA 59 (2011) 211 f.

1195 BUONGIORNO, Ateii Capitones, IURA 59 (2011) 209.

1196 TORELLI, Studies in the Romanization of Italy, 69; LIEBS, Rechtskunde im römischen Kaiserreich, FS Mayer-Maly, 385; zuletzt BUONGIORNO, Ateii Capitones, IURA 59 (2011) 215; anderer Ansicht KUNKEL, Die römischen Juristen, 31.

mit der Verwaltung des Vermögens betraut war, sich bei Cäsar für Capito einzusetzen. Der Ausgang der Erbschaftssache ist leider nicht bekannt.[1197]

In zwei seiner Rechtsauskünfte gibt Ateius eine Interpretation des Servius zu verschiedenen Klauseln wieder. Eine betraf die Interpretation des Legats „das Silber, das sich zum Zeitpunkt seines Tods in Tusculum befand", eine andere Auskunft die Übergabe der *dos* „wenn es am günstigsten sei".[1198] Ein anderes *responsum* behandelt das Problem, dass der Erbe das als Legat vermachte fremde Haus nicht beschaffen konnte. Die Rechtsauskunft des Ateius lautete, dass in diesem Fall der Wert des Legats durch einen Richter geschätzt werden sollte, wie wenn der Erbe das Haus hätte kaufen können. Dasselbe gelte, wenn er das Haus hätte kaufen können, aber es unterlassen hatte.[1199] Außerdem erteilte er die Auskunft, dass der Nachbar einen Graben, durch den Wasser auf ein unten angrenzendes Grundstück fließe, reinigen müsse, egal wie lange der Graben schon existiert habe.[1200] Ein weiteres *responsum* betraf die *actio aquae pluviae arcendae*. Ateius zufolge stand dem Geschädigten gegen den Eigentümer des Grundstücks, wenn dieser ein *opus* errichtet hatte und das Grundstück, um nicht mehr Eigentümer zu sein, an eine mächtigere Person verkauft hatte, das *interdictum quod vi aut clam*, nach Jahresfrist die *actio de dolo* zu.[1201]

Pacuvius (Antistius) Labeo[1202], ein weiterer Schüler von Servius, war ein dezidierter Gegner Cäsars. Er wirkte bei dessen Ermordung mit und war Gesandter

1197 Cic. Att. 16.16c, 16.16 f.; Cic. fam. 13.29. Siehe dazu Deniaux, Clientèles et pouvoir à l'époque de Cicéron, 393, 455–457; Buongiorno, Ateii Capitones, IURA 59 (2011) 209. Erwähnenswert ist vielleicht auch, dass Pacuvius Antistius Labeo, der Vater des M. Antistius Labeo, von Cicero als ausgesprochen geldgierig angesehen wurde (Cic. ad Q. fr. 1.1.14). Siehe auch Cic. ad Q. fr. 3.1.21, 3.6.1; Cic. ad Brut. 1.18.1, 2.5.4.

1198 Iav. 2 ex post. Lab. D. 34.2.39.2. (S. 178), Lab. 6 post. a Iav. epit. D. 23.3.79.1 (S. 181).

1199 Lab. 2 post. a Iav. epit. D. 32.30.6. Siehe auch Watson, The Law of Succession, 126; Medicus, Zur Funktion der Leistungsunmöglichkeit im römischen Recht, SZ 86 (1969) 85 f.; Kohlhaas, Die Überlieferung der libri posteriores des Antistius Labeo, 42–44.

1200 Paul. 49 ad ed. D. 39.3.2.4. Dazu Watson, The Law of Property, 164–167; Mannino, La tolleranza dell'usus iuris nell'esperienza giuridica romana, 130 f., 135; Scotti, Actio aquae pluviae arcendae e fossae agrorum siccandorum causa factae. Per un' esegesi di D. 39.3.2.1,2,4,7 alla luce delle tecniche agronomiche antiche, Jus 61 (2014) 273–308.

1201 Paul. 49 ad ed. D. 39.3.14 pr. Die Zuweisung zu Ateius beruht er auf der Konjektur von Antaeus. Siehe zu dieser Stelle Wacke, Die potentiores in den Rechtsquellen, 598–600; MacCormack, Aliud simulatum, aliud actum, SZ 104 (1987) 644 f.; Fargnoli, Studi sulla legittimazione attiva all'interdetto quod vi aut clam, 46.

1202 Pomp. l. s. enchir. D. 1.2.2.44. Siehe auch Bremer, Iurisprudentiae antehadrianae, I 271 f.; Klebs, Art. Pacuvius Antistius Labeo (35), RE I 2 (1894) Sp. 2557; Kunkel, Die römischen Juristen, 32–34; Wiseman, New Men in the Roman Senate, 213 Nr. 32; Shackleton Bailey, Two Studies in Roman Nomenclature, 11; Kohlhaas, Die Überlieferung der libri posteriores des Antistius Labeo, 9–11; Bauman, Lawyers in Roman Transitional Politics, 109 f.; Will, Art. Antistius Labeo, Pacuvius [I 13], DNP 1 (1996) Sp. 796; Suerbaum, Fehlende Redner in

des Brutus bei Philippi.[1203] Nach der Niederlage gab er einem seiner Sklaven den Befehl, ihn zu töten.[1204] Befreundet war Pacuvius u. a. mit Sinnius Capito, mit dem er auch einen regen Briefwechsel pflegte.[1205] Auch in Ciceros Korrespondenz wird er mehrmals erwähnt und in einem Brief an Atticus wird er als Miterbe von Brinnius genannt.[1206]

Pacuvius war der Vater von M. Antistius Labeo. Es ist daher nicht auszuschließen, dass Labeo sich in einigen seiner *responsa* auf die Meinung seines Vaters berief. Zwei Rechtsauskünfte werden nach Bremer, der Paconius zu Pacuvius emendierte, Pacuvius zugeordnet.[1207] So erläuterte Paconius/Pacuvius, dass, wenn ein Emanzipierter in seinem Testament eine „schändliche Person" – z. B. eine Prostituierte – als Erben einsetze, dem Vater des Erblassers die *bonorum possessio contra tabulas* am gesamten Vermögen gewährt werde.[1208] Außerdem überliefert Ulpian, dass Pacuvius *uti* statt *commodare* verwendet habe – eine Notiz, die deshalb von Interesse ist, weil unter den römischen Juristen strittig war, ob sich ein *commodatum* auch auf unbeweglichen Sachen beziehen könne.[1209]

Cinna[1210], ein weiterer Schüler des Servius, kann entweder mit L. Cornelius Cinna oder C. Helvius Cinna identifiziert werden.[1211] Ersterer, ein Sohn von Sullas Gegner Cinna, war einer der Cäsarverschwörer und hielt wenige Tage nach dessen Ermordung eine Rede, in der er Cäsar einen Tyrannen nannte.[1212] Letzterer war Volkstribun und ident mit dem Dichter und Freund Catulls,[1213] der

---

Ciceros Brutus, FS Weische, 416; Paricio, Labeo: Zwei rechtshistorische Episoden aus den Anfängen des Prinzipats, SZ 117 (2000) 433.

1203 Plut. Brutus 12.

1204 App. civ. 4.135. Siehe auch Plut. Brutus 51.

1205 Gell. 5.21.9–11.

1206 Cic. Att. 13.12.4.

1207 Bremer, Iurisprudentiae antehadrianae, 271 f. Zur handschriftlichen Überlieferung siehe auch Slapnicar, Gratis habitare, 49 f.

1208 Paul. 8 ad Plaut. D. 37.12.3 pr. Siehe auch Astolfi, Femina probosa, concubina, mater solitaria, SDHI 31 (1965) 45; Stumpp, Prostitution in der römischen Antike, 326; McGinn, Prostitution, Sexuality, and the Law in Ancient Rome, 108 f., 322.

1209 Ulp. 28 ad ed. D. 13.6.1.1. Dazu Watson, The Law of Obligations, 167 f.; Polacek, Comodato e furto: spunti d' interpretazione dialettica, Labeo 19 (1973) 166; Slapnicar, Gratis habitare, 45–50; Palmirski, Some Remarks on D. 16,3,15 and D. 50,17,45 pr., RIDA 51 (2004) 198.

1210 Pomp. l. s. enchir. D. 1.2.2.44. Siehe auch Bremer, Iurisprudentiae antehadrianae, I 272 f.; Kunkel, Die römischen Juristen, 35; Bauman, Lawyers in Roman Transitional Politics, 110 f.

1211 Kunkel, Die römischen Juristen, 35; Bauman, Lawyers in Roman Transitional Politics, 110 f.

1212 praet. 44 v. Chr., gest. 43 v. Chr. Zu Cornelius Cinna siehe Münzer, Art. L. Cornelius Cinna (107), RE IV (1900) Sp. 1287 f.; Elvers, Art. Cornelius Cinna, L. [I 19], DNP 3 (1997) Sp. 171.

1213 tr. pleb. 44 v. Chr. Zu Helvius Cinna siehe von der Mühl, Art. C. Helvius Cinna (11), RE VIII (1912) Sp. 225 f.; Skutsch, Art. C. Helvius Cinna (12), RE VIII (1912) Sp. 226–228; Wiseman, New Men in the Roman Senate, 234, Nr. 203; Dahlmann, Über Helvius Cinna; Morgan, The Death of Cinna the Poet, CQ 40 (1990) 558 f.; Wiseman, Art. Helvius Cinna,

aufgrund einer Namensverwechslung mit Cornelius Cinna ermordet wurde.[1214] Angesichts der politischen Ausrichtung von Pacuvius und Brutus scheint es allerdings plausibler, Cinna mit Cornelius Cinna gleichzusetzen.

Auch von ihm sind nur zwei *responsa* überliefert, eines davon zur Interpretation eines Legats mit dem Wortlaut „Wenn P. Cornelius meinem Erben die Kosten, die ich für den seianischen Grund aufgewendet habe, ersetzt, soll mein Erbe dem P. Cornelius den seianischen Grund geben". Zu diesem Text sind neben der Auskunft des Cinna auch Antworten von Cascellius und Ofilius überliefert. Während Cascellius die Ansicht vertrat, dass in den Kosten (*impensa*) auch der Kaufpreis des Grunds enthalten sei, interpretierte Ofilius *impensa* als alle Kosten, die nach dem Kauf aufgewendet wurden; Cinna stimmte letzterem zu, meinte aber unter *impensa* sei der Aufwand ohne Abzug der Früchte zu verstehen.[1215] Zudem erteilte Cinna die Rechtsauskunft, dass jemand, der seine Frau in Abwesenheit geheiratet habe und auf dem Heimweg von einem Bankett auf der anderen Seite des Tibers verstorben war, von dieser betrauert werden müsse.[1216]

Auch Publicius Gellius[1217] war ein Schüler von Servius. Da die Lesart Publicius Gellius korrupt zu sein scheint, wurden mehrere Versuche unternommen, die Identität des Publicius Gellius festzustellen. Nach einer mittlerweile recht häufig akzeptierten Konjektur von Hotman wird Publicius Gellius mit L. Gellius Poplicola identifiziert.[1218] Zur Zeit des Servius lebten zwei bekannte Persönlichkeiten mit diesem Namen: L. Gellius Publicola, der Konsul des Jahres 72 v. Chr., der von Cicero, der ihn einen Schüler des Carbo nennt, als *prudens* bezeichnet wird. Cicero lobte die rednerischen Fähigkeiten von Gellius, betont jedoch, dass dieser wegen der hohen Konkurrenz unter den Anwälten

---

C. [I 3], DNP 5 (1998) Sp. 340–341; Hollis, Fragments of Roman Poetry, c.60 BC–AD 20, 11–48. Siehe auch Catull. 10, 95, 113.

1214 Plut. Brutus 20; Plut. Caesar 68; App. civ. 2.121, 126, 137; Cass. Dio 44.50; Suet. Iul. 85. Siehe auch Nippel, Aufruhr und Polizei, 145.

1215 Iav. 2 ex post. Lab. D. 35.1.40.1. Dazu Watson, The Law of Succession, 97f.; Lewis, Digest 23.2.6, FS Honoré, 137f.; Kohlhaas, Die Überlieferung der libri posteriores des Antistius Labeo, 197f; Reszczynski, Impendere, impensa, impendium, SDHI 55 (1989) 217; Casavola, Giuristi adrianei, 106f.; Biavaschi, Caesari familiarissimus, 196–204.

1216 Ulp. 35 ad Sab. D. 23.2.6. Dazu Watson, The Law of Persons, 26f.; Lewis, Digest 23.2.6, FS Honoré, 135–141; Eisenring, Die römische Ehe als Rechtsverhältnis, 51–53; Giunti, Consors vitae, 159–161; Fayer, La familia romana, 340f.; Hersch, The Roman Wedding: Ritual and Meaning in Antiquity, 56f.

1217 Pomp. l. s. enchir. D. 1.2.2.44. Siehe auch Bremer, Iurisprudentiae antehadrianae, I 273; Kunkel, Die römischen Juristen, 35–37.

1218 Vgl. aber Bauman, Lawyers in Roman Transitional Politics, 112f.

als Redner nicht besonders erfolgreich war.[1219] Aufgrund seines Lebensalters als wahrscheinlicher gilt jedoch sein gleichnamiger Adoptivsohn, der Konsul des Jahres 36 v. Chr.[1220] Eine dritte Möglichkeit der Identifikation ist jene mit Q. Publicius, Prätor des Jahres 69 v. Chr., dem von manchen Forschern die Schöpfung der *actio Publiciana* zugeschrieben wird.[1221] *Responsa* sind von Publicius Gellius keine überliefert – der in den Digesten dreimal zitierte Publicius scheint später gelebt zu haben.[1222]

Zu überlegen ist, ob Aufidius Namusa[1223] mit T. Aufidius, dem Cicero im *Brutus* gewisse Kenntnisse im bürgerlichen Recht zuspricht, identifiziert werden kann.[1224] Eine Verschreibung beim Vornamen wäre bei Pomponius nicht außergewöhnlich.[1225] Auch Aufidius' Bruder[1226] M. Vergilius[1227] werden von Cicero

1219 praet. 94 v. Chr., cos. 72 v. Chr. cens. 70 v. Chr. Zu Gellius siehe MÜNZER, Art. L. Gellius Poplicola (17), RE VII (1910) Sp. 1001–1003; MALCOVATI, Oratorum romanorum fragmenta, 339–341; BROUGHTON, Magistrates, III 99; ELVERS, Art. Gellius, L. [4], DNP 4 (1998) Sp. 896. Siehe auch Cic. Brut. 105, 174. Von Interesse ist eventuell auch, dass er bei der Anklage seines Sohns (wegen versuchten Muttermordes) vor dem *iudicium domesticum* fast alle Senatsmitglieder zu seinem *consilium* heranzog, mit dem Resultat, dass sein Sohn freigesprochen wurde (Val. Max. 5.9.1). Siehe auch GREENIDGE, The Legal Procedure of Cicero's Time, 367–369.

1220 quaest. 41 v. Chr., cos. 36 v. Chr. Zu L. Gellius Poplicola siehe MÜNZER, Art. L. Gellius Poplicola (18), RE VII (1910) Sp. 1003–1005; BROUGHTON, Magistrates, III 99; ELVERS, Art. Gellius Poblicola, L. [5], DNP 4 (1998) Sp. 896.

1221 Zu Q. Publicius siehe MÜNZER, Art. Q. Publicius (13), RE XXIII (1959) Sp. 1897; BROUGHTON, Magistrates, III 175 f.; BARTELS, Art. Publicius, Q. [I 1], DNP 10 (2001) Sp. 579. Zur *actio Publiciana* siehe FRIER, Urban Praetors and Rural Violence, TAPA 113 (1983) 228, mit weiteren Nachweisen.

1222 Marcell. 28 dig. D. 31.50.2; Mod. 5 diff. D. 35.1.51.1; Ulp. 13 ad Sab. D. 38.17.2.8.

1223 BREMER, Iurisprudentiae antehadrianae, I 273–279; JÖRS, Art. Aufidius Namusa (31), RE II (1896) Sp. 2294 f.; KUNKEL, Die römischen Juristen, 30 f.; BAUMAN, Lawyers in Roman Transitional Politics, 106 f.; GIARO, Art. Aufidius Namusa [I 7], DNP 2 (1997) Sp. 270; CASAVOLA, Giuristi adrianei, 97–108.

1224 Cic. Brut. 179. Siehe auch Cic. Flacc. 19. Siehe auch DAVID, Le patronat judiciaire, 723.

1225 Dagegen spricht allerdings das Zitat eines P. Aufidius, das bei Priscian überliefert ist (Prisc. 2.384 (ed. Keil)). T. Aufidius wird von Valerius Maximus als guter Statthalter gelobt (Val. Max. 6.9.7). Dazu BAUMAN, Lawyers in Roman Transitional Politics, 106; KATZ, Studies on the Period of Cinna and Sulla, L'antiquité classique 45 (1976) 516 f.

1226 Das im Text stehende *frater* wird gewöhnlich mit „Bruder" oder „Halbbruder" übersetzt, freilich ist aber auch die Bedeutung „Cousin" möglich: Siehe dazu KATZ, Studies on the Period of Cinna and Sulla, L'antiquité classique 45 (1976) 516.

1227 trib. pleb. 87 v. Chr., Cic. Brut. 179, siehe auch Plut. Sulla 10.4. Reine Spekulation ist die Verbindung dieses Vergilius zu dem Dichter der Aeneis: Der Dichter Vergil war mit einem gewissen (Plotius) Tucca befreundet, dem er die *Aeneis* vererbte (Zu ihm siehe CASTNER, Prosopography of Roman Epicureans, 45 f.). Das Cognomen Tucca könnte durch Adoption übernommen worden sein. Vgl. auch GORDON, The Family of Vergil, JRS 24 (1934) 1–12. Zu der unterschiedlichen Überlieferung bei Cicero und Plutarch (Vergilius/Verginius) siehe KATZ, Studies on the Period of Cinna and Sulla, L'antiquité classique 45 (1976) 515 f.

juristische Kenntnisse zugeschrieben, ebenso Cn. Aufidius,[1228] wobei letzterer aufgrund seines Lebensalters eher nicht als Schüler von Ser. Sulpicius Rufus anzusehen ist.

Aufidius Namusa stellte *digesta* mit den *responsa* der Servius-Schüler im Umfang von 180 *libri* zusammen,[1229] aus denen vermutlich die fünf unter seinem Namen überlieferten *responsa* stammen. Eines davon behandelt die Interpretation des Legats von Tafelkleidern, wobei die Auswahl dem Legatar überlassen war. Die Auskunft des Aufidius besagte, dass der Legatar, der die Auswahl bereute, eine einmal getroffene Auswahl nicht rückgängig machen könne, da er sein Recht auf Auswahl schon bei der ersten Benennung aufgebraucht habe und die Kleider zu diesem Zeitpunkt zu den seinen wurden.[1230] In einem weiteren *responsum* zu einem Legat von fünf *aurei*, die der Erblasser in seine Bücher als Forderung des Sklaven in eine Bücher eingetragen hatte, an den testamentarisch freigelassenen Sklaven gab Aufidius die Meinung des Servius wieder, der die Klagbarkeit eines solchen Legats verneinte.[1231] Ebenfalls die Meinung des Servius, der sich diesbezüglich differenzierend äußerte, referierte Aufidius bei der Frage, ob die *actio de socio* zustehe, wenn einer der Gesellschafter gerichtlich verurteilt worden sei und Ausgleich bei seinen Mitgesellschaftern suchte.[1232] Zur *actio aquae pluviae arcendae* gab Aufidius die Rechtsauskunft, dass der Eigentümer des oberen Grundstücks den Eigentümer des darunter gelegenen Grundstücks auf Duldung der Reinigung klagen könne, wenn durch Mist im Abfluss eine Rückstauung des Wassers verursacht werde.[1233] Schließlich äußerte sich Aufidius auch dahin gehend, dass bei einem geliehenen Sklaven, der als Wanddecker tätig

1228 Cic. Tusc. 5.112; Cic. fin. 5.54; Cic. dom. 35. Siehe auch FLECK, Cicero als Historiker, 152 f.; SMITH, Cn. Aufidius, in: CORNELL (Hrsg.), The fragments of the Roman historians, I 266, II 428–431, III 272..

1229 Pomp. l. s. enchir. D. 1.2.2.44.

1230 Lab. 2 post. a Iav. epit. D. 33.5.20. Siehe dazu HORAK, Rationes decidendi, 104 f.; WATSON, The Law of Succession, 156; KOHLHAAS, Die Überlieferung der libri posteriores des Antistius Labeo, 105–108.

1231 Iav. 2 ex post. Lab. D. 35.1.40.3 (siehe S. 175).

1232 Ulp. 31 ad ed. D. 17.2.52.18 (siehe S. 191).

1233 Paul. 49 ad ed. D. 39.3.2.6. Siehe auch WATSON, The Law of Property, 161–163; HORAK, Rationes decidendi, 281 f.; WALDSTEIN, Entscheidungsgrundlagen klassischer Juristen, 37–41; NÖRR, Kausalitätsprobleme im klassischen römischen Recht, FS Wieacker, 130; GERKENS, Exégèse de Paul. D. 39,3 (de aqua et aquae pluviae arcendae), 2,6, TR 63 (1995) 11–26; MANNINO, La tolleranza dell'usus iuris nell'esperienza giuridica romana, 138–140; MANTELLO, Natura e diritto da Servio e Labeone, 220–228; KACPRZAK, L'actio aquae pluviae arcendae, 277–281; SCOTTI, Actio aquae pluviae arcendae e fossae agrorum siccandorum causa factae'. Per un' esegesi di D. 39.3.2.1,2,4,7 alla luce delle tecniche agronomiche antiche, Jus 61 (2014) 285 FN 68, 307 FN 184; PARENTI, Osservazioni sul patientiam praestare in Labeone, Teoria e storia del diritto privato romano 5 (2012)19 FN 28, 23 FN 30.

war, der Verleiher die Gefahr trage, wenn dieser vom Gerüst falle.[1234] Unsicher ist die Zuweisung eines bei Priscian unter dem Namen P. Aufidius überlieferten Zitats zur Namensänderung bei der *litis contestatio*.[1235]

Wegen der Notiz bei Pomponius, dass Aufidius Namusa die *responsa* der Serviusschüler gesammelt habe, werden auch die unter dem Namen *Servii auditores* überlieferten *responsa* häufig Aufidius zugeschrieben. Dazu zählt etwa ein *responsum* zur Interpretation des Begriffs „Zubehör" (*instrumentum*), das schon an anderer Stelle behandelt wurde.[1236] Eine andere Rechtsauskunft betraf folgenden Fall: Ein Erblasser hatte seiner Frau ein Legat mit dem Inhalt vermacht, dass der Erbe der Frau 50 zahlen solle, soviel, wie er von der Frau als Mitgift erhalten habe. Die Frau hatte allerdings keine Mitgift in die Ehe eingebracht. Nichtsdestotrotz wurde die Gültigkeit des Legats von Cascellius, Ofilius und den Schülern des Servius bejaht.[1237] Parallelen zur oben genannten Rechtsauskunft des Namusa[1238] weist jenes *responsum* auf, derzufolge die *actio aquae pluviae arcendae* gegen den Eigentümer des Nachbargrundstücks zustehe, wenn dieser Weiden gepflanzt hatte und dadurch das Wasser stagnierte.[1239]

Ein weiterer Schüler des Servius war M. Iunius Brutus, der nach seiner Adoption den Namen Q. Servilius Caepio Brutus[1240] trug. Brutus, später einer der Mörder Cäsars, war ein Neffe des Cato Minor, Schwiegersohn des Ap. Claudius Pulcher sowie Schüler von Ser. Sulpicius Rufus und Cicero. Servius, der Brutus auf Samos im *ius pontificium* unterrichtete,[1241] widmete ihm seinen Kommentar zum Edikt,[1242]

1234 Ulp. 28 ad ed. D. 13.6.5.7. Dazu Watson, The Law of Obligations, 170; MacCormack, Custodia and Culpa, SZ 89 (1972) 210; De Robertis, La responsabilità contrattuale nel diritto romano, 44, 53, 162–164.

1235 Prisc. 2.384 (ed. Keil). Siehe auch Casavola, Giuristi adrianei, 107 f.

1236 Ulp. 20 ad Sab. D. 33.7.12 pr, 3–6 (siehe S. 177).

1237 Lab. 2 post. a Iav. epit. D. 33.4.6.1. Dazu Astolfi, Studi sull'oggetto dei legati in diritto romano I, 180–182; Horak, Rationes decidendi, 199 f.; Wieling, Falsa demonstratio, condicio pro non scripta, condicio pro impleta im römischen Testament, SZ 87 (1970) 201; Watson, The Law of Succession, 96; Wieling, Testamentsauslegung, 26 f.; Kohlhaas, Die Überlieferung der libri posteriores des Antistius Labeo, 45–47; Heyse, Mulier non debet abire nuda, 98; Mantello, L'analogia nei giuristi tardo repubblicani e augustei, Studi Martini, 648 f.; Biavaschi, Caesari familiarissimus, 167–180.

1238 Paul. 49 ad ed. D. 39.3.2.6.

1239 Ulp. 53 ad ed. D. 39.3.1.6.

1240 leg. (Gallia Cisalpina) 46 v. Chr., praet. urb. 44 v. Chr., gest. 42 v. Chr. Zu Q. Servilius Caepio Brutus siehe Gelzer, Art. M. Iunius Brutus (53), RE X (1918) Sp. 973–1020; Schanz/Hosius, Geschichte der römischen Literatur I, 394–397; Bauman, Lawyers in Roman Transitional Politics, 13 f.; Broughton, Magistrates, III 112; Liebs, Die Juristensippe der Marci Junii Bruti, FS Schlechtriem, 108 f.; Smith, M. Iunius Brutus, in: Cornell (Hrsg.), The fragments of the Roman historians, I 642.

1241 Cic. Brut. 156.

1242 Pomp. l. s. enchir. D. 1.2.2.44.

während ihm Cicero seine Werke *Brutus*, *paradoxa*, *orator*, *de finibus bonorum et malorum*, *Tusculanae disputationes* und *de natura deorum* widmete.

Im Bürgerkrieg schloss sich Brutus zunächst der Partei des Pompeius an, wurde aber von Cäsar begnadigt und erreichte durch ihn die Statthalterschaft in Gallia Cisalpina sowie 44 v. Chr. die *praetura urbana*.[1243] Brutus war als Redner sehr erfolgreich und vertrat als Anwalt beispielsweise König Deiotarus und seinen Schwiegervater Ap. Claudius Pulcher.[1244] Wie einige andere Juristen war er auch als Historiker tätig und verfasste u. a. eine Zusammenfassung des Geschichtswerks des Polybius;[1245] ebenso wie einige philosophische Schriften und Reden, von denen aber nichts erhalten ist.[1246] 42 v. Chr. starb er nach der Schlacht von Philippi. *Responsa* sind von ihm keine erhalten.

I.5.5. A. Ofilius

A. Ofilius[1247] war gemeinsam mit P. Alfenus Varus einer der bekanntesten Schüler des Servius. Wie sein Zeitgenosse C. Trebatius Testa stammte er aus dem Ritterstand. Wahrscheinlich wirkten beide an Cäsars Gesetzen mit und assistierten ihm auch bei der Rechtsprechung.[1248] Nach dem Tod Cäsars bot ihm Augustus das Konsulat an, Ofilius lehnte jedoch ab.[1249] Möglicherweise ist Ofilius verwandt mit dem in App. civ. 5.128 genannten Tribun.

1243 Plut. Brutus 6, 7.

1244 Cic. Brut. 21, 324.

1245 Plut. Brutus 4.

1246 Siehe dazu Schanz/Hosius, Geschichte der römischen Literatur I, 396 f.

1247 Zu A. Ofilius siehe Bremer, Iurisprudentiae antehadrianae, I 330–357; Schanz/Hosius, Geschichte der römischen Literatur I, 595 f.; Münzer, Art. A. Ofilius (4), RE XVII (1937) Sp. 2040 f.; Kunkel, Die römischen Juristen, 29 f.; Wieacker, Augustus und die Juristen seiner Zeit, TR 37 (1969) 341; D'Ippolito, I giuristi e la città; Bauman, Lawyers in Roman Transitional Politics, 71–89; Wieacker, Römische Rechtsgeschichte I, 609–611; Cerami, Il sistema ofiliano, 83–119; Falcone, Ofilio e l'editto, Labeo 42 (1996) 101–106; Albanese, Quattro brevi studi, Labeo 46 (2000) 362–368; Giaro, Art. Ofilius, Aulus, DNP 8 (2000) Sp. 1120; Guarino, I „libri iuris partiti" di Ofilio, FS Mayer-Maly, 255–258; Liebs, Hofjuristen der römischen Kaiser, 17; Biavaschi, Ofilio e il legatum penoris, Scritti Melillo, 133–148; Biavaschi, Caesari familarissimus; Torrent Ruiz, Ofilius, qui in equestri ordine perseveravit (Pomp., D. 1,2,2,44), Revista Internacional de Derecho Romano 18 (2017) 399–424. Siehe auch Pomp. l. s. enchir. D. 1.2.2.44.

1248 Siehe D'Ippolito, I giuristi e la città, 115 f.; Bauman, Lawyers in Roman Transitional Politics, 78.

1249 Pomp. l. s. enchir. D. 1.2.2.45.

Ofilius verfasste *libri iuris civilis*, einen Kommentar zum Edikt[1250] und vielleicht auch eine Abhandlung zur Erbschaftssteuer (*vicesima*),[1251] jedoch sind unter keinem dieser Titel Fragmente überliefert, weshalb wie bei Ser. Sulpicius Rufus die *responsa* in diesem Abschnitt nach Rechtsgebieten geordnet sind. In den Digesten werden Ofilius' Werke mit den Titeln *libri iuris partiti* und *actionum libri* zitiert.[1252] Ob es sich dabei aber um eigenständige Werke handelt oder ob die Titel einen Teilabschnitt bezeichnen, ist unklar. Der Inhalt des Werks, das Ciceros Schwager Atticus gewidmet war und von dem kein Titel und nur ein Fragment erhalten ist, ist nicht rekonstruierbar.[1253] Nach Bremer verfasste Ofilius auch ein eigenständiges Werk *de iurisdictione*,[1254] dies wird allerdings von einem Großteil der Forschung abgelehnt.[1255]

Direkte Exzerpte von Ofilius wurden nicht in die Digesten aufgenommen, allerdings wird er von anderen Juristen etwa 50 Mal zitiert. Auffällig ist hierbei, dass jene Zitate, bei denen die Meinung des Ofilius gemeinsam mit anderen zeitgenössischen Juristen überliefert ist, fast nur durch Labeo bzw. Javolens Edition aus dessen nachgelassenen Schriften bekannt sind.[1256] Das ist zunächst ein Hinweis dafür, dass Zitate früherer Juristen ursprünglich in viel größerem Ausmaß in den einzelnen *responsa* vorhanden waren, und es zeigt die enge Verbindung zwischen Labeo und Servius sowie dessen Schülerkreis, deren *responsa* von ihm außergewöhnlich häufig zitiert wurden. Außerdem spricht die Überlieferung von zahlreichen Namen der respondierenden Juristen auch dafür, dass Javolen die

1250 Siehe dazu Falcone, Ofilio e l'editto, Labeo 42 (1996) 101–106; Cancelli, La codificazione dell'edictum praetoris, 125–131.

1251 Pomp. l. s. enchir. D. 1.2.2.44. Dagegen Schulz, Geschichte der römischen Rechtswissenschaft, 107. Bauman, The „Leges iudiciorum publicorum", 109, nimmt einen Kommentar *de legibus* in zwanzig Büchern an, ebenso Cerami, Il sistema ofiliano, 83–119, und Biavaschi, Caesari familiarissimus, 28, während Günther, Vectigalia nervos esse rei publicae, 27 FN 129, 29, von einer Abhandlung zur Freilassungssteuer ausgeht. Angesichts der großen Relevanz des Erbrechts erscheint mir jedoch ein Traktat zur Erbschaftssteuer glaubhafter.

1252 Die *libri partiti* werden erwähnt in Ulp. 25 ad Sab. D. 32.55.1, Ulp. 25 ad Sab. D. 32.55.2, Ulp. 25 ad Sab. D. 32.55.4 und Ulp. 25 ad Sab. D. 32.55.7, die *libri actionum* finden in Ulp. 22 ad Sab. D. 33.9.3.8 Erwähnung. Vgl. auch Bremer, Iurisprudentiae antehadrianae, 345–351.

1253 Zur Rolle des Atticus als *patronus* der Gelehrten Rawson, Intellectual Life in the Late Roman Republic, 100–104. Das einzige sicher aus diesem Werk stammende Fragment ist Gai. 2 ad leg. 12 tab. D. 50.16.234.2. Siehe auch Biavaschi, Caesari familiarissimus, 34–38.

1254 Bremer, Iurisprudentiae antehadrianae, 344 f.

1255 Den Anlass für Bremers Vermutung bietet die Formulierung *de iurisdictione idem edictum praetoris primus diligenter composuit* in D. 1.2.2.44, diese bezieht sich aber höchstwahrscheinlich auf seinen Ediktkommentar – so auch Falcone, Ofilio e l'editto, Labeo 42 (1996) 106), ähnlich Biavaschi, Caesari familiarissimus, 32.

1256 Zu diesem Werk siehe Kohlhaas, Die Überlieferung der libri posteriores des Antistius Labeo; Mantovani, Sull'origine dei libri posteriores di Labeone, Labeo 34 (1988) 271–322; Negri, Riflessioni sparse sui posteriores Labeonis di Giavoleno, 57–70.

Bücher Labeos nicht oder nur geringfügig geändert hatte.[1257] Ein weiterer Grund für den guten „Originalzustand" ist auch die spätere Überlieferungsgeschichte. Schon Roth hob bei Alfenus' *digesta* zu Recht hervor, dass die umfangreichen Sachverhalte in dessen *responsa* vermutlich nur deswegen erhalten geblieben sind, weil das Werk von späteren Juristen nicht besonders häufig verwendet wurde.[1258] Ähnliches ist für die Schriften Labeos und die dadurch erhaltenen *responsa* der spätrepublikanischen Juristen anzunehmen.

Zu den Schülern des Ofilius zählte neben Q. Aelius Tubero d. J. und C. Ateius Capito auch M. Antistius Labeo.[1259] C. Trebatius Testa, wie Ofilius ein Anhänger Cäsars und ebenfalls Autor eines Kommentars zum Edikt, zählte zu seinem Bekanntenkreis[1260] und der Jurist A. Cascellius, den Ofilius laut Pomponius an Gelehrtheit übertraf, war ein Zeitgenosse.[1261]

Über Ofilius' juristische Tätigkeit gibt auch Cicero Auskunft, der ihn in seiner Korrespondenz dreimal namentlich erwähnt. Aus einem Brief an Atticus geht hervor, dass Ofilius mit der Auktion der Güter des verstorbenen Cluvius befasst war, der Cicero ein Legat vermacht hatte, da Ofilius über ein Inventar der Erbschaft verfügte.[1262] Die zweite Erwähnung des Ofilius findet sich im Brief fam. 7.21, in dem Cicero zwei Rechtsauskünfte (des Ser. Sulpicius Rufus und des Ofilius) zu einer Erbschaftsangelegenheit seines Freundes Silius wiedergibt und Trebatius bittet, ebenfalls ein *responsum* zu erstellen.[1263] Ofilius hatte sich in der *causa* der Meinung des Servius angeschlossen, der glaubte, dass das Testament der Turpillia nicht gültig sei, da ihr die Testierfähigkeit (*testamenti factio*) gefehlt habe. Die dritte Erwähnung findet sich schließlich in fam. 16.24: Cicero weist seinen Sekretär an, die Forderungen von Ofilius und Aurelius zu bezahlen.[1264] Da Aurelius der *procurator* des L. Tullius Montanus war,[1265] ist anzunehmen, dass auch die Geldforderung von Ofilius etwas mit Ciceros Finanzverwaltung zu tun

1257 So auch Kohlhaas, Die Überlieferung der libri posteriores des Antistius Labeo, 55; Mantovani, Sull'origine dei libri posteriores di Labeone, Labeo 34 (1988) 319.

1258 Roth, Alfeni Digesta, 190.

1259 Pomp. l. s. enchir. D. 1.2.2.46 f.

1260 Siehe auch Cic. fam. 7.21.

1261 Pomp. l. s. enchir. D. 1.2.2.45.

1262 Cic. Att. 13.37. Siehe auch Ross Taylor, On the Chronology of Cicero's Letters to Atticus, Book XIII, CPh 32 (1937) 228–240; Frier, Cicero's Management of His Urban Properties, The Classical Journal 74 (1978) 1–6. Zur Erbschaft des Cluvius siehe auch Buchwitz, Servus alienus heres, 268–273.

1263 Cic. fam. 7.21. Siehe auch S. 174.

1264 Cic. fam. 16.24. Zu diesem Brief siehe auch H.-P. Benöhr, Die Tochter, der Mörder und der Sohn, FS Mayer-Maly, 59.

1265 Shackleton Bailey, Epistulae ad familiares, 491.

hatte. Möglicherweise hatte Ofilius eine ähnliche Stellung wie Camillus[1266] und war ebenfalls auf das *ius praediatorium* spezialisiert.

Neben dem schon referiertem *responsum* zur *causa Silii* existieren von Ofilius auch andere *responsa* zum Erbrecht, die zeigen, dass für einen Fall oft mehrere Juristen um Rat gefragt wurden. So beriet Ofilius gemeinsam mit Labeo, Cascellius und Trebatius einen römischen Bürger, der seine beiden Enkel, von denen einer in seiner Gewalt stand, zu gleichen Teilen als Erben einsetzen wollte. Dem jeweils anderen wollte er, wenn einer von ihnen vor Erreichen der Volljährigkeit versterben sollte, dessen Anteil zuwenden. Die genannten Juristen schlugen vor, dass er den in seiner Gewalt stehenden Enkel als alleinigen Erben einsetzen sollte und dieser dem Bruder die Hälfte der Erbschaft aushändigen solle, wenn er selbst die Volljährigkeit erreiche. Für den Fall, dass der in der Gewalt sterbende Bruder vor seiner Volljährigkeit sterben sollte, sollte der andere Bruder als Pupillarsubstitut eingesetzt werden.[1267]

In einem anderen Fall hatte ein Erblasser für drei von vier Erben einen Ersatzerben ernannt. Zwei der Erben starben zu Lebzeiten des pater *familias*, für den einen von ihnen war ein Ersatzerbe eingesetzt worden, für den anderen nicht. Ofilius und Cascellius meinten, dass der Anteil des ohne Ersatzerben Verstorbenen dem Ersatzerben des zweiten Verstorbenen zuwachse.[1268] Zusammen mit Labeo und Trebatius erteilte Ofilius ein anderes *responsum* zu einem unklar formulierten Legat. Jemand hatte seiner Frau ein Grundstück mit folgenden Worten vermacht: „Das Cornelianische Grundstück, das jene mir für die Mitgift gab" (*fundum Cornelianum, quem illa mihi doti dedit, ei heres dato*). Das Grundstück gehörte jedoch gar nicht zur *dos*. Alle Juristen meinten, das Legat sei trotzdem gültig, da der *fundus Cornelianus* existiere und eine falsche Bezeichnung das Legat nicht ungültig mache.[1269] Ebenfalls aus den nachgelassenen Schriften des Labeo stammen zwei andere erbrechtliche Fälle. In dem einen Fall, der schon

1266 Zu C. Furius Camillus siehe S. 301 ff.

1267 Iav. 1 ex post. Lab. D. 28.6.39 pr.–1. Dazu Watson, The Law of Succession, 51 f.; Kohlhaas, Die Überlieferung der libri posteriores des Antistius Labeo, 119–122; D'Orta, La giurisprudenza tra repubblica e principato, 129–132; Bretone, Geschichte des römischen Rechts, 123; Biavaschi, Caesari familiarissimus, 146–150. Dieses *responsum* ist zugleich ein Zeugnis für die beratende Tätigkeit der Juristen bei der Formulierung von Urkunden, besonders von Testamenten.

1268 Iav. 1 ex post. Lab. D. 28.6.39.2. Dazu Watson, The Law of Succession, 52 f.; Giaro, Römische Rechtswahrheiten, 319; Biavaschi, Caesari familiarissimus, 150–153.

1269 Iav. 2 ex post. Lab. D. 35.1.40.4. Siehe auch Astolfi, Studi sull'oggetto dei legati in diritto romano I, 136; Horak, Rationes decidendi, 121 f.; Wieling, Testamentsauslegung, 26 f.; Kohlhaas, Die Überlieferung der libri posteriores des Antistius Labeo, 47 f.; D'Orta, La giurisprudenza tra repubblica e principato, 141–144; Rampazzo, La falsa demonstratio e l'oggetto dei legati, Index 29 (2001) 270 f.; Biavaschi, Caesari familiarissimus, 176–180.

behandelt wurde,[1270] wurden Rechtsauskünfte von Cascellius, Ofilius und Cinna zur Interpretation des Worts *impensa* bei einem Legat erteilt. Javolen schloss sich der Ansicht von Ofilius und Cinna an, die beide den Kaufpreis nicht zum Aufwand zählten. Im zweiten *responsum* erteilte Ofilius eine Auskunft zu einem Legat, das der Erbe, wenn die Mutter des Erblassers sterbe (*si mater mea moritur*), an Titius auszahlen sollte. Titius war nach dem Erblasser, aber vor der Mutter des Erblassers gestorben. Ofilius meinte, das Legat solle an die Erben des Legatars ausbezahlt werden, da es sich beim Todestag der Mutter um keine Bedingung, sondern um eine Befristung handle, während Labeo die Ansicht vertrat, dass es sich um eine Bedingung handle.[1271]

Wie Q. Aelius Tubero, Labeo, Trebatius und andere spätrepublikanische Juristen erläuterte Ofilius den Begriff *instrumentum fundi* und vertrat dabei die Ansicht, dass, wenn das ganze Zubehör mit Ausnahme des Viehs vermacht werde, in dem Legat auch Schafhirten und der Schafställe enthalten seien.[1272]

Rechtsauskünfte mehrerer Juristen (Trebatius, Cascellius, Tubero und Ofilius) sind auch zur Interpretation des Legats von „Wein, Öl, Getreide, Essig, Honig und gesalzenen Fisch" (*vinum oleum frumentum acetum mella salsamenta*) erhalten. Trebatius meinte, das Legat sei so zu verstehen, dass der Erblasser seiner Frau nicht mehr hinterlassen wollte, als der Erbe zu geben bereit war, da keine Mengenangabe hinzugefügt worden war. Die anderen drei Juristen vertraten eine andere Ansicht: Der Erblasser wollte, ihrer Meinung nach, seiner Frau den gesamten Vorrat an den genannten Lebensmitteln zuwenden – eine Auffassung, der sich später auch Labeo anschloss.[1273] Gemeinsam mit Labeo und Cascellius verfasste Ofilius ein *responsum* zu einem anderen Fall, bei dem ein Erblasser, der bei seiner Abrechnung Kleidung und andere Gegenstände mit

1270 Iav. 2 ex post. Lab. D. 35.1.40.1 (S. 199).

1271 Iav. 2 ex post. Lab. D. 35.1.40.2. Dazu Horak, Rationes decidendi, 99; Watson, The Law of Succession, 114; Kohlhaas, Die Überlieferung der libri posteriores des Antistius Labeo, 214–217; Paulus, Die Idee der postmortalen Persönlichkeit, 254 f.; Biavaschi, Caesari familiarissimus, 200–204.

1272 Iav. 2 ex post. Lab. D. 33.7.25.2. Siehe auch Watson, The Law of Succession, 146; Kohlhaas, Die Überlieferung der libri posteriores des Antistius Labeo, 32–37; Aubert, Productive Investments in Agriculture, 178; Biavaschi, Caesari familiarissimus, 104, 110 f.

Das *responsum* ist möglicherweise in Zusammenhang mit den vorher erteilten Rechtsauskünften der anderen Juristen zu sehen – auch dies wäre dann ein Beispiel für die Einholung mehrerer Juristenmeinungen zu demselben Fall.

1273 Iav. 2 ex post. Lab. D. 33.6.7 pr. Dazu Horak, Rationes decidendi, 96 f.; Watson, The Law of Succession, 149 f.; Wieling, Testamentsauslegung, 24 f.; John, Die Auslegung des Legats von Sachgesamtheiten, 58 f.; Talamanca, Trebazio Testa fra retorica e diritto, 135–145; Kohlhaas, Die Überlieferung der libri posteriores des Antistius Labeo, 88–90; Biavaschi, Caesari familiarissimus, 129–137.

suppellex („Hausrat“) zu bezeichnen pflegte, seiner Frau den Hausrat vermachte. Ofilius verneinte ebenso wie Cascellius und Labeo, dass die Kleider mitvermacht seien, da dies nicht dem allgemeinen Sprachgebrauch entspreche.[1274] In einem anderen Fall vertrat Ofilius, dass Handmühlen zum Hausrat (*suppellex*), mit Vieh betriebene Mühlen jedoch zum Zubehör (*instrumentum*) zu zählen seien, während Labeo, Cascellius und Trebatius beide Arten von Mühlen als Zubehör qualifizierten.[1275]

Weiters interpretierte Ofilius die Bestimmung *Lucio Titio tritici modios centum, qui singuli pondo centum pendeant, heres dato* und verneinte die Gültigkeit des Legats, da derartiger Weizen nicht existiere.[1276] Zum *penus* zählte Ofilius im 16. Buch seines *liber actionum* auch *acetum* (Essig), außer wenn er zum Feuerlöschen bereitgestellt sei, da er dann nicht zum Verzehr gedacht sei.[1277] Auch Getreide und Gemüse, das sich in einer Vorratskammer (*cella penuaria*) befinde, war nach Meinung des Ofilius im *penus* enthalten, ebenso wie die Gerste, die für Menschen und Tiere verwendet werde, während er – wie Q. Mucius Scaevola – Holz und Kohle sowie Weihrauch und Wachs nicht zum *penus* zählte.[1278] Probleme bereitete auch die Auslegung des Begriffs *mundus muliebris* (Toilettenartikel für die Frau). Ofilius und Labeo schränkten in einem (vermutlich gemeinsam erteilten) *responsum* diesen Begriff auf jene Gegenstände ein, die einer Frau von ihrem Mann zu ihrem eigenen Gebrauch übergeben worden waren. Andernfalls wäre es verfänglich, wenn es sich beim Erblasser um einen Gefäßschmied oder einen Silberarbeiter handeln würde (vermutlich, da das Legat sonst zu umfangreich

1274 Iav. 3 ex post. Lab. D. 33.10.10. Dazu Horak, Rationes decidendi, 202 f.; Watson, The Law of Succession, 85 f.; Wieling, Testamentsauslegung, 43 ; John, Die Auslegung des Legats von Sachgesamtheiten, 87; Kohlhaas, Die Überlieferung der libri posteriores des Antistius Labeo, 163–165; Montana Casani, La veuve et la succession héréditaire, RIDA 47 (2000) 442; Biavaschi, Caesari familiarissimus, 114–123.

1275 Iav. 5 ex post. Lab. D. 33.7.26.1. Dazu D'Orta, La giurisprudenza tra repubblica e principato, 151 f.; Talamanca, Trebazio Testa fra retorica e diritto, 73–75; Wacke, Molinos y tahonas, FS Miquel, 151–186; Biavaschi, Caesari familiarissimus, 91–93; Giomaro, Dall'instruere all'instrumentum e viceversa nell'economia della Roma antica, Studi Urbinati 62 (2013) 131 FN 45; Gonzalez Roldan, Il legato dell'instrumentum nel pensiero di Nerazio, Quaderni Lupiensi di Storia e Diritto 4 (2014) 142 f.

1276 Iav. 2 ex post. Lab. D. 33.6.7.1. Dazu Horak, Rationes decidendi, 277 f.; Watson, The Law of Succession, 97; Waldstein, Entscheidungsgrundlagen klassischer Juristen, 31 f.; Kohlhaas, Die Überlieferung der libri posteriores des Antistius Labeo, 90 f.; Cuena Boy, La idea de rerum natura como criterio básico de la imposibilidad física de la prestación, RIDA 40 (1993) 248–250; Biavaschi, Caesari familiarissimus, 167–180.

1277 Ulp. 22 ad Sab. D. 33.9.3.5. Siehe auch Watson, The Law of Succession, 134; Biavaschi, Caesari familiarissimus, 221–240.

1278 Ulp. 22 ad Sab. D. 33.9.3.8–9. Siehe auch Watson, The Law of Succession, 135; Biavaschi, Caesari familiarissimus, 221–240. Siehe auch S. 73, 123, 131, 170, 180.

wäre).[1279] Zu einem Legat von „Silber, das sich zum Zeitpunkt meines Todes in meinem Haus befand“ (*argentum, quod domo mea erit cum moriar*) äußerte sich Ofilius dahin gehend, dass darin weder das vom Erblasser hinterlegte noch das verliehene Silber enthalten sei, während Cascellius nur das geliehene Silber ausnahm und Labeo die Meinung vertrat, auch das bei jemandem anderen hinterlegte Silber sei im Legat enthalten, wenn die Hinterlegung nur für kurze Zeit beabsichtigt war, denn der Erblasser wollte alles Silber hinterlassen, das sich üblicherweise in seinem Haus befand. Dieser Ansicht schloss sich später auch Javolen an.[1280]

Unterschiedliche Rechtsauffassungen von Ofilius, Cascellius und Trebatius finden sich auch bei der Auslegung von zwei Legaten im Testament, in dem sowohl zwei näher bezeichnete Marmorstatuen als auch der ganze Marmor (*omne marmor*) einer bestimmten Person vermacht wurden. Strittig war, ob im Begriff „der ganze Marmor“ auch alle Marmorstatuen enthalten seien. Cascellius und Labeo meinten, da zwei Statuen ausdrücklich dem Legatar vermacht worden seien, sei davon auszugehen, dass auch nur zwei Statuen geschuldet seien. Ofilius und Trebatius vertraten die gegenteilige Ansicht und sahen alle anderen Statuen als im Legat enthalten an.[1281]

Ofilius, Neratius und Aristo respondierten auch zu folgendem Fall: Ein Erblasser hatte den Pupillarsubstitut mit einem Legat von Sklavinnen beschwert. Dieselben Sklavinnen kaufte der (unwissende) Legatar vom unmündigen Erben. Die genannten Juristen meinten, wenn der Legatar die Sklavinnen weiterverkaufe, ohne zu wissen, dass diese ihm vermacht wurden, werde das Legat „wirksam“ (*utile*), d. h. der Legatar könne den Kaufpreis vom Pupillarsubstituten

---

1279 Iav. 2 ex post. Lab. D. 34.2.39 pr. Dazu Horak, Rationes decidendi, 273; Wieling, Testamentsauslegung, 32; Misera, Der Bereicherungsgedanke bei der Schenkung unter Ehegatten, 272; John, Die Auslegung des Legats von Sachgesamtheiten, 73 f.; Kohlhaas, Die Überlieferung der libri posteriores des Antistius Labeo, 59 f.; Biavaschi, Caesari familiarissimus, 123–129.

1280 Iav. 2 ex post. Lab. D. 34.2.39.1. Dazu Horak, Rationes decidendi, 203; Astolfi, Studi sull'oggetto dei legati in diritto romano II, 235 f.; Watson, The Law of Succession, 150; Wieling, Testamentsauslegung, 30 f.; John, Die Auslegung des Legats von Sachgesamtheiten, 70–72; Kohlhaas, Die Überlieferung der libri posteriores des Antistius Labeo, 165–167; Biavaschi, Caesari familiarissimus, 161–166. Beispiele für die Argumentation des Anwalts bei einem *legatum argenti* finden sich bei Cic. top. 13 und top. 16 (dazu Wieling, Testamentsauslegung, 43 f.).

1281 Iav. 2 ex post. Lab. D. 32.100.1. Dazu Watson, The Law of Succession, 89 f.; Wieling, Testamentsauslegung, 41, 51; Visky, Geistige Arbeit, 142; Talamanca, Trebazio Testa fra retorica e diritto, 125–130; Kohlhaas, Die Überlieferung der libri posteriores des Antistius Labeo, 86–88; Wubbe, Der Wille des Erblassers bei Iav. D. 32.100.1, FG Kaser, 371–379; D'Orta, La giurisprudenza tra repubblica e principato, 134–138; Schermaier, Materia, 251–253; Biavaschi, Caesari familiarissimus, 153–161.

zurückverlangen.[1282] Weitere Rechtsauskünfte des Ofilius zu Legaten, die schon an anderer Stelle besprochen wurden, behandelten das Legat „*Quanta pecunia dotis nomine pro ea quinquaginta heres dato*“, den Zahlungstermin für Legate und die Frage, wie groß der Anteil der Ehefrau sein solle, wenn der Erblasser angeordnet hatte, sie solle „so viel wie der Erbe“ erhalten.[1283]

Einige *responsa* des Ofilius zum Erbrecht sind durch Zitate Ulpians in seinem Kommentar zum *ius civile* von Sabinus erhalten. Ofilius erläutert zunächst, dass, wenn Holz (*lignum*) vermacht wurde, dazu auch alle Materialien zählen würden, die nicht mit einem anderen Namen bezeichnet werden; zu Letzteren zählten Ruten (*virgae*), Kohle (*carbo*) und Olivenkerne (*nuclei olivarum*), die nur als Brennstoff dienen, aber auch Eicheln (*balani*) und andere Kerne (*nuclei*).[1284] Nicht zum Holz rechnete Ofilius zudem noch nicht zerschnittene Bäume, außer sie werden nach und nach (*minutatim*) zerschnitten – eine Meinung, die von Ulpian abgelehnt wurde.[1285] Ebenfalls nicht als Holz bezeichnete er Reisig (*sarmenta*). Zum Holz seien aber, wenn dem der Wille des Erblassers nicht entgegenstehe, dünne Zweige (*virgulae*), Garben (*gremia*), Reisig (*sarmenta*) und Überbleibsel von Bauholz (*superamenta*) zu rechnen, wie auch die Stämme von Weinstöcken und deren Wurzeln.[1286] Zuletzt erläuterte Ofilius, dass das Holz, das zur Herstellung von Kohle diene, nicht unter den Begriff *carbo* falle; es könne jedoch bezweifelt werden, ob es unter dem Begriff *lignum* subsumiert werden könne, da es einem anderen Zweck diene. Auch brennende Scheite (*titiones*) und Holz, das teilweise verbrannt wurde, um keinen Rauch zu verursachen (sog. *ligna*

1282 Pomp. 6 ad Sab. D. 30.45 pr. Dazu Watson, The Law of Succession, 126 f.; Lambrini, Il problema del concursus causarum, 81; Wimmer, Fälle des Concursus Causarum von Vermächtnis und Kauf im Romischen Recht, TR 69 (2001) 218 f.; Biavaschi, Caesari familiarissimus, 253–257.

1283 Lab. 2 post. a Iav. epit. D. 33.4.6.1 (S. 202), Ulp. 19 ad Sab. D. 30.30.7 (S. 161), Lab. 2 post. a Iav. epit. D. 32.29.1 (S. 132).

1284 Ulp. 25 ad Sab. D. 32.55.1. Siehe auch Astolfi, Studi sull'oggetto dei legati in diritto romano II, 152; John, Die Auslegung des Legats von Sachgesamtheiten, 63 f., 66; Biavaschi, Caesari familiarissimus, 240–253; Biavaschi, Quinto Mucio Scevola, Aulo Ofilio e l'ambito del legatum ligni, DO-SO-MO 9 (2011) 97–115; López Gálvez, Consideraciones casuísticas, Revista de Derecho UNED 11 (2012) 524, 526 f.; Ando, Roman Social Imaginaries, 33–35.

1285 Ulp. 25 ad Sab. D. 32.55.2. Siehe auch John, Die Auslegung des Legats von Sachgesamtheiten, 61–63; Biavaschi, Caesari familiarissimus, 240–253; Biavaschi, Quinto Mucio Scevola, Aulo Ofilio e l'ambito del legatum ligni, DO-SO-MO 9 (2011) 97–115; López Gálvez, Consideraciones casuísticas, Revista de Derecho UNED 11 (2012) 523 f.

1286 Ulp. 25 ad Sab. D. 32.55.4. Siehe auch Astolfi, Studi sull'oggetto dei legati in diritto romano II, 149; John, Die Auslegung des Legats von Sachgesamtheiten, 64–66; Biavaschi, Caesari familiarissimus, 240–253; Biavaschi, Quinto Mucio Scevola, Aulo Ofilio e l'ambito del legatum ligni, DO-SO-MO 9 (2011) 97–115; López Gálvez, Consideraciones casuísticas, Revista de Derecho UNED 11 (2012) 524, 527.

cocta), seien eher als eigene Gattung anzusehen denn als Holz oder Kohle.[1287] Als eigene Gattung bezeichnete er auch geschwefeltes Holz und Holz, das für Fackeln verwendet werde, außer der Wille des Erblassers sei anderslautend gewesen, während Pinienzapfen im Begriff *lignum* enthalten seien.[1288]

Zu bedingten Freilassungen sind vier *responsa* des Ofilius erhalten, davon zwei, bei denen sowohl Labeo als auch Ofilius um ihre Meinung gefragt wurden. Im ersten Fall sollte der betreffende Sklave freigelassen werden, sobald er die Schulden des Erblassers bezahlt oder den Gläubigern Sicherheit geleistet hatte. Labeo und Ofilius meinten, die Bestimmung sei, auch wenn ein reicher Erbe existiere, so zu interpretieren, dass der Sklave frei werden sollte, wenn die Forderungen der Gläubiger befriedigt wurden oder ihnen auf irgendeine Weise Sicherheit für die Zahlungen geleistet werde.[1289] Im zweiten Fall lautete die zu interpretierende testamentarische Verfügung: „Wenn Stichus Attia 1000 gegeben haben wird, soll er frei sein" (*si Stichus Attiae mille nummos dederit, liber esto*). Attia war zu Lebzeiten des Testators gestorben und Ofilius und Labeo erteilten das *responsum*, dass Stichus nicht freigelassen werden solle. Trebatius, der ebenfalls hinzugezogen wurde, differenzierte bei seiner Rechtsauskunft nach dem Todeszeitpunkt der Attia. Wenn sie vor Errichtung des Testaments gestorben war, sollte der Sklave nicht frei sein, wenn sie nach Errichtung des Testaments verstorben war, hingegen schon. Javolen, der diesen Fall in den nachgelassenen Schriften des Labeo kommentierte, stellte dazu fest, dass die Auffassung des Labeo und des Ofilius zwar ihre Richtigkeit habe, er es aber in einem solchen Fall vorziehe, den Sklaven *ex testamento* freizulassen.[1290]

Ein weiterer Fall einer bedingten Freilassung, zu dem gleich fünf Juristen (Labeo, Scaevola, Gallus, Servius, Ofilius) ihre Meinung äußerten, wurde schon

1287 Ulp. 25 ad Sab. D. 32.55.7. Dazu Astolfi, Studi sull'oggetto dei legati in diritto romano II, 150–153; John, Die Auslegung des Legats von Sachgesamtheiten, 67 f.; Schermaier, Materia, 17; Biavaschi, Caesari familiarissimus, 240–253; Biavaschi, Quinto Mucio Scevola, Aulo Ofilio e l'ambito del legatum ligni, DO-SO-MO 9 (2011) 97–115; López Gálvez, Consideraciones casuísticas, Revista de Derecho UNED 11 (2012) 521–523, 525, 527 f.

1288 Ulp. 25 ad Sab. D. 32.55.8–10. Vgl. Ulp. 25 ad Sab. D. 50.16.167. Siehe auch John, Die Auslegung des Legats von Sachgesamtheiten, 65, 67; Biavaschi, Quinto Mucio Scevola, Aulo Ofilio e l'ambito del legatum ligni, DO-SO-MO 9 (2011) 97–115; Biavaschi, Caesari familiarissimus, 240–253; Ando, Roman Social Imaginaries, 33–35.

1289 Iav. 4 ex post. Lab. D. 40.7.39.1. Dazu Watson, The Law of Persons, 212; Biavaschi, Caesari familiarissimus, 189–191.

1290 Iav. 4 ex post. Lab. D. 40.7.39.4. Siehe auch Watson, The Law of Succession, 109 f.; Watson, The Law of Persons, 213; Wieling, Falsa demonstratio, condicio pro non scripta, condicio pro impleta im römischen Testament, SZ 87 (1970) 232; MacCormack, Impossible Conditions in Wills, RIDA 21 (1974) 285–287; Talamanca, Trebazio Testa fra retorica e diritto, 64–70; Biavaschi, Caesari familiarissimus, 191–196.

an anderer Stelle vorgestellt.[1291] Schließlich erteilte Ofilius ein *responsum* zu einem Fall, bei dem ein Sklave zugleich fideikommisarisch unter einer Bedingung freigelassen wurde und einem Legatar mit sofortiger Fälligkeit vermacht wurde. Ofilius meinte, der Sklave sei dem Legatar zu übergeben, dieser habe aber Sicherheit zu leisten, dass er den Sklaven mit Eintritt der Bedingung freilassen werde. Ofilius begründete seine Auskunft damit, dass in fast allen Fällen die fideikommissarisch freigelassenen Sklaven direkt frei würden. Diese Lösung schränkte Ofilius auf den Fall ein, dass der Testator beabsichtigt hatte, das Legat zurückzunehmen. Wenn der Erblasser den Erben hingegen belasten wollte, müsse hingegen der Schätzwert des Sklaven an den Legatar geleistet werden.[1292]

Zur *cautio legatorum servandorum causa* riet Ofilius einem Erben, bei der Stipulation an den *procurator* des abwesenden Legatars darauf zu achten, dass die Stipulation die Bedingung enthalte, dass der Legatar zum Zeitpunkt des Abschlusses noch am Leben sei, sodass er nicht daraus hafte, wenn der Legatar davor verstorben sei.[1293] Schließlich behandelte Ofilius auch noch einen Fall von Klagenkonkurrenz: Wenn ein zur Erbmasse gehörender Sklave einen Gegenstand im Eigentum der Erben entwendet hatte, stehe die *actio communi dividundo* oder die *actio familiae erciscundae* zu, nicht aber die *actio furti*. Die *condemnatio* der *actio familiae erciscundae* habe auf die *adiudicatio* des Sklaven oder die Verurteilung in den einfachen Streitwert zu lauten.[1294]

Zur Tutel respondierte Ofilius, dass ein Käufer nicht Eigentümer einer Sache werden sollte, wenn er wusste, dass die *auctoritas* zwar von einem Tutor stammte, aber nicht von jenem, der mit der Führung der Geschäfte betraut worden war. Dasselbe gelte nach Pomponius auch, wenn von einem Tutor gekauft worden war, dem die *auctoritas* entzogen worden war.[1295] Wie Nerva *filius* war Ofilius der

1291 Iav. 4 ex post. Lab. D. 40.7.39 pr. (S. 133).

1292 Pomp. 5 ex Plaut. D. 40.4.40.1. Dazu Watson, The Law of Persons, 195 f.; Wieling, Testamentsauslegung, 53 f.; Giaro, Dogmatische Wahrheit und Zeitlosigkeit, BIDR 90 (1987) 84 f.; Biavaschi, Caesari familiarissimus, 208–218.

1293 Ulp. 79 ad ed. D. 36.3.1.15. Dazu Watson, The Law of Obligations, 4; Finkenauer, Vererblichkeit und Drittwirkungen, 303–305; Biavaschi, Caesari familiarissimus, 257–260.

1294 Ulp. 19 ad ed. D. 10.2.16.6. Siehe auch Bretone, Servus communis, 163; Stein, Fault in the formation of contract, 161; Watson, The Law of Property, 122–124; Horak, Rationes decidendi 180–184; Thomas, Pro noxal surrender, Labeo 17 (1971) 20; Liebs, Die Klagenkonkurrenz im römischen Recht, 121; Lucks, Aestimatio possessionis, 45; Biavaschi, Caesari familiarissimus, 260–265; Valiño, Servus communis uni ex dominis furtum fecerit, FS Pugsley, 14 FN 12.

1295 Pomp. 17 ad Sab. D. 26.8.4. Dazu Kaser, Fragmentum Vaticanum, Labeo 7 (1961) 295; Hausmaninger, Die bona fides des Ersitzungsbesitzers, 31; Watson, The Law of Persons, 132 f.; Horak, Rationes decidendi, 185; Giaro, Dogmatische Wahrheit und Zeitlosigkeit, BIDR 90 (1987) 82 f.; Domingo, Aditio hereditatis auctoritate tutoris non gerensis (Sobre la supuesta antinomia entre Pomponio, D. 26, 8, 4 y Juliano – Africano, D. 29, 2, 49), RIDA 35 (1988) 131–138.

Ansicht, dass ein Mündel auch ohne die *auctoritas* des Vormunds zu besitzen beginnen könne, da diese eine *res facti, non iuris* sei; Paulus schränkte dies für die Fälle ein, in denen die Mündel der Vernunft fähig seien (*ut intellectum capiant*).[1296]

Ebenfalls einen Mangel bei der Verfügungsbefugnis behandelte ein *responsum*, bei dem neben Ofilius auch Trebatius und Labeo mitwirkten: Wenn der *curator* die *bonorum venditio* zwar durchgeführt hatte, den Gläubigern aber ihr Geld nicht bezahlt hatte, so meinten die drei Juristen, dass den bei der Auktion anwesenden Gläubigern eine *actio mandati* gegen den *curator* zustehen würde und allen anderen Gläubigern eine *actio negotiorum gestorum*. Wenn der *curator* jedoch im Auftrag der anwesenden Gläubiger gehandelt habe, könnten die anderen Gläubiger nur eine *actio negotiorum gestorum* gegen die bei der Auktion anwesenden Gläubiger erheben. Wenn den anwesenden Gläubigern der Vorsatz gefehlt hatte, da sie gedacht hatten, sie wären die einzigen Gläubiger, sei nur noch eine *actio in factum* möglich.[1297] Dieses *responsum* weist einen starken Bezug zum *ius praediatorium* auf, mit dem sich Ofilius – wie man aus Ciceros Korrespondenz weiß[1298] – beschäftigte; deshalb kann angenommen werden, dass das *responsum* aus der beruflichen Praxis des Ofilius stammte.

Im Familienrecht befasste sich Ofilius u. a. mit dem Haftungsmaßstab des Ehemanns bei Dotalsachen. Der Ausgangsfall war, dass eine Dotalsache wegen *dolus* des Ehemanns untergegangen war und der Mann die Mitgift später nicht auszahlen konnte. Ofilius meinte, der Ehemann sollte, auch wenn die Zahlungsunfähigkeit nicht auf ein doloses Handeln seinerseits zurückzuführen war, bezüglich der Sachen, deren Untergang er dolos verschuldet hatte, verurteilt werden. Wenn dem Mann jedoch beim Verlust der Sachen weder *culpa* noch *dolus* vorzuwerfen war, so stünden der Frau die Klagen des Ehemanns hinsichtlich der verlorenen Gegenstände, z. B. die *actio furti* oder die *actio legis Aquiliae*, zu.[1299]

1296 Paul. 54 ad ed. D. 41.2.1.3. Dazu Watson, The Law of Property, 82 f.; Horak, Rationes decidendi, 149–151; Liebs, Rechtsschulen und Rechtsunterricht im Prinzipat, 246; Klinck, Erwerb durch Übergabe an Dritte, 171–173; Cloud, Πάθη, Affectus and the Roman Jurists, SZ 123 (2006) 33; Groten, corpus und universitas, 326.

1297 Paul. 32 ad ed. D. 17.1.22.10. Dazu Watson, The Law of Obligations, 148 f.; Mayer-Maly, Probleme der negotiorum gestio, SZ 86 (1969) 426, 431; Hayashi, Der Auftrag und die sogenannten Innominatkontrakte, 179 f.; Pérez Álvarez, Observaciones sobre D. 17.1.22.10, RIDA 45 (1998) 355–385, Müller-Ehlen, Hereditatis petitio, 201 f.; Biscotti, Custodia, amministrazione, liquidazione di beni ereditari, Studi Nicosia, 39–41; Harke, Geschäftsführung und Bereicherung, 26 f., 38 f.; Neumann, Der Bürgenregress im Rahmen des Auftragsrechts, 159–161; Deppenkemper, Negotiorum gestio, 393–398; Scheibelreiter, De eo, qui sciens commodasset pondera, SZ 134 (2017) 218 f.

1298 Siehe S. 205 f.

1299 Pomp. 16 ad Sab. D. 24.3.18.1. Siehe auch Watson, The Law of Persons, 75 f.

Auch einige interessante prozessrechtliche *responsa* des Ofilius sind erhalten. So beantwortete er gemeinsam mit C. Trebatius Testa eine Anfrage zu den rechtlichen Folgen eines schiedsrichterlichen Urteils. Gefragt war, ob eine spätere Klage des Seius gegen das Urteil des Schiedsrichters verstoße, wenn der Schiedsrichter ausgesprochen hatte, dass Titius dem Seius nichts schulde. Beide Juristen bejahten dies, selbst wenn der Schiedsrichter eine Klage des Seius nicht verboten hatte.[1300] Zur *restitutio in integrum* respondierten Ofilius und Labeo, dass eine Gesellschaft *ipso iure* nichtig sei und deshalb auch kein Schutz des Prätors nötig sei, wenn ein *minor* aufgrund einer Täuschung einen Gesellschaftsvertrag eingegangen war, auch wenn er eine Schenkung machen wollte.[1301]

Bei Gaius ist überliefert, dass Ofilius und Proculus der Ansicht waren, dass bei Klagen, die mehreren gemeinsam zustünden, wie etwa der *actio communi dividundo*, der *actio familiae erciscundae* und der *actio finium regundorum*, der Wert der Anteile der einzelnen Parteien für die Zuständigkeit heranzuziehen sei, während Cassius und Pegasus meinten, der Streitwert der gesamten Sache sei für die Bestimmung der Zuständigkeit ausschlaggebend.[1302] Bei einer gescheiterten Ladung, respondierte Ofilius, habe das Edikt *Ne quis eum qui in ius vocabitur, vi eximat* keine Zuständigkeit, wenn der Betroffene rechtlich nicht verpflichtet war, der Ladung zu folgen. Dies gelte etwa für den Vater oder den *patronus* einer der Parteien.[1303] In einem anderen *responsum* interpretierte Ofilius die Wortfolge *eadem causa* im Edikt des Prätors, das den Eigentümer eines Sklaven bei einer Noxalklage zur *exhibitio* verpflichtete. Ofilius meinte, wenn der Sklave bereits im Rahmen einer Noxalklage an einen anderen übergeben worden war, sei eine Auslieferung in demselben Zustand (*eadem causa*) nicht mehr möglich, da eine *noxae deditio* anderen Klägern die Möglichkeit zur Noxalklage nehme.[1304]

1300 Ulp. 13 ad ed. D. 4.8.21.1. Dazu Valiño, La recepción del arbitraje romano en els Furs de Valènciaby, SDHI 69 (2003) 496. Interessant ist die Benutzung des Verbs *non videri* für das Urteil des Schiedsrichters, da dieses von der Terminologie von Richtersprüchen im Formularverfahren, die gewöhnlich auf *placet* oder *decretum est* lauteteten, abweicht.

1301 Ulp. 11 ad ed. D. 4.4.16.1. Dazu Watson, The Law of Obligations, 128; Wacke, Zum Rechtsschutz Minderjähriger gegen geschäftliche Übervorteilungen, TR 48 (1980) 213 f.; Cerami, Il sistema ofiliano, 110 f.; Beckmann, Nichtigkeit und Personenschutz, 37 f.

1302 Gai 1 ad ed. prov. D. 2.1.11.2. Dazu Watson, The Law of Property, 110 f.; Horak, Rationes decidendi, 131, 145; Simshäuser, Iuridici und Munizipalgerichtsbarkeit, 196 f.; Meffert, Die Streitgenossenschaft, 19 f.; Knütel, Die actio finium regundorum und die ars gromatica, 289 f.; Hinrichs, Die Geschichte der Klage finium regundorum, SZ 111 (1994) 268–270; Rodger, Jurisdictional Limits in the lex Irnitana and the lex de Gallia Cisalpina, ZPE 110 (1996) 198–200; Rodger, Vadimonium to Rome (and Elsewhere), SZ 114 (1997) 188–190.

1303 Ulp. 5 ad ed. D. 2.7.1.2. Dazu Watson, The Law of Obligations, 266.

1304 Ulp. 7 ad ed. D. 2.9.1.1. Dazu Horak, Rationes decidendi, 184 f.; Gimenez-Candela, Notas en torno al vadimonium, SDHI 48 (1982) 160; Bürge, Occupantis melior est condicio, SZ

Außerdem respondierte er, dass der Beklagte eine *exceptio* gegen den Kläger, dessen Sklave mit dem Wissen und der Duldung seines Herrn die Stellung des Beklagten vor Gericht vereitelt hatte, habe, da der Eigentümer nicht vom *dolus* seines Sklaven profitieren dürfe. Wenn der Sklave jedoch ohne Wissen seines Eigentümers gehandelt hatte, so ergänzte Sabinus, sei eine Noxalklage zulässig, und die Tat des Sklaven dürfe dem Herrn ansonsten nicht schaden.[1305]

Eine Rechtsauskunft des Ofilius hatte die Zweckentfremdung eines für Reparaturzwecke aufgenommenen Darlehens zum Thema. Ofilius meinte, es sei zulässig, eine *actio exercitoria* gegen den Reeder zu erheben, wenn der Kapitän bei der Kreditaufnahme ausdrücklich erklärt hatte, das Geld für die Reparatur des Schiffs verwenden zu wollen und das Geld anderweitig verwendet hatte; zudem habe es sich der Reeder selbst zuzurechnen, wenn er eine solche Person eingesetzt hatte. Wenn der Kapitän hingegen von Anfang an die Absicht gehabt hatte, den Gläubiger zu täuschen, und nicht ausdrücklich erklärt hatte, wofür er das Geld verwenden wolle, sei keine *actio exercitoria* zulässig. Der Meinung des Ofilius schloss sich auch Pedius an.[1306]

Einen komplexen Sachverhalt behandelt D. 44.4.4.6: Ein Gläubiger hatte sich mit seinem Schuldner verglichen und die Schuld Seius verkauft, der vom Schuldner zum Kauf beauftragt worden war. Der Kaufpreis wurde stipuliert. Nachdem der Gläubiger später durch ein Urteil die geschuldete Summe vom Schuldner erhalten hatte, wurde gefragt, ob er aus der Stipulation gegen Seius vorgehen könne. Ofilius meinte, wenn der Gläubiger nicht bereit sei, Seius zurückzuerstatten, was er von ihm erhalten habe, könne dieser die *exceptio doli* einwenden, wenn der Gläubiger aus der Stipulation klage.[1307]

---

106 (1989) 269; Mantovani, Gli esordi del genere lettterario ad edictum, 68 f.

1305 Paul. 6 ad ed. D. 2.10.2. Dazu Knütel, Die Haftung für Hilfspersonen, SZ 100 (1983) 367 f.; MacCormack, Aliud simulatum, aliud actum, SZ 104 (1987) 644; Pennitz, Obligatio domini und obligatio servi, 71–96; Reichard, Die Frage des Drittschadensersatzes, 58 f.; Cerami, Il sistema ofiliano, 106 f.; Burdese, L'eccezione di dolo generale da Aquilio a Labeone, 17–48; Sirks, Noxa caput sequitur, TR 81 (2013) 99.

1306 Ulp. 28 ad ed. D. 14.1.1.9. Dazu Watson, The Law of Obligations, 190 f.; Claus, Gewillkürte Stellvertretung, 76 f.; Cerami, Mutua pecunia a magistro navis reficiendae causa sumpta, FS Cannata, 271–280; Fabiano Correa, La survivance des actiones adiecticiae qualitatis, RIDA 47 (2001) 37 f.; Miceli, Sulla struttura formulare delle actiones adiecticiae qualitatis, 196 f.; Chiusi, Haftung und Organisation im römischen Handelsverkehr, SZ 124 (2007) 108 f.; Miceli, L' actio institoria e l'azione concessa al preponente, Studi Nicosia, 387–389; Coppola Bisazza, Dallo iussum domini alla contemplatio domini, 170, 186; Miceli, Studi sulla rappresentanza, 74 f.; Schlösser, Die Bedeutung der praepositio für den Handelsverkehr im antiken Rom, 30; Zimmermann, Die Haftung des Reeders mit der actio exercitoria, SZ 129 (2012) 561 f.; Lazo, La interpretación de la cláusula eius rei nomine, Revista chilena de derecho 43 (2016) 1090–1093.

1307 Ulp. 76 ad ed. D. 44.4.4.6. Siehe auch Gehrich, Kognitur und Prokuratur in rem suam, 43; Nörr, Dig. 44.4.4.6. Bemerkungen zur spätrepublikanischen Kautelarpraxis, Eranion

Häufig diskutiert wird auch jene Rechtsauskunft des Ofilius, derzufolge ein im Miteigentum stehender Sklave nur für jenen Miteigentümer etwas durch Annahme einer *traditio* oder durch den Abschluss einer Leihe oder eines Verwahrungsvertrags erwerben könne, der ihm das befohlen hatte – eine Auffassung, der auch Cassius und Sabinus folgten.[1308] Außerdem war Ofilius der Ansicht, dass man mit der *actio rerum amotarum* auch jene Gegenstände, die die Frau zum Zeitpunkt der Scheidung verzehrt, veräußert, verschenkt oder auf sonstige Weise verbraucht hatte, einklagen könne.[1309] Zum *pretium certum* referiert Gaius, dass Ofilius eine *emptio venditio* auch dann annahm, wenn der Preis durch einen Dritten bestimmt wurde. Proculus schloss sich dieser Meinung an, während Labeo und Cassius die entgegengesetzte Auffassung vertraten.[1310] Gemeinsam mit Servius und Labeo erteilte Ofilius ein *responsum* zur Aufteilung von Lösegeldzahlungen bei einem Piratenüberfall, das bei Servius behandelt wurde.[1311] Ein anderer Überfall war Gegenstand eines weiteren *responsum* von Ofilius: Räuber hatten einen Sklaven geraubt, der später zu den Germanen gelangt war. Nach deren Niederlage wurde er in das Römische Reich verkauft. Gefragt wurde, ob der Sklave vom Käufer ersessen werden könne. Dies wurde von Labeo, Ofilius und Trebatius verneint, da der Sklave eine *res furtiva* sei und daran weder der Besitz durch die Feinde noch das *ius postliminii* etwas ändere.[1312]

Maridakis, 203–223; Watson, The Law of Obligations, 262; Rozwadowski, Studi sul trasferimento dei crediti in diritto romano, BIDR 76 (1973) 57–59; MacCormack, Aliud simulatum, aliud actum, SZ 104 (1987) 643 f.; Wolf, Haftungsübernahme durch Auftrag?, 91 FN 64; Zimmermann, The Law of Obligations, 138 f.; Cerami, Il sistema ofiliano, 111–117; Quintana Orive/Blanch Nougués, Nuevas consideraciones en torno al cognitor y al procurator in rem suam, RIDA 45 (1998) 345–349; Burdese, L' eccezione di dolo generale da Aquilio a Labeone, 17–48.

1308 Pomp. 26 ad Sab. D. 45.3.6. Dazu Bretone, Servus communis, 87–89; Watson, The Law of Property, 78; Liebs, Rechtsschulen und Rechtsunterricht im Prinzipat, 267; Nelson/Manthe, Gai Institutiones III 88–181, 378; Noordraven, Die Fiduzia im römischen Recht, 59 f.; Klinck, Erwerb durch Übergabe an Dritte, 107 f.; Lazo, „iussum" y „nominatio" en las adquisiciones a través de dependientes, Revista de Estudios Histórico-Jurídicos 31 (2009) 144–146; Leesen, Gaius meets Cicero, 253–263.

1309 Paul. 7 ad Sab. D. 25.2.3.3. Siehe auch Wacke, Actio rerum amotarum, 75; Misera, Der Bereicherungsgedanke bei der Schenkung unter Ehegatten, 198.

1310 Gai. Inst. 3.140. Siehe auch Watson, The Law of Obligations, 43; Stühff, Vulgarrecht im Kaiserrecht, 147 f.; Liebs, Rechtsschulen und Rechtsunterricht im Prinzipat, 264; Nelson/Manthe, Gai Institutiones III 88–181, 257–263; Leesen, Gaius meets Cicero, 205–214; Cristaldi, Sulla clausola „quanti Titius rem aestimaverit" nella riflessione dei giuristi romani, RIDA 58 (2011) 99–142; Falcone, La trattazione di Gai 3.140–141 sul pretium nella compravendita tra regulae e ius controversum, AUPA 58 (2015) 37–56.

1311 Paul. 34 ad ed. D. 14.2.2.3 (S. 193).

1312 Iav. 9 ex post. Lab. D. 49.15.27. Dazu Watson, The Law of Persons, 254 f.; Horak, Rationes decidendi, 85 f.; D'Orta, La giurisprudenza tra repubblica e principato, 192–195; Maffi,

Auch das Edikt der kurulischen Ädilen war Gegenstand der Respondierpraxis des Ofilius. So meinte er, ein Pferd sei gesund, wenn es kastriert sei, genauso, wie auch ein Eunuch gesund sei; allerdings sei eine *actio empti* zulässig, wenn der Käufer nichts von diesem Mangel wusste, der Verkäufer jedoch schon.[1313] Nicht als gesund galten ihm ein Pferd, wenn ihm die Zunge abgeschnitten worden war,[1314] und ein Sklave, dem ein Finger abgeschnitten worden war oder dem ein Teil seiner Gliedmaßen zerfleischt worden war – auch wenn die Wunde verheilt war –, wenn er den entsprechenden Körperteil dadurch weniger gut benutzen konnte.[1315] Auch eine Definition des Begriffs *fugitivus* findet sich bei Ofilius. Als flüchtig galt ihm ein Sklave, der sich, um zu flüchten, außerhalb des Hauses seines Herrn an einem Ort aufhielt, wo er sich vor seinem Herrn versteckte.[1316]

Einige *responsa* erteilte Ofilius auf dem Gebiet des Sachenrechts: So glaubte er nicht, dass derjenige, der ein Werk erbaut, dabei eine öffentliche Straße verschlechtert, und das Werk später derelinquiert hatte, nach dem Interdikt *ne quid in loco publico vel itinere fiat* hafte, da er nicht im Besitz des *opus* sei.[1317] Außerdem entschied Ofilius, dass, wenn jemand bei der Ausübung seines Wasserrechts zusätzliches Wasser zu jenem Zufluss, den er in diesem Jahr benutzt hatte, hinzumische, der Eigentümer des dienenden Grundstücks an der Stelle, wo er den Zufluss zum ersten Mal in den Fluss leiten dürfe, diese Handlung verbieten könne. Ofilius sagte, dass das Verbot für den gesamten Wasserlauf ausgesprochen werden könne.[1318] Weiters meinte Ofilius, das Interdikt *de rivis*

Ricerche sul postliminium, 230; TARWACKA, Pirate – An enemy of all mankind or just a bandit?, Diritto@Storia 10 (2011/2012).

1313 Ulp. 2 ad ed. aed. cur. D. 21.1.38.7. Dazu WATSON, The Law of Obligations, 88; GUYOT, Eunuchen als Sklaven und Freigelassene in der griechisch-römischen Antike, 32; BAUMAN, Lawyers and Politics in the Roman Empire, 144; GRELLE, Diritto e società nel mondo romano, 185.

1314 Ulp. 1 ad ed. aed. cur. D. 21.1.8.

1315 Ulp. 1 ad ed. aed. cur. D. 21.1.10 pr. Dazu WATSON, The Law of Obligations, 91; GIARO, Dogmatische Wahrheit und Zeitlosigkeit, BIDR 90 (1987) 59–61.

1316 Ulp. 1 ad ed. aed. cur. D. 21.1.17 pr. Dazu CLOUD, Πάθη, Affectus and the Roman Jurists, SZ 123 (2006) 42 f.; BELLEN, Studien zur Sklavenflucht im römischen Kaiserreich, 34; DONADIO, Sulla comparazione tra „desertor" e „fugitivus", tra „emansor" ed „erro" in D. 49.16.4.14, Studi Bonfiglio, 149–151; GAMAUF, Onesimus: fugitivus errove – Einsichten für die Bibelexegese aus der Digestenexegese?, Pocta Blahovi, 165; GAMAUF, Eine Suche nach einem verschwundenen Sklaven, FS Sirks, 275–277.

1317 Ulp. 68 ad ed. D. 43.8.2.39. Siehe auch WATSON, The Law of Property, 11 f.; ANKUM, Das Verlassen von Liegenschaften, SZ 114 (1997) 405, 409.

1318 Ulp. 70 ad ed. D. 43.20.1.17. Siehe auch WATSON, The Law of Property, 193 f. Da die beiden Stellungnahmen des Ofilius in gewissem Widerspruch zueinander stehen, schlug BREMER vor, das erste *responsum* vielleicht Servius zuzurechnen (BREMER, Iurisprudentiae Antehadrianae quae supersunt, 95). Zweifel an der Urheberschaft des Ofilius bezüglich des ersten *responsum* meldet auch MIGLIETTA, Servius respondit, 514 f., an.

stehe nicht zu, wenn jemand den Flusslauf statt mit Erde mit *opus signinum*, einer Mischung aus gestossenen Scherben und Kalk, auskleiden wolle, da es sich um keine Wiederherstellung handle.[1319] Zulässig sei das Interdikt *de rivis*, wenn jemand den Servitutsberechtigten an der Ausfuhr der für die Wiederherstellung nötigen Materialen hindere.[1320] Außerdem vertraten Ofilius, Trebatius und Labeo die Auffassung, dass das Interdikt *de cloaca privata reficienda* nicht nur dann beantragt werden könne, wenn jemand die Reparatur eines Kanals verhindere, sondern auch wenn die Errichtung eines Kanals auf öffentlichem Grund behindert werde.[1321]

Auch zu folgendem Ausgangsfall erteilte Ofilius eine Rechtsauskunft: Ein Nachbar hatte seinen Acker früher immer zu einer bestimmten Zeit bewässert. Nach einiger Zeit pflanzte er stattdessen eine Wiese und durch die ständige Bewässerung floss nun andauernd Wasser auf das angrenzende Grundstück. Ofilius meinte, der Nachbar hafte weder durch die *cautio damni infecti* noch durch die *actio aquae pluviae arcendae*, außer er habe den Acker geebnet und das Wasser fließe dadurch schneller auf das Nachbargrundstück.[1322] Weiters meinte Ofilius, jemand hafte nicht nach der *actio aquae pluviae arcendae*, wenn er zur Grundstücksbewässerung parallel verlaufende (Wasser-)Gräben ziehe.[1323]

Gemeinsam mit Labeo erteilte Ofilius ein *responsum* zur Frage, ob die *actio aquae pluviae arcendae* auch dann erhoben werden könne, wenn der Nachbar durch ein Bauwerk das Wasser vom benachbarten Grundstück fernhalte und dadurch profitiere, während bei natürlichem Wasserverlauf der andere Nachbar einen Nutzen ziehe. Ofilius und Labeo verneinten dies auch bei Interesse des vom Wasser ferngehaltenen Nachbars mit der Begründung, dass die *actio aquae*

1319 Ulp. 70 ad ed. D. 43.21.1.10. Dazu WATSON, The Law of Property, 192f.; ZUCCOTTI, Dalla „refectio" del „rivus", Rivista di Diritto Romano 3 (2003) 57f.; FIORENTINI, Struttura ed esercizio della servitù d'acqua, Quaderni del Dipartimento di Scienze Giuridiche 8 (2003) 161–164.

1320 Ulp. 70 ad ed. D. 43.21.3.10. Siehe auch WATSON, The Law of Property, 193; FASOLINO, Prime considerazioni in tema di tutela della salubritas, Teoria e Storia del Diritto Privato 3 (2010) 18f.

1321 Ven. 1 interdict. D. 43.23.2. Dazu WATSON, The Law of Property, 197f.; DI PORTO, La tutela della „salubritas", 121, 132, 151; BRETONE, Labeone e l'ordine della natura, 253–256; FASOLINO, Prime considerazioni in tema di tutela della salubritas, Teoria e Storia del Diritto Privato 3 (2010) 14f.

1322 Ulp. 53 ad ed. D. 39.3.3.2. Siehe auch WATSON, The Law of Property, 145, 170–172.

1323 Ulp. 53 ad ed. D. 39.3.1.5. Siehe auch WATSON, The Law of Property, 170; SITZIA, Ricerche in tema di „actio aquae pluviae arcendae", 78f.; SEYED-MAHDAVI RUIZ, Die rechtlichen Regelungen der Immissionen, 124; SCOTTI, Actio aquae pluviae arcendae e piccola bonifica agraria, Scritti Zablocka, 725–783; SCOTTI, Brevi riflessioni su Dig. 39.3.1.4,5,9 Ulp. 53 ad ed., RIPARIA 1 (2015) 133–159.

pluviae arcendae dazu diene, vor Wasserschäden zu schützen und nicht, die Nutzung des abfließenden Wassers durchzusetzen.[1324] Eine *actio aquae pluviae arcendae* stehe auch dann nicht zu, wenn dem benachbarten Grundstück eine Servitut eingeräumt worden war und das entsprechende Grundstück deswegen Wasser aufnehme, solange der Schaden sich in Maßen halte. Daher stehe laut Labeo dem Nachbarn, der durch *in iure cessio* ein Wasserleitungsrecht (*ius aquam immittendi*) eingeräumt hatte, keine *actio aquae pluviae arcendae* gegen den Berechtigten zu.[1325] Wenn Wasser von einem privaten Grundstück eines *socius* auf das im gemeinsamen Eigentum stehende Grundstück fließe, könne nach Ansicht des Ofilius einer der *socii* die *actio aquae pluviae arcendae* gegen seinen Miteigentümer erheben.[1326]

Weiters erteilte er eine Rechtsauskunft zu folgendem Fall: Ein Sklave war ausgeritten und wurde von seinem Pferd, das von einem Dritten aufgeschreckt worden war, in den Fluss geschleudert, wo er ertrank. Ofilius meinte, in diesem Fall stünde dem Eigentümer eine *actio in factum* zu, so als ob der Sklave von einem Mann in einen Hinterhalt gelockt und von einem anderen ermordet worden wäre.[1327] In D. 47.2.21 pr. referiert Paulus eine Juristenkontroverse: Gefragt war, ob jemand, der aus einem Haufen Getreide ein Maß gestohlen habe, so zu behandeln sei, als ob er die gesamte Sache oder als ob er nur einen Teil gestohlen hätte. Ofilius meinte, er gelte als Dieb des gesamten Haufens, und Trebatius ergänzte, dass, wer das Ohr einer Person berühre, die gesamte Person berühre und dass, wer ein Fass öffne und etwas Wein entnehme, das gesamte Fass stehle. Zu berücksichtigen sei die gestohlene Menge jedoch bei der Berechnung des Betrags nach der *actio furti*.[1328] In Bezug auf die *actio iniuriarum* erläuterte Ofilius

---

1324 Ulp. 53 ad ed. D. 39.3.1.21. Dazu Costa, Cicerone giureconsulto, 114; Horak, Rationes decidendi, 258; Watson, The Law of Property, 173.

1325 Paul. 49 ad ed. D. 39.3.2.10. Dazu Costa, Cicerone giureconsulto, 131; Watson, The Law of Property, 173 f.; Rodger, Owners and Neighbours, 158; Sitzia, Ricerche in tema di „actio aquae pluviae arcendae“, 60–62; Rainer, Bau- und nachbarrechtliche Bestimmungen, 259; Möller, Die Servituten, 293–295.

1326 Paul. 49 ad ed. D. 39.3.11.5. Siehe auch Watson, The Law of Property, 163 f., 174; García Sánchez, Teoria de la Immissio, 22.

1327 Ulp. 18 ad ed. D. 9.2.9.3. Dazu Watson, Actio de dolo and actiones in factum, SZ 78 (1961) 397; Watson, The Law of Obligations, 244 f.; Watson, Legal Origins and Legal Change, 29 f.; MacCormack, Juristic Interpretation of the lex Aquilia, Studi Sanfilippo, 258 f.; Selb, Formulare Analogien vor Julian, Studi Sanfilippo, 732 f.; Nörr, Causam mortis praebere, Essays Honoré, 204; Nörr, Causa Mortis, 139–145; Giangrieco Pessi, Ricerche sull'actio de pauperie, 206 f.; Lohsse, Canem vel servum tenuit?, TR 70 (2002) 271 f.; Gamauf, Vindicatio nummorum, 267 f.; Bock, Römischrechtliche Ausgangspunkte der strafrechtlichen Beteiligungslehre, 114 f.; Harke, Actio utilis, 126.

1328 Paul. 40 ad Sab. D. 47.2.21 pr. Dazu Watson, The Law of Obligations, 220 f.; D'Orta, La giurisprudenza tra repubblica e principato, 170–173; Nelson/Manthe, Gai Institutiones

den Unterschied zwischen *pulsatio* und *verberatio*: Während bei der *verberatio* beim Schlagen Schmerz zugefügt werde, handle es sich bei der *pulsatio* um Schlagen ohne Schmerz.[1329] Außerdem meinte er, die *actio iniuriarum* sei zulässig, wenn jemand ohne Zustimmung des Eigentümers ein Haus betrete, auch wenn er ihn „nur" vor Gericht lade.[1330]

Wie bei anderen republikanischen Juristen sind auch von Ofilius einige Worterläuterungen erhalten. So erklärt er in einem Werk, das Atticus gewidmet ist (möglicherweise handelt es sich auch nur um einen Brief) das Wort *vivere* und betont, dass dieses nicht nur die Ernährung, sondern auch Bekleidung und Stroh umfasse, da ohne diese niemand leben könne.[1331] Der ursprüngliche Kontext dieser Aussage ist – wie bei seiner Etymologie von Hütte (*tugurium*), ein Wort, das er von *tectum* (Dach) ableitete[1332] – nicht überliefert, kann aber im Vermächtnisrecht vermutet werden.

Insgesamt liegt der Schwerpunkt der juristischen Tätigkeit von Ofilius im Bereich des Erbrechts, aber auch zum Prozessrecht sind verhältnismäßig viele *responsa* erhalten. Da Ofilius auch einen Kommentar zum Edikt schrieb, ist anzunehmen, dass er sich intensiver mit dieser Materie befasst hatte als seine Zeitgenossen und vielleicht auch aktiv an der Weiterentwicklung des Edikts mitwirkte. Vertragsrecht, aber auch Delikts- und Sachenrecht sind bei ihm im Vergleich zu anderen Juristen der römischen Republik stark unterrepräsentiert. Dafür sind bei keinem anderen Juristen so viele gemeinsam mit anderen erteilte *responsa* nachweisbar. Dies könnte jedoch auch mit der literarischen Tradition zusammenhängen, denn die *responsa* des Ofilius wurden oft gemeinsam mit denen anderer Schüler von Servius zitiert. Dennoch ist es auffällig, dass die

---

III 182–225, 304–306; Fargnoli, Ricerche in tema di furtum, 154; Battaglia, La parte e il tutto.

1329 Ulp. 56 ad ed. D. 47.10.5.1. Siehe Watson, The Law of Obligations, 254; Raber, Grundlagen klassischer Injurienansprüche, 78; Völkl, Zum Verfahren der actio legis Corneliae de iniuriis, Sodalitas Guarino, 571; Hagemann, Iniuria, 62; Ermann, Strafprozess, öffentliches Interesse und private Strafverfolgung, 80; Licandro, Domicilium habere, 421–439.

1330 Paul. 4 ad ed. D. 47.10.23. Siehe Watson, The Law of Obligations, 251; Raber, Grundlagen klassischer Injurienansprüche, 157 f.; Wieling, Grund und Umfang des Besitzschutzes, FS v. Lübtow, 571; Licandro, In ius vocatio e violazione del domicilio, SDHI 57 (1991) 243–251; Hagemann, Iniuria, 62; Licandro, Domicilium habere, 381, 421–439; Garbarino, Un'ipotesi di lettura di D. 47.10.23 (Paul. 4 ad ed.), Scritti Bonfiglio, 231–240.

1331 Gai. 2 ad leg. 12 tab. D. 50.16.234.2. Siehe auch Mayer-Maly, Studien zur Frühgeschichte der usucapio II, SZ 78 (1961) 271; Behrends, Der Zwölftafelprozess, 189; Manthe, Die libri ex Cassio, 272 f.; Baccari, Successioni e persone concepite, Studi Martini, 134; Biavaschi, Caesari familiarissimus, 34 f.

1332 Pomp. 30 ad Sab. D. 50.16.180.1. Siehe auch Nörr, Pomponius, 521; Flach, Die Gesetze der frühen römischen Republik, 160; Nörr, Pomponio o della intelligenza storica die giuristi romani, Rivista di diritto romano 2 (2002) 188.

Juristen, die gemeinsam mit Ofilius respondierten, aus einem begrenzten Personenkreis stammten. Häufig erteilten mit Ofilius gemeinsam Labeo, Cascellius und Trebatius Rechtsauskünfte. Im Gegensatz dazu mutet es etwas eigenartig an, dass Ofilius kaum mit Tubero und Capito zitiert wird, obwohl Pomponius diese als Ofilius' Schüler bezeichnet.

I.5.6. P. Alfenus Varus

P. Alfenus Varus[1333], als Sohn eines Schusters von der römischen Noblesse bisweilen belächelt,[1334] hatte – anders als die meisten anderen Schüler von Servius – mehr Erfolg bei seiner politischen Karriere und wurde auch als Nachfolger von Servius angesehen.[1335] Unter Augustus leitete er 41 v. Chr. in Gallia Cisalpina die Landverteilung an die Veteranen, für die er als *IIIvir agris dividundis* gemeinsam mit C. Asinius Pollio und C. Cornelius Gallus zuständig war.[1336] Die Mitgliedschaft bei einer solch prestigeträchtigen Kommission kam nicht unerwartet. Schon als Prätor hatte er ein Jahr zuvor die Konfiskationsmaßnahmen der Triumvirn unterstützt[1337] und wurde in seiner Funktion als *legatus* von Vergil in

1333 cos. suff. 39 v. Chr. Zu P. Alfenus Varus siehe Jörs/Klebs, Art. Alfenus Varus (8), RE I (1894) Sp. 1472–1474; Bremer, Iurisprudentiae antehadrianae, I 280–330; Funaioli, Grammaticae Romanae Fragmenta, 554 f.; Schanz/Hosius, Geschichte der römischen Literatur I, 596; de Sarlo, Alfeno Varo e i suoi Digesta; Kunkel, Die römischen Juristen, 29; Wieacker, Augustus und die Juristen seiner Zeit, TR 37 (1969) 341; Wiseman, New Men in the Roman Senate, 211 Nr. 18; Molnár, Alfenus Varus iuris consultus, Studia Pólay, 311–328; Bauman, Lawyers in Roman Transitional Politics, 89–105; Wieacker, Römische Rechtsgeschichte I, 607–609; Giaro, Art. Alfenus [4], DNP 1 (1996) Sp. 489; Negri, Per una stilistica dei Digesti di Alfeno, 135–158; Roth, Alfeni Digesta; Carro, Su Alfeno Varo e i suoi Digesta, Index 30 (2002) 235–245; Wieacker, Römische Rechtsgeschichte I, 607 f.; Wieacker, Römische Rechtsgeschichte II, 29; Liebs, P. Alfenus Varus, SZ 127 (2010) 32–52; Liebs, Hofjuristen der römischen Kaiser, 19–21; Liebs, Eine Karriere in Zeiten des Umbruchs, 311–336. Viele biographische Details finden sich auch in Liebs, Rez. zu H.-J. Roth, Alfeni Digesta: eine spätrepublikanische Juristenschrift, Berlin 1999, SZ 117 (2000) 519–528.

1334 Siehe die Hinweise bei Porph. und Ps.-Acro in Hor. sat. 1.3.130, ebenso Serv. ecl. 9.35. Kunkel, Die römischen Juristen, 29, hält die niedere Herkunft für nicht plausibel und erwägt, dass es sich bei der Schusterei eher um einen Großbetrieb gehandelt habe, während Liebs, Eine Karriere in Zeiten des Umbruchs, 313–318, der im Übrigen die Lesart *tonsor* gegenüber *sutor* präferiert, die Zeugnisse des Horaz und der ihn kommentierenden Scholiasten für authentisch hält. Siehe auch Molnár, Alfenus Varus iuris consultus, Studia Pólay, 314 f. und Liebs, P. Alfenus Varus, SZ 127 (2010) 32–39.

1335 Serv. in Verg. ecl. 9.35.

1336 Kunkel, Die römischen Juristen, 29 FN 62, unter Bezug auf Don. Vita Verg. 67 und Serv. ecl. 9.10. Siehe auch Serv. ecl. 6.6., 9.27 und 9.35.

1337 Bauman, Lawyers in Roman Transitional Politics, 93.

seinen Eklogen, besonders in ecl. 6 und 9, gepriesen.[1338] 39 v. Chr. wurde er von Augustus zum *consul suffectus* ernannt und bei seinem Tod mit einem öffentlichen Begräbnis geehrt.[1339]

Die allzu große Anpassung des Alfenus an das neue Regime blieb auch von seinen Zeitgenossen nicht unbemerkt. Horaz erwähnt in seiner Satire I 3, in der er das Mittelmaß zwischen zwei Extremen behandelt, auch zwei Juristen. Der eine von ihnen ist der von ihm als „verrückt“ (*insanus*) bezeichnete M. Antistius Labeo, der andere der „ehemalige Schuster“ Alfenus, der sich nun als König des Forums aufspielt. Beiden Beispielen sollte man laut Horaz nicht nacheifern. Sinnvoll sei es, die goldene Mitte zwischen beiden Extremen zu finden.[1340] Auch Catull kannte Alfenus und widmete ihm *carmen* 30, gerichtet an den treulosen Freund Alfenus.[1341]

Alfenus war auch als Richter tätig. Dies ergibt sich vor allem aus Hor. sat. 1.3.130–132. In diesem Gedicht belächelt Horaz diesen als König, der trotz seines vermeintlichen Ansehens keine Freunde außer dem Stoiker Corfinius habe. Die vorwiegenden juristischen Aufgaben eines Königs waren die Gesetzgebung und das Richteramt.[1342] Auch Ciceros Anspielung auf das *regnum iudiciale* des C. Aquilius Gallus[1343] zielt in diese Richtung. Über eine anwaltliche Tätigkeit des Alfenus ist nichts bekannt, das bedeutet aber nicht, dass er nicht als Anwalt auftrat. Der Spott des Horaz über den *cantor* und *modulator*, der auch ein solcher bleibt, wenn er schweigt, ist nur vordergründig an Hermogenes gerichtet. Mit einer veränderten Zeichensetzung bezieht er sich auf Alfenus und fügt sich gut in die Tradition der Juristenkritik ein. Als *tibicen Latinus* und *cantor formularum* verspottete Cicero den römischen Juristen, der die Formeln laut „vorsang“. Die Bezeichnung *modulator* könnte als Anspielung auf das *cavere in iure*, das die Formulierung der Klagsformeln beinhaltete, verstanden werden.

Alfenus schrieb *digesta* in 40 Büchern.[1344] Sein Werk wurde von Paulus in Auszügen kommentiert. In den Digesten werden diese Auszüge mit zwei

---

1338 Verg. ecl. 6.6–8, 9.26–29. Siehe dazu Castro Sáenz, Catulo y Alfeno Varo, Scritti Franciosi, I 527–530. Vgl. aber Hahn, The Characters in the Eclogues, TAPA 75 (1944) 196–241. Ein kritisches Licht auf Alfen wirft Liebs, Eine Karriere in Zeiten des Umbruchs, 323–335.

1339 Pomp. l. s. enchir. D. 1.2.2.44; Ps.-Acro in Hor. sat. 1.3.130.

1340 Zu Hor. sat. 1.3 siehe auch Cloud, Satirists and the Law, 49–67, 132–136; Castro Sáenz, Catulo y Alfeno Varo, Scritti Franciosi, I 524–527.

1341 Siehe auch Wiseman, New Men in the Roman Senate, 51; Castro Sáenz, Catulo y Alfeno Varo, Scritti Franciosi, I 530–550; Liebs, Der ungeliebte Jurist, SZ 123 (2006) 3 f.; Liebs, P. Alfenus Varus, SZ 127 (2010) 40 f., Liebs, Eine Karriere in Zeiten des Umbruchs, 321–323.

1342 Vgl. Cic. rep. 5.3.

1343 Cic. Att. 1.1.1.

1344 Index Florentinus IV 1. Zu den *digesta* siehe de Sarlo, Alfeno Varo e i suoi Digesta; Negri, Per una stilistica dei Digesti di Alfeno, 135–158; Roth, Alfeni Digesta; Carro, Su Alfeno Varo

unterschiedlichen Titeln zitiert: *Alfenus (Varus) libro xy digestorum a Paulo epitomatorum* und *Paulus libro xy epitomarum Alfeni (digestorum)*. Die Gründe für diese unterschiedliche Zitierweise sind unklar, aber Wieackers Hypothese, dass die Kommission zwei unterschiedliche Exemplare der *epitome* zur Hand hatte, erscheint glaubhaft.[1345] Aus Gell. 7.5 wurde auf die Existenz eines zweiten Werks *coniectanea* geschlossen; wahrscheinlicher ist allerdings, *coniectanea* als Bezeichnung für einen Untertitel der *digesta* anzusehen, wie auch schon Jörs vorgeschlagen hat.[1346]

Schwierig zu beantworten ist die Frage der Autorenschaft bei den einzelnen *responsa*. Verschiedentlich wurde angenommen, dass ein *respondit* auf eine Äußerung von Alfenus' Lehrer Servius hindeutet.[1347] Schulz hat jedoch darauf hingewiesen, dass sowohl *respondit* als auch *respondi* in den Handschriften abgekürzt waren und die Verbform als solche daher relativ wenig Aussagegehalt hat.[1348] Zusätzlich verkompliziert sich die Lage bei den sog. *epitome* des Paulus, da hier die einzelnen Juristen nur sehr selten mit ihrem Namen erwähnt werden. Es erscheint glaubhaft, dass Alfenus in sein Werk neben eigenen *responsa* auch solche von Servius aufnahm, zumindest wird dieser vergleichsweise häufig zitiert.[1349] Eine endgültige Zuweisung der meisten Fragmente zu einem der beiden Juristen ist aber wenig zweckdienlich, wenn andere Anhaltspunkte fehlen,[1350] weshalb in dieser Monographie alle *responsa*, die nicht explizit Servius als Autor nennen, bei Alfenus behandelt werden.

Wie bei den meisten Juristen der Republik sind auch von Alfenus zahlreiche erbrechtliche *responsa* überliefert. Einen etwas verwickelten Sachverhalt behandelt D. 5.4.9: Mehrere Personen waren als Miterben eingesetzt worden, von denen sich eine in Asia befand. Deren *procurator* verkaufte einen Gegenstand aus der Erbschaft und nahm das Geld als seinem Geschäftsherrn zustehend an sich. Später stellte sich heraus, dass der abwesende Miterbe vor dem Erblasser

---

e i suoi Digesta, Index 30 (2002) 235–245; Negri, Per una ricerca sull'arte della transizione nei Digesta di Alfeno, Studi Labruna, 3765–3776.

1345 Siehe auch Roth, Alfeni Digesta, 20 f. mit weiteren Hinweisen.

1346 Jörs/Klebs, Art. Alfenus Varus (8), RE I (1894) Sp. 1474. Vgl. auch Bremer, Iurisprudentiae antehadrianae, 329 f.

1347 Knütel, Die Haftung für Hilfspersonen, SZ 100 (1983) 348; Wieacker, Römische Rechtsgeschichte I, 608; Pennitz, Das periculum rei venditae, 404; Krämer, Das besitzlose Pfandrecht, 213.

1348 Schulz, Geschichte der römischen Rechtswissenschaft, 254.

1349 Siehe z. B. Paul. 9 ad ed. D. 3.5.20 pr. (S. 194), Paul. 32 ad ed. D. 17.2.65.8 (S. 191); Iav. 5 post. Lab. D. 28.1.25 (S. 172), Alf. 2 dig. a Paulo epit. D. 28.5.46 (S. 173), Lab. 2 post. a Iav. epit. D. 32.29.2 (S. 172), Lab. 2 post. a Iav. epit. D. 33.4.6 pr. (S. 173); Alf. 2 dig. a Paulo epit. D. 33.7.16.1 (S. 177), Marcell. 13 dig. D. 46.3.67 (S. 187); Paul. 49 ad ed. D. 50.16.77 (S. 162).

1350 So auch Roth, Alfeni Digesta, 23–25, mit weiteren Hinweisen.

verstorben war und je zur Hälfte seinen *procurator* und einen Dritten als Erben eingesetzt hatte. Gefragt wurde, wie man auf die Herausgabe des Anteils des verstorbenen Miterben klagen könne. Alfenus antwortete, dass die Miterben den *procurator* auf die Herausgabe des gesamten Anteils und zuätzlich dessen Miterben auf die Hälfte klagen sollten, sodass sie vom *procurator*, wenn er die halbe Erbschaft an den Miterben nicht weitergegeben habe, das Ganze, und wenn er sie weitergegeben habe, von beiden die Hälfte erlangen könnten.[1351] In einem anderen Fall hatte ein *pater familias* zwei Erben mit der Auflage, ihm innerhalb einer bestimmten Frist ein Grabmal zu errichten, eingesetzt. Wenn einer von ihnen dieser Anordnung nicht Folge leiste, sollten beide enterbt sein. Einer der Erben hatte die Erbschaft ausgeschlagen, der zweite, der das Grabmal errichtet hatte, erkundigte sich, ob er trotz der Ausschlagung seines Miterben, Erbe geworden sei. Alfenus bejahte dies, da niemandem wegen des Verhaltens eines anderen die Erbschaft zugeschlagen oder verweigert werden solle, sondern derjenige, der die Bedingung erfüllt hatte, Erbe werde, auch wenn keiner der anderen Miterben das Erbe angetreten habe.[1352] Allgemein meinte Alfenus, dass unverständliche Bestimmungen in Testamenten als *pro non scripto* anzusehen seien, andere Bestimmungen aber gültig blieben; er folgte damit der Ansicht von Q. Mucius Scaevola.[1353]

Ein anderer Erblasser hatte verfügt, dass für das Begräbnis und das Grabmal *dumtaxat aureos centum* aufgewendet werden sollten. Alfenus interpretierte dies dahingehend, dass es nicht erlaubt sei, weniger als 100 aufzuwenden, werde aber dieser Betrag überschritten, so handle der Erbe nicht den testamentarischen Bedingungen zuwider.[1354] In einem anderen Fall hatte ein Vater für seine Tochter eine Mitgift bestellt und die Auszahlung in fünf Jahresraten festgesetzt. In ebenso vielen Raten sollte die Mitgift zurückbezahlt werden, wenn die Ehe

1351 Paul. 3 epit. Alf. dig. D. 5.4.9. Dazu WATSON, The Law of Obligations, 203–205; WATSON, The Law of Succession, 196–198; MEFFERT, Die Streitgenossenschaft, 25 f.; ROTH, Alfeni Digesta, 54–60.

1352 Alf. 5 dig. D. 28.5.45 (44). Siehe WATSON, The Law of Succession, 112 f.; DERS., D. 28.5.45 (44): An unprincipled Decision on a Will, The Irish Jurist 3 (1968) 377–391; STEIN, The Place of Servius Sulpicius Rufus, FS Wieacker, 183; KNÜTEL, Die Haftung für Hilfspersonen, SZ 100 (1983) 359 f.; PAULUS, Die Idee der postmortalen Persönlichkeit, 183 f.; BRETONE, Geschichte des römischen Rechts, 205 f.; ROTH, Alfeni Digesta, 149–154; TELLEGEN, The Immortality of the Soul and Roman Law, 196–201.

1353 Alf. 5 dig. D. 34.8.2. Dazu WATSON, The Law of Succession, 97 f.; PAULUS, Die Idee der postmortalen Persönlichkeit, 186; ROTH, Alfeni Digesta, 83 f.; MIGLIETTA, Intorno al metodo dialettico della scuola serviana, Diritto@Storia 3 (2004); MIGLIETTA, Servius respondit, 229 f.; CALZADA GONZALEZ, Ademptio legati, 269–276. Vgl. auch Q. Muc. l. s. hor. D. 50.17.73.3 (S. 130).

1354 Alf. 2 dig. D. 50.16.202. Dazu WATSON, The Law of Succession, 113; PAULUS, Die Idee der postmortalen Persönlichkeit, 187 f.

beendet werde. Alfenus wurde nach der Gültigkeit dieser Abmachung (*pactum de reddenda dote*) für die Tochter gefragt und antwortete, diese Abmachung sei gültig, wenn die Tochter als Erbin des Vaters eingesetzt worden war und sie bei der Abmachung anwesend war.[1355]

Ein Erbe hatte auf einem Grundstück, an dem ein Nießbrauch vermacht worden war, ein Haus gebaut. Alfenus antwortete, dass das Haus nicht gegen den Willen des Usufruktuars zerstört werden könne, wenn der Erbe aber das Haus zerstöre, bevor der Usufruktuar es verbieten könne, habe dies keine rechtlichen Konsequenzen.[1356] In einem anderen Fall hatte ein Ehemann auf einem *fundus dotalis* auf die Bitte seiner Frau hin eine Ölbaumpflanzung niedergeschnitten, um eine neue anzubauen, und in seinem Testament der Frau die *dos* vermacht. Alfenus antwortete, dass nach seinem Tod das Holz, das aus der Pflanzung gewonnen worden war, zur *dos* gehöre.[1357]

Ein anderer Ehemann vermachte seiner Ehefrau ein Grundstück, das er selbst bewohnt hatte. Strittig war, ob die (dort beschäftigten) Wollweberinnen als Zubehör im Grundstück enthalten seien. Alfenus verneinte dies, sah die Weberinnen aber im konkreten Fall als mitvermacht an, da der Erblasser den Grund bewohnt hatte und diesen so, wie er eingerichtet war (*uti instructus est*), hinterlassen wollte.[1358] Im selben Fragment sind auch zwei andere Rechtsauskünfte zu Legaten enthalten, nämlich, dass der Hausrat (*suppellex*) nicht als Zubehör eines Landshauses zu betrachten sei,[1359] sowie eine Rechtsauskunft des Servius, dass kein Zubehör zu einem Weinberg (*instrumentum vineae*) existiere.[1360] Als Hausrat definierte Alfenus all jene Dinge, die für die normale Verwendung eines *pater familias* nötig seien und kein *nomen sui generis* hätten. Nicht dazu

1355 Alf. 3 dig. a Paulo epit. D. 23.4.19. Dazu Watson, The Law of Persons, 72 f.; Melillo, Forme e teorie contrattuali, 468 f.; Roth, Alfeni Digesta, 89–95.

1356 Alf. 2 dig. a Paulo epit. D. 33.2.12. Dazu Watson, The Law of Property, 211 f. Vgl. auch Cic. top. 15.

1357 Alf. 3 dig. a Paulo epit. D. 23.5.8. Dazu Watson, The Law of Persons, 74 f.; Wacke, Führte die Unveräusserlichkeit des Mitgiftgrundstücks im römischen Recht zu relativer Nichtigkeit?, FS Zablocka, 1109 f.

1358 Alf. 2 dig. a Paulo epit. D. 33.7.16.2. Dazu Steinwenter, Fundus cum instrumento, 74 f.; Horak, Rationes decidendi, 200 f.; Watson, The Law of Succession, 145; Wieling, Testamentsauslegung, 63 f.; Astolfi, Studi sull'oggetto dei legati in diritto romano II, 8 f.; John, Die Auslegung des Legats von Sachgesamtheiten, 26–32; Heyse, Mulier non debet abire nuda, 85 f.; Roth, Alfeni Digesta, 33 f., 36 f.; Aubert, Productive Investments in Agriculture, 173 f.; Miglietta, Servius respondit, 220–222; Gonzalez Roldan, Il legato dell'instrumentum nel pensiero di Nerazio, Quaderni Lupiensi di Storia e Diritto 4 (2014) 141 FN 20.

1359 Alf. 2 dig. a Paulo epit. D. 33.7.16 pr. Dazu Watson, The Law of Succession, 146 f.; Astolfi, Studi sull'oggetto dei legati in diritto romano II, 287; John, Die Auslegung des Legats von Sachgesamtheiten, 34 f.; Aubert, Productive Investments in Agriculture, 173; Miglietta, I giuristi romani e la formazione della regula iuris, 58 f.

1360 Alf. 2 dig. a Paulo epit. D. 33.7.16.1. Siehe auch S. 177.

zählen würden Dinge, die für irgendein Handwerk (*artificium*) und nicht dem persönlichen Gebrauch des *pater familias* dienen würden, ebenso Schreibtafeln und Rechnungsbücher.[1361] Die Klausel „das Silber, das seinem Gebrauch diente“ (*argentum, quod usus sui causa paratum esset*) in einem Vermächtnis, in dem zugleich auch Kleider und der Hausrat vermacht worden waren, interpretierte Alfenus als das Silbergeschirr, das täglich zum Essen verwendet wurde; nicht gemeint seien die silbernen Tische und sonstige Utensilien, die der Erblasser nicht häufig verwendete und öfters für Spiele und Ähnliches herlieh.[1362]

Ein Erblasser hatte alle Weber, die in seinem Eigentum standen, als er starb, vermacht. Gefragt wurde, ob einer der Weber, der nunmehr als Pförtner arbeitete, auch in dem Legat enthalten sei. Alfenus bejahte dies mit dem Hinweis, dass der Sklave zwar anders verwendet werde, aber kein anderes Handwerk ergriffen hätte.[1363] In einem anderen Fall hatte der Erblasser einige auf dem Grundstück ansässige Sklaven verschiedenen Legataren vermacht, das Grundstück selbst einem anderen Legatar. Alfenus verneinte, dass die übrigen, nicht anderweitig vermachten Sklaven als Zubehör des Grundstücks zu betrachten seien, mit der Begründung, dass nichts Lebendiges als Zubehör zu betrachten sei. Kritisiert wurde diese Entscheidung von Ulpian, der meinte, dass zumindest die zum Ackerbau bestimmten Sklaven als Zubehör zu betrachten seien.[1364]

Ebenfalls eine unklare Klausel hat D. 35.1.28.1 zum Thema: Ein Erblasser hatte seiner Frau den Sklaven Phylargus und die Sklavin Agatha, „die in meinem Eigentum stehen, wenn ich sterben werde“, als *legatum optionis* vermacht. Er hatte jedoch Agatha, die zum Zeitpunkt der Testamentserrichtung in seinem

1361 Alf. 3 dig. a Paulo epit. D. 33.10.6 pr.–1. Siehe Watson, The Law of Succession, 141 f.; Albanese, Tre studi celsini, AUPA 34 (1971) 96–102; Astolfi, Studi sull'oggetto dei legati in diritto romano II, 287, 291; John, Die Auslegung des Legats von Sachgesamtheiten, 75 f.; Heyse, Mulier non debet abire nuda, 85; Giomaro, Dall'instruere all'instrumentum e viceversa nell'economia della Roma antica, Studi Urbinati 62 (2013) 152 f.

1362 Alf. 7 dig. D. 34.2.28. Siehe auch Miglietta, I giuristi romani e la formazione della regula iuris, 63 f.; Miglietta, Giurisprudenza romana tardorepubblicana e formazione della „regula iuris“, Seminarios Complutenses de Derecho Romano 25 (2012) 238, 239 f.

1363 Alf. 8 dig. a Paulo epit. D. 32.61. Dazu Horak, Rationes decidendi, 198 f.; Astolfi, Studi sull'oggetto dei legati in diritto romano II, 306; John, Die Auslegung des Legats von Sachgesamtheiten, 22; Miglietta, Servius respondit, 327.

1364 Ulp. 20 ad Sab. D. 33.7.12.2. Dazu Astolfi, Studi sull'oggetto dei legati in diritto romano II, 3; Watson, The Law of Succession, 144; D'Orta, La giurisprudenza tra repubblica e principato, 160 f.; Giliberti, Servus quasi colonus, 99–105; Roth, Alfeni Digesta, 34–37; Menner, D. 33.7.18.4 – vilicus und vilica als Objekte eines Erbschaftsstreits, FS Wieling, 166–168; Aubert, Productive Investments in Agriculture, 168; Castresana, Nihil animalis instrumenti esse: una nueva lectura de Alfeno Varo, Liburna 4 (2011) 95–101; Giomaro, Dall'instruere all'instrumentum e viceversa nell'economia della Roma antica, Studi Urbinati 62 (2013) 132 f.; Biavaschi, Caesari familiarissimus, 112 f.

Eigentum stand, verkauft und eine andere Sklavin gekauft, der er gleichfalls diesen Namen gegeben hatte. Alfenus meinte, dass diese Sklavin als vermacht gelte.[1365] Interessanter ist jedoch das vorhergehende Fragment: Jemand hatte seiner Tochter Attia ein Legat vermacht, wenn sie dem Willen des Lucius Titius gemäß (*arbitratu Lucii Titii*) heiraten würde. Dieser war aber vor dem Erblasser gestorben und Attia war zum Zeitpunkt der Anfrage an den Juristen verheiratet. Alfenus antwortete, dass das Legat geschuldet werde.[1366]

Ein Erblasser hatte einen Erben mit einem Legat von 100 *aurei* belastet, aber das Wort *dare* vergessen. Alfenus hielt das Legat für gültig.[1367] In einem anderen Fall ging es um eine Datumsbestimmung. Im Testament stand, dass der Erbe eine bestimmte Summe *praesens* zahlen solle. Im Anschluss daran hatte der Erblasser das Fälligkeitsdatum nach hinten verschoben. Alfenus antwortete, dass der Betrag sofort auszuzahlen sei. Seine Entscheidung wurde von Papinian kritisiert, da das Zahlungsdatum im Testament vermerkt war.[1368] Ein anderer Erblasser hatte seiner Tochter für den Zeitraum, in dem sie Witwe bleibe, eine jährliche Rente ausgesetzt. Da die Tochter weniger als ein Jahr lang Witwe war, wurde gefragt, ob eine Jahresrente geschuldet werde, was von Alfenus bejaht wurde.[1369] Schwierigkeiten bereitete auch das Vermächtnis eines Wohnrechts mit dem Wortlaut *illi cum illo habitationem lego*, nach Alfenus gleichbedeutend mit *illi et illi habitationem lego*.[1370] In einem weiteren Fall hatte ein Erblasser einen Sklaven freigelassen und ihm ein *peculium* vermacht. Zugleich hatte er seiner Frau seine Sklavinnen hinterlassen. Da zum *peculium* des freigelassenen Sklaven auch eine Sklavin gehörte, wurde gefragt, in wessen Eigentum sie stehe. Alfenus meinte, sie stehe in jenem des freigelassenen Sklaven und es mache keinen Unterschied, welches Vermächtnis das früher genannte sei.[1371]

1365 Paul. 2 epit. Alf. dig. D. 35.1.28.1. Siehe auch Watson, The Law of Succession, 119.

1366 Paul. 2 epit. Alf. dig. D. 35.1.28 pr. Dazu Watson, The Law of Succession, 105–107; MacCormack, Impossible Conditions in Wills, RIDA 21 (1974) 278; Roth; Alfeni Digesta, 29 f. Gewöhnlich wird der Text so interpretiert, dass Attia nach dem Tod des Titius geheiratet hatte. Theoretisch möglich wäre es allerdings auch, dass Attia Titius geheiratet hatte und *Titio mortuo* nicht als *ablativus absolutus*, sondern als Dativ zu verstehen ist.

1367 Alf. 2 dig. a Paulo epit. D. 30.106. Siehe auch Watson, The Law of Succession, 106; Donatuti, Studi di diritto romano I, 225.

1368 Pap. 27 quaest. D. 31.74. Dazu Watson, The Law of Succession, 90.

1369 Alf. 2 dig. a Paulo epit. D. 33.1.22. Dazu Watson, The Law of Succession, 155; Astolfi, Studi sull'oggetto dei legati in diritto romano III, 93.

1370 Alf. 8 dig. a Paulo epit. D. 33.2.40. Dazu Costa, Cicerone giureconsulto, 246; Watson, The Law of Succession, 157; Roth, Alfeni Digesta, 156.

1371 Alf. 2 dig. a Paulo epit. D. 33.8.15. Siehe auch Casavola, Lex Cincia, 147; Watson, The Law of Succession, 100; Wieling, Testamentsauslegung, 63.

Zum Legat von Lämmern (*agni*) bemerkte Alfenus, dass die Grenze zwischen Lämmern und Schafen eher bei einem Jahr als bei sechs Monaten zu ziehen sei.[1372] In § 1 desselben Fragments stellt Alfenus klar, dass, wenn städtische Sklaven und Sklavinnen vermacht worden seien, weder ein Stallknecht noch ein Maultiertreiber in diesem Legat enthalten seien, da nur das Personal dazu zähle, das der *pater familias* für seine persönlichen Zwecke (*cultus causa*) um sich habe.[1373] Bezüglich eines Vermächtnisses von Wolle, Leinen und Purpur (*lana lino purpura*) an eine Ehefrau zum persönlichen Gebrauch, urteilte Alfenus, dass dieses Legat, wenn eine große Menge verschiedener Wollen vorhanden sei, aber nichts spezifisch der Frau hinterlassen worden war, ähnlich zu beurteilen sei, wie wenn ein Essensvorrat (*penus*) vermacht sei und eine große Menge zum *penus* gehöriger Sachen vorhanden sei, die der *pater familias* zu verkaufen pflegte: Der Frau solle ein Jahresvorrat an Wolle ausgehändigt werden.[1374] Wenn Grundstücke und das zu ihrer Pflege Angeschaffte und Eingerichtete (*quae eorum praediorum colendorum causa empta parataque essent*) vermacht wurden, seien ein Kunstgärtner oder ein Waldaufseher üblicherweise nicht mitvermacht, da ersterer den Garten schmücke und letzterer das Grundstück schütze. Als mitvermacht würden aber ein Esel, der eine landwirtschaftliche Maschine dreht, Schafe, die das Grundstück düngen, und der Hirte, der diese Schafe bewache, gelten.[1375]

Zu einer Freilassung mit dem Wortlaut *Pamphilus servus meus peculium suum cum moriar sibi habeto liberque esto* wurde gefragt, ob Pamphilus das *peculium* rechtmäßig vermacht worden sei, da er erst später freigelassen worden sei. Alfenus antwortete, dass die Reihenfolge innerhalb des Satzes keine Bedeutung habe und Pamphilus daher zuerst freigelassen worden sei, ehe ihm das Legat zugewandt wurde.[1376]

Zwei Haussöhne hatten von ihrem Vater je ein *peculium* mit separaten Pekuliarsklaven eingeräumt bekommen, das er ihnen nach seinem Tod als Prälegat

---

1372 Alf. 2 dig. a Paulo epit. D. 32.60 pr. Siehe Watson, The Law of Succession, 151.

1373 Alf. 2 dig. a Paulo epit. D. 32.60.1. Siehe Astolfi, Studi sull'oggetto dei legati in diritto romano II, 299.

1374 Alf. 2 dig. a Paulo epit. D. 32.60.2. Siehe Watson, The Law of Succession, 152, Astolfi, Studi sull'oggetto dei legati in diritto romano II, 266–268; John, Die Auslegung des Legats von Sachgesamtheiten, 52–54, 96; Roth, Alfeni Digesta, 39–41; Montana Casani, La veuve et la succession héréditaire, RIDA 47 (2000) 439; Miglietta, Servius respondit, 25.

1375 Alf. 2 dig. a Paulo epit. D. 32.60.3. Dazu Astolfi, Studi sull'oggetto dei legati in diritto romano II, 5 f.; Watson, The Law of Succession, 151; Röhle, Die Ellipse des Substantivs und der Genetivus Gerundivi finalis in den römischen Rechtsquellen, SZ 120 (2003) 183; Miglietta, Servius respondit, 498 FN 1027; Biavaschi, Caesari familiarissimus, 113 f.

1376 Alf. 5 dig. D. 33.8.14. Dazu Horak, Rationes decidendi, 179 f.; Watson, The Law of Succession, 157 f.; Roth, Alfeni Digesta, 41–43.

vermachte. Einer der beiden Söhne hatte zu Lebzeiten des Vaters einen Sklaven aus dem *peculium* freigelassen. Alfenus differenzierte bei der Frage nach der rechtlichen Stellung des Sklaven nach dem Zeitpunkt der Testamentserrichtung. Wenn der Vater das Testament errichtet hatte, bevor der Sohn den Sklaven freigelassen hatte, meinte er, sei der Sklave als Freigelassener des Sohnes zu betrachten, da er als mit dem *peculium* mitvermacht gelte. Verhalte es sich umgekehrt, so habe der Vater den Sklaven nicht als Prälegat vermacht, der Sklave sei nicht gültig freigelassen worden und befinde sich im Eigentum von beiden Söhnen. Dass der Sklave im ersten Fall als Freigelassener bezeichnet wird, erklärt sich dadurch, dass die an sich unwirksame Freilassung durch den alleinigen Eigentumserwerb des Freilassers geheilt wurde.[1377]

Strittige Grundstücksverhältnisse waren der Ausgangspunkt für ein weiteres *responsum* von Alfenus: Attius besaß ein Grundstück, das an einer öffentlichen Straße lag. Neben dieser Straße verlief ein Fluss, an den das Grundstück des Lucius Titius grenzte. Zwischen der Straße und dem Fluss lag ein Landstreifen, der vom Fluss weggeschwemmt, später jedoch durch *alluvio* wieder an seinen urspünglichen Platz angeschwemmt worden war. Auch die öffentliche Straße hatte der Fluss zwischenzeitlich weggerissen, er war aber dann in sein altes Bett zurückgekehrt. Strittig war, wer das Eigentum am Landstreifen innehatte. Alfenus antwortete, dass das Eigentum am Grundstück untergegangen sei, als der Streifen und die Straße vom Fluss weggeschwemmt worden waren. Durch die Verlagerung des Flusses sei daher Lucius Titius Eigentümer des verlassenen Flussbetts geworden. Da sich aber der Fluss ein zweites Mal verlagerte, habe Lucius Titius Eigentum eingebüßt und Attius Eigentum dazugewonnen. Die öffentliche Straße zähle weder zum Eigentum von Attius noch zu dem von Lucius Titius. Im letzten Satz stellt Alfenus fest, dass die öffentliche Straße kein Hindernis für einen Eigentumszuwachs des Attius am Land jenseits der Straße darstelle, da sie ein Teil des Grundstücks sei.[1378] Schließlich erläutert Alfenus, dass es beim An- und Absteigen eines Sees den Nachbarn nicht erlaubt sei, ihren Grund zu vergrößern oder zu verkleinern.[1379]

1377 Alf. 7 dig. D. 40.1.7. Dazu WATSON, The Law of Persons, 187; HORAK, Rationes decidendi, 131–134, ASTOLFI, Studi sull'oggetto dei legati in diritto romano III, 45; ROTH, Alfeni Digesta, 45–48.

1378 Alf. 4 dig. a Paulo epit. D. 41.1.38. Dazu SARGENTI, Osservazioni su D.41.1.38 in rapporto alla teoria dell'alveo abbandonato, Synteleia Arangio Ruiz, 359–365; WATSON, The Law of Property, 76 f.; HORAK, Rationes decidendi, 114; LEWIS, Alluvio. The Meaning of Institutes II.1.20, GS Thomas, 88; EUGENIO, Flumen viam sustulit, FS D'Ors, 409–415; ROTH, Alfeni Digesta, 69–72; CASTILLO PASCUAL, Die Kontroverse de alluvione bei Gromatikern, eTopoi. Journal for Ancient Studies 2 (2012/2013) 16.

1379 Alf. 4 dig. a Paulo epit. D. 39.3.24.3. Dazu WATSON, The Law of Property, 174 f.; LEWIS, Alluvio. The Meaning of Institutes II.1.20, GS Thomas, 90; RODGER, The Rise and Fall of

In einem anderen Fall war ein Landstück (*crusta*) auf das Grundstück eines Nachbarn gerutscht. Alfenus meinte, der Nachbar könnte *de damno iam facto* klagen, der Eigentümer selbst könne allerdings das Landstück vindizieren, wenn es noch nicht angewachsen sei. Ebenso könne ein auf ein anderes Grundstück getragener Baum nicht vindiziert werden, wenn er schon Wurzeln geschlagen habe.[1380] Für diesen Fall urteilten sowohl er als auch Nerva[1381], dass bis zu diesem Zeitpunkt eine *actio utilis* zulässig sei, da bis zum endgültigen Anwachsen das Eigentum noch nicht verloren gegangen sei.[1382]

Wenn jemand auf einem bestimmten Abschnitt einem anderen ein Wege- (*iter*) oder Viehtriebsrecht (*actus*) durch *in iure cessio* zugestanden habe, könne er – laut Alfenus – dieses Recht hinsichtlich dieses Abschnitts beliebig vielen anderen gewähren, ebenso wie wenn jemand, der zugunsten eines Nachbarn eine Gebäudeservitut bestellt hatte, dieses Servitut auf andere Personen erstrecken könne.[1383] In einem anderen *responsum* stellte sich das Problem, wer eine Säule, die das Nachbarhaus stützte, instand setzen müsse. Alfenus antwortete, dazu sei der Eigentümer des dienenden Grundstücks verpflichtet, nicht der Eigentümer des herrschenden, denn die Vertragsbestimmung *paries oneri ferundo uti nunc est, ita sit* bedeute nicht, dass es sich immer um dieselbe Wand handeln müsse, sondern dass immer eine gleichartige Wand das Gebäude stützen müsse. Ebenso sei der Eigentümer des Hauses, der dem Nachbarn eine *servitus oneris ferendi* gewährt hatte, dazu verpflichtet, dieses nach einem Einsturz neu zu errichten.[1384]

Roman Lakes, TR 55 (1987) 19–29; Mayer-Maly, Rutilia's Lake, Israel Law Review 29 (1995) 151–160. Vgl. auch Call. 2 inst. D. 41.1.12 pr.

1380 Ulp. 53 ad ed. D. 39.2.9.2. Hierzu Kaser, Natürliche Eigentumserwerbsarten im römischen Recht, SZ 65 (1947) 229; Watson, The Law of Property, 148 f.; Horak, Rationes decidendi, 113; Rainer, Bau- und nachbarrechtliche Bestimmungen, 106; Bürge, Retentio im römischen Sachen- und Obligationenrecht, 85 f; D'Orta, La giurisprudenza tra repubblica e principato, 238; Marrone, Danno temuto, danno già verificato e „officium iudicis", Rivista di diritto romano I (2001) 192–194; Pasquino, Rimedi pretori in alcuni casi di accessione, Teoria e Storia del Diritto Privato 4 (2011) 12–15.

1381 Unter Umständen handelte es sich bei diesem Nerva allerdings nicht um den berühmten Juristen, sondern um seinen Großonkel L. Cocceius Nerva, der Kollege des Alfenus während seines Konsulats war.

1382 Ulp. 16 ad ed. D. 6.1.5.3. Siehe Watson, The Law of Property, 75; Wieling, Vom untergegangenen, schlafenden und aufgewachten Eigentum bei Sachverbindungen, JuristenZeitung 40 (1985) 512; Selb, Formulare Analogien vor Julian, Studi Sanfilippo, 731 f.; Pasquino, Rimedi pretori in alcuni casi di accessione, Teoria e Storia del Diritto Privato 4 (2011) 1–5; Silla, Sulla distinzione gaiana fra actio in rem ed actio in personam, Studi Talamanca, 36 f.; Harke, Actio utilis, 157.

1383 Paul. 1 epit. Alf. dig. D. 8.4.15. Dazu Watson, The Law of Property, 201 f.

1384 Paul. 5 epit. Alf. dig. D. 8.2.33. Dazu Costa, Cicerone giureconsulto, 132; Watson, The Law of Property, 198–200; Horak, Rationes decidendi, 209–211; Rainer, Bau- und nachbarrechtliche Bestimmungen, 21; Roth, Alfeni Digesta, 186–188; Corbino, Servitus oneris ferendi e

Zum *ususfructus* respondierte Alfenus, dass große Bäume nicht geschlägert werden dürften.[1385]

Ein Zitat des Alfenus findet sich in einem *responsum* des Aristo an einen gewissen Cerellius Vitalis. Inhalt der Auskunft von Alfenus war, dass ein Nachbar Steine nicht so abbauen dürfe, dass Splitter auf dem Grundstück des Nachbarn landen, ansonsten könne mit der *actio negatoria* geklagt werden.[1386] Außerdem erläuterte Alfenus die möglichen Rechtsmittel, wenn der Nachbar einen Misthaufen an einer Wand abgelagert hatte und dadurch die Mauer feucht geworden war. Alfenus differenzierte bei seiner Antwort danach, ob der Misthaufen auf einem öffentlichen oder einem Privatgrund abgelagert worden war. Im ersten Fall könne vom Geschädigten ein *interdictum* beantragt werden, um den Misthaufen zu entfernen, im zweiten Fall stünde die *actio negatoria* zur Verfügung. Zusätzlich könne man aus der *cautio damni infecti* klagen, wenn eine solche abgeschlossen worden sei.[1387] Im demselben Fragment erteilt Alfenus die Auskunft, dass, wenn eine Wand zwischen zwei Häusern einen halben Fuß oder mehr in das Nachbargrundstück hineinrage, der Nachbar auf Unterlassung klagen könne.[1388] Bei dem Fall D. 8.5.17.1 war die Ausgangslage folgende: Ein Abschnitt des Grundstücks von Gaius Seius war zugunsten des Hauses von Annius mit

---

refectio parietis, FS Cannata, 25–35; Behrends, Die lebendige Natur eines Baums, FS Wolf, 46 FN 82; Torrent, Estudios sobre la servitus oneris ferendi. I. Utilitas, tipicidad, Studi. Broggini, 419–436; Burdese, Sulla refectio parietis nell'actio de servitute oneris ferendi, Scritti Bonfiglio, 66; Möller, Die Servituten, 217–219.

1385 Paul. 2 epit. Alf. dig. D. 7.1.11. Siehe auch Watson, The Law of Property, 214; Roth, Alfeni Digesta, 75.

1386 Ulp. 17 ad ed. D. 8.5.8.5. Siehe Watson, The Law of Property, 177 f.; Rainer, Bau- und nachbarrechtliche Bestimmungen, 103 f.; Rodger, Owners and Neighbours, 163–165; Bürge, Römisches Privatrecht, 154–159; Möller, Servituten im römischen Recht, 145–148; Wacke, Protection of Environment in Roman Law?, Roman Legal Tradition 1 (2002) 5–8; Lázaro Guillamon, Von Ulpian bis Accursius: Responsa über D.8.5.8.5, RIDA 52 (2005) 233–247; Möller, Die Servituten, 281–284; Dubouloz, La propriété immobilière, 244–249.

1387 Alf. 2 dig. D. 8.5.17.2. Dazu Watson, The Law of Property, 10 f., 142 f., 177 f.; Nörr, Kausalitätsprobleme im klassischen römischen Recht, FS Wieacker, 133; Rainer, Bau- und nachbarrechtliche Bestimmungen, 105 f.; Bretone, Geschichte des römischen Rechts, 123; Negri, Un esempio di organizzazione sistematica, 121–128; Möller, Die Servituten, 274–279; Seyed-Mahdavi Ruiz, Die rechtlichen Regelungen der Immissionen, 66–68; de Simone, Riflessioni sul ruolo della prohibitio nella tutela petitoria della servitus altius non tollendi, AUPA 48 (2004) 97–99; Giagnorio, Il contributo del civis nella tutela delle res in publico usu, Teoria e Storia del diritto privato 6 (2013) 41–43.

1388 Alf. 2 dig. D. 8.5.17 pr. Dazu Watson, The Law of Property, 195 f.; Jansen, Haftung für Bauwerke, Fundamina 11 (2005) 172–181; Möller, Die Servituten, 279; Negri, Un esempio di organizzazione sistematica, 121–128; Miglietta, Giurisprudenza romana tardorepubblicana e formazione della „regula iuris", 193; Stucchi, In causa ius est positum. Note su due frammenti di Alfeno, FS Santini, 693–703.

einer Servitut, die besagte, dass nichts abgestellt werden dürfe, belastet. Alfenus erklärte, dass Annius eine *actio negatoria* gegen Seius zustehe, wenn dieser die Ausübung der Servitut behindere, indem er Bäume pflanze und zwischen diesen Wannen und Töpfe aufstelle.[1389]

In einem anderen Fall wollte ein Grundstückeigentümer eine gemeinsame Wand abreißen und wieder aufbauen und schloss mit seinem Nachbar wechselseitig eine *cautio damni infecti* ab. Nach dem Abriss zogen die Mieter des Nachbarn aus und er forderte die Miete mit der *cautio damni infecti* ein. Gefragt nach der Zulässigkeit dieser Forderung, antwortete Alfenus, dass eine Stipulation mit diesem Inhalt beim Bau einer gemeinsamen Wand nicht notwendig sei und daher ihr Abschluss auch nicht erzwungen werden könne. Wenn sie aber abgeschlossen worden sei, könne höchstens die Hälfte des Betrags gefordert werden, da auch einem Außenstehenden beim Bau einer gemeinsamen Wand nur die Hälfte versprochen werde. Da die beiden Nachbarn die *cautio* aber schon auf den gesamten Betrag abgeschlossen hätten, sei aus der *cautio* der gesamte Schaden durch den Mietausfall zu ersetzen.[1390] Im nächsten Absatz folgt eine Nachfrage des Konsulenten, ob das bereits geleistete Geld aufgrund der Gegenstipulation des Nachbarn zurückgefordert werden könne. Alfenus verneinte dies, da das Geld nicht wegen eines Mangels am Bauwerk, sondern wegen der Stipulation verloren gegangen war.[1391]

Zur *actio aquae pluviae arcendae* sind mehrere Rechtsauskünfte von Alfenus erhalten. Gefragt wurde beispielsweise, ob mit der *actio aquae pluviae arcendae* erzwungen werden könne, dass der höher gelegene Nachbar seine Furchen horizontal zur Abflusslinie ziehe, wenn dieser das Feld so beackert hatte, dass durch die Furchen und Rinnen (*sulci itemque porcae*) das Wasser auf das untere

---

1389 Alf. 2 dig. D. 8.5.17.1. Dazu WATSON, The Law of Property, 179 f.; BEHRENDS, Die lebendige Natur eines Baums, FS Wolf, 41–46; NEGRI, Un esempio di organizzazione sistematica, 121–128; TUORI, Ancient Roman Lawyers, 214; MÖLLER, Die Servituten, 253–256; MIGLIETTA, Giurisprudenza romana tardorepubblicana e formazione della „regula iuris", 193. Vgl. auch Pomp. 26 ad Q. Muc. D. 8.2.7 (S. 138).

Bemerkenswert ist der letzte Satz, in dem gesagt wird, dass alle Juristen Annius diesen Rat gegeben hätten. Dies lässt darauf schließen, dass der Fragesteller vermutlich vor einem Prozess stand und andere Juristen um Rat gefragt hatte, um das Prozessrisiko besser einschätzen zu können.

1390 Alf. 2 dig. D. 39.2.43.1. Zu dieser Stelle siehe WATSON, The Law of Property, 153 f.; HORAK, Rationes decidendi, 142–144; FRIER, Landlords and Tenants in Imperial Rome, 98; BACKHAUS, Casus Perplexus, 26–30; RAINER, Bau- und nachbarrechtliche Bestimmungen, 123, 139; RAINER, Der paries communis im klassischen römischen Recht, SZ 105 (1988) 506; DAUBE, Collected Studies, 1043; ROTH, Alfeni Digesta, 157–159.

1391 Alf. 2 dig. D. 39.2.43.2. Dazu WATSON, The Law of Property, 154; BACKHAUS, Casus Perplexus, 26–30; ROTH, Alfeni Digesta, 159–161.

Die Nachfrage deutet auf eine mündliche Beratung, etwa im Haus des Juristen oder am Forum, hin und legt nahe, dass die Rechtsauskunft vor oder während eines Prozesses erteilt wurde.

Nachbargrundstück floss. Das wurde jedoch von Alfenus verneint.[1392] Außerdem respondierte er, dass ein Nachbar mit der *actio aquae pluviae arcendae* gezwungen werden könne, schiefe Bewässerungskanäle (*sulci transversi aquarii*) zu bedecken, mit denen das Wasser auf dem Grundstück des klagenden Nachbars verteilt werde.[1393] Dasselbe gelte, wenn sich auf dem oberen Grundstück Gräben befänden, die so beschaffen seien, dass abfließendes Regenwasser das Nachbargrundstück schädigen könne. Der Nachbar könne auch dann zur Beseitigung gezwungen (und bei Weigerung verurteilt) werden, wenn vor dem Urteil kein Wasser durch die Gräben geflossen sei.[1394]

Eine ähnliche Unterscheidung zwischen mehreren möglichen Szenarien weist eine weitere Rechtsauskunft von Alfenus auf: Ein Wall auf einem Nachbargrundstück war durch die Kraft des Wassers eingebrochen, weshalb ein Wasserschaden auf dem benachbarten Grundstück entstand. Alfenus differenzierte bei seiner Beurteilung nach der Entstehung des Walls: Wenn der Wall natürlich entstanden sei und wenn er zwar von menschlicher Hand erbaut, aber schon seit unerdenklichen Zeiten auf dem Grundstück gestanden hatte, sei es nicht möglich, den Nachbarn durch die *actio aquae pluviae arcendae* zur Instandsetzung oder zur Duldung der Reparatur zu zwingen (anderes gelte, wenn klar sei, wann der Wall entstanden sei) – eine Meinung, die von Labeo nicht geteilt wurde, der eine Haftung auch bejahte, wenn der Wall von menschlicher Hand erbaut worden war, aber sein Erbauungsdatum nicht mehr zurückverfolgt werden konnte und dass man, wenn der Wall seit langer Zeit bestehe, durch die *actio aquae pluviae arcendae* nicht zu Tätigkeiten zum Nutzen des Nachbarn gezwungen werden

1392 Alf. 4 dig. a Paulo epit. D. 39.3.24 pr. Dazu Broggini, Iudex arbiterve, 168 f.; Watson, The Law of Property, 170–172; Sitzia, Ricerche in tema di „actio aquae pluviae arcendae", 79 f.; Roth, Alfeni Digesta, 112–115; Scotti, Diritto e agronomi latini: un caso in tema di actio aquae pluviae arcendae, Agri Centuriati 10 (2013) 9–39; Scotti, Nuove osservazioni su Alf. 4 a Paul. epitom. D. 39.3.24 pr.-2, Teoria e storia del diritto privato 8 (2015) 1–51.

1393 Alf. 4 dig. a Paulo epit. D. 39.3.24.1. Vgl. auch Ulp. 53 ad ed. D. 39.3.1.4. Siehe Broggini, Iudex arbiterve, 168; Watson, The Law of Property, 170–172; Sitzia, Ricerche in tema di „actio aquae pluviae arcendae", 80; Behrends, Gesetz und Sprache, 235–237; Scotti, Nuove osservazioni su Alf. 4 a Paul. epitom. D. 39.3.24 pr.-2, Teoria e storia del diritto privato 8 (2015) 1–51.

1394 Alf. 4 dig. a Paulo epit. D. 39.3.24.2. Dazu Broggini, Iudex arbiterve, 71, 168; Scotti, Diritto e agronomi latini: un caso in tema di actio aquae pluviae arcendae, Agri Centuriati 10 (2013) 9–39; Scotti, Nuove osservazioni su Alf. 4 a Paul. epitom. D. 39.3.24 pr.-2, Teoria e storia del diritto privato 8 (2015) 1–51.

Die Distinktionen zum Ausgangsfall können auf zwei Arten erklärt werden: Entweder handelte es sich um einen Fall, der im Unterricht erläutert wurde, und die Ergänzungen sind als Antworten auf Schülerfragen zu verstehen oder Alfenus wollte mit diesem *responsum*, das vor einem Prozess erteilt wurde, alle möglichen Sachverhalte abdecken. Wie auch bei anderen *responsa* ist eine Einordnung nicht ohne weiteres möglich.

könne, sondern nur dazu, einen Schaden abzuwehren oder um ihn zu zwingen, die Ausübung eines Rechts zu dulden. Aus Billigkeitserwägungen, so ergänzt Paulus, könne man aber eine *actio utilis* oder ein Interdikt gegen den Nachbarn anstrengen, um eine Wiedererrichtung zu erzwingen, wenn der Wall dem Antragsteller nützen könne und dem Nachbar nicht schaden würde, auch wenn eine *actio aquae pluviae arcendae* nicht zur Verfügung stehe.[1395]

Bei einer anderen Rechtsauskunft war der Ratsuchende von zwei Personen in zwei unterschiedlichen Prozessen zur Herausgabe eines Grundstücks aufgefordert worden. Er fragte Alfenus, wem von beiden er das Grundstück herausgeben solle und wie er nach einem zweiten Urteil einen doppelten Schaden vermeiden könne. Alfenus antwortete, das der Richter, der zuerst sein Urteil spreche, den Restitutionsbefehl an den Kläger aussprechen solle, unter der Bedingung, dass dieser dem Beklagten für den Fall, dass der zweite Kläger obsiege, Sicherheit leiste.[1396] Eine ähnliche Konstellation findet sich in der nachfolgenden Stelle aus den *epitome* von Paulus: Der Besitzer eines Sklaven war zugleich mit einer *rei vindicatio* und einer *actio furti noxalis* belangt worden und fragte Alfenus um Rat, wie er sich verhalten solle, wenn er in beiden Prozessen verurteilt werde. Alfenus machte seine Antwort davon abhängig, welcher der beiden Prozesse zuerst zur Entscheidung komme. Wenn der Sklave zuerst evinziert werde, so müsse der Besitzer den Sklaven nur dann herausgeben, wenn ihm der Kläger Sicherheit für den Fall, dass auch die zweite Klage gegen ihn Erfolg habe, leisten würde. Wenn hingegen das Urteil wegen der *actio furti* zuerst erfolge und der Sklave ausgeliefert werden müsse, so könne er bei einer *rei vindicatio* nicht verurteilt werden, da er weder dolos noch fahrlässig die Herausgabe des Sklaven verhindert hatte.[1397] Aufschlussreich ist ein *responsum* des Alfenus zu den Noxalklagen, in dem er feststellt, dass ein Sklave nicht bei jedem Befehl seines

1395 Paul. 49 ad ed. D. 39.3.2.5. Watson, The Law of Property, 167–169, Costa, Cicerone giureconsulto, 114; Horak, Rationes decidendi, 259; Nörr, Die Entstehung der longi temporis praescriptio, 47 f.; Nörr, Rechtskritik in der römischen Antike, 116; Mayer-Maly, Juristische Reflexionen über ius II, SZ 119 (2002) 15 f.; Maganzani, Ripae fluminis e dissesti idrogeologici, 78–80; Cursi, Il divieto degli atti di emulazione, 627 f.; Harke, Actio utilis, 111–113.

1396 Alf. 6 dig. D. 6.1.57. Dazu Medicus, Id quod interest, 29; Levy, Nachträge zur Konkurrenz der Aktionen und Personen, 29; Watson, The Law of Property, 100; Kaser, Nochmals über Besitz und Verschulden bei den actiones in rem, SZ 98 (1981) 104–106; Kaser, Römische Rechtsquellen, 222; Pennitz, Der Enteignungsfall, 282 FN 162; Mantello, Natura e diritto da Servio e Labeone, 228–231; Roth, Alfeni Digesta, 183–185; Bianchi, D. 6.1.57 (Alf. 6 dig.). Responso a un caso concreto o riflessione teorica, Rivista di diritto Romano 13 (2013) 1–5.

1397 Paul. 3 epit. Alf. dig. D. 6.1.58. Dazu Kaser, Besitz und Verschulden bei den dinglichen Klagen, SZ 51 (1931) 121 f.; Watson, The Law of Obligations, 279; Watson, The Law of Property, 100–104, Roth, Alfeni Digesta, 181–183; Bianchi, D. 6.1.57 (Alf. 6 dig.). Responso a un caso concreto o riflessione teorica, Rivista di diritto Romano 13 (2013) 5–7.

Herrn straflos ausgehe, etwa wenn dieser ihm befehle, einen Mord oder einen Diebstahl zu begehen. So könne ein Sklave, der sich auf Befehl seines Herrn an der Piraterie beteiligt hatte, nach seiner Freilassung dafür gerichtlich belangt werden. Dies gelte auch für Gewalttaten, wenn diese ein *maleficium* darstellen. Anders verhalte es sich, wenn der Sklave in einen Raufhandel verwickelt war, der durch einen Gerichtsstreit veranlasst war, oder Gewalt ausgeübt hatte, um das Recht seines Herrn zu schützen. Wenn dadurch kein Verbrechen (*facinus*) begangen wurde, solle der Prätor den Sklaven nach seiner Freilassung dafür nicht gerichtlich belangen.[1398] In einem weiteren *responsum* zum Deliktsrecht sah Alfenus einen Diebstahl als verwirklicht an, wenn jemand, um Kreide zu fördern, eine Höhle (auf fremden Grund) gegraben hatte und die Kreide dann abtransportiert hatte.[1399]

Eine andere Rechtsauskunft des Alfenus befasste sich mit dem Problem, dass ein im Miteigentum stehender Sklave sich bei einem der Eigentümer während der Arbeit das Bein gebrochen hatte. Laut Alfenus könne bei einem Verschulden des Eigentümers der dadurch entstandene Schaden mit der *actio communi dividundo* eingeklagt werden.[1400] Zu diesem Problemkreis erteilte Alfenus die Auskunft, dass ein im Miteigentum von mehreren Gesellschaftern stehender Sklave nur dann von einem der Gesellschafter der Folter unterzogen werden dürfe, wenn es ein gemeinsames Geschäft der Gesellschafter betreffe.[1401] Zu einem Sklaven, der im Miteigentum zweier Brüder stand und der Frau eines der Brüder einen (ihm zugeordneten) jungen Sklaven schenkte, erteilte Alfenus die Rechtsauskunft, insoweit der schenkende Sklave im Miteigentum des Ehemanns der Frau stehe, erwerbe diese kein Eigentum am geschenkten Sklaven.[1402] Dasselbe gelte, wenn es sich um drei Brüder handle und der Frau eine Sache geschenkt worden war, die im Miteigentum von allen stand. Wenn die Brüder von der Schenkung wussten

1398 Alf. 2 dig. D. 44.7.20. Dazu Costa, Cicerone giureconsulto, 75; Watson, The Law of Obligations, 279; Watson, The Law of Persons, 174 f.; Ziegler, Pirata communis hostis omnium, FS v. Lübtow, 99; Roth, Alfeni Digesta, 116–120; Bock, Römischrechtliche Ausgangspunkte der strafrechtlichen Beteiligungslehre, 58; Pennitz, Obligatio domini und obligatio servi, 77 f.

1399 Alf. 4 dig. a Paulo epit. D. 47.2.58. Dazu Huvelin, Études sur le furtum dans le très ancien droit romain, 505; Horak, Rationes decidendi, 156 f.; D'Orta, La giurisprudenza tra repubblica e principato, 173; Roth, Alfeni Digesta, 88.

1400 Alf. 2 dig. D. 10.3.26. Watson, The Law of Persons, 181 f.; Roth, Alfeni Digesta, 129 FN 112; Miglietta, Servius respondit, 82.

1401 Paul. 3 epit. Alf. dig. D. 10.3.27. Dazu Watson, The Law of Obligations, 144; Roth, Alfeni Digesta, 96 f.

1402 Paul. 3 epit. Alf. dig. D. 24.1.38 pr. Dazu Watson, The Law of Persons, 182; Andrés Santos, En torno al origen y fundamento de la prohibición de donaciones entre cónyuges, BIDR 43 (2001) 341 f.

oder sie im Nachhinein billigten, sei die Frau zu zwei Dritteln Eigentümerin geworden, das restliche Drittel verbleibe bei ihrem Mann.[1403]

Zum Begriff *in libertate esse* schrieb Alfenus, dass jener, der wisse, dass er frei sei und sich auf der Flucht befinde, mit *dolus malus* handle. Wenn er aber aufhöre, sich zu verstecken, und sich wie ein Freier verhalte, beginne er, ohne *dolus malus* in Freiheit zu sein. Denn derjenige, der wisse, dass er frei sei, und fliehe, verhalte sich wie ein Sklave.[1404] In einem anderen Fall hatte ein Eigentümer seinen Hausverwalter freigelassen, bemerkte aber nach der Durchsicht der Rechnungen, dass dieser Geld unterschlagen hatte und es bei seiner Geliebten durchgebracht hatte. Gefragt wurde, ob die Frau mit der *actio servi corrupti* belangt werden könne, da der Sklave schon freigelassen worden war. Alfenus bejahte dies und meinte, er könne sie auch wegen des Diebstahls des Gelds klagen.[1405] Ein freigelassener Arzt hatte aus Furcht vor Konkurrenz von seinen Freigelassenen verlangt, dass sie ihm folgen sollten und nicht selbstständig als Ärzte tätig werden sollten. Gefragt nach der Rechtmäßigkeit dieser Forderung antwortete Alfenus, dass dies zulässig sei, wenn es sich um freie *operae* handle, d. h. wenn er ihnen zu Mittag eine Pause gestattete und auf ihre Gesundheit und ihren Charakter achte. Auf die Frage, wie hoch der Wert der *operae* zu bemessen sei, wenn die *liberti* sich weigerten, die *operae* zu erfüllen, antwortete Alfenus, zu messen sei der Ertrag aus ihrer Arbeit, nicht der Vorteil, den der *patronus* durch das Berufsverbot für seine Freigelassenen erwirtschafte.[1406]

Die Verfügungsbefugnis von Sklaven behandelt eine Rechtsauskunft des Alfenus, in der er erläutert, dass alle Beträge, die der Sklave aus seinem *peculium* zum Darlehen gegeben oder hinterlegt hatte, ihm gültig zurückgezahlt werden könnten, auch wenn er freigelassen oder weiterverkauft worden sei. Dies

1403 Paul. 3 epit. Alf. dig. D. 24.1.38.1. Siehe WATSON, The Law of Persons, 182; WATSON, The Law of Property, 230 f.; ANDRÉS SANTOS, En torno al origen y fundamento de la prohibición de donaciones entre cónyuges, BIDR 43 (2001) 341 f.

1404 Ulp. 55 ad ed. D. 40.12.10. Dazu WATSON, The Law of Persons, 221; HORAK, Rationes decidendi, 178 f.; SÖLLNER, Bona fides – guter Glaube, SZ 122 (2005) 51 f.; KLINGENBERG, Der servus fugitivus pro libero se gerens, FS Wieling, 119 f.; INDRA, Status quaestio, 73 f.

1405 Alf. 2 dig. D. 11.3.16. Dazu WATSON, The Law of Obligations, 265; LIEBS, Die Klagenkonkurrenz im römischen Recht, 46; DE PASCALE, Una esegesi di D. 11.3.16, FS Guarino, VI 3021–3026; VENTURINI, Der dominus, der servus und die muliercula, FS Wieling, 243–250.

1406 Alf. 7 dig. D. 38.1.26 pr.–1. Siehe WATSON, The Law of Persons, 230; VISKY, Geistige Arbeit und die „artes liberales", 76; WACKE, Wettbewerbsfreiheit und Konkurrenzverbotsklauseln im antiken und modernen Recht, SZ 99 (1982) 206–210; BÜRGE, Cum in familia nubas, SZ 105 (1988) 330–332; CARDILLI, La nozione giuridica di fructus, 119–125; WALDSTEIN, Patrone und Freigelassene, FS Knütel, 1379; ROTH, Alfeni Digesta, 161–165; DE PASCALE, Dall' Apollo medice delle Vestali all'ars fructosior di Plinio, Teoria e Storia del Diritto Privato 7 (2014) 41–43.

gelte nicht, wenn sich herausstelle, dass gegen den ausdrücklichen Willen des damaligen Eigentümers gehandelt worden sei. Gültig an den Sklaven zurückgezahlt werden könne nach Ansicht von Alfenus auch das Geld des Herrn, das der Sklave mit Zustimmung des Herrn im Rahmen seiner Geschäftsführung gegen Zinsen kreditiert habe, denn derjenige, der einen Vertrag mit dem Sklaven geschlossen habe, scheine mit Willen des Herrn das Geld zu empfangen und zurückzuzahlen.[1407] Wenn ein Sklave ohne das Wissen seines Herrn eine Pekuliarsache verkauft hatte, vertrat Alfenus die Auffassung, dass der Käufer die gekaufte Sache ersitzen könne.[1408] In einem weiteren *responsum* hatte ein Haussohn einen zum *peculium* gehörigen Sklaven verkauft. Der Kaufpreis wurde stipuliert, der Kauf wurde später rückgängig gemacht und der Sklave verstarb. Der Hausvater klagte den Käufer auf Zahlung des stipulierten Kaufpreises. Alfenus meinte, in einem solchen Fall könne eine *exceptio in factum* mit dem Inhalt *quod pecunia ob hominem illum expromissa est, qui redhibitus est* erhoben werden.[1409]

In einem anderen Fall hatte ein Eigentümer seinem Sklaven ein Grundstück und Ochsen zur Bewirtschaftung gegeben. Da die Ochsen ungeeignet waren, befahl er ihm, sie zu verkaufen und mit dem Kaufpreis andere zu erwerben. Der Sklave bezahlte die neu erworbenen Ochsen nicht und geriet in Zahlungsschwierigkeiten. Der Verkäufer erhob daraufhin die *actio de peculio vel de in rem verso*, da die Ochsen beim Eigentümer waren. Alfenus stellte fest, dass ein *peculium* nur vorliege, wenn nach Abzug der Schulden etwas übrig sei. Zwar schienen die Ochsen dem Vermögen des Eigentümers zugewendet worden zu sein, doch habe er für diese so viel bezahlt wie für die Ochsen, die er davor besaß. Wenn

1407 Alf. 2 dig. a Paulo epit. D. 46.3.35. Dazu WATSON, The Law of Obligations, 211 f.; WATSON, The Law of Persons, 180; HORAK, Rationes decidendi, 219; NELSON/MANTHE, Gai Institutiones III 88–181, 354; ROTH, Alfeni Digesta, 84–87; WACKE, Die libera administratio peculii, FS Wieling, 281–283; COPPOLA BISAZZA, Dallo iussum domini alla contemplatio domini, 117; APATHY, Actio de in rem verso und indebitum solutum, Studia Litewski, 29; WALTER, Die Funktionen der actio depositi, 120–123; FIORI, Bona fides. Formazione, esecuzione e interpretazione del contratto nella tradizione civilistica (Parte seconda), 184–187; MANTELLO, L' analogia nei giuristi tardo repubblicani e augustei, Studi Martini, 653 f.

1408 Alf. 1 dig. a Paulo epit. D. 41.3.34. Dazu WATSON, The Law of Persons, 179; ROTH, Alfeni Digesta, 76–78; FARGNOLI, Ricerche in tema di furtum, 11, 45–48; WACKE, Die libera administratio peculii, FS Wieling, 291 f.; HEINEMEYER, Der Freikauf des Sklaven mit eigenem Geld, 126, 156 f.

1409 Alf. 2 dig. D. 44.1.14. Siehe NÖRR, Dig. 44.4.4.6. Bemerkungen zur spätrepublikanischen Kautelarpraxis, Eranion Maridakis, 218 FN 64; WATSON, The Law of Persons, 99 f.; DAUBE, Collected Studies, 243; WESENER, Nichtediktale Einreden, SZ 112 (1995) 114–116; BURDESE, L' eccezione di dolo generale da Aquilio a Labeone, 17–48; WACKE, Die libera administratio peculii, FS Wieling, 281 f.

die später erworbenen Ochsen mehr wert gewesen seien als die verkauften, sei er auf den Überschuss zu verurteilen.[1410]

Bei einem Kauf war vereinbart worden, dass der Käufer innerhalb von 30 Tagen das Grundstück abmessen und kundmachen solle, falls die Maße nicht mit den im Kaufvertrag festgestellten übereinstimmten, andernfalls gelte der Kauf als gebilligt. Der Käufer erhob bezüglich der Abmessung Einspruch und erhielt dafür einen Teil des Kaufpreises zurück. Später verkaufte er das Grundstück an einen anderen Käufer weiter und bemerkte bei der Abmessung, dass die Fläche des Grundstücks noch kleiner war, als er bisher angenommen hatte. Gefragt wurde, ob er den Fehlbetrag vom ersten Verkäufer verlangen könne. Alfenus meinte, dies sei von der Formulierung des Vertrags (*lex*) abhängig. Wenn der Vertrag die Formulierung *ut emptor diebus triginta proximis fundum metiatur et domino renuntiet, quanto modus agri minor sit* enthalte, könne der Käufer nach dem 30. Tag keine weiteren Ansprüche geltend machen. Wenn hingegen im Vertrag stehe, *ut emptor in diebus proximis fundum metiatur et de modo agri renuntiet*, könne der Käufer auch nach vielen Jahren wegen weiterer Abweichungen der Grundstücksgröße reklamieren.[1411] Auch zwei weitere Rechtsauskünfte von Alfenus betreffen Grundstücksabmessungen. So stellte er fest, dass ein Verkäufer, der bei der Übergabe eines Grundstücks angegeben hatte, die Grenzen seien weiter entfernt als es der Realität entsprach, bei Eviktion der an den Grenzen befindlichen Landstücke dem Käufer den Schaden entsprechend der Qualität des Bodens ersetzen müsse, selbst wenn nach Eviktion die (vereinbarten) 100 *iugera* übrig geblieben waren.[1412] In einem anderen Fall hatte ein Sklave des Verkäufers die Grenzen zu weit angezeigt. Alfenus meinte, es sollte jener Grenzverlauf als vereinbart gelten, den der Verkäufer beabsichtigt hatte; dasselbe gelte, wenn ein Sklave Besitz übergebe.[1413]

1410 Alf. 2 dig. D. 15.3.16. Dazu Watson, The Law of Obligations, 184 f.; Claus, Gewillkürte Stellvertretung, 74–76; Giliberti, Servus quasi colonus, 29–37; MacCormack, The early history of the actio de in rem verso, Studi Biscardi, 324–328; Schiavone, Giuristi e nobili nella Roma repubblicana, 118–125; Rodriguez Diaz, Antecedentes históricos del art. 1.453 del Código civil español, RIDA 45 (1998) 585–648; Roth, Alfeni Digesta, 66–69; Chiusi, Die actio de in rem verso im römischen Recht, 90–94; Aubert, Productive Investments in Agriculture, 167–171; Jurewicz, Kannte Alfenus Varus die *actio quod iussu* wirklich nicht?, Scritti Corbino, VII 31–48.

1411 Paul. 4 epit. Alf. dig. D. 18.1.40 pr. Dazu Horak, Rationes decidendi, 208 f.; Daube Collected Studies, 1025; Biscotti, Il mercante e il contadino, Labeo 45 (1999) 368–391 ; Roth, Alfeni Digesta, 125 f.; Krampe, Ambigua lex venditionis – Paulus/Alfenus D. 18.1.40 pr, FS Végh, 65–73.

1412 Alf. 4 dig. a Paulo epit. D. 21.2.45. Dazu Watson, The Law of Obligations, 82; Daube, Collected Studies, 635, 641; Vinci, Demonstratio finium e compravendita, 418–425.

1413 Pomp. 9 ad Sab. D. 18.1.18.1. Dazu Watson, The Law of Obligations, 75; Benöhr, Arglist und Kenntnis der Hilfspersonen beim Abschluß schluldrechtlicher Geschäfte, SZ 87 (1970) 185 f.;

Einige Auskünfte von Alfenus behandeln die Interpretation von Kaufverträgen: So respondierte Alfenus, dass, wenn in einem Kaufvertrag das Recht, Wasser aus einem fremden Grundstück zu ziehen, enthalten sei, das Wasserleitrecht (*iter aquae*) als mitenthalten verstanden werden müsse und der Verkäufer zur Übertragung dieses Rechts verpflichtet sei.[1414] Eine andere Vertragsbestimmung sah vor, dass ein Grundstück 18 *iugera* umfasse, und es wurde stipuliert, dass nach der Abmessung ein bestimmter Preis pro Joch bezahlt werden solle. Da sich herausstellte, dass das Grundstück 20 *iugera* umfasste, wurde – laut Alfenus – der Preis für 20 *iugera* geschuldet.[1415] In einem anderen Fall hatte sich ein Verkäufer eines Grundstücks das händisch ausgesäte Getreide vorbehalten und auf dem Grundstück waren aus den Stoppeln der letzten Ernte Ähren gewachsen. Die Anfrage lautete, ob die Ernte aus diesen Ähren in der Klausel inkludiert sei. Alfenus meinte, man solle sich an das Vereinbarte halten und nach dem Wortlaut der Klausel fielen diese Ähren nicht unter den Begriff *frumentum manu satum* – genauso wenig, wie wenn Getreide aus einem Sack gefallen sei oder Körner durch Vögel auf den Boden gefallen seien.[1416] Ein anderer Verkäufer hatte sich alle Früchte aus dem verkauften Grundstück vorbehalten. Alfenus meinte, als Früchte seien auch geschnittenes Schilf und geschlägertes Holz zu verstehen.[1417] Fässer, die sich auf dem Grundstück des Verkäufers befanden, sollten nach einer weiteren Vertragsklausel dem Käufer zufallen. Alfenus meinte, dies gelte auch für Fässer, die ein Sklave des Verkäufers, der das Grundstück bewirtschaftet hatte, für sein *peculium* gekauft hatte.[1418] Ein anderes *responsum* behandelte eine ähnliche Vertragsbestimmung, nämlich dass 100 Fässer auf dem zum Verkauf stehenden Grundstück als Zubehör mitverkauft werden sollten. Auf dem Grundstück befanden sich allerdings keine Fässer. Alfenus meinte, die

Daube, Collected Studies, 647; Vinci, Demonstratio finium e compravendita, 425–430.

1414 Paul. 4 epit. Alf. dig. D. 18.1.40.1. Dazu Watson, The Law of Property, 186; Pringsheim, Id quod actum est, SZ 78 (1961) 19; Astolfi, Studi sull'oggetto dei legati in diritto romano III, 69; Babusiaux, Id quod actum est, 195 f.; Möller, Die Servituten, 261 f.

1415 Paul. 4 epit. Alf. dig. D. 18.1.40.2. Dazu Watson, The Law of Obligations, 95; Thomas, Marginalia on certum pretium, TR 35 (1967) 86; Pennitz, Das periculum rei venditae, 298 f.

1416 Paul. 4 epit. Alf. dig. D. 18.1.40.3. Siehe Pringsheim, Id quod actum est, SZ 78 (1961) 19 f.; Horak, Rationes decidendi, 265 f.; Daube, Collected Studies, 745, 1036; Babusiaux, Id quod actum est, 192 f.; Vinci, Interpretazione giuridica, tecnica agraria ed argomentazione lessicale: la seges ex stipula enata di D.18,1,40,3, Diritto@storia 8 (2009).

1417 Paul. 4 epit. Alf. dig. D. 18.1.40.4. Dazu Cardilli, La nozione giuridica di fructus, 117–119; Krämer, Das besitzlose Pfandrecht, 271.

1418 Paul. 4 epit. Alf. dig. D. 18.1.40.5. Siehe Ernst, Gattungskauf und Lieferungskauf im römischen Recht, SZ 114 (1997) 328.

vereinbarten Fässer würden trotzdem geschuldet werden.[1419] Zur Qualität solcher Fässer respondierte Alfenus, dass die Fässer intakt und nicht gebrochen übergeben werden sollten.[1420] Schließlich antwortete Alfenus auf eine Anfrage, dass das Rad, das zum Wasserschöpfen verwendet werde, ebenso Zubehör des Gebäudes wie der Wassereimer sei.[1421]

Häufig entstanden juristische Probleme bei der Überleitung von Wasser auf das Nachbargrundstück: So hatte jemand, der zwei benachbarte Grundstücke hatte, das obere Grundstück verkauft und dabei dem Käufer zugesichert, dass er Wasser durch eine Furche auf das untere Grundstück leiten dürfe. Strittig war, ob dies auch für Wasser gelte, das vom Grundstück eines Dritten auf das Grundstück des Käufers gelangt war. Alfenus verneinte dies und meinte, der Käufer dürfe nur Wasser auf das andere Grundstück leiten, das durch die Trockenlegung des eigenen Grundstücks entstanden sei.[1422] In einem ähnlichen Fall hatte der Verkäufer, der Eigentümer zweier benachbarter Grundstücke war, beim Verkauf eines Grundstücks eine auf dem Grundstück entspringende Quelle und einen zehn Fuß breiten Streifen entlang des Wassers ausgenommen. Strittig war, ob dieses Gebiet weiterhin als Eigentum des Veräußerers gelten sollte oder dieser das Grundstück mit einer Servitut belasten wollte. Alfenus meinte, wenn die Vertragsformulierung *circa eam aquam late pedes decem* gelautet habe, habe der Verkäufer lediglich einen Gehweg (*iter*) einrichten wollen.[1423] Beim Verkauf einer im Miteigentum stehenden Sache an einen der Miteigentümer hielt Alfenus den Verkauf in Hinblick auf den

1419 Alf. 2 dig. D. 19.1.26. Siehe MEDICUS, Id quod interest, 152; STEIN, Fault in the formation of contract in Roman law and Scots law, 100; WATSON, The Law of Obligations, 92; ERNST, Gattungskauf und Lieferungskauf im römischen Recht, SZ 114 (1997) 328–330; ROTH, Alfeni Digesta, 82 f.; DONADIO, Qualità promesse e qualità essenziali della „res vendita", Teoria e Storia del diritto privato 3 (2010) 40; MIGLIETTA, Servius respondit, 209 FN 14.

1420 Paul. 3 epit. Alf. D. 19.1.27. Siehe SECKEL/LEVY, Die Gefahrtragung beim Kauf im klassischen römischen Recht, SZ 47 (1927) 124 f.; MEDICUS, Id quod interest, 152.

1421 Paul. 4 epit. Alf. dig. D. 18.1.40.6. Zur *situla* als Zubehör eines landwirtschaftlichen Grundstücks vgl. auch Cato agr. 10.

1422 Paul. 2 epit. Alf. dig. D. 8.3.29. Dazu v. LÜBTOW, Eigentümerservitut und Eigentümernießbrauch im römischen Recht, GS Schmidt, 414; WATSON, The Law of Property, 195, MÖLLER, Servituten im römischen Recht und in der Rechtsprechung des Reichsgerichts, 132 f.; MÖLLER, Die Servituten, 269–271; FIORENTINI, Struttura ed esercizio della servitù d'acqua, Quaderni del Dipartimento di Scienze Giuridiche 8 (2003) 80–82.

1423 Paul. 4 epit. Alf. dig. D. 8.3.30. Siehe v. LÜBTOW, Eigentümerservitut und Eigentümernießbrauch im römischen Recht, GS Schmidt, 414; BRETONE, La nozione romana di usufrutto, I 28–31; WATSON, The Law of Property, 184–186; TORRENT, El origen de la servitus aquaeductus, Studi Biscardi, 272 f.; DAUBE, Collected Studies, 1039; BEHRENDS, Die lebendige Natur eines Baums, FS Wolf, 23 FN 34; FIORENTINI, Struttura ed esercizio della servitù d'acqua, Quaderni del Dipartimento di Scienze Giuridiche 8 (2003) 77–79; SACCHI, Le nozioni di stato e di proprietà in Panezio, RIDA 52 (2005) 341 f.; MÖLLER, Die Servituten, 257–260; MIGLIETTA, Servius respondit, 201 FN 307.

Anteil des Käufers für ungültig, in Hinblick auf den restlichen Teil für gültig und meinte, dass auch der Preis anteilig aufgeteilt werden solle.[1424]

Zum Mietvertrag statuierte Alfenus, dass ein Mieter keinen Mietzinsabzug verlangen könne, wenn ein Teil der Wohnung wegen Reparaturarbeiten nicht benützbar sei, denn würde durch das Nicht-Reparieren ein Unglück passieren, müsste der Eigentümer das Haus abreißen; daher sei dem Mieter ein kleiner Nachteil zumutbar. Der Eigentümer dürfe aber nicht jenen Teil des Wohnung öffnen, den der Mieter am meisten nutze.[1425] Bei einem Pachtvertrag war vereinbart worden, dass der Pächter das Haus heil, also unter Haftungsausschluss für durch Gewalt und Alter (*vis et vetustas*) entstandene Schäden zurückgeben solle. Ein Sklave des Pächters hatte das Haus angezündet. Alfenus antwortete auf die Anfrage, dass dies wohl kein Fall von *vis* sei, da die Vertragsparteien eine von außen kommende Gewalt (*vis extraria*) ausschließen wollten.[1426] Ein anderes, im selben Fragment erörtertes *responsum* behandelt die Schätzung des Streitwerts bei der *actio conducti*, wenn ein Mieter ein Mietshaus für 30 gemietet und die einzelnen Wohnungen für 40 weitervermietet hatte und der Eigentümer des Hauses dieses niederreißen hatte lassen, wobei er angab, dass der Abriss wegen Baumängeln geschah. Alfenus meinte, der Streitwert sei abhängig von den Gründen für den Abbruch des Hauses. Wenn der Eigentümer das Haus wegen eines drohenden Schadens niederreißen hatte lassen, sei der Streitwert unter Rückgriff auf jene Zeitdauer, in der der Mieter die Wohnungen nicht benutzen konnte, zu ermitteln. Wenn der Abbruch aber nicht notwendig war, sondern der Eigentümer das Haus schöner als bisher wiederaufbauen wollte, sei er in so viel zu verurteilen, wie das Interesse des Mieters, dass seine Untermieter nicht auszögen, betrage.[1427]

1424 Pomp. 9 ad Sab. D. 18.1.18 pr. Dazu Staffhorst, Die Teilnichtigkeit von Rechtsgeschäften im klassischen römischen Recht, 99.

1425 Alf. 2 dig. D. 19.2.27 pr. Dazu Mayer-Maly, Locatio conductio, 154; Watson, The Law of Obligations, 115 f.; Frier, Landlords and Tenants, 150–155; Molnár, Verantwortung und Gefahrtragung bei der locatio conductio zur Zeit des Prinzipats, 664; De Neeve, Remissio Mercedis, SZ 100 (1983) 301 f., 320 f.; Fiori, La definizione della locatio conductio, 99–101; Roth, Alfeni Digesta, 73–75, 165 f.; Litewski, Die Zahlung bei der Sachmiete, TR 70 (2002) 243 f.; Du Plessis, A New Argument for the deductio ex mercede, FS Pool, 70–72; Capogrossi Colognesi, Remissio mercedis, 16–19; Klingenberg, Minima non curat praetor, FS Knütel, 561 f.

1426 Alf. 3 dig. a Paulo epit. D. 19.2.30.4. Dazu Mayer-Maly, Locatio conductio, 190; Watson, The Law of Obligations, 118; Frier, Landlords and Tenants, 139, 150; Molnar, Verantwortung und Gefahrtragung bei der locatio conductio zur Zeit des Prinzipats, 628 f.; Nörr, Kausalitätsprobleme im klassischen römischen Recht, FS Wieacker, 123; Knütel, Die Haftung für Hilfspersonen, SZ 100 (1983) 365–367; Martin, A Reconsideration of probatio operis, SZ 103 (1986) 333 f.; Jakab, Risikomanagement beim Weinkauf, 199 f.; Fiori, La definizione della locatio conductio, 86–88.

1427 Alf. 3 dig. a Paulo epit. D. 19.2.30 pr. Dazu Mayer-Maly, Locatio conductio, 27, 139, 154 f., 165, 216; Kaser, Periculum locatoris, SZ 74 (1957) 157 f.; Below, Die Haftung für lucrum cessans

In einem anderen Fragment wird der Abschluss von Mietverträgen im Rahmen der Magistratur behandelt: Ein Ädil hatte mit dem Eigentümer einer Badeanlage einen Mietvertrag abgeschlossen, um den Einwohnern der Gemeinde die kostenlose Nutzung zu ermöglichen. Nach drei Monaten brannte die Badeanlage ab. Gefragt wurde nach der Höhe des Betrags, den der Ädil einklagen könne. Ähnlich wie im vorigen Fall meinte Alfenus, dass der Zeitraum, in dem die Benutzung nicht möglich war, zur Berechnung herangezogen werden solle.[1428] Bei einem anderen *responsum* hatte der Mieter von zwei Maultieren diese mit einem höheren Gewicht als vereinbart belastet und infolgedessen die Maultiere verletzt. Alfenus meinte, es könnten sowohl die *actio legis Aquiliae* als auch die *actio locati* erhoben werden. Zu beachten sei freilich, dass die *actio legis Aquiliae* nur gegen den Maultiertreiber zulässig sei, während die *actio locati* gegen den Mieter auch dann erhoben werden könne, wenn ein Dritter die Maultiere beladen und dadurch geschädigt habe.[1429] Die Interpretation einer Vertragsbestimmung behandelte ein anderes *responsum*: Jemand hatte einen Bauvertrag über ein Haus abgeschlossen und vereinbart, dass, wenn Steinarbeiten benötigt würden, er dem Unternehmer für das Material und die Arbeit pro Fuß sieben Sesterzen

---

im römischen Recht, 107; Watson, The Law of Obligations, 116 f.; Honsell, Quod interest im bonae-fidei-iudicium, 119–121; Hermansen, The Medianum and the Roman Apartment, Phoenix 24 (1970) 342–347; Frier, Landlords and Tenants, 31; Molnár, Verantwortung und Gefahrtragung bei der locatio conductio zur Zeit des Prinzipats, 663; Zimmermann, The Law of Obligations, 361; Fiori, La definizione della locatio conductio, 103–105; Litewski, Die Zahlung bei der Sachmiete, TR 70 (2002) 238 f.; Jakab, Vertragsformulare im Imperium Romanum, SZ 123 (2006) 84; Du Plessis, Janus in the Roman Law of Urban Lease, Historia 55 (2006) 48–63; Vacca, Sul rischio del locatore nella locatio conductio rei, Studi Nicosia, VIII 316–318; Babusiaux, Prozessuales Denken und Interesseberechnung, FS Wubbe, 22–25.

Am wahrscheinlichsten ist, dass dieses *responsum* während eines Prozesses, eventuell auf Anfrage des urteilenden Richters erstellt wurde, da diese Situation die Differenzierung je nach Sachverhalt erklären würde. Zur Rolle der *taxatio* bei den *bonae fidei iudicia* siehe auch Nörr, Condemnatio cum taxatione, SZ 112 (1995) 51–90.

1428 Alf. 3 dig. a Paulo epit. D. 19.2.30.1. Dazu Watson, The Law of Obligations, 115; Molnár, Verantwortung und Gefahrtragung bei der locatio conductio zur Zeit des Prinzipats, 662 f.; Litewski, Die Zahlung bei der Sachmiete, TR 70 (2002) 244 f.; Müller, Gefahrtragung bei der locatio conductio, 43–46; Wacke, Proagonaler Euergetismus, FS Sirks, 770 f. Zum Begriff *balneator* siehe auch Wissemann, Das Personal des antiken römischen Bades, Glotta 62 (1984) 80–89.

1429 Alf. 3 dig. a Paulo epit. D. 19.2.30.2. Dazu Watson, The Law of Obligations, 236; Molnár, Verantwortung und Gefahrtragung bei der locatio conductio zur Zeit des Prinzipats, 632 f.; Hoffmann-Riem, Die Custodia-Haftung des Sachmieters untersucht an Alf./Paul. D. 19,2,30,2, SZ 86 (1969) 394–403; MacCormack, Aquilian Studies, SDHI 41 (1975) 57 f.; Knütel, Die Haftung für Hilfspersonen, SZ 100 (1983) 365; Thomas, Actiones Ex Locato/Conducto and Aquilian Liability, Acta Iuridica (1978) 127–134; Fiori, La definizione della locatio conductio, 90 f.; Jakab, Vertragsformulare im Imperium Romanum, SZ 123 (2006) 77; Roth, Alfeni Digesta, 107–110; Du Plessis, Letting and Hiring, 134 f.

zahlen werde. Gefragt, ob dies auch für unfertige Abschnitte gelte, antwortete Alfenus, dies sei der Fall.[1430] Schließlich stellte Alfenus fest, dass Personen, die nach einem Schiffsuntergang oder beim Kentern eines Boots Waren gerettet hätten, ihre Waren - wie bei einem Brand - für sich gerettet hätten.[1431]

Ausgangsfall einer Rechtsauskunft des Alfenus zur *societas* war, dass zwei Männer eine Gesellschaft gegründet hatten, um Grammatik zu lehren und den gemeinsamen Gewinn zu teilen. Zu dem niedergeschriebenen Vertrag schlossen beide eine Stipulation mit dem Inhalt ab, die im Vertrag festgelegten Vereinbarungen zu befolgen und bei einem Zuwiderhandeln eine Strafe von 20.000 zu leisten. Gefragt war, ob die *actio pro socio* statthaft sei, wenn gegen die Abmachung verstossen wurde. Alfenus meinte, es komme auf den Wortlaut der Stipulation an. Wenn die Stipulation mit der Formulierung *haec ita dari fieri spondes?* abgeschlossen und damit die Schuld aus dem Gesellschaftsvertrag noviert worden sei, könne die *actio pro socio* nicht mehr erhoben werden. Da die Formulierung aber nach dem Muster *si ea ita facta non essent decem dari* abgefasst worden sei, sei dies als Abänderung der Strafe für ein Zuwiderhandeln zu verstehen, die Schuld aus dem Gesellschaftsvertrag selbst sei nicht noviert worden und die *actio pro socio* könne erhoben werden.[1432] Bei einer anderen Anfrage zur *societas* waren zwei Mitfreigelassene eine Gesellschaft eingegangen, um den Gewinn zu teilen (*lucri faciendi causa*). Einer von ihnen wurde von ihrem verstorbenen *patronus* als Erbe eingesetzt. Dem anderen wurde ein Legat vermacht. Alfenus war der Meinung, dass der jeweilige Vermögenszuwachs bei der Aufteilung des Gewinns aus der Gesellschaft nicht berücksichtigt werden solle.[1433]

Zwei Bekannte waren am Tiber entlang gegangen und einer der beiden bat den anderen, ihm seinen Ring zu geben, damit er ihn betrachten könne. Nachdem

---

1430 Alf. 3 dig. a Paulo epit. D. 19.2.30.3. Dazu Amirante, Ricerche in tema di locazione, BIDR 62 (1959) 74 f.; Mayer-Maly, Locatio conductio, 107; Fiori, La definizione della locatio conductio, 118–124; Du Plessis, The Roman Concept of Lex contractus, Roman Legal Tradition 3 (2006) 88 f.; Buchwitz, Vertragsklauseln und probatio, SZ 126 (2009) 369 f.; Plisecka, Tabula Picta, 149 f.; Behrends, Wie haben wir uns die römischen Juristen vorzustellen?, SZ 128 (2011) 96, 103; Du Plessis, Letting and Hiring, 77.

1431 Paul. 3 epit. Alf. dig. D. 14.2.7. Siehe auch Watson, The Law of Property, 80; Chevreau, La lex Rhodia de iactu: un exemple de la réception d'une institution étrangère dans le droit romain, TR 73 (2005) 76 ; Krampe, Lex Rhodia de iactu, FS Knütel, 593–599.

1432 Paul. 3 epit. Alf. dig. D. 17.2.71 pr. Dazu Horak, Rationes decidendi, 205–208; Knütel, Stipulatio poenae, 67; Kaser, Die Stipulationsklausel quanti ea res erit, SZ 90 (1973) 207 f.; Kaser, Römische Rechtsquellen, 303 f.; Bonner, Education in Ancient Rome, 133; Roth, Alfeni Digesta, 120–124; Krampe, Eine Auslegungs-distinctio Alfens, FS Mayer-Maly, 357–362; Meissel, Societas, 153 f.

1433 Paul. 3 epit. Alf. dig. D. 17.2.71.1. Dazu Watson, The Law of Obligations, 135 f.; Meissel, Societas, 117; Wacke, „Erfenis is geen winste“ – nämlich bei Errungenschaftsgemeinschaften, Fundamina 16 (2010) 560.

er ihn genommen hatte, ließ er den Ring versehentlich fallen und dieser fiel in den Tiber. Alfenus meinte, es stehe eine *actio in factum* zu.[1434] Bei einem weiteren *responsum* hatte ein Sklave eine Schüssel seines Herrn ohne dessen Wissen einem Dritten geliehen. Dieser hatte sie zum Pfand gegeben und war geflüchtet. Der Pfandnehmer weigerte sich, die Schüssel zurückzugeben, wenn er nicht sein Geld dafür bekäme. Der Sklave bezahlte die Schuld des Pfandbestellers und Alfenus wurde gefragt, ob das Geld vom Pfandnehmer zurückverlangt werden könne. Die Antwort fiel differenziert aus: Wenn der Pfandnehmer wusste, dass es sich um eine fremde Sache handle und das Geld für den Rückkauf der gestohlenen Sache empfangen habe, habe er sich des Diebstahls schuldig gemacht und deswegen könne das Geld zurückverlangt werden. Wenn er nicht davon gewusst habe, könne das Geld nicht zurückgefordert werden; das gelte auch, wenn der Sklave die Schuld im Namen des Pfandbestellers beglichen hatte.[1435]

Ein besonders intensiv von Alfenus bearbeitetes Thema war die Gefahrtragung und ihre Abgrenzung zu einem schuldhaften Verhalten des Vertragspartners.[1436] Einer seiner bekanntesten Fälle war der sog. *tabernarius*-Fall: Jemand hatte einem Wirt eine Lampe gestohlen, die dieser am Weg aufgestellt hatte. Der Wirt rannte ihm hinterher. Der Dieb versuchte, den Wirt mit einer Geißel abzuwehren. Es entstand ein Kampf und dabei schlug der Wirt dem Dieb ein Auge aus. Alfenus antwortete auf die Frage, ob der Wirt hafte, dass er, außer wenn er ihm absichtlich das Auge ausgeschlagen habe, nicht hafte, da der Dieb zuerst angegriffen habe. Anders wäre die Sachlage, wenn der Wirt nicht zuerst angegriffen worden wäre, sondern von sich aus den Kampf begonnen hätte.[1437] Außerdem

1434 Alf. 3 dig. a Paul. epit. D. 19.5.23. Dazu MacCormack, Aquilian Studies, SDHI 41 (1975) 30 f.; Selb, Formulare Analogien vor Julian, Studi Sanfilippo, 730 f.; Rodger, Mrs. Donoghue and Alfenus Varus, 12–15; Floría Hidalgo, La casuística del furtum en la jurisprudencia romana, 99–101; Roth, Alfeni Digesta, 197 FN 20; Gerkens, Réflexions sur le damnum, 90.

1435 Paul. 5 epit. Alf. dig. D. 12.6.36. Dazu Watson, The Law of Obligations, 10 f.; Roth, Alfeni Digesta, 51–54.

Auch hier handelt es sich um einen jener Fälle, die sich durch eine oder mehrere Distinktionen im Sachverhalt auszeichnen. Es ist sehr gut möglich, dass diese Auskunft, wie auch andere *responsa* von Alfenus, in einem Prozess verwendet wurden.

1436 Siehe auch Molnár, Alfenus Varus iuris consultus, Studia Pólay, 323: „Es scheint einem, dass das Lieblingsthema des Alfenus war, die mit den unabwendbaren Ereignissen verbundenen Schäden zu prüfen."

1437 Alf. 2 dig. D. 9.2.52.1. Siehe MacCormack, Aquilian Studies, SDHI 41 (1975) 46 f.; Wollschläger, Das eigene Verschulden des Verletzten im römischen Recht, SZ 93 (1976) 130; Wacke, Notwehr und Notstand bei der aquilischen Haftung, SZ 106 (1989) 484–486; Bretone, Geschichte des römischen Rechts, 142 f.; Wittmann, Die Körperverletzung an Freien, 99 f.; Spruit, Nocturne: Eine Auslegung von Alfenus D 9,2,52,1 aus soziologischer Sicht, TR 63 (1995) 247–262; Cannata, Per una storia della scienza giuridica europea, 279–281; Roth, Alfeni Digesta, 103–107; Miglietta, Intorno al metodo dialettico della scuola serviana, Diritto@

respondierte Alfenus, dass dem Herrn eines Sklaven, der durch Schläge tödlich verletzt wurde, die *actio legis Aquiliae* wegen seines Tods zustehe, wenn sein Tod weder der Unwissenheit des Arztes noch der Nachlässigkeit seines Herrn zuzurechnen sei.[1438] Mit dem Zusammenstoß zweier Maultierwagen – der vordere der beiden Wagen rollte auf den hinteren und dieser erdrückte einen jungen Sklaven – befasste sich ein weiteres *responsum*. Der Eigentümer des Sklaven fragte, wen er klagen solle. Alfenus meinte, die Maultierhalter des ersten Wagens könnten belangt werden, wenn sie den Wagen losgelassen hätten, die Maultiere die Last nicht mehr hätten halten können und der Wagen deshalb zurückgerollt sei. Wenn der Wagen sich aber zurückbewegt hätte, weil die Maultiere vor etwas zurückgescheut wären und die Halter, aus Angst, erdrückt zu werden, ausgewichen wären, so könne der Eigentümer der Maultiere geklagt werden. Wenn aber weder das eine noch das andere zutreffe, sondern z. B. die Maultiere die Last nicht ertrugen oder ausrutschten, so könne niemand geklagt werden. Auf keinen Fall könne der Eigentümer der Maultiere des hinteren Wagens geklagt werden, da der hintere Wagen sich nicht von selbst losbewegte, sondern durch die Kollision ins Rollen geriet.[1439] In einem ähnlichen Fall hatte jemand Rinder zur Probe verkauft und eines der Rinder durchbohrte mit seinem Horn einen

---

Storia 3 (2004); Krampe, Tabernarius consulebat, FS Spruit, 133–140; Paschalidis, What did iniuria in the lex Aquilia actually mean?, RIDA 55 (2008) 350 f.; Van Dongen, Contributory Negligence: A Historical and Comparative Study, 30–52; Cardilli, Gestione empirica dell'imputazione e culpae adnumeratio nella riflessione dei giuristi romani, Index 42 (2014) 319–321.

Dieses *responsum* wird von Roth wegen seiner Distinktionen zu den didaktischen *responsa* gezählt. Überlegenswert erscheint mir jedoch Gamaufs Vorschlag (geäußert anlässlich eines Vortrags in Wien am 19. 1. 2011), dass Alfenus Zweifel an dem ihm vorgetragenen Sachverhalt hatte und sicher gehen wollte, dass im Prozess seine Meinung je nach Sachverhalt gewürdigt werden sollte.

1438 Alf. 2 dig. D. 9.2.52 pr. Siehe Watson, The Law of Obligations, 245; Wollschläger, Das eigene Verschulden des Verletzten im römischen Recht, SZ 93 (1976) 131; Ankum, Überholende Kausalität, FS v. Lübtow, 332, 355; Molnár, Alfenus Varus iuris consultus, Studia Pólay, 319 f.; García Garrido, Due tradizioni testuali, 159–161; Cannata, Per una storia della scienza giuridica europea, 283 f.; Roth, Alfeni Digesta, 79–81; Gamauf, Ad statuam licet confugere, 109; Krampe, Alfenus D. 9,2,52 pr.: ein Rechtsgutachten, FS Wacke, 247–250; Deppenkemper, Negotiorum gestio, 432 FN 6209.

1439 Alf. 2 dig. D. 9.2.52.2. Dazu MacCormack, Aquilian Studies, SDHI 41 (1975) 47 f.; Bretone, Geschichte des römischen Rechts, 143 f.; MacCormack, Juristic Interpretation of the lex Aquilia, Studi Sanfilippo, 257; Andrews, Occidere and the Lex Aquilia, Cambridge Law Journal 46 (1987) 323; Möller, Die mercenarii in der römischen Arbeitswelt, SZ 110 (1993) 310; Cannata, Per una storia della scienza giuridica europea, 281–283; Martin, Transportation and Law in the City of Rome, 193–214; Lohsse, Canem vel servum tenuit?, TR 70 (2002) 272; Polojac, Actio de pauperie, Fundamina 18 (2012) 131 f.; Cardilli, Gestione empirica dell'imputazione e culpae adnumeratio nella riflessione dei giuristi romani, Index 42 (2014) 321–324; Stucchi, In causa ius est positum. Note su due frammenti di Alfeno, FS Santini, 693–703.

Sklaven des Käufers. Gefragt wurde, ob der Verkäufer den Schaden ersetzen müsse. Alfenus machte dies von der Perfektion des Kaufs abhängig. War der Kauf perfekt, müsse der Verkäufer nichts ersetzen, wenn nicht, sei zu differenzieren: Der Verkäufer hafte nicht, wenn der Sklave den Unfall verschuldet hatte, er hafte aber, wenn es zu dem Vorfall wegen eines „Fehlers" (*vitium*) des Rinds gekommen sei.[1440] In einem anderen Fall hatte ein Sklave beim Ballspiel einen anderen Sklaven gestoßen. Dieser fiel hin und brach sich ein Bein. Alfenus lehnte eine Haftung des Eigentümers des ersten Sklaven ab, da seiner Meinung nach der Zufall eine größere Rolle gespielt hätte als das Verschulden des Sklaven.[1441]

Wenn ein Schiff mit einem anderen kollidierte, war laut Alfenus eine Klage gegen den Steuermann oder gegen den Schiffsführer zulässig. Der Eigentümer könne jedoch nicht geklagt werden, wenn höhere Gewalt (*vis cui non resisti potest*) der Grund für den Unfall gewesen war. Waren die Seeleute schuld an der Kollision, so stehe eine *actio legis Aquiliae* zu.[1442] In einem anderen Fall hatte ein Darlehensgeber den Kahn eines Schiffers (*ratiarius*), der sein Darlehen nicht rechtzeitig bezahlt hatte, eigenmächtig im Fluss verankern lassen. Als der Fluss anstieg, wurde der Kahn weggerissen. Alfenus machte die Haftung für den Verlust des Schiffs von der Einwilligung des Schuldners abhängig und antwortete, dass, wenn der Darlehensgeber das Schiff gegen den Willen des Schuldners behalten hatte, der Darlehensgeber das Risiko trage, wenn nicht, hafte er nur für Fahrlässigkeit, nicht aber für höhere Gewalt.[1443]

Ein weiteres *responsum* befasste sich mit der Klausel, dass es einem Pächter verboten sei, Holz im Wald zu schlägern, zu entrinden oder abzubrennen oder solche Handlungen einem Dritten zu erlauben. Gefragt war, ob der Pächter verpflichtet sei, aktiv Vorsichtsmaßnahmen zu ergreifen, damit dies nicht geschehe, oder ob es ausreichend sei, einen Fremden, der vom Pächter auf frischer Tat ertappt wurde, davon abzuhalten. Laut Alfenus decke die Wendung „erlauben"

1440 Alf. 2 dig. D. 9.2.52.3. Dazu WATSON, The Law of Obligations, 96; MISERA, Der Kauf auf Probe im klassischen römischen Recht, 547–549; ROTH, Alfeni Digesta, 49–51; MIGLIETTA, Servius respondit, 76; PÓKECZ KOVÁCS, Rücktrittsvorbehalt und pactum displicentiae (Ulp. D.19.5.20 pr.), RIDA 58 (2011) 326 f.

1441 Alf. 2 dig. D. 9.2.52.4. Siehe MACCORMACK, Aquilian Studies, SDHI 41 (1975) 47; ROTH, Alfeni Digesta, 31–33; MIGLIETTA, Servius respondit, 82; GAMAUF, Pro virtute certamen, 302 f.

1442 Ulp. 18 ad ed. D. 9.2.29.4. Siehe GUARINO, Magister e gubernator navis, Labeo, 11 (1965) 40 f.; MACCORMACK, Aquilian Studies, SDHI 41 (1975) 45.

1443 Paul. 5 epit. Alf. dig. D. 13.7.30. Dazu WATSON, The Law of Obligations, 182 f.; BÜRGE, Vertrag und personale Abhängigkeiten, SZ 97 (1980) 112–114; WACKE, Gefahrerhöhung als Besitzverschulden, FS Hübner, 687 f.; BÜRGE, Römisches Privatrecht, 60–62; BRAUKMANN, Pignus, 123–125; SCHANBACHER, Verpfändungspraxis und Pfandrecht, 199 f.; SCHANBACHER, Gefahrtragung im Pfandverhältnis, TR 74 (2006) 323 f.

(*sinere*) beide Bedeutungen ab; der Verpächter habe aber eher beabsichtigt, dass der Pächter den gepachteten Wald aktiv schützen solle.[1444]

Jemand hatte seinem Nachbarn eine *cautio damni infecti* geleistet. Aufgrund des starken Winds waren Ziegel auf das Nachbargrundstück geweht worden und hatten am Haus des Nachbarn Schaden angerichtet. Alfenus meinte, aus der *cautio damni infecti* könne geklagt werden, wenn der Grund für die beschädigten Ziegel in der Schadhaftigkeit und Schwäche des Hauses liege, nicht aber, wenn die Kraft des Windes so groß gewesen war, dass sie auch einem stabilen Gebäude Schaden zugefügt hätte. Dann greife auch nicht die Formulierung *sive quid ibi ruet*, weil *ruere* beinhalte, dass etwas spontan herunterfalle und nicht wegen Wind oder einer anderen großen Krafteinwirkung heruntergeworfen werde.[1445] In einem anderen Fall war ein verkauftes, aber noch nicht übergebenes Mietshaus (*insula*) abgebrannt. Gefragt war, wer den Schaden zu tragen habe, da ein solcher Brand nicht ohne ein Verschulden zustande kommen könne. Alfenus meinte, dass nicht bei jedem Brand ein Verschulden des *pater familias* vorliege und dass nicht jedes Verschulden eines Sklaven automatisch dessen Eigentümer zurechenbar sei. Zu beachten sei, ob der Verkäufer bei der Bewachung der *insula* die nötige Sorgfalt (*diligentia*) gewahrt habe, die ein ordentlicher und achtsamer Mensch an den Tag lege. Wenn dies der Fall gewesen sei, müsse der Käufer den Schaden tragen.[1446]

In einem häufig diskutierten Fall des Alfenus hatte ein Ädil bereits gekaufte Betten, die auf einer öffentlichen Straße standen, zusammenschlagen lassen. Alfenus meinte, der Käufer trage das finanzielle Risiko, wenn die Betten übergeben worden waren oder die Übergabe wegen eines Verschuldens des Käufers nicht zustande gekommen war. Andernfalls müsse der Verkäufer den Schaden tragen.[1447] Ähnlich sei zu urteilen, wenn Bauholz gestohlen werde. Wenn es schon

1444 Alf. 7 dig. D. 19.2.29. Dazu Mayer-Maly, Locatio conductio, 108; MacCormack, Custodia and Culpa, SZ 89 (1972) 194 f.; Frier, The Tenant's Liability for Damage to Landlord's Property, SZ 95 (1978) 244 f.; Molnár, Verantwortung und Gefahrtragung bei der locatio conductio zur Zeit des Prinzipats, 635 f.; Krampe, Die ambiguitas-Regel, SZ 100 (1983) 224; Trisciuoglio, Sull'interpretatio Alfeniana pro locatore in D. 19.2.29, Archivio giuridico 220 (2000) 581–610; Wacke, Protection of Environment in Roman Law?, Roman Legal Tradition 1 (2002) 13–18; Du Plessis, The Roman Concept of Lex contractus, Roman Legal Tradition 3 (2006) 89 f.

1445 Alf. 2 dig. D. 39.2.43 pr. Siehe Nörr, Kausalitätsprobleme im klassischen römischen Recht, FS Wieacker, 117, 119 f.; Rainer, Bau- und nachbarrechtliche Bestimmungen, 118 f.; De Robertis, La responsabilità contrattuale nel diritto romano, 59.

1446 Alf. 2 dig. D. 18.6.12. Dazu Watson, The Law of Obligations, 71; MacCormack, Custodia and Culpa, SZ 89 (1972) 185 f.; Knütel, Die Haftung für Hilfspersonen, SZ 100 (1983) 348 f.; Pennitz, Das periculum rei venditae, 404 f.; Fercia, La responsabilità per fatto di ausiliari nel diritto romano, 58–64; Schermaier, Bonus Pater Familias, FS Schrage, 352.

1447 Paul. 3 Alf. epit. D. 18.6.13, D. 18.6.15 pr. Dazu Costa, Cicerone giureconsulto, 116; Watson, The Law of Obligations, 59, 68 f.; Kaser, Die actio furti des Verkäufers, SZ 96 (1979) 113;

übergeben worden war, trage der Käufer die Gefahr, sonst der Verkäufer. Die Übergabe habe stattgefunden, wenn das Bauholz gekennzeichnet wurde.[1448] Julian ergänzt hierzu, dass der Käufer den Ädil, wenn dieser widerrechtlich gehandelt habe, mit der *actio legis Aquiliae* klagen könne oder der Verkäufer mit der *actio empti* auf Zession der Klagen gegen den Ädil zu klagen sei.[1449]

Auch einige prozessrechtliche *responsa* des Alfenus sind erhalten. So äußerte er sich zu der Frage, ob es zulässig sei, vom Prozessgegner die Herausgabe jener Rechnungsbücher zu verlangen, an denen der Kläger das größte Interesse hat, zurückhaltend und meinte, die *actio ad exhibendum* stünde zwar demjenigen mit dem größten Interesse zu, allerdings sei die Gefahr des Rechtsmissbrauchs gegeben. Allein das Interesse dürfe nicht das ausschlaggebende Element sein, wichtig sei, welche Absicht mit der *actio ad exhibendum* verfolgt werde. Denn wäre allein das Interesse ausschlaggebend, könnte auch ein *studiosus* die Herausgabe bestimmter Bücher verlangen, durch deren Lektüre er klüger und besser werden würde.[1450] Außerdem erklärte Alfenus, dass jemand, der sich aus privaten Gründen auf einer Gesandtschaft befinde, nicht aus Staatsgründen abwesend (*rei publicae causa absens*) zu sein scheine.[1451]

Anlass eines weiteren *responsum* war, dass ein Schiedsrichter aus Zeitgründen den Termin für das *compromissum* verschoben hatte. Eine der Parteien war bei dem zweiten Termin nicht anwesend und es wurde gefragt, ob vom Abwesenden die aus dem *compromissum* verhängte Geldzahlung eingefordert werden könne. Dies wurde von Alfenus verneint, da dem *arbiter* die Kompetenz für die Verschiebung des *compromissum* gefehlt habe.[1452] Zudem befasste sich Alfenus mit der Frage, ob es sich nach einem Austausch einer oder mehrerer Richter immer

Molnár, Alfenus Varus iuris consultus, Studia Pólay, 325 f.; Thielmann, Traditio und Gefahrenübergang, SZ 106 (1989) 292–326; Jakab, Praedicere und cavere beim Marktkauf, 111; Zimmermann, The Law of Obligations, 289; Wubbe, Afr. D. 19,2,33 de Hoetink à Cannata, FS Cannata, 112–115; Quintana Orive, Observaciones sobre el depósito, RIDA 46 (1999) 427–450; Licandro, In magistratu damnari, 66–69; Pennitz, Das periculum rei venditae, 366–370; Krampe, Aedilis lectos emptos concidit, Studi Labruna, 2695–2700.

1448 Paul. 3 Alf. epit. D. 18.6.15.1. Siehe Watson, The Law of Obligations, 59; Thielmann, Traditio und Gefahrenübergang, SZ 106 (1989) 292–326; Schermaier, Materia, 18 f.; Pennitz, Das periculum rei venditae, 381 f.

1449 Iul. 3 ad Urs. Fer. D. 18.6.14. Zur Literatur siehe FN 1448 und 1449.

1450 Paul. 4 epit. Alf. dig. D. 10.4.19. Dazu Watson, The Law of Property, 108 f.; Horak, Rationes decidendi, 268 f.; Garcia Caminas, Régimen jurídico del iudicium calumniae decimae partis, 231 f.; Roth, Alfeni Digesta, 43 f.

1451 Alf. 5 dig. D. 4.6.42. Siehe Molnár, Alfenus Varus iuris consultus, Studia Pólay, 320; Roth, Alfeni Digesta, 96.

1452 Alf. 7 dig. D. 4.8.50. Siehe Horak, Rationes decidendi, 180; Honsell, Quod interest im bonae-fidei-iudicium, 30.

noch um denselben Prozess (*iudicium idem*) handle. Diese Frage wurde von Alfenus positiv beantwortet, selbst für den Fall, dass alle Richter ausgetauscht worden wären.[1453] Bei einem anderen *responsum* lautete die Anfrage, ob ein Richter, der ein falsches Urteil getroffen hatte, an diesem Tag (in derselben Sache) ein weiteres Urteil treffen könne, was von Alfenus verneint wurde.[1454]

Auch zahlreiche Worterläuterungen – wie bei römischen Juristen üblich und unter häufiger Zuhilfenahme von Etymologien – sind unter dem Namen des Alfenus überliefert, so u. a. ein Zitat bei Gellius, in dem Alfenus den Begriff *argentum purum putum* („sehr reines Silber“) in einem Staatsvertrag zwischen Rom und Karthago erläutert.[1455] Zugleich ist dies ein (seltener) Hinweis auf die Beschäftigung der römischen Juristen mit zwischenstaatlichen Verträgen, über die sonst wenig bekannt ist.[1456] Auch Erläuterungen der Begriffe *urbs* (Stadtkern innerhalb der Mauern), *Roma* (Stadtkern und angrenzende Gebäude)[1457] und *urbum* (durch einen Pflug verursachte Krümmung)[1458] sind von Alfenus erhalten. Vermutlich in Verbindung mit einer unklaren Testamentsklausel erfolgte Alfenus' Definition der Begriffe *puer*[1459]

1453 Alf. 6 dig D. 5.1.76. Dazu Schulz, Geschichte der römischen Rechtswissenschaft, 101; Costa, Cicerone giureconsulto, 86; Horak, Rationes decidendi, 231 f.; Watson, Law Making in the Later Roman Republic, 189; Bund, Rahmenerwägungen FS v. Lübtow, 137; Bretone, Geschichte des römischen Rechts, 145 f.; Roth, Alfeni Digesta, 171–179; Mantovani, Lessico dell'identità, 3–47, bes. 6–31; Miglietta, Servius respondit, 325 FN 417; Mantello, L'analogia nei giuristi tardo repubblicani e augustei, Studi Martini, 649 f.; Liebs, Hofjuristen der römischen Kaiser, 43 f.; Groten, corpus und universitas, 333–336; Turelli, Appunti sulla struttura di Alfenus 6 dig. D.5.1.76, FS Strangas, 771–787.

1454 Alf. 6 dig. a Paulo epit. D. 42.1.62. Dazu Litewski, Zwischenbescheide im römischen Prozeß, 263–265.

1455 Gell. 7.5. Siehe auch Funaioli, Grammaticae Romanae Fragmenta, 554 f.; Baldus, Regelhafte Vertragsauslegung, 403–412.

1456 Zur Quellenlage siehe auch Grotkamp, Völkerrecht im Prinzipat, 22–27.

1457 Marcell. 12 dig. D. 50.16.87. Dazu Horak, Rationes decidendi, 205; Nörr, Pomponius, 520; Molnár, Alfenus Varus iuris consultus, Studia Pólay, 321; Casavola, Il concetto di „urbs roma“: giuristi e imperatori romani, Labeo 38 (1992) 20–29; Roth, Alfeni Digesta, 97; Nörr, Pomponio o della intelligenza storica die giuristi romani, Rivista di diritto romano 2 (2002) 187; Robinson, Ancient Rome: City Planning and Administration, 6; Miglietta, I giuristi romani e la formazione della regula iuris, 43; Sini, „Urbs“: concetto e implicazioni normative nella giurisprudenza, Diritto@Storia 10 (2011/12). Zum Kontext des *responsum* vgl. Paul. 1 ad ed. D. 50.16.2 pr.; Domingo, Die Gerichtszuständigkeit des Prätors, TR 64 (1996) 177; Rodger, Vadimonium to Rome (and Elsewhere), SZ 114 (1997) 169.

1458 Pomp. l. s. enchir. D. 50.16.239.6. Siehe auch Funaioli, Grammaticae Romanae Fragmenta, 555; Nörr, Pomponius, 520; Sini, „Urbs“: concetto e implicazioni normative nella giurisprudenza, Diritto@Storia 10 (2011/12); Babusiaux, Funktionen der Etymologie in der juristischen Literatur, Fundamina 20 (2014) 46 f.

1459 Paul. 2 epit. Alf. dig. D. 50.16.204. Siehe auch Funaioli, Grammaticae Romanae Fragmenta, 555; Gamauf, Kindersklaven in klassischen römischen Rechtsquellen, 234; Miglietta,

und *scapha* (Kahn).[1460] Dass Definitionen nicht nur im Zuge der Auslegung erbrechtlicher Bestimmungen gefragt waren, zeigt seine Erläuterung des Begriffs *pomus* bei einem Kaufvertrag über ein Grundstück. Unter diesen Begriff fielen nach Meinung des Alfenus Nüsse, Feigen und nicht für die Weingewinnung angebaute Trauben.[1461] Die Definition von *lumen* als Ausblick auf den Himmel, der sich dadurch vom *prospectus*, dem Ausblick, der auch von niederen Fenstern aus genossen werden könne, unterscheide, wurde hingegen vermutlich in Zusammenhang mit der Bestellung einer Gebäudeservitut erteilt.[1462]

Alfenus interpretierte nicht nur einen Vertrag zwischen Rom und Karthago, sondern erteilte auch andere Rechtsauskünfte auf dem Gebiet des öffentlichen Rechts. In der *lex censoria* des Hafens von Syrakus war vorgeschrieben, dass für Sklaven, die ihr Eigentümer zum eigenen Gebrauch nach Hause führe, keine Hafenabgabe (*portorium*) zu bezahlen sei. Gefragt war, ob der Eigentümer von Sklaven, die nach Rom geschickt wurden, um dort ein Grundstück einzurichten, die Abgabe für die Sklaven entrichten müsse. Alfenus antwortete, hier müssten vor allem zwei Gesichtspunkte berücksichtigt werden, nämlich die Interpretation der Formulierungen „nach Hause" (*domum ducere*) und zum „eigenen Gebrauch mit sich führen" (*suo usu ducere*). Die Formulierung *domum* interpretiert Alfenus schließlich iSv „zum Wohn- und Geschäftssitz" und den eigenen Gebrauch sah er als verwirklicht an, wenn die Sklaven für die Körperpflege und die Ernährung ihres Eigentümers zuständig seien. Zu dicser Gattung von Sklaven zählten nach Alfenus Salber, Kammerdiener, Köche, Kellner und Sklaven mit ähnlichen Funktionen.[1463]

Giurisprudenza romana tardorepubblicana e formazione della „regula iuris", Seminarios Complutenses de Derecho Romano 25 (2012) 208 f.

1460 Alf. 2 dig. a Paul. epit. D. 21.2.44. Siehe Watson, The Law of Succession, 147; Calboli, Introduzione alle inventio, 210.

1461 Paul. 4 epit. Alf. dig. D. 50.16.205. Siehe auch Molnár, Alfenus Varus iuris consultus, Studia Pólay, 321; Tarwacka, Cascellius and the Aedilician Edict on Throwing Fruit into the Arena, Diritto@Storia 11 (2013).

1462 Paul. 2 epit. Alf. dig. D. 8.2.16. Dazu Funaioli, Grammaticae Romanae Fragmenta, 555; Costa, Cicerone giureconsulto, 133; Watson, The Law of Property, 194; Horak, Rationes decidendi, 204; Rainer, Bau- und nachbarrechtliche Bestimmungen, 273.

1463 Alf. 7 dig. D. 50.16.203. Siehe Costa, Cicerone giureconsulto, 49 FN 1; Astolfi, Studi sull'oggetto dei legati in diritto romano II, 298; Castello, D. 50.16.203 – un passo di Alfeno Varo in tema di esenzione dal portorium, IURA 37 (1986) 101–113; Licandro, Domicilium: emersione di un istituto, Rivista di Diritto Romano 3 (2003) 1 f.; Licandro, Domicilium habere, 56–77; Gagliardi, Mobilità e integrazione delle persone nei centri cittadini romani, 335 f.; Merola, Cittadinanza e immunità doganale, Scritti Franciosi, III 1724–1726; Coskun, Bürgerrechtsentzug oder Fremdenausweisung?, 114 f.; Dubouloz, La propriété immobilière, 134–137; Miglietta, I giuristi romani e la formazione della regula iuris, 60–62; Miglietta, Giurisprudenza romana tardorepubblicana e formazione della „regula iuris", Seminarios Complutenses de Derecho Romano 25 (2012) 234–236.

Gut datierbar ist jene Rechtsauskunft, die Alfenus zu einer Vertragsbestimmung in den *leges* der Schleifsteinwerke auf Kreta, die von Cäsar verpachtet worden waren, gab. In den Vertragsbestimmungen war festgelegt, dass nach den Iden des März keine Schleifsteine mehr gegraben oder von der Insel abtransportiert werden sollten. Ein Schiff war vor den Iden des März ausgelaufen, musste aber aufgrund des Windes wieder zurück in den Hafen fahren; die zweite Abfahrt fand dadurch erst nach den Iden des März statt. Alfenus wurde gefragt, ob darin ein Verstoß gegen die Vertragsbestimmungen zu sehen sei; er verneinte dies.[1464]

Das Getreideschiff des Saufeius war mit Getreide beladen worden und ging, nachdem ein Teil des Getreides an einen Belader ausgehändigt worden war, im Hafen unter. Alfenus wurde gefragt, ob die anderen Belader eine Klage wegen beiseitegeschaffter Ladung (*actio oneris aversi*) gegen den Reeder erheben könnten. Alfenus verwies in seiner Antwort darauf, dass es zwei Arten der *locatio* gebe. Bei der einen werde dasselbe zurückgegeben, bei der anderen etwas von derselben Gattung. Gleiches gelte auch für das *depositum* und je nachdem entstehe Eigentum beim *conductor* oder nicht. Bei dem vorliegenden Sachverhalt sei das Getreide, laut Alfenus, Eigentum des Saufeius geworden; anders sei dies zu beurteilen, wenn das Getreide getrennt aufbewahrt werde, sodass man erkennen könne, wem es gehöre. In beiden Fällen sei die *actio oneris aversi* nicht zulässig. Wenn das Getreide Eigentum des Saufeius geworden sei, könne Saufeius das Getreide nicht unterschlagen haben, da er Eigentümer gewesen sei. Wenn er nicht Eigentümer geworden sei, weil das Getreide getrennt aufbewahrt worden sei, habe der Belader die *actio furti*, weshalb die *actio oneris aversi* überflüssig sei. Wenn das Getreide Eigentum des Saufeius geworden sei, hafte er aus dem Vertrag nur für *culpa* und es sei nicht als schuldhaft anzusehen, dass er einem der Belader das Getreide gegeben habe, da der Reeder ja bei einem der Belader mit der Ausladung beginnen müsse, auch wenn der erste von ihnen sich nunmehr gegenüber den anderen im Vorteil befinde.[1465] Dieses *responsum* unterscheidet

1464 Alf. 7 dig. D. 39.4.15. Siehe auch Mateo, Manceps, redemptor, publicanus, 144 f.; Malmendier, Societas publicanorum, 85; Torrent, El aparente desinterés de la jurisprudencia tardorepublicana por las Societates Publicanorum, Teoría e storia del diritto privato 8 (2015) 1–88.

1465 Alf. 5 a Paul. epit. D. 19.2.31. Dazu Amirante, Ricerche in tema di locazione, BIDR 62 (1959) 66–68; Mayer-Maly, Locatio conductio, 34–38; Nörr, Die Entwicklung des Utilitätsgedankens, SZ 73 (1956) 100–102; Watson, The Law of Obligations, 106–108; MacCormack, Custodia and Culpa, SZ 89 (1972) 199 f.; Litewski, Le dépôt irrégulier, RIDA 21 (1974) 229–234; Benke, Zum Eigentumserwerb des Unternehmers bei der locatio conductio irregularis, SZ 104 (1987) 191–214; Bürge, Fiktion und Wirklichkeit, SZ 104 (1987) 538 f.; Schiavone, Giuristi e nobili nella Roma repubblicana, 125–128; Bretone, Geschichte des römischen Rechts, 144 f.; Schermaier, Teilvindikation oder Teilungsklage?, SZ 110 (1993) 176–179; Gröschler, Die Eigentumszuordnung beim Werkvertrag, 73 f.; Höbenreich, Annona, 107; Stoop, Non solet

sich von den meisten anderen dadurch, dass der Klient des Juristen mit Namen genannt wird. Je nachdem, ob man Alfenus oder Servius als Urheber dieser Rechtsauskunft annimmt, kommen verschiedene Saufei infrage. Möglich wäre ein Zusammenhang mit dem *quaestor* C. Saufeius und seinen Kornspenden an die römische Bevölkerung oder mit dem mit Cicero befreundeten Brüderpaar.[1466]

Schließlich behandelte Alfenus, wie andere republikanische Autoren auch, die Problematik des Bürgerrechtsentzugs, die vor allem im Zuge der Proskriptionen des 1. Jhdt. v. Chr. verstärkt an Aktualität gewann: Seine Rechtsmeinung lautete, dass der Verlust des Bürgerrechts den Kindern des Betroffenen insofern schade, als diese nicht *ex intestato* das Erbe antreten könnten und deshalb gingen ihnen seine Erbschaft, seine Freigelassenen und alles, was auf diese Weise übertragen werde, verloren. Was jedoch von ihrer Familie stamme, ihrer Gemeinde oder was sie auf andere Weise erwürben, gehöre ihnen. Daher könnten sich auch Brüder wechselseitig beerben und als *adgnati* Erbschaften antreten oder die Vormundschaft übernehmen, denn diese Rechte und Pflichten gingen nicht auf den Vater zurück, sondern auf die Vorfahren.[1467]

Der Zweck der *responsa* des Alfenus erschließt sich nicht immer auf den ersten Blick. Seine verschiedenen Distinktionen lassen eine Verwendung im Unterricht plausibel erscheinen, doch hat zuletzt Krampe bezüglich D. 9.2.52.1 überzeugend dessen Verwendung im Prozess aufgezeigt.[1468] Roth wiederum differenziert zwischen Sachverhaltsangaben, bei denen wichtige Elemente fehlen, und sieht bei den in diesem Zusammenhang erteilten Distinktionen einen klaren Bezug zur

---

locatio dominium mutare, TR 66 (1998) 7 f.; Fiori, La definizione della locatio conductio, 65–80; Plisecka, Tabula Picta, 147–149; Gamauf, Vindicatio nummorum, 168–178; Roth, Alfeni Digesta, 134–148; Bessenyo, Das Rätsel der actio oneris aversi, FS Benedek, 23–55; Müller, Gefahrtragung bei der locatio conductio, 83–87; Bello Rodriguez, La responsabilidad del naviero en el transporte de mercancías según D. 19.2.31, RIDA 69 (2002) 45–55; Müller, Gefahrtragung bei der locatio conductio, 84–88; Di Marco, L' actio oneris aversi – appunti su un equivoco riconstruttivo, Labeo 49 (2003) 140–159; Backhaus, Die Gefahrtragung bei gemeinsamen Unternehmungen und ihre Modifikation durch Parteiabsprachen im klassischen römischen Recht, SZ 121 (2004) 252–259; Jakab, Vertragsformulare im Imperium Romanum, SZ 123 (2006) 87–91; Forschner, Das Schiff des Saufeius, Forum Historiae Iuris 11 (2011); Castresana, Das aestimatum, SZ 128 (2011) 153; Purpura, Il χειρέμβολον e il caso di Saufeio: responsabilità e documentazione nel trasporto marittimo romano, AUPA 57 (2014) 127–152.

1466 Zu diesem siehe Mattingly, Saturninus' Corn Bill and the Circumstances of His Fall, The Classical Review 19 (1969) 267–270. Zu dieser Möglichkeit siehe auch Forschner, Das Schiff des Saufeius, Forum Historiae Iuris 11 (2011) Rz 15.

1467 Paul 3 epit. Alf. dig. D. 48.22.3. Dazu Watson, The Law of Persons, 120 f.; Horak, Rationes decidendi, 177 f.; Waldstein, Entscheidungsgrundlagen klassischer Juristen, 42 f.; Bauman, The „Leges iudiciorum publicorum", 109; Roth, Alfeni Digesta, 185 f.; Signorini, Adsignare libertum, 169–172.

1468 Krampe, Tabernarius consulebat, FS Spruit, 133–140.

Praxis. Davon unterscheidet er jene *responsa*, bei denen der Sachverhalt an sich eine eindeutige Rechtsauskunft ermöglichen würde. Die zu diesen Fällen gebildeten Variationen erklärt er mit der didaktischen Zielsetzung.[1469] Vielleicht ist der Grund für diese Distinktionen, die zwar bei fast allen römischen Juristen zu finden sind, aber bei keinem in solch einem Ausmaß wie bei Alfenus, schlichtweg eine persönliche Vorliebe dieses Juristen, die er von seinem Lehrer Servius übernommen hatte. Gerade aufgrund seiner Außenseiterstellung innerhalb der Jurisprudenz der Übergangszeit wäre es durchaus glaubhaft, dass Alfenus sich dadurch von seinen kurz angebundenen Berufskollegen unterscheiden wollte. Das Manko der fehlenden Transparenz des Rechts war ein ständiger Kritikpunkt der römischen Öffentlichkeit. Die Distinktionen des Alfenus erlauben es, seine Entscheidung leichter nachzuvollziehen als jene von anderen Juristen der Übergangszeit.[1470]

Eine weitere Eigenheit des Alfenus ist die Heterogenität seiner Konsulenten. Gerade die auf dem Gebiet des Vertrags- und Deliktsrechts erteilten *responsa* weisen darauf hin, dass Alfenus sich diesen Gebieten weit intensiver widmete als andere zur gleichen Zeit tätige Juristen; dies wird durch Roths Beschreibung von Alfenus als Anwalt der kleinen Leute[1471] treffend beschrieben. In Alfenus' *responsa* finden sich zahlreiche Fälle, die ihren Ursprung nicht im Alltag der *nobiles* hatten: So behandelte Alfenus häufig die *locatio conductio,* und sehr viele seiner *responsa* – nicht nur, aber auch im Bereich des Schadenersatzrechts – betreffen Sklaven. Gerade diese Fälle zeigen aber, dass Prozesse keineswegs nur Angelegenheit der Reichen waren, sondern auch von den sog. kleinen Leuten geführt wurden. Dies ist zudem ein Hinweis dafür, dass sich auch Leute mit einem kleineren Vermögen die Anwaltshonorare sowie eine Rechtsberatung und anwaltliche Vertretung leisten konnten. Auf der anderen Seite kam Alfenus, wie auch deutlich an den öffentlichrechtlichen *responsa* zu ersehen ist, durchaus mit einer begüterten Klientel in Kontakt. So werden bei Alfenus häufiger als bei anderen Juristen Amtspersonen (*aedilis*, *legatus*, *praetor*) in den *responsa* genannt. Das mag damit zusammenhängen, dass sich Alfenus, anders als viele andere Schüler des Servius, politisch „richtig" orientiert hatte und daher auch öfter von politischen Autoritäten um Rat gefragt wurde (man denke an Horaz' Spott über den „König des Forums"). Freilich ist es auch möglich, dass es normalerweise unter Juristen nicht üblich war, Anfragen in originaler Form in die *responsa*-Sammlungen aufzunehmen, da solche Äußerungen zugleich auch Rückschluss auf die politische Orientierung des

1469 Z. B. Roth, Alfeni Digesta, 127–132, 203.

1470 Vgl. auch Roth, Alfeni Digesta, 132 FN 120 „Für die Ausführlichkeit der Falldarstellung hat der Jurist sich offenbar bewusst und in didaktischer Absicht entschieden."

1471 Roth, Alfeni Digesta, 75.

Respondierenden erlaubten und im Notfall gegen ihn verwendet werden konnten, und Alfenus in dieser Hinsicht eine Ausnahme bildete.[1472]

I.5.7. Q. Cornelius Maximus, Q. Aelius Tubero d. J. und A. Cascellius

Neben dem Serviuskreis wirkten in Rom auch andere Juristen, deren Lehrer freilich nicht oder kaum bekannt waren und die keinen großen Schülerkreis hinterließen. Der Grund für die nicht besonders hohe Zahl an erhaltenen *responsa* liegt vielleicht auch in der geringen literarischen Tätigkeit dieser Juristen selbst und ihrer Schüler. Die bekanntesten von ihnen waren Q. Cornelius Maximus, Q. Aelius Tubero und A. Cascellius.

Von Q. Cornelius Maximus[1473] ist wenig Biographisches überliefert, außer dass er Lehrer des C. Trebatius Testa war[1474] und von Cicero in zwei Briefen als Jurist erwähnt wird.[1475] Ein von ihm überliefertes *responsum* enthält eine Beschreibung, was unter einem „Zubehör" (*instrumentum*) für einen Weinberg zu verstehen sei. Nach Cornelius enthielt das Legat Pfähle, Palisaden, Harken und Hacken, nach Servius existierte kein Zubehör für einen Weinberg, weshalb der Zusatz hinfällig sei. Alfenus, der die beiden Rechtsauskünfte überlieferte, stimmte der Ansicht von Cornelius zu.[1476]

Q. Aelius Tubero d. J.[1477] war Jurist und Historiker. Ursprünglich ein Anhänger des Pompeius, wurde er später von Cäsar begnadigt und saß ab 31 v. Chr.

1472 Vgl. etwa die Weigerung des Antonius, seine Reden zu veröffentlichen, damit sie nicht gegen ihn verwendet würden (Cic. Cluent. 140; Val. Max. 7.3.5).

1473 Siehe Bremer, Iurisprudentiae antehadrianae, I 111; Jörs, Art. Q. Cornelius Maximus (264), RE IV (1900) Sp. 1406; Kunkel, Die römischen Juristen, 24.

1474 Pomp. l. s. enchir. D. 1.2.2.45.

1475 Cic. fam. 7.8.2, 7.17.

1476 Alf. 2 a Paul. epit. D. 33.7.16.1. Siehe Watson, The Law of Succession, 146; Aubert, Productive Investments in Agriculture, 167–185; Miglietta, I giuristi romani e la formazione della regula iuris, 58–60. Siehe auch S. 130, 173, 177, 202, 207, 208, 225 f.

1477 Pomp. l. s. enchir. D. 1.2.2.46. Zu Q. Aelius Tubero d. J. siehe Bremer, Iurisprudentiae antehadrianae, I 358–367; Klebs, Art. Q. Aelius Tubero (156), RE I (1893) Sp. 537 f.; Schanz/Hosius, Geschichte der römischen Literatur I, 321–323; Malcovati, Oratorum romanorum fragmenta, 527 f.; Kunkel, Die römischen Juristen, 37; Nörr, Pomponius, 527–529; Guarino, Ineptiae iuris Romani V, Atti dell'Accademia Pontaniana 30 (1982) 7–15; Frier, The Rise of the Roman Jurists, 146, 152; Bauman, Lawyers in Roman Transitional Politics, 113–117; Syme, The Augustan Aristocracy, 57, 71, 305 f., 349, 356; Broughton, Magistrates, III 5; Kierdorf, Art. Aelius Tubero, Q. [I 17], DNP 1 (1996) Sp. 171; Bottiglieri, Su alcuni aspetti dell'interpretatio di Q. Elio Tuberone il giovane, Labeo 42 (1996) 367–385; Ryan, The Quaestorships of T. Ligarius and Q. Aelius Tubero, L'antiquité classique 68 (1999) 243–245; Beck/Walter,

im Senat. Er war ein Schüler von A. Ofilius[1478] und der Schwiegersohn des Ser. Sulpicius Rufus, der ihn wohl ebenfalls unterrichtet haben dürfte. Auch mit anderen Juristen war er verwandt: Q. Aelius Tubero d. Ä. war sein Großvater und C. Cassius Longinus sein Enkel.[1479] Dass er seinen Sohn Sex. Aelius Catus und seine Tochter Aelia Paetina nannte, macht eine Verwandtschaft mit Sex. und P. Aelius Paetus wahrscheinlich.[1480] Verbindungen existieren auch zu C. Aelius Gallus und L. Aelius Stilo sowie zu Cicero.[1481]

Nach Pomponius war Tubero sowohl im *ius publicum* als auch im *ius privatum* ausgesprochen gelehrt und publizierte auch einige (wenig gelesene) Bücher.[1482] Neben seinem Geschichtswerk *historiae*[1483] werden ihm auch Schriften mit den Titeln *de officio iudicis*[1484] und *de officio senatorio*[1485] zugeschrieben. Ein eigenständiges Werk *de officio senatorio* ist jedoch relativ unwahrscheinlich, da in dem Zitat kein Titel genannt wird und es daher am wahrscheinlichsten ist, dass dieses Zitat Tuberos seinem Geschichtswerk entstammt. Bei der Schrift *de officio iudicis* könnte es sich dem Wortlaut nach auch um einen Auszug aus einer von Tuberos Reden handeln. Weiters war Tubero Autor einer Schrift an C. Oppius.[1486] Der Verbreitung seiner Schriften hinderlich war allerdings seine altertümliche Sprache, wie auch ein Zitat aus seiner dem C. Oppius gewidmeten Schrift aufzeigt.[1487]

Tubero war gut in das kulturelle Leben seiner Zeit integriert, er fungierte als Dialogpartner in Varros *de origine humana* und Dionysius von Halikarnassos widmete ihm ein Werk über Thukydides.[1488] Dass er in sein Geschichtswerk

---

Die frühen römischen Historiker II, 348–357; Kierdorf, Römische Geschichtsschreibung der republikanischen Zeit, 56; Ryan, Eine Beteuerung Tuberos, eine Andeutung Caesars und eine Unterstellung Ciceros, Aevum 78 (2004) 51–58; Reichardt, Sprachlich-stilistische Untersuchungen zu den frühen römischen Historikern, 307 f.; Richardson, L. Iunius Brutus the Patrician and the Political Allegiance of Q. Aelius Tubero, CPh 106 (2011) 155–160; Oakley, L. and Q. Aelius Tubero, in: Cornell (Hrsg.), The fragments of the Roman historians, I 361–367, II 746–759, III 469–475.

1478 Zu diesem siehe S. 203 ff. Vgl. Gell. 1.22.7.

1479 Bauman, Lawyers in Roman Transitional Politics, 113.

1480 Beck/Walter, Die frühen römischen Historiker II, 348, sieht hier wohl zu Recht die Betonung einer juristischen Familientradition.

1481 Zur Verwandschaft mit L. Aelius Stilo und C. Aelius Gallus siehe Bauman, Lawyers in Roman Transitional Politics, 113. Die Freundschaft mit Tubero betont Cicero in Cic. Lig. 1, 8.

1482 Pomp. l. s. enchir. D. 1.2.2.46.

1483 Zu diesem siehe Beck/Walter, Die frühen römischen Historiker II, 346–357.

1484 Gell. 14.2.20. Siehe dazu Broggini, Iudex arbiterve, 219.

1485 Gell. 14.7.12–13, 14.8.

1486 Gell. 6.9.11. Siehe auch Oakley, L. and Q. Aelius Tubero, in: Cornell (Hrsg.), The fragments of the Roman historians, III 475.

1487 Pomp. l. s. enchir. D. 1.2.2.46; Gell. 6.9.11–12.

1488 Siehe Rawson, Intellectual Life in the Late Roman Republic, 97; Beck/Walter, Die frühen römischen Historiker II, 347. Siehe auch Dion. Hal. ant. 1.80; ad Amm. 1.1; Cens. 9.1; Prob. in

auch rechtlich relevante Details aufnahm, zeigt sein Bericht zum Testament Cäsars. So verdanken wir ihm die Nachricht, dass Cäsar relativ lange (bis zum Bürgerkrieg) Pompeius als Erben eingesetzt hatte und erst später sein Testament zugunsten seiner (Groß-)Neffen C. Octavius, L. Pinarius Scarpus und Q. Pedius änderte.[1489] Auch seine Notiz, dass Servius Tullius die Grenze für die Mündigkeit mit 17 Jahren festgesetzt habe, ist nicht nur von historischem Interesse, sondern auch rechtshistorisch relevant.[1490]

Gemeinsam mit seinem Vater L. Aelius Tubero agierte er 46 v. Chr. als Ankläger des Q. Ligarius, der von Cicero und C. Vibius Pansa verteidigt wurde.[1491] Ciceros Anspielungen auf die *doctrina* des L. Aelius Tubero in seiner Rede *pro Ligario* könnten bedeuten, dass auch der Vater Jurist war[1492], denn *doctrina* wird von Cicero mehrmals in diesem Sinn verwendet.[1493] Q. Aelius Tubero und sein Vater verloren die Anklage und dieser Vorfall veranlasste ihn Pomponius zufolge dazu, auf die Rechtswissenschaft umzusatteln.[1494] Einige Bemerkungen zu diesem Prozess finden sich auch in Quintilians *institutio oratoria*.[1495] Quintilian hatte die Rede des jüngeren Tubero und die zugehörige Rede des Cicero gelesen,[1496] was beweist, dass diese zu Quintilians Zeit noch im Umlauf waren.

Bei den von Tubero behandelten Rechtsgebieten fällt auf, dass seine (erhaltenen) *responsa* fast zur Gänze auf dem Gebiet des Erbrechts erteilt wurden. Schon besprochen wurde das gemeinsam mit Ofilius und Cascellius erteilte *responsum* zur Interpretation der Klausel *vinum oleum frumentum acetum mella salsamenta*.[1497] Bezüglich des Inhalts von *instrumentum fundi* meinte Tubero – abweichend von

Verg. ecl. 6.31. Gegen eine Identifikation mit dem Juristen Tubero spricht sich Von Albrecht, Geschichte der römischen Literatur, 329 aus.

1489 Suet. Iul. 83. Siehe dazu Beck/Walter, Die frühen römischen Historiker II, 356 f.; Oakley, L. and Q. Aelius Tubero, in: Cornell (Hrsg.), The fragments of the Roman historians, III 475.

1490 Gell. 10.28. Siehe dazu Beck/Walter, Die frühen römischen Historiker II, 352 f.; Oakley, L. and Q. Aelius Tubero, in: Cornell (Hrsg.), The fragments of the Roman historians, III 470 f.

1491 Zur Rede siehe Walser, Der Prozeß gegen Q. Ligarius im Jahre 46 v. Chr., Historia 8 (1959) 90–96; Neumeister, Grundsätze der forensischen Rhetorik, 46–56; Kumaniecki, Der Prozess des Ligarius, Hermes 95 (1967) 434–457; Malcovati, Oratorum romanorum fragmenta, 528; Craig, The Central Argument of Cicero's Speech for Ligarius, The Classical Journal 79 (1984) 193–199; Bringmann, Der Diktator Caesar als Richter?, Hermes 114 (1986) 72–88.

1492 Cic. Lig. 10. Siehe auch Cic. Lig. 23 und Cic. Mur. 60.

1493 Anspielungen auf die juristischen Kenntnisse des jüngeren Tubero finden sich auch in Cic. Lig. 12, 20; Cic. orat. 142 f.; Vell. 1.22.7. Zur Verwendung von *doctrina* iSv „juristischer Bildung" siehe auch Schol. Bembina in Ter. Eun. 117 und Non. s. v. *doctum* (ed. Lindsay, p. 692).

1494 Pomp. l. s. enchir. D. 1.2.2.46.

1495 Zitate aus den Reden Ciceros oder Tuberos finden sich etwa in Quint. inst. 4.1.66 f., 5.10.93, 5.13.5,20,31, 8.4.27, 8.6.12, 9.2.7,29,51, 11.1.78,80, 11.3.108,166.

1496 Quint. inst. 10.1.23.

1497 Iav. 2 ex post. Lab. D. 33.6.7 pr. (S. 207).

Labeo –, dass darin soviel auf den Grundstücken weidendes Vieh enthalten sei, wie vom Boden ernährt werden könne. Labeo hingegen lehnte eine solche Interpretation ab, da die Grenze, wie viel Vieh auf einem Grundstück weiden könnte, unter Umständen sehr schwierig zu ziehen sei, und meinte, man solle sich an der tatsächlich vorhandenen Anzahl an Vieh orientieren.[1498] Von einer Kontroverse mit Ser. Sulpicius Rufus zum Inhalt des Hausrats (*suppellex*) berichtet Celsus. Als Hausrat bezeichnete Tubero alle Gegenstände, die für den täglichen Gebrauch bestimmt waren und nicht unter einen anderen Begriff fielen. Daher hätten sich auch im Lauf der Zeit die Gegenstände geändert, die unter diesen Begriff fielen: Während früher Geschirr aus Ton, Holz, Glas oder Kupfer darunter gefallen sei, bestehe der Hausrat heute aus Elfenbein, (Schild-)Patt, Silber, Gold und Edelsteinen. Daher müsse eher die Natur als das Material beachtet werden, um herauszufinden, ob es unter den Begriff *suppellex* falle. Servius vertrat die Auffassung, dass zwar der Wille des Erblassers zu beachten sei, aber wenn dieser Gegenstände anders bezeichne als im allgemeinen Wortgebrauch üblich, dann müsse man sich am allgemeinen Wortgebrauch orientieren; Tubero hingegen meinte, der Wille des Erblassers sei gerade aus der Art der Bezeichnung heraus erkennbar.[1499]

Bei der Interpretation des Legats von verarbeitetem Gold (*aurum factum*) zählte Tubero das Gold hinzu, das der Erblasser als solches bezeichnet hatte, andernfalls seien vergoldete Gegenstände und Gefäße mit Goldapplikationen nicht dazuzuzählen.[1500] In einer anderen Rechtsauskunft respondierte Tubero, dass im *usus*, der einem Ehemann hinterlassen wurde, auch das Gebrauchsrecht für einen Gast enthalten sei.[1501] Als ein Vater seiner Tochter eine Mitgift nach dem Schiedsurteil der Vormünder (*arbitratu tutorum*) vermacht hatte, wurde diese

1498 Iav. 2 ex post. Lab. D. 33.7.25 pr. Siehe auch Steinwenter, Fundus cum instrumento, 75; Astolfi, Studi sull'oggetto dei legati in diritto romano II, 16 f.; John, Die Auslegung des Legats von Sachgesamtheiten, 16–19; Watson, The Law of Succession, 145 f.; Kohlhaas, Die Überlieferung der libri posteriores des Antistius Labeo, 32–37; Bottiglieri, Su alcuni aspetti dell'interpretatio di Q. Elio Tuberone il giovane, Labeo 42 (1996) 381–383; Aubert, Productive Investments in Agriculture, 175 f.; Biavaschi, Caesari familiarissimus, 105 f.

1499 Cels. 19 dig. D. 33.10.7.1–2. Dazu Steinwenter, Fundus cum instrumento, 76 f.; Stroux, Römische Rechtswissenschaft und Rhetorik, 89–93; Albanese, Tre studi celsini, AUPA 34 (1971) 79–129; Astolfi, Studi sull'oggetto dei legati in diritto romano II, 159 f., 164–167, 287; Watson, The Law of Succession, 141 f.; Wieling, Testamentsauslegung, 41–43; Bretone, Geschichte des römischen Rechts, 213–215; Casavola, Giuristi adrianei, 88–96; Bottiglieri, Su alcuni aspetti dell'interpretatio di Q. Elio Tuberone il giovane, Labeo 42 (1996) 372–379; Scarano Ussani, Tuberone e la lingua, Ostraka 12 (2003) 89–101; Dubouloz, La propriété immobilière, 91–96. Siehe auch S. 74, 179, 207 f., 225.

1500 Paul. 2 ad Vitell. D. 34.2.32.1 (S. 161).

1501 Ulp. 17 ad Sab. D. 7.8.2.1. Siehe Watson, The Law of Property, 220; Cardilli, La nozione giuridica di fructus, 156–162.

Formulierung von Tubero so interpretiert, dass damit der Schiedsspruch eines *vir bonus* gemeint sei. Die Vormünder hätten, ergänzt Labeo, die Höhe der *dos* unter Berücksichtigung der „Würde" (*dignitas*) des Vaters, dessen finanziellen Mitteln und der Anzahl der Kinder zu bestimmen.[1502] Ein anderer Erblasser hatte seine Sklaven unter folgender Bedingung freigelassen: „Wenn Stichus und Dama sich in meinem Eigentum befinden, wenn ich sterbe, sollen sie frei werden und jenes Grundstück erhalten" (*si Stichus et Dama servi mei in potestate mea erunt cum moriar, tum Stichus et Dama liberi sunto et fundum illum sibi habento*). Labeo meinte, dass, wenn einer der Sklaven nach Erstellung des Testaments veräußert oder freigelassen worden war, keiner von beiden freigelassen werden solle. Tubero hingegen war der Ansicht, dass das ganze Legat an den Sklaven falle, der noch nicht freigelassen worden sei – eine Meinung, der auch Javolen zustimmte, weil sie eine größere Übereinstimmung mit dem Willen des Erblassers habe.[1503]

Bei Celsus findet sich eine Lehrmeinung Tuberos zur Teilbarkeit der Stipulationen. Tubero meinte nämlich, dass auch an sich unteilbare Stipulationen teilbar würden, wenn für den Fall ihrer Nichterfüllung eine Summe festgesetzt werde.[1504] Beim Verkauf eines Grundstücks behielt sich der Verkäufer Steinbrüche vor, und der Ort, wo sich diese befanden, wurde genau bezeichnet; lange Zeit später wurden dort erneut Steinbrüche gefunden. Labeo stellte bei der Antwort auf die Frage, wem der Ertrag der Steinbrüche zuzusprechen sei, auf den Inhalt des Vertrags (*id quod actum est*) ab: Wenn nichts Besonderes ausgemacht sei, fielen die Steinbrüche in das Eigentum des Käufers. Tubero hingegen sprach die Steinbrüche dem Verkäufer zu.[1505]

1502 Cels. 15 dig. D. 32.43. Dazu Watson, The Law of Persons, 150; Watson, The Law of Succession, 99; Wieling, Testamentsauslegung, 74; Astolfi, Studi sull'oggetto dei legati in diritto romano I, 269 f.; Stagl, Favor dotis, 131; Nicotri, De dote quantitate. A proposito di Cels. D.23.3.60 e 32.43, Teoria e storia del diritto privato IV (2011) 1–95; Giannozzi, L' emploi des standards en droit romain, Fundamina 22 (2016) 221.

1503 Lab. 2 post. a Iav. epit. D. 32.29.4. Siehe Watson, The Law of Succession, 104 f.; Wieling, Testamentsauslegung, 17; Kohlhaas, Die Überlieferung der libri posteriores des Antistius Labeo, 142–144; Wubbe, Iavolenus contra Labeonem, Satura Feenstra, 112 f.; Paulus, Die Idee der postmortalen Persönlichkeit, 243 f.

1504 Ulp. 20 ad ed. D. 45.1.72 pr. Dazu Horak, Rationes decidendi, 262 f.; Steiner, Die römischen Solidarobligationen, 193 f.; Harke, Die Wurzel der Gesamtobligation im römischen Recht, 8.

1505 Iav. 4 ex post. Lab. D. 18.1.77. Dazu Pringsheim, Id quod actum est, SZ 78 (1961) 21–23; Watson, The Law of Obligations, 6, 94; Watson, The Law of Property, 186–188; Horak, Rationes decidendi, 271 f.; Seidl, Labeos geistiges Profil, Studi Volterra, 71–73; Honsell, Ambiguitas contra stipulatorem, FG Kaser, 86; Bottiglieri, Su alcuni aspetti dell'interpretatio di Q. Elio Tuberone il giovane, Labeo 42 (1996) 383–385; Bravo Bosch, La protección del medio ambiente en la antigua Roma, Index 42 (2014) 508 f.

Es stellt sich hier und bei anderen *responsa* die Frage, ob Labeo und Tubero ihr *responsum* zu demselben Fall erteilten. Die Häufigkeit ihrer gemeinsamen Zitate (in acht von achtzehn

Hatte sich ein Verkäufer beim Verkauf das Gebrauchsrecht für den Mieter oder Pächter zurückbehalten, so war Tubero der Ansicht, dass, wenn der *colonus* einen Schaden anrichte, der Käufer mit der *actio empti* den Verkäufer dazu zwingen könne, die *actio locati* zu erheben und das dabei Erlangte an den Käufer herauszugeben.[1506]

Auch zwei Definitionen sind von Tubero überliefert: So definierte Tubero als *aqua pluvia* jenes Wasser, das vom Himmel falle und durch Regen anwachse und durch seinen Abfluss Schaden verursache.[1507] Zum Sondergut (*peculium*) zählte er alles, was separat von der Rechnungsführung des Eigentümers verwaltet werde, abzüglich der Schulden des Sklaven gegenüber dem Eigentümer.[1508]

Außerdem sind einige öffentlich-rechtliche *responsa* von Tubero erhalten. Bei Gellius wird referiert, dass nach Meinung des Tubero kein *senatus consultum* ohne *discessio* (Abtreten der Senatoren beim Abstimmungsprozess) beschlossen werden könne,[1509] und dass der *praefectus latinarum causa creatus* das Recht habe, den Senat einzuberufen und ihn zu befragen.[1510] Unter seinem Konsulat und dem des Paullus Fabius Maximus wurde ein *senatus consultum* zur Stellung der Flaminica Dialis verabschiedet. Dieses legte fest, dass eine *confarreatio* zwar die Zugehörigkeit einer Frau zum Familienverband ändere, aber sie nicht unbedingt von der *patria potestas* befreie.[1511]

Fragmenten in den Digesten und Institutionen, in denen Tubero erwähnt wird, wird auch Labeo genannt) spricht eher dafür.

1506 Ulp. 32 ad ed. D. 19.1.13.30 (S. 188).

1507 Ulp. 53 ad ed. D. 39.3.1 pr. Siehe Watson, The Law of Property, 157; Rodger, Roman Rain-Water, TR 38 (1970) 422 f.; Behrends, Gesetz und Sprache, 239 f.; Seyed-Mahdavi Ruiz, Die rechtlichen Regelungen der Immissionen, 74 f. Vgl. Cic. top. 39.

1508 Ulp. 29 ad ed. D. 15.1.5.4. Siehe auch Cels. 6 dig. D. 15.1.6. Siehe Costa, Cicerone giureconsulto, 76; Watson, The Law of Obligations, 188 f.; Astolfi, Studi sull'oggetto dei legati in diritto romano III, 3, 9; Bottiglieri, Su alcuni aspetti dell'interpretatio di Q. Elio Tuberone il giovane, Labeo 42 (1996) 380 f.; Gröschler, Die tabellae-Urkunden, 260; Aubert, Productive Investments in Agriculture, 178 f.; Aubert, Dumtaxat de peculio, 195; Heinemeyer, Der Freikauf des Sklaven mit eigenem Geld, 68–70; Platschek, Once more: debet or debetur in Gai 4,73?, TR 80 (2012) 45.

1509 Gell. 14.7.12–13. Dazu Schiller, Roman Law, 449; Kunkel/Wittmann, Staatsordnung und Staatspraxis der römischen Republik, 312, 317; Fanniza, Senato e società politica tra Augusto e Traiano, 43, 59; Timmer, Altersgrenzen politischer Partizipation in antiken Gesellschaften, 299. Zur *discessio* siehe auch Ernst, Plinius, Epistulae 8,14: Abstimmungsprobleme im römischen Senat, Fundamina 20 (2014) 240–257.

1510 Gell. 14.8.1–2. Dazu Welch, The Praefectura Urbis of 45 B. C. and the Ambitions of L. Cornelius Balbus, Antichthon 24 (1990) 53–69; Sini, Interpretazioni giurisprudenziali in tema di inviolabilità tribunizia, Ius Antiquum 1 (1996) 85; Kunkel/Wittmann, Staatsordnung und Staatspraxis der römischen Republik, 243, 275.

1511 Gai Inst. 1.136. Vgl. auch Tac. ann. 4.16. Dazu siehe Schaub, Der Zwang zur Entlassung aus der Ehegewalt und die remancipatio ohne uxor, SZ 82 (1965) 118; Fayer, La familia romana, 238 f.

Auffällig bei den *responsa* des Tubero ist, dass seine Lehrmeinung häufig gemeinsam mit der von Labeo überliefert ist. Mit Labeo verband ihn auch seine politische Überzeugung als Optimat und Anhänger der römischen Republik, die sich auch in seinem sonstigen Wirken zeigte. So widmete er sich der Geschichtsschreibung, einer typischen Beschäftigung der römischen Nobilität, trat als Ankläger auf und erteilte zwei *responsa*, die ihren Ursprung eindeutig in einer politischen Debatte hatten und die er vermutlich in seiner Eigenschaft als Senator erstellte.

A. Cascellius[1512] war ein Schüler des sonst weitgehend unbekannten Volcatius.[1513] Schon sein Vater hatte sich mit dem Recht beschäftigt: Q. Mucius Scaevola verwies regelmäßig seine Klienten an diesen, wenn das *ius praediatorium* gefragt war, d. h. wenn es um staatliche Versteigerungen von Grund und Boden ging.[1514] In der Ämterlaufbahn kam Cascellius, der aus dem Ritterstand stammte, auch wegen seiner politischen Einstellung nicht besonders weit: Obwohl er schon 73 v. Chr. ein Mitglied des Senats war (*SC de Oropiis*), erreichte er nur das Amt eines Quästors.[1515] Während des Triumvirats und der Alleinherrschaft Cäsars weigerte er sich, die Machthaber juristisch zu unterstützen. Konsequenterweise schlug er auch das Konsulat aus, als dieses ihm von Augustus schließlich angeboten wurde. Als Gründe dafür, dass er sich so viel erlauben konnte, nannte er scherzhaft Alter und Kinderlosigkeit.[1516]

Cascellius war kein Unbekannter unter seinen Zeitgenossen. So erwähnt Cicero ihn in einem seiner Briefe an Atticus als dessen juristischen Berater. Cicero kommt zunächst darauf zu sprechen, dass Atticus M. Aelius wegen einer Servitut, mit der sein Grundstück belastet sei, beruhigen solle. Anschließend ersucht er Atticus, mit Cascellius *de Tulliano capite* zu sprechen. Am wahrscheinlichsten

---

1512 Pomp. l. s. enchir. D. 1.2.2.45. Siehe auch BREMER, Iurisprudentiae antehadrianae, I 368–376; JÖRS, Art. A. Cascellius (4), RE III (1899) Sp. 1634–1637; SCHANZ/HOSIUS, Geschichte der römischen Literatur I, 596 f.; KUNKEL, Die römischen Juristen, 25–27; WIEACKER, Augustus und die Juristen seiner Zeit, TR 37 (1969) 344 f.; WISEMAN, New Men in the Roman Senate, 222 Nr. 106; RODGER, A Note on A. Cascellius, CQ 22 (1972) 135–138; BAUMAN, Lawyers in Roman Transitional Politics, 117–123; BROUGHTON, Magistrates, III 50; WIEACKER, Römische Rechtsgeschichte I, 611 f.; GIARO, Art. Cascellius, DNP 2 (1997) Sp. 1001; LIEBS, Rechtsfortbildung durch römische Juristen, 74 f.; PARICIO, Aulo Cascelio y su correcta ubicación cronológica, Scritti Franciosi, III 1971–1987; TARWACKA, Cascellius and the Aedilician Edict on Throwing Fruit into the Arena, Diritto@Storia 11 (2013).

1513 Zu Volcatius siehe S. 163 f.

1514 Siehe auch KUNKEL, Die römischen Juristen, 26 f. sowie Cic. Balb. 45, Val. Max. 8.12.1.

1515 Pomp. l. s. enchir. D. 1.2.2.45. Häufig wird *quaestorius* zu *praetorius* emendiert, da angenommen wird, dass Augustus ihm sonst kein Konsulat angeboten hätte. Siehe dazu besonders RODGER, A Note on A. Cascellius, CQ 22 (1972) 135–138. Vgl. aber BAUMAN, Lawyers in Roman Transitional Politics, 120–122 und seine Argumentation, dass Cascellius eher als Prätor denn als reiner Jurist das *iudicium Cascellianum* schuf.

1516 Val. Max. 6.2.12. Siehe auch ROWE, Reconsidering the auctoritas of Augustus, JRS 103 (2013) 5.

ist es, dass mit *caput* ein noch ausstehender (von einem Tullius geschuldeter) Geldbetrag gemeint war und Cascellius Atticus über die Art der Klage beraten sollte.[1517] Welcher Tullius gemeint ist, ist unklar, aber in Att. 15.29 bittet Cicero, einen gewissen M. Gallius Axianus de *Tulliano semisse* heranzuziehen, was ein Hinweis darauf sein könnte, dass Cicero einen weiteren Juristen in dieser Angelegenheit hinzugezogen hatte.[1518]

Auch von Horaz, der Cascellius in seiner *ars poetica* als Ideal eines *iuris consultus prudens* nennt,[1519] wurde er verewigt. In der entsprechenden Passage betont Horaz, dass ein mittelmäßiger Jurist und Anwalt (*actor causarum*) zwar weder einen so guten sprachlichen Ausdruck haben könne wie Maecenas, noch so viel wisse wie Cascellius, aber dennoch etwas wert sei. Das Lob des Horaz zeigt, dass Cascellius als Anwalt tätig war, denn *actor causarum* war nicht nur eine Bezeichnung für den Kläger, sondern wurde auch für den Rechtsanwalt verwendet.[1520] Auch der Hinweis des Pomponius auf die Eloquenz des Cascellius (*Cascellius Trebatio eloquentior fuisse dicitur*) ist ein Indiz für diese Annahme.[1521] Eine Anspielung auf Cascellius findet sich auch in Martials siebtem Buch, der sich im 9. Epigramm über einen gewissen Cascellius belustigt, der zwar talentiert (*ingeniosus*), aber nicht eloquent (*disertus*) sei.[1522]

Cascellius unterschied sich auch insofern von seinen Zeitgenossen, als er nicht nur für sein juristisches Können, sondern auch für seinen Humor bekannt war. Dies illustrieren zwei Anekdoten, die bei Macrobius und Quintilian überliefert sind und die die Respondierpraxis des Cascellius sehr gut veranschaulichen. Ein gewisser Vatinius war bei der Veranstaltung von Gladiatorenspielen mit Steinen beworfen worden und erwirkte daraufhin ein Edikt *ne quis in arenam nisi pomum misisse vellet* („dass in die Arena nur Obst geworfen werde"). Cascellius wurde von einem Konsulenten befragt, ob auch eine Fichtennuss als „Obst" anzusehen sei, woraufhin Cascellius antwortete: „Wenn du sie auf Vatinius werfen willst, dann schon."[1523] Eine zweite Anekdote wird bei Quintilian

1517 Cic. Att. 15.26.4. Siehe auch SHACKLETON BAILEY, Letters to Atticus VI, 129, 274.

1518 Cic. Att. 15.29.1. Die Schreibweise M. Axianus ist eine Konjektur des Manutius. Auch Maximus (ev. Cornelius Maximus?) ist eine Möglichkeit (SHACKLETON BAILEY, Letters to Atticus VI, 278). SHACKLETON BAILEY selbst spricht sich jedoch für eine Identifikation mit M. Gallius Axianus aus (SHACKLETON BAILEY, Two Studies in Roman Nomenclature, 15 f.; SHACKLETON BAILEY, Onomasticon to Cicero's Letters, 53).

1519 Hor. ars 369–372. Vgl. auch Placid. s. v. *Cascellius* (ed. Goetz, p. 494).

1520 Ter. Haut. 12–15; Cic. div. in Caec. 1; Cic. Brut. 307.

1521 Pomp. l. s. enchir. D. 1.2.2.45.

1522 Mart. 7.9. Siehe auch GALÁN VIOQUE, Martial. Book VII: A Commentary, 91 f.

1523 Macr. Sat. 2.6.1. Dazu DAUBE, Ne quis fecisse velit, SZ 78 (1961) 390 f.; BAUMAN, Lawyers in Roman Republican Politics, 119; GEBHARDT, Sermo iuris, 19; TARWACKA, Cascellius and the

überliefert. Jemand hatte sich an Cascellius gewandt mit der Bitte „Ich will ein Schiff teilen". „Du wirst es ruinieren" war die Antwort des Cascellius.[1524] Beide Anekdoten entstammen wahrscheinlich seinem *liber bene dictorum.*[1525] Dabei handelte es sich vermutlich um eine Sammlung pointierter Aussprüche und kein primär juristisches Werk. Ein ähnliches Werk mit dem Titel *dicta collectanea* ist auch für Cäsar überliefert; dessen Verbreitung wurde durch Augustus verboten.[1526] Die größte juristische Innovation des Cascellius war jedoch die Schöpfung des *iudicium Cascellianum.*[1527] Es wurde im Interdiktenverfahren angewandt und sollte dafür sorgen, dass der nichtbesitzende Interdizent Naturalrestitution durch den Zwischenbesitzer erlange, falls dieser unterliegen sollte.[1528]

Bereits besprochen wurden einige erbrechtliche *responsa*, die Cascellius u. a. gemeinsam[1529] mit Labeo, A. Ofilius, C. Trebatius Testa und Ser. Sulpicius Rufus erteilte.[1530] Ein *responsum* von Cascellius, zu dem auch Trebatius und Labeo ihre Meinung abgaben, behandelte folgenden Fall: Ein Erblasser hatte seiner *concubina* die Kleidung ihrer Vorgängerin zum Gebrauch hinterlassen und vermachte ihr das Gewand, das ihretwegen gekauft und vorbereitet worden war (*quae eius causa empta parata esset*). Cascellius und Trebatius meinten, „ihretwegen" (*eius causa*) beziehe sich nicht auf die Vorgängerin, denn für eine Konkubine gelte anderes als für eine Ehefrau, und es werde daher nur das Gewand geschuldet, das für die neue *concubina* angeschafft worden war. Labeo war anderer Meinung und meinte, hier gelte nicht das *ius uxorium*, sondern es sei eine Auslegung nach dem Wortlaut vorzunehmen ebenso wie bei einem Legat an die Tochter oder an eine andere Person. Dieser Meinung schloss sich auch Javolen an.[1531]

Aedilician Edict on Throwing Fruit into the Arena, Diritto@Storia 11 (2013).

1524 Quint. inst. 6.3.87. Ein etwas anderer Wortlaut findet sich bei Macr. Sat. 2.6.2 (*Navem si dividis, nec tu nec socius habebitis*). Siehe auch BAUMAN, Lawyers in Roman Republican Politics, 119; GEBHARDT, Sermo iuris, 16.

1525 Pomp. l. s. enchir. D. 1.2.2.45.

1526 Suet. Iul. 56.

1527 Gai Inst. 4.166a, 4.169. Siehe auch RODGER, A Note on A. Cascellius, CQ 22 (1972) 135–138; BAUMAN, Lawyers in Roman Republican Politics, 118, 120 f.;

1528 KASER/HACKL, Das römische Zivilprozessrecht, 418 f.

1529 Als „gemeinsam" ist hier zu verstehen, dass alle Juristen mit demselben Fall befasst waren, wenn sie auch ihre *responsa* unter Umständen für verschiedene Seiten erteilten.

1530 Iav. 1 ex post. Lab. D. 28.6.39 pr,2 (S. 206), Iav. 2 ex post. Lab. D. 32.100.1 (S. 209), Lab. 2 post. a Iav. epit. D. 33.4.6.1 (S. 202), Iav. 2 ex post. Lab. D. 33.6.7 pr. (S. 207), Iav. 5 ex post. Lab. D. 33.7.26.1 (S. 208), Iav. 3 ex post. Lab. D. 33.10.10 (S. 208), Iav. 2 ex post. Lab. D. 34.2.39.1 (S. 209), Iav. 2 ex post. Lab. D. 35.1.40.1 (S. 199).

1531 Lab. 2 post. a Iav. epit. D. 32.29 pr. Siehe auch WATSON, The Law of Persons, 117 f.; HORAK, Rationes decidendi, 186–188; ASTOLFI, Studi sull'oggetto dei legati in diritto romano II, 263 f.; WATSON, The Law of Succession, 152 f.; WIELING, Testamentsauslegung, 20 f., 41, 49; TALAMANCA, Trebazio Testa fra retorica e diritto, 98–111; KOHLHAAS, Die Überlieferung

Labeos Zustimmung fand hingegen Cascellius' Interpretation der Formulierungen *heres meus damnas esto Lucio Titio Stichum servum meum reddere* und *illum servum meum illi reddito*. Beide meinten, ein Legat komme gültig zustande, und der Sklave werde geschuldet, da das Wort *reddere* das Verb *dare* inkludiere.[1532] Der Ausgangsfall zu einem anderen *responsum*, bei dem Labeo und Trebatius eine Rechtsauffassung vertraten, Cascellius eine andere, war folgender: Eine Erblasser hatte zwei Grundstücke. Die Ochsen, mit denen er diese bewirtschaftete, befanden sich auf einem der Grundstücke, wurden aber, wenn dort Arbeiten zu verrichten waren, auf das andere gebracht. Bei seinem Tod hinterließ er (separat) zwei Legataren die beiden Grundstücke samt Zubehör. Gefragt war nun, welchem Grundstück die Ochsen zuzurechnen seien. Labeo und Trebatius meinten, die Ochsen seien jenem Grundstück zuzuzählen, auf dem sie die Arbeit verrichteten (auch Javolen stimmte ihnen zu), während Cascellius meinte, jenes Grundstück sei gemeint, auf dem die Ochsen sich gewöhnlich aufhielten.[1533]

Die *actio aquae pluviae arcendae* behandelte eine gemeinsame Rechtsauskunft von Labeo und Cascellius. Beide waren der Ansicht, dass der Zuständigkeitsbereich dieser Klage als *actio specialis* sich auf Schäden beziehe, die durch abgeflossenes Regenwasser auf einem Acker entstünden. Wenn der Schaden hingegen an einem Bauwerk oder einem Stadthaus entstünde, könne man nur darauf klagen, dass kein Wassertropfrecht bestehe.[1534] Einen ähnlichen Kontext bietet auch ein anderes *responsum*, das den Zuständigkeitsbereich des Interdikts *quod vi aut clam* zu ergründen suchte. Trebatius und Cascellius zufolge sei es auch als Handlung mit Gewalt (*vi*) zu verstehen, wenn jemand im Widerspruch zu einer förmlichen Anzeige (*denuntiatio*) oder einer vor Zeugen getätigten Erklärung (*testatio*) handle.[1535] Nicht zuletzt ist durch Celsus eine Erläuterung

---

der libri posteriores des Antistius Labeo, 93–95; D'Orta, La giurisprudenza tra repubblica e principato, 206–210; Paulus, Die Idee der postmortalen Persönlichkeit, 281 f.

1532 Iav. 2 ex post. Lab. D. 32.100 pr. Dazu Horak, Rationes decidendi, 156; Watson, The Law of Succession, 125 f.; Kohlhaas, Die Überlieferung der libri posteriores des Antistius Labeo, 113 f.

1533 Iav. 2 ex post. Lab. D. 33.7.4. Dazu John, Die Auslegung des Legats von Sachgesamtheiten, 19 f.; Kohlhaas, Die Überlieferung der libri posteriores des Antistius Labeo, 29–31; D'Orta, La giurisprudenza tra repubblica e principato, 168 f.; Aubert, Productive Investments in Agriculture, 174 f.

1534 Ulp. 53 ad ed. D. 39.3.1.17. Dazu Costa, Cicerone giureconsulto, 115; Watson, The Law of Property, 172 f.; Sitzia, Ricerche in tema di „actio aquae pluviae arcendae", 57; Rainer, Bau- und nachbarrechtliche Bestimmungen, 259; Seyed-Mahdavi Ruiz, Die rechtlichen Regelungen der Immissionen, 83 f.; de Simone, Riflessioni sul ruolo della prohibitio nella tutela petitoria della servitus altius non tollendi, AUPA 48 (2004) 96 f.; Möller, Die Servituten, 295–298.

1535 Ulp. 71 ad ed. D. 43.24.1 pr., 7. Dazu Watson, The Law of Property, 223 f. Vgl. auch Ulp. 71 ad ed. D. 43.24.1.5 (S. 139).

von Cascellius zum Wortgebrauch der Römer bei juristischen Dokumenten überliefert. Laut Cascellius werde häufig der Singular gleichbedeutend mit dem Plural verwendet, wenn mehrere Gegenstände der gleichen Art bezeichnet werden; folglich könnten z. B. unter der Formulierung *si ea res secundum me heredemve meum iudicata erit* auch mehrere Erben verstanden werden.[1536]

Q. Aelius Tubero und A. Cascellius – über Q. Cornelius Maximus kann mangels biographischer Daten nichts ausgesagt werden – verkörpern beide den Typus des „Juristen alter Schule" als Angehörigen der Nobilität, dessen Tätigkeit nicht nur aus dem Erteilen von *responsa* bestand, sondern der sich auch auf dem Forum und in den Gerichtshöfen engagierte, und im Verlauf des Prinzipats immer stärker verdrängt wurde. Dass ihre – häufig gemeinsam mit anderen Juristen erteilten – Rechtsauskünfte überliefert wurden, unterscheidet sie von anderen Zeitgenossen, deren *responsa* nicht erhalten blieben und somit auch keinen Einfluss auf die Juristengenerationen nach ihnen hatten. Dabei mag im Fall des Cascellius sicherlich dessen Persönlichkeit eine Rolle bei der Überlieferung gespielt haben, während Q. Aelius Tubero d. J. seine Verwandt- und Bekanntschaft zu anderen Juristen seiner Zeit genützt haben dürfte.

I.5.8. C. Trebatius Testa

C. Trebatius Testa[1537] nimmt eine Sonderstellung unter den Juristen der Republik ein. Durch seine Nähe zu Cäsar und seinen bewussten Verzicht auf eine politische

1536 Cels. 25 dig. D. 50.16.158. Dazu Horak, Rationes decidendi, 195; Guzmán Brito, El communis usus loquendi en el derecho romano, Revista de estudios histórico-jurídicos21 (1999) 37–64.

1537 trib. mil. 54 v. Chr., gest. kurz nach 4. n. Chr. Zu C. Trebatius Testa siehe Bremer, Iurisprudentiae antehadrianae, I 376–424; Funaioli, Grammaticae Romanae Fragmenta, 437 f.; Schanz/Hosius, Geschichte der römischen Literatur I, 596 f.; Préchac, Notes on Trebatius the Velian, CQ 7 (1913) 273–281; Elmore, The Greek cautio in Cicero, Fam. VII, 18, I, TAPA 44 (1913) 127–131; Sonnet, Art. C. Trebatius Testa (7), RE VI (1937) Sp. 2251–2261; Fraenkel, Some Notes on Cicero's Letters to Trebatius, JRS 47 (1957) 66–70; Kunkel, Die römischen Juristen, 28; Wieacker, Augustus und die Juristen seiner Zeit, TR 37 (1969) 341 f.; Crifò, Ex iure ducere exempla. Gaio Trebazio Testa ed i Topica ciceroniani, Studi Esposito, II 1103–1124; Bauman, Lawyers in Roman Transitional Politics, 123–136; Talamanca, Trebazio Testa fra retorica e diritto, 29–204; Castner, Prosopography of Roman Epicureans, 70–72; Wieacker, Römische Rechtsgeschichte I, 612 f.; D'Orta, La giurisprudenza tra repubblica e principato; Abramenko, Eine übersehene Stellungnahme des Trebatius, SZ 114 (1997) 423–434; Michel, La satire 2, 1 à Trébatius ou la consultation du juriste, RIDA 46 (1999) 369–391; Giaro, Art. Trebatius Testa, C. [2], DNP 12 (2002) Sp. 774; Nice, C. Trebatius Testa and the British Charioteers: the Relationship of Cic. Ad Fam. 7.10. 2 to Caes. BG 4.25 and 33, Acta Classica 46 (2003) 71–96; Stolte, Trebatius in Palimpsest, FS Pool, 316–320; Shotter, Cicero and

Karriere steht er für einen neuen Typ von Juristen, und ist damit zugleich ein Symbol für die tief greifenden Veränderungen, die die politischen Umwälzungen auf den Juristenberuf hatten. Trebatius ist vor allem als Freund und Korrespondent Ciceros, dem dieser auch sein Buch *Topica* widmete, bekannt.[1538] Auf Ciceros Empfehlung hin wurde Testa ein Berater Cäsars, den er auch auf seinem Feldzug nach Gallien begleitete.[1539] Sueton zufolge riet er Cäsar vergeblich dazu aufzustehen, als ihn eine Delegation besuchte.[1540] Dass Cäsar sich trotz des Besuchs von hochrangigen Senatoren nicht erhob, wurde als Hinweis für seinen Willen, sich zum Alleinherrscher aufzuschwingen, interpretiert und trug sehr zur Verstärkung der Ressentiments bei. Nach Cäsars Tod beriet er vermutlich auch Augustus – ein Hinweis dazu findet sich in den Institutionen Justinians. In ihnen wird berichtet, dass Trebatius Augustus überredete, *fideicomissa* Rechtsschutz zu gewähren, mit der Begründung, dass dies gerade bei langen und gefährlichen Reisen praktisch sei.[1541]

Trebatius hatte, anders als etwa Ser. Sulpicius Rufus, den Schwerpunkt seiner beruflichen Tätigkeit in der juristischen Beratung. Dies ergibt sich auch aus Ciceros Empfehlungsbrief an Cäsar, in dem Cicero die außergewöhnlichen Kenntnisse des Trebatius im *ius civile* hervorhob.[1542] Wie dieser war C. Trebatius Testa als Anwalt tätig, weshalb Cicero auf die *advocationes* des Trebatius anspielt[1543] und ihm die *Topica*, ein Werk zur forensischen Rhetorik, widmete. Es würde keinen Sinn ergeben, Trebatius ein Werk über die Argumentationskunst vor Gericht zu widmen, wenn dieser nicht als Anwalt aufgetreten wäre.[1544] Anders

---

the Treveri: New Light on an Old Pun, Greece & Rome 54 (2007) 106–110; Harries, Cicero and the Jurists, 116–133; Liebs, Hofjuristen der römischen Kaiser, 15–17, 18 f.; Vesperini, Cicéron, Trebatius Testa et la crux de Cic., Fam., 7, 12, 1, Revue de philologie 85 (2011) 155–173; Benferhat, Cicero and the Small World of Roman Jurists, 71–87.

1538 Cic. fam. 7.19; Cic. top. 1; Quint. inst. 3.11.18.

1539 Cic. fam. 7.5, 7.7. Siehe auch Plut. Cicero 37.

1540 Suet. Iul. 78.

1541 Inst. 2.25 pr. Dazu Watson, The Law of Succession, 38 f.; Bretone, Techniche e ideologie, 271–273; Bretone, Geschichte des römischen Rechts, 149 f.; Champlin, Miscellanea Testamentaria, ZPE 62 (1986) 249–251; Watson, Legal Origins and Legal Change, 184 f.; Paulus, Die Idee der postmortalen Persönlichkeit, 98 f.; Guarino, Trebazio, Labeone e i codicilli, 135–154; Longchamps de Bérier, Il rispetto per la volontà del de cuius sull'esempio dei fedecommessi romani, RIDA 45 (1998) 479–500; Turpin, Formula, cognitio, and proceedings extra ordinem, RIDA 46 (1999) 535–537; Paricio, Labeo: Zwei rechtshistorische Episoden aus den Anfängen des Prinzipats, SZ 117 (2000) 441; Bürge, Römisches Privatrecht, 81–83; Fino, Contributo allo studio e alla palingenesi dei libri de fideicommissis di Pomponio, Studi Martini, II 57–71; Liebs, Hofjuristen der römischen Kaiser, 18. Vgl. auch Theoph. Inst. 2.25 pr.

1542 Cic. fam. 7.5.

1543 Cic. fam. 7.10, 7.14.

1544 So versteht dies auch Boethius (Boeth. in Cic. top. 1043C).

als viele seiner Zeitgenossen strebte Trebatius eine politische Karriere offenbar nicht an, er wurde nur Quästor und verblieb zeit seines Lebens im Ritterstand.[1545]

Trebatius war ein Schüler von Q. Cornelius Maximus.[1546] Er wird häufig gemeinsam mit Labeo, den er auch unterrichtete, A. Ofilius, A. Cascellius und Q. Aelius Tubero zitiert.[1547] Auch Blaesus und C. Cassius Longinus zählten möglicherweisen zu seinen Schülern.[1548] Er war ein Freund von Ser. Sulpicius Rufus[1549] und aus der Korrespondenz mit Cicero geht hervor, dass Trebatius zudem mit C. Matius (ein Vertrauter Cäsars), Cn. Octavius und Q. Paconius Lepta befreundet war.[1550] An juristischen Werken verfasste er u. a. *libri de iure civili*,[1551] *IX libri de religionibus*[1552] und einen Kommentar zum Edikt.[1553]

Ciceros Briefe an Trebatius, in denen regelmäßig auf dessen juristische Tätigkeit angespielt wird,[1554] füllen fast das gesamte siebte Buch seiner *epistulae ad familiares* (Cic. fam. 7.6–22). Einige dieser Briefe sollen hier etwas näher erläutert werden. In fam. 7.8 beschwert sich Cicero bei Trebatius, dass dieser das Militärtribunat abgelehnt habe. Seine Ausführungen schließt Cicero mit einem Hinweis auf die von Juristen bei *responsa* üblicherweise gebrauchte Begründung – der Verweis auf andere Autoritäten – und witzelt: „Bei meiner Beschwerde berufe ich mich auf Vacerra und Manilius. Über Cornelius wage ich nichts zu sagen,

1545 Pomp. l. s. enchir. D. 1.2.2.45, Porph. in Hor. sat. 2.1.1.

1546 Zu Q. Cornelius Maximus siehe S. 254.

1547 Pomp. l. s. enchir. D. 1.2.2.47. Zu gemeinsam mit diesen Juristen erteilten *responsa* siehe Ulp. 13 ad ed. D. 4.8.21.1 (S. 214); Paul. 32 ad ed. D. 17.1.22.10 (S. 213); Iav. 1 ex post. Lab. D. 28.6.39 pr. (S. 206); Ulp. 19 ad Sab. D. 30.30.7 (S. 161); Lab. 2 post. a Iav. epit. D. 32.29 pr. (S. 262); Iav. 2 ex post. Lab. D. 32.100.1 (S. 209); Iav. 2 ex post. Lab. D. 33.6.7 pr. (S. 207); Iav. 2 ex post. Lab. D. 33.7.4 (S. 263); Iav. 5 ex post. Lab. D. 33.7.26 pr.,1 (S. 208, 273); Iav. 10 ex post. Lab. D. 33.10.11 (S. 273); Iav. 2 ex post. Lab. D. 35.1.40.4 (S. 206); Iav. 4 ex post. Lab. D. 40.7.39.4 (S. 211); Ven. 1 interd. D. 43.23.2 (S. 218); Ulp. 71 ad ed. D. 43.24.1.7 (S. 263); Paul. 40 ad Sab. D. 47.2.21 pr. (S. 219); Iav. 9 ex post. Lab. D. 49.15.27 (S. 216); Cic. fam. 7.21. (S. 174, 269).

1548 Paul. 1 ad Sab. D. 30.5.1 (S. 272); Lab. 2 post. a Iav. epit. D. 33.2.31 (S. 274).

1549 Cic. fam. 7.8, Pomp. l. s. enchir. D. 1.2.2.45. Zu Ser. Sulpicius Rufus siehe Cic. Att. 7.7.3 und Cic. fam. 4.1.

1550 Zu C. Matius siehe Cic. fam. 6.12, 7.15, 11.18, 11.27; zu Cn. Octavius siehe Cic. fam. 7.9, 7.16; zu Q. Paconius Lepta siehe Cic. fam. 6.18, 9.11, 14.17.

1551 Die von Bremer diesem Werk zugewiesenen Fragmente finden sich bei Bremer, Iurisprudentiae antehadrianae, 406–420, allerdings ist unter diesem Titel (*de iure civili*) kein einziges Fragment bezeugt.

1552 Macr. Sat. 1.16.28, 3.3.2, 3.3.4–5, 3.5.1, 3.7.5–8; Gell. 7.12.5, Serv. Aen. 11.316. Siehe auch die Zusammenstellung der Fragmente bei Bremer, Iurisprudentiae antehadrianae, 404–406.

1553 Porph. in Hor. sat. 2.1.1; Pomp. l. s. enchir. D. 1.2.2.45. Ein Kommentar zum Edikt wird nirgends als solcher zitiert, man erschließt seine Existenz aus Zitaten in den einschlägigen Kommentaren von Venuleius, Paulus und Ulpian. Vgl. auch Bremer, Iurisprudentiae antehadrianae, 420–423.

1554 So etwa in Cic. fam. 7.6, 7.13, 7.14.

da du als sein Schüler auf seine Gefahr hin ein Dummkopf bist".[1555] Außerdem wird in dem Brief ein *Precianus iurisconsultus* erwähnt; dies ist aber vermutlich keine Anspielung auf einen Juristen namens Precianus, sondern auf einen im Dienst des Precius stehenden Juristen, wahrscheinlich Trebatius selbst.[1556]

In fam. 7.10 hebt Cicero hervor, dass Trebatius für Cäsar als Jurist tätig war und von diesem sehr geschätzt wurde.[1557] Über die Art der Beratung Cäsars kann nur spekuliert werden, vermutlich war Trebatius beteiligt an der Formulierung der *tabula Heracleensis* und der *lex coloniae Iuliae Genetivae*.[1558] Außerdem witzelt Cicero, dass sich Trebatius in Militärangelegenheiten viel vorsichtiger (*cautior*) verhalte als bei seinen *advocationes*.[1559] Ähnliche Themen behandelt der Brief fam. 7.11, in dem Cicero Trebatius über das *interregnum* informiert[1560] und ihm rät, einstweilen nicht nach Rom zurückzukehren, auch wenn Cicero zwei gemeinsame Bekannte – den Mimenschreiber D. Laberius und den Juristen L. Valerius[1561] – deshalb fürchten müsse. Eine Anspielung auf das Edikt *de postulando* findet sich in der Wednung *binas advocationes postulare*.[1562]

Ein Brief voller Anspielungen, der aber ziemlich aufschlussreich für das Feld der juristischen Betätigung ist, ist fam. 7.12. Der Hintergrund dieser scheinbar spielerischen Auseinandersetzung zwischen Cicero und Trebatius ist jedoch recht ernst. Cicero erwähnt gegenüber Trebatius, er habe gehört, dieser sei Epikuräer geworden.[1563] Dettenhofer hat am Beispiel der Korrespondenz zwischen C. Cassius Longinus und Cicero herausgearbeitet, dass Epicureus bei Cicero als Code für „Anhänger Cäsars" benutzt wird.[1564] Cicero möchte in diesem Brief

---

1555 Cic. fam. 7.8.2. Siehe auch Cic. fam. 7.10 (*idem Mucio et Manilio placebat*) und 7.17 (*idem Q. Cornelio videbatur*). Zu dieser Passage siehe auch Bauman, Lawyers in Roman Transitional Politics, 68.

1556 Vgl. auch Shackleton Bailey, Epistulae ad familiares I, 334. Anderer Ansicht ist Bauman, Lawyers in Roman Transitional Politics, 68.

1557 Cic. fam. 7.10.1,3 f.

1558 Siehe Malitz, Die Kanzlei Caesars, Historia 36 (1987) 58, FN 47. Zur *tabula Heracleensis* und zur *lex coloniae Iuliae Genetivae* siehe auch Crawford, Roman Statutes, I 355–391, 393–454.

1559 Cic. fam. 7.10.2. Zur juristischen Konnotation von *cautus* siehe Di Maria, Sitne scripsisses an cavisses in Ciceronis Topicis (1, 4) legendum, Studi Monaco, 843–848; Gebhardt, Sermo iuris, 48 f. Zur *advocatio* siehe Lewis, Advocatio, FS Pool, 215–228, bes. 217. Vgl. auch Michel, La satire 2, 1 à Trébatius ou la consultation du juriste, RIDA 46 (1999) 375.

1560 Zum *interregnum* siehe Koptev, The five-day interregnum in the Roman Republic, CQ 66 (2016) 217.

1561 Zu Laberius siehe Panayotakis, Decimus Laberius. The Fragments, zu L. Valerius siehe S. 300 f.

1562 Cic. fam. 7.11.1. Dazu Behrends, Ius und Ius civile, Sympotica Wieacker, 38 FN 155 und Lewis, Advocatio, FS Pool, 216.

1563 Cic. fam. 7.12.1.

1564 Dettenhofer, Cicero und C. Cassius Longinus: Politische Korrespondenz ein Jahr vor Caesars Ermordung (Cic. fam. 15,16–19), Historia 39 (1990) 249–256. Vgl. auch Benferhat, What if…?

nun wissen, wie es um die politische Ausrichtung von Trebatius steht und ob und wie diese seine berufliche Tätigkeit beeinflusst. Nebenbei lassen die diversen Anspielungen Ciceros einen guten Blick auf das juristische Betätigungsfeld von Trebatius zu. Besonders hervorzuheben sind Ciceros Anspielungen auf die Formel der *actio fiduciae* und die *actio ommuni dividundo* (*quod ius statues communi dividundo* [...]?).[1565] Hier denkt Cicero vermutlich an die richterliche Tätigkeit der Juristen, zumal Juristen besonders häufig als *arbitri* eingesetzt wurden. Der Verweis auf den *populus Ulubranus*[1566] ist schließlich ein Hinweis auf die Beziehung des Trebatius zu den Einwohnern von Ulubrae. Wie Trebatius die Einwohner von Ulubrae unterstützt hat, wird aus den Briefen nicht klar und ist ziemlich umstritten.[1567] Fast sicher handelt es sich hier um eine Art Witz, dessen Pointe heute verloren gegangen ist. Das schließt jedoch nicht aus, dass Trebatius die Einwohner von Ulubrae durch juristischen Rat und das Auftreten im Prozess unterstützte und ihnen, als er sich in Gallien aufhielt, Cicero weiterempfahl.[1568]

Ein heiterer Ton dominiert auch Brief fam. 7.18,[1569] in dem sich Cicero über den sparsamen Papiergebrauch des Trebatius belustigt zeigt und witzelt, das Einzige, was jederzeit überschrieben werden könne, seien die *formulae* des Trebatius.[1570] Das ist ein Hinweis darauf, dass nicht nur Vertragsformulare, sondern auch Klagsformeln regelmäßig aufgeschrieben und vor Gericht verlesen wurden, was den Juristen den Beinamen „Vorsänger" oder „Herold" eintrug.[1571] Außerdem stellt Cicero den *cautiones vestrae* seine *cautio Graecula* gegenüber, die als *chirographum* interpretiert werden kann.[1572] Darin könnte sich neben der Anspielung darauf, dass „normale" *cautiones* für den Verkehr mit Fremden nicht verwendbar waren, auch ein später verloren gegangener Ratschlag an Trebatius verstecken.[1573]

La possibilité d'un anneau, Fundamina 16 (2010) 23–28, sowie GEBHARDT, Sermo iuris, 51–53.

1565 Cic. fam. 7.12.2.

1566 Cic. fam. 7.12.2. Die Stadt Ulubrae lag in den pontinischen Sümpfen und wurde wegen ihrer Nähe zur *via Appia* von Reisenden häufig als Zwischenstopp genutzt (MAYER, Imus ad villam, 72, 74).

1567 SYME, Senators, Tribes and Towns, Historia 13 (1964) 112, schlägt vor, dass mit Ulubrae die Heimat von C. Aquilius Gallus gemeint ist, und sieht darin eine Anspielung auf die juristische Heimat des Trebatius; SHACKLETON BAILEY, Epistulae ad familiares I, 339, nimmt hingegen an, Cicero spiele auf ein Gemeindepatronat des Trebatius an.

1568 Cic. fam. 7.18.3.

1569 Zu Cic. fam 7.18 siehe auch ELMORE, The Greek cautio in Cicero, Fam. VII, 18, I, TAPA 44 (1913) 127–131; STOLTE, Trebatius in Palimpsest, FS Pool, 316–320.

1570 Cic. fam. 7.18.2.

1571 Siehe hierzu auch die Ausführungen bei STOLTE, Trebatius in Palimpsest, FS Pool, 316–320.

1572 NELSON/MANTHE, Gai Institutiones III 88–181, 220, 519 f. Anderer Ansicht ist ELMORE, The Greek cautio in Cicero, Fam. VII, 18, I, TAPA 44 (1913) 127–131. Vgl. auch Gai Inst. 3.134.

1573 WHITE, Cicero in Letters, 43 denkt an einen durch den Herausgeber verursachten Textausfall, da Cicero häufig für Vertrauliches in das Griechische wechselte.

Kurz besprochen wurde bereits der Inhalt von fam. 7.21, einem an Trebatius gerichteten Brief, in dem Cicero um juristischen Rat für seinen Freund Silius bittet, der als Erbe im Testament einer gewissen Turpilia eingesetzt worden war.[1574] Cicero hatte sich schon zuvor an Ser. Sulpicius Rufus und A. Ofilius gewandt, von diesen aber für seinen Freund negative Rechtsauskünfte bekommen und wandte sich nun an Trebatius, mit der Bitte, ein günstiges *responsum* zu erteilen. Ob Trebatius der Bitte nachkam, ist nicht bekannt.

Fam. 7.22 ist im Gegensatz dazu ein dezidiert unernster Brief: Cicero und Trebatius hatten am Abend zuvor getrunken und sich darüber unterhalten, ob ein Erbe wegen eines Diebstahls, der vor Antritt der Erbschaft begangenen worden war, die *actio furti* erheben könnte. Trebatius hatte dabei offenbar die Ansicht vertreten, dass über diese Frage Einigkeit unter den Juristen herrsche. Ein offensichtlich schadenfroher Cicero konnte ihm jedoch am nächsten Tag berichten, dass die Ansicht, die Trebatius' Meinung nach niemand je vertreten hätte, tatsächlich ihre Anhänger in Sex. Aelius, Manilius und Brutus gefunden habe. Spitzbübisch fügte er hinzu: „Ich aber schließe mich Scaevola und Testa an."[1575] Cicero erwähnt in diesem Brief, dass er das entsprechende Kapitel der Juristenschrift[1576] abgeschrieben und Trebatius als Anhang geschickt habe.

Auch Trebatius antwortete in seinen Briefen mit juristischen Anspielungen und Witzen. So berichtet Cicero u. a., Trebatius habe ihm geschrieben, von allen Leuten, die sich bei ihm befänden, sei keiner in der Lage ein *vadimonium* zu konzipieren.[1577] Die Korrespondenz zwischen Trebatius und Cicero diente jedoch nicht nur dem humorvollen Austausch von Nachrichten, sondern Trebatius unterstützte Cicero in seinen Prozessen,[1578] beriet ihn bei seinen wirtschaftlichen Angelegenheiten und erteilte ihm juristische Auskünfte, z. B. zur Schuldengesetzgebung Cäsars.[1579]

Näher eingegangen werden soll auf Hor. sat. 2.1, die eine Diskussion zwischen Horaz und Trebatius zu den juristischen Konsequenzen der Satirendichtung zum Thema hat.[1580] Eingebettet ist das Gespräch in eine fiktive juristische Konsultation,

---

1574 Siehe S. 174.

1575 Zu diesem Brief siehe SCHIAVONE, Ius. L'invention du droit en Occident, 192 f.; WIBIER, The topography of the law book, 56 f.

1576 Vermutet wird, dass es sich hier um die *libri iuris civilis* des Q. Mucius Scaevola *pontifex* handelt. Siehe dazu FRAENKEL, Some Notes on Cicero's Letters to Trebatius, JRS 47 (1957) 66–70. Vgl. auch SHACKLETON BAILEY, Epistulae ad familiares II, 472.

1577 Cic. ad Q. fr. 2.14.3.

1578 Cic. top. 4.

1579 Cic. Att.13.23.3. Siehe dazu BÜRGE, Retentio im römischen Sachen- und Obligationenrecht, 231–234; SHACKLETON BAILEY, Letters to Atticus V, 377.

1580 Dazu LEEMAN, Die Konsultierung des Trebatius, FS Muth, 209–215; CLAUSS, Allusion and Structure in Horace Satire 2.1, TAPA 115 (1985) 197–206; TATUM, Ultra Legem: Law and

die vor allem zu Beginn und am Ende der Satire offensichtlich wird. Leeman hat zu Recht die Parallelen zu Ciceros de orat. 2.102–104 hervorgehoben.[1581] In dieser Passage schildert der Redner und Rechtsanwalt M. Antonius, dass er Klienten vor der Annahme eines Falls zu einem Gespräch unter vier Augen bitte, in dem er die Rolle des Gegners übernehme, um so die Schwachpunkte des Falls herauszufinden und den Fall notfalls abzulehnen. Ähnlich gestaltet sich auch die Beratung des Horaz. Horaz bittet Trebatius um Rat, was er tun solle, denn er fürchtet, seine Satiren könnten unpopulär sein (Z. 1–5).[1582] Trebatius rät ihm zunächst, das Schreiben ganz zu lassen, doch Horaz meint, das könne er nicht. Dies quittiert Trebatius mit dem Rat, dreimal durch den Tiber zu schwimmen und vor dem Schlafengehen ein Glas Wein zu trinken (Z. 6–9). Auch mit dieser Auskunft ist Horaz nicht zufrieden. Trebatius meint, es müssten ja nicht unbedingt Satiren sein, er könne ja auch panegyrische Gedichte schreiben (Z. 10–12, 16–17). Doch auch diesen Vorschlag weist Horaz zurück und begründet mit einer langen Aufzählung der verschiedenen Missstände, dass er um das Schreiben von Satiren nicht herumkomme (Z. 24–59). Trebatius versucht es noch ein letztes Mal und weist ihn darauf hin, dass er sich damit bei den Mächtigen unbeliebt machen könne (Z. 60–62). Horaz meint, das habe Lucilius auch nicht gehindert, außerdem habe er selbst mächtige Freunde (Z. 62–79). Trebatius gibt schließlich nach und entlässt Horaz mit einem Verweis auf die 12 Tafeln, nach denen jener, der ein böses Lied gesungen habe, seine Strafe erleiden müsse (Z. 79–83). Horaz entgegnet, Cäsar habe sein *carmen* für gut befunden (Z. 83–85) und Trebatius schließt, dann habe er auch vor Gericht nichts zu befürchten (Z. 86).

Innerhalb dieser Satire finden sich zahlreiche Anspielungen auf die juristische Tätigkeit von Trebatius. Hierzu gehört zunächst der Wortgebrauch: Während Horaz lange und weitschweifig zu Wort kommt, sind die Antworten des Trebatius kurz und knapp, beinahe elliptisch, wie dies für die Antworten der *iuris periti* typisch war.[1583] Auf die forensische Rhetorik ausgerichtet ist auch die Gliederung der Antworten des Trebatius. Dieser behandelt, wie Leeman herausgearbeitet hat, zunächst den *status coniecturalis*, dann den *status definitionis* und zuletzt den *status qualitatis*.[1584] Als juristische Anspielungen sind auch der Hinweis auf die

Literature in Horace, Satires II 1, Mnemosyne 51 (1998) 688–699; Michel, La satire 2, 1 à Trébatius ou la consultation du juriste, RIDA 46 (1999) 369–391; Lowrie, Slander and Horse Law in Horace, Sermones 2.1, Law and Literature 17 (2005) 405–431.

1581 Leeman, Die Konsultierung des Trebatius, FS Muth, 211.

1582 Siehe auch Ps.-Acro in Hor. sat. 2.1.5.

1583 Porph. in Hor. sat. 2.1.8: *Vide ut directis verbis utatur propter iuris peritos*. Vgl. hierzu die Antworten der *advocati* im *Poenulus*.

1584 Leeman, Die Konsultierung des Trebatius, FS Muth, 212.

Aufschiebung des anstehenden Termins (Z. 79: *nihil hinc diffindere possum*),[1585] die Vorschriften der 12 Tafeln[1586] und die Ablehnung der Klage (Z. 86: *solventur risu tabulae, tu missus abibis*) im „Scheinprozess" des Trebatius zu betrachten.[1587]

Bei den in juristischen Quellen überlieferten *responsa* sind von C. Trebatius Testa sehr viele erbrechtliche *responsa* erhalten. Als ein Erblasser anordnete, dass einer von zwei Männern Erbe werden sollte, je nachdem, welcher von beiden Erbe sein wolle (*uter eorum volet, heres esto*) und beide Männer sich dazu bereit erklärten, entschied Trebatius, dass keiner von ihnen Erbe werden solle, während Cartilius[1588] beide Männer zu Erben einsetzen wollte, eine Lösung, der sich auch Proculus anschloss.[1589] Wenn ein freier Mann, der dies nicht wusste, auf Befehl seines vermeintlichen Eigentümers eine Erbschaft antrat, so meinte Trebatius, er sei Erbe geworden. Labeo war anderer Auffassung und glaubte, dies sei nur dann der Fall, wenn der *bona fide serviens* sich verpflichten wollte und nicht wenn er die Erbschaft nur aus einer Notwendigkeit heraus angetreten hatte.[1590] Ein anderer Erblasser hatte Titius zu einem Drittel als Erben eingesetzt und ihn, nachdem die ganze Erbschaft erschöpft war, noch einmal zu einem Sechstel als Erben eingesetzt. Trebatius meinte, dass die Erbschaft statt in Zwölftel in Vierzehntel aufgeteilt werden müsse.[1591] Eine andere Erbeinsetzung mit der Formulierung *quisquis mihi heres erit, Stichus liber et heres esto* („Wer auch immer mein Erbe sein soll, Stichus soll frei und Erbe sein") erachtete er als ungültig, ließ aber den Sklaven frei werden, während Labeo den Sklaven auch zum Erben werden ließ.[1592]

Ein in zwei unterschiedlichen Fassungen erhaltenes *responsum* behandelte die Interpretation der Bestimmung „meiner Frau soll der Erbe (jährlich) 200 geben, wenn/solange sie sich mit meinem Sohn in Capua aufhält" (*uxori meae, dum cum filio meo Capuae erit, heres meus ducenta dato*) für den Fall, dass der Sohn ausziehe. Die erste Fassung ist in den nachgelassenen Schriften des Labeo

---

1585 Zu *diem diffindere* siehe auch METZGER, A New Outline of the Roman Civil Trial, 91–100.

1586 Hor. sat. 2.1.82 f. Vgl. Plin. nat. 28.17 f. sowie Cic. top. 81–85.

1587 Näheres zu den juristischen Anspielungen in Hor. sat. 2.1 bei MICHEL, La satire 2, 1 à Trébatius ou la consultation du juriste, RIDA 46 (1999) 369–391.

1588 Cartilius lebte im 1. Jhdt. n. Chr. Siehe JÖRS, Art. Cartilius, RE III (1899) Sp. 1626.

1589 Proc. 2 epist. D. 28.5.70. Siehe auch WATSON, The Law of Succession, 49–51; WIELING, Testamentsauslegung, 17; TALAMANCA, Trebazio Testa fra retorica e diritto, 119–124.

1590 Cels. 16 dig. D. 28.5.60 pr., Pomp. 3 ad Sab. D. 41.1.19. Dazu MAYER-MALY, Obligamur necessitate, SZ 83 (1966) 64 f.; HORAK, Rationes decidendi, 220; WATSON, The Law of Persons, 222 f.; KRÜGER, Erwerbszurechnung kraft Status, 108 f.; TALAMANCA, Trebazio Testa fra retorica e diritto, 71–73; HARKE, Liber homo bona fide serviens, RIDA 52 (2005) 170–174; BUCHWITZ, Servus alienus heres, 10; DEPPENKEMPER, Negotiorum gestio, 492 FN 2473.

1591 Ulp. 7 ad Sab. D. 28.5.13.7. Siehe WATSON, The Law of Succession, 47 f.

1592 Pomp. 1 ad Sab. D. 28.5.21 pr. Siehe WATSON, The Law of Succession, 51; WATSON, Legal Origins, 39.

überliefert. Trebatius differenzierte bei seiner Antwort: Wenn beide, Mutter und Sohn, in Capua wohnten, werde das Legat geschuldet, auch wenn sie zu diesem Zeitpunkt keinen gemeinsamen Wohnsitz hatten. Wenn der Sohn aber in ein anderes *municipium* gezogen war, so werde der Betrag für das eine Jahr geschuldet, in dem die beiden für eine beliebige Zeit zusammenwohnten. Wenn es aber nicht an der Frau gelegen war, dass der Sohn nicht mit ihr zusammenwohne, werde das Legat geschuldet.[1593] Die zweite Fassung wird bei Pomponius zitiert und beinhaltet auch die (übereinstimmende) Meinung des Labeo; Ortsangabe und Betrag des Legats sind jedoch gestrichen. Gefragt wird, was passiere, wenn die Mutter wegzöge. Trebatius und Labeo meinten, das Legat werde geschuldet, wenn sie die Kinder bei sich behalten wolle, wobei sie diese nicht in jedem Moment bei sich haben müsse. Zu prüfen sei, ob sie beabsichtigt habe, den Sohn wegzuschicken, und ob es an ihr läge, dass der Sohn nicht bei ihr erzogen wurde.[1594]

Die Meinungen von Labeo und Trebatius finden sich auch bei der Interpretation des Legats eines Sklaven „der meiner sein wird, wenn ich sterbe" (*qui meus erit cum moriar, heres dato*). Bei der Eröffnung des Testaments stellte sich heraus, dass der Sklave im Miteigentum des Erblassers gestanden war. Trebatius meinte, wenn der Sklave nicht im Alleineigentum stehe, werde nur der Anteil des Erblassers geschuldet, Labeo hingegen meinte, der ganze Sklave werde geschuldet.[1595] Ähnlich beantwortete Trebatius eine Anfrage mit folgendem Sachverhalt: Ein Herr hatte gemeinsam mit seinem Sklaven einen Untersklaven (*vicarius*). In seinem Testament ließ er den Sklaven frei und vermachte ihm sein *peculium*. Den Untersklaven vermachte er zu gleichen Teilen dem Sklaven und dessen Freigelassener (*liberta*). Trebatius war wie Labeo der Ansicht, die Freigelassene sei zu einem Viertel Eigentümerin des Untersklaven geworden, der freigelassene Sklave zu drei Vierteln.[1596]

Wenn ein Acker vermacht werde, und der Legatar diesbezüglich nicht am Rechtsverkehr teilnehmen könne (*cuius commercium non habes*), sei das Legat gültig. So lautet eine andere, diesmal von Labeo wiedergegebene Rechtsansicht von Trebatius. Priscus Fulcinius, der Trebatius' Meinung widersprach,

---

1593 Lab. 2 post. a Iav. epit. D. 32.30.5. Siehe WATSON, The Law of Succession, 116–118; KOHLHAAS, Die Überlieferung der libri posteriores des Antistius Labeo, 38–41.

1594 Pomp. 5 ad Sab. D. 35.1.8. Dazu HORAK, Rationes decidendi, 197 f.; WATSON, The Law of Succession, 116–118.

1595 Paul. 1 ad Sab. D. 30.5.1. Siehe WATSON, The Law of Succession, 120; WIELING, Testamentsauslegung, 20; TALAMANCA, Trebazio Testa fra retorica e diritto, 179–182.

1596 Lab. 2 post. a Iav. epit. D. 33.8.22.1. Siehe WATSON, The Law of Succession, 99 f.; ASTOLFI, Studi sull'oggetto dei legati in diritto romano III, 43 f.; TALAMANCA, Trebazio Testa fra retorica e diritto, 131–135; KOHLHAAS, Die Überlieferung der libri posteriores des Antistius Labeo, 82–85.

war vermutlich ein Zeitgenosse Labeos.[1597] Gleicher Meinung waren Labeo und Trebatius bei der Anfrage, ob die Töpfer, die einen Großteil des Jahres auf einem Grundstück arbeiteten (auf dem Grundstück befanden sich Tongruben), zu dem vermachten Zubehör des Grundstücks zählen würden: Sie verneinten dies.[1598]

Generell existieren sehr viele *responsa* zum Erbrecht, bei denen sowohl die Meinung von Trebatius als auch die von Labeo erhalten ist. Beispiele sind etwa die Anfrage, ob surrentinischer Wein, der in Urnen enthalten sei, gemeint sei, wenn Wein in Amphoren vermacht werde (Antwort von beiden: ja),[1599] ob das Legat *Attiae, donec nubat, quinquaginta damnas esto heres meus dare* zur Gänze und sofort oder in Jahreszahlungen geschuldet werde (beide: sofort)[1600] und ob Blei- und Tongefäße, die mit Erde gefüllt und bepflanzt worden seien, zum Gebäude gehören würden (beide: ja).[1601] Weitere Anfragen, bei denen die beiden Juristen eine Meinung teilten, lauteten, ob Gefäße aus Bronze, aus denen Springbrunnen sprudelten, und andere Luxusartikel als Hausrat (*suppellex*) zu bezeichnen seien (beide verneinten dies, jedoch seien Glas- und Flußspatgefäße zum Hausrat zu zählen)[1602], ob beim Legat von *pocula oleaginea paria duo* („zwei gleiche Becher aus Ölbaumholz") durch einen Erblasser, der vier Becher hatte, zwei oder vier Becher gemeint seien (beide: zwei, sonst wäre das Legat anders formuliert worden)[1603] und ob das Legat *servo meo heres quinque dato et, si Stichus heredi meo biennium servierit, liber esto* („meinem Sklaven soll mein Erbe fünf geben, und wenn Stichus dem Erben zwei Jahre lang gedient haben

1597 Paul. 5 ad leg. Iul. et Pap. D. 31.49.2. Dazu Watson, The Law of Property, 14; Genovese, Res e relative qualifiche in rapport al commercium, Studi Nicosia, 97 f.

1598 Iav. 2 ex post. Lab. D. 33.7.25.1. Dazu Steinwenter, Fundus cum instrumento, 26; D'Orta, La giurisprudenza tra repubblica e principato, 162–165; John, Die Auslegung des Legats von Sachgesamtheiten, 21 f.; Kohlhaas, Die Überlieferung der libri posteriores des Antistius Labeo, 32–37; Aubert, Productive Investments in Agriculture, 178; Biavaschi, Caesari familiarissimus, 107–110. Zum wirtschaftlichen Hintergrund siehe Paterson, „Salvation from the Sea": Amphorae and Trade in the Roman West, JRS 72 (1982) 146–157.

1599 Proc. 3 ex post. Lab D. 33.6.16 pr. Dazu Kohlhaas, Die Überlieferung der libri posteriores des Antistius Labeo, 242–244; D'Orta, La giurisprudenza tra repubblica e principato, 156 f.

1600 Lab. 2 post. a Iav. epit. D. 33.1.17 pr. Dazu Watson, The Law of Succession, 120 f.; Wieling, Testamentsauslegung, 19 f.; Astolfi, Studi sull'oggetto dei legati in diritto romano III, 100; Wubbe, Iavolenus contra Labeonem, Satura Feenstra, 106 f.; Talamanca, Trebazio Testa fra retorica e diritto, 151–158; Kohlhaas, Die Überlieferung der libri posteriores des Antistius Labeo, 69–71.

1601 Iav. 5 ex post. Lab. D. 33.7.26 pr. Siehe auch White, Farm Equipment of the Roman World, 145.

1602 Iav. 10 ex post. Lab. D. 33.10.11. Siehe D'Orta, La giurisprudenza tra repubblica e principato, 235 f.; John, Die Auslegung des Legats von Sachgesamtheiten, 78.

1603 Lab. 2 post. a Iav. epit. D. 32.30 pr. Siehe Watson, The Law of Succession, 91 f.; Wieling, Testamentsauslegung, 35 f.; Talamanca, Trebazio Testa fra retorica e diritto, 77–79, 85 f.; Kohlhaas, Die Überlieferung der libri posteriores des Antistius Labeo, 77 f.

wird, soll er frei sein") so zu verstehen sei, dass sowohl die Freiheit als auch das Legat in zwei Jahren geschuldet werden (beide: ja).[1604] Weitere *responsa* mit einer übereinstimmenden Rechtsansicht von Trebatius und Labeo behandelten das Legat von Schildpatt, in dem nach Ansicht der beiden Juristen auch Bettgestelle aus Schildpatt mit versilberten Füßen enthalten waren[1605] und dass die Rückzahlung von Geld, das einem Sklaven zur Durchführung von Geschäften durch den Erben überlassen worden war, nicht als Zahlung für seine Freilassung gelten solle (beide Juristen waren der Auffassung, der Sklave werde durch die Rückgabe nicht zu einem *statuliber*; anderer Ansicht war Javolen, wenn das Geld aus seinem *peculium* stammte).[1606]

Labeo billigte auch die Ansicht von Trebatius in folgendem Fall: Thermus Minor hatte die Errichtung eines Denkmals und dessen Finanzierung mit folgender Formulierung angeordnet: *Luciis Publiis Corneliis ad monumentum meum aedificandum mille heres meus dato* („den Lucii und Publii Cornelii soll mein Erbe 1000 für den Bau eines Grabmals geben"). Trebatius interpretierte die Anordnung so, dass das Legat zugewendet werden sollte, wenn die Legatare Sicherheit geleistet hätten, dass sie das Grabmal mit diesem Geld errichten würden.[1607] In einem anderen Fall wurde die Ansicht des Trebatius durch Blaesus, möglicherweise einer seiner Schüler, wiedergegeben: Ein Miteigentümer an einem Grundstück hatte seiner Frau den Nießbrauch an diesem hinterlassen. Der Erbe des Miteigentümers strebte eine *actio communi dividundo* an. Trebatius meinte, wenn der *arbiter* das Grundstück aufgeteilt habe, stehe der Frau nur ein Nießbrauch am Anteil ihres verstorbenen Ehemanns zu.[1608]

1604 Lab. 2 post. a Iav. epit. D. 32.30.2. Dazu Watson, The Law of Succession, 157 f.; Kohlhaas, Die Überlieferung der libri posteriores des Antistius Labeo, 78–81.

1605 Iav. 2 ex post. Lab. D. 32.100.4. Siehe auch Astolfi, Studi sull'oggetto dei legati in diritto romano II, 198; Kohlhaas, Die Überlieferung der libri posteriores des Antistius Labeo, 146 f.

1606 Iav. 4 ex post. Lab. D. 40.7.39.2. Dazu Watson, The Law of Persons, 215; Horak, Rationes decidendi, 155 f.; Wubbe, Iavolenus contra Labeonem, Satura Feenstra, 108; Waldstein, Operae libertorum, 118.

1607 Iav. 2 ex post. Lab. D. 35.1.40.5. Siehe Horak, Rationes decidendi, 217; Watson, The Law of Succession, 115 f.; D'Orta, La giurisprudenza tra repubblica e principato, 144–150; Talamanca, Trebazio Testa fra retorica e diritto, 164–171; Kohlhaas, Die Überlieferung der libri posteriores des Antistius Labeo, 158–161; Kaiser, Streit wegen einer satisdatio für ein Fideikommiss, ZPE 86 (1991) 163–181; Paulus, Die Idee der postmortalen Persönlichkeit, 188 f.; Spina, Ricerche sulla successione testamentaria nei „Responsa" di Cervidio Scevola, 264–268.

1608 Lab. 2 post. a Iav. epit. D. 33.2.31. Siehe Bretone, La nozione romana di usufrutto, I 68–76; Watson, The Law of Property, 217 f.; Albanese, La divisibilità dell' usufrutto romano (con particulare riguardo a Fr. Vat. 75), AUPA 34 (1971) 16–19; Wieling, Subjektive Reichweite der materiellen Rechtskraft im römischen Recht, SZ 102 (1985) 304 f.; Kohlhaas, Die Überlieferung der libri posteriores des Antistius Labeo, 71–76; Misera, Akzession und Surrogation,

Voneinander abweichend interpretierten Labeo und Trebatius das Vermächtnis von korinthischen Vasen. Während Trebatius der Auffassung war, im Legat seien auch bronzene Gestelle (*baseis*) zum Aufstellen der Vasen enthalten, meinte Labeo, dies gelte nicht, wenn der Erblasser die Gestelle als Gefäße angesehen habe. Proculus wiederum meinte, Gestelle aus Bronze seien nicht mitvermacht, nur solche aus korinthischem Erz.[1609]

Auch Interpretationen der Begriffe *instrumentum fundi* und *penus* fehlen nicht: Als zum Zubehör eines Grundstücks zugehörig erachtete Trebatius, abweichend von seinen Zeitgenossen, nicht nur den Handmüller und den Scherer, die dem Haushalt dienen sollten, sondern auch den Handwerker, dessen Aufgabe es war, das Haus in Stand zu setzen, die Frauen, die das Brot buken und im Haus beschäftigt waren, die Müller, wenn sie auf diesem Grundstück beschäftigt waren, die Köchin, die Frau des Verwalters, wenn sie diesen unterstützte, die Spinnerinnen, die den Haushalt einkleideten und die Sklavinnen, die das Zubrot zubereiteten.[1610] Zum *penus* rechnete er, im Gegensatz zu Labeo, auch Honig.[1611]

Wenn Wein mitsamt den Gefäßen (*vinum cum vasis*) vermacht worden war, verneinte Trebatius, dass auch Wein, der sich in Fässern (*dolia*) befinde, als mitvermacht gelte, da der Wille des Erblassers dem Wortlaut des Legats widerspreche – eine Meinung, der sich Proculus nicht anschloss.[1612] Vermutlich eine

---

SZ 103 (1986) 396; D'Orta, La giurisprudenza tra repubblica e principato, 253–256; Valiño, La facultad de hipotecar en el condominio romano, Labeo 48 (2002) 72–103. Das *responsum* steht in einem direkten Zusammenhang zum Prozess zwischen dem Erben und dem Miteigentümer. Fraglich erscheint jedoch, wann das *responsum* erteilt wurde, denn auch wenn es *prima facie* an den anderen Miteigentümer gerichtet ist, betrifft es doch den Inhalt des Urteils des *arbiter* und ist so indirekt auch an ihn gerichtet. Dies geht auch aus dem Kommentar Labeos, der die Entscheidung von Trebatius ablehnt, hervor. Diese Faktoren machen eine Verwendung im Prozess mehr als wahrscheinlich, auch wenn nicht klar herausgearbeitet werden kann, welche Funktion Trebatius in diesem Prozess hatte.

1609 Iav. 2 ex post. Lab. D. 32.100.3. Dazu Wieling, Testamentsauslegung, 50, 84 f.; John, Die Auslegung des Legats von Sachgesamtheiten, 105 f.; Wubbe, Iavolenus contra Labeonem, Satura Feenstra, 113; Talamanca, Trebazio Testa fra retorica e diritto, 171–175; Kohlhaas, Die Überlieferung der libri posteriores des Antistius Labeo, 145–149.

1610 Ulp. 20 ad Sab. D. 33.7.12.5. Dazu D'Orta, La giurisprudenza tra repubblica e principato, 158; John, Die Auslegung des Legats von Sachgesamtheiten, 22–25; Aubert, Productive Investments in Agriculture, 174; Menner, D. 33.7.18.4 – vilicus und vilica als Objekte eines Erbschaftsstreits, FS Wieling, 164 f.; Roth, Thinking Tools, 6; Giomaro, Dall'instruere all'instrumentum e viceversa nell'economia della Roma antica, Studi Urbinati 62 (2013) 129 f.

1611 Ulp. 22 ad Sab. D. 33.9.3.2. Siehe Wieling, Testamentsauslegung, 87; John, Die Auslegung des Legats von Sachgesamtheiten, 46 f.; D'Orta, La giurisprudenza tra repubblica e principato, 229–234 ; Talamanca, Trebazio Testa fra retorica e diritto, 182–185; Biavaschi, Caesari familiarissimus, 129–137.

1612 Proc. 2 epist. D. 33.6.15. Dazu Astolfi, Studi sull'oggetto dei legati in diritto romano II, 143 f.; Wieling, Testamentsauslegung, 54 f., 74 f.; White, Farm Equipment, 111; D'Orta, La

ähnliche Begründung hatte die Rechtsauskunft des Trebatius in folgendem Fall: Ein Erblasser hatte seiner Frau ein Legat mit folgender Formulierung vermacht: „Meiner Frau vermache ich das Gewand, die Toilettenartikel, den Schmuck, Gold und Silber, das ihretwegen hergestellt und vorbereitet worden war“ (*uxori meae vestem, mundum muliebrem, ornamenta omnia, aurum argentum quod eius causa factum paratumque esset omne do lego*). Trebatius bezog den Zusatz *quod eius causa factum paratumque esset* nur auf das Gold und auf das Silber. Proculus, der dieses Beispiel wie auch das vorhergehende kommentierte, war in beiden Fällen anderer Meinung als Trebatius und meinte, der Zusatz beziehe sich auf das gesamte Legat.[1613]

Wenn der Erblasser den Erben angewiesen hatte, den Testamentszeugen 10 zu geben, dann sei laut Trebatius das Legat gültig – eine Ansicht, der auch Pomponius und Marcianus zustimmten.[1614] In einem anderen Fall erklärte Trebatius, dass bei einem Legat die übliche Befristung (*haec vulgaris clausula*) – also dass in drei Jahresraten auszuzahlen sei, wenn nichts anderes bestimmt sei[1615] – wegfalle, wenn das Legat mit dem Zusatz „wenn er 20 Jahre ist“ (*quando annorum viginti erit*) vermacht worden war.[1616] Zwei weitere erbrechtliche *responsa* des Trebatius sind in den *fragmenta Vaticana* überliefert. Aufgrund ihres fragmentarischen Charakters kann jedoch nur das erste *responsum* rekonstruiert werden, in dem Trebatius schreibt, dass, wenn ein Nießbrauch an einem Grundstück vermacht werde, der Nießbraucher auch Bäume im „Schlagwald“ (*silva caedua*) und Schilf (*harundo*) schlagen und verkaufen könne, auch wenn der Eigentümer dieses nicht verkauft hatte.[1617]

---

giurisprudenza tra repubblica e principato, 152–156; Talamanca, Trebazio Testa fra retorica e diritto, 90–98; Baldus, Regelhafte Vertragsauslegung, 579–581.

Zur Unterscheidung zwischen *dolia* und *vasa* siehe auch Pennitz, Das periculum rei venditae, 309 FN 118.

1613 Iav. 2 ex post. Lab. D. 32.100.2. Dazu Astolfi, Studi sull'oggetto dei legati in diritto romano II, 236 f.; Kohlhaas, Die Überlieferung der libri posteriores des Antistius Labeo, 58 f.; D'Orta, La giurisprudenza tra repubblica e principato, 138–141; Montana Casani, La veuve et la succession héréditaire, RIDA 47 (2000) 439; Spina, Note in materia di legato di omne argentum, dai Topica di Cicerone ai Digesta Iustiniani, Revista general de derecho romano 27 (2016) 11 f.

1614 Marcian. 6 inst. D. 34.5.14. Dazu Paulus, Die Idee der postmortalen Persönlichkeit, 219 f. Zum Hintergrund siehe Champlin, Final Judgments, 80.

1615 Ulp 19 ad Sab. D. 30.30 pr.

1616 Ulp 19 ad Sab. D. 30.30.5. Siehe auch Manthe, Die libri ex Cassio, 59 f.

1617 Frag. Vat. 70, Ulp. 17 ad Sab. D. 7.1.9.7. Dazu Watson, The Law of Property, 213 f.; Astolfi, Studi sull'oggetto dei legati in diritto romano II, 65–68; Horak, Rationes decidendi, 185 f.; D'Orta, La giurisprudenza tra repubblica e principato, 258–260. Vgl. auch Lab. 5 post. a Iav. epit. D. 18.1.80.2 und Gai. 7 ad ed. provinc. D. 50.16.30 pr. (S. 192).

In mehreren *responsa* beschäftigte sich Trebatius mit der testamentarischen Freilassung von Sklaven. Ein Erblasser hatte seinen Sklaven unter folgender Bedingung freigelassen: *cum decem dare poterit, liber esto* („Wenn er zehn geben kann, soll er frei sein"). Trebatius interpretierte diese Bestimmung so, dass der Sklave freigelassen werden solle, wenn er die entsprechende Summe parat habe oder in der Lage sei, sein *peculium* zu behalten und das Geld entweder bezahlt hatte oder es nicht an ihm gelegen war, dass es nicht übergeben wurde.[1618] In einem anderen Fall hatte der Erblasser dem Erben befohlen, den Sklaven freizulassen, wenn dieser innerhalb von 30 Tagen nach dem Tod des Erblassers eine bestimmte Summe bezahle. Da der Erbe die Erbschaft verspätet angetreten hatte, meinten Trebatius und Labeo, der Sklave erhalte seine Freiheit innerhalb von 30 Tagen nach Antritt der Erbschaft, wenn die Verspätung nicht aufgrund eines *dolus malus* des Erben erfolgt war. Läge die Verspätung am Erben und hätte der Sklave zum ursprünglichen Zeitpunkt über das Geld verfügt, aber nach Antritt nicht mehr, so werde der Sklave frei, weil es nicht an ihm lag, dass er die Bedingung nicht erfüllen konnte.[1619] Die Häufigkeit von *filii naturales* von Sklavinnen illustriert jenes *responsum*, bei dem ein Vater seinen freigelassenen Sohn als Erbe einsetzte und bestimmte: *Si mihi filius nullus erit, qui in suam tutelam veniat, tum Dama servus liber esto.* („Wenn ich keinen Sohn haben werde, der die Mündigkeit erreicht, dann soll mein Sklave Dama frei sein"). Da der schon freigelassene unmündige Sohn des Erblassers seiner Auffassung nach auch unter den Begriff *filius* fiel, sollte laut Trebatius Dama nicht freigelassen werden. Labeo war anderer Ansicht, da seiner Meinung nach in der Klausel ein ehelich geborener Sohn gemeint sei. Javolen, der dieses *responsum* in den nachgelassenen Schriften kommentierte, schloss sich der Ansicht von Trebatius an.[1620]

Ein Legatar hatte zunächst in der Ansicht, der Erblasser habe ihm silberne Tische vermacht, diese mit der *actio ex testamento* eingeklagt. Als er später erfuhr, dass ihm das ganze Silber vermacht worden war, respondierte Trebatius, dass die *exceptio rei iudicatae* einer weiteren Klage nicht entgegenstehe, da der Kläger das

---

1618 Ulp. 27 ad Sab. D. 40.7.3.12. Dazu Watson, The Law of Persons, 214; Wieling, Testamentsauslegung, 31; Astolfi, Studi sull'oggetto dei legati in diritto romano III, 13; Talamanca, Trebazio Testa fra retorica e diritto, 158–164; Quintana Orive, Observaciones sobre el depósito, RIDA 46 (1999) 427–450.

1619 Ulp. 27 ad Sab. D. 40.7.3.11. Dazu Watson, The Law of Persons, 209; Wieling, Falsa demonstratio, condicio pro non scripta, condicio pro impleta im römischen Testament, SZ 87 (1970) 239; Manthe, Die libri ex Cassio, 147 f.; Paulus, Die Idee der postmortalen Persönlichkeit, 240.

1620 Iav. 4 ex post. Lab. D. 28.8.11. Siehe Horak, Rationes decidendi, 196; Watson, The Law of Succession, 98 f.; Wubbe, Iavolenus contra Labeonem, Satura Feenstra, 113 f.; Talamanca, Trebazio Testa fra retorica e diritto, 145–151; Masi Doria, Verus filius e verus pater, FS Tsuno, 214–219.

Legat nicht eingeklagt hatte, dies auch nicht beabsichtigt hatte und auch der Richter nicht darüber geurteilt hatte.[1621] Im Glauben, der Erbe zu sein, hatte jemand für das Begräbnis des Erblassers gesorgt. Trebatius und Proculus meinten, die *actio funeraria* stehe ihm nicht zu, da er nicht im Glauben gehandelt habe, ein fremdes Geschäft zu besorgen.[1622] Auch das folgende *responsum* behandelte eine testamentarische Verfügung. Der Erblasser hatte einen Tutor mit folgender Formulierung eingesetzt: *Lucium Titium tutorem do, si is non vivit, tum Gaium Plautium do* („Lucius Titius setze ich als Tutor ein; wenn er nicht lebt, setze ich Gaius Plautius ein"). Titius hatte die Tutel angenommen und war später verstorben. Fraglich war, ob Gaius Plautius ihm als Tutor folge. Trebatius verneinte dies und Javolen schloss sich seiner Auffassung an, während Labeo und Proculus die entgegengesetzte Ansicht vertraten.[1623]

Terminologisches zu Verwandtschaftsgraden besprach Trebatius in zwei Fragmenten aus Paulus' *liber singularis de gradibus et adfinibus et nominibus eorum*: Er erläuterte hier u. a., dass der Begriff *consobrini* von vielen für Cousins väter- und mütterlicherseits verwendet werde[1624] und dass ein Verwandter im 7. Grad als Sohn des *sobrinus* (Cousin) bezeichnet werde, während für Verwandte im 8. Grad (und darüber) keine eigene Bezeichnung existiere.[1625]

Auch drei *responsa* zum Familienrecht sind von Trebatius überliefert: So hatte ein Ehemann den Sklaven seiner Frau Geld zur Anschaffung von Kleidern geschenkt. Innerhalb eines Jahres kam es zur Scheidung und es war strittig, in wessen Eigentum die Kleider standen, die mit diesem Geld angeschafft worden waren. Trebatius und Labeo meinten, die Kleider müssten dem Mann im

1621 Pomp. 16 ad Sab. D. 44.2.20. Siehe auch MARRONE, Due interessanti testi di Pomponio a proposito di preclusione processuale, litis contestatio e sentenza, AUPA 45 (1998) 427–444; ANKUM, Un problème relatif, Studi Metro, 46 f.; PELLOSO, Bis de eadem re sit actio, 234 f.; SPINA, Note in materia di legato di omne argentum, dai Topica di Cicerone ai Digesta Iustiniani, Revista general de derecho romano 27 (2016) 10 f.

1622 Ulp. 25 ad ed. D. 11.7.14.11. Dazu WATSON, The Law of Property, 7; HORAK, Rationes decidendi, 166; CENDERELLI, Gestione d'affari ereditari, Studi Biscardi, I 279; D'ORTA, La giurisprudenza tra repubblica e principato, 93–98; MÜLLER-EHLEN, Hereditatis petitio, 178; THOMAS, The actio funeraria, Fundamina 16 (2010) 321–335; HARKE, Actio utilis, 227; DEPPENKEMPER, Negotiorum gestio, 412 FN 2091.

1623 Iav. 8 ex post. Lab. D. 26.2.33. Dazu WATSON, The Law of Persons, 117; WIELING, Testamentsauslegung, 15–17, 73; WUBBE, Iavolenus contra Labeonem, Satura Feenstra, 114 f.; TALAMANCA, Trebazio Testa fra retorica e diritto, 111–118; PAULUS, Die Idee der postmortalen Persönlichkeit, 288 f.

1624 Paul. l. s. de grad. et adfin. D. 38.10.10.15.

1625 Paul. l. s. de grad. et adfin. D. 38.10.10.18. Siehe HORAK, Rationes decidendi, 204; WATSON, The Law of Succession, 184; ASTOLFI, Il matrimonio nel diritto romano preclassico, 41 f. Siehe auch MANTHE, Rez. Corpus Iuris Civilis: Text und Übersetzung. Band I: Institutionen by Okko Behrends, Rolf Knütel, Berthold Kupisch, Hans Hermann Seiler, Gnomon 66 (1994) 521–533.

Zustand, den sie nach der Scheidung hatten, retourniert werden; dasselbe gelte für Gewand, das der Mann gekauft und den Sklaven geschenkt hatte. Sollten die Kleider nicht zurückgegeben werden, werde das Geld auf die Rückzahlung der *dos* angerechnet.[1626]

Beide kommentierten gemeinsam auch einen anderen Scheidungsfall: Eine unter der Gewalt ihres Vaters stehende Frau ordnete nach der Scheidung an, dass die Mitgift ihrem Vater zurückgegeben werden solle. Nachdem ein Teil der Mitgift zurückgezahlt worden war, starb der Vater. Beide Juristen meinten, das restliche Geld werde der Frau bezahlt, außer die Rückgabe der *dos* sei delegiert oder mit Novationswirkung dem Vater versprochen worden.[1627] Am bekanntesten ist jedoch das *responsum* von Trebatius zu den Schenkungen des Maecenas an seine Ehefrau Terentia. Maecenas hatte Terentia nach der Scheidung beschenkt, um sie wieder zurückzugewinnen. Sie war zurückgekehrt, hatte sich dann aber wieder scheiden lassen. Trebatius vertrat die Auffassung, dass die Schenkung gültig sei, wenn die erste Scheidung wahrhaftig gewesen sei, wenn sie hingegen nur vorgetäuscht war, sei die Schenkung nichtig. Proculus und Caecilius meinten hingegen, die Schenkung sei gültig, wenn die Frau nach der ersten Scheidung eine andere Ehe eingegangen sei oder sie solange unverheiratet geblieben sei, dass kein Zweifel an der Trennung bestehe; andernfalls sei die Schenkung ungültig.[1628] Weiters respondierte Trebatius, dass, wenn einer der Ehepartner dem anderen Partner eine fremde Sache geschenkt hatte, eine Ersitzung möglich sei, wenn der Schenker dadurch nicht ärmer werde.[1629]

1626 Iav. 6 ex post. Lab. D. 24.3.66.1. Dazu Watson, The Law of Persons, 74; D'Orta, La giurisprudenza tra repubblica e principato, 216–219; Misera, Der Bereicherungsgedanke bei der Schenkung unter Ehegatten, 92, 96–99.

1627 Iav. 6 ex post. Lab. D. 24.3.66.2. Dazu Watson, The Law of Persons, 73 f.; Apathy, Animus novandi, 216.

1628 Iav. 6 ex post. Lab. D. 24.1.64. Siehe auch Cass. Dio 54.19. Dazu Schmidlin, Horoi, pithana und regulae, 119, 126; Robleda, Il divorzio in Roma prima di Costantino, 375 f.; D'Orta, La giurisprudenza tra repubblica e principato, 210–214; Guarino, Mecenate e Terenzia, Labeo 38 (1992) 137–146; Andrés Santos, En torno al origen y fundamento de la prohibición de donaciones entre cónyuges, BIDR 43 (2001) 328 f.; Eisenring, Die römische Ehe als Rechtsverhältnis, 183 f.; Behrends, Sessualità riproduttiva e cultura cittadina, GS Kupiszewski, 53 f.; Yaron, De divortio varia, TR 32 (2014) 536 f. Siehe auch Bauman, Lawyers in Roman Transitional Politics, 133, der darauf hinweist, dass Terentia die Geliebte des Augustus war.

Gerade bei diesem *responsum* erscheint es glaubhaft, dass Trebatius, der gute Verbindungen zum Kaiserhaus hatte, diesen Fall als von den Parteien eingesetzter Richter entschied, da der Fall politisch brisant und wegen der damit verbundenen Schande für die Beteiligten ausgesprochen peinlich war, sodass gerade in diesen Konstellationen gerne ein juristisch erfahrener Richter ausgewählt wurde.

1629 Pomp. 24 ad Q. Muc. D. 41.6.3. Dazu Casavola, Lex Cincia, 162; Watson, The Law of Property, 231 f.; D'Orta, La giurisprudenza tra repubblica e principato, 215 f.; Misera, Der

Die meisten *responsa* von Trebatius zum Obligationenrecht betrafen den Kauf. So respondierte er, dass bei einer *vindicatio in libertatem* der gutgläubige Käufer, der einen vermeintlichen Sklaven gekauft hatte und ihn nicht herausgeben wollte, nicht aufgrund des Interdikts *de homine libero exhibendo* hafte.[1630] Beim Verkauf oder Legat eines Grundstücks seien laut Ulpian Stroh und Mist dem Käufer oder dem Legatar herauszugeben, das Holz aber könne der Verkäufer oder der Erbe behalten. Ulpian verweist hierbei auf eine *distinctio* des Trebatius, derzufolge Mist, der zum Düngen angeschafft worden war, dem Käufer zufalle; wenn er aber zum Verkauf angeschafft worden war, falle er an den Verkäufer, außer es sei anderes vereinbart worden. Es mache auch keinen Unterschied, ob der Mist sich in einem Stall befinde oder auf einen Haufen geschüttet wurde.[1631]

Bei einem anderen Kauf wurde eine Grundstückshälfte verkauft, die andere sollte vom Käufer zehn Jahre lang um einen bestimmten Zins gepachtet werden. Es wurde gefragt, wie auf die Einhaltung der Mietvereinbarung geklagt werden könne. Trebatius und Labeo verneinten jedoch, dass mit der *actio ex vendito* auf die Einhaltung der Vereinbarung geklagt werden könne. Javolen war anderer Auffassung, denn er sah die Vereinbarung als Teil des Preises an, wenn etwa das Landgut billiger verkauft wurde, um einen Pachtvertrag abzuschließen.[1632] Labeo und Trebatius meinten auch, dass mit der *actio venditi* jene Kosten eingeklagt werden könnten, die beim Kauf entstünden, wie etwas zusätzliche Zahlungen beim Kauf eines Hauses. Ähnliches gelte für die Kosten eines kranken Sklaven, die für ihn vor der Übergabe aufgewendet worden waren oder für die Ausbildung, von der wahrscheinlich sei, dass sie den Wünschen des Käufers entspreche.[1633]

Bereicherungsgedanke, 70–72; Wollschläger, Das stoische Bereicherungsverbot in der römischen Rechtswissenschaft, Symposion Wieacker, 63; Wacke, Plus est in re quam in existimatione, TR 64 (1996) 339–341.

1630 Ven. 4 interd. D. 43.29.4.1. Dazu Watson, The Law of Persons, 224 f.; Hanisch Espindola, La defensa de la libertad en el derecho romano, Revista de Estudios historico-juridicos 9 (1984) 13–40.

1631 Ulp. 32 ad ed. D. 19.1.17.2. Siehe auch López Gálvez, Consideraciones casuísticas, Revista de Derecho UNED 11 (2012) 531.

1632 Iav. 5 ex post. Lab. D. 18.1.79. Dazu Pringsheim, Id quod actum est, SZ 78 (1961) 30 f.; Watson, The Law of Obligations, 41 f.; Liebs, Rechtsschulen und Rechtsunterricht im Prinzipat, 262; Wubbe, Iavolenus contra Labeonem, Satura Feenstra, 105 f.; D'Orta, La giurisprudenza tra repubblica e principato, 221–226; Hähnchen, Die Abgrenzung der locatio conductio von anderen Aktionen, 94–96.

1633 Ulp. 32 ad ed. D. 19.1.13.22. Dazu Watson, The Law of Obligations, 93; Apathy, Mora accipiendi, SZ 101 (1984) 197 f.; Pennitz, Das periculum rei venditae, 157–159; Zoz, Sepoltura degli schiavi ed eventuali spese per il loro funerale, BIDR 100 (1997) 543–551; Mantello, L' analogia nei giuristi tardo repubblicani e augustei, Studi Martini, 662 f.; Deppenkemper, Negotiorum gestio, 33–36.

Eine Mietvereinbarung beim Kauf betraf eine andere Rechtsauskunft. Vereinbart war, dass der Verkäufer des Hauses vom Käufer entweder einen jährlichen Betrag von 10 erhalte oder dem Verkäufer ein lebenslanges Wohnrecht eingeräumt werde. Der Käufer wollte ihm im ersten Jahr um 10 vermieten, im zweiten Jahr allerdings lieber ein Wohnrecht einräumen. Trebatius meinte hierzu, es stehe dem Käufer frei, seine Meinung zu ändern und in den einzelnen Jahren eine jeweils andere Leistung zu erbringen. Solange er dazu bereit sei, eine der beiden geschuldeten Leistungen zu erbringen, bestehe kein Grund zur Klage.[1634]

Weiters entschied Trebatius, dass dem Käufer, wenn er beim Kauf neuer Kleider gebrauchte Kleider erhalte, das Interesse zu ersetzen sei, wenn er davon nichts gewusst habe. Diese Meinung wurde auch von Pomponius geteilt, während Julian für das Haftungsausmaß nach dem Wissen des Verkäufers differenzierte.[1635] Wenn infolge eines Kaufes ein Weinfass versiegelt wurde, galt es als nach Ansicht des Trebatius als übergeben, während Labeo verneinte, dass eine Übergabe stattgefunden habe.[1636]

Trebatius kommentierte auch das Edikt der kurulischen Ädilen und respondierte zur *actio redhibitoria*, dass Unfruchtbarkeit bei einer Frau nicht *eo ipso* als Mangel gelte, sondern nur, wenn sie aufgrund einer Krankheit unfruchtbar geworden war, nicht aber wenn sie von Geburt an unfruchtbar gewesen sei. Anderer Ansicht war Labeo, der unabhängig von der Ursache eine *actio redhibitoria* zuließ.[1637] Einen Ausschlag betrachtete Trebatius beispielsweise nicht als Mangel, wenn der vom Ausschlag betroffene Körperteil ohne Einschränkungen benutzt werden könne.[1638] Auch Mundgeruch stellte seiner Meinung nach genausowenig einen Mangel dar, wie wenn ein Sklave wie ein Bock stinke oder schiele. Anders sei die Sachlage, wenn er aufgrund eines körperlichen Leidens

1634 Paul. 33 ad ed. D. 19.1.21.6. Dazu WATSON, The Law of Obligations, 58. Vgl. auch Ulp. 32 ad ed. D. 19.1.13.30 (S. 188).

1635 Marcian. 4 reg. D. 18.1.45. Dazu PARTSCH, Aus nachgelassenen und kleineren verstreuten Schriften, 51–53; MEDICUS, Id quod interest, 131, 139; WATSON, The Law of Obligations, 58 f.; HONSELL, Quod interest im bonae-fidei-iudicium, 93–95; D'ORTA, La giurisprudenza tra repubblica e principato, 219–221; APATHY, Sachgerechtigkeit und Systemdenken, SZ 111 (1994) 98–101, 148–151; SCHERMAIER, Auslegung und Konsensbestimmung, Sachmängelhaftung, Irrtum und anfängliche Unmöglichkeit nach römischem Kaufrecht, SZ 115 (1998) 239 f.; SCHEIBELREITER, De eo, qui sciens commodasset pondera, SZ 134 (2017) 222 f.

1636 Ulp. 28 ad Sab. D. 18.6.1.2. Dazu LEVY, Gesammelte Schriften, 224 f.; WATSON, The Law of Obligations, 59; HORAK, Rationes decidendi, 216; THIELMANN, Traditio und Gefahrenübergang, SZ 106 (1989) 322; D'ORTA, La giurisprudenza tra repubblica e principato, 226–228; PENNITZ, Das periculum rei venditae, 400.

1637 Gell. 4.2.9–10. Siehe auch NÖRR, Kausalitätsprobleme im klassischen römischen Recht, FS Wieacker, 126; TALAMANCA, Trebazio Testa fra retorica e diritto, 60–64.

1638 Ulp. 1 ad ed. aedil. curul. D. 21.1.6.1.

stinke, denn dann sei er *morbosus*.[1639] Außerdem respondierte er, dass gegenüber einem Mündel auch ohne *auctoritas* des Tutors eine *denuntiatio* aufgrund einer *stipulatio duplae* ausgesprochen werden könne, wenn dieser nicht erscheine.[1640]

Die Formulierung der *actio depositi* betraf eine andere Rechtsauskunft des Trebatius. Gefragt war, ob eine hinterlegte Kiste als solche eingeklagt werden sollte oder ob in der Formulierung auch die in ihr deponierten Gegenstände aufgezählt werden sollten. Trebatius meinte, Ersteres sei der Fall, wenn aber zuerst die Kiste vorgelegt wurde und erst dann die Gegenstände hinterlegt wurden, seien diese hinzuzufügen. Labeo hingegen meinte, wer die Kiste hinterlegt habe, habe auch die in ihr enthaltenen Gegenstände hinterlegt.[1641] Bei einem weiteren *responsum* war die Passivlegitimation bei der *actio depositi* fraglich: Jemand hatte bei einem Sklaven eine Sache hinterlegt. Dieser wurde später freigelassen und weigerte sich, die Sache herauszugeben. Trebatius meinte, der ehemalige Eigentümer könne nicht geklagt werden, auch wenn in anderen Fällen eine Klage gegen den Freigelassenen nicht gegeben werde.[1642] Gegen einen Gewichtverleiher, der wissentlich ungleiche Gewichte verliehen hatte, damit der Verkäufer diese beim Zuwiegen der Ware benutze, gab Trebatius die *actio de dolo.* Wenn er größere Gewichte verliehen hatte, könne die zu viel geleistete Ware kondiziert werden, seien kleinere Gewichte verwendet worden, könne mit der *actio empti* auf die Übergabe der restlichen Ware geklagt werden, außer sie wurde unter der Bedingung verkauft, dass die Gewichte benutzt würden, von denen der Verleiher in Täuschungsabsicht behauptet hatte, sie wären gleich.[1643] Zulässig sei die *actio de dolo* auch dann, wenn jemand böswillig verursacht hatte, dass ein Prozess nach Ablauf der gesetzlichen Frist eingestellt werde. Der Kläger sei nicht durch das Ermessen des Richters zu restituieren, sondern der Beklagte sei auf das Interesse des Klägers, dass dies nicht geschehen sei, zu verurteilen, damit nicht auf diese Weise das Gesetz umgangen werden könne.[1644]

1639 Ulp. 1 ad ed. aedil. curul. D. 21.1.12.4.

1640 Paul. 2 ad ed. aedil. curul. D. 21.2.56.7. Dazu Watson, The Law of Obligations, 85; Watson, The Law of Persons, 134; Kleiter, Entscheidungskorrekturen mit unbestimmter Wertung, 167–169.

1641 Ulp. 30 ad ed. D. 16.3.1.41. Dazu Watson, The Law of Obligations, 163 f.

1642 Paul. 60 ad ed. D. 16.3.21.1. Dazu Watson, The Law of Obligations, 164; Litewski, Die Personen des römischen Verwahrungsverhältnisses, RIDA 47 (2000) 264–267; Walter, Die Funktionen der actio depositi, 237–243.

1643 Paul. 11 ad ed. D. 4.3.18.3. Siehe Watson, The Law of Obligations, 259 f.; D'Orta, La giurisprudenza tra repubblica e principato, 180–182; Watson, Studies in Roman Private law, 299; Fargnoli, Ricerche in tema di furtum, 140–148, 207; Scheibelreiter, De eo, qui sciens commodasset pondera, SZ 134 (2017) 188–233.

1644 Paul. 11 ad ed. D. 4.3.18.4. Watson, The Law of Obligations, 260 f.; Wacke, Kannte das Edikt eine in integrum restitutio propter dolum?, SZ 88 (1971) 119 f.; D'Orta, La giurisprudenza tra

Einen prozessrechtlichen Inhalt haben auch zwei andere Rechtsauskünfte, die Trebatius zu den Befugnissen des *procurator* und des *arbiter* erteilte. Wenn der *procurator* mit dem Prozessgegner eine Vereinbarung abgeschlossen habe, könne der *dominus* aufgrund der Vereinbarung die *exceptio doli* erheben, wie ihm im Gegenzug auch das *pactum* des *procurator* entgegengehalten werden könne.[1645] In einem anderen *responsum* äußerte sich Trebatius dahingehend, dass seiner Ansicht nach der *arbiter* befugt sei, einen Termin zur Zahlung der geschuldeten Summe festzusetzen.[1646]

Unterschiedliche Ansichten hatten Labeo und Trebatius bei der rechtlichen Beurteilung von Bäumen, die gegen den Willen des Eigentümers gefällt worden waren. Während Labeo den Standpunkt vertrat, dass sowohl die *actio legis Aquiliae* als auch die *actio de arboribus succisis* erhoben werden könnten, meinte Trebatius, dass der Richter bei der zweiten Klage nur auf den Differenzbetrag zwischen der verlangten Summe und der durch das erste Urteil erlangten Summe verurteilen solle.[1647] Einer Meinung waren sie hingegen bei der Frage, welches Rechtsmittel zur Verfügung stehe, wenn ein Sklave durch das Betreiben oder aufgrund von Beschwerden eines Dritten durch den Magistrat ausgepeitscht und dabei getötet worden war. Beide meinten, dass dem Eigentümer in diesem Fall die *actio legis Aquiliae* gegen den Dritten zustünde.[1648]

Zum Sachenrecht sind ebenfalls einige *responsa* des Trebatius erhalten, im Vergleich zu seinen Zeitgenossen sind sie allerdings bei Weitem nicht so zahlreich. Ein sehr umfangreiches *responsum* zum *ius alluvionis* ist bei Florentinus überliefert, der es im Zusammenhang mit einer Konstitution von Antoninus Pius zum Ausschluss des *ius alluvionis* bei *agri limitati* zitiert. Trebatius referiert, dass es sich um keinen *ager limitatus* handle und das *ius alluvionis* gelte, wenn

---

repubblica e principato, 182–185; Metro, Brevi note sulla mors litis per inattività, Fundamina 20 (2014) 643.

1645 Ulp. 4 ad ed. D. 2.14.10.2. Dazu Watson, The Law of Obligations, 205; Horak, Rationes decidendi, 256; Behrends, Die Prokuratur, SZ 88 (1971) 289; Wacke, Zur Lehre vom pactum tacitum und zur Aushilfsfunktion der exceptio doli, SZ 90 (1973) 228 f.; MacCormack, Aliud simulatum, aliud actum, SZ 104 (1987) 644; D'Orta, La giurisprudenza tra repubblica e principato, 185–189; Mannino, Questioni di diritto, 360 f.; Miceli, Studi sulla „rappresentanza" nel diritto Romano, 201–203.

1646 Ulp. 13 ad ed. D. 4.8.21.2.

1647 Paul. 9 ad Sab. D. 47.7.1. Dazu Watson, The Law of Obligations, 272; Liebs, Die Klagenkonkurrenz im römischen Recht, 202, 214; Liebs, Rechtsschulen und Rechtsunterricht im Prinzipat, 270; Flach, Das Zwölftafelgesetz, 57, 181 (vgl. aber Platschek, Rez. zu Flach, Das Zwölftafelgesetz – leges duodecim tabularum, 2004, Forum Historiae Iuris vom 5. 1. 2005); Corbino, Danno, lesioni patrimoniali e lex Aquilia, Scritti Franciosi, I 621; Diliberto, La satira e il diritto: una nuova lettura di Horat., sat. 1.3.115–117, 399 f.

1648 Ulp. 57 ad ed. D. 47.10.17.2. Dazu Watson, The Law of Obligations, 253.

von Feinden erobertes Land unter der Bedingung verteilt werde, dass es zu einer bestimmten Gemeinde (*civitas*) gehöre. Anderweitig erobertes Land hingegen gelte als *ager limitatus*, damit bekannt sei, was jemandem zugewiesen wurde, was verkauft wurde und was in öffentlicher Hand bleibe.[1649] Dieses *responsum* hat einen starken Bezug zum öffentlichen Recht, v. a. zu den zahlreichen Landverteilungen, die neu erobertes oder von (Staats-)Feinden enteignetes Land betrafen. Der Kontext legt nahe, dass Trebatius Cäsar und vielleicht auch Augustus beriet, auch wenn er aller Wahrscheinlichkeit nach keine offizielle Position innehatte.

Einen zeitgenössischen Hintergrund, nämlich die Tiberüberschwemmung des Jahres 54 v. Chr., hatte auch ein weiteres *responsum* von Trebatius. Dieser berichtet, dass, als bei einer Tiberüberschwemmung Gegenstände aus den Häusern ihrer Eigentümer geschwemmt worden waren, der Prätor ein Interdikt gewährt habe, dass den dabei Geschädigten Schutz gewähren sollte, wenn sie ihre Gegenstände aus fremden Häusern holten, unter der Voraussetzung, dass sie eine *cautio damni infecti* abschließen würden.[1650] Öffentlichrechtliche Bezüge hatte auch eine Rechtsauskunft von Trebatius und Labeo zum Grabrecht: Wenn jemand eine Leiche an einem *locus communis* begraben hatte, verneinten beide Juristen, dass dieser zu einem *locus religiosus* geworden sei, gaben aber eine *actio in factum*.[1651] Ein weiteres *responsum* hatte das Aufstellen von Statuen zum Thema. Trebatius (und später auch Pegasus) meinten, die Statuen würden nicht in das Eigentum der Bürger übergehen, aber der Prätor habe darauf zu achten, dass die Statuen von niemandem, auch nicht vom Stifter, entfernt würden. Falls dies versucht werde, stehe den Bürgern eine *exceptio* und gegen den Besitzer eine *actio* zu.[1652]

1649 Flor. 6 inst. D. 41.1.16. Dazu Costa, Cicerone giureconsulto, 113; Watson, The Law of Property, 75 f.; Maganzani, Gli incrementi fluviali in Fiorentino VI Inst. (D.41.1.16), SDHI 59 (1993) 207–258; Knütel, Von schwimmenden Inseln, wandernden Bäumen, flüchtenden Tieren und verborgenen Schätzen, 553; Barra, Gli incrementi fluviali in diritto Romano, 18; Castillo Pascual, Die Kontroverse de alluvione bei Gromatikern, eTopoi. Journal for Ancient Studies 2 (2012/2013) 6.

1650 Ulp. 53 ad ed. D. 39.2.9.1. Siehe Bürge, Retentio im römischen Sachen- und Obligationenrecht, 82–84; Watson, The Law of Property, 146 f.; D'Orta, La giurisprudenza tra repubblica e principato, 236–239; Maganzani, Ripae fluminis e dissesti idrogeologici, 71; Marrone, Danno temuto, danno già verificato e „officium iudicis", Rivista di diritto romano I (2001) 185; Gamauf, Vindicatio nummorum, 305–307; Bretone, Labeone e l'ordine della natura, 263 f.; Rainer, Julian und die cautio damni infecti, Fundamina 16 (2010) 361.

1651 Ulp. 19 ad ed. D. 10.3.6.6. Siehe auch Watson, The Law of Property, 5 f.; Selb, Formulare Analogien vor Julian, Studi Sanfilippo, 729 f., 738 f.; D'Orta, La giurisprudenza tra repubblica e principato, 91 f.; Meissel, Societas, 288 f.

1652 Ulp. 9 ad ed. D. 41.1.41. Dazu Watson, The Law of Property, 12; Wesener, Nichtediktale Einreden, SZ 112 (1995) 130 f.

Grundsätzlicher Natur waren Trebatius' Erläuterungen zum gleichzeitigem Besitz beim *interdictum de precario*. Trebatius vertrat, wie auch später Sabinus, die Ansicht, dass sowohl der *precario dans* als auch der *precario accipiens* als Besitzer zu erachten seien und in diesem Fall der eine echt (*iuste*), der andere unecht (*iniuste*) besitze; nicht möglich sei es allerdings, dass beide echt oder beide unecht besäßen, wobei letztere Ansicht von Labeo abgelehnt wurde.[1653]

Trebatius bejahte den Eigentumserwerb am wilden Tier für die Dauer der Verfolgung desselben, wenn es so schwer verwundet werde, dass es gefangen werden könne. Folglich mache sich auch ein zweiter Jäger, der das Tier – während der Verfolgung durch den ersten Jäger – fange, um sich zu bereichern, des Diebstahls schuldig.[1654] Zur *rei vindicatio* respondierte Trebatius, dass zur Berechnung der tatsächlich erwirtschafteten Früchte und jener Früchte, die erwirtschaftet werden hätten können, wenn die Sache nicht durch Verschulden des Besitzers untergegangen wäre, der Zeitraum bis zur Urteilsfällung zu berücksichtigen sei.[1655] Nicht ersessen werden konnten nach Trebatius jene Güter, die beim Verkäufer durch einen Dritten hinterlegt worden waren, da sie nicht gekauft worden seien.[1656]

Einige *responsa* betrafen die *actio aquae pluviae arcendae*.[1657] Trebatius differenzierte bei der Frage nach der *actio aquae pluviae arcendae* nach der Ursache des Wasserflusses: Wenn der Grund dafür, dass Wasser hinabfließe, ein Bauwerk (*opus manu factum*) sei, müsse das Grundstück auf jeden Fall in den vorigen Zustand zurückversetzt werden. Wenn aber ein Wall durch die Kraft des Flusses zerstört worden war oder Kies in den Fluss geschüttet worden war oder sich der Graben mit Schlamm gefüllt hatte, müsse man lediglich die Wiederherstellung

1653 Paul. 54 ad ed. D. 41.2.3.5. Dazu KASER, Eigentum und Besitz, 349; WATSON, The Law of Property, 83 f.; HORAK, Rationes decidendi, 283 f.; LIEBS, Rechtsschulen und Rechtsunterricht im Prinzipat, 245 f.; D'ORTA, La giurisprudenza tra repubblica e principato, 244–249; BIAVASCHI, Ricerche sul precarium, 292–296; RAINER, Quintus Mucius, der Besitz und die cautio damni infecti, FS Knütel, 894 f.; SIRKS, Einiges zum prekarischen Besitz, FS Knütel, 1145 f.; HARKE, Precarium, 92 f.; HARKE, Possessionis causae mutatio, SZ 134 (2017) 263 f.

1654 Gai 2 rer. cott. D. 41.1.5.1. Vgl. Cic. fam. 7.22 (S. 73, 94, 269). Dazu COSTA, Cicerone giureconsulto, 112; WATSON, The Law of Property, 63; D'ORTA, La giurisprudenza tra repubblica e principato, 174–180. Das *responsum* könnte einen konkreten Hintergrund haben (*placuit, videri*), allerdings ist auch die Diskussion im Zuge einer Juristenkontroverse denkbar.

1655 Paul. 21 ad ed. D. 6.1.33. Siehe KASER, Besitz und Verschulden bei den dinglichen Klagen, SZ 51 (1931) 118; WATSON, The Law of Property, 98; LIEBS, Rechtsschulen und Rechtsunterricht im Prinzipat, 271; KASER, Nochmals über Besitz und Verschulden bei den actiones in rem, SZ 98 (1981) 103.

1656 Paul. 54 ad ed. D. 41.4.2.7. Dazu WATSON, The Law of Property, 54.

1657 Siehe auch Ulp. 53 ad ed. D. 39.3.1.3 (S. 138).

dulden.[1658] Außerdem meinte Trebatius, dass die *actio a. p. a.* auch dann zustehe, wenn warmes Wasser auf das Nachbargrundstück fließe und dieses schädige,[1659] nicht aber, wenn die auf dem Nachbargrundstück austretende Quelle für eine Walkerei genützt würde und das dabei entstehende Wasser auf das Nachbargrundstück fließe. Anderes gelte, wenn der Nutzer das Wasser in ein Bett zusammenleite oder schmutziges Wasser auf das Nachbargrundstück leite.[1660]

In einem weiteren *responsum* schrieb Trebatius, dass aus der *cautio damni infecti* nicht geklagt werden könne, wenn im Nachbarhaus ein Brunnen gegraben werde und dadurch der Zufluss zum Brunnen des Nachbarn abgeschnitten werde, denn der Schaden werde nicht durch einen Fehler am Bauwerk verursacht und der, der den Brunnen grabe, übe sein Recht aus. Anders verhalte es sich, wenn beim Ausheben des Brunnens so tief gegraben werde, dass die Nachbarwand einstürze.[1661] Als Schaden im Zusammenhang mit der *cautio damni infecti* qualifizierte Trebatius es auch, wenn das Licht durch ein anderes Gebäude abgeschnitten worden war.[1662] Zu Servituten erteilte Trebatius die Rechtsauskunft, dass alle Tiere am Trinken gehindert werden könnten, wenn mehr Vieh zur Tränke getrieben werde als erlaubt.[1663]

1658 Paul. 49 ad ed. D. 39.3.11.6. Siehe auch RODGER, Roman Rain-Water, TR 38 (1970) 417–431; SITZIA, Ricerche in tema di „actio aquae pluviae arcendae“, 52 f.; D'ORTA, La giurisprudenza tra repubblica e principato, 237; PARENTI, Osservazioni sul patientiam praestare in Labeone, Teoria e storia del diritto privato romano 5 (2012) 21 FN 29.

1659 Ulp. 53 ad ed. D. 39.3.3.1. Siehe COSTA, Cicerone giureconsulto, 114; RODGER, Roman Rain-Water, TR 38 (1970) 417–431; SITZIA, Ricerche in tema di „actio aquae pluviae arcendae“, 156; D'ORTA, La giurisprudenza tra repubblica e principato, 240–244; SEYED-MAHDAVI RUIZ, Die rechtlichen Regelungen der Immissionen, 75–77.

1660 Ulp. 53 ad ed. D. 39.3.3 pr. Siehe auch WATSON, The Law of Property, 157–160; RODGER, Roman Rain-Water, TR 38 (1970) 417 f.; SITZIA, Ricerche in tema di „actio aquae pluviae arcendae“, 156; D'ORTA, La giurisprudenza tra repubblica e principato, 240–244; WACKE, Protection of Environment in Roman Law?, Roman Legal Tradition 1 (2002) 9 f.; SEYED-MAHDAVI RUIZ, Die rechtlichen Regelungen der Immissionen, 75–77.

1661 Ulp. 81 ad ed. D. 39.2.24.12. Siehe WATSON, The Law of Property, 143; HORAK, Rationes decidendi, 127; DIESSELHORST, Die Gerechtigkeitsdefinition Ulpians in D. 1,1,10, pr. und die Praecepta iuris nach D. 1,1,10,1, Symposion Wieacker, 197; RAINER, Bau- und nachbarrechtliche Bestimmungen, 110, 244 f.

1662 Paul. 78 ad ed. D. 39.2.25. Siehe WATSON, The Law of Property, 144; RAINER, Bau- und nachbarrechtliche Bestimmungen, 244 f.; MÖLLER, Die Servituten, 159 f.

1663 Ulp. 70 ad ed. D. 43.20.1.18. Dazu COSTA, Cicerone giureconsulto, 130; WATSON, The Law of Property, 197 f.; ZUCCOTTI, La tutela interdittale, GS Provera, 340–342; BANNON, Gardens and Neighbours, 95–97. Ein Zusammenhang mit einem Prozess ist vorstellbar, aber nicht zwingend notwendig. Dass die Meinungen von Juristen eingeholt wurden, um auszuloten, inwieweit das eigene Handeln mit dem Recht vereinbar war, ist zwar vor allem aus dem Erbrecht belegt, hatte aber auch bei der Nutzung von Grundstücken eine gewisse Relevanz.

Die *actio de deiectis vel effusis* stand nach Trebatius nicht nur gegen den Vermieter zu, sondern auch gegen den Eigentümer, der seinen Freigelassenen und Klienten und jenen seiner Frau ein kostenloses Wohnrecht zugestanden hatte.[1664] Anders als Labeo war Trebatius der Ansicht, dass der Täter aus dem *interdictum quod vi aut clam* hafte, wenn Mist ohne Willen des Eigentümers über ein Grundstück transportiert werde, auch wenn kein Schaden angerichtet worden war.[1665]

Die unklare Rechtslage zur *ancilla furtiva* und den Eigentumsverhältnissen an ihrem Kind – ein Problem, das Generationen von republikanischen Juristen beschäftigte – wird durch eine Rechtsauskunft des Trebatius illustriert: Er meinte, dass das Kind einer gestohlenen Sklavin, das bei ihrem neuen Besitzer gezeugt werde, ersessen werden könne, wenn dieser innerhalb eines Jahres nach dem Kauf erfahre, dass die Sklavin gestohlen sei.[1666]

Aus seinem Werk *de religionibus* stammen u. a. Etymologien der Begriffe *sacrum*, *profanum* und *sanctum*: Als *sacrum* definierte Trebatius, was als den Göttern zugehörig gelte,[1667] als *profanum*, was ursprünglich eine *res religiosa* oder eine *res sacra* war und zu Privateigentum wurde.[1668] Der Begriff *sanctum* werde teils synonym mit *sacrum* und *religiosum*, teils in einer anderen Weise verwendet.[1669] Aus *de religionibus* stammt zugleich eine Einteilung der Tieropfer (*hostiae*): Bei einer Art der Tieropfer würden die Eingeweide befragt (*hostiae consultatoriae*), bei der anderen werde die Seele der Tiere den Göttern geweiht

1664 Ulp. 23 ad ed. D. 9.3.5.1. Dazu WATSON, The Law of Obligations, 267; RÖHLE, Zur Rekonstruktion von D. 9.3.5.1, Iura 30 (1979) 86–89; BÜRGE, Vertrag und personale Abhängigkeiten, SZ 97 (1980) 140; WALDSTEIN, Operae libertorum, 86; DUBOULOZ, La propriété immobilière, 369–378; KUCUK, L' actio de effusis vel deiectis nel diritto romano, Revista de estudios histórico-jurídicos 30 (2008) 99–110; MELILLI, D.9.3. Tutela e sicurezza della circolazione urbana nel diritto romano, 54, 134–138.

1665 Ven. 2 interd. D. 43.24.22.3. Siehe WATSON, The Law of Property, 227; HORAK, Rationes decidendi, 273; FARGNOLI, Studi sulla legittimazione attiva all'interdetto quod vi aut clam, 29 f., 33 f.; CAPOGROSSI COLOGNESI, Proprietà e diritti reali, 8–10.

1666 Pomp. 32 ad Sab. D. 41.10.4 pr. Dazu KASER, Partus ancillae, SZ 75 (1958) 156–200; WATSON, The Law of Property, 29 f.; ABRAMENKO, Eine übersehene Stellungnahme des Trebatius, SZ 114 (1997) 423–434; SÁNCHEZ-MORENO ELLART, El problema de la buena fe en la usucapio pro donato, Index 29 (2001) 348–350; BELOVSKY, Usucapio of Stolen Things and Slave Children, RIDA 69 (2002) 96 f.

1667 Macr. Sat. 3.3.2. Siehe auch FUNAIOLI, Grammaticae Romanae Fragmenta, 437; WATSON, The Law of Property, 3 f.; TALAMANCA, Trebazio Testa fra retorica e diritto, 49–57.

1668 Macr. Sat. 3.3.4. Siehe auch FUNAIOLI, Grammaticae Romanae Fragmenta, 437; WATSON, The Law of Property, 9.

1669 Macr. Sat. 3.3.5. Siehe auch FUNAIOLI, Grammaticae Romanae Fragmenta, 437; WATSON, The Law of Property, 3; TALAMANCA, Trebazio Testa fra retorica e diritto, 49–57; GUILLAUMIN, La notice sur sanctum, religiosum, sacrum et profanum, Dialogues d'histoire ancienne 39 (2013) 63–73. Zur gesamten Passage Macr. Sat. 3.3. siehe auch GEBHARDT, Sermo iuris, 267 f.

(*hostiae animales*).[1670] Außerdem informiert Trebatius, dass die Magistrate auch an Markttagen (*nundinae*) berechtigt seien, Freilassungen durchzuführen und Klagen zuzulassen.[1671] Die Bezeichnung *quaestor* leitete Trebatius, wie Gracchanus und Fenestella, von *quaerere* ab.[1672] Im neunten Buch seines Werks diskutierte er auch, wie die Opfer zu den Göttern gelangen könnten.[1673] Weitere Fragmente beinhalten Erklärungen der Begriffe *sacellum* – Trebatius definierte *sacellum* als einen kleinen den Göttern geweihten Ort mit Altar[1674] –, *lucus* und *inferius*. Zu den *luci* erläuterte Trebatius, dass Haine, die von einer Versammlung in Besitz genommen worden seien (*concilio capti*) nach denselben Feierlichkeiten und demselben Brauch aufgesucht und angesehen werden, wie Haine, die sich am *ager antiquus* befänden.[1675] Zu Wendung *mactus hoc vino inferio esto* („Sei zufriedengestellt durch diesen Opferwein") erläuterte Trebatius, dass *inferius* hinzugefügt werde, damit nicht der gesamte Wein aus der Vorratskammer oder dem Weinlager, aus dem der ausgeschüttete Wein stamme, zu einer geheiligten Sache und damit der menschlichen Benutzung entzogen werde.[1676] Vermutlich ebenfalls aus *de religionibus* stammt eine Erläuterung des Wortes *compita*. Als Kreuzweg (*compita*) bezeichnete Trebatius einen Ort – mit oder ohne Altar, überdacht oder unter offenem Himmel –, an dem sich von mehreren Seiten oder von derselben Seite mehrere Wege träfen und den die bäuerliche Bevölkerung, mit dem Horn (*bucina*) zusammengerufen, als Versammlungsort verwende.[1677]

Insgesamt lag der Schwerpunkt der Respondiertätigkeit von Trebatius eindeutig auf dem Erbrecht, auch mit dem Nachbarrecht sowie mit dem Kauf beschäftigte er sich intensiv. Mit seinen antiquarischen Vorlieben reiht sich

1670 Macr. Sat. 3.5.1. Siehe dazu Thulin, Die etruskische Disciplin, II 11–16; Talamanca, Trebazio Testa fra retorica e diritto, 47–49; D'Orta, La giurisprudenza tra repubblica e principato, 77; Fiori, Homo sacer, 38; Nasse, Zum Begriff *hostia consultatoria*, 111–124; Johnson, The Pontifical Law of the Roman Republic, 190.

1671 Macr. Sat. 1.16.28. Dazu Broggini, Iudex arbiterve, 11 f.; Behrends, Der Zwölftafelprozess, 62; Watson, The Law of Persons, 194; Watson, The Law of Property, 3 f.; D'Orta, La giurisprudenza tra repubblica e principato, 65 f.

1672 Lyd. mag. 1.24, Ulp. l. s. de off. quaest. D. 1.13.1.1. Siehe auch S. 116.

1673 Macr. Sat. 3.7.5–8. Dazu D'Orta, La giurisprudenza tra repubblica e principato, 65; Fiori, Homo sacer, 37; Pelloso, Sacertà e garanzie processuali in età regia e proto-repubblicana, 57–148.

1674 Gell. 7.12.4–6. Siehe auch Funaioli, Grammaticae Romanae Fragmenta, 437; Egelhaaf-Gaiser, Kulträume im römischen Alltag, 488; Derlien, Asyl, 165 f. Vgl. auch Don. ad Ter. Ad. 576.

1675 Serv. Aen. 11.316. Siehe auch Zack, Forschungen II, Göttinger Forum für Altertumswissenschaften 15 (2012) 78.

1676 Arnob. 7.31. Dazu Watson, The Law of Property, 4; D'Orta, La giurisprudenza tra repubblica e principato, 84 f., 87.

1677 Serv. georg. 2.382. Siehe auch Funaioli, Grammaticae Romanae Fragmenta, 438; Stek, Cult Places and Cultural Change in Republican Italy, 203–212.

Trebatius sehr gut in die Tradition republikanischer Juristen ein, der er in seinem sonstigen politischen Leben jedoch eher nicht folgte. Eher untypisch ist, dass bei sehr vielen *responsa* auch gleichlautende oder gegenteilige Rechtsmeinungen anderer Juristen erhalten sind, wobei hier die hohe Zahl an Rechtsauskünften bei der seine Meinung gemeinsam mit jener des Labeo überliefert ist, hervorzuheben ist, da sie ungefähr die Hälfte der unter dem Namen des Trebatius überlieferten *responsa* ausmachen.

I.5.9. M. Tullius Cicero

I.5.9.1. Cicero und seine juristische Tätigkeit

Da Cicero eine unserer wichtigsten Quellen für die Rechtswissenschaft der ausgehenden Republik darstellt, lohnt es sich, ihm und den Juristen in seinem Bekanntenkreis einen eigenen Abschnitt zu widmen:

M. Tullius Cicero[1678] stammte aus Arpinum. Als Anwalt waren seine Vorbilder Hortensius und Cotta, seine juristische Ausbildung genoss er bei Q. Mucius Scaevola *augur* und Q. Mucius Scaevola *pontifex*[1679] und er rühmte sich, als einer der wenigen Anwälte seiner Zeit das *ius civile* gelernt zu haben, obwohl dessen Kenntnis für das Führen von Zivilprozessen (*ad privatas causas*) und für die Expertise als Anwalt nötig sei.[1680] Vor Gericht war Cicero schon als junger

1678 geb. 106 v. Chr., quaest. 75 v. Chr., aed. 70 v. Chr., praet. 66 v. Chr., cos. 63 v. Chr., aug. 53 v. Chr. Zu M. Tullius Cicero siehe Bremer, Iurisprudentiae antehadrianae, 127–130; Funaioli, Grammaticae Romanae Fragmenta, 417–421; Gelzer/Kroll/Philippson/Büchner, Art. M. Tullius Cicero (29), RE VII (1939) Sp. 827–1274; Levy, Cicero the Lawyer, as Seen in his Correspondence, The Classical World 52 (1959) 147–154; Costa, Cicerone giureconsulto; Gelzer, Cicero. Ein biographischer Versuch; Wieacker, Cicero als Advokat; Bürge, Die Juristenkomik in Ciceros Rede Pro Murena; Nörr, Cicero als Quelle und Autorität bei den römischen Juristen, FS Sontis, 33–52; Nörr, Cicero-Zitate bei den klassischen Juristen, 111–150; Stockton, Cicero; Bona, Sulla fonte di Cicero, de oratore, 1,56,239–240, SDHI 39 (1973) 425–480; Végh, Ex pacto ius, SZ 110 (1993) 184–295, bes. 214–222; Behrends, Marcus Tullius Cicero, 125–127; Bleicken, Geschichte der römischen Republik, 226–228; Fuhrmann, Cicero und die römische Republik; Brodersen/Leonhardt, Art. Cicero, DNP 2 (1997) Sp. 1191–1202; Powell/Paterson (Hrsg.), Cicero the Advocate; Narducci, Introduzione a Cicerone; Tellegen-Couperus/Tellegen, Nihil hoc ad Ius, ad Ciceronem, RIDA 53 (2006) 381–408; Castro Sáenz, Cicerón y la jurisprudencia romana; Drummond, M. Tullius Cicero, in: Cornell (Hrsg.), The fragments of the Roman historians, I 368–379, II 760–773, III 476–482; Bringmann, Cicero; du Plessis (Hrsg.), Cicero's Law. Rethinking Roman Law of the Late Republic.

1679 Tac. dial. 30.

1680 Siehe hierzu auch Ciceros eigene Schilderung seiner Ausbildung in Cic. Brut. 306–324, besonders Cic. Brut. 322.

Mann tätig. Seinen Einstand feierte er 81 v. Chr. mit der Verteidigung von Sex. Roscius, der von Günstlingen Sullas in ein Mordkomplott verwickelt worden war. Die Tätigkeit als einer der bekanntesten und gefragtesten Anwälte seiner Zeit förderte auch seine politische Karriere. 75 v. Chr. erreichte er die Quästur und unterstützte in dieser Funktion den Statthalter von Sizilien bei der Rechtsprechung.[1681] 66 v. Chr. wurde er Prätor und übernahm den Vorsitz über die *quaestio de repetundis*.[1682] Infolge seiner Niederschlagung der catilinarischen Verschwörung während seines Konsulats 64 v. Chr. wurde er 58 v. Chr. verbannt und konnte erst 15 Monate später wieder zurückkehren. 51 v. Chr. übernahm Cicero für zwei Jahre die Statthalterschaft in Kilikien. Das Edikt, das seiner Rechtsprechung zugrunde lag, wurde von ihm selbst konzipiert und war an das Modell, das Q. Mucius Scaevola seiner Statthalterschaft zugrunde gelegt hatte, angelehnt.[1683] Im Bürgerkrieg zwischen Pompeius und Cäsar stellte sich Cicero auf die Seite von Pompeius, wurde jedoch nach dem Krieg von Cäsar begnadigt. Von Cäsar wurde ihm auch die Mitgliedschaft bei den *XXviri agris adsignandis* angetragen, Cicero lehnte jedoch ab.[1684] Nach Cäsars Ermordung, die Cicero billigte, zog er sich die Feindschaft des M. Antonius zu und verbündete sich mit Oktavian. 43 v. Chr. wurde Cicero proskribiert und ermordet.

Kontakt hatte Cicero zu vielen Juristen: Seinen Rechtsunterricht erhielt er etwa bei Q. Mucius Scaevola *pontifex* und Q. Mucius *augur*.[1685] Auch P. Rutilius Rufus kannte er, da er ihn in seinem Exil in Kleinasien besuchte.[1686] Viele später lebende bekannte Juristen zählten zu seinen Bekannten und Freunden, darunter C. Aquilius Gallus, Ser. Sulpicius Rufus und C. Trebatius Testa. Die beiden Visellii, C. Visellius Aculeo und C. Visellius Varro, waren mit ihm verwandt. Daneben zählten zu seinen Bekannten auch „inferiore" Juristen, über die wir sonst keine Kenntnisse hätten, wie etwa der *iuris consultus* L. Valerius, der P. Cornelius Lentulus Spinther nach Kilikien begleitete, und C. Furius Camillus, der Cicero ein *responsum* zur Haftung eines Freunds erteilte.

Nicht zuletzt war Cicero selbst juristisch ausgesprochen gut ausgebildet und erteilte auf „seinem" Gebiet, dem Auguralrecht, auch einige Rechtsauskünfte.

1681 Plut. Cicero 6; Ps.-Ascon. div. in Caec. (p. 185, 187, ed. Stangl).

1682 Plut. Cicero 9, schreibt, Cicero wäre *praetor urbanus* gewesen. Dieser Aussage wird in der Literatur allerdings mehrheitlich widersprochen. Für einen Vorsitz Ciceros beim Repetundengericht sprechen die Prozesse gegen C. Licinius Macer und C. Manilius Crispus, bei denen Cicero den Vorsitz hatte (Cic. Att. 1.4.2; Q. Cic. Comm. pet. 51). Siehe auch Alexander, Trials in the Late Roman Republic, 98 Nr 195, 103 Nr. 205.

1683 Cic. Att. 6.1.15.

1684 Cic. prov. 41; Cic. Att. 2.18.2; Cic. Planc. 52.

1685 Cic. leg. 1.13; Cic. Lael. 1.

1686 Cic. rep. 1.13; Cic. Brut. 85.

Freilich bezeichnete er sich nicht selbst als Jurist, hatte aber nichts dagegen, wenn in Briefen an ihn auf seine juristischen Kenntnisse angespielt wurde,[1687] und förderte dies sogar, wie vor allem anhand seiner Korrespondenz mit Trebatius deutlich wird.[1688] Daher ist er nicht nur wegen seiner Kenntnisse, sondern auch wegen seiner Tätigkeit in Funktionen, die seiner Definition nach dem juristischen Beruf zuzuschreiben ist (*agere, cavere, respondere*),[1689] als Jurist zu bezeichnen.

Als Gesetzgeber war Cicero Initiator der *lex Tullia de ambitu.*[1690] Ebenso war er, wie Ser. Sulpicius Rufus an zwei Senatsbeschlüssen zur Amnestie der Cäsarmörder und zur Geltung von Cäsars Beschlüssen beteiligt.[1691] Das *senatus consultum*, das die Rekrutierung einer Privatarmee durch Oktavian legalisierte,[1692] trug seine Handschrift ebenso wie jenes, durch das Oktavian das außerordentliche Kommando zuerkannt wurde.[1693] Auch hier wirkte Ser. Sulpicius Rufus mit.

Cicero war als Anwalt außerordentlich bekannt und vertrat so viele Klienten, dass Catull ihn spöttisch als *optimus omnium patronus* bezeichnete.[1694] Sein Schwerpunkt lag auf dem Gebiet des Strafrechts, doch auch in Zivilprozessen trat er häufig auf. Vollständig erhalten sind von seinen zivilrechtlichen Reden *pro Caecina*,[1695] *pro Quinctio* (81 v. Chr.),[1696] und *pro Q. Roscio comoedo* (76 v. Chr.).[1697] Nur teilweise erhalten ist die Rede für seinen entfernten

---

1687 Cic. fam. 7.29.

1688 Cic. fam. 7.6–7.22.

1689 Zu *agere, cavere, respondere* siehe S. 371 f.

1690 Zur *lex Tullia de ambitu* siehe NADIG, Ardet ambitus, 48–55.

1691 Cic. Phil. 1.3; Plut. Caesar 67; Cass. Dio 44.22–34; App. civ. 2.120–142. Siehe auch SION-JENKIS, Griechisches Denken im römischen Gewand, FS Deininger, 189–206.

1692 App. civ. 3.47 f.; Cic. Phil. 3.38, 4.4. Siehe auch BOTERMANN, Die Soldaten und die römische Politik in der Zeit von Cäsars Tod bis zur Begründung des zweiten Triumvirats, 55–59.

1693 Cic. Phil. 5.45. Siehe auch BLEICKEN, Lex publica, 500 f.

1694 Catull. 49. Dazu TATUM, Catullus' Criticism of Cicero in poem 49, TAPA 118 (1988) 179–184. Generell herrscht Konsens darüber, dass der letzte Vers zweideutig ist, da *omnium* sowohl als Genetivus subiectivus als auch als Genetivus obiectivus verstanden werden kann. TATUM ist der Auffassung, dass sich Catull damit ziemlich offensichtlich über Ciceros Ambitionen lustig macht und eine persönliche Bekanntschaft der beiden für die Abfassung nicht nötig war.

1695 Siehe auch GREENIDGE, The Legal Procedure of Cicero's Time, 556–568; COSTA, Cicerone giureconsulto, 123–130; HARRIS, Rome in Etruria and Umbria, 276–284; FRIER, The Rise of the Roman Jurists; MÜHLHÖLZL, Cicero „pro A. Caecina"; TELLEGEN-COUPERUS, Cicero and Ulpian, RIDA 55 (2008) 485–497.

1696 Siehe auch GREENIDGE, The Legal Procedure of Cicero's Time, 531–541; COSTA, Cicerone giureconsulto, 189–191; BANNON, „Self-Help" and Social Status in Cicero's Pro Quinctio, Ancient Society 30 (2000) 71–94; PLATSCHEK, Studien zu Ciceros Rede für P. Quinctius.

1697 Siehe auch GREENIDGE, The Legal Procedure of Cicero's Time, 542–551, COSTA, Cicerone giureconsulto, 166–169, 176; VÉGH, Ex pacto ius, SZ 110 (1993) 231–234.

Verwandten M. Tullius (72/71 v. Chr.).[1698] Weitere Reden Ciceros in zivilrechtlichen Fällen, die jedoch leider nicht erhalten sind, waren *pro Mucio*[1699] und *pro muliere Arretina*.[1700]

Unter Ciceros zahlreichen Publikationen finden sich auch zwei juristische Werke: eine Abhandlung zum Auguralrecht (*de auguriis*),[1701] die nicht erhalten ist, und die Schrift *de iure civili in artem redigendo*, von der vier Fragmente überliefert sind.[1702] Auch in seinen sonstigen Schriften werden juristische Probleme behandelt, besonders in den Werken *de re publica, de legibus, de oratore* und *Topica*. In den Digesten wird Cicero an sechs verschiedenen Stellen zitiert,[1703] von denen freilich nur D. 42.4.7.4 eine Rechtsauskunft Ciceros im engeren Sinn bietet,[1704] indem dieser *latitare* („sich verborgen, versteckt halten") als „schändliches Verbergen" (*turpis occultatio*) definiert – eine Definition, die von Ulpian zurückgewiesen wird, da man sich auch ohne schändlichen Grund versteckt halten könne.

Bemerkenswert ist, dass Cicero den juristischen Wortgebrauch ausgezeichnet beherrschte.[1705] Nicht nur in seinen philosophischen und rhetorischen Schriften zeigte er sich als ausgesprochen versiert in juristischen Fragen, auch einige *responsa* sind von ihm erhalten.[1706] Besonders erwähnenswert ist eine Rechtsauskunft an Cäsar, die Cicero in einem Brief an Atticus referiert:[1707]

1698 Siehe auch Greenidge, The Legal Procedure of Cicero's Time, 552–556; Costa, Cicerone giureconsulto, 149–151; Behrends, Selbstbehauptung und Vergeltung und das Gewaltverbot, SZ 119 (2002) 44–142.

1699 Cicero hatte Q. Mucius Orestinus, der des Diebstahls beschuldigt worden war, verteidigt. (Ascon. orat. in tog. cand. (p. 66 f. ed. Stangl)). Siehe auch Crawford, Cicero. The Lost and Unpublished Orations, 75 f.

1700 Der Prozess fand vor den *decemviri* statt, gegnerischer Anwalt war C. Aurelius Cotta. Cic. Caecin. 97. Dazu Frier, The Rise of the Roman Jurists, 99–101; Mühlhölzl, Cicero „pro A. Caecina", 136–138; Crawford, Cicero. The Lost and Unpublished Orations, 33 f.

1701 Serv. Aen. 5.738; Char. 1.133, 1.156, 1.176 (ed. Barwick).

1702 Cic. de orat. 1.190; Gell. 1.22.7; Char. 1.175 (ed. Barwick); Quint. inst. 12.3.10. Dazu Bona, Das Ideal der Rhetorik bei Cicero, Rivista di diritto Romano 6 (2006) 1–13, mit weiteren Literaturhinweisen. Siehe auch Costa, Cicerone giureconsulto, 25.

1703 Pomp. l. s. enchir. D. 1.2.2.40 ; Pomp. l. s. enchir. D. 1.2.2.46; Ulp. 59 ad ed. D. 42.4.7.4; Pap. 13 resp. D. 48.4.8; Tryph. 10 disp. D. 48.19.39; Cels. 25 dig. D. 50.16.96 pr. (Zu dieser Stelle siehe S. 162) .

1704 Ulp. 59 ad ed. D. 42.4.7.4. Siehe dazu Nörr, Cicero-Zitate bei den klassischen Juristen, 131–133; Fanniza, L'assenza del'accusato nei processi di età imperiale, 32–34.

1705 Siehe auch Bürge, Die Juristenkomik in Ciceros Rede Pro Murena, 41.

1706 Hinweis bei Bürge, Die Juristenkomik in Ciceros Rede Pro Murena, 40 f.

1707 Dazu Costa, Cicerone giureconsulto, 384 f.; Stewart, Public Office in Early Rome, 98 f., 111; Jahn, Interregnum und Wahldiktatur, 182–184; Cascione, Studi di diritto publico romano, 25–27; Drogula, Commanders and Command in the Roman Republic and Early Empire, 191 f. Vgl. auch Gell. 13.15.4 (S. 115).

> itaque nimirum hoc illud est quod Caesar scribit in ea epistula cuius exemplum ad te misi, se velle uti 'consilio' meo (age, esto; hoc commune est), 'gratia' (ineptum id quidem sed, puto, hoc simulat ad quasdam senatorum sententias), 'dignitate' (fortasse sententia consulari). illud extremum est, 'ope omnium rerum.' id ego suspicari coepi tum ex tuis litteris aut hoc ipsum esse aut non multo secus. nam permagni eius interest rem ad interregnum non venire. id adsequitur, si per praetorem consules creantur. nos autem in libris habemus non modo consules a praetore sed ne praetores quidem creari ius esse idque factum esse numquam; consules eo non esse ius quod maius imperium a minore rogari non sit ius, praetores autem quod ita rogentur ut conlegae consulibus sint quorum est maius imperium. aberit non longe quin hoc a me decerni velit neque sit contentus Galba, Scaevola, Cassio, Antonio, τότε μοι χάνοι εὐρεῖα χθών. (Cic. Att. 9.9.3)

In diesem Brief schildert Cicero, dass er von Cäsar gefragt wurde, ob es rechtlich zulässig sei, dass ein Prätor die Wahl zum Konsul leiten könne. Cicero war der Ansicht, dies sei unzulässig, ja nicht einmal die Wahlen zum Prätor könne ein Prätor leiten, da dieser über eine geringere Befehlsgewalt (*imperium*) verfüge als ein Konsul und berief sich dabei auf (nicht näher genannte) Schriften zum Auguralrecht. Cäsar wollte jedoch eine positive Antwort, da es andernfalls zu einem *interregnum* gekommen wäre – da beide Konsuln des Jahres 49 v. Chr. sich in Griechenland bei Pompeius befanden, konnte keiner der beiden die Wahl leiten. Er setzte sich politisch schließlich mit dieser Ansicht durch und wurde unter der Leitung des Prätors M. Aemilius Lepidus zum *dictator* gewählt. Cicero erwähnt in seinem Brief, dass sich Cäsar bei seiner Auffassung auf die Rechtsanschauung von Galba, Scaevola, Cassius und Antonius stützte.[1708] C. Cassius (Longinus), ein Schützling Ciceros und späterer Cäsarmörder, und M. Antonius, der spätere Triumvir, waren wie Cicero Mitglied bei den *augures*. Mit Scaevola war wahrscheinlich der Volkstribun des Jahres 54 v. Chr. gemeint,[1709] bei Galba handelte es sich vermutlich um Ser. Sulpius Galba, Prätor des Jahres 54 v. Chr.

Cäsar hatte also schon vier (positive) Rechtsauskünfte eingeholt; vermutlich hatte er neben der Rechtsauskunft Ciceros auch einige andere negative Antworten erhalten, deren Urheber Cäsar allerdings nicht nennt. Die hohe Zahl der eingeholten Rechtsauskünfte ist durch die politische Relevanz zu erklären: Die Legitimität der Wahl hing davon ab, ob die Leitung der Wahl durch den Prätor M. Aemilius Lepidus sich auf das Auguralrecht stützen konnte, d.h. ob

1708 Zum *interregnum* siehe Jahn, Interregnum und Wahldiktatur; Kunkel/Wittmann, Staatsordnung und Staatspraxis der römischen Republik, 276–283.

1709 Shackleton Bailey, Onomasticon to Cicero's Letters, 70.

sein *imperium* ausreichend war, was beispielsweise von M. Valerius Messala, ebenfalls ein Augur, verneint wurde,[1710] aber offensichtlichtlich von einem Teil des Kollegiums bejaht wurde.

Eine juristische Anfrage, ebenfalls zum Auguralrecht, erhielt Cicero auch von seinem späteren Gegner Antonius. Dieser hatte sich in Bezug auf die *colonia* in Capua erkundigt, ob an demselben Ort, an dem schon früher eine Kolonie gegründet worden war, eine neue Kolonie ins Leben gerufen werden könne. Cicero antwortete, dies sei nicht möglich, wenn die Auspizien bei der Gründung der ersten Kolonie eingeholt worden seien, man könne jedoch neue Siedler zuweisen. Da Antonius Ciceros Ratschläge bei der Gründung der Kolonie Casilinum verletzte, thematisierte Cicero diesen Bruch des *ius augurale* in den *Philippica*.[1711]

I.5.9.2. Cicero und seine Einstellung zur Rechtswissenschaft

Cicero ist eine unserer wichtigsten Quellen, nicht nur für das Prozessrecht der Republik, sondern auch für die Geschichte der römischen Rechtswissenschaft.[1712] Eine genaue Interpretation dieser Quellen ist allerdings nur möglich, wenn wir uns a) über Ciceros eigene juristische Bildung klar werden[1713] – er selbst hat sich ja nie als Jurist bezeichnet – und uns b) Klarheit verschaffen über seine sehr zwiespältige Haltung gegenüber der Jurisprudenz im Allgemeinen und bestimmten Juristen im Besonderen.[1714]

Cicero, jener römische Autor, der zumindest während der Republik derjenige war, der am meisten über den Gegensatz zwischen Juristen und Anwälten schrieb,[1715] nahm selbst innerhalb dieses „Streits der Disziplinen“ eine Zwischenstellung ein;

1710 Gell. 13.15.

1711 Cic. Phil. 2.102. Siehe auch Thulin, Die etruskische Disciplin, III 12 f.; Botermann, Die Soldaten und die römische Politik in der Zeit von Cäsars Tod bis zur Begründung des zweiten Triumvirats, 19, 36, 64.

1712 Vgl. Tuori, Ancient Roman Lawyers, 27, „One of the basic problems of the research on late Republican jurists is the fact that Cicero forms his own cosmos by virtue of being nearly the sole and definitely the most voluminious source availabe“.

1713 Für ein gutes juristisches Wissen des Cicero argumentieren Sturm, Abalienatio, 60–62; Arangio Ruiz, Cicerone giurista, Ciceroniana 1 (1959) 3–19; Diosdi, Ownership in Ancient and Preclassical Roman Law, 53; Crook, Legal Advocacy in the Roman World, 145 f., dagegen Guarino, Abalienatio, Labeo 4 (1958) 358–361 (Rez. zu Sturm).

1714 Zur Haltung Ciceros recht treffend Kunkel, Das Wesen des ius respondendi, SZ 66 (1948) 449: „Wir finden in der Tat den Widerhall dieser Kritik (scil. an der Zahl und Unübersichtlichkeit der Gesetze) bei Cicero, der freilich, wie es ihm gerade passt, die Leistungen der Juristen bald pries, bald in den Staub zog, gewiß, mit dem einen wie dem anderen Beifall zu finden.“

1715 Siehe hierzu auch S. 147.

diese Tatsache blieb aufgrund seiner öffentlich geäußerten, oft äußerst zwiespältigen Haltung der Rechtswissenschaft gegenüber oft unbeachtet.

Bei der Beurteilung von Ciceros Aussagen ist zwischen seinen verschiedenen Schriften zu differenzieren: Ciceros Äußerungen über die Rechtswissenschaft in seinen Reden sind anders zu gewichten als die in seinen philosophischen Schriften oder in seinen Briefen. In seinen Reden vertritt Cicero seinen Mandanten und schreckt dabei auch vor Invektiven gegen den gegnerischen Anwalt nicht zurück.[1716] (Persönliche) Kritik am Rechtsbeistand[1717], an den Zeugen der Gegenseite und am Lebenswandel des Beklagten war üblich, ja zum Teil erwünscht, um den Prozessen den notwendigen Unterhaltungswert zu verleihen.[1718] Aus diesem Kontext ist auch Ciceros Kritik an Ser. Sulpicius Rufus in der Rede *pro Murena* zu verstehen, und so erklärt sich auch seine unterschiedliche Bewertung der Rechtswissenschaft in den Reden *pro Murena* und *pro Plancio*. In der Rede *pro Murena* kritisiert Cicero die Rechtswissenschaft stark, während sie in *pro Plancio* lobend hervorgehoben wird.[1719] Woher kommt der Unterschied? Cicero war Anwalt des Cn. Plancius, Ser. Sulpicius Rufus war Ankläger des Murena. Einen ähnlichen Gegensatz findet man auch in den Reden *pro Caecina* und *pro Flacco*: Während Cicero in der Rede *pro Caecina* mit seiner Rolle als „Unwissender im Recht" kokettierte, kritisierte er seinen Gegner in *pro Flacco* wegen dessen mangelnden Rechtskenntnissen.[1720]

In seinen philosophischen Schriften findet sich zwar ebenfalls Kritik an der Rechtswissenschaft, doch ist sie bei Weitem nicht so intensiv wie etwa in der Rede *pro Murena*. Eine zentrale Stelle ist *de legibus* I 14, wo Cicero der Rechtswissenschaft einen mangelhaften Wissenschaftsbegriff und eine vowiegend praktische Ausrichtung (*id autem in cognitione tenue est, in usu necessarium*), eine zu große Konzentration auf die Schriftlichkeit und Kleinlichkeit vorwirft und abschließend bemerkt, dass juristische Literatur von vielen gewissenhaft verfasst wurde und obwohl er selbst auch dazu in der Lage wäre, „niederer" (*humiliora*) ist als von seiner Person erwartet

1716 Zu Cicero als Anwalt siehe (nur eine exemplarische Auswahl) LEVY, Cicero the Lawyer, as Seen in his Correspondence, The Classical World 52 (1959) 147–154; PUGLIESE, Cicerone tra diritto e retorica, Studi Jemolo, 561–587; COSTA, Cicerone giureconsulto; WIEACKER, Cicero als Advokat; MÉHÉSZ, Advocatus romanus, 251–260; HARRIES, Cicero and the Jurists, TELLEGEN-COUPERUS/TELLEGEN, Nihil hoc ad Ius, ad Ciceronem, RIDA 53 (2006) 396–408; POWELL/PATERSON, Cicero the Advocate.

1717 „Good customs of the profession" (CROOK, Legal Advocacy in the Roman World, 138), siehe auch KENNEDY, A New History of Classical Rhetoric, 137 f.

1718 Siehe auch BÜRGE, Die Juristenkomik in Ciceros Rede Pro Murena, 13.

1719 Zur *pro Murena* siehe auch S. 166 f.

1720 Cic. Caecin. 32; Cic. Flacc. 84. Siehe auch BÜRGE, Die Juristenkomik in Ciceros Rede Pro Murena, 31–45.

wird.[1721] Andererseits ist jedoch zu bedenken, dass in vielen von Ciceros Dialogen, besonders in den späteren Schriften,[1722] Juristen als Redner auftraten: So erscheinen C. Laelius, M'. Manilius, L. Furius Philus, P. Rutilius Rufus, Q. Mucius Scaevola *augur* und Q. Aelius Tubero d. Ä. als Gesprächspartner in der Staatsschrift *de re publica*. Q. Mucius Scaevola fungiert auch als Dialogpartner in *de legibus, de amicitia* und *de oratore*, C. Laelius ist Protagonist und Widmungsfigur der Schrift *de amicitia* und ist als Sprecher auch in *de senectute* präsent, ebenso wie Cato Censorius, ein weiterer Jurist, in dem nach ihm benannten Dialog *de senectute* auftritt.

Von enormer Wichtigkeit für die Cicerorezeption in der Romanistik war der Dialog *de oratore*. Hier fungieren L. Licinius Crassus und M. Antonius als Hauptsprecher. Während Crassus die Ansicht vertritt, dass gute Rechtskenntnisse für einen Redner von enormer Bedeutung seien, widerspricht M. Antonius, da er Rechtskenntnisse für eine Anwaltskarriere als unnötig, ja teilweise sogar schädlich ansieht. Für das Verständnis dieses Dialogs ist ausschlaggebend, mit welchem seiner Sprecher sich Cicero am ehesten identifizierte. Dies ist Crassus. Cicero erwähnt ihn in seinen sonstigen Werken viel häufiger als M. Antonius und auch die von Crassus in *de oratore* geäußerte Ansicht scheint eher der privaten Meinung Ciceros zu entsprechen als jene des Antonius.

Cicero streicht innerhalb seiner Schriften sehr häufig seine eigene Rechtsausbildung hervor und betont auch in seinen rhetorischen Schriften die Notwendigkeit von Rechtskenntnissen. Auch in seinen Briefen zeigt Cicero sein Rechtswissen: Er korrigiert Atticus, als dieser eine falsche erbrechtliche Auskunft erteilt[1723] und berät seinen Bruder Quintus bei dessen Rechtsprechung.[1724] Auch über die juristischen Grundlagen, die er bei seiner Statthalterschaft zu beachten hatte, zeigt sich Cicero deutlich besser informiert als Sallustius,[1725] der Proquästor seines Kollegen Bibulus in der Provinz Syrien.[1726]

Cicero zeigt sich in seinen Briefen schließlich als interessierter und auf vielen Gebieten sehr kenntnisreicher Jurist,[1727] der sein eigenes Wissen mit zum Teil etwas

1721 Cic. leg. 1.14. Siehe auch Dyck, A commentary on Cicero, *De Legibus*, 94–97.

1722 Rawson, Cicero the Historian and Cicero the Antiquarian, JRS 62 (1972) 33 betont, dass das historische Wissen Ciceros zwischen Reden und Dialogen variierte und dass z. B. die Dialoge *de re publica, de legibus, de oratore* und *Brutus* deutlich detaillierter und – insofern sich dies nachvollziehen lässt – historisch korrekter sind als andere Schriften von ihm.

1723 Cic. Att. 1.5.6. Siehe auch Cic. Att. 1.8.1.

1724 Cic. ad Q. fr. 1.2.10.

1725 Ryan, The quaestor †Canini Salustius, RhM 140 (1997) 281–285, identifiziert Sallustius mit L. Caninius Gallus. Siehe auch Broughton, Magistrates, III 184.

1726 Cic. fam. 2.17.2.

1727 Zu Ciceros Verhältnis zur Advokatur und Rechtswissenschaft in seinen Briefen vgl. auch Levy, Cicero the Lawyer, as Seen in his Correspondence, The Classical World 52 (1959) 147–154.

gekünstelten Witzen – v. a. in seiner Korrespondenz mit C. Trebatius Testa – zu unterstreichen sucht. Von seinen juristischen Interessen zeugt besonders Buch VII der *epistulae ad familiares*. Das Buch beginnt mit vier Briefen an M. Marius, einen befreundeten Anwalt (fam. 7.1–4), die auch Klagen über die eigene Berufspraxis beinhalten. Es folgen ein Empfehlungsbrief an Cäsar für Trebatius (fam. 7.5) und einige Briefe an Letzteren (fam. 7.6–7.22). In Brief 7.29 des M'. Curius, eines Anwalts und Geschäftsmanns und Adressaten der Briefe 7.28, 7.30, 7.31,[1728] finden sich ebenso wie in dem Antwortbrief Ciceros (7.30) juristische Anspielungen,[1729] durch die Curius implizit Cicero und seinen juristischen Kenntnissen schmeichelt. Weitere Adressaten des siebten Buchs sind M. Fadius Gallus (fam. 7.23–7.27) und P. Volumnius Eutrapelus (fam. 7.32, fam. 7.33). Auch fam. 7.32 von Cicero an Volumnius weist einige juristische Anspielungen auf, weshalb davon ausgegangen werden kann, dass Volumnius über juristische Kenntnisse verfügte.[1730]

Die Rechtswissenschaft wurde von Cicero als eine jener Disziplinen angesehen, die auf die Erkenntnis der Wahrheit zielten.[1731] Zwei Fälle mussten ihm zufolge bei diesen Disziplinen, folglich auch bei der Rechtswissenschaft, vermieden werden, zum einen Unerkanntes für Erkanntes zu halten (*incognita pro cognita habere*) und die Konzentration auf unklare, aber nicht wirklich relevante Fragen. Bezüglich der Rechtswissenschaften sollte man seine Aufmerksamkeit also nicht auf juristische Spitzfindigkeiten lenken.[1732]

Anlass für Kritik war für Cicero die nicht vorhandene Systematisierung der Rechtswissenschaft, die ihr Erlernen behinderte und dazu führte, dass ihr mangels einer allgemein verständlichen Ordnung nicht die Qualifikation einer *ars* zugesprochen werden könne.[1733] Aus dem Diskurs von Crassus ist

1728 Zu M'. Curius Münzer, Art. M'. Curius (6), RE IV (1901) Sp. 1840; McDermott, Manius Curius, The Classical Weekly 41 (1948) 279–284.

1729 Cic. fam. 7.29. Siehe auch Gebhardt, Sermo iuris, 217.

1730 Zu M. Fadius Gallus siehe Münzer, Art. M. Fadius Gallus (6), RE VI (1909) Sp. 1958 f.; Castner, Prosopography of Roman Epicureans, 34 f.; Smith, M. Fabius Gallus, in: Cornell (Hrsg.), The fragments of the Roman historians, I 639. Zu P. Volumnius Eutrapelus, der später als *praefectus fabrum* unter Antonius diente, siehe auch Cic. fam. 9.26, Nep. Att. 9, 10, 12 sowie Gundel, Art. P. Volumnius Eutrapelus (11), RE IX (1961) Sp. 878 f.; Castner, Prosopography of Roman Epicureans, 89 f.

1731 Die Begründung erfolgt bei Giaro, Römische Rechtswahrheiten, 201: „Aus der Perspektive einer derart allmählich durch Übung und Brauch auf Seiten sowohl der Rechtsgenossen als auch des Rechtsstabs gewachsenen Rechtsordnung, in deren Rahmen die juristisch verbindliche Tradition typischerweise mit den außerrechtlich anmutenden Stichworten *mos*, *instituta* und *exempla maiorum* bezeichnet wird, wird auch das Privatrecht selbstverständlich nicht imperativisch, sondern eher als rationales Erkenntnisprodukt verstanden."

1732 Cic. off. 1.18 f.

1733 Cic. de orat. 1.185–191. Dazu Scarano Ussani, Tra scientia e ars, 230–244.

ersichtlich, dass die Rechtswissenschaft als Hilfswissenschaft für den Redner angesehen wurde; dies bestätigt Cicero auch an anderer Stelle in seiner Abhandlung *orator*:[1734]

> Sed si profiterer – quod utinam possem! – me studiosis dicendi praecepta et quasi vias quae ad eloquentiam ferrent traditurum, quis tandem id iustus rerum existimator reprehenderet? Nam quis umquam dubitavit quin in re publica nostra primas eloquentia tenuerit semper urbanis pacatisque rebus, secundas iuris scientia? Cum in altera gratiae, gloriae, praesidi plurimum esset, in altera praescriptionum cautionumque praeceptio, quae quidem ipsa auxilium ab eloquentia saepe peteret, ea vero repugnante vix suas regiones finisque defenderet. (Cic. orat. 141)

Über den Alltag eines Juristen informiert am besten Ciceros Rede *pro Murena*, in der er auf den Tagesablauf des Ser. Sulpicius Rufus eingeht:

> Reliqui temporis spatium in contentionem vocatur. Ab utroque dissimillima ratione tractatum est. Servius hic nobiscum hanc urbanam militiam respondendi, scribendi, cavendi plenam sollicitudinis ac stomachi secutus est; ius civile didicit, multum vigilavit, laboravit, praesto multis fuit, multorum stultitiam perpessus est, adrogantiam pertulit, difficultatem exsorbuit; vixit ad aliorum arbitrium, non ad suum. Magna laus et grata hominibus unum hominem elaborare in ea scientia quae sit multis profutura. (Cic. Mur. 19)

Cicero betont in dieser Rede die „Kleinheit" der Rechtswissenschaft. Der größte Teil der Arbeit eines Juristen bestehe aus der Erledigung von kleinen Arbeiten für andere, z. B. das Formulieren von Formeln, das Abrackern mühsamer zivilrechtlicher Fälle und das Erteilen von Rechtsmeinungen. Anders als die Kriegsführung nütze die Ausübung der Rechtswissenschaft immer nur anderen, nie aber dem Juristen selbst. Die ganze Rede Ciceros dient natürlich der Gegenüberstellung des Anklägers Servius und des Beklagten Murena, der sein Ansehen vor allem seinen militärischen Erfolgen zu verdanken hatte.[1735] Der Charakter der Rechtswissenschaft als „Hilfswissenschaft" im wörtlichen Sinn wird von Cicero übermäßig betont; Ciceros Haltung zur Rechtswissenschaft in der Rede *pro Murena* weicht aber nicht sehr stark von seiner in seinen theoretischen Schriften geäußerten Einstellung ab. Die Rechtswissenschaft war für Cicero (und für die meisten seiner Zeitgenossen) der Redekunst untergeordnet und daran änderte sich auch während des frühen Prinzipats nicht besonders viel.

1734 Siehe auch Cic. de orat. 2.142–144.

1735 Zu Ciceros Kritik an der Rechtswissenschaft siehe auch Classen, Recht – Rhetorik – Politik, 142–146.

I.5.10. Ciceros Bekanntenkreis

Neben erfolgreichen Anwälten, deren Rechtskenntnisse Cicero *en passant* erwähnt, und Mitgliedern seiner eigenen Familie, wie den beiden Visellii, zählten zu Ciceros Bekanntenkreis auch Juristen, deren Hauptaufgabengebiet die möglichst kostengünstige Verschiebung von Vermögenswerten gewesen zu sein scheint. Die unterschiedlichen Spezialisierungen und Niveaus der Juristen spiegeln in gewissem Sinn auch die heterogene Zusammensetzung der römischen Jurisprudenz wider.

Die hohe Zahl der in diesem Werk genannten Redner bedarf einer Erklärung. Die Advokatur war, was in der Literatur oft übersehen wird, eine alltägliche Pflicht eines jeden politisch aktiven Römers der Oberschicht. Es wurde als ungewöhnlich angesehen, wenn jemand nie als Anwalt auftrat. Wenn man sich nicht auf professioneller Basis auf dem Forum blicken ließ, so kam man zumindest ab und zu vorbei, um einen Freund zu verteidigen oder seinen Ruf in der Öffentlichkeit zu verbessern.[1736] Die Tätigkeit als Anwalt war neben militärischen Erfolgen das wichtigste Mittel zur Werbung um Wählerstimmen.

An allererster Stelle sind die Juristen aus Ciceros Familien zu nennen, besonders die beiden Visellii: C. Visellius Aculeo[1737] war mit Ciceros Tante Helvia verheiratet.[1738] Er stammte aus dem Ritterstand, war mit L. Licinius Crassus befreundet[1739] und wurde von Cicero wegen seiner außergewöhnlichen Kenntnis des Rechts im Dialog *de oratore* erwähnt[1740]. Von Cicero wurde er auch bei einem Rechtsstreit mit Gratidianus vertreten.[1741] Seine Rechtskenntnisse gab er an seinen Sohn,[1742] C. Visellius Varro, weiter.[1743]

1736 Vgl. Plin. epist. 3.5.7. Siehe auch Plin. epist. 6.29.

1737 Zu C. Visellius Aculeo siehe Bremer, Iurisprudentiae antehadrianae, I 48; Gundel, Art. C. Visellius Aculeo (1), RE IX (1961) Sp. 354 f.; Kunkel, Die römischen Juristen, 18 f.; Nörr, Pomponius, 526; Wieacker, Römische Rechtsgeschichte I, 545 FN 107, 614 FN 145; Bartels, Art. Visellius Aculeo, C. [1], DNP 12 (2003) Sp. 252; Liebs, § 194.1, in: Suerbaum (Hrsg.), Die archaische Literatur, 562.

1738 Cic. de orat. 2.2.

1739 Cic. de orat. 2.2.

1740 Cic. de orat. 1.191. Cicero nennt ihn nur C. Aculeo, der Gentilnomen Visellius wurde jedoch von seinem Sohn C. Visellius Varro geführt. Nicht als Jurist sehen ihn Schulz, Geschichte der römischen Rechtswissenschaft, 56, und Wieacker, Römische Rechtsgeschichte I, 614.

1741 Cic. de orat. 2.262, 2.269. Sowohl Gratidianus als auch Aculeo waren mit Cicero verwandt. Der Anwalt der Gegenseite war L. Aelius Lamia. Zur Datierung siehe Leeman/Pinkster/Rabbie, De oratore libri III. Kommentar Bd. 3, 287 und Alexander, Trials in the Late Roman Republic, 174 Nr. 366. Zum Rechtsstreit des M. Marius Gratidianus mit C. Sergius Orata siehe S. 144.

1742 Möglicherweise war er sein Adoptivsohn und wurde entweder als Terentius Varro von Visellius adoptiert oder als Aculeo von einem Visellius Varro. Shackleton Bailey, Two Studies in Roman Nomenclature, 134 spricht sich für die erste Variante aus.

1743 Cic. Brut. 264.

C. Visellius Varro[1744] war somit ein Cousin Ciceros. Auch seine juristische Bildung bezeugt Cicero im *Brutus*.[1745] Nachdem er die Ädilität erreicht hatte, wurde er zum *iudex quaestionis* ernannt, starb aber im Jahr seines Vorsitzes.[1746] Bekannt wurde er vor allem durch einen Prozess, den seine ehemalige Geliebte Otacilia gegen ihn anstrengte und den C. Aquilius Gallus als Richter zu entscheiden hatte.[1747] Als Senatsmitglied war er am *SC de Oropiis* beteiligt; vielleicht war er auch der Urheber der *lex Visellia de cura viarum*[1748] und des Gesetzes zur Rückholung Ciceros.[1749]

L. Valerius[1750] war ein Freund Ciceros und Adressat einiger seiner Briefe. In einem von ihnen, gerichtet an Valerius *iuris consultus*, mahnt Cicero Valerius, ihn endlich selbst zu besuchen und schreibt, einige hielten Valerius für hochmütig, weil er nichts respondiere, andere für verächtlich, weil er schlecht respondiere. Diese Bemerkung zielt zwar in erster Linie auf Valerius' Qualitäten als Briefschreiber, bietet aber auch eine Anspielung auf dessen Respondierpraxis.[1751] Da alle anderen Briefe im ersten Buch von *ad familiares* an P. Cornelius Lentulus Spinther, den Statthalter von Kilikien im Jahre 54 v. Chr., gerichtet waren, ist es wahrscheinlich, dass sich Valerius bei Lentulus aufhielt, zumal Cicero in dem Brief auf dessen Aufenthalt im Ausland anspielt.

In zwei anderen Briefen wird Valerius ebenfalls erwähnt: In fam. 3.1, gerichtet an Ap. Claudius Pulcher, Statthalter von Kilikien 53–51 v. Chr.,[1752] gibt Cicero eine Empfehlung für Valerius ab. Ob Ciceros Zusatz „auch wenn er nicht rechtskundig ist" (*si non est iure consultus*) ein Scherz ist[1753] oder berechtigte Zweifel an den

---

1744 trib. mil. 80 v. Chr., aed. cur. 59 v. Chr. Zu C. Visellius Varro siehe Bremer, Iurisprudentiae antehadrianae, I 109 f.; Malcovati, Oratorum romanorum fragmenta, 438 f.; Gundel, Art. C. Visellius Varro (3), RE IX (1961) Sp. 355–358; Kunkel, Die römischen Juristen, 27 f.; Wiseman, New Men in the Roman Senate, 275 Nr. 501; Shackleton Bailey, Two Studies in Roman Nomenclature, 76; Sumner, The orators in Cicero's Brutus, 138 f., 153 f.; Broughton, Magistrates, III 222; Pierpaoli, Sull' edilità di Varro e Murena, Arctos 21 (1997) 87–99; Bartels, Art. Visellius Varro, C. [2], DNP 12 (2003) Sp. 252.

1745 Cic. Brut. 264. Siehe auch Cic. Verr. 2.1.71; Vitr. 2.8.9; Plin. nat. 35.173.

1746 Alexander, Trials in the Late Roman Republic, 125 Nr. 254.

1747 Siehe S. 157.

1748 CIL VI 1299. Siehe auch Nicolet, L'o rdre équestre, 1079 und Rotondi, Leges publicae, 369.

1749 Cic. Att. 3.23.4.

1750 Zu L. Valerius siehe Bremer, Iurisprudentiae antehadrianae, I 130 f., 244 f.; Münzer, Art. L. Valerius (62), RE VII (1948) Sp. 2305 f.; Kunkel, Die römischen Juristen, 28 f.; Schanz/Hosius, Geschichte der römischen Literatur I, 263; Bartels, Art. Valerius, L. [4], DNP 12 (2002) Sp. 1092.

1751 Cic. fam. 1.10. Siehe auch Bürge, Die Juristenkomik in Ciceros Rede Pro Murena, 42.

1752 Zu Ap. Claudius Pulcher (Bruder des Clodius) siehe auch S. 309 ff.

1753 So etwa Bürge, Die Juristenkomik in Ciceros Rede Pro Murena, 42, der die Äußerung als Witz auffasst.

Kenntnissen des Valerius ausdrückt,[1754] lässt sich nicht eruieren; wahrscheinlicher ist allerdings die erste Annahme, denn Cicero fügt hinzu, er wolle besser formulieren (*cavere*) als Valerius dies üblicherweise tue.[1755] Aus dem Brief geht hervor, dass Valerius in irgendeiner Beziehung zu Ap. Claudius Pulcher stand. Möglicherweise war Valerius in seinem Beraterstab (*consilium*) tätig. Weiters findet sich ein Witz über Valerius in einem Brief Ciceros an seinen Freund, den Juristen C. Trebatius Testa. Cicero mahnt Trebatius, sich nicht allzu lange in Britannien aufzuhalten, da er sonst den Spott des Laberius zu fürchten habe und ihr gemeinsamer Freund Valerius die Figur des *iuris consultus Brittanicus* in eines seiner Stücke integrieren würde.[1756] Daraus schließt man, dass Valerius als Mimograph tätig war.[1757] Eventuell war er auch der Verfasser einer Erläuterung der 12 Tafeln,[1758] doch da zu dieser Zeit mehrere *iuris consulti* namens Valerius – wie etwa Valerius Soranus, M. Valerius Messala Rufus oder M. Valerius Messala Niger – existierten, ist die Urheberschaft nicht eindeutig zuzuordnen.

Auch C. Furius Camillus[1759] war ein mit Cicero befreundeter Jurist. Cicero lobt ihn gegenüber Bekannten als *peritissimus*, macht sich aber auf der anderen Seite über seine Neugier und seine Schlemmerei lustig.[1760] Seinen Rat holte Cicero vor allem in wirtschaftlichen Angelegenheiten ein,[1761] so etwa, als sich Milo beklagte, Ciceros Verwalter Philotimus befinde sich immer noch auf seinen versteigerten Gütern. Philotimus hatte sich nach der Verbannung des Milo um die Versteigerung der Güter gekümmert und einen Teil für Cicero selbst gekauft, einen Teil mit *socii* erworben. Cicero hatte Philotimus – auf Anraten eines anderen Freundes – auf die Grundstücke geschickt, um seiner Schilderung nach zu verhindern, dass Milo durch den Käufer eines seiner Sklaven, mit denen er anscheinend regen Handel trieb, übervorteilt werde. Hinzu kam, dass die

1754 So KUNKEL, Die römischen Juristen, 28.

1755 Cic. fam. 3.1.

1756 Cic. fam. 7.11. Zu einer Diskussion dieser Stelle siehe SCHANZ/HOSIUS, Geschichte der römischen Literatur I, 263; KUNKEL/WITTMANN, Staatsordnung und Staatspraxis der römischen Republik, 282 FN 34; PANAYOTAKIS, Decimus Laberius. The Fragments, 41 f. Die Identifikation mit L. Valerius ist nicht unumstritten: vgl. SHACKLETON BAILEY, Two Studies in Roman Nomenclature, 71.

1757 Siehe ROSE, A Handbook of Latin Literature, 152. Siehe auch Prisc. 2.200 (ed. Keil). Für die Identifikation mit dem Mimographen sprechen sich auch SCHANZ/HOSIUS, Geschichte der römischen Literatur I, 161, aus.

1758 Fest. s. v. *Sanates* (ed. Lindsay, p. 426/428). Siehe dazu S. 171.

1759 Zu C. Furius Camillus siehe BREMER, Iurisprudentiae antehadrianae, I 131; MÜNZER, Art. C. (Furius?) Camillus (40), RE VII (1910) Sp. 322; ELVERS, Art. Furius (?) Camillus, C. [I 10], DNP 4 (1998) Sp. 715; LEHNE-GSTREINTHALER, Jurists in the Shadows, 96 f.

1760 Cic. fam. 9.20.2; Cic. Att. 13.33a.1.

1761 Siehe auch TREGGIARI, Terentia, Tullia and Publilia: the women of Cicero's family, 123–125.

betreffenden Grundstücke als Sicherheit für die Mitgift von Milos Frau Fausta dienen sollten.[1762] Auch Camillus war in diesen Kauf involviert, wahrscheinlich als Vermittler oder als einer der *socii*, denn Cicero berichtet in einem späteren Brief von einer Zahlung von 24 Talenten und 48 Minen an Camillus.[1763] Der Kauf von Gütern verbannter Römer galt als schändlich und da Philotimus und durch diesen Cicero die Güter um einen weit billigeren Preis erworben hatte, als sie wert waren, war Milo verständlicherweise verärgert. Möglich wäre aber auch, dass es sich hier um ein Scheingeschäft handelte, Cicero Milo die Güter zu einem späteren Zeitpunkt zurückgeben sollte und Milo sich wegen des Besitzerwerbs durch Philotimus sorgte. Auf das Urgieren Milos hin erstattete Philotimus seine Güter an Milo zurück. Philotimus durfte im Gegenzug die dadurch erwirtschafteten Profite behalten, händigte diese aber nicht komplett an Cicero aus.[1764] Dass Cicero Camillus um Rat fragte, lag nicht nur an dessen enger Freundschaft zu ihm, sondern daran, dass Furius auf das *ius praediatorium*, also auf den gewerbsmäßigen Aufkauf gepfändeter und öffentlich ersteigerter Güter, spezialisiert war und auch Q. Mucius Scaevola auf diesem Gebiet Ratsuchende an ihn und Cascellius weiter verwies.[1765]

Bei anderen Geschäften des Cicero war Camillus ebenfalls als juristischer Berater beteiligt. So bat Cicero Atticus, dass er – gemeinsam mit Camillus – seine Frau Terentia bei der Abfassung ihres Testaments beraten solle. Dieser schrieb ihm auch prompt zurück.[1766] Auch bei der Abwicklung der Erbschaft des Precius[1767]

1762 Cic. Att. 5.8, 6.1.19.

1763 Cic Att. 6.5.2. Zu den Vermögensverschiebungen rund um Milos Exil siehe auch Lange, Two Financial Maneuvers of Cicero, The Classical World 65 (1972) 152–155; Lintott, Cicero and Milo, JRS 64 (1974) 76–78; Scheuermann, Cicero und das Geld, 158–164.

1764 Cic. Att. 6.4, 6.5; Cic. fam. 8.5.

1765 Cic. Balb. 45; Val. Max. 8.12.1.

1766 Cic. Att. 11.16.5, 11.23.1.

1767 Zu Precius siehe Bremer, Iurisprudentiae antehadrianae, 245; Kunkel, Die römischen Juristen, 23 f. Precius oder Precianus wird von Cicero in seinen Briefen fünfmal erwähnt. Die erste Erwähnung findet sich in Cic. fam. 7.8, wo Cicero auf die Tätigkeit des C. Trebatius Testa für diesen anspielt (*quod scribis de illo Preciano iureconsulto, ego te ei non desino commendare*). Der Wortlaut von Cic. fam. 7.8.2. lässt auch eine Verwendung als Eigenschaftswort offen: Wenn Precianus ein Eigenschaftswort ist, spielte Trebatius in seinem Brief an Cicero vermutlich auf seine Tätigkeit als Jurist für Precius an, sodass diesem keine juristische Qualifikation zuzusprechen ist. (Diese Möglichkeit wird auch von Shackleton Bailey, Onomasticon to Cicero's Letters, 84 in Betracht gezogen).

Alle übrigen Stellen befassen sich mit einer *Preciana hereditas* (Cic. Att. 6.9.2, 7.1.9, 12.24.3 und Cic. fam. 14.5.2). Da das Suffix -ianus für die Adjektivbildung gebraucht wurde, hieß der ca. 50 v. Chr. Verstorbene vermutlich Precius. Siehe auch Shackleton Bailey, Two Studies in Roman Nomenclature, 61, 126.

war Camillus behilflich.[1768] Dieser hatte Cicero in seinem Testament zum Erben eingesetzt und Cicero befürchtete, dass Philotimus, der bereits erwähnte Freigelassene von Ciceros Frau Terentia, etwas davon unterschlagen würde.[1769] Nicht zuletzt vertraute Cicero während der politischen Unruhen des Jahres 49 v. Chr. Camillus und Atticus seine Frau und seine Tochter an.[1770]

Auch während Ciceros Statthalterschaft beriet Camillus ihn. Der *quaestor* Ciceros, L. Mescinius Rufus, hatte Cicero vorgeschlagen, dass die Schuld eines Valerius in Höhe von 30.000 Sesterzen auf einen Volusius übertragen werden sollte. Bei Volusius handelte es sich vermutlich um Q. Volusius, den Legaten Ciceros während seiner Statthalterschaft.[1771] Valerius war ein Unternehmer (*manceps*), der einen Vertrag (*locatio*) mit dem römischen Staat hatte; für die Erfüllung dieses Vertrags hatte Valerius Bürgen bestellt. Der Hintergrund der erwünschten Übertragung der Schulden des Valerius auf Volusius war wahrscheinlich, dass Valerius und Volusius Partner bei dem Unternehmen waren.[1772] Cicero antwortete Rufus, dass die Schuld nur noch 19.000 Sesterzen betrage und er deshalb einige Juristen, unter ihnen Camillus, um Rat gefragt hatte. Camillus gab ihm die Auskunft, dass die Schuld des Valerius nicht auf Volusius übertragen werden könne und die Bürgen des Valerius weiterhin haften würden. Diese Auskunft deckte sich auch mit den Antworten der anderen *periti*, bei denen Cicero in dieser Angelegenheit um Auskunft ersucht hatte.

In einem weiteren Brief ermahnt Cicero Atticus aufzupassen, dass keine Säulensteuer, die von Cäsar eingeführt worden war, geschuldet werde, denn er habe von Camillus gehört, dass das entsprechende Gesetz geändert worden sei. Nach dem Wortlaut des Texts stehen zwei Möglichkeiten offen: Cicero wurde von Camillus über die Änderung informiert oder Cicero hörte, dass das Gesetz durch Camillus verändert worden sei.[1773]

Insgesamt zeigt Ciceros Briefverkehr mit Camillus, dass letzterer auf vielen Rechtsgebieten tätig war: bei der alltäglichen juristischen Beratung, beim „Wirtschaftsrecht" und bei der Formulierung von Testamenten. Seine Spezialisierung auf das *ius praediatorium* deutet vermutlich auf ein eher geringes soziales Ansehen hin, ebenso wie seine Tätigkeit als Verwalter für Ciceros Vermögen.

1768 Cic. fam. 14.5.2.

1769 Cic. Att. 6.9.2, 7.1.9. Siehe auch CARCOPINO, Cicero, the secrets of his correspondence, 102 f.

1770 Cic. fam. 14.14.2.

1771 KUNKEL/WITTMANN, Staatsordnung und Staatspraxis der römischen Republik, 370 FN 240.

1772 Cic. fam. 5.20.3. Dazu FALLU, Les rations du proconsul Cicéron, 209–238, bes. 217–223.

1773 Cic. Att. 13.6.1.

Haterius[1774] war ein römischer Senator und vermutlich ein Verwandter des bekannten Redners Q. Haterius.[1775] Auf seine juristischen Kenntnisse spielt Cicero in einem seiner Briefe *ad familiares* an.[1776] Haterius weilte zum Zeitpunkt des Briefs in Neapel und beriet dort L. Papirius Paetus.[1777] Während der Proskriptionen wurde er von einem seiner Sklaven verraten und getötet.[1778]

P. Quinctilius Varus[1779] saß im Beraterstab des C. Aquilius Gallus, als dieser über die Klage gegen Quinctius 81 v. Chr. zu urteilen hatte,[1780] und trat im Prozess gegen Skamander 74 v. Chr. als Zeuge auf,[1781] in beiden Prozessen agierte Cicero als Verteidiger. Sonst ist von ihm nicht viel bekannt. Der von Horaz erwähnte Quinctilius dürfte jedoch mit ihm ident oder zumindest verwandt sein, da sich Anspielungen auf dessen juristische Kenntnisse in den *carmina* 1.18 und 1.24 finden.[1782]

Zu Ciceros Bekanntenkreis gehörten auch einige Juristen aus der Familie der Claudii Marcelli: Der ältere M. Claudius Marcellus,[1783] saß ebenso wie L. Lucilius Balbus und P. Quinctilius Varus im Beraterstab des C. Aquilius Gallus.[1784] Er trat auch als Anwalt auf und wurde von Cicero als fähiger Redner gelobt.[1785] 91 v. Chr. wurde er in einem Strafverfahren angeklagt, aber freigesprochen.[1786]

Der jüngere M. Claudius Marcellus[1787] war ein guter Bekannter des Ser. Sulpicius Rufus und hatte mit ihm das Konsulat inne. Bekannt war er eher

1774 Zu diesem Haterius siehe Münzer, Art. Haterius (1), RE VII (1912) Sp. 2513; Wiseman, New Men in the Roman Senate, 234, Nr. 200; Broughton, Magistrates, III 100.

1775 Tac. ann. 4.61. Zu dem Redner Q. Haterius siehe auch Sen. contr. 1.6.12, 4 praef. 6–11, 7.1.4,24, 7.2.5, 7.8.3, 9.3.14, 9.4.16, 9.6.8,11,13,16, 10.5.24; suas. 2.14; 3.7, 6.1 f., 7.1.

1776 Cic. fam. 9.18.2.

1777 Siehe dazu Shackleton Bailey, Epistulae ad familiares, 340 f.

1778 App. civ. 4.29.

1779 Zu P. Quinctilius Varus siehe Gundel, Art. P. Quinctilius Varus (2), RE XXIV (1963) Sp. 898 f.; Shackleton Bailey, Two Studies in Roman Nomenclature, 61; Broughton, Magistrates, III 177; Platschek, Studien zu Ciceros Rede für P. Quinctius, 4 FN 15.

1780 Cic. Quinct. 54.

1781 Cic. Cluent. 53. Siehe auch Alexander, Trials in the Late Roman Republic, 74 Nr. 147; Steck, Der Zeugenbeweis in den Gerichtsreden Ciceros, 176.

1782 Hor. carm. 1.18.8–11, 1.24.5–8. Zur Identifikation des in carm. 1.18 genannten Varus mit Quinctilius und nicht mit Alfenus Varus siehe Liebs, Eine Karriere in Zeiten des Umbruchs, 320.

1783 102 v. Chr. legatus Marii, 90 v. Chr. legatus Sex. Iulii Caesaris, praet. Zu M. Claudius Marcellus d. Ä. siehe Münzer, Art. M. Claudius Marcellus (226), RE III (1899) Sp. 2760; Sumner, The orators in Cicero's Brutus, 91 f.; Broughton, Magistrates, III 55; Platschek, Studien zu Ciceros Rede für P. Quinctius, 4 FN 16.

1784 Cic. Quinct. 54.

1785 Cic. Brut. 136.

1786 Cic. Font. 24; Val. Max. 8.5.3. Siehe auch Alexander, Trials in the Late Roman Republic, 45 Nr. 87.

1787 quaest. 65 v. Chr., aed. 56 v. Chr., praet. 54 v. Chr., cos. 51 v. Chr.; in Athen 45 v. Chr. ermordet. Siehe auch Bremer, Iurisprudentiae antehadrianae, I 244 f.; Münzer, Art. M. Claudius Marcellus (229), RE III (1899) Sp. 2760–2764; Malcovati, Oratorum romanorum fragmenta, 457 f.; Sumner, The orators in Cicero's Brutus, 138; Voigt, M. Claudius Marcellus in der

für seine guten rednerischen Fähigkeiten,[1788] Cicero spielt aber auch auf seine juristische Tätigkeit an.[1789] Marcellus war ein Cousin des Augurs C. Claudius Marcellus und befreundet mit Cato Uticensis, mit dem er *quaestor* war.[1790] Als Konsul setzte er sich für die Rückberufung Cäsars ein und weigerte sich, dessen Bürgerrechtsverleihungen anzuerkennen, was ihn auf Konfrontationskurs mit einem großen Teil des Senats brachte.[1791] Sein Konsulat war wie das von Ser. Sulpicius Rufus von dem sich anbahnenden Bürgerkrieg und der Unentschiedenheit des Senats geprägt.[1792] Im Bürgerkrieg blieb er zwar auf der Seite von Pompeius, griff aber nicht aktiv in das Geschehen ein. Nach Cäsars Sieg bei Pharsalos begab er sich in freiwillige Verbannung nach Mytilene. Auf Bitten seiner Freunde und Verwandten erklärte er sich zögernd bereit, Cäsars Begnadigung anzunehmen.[1793] Kurz vor seiner Heimreise, 45 v. Chr., wurde er in Athen ermordet.[1794]

Als Anwalt wurde Marcellus als einer der wenigen Zeitgenossen Ciceros in dessen *Brutus* gewürdigt.[1795] Nachrichten über Fälle, bei denen er mitwirkte, gibt es jedoch nur wenige. Zweimal war er einer der Verteidiger von Milo: einmal in dessen Verfahren *de vi* 56 v. Chr., ein zweites Mal bei dessen Prozessen *de ambitu* und *de vi* 52 v. Chr.[1796] Auch M. Aemilius Scaurus d. J. zählte zu seinen Klienten. Dieser wurde 54 v. Chr. von ihm gemeinsam mit fünf anderen Anwälten verteidigt.[1797]

Vacerra[1798] war ein sonst unbekannter Jurist, den Cicero in einem Witz in fam. 7.8 (an Trebatius) nennt.[1799] Shackleton Bailey identifiziert ihn mit dem „Stotterer" (*Battara*) in fam. 7.9, von dessen Tod Cicero Trebatius berichtet.[1800]

Korrespondenz Ciceros; Fantham, Cicero, Varro, and M. Claudius Marcellus, Phoenix 31 (1977) 208–213; Elvers, Art. Claudius Marcellus, M. [I 15], DNP 3 (1997) Sp. 10.

1788 Cic. Brut. 248–251; Quint. inst. 10.1.38.

1789 Cic. fam. 4.9.

1790 Plut. Cato min. 18.3.

1791 Suet. Iul. 28; Liv. per 108. Siehe auch App. civ. 2.25 f. und Plut. Caesar 29.

1792 Cass. Dio 40.58 f.; Cic. fam. 8.1, 8.2, 8.8, 8.9, 8.10, 8.13.

1793 Siehe hierzu Cic. fam. 4.7–4.11. Ciceros Dankesrede anlässlich der Begnadigung (*pro Marcello*) ist erhalten. Siehe auch Schol. Gronovianus D (p. 295–298, ed. Stangl).

1794 Der Bericht über die Ermordung des Ser. Sulpicius Rufus findet sich in Cic. fam. 4.12.

1795 Cic. Brut. 248–251.

1796 Cic. ad Q. fr. 2.3.1. Zum zweiten Prozess siehe Ascon. Mil. (p. 33, 36 ed. Stangl). Siehe auch Alexander, Trials in the Late Roman Republic, 129 Nr. 266.

1797 Ascon. Scaur. (p. 23 ed. Stangl). Siehe auch Alexander, Trials in the Late Roman Republic, 143 f. Nr. 295, 149 f. Nr. 306, 151 f. Nr. 309; Broughton, Candidates Defeated in Roman Elections, TAPA 81 (1991) 21 f., Nr. 4; Alexander, The Case for the Prosecution, 98–109.

1798 Münzer, Art. Vacerra, RE VII (1948) Sp. 2041; Bauman, Lawyers in Roman Transitional Politics, 68 f., 124.

1799 Cic. fam. 7.8.

1800 Cic. fam. 7.9. Siehe auch Shackleton Bailey, Epistulae ad familiares, 29.

A. Manlius Torquatus[1801] war ein Freund von Ser. Sulpicius Rufus[1802] und ein Korrespondenzpartner Ciceros.[1803] Letzterer spielt in fam. 6.1 auf die Erläuterungen der öffentlichen *disceptationes de iure publico* an, die sie beide früher unternommen hätten und die wegen des Bürgerkriegs nun nicht mehr möglich seien;[1804] hieraus lässt sich ableiten, dass Torquatus staatsrechtliche Kenntnisse gehabt haben muss. Im *cursus honorum* erreichte er zwar die Prätur, scheiterte aber bei der Bewerbung um das Konsulat. 52 v. Chr. war er *iudex quaestionis* der *quaestio de ambitu* gegen Milo.[1805]

L. Cornelius Balbus d. Ä.[1806] stammte aus dem heutigen Spanien und erhielt 72 v. Chr. das Bürgerrecht. Balbus war zunächst ein Anhänger von Pompeius, wurde jedoch später zu einem der engsten Vertrauten Cäsars und unterstützte ihn auch bei der Administration und bei Gesetzesentwürfen.[1807] Während Cäsars Abwesenheit erlangten Balbus und Oppius so große Macht, dass sie als „Könige Roms" bezeichnet wurden.[1808] Nach dem Tod Cäsars schloss Balbus sich Oktavian an und wurde von ihm 40 v. Chr. zum *consul suffectus* ernannt. Sein Todesdatum ist nicht bekannt.

Cicero, der mit ihm korrespondierte,[1809] richtete an Balbus eine Anfrage zu einem Gesetzesentwurf Cäsars; die Antwort leitete er an Q. Paconius Lepta weiter. Die Frage hatte gelautet, ob Herolde (*praecones*) *decuriones* werden

1801 quaest. 81 v. Chr., praet. 70 v. Chr., pro praet. Africa 69 v. Chr. Siehe MÜNZER, Art. A. Manlius Torquatus (76), RE XIV (1928) Sp. 1194–1199.

1802 Cic. fam. 6.1.6.

1803 Cic. fam. 6.1–6.4. Torquatus wird auch in der sonstigen Korrespondenz mehrmals erwähnt. Siehe Cic. Att. 5.1, 5.4, 5.21, 6.1, 7.14, 9.8. Siehe zu Torquatus auch KELLY, A History of Exile in the Roman Republic, 211–213.

1804 Cic. ad fam 6.1.

1805 ALEXANDER, Trials in the Late Roman Republic, 152, Nr. 310.

1806 praef. fabr. 62 u. 59 v. Chr., cos. suff. 40 v. Chr. Siehe MÜNZER, Art. L. Cornelius Balbus (69), RE IV (1900) Sp. 1260–1268; WISEMAN, New Men in the Roman Senate, 226 Nr. 137; BAUMAN, Lawyers in Roman Transitional Politics, 73; BROUGHTON, Magistrates, III 63; WELCH, The Praefectura Urbis of 45 B.C. and the Ambitions of L. Cornelius Balbus, Antichthon 24 (1990) 53–69; CASTNER, Prosopography of Roman Epicureans, 82; DES BOSCS-PLATEAUX, L. Cornelius Balbus de Gadès: la carrière méconnue d'un Espagnol à l'époque des guerres civiles (I siècle avant J.-C.), Mélanges de la Casa de Velázquez 30 (1994) 7–35; SCHÄFER, Die Einbeziehung der Provinzialen in den Reichsdienst in augusteischer Zeit, 87–89; LAMBERTY, Amicus Caesaris. Der Aufstieg des L. Cornelius Balbus aus Gades, 155–173; RODDAZ, L' ami de César, Lucius Cornelius Balbus, Hommages Hinard, 18–31; PINA POLO, Les Cornelii Balbi de Gadès, 183–209; GRANINO CECERE, L. Cornelius Balbus. Qualche riflessione sul suo cursus honorum, Studi Scardigli Forster, 231–246; SMITH/CORNELL, L. Cornelius Balbus, in: CORNELL (Hrsg.), The fragments of the Roman historians, I 383 f., II 782–785, III 486.

1807 Cic. fam. 6.18, 9.15. Siehe auch MALITZ, Die Kanzlei Caesars, Historia 36 (1987) 51–72.

1808 Cic. Att. 12.12.1; Cic. fam. 9.19; Tac. ann. 12.60.

1809 Cic. Att. 8.15, 9.7, 9.13.

könnten. Balbus hatte geantwortet, dass eine gleichzeitige Tätigkeit als *praeco* und als *decurio* verboten sei, eine ehemalige Tätigkeit aber kein Hindernis darstelle.[1810]

Als Anwalt übernahm er die Anklage im Repetundenverfahren gegen L. Valerius Flaccus.[1811] Durch eine weitere Anklage erreichte er die Zuordnung zur *tribus Clustumina*.[1812] Als Balbus, der 57 v. Chr. von Theophanes von Mytilene adoptiert wurde, wegen Anmaßung des Bürgerrechts angeklagt worden war, verteidigte Cicero ihn gemeinsam mit Pompeius und Crassus mit seiner Rede *pro Balbo*.[1813] Nicht zuletzt war Balbus auch schriftstellerisch tätig; er verfasste ein (nicht erhaltenes) Geschichtswerk.[1814]

Sex. Cloelius zu den Freunden und Bekannten Ciceros zu zählen, scheint wegen seiner Zusammenarbeit mit Clodius verfehlt. Da jedoch Cicero unsere einzige Quelle für Sex. Cloelius ist und an dessen Person die „politische Seite" der Rechtswissenschaft gut charakterisiert wird, wird er in dieser Kategorie aufgeführt: Sex. Cloelius[1815] oder Sex. Clodius war ein Anhänger des Clodius, der ihm bei der Formulierung seiner Gesetzesanträge half und von Cicero – Clodius gegenüber – auch als *scriptor tuus* bezeichnet wurde.[1816] Ob als Name für den Gefolgsmann Sex. Clodius oder Sex. Cloelius angenommen wird, ist davon abhängig, ob man der von Shackleton Bailey formulierten These folgt, Cloelius sei durch einen Abschreibfehler zu Clodius mutiert. Je nach Namen ändert sich auch die wahrscheinliche Herkunft. Während die Vertreter der traditionellen

1810 Cic. fam. 6.18.1. Dazu Simshäuser, Iuridici und Munizipalgerichtsbarkeit, 137–139; Shackleton Bailey, Epistulae ad familiares, 383–385; Crawford, Roman Statutes, I 361 f. Zum *ordo decurionum* siehe Wiseman, New Men in the Roman Senate, 89–94.

1811 Münzer, Art. L. Cornelius Balbus (69), RE IV (1900) Sp. 1262 f. Anderer Ansicht ist Ryan, The subscriptors of Laelius against Flaccus, HABIS 37 (2006) 217–230, der L. Lucilius Balbus als *accusator* annimmt. Siehe auch Alexander, Trials in the Late Roman Republic, 120 Nr. 243, 122 f. Nr. 247. Häufig auf diesen Fall bezogen wird Val. Max. 7.8.7, wo berichtet wird, dass ein gewisser Valerius Heptachordus seinen Feind Cornelius Balbus zum Alleinerben ernannt habe.

1812 Alexander, Trials in the Late Roman Republic, 129 Nr. 265.

1813 Siehe auch Alexander, Trials in the Late Roman Republic, 135 Nr. 276; Paulus, Das römische Bürgerrecht als begehrtes Privileg, 100–114, 206 f.; Periñán Gómez, El proceso contra L. C. Balbo Maior: estudio jurídico.

1814 Suet. Iul. 81; HA, Balbin. 7.3.

1815 Zu Sex. Cloelius siehe Münzer, Art. Sex. Clodius (12), RE IV (1900) Sp. 65 f.; Shackleton Bailey, Sex. Cloelius – Sex. Clodius, CQ 10 (1960) 41 f.; Flambard, Nouvel examen d'un dossier prosopographique: le cas de Sex. Clodius/Cloelius, Mélanges de l'Ecole française de Rome. Antiquité 90 (1978) 235–245; Łoposzko, Sextus Clodius Damio?, Historia 38 (1989) 498–503; Tatum, P. Clodius Pulcher and Tarracina, ZPE 83 (1990) 299–304; Damon, Sex. Cloelius scriba, Harvard Studies in Classical Philology 94 (1992) 227–250; Nippel, Public Order in Ancient Rome, 73; Lehne-Gstreinthaler, Jurists in the Shadows, 92.

1816 Cic. dom. 83.

Namensgebung annehmen, Sex. Clodius sei ein Freigelassener gewesen, nehmen diejenigen, die den Namen Sex. Cloelius vertreten, eine Herkunft aus dem Ritterstand an.[1817]

In *Pro Milone* erwähnt Cicero, dass Cloelius die von Clodius verfassten Gesetze einem Tribun zur Antragstellung übergeben sollte.[1818] Weitere Erwähnungen der rechtlichen Unterstützung des Clodius durch Sex. Cloelius erfolgten in den Reden *de domo*[1819] und *pro Sestio*[1820]. Aus der Passage in der Rede *de domo* geht auch hervor, dass zur Formulierung von Gesetzen gewöhnlich gesellschaftlich hoch angesehene Männer herangezogen wurden. Cicero führt als Beispiel M. Livius Drusus an, der von Scaurus und L. Licinius Crassus unterstützt wurde.[1821]

Auch außerhalb der rechtlichen Beratung bediente sich Clodius seines Helfers. So beauftragte er ihn mit der Durchführung des Getreidegesetzes,[1822] und bei der Brandlegung an Ciceros Haus war Cloelius führend beteiligt.[1823] Auch bei weiteren Gewaltakten unterstützte dieser Clodius, was ihm 56 v. Chr. eine (erfolglose) Anklage einbrachte.[1824] Nach dem Tod von Clodius wurde er 52 v. Chr. verurteilt und kehrte erst 44 v. Chr. aus der Verbannung zurück.[1825]

Der in den *Philippica* erwähnte,[1826] nicht namentlich genannte Jurist, der Antonius unterstützte, ist verschiedentlich mit Cloelius identifiziert worden, da dieser jüngst aus dem Exil zurückgekehrt war und Cicero Antonius die Rückberufung eines Exilierten vorwarf.[1827] Bauman zieht Ofilius, Alfenus oder Trebatius als Helfer von Antonius in Betracht.[1828] Der Argumentation Ramseys, der P. Alfenus Varus für die wahrscheinlichste Wahl hält,[1829] ist jedoch zu folgen.

1817 Siehe dazu Damon, Sex. Cloelius, scriba, Harvard Studies in Classical Philology 94 (1992) 227–250, mit weiteren Hinweisen.

1818 Cic. Mil. 33; Ascon. Mil. § 33 (p. 40 ed. Stangl). Siehe auch die Hinweise bei Ramsey, Philippics I–II, 300.

1819 Cic. dom. 47 f., 83.

1820 Cic. Sest. 133.

1821 Cic. dom. 50. Siehe auch Cic. dom. 47 f.

1822 Cic. dom. 25 f.

1823 Cic. har. resp. 11. Siehe auch Cic. har. resp. 59.

1824 Cic. Cael. 78; Cic. ad Q. fr. 2.5.4. Siehe auch Alexander, Trials in the Late Roman Republic, 133 Nr. 273.

1825 Zur Rückkehr aus dem Exil siehe Cic. Att. 14.13, 14.14 und 14.19. Zur Verurteilung *de vi* siehe Alexander, Trials in the Late Roman Republic, 155 Nr. 315.

1826 Cic. Phil. 2.96.

1827 Cic. Phil. 1.3. Siehe auch Ramsey, Philippics I–II, 88, 300.

1828 Bauman, Lawyers in Roman Transitional Politics, 56.

1829 Ramsey, Philippics I–II, 88, 300.

I.5.11. Die Kenner des *ius augurale*

Die Aufnahme in eines der bekannten Priesterkollegien bildete einen der Höhepunkte der Karriere eines römischen *nobilis*. Die *pontifices* bildeten zwar die bekannteste Vereinigung, doch die *augures* standen ihnen im Rang nur wenig nach. Vor allem war der politische Einfluss der Auguren zum Zeitpunkt der ausgehenden Republik vermutlich um einiges größer als jener der *pontifices*, da die Kenntnis des *ius augurale* es ermöglichte, aktiv in fast alle wichtigen politischen Vorgänge einzugreifen. Besonders gut sind wir über einige dieser Männer durch Cicero informiert, der selbst *augur* war und sich in seinen philosophischen Schriften auch mehrfach mit dem *ius augurale* auseinandersetzte.

Ap. Claudius Pulcher (Pisida, Soranus)[1830] war ein bekannter römischer Politiker und Bruder des Clodius. Wie Cicero zählte auch er zu den Anhängern von Pompeius. Während seiner Prätur stand er der *quaestio de repetundis* vor.[1831] In seinem Konsulat war er Mitglied einer Streitschlichtungskommission, die die Konflikte zwischen den Städten Interamna und Reate bereinigen sollte; Cicero trat in diesem Prozess als Anwalt der Einwohner von Reate auf.[1832] Als Statthalter war Appius der Vorgänger Ciceros in Kilikien und hatte dort keinen besonders guten Ruf.[1833] Nach seiner Rückkehr nach Rom im Jahre 50 v. Chr. war er Angeklagter in einer Reihe von Prozessen. Aufgrund seines Verhaltens als *proconsul* wurde er nach der *lex Cornelia de maiestate* angeklagt, aber freigesprochen.[1834] Auch ein Verfahren gegen ihn nach der *lex Pompeia de ambitu* – Ankläger war Ciceros späterer Schwiegersohn P. Cornelius Dolabella – in demselben Jahr scheiterte.[1835] Ebenfalls 50 v. Chr. erfolgte eine Anklage nach der *lex Scantinia*, wobei der Ausgang des Verfahrens unsicher ist.[1836] Schließlich wurde er angeklagt, da er es als

1830 augur, praet. 57 v. Chr., cos. 54 v. Chr., procos. in Cilica 53–51 v. Chr., cens. 50 v. Chr., gest. 48 v. Chr. Zu Ap. Claudius Pulcher siehe Bremer, Iurisprudentiae antehadrianae, I 243 f.; Münzer, Art. Ap. Claudius Pulcher (297), RE III (1899), Sp. 2849–2853; Funaioli, Grammaticae Romanae Fragmenta, 426 f.; Schanz/Hosius, Geschichte der römischen Literatur I, 598–600; Malcovati, Oratorum romanorum fragmenta, 419 f.; Rawson, Intellectual Life in the Late Roman Republic, 302; Broughton, Magistrates, III 57; Will, Art. Claudius Pulcher, Ap. [I 24], DNP 3 (1997) Sp. 11; Muñiz Coello, Ap. Claudio Pulcro, cónsul del 54 a. C., Gerión 21 (2003) 205–228; Rüpke Fasti Sacerdotum, 890 f.; Sehlmeyer, Auseinandersetzungen mit Religion in antiquarischer Literatur, 67 f.

1831 Cic. Att. 3.17.1.

1832 Varro rust. 3.2.3; Cic. Att. 4.15.5.

1833 Cic. Attt. 5.15.–5.17, 6.1.2.

1834 Alexander, Trials in the Late Roman Republic, 166. Nr. 344.

1835 Alexander, Trials in the Late Roman Republic, 167. Nr. 345; Nadig, Ardet ambitus, 157 f.; Ryan, The Lex Scantinia and the Prosecution of Censors and Aediles, CPh 89 (1994) 159–162. Siehe dazu auch Ciceros Kommentar (Cic. Att. 6.6.1).

1836 Alexander, Trials in the Late Roman Republic, 168. Nr. 348.

Zensor verabsäumt hatte, ein Heiligtum auf seinem Grund für die Öffentlichkeit zugänglich zu machen.[1837] Als *censor* versuchte er vor allem, sich um die Einhaltung der Vorschriften zum Luxus sowie zur Bemessung der Äcker und zur Schuldenbegrenzung einen Namen zu machen.[1838] 48 v. Chr. starb er – unmittelbar vor der Schlacht von Pharsalos.

Appius war laut Cicero als Redner gut ausgebildet, dabei lobte er vor allem seine Kenntnisse des *ius publicum* und des *ius augurale*.[1839] Diese nützte Appius vor allem bei politischen Debatten.[1840] Als Ankläger trat er u. a. gegen A. Terentius Varro 74 v. Chr. auf.[1841] Möglicherweise wollte er auch die Anklage gegen Ciceros Bruder Quintus 58 v. Chr. übernehmen, das Verfahren kam aber nicht zustande.[1842] 57 v. Chr. trat er im geplanten Verfahren gegen seinen eigenen Bruder auf und verhinderte eine Anklage.[1843]

Appius, der wie Cicero *augur* war, verfasste *auguralis disciplinae libri*, die Cicero gewidmet waren.[1844] In den Büchern stand allem Anschein nach seine eigene politische Ausrichtung im Vordergrund. Im Gegensatz zu C. Claudius Marcellus, ebenfalls *augur*, und Cicero sah Appius die Auspizien als Mittel zur Vorhersage und nicht als Kunst, die zum Schutz der *res publica* (im Klartext: für politische Manipulation) eingesetzt werden sollte. Mit seiner Auffassung stieß Appius naturgemäß auf wenig Gegenliebe.[1845] Unter Umständen könnte er auch jener *augur* Claudius sein, der mit dem *pontifex maximus* Metellus in Konflikt geriet.[1846] Aus Appius' Büchern stammt u. a. eine Erläuterung der Begriffe *sollistimum tripudium* (ein Omen, bei dem etwas aus dem Schnabel eines Vogels fiel oder ein ansonsten stabiler Gegenstand wie ein Stein oder ein Baum sich von selbst bewegte)[1847], *sonivium tripudium* (das Geräusch, das

---

1837 Alexander, Trials in the Late Roman Republic, 169, Nr. 351. Siehe auch Cic. fam. 8.12, 8.14.4.

1838 Cic. fam. 8.14.4.

1839 Cic. Brut. 267. Siehe auch Cic. fam. 3.9.3.

1840 Siehe etwa Cic. fam. 1.9.25.

1841 Malcovati, Oratorum romanorum fragmenta, 420; Alexander, Trials in the Late Roman Republic, 79 Nr. 158.

1842 Alexander, Trials in the Late Roman Republic, 128, Nr. 263.

1843 Alexander, Trials in the Late Roman Republic, 128, Nr. 261. Siehe auch Cass. Dio 39.7.

1844 Cic. fam. 3.4.1. Siehe auch Cic. fam. 3.11.3–4.

1845 Cic. div. 1.105, 2.75; Cic. leg. 2.32. Dazu Dyck, A commentary on Cicero, *De Legibus*, 346; Sehlmeyer, Auseinandersetzungen mit Religion in antiquarischer Literatur von M. Fulvius Nobilior bis L. Iulius Caesar, 67 f. Siehe auch Cic. div. 1.29 f.

1846 Fest. s. v. *Saturno* (ed. Lindsay, p. 462/464). Siehe auch Rüpke, Fasti Sacerdotum, 890 f., und Gladigow, Condictio und Inauguratio, Hermes 98.3 (1970) 369–379. Bleicken, Kollisionen zwischen Sacrum und Publicum, Hermes 85 (1957) 455 f., identifiziert die handelnden Parteien als Q. Caecilius Metellus Pius und Ap. Claudius Pulcher.

1847 Fest. s. v. *sollistimum* (ed. Lindsay, p. 386). Dazu Funaioli, Grammaticae Romanae Fragmenta, 426; Linderski, The libri reconditi, Harvard Studies in Classical Philology 89 (1985)

entstand, wenn etwas aus den Schnabeln der Vögel fiel)[1848] und *oscines* (Vögel, deren Gekrächze die Auguren zur Weissagung benutzten, und die sich dadurch von den *aves alites*, deren Flugverhalten zur Weissagung benutzt wurde, unterschieden)[1849]. Ciceros Briefe an ihn füllen das dritte Buch der Sammlung *ad familiares*. In diesen empfiehlt Cicero ihm u. a. den *iurisconsultus* L. Valerius.[1850] Als literarische Figur tritt Appius u. a. im dritten Buch von Varros *de re rustica* auf.

Auch der schon erwähnte *augur* C. Claudius Marcellus[1851] verfasste ein Werk zum Auguralrecht.[1852] Er verwaltete nach seinem Konsulat die Provinz Sizilien und wurde von dessen Einwohnern wegen seiner guten Administration sehr geschätzt.[1853] Beim Prozess gegen Verres war er einer der Richter; mit Cicero war er gut bekannt.[1854] Ps.-Asconius beschreibt ihn in seinem Kommentar zu Ciceros Verrinen als *iuris magis studiosus quam eloquentiae causis agendis*,[1855] ordnet also seine Rechtskenntnis höher ein als seine rhetorische Expertise (was freilich eine Tätigkeit als Anwalt nicht ausschloss).

M. Valerius Messala Rufus[1856] stand politisch zunächst auf der Seite Sullas, der mit seiner Schwester verheiratet war.[1857] Möglicherweise erfolgte unter ihm auch die Kooptation zu den Auguren, deren Mitglied er 55 Jahre lang war.[1858]

227; Habinek, The world of Roman song: from ritualized speech to social order, 22.

1848 Fest. s. v. *sonivum tripudium* (ed. Lindsay, p. 382). Dazu siehe Funaioli, Grammaticae Romanae Fragmenta, 427; Linderski, The libri reconditi, Harvard Studies in Classical Philology 89 (1985) 227.

1849 Fest. s. v. *oscines* (ed. Lindsay, p. 214). Siehe auch Funaioli, Grammaticae Romanae Fragmenta, 426 f.

1850 Cic. ad fam. 3.1. Siehe auch S. 300 f.

1851 quaest. 87 v. Chr., praet. 80 v. Chr., procos. 79 v. Chr. in Sicilia. Siehe Bremer, Iurisprudentiae antehadrianae, 244.; Münzer, Art. C. Claudius Marcellus (214), RE III (1899) Sp. 2733; Schanz/Hosius, Geschichte der römischen Literatur I, 599; Rüpke, Fasti Sacerdotum, 883 f.

1852 Cic. div. 2.75; Cic. leg. 2.32.

1853 Brennan, The Praetorship in the Roman Republic, 484.

1854 Cic. fam. 15.8; siehe auch Cic. fam. 15.7, 15.10.2, 15.11.1. Siehe auch Alexander, Trials in the Late Roman Republic, 88–90 Nr. 177.

1855 Ps.-Ascon. div. in Caec. § 16 (p. 191, ed. Stangl).

1856 praet. 61, cos. 53 v. Chr. Siehe Bremer, Iurisprudentiae antehadrianae, I 263–266; Funaioli, Grammaticae Romanae Fragmenta, 427–429; Peter, Historicorum Romanorum Reliquiae II, 65, LXXVIII; Schanz/Hosius, Geschichte der römischen Literatur I, 600; Hanslik, Art. M. Valerius Messalla Rufus (268), RE VIII (1955) Sp. 166–169; Bretone, Techniche e ideologie, 16; Broughton, Magistrates, III 214; Richard, Praetor collega consulis est, Mélanges de l'Ecole française de Rome. Antiquité 95 (1983) 651–664; Nadig, Ardet ambitus, 183 f.; Bartels, Art. Valerius Messala Rufus, M. [I 40], DNP 12 (2002) Sp. 1103; Rüpke, Fasti Sacerdotum, 1353 f.; Sehlmeyer, Auseinandersetzungen mit Religion in antiquarischer Literatur, 68; Drummond, M. Valerius Messala Rufus, in: Cornell (Hrsg.), The fragments of the Roman historians, I 385–389, II 786–789, III 486–489.

1857 Plut. Sulla 35.4.

1858 Macr. Sat. 1.9.14.

Mehrmals wurde er in Prozesse verwickelt, zweimal *de ambitu* 60 v. Chr., einmal *de sodaliciis;* beim letzten Mal wurde er auch zu einer hohen Geldstrafe verurteilt, obwohl er von seinem Onkel, dem Redner Hortensius, verteidigt wurde.[1859] Im Bürgerkrieg war er *legatus* von Cäsar.

Von ihm ist eine Anfrage an die *pontifices* überliefert mit dem Inhalt, ob die *nundinae* (Markttage) als *feriae* zu qualifizieren seien, was von diesen verneint wurde.[1860] Messala schrieb *explanationes in XII tabulis*, sowie je ein Werk *de familiis* und *de auspiciis*. In den Zitaten aus *de familiis*, die nur bei Plinius d. Ä. überliefert sind, finden sich eine Nachricht über das Drittelas der *gens Servilia*, das je nach Ansehen der Familie wachse oder schrumpfe,[1861] und eine Anekdote über Schwindeleien beim Aufhängen der *imagines* der Ahnen.[1862] *De familiis* ist auch im Quellenverzeichnis zu Buch 4 der *naturalis historia* aufgeführt. Der Kommentar zu den 12 Tafeln befasste sich u. a. mit den Begriffen *sanates*[1863] und *tugurium* (eine mit Stroh o. ä. bedeckte Hütte, die häufig von Schäfern oder Hirten bewohnt wurde).[1864]

Aus Messalas *de auspiciis* stammen eine Einteilung der *auspicia patriciorum* nach dem Rang der betreffenden Magistrate[1865] und eine Unterscheidung der einzelnen Magistrate nach ihren Befugnissen.[1866] Vermutlich ebenfalls aus diesem Werk stammt seine Begründung, warum der Aventin als einziger der sieben Hügel Roms außerhalb des *pomerium* liege, nämlich dass auf diesem Hügel Remus die Auspizien zur Gründung Roms beobachtet habe.[1867] Weitere Zitate

---

1859 Alexander, Trials in the Late Roman Republic, 118 Nr. 239, 246 Nr. 299, 160 f. Nr. 329 und 331; Nadig, Ardet ambitus, 183 f. Siehe auch Val. Max. 5.9.2.

1860 Macr. Sat. 1.16.28. Siehe auch Rüpke, Kalender und Öffentlichkeit, 275.

1861 Plin. nat. 34.137. Siehe auch Köves-Zulauft, Plinius d. Ä. und die römische Religion, 219, 267; Zehnacker, Le triens des Servilii et le bronze patrimonial, Studi Breglia, II 9–17; Viglietti, The Servilian triens reconsidered, I quaderni del ramo d'oro on-line. Numero speciale (2012) 177–202; Drummond, M. Valerius Messala Rufus, in: Cornell (Hrsg.), The fragments of the Roman historians, III 488 f.

1862 Plin. nat. 35.8.

1863 Fest. s. v. *Sanates* (ed. Lindsay, p. 426/428). Siehe S. 171, 301.

1864 Fest. s. v. *tuguria* (ed. Lindsay, p. 486). Siehe auch Funaioli, Grammaticae Romanae Fragmenta, 113 f.; Nörr, Pomponius, 521. Siehe auch Pomp. 30 ad Sab. D. 50.16.180.1 (S. 220).

1865 Gell. 13.15. Vgl. auch Fest. s. v. *minora* (ed. Lindsay, p. 148). Siehe auch Bleicken, Zum Begriff der römischen Amtsgewalt, 265–267; Kunkel/Wittmann, Staatsordnung und Staatspraxis der römischen Republik, 36; Masi Doria, Spretum imperium, 47, 243, 321; Rüpke, Domi militiae, 47 f.; Stasse, La loi curiate des magistrats, RIDA 52 (2005) 382–384; Smith, The Roman Clan, 217–223; Humm, The curiate law and the religious nature of the power of Roman Magistrates, 65–73; Drogula, Commanders and Command in the Roman Republic and Early Empire, 69, 75, 116.

1866 Gell. 13.16. Siehe auch Masi Doria, Spretum imperium, 246 f.; Aricò Anselmo, Antiche regole procedurali e nuove prospettive per la storia dei comitia, 180–186.

1867 Gell. 13.14.4–6. Siehe auch Thulin, Die etruskische Disciplin, III 12; Funaioli, Grammaticae Romanae Fragmenta, 429; Radke, Versuch einer Sprach- und Sachdeutung alter römischer

aus diesem Werk behandeln hauptsächlich die Bedeutung seltener Worte in den Gebeten der Auguren: Dazu zählen die Begriffe *Marspedis*[1868] und *vernisera*[1869] sowie die Phrasen *bene sponsis, beneque volueris, serpula serpserit, solino* und *suad te.*[1870] Nicht eindeutig einem Werk Messalas zuzuordnen sind eine Erläuterung des Begriffs *lucar aes* (aus Abgaben stammendes Geld)[1871] und Messalas Etymologie zum Namen des Monats Januar.[1872]

Q. Valerius Soranus[1873] war ein Freund Varros und Ciceros, der ihm große Bildung zusprach,[1874] und wurde 82 v. Chr. von Pompeius ermordet.[1875] Der Grund dafür war – Servius, Plinius und Plutarch zufolge –, dass er den geheimen Namen der Stadt Rom verraten hatte und deswegen auf Befehl des Senats getötet wurde.[1876]

Rechtsbegriffe, FS v. Lübtow, 24 f.; Mignone, The Augural Contest at Rome: The View from the Aventine, CPh 111 (2016) 391–405.

1868 Fest. s. v. *marspedis* (ed. Lindsay, p. 152/154). Siehe dazu auch Funaioli, Grammaticae Romanae Fragmenta, 427; Grafton, Joseph Scaliger, 153 f.

1869 Fest. s. v. *vernisera* (p. 520, ed. Lindsay). Während Norden, Aus altrömischen Priesterbüchern, 81, das in den Handschriften stehende *messalia* zu Messala editiert, scheint freilich vom Großteil der Autoren die handschriftliche Überlieferung akzeptiert zu werden (siehe z. B. Latte, Römische Religionsgeschichte, 66, oder Fears, The Cult of Jupiter and Roman Imperial Ideology, 26). Vgl. auch Moscadi, Vernisera: messalia auguria (Paul. Fest. p. 520 L.), Prometheus 10 (1984) 70–74.

1870 Fest. s. v. *bene sponsis, beneque volueris, serpula serpserit, solino* und *suad te* (ed. Lindsay, p. 476). Siehe dazu auch Funaioli, Grammaticae Romanae Fragmenta, 428; Norden, Aus altrömischen Priesterbüchern, 7 f., 81 FN 1; Latte, Römische Religionsgeschichte, 67; Meyer, Legitimacy and Law in the Roman World, 117 FN 102.

1871 Fest. s. v. *pecunia* (ed. Lindsay, p. 300). Vgl. den Rekonstruktionsversuch bei Bremer, Iurisprudentiae antehadrianae, 265, und Funaioli, Grammaticae Romanae Fragmenta, 428.

1872 Lyd. mens. 4.1; Macr. Sat. 1.9.14.

1873 trib. pleb. 82 v. Chr., in demselben Jahr ermordet. Siehe Bremer, Iurisprudentiae antehadrianae, I 105; Cichorius, Zur Lebensgeschichte des Q. Valerius Soranus, Hermes 41 (1906) 59–68; Funaioli, Grammaticae Romanae Fragmenta, 77–79; Schanz/Hosius, Geschichte der römischen Literatur I, 163 f.; Helm, Art. Q. Valerius Soranus (345), RE VIII (1955) Sp. 225 f.; Wiseman, New Men in the Roman Senate, 269 Nr. 457; Sumner, The orators in Cicero's Brutus, 101; Rawson, Intellectual Life in the Late Roman Republic, 34, 51, 105; Broughton, Magistrates, III 214; Rose, A Handbook of Latin Literature, 87 f.; Schwindt, Prolegomena zu einer „Phänomenologie" der römischen Literaturgeschichtsschreibung, 70 f., 249; Schmidt, Art. Valerius, Q. [III 7], DNP 12 (2002) Sp. 1117; Ferri, Valerio Sorano e il nome segreto di Roma, Studi e Materiali di Storia delle Religioni 73 (2007) 271–303.

1874 Cic. de orat. 3.43; Gell. 2.10.3; Cic. Brut. 169.

1875 Plut. Pompeius 10.4.

1876 Serv. Aen. 1.277; Plin. nat. 3.65; Plut. Qu. R. 61. Dazu Cichorius, Zur Lebensgeschichte des Q. Valerius Soranus, Hermes 41 (1906) 59–68 und Lloyd, Republican Authors in Servius and the Scholia Danielis, Harvard Studies in Classical Philology 65 (1961) 312. Siehe auch Murphy, Valerius Soranus and the Secret Name of Rome, 127–138; Ferri, Valerio Sorano e il nome segreto di Roma, Studi e Materiali di Storia delle Religioni 73 (2007) 271–303; Cairns, Rome and Her Tutelary Deity, FS Woodman, 245–268; Tommasi, Il nome segreto di Roma tra antiquaria ed esoterismo. Una riconsiderazione delle fonti, Studi Classici e Orientali

Valerius schrieb ein Werk namens Ἐπόπτιδες, das als erstes seiner Art einen Index aufwies.[1877] Aus einem weiteren Werk von Valerius mit religionswissenschaftlichem Inhalt sind nur zwei Verse, die eine Anrede Jupiters darstellen, erhalten.[1878] Außerdem ist von ihm eine Erläuterung des Wortes *flavisae* überliefert.[1879]

L. Iulius Caesar[1880] war wie Cicero *augur* und ist vermutlich mit dem Konsul des Jahres 64 v. Chr. zu identifizieren. Dieser war einer der *duumviri* im Verfahren gegen C. Rabirius wegen Hochverrats (*perduellio*).[1881] Caesar verfasste *augurales (auspiciorum) libri*, von denen vier Fragmente erhalten sind: Eines davon befasst sich mit der Frage, ob an Markttagen *contiones* zulässig seien, was von Caesar bestritten wurde,[1882] ein anderes mit dem *imperium* der Konsuln und Prätoren[1883] und die zwei übrigen mit ansonsten unbekannten Versen.[1884] Aus seinem Werk *pontificalium libri* stammt ein Fragment zu Misenos, dem Gefährten des Aeneas.[1885] Weitere Zitate bei Servius[1886] und in der *origo gentis Romanae*[1887] stammen laut Bickel aus einem Sammelband, der sowohl die *libri pontificales* wie auch die *libri augurales* enthielt.[1888]

60 (2014) 187–219. Die Identifizierung mit dem Volkstribun von 82 v. Chr. ist jedoch nicht unumstritten: vgl. SUMNER, The orators in Cicero's Brutus, 101.

1877 Plin. nat. praef. 33. Siehe auch FUNAIOLI, Grammaticae Romanae Fragmenta, 77 f.; KÖVES-ZULAUF, Die ἐπόπτιδες des Valerius Soranus, RhM 113 (1970) 323–359; FERRI, Valerio Sorano e il nome segreto di Roma, Studi e Materiali di Storia delle Religioni 73 (2007) 282–286.

1878 Aug. civ. 7.9. Siehe auch FERRI, Valerio Sorano e il nome segreto di Roma, Studi e Materiali di Storia delle Religioni 73 (2007) 281 f.

1879 Gell. 2.10. Siehe S. 168.

1880 quaest. 77 v. Chr., praet. 67 v. Chr., cos. 64 v. Chr., praef. urbi 47 v. Chr., augur. Siehe BREMER, Iurisprudentiae antehadrianae, I 106 f.; SCHANZ/HOSIUS, Geschichte der römischen Literatur I, 600; BICKEL, Lucius Caesar cos. 64 in der Origo Gentis Romanae, RhM 100 (1957) 201–236, BROUGHTON, Magistrates, III 110; SEHLMEYER, Auseinandersetzungen mit Religion in antiquarischer Literatur, 67; SMITH, Caesar and the History of Early Rome, 260–264; CORNELL, L. Julius Caesar, in: CORNELL (Hrsg.), The fragments of the Roman historians, I 641.

1881 ALEXANDER, Trials in the Late Roman Republic, Nr. 220; VENTURINI, Processo penale e società politica, 318–327.

1882 Macr. Sat. 1.16.29. Siehe auch RÜPKE, Kalender und Öffentlichkeit, 275.

1883 Fest. s. v. *maiorem consulem* (ed. Lindsay, p. 154). Dazu BLEICKEN, Zum Begriff der römischen Amtsgewalt, 282 FN 69; STEWART, Public Office in Early Rome, 212 f.; BUNSE, Prätur und Kollegialität, SZ 119 (2002) 39.

1884 Prisc. 2.270, 2.380 (ed. Keil).

1885 Ps.-Aur. Vict. Orig. 9.6.

1886 Serv. Aen. 1.267.

1887 Ps.-Aur. Vict. Orig. 10.3, 11.3, 15.4, 15.5, 16.4, 17.2, 18.5, 20.3. Zu Ps.-Aur. Vict. Orig. 17.3 siehe BECK/WALTER, Die frühen römischen Historiker I, 140; BISHOP/CORNELL, L. Cincius Alimentus, in: CORNELL (Hrsg.), The fragments of the Roman historians, III 55 f.

1888 BICKEL, Lucius Caesar cos. 64 in der Origo Gentis Romanae, RhM 100 (1957) 216, 235. Vorsichtig zustimmend zeigt sich SEHLMEYER, Auseinandersetzungen mit Religion in antiquarischer Literatur, 67.

I.5.12. Die Antiquare und Grammatiker

Als antiquarische Literatur wird nach Momigliano[1889] jene Literatur bezeichnet, die Geschichtliches systematisch und nicht, wie historische Literatur, chronologisch abhandelt, und dabei möglichst viele Meinungen von Gelehrten berücksichtigt. Sehlmeyer hat zu Recht ergänzt, dass sich die römischen Antiquare zumeist auf bestimmte Themenfelder, wie etwa die Religion, begrenzten, und dabei besonders Institutionen, Formeln und Rituale erklärten, die zu ihrer Zeit fremd und daher erläuterungsbedürftig waren.[1890] Schon in den vorigen Kapiteln konnte beobachtet werden, dass die römischen Juristen der Republik in ihrem literarischen Schaffen eine starke Nähe zur antiquarischen Literatur aufwiesen, was besonders bei Publikationen zum *ius publicum* deutlich wurde.[1891] Ebenso war die Etymologie nicht nur für Historiker und antiquarische Schriftsteller unersetzbar,[1892] sondern auch ein fixer Bestandteil des Argumentationsrepertoires der römischen Juristen.[1893] Während in den vorigen Kapiteln diese Tendenzen aber eher am Rande behandelt wurden, soll dieses Kapitel jenen Juristen gewidmet sein, die sich in ihren literarischen Werken primär mit antiquarischen und grammatischen Studien befassten.

L. Cincius[1894] war nach *communis opinio* nicht mit dem Historiker L. Cincius Alimentus identisch.[1895] Ihre ähnlichen Interessengebiete erschweren aber mitunter

1889 Momigliano, Alte Geschichte und antiquarische Forschung, 1–36, 259–270.

1890 Sehlmeyer, Auseinandersetzungen mit Religion in antiquarischer Literatur, 57. Siehe auch Sehlmeyer, Die Anfänge der antiquarischen Literatur in Rom, 157–171.

1891 Siehe S. 57, 119 ff., 147 f.

1892 Sehlmeyer, Die Anfänge der antiquarischen Literatur in Rom, 160 f.

1893 Siehe dazu auch Babusiaux, Funktionen der Etymologie in der juristischen Literatur, Fundamina 20 (2014) 39–60.

1894 Zu L. Cincius siehe Bremer, Iurisprudentiae antehadrianae, I 252–260; Seckel/Kübler, Iurisprudentiae anteiustinianei quae supersunt, I 24–32; Wissowa, Art. L. Cincius (3), RE III (1899) Sp. 2555 f.; Funaioli, Grammaticae Romanae Fragmenta, 371–384; Schanz/Hosius, Geschichte der römischen Literatur I, 175 f.; Rawson, Intellectual Life in the Late Roman Republic, 247 f.; Sini, A quibus iura civibus praescribebantur, 64–67; Kierdorf, Art. Cincius, L. [1], DNP 2 (1997) Sp. 1205; Liebs, § 195.4, in: Suerbaum (Hrsg.), Die archaische Literatur, 572–574; Rüpke, A Companion to Roman Religion, 16 f.

1895 Siehe etwa Schanz/Hosius, Geschichte der römischen Literatur I, 174; Liebs, § 195.4, in: Suerbaum (Hrsg.), Die archaische Literatur, 572–574. Anderer Ansicht ist Verbrugghe, L. Cincius Alimentus – His Place in Roman Historiography, Philologus 126 (1982) 316–323. Zum Historiker L. Cincius Alimentus siehe Münzer/Cichorius, L. Cincius Alimentus (5), RE III (1899) Sp. 2556 f.; Verbrugghe, L. Cincius Alimentus – His Place in Roman Historiography, Philologus 126 (1982) 316–323; Beck/Walter, Die frühen römischen Historiker I, 137–147; Walter, Memoria und res publica, 255–258; Bishop/Cornell, L. Cincius Alimentus, in: Cornell (Hrsg.), The fragments of the Roman historians, I 179–183, II 106–121, III 50–62.

die Zuordnung der Werke zu einem der beiden Cincii. Gemeinhin wird angenommen, dass L. Cincius, der Jurist, folgende Bücher verfasste: *de fastis*, *de comitiis*, *de consulum potestate*, *de re militari*, *mystagogica*, *de verbis priscis* und *de officio iurisconsulti*. Möglicherweise war er ident oder verwandt mit Cincius, einem Freund von Atticus, der Cicero eine Rechtsauskunft zur *lex Cincia* erteilte.[1896]

Die bei Macrobius und Lydus erhaltenen Fragmente aus dem *liber de fastis* behandeln Erläuterungen zu den Monatsnamen April,[1897] Mai,[1898] Juni[1899] und November.[1900] Dem Werk *de comitiis* kann nur ein Festus-Zitat zum Begriff *patricius*, der laut Cincius gleichbedeutend mit *ingenui* verwendet worden sei, zugeordnet werden.[1901] Aus dem Buch *de consulum potestate* wiederum stammt ein relativ langes Fragment, das die Entwicklung des Auszugs der Prätoren und Proprätoren aus der Stadt schildert.[1902] In dem mehrbändigen Werk *de re militari* schrieb Cincius u.a. über die Kriegserklärung durch die *fetiales* und den Eid, den die Soldaten bei Dienstantritt zu leisten hatten.[1903] Aus den *mystagogica* schließlich stammt ein Fragment zum Begriff *triens tertius*.[1904] Ebenfalls diesem Werk wurde von Heurgon ein bei Livius überliefertes Fragment zum *clavus annalis* zugeordnet.[1905]

Aus dem *liber de verbis priscis* sind mehrere Fragmente erhalten: Bezeugt ist der Titel für die Erläuterungen von Festus zu den Worten *peremere* (nach

1896 Cic. Att. 1.20.7. Vgl. Shackleton Bailey, Letters to Atticus I, 343 „Cincius may have considered himself a legal expert." Siehe auch Rollinger, Solvendi sunt nummi, 69 f.

1897 Macr. Sat. 1.12.12 f.; Lyd. mens. 4.44. Siehe auch Funaioli, Grammaticae Romanae Fragmenta, 374; Rüpke, Religion in Republican Rome, 250 FN 37.

1898 Macr. Sat. 1.12.18. Siehe auch Funaioli, Grammaticae Romanae Fragmenta, 375; Rüpke, Religion in Republican Rome, 163.

1899 Macr. Sat. 1.12.30. Siehe auch Funaioli, Grammaticae Romanae Fragmenta, 375; Rüpke, Religion in Republican Rome, 250 FN 37.

1900 Lyd. mens. 4.92. Siehe auch Funaioli, Grammaticae Romanae Fragmenta, 375; Kaufmann, Die altrömische Miete, 157–160.

1901 Fest. s. v. *patricios* (ed. Lindsay, p. 277). Vgl. dazu Funaioli, Grammaticae Romanae Fragmenta, 374; Palmer, The Archaic Community of the Romans, 192 FN 3; Smith, The Roman Clan, 55.

1902 Fest. s. v. *praetor* (ed. Lindsay, p. 276/278). Siehe auch Petzold, Geschichtsdenken und Geschichtsschreibung, 478 f.; Ziolkowski, The Capitol and the auspices of departure, FS Mrozewicz, 465–471; Sánchez, Le fragment de Cincius (Festus p. 276 L) et le commandement des armées du Latium, Cahiers du Centre Glotz 25 (2014) 7–48; Fiori, La convocazione dei comizi centuriati: diritto costituzionale e diritto augurale, SZ 131 (2014) 79–176.

1903 Gell. 16.4. Hierzu Funaioli, Grammaticae Romanae Fragmenta, 377; Rüpke, Domi militiae, 105; Zack, Forschungen II, Göttinger Forum für Altertumswissenschaften 15 (2012) 108–110. Vgl. auch Liv. 1.32.14.

1904 Fest. s. v. *trientem tertium* (ed. Lindsay, p. 498). Siehe auch Funaioli, Grammaticae Romanae Fragmenta, 375 f.

1905 Liv. 7.3.7. Siehe dazu Heurgon, L. Cincius et la loi du clavus annalis, Athenaeum 42 (1964) 432–437; Versnel, Triumphus, 270–275; Smith, The magistrates of the early Roman Republic, 33, 38, 39.

Cincius bedeutungsgleich mit *prohibere*)[1906], *recondere*[1907], *rudus*[1908] und *scena* (ein Opferbeil der *pontifices*)[1909]. Auch andere Definitionen und Etymologien, die weiter unten ausgeführt sind, könnten aus diesem Werk stammen, das vermutlich ähnlich konzipiert war wie das Werk von C. Aelius Gallus.

Von dem für die Arbeit der Juristen vielleicht interessantesten Werk, *de officio iurisconsulti*, sind leider nur drei Zitate erhalten, die über die Aufgaben der *iuris consulti* wenig Aufschluss geben. Ein Fragment ist zum „förmlich benannten Geldbetrag" (*nuncupata pecunia*)[1910] überliefert. Ein weiteres, stark verstümmeltes Fragment befasst sich mit dem Begriff *Sanates*[1911] und in einem dritten Fragment erläutert Cincius die Wendung *subici aries*.[1912] Die kommentierten Begriffe stammen alle aus den 12 Tafeln. Deshalb ist zu überlegen, ob es sich bei diesem Werk nicht eher um einen klassischen Kommentar zu den 12 Tafeln handelte als um eine theoretische Abhandlung über die Pflichten der Juristen. Folglich könnte der *liber de verbis priscis* ein Unterabschnitt im mehrbändigen Werk *de officio iurisconsulti* sein, zumal viele der dort genannten Begriffe einen rechtlichen Bezug haben.

Viele Beiträge von Cincius in Festus' Werk *de significatione verborum* können nicht einem bestimmten Werk zugeordnet werden. Die Fragmente betreffen die Einträge *gentilis*,[1913] *natio*,[1914] *nacca*,[1915] *naucus*,[1916] *nup-*

1906 Fest. s. v. *peremere* (ed. Lindsay, p. 236). Siehe auch Funaioli, Grammaticae Romanae Fragmenta, 372 f.

1907 Fest. s. v. *reconductae* (ed. Lindsay, p. 342). Siehe auch Funaioli, Grammaticae Romanae Fragmenta, 373.

1908 Fest. s. v. *rodus* (ed. Lindsay, p. 320, 322). Siehe auch Funaioli, Grammaticae Romanae Fragmenta, 373.

1909 Fest. s. v. *scenam* (ed. Lindsay, p. 444). Siehe auch Funaioli, Grammaticae Romanae Fragmenta, 373 f.; Siebert, Instrumenta Sacra, 243 f., 245.

1910 Fest. s. v. *nuncupata pecunia* (ed. Lindsay, p. 176). Dazu Funaioli, Grammaticae Romanae Fragmenta, 376; Behrends, Das nexum im Manzipationsrecht, RIDA 21 (1974) 153 f.; Blanch Nougues, Nuncupare Heredem, RIDA 47 (2000) 126; Cardilli, Nexum e damnatio, FS Sirks, 105.

1911 Fest. s. v. *Sanates* (ed. Lindsay, p. 426/428). Vgl. auch Elmore, Recovery of Legal Competency in the XII Tables, CPh 20 (1925) 62–64. Siehe auch S. 171, 301, 312.

1912 Fest. s. v. *subici* (ed. Lindsay, p. 470); Fest. s. v. *subigere arietem* (ed. Lindsay, p. 476). Siehe auch Funaioli, Grammaticae Romanae Fragmenta, 376 f.; Pólay, Iniuria-Tatbestände im archaischen Zeitalter des antiken Rom, SZ 101 (1984) 176; Hagemann, Iniuria, 21; Schiavone, Dodici tavole e ortodossia repubblicana, 300 f.

1913 Fest. s. v. *gentilis* (ed. Lindsay, p. 83). Siehe auch Funaioli, Grammaticae Romanae Fragmenta, 377 f.; Doer, Die römische Namengebung, 41.

1914 Fest. s. v. *natio* (ed. Lindsay, p. 164). Siehe auch Funaioli, Grammaticae Romanae Fragmenta, 378.

1915 Fest. s. v. *naccae* (ed. Lindsay, p. 166). Siehe auch Funaioli, Grammaticae Romanae Fragmenta, 378.

1916 Fest. s. v. *naucum* (ed. Lindsay, p. 166). Siehe auch Funaioli, Grammaticae Romanae Fragmenta, 62 f., 138, 378.

tiae,[1917] *novalis ager*,[1918] *obsistere*,[1919] *praecidanea porca*,[1920] *refriva faba*,[1921] *Saliae virgines*,[1922] *sinistrae aves*,[1923] *tuditantes*[1924] und *vindiciae*.[1925] Bei einigen dieser Begriffe, wie *gentilis*, *nuptiae* und *vindiciae*, ist es durchaus vorstellbar, dass sie aus Cincius' verlorenem Werk *de officio iurisconsulti* stammen.

Von Interesse sind weiters die durch Servius überlieferten Fragmente zu den Begriffen *delubrum*,[1926] den Cincius als Platz vor dem Tempel beschrieb, und *Faunus*[1927] sowie die von Arnobius stammende Erläuterung der sog. „neuen Götter" (*numina Novensilia*).[1928] Weitere Fragmente stammen aus Charisius' *ars grammatica*,[1929] wo Cincius als Beleg für den Genetiv von Isis und Serapis angeführt wird, sowie aus der Schrift *origo gentis Romanae*.[1930] Wahrscheinlich

---

1917 Fest. s. v. *nuptias* (ed. Lindsay, p. 174). Siehe auch Funaioli, Grammaticae Romanae Fragmenta, 63 f., 379, 478; Cloud, Parricidium: from the lex Numae to the lex Pompeia de parricidiis, SZ 88 (1971) 36.

1918 Fest. s. v. *novalem agrum* (ed. Lindsay, p. 180). Siehe auch Funaioli, Grammaticae Romanae Fragmenta, 63, 378.

1919 Fest. s. v. *obstitum* (ed. Lindsay, p. 208). Siehe auch Funaioli, Grammaticae Romanae Fragmenta, 64, 379, 472; Latte, Römische Religionsgeschichte, 41 FN 3.

1920 Fest. s. v. *praecidanea porca* (ed. Lindsay, p. 242). Siehe auch Funaioli, Grammaticae Romanae Fragmenta, 379; Latte, Römische Religionsgeschichte, 69.

1921 Fest. s. v. *refriva faba* (ed. Lindsay, p. 344). Siehe auch Funaioli, Grammaticae Romanae Fragmenta, 66, 380.

1922 Fest. s. v. *Salias virgines* (ed. Lindsay, p. 439). Siehe dazu Funaioli, Grammaticae Romanae Fragmenta, 66, 380; Versnel, Inconsistencies in Greek and Roman Religion: Transition and Reversal in Myth & Ritual, 158; Rüpke, Radikale im öffentlichen Dienst, 18; Miano, The Goddess Ops in Archaic Rome, Bulletin of the Institute of Classical Studies 58 (2015) 98–127; DiLuzio, A Place at the Altar: Priestesses in Republican Rome, 79–118.

1923 Fest. s. v. *sinistrae aves* (ed. Lindsay, p. 454). Siehe auch Funaioli, Grammaticae Romanae Fragmenta, 261, 380; Linderski, Augural Law, 2284 f.

1924 Fest. s. v. *tuditantes* (ed. Lindsay, p. 480). Siehe auch Funaioli, Grammaticae Romanae Fragmenta, 380 f.; Beseler, Bindung und Lösung, SZ 55 (1935) 230.

1925 Fest. s. v. *vindiciae* (ed. Lindsay, p. 516/518). Siehe S. 171.

1926 Serv. Aen. 2.225. Dazu Funaioli, Grammaticae Romanae Fragmenta, 377; Beck/Walter, Die frühen römischen Historiker I, 147; Egelhaaf-Gaiser, Kulträume im römischen Alltag, 336; Wolf, Mysterium Wasser: eine Religionsgeschichte zum Wasser in Antike und Christentum, 128.

1927 Serv. georg. 1.10. Siehe auch Funaioli, Grammaticae Romanae Fragmenta, 7; Stroh, Vom Faunus zum Faun, 559–612; Beck/Walter, Die frühen römischen Historiker I, 139 f.; Faulkner, Aetiological Annales, 63–65; Bishop/Cornell, L. Cincius Alimentus, in: Cornell (Hrsg.), The fragments of the Roman historians, III 57 f.

1928 Arnob. 3.38.4, 3.39.2. Siehe auch Funaioli, Grammaticae Romanae Fragmenta, 63, 344, 379, 434, 477; Beck/Walter, Die frühen römischen Historiker I, 146 f.; Bishop/Cornell, L. Cincius Alimentus, in: Cornell (Hrsg.), The fragments of the Roman historians, III 56 f.

1929 Char. 1.169 (ed. Barwick).

1930 Ps.-Aur. Vict. Orig. 17.2 f, 18.1. Dazu Frier, Libri Annales Pontificum, 51, Beck/Walter, Die frühen römischen Historiker I, 140 f.; Smith, The Origo Gentis Romanae, Bulletin of the Institute of Classical Studies 48 (2005) 117; Bishop/Cornell, L. Cincius Alimentus, in: Cornell (Hrsg.), The fragments of the Roman historians, III 55 f.

sind die der *origo gentis Romanae* entstammenden Fragmente zu den Bildnissen der Penaten und zu Tiberius Silvius jedoch eher dem Historiker zuzuordnen. Weiters ist Cincius als Quelle für das 36. Buch der *naturalis historia*, in dem er die Steine behandelt, angeführt.

C. Aelius Gallus[1931] schrieb *de verborum, quae ad ius civile pertinent, significatione libri* in mindestens zwei Büchern über Wortbedeutungen unter besonderer Berücksichtigung der juristischen Termini. Das Werk war wie jenes des Sex. Pompeius Festus alphabetisch geordnet. Von Gallus stammen Definitionen der Begriffe *necessarii,*[1932] *nexum,*[1933] *orbus,*[1934] *perfuga,*[1935] *petra,*[1936] *propius sobrino,*[1937] *reciperatio,*[1938]

1931 Zu C. Aelius Gallus siehe Bremer, Iurisprudentiae antehadrianae, I 245–252; Klebs, Art. Aelius Gallus (58), RE I (1893) Sp. 492; Funaioli, Grammaticae Romanae Fragmenta, 545–554; Schanz/Hosius, Geschichte der römischen Literatur I, 597; Bona, Alla ricerca del „De verborum …", BIDR 90 (1987) 119–168; Falcone, Per una datazione del De verborum quae ad ius pertinent significatione di Elio Gallo, AUPA 41 (1991) 223–261; Giaro, Art. Aelius Gallus, C. [I 3], DNP 1 (1996) Sp. 169; Liebs, § 195.3, in: Suerbaum (Hrsg.), Die archaische Literatur, 572. C. Aelius Gallus wird von den meisten auf die späte Republik datiert, Kornhardt, „Postliminium" in republikanischer Zeit, SDHI 19 (1953) 1–37, setzt sein Wirken 100 Jahre früher an; für eine Widerlegung siehe Falcone, Per una datazione del De verborum quae ad ius pertinent significatione di Elio Gallo, AUPA 41 (1991) 223–261.

1932 Fest. s. v. *necessarium* (ed. Lindsay, p. 158). Siehe auch Funaioli, Grammaticae Romanae Fragmenta, 548; Raccanelli, L'amicitia nelle commedie di Plauto: un'indagine antropologica, 27 f.

1933 Fest. s. v. *nexum* (ed. Lindsay, p. 160). Dazu Funaioli, Grammaticae Romanae Fragmenta, 548; Costa, Cicerone giureconsulto, 161; Cannata, Per una storia della scienza giuridica europea, 228 f.; Cardilli, Nexum e damnatio, FS Sirks, 109; Koptev, Principles of the Nexum and Debt Law in the Twelve Tables, 233 f.; Arces, Studi sul disporre mortis causa, 76 f. Vgl. hierzu auch die Definitionen von M'. Manilius und P. Mucius Scaevola (S. 97, 137).

1934 Fest. s. v. *orba* (ed. Lindsay, p. 194). Siehe S. 171.

1935 Fest. s. v. *perfugam* (ed. Lindsay, p. 236). Dazu Funaioli, Grammaticae Romanae Fragmenta, 549; Lanciotti, Due note al „de verborum significatu" di Festo, Materiali e discussioni per l'analisi dei testi classici 27 (1991) 131–137; Mancini, Cives Romani municipes Latini, 55; D'Amati, Civis ab hostibus captis, 101.

1936 Fest. s. v. *petrarum* (ed. Lindsay, p. 226). Siehe auch Funaioli, Grammaticae Romanae Fragmenta, 549.

1937 Fest. s. v. *propius sobrino* (ed. Lindsay, p. 260). Siehe auch Röle, Propior sobrino, propius sobrino in der römischen Rechtssprache, SZ 98 (1981) 353; Bettini, Il divieto fino al sesto grado incluso nel matrimonio romano, Publications de l'École Française de Rome 129 (1990) 27–52; Kaiser, Ein unerkannter Auszug aus den Libri II de verborum, quae ad ius pertinent, significatione des Aelius Gallus, SZ 134 (2017) 341–347.

1938 Fest. s. v. *reciperatio* (ed. Lindsay, p. 342). Dazu Funaioli, Grammaticae Romanae Fragmenta, 550; Broggini, Iudex arbiterve, 44–53; Kelly, Studies in the Civil Judicature, 42; Schmidlin, Das Rekuperatorenverfahren, 3 f.; Rüpke, Domi militiae, 120; Nörr, Zu den Xenokriten (Rekuperatoren) in der römischen Provinzialgerichtsbarkeit, 286; Nelson/Manthe, Gai Institutiones III 182–225, 39–41; Baldus, Regelhafte Vertragsauslegung, 327–335.

remancipare,[1939] *relegatus,*[1940] *saltus,*[1941] *senatus decretum,*[1942] *sepulcrum,*[1943] *sobrinus,*[1944] *stirps*[1945] und *torrens.*[1946] Die meisten seiner Fragmente sind durch Festus' *de significatione verborum* überliefert. Zwei seiner Definitionen, nämlich von *paries*[1947] und *via*[1948], wurden in die Digesten aufgenommen, ebenso eine Rechtsauskunft mit dem Inhalt, dass als Früchte, wenn Kleider oder Becher eingeklagt würden, jener Betrag zu zählen sei, der durch Vermietung erlangt werden könne.[1949] Je ein Fragment zu den Begriffen *vestibulum*[1950] und *vallus*[1951] ist

---

1939 Fest. s. v. *remancipatam* (ed. Lindsay, p. 342). Dazu Funaioli, Grammaticae Romanae Fragmenta, 551; Watson, The Law of Persons, 53.

1940 Fest. s. v. *relegati* (ed. Lindsay, p. 348). Siehe auch Funaioli, Grammaticae Romanae Fragmenta, 550; Mancini, D.48.22 de interdictis et relegatis et deportatis, 236.

1941 Fest. s. v. *saltum* (ed. Lindsay, p. 392/394). Siehe auch Funaioli, Grammaticae Romanae Fragmenta, 547; Nenninger, Die Römer und der Wald, 60 FN 353; Soricelli, Saltus, 98; Dubouloz, La propriété immobilière, 33–35.

1942 Fest. s. v. *senatus decretum* (ed. Lindsay, p. 454). Siehe auch Funaioli, Grammaticae Romanae Fragmenta, 552; Falcone, Per una datazione del De verborum quae ad ius pertinent. significatione di Elio Gallo, AUPA 41 (1991) 228–230; Bettini, Familie und Verwandtschaft im antiken Rom, 179–182; Kunkel/Wittmann, Staatsordnung und Staatspraxis der römischen Republik, 185 FN 319; Buongiorno, Senatus consulta: struttura, formulazioni linguistiche, tecniche (189 a. C.-138 d. C.), AUPA 59 (2016) 23.

1943 Fest. s. v. *sepulchrum* (ed. Lindsay, p. 456). Siehe auch Funaioli, Grammaticae Romanae Fragmenta, 552.

1944 Fest. s. v. *sobrinus* (ed. Lindsay, p. 379/380). Siehe auch Funaioli, Grammaticae Romanae Fragmenta, 552 f.; Röle, Propior sobrino, propius sobrino in der römischen Rechtssprache, SZ 98 (1981) 353; Bettini, Il divieto fino al sesto grado incluso nel matrimonio romano, Publications de l'École Française de Rome 129 (1990) 27–52; Linke, Die agnatio, Historische Anthropologie 6 (1998) 107; Nelson/Manthe, Gai Institutiones III 1–87, 66 f.; Kaiser, Ein unerkannter Auszug aus den Libri II de verborum, quae ad ius pertinent, significatione des Aelius Gallus, SZ 134 (2017) 341–347.

1945 Fest. s. v. *stirpem* (ed. Lindsay, p. 412). Siehe auch Funaioli, Grammaticae Romanae Fragmenta, 553.

1946 Fest. s. v. *torrens* (ed. Lindsay, p. 482/484). Dazu Funaioli, Grammaticae Romanae Fragmenta, 546; Lanciotti, Due note al „de verborum significatu" di Festo, Materiali e discussioni per l'analisi dei testi classici 27 (1991) 142–144.

1947 Gallus 1 de verb. sign. D. 50.16.157 pr. Siehe auch Funaioli, Grammaticae Romanae Fragmenta, 545.

1948 Gallus 1 de verb. sign. D. 50.16.157.1. Siehe auch Funaioli, Grammaticae Romanae Fragmenta, 546; De Marco, I loci publici dal I al III secolo, 138 f.

1949 Gai. 6 ad l. XII tab. D. 22.1.19 pr. Dazu Funaioli, Grammaticae Romanae Fragmenta, 548; Watson, The Law of Property, 98 f.; Honsell, Quod interest im bonae-fidei-iudicium, 10 f.; Cardilli, La nozione giuridica di fructus, 59–65; Fiori, La definizione della locatio conductio, 45–50; Marco, I loci publici dal I al III secolo, 138.

1950 Gell. 16.5.3. Siehe auch Macr. Sat. 6.8.16. Dazu Funaioli, Grammaticae Romanae Fragmenta, 547; Smith, The Origo Gentis Romanae, Bulletin of the Institute of Classical Studies 48 (2005) 129; Goldbeck, Salutationes, 131; Licandro, Domicilium habere, 420 f.; Dubouloz, La propriété immobilière, 511 f.

1951 Serv. georg. 1.264. Siehe auch Funaioli, Grammaticae Romanae Fragmenta, 553.

durch Gellius und den Servius-Kommentar zu den *Georgica* überliefert; die Zuweisung eines weiteren Fragments zu Bohnenstängeln (*alae ex lupino*)[1952] ist strittig. Jüngst hat Kaiser die These aufgestellt, dass eine, in einigen Handschriften zur *lex Romana Visigothorum* erhaltenen Abhandlung zu den Verwandschaftsgraden auf das Werk des Aelius Gallus zurückgeht, – dies folgert er u. a. aufgrund der Ähnlichkeiten zu den Lemmata *propius sobrino* und *sobrinus*.[1953] Besonders umfangreich, aber leider etwas lückenhaft dokumentiert, ist Gallus' Eintrag zu *possessio*,[1954] der auch den Wortlaut des Interdikts *uti possidetis* enthält, sowie seine Erläuterung des Begriffs *postliminium*.[1955] Rechtsgeschichtlich sind seine und Capitos Ausführungen zum Begriff *reus* bedeutsam.[1956] Besonders hervorzuheben sind zudem die Einträge zu den Begriffen *municeps*,[1957]

1952 Serv. georg. 1.75. Eine Zuweisung zu Aelius Stilo ist aber wahrscheinlicher.

1953 Kaiser, Ein unerkannter Auszug aus den Libri II de verborum, quae ad ius pertinent, significatione des Aelius Gallus, SZ 134 (2017) 310–352.

1954 Fest. s. v. *possessio* (ed. Lindsay, p. 260/262). Dazu Funaioli, Grammaticae Romanae Fragmenta, 549 f.; Kaser, Besitz und Eigentum, 258, 315; Thür, Vindicatio und deductio im frührömischen Grundstücksstreit, SZ 94 (1977) 293–305; Falcone, Per una datazione del De verborum quae ad ius pertinent, AUPA 41 (1991) 241–248; Behrends, Bodenhoheit und privates Bodeneigentum, 272–274; Falcone, Ricerche sull'origine dell'interdetto uti possidetis, AUPA 44 (1996) 24–47; Behrends, Die lebendige Natur eines Baums, FS Wolf, 15 FN 21 und 17 FN 23; Dajczak, Der Ursprung der Wendung res incorporalis im römischen Recht, RIDA 50 (2003) 105 f.; Biavaschi, Studi sul precarium, 53–61; Nicosia, Possessio e res incorporales, AUPA 56 (2013) 275–283; Varvaro, La definizione della possessio nel Festo Farnesiano, Scritti Corbino, VII 401–434.

1955 Fest. s. v. *postliminium* (ed. Lindsay, p. 244). Siehe Funaioli, Grammaticae Romanae Fragmenta, 545 f.; Watson, The Law of Persons, 238; Falcone, Per una datazione del De verborum quae ad ius pertinent significatione di Elio Gallo, AUPA 41 (1991) 226–228; Maffi, Ricerche sul postliminium, 21–36; D'Amati, Civis ab hostibus captis, 152 f.; Coskun, Bürgerrechtsentzug oder Fremdenausweisung?, 94–96; ZACK, Forschungen I, Göttinger Forum für Altertumswissenschaften 14 (2011) 95 f., 98–100; Montana Casani, Postliminium receptum Gallus Aelius in libro significationum, quae ad ius pertinent…: origine storica del postliminium e sua classificazione, Studia Prawnoustrojowe 21 (2013) 87–98; Ando, Roman Social Imaginaries: Language and Thought in the Context of Empire, 16 f.; Barbati, Sui presupposti di applicazione e la natura giuridica degli effetti del postliminium, 600–614.

1956 Fest. s. v. *reus* (ed. Lindsay, p. 336). Siehe dazu Funaioli, Grammaticae Romanae Fragmenta, 546 f.; Schmidlin, Zur Bedeutung der legis actio: Gesetzesklage oder Spruchklage?, TR 38 (1970) 381 f.; Falcone, Per una datazione del De verborum quae ad ius pertinent, AUPA 41 (1991) 248–252; Meffert, Die Streitgenossenschaft, 17; de Simone, „Vas appellatus qui pro altero vadimonium promittebat". Per una lettura di Varro, De ling. lat., 6.74., AUPA 53 (2009) 180–187.

1957 Fest. s. v. *municeps* (ed. Lindsay, p. 126). Siehe dazu Funaioli, Grammaticae Romanae Fragmenta, 548; Pinsent, Municeps II, CQ 7 (1957) 89–97; Simshäuser, Iuridici und Munizipalgerichtsbarkeit, 36, 91; Humbert, Municipium et civitas sine suffragio, 3–43; Mancini, Cives Romani municipes Latini, 115–117; Capogrossi Colognesi, Cittadini e territorio,

rogatio[1958] – hier erklärt C. Aelius Gallus den Unterschied zwischen *lex* und *rogatio* – und *quadruplator*.[1959] Sehr materialreich sind außerdem die Einträge *religiosus*[1960] und *sacer*.[1961] Gerade die in den Festus-Fragmenten behandelten Themen zeigen, dass sich C. Aelius Gallus sehr intensiv mit dem *ius publicum* und dem *ius sacrum* befasste. Seine Kenntnisse beschränkten sich aber nicht nur auf diese Rechtsgebiete; vielmehr sind von ihm auch Fragmente zum Sachen-, Schuld-, Familien- und Erbrecht erhalten. Daher ist auch für andere Abhandlungen aus der Republik zum *ius civile* – etwa für die Werke des Brutus oder des Q. Mucius Scaevola – eine breite Themenstreuung anzunehmen.

Granius Flaccus (Licinianus)[1962], gelegentlich mit dem Historiker Granius Licinianus identifiziert,[1963] war der Autor der Werke *de iure Papiriano* und *de*

157; Bispham, From Asculum to Actium, 21–24; Miglietta, Servius respondit, 465–469; Zack, Forschungen II, Göttinger Forum für Altertumswissenschaften 15 (2012) 100 f.

Zur Diskussion über die Zuweisung der Stelle an Servius Sulpicius Rufus oder seinen Sohn siehe Pinsent, Municeps II, CQ 7 (1957) 94–97, und Nelson/Manthe, Gai Institutiones III 182–225, 188, mit weiteren Hinweisen.

1958 Fest. s. v. *rogatio* (ed. Lindsay, p. 326). Siehe dazu Funaioli, Grammaticae Romanae Fragmenta, 551; Bleicken, Lex publica, 215 FN 79; Falcone, Per una datazione del De verborum quae ad ius pertinent, AUPA 41 (1991) 252–260; Behrends, Der Vertragsgedanke im römischen Gesetzesbegriff, 45–47. Vgl. auch Fest. s. v. *senatus decretum* (ed. Lindsay, p. 454) (S. 49, 320).

1959 Fest. s. v. *quadruplatorem* (ed. Lindsay, p. 308/310). Siehe auch Rivière, Les quadruplatores: la répression du jeu, de l'usure et de quelques autres délits sous la République romaine, Mélanges de l'école française de Rome 109 (1997) 583 f.

1960 Fest. s. v. *religiosus* (ed. Lindsay, p. 348/350). Vgl. auch Gai Inst. 2.1–9. Dazu Funaioli, Grammaticae Romanae Fragmenta, 550 f.; Watson, The Law of Property, 1 f.; Linderski, The Augural Law, 2186 f.; Falcone, Per una datazione del De verborum quae ad ius pertinent, AUPA 41 (1991) 235; Licandro, In ius vocatio e violazione del domicilio, SDHI 57 (1991) 225 f.; Bendlin, Mundus Cereris, 53 f.; Bloch, Res sanctae in Gaius and the Founding of the City, Roman Legal Tradition 4 (2006) 50 f.; Rives, Control of the sacred in Roman Law, 173–176.

1961 Fest. s. v. *sacer mons* (ed. Lindsay, p. 423/424). Zu dieser Stelle siehe auch Funaioli, Grammaticae Romanae Fragmenta, 551 f.; Düll, Rechtsprobleme im Bereich des römischen Sakralrechts, 283 f.; Astolfi, Il matrimonio nel diritto romano preclassico, 370; Falcone, Per una datazione del De verborum quae ad ius pertinent, AUPA 41 (1991) 232; Hensels, Die Bedeutung und Problematik des Wortes sacramentum, Archiv für Begriffsgeschichte 45 (2003) 61–82; Fiorentini, Culti gentilizi, culti degli antenati, Scienze dell' Antichità 14 (2007/2008) 999–1002; Pelloso, Sacertà e garanzie processuali in età regia e proto-repubblicana, 57–148; North, Disguising Change in the First Century, 71 f. Zur Sacertät des untreuen *patronus* siehe S. 375, zu den *responsa* der *pontifices* siehe S. 29 ff.

1962 Siehe Bremer, Iurisprudentiae antehadrianae, I 260–262; Funaioli, Art. Granius Flaccus (12), RE VII (1912) Sp. 1819 f.; Funaioli, Grammaticae Romanae Fragmenta, 433–435; Schanz/Hosius, Geschichte der römischen Literatur I, 603; Rawson, Intellectual Life in the Late Roman Republic, 93, 303; Frateantonio, Art. Granius Flaccus [I 3], DNP 4 (1998) Sp. 1205; Wieacker, Römische Rechtsgeschichte I, 308 f.

1963 Zu diesem Funaioli, Art. Granius Licinianus (13), RE VII (1912) Sp. 1820–1822; Criniti, Granio Liciniano, 119–205; Schmidt, Art. Granius Licinianus, C. [II 2], DNP 4 (1998) Sp. 1206;

indigamentis, das Cäsar gewidmet war. Aus *de iure Papiriano* stammt eine Definition von *pellix* (als Frau, die mit einem verheirateten Mann schlafe), die von Paulus in seinen Kommentar zu den augustäischen Ehegesetzen aufgenommen wurde.[1964] Aus *de indigamentis*, einem Werk zum Pontifikalrecht,[1965] ist nur wenig überliefert; dazu zählt die Anmerkung, dass *genius* und *lar* von den älteren Autoren synonym verwendet wurden.[1966] Einige Zitate lassen sich keinem bestimmten Werk zuordnen, wie etwa die Notiz, dass am Parnass Opfer für Dionysius und Apollo stattfanden,[1967] und die Erläuterungen der Begriffe *rica* (ein Band, das die *flaminica* zum Zusamenbinden ihres Haars verwendete)[1968] und *peremptalia fulgura* (Blitze, die in ihrer Wirkung vorhergehende Blitze und Omen aufheben).[1969] Bei Arnobius findet sich ein Aristoteles-Zitat zur Gleichsetzung von Minerva und Luna,[1970] die Anmerkung, dass die *novensiles dei* mit den Musen zu identifizieren seien,[1971] sowie eine Erzählung zur Auffindung der *dei conserentes* („der Zeugung vorstehende Götter") durch Tanaquil, die Frau des Tarquinius Priscus.[1972] Außerdem stammt von Granius eine Definition des Begriffs *nundinae*[1973] sowie eine Erläuterung zum Weinverbot für Frauen und der

---

Del Ponte, Documenti sacerdotali in Veranio e Granio Flacco, Diritto@Storia 4 (2005). Zur Debatte über die Autorenschaft siehe auch den Forschungsüberblick bei Criniti, Granio Liciniano, 123–151.

1964 Paul. 10 ad leg. Iul. et Pap. D. 50.16.144. Zum *ius Papirianum* siehe S. 67. Zu dieser Stelle siehe Funaioli, Grammaticae Romanae Fragmenta, 434; De Bernardi, In margine a D. 50, 16, 144, 71–89; D'Ippolito, I memorialia di Sabino, 74; Astolfi, Il matrimonio nel diritto romano preclassico, 3 f.; Giunti, Consors vitae, 215; Fayer, La familia romana, 14–18; Cristaldi, Unioni non matrimoniali a Roma, 150–154.

1965 Serv. georg. 1.21. Als *indigitamenta* wurden die Anrufungsformeln der Götter bezeichnet. Siehe auch Funaioli, Grammaticae Romanae Fragmenta, 6; Lipka, Roman Gods: A Conceptual Approach, 69–71.

1966 Cens. 3.2. Siehe auch Petersmann, Lingua et religio, 263; Flower, The Dancing Lares and the Serpent in the Garden, 6, 37. Macr. Sat. 1.18.3 f. und Arnob. 3.38.4 werden von Del Ponte, Documenti sacerdotali in Veranio e Granio Flacco, Diritto@Storia 4 (2005) ebenfalls diesem Werk zugeordnet.

1967 Macr. Sat. 1.18.3 f.

1968 Fest. s. v. *ricae* (ed. Lindsay, p. 342). Zu dieser Stelle siehe auch Funaioli, Grammaticae Romanae Fragmenta, 434; Samter, Familienfeste der Griechen und Römer, 41 f.

1969 Fest. s. v. *peremptalia fulgura* (ed. Lindsay, p. 236). Siehe auch Funaioli, Grammaticae Romanae Fragmenta, 434 f.; Fiori, Homo sacer, 134 FN 168. Bei Granius handelt es sich freilich um eine Emendation von Augustin, in den Handschriften steht Grapus bzw Antonius Grapho.

1970 Arnob. 3.31.

1971 Arnob. 3.38.4. Siehe S. 318.

1972 Arnob. 5.18. Siehe auch Radke, Die Götter Altitaliens, 95; Petersmann, Lingua et religio, 259.

1973 Macr. Sat. 1.16.30. Siehe auch Behrends, Der Zwölftafelprozess, 62; Rüpke, Kalender und Öffentlichkeit, 275; Kirsopp Michels, Calendar of the Roman Republic, 40, 85, 103.

aus diesem Grund erfolgte Mord des Egnatius Mecennius an seiner Ehefrau;[1974] beide Fragmente werden jedoch gewöhnlich dem Historiker Granius Licinianus zugeordnet. Strittig ist die Zuordnung einer Glosse zu Serv. Aen. 12.234, mit dem Inhalt, dass Numa die Götter gebeten habe, Meineidige zu bestrafen.[1975]

L. Cornelius Balbus d. J.[1976] war ein Neffe von L. Cornelius Balbus d. Ä.[1977] und stammte wie dieser aus Cádiz/Gades im heutigen Spanien. 72 v. Chr. erlangte er das Bürgerrecht und schloss sich Cäsar an. Unter Cäsars Adoptivsohn Oktavian wurde er zum Statthalter in Spanien ernannt und unter den *consulares* aufgenommen.[1978] Von seinen Ἐξηγητικά, die zumindest 18 Büchern umfassten, sind nur Fragmente erhalten: In diesen erläutert er, dass an der *ara maxima* kein *lectisternium* abgehalten werde,[1979] und berichtet, dass Hymenaeus bei der Hochzeit von Dionysius und Althaea verstorben sei und daher die Eheschließung seinen Namen trage.[1980]

Zu den Grammatikern dieser Zeit zählte auch L. Aelius Stilo[1981], römischer Ritter und Anhänger der Optimaten, für die er auch als Redenschreiber tätig war.[1982] Selbst trat er jedoch nicht als Redner auf.[1983] Der Grund dafür könnte

---

1974 Serv. Aen. 1.737.

1975 HUSCHKE/SECKEL/KÜBLER, Iurisprudentiae anteiustinianae reliquiae, 109 fr. 8.

1976 quaest. 44 v. Chr., proquaest. 43 v. Chr., legatus hisp. 40 v. Chr., pontifex. Zu L. Cornelius Balbus d. J. siehe BREMER, Iurisprudentiae antehadrianae, II 4; GROAG, Art. L. Cornelius Balbus (70), RE IV (1900) Sp. 1268–1271; FUNAIOLI, Grammaticae Romanae Fragmenta, 540–542; SCHANZ/HOSIUS, Geschichte der römischen Literatur I, 350 f.; BROUGHTON, Magistrates, III 63;WISEMAN, New Men in the Roman Senate, 226 Nr. 138; RÜPKE, Fasti Sacerdotum, 908; PINA POLO, Les Cornelii Balbi de Gadès, 183–209; LEHNE-GSTREINTHALER, Jurists in the Shadows, 94.

1977 Zu L. Cornelius Balbus d. Ä. siehe S. 306 f.

1978 Das Konsulat wird von RÜPKE dem jüngeren, von WISEMAN dem älteren Balbus zugeschrieben. Siehe dazu Vell. 2.51.3.

1979 Macr. Sat. 3.6.16. Vgl. auch Serv. Aen. 8.176. Siehe auch FUNAIOLI, Grammaticae Romanae Fragmenta, 541; LATTE, Römische Religionsgeschichte, 219.

1980 Serv. Aen. 4.127. Siehe auch FUNAIOLI, Grammaticae Romanae Fragmenta, 541; HERSCH, The Roman Wedding: Ritual and Meaning in Antiquity, 238.

1981 Siehe GÖTZ, Art. L. Aelius Stilo Praeconinus (144), RE I (1893) Sp. 532 f.; GÖTZ, Art. L. Aelius Stilo Praeconinus (144), RE Suppl. I (1903) Sp. 15; FUNAIOLI, Grammaticae Romanae Fragmenta, 51–76; SCHANZ/HOSIUS, Geschichte der römischen Literatur I, 232–234; MALCOVATI, Oratorum romanorum fragmenta, 276 f.; RAWSON, Intellectual Life in the Late Roman Republic, 76, 120, 234 f., 269 f., 273; SUERBAUM, Fehlende Redner in Ciceros Brutus, FS Weische, 415 f.; KASTER, Art. Aelius Stilo Praeconinus, L. [II 20], DNP 1 (1996) Sp. 174; SUERBAUM, § 193, in: DERS. (Hrsg.), Die archaische Literatur, 552–556.

1982 Dazu ROSS TAYLOR, Republican and Augustan Writers Enrolled in the Equestrian Centuries, TAPA 99 (1968) 469. Reden verfasste er u. a. für Q. Servilius Caepio, Q. Caecilius Metellus Nepos, Q. Pompeius Rufus und C. Aurelius Cotta. Siehe auch ALEXANDER, Trials in the Late Roman Republic, 43 Nr. 82, 54 Nr. 101.

1983 Cic. Brut. 169; Cic. Brut 205–207.

vielleicht in seiner niederen Herkunft liegen, denn sein Vater war Herold.[1984] Zu seinen Schülern zählen u. a. Varro und Cicero.[1985] Eine besonders intensive Bindung hatte er zu Q. Caecilius Metellus Numidicus, den er nach dessen Verurteilung vor den *comitia centuriata* 100 v. Chr. in die Verbannung begleitete.[1986]

Zu den zahlreichen Werken von L. Aelius Stilo zählen u. a. ein *commentarius de proloquiis*[1987] und eine Erläuterung zum *carmen Saliare*.[1988] Aus seiner Erläuterung der Salierlieder stammen u. a. Erläuterungen der Begriffe *manui*,[1989] *molucrum*,[1990] *pescia*[1991] und *Saliae virgines*.[1992] Weitere Einträge, zumeist bei Festus überliefert,[1993] befassen sich mit den Begriffen *maniae*,[1994] *monstrum*,[1995] *nebulo*,[1996] *naucus*,[1997]

1984 Plin. nat. 33.29.

1985 Gell. 1.18. Dazu CARDAUNS, Terentius Varro, Antiquitates rerum divinarum, II 190 f.; siehe auch Gell. 16.8.2–3 und Cic. Brut. 205–207. Zum Verhältnis zwischen Varro und Stilo siehe LEHMANN, La dette de Varron à l'égard de son maître Lucius Aelius Stilo, Mélanges de l'école française de Rome 97 (1985) 515–525.

1986 Suet. gramm. 3. Der Grund für seine Verurteilung war, dass er keinen Eid auf die *lex agraria* geschworen hatte. Zum Verfahren gegen Q. Caecilius Metellus Numidicus siehe GREENIDGE, The Legal Procedure of Cicero's Time, 351 und ALEXANDER, Trials in the Late Roman Republic, 40 Nr. 70.

1987 Gell. 16.8.1–3. Siehe dazu auch FUNAIOLI, Grammaticae Romanae Fragmenta, 194–196; FÖGEN, Patrii sermonis egestas, 202.

1988 Varro ling. 7.2. Siehe auch FUNAIOLI, Grammaticae Romanae Fragmenta, 57. Zu den insgesamt zu den Salierliedern erhaltenen Fragmenten siehe BLÄNSDORF/BUCHNER/MOREL, Fragmenta Poetarum Latinorum Epicorum Et Lyricorum, 3–9.

1989 Fest. s. v. *manuos* (ed. Lindsay, p. 132). Siehe auch FUNAIOLI, Grammaticae Romanae Fragmenta, 57 f.; WALDE, Vergleichendes Wörterbuch der indogermanischen Sprachen I, 233; RADKE, Die Götter Altitaliens, 196.

1990 Fest. s. v. *molucrum* (ed. Lindsay, p. 116). Siehe auch FUNAIOLI, Grammaticae Romanae Fragmenta, 58, 72 f., 472; ROHDE, Die Kultsatzungen der römischen Pontifices, 24; LATTE, Römische Religionsgeschichte, 387; ZINGG, Molucrum bei Festus und die Zubereitung der mola salsa durch die Vestalinnen, Glotta 87 (2011) 236–271.

1991 Fest. s. v. *pescia* (ed. Lindsay, p. 230). Siehe auch FUNAIOLI, Grammaticae Romanae Fragmenta, 58; USENER, Kleine Schriften IV, 125; LATTE, Römische Religionsgeschichte, 117.

1992 Fest. s. v. *Salias virgines* (ed. Lindsay, p. 439).). Siehe S. 318.

1993 Da sehr viele Fragmente bei Festus überliefert sind, erscheint die Annahme, Aelius Stilo habe ein Wörterbuch verfasst, plausibel. Gegen die Existenz eines oft vermuteten 12-Tafel-Kommentars hat sich zuletzt auch SUERBAUM, § 193, in: DERS. (Hrsg.), Die archaische Literatur, 555 ausgesprochen.

1994 Fest. s. v. *Manias* (ed. Lindsay, p. 114). Siehe auch FUNAIOLI, Grammaticae Romanae Fragmenta, 61; LATTE, Römische Religionsgeschichte, 93; RADKE, Wollgebilde an den Compitalia, Würzburger Jahrbücher für die Altertumswissenschaft 9 (1983) 173–178.

1995 Fest. s. v. *monstrum* (ed. Lindsay, p. 122). Siehe auch MAIURI, Il lessico latino del mostruoso, 168; LEHMANN, La dette de Varron à l'égard de son maître Lucius Aelius Stilo, Mélanges de l'école française de Rome 97 (1985) 518 f.

1996 Fest. s. v. *nebulo* (ed. Lindsay, p. 162). Siehe auch FUNAIOLI, Grammaticae Romanae Fragmenta, 63.

1997 Fest. s. v. *naucum* (ed. Lindsay, p. 166). Siehe S. 317.

nuscitiosus,[1998] *novalis ager,*[1999] *ordinarius,*[2000] *obsistere,*[2001] *petaurista,*[2002] *portisculus,*[2003] *morbus sonticus,*[2004] *subucula,*[2005] *tongere,*[2006] *tanne*[2007] und *victima.*[2008] Außerdem ist durch seinen Schüler Varro eine Notiz zum Asyl der Ceres überliefert.[2009]

L. Ateius Philologus (Praetextatus)[2010] war ebenfalls ein bekannter Grammatik- und Rhetoriklehrer. Er hatte seine Ausbildung bei M. Antonius Gnipho und Laelius Hermas genossen. Er stammte vermutlich aus Griechenland, wurde 86 v. Chr. gefangen genommen und L. Ateius Capito zugesprochen, der ihn später freiließ. Zu seinen Freunden zählten u. a. C. Asinius Pollio und Sallust.[2011] Ateius unterrichtete u. a. die Brüder Ap. Claudius und P. Clodius Pulcher und begleitete diese in die Provinzen. Das wichtigste Werk in seinem literarischen

1998 Fest. s. v. *nuscitiosum* (ed. Lindsay, p. 176). Siehe auch Funaioli, Grammaticae Romanae Fragmenta, 64, 90, 138; Walde, Vergleichendes Wörterbuch der indogermanischen Sprachen I, 324; v. Strzelecki, Zu Nonius und Fulgentius, Hermes 68 (1933) 349–352.

1999 Fest. s. v. *novalem agrum* (ed. Lindsay, p. 180). Siehe S. 318.

2000 Fest. s. v. *ordinarium* (ed. Lindsay, p. 198). Siehe auch Funaioli, Grammaticae Romanae Fragmenta, 64.

2001 Fest. s. v. *obstitum* (ed. Lindsay, p. 208). Siehe S. 318.

2002 Fest. s. v. *petauristas* (ed. Lindsay, p. 226). Siehe auch Funaioli, Grammaticae Romanae Fragmenta, 64 f.

2003 Fest. s. v. *portisculus* (ed. Lindsay, p. 266). Siehe auch Funaioli, Grammaticae Romanae Fragmenta, 65; Panayotakis, Decimus Laberius. The Fragments, 246.

2004 Fest. s. v. *sonticum morbum* (ed. Lindsay, p. 372). Siehe dazu Funaioli, Grammaticae Romanae Fragmenta, 66; Manthe, Die libri ex Cassio, 77 f.; Siems, Bemerkungen zu sunnis und morbus sonticus, SZ 103 (1986) 422 f.; Metzger, A New Outline of the Roman Civil Trial, 95 FN 21; Metro, Brevi note sulla mors litis per inattività, Fundamina 20 (2014) 639.

2005 Fest. s. v. *subuculam* (ed. Lindsay, p. 402). Siehe auch Funaioli, Grammaticae Romanae Fragmenta, 66 f.

2006 Fest. s. v. *tongere* (ed. Lindsay, p. 488). Siehe auch Funaioli, Grammaticae Romanae Fragmenta, 67; Adams, The Regional Diversification of Latin 200 BC – AD 600, 175 f.

2007 Fest. s. v. *tanne* (ed. Lindsay, p. 492). Siehe auch Funaioli, Grammaticae Romanae Fragmenta, 67.

2008 Fest. s. v. *victimam* (ed. Lindsay, p. 508). Siehe auch Funaioli, Grammaticae Romanae Fragmenta, 69.

2009 Non. s. v. *pandere* (ed. Lindsay, p. 63). Siehe auch Funaioli, Grammaticae Romanae Fragmenta, 253 f.; Derlien, Asyl, 183–185; Marcattili, Iuppiter Pistor, Panda e il pane dell'asylum, Latomus 76 (2017) 293–303.

2010 Zu L. Ateius Philologus (Praetextatus) siehe Götz, Art. L. Ateius Praetextatus (11), RE II (1896) Sp. 1910 f.; Funaioli, Grammaticae Romanae Fragmenta, 136–141; Schanz/Hosius, Geschichte der römischen Literatur I, 580 f.; Treggiari, Roman Freedmen during the Late Republic, 121 f.; Christes, Sklaven und Freigelassene als Grammatiker und Philologen im antiken Rom, 43–47; Rawson, Intellectual Life in the Late Roman Republic, 73 f.; Viljamaa, Suetonius on Roman Teachers of Grammar, 3838–3840; Kaster, Art. Ateius Philologus, L. [5], DNP 2 (1997) Sp. 150; Smith, L. Ateius Philologus, in: Cornell (Hrsg.), The fragments of the Roman historians, I 411, II 832–835, III 512.

2011 Suet. gramm. 10.

Œuvre war das 800 Bücher umfassenden Werk Υλη.[2012] Die hieraus überlieferten Fragmente behandeln die Begriffe *naucus*,[2013] *nuscitiosus*,[2014] *ocris*,[2015] *orchitis*,[2016] *stroppus*,[2017] *tudes*[2018] und *vacerra*.[2019]

Q. Cornificius (Longus)[2020] war ein Redner und Dichter der ausgehenden Republik. Er war wie Cicero, mit dem er einen intensiven Briefwechsel pflegte,[2021] *augur*. Besonders hervorzuheben sind die Briefe 12.26 und 12.29, in denen Cicero Cornificius zwei Streitparteien empfiehlt, nämlich die Erben des Q. Turius und L. Aelius Lamia.[2022] Auch andere Empfehlungsschreiben Ciceros könnten sich auf Prozesse bezogen haben, da Cornificius sich beschwerte, dass Cicero ihn nur mit den Anliegen der *litigatores* behellige.[2023] Cornificius fiel 42 v. Chr. bei Utica in Africa,[2024] wo er von Cäsar als Statthalter eingesetzt worden war und gegen die Armee der Triumvirn gekämpft hatte.[2025]

Seine Autorenschaft an dem stoisch geprägtem Werk *de etymis deorum* ist umstritten. Für Cornificius als Autor sprechen dessen religiöse Interessen, sein Amt

2012 Suet. gramm. 10.

2013 Fest. s. v. *naucum* (ed. Lindsay, p. 166). Siehe S. 317, 325.

2014 Fest. s. v. *nuscitiosum* (ed. Lindsay, p. 176). Siehe S. 326.

2015 Fest. s. v. *ocrem* (ed. Lindsay, p. 192). Siehe auch Funaioli, Grammaticae Romanae Fragmenta, 138.

2016 Fest. s. v. *orchitin* (ed. Lindsay, p. 194). Siehe auch Funaioli, Grammaticae Romanae Fragmenta, 139.

2017 Fest. s. v. *stroppus* (ed. Lindsay, p. 410). Siehe auch Funaioli, Grammaticae Romanae Fragmenta, 139; Wolf, Lanx und licium, Sympotica Wieacker, 66; Adams, The Regional Diversification of Latin 200 BC – AD 600, 177.

2018 Fest. s. v. *tudites* (ed. Lindsay, p. 480/482). Siehe auch Funaioli, Grammaticae Romanae Fragmenta, 139.

2019 Fest. s. v. *vacerram* (ed. Lindsay, p. 512/514). Siehe auch Funaioli, Grammaticae Romanae Fragmenta, 76, 139 f.

2020 quaest. pro praet. 48/47 v. Chr., praet. 45 v. Chr., 44–42 v. Chr. procos. Africa; augur. Zu Q. Cornificius (Longus) siehe Wissowa, Art. Q. Cornificius (8), RE IV (1900) Sp. 1624–1630; Wissowa, Art. Cornificius Longus (11), RE IV (1900) Sp. 1630 f.; Funaioli, Grammaticae Romanae Fragmenta, 473–480; Schanz/Hosius, Geschichte der römischen Literatur I, 308–310; Rawson, The Identity Problems of Q. Cornificius, CQ 28 (1978) 188–201; Dettenhofer, Perdita iuventus, 18; Kugelmeier, Art. Cornificius, Q. [3], DNP 3 (1997) Sp. 199; Broughton, Magistrates, III 76; Kaster, Art. Cornificius Longus [4], DNP 3 (1997) Sp. 199; Pieron, Zu Festus 174, 20–28 Lindsay, Hermes 129 (2001) 565–567; Rüpke, Fasti Sacerdotum, 929.

2021 Cic. fam. 12.17–12.30. Siehe auch Benöhr, Ciceros Bürgschaft für Cornificius, Studi Talamanca, 203–219.

2022 Cic. fam. 12.26, 12.29. Zu Cic. fam 12.29 siehe auch Schäfer, Spitzenmanagement in Republik und Kaiserzeit, 147 f.

2023 Cic. fam. 12.30.1.

2024 Ciceros Rede *de Q. Cornificio in senatu*, in der Cicero sich für die Beibehaltung von Africa Vetus durch Cornificius aussprach, ist verloren. Siehe Crawford, M. Tullius Cicero: The Lost and Unpublished Orations, 252 f.

2025 Cic. Phil. 3.26; Cic. fam. 12.22; App. civ. 3.85, 4.36, 4.52 f., 4.55 f.

als Augur und seine stoische Überzeugung. Gegen die Zuschreibung des Werks wird eingewendet, dass das *praenomen* Longus für ihn nicht belegt sei und er als Statthalter von Africa zu wenig Zeit gehabt habe, ein Werk mit mindestens drei Büchern zu verfassen;[2026] m. E. spricht jedoch mehr für eine Autorenschaft des Cornificius.

Aus dem Werk sind zahlreiche Fragmente erhalten: So findet sich etwa bei Servius die Notiz, dass laut Cornificius Iapys und Icadius von Kreta nach Italien und zum Parnass aufgebrochen seien.[2027] Außerdem überliefert Cornificius, dass Cicero Ianus Eanus genannt habe,[2028] leitete Apollo von „wieder umwenden"[2029] und Phoibos von „mit Gewalt kommen und gehen" ab[2030] und kommentierte auch den Beinamen Pythius.[2031] Weitere Etymologien von Götternamen verfasste er zu Iuppiter,[2032] zu den *novensiles dei*[2033], zu Minerva[2034] und zu Rediculus[2035]; außerdem berichtete er über ein *lectisternium* zu Ehren der Ceres.[2036] Nicht nur zu Göttern dürfte Cornificius Erläuterungen verfasst haben, auch zu den Begriffen *nare*,[2037] *nuptiae*,[2038] *orbus*,[2039] *oscillare*,[2040] *putus*[2041] und *tala*[2042] sind Ausführungen seinerseits überliefert bzw. bezeugt.

2026 Nachweise zu dieser Diskussion bei Rawson, The Identity Problems of Q. Cornificius, CQ 28 (1978) 188–201.

2027 Serv. Aen. 3.332. Siehe auch Funaioli, Grammaticae Romanae Fragmenta, 475 f.; Paschalis, Virgil and the Delphic Oracle, Philologus 180 (1986) 44–68.

2028 Macr. Sat. 1.9.11. Siehe auch Funaioli, Grammaticae Romanae Fragmenta, 475. Vgl. auch Cic. nat. deor. 2.27.

2029 Macr. Sat. 1.17.9 f. Siehe auch Funaioli, Grammaticae Romanae Fragmenta, 475.

2030 Macr. Sat. 1.17.33. Siehe auch Funaioli, Grammaticae Romanae Fragmenta, 476.

2031 Macr. Sat. 1.17.61 f. Siehe auch Funaioli, Grammaticae Romanae Fragmenta, 477.

2032 Macr. Sat. 1.23.2. Siehe auch Funaioli, Grammaticae Romanae Fragmenta, 476; Lamberton, Homer the Theologian: Neoplatonist Allegorical Reading and the Growth of the Epic Tradition, 265; Syska, Studien zur Theologie im ersten Buch der Saturnalien, 245.

2033 Arnob. 3.38, 39.2. Siehe S. 318, 323.

2034 Fest. s. v. *Minerva* (ed. Lindsay, p. 109). Siehe auch Funaioli, Grammaticae Romanae Fragmenta, 476.

2035 Fest. s. v. *rediculi* (ed. Lindsay, p. 354). Siehe auch Funaioli, Grammaticae Romanae Fragmenta, 477; Meyer, Die Götter Rediculus und Tutanus, Hermes 50 (1915) 151–154; Syska, Studien zur Theologie im ersten Buch der Saturnalien, 61.

2036 Prisc. 2.257 (ed. Keil). Siehe auch Funaioli, Grammaticae Romanae Fragmenta, 475; Stanley Spaeth, The Roman Goddess Ceres, 88, 187.

2037 Fest. s. v. *nare* (ed. Lindsay, p. 166). Siehe auch Funaioli, Grammaticae Romanae Fragmenta, 478

2038 Fest. s. v. *nuptias* (ed. Lindsay, p. 174). Siehe S. 318.

2039 Fest. s. v. *orba* (ed. Lindsay, p. 194). Siehe S. 171, 319.

2040 Fest. s. v. *oscillantes* (ed. Lindsay, p. 212). Siehe Funaioli, Grammaticae Romanae Fragmenta, 478 f.; Simón, The Feriae Latinae as religious legitimation of the consuls' imperium, 121; Roscini, Gli oscilla e l'oscillatio presso i Romani: fonti antiche e terminologia archeologica a confronto, Scienze dell'antichità. Storia, archeologia, antropologia 19 (2013) 233–257.

2041 Fest. s. v. *putum* (ed. Lindsay, p. 240). Siehe Funaioli, Grammaticae Romanae Fragmenta, 479.

2042 Fest. s. v. *talam* (ed. Lindsay, p. 492). Siehe Funaioli, Grammaticae Romanae Fragmenta, 479.

Der nur durch eine Macrobius-Stelle bekannte Umbro[2043] meinte hinsichtlich der an *dies festae* erlaubten Tätigkeiten, dass, wenn jemand etwas tue, das denn Göttern oder den *sacra* diene, oder eine dringend notwendige Handlung vornehme, keine Verletzung eingetreten sei.[2044]

Nur durch drei Fragmente, die sich mit den *pontifices* befassen, bezeugt ist ein gewisser Titius[2045]. In diesen erläuterte er die Begriffe *offendix*,[2046] *rica*[2047] und *vitulatio*.[2048]

Zu den Juristen der späten Republik, die sich mit dem Sakralrecht befassten, zählte auch M. Octavius Herennius oder Hersennius[2049], Autor eines *liber de sacris Saliaribus Tiburtium*. In diesem schildert er, dass die Salier durch Hercules eingesetzt wurden und ihre Riten an bestimmten Tagen, nach der Einholung der Auspizien, durchführten.[2050] Evtl. ist Hersennius ident mit dem in der *origo gentis Romanae* genannten M. Octavius.[2051] Die unter dessen Namen überlieferten Fragmente erklären, warum Aeneas mit verhülltem Haupt opferte,[2052] und behandeln die Vergewaltigung der Rhea Silvia.[2053]

2043 Zu Umbro siehe LIEBS, § 195.5, in: SUERBAUM (Hrsg.), Die archaische Literatur, 574.

2044 Macr. Sat. 1.16.10. Dazu ROHDE, Die Kultsatzungen der römischen Pontifices, 41.

2045 Zu Titius siehe BREMER, Iurisprudentiae antehadrianae, 131 f.; FUNAIOLI, Grammaticae Romanae Fragmenta, 555 f.; KROLL, Art. Titius (1), RE VI (1937) Sp. 1554.

2046 Fest. s. v. *offendices* (ed. Lindsay, p. 222). Siehe auch FUNAIOLI, Grammaticae Romanae Fragmenta, 556; LINDSAY, The Latin Language, 1894 (ND 2010), 272; ESDAILE, The Apex or Tutulus in Roman Art, JRS 1 (1911) 212–226.

2047 Fest. s. v. *rica* (ed. Lindsay, p. 368). Siehe auch FUNAIOLI, Grammaticae Romanae Fragmenta, 556.

2048 Macr. Sat. 3.2.11. Siehe S. 57, 79.

2049 Siehe BREMER, Iurisprudentiae antehadrianae, I 110; SCHANZ/HOSIUS, Geschichte der römischen Literatur I, 603; MÜNZER, Art. M. Octavius Herennus (56), RE XVII (1937) Sp. 1830; KROLL, Art. Octavius Hersennius (57), RE XVII (1937) Sp. 1830.

2050 Macr. Sat. 3.12.7. Auf ihn oder einen seiner Verwandten bezogen ist möglicherweise eine Notiz bei Sabinus und Servius, derzufolge ein gewisser Octavius Herennius, urspr. Flötenspieler und später Kaufmann, als Dank für seine Rettung bei einem Piratenüberfall einen Herkulesaltar gewidmet hatte (Macr. Sat. 3.6.11; Serv. Aen. 8.363). Siehe auch LATTE, Römische Religionsgeschichte, 215; D'IPPOLITO, I memorialia di Sabino, 78 f.; SYSKA, Studien zur Theologie im ersten Buch der Saturnalien, 231; MARZANO, Hercules and the triumphal feast for the Roman people, 86 f.

2051 Siehe auch SMITH, The Origo Gentis Romanae, Bulletin of the Institute of Classical Studies 48 (2005) 102, 110 FN 39.

2052 Ps.-Aur. Vict. Orig. 12.2. Dazu SMITH, The Origo Gentis Romanae, Bulletin of the Institute of Classical Studies 48 (2005) 116.

2053 Ps.-Aur. Vict. Orig. 19.5.

I.5.13. P. Nigidius Figulus und M. Terentius Varro

Einen besonderen Rang unter den Juristen der Republik nehmen schließlich P. Nigidius Figulus und M. Terentius Varro ein, die von ihren Zeitgenossen zu den gelehrtesten Römern ihrer Zeit gezählt wurden. Allerdings erfuhr Varro eine stärkere Rezeption, da die *commentarii* des Figulus nur schwer zu verstehen waren.[2054]

P. Nigidius Figulus[2055] war ein Freund Ciceros und stand der Schule der Pythagoräer nahe.[2056] 63 v. Chr. war er Mitglied des Senats, 60 v. Chr. war er *iudex quaestionis*[2057] und 58 v. Chr. erreichte er die Prätur.[2058] Wegen Religionsfrevels (*sacrilegium*) wurde er um 56 v. Chr. angeklagt.[2059] Im Bürgerkrieg stellte er sich auf die Seite Cäsars und wurde exiliert.[2060] Er starb 45 v. Chr.

Nigidius verfasste zahlreiche Werke, darunter *commentarii grammatici, de gestu, de diis, sphaerae, de animalibus, de hominum natura, de ventis, de somniis* und *de terris*. Für das Sakralrecht relevant sind vor allem die Werke *de extis* und *de augurio privato*. Aus dem Werk *de extis* stammt eine Definition der *hostiae bidentes*[2061] und aus der Schrift *de augurio* ist ein Fragment zu den *aves praepetes* und den *aves inferae* bei Gellius erhalten.[2062] Möglicherweise ist auch die Erläuterung des Begriffs *interpres* dieser Schrift zuzurechnen.[2063] Auch in

2054 Gell. 19.14; Serv. Aen. 10.175.

2055 praet. 58 v. Chr., leg. in Asia 52/51 v. Chr. Zu P. Nigidius Figulus siehe Schanz/Hosius, Geschichte der römischen Literatur I, 552–554; Funaioli, Grammaticae Romanae Fragmenta, 158–179; Kroll, Art. Nigidius Figulus (3), RE XVII (1936) Sp. 200–212; Lloyd, Republican Authors in Servius and the Scholia Danielis, 307 f.; della Casa, Nigidio Figulo; Latte, Römische Religionsgeschichte, 289–291; Broughton, Magistrates, III 147; Wiseman, New Men in the Roman Senate, 244 Nr. 271; Rawson, Intellectual Life in the Late Roman Republic, 94, 123 f., 291 f., 309–312; Schmidt, Art. Nigidius Figulus, P., DNP 8 (2000) Sp. 890–891; Spahlinger, Tulliana simplicitas, 203–205; D'Anna, Publio Nigidio Figulo. Un pitagorico a Roma nel 1° secolo d. C.; Mayer-Olivé, Publius Nigidius Figulus pythagoricus et magus, 237–245; Bottler, Die Bedeutung der altrömischen Grammatiker P. Nigidius Figulus und M. Terentius Varro; Volk, Signs, Seers and Senators: Divinatory Expertise in Cicero and Nigidius Figulus, 329–347.

2056 Plut. Cicero 20; Schol. Bob. in § 14 Vatin. (p. 146, ed. Stangl).

2057 Vgl. aber Alexander, Trials in the Late Roman Republic, 119 f. Nr. 241.

2058 Cic. Sull. 42; Cic. Att. 2.2.3; Cic. ad Q. fr. 1.2.16.

2059 Alexander, Trials in the Late Roman Republic, 136 Nr. 278. Vgl. aber Santangelo, Whose Sacrilege? A Note on Sal. 5.14, The Classical World 104 (2011) 333–338.

2060 Cic. fam. 4.13.

2061 Gell. 16.6.12 (= Macr. Sat. 6.9.5). Siehe auch Funaioli, Grammaticae Romanae Fragmenta, 176.

2062 Gell. 7.6.10 f. Siehe auch Funaioli, Grammaticae Romanae Fragmenta, 175 f.; Rüpke, Domi militae, 34 f.

2063 Serv. Aen. 10.175.

anderen Schriften befasste er sich mit rechtlichen Themen. So erläuterte er in den *commentarii grammatici* den Begriff *religiosus*[2064] und gab im 23. Buch dieser *commentarii* eine Diskussion zur Bedeutung der Klausel *quod subruptum erit, eius rei aeterna auctoritas esto* in der *lex Atinia* wieder.[2065]

M. Terentius Varro[2066] stammte aus Reate, wuchs aber in Rom auf und schloss sich L. Aelius Stilo und Antiochos von Ascalon an. 90 v. Chr. war Varro *triumvir capitalis*. Politisch war er ein Anhänger von Pompeius und begleitete ihn dreimal als *legatus* auf dessen zahlreichen Feldzügen. Auch im Bürgerkrieg hatte er ein Sonderkommando inne. Von Cäsar wurde er begnadigt, zu einem der *XXviri agris dandis* ernannt und mit der Erstellung einer öffentlichen Bibliothek beauftragt.[2067] Nach Cäsars Tod fiel er den Proskriptionen des Antonius zum Opfer und entging nur knapp dem Tod. Noch zu Lebzeiten wurde Varro mit einer Büste geehrt, aufgestellt in der ersten öffentlichen Bibliothek Roms. 27 v. Chr. starb er.[2068]

Aufschlussreich ist Ciceros Briefverkehr mit Varro (fam. 9.1–9.8), der deutlich den vertrauten Umgang zwischen den beiden Gelehrten zeigt[2069], der sich wiederum auch in den Widmungen ihrer Werke niederschlug: Varro widmete Cicero

---

2064 Gell. 4.9. Siehe auch Funaioli, Grammaticae Romanae Fragmenta, 162; Muth, Vom Wesen römischer religio, 343; Mayer-Olivé, Sobre el fragmento 4 ed. Swoboda de Publio Nigidio Fígulo, Cuadernos de Filologia Clásica 9 (1976) 319–328; Santangelo, Divination, Prediction and the End of the Roman Republic, 41–43.

2065 Gell. 17.7. Siehe auch Funaioli, Grammaticae Romanae Fragmenta, 163 f.; Daube, Collected Studies, 34 f.

2066 geb. 116 v. Chr., IIIvir cap. 90 v. Chr., quaest. 86 v. Chr., leg. Illyrien 77 v. Chr., trib. pleb. 70 v. Chr., praet. 68 v. Chr., propraet. Asia 66 v. Chr., gest. 27 v. Chr. Siehe Bremer, Iurisprudentiae antehadrianae, I 122–127; Funaioli, Grammaticae Romanae Fragmenta, 179–371; Schanz/Hosius, Geschichte der römischen Literatur I, 555–578; Dahlmann, Art. M. Terentius Varro (84), RE Suppl. VI (1935) Sp. 1172–1277; Dahlmann, Varroniana, 3–25; Cenderelli, Varroniana; Broughton, Magistrates, III 204; Rawson, Intellectual Life in the Late Roman Republic, 96 f.; Fleck, Cicero als Historiker, 194–198; Baier, Werk und Wirkung Varros im Spiegel seiner Zeitgenossen; Rösch-Binde, Vom δεινὸς ἀνήρ zum diligentissimus investigator antiquitatis: zur komplexen Beziehung zwischen M. Tullius Cicero und M. Terentius Varro; Cascione, Tresviri capitales, 210 f.; Ax, Text und Stil, 179–196; Burns, Augustine's use of Varro's Antiquitates Rerum Divinarum in his De Civitate Dei, Augustinian Studies 32 (2001) 37–64; Sallmann, Art. Terentius Varro, M. [2], DNP 12 (2002) Sp. 1130–1144; Peglau, Ein Antiquar zwischen Tradition und Aufklärung, 137–164; Bottler, Die Bedeutung der altrömischen Grammatiker P. Nigidius Figulus und M. Terentius Varro; Drummond, M. Terentius Varro, in: Cornell (Hrsg.), The fragments of the Roman historians, I 412–423, II 836–843, III 513–517; Kronenberg, Varro the Roman Cynic, 306–328.

2067 Varro rust. 1.10; Plin. nat. 7.176; Suet. Iul. 44.

2068 Plin. nat. 7.115.

2069 Dazu Leach, Ciceronian „Bi-Marcus“: Correspondence with M. Terentius Varro and L. Papirius Paetus in 46 B. C. E., TAPA 129 (1999) 139–179.

de lingua latina, woraufhin Cicero versuchte, Varro eine Rolle in *de legibus* zu geben. Dies gelang ihm aber nicht, da er *de legibus* in der Vergangenheit spielen lassen wollte.[2070] Schließlich führte er Varro als Sprecher in den *academica* ein.[2071]

Von Varros über 70 Schriften sind die meisten verloren. Besonders bedauerlich ist der Verlust der *antiquitates rerum humanarum et divinarum*. Dieses Werk umfasste insgesamt 41 Bücher – 25 Bücher waren den *res humanae* gewidmet, 16 den *res divinae*.[2072] Aus den Fragmenten der *res humanae* sind besonders Varros Erläuterungen zur Ladung (*vocatio*) und Verhaftung (*prensio*) durch die römischen Magistrate[2073] sowie zur Frage, ob Ädilen und Quästoren vor Gericht geladen werden könnte (was von Varro für Ädilen für seine eigene Zeit verneint und für Quästoren bejaht wurde), zu erwähnen.[2074] Weitere Fragmente mit juristischem Bezug befassen sich mit der *murrata potio*[2075], den Numa-Büchern[2076], den *centuriae*[2077], den *suffragatores*[2078], der *censura*[2079], dem wahren Namen der Stadt Rom[2080] und

---

2070 Cic. Att. 4.16.2.

2071 Cic. fam. 9.8. Siehe auch Fantham, Cicero, Varro and M. Claudius Marcellus, Phoenix 31 (1977) 208–213.

2072 Eine Grobeinteilung liefert Aug. civ. 6.3. Siehe dazu Cardauns, Terentius Varro, Antiquitates rerum divinarum, II 138 f. Vgl. auch Cic. ac. 1.9. Dazu Johnson, The Pontifical Law of the Roman Republic, 104. Eine Sammlung der Fragmente der *antiquitates rerum divinarum* findet sich bei Cardauns, Terentius Varro, Antiquitates rerum divinarum, 1976, zu den Fragmenten der *antiquitates rerum humanarum* ist immer noch Mirsch, De M. Terenti Varronis Antiquitatum Rerum Humanarum libris XXV, 1882 (Nachdruck 1972), zu konsultieren.

2073 Gell. 13.12.5–7 Siehe auch Weinrib, The Prosecution of Roman Magistrates, Phoenix 22 (1968) 32–56; Cascione, Tresviri capitales, 147 f.; Kunkel/Wittmann, Staatsordnung und Staatspraxis, 123 f., 260; Cascione, Appunti su prensio e vocatio nei rapporti tra potestates romane, Mélanges Wołodkiewicz, I 161–178.

2074 Gell. 13.13. Siehe dazu auch Bretone, Techniche e ideologie, 133–137; Kunkel/Wittmann, Staatsordnung und Staatspraxis, 260 Anm. 27; Licandro, In magistratu damnari, 114–120.

2075 Fest. s. v. *murrata potione* (ed. Lindsay, p. 150). Siehe auch Voigt, Über muriola, murrata und murrina, RhM 28 (1873) 56–64; Bernhardt, Luxuskritik und Aufwandsbeschränkungen in der griechischen Welt, 94.

2076 Plin. nat. 13.87. Siehe auch S. 45.

2077 Fest. s. v. *praerogativae centuriae* (ed. Lindsay, p. 290). Siehe auch Funaioli, Grammaticae Romanae Fragmenta, 229; Cenderelli, Varroniana, 116; Ryan, Sexagenarians, the bridge, and the centuria praerogativa, RhM 138 (1995) 188–190; Stemmler, Eques Romanus, 204, 213, 217; Stewart, Public Office in Early Rome, 43–46; Jehne, Wirkungsweise und Bedeutung der centuria praerogativa, Chiron 30 (2000) 661–678; Mouritsen, Plebs and Politics in the late Roman Republic, 99.

2078 Fest. s. v. *suffragatores* (ed. Lindsay, p. 472). Siehe auch Funaioli, Grammaticae Romanae Fragmenta, 229; Cenderelli, Varroniana, 117.

2079 Fest. s. v. *religionis* (ed. Lindsay, p. 358/360). Siehe auch Cenderelli, Varroniana, 130 f.; Ryan, Das Haupt des Appius, Studia Humaniora Tartuensia 5 (2004) 4–6.

2080 Serv. Aen. 1.277. Siehe auch S. 313.

der Konfiszierung des Vermögens von Numerius Equitius Cupes und Romanius Macellus[2081].

Besondere Aufmerksamkeit widmete Varro dem römischen Kalender:[2082] So vertrat er die Ansicht, dass das römische Kalenderjahr ursprünglich zehn Monate umfasste,[2083] schilderte die Herkunft der Monatsnamen,[2084] erläuterte, dass es für militärische Angelegenheiten unbeachtlich sei, ob es sich um einen *dies fastus* oder *nefastus* handle,[2085] und riet dazu, an Tagen, an denen die Unterwelt geöffnet sei, nicht zu kämpfen, keine Aushebung zu machen, kein Schiff abfahren zu lassen und nicht zu heiraten.[2086] Weitere Fragmente befassen sich mit dem Interkalarmonat[2087], den Iden[2088] sowie der Einrichtung der *nundinae*.[2089]

Andere Erläuterungen behandeln die *multa*[2090], die Einrichtung der *nundinae* durch die *decemviri*[2091], die Auspizien[2092], die Begriffe *accensus*[2093] und *indutiae*[2094],

2081 Don. ad Ter. Eun. 256; Fest. s. v. *cuppes* (ed. Lindsay, p. 42); Fest. s. v. *macellum* (ed. Lindsay, p. 112). Siehe dazu FUNAIOLI, Grammaticae Romanae Fragmenta, 230; ELSTER, Die Gesetze der mittleren römischen Republik, 347 f.; FERRARY, À propos du fragment 90 Peter (IV, 15 Chassignet) des Origines de Caton et de la tradition varronienne sur les origines du Macellum, Revue de philologie, de littérature et d'histoire anciennes 75 (2001) 317–327; ROLLER, Demolished Houses, Monumentality, and Memory in Roman Culture, Classical Antiquity 29 (2010) 168–170.

2082 Zu Varros Beschäftigung mit dem römischen Kalender siehe auch WOLKENHAUER, Sonne und Mond, Kalender und Uhr, 168–175.

2083 Cens. 20.

2084 Cens. 22; Macr. Sat. 1.12.12. Siehe auch FUNAIOLI, Grammaticae Romanae Fragmenta, 355.

2085 Macr. Sat. 1.16.27. Siehe auch CENDERELLI, Varroniana, 107 f.

2086 Macr. Sat. 1.16.18. Siehe auch LATTE, Römische Religionsgeschichte, 142; BENDLIN, Mundus Cereris, 37–73.

2087 Macr. Sat. 1.13.21. Siehe auch RÜPKE, Kalender und Öffentlichkeit, 202; WOLKENHAUER, Sonne und Mond, Kalender und Uhr, 168–175.

2088 Macr. Sat. 1.15.18.

2089 Macr. Sat. 1.13.20.

2090 Gell. 11.1.4 f. Siehe auch FUNAIOLI, Grammaticae Romanae Fragmenta, 290; CENDERELLI, Varroniana, 153 f.; HOLLANDER, Money in the Late Roman Republic, 64. Vgl. auch Fest. s. v. *multam* (ed. Lindsay, p. 122).

2091 Non. s. v. *nundinae* (ed. Lindsay, p. 316 f.). Siehe auch BEHRENDS, Die römische Geschworenenverfassung, 110; KIRSOPP MICHELS, Calendar of the Roman Republic, 86, 193; KUNKEL/WITTMANN, Staatsordnung und Staatspraxis, 539 FN 34; HUMBERT, Le calendrier des décemvirs: le témoignage négligé de Varron (Res Humanae 20), SZ 128 (2011) 1–16.

2092 Non. s. v. *cis* (ed. Lindsay, p. 131). Siehe auch KASER, Das altrömische ius, 31; BUNSE, Das römische Oberamt, 135.

2093 Non. s. v. *accensi* (ed. Lindsay, p. 82). Siehe auch MOMMSEN, Römisches Staatsrecht I, 280–283; FUNAIOLI, Grammaticae Romanae Fragmenta, 230, 256 f.; CENDERELLI, Varroniana, 128, 134.

2094 Gell. 1.25. Siehe auch FUNAIOLI, Grammaticae Romanae Fragmenta, 88, 232; ZIEGLER, Kriegsverträge im antiken römischen Recht, SZ 102 (1985) 61 f., 73; HEUSCH, Die Macht der memoria, 85.

die Befugnisse der *lictores*[2095] und den Brief von Q. Fabius Maximus an die Karthager.[2096]

Auch aus den *res divinae* sind zahlreiche juristisch relevante Fragmente überliefert: Diese befassen sich etwa mit der Einteilung der Götter,[2097] der Exauguration beim Bau des kapitolinischen Tempels[2098] und dem Verbot des Bacchanalienkultes sowie der Verehrung von Serapis, Isis, Arpocrates und Anubis.[2099] Außerdem erläuterte Varro, dass während eines Krieges die Weihung eines Heiligtums durch einen Feldherrn der Billigung des Senats bedürfe,[2100] und erklärte die Kopfbedeckung (*galerus*) des *flamen Dialis.*[2101]

Varro schätzte es auch zu systematisieren; dies zeigt seine Einteilung der Arten der *divinatio,*[2102] der Arten der Altäre[2103] und die Unterteilung der fünf *genera signorum*, die von den *augures publici* beachtet wurden.[2104] Mit den Fasten befassen sich drei andere Fragmente, in denen Varro berichtet, dass die Einberufung während der *feriae* und während unglücksbringender Tage verboten war,[2105] dass die *feriae* geeigneter für Hochzeiten mit Witwen als mit Jungfrauen seien[2106]

2095 Non. s. v. *spurcum* (ed. Lindsay, p. 631 f.). Siehe auch Cenderelli, Varroniana, 129, 134.

2096 Gell. 10.27.3–5. Siehe auch Ziegler, Kriegsverträge im antiken römischen Recht, SZ 102 (1985) 40–90; Linderski, Roman Questions II, 173.

2097 Serv. Aen. 8.275; Tert. nat. 2.9. Siehe auch Jocelyn, Varro's Antiquitates rerum diuinarum and Religious Affairs in the Late Roman Republic, Bulletin of the John Rylands University Library of Manchester 65 (1982) 194 f., 198.

2098 Aug. civ. 4.23, 4.29. Siehe auch Cardauns, Terentius Varro, Antiquitates rerum divinarum, II 157.

2099 Tert. nat. 1.10.16–18; Tert. apol. 6.8. Zum *SC de Bacchanalibus* siehe auch S. 72, zum Verbot der ägyptischen Götter siehe Egelhaaf-Gaiser, Kulträume im römischen Alltag, 183; Gasparini, Santuari isiaci in Italia: criteri e contesti di diffusione, 70 f.; Pina Polo, The Consul at Rome, 258; Rolle, Il. fr. 191B delle Menippee di Varrone, Prometheus 38 (2012) 133–144.

2100 Tert. Ad nat. 1.10.14; Tert. Apol. 5.1. Siehe auch Stambaugh, The Function of Roman Temples, 558; Johnson, The Pontifical Law of the Roman Republic, 165 f.; MacRae, The Laws of the Rites and of the Priests: Varro and late Republican Roman Sacral Jurisprudence, Bulletin of the Institute of Classical Studies 60 (2017) 45.

2101 Gell. 10.15.32. Siehe auch Samter, Familienfeste der Griechen und Römer, 35; Siebert, Instrumenta Sacra, 265–267.

2102 Serv. Aen. 3.359. Siehe auch Santangelo, Divination, Prediction and the End of the Roman Republic, 48.

2103 Serv. ecl. 5.66. Siehe auch Funaioli, Grammaticae Romanae Fragmenta, 356.

2104 Fest. s. v. *quinque genera* (ed. Lindsay, p. 316). Siehe auch Cenderelli, Varroniana, 103 f.; Linderski, The Augural Law, 2234.

2105 Macr. Sat. 1.16.19. Siehe auch Rüpke, Kalender und Öffentlichkeit, 259; Sehlmeyer, Auseinandersetzungen mit Religion, 68; MacRae, The Laws of the Rites and of the Priests: Varro and late Republican Roman Sacral Jurisprudence, Bulletin of the Institute of Classical Studies 60 (2017) 45 FN 67.

2106 Macr. Sat. 1.15.21. Siehe auch Hersch, The Roman Wedding, 45 f.; MacRae, The Laws of the Rites and of the Priests: Varro and late Republican Roman Sacral Jurisprudence, Bulletin

und dass an *dies festi* die Bewässerung der Äcker und Waschung der Tiere untersagt war[2107]; außerdem berichtet er von den aufgrund eines Erdbebens angeordneten *feriae*.[2108] Mehrere Fragmente sind den Sibyllinischen Büchern gewidmet,[2109] andere der Weihung von Feuerstätten,[2110] der räumlichen Begrenzung von Tempeln,[2111] dem Begriff *delubrum*,[2112] dem Saturntempel und den Saturnalien.[2113]

Nicht zuletzt wurden in den *res divinae* auch der *dies instauraticius*,[2114] die *ludi scaenici*,[2115] der Ritus für Selbstmörder, die sich erhängt hatten,[2116] die *indigitamenta*,[2117] die Hochzeitszeremonie bei Witwen,[2118] die Etymologie von *fur*,[2119] Begräbnisbräuche[2120] und der Jubelruf (*vitulatio*) des *pontifex*[2121] erläutert.

---

of the Institute of Classical Studies 60 (2017) 46.

2107 Serv. georg. 1.270. Siehe auch Diosono, Pratiche cultuali in relazione a porti fluviali e canali, 100 f.

2108 Gell. 2.28.3. Siehe auch MacRae, The Laws of the Rites and of the Priests: Varro and late Republican Roman Sacral Jurisprudence, Bulletin of the Institute of Classical Studies 60 (2017) 44 f.

2109 Lact. inst. 1.6.7–12; ira 22.5; Serv. Aen. 3.444 f., 6.26, 6.74; Aug. civ. 18.23; Dion. Hal. ant. 4.62; Non. s. v. *reditus* (ed. Lindsay, p. 328 f.); Char. 1.127 (ed. Barwick). Siehe auch Funaioli, Grammaticae Romanae Fragmenta, 247. Siehe auch S. 44 ff.

2110 Serv. Aen. 3.134. Siehe auch Funaioli, Grammaticae Romanae Fragmenta, 243; Nagy, Six studies of sacral vocabulary relating to the fireplace, Harvard Studies in Classical Philology 78 (1974) 71–106; Siebert, Instrumenta Sacra, 252 f.

2111 Serv. Aen. 2.512. Siehe auch Rüpke, Kalender und Öffentlichkeit, 496; Gamauf, Ad statuam licet confugere, 195.

2112 Serv. Aen. 2.225; Macr. 3.4.2. Siehe auch Funaioli, Grammaticae Romanae Fragmenta, 242.

2113 Macr. Sat. 1.8.1. Siehe auch Rüpke, Kalender und Öffentlichkeit, 378; Schmitzer, Raumkonkurrenz, 247 f.

2114 Macr. Sat. 1.11.3–5. Siehe auch Bernstein, Ludi publici, 91–93; Cook, Crucifixion in the Mediterranean World, 24 f.

2115 Aug. civ. 4.1. Siehe auch Baier, Werk und Wirkung Varros im Spiegel seiner Zeitgenossen, 81 f.

2116 Serv. Aen. 12.603. Siehe auch Binder, Compitalia und Parilia, Properz, 4, 1, 17–20, Museum Helveticum, 24 (1967) 104–115; Frantzen, Mors voluntaria in reatu, 29 f.

2117 Serv. georg. 1.21; Aug. civ. 6.9. Zu den *indigitamenta* siehe auch Cardauns, Varro und die römische Religion, 97; Cardauns, Terentius Varro, Antiquitates rerum divinarum, II 184–219.

2118 Non. s. v. *sacrificantur* (ed. Lindsay, p. 769).

2119 Gell. 1.18.4–6. Siehe auch Funaioli, Grammaticae Romanae Fragmenta, 235; Niederländer, Die Entwicklung des furtum und seine etymologischen Ableitungen, SZ 67 (1950) 185–260; Babusiaux, Funktionen der Etymologie in der juristischen Literatur, Fundamina 20 (2014) 54.

2120 Plut. Qu. R. 14; Serv. Aen. 3.67. Siehe auch Rüpke, Domi militae, 20 FN 27; Sini, Sua cuique civitati religio, 193.

2121 Macr. Sat. 3.2.11. Siehe auch Funaioli, Grammaticae Romanae Fragmenta, 236, 556; Rüpke, Kalender und Öffentlichkeit, 559; Woodard, Myth, Ritual, and the Warrior in Roman and Indo-European Antiquity, 44 f.

Vom *Eisagogikos ad Pompeium*, einer kurzen Abhandlung zum Staatsrecht, die schon zu Lebzeiten Varros verloren gegangen war,[2122] sind nur die bei Gellius überlieferten Fragmente erhalten.[2123] Nur ein kurzes Zitat existiert vom *liber tribuum*[2124], dasselbe gilt von der Schrift *de gradibus*, die vermutlich die Verwandtschaftsgrade behandelte.[2125] Von den Werken *de iure civili libri XV*[2126], *legationum libri III*[2127] und Τρικάρανος,[2128] einem Werk zum Triumvirat, sind nur die Titel überliefert.

I.5.14. Juristen in Ciceros *Brutus*

Dass Juristen häufig als Anwälte tätig waren (oder umgekehrt), zeigt sich auch an der Aufzählung in Ciceros *Brutus*. Der *Brutus* Ciceros war, was gerne vergessen wird, eine Darstellung der römischen Rhetorik, und der Schwerpunkt dieser Abhandlung lag auf den Leistungen der römischen Redner auf dem Gebiet der Gerichtsrede. Das heißt, dass die im *Brutus* aufgezählten Juristen – und das sind keinesfalls wenige – als Anwälte auftraten.[2129] Auffällig ist hierbei, dass Cicero

2122 Gell. 14.7.3.

2123 Gell. 14.7. Siehe auch Kumaniecki, De Varronis libro isagogico ad Pompeium eiusque dispositione, Acta classica universitatis scientarum Debrecensis 10/11(1974/75) 41–44; Ryan, Varro bei Varro? Der Brief an Oppianus und das Handbuch für Pompeius, Hommages Deroux, 372–385; Todisco, Varro's writings on the Senate: a reconstructive hypothesis, Bulletin of the Institute of Classical Studies 60 (2017) 49–60.

2124 Varro ling. 5.56. Siehe auch Funaioli, Grammaticae Romanae Fragmenta, 258; Palmer, The Archaic Community of the Romans, 125; Sallmann, Die Geographie des älteren Plinius in ihrem Verhältnis zu Varro, 18.

2125 Serv. Aen. 5.412. Siehe auch Paulus' Schrift *liber singularis de gradibus et adfinibus et nominibus eorum*, Ps.-Ulpian, *de gradibus cognationum* und das zeitgenössische Fragment des Ser. Sulpicius Rufus (siehe S. 182). Zweifel an der Existenz einer solchen Schrift oder zumindest an ihrer juristischen Natur äußert Cenderelli, Varroniana, 14 f. Siehe auch Funaioli, Grammaticae Romanae Fragmenta, 260.

2126 Zur Benutzung von Varros Werk durch Pomponius siehe Nörr, Pomponius, 518–523. Siehe auch die Ausführungen bei Cenderelli, Varroniana, 6–14.

2127 Siehe auch Dahlmann, Varroniana, 15 f. und Sallmann, Die Geographie des älteren Plinius in ihrem Verhältnis zu Varro, 245–252.

2128 App. civ. 2.9.

2129 Ebenfalls als Juristen erwähnt, aber schon behandelt wurden Sex. Aelius Paetus, Q. Fabius Pictor, Q. Fabius Labeo, P. Licinius Crassus Dives Mucianus, P. Mucius Scaevola, Q. Mucius Scaevola *augur*, L. Coelius Antipater, L. Licinius Crassus, P. Rutilius Rufus, Q. Mucius Scaevola *pontifex*, C. Flavius Fimbria, M. Iunius Brutus, T. Iuventius, Ser. Sulpicius Rufus, L. Lucilius Balbus, C. Aquilius Gallus, C. Visellius Varro, C. Visellius Aculeo, Ap. Claudius Pulcher. Als Anwälte aufgezählt, jedoch unter Hintanstellung ihrer Rechtskenntnisse, wurden Ap. Claudius Caecus, Ti. Coruncanius und M. Porcius Cato.

die Juristen häufig in Gruppen zusammenfasst. Einige dieser Juristen sollen im Folgenden aufgezählt werden.

Sex. Pompeius Strabo[2130], Onkel des Feldherrn Cn. Pompeius Magnus und politisch nicht aktiv, widmete sich der stoischen Philosophie. Neben seinen juristischen Kenntnissen tat er sich auch auf dem Gebiet der Geometrie hervor.[2131]

C. Bellienus oder Billienus[2132] war ein Jurist und Redner der späten Republik und vermutlich ein *homo novus*. Cicero erwähnt, dass Bellienus aufgrund seiner juristischen Kenntnisse das Konsulat erreicht hätte, wenn Marius dieses nicht andauernd innegehabt hätte.[2133]

In demselben Absatz wie Pompeius und Billienus erwähnt Cicero auch M. Iunius Brutus,[2134] einen Verwandten des gleichnamigen berühmten Juristen, und lobt seine juristischen Kenntnisse.[2135] M. Iunius Brutus wurde 88 v. Chr. Prätor und wirkte bei der durch Marius geplanten Ermordung von P. Antistius, C. Papirius Carbo, L. Domitius und Q. Mucius Scaevola *pontifex* mit.[2136] Nach Sullas Rückkehr wurde er proskribiert und starb 82 v. Chr. auf der Flucht.[2137]

Sein Cousin M. Iunius Brutus[2138], Vater des Cäsarmörders Q. Servilius Caepio Brutus, wurde von Cicero gleichfalls als Jurist bezeichnet.[2139] 83 v. Chr. war Brutus Militärtribun und Alfenus, der *procurator* von Quinctius, wandte sich an ihn und bat ihn, gegen die Entscheidung des Prätors zu interzedieren.[2140] Als Legat

2130 Zu Sex. Pompeius Strabo siehe Bremer, Iurisprudentiae antehadrianae, I 43; Miltner, Art. Sex. Pompeius (18), RE XXI (1952) Sp. 2059 f.; Kunkel, Die römischen Juristen, 19 f.; Sumner, The orators in Cicero's Brutus, 105; Liebs, § 194.1, in: Suerbaum (Hrsg.), Die archaische Literatur, 562.

2131 Pomp. l. s. enchir. D. 1.2.2.40, Cic. Brut. 175; Cic. off. 1.19. Siehe auch Dyck, A commentary on Cicero, de officiis, 104 f.

2132 praet. 103 v. Chr., procos. 102 v. Chr., cos. cand. 101 v. Chr. Siehe Klebs, Art. C. Bellienus (3), RE III (1897) Sp. 253; Kunkel, Die römischen Juristen, 17 f.; Wiseman, New Men in the Roman Senate, 119, 217 Nr. 69; Sumner, The orators in Cicero's Brutus, 105; D'Ippolito, I giuristi e la città, 93–113; Broughton, Candidates Defeated in Roman Elections, TAPA 81 (1991) 8 Nr. 7a, Cristofori, Note Prosopografiche su personaggi di età tardorepubblicana, ZPE 90 (1992) 144–146; Gruen, The Last Generation of the Roman Republic, 169 FN 22; David, Le patronat judiciaire, 712.

2133 Cic. Brut. 175.

2134 praet. 88 v. Chr. Siehe Münzer, M. Iunius Brutus (51), RE X (1918) Sp. 972; Sumner, The orators in Cicero's Brutus, 105; Elvers, Art. Iunius Brutus, M. [I 8], DNP 6 (1999) Sp. 60; Liebs, Die Juristensippe der Marci Junii Bruti, FS Schlechtriem, 110.

2135 Cic. Brut. 175.

2136 App. civ. 1.89.

2137 Liv. per. 89.

2138 trib. pleb. 83 v. Chr., gest. 77 v. Chr. Siehe Münzer, Art. M. Iunius Brutus (52), RE X (1918) Sp. 972 f.; Sumner, The orators in Cicero's Brutus, 114; Will, Art. Iunius Brutus, M. [I 9], DNP 6 (1999) Sp. 60, Liebs, Die Juristensippe der Marci Junii Bruti, 109 f.

2139 Cic. Brut. 222.

2140 Cic. Quinct. 65.

des M. Aemilius Lepidus in Gallia Cisalpina ergab er sich 77 v. Chr. dem Heer von Pompeius, wurde aber später auf dessen Befehl ermordet.[2141] Möglicherweise trat dieser M. Iunius Brutus später als Anwalt von Quinctius auf, denn Cicero erwähnt, dass ein M. Iunius die Vertretung für Quinctius abgegeben habe, da er eine unvorhergesehene Gesandtschaft übernehmen musste.[2142]

Ein weiterer „Juristenblock" in Ciceros *Brutus* findet sich drei Absätze weiter unten:

Q. Lucretius Vespillo[2143] war Jurist und Anwalt. Cicero nennt ihn *iuris peritus* und vergleicht ihn mit seinem Cousin C. Lucretius Afella. Vespillo sei in Zivilprozessen begabter gewesen, Afella in Strafverfahren.[2144] Über seine Magistraturen ist nichts bekannt. Vespillo starb infolge der Proskriptionen Sullas.[2145]

T. Annius Velina[2146] wird von Cicero als annehmbarer Redner beschrieben,[2147] mehr ist über ihn nicht bekannt. David nimmt an, dass Cicero den Namen der *tribus* zur Unterscheidung von einem gleichnamigen Redner angefügt hat.[2148]

P. Orbius[2149] war ein Schüler des T. Iuventius, der wiederum zum Schülerkreis des Q. Mucius Scaevola *pontifex* zählte.[2150] Cicero schreibt ihm im *Brutus* gewisse Rechts- und durchnittliche Redekenntnisse zu und erwähnt ihn in der Rede *pro Flacco* als *propraetor* in Asia 64 v. Chr. (*homo prudens et innocens*).[2151] In demselben Absatz erwähnt Cicero auch noch die Brüder T. Aufidius und M. Vergilius, die schon vorher besprochen wurden.[2152]

2141 Liv. per. 90; Oros. 5.22.17; Plut. Pompeius 16.4–6.

2142 Cic. Quinct. 3. Für diese Lösung spricht sich Alexander, Trials in the Late Roman Republic, 63 Nr. 126, 65 Nr. 126, aus. Vgl. auch Platschek, Studien zu Ciceros Rede für P. Quinctius, 6 und 262 FN 850.

2143 gest. 81 v. Chr. Siehe auch Bremer, Iurisprudentiae antehadrianae, I 109; Münzer, Art. Q. Lucretius Vespillo (35), RE XIII (1927) Sp. 1691; Kunkel, Die römischen Juristen, 19; Sumner, The orators in Cicero's Brutus, 106; David, Le patronat judiciaire, 731; Birley, Q. Lucretius Vespillo (cos. ord. 19), Chiron 30 (2000) 711–748.

2144 Cic. Brut. 178.

2145 App. civ. 4.44.

2146 Siehe Klebs, Art. T. Annius Velina (20), RE I (1894) Sp. 2263, und David, Le patronat judiciaire, 721 f.

2147 Cic. Brut. 178.

2148 David, Le patronat judiciaire, 721 f.

2149 praet. 65 v. Chr. (oder 63 v. Chr.), pro praet. Asia 64 v. Chr. Siehe auch Bremer, Iurisprudentiae antehadrianae, I 108; Münzer, Art. P. Orbius (3), RE XVIII (1939) Sp. 880; Kunkel, Die römischen Juristen, 25; Wiseman, New Men in the Roman Senate, 247 Nr. 295; Sumner, The orators in Cicero's Brutus, 107; David, Le patronat judiciaire, 792.

2150 Zu T. Iuventius siehe S. 163.

2151 Cic. Brut. 179; Cic. Flacc. 76, 79. Siehe auch Brennan, The Praetorship in the Roman Republic, 565.

2152 Siehe S. 200 f.

Rechtskenntnisse erkennt Cicero schließlich noch M. Valerius Messala Niger zu.[2153] Dieser wurde schon in jungen Jahren zum *pontifex* ernannt. 64 v. Chr. übernahm er die *praetura urbana* und wurde 61 v. Chr. gemeinsam mit M. Pupius Piso zum Konsul gewählt.[2154] 55 v. Chr. wurde er zum *censor* ernannt: In seine Amtszeit fiel die große Tiberüberschwemmung, weshalb er und sein Kollege eine Stromregulierung veranlassten.[2155] Im Jahr seiner Ernennung zum Konsul wurde er auch zum *interrex* gewählt, ein Amt, das er insgesamt dreimal innehatte.[2156] Von Cäsar wurde er wie Varro zum *XXvir agris dandis* ernannt.[2157]

Seine Fälle als Anwalt umfassten die Unterstützung, nicht aber die Verteidigung des Sex. Roscius in dessen Mordprozess,[2158] außerdem half er P. Cornelius Sulla in dessen Verfahren *de vi*[2159] und verteidigte M. Aemilius Scaurus.[2160] Möglicherweise trat er auch als Gegenanwalt zu Ser. Sulpicius Rufus auf, als dieser Aufidia verteidigte.[2161] Cicero lobt im *Brutus* seinen Fleiß und seine Fähigkeit zum Schlichten von Streitigkeiten, also seine Tätigkeit als Magistrat und Richter. Auf seine Eloquenz geht Cicero hingegen nur am Rande ein.[2162]

T. Postumius[2163] werden von Cicero gute Kenntnisse des *ius publicum* zugeschrieben.[2164] Da der Vorname Titus für die *gens Postumia* ansonsten nicht bezeugt wird, wird generell von einer Verschreibung ausgegangen. Münzer identifiziert den Genannten mit L. Postumius, einem Pompejaner und Mitglied des Senats.[2165] Sumner und David nehmen hingegen an, T. Postumius sei

2153 pont. ab 78 v. Chr., praet. 64 v. Chr., cos. 61 v. Chr., cens. 55 v. Chr., interrex 53 v. Chr., 52 v. Chr. Siehe MÜNZER, Art. M. Valerius Messala Niger (266), RE VIII (1955) Sp. 162–165; MALCOVATI, Oratorum romanorum fragmenta, 400 f.; SUMNER, The orators in Cicero's Brutus, 131; BROUGHTON, Magistrates, III 214; DAVID, Le patronat judiciaire, 849; BARTELS, Art. Valerius Messala Niger, M. [I 39], DNP 12 (2002) Sp. 1100–1103; RÜPKE, Fasti sacerdotum, 1352.

2154 Cic. Att. 1.14.6.

2155 CIL VI 31540. Siehe auch Val. Max. 2.9.9.

2156 CIL VI 8326.

2157 CIL VI 8326.

2158 Cic. S. Rosc. 149. Siehe auch ALEXANDER, Trials in the Late Roman Republic, 66 Nr. 129; ALEXANDER, The Case for the Prosecution, 157.

2159 Cic. Sull. 20. Siehe auch ALEXANDER, Trials in the Late Roman Republic, 114 f. Nr. 234.

2160 Ascon. Scaur. (p. 23, ed. Stangl). Siehe auch ALEXANDER, Trials in the Late Roman Republic, 143 f. Nr. 295.

2161 Fest. s. v. *municas* (ed. Lindsay, p. 140). „Messala" ist allerdings eine Konjektur Müllers.

2162 Cic. Brut. 246. Vgl. auch Cic. orat. 142 f.

2163 Siehe MÜNZER, Art. T. Postumius (26), RE XXII (1953) Sp. 901; MÜNZER, Art. L. Postumius (15), RE XXII (1953) Sp. 898; SUMNER, The orators in Cicero's Brutus, 144 f.; BROUGHTON, Magistrates, III 171 f.; BRENNAN, The Praetorship in the Roman Republic, 675 f.

2164 Cic. Brut. 269.

2165 MÜNZER, Art. L. Postumius (15), RE XXII (1953) Sp. 898. Siehe auch Ps.-Sall. epist. ad Caes. 1.9.4; Cic. Att. 7.15.2.

ident mit C. Postumius, dem Münzmeister des Jahres 74 v. Chr.[2166] Angesichts der Tatsache, dass T. Postumius Ciceros Angaben nach als Opfer des Bürgerkriegs starb,[2167] erscheint Münzers Hypothese glaubhafter, zumal L. Postumius auch ein Schwager des Ser. Sulpicius Rufus war und „Juristenfamilien" häufig untereinander heirateten.

I.5.15. Bekannte Anwälte und Politiker

Gerade in der Vorklassik finden sich viele Anwälte, die mit einiger Sicherheit auch juristische Kenntnisse aufwiesen. Dies galt besonders für die „Vollblutpolitiker" dieser Epoche, wie Pompeius, Cäsar und Crassus. Der Blick auf die juristische Ausbildung und die forensische Tätigkeit dieser Personen zeigt, dass juristische Bildung und juristische Praxis von eminenter Bedeutung für die römische Republik waren. Die Tätigkeit als Anwalt, Richter oder Zeuge diente nicht nur dem Erwerb von Wählerstimmen. Auch in den Senatsdebatten spielten juristische Argumente für die Beurteilung der Legitimität politischer Handlungen eine wichtige Rolle. Neben Cicero, der in dieser Hinsicht einen Sonderfall darstellt, fallen unter diese Kategorie vor allem folgende Personen, die vorwiegend als Anwälte und Politiker in Erscheinung traten, wenn auch ihr Engagement vor Gericht und im Senat ein unterschiedliches Ausmaß aufwies:

M. Porcius Cato Uticensis[2168] war ein Nachfahre von Cato Censorius und ein vehementer Verfechter der Republik. Angesichts seiner Omnipräsenz bei politischen Debatten trat seine forensische Tätigkeit häufig in den Hintergrund, dies jedoch zu Unrecht.[2169] Cato war häufig als Anwalt vor Gericht tätig,[2170] trat

2166 Sumner, The orators in Cicero's Brutus, 144 f.; Broughton, Magistrates, III 171 f.; David, Le patronat judiciaire, 846–848.

2167 Cic. Brut. 267.

2168 geb. 95 v. Chr., ab 75 v. Chr. XVvir sacris faciundis, 65 oder 64 v. Chr. quaest., 62 v. Chr. trib. pleb., 56 v. Chr. quaest. pro praet. (Zypern), 54 v. Chr. praet., 46 v. Chr. Selbstmord. Siehe auch Miltner/Gross, Art. M. Porcius Cato (16), RE XXII (1953) Sp. 168–213; Malcovati, Oratorum romanorum fragmenta, 404–415; Fehrle, Cato Uticensis; Goar, The legend of Cato Uticensis; Broughton, Candidates Defeated in Roman Elections, TAPA 81 (1991) 37 Nr. 7; Broughton, Magistrates, III 170; David, Le patronat judiciaire, 845 f.; Nadig, Ardet ambitus, 85–94; Stein-Hölkeskamp, Marcus Porcius Cato, 292–306; Frigo, Art. Porcius Cato (Uticensis), M. [I 7], DNP 10 (2001) Sp. 158–161; Wussow, Die Persönlichkeit des Cato Uticensis; Ruffing, Cato Uticensis und seine Wahrnehmung in der Antike, 175–202; Morrell, Pompey, Cato, and the Governance of the Roman Empire.

2169 Siehe etwa Cass. Dio 37.22.

2170 Plut. Cato min. 16.1. Siehe auch Cic. Brut. 118 und Plut. Cato min. 19.1.

als Zeuge auf,[2171] und war als Schiedsrichter sehr gefragt.[2172] Auch einige Juristen gehörten zu seiner Familie. Neben Cato Censorius war er mütterlicherseits mit den Livii Drusi verwandt. Er selbst beeinflusste wiederum seinen Neffen und Schwiegersohn Brutus.

Cato meldete sich in den 70er Jahren v. Chr. freiwillig zum Kriegsdienst gegen Spartacus.[2173] 67 bis 66 v. Chr. war er als Kriegstribun in Mazedonien tätig.[2174] 65 oder 64 v. Chr. erreichte er die Quästur und 62 v. Chr. wurde er zum Volkstribun gewählt.[2175] Im Senat befand er sich in vehementer Opposition zu Pompeius und Cäsar[2176]; 58 v. Chr. wurde er, um ihn vom politischen Diskurs abzuschneiden, auf eine Gesandtschaft nach Zypern geschickt, wo er König Ptolemaios bekämpfen sollte.[2177] 54 v. Chr. erreichte er die Prätur und 52 v. Chr. sprach er sich dafür aus, Pompeius zum *consul sine collega* zu ernennen.[2178] Auch nach Ausbruch des Bürgerkriegs 49 v. Chr. stellte er sich auf die Seite von Pompeius und nahm in dessen Heer eine führende Position ein: zunächst als Statthalter in Sizilien, später als *legatus* in Asien und zuletzt als Oberbefehlshaber über Dyrrhachium und Kommandant von Utica.[2179] Im Krieg setzte sich Cato gegen die Zerstörung der Stadt Utica ein und überredet Juba, die Stadt zum Stützpunkt zu machen.[2180] Nachdem er die Schlacht von Thapsus 46 v. Chr. verloren hatte, beging er Selbstmord.[2181]

Catos bewusste Ausrichtung an den gesetzlichen Vorschriften war vor allem bei der Ausübung seiner politischen Ämter zu beobachten. Bei der Bewerbung um das Kriegstribunat benutzte er als einziger Kandidat dem Gesetz entsprechend keinen *nomenclator*.[2182] Vor Antritt der Quästur las er die entsprechenden Handbücher und Gesetze.[2183] Als Quästor versuchte er, die Macht der *scribae* zu beschränken.[2184] Er forderte schon lang ausstehende Forderungen

2171 Plut. Cato min. 19.4.
2172 Plut. Cato min. 19.1.
2173 Plut. Cato min. 8.
2174 Plut. Cato min. 9. Siehe auch Bellemore, Cato the Younger in the East in 66 B. C., Historia 44 (1995) 376–379.
2175 Plut. Cato min. 16 f., 20 f.
2176 Siehe etwa Cass. Dio 37.50, 37.54, 38.3. Cato lehnte auch als einer von wenigen das erste Triumvirat ab (Cass. Dio 37.57).
2177 Liv. per. 104; Cass. Dio 38.30, 39.22 f.; Plut. Cato min. 34–36.
2178 Cass. Dio 40.58.
2179 Caes. civ. 1.30; Bell. Afr. 22; Cass. Dio 42.9 f., 42.57.
2180 Liv. per. 113.
2181 Cass. Dio 43.10–13; Bell. Afr. 93.
2182 Plut. Cato min. 8. Siehe auch Nadig, Ardet ambitus, 86.
2183 Plut. Cato min. 16.1.
2184 Plut. Cato min. 16.2–5.

des *aerarium* ein und zahlte Schulden der Staatskasse zurück.[2185] Ebenso verlangte er die für die Proskribierten gezahlten Kopfgelder zurück und erklärte so implizit Sullas Proskriptionen für unrechtmäßig.[2186] Als Tribun opponierte er erfolgreich gegen einen Gesetzesvorschlag von Q. Caecilius Metellus Nepos, demzufolge Pompeius zurückberufen werden sollte.[2187] Außerdem verfolgte er – außer seinem Schwager D. Iunius Silanus – alle Kandidaten bei den Konsulatswahlen, die sich des Wahlbetrugs schuldig gemacht hatten, unter ihnen auch L. Licinius Murena.[2188]

Als nach seiner Gesandtschaft die Konsuln vorgeschlagen hatten, Cato solle die Prätur erhalten, obwohl er das Mindestalter noch nicht erreicht hatte, lehnte er dies mit der Begründung ab, es sei nicht rechtmäßig.[2189] Als Prätor war er Vorsitzender der *quaestio repetundarum*, war aber auch für die zivile Rechtsprechung zuständig.[2190] In seiner Funktion als Vorsitzender des Repetundengerichtshofs leitete er das Verfahren gegen M. Aemilius Scaurus d. J.[2191] und gegen A. Gabinius.[2192] Im Senat machte er durch seinen Antrag, Cäsar den Usibetern und Tenkterern auszuliefern, von sich reden.[2193] Außerdem motivierte er alle Bewerber um das Tribunat dazu, sich nicht bestechen zu lassen, und initiierte ein *senatus consultum*, durch das alle gewählten Magistrate gebunden waren, Rechnungslegung über ihren Wahlkampf vor Gericht zu leisten.[2194] 51 v. Chr. scheiterte er bei der Wahl zum Konsul, weil er jede Art von Wahlhilfe ablehnte.[2195] Im Bürgerkrieg zwischen Pompeius und Cäsar setzte er schließlich durch, dass keine untergebene Stadt geplündert und kein Zivilist getötet werden sollte.[2196]

Catos Auftreten als Anwalt war eng mit seiner politischen Tätigkeit verknüpft. Im Jahr nach der catilinarischen Verschwörung, bei der er sich für den Tod der Verschwörer eingesetzt hatte,[2197] trat er als Ankläger gegen alle

2185 Plut. Cato min. 17.2.
2186 Cass. Dio 47.6. Vgl. auch Val. Max. 3.1.2.
2187 Cass. Dio 37.43; Plut. Cato min. 26–29. Siehe auch de Libero, Obstruktion, 39.
2188 Plut. Cato min. 21.2. Siehe auch Nadig, Ardet ambitus, 86–88.
2189 Cass. Dio 39.23.1.
2190 Brennan, The Praetorship in the Roman Republic, 419. Ascon. Scaur. (p. 29 ed. Stangl) könnte sich allerdings auch auf die Tätigkeit als *iudex* beziehen.
2191 Alexander, Trials in the Late Roman Republic, 143 f. Nr. 295.
2192 Alexander, Trials in the Late Roman Republic, 148 Nr. 303.
2193 Plut. Cato min. 51.1. Siehe auch App. Celt. Fr. 18.
2194 Plut. Cato min. 44.2; Cic. Att. 4.15.7. Siehe auch Nadig, Ardet ambitus, 90–92.
2195 Liv. per. 108. Siehe auch Nadig, Ardet ambitus, 94.
2196 Plut. Cato min. 53.4.
2197 Cass. Dio 37.36; Cic. Mur. 51. Weitere Quellen bei Malcovati, Oratorum romanorum fragmenta, 408–410; Alexander, Trials in the Late Roman Republic, 111 Nr. 222.

Kandidaten bei den Konsulatswahlen auf, die sich des Wahlbetrugs schuldig gemacht hatten, so auch gegen Murena.[2198] Die Anklage gegen Clodius aufgrund des Bona-Dea-Skandals initiierte er zwar, im Prozess selbst fungierte er aber nur als Zeuge.[2199] Milo unterstützte er bei der seinem Verfahren vorausgehenden *actio ad exhibendum* als Anwalt.[2200] Im Verfahren selbst war er einer der Richter und stimmte für den Freispruch.[2201] Letzteres ist trotz der ungewöhnlichen Rolle von Cato – Plutarch berichtet, dass es für Angeklagte teilweise schon für die Verurteilung ausreichte, wenn sie Cato zurückwiesen[2202] – ein Indiz dafür, dass das Verständnis von Unparteilichkeit in der Antike deutlich anders gestaltet war als in der Moderne. Als einer der Richter entschied Cato auch im Verfahren gegen T. Munatius Plancus Bursa: Dort verursachte er einen Skandal, da er mit allen Mitteln verhindern wollte, dass die *laudatio* des Pompeius verlesen werde.[2203] Pompeius hatte das Auftreten von *laudatores* nämlich kurz zuvor verboten.[2204]

Am aktivsten trat Cato jedoch in politischen Debatten auf. Er leistete (auch aus legistischen Gründen) Widerstand gegen Cäsars *lex agraria*,[2205] gegen die Verlängerung des prokonsularischen Kommandos auf fünf Jahre für Pompeius und Crassus[2206] und gegen jenes Plebiszit, das es Cäsar ermöglichte, sich in Abwesenheit um den nächsten Konsulat zu bewerben.[2207] Bemerkenswert ist vor allem sein Widerstand gegen die *lex Pompeia de ambitu*. Er lehnte sie ab, da sie auf die Bestrafung schon begangener Taten zielte, die erst durch das neue Gesetz zu Verbrechen deklariert worden wären, und die nach diesem Gesetz Angeklagten vor Inkrafttreten des Gesetzes kein Unrecht begangen hatten.[2208]

Cato entwarf auch mehrere Gesetze und Gesetzesvorschläge: So initiierte er ein Gesetz, das eine Umgehung der Voraussetzungen zur Feier eines Triumphs unter Strafe stellte.[2209] Ebenfalls von ihm stammte ein Gesetzvorschlag zur

2198 Malcovati, Oratorum romanorum fragmenta, 407 f.; Alexander, Trials in the Late Roman Republic, 111 Nr. 224.

2199 Alexander, Trials in the Late Roman Republic, 116 f. Nr. 236.

2200 Malcovati, Oratorum romanorum fragmenta, 414; Alexander, Trials in the Late Roman Republic, 149 f. Nr. 306.

2201 Vell. 2.47.4 f. Siehe auch Alexander, Trials in the Late Roman Republic, 151 f. Nr. 309.

2202 Plut. Cato min. 48.

2203 Alexander, Trials in the Late Roman Republic, 159 f. Nr. 327.

2204 Val. Max. 6.2.5. Siehe auch Plut. Cato min. 48.4 und Cass. Dio 40.55.2.

2205 Cass. Dio 38.2 f., 38.7; Plut. Cato min. 32. Siehe auch Malcovati, Oratorum romanorum fragmenta, 412 f.

2206 Liv. per. 105.

2207 Caes. civ. 1.32; Liv. per. 107.

2208 Plut. Cato min. 48. Siehe auch Nadig, Ardet ambitus, 70, 93.

2209 Val. Max. 2.8.1.

Ausweitung des Kreises der Getreideempfänger 63 v. Chr. – ein Gegenentwurf der *nobiles* gegen Cäsars *lex agraria*.[2210]

In den politischen Kontroversen lag sein Augenmerk auf der Integrität der Rechtsordnung und auf Maßnahmen gegen die Manipulation von Prozessen. Cato initiierte zwei *senatus consulta* gegen *ambitus* und ein *senatus consultum* gegen die Korruption der Geschworenen.[2211] Schließlich war er Antragsteller für ein *senatus consultum*, demzufolge Wahlbewerber nur persönlich auftreten sollten, um damit Cäsar zu einer persönlichen Bewerbung und der damit verbundenen Entlassung aller Truppen zu veranlassen.[2212]

C. Aurelius Cotta[2213] war einer der gefragtesten Anwälte seiner Generation.[2214] Cicero nennt ihn – neben Hortensius – sein großes Vorbild in der Gerichtsrhetorik.[2215] Cotta, ein Schüler von L. Licinius Crassus und Neffe von P. Rutilius Rufus, war befreundet mit M. Livius Drusus, dem konservativen Volkstribun des Jahres 91 v. Chr. Nach dessen Tod wurde Cotta nach der *lex Varia* angeklagt,[2216] ging ins Exil und kehrte nach Sullas Rückkehr nach Rom zurück. Weitläufig war Cotta mit Cäsar verwandt, für den er sich auch bei Sulla (erfolgreich) einsetzte.[2217]

Juristische Kenntnisse bewies Cotta beispielsweise bei seiner Argumentation im Fall der *mulier Arretina*.[2218] Seine Beschäftigung mit dem Sakralrecht veranlasste Cicero, ihm eine Rolle in seinem Dialog *de natura deorum* zu geben.[2219] In einem weiteren Dialog, *de oratore*, ist Cotta als junger Redner und Schüler von L. Licinius Crassus porträtiert.

2210 Plut. Cato min. 26.1. Siehe auch Wussow, Die Persönlichkeit des Cato Uticensis, 47.

2211 Cic. Att. 1.17.8.

2212 Plut. Cato min. 49.3. Siehe auch Nadig, Ardet ambitus, 94.

2213 geb. 124 v. Chr., verbannt 90 v. Chr., 82 v. Chr. Rückkehr nach Rom, praet. 81 v. Chr., cos. 75 v. Chr., procos. 74 v. Chr. (Gallia). Zu C. Aurelius Cotta siehe Klebs, Art. C. Aurelius Cotta (96), RE II (1896) Sp. 2482–2484; Schanz/Hosius, Geschichte der römischen Literatur I, 229 f.; Malcovati, Oratorum romanorum fragmenta, 286–291; Sumner, The orators in Cicero's Brutus, 109 f.; Malitz, C. Aurelius Cotta Cos. 75 und seine Rede in Sallusts Historien, Hermes 100 (1972) 359–386; Broughton, Magistrates, III 31; Spann, C., L. or M. Cotta and the „Unspeakable" Fufidius, The Classical Journal 82 (1987) 306–309; David, Le patronat judiciaire, 742 f.; Elvers, Art. Aurelius Cotta, C. [I 5], DNP 2 (1997) Sp. 320; Suerbaum, § 185, in: Ders. (Hrsg.), Die archaische Literatur, 516 f.; Rosenblitt, The devotio of Sallust's Cotta, AJPh 132 (2011) 397–427.

2214 Cic. Brut. 201 f. Siehe auch Cic. Brut. 182 f., 189, 203, 207.

2215 Cic. Brut. 317.

2216 Alexander, Trials in the Late Roman Republic, 55 f. Nr. 105.

2217 Suet. Iul. 1.2.

2218 Cic. Caecin. 97. Siehe auch Malitz, C. Aurelius Cotta Cos. 75 und seine Rede in Sallusts Historien, Hermes 100 (1972) 366. Siehe auch Malcovati, Oratorum romanorum fragmenta, 289.

2219 Siehe z. B. Cic. nat. deor. 1.15, 3.5.

Das erste Mal trat Cotta vor Gericht bei der Verteidigung seines Onkels P. Rutilius Rufus auf.[2220] Weitere Prozesse, bei denen er als Anwalt fungierte, waren der Freiheitsprozess der *mulier Arretina*[2221] und die Verfahren gegen Cn. Cornelius Dolabella und M. Canuleius.[2222]

Als Gesetzgeber trat er hauptsächlich während seines Konsulats in Erscheinung. Die Rechte der Volkstribunen wurden von ihm 75 v. Chr. wiederhergestellt (*lex Aurelia de tribunicia potestate*).[2223] Außerdem entwarf er eine *lex de iudiciis privatis*, die jedoch im folgenden Jahr von seinem Bruder derogiert wurde.[2224] Auch einige andere Gesetze stammten aus seiner Feder, traten jedoch schon bald außer Kraft.[2225]

Cicero schätzte P. Sulpicius Rufus,[2226] den „Konkurrenten" Cottas, als einen der besten Redner seiner Generation ein, auch wenn er dessen späteren politischen Schwenk zutiefst missbilligte.[2227] Rufus war ein Schüler von Crassus und Antonius,[2228] politisch schloss er sich Marius an und wurde während (und wegen) seines Tribunats 88 v. Chr. ermordet.[2229]

2220 Malcovati, Oratorum romanorum fragmenta, 288; Alexander, Trials in the Late Roman Republic, 49 f. Nr. 94.

2221 Alexander, Trials in the Late Roman Republic, 68 Nr. 132; Indra, Status quaestio, 43 f. Die *mulier Arretina* war möglicherweise ident mit einer Titinia, die Cotta ebenfalls verteidigte (Alexander, Trials in the Late Roman Republic, 68 Nr. 133, vgl. aber Crawford, Cicero. The Lost and Unpublished Orations, 35 f.).

2222 Malcovati, Oratorum romanorum fragmenta, 289 f.; Alexander, Trials in the Late Roman Republic, 71 Nr. 140, 73 f. Nr. 146. Die Anklage gegen Dolabella vertrat übrigens Cäsar.

2223 Sall. hist. 3.48.8; Ascon. Cornel. (p. 53 ed. Stangl).

2224 Ascon. Cornel. (p. 52 ed. Stangl). Siehe auch Rotondi, Leges publicae, 365; Ferrary, Cicéron et la loi judiciaire de Cotta (70 av. J.-C.), Mélanges de l'Ecole française de Rome. Antiquité 87 (1975) 321–348.

2225 Ascon. Cornel. (p. 53 ed. Stangl). Siehe auch Ascon. Cornel. (p. 61 ed. Stangl).

2226 trib. pleb. 88 v. Chr. Zu P. Sulpicius Rufus siehe Münzer, Art. P. Sulpicius Rufus (92), RE IV (1931) Sp. 843–849; Malcovati, Oratorum romanorum fragmenta, 278–282; Lintott, The Tribunate of P. Sulpicius Rufus, CQ 21 (1971) 442–453; Sumner, The orators in Cicero's Brutus, 109 f.; Mitchell, The Volte-Face of P. Sulpicius Rufus in 88 B.C., CPh 70 (1975) 197–204; Chapman, Cicero and Sulpicius Rufus, Acta Classica 22 (1979) 61–72; Keaveney, What happened in 88?, Eirene 20 (1983) 54–71; Broughton, Magistrates, III 202; Powell, The tribune Sulpicius, Historia 39 (1990) 446–460; Schiavone, Giuristi e nobili nella Roma repubblicana, 109–152, David, Le patronat judiciaire, 752 f.; Elvers, Art. Sulpicius Rufus, P. [I 19], DNP 11 (2001) Sp. 1101; Stone, Pro and anti. The dignitas of the senate in 88 B.C., FS Crook, 191–212; Christ, Krise und Untergang der römischen Republik, 186 f.; Hodgson, A faded reflection of the Gracchi. Ethics, eloquence and the problem of Sulpicius in Cicero's de oratore, CQ 67 (2017) 163–181.

2227 Cic. Brut. 183, 203.

2228 Siehe z. B. Cic. de orat. 1.25; Cic. Brut. 203.

2229 Vell. 2.18.4–6; App. civ. 1.60; Plut. Sulla 10. Siehe auch Lintott, The Tribunate of P. Sulpicius Rufus, CQ 21 (1971) 442–453.

Schon in relativ jungen Jahren übernahm Rufus die Verteidigung von C. Norbanus[2230] und Q. Servilius Caepio.[2231] Über weitere Fälle von ihm ist leider nicht viel bekannt, obwohl er als Anwalt sehr gefragt war.[2232]

Während seines Tribunats war Rufus für die Verabschiedung mehrerer Gesetzesvorhaben verantwortlich: Er unterstützte den Plan seines Freundes M. Livius Drusus, die durch den Bürgerkrieg hinzugewonnenen Neubürger auf alle *tribus* gleichmäßig aufzuteilen. Nach dem Sturz des Q. Pompeius Rufus setzte er diesen Plan zunächst erfolgreich durch, jedoch wurden seine Gesetze später als rechtswidrig aufgehoben.[2233] Außerdem setzte er sich erfolgreich für eine Neuverteilung der Stimmen der *liberti* auf die *tribus* ein[2234] und verabschiedete ein Gesetz zur Rückberufung von Exilierten[2235] sowie zur Begrenzung der Schulden der Senatoren.[2236] Zusätzlich entzog er Sulla das Oberkommando über den Krieg gegen Mithridates und gab es Marius[2237] – eine Maßnahme mit gravierenden politischen Folgen, die ihm letztendlich das Leben kostete.[2238]

Q. Hortensius Hortalus[2239] war ein Enkel von C. Sempronius Tuditanus[2240]. Mit 19 Jahren hatte er seinen ersten Auftritt als Redner – als Ankläger von L.

2230 Malcovati, Oratorum romanorum fragmenta, 280–282; Alexander, Trials in the Late Roman Republic, 44 f. Nr. 86.

2231 Alexander, Trials in the Late Roman Republic, 45 f., Nr. 88.

2232 Alexander, Trials in the Late Roman Republic, 44, Nr. 85 ist nicht besonders reich an Details.

2233 App. civ. 1.55 f. Siehe auch Gillen, Nichtige Gesetze in der römischen Republik, 42, 44; Elster, Die römischen leges de civitate von den Gracchen bis Sulla, 205 f., 219 f.; de Libero, Obstruktion, 97 f.

2234 Ascon. Cornel. (p. 52 ed. Stangl).

2235 Rhet. Her. 2.45. Siehe auch Lewis, P. Sulpicius' Law to Recall Exiles, 88 B. C., CQ 48 (1998) 195–199.

2236 Plut. Sulla 8.2.

2237 Liv. per. 77. Siehe auch App. civ. 1.55; Plut. Sulla 8; Plut. Marius 34.

2238 Siehe dazu Mitchell, The Volte-Face of P. Sulpicius Rufus in 88 B. C., CPh 70 (1975) 197–204; Chapman, Cicero and Sulpicius Rufus, Acta Classica 22 (1979) 61–72; Keaveney, What happened in 88?, Eirene 20 (1983) 54–71.

2239 geb. 114 v. Chr., trib. mil. 89 v. Chr., aed. 75 v. Chr., praet. 72 v. Chr., cos. 69 v. Chr., gest. 50 v. Chr., augur. Siehe auch Von der Mühl, Art. Hortensius Hortalus (2), RE VIII (1913) Sp. 2470–2481; Münzer, Hortensius und Cicero bei historischen Studien, Hermes 49 (1914) 196–213; Münzer, Römische Adelsparteien und Adelsfamilien, 342–347; Schanz/Hosius, Geschichte der römischen Literatur I, 385–387; Malcovati, Oratorum romanorum fragmenta, 310–330; Geiger, M. Hortensius M. f. Q. n. Hortalus, The Classical Review 20 (1970) 132–134; Sumner, The orators in Cicero's Brutus, 122 f.; Alexander, Hortensius' Speech in Defense of Verres, Phoenix 30 (1976) 46–53; Fleck, Cicero als Historiker, 178–181; David, Le patronat judiciaire, 763–766; Calboli, Art. Hortensius L. f. Hortalus, Q. [7], DNP 5 (1998) Sp. 734–735; Dyck, Rivals into Partners: Hortensius and Cicero, Historia 57 (2008) 142–173; Drummond, Q. Hortensius Hortalus, in: Cornell (Hrsg.), The fragments of the Roman historians, I 338–340, II 706 f.

2240 Cic. Brut. 322.

Marcius Philippus –[2241], dem viele weitere folgten. Hortensius, der *rex causarum*[2242], stellte seine Anwaltskarriere über seine politische Karriere und blieb freiwillig in Rom statt nach Kreta in den Krieg zu ziehen, um weiterhin vor Gericht tätig sein zu können.[2243]

Hortensius ist jener Redner, über dessen Fälle Cicero am meisten berichtete. Die Liste seiner Fälle zeigt, dass er nicht nur bei Strafverfahren, sondern auch bei Zivilverfahren plädierte. So war er der Gegenanwalt Ciceros bei der Klage von Quinctius 81 v. Chr.[2244] und vertrat T. Annius Milo, als dieser mit einer *actio ad exhibendum* auf Herausgabe seiner Sklaven zum Verhör belangt wurde.[2245] Auch bei dem Verfahren gegen Cn. Pompeius etwa 85 v. Chr. handelte es sich möglicherweise um ein Zivilverfahren. Hortensius vertrat hier Pompeius gemeinsam mit L. Marcius Philippus und Cn. Papirius Carbo.[2246] In seiner beruflichen Praxis spezialisierte sich Hortensius auf die Verteidigung in Repetunden- und *ambitus*-Verfahren.[2247] Beide Arten von Prozessen wurden verstärkt zur Austragung politischer Konflikte benutzt und zumeist waren mehrere Anwälte für einen Angeklagten tätig. Auch bei anderen *crimina* war Hortensius als Verteidiger tätig. So unternahm er die Verteidigung für P. Cornelius Sulla und P. Sestius, die beide nach der *lex Plautia de vi* angeklagt worden waren,[2248] sowie für Procilius

2241 Cic. Brut. 229. Siehe auch ALEXANDER, Trials in the Late Roman Republic, 46 f. Nr. 90.

2242 Ps.-Ascon. div. in Caec. (p. 185, ed. Stangl).

2243 Cass. Dio 36.1a. Siehe auch ALEXANDER, Trials in the Late Roman Republic, 149 f. Nr. 306.

2244 MALCOVATI, Oratorum romanorum fragmenta, 315; ALEXANDER, Trials in the Late Roman Republic, 65 Nr. 126.

2245 Ascon. Mil. (p. 35 ed. Stangl).

2246 MALCOVATI, Oratorum romanorum fragmenta, 315; GRUEN, Roman Politics and the Criminal Courts, 244 f.; ALEXANDER, Trials in the Late Roman Republic, 62 f. Nr. 120. Strittig ist, ob es sich um eine *quaestio de peculatu* oder um ein Zivilverfahren handelte.

2247 In Repetundenprozessen verteidigte Hortensius u. a. Cn. Cornelius Dolabella (ALEXANDER, Trials in the Late Roman Republic, 71 Nr. 140), A. Terentius Varro (ALEXANDER, Trials in the Late Roman Republic, 73 Nr 144, 79 Nr. 158), P. Septimius Scaevola (ALEXANDER, Trials in the Late Roman Republic, 85 Nr. 172), C. Verres (ALEXANDER, Trials in the Late Roman Republic, 88–90, Nr. 177), L. Valerius Flaccus (ALEXANDER, Trials in the Late Roman Republic, 122 f. Nr. 247) und M. Aemilius Scaurus (ALEXANDER, Trials in the Late Roman Republic, 143 f. Nr. 295).

Wegen Wahlbetrugs (*de ambitu und de sodaliciis*) verteidigte Hortensius u. a. L. Vargunteius (ALEXANDER, Trials in the Late Roman Republic, 102 Nr. 202), L. Licinius Murena (ALEXANDER, Trials in the Late Roman Republic, 111 f. Nr. 224), M. Valerius Messala Rufus (ALEXANDER, Trials in the Late Roman Republic, 118 Nr. 239, 160 Nr. 329), Cn. Plancius (ALEXANDER, Trials in the Late Roman Republic, 142 f. Nr. 293) und Ap. Claudius Pulcher (ALEXANDER, Trials in the Late Roman Republic, 167 Nr. 345).

2248 MALCOVATI, Oratorum romanorum fragmenta, 323 f., 325 f.; ALEXANDER, Trials in the Late Roman Republic, 114 f. Nr. 234, 132 Nr. 271.

vor der *quaestio de sicariis.*[2249] Die Anklagepunkte in den Verfahren gegen M. Canuleius und gegen C. Rabirius sind unklar.[2250] Außerdem übernahm Hortensius die Anklage von Q. Opimius wegen rechtswidriger Interzession als *tribunus plebis*[2251] und trat als Zeuge im Verfahren gegen C. Cornelius *de maiestate* auf.[2252]

M. Caelius Rufus[2253] war ein Anwalt und Freund Ciceros, dem er in seinen Briefen immer wieder aus der Rechtspraxis berichtete.[2254] Seine Ausbildung genoss er bei Cicero und M. Licinius Crassus. Politisch war er ursprünglich ein Anhänger Catilinas, unterstützte später Milo und schloss sich im Bürgerkrieg Cäsar an.[2255] Als Prätor pflegte er eine sehr schuldnerfreundliche Rechtsprechung; deshalb wurde seine *sella curulis* durch den Konsul P. Servilius Isauricus zerschlagen, um die weitere Rechtsprechung zu verhindern.[2256] 48 v. Chr. wurde er bei einem Aufstand in Kampanien getötet.[2257]

Vor allem zwei Dinge werden durch die forensische Praxis von M. Caelius Rufus verdeutlicht: Die Anklage in Strafprozessen übernahmen hauptsächlich vergleichsweise junge Römer der Oberschicht und Prozesse gegen Politiker galten als probates Mittel im Kampf um die politische Macht, selbst wenn die Anklage

2249 Alexander, Trials in the Late Roman Republic, 138 Nr. 284.

2250 Malcovati, Oratorum romanorum fragmenta, 316, 322; Alexander, Trials in the Late Roman Republic, 73 f. Nr. 146, 110 f. Nr. 221.

2251 Alexander, Trials in the Late Roman Republic, 78 f. Nr. 157.

2252 Malcovati, Oratorum romanorum fragmenta, 321 f.; Alexander, Trials in the Late Roman Republic, 104 f. Nr. 209.

2253 geb. ca. 88 v. Chr., trib. pleb. 52 v. Chr., aed. cur. 50 v. Chr., praet. 48 v. Chr., gest. 48 v. Chr. Siehe Münzer, Art. M. Caelius Rufus (35), RE III (1897) Sp. 1266–1272; Münzer, Aus dem Leben des M. Caelius Rufus, Hermes 44 (1909) 135–142; Schanz/Hosius, Geschichte der römischen Literatur I, 397–340; Malcovati, Oratorum romanorum fragmenta, 480–489; Linderski, Ciceros Rede pro Caelio und die Ambitus- und Vereinsgesetzgebung der ausgehenden Republik, Hermes 89 (1961) 106–119; Wiseman, New Men in the Roman Senate, 218, Nr. 78; Sumner, The orators in Cicero's Brutus, 146 f.; Lintott, M. Caelius Rufus and Pausanias, CQ 30 (1980) 385–386; Rodgers, Frontinus Aq. 76.2: An Unnoticed Fragment of Caelius Rufus?, AJPh 103 (1982) 333–337; Broughton, Magistrates, III 44; Clauss, The Ignoble Consistency of M. Caelius Rufus, Athenaeum 78 (1990) 531–540; Dettenhofer, Perdita iuventus, 79–99; Cordier, M. Caelius Rufus, le préteur récalcitrant, Mélanges de l'école française de Rome 106 (1994) 533–577; David, Le patronat judiciaire, 856–858; Will, Art. Caelius Rufus, M. [I 4], DNP 2 (1997) Sp. 902; Carsana, Marco Celio falso accusatore? Indizi di un processo comiziale contro Milone nella tradizione di Appiano, Athenaeum 95 (2007) 793–802; Scholz, Den Vätern folgen, 296–299; Jeppesen-Wigelsworth, Political Bedfellows: Tullia, Dolabella, and Caelius, Arethusa 46 (2013) 65–85.

2254 Cic. fam. 2.8, 2.16, 8.1–8.17.

2255 Zur politischen Ausrichtung von Caelius siehe Rosivach, Caelius' Adherence to the Caesarian Cause, The Classical World 74 (1980/1981) 201–212.

2256 Cass. Dio 42.22 f.; Caes. civ. 3.20; Vell. 2.68. Siehe auch Dettenhofer, Perdita iuventus, 156–165.

2257 Cass. Dio 42.24 f.

offenkundig unbegründet war. So wurde Caelius 56 v. Chr. nach der *lex Plautia de vi* angeklagt, eine weitere Anklage erfolgte 54 v. Chr. und 50 v. Chr. wurde er nach der *lex Scantinia* angeklagt.[2258] Vor allem bei der letzten Klage handelte es sich um ein offenkundig politisches Manöver,[2259] auf das Caelius mit einer Gegenanklage nach demselben Gesetz gegen Ap. Claudius Pulcher reagierte.[2260]

In demselben Jahr erhob Caelius eine weitere Klage gegen Ap. Claudius Pulcher wegen Pflichtverletzungen während seiner Zeit als *censor*.[2261] Weitere Anklagen erhob Caelius gegen C. Antonius (59 v. Chr.), L. Calpurnius Bestia (56 v. Chr.) und Q. Pompeius Rufus (51 v. Chr.).[2262] Caelius unterstützte Milo auch durch seine Tätigkeit als Anwalt. So erhob er etwa eine Gegenklage, als Milo im Zuge seines Prozesses *de vi* aufgefordert wurde, seine Sklaven zur Folterung zu übergeben,[2263] und er verteidigte M. Saufeius, einen Helfer Milos, der wie dieser wegen der Ermordung von Clodius belangt worden war.[2264] Weitere Fälle, in denen Caelius als Anwalt auftrat, waren die Verteidigung des M. Tuccius nach der *lex Plautia de vi*[2265], das Repetundenverfahren gegen M. Servilius[2266] und

2258 Alexander, Trials in the Late Roman Republic, 134 f. Nr. 275, 137 Nr. 282, 167 f. Nr. 347; Dettenhofer, Perdita iuventus, 83–87, 97; Alexander, The Case for the Prosecution, 218–243. Ciceros Rede *pro Caelio* entstand anlässlich der ersten Anklage nach der *lex Plautia de vi* 56 v. Chr. Zur Rede *pro Caelio* siehe auch Linderski, Ciceros Rede pro Caelio und die Ambitus- und Vereinsgesetzgebung der ausgehenden Republik, Hermes 89 (1961) 106–119; Stroh, Taxis und Taktik, 243–303; Salzman, Cicero, the Megalenses and the Defense of Caelius, AJPh 103 (1982) 299–304; Craig, Teaching Cicero's Speech for Caelius, The Classical Journal 90 (1995) 407–422; Cavarzere, La Pro Caelio, 383–426. Siehe auch Elster, Die Gesetze der mittleren römischen Republik, 422–424.

2259 Ap. Claudius Pulcher und Caelius, beide ursprünglich miteinander befreundet, hatten sich wegen einer Bewerbung zerstritten und Appius versuchte, Caelius mit einer Anklage nach der *lex Scantinia*, die gewisse sexuelle Praktiken sanktionierte, zu schaden, woraufhin sich dieser mit einer Gegenanklage, ebenfalls nach der *lex Scantinia*, „revanchierte" (Cic. fam. 8.12, 8.14). Siehe auch Ryan, The Lex Scantinia and the Prosecution of Censors and Aediles, CPh 89 (1994) 159–162.

2260 Alexander, Trials in the Late Roman Republic, 168 Nr. 348.

2261 Alexander, Trials in the Late Roman Republic, 169 Nr. 351.

2262 Malcovati, Oratorum romanorum fragmenta, 482 f.; 483 f., 487; Alexander, Trials in the Late Roman Republic, 119 f. Nr. 241, 130 Nr. 268, 130 f. Nr. 269, 160 Nr. 328; Dettenhofer, Perdita iuventus, 81–83; Nadig, Ardet ambitus, 192, 205. Bemerkenswert ist besonders die Anklage gegen Q. Pompeius Rufus, da Caelius später dem Verurteilten dabei half, in einer Erbschaftsangelegenheit Grundstücke von der Mutter des Rufus zu bekommen (Val. Max. 4.2.7).

2263 Alexander, Trials in the Late Roman Republic, 151 Nr. 308.

2264 Malcovati, Oratorum romanorum fragmenta, 486 f.; Alexander, Trials in the Late Roman Republic, 154 Nr. 313.

2265 Malcovati, Oratorum romanorum fragmenta, 487 f.; Alexander, Trials in the Late Roman Republic, 163 Nr. 335.

2266 Alexander, Trials in the Late Roman Republic, 163 f. Nr. 337, 164 Nr. 338. Caelius war der Anwalt der Ankläger. Siehe auch Lintott, M. Caelius Rufus and Pausanias, CQ 30 (1980)

der Prozess des M. Fadius Gallus, den Caelius auf Bitte von Cicero als Anwalt unterstützte.[2267]

Die Beispiele der in diesem Kapitel genannten Politiker und Anwälte zeigen sehr deutlich, wie wichtig solide Rechtskenntnisse für den Alltag als römischer Politiker waren, sei es, dass sie wie P. Sulpicius Rufus und C. Aurelius Cotta ihre Kenntnisse für ihre Gesetzgebung benutzten oder wie Q. Hortensius Hortalus sich als Anwälte einen Namen machten. Am klarsten zeigt sich die enge Verknüfung zwischen juristischem Wissen und politischer Tätigkeit jedoch bei M. Porcius Cato Uticensis, dessen politische Tätigkeit nicht ohne sein Rechtsverständnis interpretiert werden kann.

I.5.16. Das sog. erste Triumvirat

Der Blick auf die juristischen Qualifikationen und die forensische Praxis der *triumviri* Crassus, Pompeius und Cäsar ist vor allem deshalb interessant, weil dabei deutlich wird, wie wichtig die Tätigkeit als Anwalt sowie juristische Grundkenntnisse für eine Karriere als Politiker waren, ein Thema, das schon im vorigen Kapitel berührt wurde. Auch Tacitus betont, dass sowohl Crassus als auch Pompeius als Anwälte tätig waren.[2268] Gerade die Gesetzgebung, für die auch juristische Kenntnisse erforderlich waren,[2269] war für Pompeius und Cäsar ein großes Anliegen und viele Neuerungen Cäsars wurden von seinem Nachfolger und Adoptivsohn Oktavian fortgeführt und institutionalisiert.

M. Licinius Crassus[2270] stellte sich im Bürgerkrieg auf die Seite Sullas, unterstützte ihn bei seinen Proskriptionen und erwarb sich dadurch sein sprichwörtlich

---

385–386. Zum Verfahren gegen L. Calpurnius Bestia siehe MÜNZER, Aus dem Leben des M. Caelius Rufus, Hermes 44 (1909) 135–142.

2267 Cic. fam. 2.14. Siehe auch ALEXANDER, Trials in the Late Roman Republic, 166 Nr. 343. Cicero bat bei diesem Prozess auch L. Papirius Paetus, Fadius als Anwalt zu unterstützen (Cic. fam. 9.25), und den vorsitzenden Prätor M. Curtius Peducaeanus, die Angelegenheit des Fadius wohlwollend zu beurteilen (Cic. fam. 13.59) – allem Anschein nach kein unübliches Vorgehen.

2268 Tac. dial. 37.

2269 Vgl. etwa Ascon. Cornel. (p. 52 ed. Stangl): Die Pointe Ciceros ist, dass der Gesetzesentwurf für Sulla nicht besonders viel Aufwand bedeutete, da schon zuvor ein identes Gesetz erlassen wurde; der Hinweis auf die *difficultas ad scribendum* ist aber durchaus ernst zu nehmen.

2270 geb. 115/114 v. Chr., praet. zwischen 77 u. 73 v. Chr., cos. I 70 v. Chr., cens. 65 v. Chr., cos. II 55 v. Chr. Zu M. Licinius Crassus siehe GELZER, Art. M. Licinius Crassus (68), RE XIII (1926) Sp. 295–331; SCHANZ/HOSIUS, Geschichte der römischen Literatur I, 400; CADOUX, Marcus Crassus: A Revaluation, Greece & Rome 3 (1956) 153–161; MALCOVATI, Oratorum romanorum fragmenta, 342–345; SUMNER, The orators in Cicero's Brutus, 123 f.; MARSHALL, Crassus.

großes Vermögen.[2271] Sein Reichtum ermöglichte es ihm, in den folgenden Jahren eine Schlüsselrolle in Roms Politik zu spielen. 71 v. Chr. besiegte er Spartacus und erreichte so gemeinsam mit Pompeius das Konsulat.[2272] Nach dem Tod Catilinas verbündete er sich mit Cäsar, den er finanziell unterstützte, und schloss mit Cäsar und Pompeius 60 oder 59 v. Chr. das sog. erste Triumvirat ab.[2273] Nach der Erneuerung des Dreierbunds 56 v. Chr. gewann Crassus erneut die Konsulatswahlen und erhielt nach Beendigung des Konsulats die Verwaltung der Provinz Syria.[2274] Dort starb er 53 v. Chr. im Partherfeldzug – die Niederlage wurde später auf ungünstige Auspizien zurückgeführt.[2275]

Crassus war ausgesprochen häufig als Anwalt tätig, auch in Zivilverfahren.[2276] Plutarch und Cicero, der sich über seine rednerischen Fähigkeiten nicht besonders enthusiastisch zeigte, zeichnen ihn als einen der meistbeschäftigten Anwälte der späten Republik.[2277] Bekannte Prozesse, in denen Crassus als Anwalt auftrat, waren die Verteidigung von L. Licinius Murena *de ambitu*,[2278] die Verteidigung von P. Sestius[2279] und die Verteidigung von L. Cornelius Balbus.[2280] Bei all diesen Prozessen trat Crassus gemeinsam mit Cicero auf. Zudem war Crassus einer der Richter im Verfahren gegen Cornelius *de maiestate*.[2281]

A Political Biography; Ward, Marcus Crassus and the Late Roman Republic; Antonelli, Crasso, il banchiere di Roma; David, Le patronat judiciaire, 766–768; Piegdón, Marcus Licinius Crassus in relation to the trial of Publius Claudius Pulcher in the year 61 BC, GS Kalita, 91–104; Bleicken, Geschichte der römischen Republik, 226; Ravizza, Catilina, Crasso e le vestal, Rivista di diritto Romano 6 (2006) 1–10; Sampson, The Defeat of Rome: Crassus, Carrhae, and the Invasion of the East; Weggen, Der lange Schatten von Carrhae : Studien zu M. Licinius Crassus.

2271 Plut. Crassus 6.

2272 Plut. Crassus 8–12. Siehe auch Vervaet, Crassus' Command in the War against Spartacus (73–71 BCE): His Official Position, Forces and Political Spoils, Klio 96 (2014) 607–644.

2273 Plut. Crassus 13 f., Cass. Dio 37.54–58. Zum Triumvirat siehe Rowland, Crassus, Clodius, and Curio in the Year 59 B. C., Historia 15 (1966) 217–223; Gruen, Pompey, the Roman Aristocracy, and the Conference of Luca, Historia 18 (1969) 71–108; Stanton/Marshall, The Coalition between Pompeius and Crassus 60–59 B. C., Historia 24 (1975) 205–219.

2274 Plut. Crassus 15 f. ; Cass. Dio 39.31–33.

2275 Stewart, Public Office in Early Rome, 87.

2276 Plut. Crassus 3.2, 7.2; Cic. Brut. 230, 233.

2277 Plut. Crassus 3.2–3; Cic. Brut. 233.

2278 Malcovati, Oratorum romanorum fragmenta, 343; Alexander, Trials in the Late Roman Republic, 111 f. Nr. 224. Siehe auch Cic. Mur. 48.

2279 Malcovati, Oratorum romanorum fragmenta, 344; Alexander, Trials in the Late Roman Republic, 132 Nr. 271; Nadig, Ardet ambitus, 167–169. Siehe auch Cic. Sest. 39.

2280 Malcovati, Oratorum romanorum fragmenta, 344 f.; Alexander, Trials in the Late Roman Republic, 135 Nr. 276. Siehe auch Cic. Balb. 17, 50.

2281 Ascon. Cornel. (p. 59 ed. Stangl).

Gesetzesvorhaben, an denen Crassus mitwirkte, wurden hauptsächlich während seines zweiten Konsulats mit Pompeius verabschiedet, so etwa die *lex Licinia de sodaliciis*, die organisierten Wahlbetrug durch Vereinigungen (*sodalidates*) sanktionierte,[2282] und die *lex Pompeia Licinia de provincia C. Iulii Caesaris*, durch die das Kommando von Cäsar um fünf Jahre verlängert wurde und außerdem Crassus und Pompeius ein jeweils fünfjähriges Kommando über die Provinzen Syria und Hispania erhielten.[2283] Auch die *lex Iulia de publicanis*, durch die den Steuerpächtern 1/3 ihrer Verbindlichkeiten erlassen wurde, ging auf Crassus' Initiative zurück.[2284]

Cn. Pompeius[2285] war der Sohn von Cn. Pompeius Strabo und Neffe des Juristen Sex. Pompeius Strabo.[2286] Sein Vater war als Politiker und Feldherr nicht besonders populär und nach dessen Tod 87 v. Chr. wurde Pompeius auf die Herausgabe gestohlener Kriegsbeute verklagt, wurde aber freigesprochen.[2287] Er schloss sich im Bürgerkrieg Sulla an, feierte unter dessen Herrschaft große militärische Erfolge in Sizilien, Afrika und Spanien und bekam dafür zweimal (79 v. Chr. und 71 v. Chr.) einen Triumph zuerkannt.[2288] 70 v. Chr. erhielt er mit Crassus das Konsulat und machte die Gesetzgebung Sullas zumindest teilweise rückgängig, indem er die Ritter wieder zu Richtern bei den Repetundengerichten

2282 Cic. Planc. 36 f., 44–46. Siehe auch Rotondi, Leges publicae, 407; Nadig, Ardet ambitus, 59–67; Mouritsen, Plebs and Politics in the late Roman Republic, 149–151.

2283 App. civ.2.17 f.; Cic. Phil. 2.24; Cass. Dio 39.33; Plut. Crassus 14 f. Siehe auch Rotondi, Leges publicae, 404 f.

2284 Cic. Att. 1.17.9. Siehe auch Rotondi, Leges publicae, 391.

2285 geb. 106 v. Chr., cos I 70 v. Chr., cura ann. 57 v. Chr., cos. II 55 v. Chr., cos. (III) sine collega 52 v. Chr., gest. 48 v. Chr. Zu Cn. Pompeius siehe Miltner, Art. Cn. Pompeius (31), RE XXI (1952) Sp. 2062–2211; Brunt, Social Conflicts in the Roman Republic, 112–123; Malcovati, Oratorum romanorum fragmenta, 358–367; Twyman, The Metelli, Pompeius and Prosopography, 816–874; Sumner, The orators in Cicero's Brutus, 129; Rawson, Intellectual Life in the Late Roman Republic, 104–109; Broughton, Magistrates, III 161–165; David, Le patronat judiciaire, 796–798; Bleicken, Geschichte der römischen Republik, 224–226; Will, Art. Pompeius Magnus, Cn. [I 3], DNP 10 (2001) Sp. 99–107; Seager, Pompey the Great: A Political Biography; Christ, Pompeius, der Feldherr Roms; Gelzer, Pompeius; Vervaet, The official position of Cn. Pompeius in 49 and 48 BCE, Latomus 65 (2006) 928–953; Rainer, Römisches Staatsrecht, 169–177; Dingmann, Pompeius Magnus. Machtgrundlagen eines spätrepublikanischen Politikers; Vervaet, Pompeius' Career from 79 to 70 BCE, Klio 91 (2009) 406–434; Esch, Zur kommunalen Neuordnung Kleinasiens durch Pompeius, 35–96; Gagliardi, Cesare, Pompeo e la lotta per le magistrature. Anni 52–50 a. C.; Schmitt, Suarum legum idem auctor ac subversor. Tacitus über Pompeius als Gesetzgeber 52 v. Chr., 227–284.

2286 Zu Sex. Pompeius Strabo siehe S. 337.

2287 Plut. Pompeius 1.1, 1.3. Siehe auch Alexander, Trials in the Late Roman Republic, 62 f. Nr 120. Strittig ist, ob es sich um ein *peculatus*- oder ein Zivilverfahren handelte.

2288 Plut. Pompeius 8–10.

einsetzte und das Tribunat aufwertete.[2289] 67 v. Chr. hatte er das Kommando im Krieg gegen die Seeräuber,[2290] im Jahr darauf brach er zum Krieg gegen Mithridates auf.[2291] Da ihn nach seiner Rückkehr der Senat bei seinem Vorhaben, wieder in den Osten zurückzukehren, blockierte, schloss er mit Crassus und Cäsar 60 oder 59 v. Chr. das erste Triumvirat ab. Nach dem Tod seiner Frau Iulia, der Tochter Cäsars, 54 v. Chr. und dem Tod von Crassus 53 v. Chr. wuchsen die Spannungen zwischen Cäsar und Pompeius. 49 v. Chr. brach schließlich der Bürgerkrieg aus. Pompeius verlor die entscheidende Schlacht bei Pharsalos und wurde – auf der Flucht – in Alexandria ermordet.

Pompeius war in erster Linie durch seine militärischen Erfolge bekannt. Doch er war auch ein begabter Redner[2292] und trat vor allem in seiner Jugend häufig als Anwalt auf.[2293] Seine Rechtskenntnisse, besonders im *ius publicum*, werden von Cicero häufig erwähnt.[2294] Sehr viele Juristen zählten zu den Anhängern von Pompeius, wie etwa Ser. Sulpicius Rufus oder Q. Aelius Tubero.[2295] Mit einigen von ihnen, wie etwa Varro, der ihm den *Eisagogikos* widmete, war er auch befreundet.[2296]

Als Anwalt vertrat Pompeius u. a. C. Manilius Crispus[2297], verteidigte 56 v. Chr. L. Cornelius Balbus, als dieser nach der *lex Papia* angeklagt wurde,[2298] und übernahm gemeinsam mit Cicero die Verteidigung des T. Ampius Balbus.[2299] Pompeius trat auch als Anwalt des T. Annius Milo auf, als dieser 56 v. Chr. vor der Volksversammlung angeklagt wurde.[2300] Weit häufiger trat Pompeius aber in späteren Jahren als Zeuge oder *laudator* auf – allein seine Anwesenheit reichte häufig für einen Freispruch des Angeklagten aus.[2301] So war er u. a. Zeuge im Repetundenverfahren

2289 Plut. Pompeius 22.
2290 Cass. Dio 36.20–36.
2291 Cass. Dio 36.45–54.
2292 Cic. Brut. 239. Siehe auch Tac. dial. 37.
2293 Plut. Pompeius 23; Tac. dial. 37. Siehe auch Cass. Dio 38.15.
2294 Siehe z. B. Cic. Mil. 23, 70. Dazu Neumeister, Grundsätze der forensischen Rhetorik, 171–176. Siehe auch Cic. Balb. 2.
2295 Zu Ser. Sulpicius Rufus siehe S. 164 ff., zu Q. Aelius Tubero siehe S. 254 ff.
2296 Zum Verhältnis zwischen Pompeius und Varro siehe Astbury, Varro and Pompey, CQ 17 (1967) 403–407.
2297 Alexander, Trials in the Late Roman Republic, 95 Nr. 188.
2298 Malcovati, Oratorum romanorum fragmenta, 364 f.; Alexander, Trials in the Late Roman Republic, 135 Nr. 276. Zu L. Cornelius Balbus siehe auch S. 306 f.
2299 Malcovati, Oratorum romanorum fragmenta, 365; Alexander, Trials in the Late Roman Republic, 137 Nr. 281.
2300 Cic. ad Q. fr. 2.3.1–2; Cic. fam. 1.5b. Siehe auch Malcovati, Oratorum romanorum fragmenta, 363; Alexander, Trials in the Late Roman Republic, 129 Nr. 266.
2301 Vgl. etwa Val. Max. 6.2.4. In diesem Fall trat Pompeius allerdings als Anwalt auf. Siehe dazu auch Gruen, Pompey and the Pisones, California Studies in Classical Antiquity 1 (1968) 155–170.

gegen M. Fonteius,[2302] im Verfahren gegen P. Sestius nach der *lex Plautia de vi*[2303] und im Repetundenprozess gegen M. Aemilius Scaurus.[2304] An seinem Auftritt als *laudator* für T. Munatius Plancus Bursa wurde er durch Cato gehindert, der darauf hinwies, dass Pompeius selbst *laudationes* verboten hatte.[2305]

Bei der Ausübung seiner Ämter legte Pompeius stets großen Wert auf die Rechtsprechung. Während seines Aufenthalts auf Sizilien während des Bürgerkriegs 77 v. Chr. wurde seine Rechtspflege von den Provinzialen sehr gelobt[2306] und auch während des Mithridates-Kriegs sprach er häufig Recht.[2307] Später präsidierte Pompeius oft als Vorsitzender der *quaestiones* und wurde als Richter angerufen.[2308]

Ein großer Teil seiner Gesetzgebung war der Neuordnung der Gerichtsbarkeit gewidmet. So stellte er die Rechte der Volkstribunen wieder her[2309] und änderte die *lex Aurelia iudiciaria*, die anordnete, dass die Richterlisten zu je einem Drittel aus Senatoren, Rittern und *tribuni aerarii* zusammengesetzt sein sollten, insoweit ab, als die Nominierten aus der höchsten Censusklasse der Zenturien gewählt werden mussten.[2310] Nach dem Ende des Mithridates-Kriegs 63 v. Chr. machte er sich an die Neuordnung der Provinzen Bithynia, Cilicia, Pontus, Syria, Iudaea und gab diesen Provinzen neue Gesetze.[2311] Während seines zweiten Konsulats 55 v. Chr. brachte Pompeius die *lex Pompeia Licinia de provincia C. Iulii Caesaris* ein.[2312] Ein Gesetzesantrag *de repetundis*, mit dem Pompeius eine Ausweitung des Tatbestands der Erpressung auch auf *tribuni*, *praefecti*, *scribae* und *comites* erreichen wollte, scheiterte am Widerstand des Senats,[2313] ebenso ein Gesetzesentwurf zur Beschränkung des Luxus.[2314] 52 v. Chr., während seines dritten Konsulats, brachte Pompeius eine

2302 Alexander, Trials in the Late Roman Republic, 94 Nr. 186.

2303 Alexander, Trials in the Late Roman Republic, 132 Nr. 271.

2304 Alexander, Trials in the Late Roman Republic, 143 f. Nr. 295.

2305 Plut. Cato min. 48; Plut. Pompeius 55; Val. Max. 6.2.5 ; Cass. Dio 40.55. Siehe auch Nippel, Aufruhr und Polizei, 141; Alexander, Trials in the Late Roman Republic, 159 f. Nr. 327.

2306 Brennan, The Praetorship in the Roman Republic, 481 f. Plut. Pompeius 55; Diod. 38.20; Cic. Verr. 2.3.42, 2.3.45.

2307 Cass. Dio 37.7a.

2308 Plut. Pompeius 55.4.

2309 Plut. Pompeius 21.4, 22.3.

2310 Liv. per 97; Ascon. Cornel. (p. 52 ed. Stangl). Zur *lex Aurelia iudiciaria* siehe auch S. 345.

2311 Siehe dazu Cass. Dio 37.20, wo lobend erwähnt wird, dass sich die Einwohner der Provinz Asia immer noch an die von Pompeius erlassenen Gesetze hielten, sowie Plin. epist. 10.79.1. Siehe auch Plin. epist. 10.112.1, 10.114.1, 10.115. Siehe auch Esch, Zur kommunalen Neuordnung Kleinasiens durch Pompeius, 35–96.

2312 Siehe S. 352, 357 f.

2313 Cic. Rab. Post. 13.

2314 Cass. Dio 39.37.2.

lex Pompeia de ambitu ein, die die Strafen für Wahlbetrug verschärfte.[2315] Aus Anlass des Mordes an Clodius wurde die *lex Pompeia de vi* verabschiedet, durch die eine neue *quaestio* mit einem modifizierten Verfahren eingerichtet wurde. Die Erstellung der Richterliste für diese *quaestio* traf Pompeius persönlich.[2316]

52 v. Chr. trat auch die *lex Pompeia de iure magistratuum* in Kraft. Dieses Gesetz schrieb vor, dass eine Bewerbung für die Wahlen in Abwesenheit unzulässig sei.[2317] Da Pompeius es verabsäumt hatte, in dem Gesetz eine Ausnahmeregelung für Cäsar aufzunehmen, wurde dieses Gesetz – zusammen mit der *lex Pompeia de iudiciis*, die ehemaligen Prätoren und Konsuln verbot, in den fünf Jahren nach ihrer Amtszeit eine Statthalterschaft zu übernehmen[2318] – einer der Gründe des Bürgerkriegs.[2319] Wahrscheinlich ebenfalls 55 oder 52 v. Chr. wurde eine *lex Pompeia* promulgiert, durch welche die Redezeit und die Zahl der Anwälte vor Gericht beschränkt und das Auftreten von *laudatores* verboten wurde.[2320] Nicht genau datierbar ist die *lex Pompeia de parricidiis*.[2321]

Pompeius' Gesetzgebung blieb auch nach seiner Niederlage und seinem Tod in Kraft und fand nicht nur bei seinen Zeitgenossen, sondern auch bei seinen politischen Gegnern Zustimmung,[2322] wobei dem allgemeinen Konsens die Akkordierung der Gesetze mit dem Senat sicher zuträglich war.[2323] Damit teilt er sein Schicksal mit Sulla und Cäsar, die zumindest durch ihre Gesetzgebung dauerhaft die Republik veränderten und als *legis auctores* in die Geschichte eingingen.

2315 App. civ. 2.23 f. Siehe auch Rotondi, Leges publicae, 410 f.; Nadig, Ardet ambitus, 67–71; Schmitt, Tacitus über Pompeius als Gesetzgeber 52 v. Chr., 246.

2316 Ascon. Mil. (p. 34 ed. Stangl); Cass. Dio 40.55. Siehe Rotondi, Leges publicae, 410; Crawford, Roman Statutes, I 189–191; Schmitt, Tacitus über Pompeius als Gesetzgeber 52 v. Chr., 244 f.

2317 Suet. Iul. 28; Cic. Phil. 2.10; Plut. Pompeius 56; Cass. Dio 40.56. Siehe Rotondi, Leges publicae, 411; Schmitt, Tacitus über Pompeius als Gesetzgeber 52 v. Chr., 246 f.

2318 Cass. Dio 40.56; Caes. civ. 1.85. Bei manchen Autoren wird das Gesetz auch als *lex Pompeia de provinciis* bezeichnet. Zur *lex* siehe auch Nadig, Ardet ambitus, 83–85 ; Schmitt, Tacitus über Pompeius als Gesetzgeber 52 v. Chr., 247 f.

2319 Anderer Ansicht ist Schmitt, Tacitus über Pompeius als Gesetzgeber 52 v. Chr., 248.

2320 Cass. Dio 40.52; Cic. Brut 234; Plut. Cato min. 48.

2321 D. 48.9.0, Inst. 4.18, Theoph. Inst. 4.18.6. Siehe auch Mommsen, Römisches Strafrecht, 644–646; Rotondi, Leges publicae, 406 f.; Cloud, Parricidium: from the lex Numae to the lex Pompeia de parricidiis, SZ 88 (1971) 1–66.

2322 Schmitt, Tacitus über Pompeius als Gesetzgeber 52 v. Chr., 249–251.

2323 Schmitt, Tacitus über Pompeius als Gesetzgeber 52 v. Chr., 242–244.

C. Iulius Caesar[2324] erhielt eine rhetorische Ausbildung[2325] und war früh und häufig als Anwalt tätig. Seine Karriere begann Cäsar, wie unter jungen Politikern üblich, mit Anklagen gegen bekannte Politiker. Als *accusator* klagte er 77 v. Chr. Cn. Cornelius Dolabella[2326] und 63 v. Chr. C. Calpurnius Piso vor der *quaestio de repetundis* an.[2327] 76 v. Chr. vertrat er als Anwalt einige Griechen im Repetundenverfahren gegen C. Antonius.[2328] Laut Sueton festigte vor allem die Anklage gegen Dolabella Cäsars Ruf als Redner.[2329] Cicero zählte ihn gar zu den sechs beliebtesten Anwälten seiner Zeit.[2330] Der rhetorische Erfolg förderte auch Cäsars politische Karriere: 69 v. Chr. diente er als Quästor dem Statthalter C. Antistius Vetus, 67 v. Chr. wurde er zum *curator* der Via Appia gewählt, 65 v. Chr. war er Ädil und 62 v. Chr. hatte er die Prätur inne und wurde zum *pontifex maximus* gewählt.[2331] In dem letztgenannten Jahr wurde er wegen seiner Beteiligung an der catilinarischen Verschwörung angeklagt, aber freigesprochen.[2332] In seine Amtszeit als Prätor fiel auch der Bona-Dea-Skandal. Clodius hatte sich in Frauenkleidern während der Feierlichkeiten in das Haus

2324 geb. 100 v. Chr., flam. Dialis ab 84 v. Chr., quaest. 69 v. Chr., cur. viae Appiae 67 v. Chr., aed. 65 v. Chr., praet. 62 v. Chr., cos. 59, 48, 46–44 v. Chr., dict. 49, 48, 46–45, 45–44 v. Chr. Zu C. Iulius Caesar siehe Groebe/Klotz, Art. C. Iulius Caesar (131), RE X (1918) Sp. 186–275; Cary, Notes on the Legislation of Julius Caesar, JRS 19 (1929) 113–119; Funaioli, Grammaticae Romanae Fragmenta, 143–157; Schanz/Hosius, Geschichte der römischen Literatur I, 332–349; Cary, The Municipal Legislation of Julius Caesar, JRS 27 (1937) 48–53; Malcovati, Oratorum romanorum fragmenta, 383–397; Ross Taylor, The Dating of Major Legislation and Elections in Caesar's First Consulship, Historia 17 (1968) 173–193; Sumner, The orators in Cicero's Brutus, 134–138; Rawson, Intellectual Life in the Late Roman Republic, 109–114; Yavetz, Julius Caesar and his Political Image ; Broughton, Magistrates, III 104–108; David, Le patronat judiciaire, 836–839; Ulrich, Julius Caesar and the Creation of the Forum Iulium, American Journal of Archaeology 97 (1993) 49–80; Rüpke/Will, Art. Iulius Caesar, C., DNP 2 (1997) Sp. 908–920; Bleicken, Geschichte der römischen Republik, 235–241; Canfora, Julius Caesar: The People's Dictator; Rainer, Römisches Staatrecht, 177–185; Griffin, A companion to Julius Caesar; Gagliardi, Cesare, Pompeo e la lotta per le magistrature. Anni 52–50 a. C.; Bollan, Pontificalis Honor, 189–225; Meier, Die Ohnmacht des allmächtigen Dictators Caesar; Jehne, Caesar; Girardet, Januar 49 v. Chr.: Caesars Militärputsch. Vorgeschichte, Rechtslage, politische Aspekte.

2325 Plut. Caesar 3.

2326 Suet. Iul. 4. Siehe auch Malcovati, Oratorum romanorum fragmenta, 386 f.

2327 Sall. Catil. 49.

2328 Ascon. orat. in tog. cand. (p. 65 f. ed. Stangl). Siehe auch Malcovati, Oratorum romanorum fragmenta, 387 f.; Alexander, Trials in the Late Roman Republic, 71 f. Nr. 141.

2329 Suet. Iul. 55. Siehe auch Suet. Iul. 4, 20, 71; Plut. Caesar 4; Cic. Lig. 30; Tac. ann. 13.3. Weitere Hinweise bei Alexander, Trials in the Late Roman Republic, 71 f. Nr. 140–141, 112 Nr. 225, 177 Nr. 376.

2330 Cic. Brut. 207. Siehe auch Cic. Lig. 30.

2331 Plut. Caesar 5, 9.

2332 Alexander, Trials in the Late Roman Republic, 112 f. Nr. 227.

von Cäsars Frau Pompeia eingeschlichen und damit die Riten entheiligt. Cäsar trat im Prozess als Zeuge auf.[2333]

Nach seiner Prätur diente Cäsar als Statthalter in der Provinz Hispania und wurde 59 v. Chr. zum ersten Mal zum Konsul gewählt.[2334] Ungefähr zu derselben Zeit schloss er mit Crassus und Pompeius das sog. erste Triumvirat, bei dem sich die drei Männer einigten, einander bei ihren politischen Vorhaben zu unterstützen.[2335] Cäsars Gesetzgebung während seines Konsulats spiegelte die Absichten der Triumvirn wider. Die *lex Iulia agraria* und die *lex agraria Campana* dienten der Versorgung der Veteranen des Pompeius; die Vergabe der Posten in der 20-Männer-Kommission, die das Land verteilen sollte, sollte zugleich die Versöhnung der politischen Gegnern fördern (*lex agraria Campana*).[2336] In demselben Jahr verabschiedete Cäsar auch eine *lex Iulia de actis Cn. Pompei confirmandis*,[2337] durch welche die Neuordnung der östlichen Provinzen ratifiziert wurde und eine *lex Iulia de publicanis*, die einen Steuernachlass für Steuerpächter vorsah – ein Entgegenkommen gegenüber Crassus.[2338] Die *leges Iuliae de repetundis* und *de peculatu*, die gleichfalls 59 v. Chr. verabschiedet wurden, ordneten verschärfte Strafen für die entsprechenden *crimina* an.[2339] Ebenfalls auf Initiative Cäsars ergingen die *lex Iulia de rege Alexandrino*, durch die Ptolemaios XII. als König von Ägypten anerkannt wurde,[2340] die *lex Vatinia de alternis consiliis reiciendis*[2341] und die *lex Vatinia de colonia Comum deducenda*.[2342] Die letzten beiden Gesetze wurden durch Cäsars Anhänger, den Volkstribun P. Vatinius,[2343] eingebracht.

Nach seinem Konsulat wurden Cäsar 59 v. Chr. aufgrund der *lex Vatinia de imperio Caesaris* (ebenfalls von 59 v. Chr.) die Provinzen Gallia Cisalpina und

2333 Alexander, Trials in the Late Roman Republic, 116 Nr. 356.

2334 Suet. Iul. 18 f.; Plut. Caesar 11–14.

2335 Zum ersten Triumvirat siehe z. B. Christ, Krise und Untergang der römischen Republik und Baltrusch, Caesar und Pompeius.

2336 App. civ. 2.10–12; Cass. Dio 38.1–7; Liv. per. 103; Plut. Cato min. 31 f.; Plut. Pompeius 47 f.; Suet. Iul. 20. Siehe auch Crawford, The Lex Iulia Agraria, Athenaeum 67 (1989) 179–190; Flach, Römische Agrargeschichte, 79–81.

2337 App. civ. 2.13; Cass. Dio 38.7; Plut. Pompeius 48. Siehe auch Rotondi, Leges publicae, 391.

2338 Schol. Bob. in § 31 Planc. (p. 157 f., ed. Stangl); App. civ. 2.13; Cic. Planc. 35. Siehe auch S. 352.

2339 Suet. Iul. 42–43. Zur *lex Iulia repetundarum* siehe Cic. Rab. Post. 8; Cic. Vatin. 29; D. 48.11.0; C. 9.27.0, zur *lex Iulia de peculatu* siehe D. 48.13.0; C. 9.28.0; Inst. 4.18; Theoph. Inst. 4.18.9. Siehe auch Rotondi, Leges publicae, 389, 453 f.

2340 Caes. civ. 3.107; Cic. Att. 2.16.2. Siehe auch Rotondi, Leges publicae, 391.

2341 Cic. Vatin. 27. Siehe auch Rotondi, Leges publicae, 391.

2342 Suet. Iul. 28; Strab. 5.1.6; App. civ. 2.26. Siehe auch Rotondi, Leges publicae, 392; Ross Taylor, The Dating of Major Legislation and Elections in Caesar's First Consulship, Historia 17 (1968) 173–193.

2343 Zu Vatinius siehe auch Gundel, Art. P. Vatinius (3), RE VIII A 1 (1955) Sp. 495–520.

Illyricum anvertraut;[2344] später kam durch einen Senatsbeschluss noch Gallia Narbonensis hinzu.[2345] Ein Jahr später wurde er von dem Volkstribun L. Antistius angeklagt, da er Rom während einer laufenden Senatsuntersuchung verlassen hatte. Cäsar hatte aber mit einer Appellation an die Volkstribunen Erfolg, in der er Abwesenheit aus Staatsgründen geltend machte.[2346]

Die folgenden Jahre verbrachte Cäsar in Gallien und eroberte mit großem militärischen Aufwand das ganze Gebiet, das bisher noch nicht dem Römischen Reich unterstand. Als er sich 49 v. Chr. um das Konsulat bewerben wollte, eskalierte der Konflikt zwischen ihm und Pompeius. Als er durch ein *senatus consultum* aufgefordert worden war, seine Truppen zu entlassen, überschritt Cäsar den Rubikon und begann damit den Bürgerkrieg. 48 v. Chr. unterlag Pompeius bei Pharsalos, 46 v. Chr. schlug Cäsar einen großen Teil der republikanischen Truppen bei Thapsus. 45 v. Chr. besiegte er die Söhne von Pompeius in Munda.

Cäsar hatte sich in Rom, das von Pompeius verlassen worden war, 49 v. Chr. für elf Tage zum Diktator ernennen lassen. 48 v. Chr. wurde er zum Konsul gewählt. 47 v. Chr. wurde er erneut zum Diktator ernannt und 46–44 wurde er wieder zum Konsul gewählt. Am 15. März 43 v. Chr. fiel er einer Verschwörung zum Opfer.

Während der Zeit seiner Diktatur und seiner Konsulate entwickelte Cäsar eine rege legislative Tätigkeit. Er war Initiator und Unterstützer einiger Gesetzesvorhaben[2347] und plante eine Kodifikation des römischen Rechts.[2348] Schon sein erstes Konsulat zeichnete sich durch eine erhöhte gesetzgebende Aktivität aus[2349] und ab 49 v. Chr. initiierte er eine Reihe weiterer Gesetze, die u. a. auch das römische Rechtswesen stark beeinflussten. Bei seinen Vorhaben konnte Cäsar sich nicht nur auf eine große Kanzlei[2350] stützen, sondern auch mit der Unterstützung einiger bekannter römischer Juristen rechnen. Zu den Juristen in seinem Umfeld zählten u. a. A. Ofilius, C. Trebatius Testa, Granius Flaccus, L. Cornelius Balbus und Q. Cornificius Longus. Auch einige ehemalige Pompeianer, wie Ser. Sulpicius Rufus oder Varro, konnte er vermutlich konsultieren.

2344 Suet. Iul. 22; Oros. 6.7.1; Cass. Dio 38.8; Cic. Vatin. 36; Cic. prov. 36 f. Zur *lex Vatinia de imperio Caesaris* siehe auch Gelzer, Lex Vatinia de imperio Caesaris, Hermes 63 (1928) 113–137.

2345 Suet. Iul. 22.

2346 Suet. Iul. 23. Siehe auch Alexander, Trials in the Late Roman Republic, 126 f. Nr. 257.

2347 Zu seiner Unterstützung der *rogatio Plautia* siehe Gell. 13.3.5.

2348 Suet. Iul. 44; Plut. Caesar 58; Isid. orig. 5.1.5. Überlegenswert ist, inwieweit diese Pläne zur Kodifizierung von Augustus bei dessen Gesetzgebung aufgegriffen wurden (*leges Iuliae iudiciariae, lex Iulia de adulteriis*). Siehe auch Rawson, Intellectual Life in the Late Roman Republic, 212 f.; Cannata, Per una storia della scienza giuridica europea, 292–294.

2349 Cass. Dio 38.7–8.

2350 Malitz, Die Kanzlei Caesars, Historia 36 (1987) 51–72.

Durch die *lex Iulia de bonis cedendis*[2351] und die *lex Iulia de pecuniis mutuis*,[2352] beide 49 v. Chr. erlassen, wurden Zinsbefreiungen für Darlehen und die Rückzahlung durch Übereignung von Grundstücken eingeführt. Die *lex Iulia de sacerdotiis*, ebenfalls von 49 v. Chr., hatte die Vergabe von Priesterämtern innerhalb der römischen Oberschicht zum Thema.[2353] Durch weitere Gesetze machte er viele der durch die *lex Pompeia de ambitu* ergangenen Verurteilungen rückgängig[2354] und veranlasste die Rückgabe der politischen Rechte an Kinder von Exilierten, sodass diese sich wieder um Magistrate bewerben konnten.[2355]

Ein erneutes Bündel von Maßnahmen erging 46 v. Chr.: Cäsar erhöhte die Zahl der Prätoren von acht auf zehn und stockte auch die Zahl der Ädilen, Quästoren und der geringeren Magistrate auf,[2356] er änderte die Richterliste, indem er die Kategorie der *tribuni aerarii* strich,[2357] füllte den Senat mit seinen Anhängern aus den Reihen der *equites* und *centuriones*[2358] und begrenzte durch eine *lex Iulia de provinciis* (46 v. Chr.) die Statthalterschaft der Proprätoren auf ein Jahr und der Prokonsuln auf zwei Jahre.[2359] Weiters erließ er *leges Iuliae de vi* und *de maiestate*, die jedoch bald durch spätere Gesetze von Augustus derogiert wurden.[2360] 46 v. Chr. wurden auch eine *lex sumptuaria*[2361], die *lex Iulia de modo credendi possidendique intra Italiam*[2362], die Reform des Kalenders[2363]

2351 App. civ. 2.48; Caes. civ. 3.1; Diocl./Maxim. C. 7.71.4; Cass. Dio 41.37, 42.51; Suet. Iul. 42. Siehe auch ROTONDI, Leges publicae, 451; RUSSO RUGGERI, Osservazioni sulle cosidette Leges Iuliae de pecuniis mutuis e de bonis cedendis , Ius antiquum 1 (2000) 105–112.

2352 Cass. Dio 42.51; Plut. Caesar 37; Suet. Iul. 38. Siehe auch ROTONDI, Leges publicae, 391; PINNA PARPAGLIA, La Lex Iulia de pecuniis mutuis e la opposizione di Celio, Labeo 22 (1976) 30–72; SACCOCCIO, Un provvedimento di Cesare del 49 a. C. in materia di debiti, 99–175; RUSSO RUGGERI, Osservazioni sulle cosidette Leges Iuliae de pecuniis mutuis e de bonis cedendis, Ius antiquum 1 (2000) 105–112.

2353 Cass. Dio 42.51. Siehe auch ROTONDI, Leges publicae, 419; MOREAU, Lex Iulia de sacerdotiis, Athenaeum 66 (1988) 365–369; BOLLAN, Pontificalis Honor, 218.

2354 Caes. civ. 3.1.

2355 Cass. Dio 41.18; Suet. Iul. 41. Siehe auch ROTONDI, Leges publicae, 418 f.

2356 Cass. Dio 42.51, 43.47, 43.49, 43.51; Suet. Iul. 41. Siehe auch ROTONDI, Leges publicae, 421.

2357 Suet. Iul. 41. Siehe auch Cass. Dio 43.25; Cic. Phil. 1.20. Siehe auch ROTONDI, Leges publicae, 422.

2358 Cass. Dio 42.51.5.

2359 Cic. Phil. 1.19, 1.24; Cass. Dio 43.25. Siehe auch ROTONDI, Leges publicae, 421.

2360 Iul. 44 dig. D. 41.3.33.2; Cic. Phil. 1.23. Siehe auch ROTONDI, Leges publicae, 422 f.; CLOUD, Lex Iulia de vi: Part 1, Athenaeum 66 (1988) 579–595; CLOUD, Lex Iulia de vi: Part 2, Athenaeum 67 (1989) 427–465.

2361 Suet. Iul. 43; Cass. Dio 43.25. Siehe auch ROTONDI, Leges publicae, 421.

2362 Tac. ann. 4.16. Siehe auch ROTONDI, Leges publicae, 420.

2363 Cass. Dio 43.26. Siehe dazu auch MALITZ, Die Kalenderreform Caesars, Ancient Society 18 (1987) 103–131; FANTHAM, Caesar as an Intellectual, 153–155; BOLLAN, Pontificalis Honor, 218–220.

sowie eine Förderung kinderreicher Familien mit Prämien[2364] verabschiedet. Die Konstruktion des *forum Iulium*, die u. a. eine Erleichterung der Rechtsprechung zum Ziel hatte, wurde erst nach Cäsars Tod vollendet, obwohl er sich schon vor dem Bürgerkrieg damit beschäftigt hatte.[2365]

Das Bürgerrecht wurde unter Cäsar auch auf die transpadanischen Gebiete, Sizilien und Gallien ausgeweitet.[2366] Zusätzlich siedelte Cäsar 80.000 Veteranen in Kolonien im ganzen Römischen Reich an.[2367] Die durch diese Ausweitung nötig gewordene Reform der Munizipialgerichtsbarkeit verwirklichte er durch eine *lex Iulia muncipialis*.[2368] Wahrscheinlich ebenfalls auf einen Gesetzesentwurf Cäsars gehen die *lex coloniae Genetivae Iuliae*[2369] und die *lex de Gallia Cisalpina* zurück.[2370]

Dass Cäsar häufig als Anwalt auftrat, wurde schon erwähnt. Neben den schon aufgezählten Prozessen trat Cäsar u. a. als Anwalt für den Fürsten Masintha auf und verteidigte einen gewissen Cn. Decidius.[2371] Im Strafverfahren war er auch als Vorsitzender aktiv. Er war *duumvir perduellionis* im Verfahren gegen C. Rabirius[2372] und Vorsitzender (*iudex quaestionis*) der *quaestio des sicariis;* hier saß er etwa den Verfahren gegen L. Bellienus, L. Luscius und Catilina vor,[2373] wich von der bisherigen Rechtsprechung ab und zählte auch Mörder von Proskribierten zu *sicarii*.[2374]

2364 Cass. Dio 43.25.

2365 Siehe auch Ulrich, Julius Caesar and the Creation of the Forum Iulium, American Journal of Archaeology 97 (1993) 49–80.

2366 Cass. Dio 41.36.

2367 Suet. Iul. 38; Cass. Dio 42.54.

2368 Teile der *lex Iulia municipalis* finden sich möglicherweise in der *tabula Heraclensis* (ablehnend Crawford, Roman Statutes, I 355–391). Siehe auch Cary, The Municipal Legislation of Julius Caesar, JRS 27 (1937) 48–53. Ob es eine *lex Iulia municipalis* gab und wie diese ausgestaltet war, ist in der Forschung umstritten. Siehe Kaser/Hackl, Das römische Zivilprozessrecht, 176 FN 36.

2369 Crawford, Roman Statutes, I 393–454. Einen Sonderstatus nimmt *die lex coloniae Genetivae Iuliae* ein, die im ersten Teil bezüglich ihres Stils von den anderen *leges Iuliae* abweicht, was auf die Endredaktion des Gesetzes durch Caesar zurückgeführt wurde. Norden, Aus altrömischen Priesterbüchern, 12 FN 1. Siehe auch Jurewicz, La lex Coloniae Genetivae Iuliae seu Ursonensis – rassegna della materia. Gli organi della colonia, RIDA 54 (2007) 293–325.

2370 Crawford, Roman Statutes, I 461–477.

2371 Suet. Iul. 71; Tac. dial. 21.6. Siehe auch Malcovati, Oratorum romanorum fragmenta, 393, 396; Alexander, Trials in the Late Roman Republic, 177 Nr. 376.

2372 Suet. Iul. 12; Cass. Dio 37.26–28. Dazu Jones, The Criminal Courts of the Roman Republic and Principate, 40–44; Alexander, Trials in the Late Roman Republic, 110 Nr. 220.

2373 Alexander, Trials in the Late Roman Republic, 108 f. Nr. 215–217.

2374 Suet. Iul. 11. Siehe auch Nippel, Aufruhr und Polizei, 105; Alexander, Trials in the Late Roman Republic, 108 f. Nr. 217.

Besonders hervorzuheben ist, dass Cäsar, verstärkt seit 46 v. Chr., eine eigenständige Rechtsprechung hatte. Während er zu Beginn vermutlich vor allem von Privatleuten als Richter ausgewählt worden war (Motivation dafür waren neben seiner forensischen Expertise sicher auch seine unbestrittene Macht), wurde seine jurisdiktionelle Tätigkeit von Augustus und dessen Nachfolgern zur Kaisergerichtsbarkeit umgeformt.[2375] Die Entstehung der Gerichtsbarkeit des Prinzeps ist daher nicht allein – wie in der herrschenden Lehre häufig postuliert – als Ausfluss der *auctoritas* des Kaisers zu sehen,[2376] sondern ist auch darauf zurückzuführen, dass bei der Auswahl eines Richters besonders gerne – aufgrund seiner Macht – der Prinzeps gewählt wurde: Die Parteien, deren Auseinandersetzungen Cäsar schlichten sollte, hatten ihn wegen seiner persönlichen Macht und seiner juristischen Kenntnisse als Richter ausgewählt, und sein Adoptivsohn hatte dieses Prinzip konsequent fortgeführt. Da dieser wegen seiner *tribunicia potestas* und des *imperium proconsulare* jedoch auch Kongnitionsgewalt hatte, vermischten sich die beiden Tätigkeiten zur Gerichtsbarkeit des Kaisers und bildeten den Beginn der sog. *cognitio extra ordinem*.[2377]

Eine weitere Neuerung Cäsars, die Augustus institutionalisierte, war das Amt des *praefectus urbi*.[2378] Dieser hatte einen umfassenderen Aufgabenbereich als die Prätoren und war unter Augustus vor allem für Appellationen zuständig. Cäsar hatte während seines dritten und vierten Konsulats *praefecti urbi*, die in der Republik nur für den Zeitraum der *feriae* und für jene Gelegenheiten, bei denen alle Amtsinhaber mit *imperium* die Stadt verlassen hatten, eingesetzt worden waren,[2379] anstelle der Prätoren ernannt.[2380] Augustus, der 47 v. Chr. selbst als *praefectus urbi feriarum Latinarum* unter Caesar eingesetzt worden war,[2381]

2375 Suet. Iul. 43.1. Siehe auch Sen. benef. 6.2.11; Bell. Alex. 71.1; Nikol. Dam. vita Aug. 26. Dazu Malitz, Die Kanzlei Caesars, Historia 36 (1987) 61 f. Vgl. auch Wolf, Claudius Iudex, 145–158, und die von ihm behandelte Frage, wie die Rechtsprechung des Claudius juristisch zu beurteilen sei, und Bringmann, Der Diktator Cäsar als Richter?, Hermes 114 (1986) 72–88.

2376 So etwa Buti, La cognitio extra ordinem, 35.

2377 Zur *extraordinaria cognitio* siehe auch Bleicken, Senatsgericht und Kaisergericht; Buti, La cognitio extra ordinem, 29–59; Santalucia, Diritto e processo penale, 189–268; Turpin, Formula, cognitio, and proceedings extra ordinem, RIDA 46 (1999) 499–577; Rainer, Zum Ursprung der extraordinaria cognitio, Studia Litewski, 69–74. Zu der Vermischung von richterlicher Tätigkeit und *cognitio* siehe auch Masuelli, Il principe come giudice privato. Modelli di intervento personale del principe nel processo civile ordinario, FS Burdese, 85–109.

2378 Siehe hierzu auch Kunkel/Wittmann, Staatsordnung und Staatspraxis der römischen Republik, 274–276.

2379 Cass. Dio 41.14.4. Siehe auch Brennan, The Praetorship in the Roman Republic, 598 f.

2380 Suet. Iul. 76. Siehe auch Cass. Dio 52.21.1 f. Zu den anderen Bedeutungen von *appellare* siehe Non. s. v. *appellare* (ed. Lindsay, p. 356).

2381 Nikol. Dam. vita Aug. 13.

griff – wie zuvor M. Antonius[2382] – auf dieses Amt zurück, weitete jedoch die Kompetenzen des *praefectus urbi* deutlich auf und machte ihn zu einem dauerhaften Magistrat.[2383]

I.5.17. Zusammenfassung

Das 1. Jhdt. v. Chr. war eine Zeit politischer Krisen und Auseinandersetzungen, die unter den Juristen dieser Zeit große Opfer forderten. Dies war sicher ein Grund dafür, dass in dieser Epoche weniger Juristen politische Karriere machten, als in den vorangegangenen Jahrhunderten.[2384] Die fünf bekanntesten Juristen dieser Epoche – C. Aquilius Gallus, Ser. Sulpicius Rufus, A. Ofilius, P. Alfenus Varus und C. Trebatius Testa – versinnbildlichen diesen Wandel: Während Ser. Sulpicius Rufus als „Jurist alten Schlags", der aus der Nobilität stammte, eine politische Karriere hatte und sich im Bürgerkrieg auf die Seite des Senats stellte, verhielten sich die andere vier Juristen entweder apolitisch (C. Aquilius Gallus), arbeiteten mit dem neuen Regime zusammen (P. Alfenus Varus) oder versuchten einen Mittelweg zwischen Kooperation und dem Rückzug ins Privatleben zu finden (A. Ofilius, C. Trebatius Testa).

Abgesehen davon wies dieses Jahrhundert jedoch mehr Gemeinsamkeiten mit den vorangegangenen Jahrhunderten auf als üblicherweise angenommen. Die Jurisprudenz war nach wie vor eine Domäne der Nobilität und eine Familienangelegenheit. Rechtskenntnisse wurden innerhalb der Familie weitergegeben, Juristenfamilien waren häufig miteinander verschwägert. Auch die juristische Lehre verlief wenig institutionalisiert. Die meisten Juristen sammelten einen kleinen Schülerkreis um sich, mit dem sie Herkunft und oft auch politische Überzeugung teilten.

2382 Cass. Dio 42.30.1.

2383 Suet. Aug. 37, Cass. Dio 52.21.1 f. Zu den republikanischen Ursprüngen des *praefectus urbi* und zu den Gemeinsamkeiten und Unterschieden zur *praefectura* des Prinzipats siehe auch Pérez López, Il praefectus urbi repubblicano e la sua proiezione nella tarda Repubblica e nel Principato, Rivista di diritto romano 13 (2013) 1–13. Zum *praefectus urbi* siehe Kunkel/Wittmann, Staatsordnung und Staatspraxis der römischen Republik, 274–276; Ruciński, Praefectus Urbi; Wojciech, Die Stadtpräfektur im Prinzipat.

2384 Gerne wird dieses „Versagen" in der Politik mit der Unvereinbarkeit mit dem juristischen Berufsethos in Verbindung gebracht (vgl. Kunkel, Die römischen Juristen, 58) – übersehen wird hier allerdings, dass die Chancen, Politik zu machen im 1. Jhdt. v. Chr. für jene, die keine *intimissimi* der Herrschenden waren, grundsätzlich nicht zum Besten standen und dass die Juristen wohl mehrheitlich den Optimaten zuzurechnen waren und sich daher logischerweise in einem Gegensatz zu Marius und Caesar befanden.

Sehr gut sichtbar wird bei den Juristen des 1. Jhdt. v. Chr. die Wichtigkeit des *ius sacrum*, das als Argumentationshilfe für politische Diskussionen verwendet und oft auch missbraucht wurde. Wie gerade anhand des Auguralrechts gezeigt werden konnte, waren politische Tätigkeit und juristische Auffassung sehr eng miteinander verknüpft und dass gerade im politisch sehr bewegten 1. Jhdt. v. Chr. ausgesprochen viele Schriftsteller zum *ius sacrum* im Allgemeinen und dabei besonders zum Auguralrecht bezeugt sind, ist sicherlich der politischen Situation geschuldet.

Ein weiterer Effekt der politischen Krisen dieser Umbruchsperiode war wissenschaftlich eine verstärkte Hinwendung zu antiquarischen Studien, deren bekannteste Vertreter M. Terentius Varro und P. Nigidius Figulus waren, wobei – analog zu den Publikationen des C. Sempronius Tuditanus und des M. Iunius Gracchanus – Etymologien und Herkunftstheorien und -mythen mitunter auch politisch thematisiert und instrumentalisiert wurden.

Ein wichtiges Aufgabenfeld für Juristen war nicht zuletzt auch die Abfassung und Formulierung von Gesetzen. Eine gute Gesetzgebung galt in der römischen Antike als ideales Werk eines guten Staatsmanns. Dementsprechend verwundert es nicht, dass sowohl Pompeius als auch Cäsar – nach dem Vorbild Sullas – versuchten, das römische Rechtswesen neu zu ordnen und letztendlich durch ihre Gesetzgebung das römische Reich weit über die Republik hinaus prägten.

Teil II: Das „Berufsbild“ des Juristen während der Römischen Republik

II.1. Vorbemerkungen

In der Antike dominierte die Ansicht, dass eine Disziplin eine *ars* (τέχνη) sei. Diesen Begriff kann man – im Gegensatz zu *ingenium* („natürliche Fähigkeit, Geist, Talent“) – wohl am besten mit „Handwerk“ beschreiben. Dies impliziert, dass die Kenntnisse in der jeweiligen Disziplin durch Lernen erworben werden konnten,[2385] und dass der Bezug zur Praxis sehr eng war.[2386] Bezogen auf die römische Jurisprudenz werden diese Annahmen durch den Terminus *iuris peritus*[2387] und durch Celsus' Definition der *iurisprudentia* als *ars boni et aequi*[2388] bestätigt.[2389] Freilich dauerte es, wie Nörr zurecht hervorgehoben hat, eine geraume Weile, bis die Jurisprudenz als eigene Disziplin von Nichtjuristen akzeptiert wurde.[2390] Der Schwerpunkt des römischen Selbstverständnisses lag auf Politik, Krieg und Prozessführung – Disziplinen, die meist unter großer Beteiligung der Öffentlichkeit stattfanden und im Kampf um Wählerstimmen große Bedeutung hatten.[2391]

2385 Vgl. auch HEUMANN/SECKEL, Handlexikon zu den Quellen des römischen Rechts, 41 s. v. *ars*: „1) alles Erlernte: Kunst, Kenntnis, Wissenschaft, System, Handwerk, […] 2) Kunstgriff, List, Rank“. Siehe dazu auch Cic. de orat. 1.190–197 (Crassus spricht über die Aneignung juristischen Wissens).

2386 Siehe dazu MACCORMICK, De Iurisprudentia, 79–82, der die enge Verknüpfung des Terminus *prudentia* mit der griech. φρόνησις hervorhebt und BÜRGE, Die Juristenkomik in Ciceros Rede Pro Murena, 128.

2387 Vgl. OLD s. v. *peritia* „Having knowledge of a thing gained from experience, practised, expert“.

2388 Ulp. 1 inst. D. 1.1.1 pr. Vgl. auch MACCORMICKS Üs. von Ulp. 1 reg. D. 1.1.10.2 *iuris prudentia est divinarum atque humanarum rerum notitia, iusti atque iniusti scientia.* als „practical wisdom in legal questions lies in attention to things divine and things human, in knowing what is just and what is unjust.“ (MACCORMICK, De Iurisprudentia, 81).

2389 Vgl. auch Cic. de orat. 1.186. Dazu CANCELLI, La giurisprudenza unica dei pontefici e Gneo Flavio, 148–160. Vgl. auch Cic. de orat. 2.56 zu *sapientia*.

2390 NÖRR, Iurisperitus sacerdos, Xenion Zepos, 558.

2391 Plin. nat. 7.88–127; Vell. 1.17.3, 2.9.1 f.; Ampel. 19 f.; Solin. 1.113–127 – allesamt Kataloge von herausragenden Männer – enthalten nur Redner, jedoch keine Juristen. Bei der Aufzählung der *artes* bei Plin. nat. 7.123–127 fehlt die Rechtswissenschaft, ebenso bei der Aufzählung der Berufe in Dion Chrys. Rede Περὶ ἀρετῆς (Nr. 69.3). Nicht aufgezählt wird die juristische

II.2. Bezeichnungen

Daher ist es nur folgerichtig, dass für die Jurisprudenz erst ziemlich spät ein fester *terminus technicus* verwendet wird. So finden wir den ersten Beleg für *iuris peritus* (eigentlich *iure peritus*) erst im Jahr 119 v. Chr. in einem Fragment des Satirendichters Lucilius[2392] – also immerhin ca. 330 Jahre nach der *lex duodecim tabularum*. Inschriftliche Belege tauchen überhaupt erst in der Kaiserzeit auf.[2393] Auch in der nichtjuristischen Literatur tritt der Begriff *iuris prudens/consultus/peritus* wesentlich seltener auf als *patronus*, *advocatus*, *causidicus*[2394] und andere Synonyme.[2395] Dies ist vor allem deshalb interessant, weil das Fehlen

---

Literatur auch in den Katalogen von Quint. inst. 10.1.20–131 und Dion Chrys. (Rede Nr. 18), in denen Literaturhinweise für angehende Redner gegeben werden. Als *ars* ist die Rechtswissenschaft dagegen enthalten in Galens *exhortatio ad bonas artes*. Siehe auch Selinger, Der Jurist in der römischen Kunst, FS Brein, 189–196 und Barton, Roman Honor, 71 FN 189, während Scarano Ussani, L' ars dei giuristi, 54, davon ausgeht, dass zumindest im 2. Jhdt. n. Chr. die Rechtswissenschaft als *ars* etabliert war.

2392 Krenkel, Lucilius. Satiren, fr. 57 „*ut iure peritus*". Das Fragment stammt aus dem zweiten Satirenbuch und nimmt (vermutlich) Bezug auf den Repetundenprozess, den T. Albucius im Jahr 119 v. Chr.gegen Q. Mucius Scaevola *augur* (siehe S. 109) anstrengte. Siehe Krenkel, Lucilius. Satiren, 26 und Robinson, The Personal Abuse in Lucilius' Satires, The Classical Journal 49 (1953) 31–35; 47.

2393 Zu den inschriftlichen Belegen Kunkel, Die römischen Juristen, 263–270; Crook, Legal Advocacy in the Roman World, 154 f.; Liebs, Nichtliterarische Juristen, Symposion Wieacker, 123–198. Während es in den Inschriften 25 (davon 22 sichere) Belege für *iuris peritus* u. ä. gibt (unsicher sind CIL XIV 2916; CIL XIV 175; CIL III 8822), finden sich allein in der Datenbank Levi-Clauss 80 Nachweise für *advocatus* und 89 Nachweise für *defensor*. Die Belege für *patronus* sollen hier aufgrund deren weiten Bedeutungsfelds außer Acht gelassen werden. Hinzu kommen noch ca. 27 Belege für νομικός, das sowohl iSv „Jurist" als auch von „Anwalt" verwendet wurde.

2394 *Causidicus* wurde zuerst pejorativ gebraucht, verlor aber dann diese Konnotation und wurde synonym zu *advocatus* gebraucht (CIL VI 9240; CIL XIII 7063; ILS 5225; ILS 6732; T. Mommsen, Inscriptiones confoederationis helveticae latinae, 1854, 20 Nr. 117). Siehe auch Crook, Legal Advocacy in the Roman World, 152.

2395 Mit Abstand die meisten Belege für *iuris consultus*, *iuris peritus* und *iuris prudens* stammen aus Cicero. Weitere Gattungen, in denen diese Begriffe relativ häufig gebraucht werden,

eines Begriffs darauf hindeutet, dass dafür in gewissem Sinn auch keine Notwendigkeit bestand, einerseits weil (zu dieser Zeit) gleichbedeutende Synonyme wie *doctus*,[2396] *disertus*[2397] oder *patronus*[2398] vorhanden waren, andererseits vielleicht auch, weil die in dem Begriff *iuris peritus/prudens/consultus* implizierte Spezialisierung noch nicht stattgefunden hatte.

Iuris consultus bezieht sich, wie aus dem Zusammenhang mit *consulere* zu ersehen, auf die Respondiertätigkeit;[2399] *iuris prudens* und *iuris peritus* spielen auf die Kenntnisse der Person an.[2400] Ursprünglich hatten diese Bezeichnungen eine etwas negative Konnotation,[2401] wandelte sich dann aber zu einer neutralen Bezeichnung. Eine ähnliche Entwicklung findet sich auch beim Begriff *advocatus* (sowie den Entsprechungen *causidicus* und *togatus*),[2402] für den bis Martial der Begriff *patronus* teilweise synonym verwendet wurde, wenn auch mit *patronus* recht häufig der Anwalt der Verteidigung bezeichnet wurde.[2403] Häufige Schimpfwörter für *advocati* waren *calumniator* und *causidicus*. Ein Ankläger wurde auch als *delator* oder *quadruplator* bezeichnet.[2404]

Für die Rechtswissenschaft selbst bürgerte sich der terminus *iuris prudentia* ein,[2405] wobei der Ausdruck *prudentia* stark durch Cicero geprägt wurde.[2406]

---

sind die Satire (Lucilius, Horaz, Persius, Juvenal, Martial), rhetorische Lehrbücher (Rhetorica ad Herennnium, Tacitus, Quintilian) und die Geschichtsschreibung (Livius, Tacitus, Velleius Paterculus).

2396 Zu *doctus* als Bezeichnung für einen Juristen siehe Coleman, Tiresias the Judge: Ovid, Metamorphoses 3.322–38, CQ 40 (1990) 573. Siehe auch Non. s. v. *doctum* (ed. Lindsay, p. 692).

2397 Zu *disertus* siehe Leumann, Lat. disertus, FS Renard, I 547–550. Siehe auch Mart. 7.9.

2398 Zu *patronus* siehe S. 85, 373 ff.

2399 Berger, Art. Iurisprudentia, RE X (1918) Sp. 1164.

2400 Berger, Art. Iurisprudentia, RE X (1918) Sp. 1164. Zu *privatus disceptator* siehe Cic. rep. 3.33; Cic. leg. 3.8; Liv. 1.50.8; Plaut. Most. 1137). Zu *interpres legum*, ein Wort, das ebenfalls Rechtskenntisse anzeigt, siehe Cic. Tusc. 5.105; Plin. nat. 34.21; Diog. Laert. 9.2.; Pomp. l. s. enchir. D. 1.2.2.4. Siehe auch Cancelli, La giurisprudenza unica dei pontefici e Gneo Flavio, 256 f.

2401 Krenkel, Lucilius. Satiren, fr. 57; Suet. Cal. 34; Phaedr. 5.4; Sen. benef. 5.19, 6.5. Besonders beißend etwa die Kritik bei Sen. apocol. 12. Siehe auch die anschauliche Zusammenschau der Kritik an Juristen bei Liebs, Der ungeliebte Jurist, SZ 123 (2006) 1–18, sowie Gamauf, Aliquid de iure gustare, FS Blaho, 151–165.

2402 Zu *advocatus* siehe TLL I/Fasc. 4 (1902) Sp. 891 f., s. v. *advocatus*; OLD Fasc. 1 (1968) 59 s. v. *aduocatus* 1. Zum Wortgebrauch von *advocatus* siehe auch Crook, Legal Advocacy in the Roman World, 148–151. Zu *causidicus* siehe TLL III/Fasc. 3 (1908) Sp. 703; OLD Fasc. 2 (1969) 290 s. v. *causidicus*. Zu *togatus* siehe OLD Fasc. 7 (1980) 1946 s. v. *togatus* 2. Siehe auch S. 373 ff., 393

2403 Crook, Legal Advocacy in the Roman World, 122.

2404 Wesener, Art. quadruplator, RE XXIV 1 (1963) Sp. 710–714; Ps.-Ascon. div. in Caec. § 24 (p. 194, ed. Stangl). Siehe auch Ps.-Ascon. Verr. 2.2.21 (p. 261, ed Stangl).

2405 Berger, Art. Iurisprudentia, RE X (1918) Sp. 1159.

2406 Siehe Bürge, Die Juristenkomik in Ciceros Rede Pro Murena, 128; Cape, Cicero and the Development of Prudential Practice at Rome, 35–65, bes. 37, 40, 47.

Seltener verwendet wurde *iuris disciplina*[2407]; *iuris scientia* wurde eher von Nichtjuristen verwendet.[2408] Freilich wurden *iuris prudentia, iuris disciplina* und *iuris scientia* wesentlich seltener und später verwendet als *iuris peritus, iuris consultus* und *iuris prudens*, sondern es wurden eher Umschreibungen gebraucht, sodass man, wenn überhaupt, eher spät von einer etablierten Terminologie für „Rechtswissenschaft“ sprechen kann.[2409]

2407 Cic. leg. 1.17; Cic. de orat. 1.180; Gell. 13.20.9. Siehe auch BAUMAN, Lawyers in Roman Republican Politics, 151.

2408 Cic. orat. 141; Macr. Sat. 1.24.17; Cass. var. 6.5.4, 11.praef.4.

2409 Abgesehen von der bekannten Stelle D. 1.1.10.2 Ulp. 1 reg. (*Iuris prudentia est divinarum atque humanarum rerum notitia, iusti atque iniusti scientia*) kommt *iuris prudentia* im gesamten *Corpus Iuris Civilis* nur ein weiteres Mal vor (Inst. 1.1.1).

II.3. *agere, cavere, respondere?*

Der Wirkungskreis eines Juristen umfasste gemäß einer bei Cicero mehrfach überlieferten Einteilung *agere*, *cavere* und *respondere*.[2410] Nach herrschender Meinung ist darunter die Unterstützung bei der Einbringung der Klagen, das vorprozessuale Formulieren von Verträgen und das Erteilen von Rechtsgutachten zu verstehen.[2411] Diese Definition sollte jedoch neu überdacht werden:

Das *agere* der klassischen Juristen angesichts des „aktionenrechtlichen Denkens“ nur auf die Auswahl bzw. Formulierung der Klagen zu beschränken, widerspricht nicht nur dem Sprachgebrauch,[2412] sondern auch den zahlreichen Hinweisen auf die bei Gericht tätigen Juristen.[2413] Neben den bereits Genannten (Sex. Aelius Paetus, P. Cornelius Scipio Nasica Corculum, Cato Censorius) waren während der Republik u. a. Cato Licinianus, P. Rutilius Rufus, C. Trebatius Testa, C. Aquilius Gallus, Ser. Sulpicius Rufus und Q. Aelius Tubero der Ältere als *advocati* tätig.

Hinsichtlich der kautelarischen Tätigkeit sei darauf hingewiesen, dass *cavere* häufig in Verbindung mit *in iure* verwendet wurde und in dieser Verwendung auf den Prozessbeistand in diesem Stadium hinwies.[2414] Auf den Zusammenhang

2410 Cic. Caecin. 78; Cic. de orat. 1.212; Cic. leg. 1.17. Etwas abweichend Cic. Mur. 19. Dazu Bürge, Die Juristenkomik in Ciceros Rede Pro Murena, 74–78.

2411 Nörr, Art. pragmaticus, RE Suppl. X (1965) Sp. 642; Schulz, Geschichte der römischen Rechtswissenschaft, 57, 64; Jolowicz/Nicholas, Historical Introduction to the Study of Roman Law, 95 f.; Kodrebski, Rechtsunterricht, 183; Bretone, Techniche e ideologie, 4; Wieacker, Römische Rechtsgeschichte I, 557–560. Vgl. auch Méhész, Advocatus romanus, 37–54.

2412 Siehe Georges, Ausführliches lateinisch-deutsches Handwörterbuch, Sp. 270–272 s. v. *ago*.

2413 Crook, Legal Advocacy in the Roman World, 172. Zu *agere* iSv „im Prozess vertreten“ siehe Méhész, Advocatus romanus, 49 f.

2414 Cancelli, La giurisprudenza unica dei pontefici e Gneo Flavio, 130 FN 404. *Cavere* in Verbindung mit *in iure* findet sich etwa in Cic. leg. 1.17; Cic. off. 2.65; Cic. inv. 2.140. Siehe auch Cic. Brut. 18. Vgl. auch Wlassak, Die klassische Prozessformel, 40 zum Erstellen von Formelentwürfen *in iure*. Siehe auch weiters Cic. leg. 1.14. Weitere Nachweise zum *cavere in*

zwischen *respondere* und *consulere* wurde schon oben verwiesen.[2415] Da *respondere* bei Cicero zumeist vor *agere* und *cavere* angeführt wird, erscheint es plausibel, *respondere* und das bei Cicero synonym gebrauchte *consilio iuvare* vorwiegend auf die außer- und vorprozessuale Beratung zu beziehen.

Dieser Befund deckt sich auch mit dem Tätigkeitsbereich der genannten Juristen aus dem 3. Jhdt v. Chr. Die meisten von ihnen (Ap. Claudius Caecus, Ti. Coruncanius, P. Licinius Crassus Dives, Q. Fabius Labeo, P. Aelius Paetus und M. Porcius Cato) werden in Ciceros *Brutus*, einer Darstellung der Geschichte der römischen Rhetorik, namentlich genannt.[2416] Nun ist zwar nicht jede Rede eine Gerichtsrede, doch unter den drei antiken *genera* – deren Einteilung von Aristoteles' Rhetorik ausging –, dem *genus iudiciale*, dem *genus deliberativum* und dem *genus demonstrativum*, nahm die Gerichtsrede eine sehr wichtige Rolle ein, nicht zuletzt aufgrund der engen Verbindung zwischen dem römischen Prozesswesen und der Politik.[2417] Die Beziehung zwischen Patronat und Prozesswesen zeigt sich auch darin, dass Cicero in seiner Aufzählung der bekannten Redner im *Brutus* jene der Vergangenheit als „Schar der *patroni*“ bezeichnet.[2418]

---

iure bei WLASSAK, Die klassische Prozessformel, 42–44; CANCELLI, Per una revisione del cavere dei giureconsulti repubblicani, Studi Volterra, V 611–645.

2415 S. 27.

2416 SUERBAUM, Fehlende Redner in Ciceros Brutus, FS Weische, 412, weist darauf hin, dass Cicero bei der Erstellung seiner Liste fast alle Personen berücksichtigte, die ab dem Jahr 150 v. Chr. als Gerichtsredner tätig waren. Siehe auch die Aufzählung bekannter Anwälte der Republik bei Amm. 30.4.6.

2417 Siehe auch KENNEDY, A New History of Classical Rhetoric, 102–106, der darauf hinweist, dass das *genus demonstrativum* im klassischen Rom – abgesehen von der *oratio funebris* – einen relativ geringen Stellenwert hatte. Die herausragende Stellung der Gerichtsrede wird auch betont bei Tac. dial. 1. Zur Gewichtung der Gerichtsrede im Verhältnis zu den anderen beiden *genera* in Ciceros rhetorischen Schriften siehe ALEXANDER, Forensic Advocacy in the Late Roman Republic, 9–12.

2418 Cic. Brut. 332. Siehe auch Cic. Cluent. 109.

II.4. Der Patronat und die Rechtswissenschaft

Unter dem Patronat[2419] verstand man die Zusammenfassung verschiedenster Vertrauens- und Abhängigkeitsverhältnisse, deren zunächst rein sittliche, durch den Begriff der *fides* geprägte, gegenseitige[2420] Verpflichtungen in manchen Bereichen in rechtliche Verpflichtungen umgewandelt wurden und sich trotz Änderung der tatsächlichen Umstände als „Leitphilosophie" bis in den frühen Prinzipat erhielten.[2421]

2419 Siehe dazu Nörr, Art. pragmaticus, RE Suppl. X (1965) Sp. 641–643; Kennedy, The Rhetoric of Advocacy in Greece and Rome, AJPh 89 (1968) 428–433; Méhész, Advocatus romanus, 56 f.; Saller, Personal Patronage, 29; Eisenstadt/Roniger, Patrons, Clients and Friends, 61 f.; Touloumakos, Zum römischen Gemeindepatronat, Hermes 116 (1988) 304–324; Rix, Lat. patronus, matrona, colonus, pecunia, FS Meid, 225–240; David, Le patronat judiciaire; Kennedy, A New History of Classical Rhetoric, 102–104; Cancelli, La giurisprudenza unica dei pontefici e Gneo Flavio, 94–100; Forsythe, A Critical History of Early Rome, 216; van den Bergh, The patronus as representative in civil proceedings and his contribution towards the attainment of justice in Rome, Fundamina 15 (2009) 159–173; Nicols, Civic Patronage in the Roman Empire; Jehne/Pina Polo, Foreign clientelae in the Roman Empire; Ganter, Was die römische Welt zusammenhält; Capasso, Il patronato civico durante la Repubblica e il Principato, Index 44 (2016) 168–177; Ganter, Normes et comportement: l'image du bon patron entre la République et le Principat, 253–262. Weitere Literaturhinweise bei David, Le patronat judiciaire, 56 FN 15 und Gagliardi, La figura del giudice privato del processo civile romano, 212 FN 60.

2420 Das *do-ut-des*-Prinzip wird z. B. gut veranschaulicht in Plin. epist. 1.19 und in Q. Cic. Comm. Pet. 5 sowie in Cic. off. 1.23. Zahlreiche Belege finden sich bei Gelzer, Die Nobilität der römischen Republik, 53–56. Siehe auch Cic. off. 2.65.

Eine interessante Theorie zur Entstehung der *clientela* vertritt Linke (Linke, Von der Verwandschaft zum Staat, 70–105), der im Anschluss an Renel (Renel, Le sens du mot „cliens" et les origines de la clientèle romaine, Revue de linguistique et de philologie comparée 39 (1903) 213–225) den Urspung der *clientela* aus der Unterordnung gewisser agnatischer Verwandten innerhalb des Familienverbands herleitet.

2421 Die Vertrauensverhältnisse zwischen gleich- und niederrangigen römischen Bürgern nahmen einen besonderen Stellenwert im römischen Pflichtverständnis ein, wie man auch durch die verschiedenen „Pflichten"-Kataloge erfahren kann: Cic. Att. 1.20.7; Cic. fam. 5.8.5; Cic. Cato 32; Cic. Verr. 2.1.28; Gell. 5.13.5; Plut. Praecepta gerendae rei publicae 26, 31. Siehe auch Crook, Law and Life of Rome, 93 f.

In historischer Zeit formierten sich mehrere Tätigkeitsbereiche[2422] mit jeweils unterschiedlichen Regelungen und abweichenden sozialen Positionen:[2423] Neben dem Gerichtspatronat, das sich im 3. Jhdt. v. Chr. ausbildete und bei dem das soziale Ungleichgewicht zwischen *patronus* und *cliens* am wenigsten ausgeprägt war,[2424] und dem mit ihm verwandten Patronat über Gemeinden und Gebiete – zumeist außerhalb Italiens – ist hier vor allem das Verhältnis *patronus-libertus* zu nennen.[2425] Vermutlich auch im 3. Jhdt. v. Chr. wurden die vererbbaren Patronatsbeziehungen in ein sog. Applikationspatronat umgewandelt, bei dem der *cliens* (ausgenommen die *liberti*) seinen *patronus* frei wählen durfte.[2426]

Die Rechte und Pflichten der *patroni* und *clientes* werden von Dionysius von Halikarnassos im Zuge seiner Aufzählung der Leistungen des Romulus geschildert.[2427] Ihm zufolge hatten die *patroni* die Verpflichtung, ihren Klienten das Recht zu erklären, sich in deren Abwesenheit um die Geschäfte zu kümmern, sich wie um ihre gewaltunterworfenen Söhne in wirtschaftlichen Angelegenheiten um sie zu kümmern, privatrechtliche und strafrechtliche Prozesse für sie zu führen und sie in allen privaten und öffentlichen Angelegenheiten zu unterstützen.[2428] Demgegenüber hätten die *clientes* die Verpflichtung gehabt, zur *dos* der Töchter des *patronus* beizutragen, wenn dieser nicht über ausreichende

---

2422 Gelzer, Die Nobilität der römischen Republik, 50, teilt das *patrocinium* in vier Bereiche ein: a) das Verhältnis *patronus* zu *libertus*, b) das Prozesspatronat, also das Verhältnis Gerichtsredner zu Kläger/Angeklagter, c) völkerrechtliches bzw. Gemeindepatronat, d) *patronus* zu sozial niedrig stehender Person.

2423 Über die Wichtigkeit der verschiedenen Arten und den Einfluss des *patrocinium* auf die römische Politik herrscht nach wie vor Uneinigkeit: In der früheren Lehre wurde angenommen, dass der Einfluss sehr groß war (Von Premerstein, Vom Werden und Wesen des Prinzipats; Harmand, Un aspect social et politique du monde romain; Saller, Personal Patronage), und v. a. die Rolle des Kaisers als *patronus* wurde hervorgehoben. In der neueren Literatur hingegen überwiegt die Skepsis gegenüber einer zu starken Abgrenzung von *clientela* und *amicitia*. Siehe dazu die Diskussion bei Goldbeck, Salutationes, 248–260.

2424 David, Die Rolle des Verteidigers, 30, 83.

2425 Einer der wichtigsten Beiträge zur Erforschung des Patronats stammt von Gelzer (Gelzer, Die Nobilität der römischen Republik). Neben der Monographie Gelzers sind hier v. a. die Forschungen von Meier (Res publica amissa); Brunt (Brunt, Social Conflicts in the Roman Republic; Brunt, The Fall of the Roman Republic, 382–442); Saller (Saller, Personal Patronage; Saller, Patronage and Frienship) und Wallace-Hadrill (Wallace-Hadrill, Patronage in Ancient Society) zu nennen. Siehe auch Yoshimura, Die Auxiliartruppen und die Provinzialklientel in der römischen Republik, Historia 10 (1961) 473–495.

2426 David, Die Rolle des Verteidigers, 30.

2427 Dion. Hal. ant. 2.10.1–4. Zur Würdigung des Dionysius-Exkurses Brunt, The Fall of the Roman Republic, 400–414; Wallace-Hadrill, Patronage in Roman Society, 65–68; Welwei, Die frührömische Klientel, SZ 118 (2001) 220–233. Siehe auch auch Isid. orig. 10.205. Zur Entstehung der Klientel siehe Bleicken, Geschichte der römischen Republik, 120 f.

2428 Dion. Hal. ant. 2.10.1. Vgl. Plut. Romulus 13.5.

Mittel verfügte, im Fall der Gefangennahme des *patronus* oder eines seiner Söhne das Lösegeld zu bezahlen, die Prozessverluste und Geldstrafen des *patronus* zu begleichen sowie ihn bei der Kandidatur um öffentliche Ämter und bei anderen öffentlichen Ausgaben finanziell zu unterstützen.[2429] Weiters sei es beiden Seiten verboten gewesen, sich gegenseitig zu verklagen, gegeneinander auszusagen, bei einer Wahl einen der Gegenkandidaten zu wählen oder sich den Feinden des *patronus* bzw. *cliens* anzuschließen. Im Fall eines Zuwiderhandelns sei derjenige für *sacer* erklärt worden.[2430] Zuletzt wird auch erwähnt, dass die *patroni* der Gemeinden und Stämme oft als Richter bei Streitigkeiten zwischen diesen angerufen wurden und ihre Entscheidung bindend war.[2431]

Nun gibt es zwar zwischen dieser Schilderung des Patronats und jener Erscheinungsform, die wir aus der späten Republik kennen, einige Unterschiede, doch ist es wichtig zu erkennen, dass Dionysius' Schilderung nicht so sehr seine eigene Rekonstruktion der sozialen Verhältnisse der römischen Frühzeit darstellt als vielmehr ein Ideal, das vielleicht nicht unbedingt historisch korrekt war, aber als Modell für die Patronatsverhältnisse der späten Republik und des frühen Prinzipats diente.[2432]

Auf die Rolle des *patronus* im Prozess angewandt, bedeutet dies eine starke Betonung der *fides*, aufgrund derer einerseits ein gewisses Naheverhältnis des *patronus* zu dem von ihm Vertretenen als wünschenswert angesehen wurde, andererseits der *officium*-Charakters dieser Leistung ein Entgelt ausschloss.[2433] Besonders häufig wird in diesem Zusammenhang ein Fragment Catos zitiert, in dem dieser erklärt, dass die Verpflichtungen gegenüber einem Mündel Vorrang gegenüber den Bindungen zu den *clientes* hätten.[2434] Das besondere

2429 Dion. Hal. ant. 2.10.2. Vgl. Plut. Romulus 13.6.

2430 Dion. Hal. ant. 2.10.3; Plut. Romulus 13.6; Plut. Marius 5.4. Siehe auch Serv. Aen. 6.609 und Verg. Aen. 6.608–613. Welwei, Die frührömische Klientel, SZ 118 (2001) 222, betont, dass diese Stelle in einem gewissen Widerspruch zu Plut. Romulus 13.8, wo dieses Verhalten lediglich als ehrenrührig bezeichnet wird, und Gell. 5.13.2–4 steht. Zur Bedeutung von *sacer* siehe auch Fest. s. v. *sacer mons* (ed. Lindsay, p. 423/424).

2431 Dion. Hal. 2.11.1.

2432 Wallace-Hadrill, Patronage in Roman Society, 65–68; Welwei, Die frührömische Klientel, SZ 118 (2001) 223 f., 230 f. Siehe auch Fest. s. v. *patrocinia* (ed. Lindsay, p. 262); Cic. rep. 2.16; Ampel. 49.3.

2433 Dieser Grundsatz wurde freilich mit der Zeit aufgeweicht (siehe etwa Ulp. 8 de omn. trib. D. 50.13.1.10). Die Vertretung hatte *arbitratu boni viri* zu erfolgen: vgl. hierzu auch Ulp. 9 ad ed. D. 3.3.33.3; Paul. 57 ad ed. D. 3.3.77; Afr. 6 quaest. D. 3.3.78 pr. Zur Bedeutung von *officium* siehe auch Saller, Personal Patronage, 15–17.

2434 Gell. 5.13. Vgl. Gell. 20.1.40. Siehe auch Malcovati, Oratorum romanorum fragmenta, 80 f. Zur Interpretation siehe Kelly, Studies in the Civil Judicature, 96; Linke, Von der Verwandtschaft zum Staat, 87–89; Cugusi/Sblendorio Cugusi, Opere di Marco Porcio Catone Censore, I 387; Welwei, Die frührömische Klientel, SZ 118 (2001) 231 f.

Vertrauensverhältnis schlug sich auch in mehreren gesetzlichen Regelungen (bes. für das Quaestionenverfahren)[2435] nieder und blieb – auch wenn die persönliche Verbindung zwischen *cliens* und *patronus* später nicht mehr so eng war – als Ideal bestehen.[2436] Noch im hohen Prinzipat vertraten die Anwälte zumeist Personen, die, wenn sie nicht zu ihren Klienten oder *amici* gehörten, doch irgendeine Verbindung zu ihnen hatten.[2437] Auch war es *patroni* und *clientes* verboten, sich gegenseitig zu verklagen oder gegeneinander auszusagen,[2438] die *lex Cincia* verbot Schenkungen zwischen *patronus* und *cliens*[2439] und Verletzungen dieses Treueverhältnisses wurden strafrechtlich geahndet.[2440] Dieses besondere Treueverhältnis fand nicht nur literarischen, sondern auch philosophischen Widerhall: So wurde das *patrocinium* – um die wichtigsten Werke zu nennen – sowohl in Ciceros *de officiis* als auch in Senecas *de beneficiis* behandelt.[2441]

Dass Dionysios die Rechtsberatung durch den *patronus* erwähnt, zeigt auch, dass die vielfach propagierte Trennung von Rechtsberatung und Prozessvertretung nicht in dieser Form existierte[2442] und dass zumindest zur Zeit von Dionysius das Ideal eine Verbindung der beiden Rollen war. Konsequenterweise rät daher auch Cicero seinem idealen Herrscher, Rechtsauskünfte zu erteilen (*responsitare*) – allerdings nur in Maßen, damit seine Aufgaben als Herrscher nicht beeinträchtigt seien.[2443] Man übersieht gerne, dass die Berufsbilder noch nicht so ausgeprägt waren wie in der Kaiserzeit und dass eine juristische Bildung

2435 Vgl. Völkl, Zum Verfahren der actio legis Corneliae de iniuriis, Sodalitas Guarino, 577 f.

2436 Crook, Legal Advocacy in the Roman World, 122 f. Vgl. auch Prisc. 3.219 (ed. Keil).

2437 Crook, Legal Advocacy in the Roman World, 123. Vgl. auch Plut. Praecepta gerendae rei publicae 13, 26.

2438 *Lex Acilia/Sempronia repetundarum*. Vgl. auch Cic. Verr. 2 2.24 und Plut. Marius, 5.

2439 Cic. Att. 1.20.7; Tac. ann. 11.5, 13.5,42, 15.20. Nach Meinung mancher Autoren wurde dieses Gesetz erlassen, um der finanziellen Belastung der römischen Bevölkerung durch ihre *patroni* entgegenzuwirken, und dies nicht nur im Bereich des Prozesspatronats, sondern in allen Bereichen des *patrocinium*. Gelzer, Die Nobilität der römischen Republik, 51 FN 5; Archi, La donazione, 16 f., 20 f.; David, Le patronat judiciaire, 122. Siehe auch Liv. 34.4.9 und Cic. de orat. 2.286.

2440 Lex duodecim tabularum VIII, 21 (Bruns), VIII, 10 (Crawford). Siehe auch Suet. Claud. 25. Mitchell, Patricians and Plebeians, 177, nimmt an, dass die Erklärung, die Person sei *sacer* (oder *improbus*), einer Verurteilung zum Tod gleich kam, ähnlich Welwei, Die frührömische Klientel, SZ 118 (2001) 220–233.

2441 Sen. benef. 2.21, 3.13, 5.24; Cic. off. 1.59, 2.49–51, 2.65–67, 2.69. Siehe dazu auch Dyck, A commentary on Cicero, de officiis, 181 f., 432–436, 454–459.

2442 David, Le patronat judiciaire, 11 f. Die Nähe dieser beiden *officia* wird auch betont von Cic. off. 2.66. Siehe auch Ps.-Acro in Hor. epist. 1.19.8.

2443 Cic. rep. 5.5. Wenige Zeilen zuvor lässt Cicero Manilius sagen, dass nichts so königlich sei wie die *iuris interpretatio*. Cic. rep. 5.3.

eher im Rahmen einer Spezialisierung stattfand, um Patronatspflichten zu erfüllen, als ein eigenständiger Beruf war.[2444]

Obwohl die Unterschiede zwischen *advocati* und *iuris periti* vielfach diskutiert wurden, waren damit keine grundsätzlich unterschiedlichen Berufsbilder gemeint. Vielmehr ging es darum, dass der Schwerpunkt bei der Erfüllung der rechtlichen und sittlichen *officia* jeweils anders gesetzt wurde.[2445] *Agere* – und vermutlich auch *cavere* – erforderte ja eine aktive Beteiligung im Prozess durch die *iuris periti*.[2446] Ein indirekter Hinweis darauf ist auch die von vielen Romanisten, besonders Wieacker und Schulz, postulierte Behauptung, dass einigen „Juristen“[2447] das Prädikat *iure peritus* nur ehrenhalber verliehen worden sei.[2448]

Die Prozessführung gehörte wie die Rechtsberatung und die Übernahme eines Richteramts zu den „bürgerlichen“ Pflichten, die auch noch im frühen Prinzipat – zu nennen sind hier besonders die Zeugnisse der Dichter Horaz[2449] und Ovid[2450] – als Einheit betrachtet wurden.[2451] Scipio Aemilianus, der sich weigerte, vor Gericht aufzutreten, wurde von Polybius als Ausnahme dargestellt;[2452] vergleichbar ist Plutarchs Schilderung des L. Aemilius Paullus Macedonicus, der ebenfalls nicht vor Gericht auftreten wollte.[2453]

2444 David, Le patronat judiciaire, 13 f. Siehe dazu Pol. 31.23, 31.29 und Cic. leg. 1.10–13, wo Atticus Cicero von einer Tätigkeit als Jurist zu überzeugen versucht, dieser aber wegen zu großen Aufwands ablehnt, sowie Cic. de orat. 1.190–197, wo Crassus die leichte Erlernbarkeit der Jurisprudenz betont.

2445 Siehe etwa Cic. de orat. 3.135 und Enn. ann. 234–251 mit der Schilderung seines Freundes Cn. Servilius Geminus (fr. 234 ed. Vahlen).

2446 Cic. de orat 1.212; Cic. Mur. 19. Siehe Berger, Art. Iurisprudentia, RE X (1918) Sp. 1162; Bürge, Die Juristenkomik in Ciceros Rede Pro Murena, 40–45; David, Le patronat judiciaire, 13; Crook, Legal Advocacy in the Roman World, 172; Cancelli, La giurisprudenza unica dei pontefici e Gneo Flavio, 97. Ab wann die Scheidung dieser *officia* ihren Anfang nahm bzw. wie weit sie in der Praxis überhaupt ging, d.h. wie das Verhältnis *advocati* zu *iuris periti* beschaffen war, ist eine der großen Streitfragen der Romanistik. Für eine etwas boshafte Zusammenfassung der wichtigsten Theorien siehe Crook, Legal Advocacy in the Roman World, 173–175. Vgl. aber Schulz, Geschichte der römischen Rechtswissenschaft, 50–53 und Wieacker, Römische Rechtsgeschichte I, 557–563.

2447 Zu Ap. Claudius Caecus, Cato Censorius, Q. Fabius Pictor siehe S. 68, 74 ff., 78 f.

2448 Siehe etwa die Liste der „juristisch gebildeten Redner“ bei Schulz, Geschichte der römischen Rechtswissenschaft, 55 f. oder Wieacker, Römische Rechtsgeschichte I, 545, 548.

2449 Hor. epist. 1.16.40–43; ars 369–372; sat. 1.9.35–42.

2450 Zu Ovid siehe etwa Ov. ars 1.79–88, 3.530–532.

2451 Manil. 3.111–119; Ptol. Tetrabiblos 2.13; Lucr. 4.954. Für eine ähnliche Verbindung zwischen Advokatur und Rechtswissenschaft siehe auch Plin. epist. 1.9.2, 7.7, 7.22; Iuv. 2.51 f., 8.47–50; Ptol. Tetrabiblos 4.4.

2452 Pol. 32.23.9–12. Siehe auch Watson, The Law of Succession, 73 f.

2453 Plut. Aemilius Paulus 2.4. Siehe dazu auch Scholz, Den Vätern folgen, 145.

Ein gutes Beispiel für die Wahrnehmung der Rechtsberatung des Klienten durch den *patronus* bietet Hor. epist. 2.1.103–107[2454], der die Beratung des Patrons in seinem Brief an Augustus als in der Vergangenheit häufige Beschäftigung darstellt. Illustrativ sind auch die Anmerkungen der Scholiasten: Acro erläutert die Phrase *clienti promere iura* als Beratung von jüngeren Freunden, um die Freundschaft zu fördern,[2455] und auch Porphyrius bezieht den Satz klar auf die Rechtsberatung.[2456]

Die große Bedeutung des Rechtsbeistands ergab sich einerseits aus der hohen Regelungsdichte und großen Komplexität des römischen Rechts, andererseits spielte es sicher eine große Rolle, dass Prozesse – vor allem Strafprozesse – in der römischen Republik gerne als Mittel zur Austragung politischer Konflikte benutzt wurden.[2457] Dies zeigt sich sehr gut am politischen Tauziehen um die Besetzung der Geschworenen und Richter[2458] und an den häufigen Konflikten der Statthalter mit dem Ritterstand – dem auch die einflussreichen Steuerpächter angehörten –, die nicht selten mit einer strafrechtlichen Anklage des Statthalters endeten.[2459] Andererseits war die Vertretung bei solchen Prozessen auch eine gute Möglichkeit, um Wählerstimmen und Klienten zu werben.[2460] Ein weiterer Grund liegt in den komplexen Vertrauens- und Abhängigkeitsverhältnissen der römischen Oberschicht, die auch bei Prozessen offenbar wurden und aufgrund deren eine erfolgreiche Prozessführung ohne mächtige Unterstützer – zumindest

2454 Vgl. Hiezu auch die Kommentare zu Horaz' Episteln von Brink (Brink, Horace on poetry. Epistles book II: the letters to Augustus and Florus, 143–145) und Rudd (Rudd, Epistles Book II and Epistle to the Pisones (Ars poetica), 92).

2455 Ps.-Acro in Hor. epist. 2.1.103–105.

2456 Porph. in Hor. epist. 2.1.103–111.

2457 Gelzer, Die Nobilität der römischen Republik, 69–75. Vgl. dazu die Statistik bei David, Le patronat judiciaire, XI, der davon ausgeht, dass in manchen Zeiten (z.B. in den Jahren 119–110 und 59–50 v. Chr.) fast jeder zweite hohe römische Magistrat vor Gericht stand, und Eder, Strafsachen in Geschworenengerichten, 13. Siehe dazu auch die Argumentation des Curio in Cic. Verr. 1.7. Besonders gilt dies für Repetunden- und *ambitus*-Prozesse. Siehe Bürge, Die Juristenkomik in Ciceros Rede Pro Murena, 12. Kaum betont wird dieser Aspekt bei Wieacker, Cicero als Advokat, 5.

2458 Watson, The State, Law and Religion, 77f. sieht auch einen Zusammenhang zwischen der Besetzung der Richterlisten und dem Bekanntheitsgrad von Juristen aus nichtsenatorischen Familien

2459 Gelzer, Die Nobilität der römischen Republik, 58–60, 82, mit Beispielen. Siehe auch Cic. Brut. 233, 247.

2460 Vgl. dazu das Beispiel des C. Marcius Figulus (S. 145) sowie Plaut. Trin. 651 und Epid. 422. Vgl. Kunkel, Die römischen Juristen, 38, 58. Wieacker, Cicero als Advokat, 1, der meint, Cicero habe durch seine Anwaltstätigkeit aus der Not eine Tugend gemacht, verkennt insofern die Situation, als der Weg zur Macht über den Patronat auch noch zu Ciceros Zeit nicht die Ausnahme, sondern die Regel war.

in bestimmten Prozessen – kaum möglich war.[2461] Jede der beiden Parteien versuchte, den Richter für sich zu beeinflussen, und der soziale Status sowie die Förderer und Freunde der Parteien waren ein fixer Bestandteil der *oratio forensis*. Auch Bestechungsversuche und Drohungen gegen den oder die Richter waren nicht unüblich.[2462]

Während die Rechtsgelehrten zu Hause oder auf dem Forum Ratsuchenden Auskunft erteilten, lauschte ihnen häufig ein Kreis von Schülern.[2463] Für diese Praxis wurden in den Quellen die Wörter *publice profiteri*[2464] und *publice respondere*[2465] verwendet. Während des Prinzipats wurde diese Einrichtung gewissermaßen institutionalisiert, nämlich in Form von *stationes ius docentium et respondentium*.[2466] Die *stationes* waren meist in Tempeln in der Nähe von Bibliotheken untergebracht, die auch juristische Literatur enthielten.[2467] Die Belehrung fand in *auditoria publica* statt[2468] und bildete den Ursprung für einige Gattungen der juristischen Literatur, wie den *disputationes* und den *quaestiones publicae tractatae*.

Diese Fakten veranschaulichen die Entstehung der Rechtswissenschaft aus dem Patronat und zeigen, dass Prozessführung und Rechtsberatung keine Gegensätze waren, sondern Pflichten, die sich wechselseitig ergänzten und von denselben Personen ausgeführt wurden.[2469] Eine Verbindung dieser beiden Disziplinen blieb als Ideal bis in den Prinzipat erhalten; und auch wenn sich eine

---

2461 Nachweise bei Kelly, Roman Litigation, 43–61. Vgl. auch Wacke, Die potentiores in den Rechtsquellen 562–607. Appelle an das Klassenbewusstsein der Richter waren ein gängiger Topos juristischer Reden (Gelzer, Die Nobilität der römischen Republik, 60 f.; Bonner, Education in Ancient Rome, 66–68).

2462 Nachweise bei Kelly, Roman Litigation, 33–42.

2463 Cic. orat. 142 f. Siehe auch Cic. leg. 2.47, wo Cicero die mangelnden didaktischen Fähigkeiten und die Diskussionen *ad infinitum* kritisiert. Vgl. auch Schulz, Geschichte der römischen Rechtswissenschaft, 67–70 und Dyck, A commentary on Cicero, *De Legibus*, 378 f. Für weitere Hinweise siehe Kodrebski, Rechtsunterricht, 184–190 und Wieacker, Römische Rechtsgeschichte I, 563–566.

2464 Siehe S. 70.

2465 In diesem Sinne sollte auch D. 1.2.2.49 verstanden werden: Tellegen, Gaius Cassius and the Schola Cassiana, SZ 105 (1988) 281, weist zu Recht darauf hin, dass Pomponius das *ius respondendi* direkt nach der Schilderung der Schulen erläutert. Siehe auch Suda s. v. *tabellio*.

2466 Gell. 13.13.1. Bremer, Rechtslehrer, 15 spricht sich für eine oganisatorische Trennung der Lehre und des Respondierens aus. Von *stationes* berichtet auch Plin. epist. 1.13 und meint damit die Lokale, in denen sich die *poetae* treffen.

2467 Schol. in Iuv. 1.128 zu der von Augustus errichteten Bibliothek auf dem Palatin. Blanck, Das Buch in der Antike, 163 weist darauf hin, dass die Bibliotheken oft den persönlichen Geschmack der Kaiser widerspiegelten und das Interesse des Kaisers an Rechtstexten für seine Zeit eher ungewöhnlich war.

2468 Bremer, Rechtslehrer, 13.

2469 Méhész, Advocatus romanus, 61. Siehe dazu auch Tac. dial. 31.

Spezialisierung innerhalb dieser beiden Gruppen herauskristallisierte, so gab es dennoch viele Personen, die beide Aufgaben zugleich wahrnahmen. Der Schluss, der daraus zu ziehen ist, lautet: Zumindest einige der *responsa*, deren Inhalt aus dieser Epoche der römischen Rechtswissenschaft erhalten geblieben sind, stammen aus der Tätigkeit von Juristen als *patronus* im Zivil- oder Strafprozess.

Die Verpflichtung des *patronus*, als Schiedsrichter aufzutreten, und die zahlreichen Beispiele für Juristen, die als Mitglieder von Schiedskommissionen fungierten, eröffnen nicht nur einen neuen Blick auf das Verhältnis zwischen *iudex electus* und *iudex datus*.[2470] Sie lassen auch den Schluss zu, dass es sich bei einigen der *sententiae iuris peritorum* um Urteile oder Schiedsurteile handelt. Diese Feststellung sollte zu einer Neubewertung insbesondere jener *responsa* anregen, deren Wortgebrauch[2471] an Urteile erinnern lässt.

2470 Zur sittlichen Verpflichtung, als Schiedsrichter aufzutreten, siehe auch Plut. An seni respublica gerenda sit, 25.

2471 Siehe hierzu etwa die Einträge s. v. *arbiter*, *sententia*, *iudicare*, *placet* in Heumann/Seckel, Handlexikon zu den Quellen des römischen Rechts.

II.5. Die juristische Ausbildung in der Republik

II.5.1. Allgemeines zur Ausbildung

In der römischen Republik war es das Ziel der Erziehung, junge Männer auf das öffentliche Leben vorzubereiten.[2472] Am Ende der Ausbildung sollte jeder junge Römer Grundkenntnisse in den Bereichen Rhetorik, Recht und Militärwesen innehaben, da diese am ehesten eine politische Karriere gewährleisteten:[2473] In der Frühzeit erfolgte die Erziehung vornehmlich in der Familie selbst.[2474] Öffentlich zugängliche Schulen existierten zwar seit dem 3. Jhdt v. Chr.,[2475] wurden aber erst spät zur Regel.[2476] Bei der Erziehung daheim erfolgte die Ausbildung durch den Vater oder andere Verwandte[2477] sowie durch privat angestellte Hauslehrer.[2478] Dabei erhielten die jungen Römer vor allem eine Grundausbildung in den Bereichen Literatur, Grammatik und Rhetorik,[2479] lernten aber auch noch zu Ciceros Jugendzeit z. B. den Text der 12 Tafeln auswendig.[2480]

2472 Zur römischen Ausbildung siehe etwa ZIEBARTH, Art. Schulen, RE II (1921) Sp. 758–768; MARROU, Geschichte der Erziehung; BONNER, Education in Ancient Rome; HARRIS, Ancient Literacy, 233–248; FANTHAM, The Roman World of Cicero's de oratore, 78–101; BLOOMER, A Companion to Ancient Education.

2473 Liv. 39.40; Tac. dial. 28.6. Siehe auch Plaut. Most. 126–128 und Plut. Cato mai. 22.5. Diese Wertung spiegelt sich auch in der *laudatio* für L. Metellus wider (Plin. nat. 7.139–141). Siehe auch SCHOLZ, Den Vätern folgen, 29.

2474 MARROU, Geschichte der Erziehung, 341 f.; BONNER, Education in Ancient Rome, 10–33; SCHOLZ, Den Vätern folgen, 89–127.

2475 MARROU, Geschichte der Erziehung, 361. Siehe auch Plut. Qu. R. 59.

2476 Siehe z. B. Quint. inst. 1.2. Zur Grundschule BONNER, Education in Ancient Rome, 34–46.

2477 Die *praecepta paterna*, die Handlungsanweisungen des Vaters an seinen Sohn, erlangten sprichwörtliche Bedeutung. BONNER, Education in Ancient Rome, 17.

2478 Dazu BONNER, Education in Ancient Rome, 21–33.

2479 Eine rhetorische Grundausbildung wurde schon im Rahmen der Grammatik vermittelt. Siehe Quint. inst. 1.5–6, 1.9, 1.11, 2.1.2–3; CROOK, Law and Life of Rome, 8. SCHOLZ, Den Vätern folgen, 99, bezeichnet diese Ausbildung als sog. „Hausbuchwissen".

2480 Cic. leg. 2.59; Quint. inst. 1.6.11. Siehe auch Lucilius (KRENKEL, Lucilius. Satiren, fr. 553 f.). Zu Cic. leg. 2.59 siehe auch DYCK, A commentary on Cicero, De Legibus, 403 f.

Am Ende der Republik wurden die Kinder nicht mehr zu Hause erzogen, sondern erhielten Elementar-, Grammatik- und Rhetorikunterricht bei dafür spezialisierten Lehrern.[2481] Die Elementarlehrer waren zunächst überwiegend Freigelassene, später besserte sich das Ansehen des Berufsstands.[2482] Weit günstiger stellte sich die Situation für die Grammatik- und Rhetoriklehrer dar, die schon während der Republik teilweise aus dem Ritterstand stammten. Besonders die Grammatikschulen erfreuten sich großer Beliebtheit, zeitweise existierten in Rom bis zu 20 Schulen.[2483] Ab dem 2. Jhdt. v. Chr. wurde die rhetorische Ausbildung verstärkt institutionalisiert: Einerseits boten griechische Rhetorikredner in Rom ihren Unterricht an,[2484] andererseits unternahmen junge Römer eine Auslandsreise nach Griechenland, um dort ihre rhetorischen und philosophischen Kenntnisse zu vertiefen.[2485] Grammatik- und Rhetorikschulen entwickelten sich zu Institutionen, deren Besuch für jeden Römer, der später am öffentlichen Leben teilnehmen wollte, verpflichtend war.[2486] Der Schwerpunkt bei letzteren lag auf der Gerichtsrede (*genus iudiciale*) – jener Gattung, mit der man sich in Rom am besten politisch profilieren konnte. *Causae* oder *controversiae*, fiktive Gerichtsfälle, wurden besonders intensiv geübt.[2487] Die nicht besonders praktische Ausrichtung der Rhetorikschulen wurde vor allem von Seneca dem Älteren, Tacitus und Quintilian kritisiert.[2488]

2481 Rawson, Intellectual Life in the Late Roman Republic, 66–83.

2482 Dazu Treggiari, Roman Freedmen during the Late Republic, 110–128.

2483 Suet. gramm. 3.

2484 Dass diese Ausbildung zunächst nur auf wenige „gräkophile“ Familien beschränkt war, z. B. jene des L. Aemilius Paullus oder des Ti. Sempronius Gracchus, darf angenommen werden. Die Kritik des Cato Censorius ist bekannt, bildete jedoch keinen Einzelfall. Siehe z. B. das *SC de philosophis et rhetoribus* (161 v. Chr.). Die erste Rhetorikschule, gegründet von L. Plotius Gallus, entstand 93 v. Chr., wurde aber schon im darauffolgenden Jahren aufgrund einer Verfügung der Zensoren geschlossen. Cic. de orat. 3.93 f.; Tac. dial. 35; Suet. gramm. 25 f.; Gell. 15.11.2; Sen. contr. 2 praef. 5; Hier. chron. p. 232 (ed. Pearse). Siehe auch Stroux, Römische Rechtswissenschaft und Rhetorik, 25 f.; Rawson, Intellectual Life in the Late Roman Republic, 78; Kennedy, A New History of Classical Rhetoric, 111; Coskun, Bürgerrechtsentzug oder Fremdenausweisung, 56.

2485 Siehe dazu Stroux, Römische Rechtswissenschaft und Rhetorik, 86 f., und Bonner, Education in Ancient Rome, 90–96.

2486 Zu den Grammatikschulen siehe Bonner, Education in Ancient Rome, 47–64. Vgl. Sen. contr. 3 praef. 13. Suet. gramm. 3 berichtet von bis zu zwanzig gut besuchten Grammatikschulen in Rom während der Republik. Zu den Rhetorikschulen, die sich erst später entwickelten, siehe Bonner, Education in Ancient Rome, 65–75.

2487 Auch in den Lehrbüchern nahm die Gerichtsrede eine besondere Stellung ein. Wieacker, Cicero als Advokat, 17.

2488 Sen. contr. 8 praef 5. Siehe auch Quint. inst. 9.2.80–92 und Iuv. 7.150–170. Umstritten ist der praktische Bezug der *declamationes* und *controversiae*. Für einen Bezug zur römischen Rechtspraxis sprechen sich Lanfranchi, Il diritto nei retori romani; Bonner, Roman

II.5.2. Die Rechtsausbildung[2489]

Im Rahmen der Ausbildung trat der junge Römer nach der Anlegung der *toga praetexta* in das politische Leben ein und widmete sich dem sog. *tirocinium fori*.[2490] Hierbei wurde er von seinem Vater einem angesehenen Freund oder Bekannten der Familie anvertraut, den er ungefähr ein Jahr lang, mitunter aber auch länger begleitete,[2491] und sich dabei einen Einblick in dessen öffentliche Tätigkeit verschaffte. Der Schwerpunkt des *tirocinium fori* lag auf der Tätigkeit als Anwalt in Prozessen und als Politiker.[2492] War dieser Freund juristisch besonders interessiert, so spielte auch die juristische Beratung von Freunden und Bekannten eine gewisse Rolle.[2493]

Declamation in the Late Republic and Early Empire; PARKS, The Roman Rhetorical Schools as a Preparation for the Courts unde the Early Empire, 89; CLARKE, Rhetoric at Rome, 88–91; WINTERBOTTOM, Seneca. Declamations, xii, und zuletzt WYCISK, Quidquid in foro fieri potest, bes. 356–362, aus. Ein vehementer Gegner dieser Ansicht ist hingegen CROOK, Legal Advocacy in the Roman World, 163–167. Siehe auch Tac. dial. 31; Petron. 1 f.; Sen. contr. 2.13.3; 3 praef. 13 f.; 7 praef. 6 f.; 9 praef.; Quint. inst. 5.7.8, 6.2.36.

2489 Zum juristischen Unterricht siehe BREMER, Rechtslehrer; KÜBLER, Art. Rechtsunterricht, RE I (1914) Sp. 394–405; HÜBNER, Die römische Juristenausbildung, GS Rudolf Schmidt, 551–566; MÉHÉSZ, Advocatus romanus, 73–105; KODREBSKI, Rechtsunterricht, 177–196; LIEBS, Rechtsschulen und Rechtsunterricht im Prinzipat, 197–286; BAADE, The Education and Qualification of Civil Lawyers, Essays Watson, 214–234; FANTHAM, The Roman World of Cicero's de oratore, 102–130; HARRIES, Iurisperiti: Men Skilled in Law, 91–96.

2490 Vgl. Plut. Sertorius 2. *Tiro* war die Bezeichnung für einen frisch rekrutierten Soldaten, das *tirocinium fori* war daher der „Wehrdienst am Forum". Ähnlich gestaltete sich die Ausbildung im antiken Griechenland: KODREBSKI, Rechtsunterricht, 184 f. Zum *tirocinium fori* siehe auch SCHOLZ, Den Vätern folgen, 260–316; GOLDBECK, Strategien der Wissensvermittlung in Rom: Zum sog. tirocinium fori in der späten Republik und der frühen Kaiserzeit, 71–94.

2491 MARROU, Geschichte der Erziehung, 343; BONNER, Education in Ancient Rome, 84 f.; SCHOLZ, Den Vätern folgen, 271. Die Ausbildungszeit verlängerte sich in den letzten Jahrzehnten der ausgehenden Republik (SCHOLZ, Den Vätern folgen, 299).

2492 Siehe dazu Tac. dial. 34 und Plin. epist. 8.14.4–6. Zu diesen beiden Texten siehe SCHOLZ, Den Vätern folgen, 264–275.

2493 Das bekannteste Beispiel bietet immer noch Cicero, der sich zur Vertiefung seiner Rechtskenntnisse zunächst Q. Mucius Scaevola *augur* und nach dessen Tod seinem Cousin Q. Mucius Scaevola *pontifex* anschloss (Cic. Brut. 306; Cic. Lael. 1; Cic. Att. 4.16.3; Cic. leg. 1.13). Auch L. Licinius Crassus lernte bei Q. Mucius Scaevola *augur*, seinem späteren Schwiegervater, das Recht (Cic. de orat. 1.185, 1.234). Q. Mucius Scaevola *pontifex* erlernte seine juristischen Kenntnisse bei seinem Vater, dieser und dessen Bruder, P. Licinius Crassus Dives Mucianus, wurden gleichfalls von ihrem Vater unterrichtet (Cic leg. 2.47; Cic. Brut. 98). C. Trebatius Testa schloss sich Q. Cornelius Maximus an (Cic. fam. 7.8). Weitere Juristen, die ebenfalls lehrten, waren: Ti. Coruncanius (Pomp. l. s. enchir. D. 1.2.2.35, siehe auch S. 70), Sex. Aelius, P. Aelius Paetus und P. Atilius (Pomp. l. s. enchir. D. 1.2.2.38, siehe auch S. 78), P. Mucius Scaevola (Cic. off. 2.47), Q. Mucius Scaevola *pontifex* (Pomp. l. s. enchir. D. 1.2.2.42), C. Livius Drusus (Val. Max. 8.7.4.), C. Aquilius Galllus (Pomp. l. s. enchir. D. 1.2.2.43), M. Antistius Labeo

Der Rechtsunterricht erfolgte daher primär am Forum und im Haus des Mentors.[2494] Da häufig Verwandte die Ausbildung übernahmen, wurde das Ansehen und die Schaffung von „Juristensippen“ nachhaltig gefördert. Der Unterricht erfolgte also im Rahmen eines Lehrer-Schüler-Verhältnisses; eine institutionelle Verankerung fehlte weitgehend und wurde erst während der Republik üblich. Auf dieses Verhältnis spielt auch Cicero in einem seiner Briefe an Trebatius an, in dem er erläutert, dass man die Rechtswissenschaft nicht durch Bücher, sondern durch einen Lehrer (*doctor*) und Übung (*usus*) erlerne.[2495]

Das *tirocinium* konnte – je nach Betätigungsfeld des Juristen – verschiedene Ausprägungen annehmen. Manche erteilten nur *responsa*, die meisten waren jedoch auch als Anwälte und Richter tätig.[2496] Dies zeigt sich auch daran, dass Cicero diskutiert, ob Redner generell schlechte Lehrer seien, da Rhetorik stärker vom Talent abhängig sei als von der Ausbildung.[2497] Da er diese Frage im Anschluss an eine Schilderung des juristischen Unterrichts stellt, ist ein unmittelbarer Zusammenhang zwischen Rechtsunterricht und Rednerausbildung anzunehmen, zumal Cicero selbst häufig die Wichtigkeit der Rechtskenntnisse für Anwälte betont.[2498]

Die eigentliche juristische Ausbildung, also die Theorie, die stets als Teil einer Gesamtausbildung aufgefasst wurde, wurde zumeist im Haus des Juristen unterrichtet, hauptsächlich indem man sich unterhielt oder gemeinsam las.[2499] Beim Unterricht spielte die Erörterung theoretischer Probleme eine große Rolle (*cognitio*); sie wurde von Cicero der konkreten Anwendung auf den Prozess (*actio*) gegenübergestellt.[2500] Für Cicero war die Rechtswissenschaft in erster Linie eine theoretische Wissenschaft, die er der Rhetorik als praktische Anwendung gegenüberstellte. Diese Sicht dürfte auch von anderen Römern geteilt worden sein und erklärt, warum Juristen an verschiedenster Stelle als Philosophen bezeichnet werden.[2501]

(Gell. 13.10.1) und Sabinus (Pomp. l. s. enchir. D. 1.2.2.50). Siehe hierzu auch die Ausbildung der Mufti im islamischen Recht (Daher, The Shari'a: Roman Law wearing an Islamic Veil?, iHirundo: The McGill Journal of Classical Studies 3 (2005) 94). Vgl. Schulz, Geschichte der römischen Rechtswissenschaft, 50–53. Zur juristischen Lehre siehe auch S. 70, 110, 252 f.

2494 Vgl. Sen. epist. 90.6.

2495 Cic. fam. 7.19.

2496 Cic. orat. 142 f.

2497 Cic. orat. 143.

2498 Cic. orat. 120.

2499 Cic. Lael. 1–2; Cic. orat. 144.

2500 Cic. top. 81; Cic. part. 67.

2501 Cic. de orat. 1.193 ; Cass. Dio 67.19 ; Quint. inst. 12.3.12; Sen. epist. 48.9.

Aus Ciceros Bemerkung, dass auch jene Recht erklären würden, die davon keine Ahnung hätten, wird deutlich, dass von römischen Aristokraten erwartet wurde, dass sie Rechtsberatung anboten, auch wenn diese im Einzelfall nicht besonders qualitätsvoll war.[2502] Selbstverständlich hatte die Nobilität zum Recht aufgrund der von ihr erwarteten Rechtsberatung besseren Zugang als andere soziale Schichten.[2503] Vergessen wird jedoch gerne, dass die Ritter und der Senatorenstand – von gewissen Interessenunterschieden abgesehen – eine vergleichsweise homogene Gruppe waren.[2504] So war es nicht unüblich, dass einige Söhne bekannter römischer Familien den *cursus honorum* erklommen, ihre Brüder aber im Ritterstand verblieben.[2505] Gründe dafür waren z. B. mangelndes Interesse und Talent für die Politik oder die Tatsache, dass das Familienvermögen nur ausreichte, um für einen Sohn die Wahlkämpfe zu finanzieren – ein Aspekt, der angesichts der starken Verschuldung der römischen Oberschicht keinesfalls zu unterschätzen ist. Im Gegensatz dazu stellte der Rechtsunterricht für viele Familien, die nicht zur römischen Oberschicht gehörten, einen Weg dar, ihren Söhnen den sozialen Aufstieg zu ermöglichen und sie für eine Karriere als Anwalt zu rüsten.[2506]

Der Rechtsunterricht selbst erfolgte wohl im Rahmen des Rhetorik- und Philosophieunterrichts. Aus Quintilians Schilderung im 12. Buch seiner *institutio oratoria* geht hervor, dass die Ausbildung zum Juristen nach jener zum Redner erfolgte und primär in „Philosophieschulen", die öffentlich zugänglich waren, stattfand.[2507] Im dritten Buch stellt er die Rhetorikschulen den Philosophenschulen gegenüber und erwähnt, dass auch unter den Rhetorikschulen ein Meinungsstreit herrsche und sich diese Schulen bezüglich ihrer Ausrichtung an die philosophischen Schulen anglichen (*ad morem certas in philosophi sectas sequendi*).[2508] Darauf weisen auch die Parallelen in der Terminologie zwischen der Deklamationspraxis und den juristischen *responsa* hin.

Dass im Unterricht Juristenkontroversen einen gängigen Bestandteil bildeten, ergibt sich aus Gellius, der erläutert, er sei froh, wenn das von ihm vorgebrachte Material nicht schon in den Schulen und einschlägigen Kommentaren

2502 Cic. orat. 145. Siehe auch Bonner, Roman Declamation in the Late Republic and Early Empire, 13–16.

2503 Kodrebski, Rechtsunterricht, 185 f.

2504 Siehe dazu besonders Brunt, The Fall of the Roman Republic, 144–193, sowie Bleicken, Geschichte der römischen Republik, 204–206. Vgl. auch Sen. epist. 44.

2505 Einige Beispiele finden sich bei Stein, Der römische Ritterstand, 301–304.

2506 Petron. 46. Vgl. auch Liebs, Römische Provinzialjurisprudenz, 354 f.

2507 Quint. inst. 12.3.9–12.

2508 Quint. inst. 3.1.17 f. Vgl. auch Nörr, Pomponius, 538.

durchgekaut worden sei.[2509] Die gestellte Frage, die von den Schülern zu erörtern war, wurde bei Cicero nicht nur *quaestio*, sondern auch *propositum* oder *consultatio* genannt.[2510] Die Art dieser Erörterung wurde als *disputatio* bezeichnet, die Erörterung selbst als *controversia*. Der Zugang des Unterrichts für die Öffentlichkeit gestaltete sich ähnlich wie beim rhetorischen Unterricht: Während manche Lehrer nur ihre Schüler an ihren Erörterungen teilhaben ließen, öffneten andere ihre „Schule“ zeitweise oder ständig auch für Außenstehende.[2511]

Dass ein „gemischtes Programm“ beim philosophischen Unterricht durchaus üblich war, zeigt das Beispiel des Philosophs Favorinus, Lehrer von Gellius, der diesen nicht „nur“ in Philosophie, sondern auch in vielen anderen Gegenständen, wie etwa Recht, Sprachwissenschaft, Geschichte und Literatur unterrichtete.[2512] Wenn jedoch der rhetorische und philosophische Unterricht noch im 2. Jhdt. n. Chr. so wenig differenziert und spezialisiert war, ist kaum davon auszugehen, dass der Unterricht während der Republik eine besonders starke Spezialisierung aufwies – sowohl in Bezug auf die Rhetorik als auch auf das Recht.

2509 Gell. praef. 13–15.

2510 Bonner, Roman Declamation in the Late Republic and Early Empire, 2 f. Siehe auch die von Bonner, (ibidem, 6 f.) aufgezählten Beispiele für *quaestiones*, sowie Harries, Iurisperiti: Men Skilled in Law, 94–96.

2511 Vgl. Bonner, Roman Declamation in the Late Republic and Early Empire, 39 f. Zur Deklamationspraxis als Vorbereitung für den Beruf des Anwalts siehe Marrou, Geschichte der Erziehung, 419 f.; Bonner, Education in Ancient Rome, 309–327. Siehe auch Plin. epist. 2.3.5 f., 2.18.

2512 Siehe dazu Lakmann, Favorinus von Arelate: Aulus Gellius über seinen Lehrer, FS Weische, 233–243; Heusch, Die Macht der memoria, 265–270.

II.6. Die soziale Stellung der Juristen der Republik und das Ansehen der Rechtswissenschaft als Disziplin

Festzustellen ist zunächst ganz allgemein, dass bei der römischen Oberschicht juristische Kenntnisse und das Bewusstsein über ihre Existenz in einem starken Widerspruch zueinander standen. Juristische Kenntnisse in unterschiedlichem Ausmaß hatte jeder, der auch nur irgendwie im politischen und gesellschaftlichen Leben involviert war, vor allem, weil die meisten Prozesse öffentlich waren und fast jeder männliche Angehörige der Senatorenschicht zumindest einmal in seinem Leben vor Gericht auftrat: als Beklagter, als Kläger, als Anwalt, als Zeuge, als Bürge oder als Richter. Das Prozesswesen und die damit verbundene Häufigkeit an Prozessen waren für die Römer so selbstverständlich, dass es als Ausnahme betrachtet wurde, wenn jemand nie in seinem Leben in einem Prozess verwickelt war oder als Anwalt aufgetreten war.[2513] Es stand jedem Römer offen, Kenntnisse in den Rechtswissenschaften zu erwerben, und Cicero übertreibt zwar, wenn er Crassus sagen lässt, juristische Kenntnisse seien leicht zu erwerben (er wiederholt diese Stellungnahme für sich selbst in seiner Schrift *de legibus*),[2514] gänzlich absurd dürfte sie jedoch nicht gewesen sein.

Der Juristenberuf ieS entwickelte sich erst im Verlauf der späteren Republik. Zuvor kann man eher von einem „Amateur"-Status[2515] der Rechtswissenschaft sprechen, weil zwar die meisten Angehörigen der römischen Oberschicht – aufgrund ihrer rhetorischen Ausbildung[2516] und der eben erwähnten politischen und gesellschaftlichen Tätigkeit – gewisse grundlegende Rechtskenntnisse besaßen und einige wenige diese vertieft hatten, ein Berufsbild als solches jedoch nicht existierte. Aufgrund ihrer Herkunft aus dem Patronat und ebenso aufgrund des sozialen Status der *patroni* galt die Jurisprudenz als *officium*, das erst im Zuge

2513 Vgl. Nep. Att. 6.
2514 Cic. de orat 1.185. Vgl. auch Cic. leg. 1.12.
2515 Crook, Law and Life of Rome, 8, 89.
2516 Vgl. auch Cic. de orat. 1.72 f.

der sozialen Umschichtungen des Prinzipats einer echten Professionalisierung unterzogen wurde. Crook spricht in diesem Zusammenhang von einer „status-to-contract direction of movement“.[2517]

Sehr gut zeigt dieses Verständnis der Rechtswissenschaft ein Brief Ciceros an Trebatius:[2518]

> Vide, quanti apud me sis; etsi iure id quidem, non enim te amore vinco; verumtamen, quod praesenti tibi prope subnegaram, non tribueram certe, id absenti debere non potui; itaque, ut primum Velia navigare coepi, institui Topica Aristotela conscribere ab ipsa urbe commonitus amantissima tui: eum librum tibi misi Regio scriptum, quam planissime res illa scribi potuit; sin tibi quaedam videbuntur obscuriora, cogitare debebis nullam artem litteris sine interprete et sine aliqua exercitatione percipi posse. Non longe abieris: num ius civile vestrum ex libris cognosci potest? qui quamquam plurimi sunt, doctorem tamen usumque desiderant: quamquam tu, si attente leges, si saepius, per te omnia consequere ut certe intelligas; ut vero etiam ipsi tibi loci proposita quaestione occurrant, exercitatione consequere, in qua quidem nos te continebimus, si et salvi redierimus et salva ista offenderimus.

Cicero informiert Trebatius, dass er die Schrift *Topica* verfasst und sie ihm gewidmet habe. Er fährt fort, das eine oder andere möge Trebatius vielleicht unklar erscheinen, aber er solle beachten, dass keine Wissenschaft ohne Lehrer und ohne Übung erlernt werden könne. Auch wenn sehr viele Schriften zum *ius civile* existierten, könne man die Rechtswissenschaft doch nicht durch Lektüre allein meistern, sondern es brauche die praktische Ausübung, um sie zu beherrschen.

Ciceros Schilderung zeigt, dass die Ausbildung in der Rechtswissenschaft wenig systematisch und institutionalisiert erfolgte und dass „learning by doing“ das Grundkonzept nicht nur bei der Rhetorik-, sondern auch in der Rechtswissenschaftsausbildung war. Diese Form der Ausbildung spricht aber gegen eine starke Spezialisierung in dieser Zeit und indiziert, dass die meisten Juristen nicht nur Juristen, sondern auch Anwälte, Politiker oder Feldherren waren.

Der Grund für die in heutigen Augen wenig professionelle Ausbildung in den Rechtswissenschaften lag darin, dass diese für die Römer vergleichsweise unwichtig war und die Rechtsberatung zwar zu den Pflichten eines *homo nobilis* zählte, für das öffentliche Ansehen aber keine so große Rolle spielte wie militärische Erfolge und rednerisches Können.[2519] Prozesse waren zwar häufig, Strafprozesse in Politikerkreisen geradezu alltäglich, aber der Eindruck, den diese

---

2517 Crook, Legal Advocacy in the Roman World, 39.

2518 Cic. fam. 7.19.

2519 Verfehlt daher Kodrebski, Rechtsunterricht, 181: „Die Rechtswissenschaft war im Gegensatz zur gerichtlichen Redekunst eine nationale römische Beschäftigung, voll Würde und Tradition. Sie setzte niemanden gefährlichen und riskanten Situationen aus, die für einen

Prozesse hinterließen, bemaß sich nach dem „Entertainment"-Faktor, d. h. nach der Eloquenz der am Prozess Beteiligten. Die juristische Argumentation trat demgegenüber in den Hintergrund, zumal das Selbstverständnis der römischen Juristen stark traditionalistisch geprägt war[2520] und Neuerungen daher nicht so positiv konnotiert waren wie z. B. heute.[2521] Schließlich kam hinzu, dass die Rechtswissenschaft als eine Beschäftigung galt, der man sich intensiv erst im Alter widmete,[2522] d. h. wenn die politische Karriere vorbei war und man ausreichend Zeit hatte, um sich anderen Dingen zu widmen.

Unter den Juristen der Republik sind sehr viele Männer zu finden, die eine hohe gesellschaftliche Stellung innehatten,[2523] als Redner in Erscheinung traten und großes politisches Engagement an den Tag legten.[2524] Auch Priesterämter, wie die Mitgliedschaft bei den *augures* und den *pontifices*, halfen dem gesellschaftlichen Ansehen;[2525] umgekehrt trug die Mitgliedschaft in diesen Kollegien dazu bei, dass sich die Mitglieder intensiver mit den jeweiligen Rechtsgebieten befassten.[2526] Zu diesem Bild passt, dass viele Juristen auch Funktionen in den Priesterkollegien hatten oder mit *pontifices* und *augures* verwandt waren,[2527]

Advokaten in seiner nach römischen Kriterien gemessenen Tätigkeit nicht zu vermeiden war." Die Realität verhielt sich genau umgekehrt. Siehe auch S. 294 ff.

2520 Vgl. Pina Polo, Die nützliche Erinnerung, Historia 53 (2004) 168 (zum *mos maiorum*): „Das Unveränderliche galt als Inbegriff der Sicherheit."

2521 Siehe etwa Plaut. Mil. 661–668, wo der *advocatus* in einer Reihe mit dem *parasitus* und dem *obsonator* genannt wird.

2522 Cic. Cato 22, 38, 50; Quint. inst. 12.11.4; vgl. Plut. An seni respublica gerenda sit, 1, 18.

2523 Kunkel, Die römischen Juristen, 42–44.

2524 Kunkel, Die römischen Juristen, 41 f., zählt 18 Juristen, die bis 95 v. Chr. das Konsulat bekleideten, zwei davon zwei Mal, davon 16 zwischen 201 und 95 v. Chr. Von diesen erreichten fünf die Zensur – vier davon im eben definierten Zeitraum; weitere fünf erreichten die Prätur. Die Übergangszeit zum Prinzipat schlägt aufgrund der schwierigen politischen Umstände – die Nobilität stand zu einem großen Teil auf der Seite von Pompeius – etwas aus dem Rahmen.

2525 Zum Verhältnis des *ius pontificium* zum *ius civile* siehe S. 33 ff. Ernst zu nehmen ist Johnsons auf Cic. leg. 2.45–47 bezogene Frage, inwieweit ein *iuris consultus* Kenntnisse des *ius pontificium* nötig gehabt habe. Er selbst beantwortet die Frage so, dass ein *iuris consultus* zumindest wissen sollte, wann er einen *pontifex* um Rat fragen sollte (Johnson, The Pontifical Law of the Roman Republic, 40 FN 106). Er übersieht dabei jedoch, dass die enorme Wichtigkeit des *ius pontificium* – vielleicht nicht so sehr für das *ius civile* als für das Alltagsleben der Römer – eine „Spezialisierung" der Mitglieder des Pontifikalkollegiums von vornherein begünstigte. Ausdrückliche Doppelnennungen existieren für T. Manlius Torquatus (cos. 165; Rüpke, Fasti Sacerdotum, 1130; Val. Max. 5.8.3), P. Licinius Crassus Dives Mucianus (Cic. Cato 50; Liv. 30.1.5 f.) sowie für P. und Q. Mucius Scaevola (Cic. leg. 2.52). Gute Kenntnisse sowohl im *ius sacrum* als auch im *ius profanum* weist man auch Capito (Tac. ann. 4.70) zu. Zu dieser Stelle auch Cancelli, La giurisprudenza unica dei pontefici e Gneo Flavio, 101 f.

2526 Siehe hierzu auch „Die Kenner des ius augurale" (S. 309 ff.).

2527 *Pontifices* waren Ap. Claudius Caecus (strittig), P. Sempronius Sophus, T. Corucancius (pont. max.), Q. Fabius Labeo, P. Licinius Crassus Dives (pont. max.), T. Manlius Torquatus, P.

wobei das Verhältnis zwischen Pontifikalkollegium und Juristen nicht einheitlich beurteilt wird.[2528] In der Forschung eher vernachlässigt wurde bisher auch, dass die Rechtswissenschaft während der Republik in sehr starkem Ausmaß eine „Familienangelegenheit" war: Juristen unterrichteten ihre Söhne, Neffen usw. Auch wenn nicht immer alle Mitglieder einer Familie juristisch in Erscheinung traten (die Überlieferung ist freilich lückenhaft), so war es doch keine Seltenheit, dass mehrere Mitglieder einer Familie – auch über Generationen hinweg – als Juristen tätig waren, wie etwa in der *gens Aelia*, der *gens Iunia* oder der *gens Mucia*.

Am Ende der Republik hatte sich die Jurisprudenz, wenn nicht als eigene Berufssparte, so doch als eigene Wissenschaft etabliert, auch wenn die Verbindung zur Rhetorik nach wie vor sehr stark war. Dass ein Jurist als Anwalt tätig war, wurde für erforderlich gehalten; nur sehr wenige Juristen waren nicht vor Gericht tätig. Im Vergleich mit anderen Disziplinen genoss die Jurisprudenz zwar nicht so viel Ansehen wie beispielsweise die Rhetorik oder die Tätigkeit beim Militär, doch wurde sie von sehr vielen, aber nicht allen, Autoren als eigenständige *ars* anerkannt.[2529]

Der Mangel an Aufmerksamkeit, der der Rechtswissenschaft in nichtjuristischen Quellen zukam, hatte vermutlich mehrere Gründe: Zum einen waren korrekte *responsa* für die Klienten zwar zweifelsohne recht nützlich, doch die Anforderungen an diese Tätigkeit waren in den Augen der Römer bei Weitem nicht so hoch wie bei anderen Berufsfeldern. Man musste keine besondere Tapferkeit wie in der Politik aufweisen. Besondere Ansprüche an die Redefähigkeit waren für die Respondierpraxis auch nicht vonnöten[2530] und vor allem war die Beteiligung der Öffentlichkeit bei der Respondierpraxis *per definitionem* wesentlich niedriger als bei anderen angesehenen Berufen. Dieses Kriterium war – zusammen mit gewissen Anforderungen an die Redekunst – für die Römer von entscheidender Bedeutung bei der Bewertung der Berufe.[2531] Dies führte

---

Cornelius Scipio Nasica Corculum, P. Mucius Scaevola (pont. max.), P. Licinius Crassus Dives Mucianus (pont. max.), Q. Mucius Scaevola (pont. max.). *Augures* waren P. Aelius Paetus, M. Porcius Cato Censorius, Q. Mucius Scaevola, L. Licinius Crassus, M. Tullius Cicero. *Xvir/XVviri* waren Q. Mucius Scaevola und M. Terentius Varro. Siehe auch KUNKEL, Die römischen Juristen, 46.

2528 Dass Priesterämter in der Familie eine bestimmte Rechtstradition förderten, wird betont von KUNKEL, Die römischen Juristen, 49, der dann eine Umkehrung des Prozesses annimmt, insofern Juristen nun bevorzugt in die Priesterkollegien kooptiert wurden.

2529 Siehe S. 367.

2530 Siehe hierzu auch HARRIES, Iurisperiti: Men Skilled in Law, 95 f., zum *sermo humilis* der Juristen.

2531 Ähnlich HARRIES, Iurisperiti: Men Skilled in Law, 105.

wiederum dazu, dass auch Männer, die über bedeutende juristische Kenntnisse verfügten, sich selbst nicht als Juristen bezeichneten oder eine solche Bezeichnung sogar ablehnten.[2532]

Dem Ansehen der Rechtswissenschaft schadete sicher auch die (in den Augen der Römer) mangelnde wissenschaftliche Stellung der Disziplin. Sie war für sie zu wenig systematisch und die aus ihr ergehenden *responsa* der einzelnen Juristen nicht vorhersehbar oder schlicht willkürlich.[2533] Ein Grund für diese Anschauung war, dass das Recht als solches zu einem großen Teil aus *ius controversum* bestanden zu haben scheint; dies manifestierte sich auch in traditionell kommentierten *controversiae*. Gellius teilt das Recht in das alte und gefestigte Recht (*ius vetus et receptum*), das umstrittene und unklare Recht (*ius controversum et ambiguum*) und das neue und sich noch zu entwickelnde Recht (*ius novum et constitutendum*) ein.[2534] Zwar hat Tuori recht, wenn er den juristischen *controversiae* eine eher geringe Praxisnähe attestiert und diese hauptsächlich in der Lehre entstanden sieht – wenn auch jene *responsa* eine Ausnahme bilden, bei denen sehr viele, zur gleichen Zeit aktive Juristen ihre Rechtsauskunft erteilten, da in diesen Fällen ein Bezug auf einen konkreten Fall sehr wahrscheinlich ist; doch es ist auch offenkundig, dass das zersplitterte und unsichere Recht von den Römern als Problem angesehen wurde. So preist ein Rechtsanwalt in Horaz' Satiren seine Kenntnisse des *ius anceps* zahlungskräftigen Klienten an[2535] und Acro kommentiert den Terminus *anceps* in Horaz' Satiren:[2536]

> anceps] epitheton iuris. Id est controversum, vel obscurum, quod potest utrique parti prodesse pro ingenio interpretantis, id est, iuris periti.

Zum Teil übertrugen die Römer ihre Ansichten über die Gesetze auch auf die sie interpretierenden Juristen. Die römischen Gesetze galten als zersplittert, unübersichtlich und in ihrer Interpretation zum Teil stark von ihrem ursprünglichen Wortlaut abweichend. Sulla, Cäsar und Augustus erwarben sich dadurch Ruhm, dass sie die bisherigen Gesetze neu redigierten. Diverse Kodifikationsversuche von Pompeius und Cäsar scheiterten. Die Rechtsunsicherheit, die entstand, weil

---

2532 Vgl. Cic. Planc. 61 f.

2533 Dass die Juristen in ihren Schriften ein System benutzen (zum System des Mucius siehe etwa Liebs, Rechtsschulen und Rechtsunterricht, 223), steht dazu nicht unbedingt in einem Widerspruch: Die Kritik an der *res dissoluta divulsaque* (Cic. de orat. 1.188) verblieb (siehe auch Stein, Regulae iuris, 41). Auch die diversen Kodifikationsbestrebungen unter Pompeius, Cäsar und Augustus legen nahe, dass die mangelnde Systematisierung des Rechts als Problem wahrgenommen wurde.

2534 Gell. 12.13.3.

2535 Hor. sat. 2.5.34–37.

2536 Ps.-Acro in Hor. sat. 2.5.34.

Juristen Gesetze entgegen ihrem Wortlaut interpretierten, kritisiert Cicero auch in seiner Rede *pro Murena*.[2537]

Außerdem war es nicht besonders hilfreich für die Steigerung des Ansehens der Rechtswissenschaft, dass die Richter die *auctoritas* des oder der Juristen nicht so sehr anhand des juristischen Könnens, sondern nach deren persönliches Ansehen bemaßen – eine Ansicht, die schon in der Republik (wenn auch bei anderen Disziplinen) als unwissenschaftlich und als unvernünftig angesehen wurde, da die juristischen Argumente gegenüber der *auctoritas* in den Hintergrund traten.[2538]

Hinzu kam, dass schon während der Republik ein starkes Element der Schriftlichkeit in die Rechtswissenschaft eingedrungen war: So existierten Formelsammlungen, aus denen *in iure* die korrekten Formeln vorgetragen wurden, *plurimi libri* mit Sammlungen von *responsa*, derer sich Richter und Anwälte bei Bedarf bedienten, und nicht zuletzt waren auch die *testationes*, die Rechtsauskünfte der Juristen als Zeugen, meist schriftlicher Natur.[2539] Dies war den stark auf die mündliche Darstellung bedachten Römern ziemlich suspekt, und es etablierte sich das Bild des Juristen als eines Redners, der versagt hatte;[2540] ein Bild, das zwar sicher nicht immer der Wirklichkeit entsprach, aber doch erklärt, warum Juristen, die auf diesem Gebiet ein gewisses Niveau erreicht hatten, wie Neraz oder Javolen, sich noch während des Prinzipats nicht als solche bezeichneten.[2541] Mit dem Ende der Republik änderte sich zusätzlich die Qualität der Respondierpraxis. Stand bis dahin eher die mündliche Beratung im Vordergrund, die auch in den Quellenkatalogen des Pomponius und des Gaius nachwirkte,[2542] so wurden die *responsa* nunmehr verstärkt schriftlich erteilt. Eine weitere wichtige Entwicklung auf dem Gebiet der Respondierpraxis waren die Genese der rechtswissenschaftlichen Literatur und die Herausbildung der verschiedenen Literaturgattungen.[2543] Auch dadurch wurde das Image der Rechtswissenschaft als „schriftliche“ Disziplin noch mehr gefördert.

Dazu kam, dass Spezialwissen ohne unmittelbare praktische Anwendung oder über diese hinaus dem römischen Selbstbild widersprach[2544] und einer

2537 Cic. Mur. 27.

2538 Cic. Mur. 28. Vgl. auch Tuori, Ancient Roman Lawyers, 205–213 sowie Scholz, Den Vätern folgen, 307.

2539 Vgl. Plin. epist. 1.10.9 f.

2540 Vgl. Quint. inst. 12.3.11.

2541 So zumindest auf den Inschriften mit ihrem *cursus honorum*. Siehe dazu auch die Einträge in der *Prosopographia imperii romani* (PIR ²I 14, PIR ²N 52, 60).

2542 Vgl. Pomp. l. s. enchir. D. 1.2.2.12; Gai. Inst. 1.7.

2543 Kunkel, Die römischen Juristen, 56 f.

2544 Zum Inhalt dieses Ideals siehe Plin. nat. 7.139 f. Siehe auch die Kritik an Cicero als γραικὸς καὶ σχολαστικὸς bei Plut. Cicero 5.2.

praktischen Rechtfertigung bedurfte – auch aus diesem Grund waren die Juristen und vor allem ihre Fachliteratur den Zeitgenossen etwas fremd.

Die heterogene Zusammensetzung der Juristen, die schon anhand der Beschreibung des *advocatus* bei Plautus und Terenz zu erkennen war, zeigt sich besonders im 1. Jhdt. v. Chr. Auf der einen Seite des sozialen Spektrums standen angesehenen Honoratioren, die sich zugleich als Anwälte bei großen Prozessen beteiligten und politische Karriere machten oder es zumindest versuchten. Sie initiierten und formulierten Gesetze und widmeten sich gehäuft antiquarischen und religionsrechtlichen Studien. Neben ihnen existierten „Wirtschaftsjuristen", wie der von Cicero geschätzte Camillus oder der Vater von A. Cascellius. Sie standen bei geschäftlichen Transaktionen – auch solchen, die in der Öffentlichkeit keinen guten Ruf hatten, etwa bei der Versteigerung öffentlicher Güter – zur Verfügung.[2545] Aufgrund ihrer geringen sozialen Stellung standen sie nie so stark im Licht der Öffentlichkeit wie die erstgenannte Gruppe. Am anderen Ende des sozialen Spektrums gab es schließlich die Nerii und Cicutae, von Horaz geschmähte Wucherer,[2546] die über juristische Kenntnisse verfügten,[2547] und die *pragmatici*, die sich aufgrund ihres niederen Rangs mit Hilfsdiensten für die Redner und Magistrate begnügen mussten, anstatt selbst als solche aufzutreten.[2548] Nicht zuletzt stieg aufgrund des Bundesgenossenkriegs die Anzahl jener Juristen, die aus italischen Landstädten stammten.[2549]

Eine der wichtigsten Aufgaben der römischen Juristen war neben dem Erteilen von Rechtsauskünften sicherlich, wie in der Literatur auch stets betont, die Formulierung von Klagenformeln und Vertragsurkunden.[2550] Daneben waren sie aber zumeist auch als Anwälte tätig, wurden als *iudices* und *arbitri* ausgewählt und wirkten auch bei der Formulierung von neuen Gesetzen mit. Auch der Anteil der Juristen an den diversen Kommissionen zur Landverteilung – einem politisch stets hochbrisanten Thema – darf nicht unterschätzt werden.

Das Ende der Republik bildete aus verschiedenen Gründen einen starken Einschnitt in der Entwicklung der römischen Jurisprudenz. Zum einen wurde das Betätigungsfeld der *iurisperiti* durch die fortschreitende Spezialisierung[2551] massiv eingeschränkt, zum anderen veränderte sich durch das politische Umfeld,

2545 Cic. Flacc. 80. Zu diesem Passus Costa, Cicerone giureconsulto, 94–96. Siehe auch Cic. Q. Rosc. 56.
2546 Hor. sat. 2.3.69, 175.
2547 Porph. in Hor. sat. 2.3.69. Siehe auch Gebhardt, Sermo iuris, 255.
2548 Vgl. auch Gagliardi, Zur Figur des iudex privatus, RIDA 55 (2008) 256–259.
2549 Kunkel, Die römischen Juristen, 55.
2550 Cic. Brut. 275; Cic. leg. 1.14; Cic. Mur. 29.
2551 Fögen, Römische Rechtsgeschichten, 196.

an dem die Juristen auch nicht mehr so stark beteiligt waren wie bisher, das Berufsbild der Juristen. Jenes Bild des unabhängigen republikanischen *nobilis*, der sich jeden Morgen seinen Klienten zur Rechtsberatung zur Verfügung stellte, existierte nicht mehr. Die Beratung wurde unpersönlicher und verlor durch den nun abgeschwächten Zusammenhang mit der Politik an Ansehen. Die soziale Herkunft der Juristen änderte sich, und die Rechtsentwicklung als solche geriet immer mehr in die Hände des Kaisers.[2552]

Der Rückzug aus der Politik war allerdings kein reines Phänomen der juristischen Berufe, sondern stand in Zusammenhang mit einer gesamtgesellschaftlichen Bewegung. So wurde die *vita contemplativa*, die den Rückzug aus dem öffentlichen Leben zu einem Gegenentwurf des bisherigen Ideals machte, von mehreren römischen Dichtern als erstrebenswert dargestellt.[2553] Zu nennen sind hier v. a. die Neoteriker um Catull und die Elegiker Tibull und Properz, aber auch Lukrez, Vergil, Ovid und Horaz, von denen die beiden Letzteren aber selbst noch die Anfangsstufen des *cursus honorum* erklommen hatten.[2554]

2552 Vgl. auch die unterschiedlichen Begründungen BRETONES (Geschichte des römischen Rechts, 124: „Mißtrauen“ gegenüber dem „Gesetz“) und FÖGENS (Römische Rechtsgeschichten, 196 FN 79: „Desinteresse der Politik an Steuerungsversuchen durch das Gesetz“) zum Mangel an Gesetzen während der späten Republik.

2553 Gut illustriert wird diese Haltung auch durch Ser. Oppidius (Hor. sat. 2.3), den Horaz seinen Söhnen ausdrücklich von einer politischen Karriere abraten lässt. Siehe auch WISEMAN, New Men in the Roman Senate, 93, 117.

2554 Siehe etwa Hor. epod. 2.7 f. und sat. 1.6; Ov. fast. 4.384; trist. 4.10.33–40.

II.7. Die juristische Literatur

Eine Untersuchung der juristischen Literatur erscheint insbesondere deshalb sinnvoll, weil diese das, wenn auch mittelbare, Resultat der juristischen Praxis darstellt. Die erste juristische Literaturgattung, die eindeutig als eine solche identifiziert werden kann, ist der *commentarius*. Als *commentarius* bezeichnete man die der Geschichtsschreibung nahestehende literarische Verarbeitung von Amtsaufzeichnungen und Dienstberichten.[2555] Zu beachten ist hierbei, dass der Titel der jeweiligen Juristenschriften häufig anders lautete[2556] und die Bezeichnung *commentarius* oft bei Zitaten oder Verweisen verwendet wurde, um die spezifische Eigenart des Werks zu betonen.[2557]

Die ersten von Juristen stammenden *commentarii* wurden von Sex. Aelius Paetus,[2558] Q. Fabius Pictor[2559] und Cato[2560] (hier ist unklar, welchem der beiden Catones dieses Werk zuzuschreiben ist) erstellt. Ihnen folgen C. Sempronius

2555 Von Premerstein, Art. commentarius, RE IV (1900) Sp. 726–759; Schanz/Hosius, Geschichte der römischen Literatur I, 26; Bömer, Der *commentarius*, Hermes 81 (1953) 226; Rawson, Intellectual Life in the Late Roman Republic, 227–229; Scholz, Sullas commentarii, 176 f., 179 f; Meyer, Legitimacy and Law in the Roman World, 32; Rüpke, Fasti Sacerdotum, 1492 f. Gegen v. Premersteins Auffassung, dass *commentarii* und *tabulae publicae* synonym verwendet wurden, spricht sich Bömer, Der *commentarius*, Hermes 81 (1953) 244 FN 2 aus. Vgl. Isid. orig. 6.7.5 und Placid. s. v. *commenta* (ed. Goetz, p. 13). Aufschlussreich ist hier auch Non. s. v. *scripturarios* (ed. Lindsay, p. 54). Eindeutig der dienstlichen Tätigkeit entsprungen war der *commentarius* des Quästors M. Sergius (Varro ling. 6.90). Rawson, Intellectual Life in the Late Roman Republic, 227, betont die Nähe des *commentarius* zur Autobiographie.

2556 Zur Problematik von unterschiedlichen Titeln siehe Daly, The Entitulature of Pre-Ciceronian Writings, FS Oldfather, 20–38. Zur Titelgebung in der Antike im Allgemeinen siehe Horsfall, Some problems of titulature in Roman literary history, Bulletin of the Institute of Classical Studies 28 (1981) 103–114; Small, Wax Tablets of the Mind, 33–35.

2557 Bömer, Der *commentarius*, Hermes 81 (1953) 232. Etwas anderer Ansicht Behrends, Der Kommentar in der römischen Rechtsliteratur, 447 f., der die *commentarii* in ihrer ursprünglichen Bedeutung in die Nähe der *interpretatio* rücken will.

2558 Cic. de orat. 1.240.

2559 Non. s. v. *salis* (ed. Lindsay p. 330).

2560 Fest. s. v. *mundus* (ed. Lindsay, 144/146).

Tuditanus[2561] und C. Iunius Gracchanus[2562]. Als *commentarius* bezeichnet wurden auch die juristischen Schriften des M. Iunius Brutus[2563] und des M. Antistius Labeo[2564]. Wichtig ist bei dieser Literaturgattung die enge Verbindung zur eigenen Erfahrung des Verfassers in Rahmen seiner öffentlichen Funktionen:[2565] Angewandt auf die juristischen *commentarii* bedeutet dies, dass die juristischen Äußerungen der Autoren in einem Zusammenhang mit ihrer Amtstätigkeit standen; diese Tatsache wiederum gibt einen wichtigen Hinweis auf die Herkunft der in diesen *commentarii* enthaltenen *responsa*:[2566] *Commentarii* wurden nicht nur von Magistraten erstellt und aufbewahrt, sondern auch von Richtern, die in ihre Amtstagebücher die Entscheidungen und die dazu eingeholten Rechtsauskünfte aufnahmen.[2567]

Schon relativ bald wurden in die *commentarii* bekannte Kontroversen sowie die Auflistung der *auctores* und der von ihnen vertretenen *opiniones* aufgenommen.[2568] Der Anteil an fiktiven Fällen in der juristischen Literatur während der Republik war vermutlich eher gering, denn Cicero bemerkt, dass der Gebrauch fiktiver *exempla* eher Sache der Redner als der Juristen sei.[2569] Diese Feststellung zwingt auch dazu, die alte Unterscheidung in „didaktische“ und „praktische“ *responsa* zu überdenken, wie Bretone dies z. B. anhand der Verben *quaerere* und *rogare*/*interrogare* versucht hat, während Schulz annahm, dass *respondere* v. a. bei der Beantwortung einer theoretischen Frage gebraucht wurde.[2570] Demgegenüber betont Kelly, dass *respondere* in einem weiten Zusammenhang gebraucht wurde und definiert *responsum* als Meinung eines *iuris consultus* zu einem Problem, das ihm von einem Klienten geschildert worden war.[2571] Dieser Ansicht Kellys ist zu folgen, zumal *respondere* nie einen besonders engen Wortgebrauch hatte, sondern zumeist im juristischen Kontext mit „antworten“ übersetzt wurde.

2561 Gell. 13.15.14.

2562 Varro ling. 6.95.

2563 Cic. de orat. 2.224.

2564 Fest. s. v. *spurcum vinum* (ed. Lindsay, p. 474), s. v. *sistere fana* (p. 476, ed. Lindsay).

2565 Bömer, Der *commentarius*, Hermes 81 (1953) 232.

2566 Liebs’ Behauptung (Liebs, Römische Rechtsgutachten und „Responsorum libri“, 84), eine eigenständige Responsenliteratur hätte sich erst im 1. Jhdt. n. Chr. entwickelt, ist daher verfehlt.

2567 Zu den *commentarii* der *iudices dati* Haensch, Das Statthalterarchiv, SZ 109 (1992) 281–283; Ähnliches ist jedoch auch für die im Formularverfahren eingesetzten *iudices* anzunehmen. Siehe auch Mommsen, Römisches Strafrecht, 512–520.

2568 Gell. praef. 15; Quint. 12.3.8.

2569 Cic. top. 45.

2570 Schulz, Geschichte der römischen Rechtswissenschaft, 284; Bretone, Pomponio lettore di Cicerone, Labeo 16 (1970) 177–182. Vgl. auch die Unterscheidung in praktische und didaktische *responsa* bei Roth, Alfeni Digesta.

2571 Kelly, Studies in the Civil Judicature, 76.

Ein weiteres Zeichen der Nähe der *commentarii* zur mündlichen Rechtsberatung war neben dem Mangel an fiktiven Fällen die Nennung konkreter Namen in den *responsa*. Dies ist für die *commentarii* von Cato und Brutus bezeugt[2572] und auch für die *commentarii* ihrer Vorgänger anzunehmen. Die Nähe zur Praxis dieser *commentarii* (griech. ὑπομνήματα) blieb bis ins Prinzipat erhalten. Die *commentarii* des *praefectus Aegypti* wurden z. B. von den νομικόι im 2. Jhdt n. Chr. in ihren *responsa* verwendet.[2573]

Aus den *commentarii* entwickelte sich die Kommentarliteratur im engeren Sinn, bei der bestimmte Rechtsgebiete abschnittsweise erläutert wurden und in die auch allgemeinere Bemerkungen eingeflochten wurden. Die Weiterentwicklung dieser Gattung brachte vermutlich auch eine gewisse Abstrahierung und Systematisierung des Rechts mit sich. Leider sind jedoch von den republikanischen Juristen zu wenig Fragmente erhalten, um diese Entwicklungsstufe – die teilweise den *fundatores iuris civilis* (P. Mucius Scaevola, M'. Manilius, M. Iunius Brutus), teilweise Q. Mucius Scaevola *pontifex* oder Ser. Sulpicius Rufus zugeschrieben wurde – zeitlich festzumachen. Das *ius civile* kommentierten Q. Mucius Scaevola, C. Trebatius Testa und M. Iunius Brutus, das Edikt kommentierten Ser. Sulpicius Rufus, C. Trebatius Testa und A. Ofilius und die 12 Tafeln Q. Valerius Soranus, M. Valerius Messala Rufus und Ser. Sulpicius Rufus.

Schließlich sind als frühe Gattungen der juristischen Literatur Sammlungen aller Art zu nennen, die in ihrer Bandbreite von den republikanischen Formelsammlungen (*ius Flavianum*, Sex. Aelius Paetus, *Tripertita*) über Sammlungen von Vertragsformularen (Manilius) bis hin zu Kompilationen von *leges* (*ius Papirianum*) und *senatus consulta* reichen. Der kreative Gehalt dieser Sammlungen war eher gering, ihre praktische Relevanz jedoch ernorm. Vor allem geben die Themen, über die solche Sammlungen geschrieben wurden, Auskunft, in welchen Bereichen des römischen Rechts der Bedarf nach Information am höchsten war.

Auch die Monographie im Sinn einer Abhandlung zu einem einzigen eng begrenzten Rechtsgebiet entwickelte sich im Lauf der Republik. Freilich war wahrscheinlich nicht Ap. Claudius Caecus der erste Autor dieser Gattung: Sein *liber de usurpationibus*, das häufig als Monographie bezeichnet wird,[2574] war vermutlich eher eine Klagensammlung (*hunc etiam actiones scripsisse traditum est*) oder ein *commentarius*, denn das Betiteln von Büchern wurde erst im Lauf der Republik üblich. Davor wurde ein literarisches Werk mit den Anfangsversen (so etwa bei der Epik) oder den

2572 Cic. de orat. 2.142.

2573 Haensch, Das Statthalterarchiv, SZ 109 (1992) 224–226, gegen Katzoff, Precedents in the Courts of Roman Egypt, SZ 89 (1972) 256–292.

2574 So etwa Mayer-Maly, Roms älteste Juristenschrift, Mnemosynon Bizoukides, 219–235, und Liebs, Römische Rechtsgutachten und „Responsorum libri", 84.

Anfangskapiteln zitiert.[2575] Das Werk des Ap. Claudius Caecus hatte vermutlich als erstes Kapitel einen Abschnitt *de usurpationibus*. Beliebter waren Monographien zu Gegenständen des *ius sacrum* (z. B. Ser. Sulpicius Rufus: *de sacris detestandis*) oder des *ius publicum*, aber es sind auch Nachweise für Abhandlungen aus dem Bereich des *ius civile* erhalten (Ser. Sulpicius Rufus, *de dotibus*, A. Ofilius, *de vicesima*).

Erwähnenswert ist auch die Briefliteratur. Als *epistulae* bezeichnete man Briefsammlungen zu juristischen Problemen. Diese waren vor allem deshalb häufig, weil *testationes* von Juristen häufig schriftlich ausgefertigt wurden und dann im Prozess verlesen wurden.[2576] Hierzu ist zu beachten, dass es üblich war, die Briefe – sofern es sich um einen amtlichen Briefverkehr handelte – daheim und später in den Archiven aufzubewahren und Abschriften der Briefe in einem eigenen Buch zu dokumentieren.[2577] Eine Besonderheit bei den *epistulae* ist, dass in ihnen auch häufig Anfragen von Juristen und angehenden Juristen zu finden sind.[2578] Vermutlich entwickelte sich die juristische Briefliteratur ebenfalls schon in republikanischer Zeit,[2579] denn Gellius zitiert in seinen *noctes Atticae* u. a. aus Briefen Varros[2580] und auch in der Korrespondenz von Ciero sind einige juristische Fragestellungen erhalten, so z. B. die Anfrage zur Erbschaftssache des Silius.[2581]

Als juristische Gattung eher vernachlässigt wurde die Gerichtsrede, die recht häufig in einem anderen als dem ursprünglichen Prozess als Beweis für eine Tatsache oder eine Rechtsmeinung angeführt wurde.[2582] Aus diesem Grund weigerten sich einige Redner, unter ihnen der bekannte M. Antonius, ihre Reden niederzuschreiben.[2583] Reden hinterließen beispielsweise Ap. Claudius Caecus, Cato Censorius, Ser. Sulpicius Rufus und Q. Mucius Scaevola *pontifex*.

Ab dem Prinzipat entwickelte sich eine Gattung, bei der Schüler oder dogmatische Nachfolger Schriften ihrer Vorgänger kommentierten. Diese von Liebs als sog. „Epigonenliteratur“ betitelte Gattung[2584] hatte jedoch schon ihre Vorgänger in der Republik, wenn auch die *reprehensa Scaevolae capita* des Ser. Sulpicius Rufus eher nicht der Huldigung des großen Meisters gedient haben dürften.

2575 Vgl. Horsfall, Some problems of titulature in Roman literary history, Bulletin of the Institute of Classical Studies 28 (1981) 104.

2576 Siehe S. 392.

2577 Haensch, Das Statthalterarchiv, SZ 109 (1992) 245–254.

2578 Behrends, Der assessor, SZ 86 (1969) 207 f.

2579 Anderer Ansicht Schulz, Geschichte der römischen Rechtswissenschaft, 109.

2580 Gell. 14.7.11. Siehe auch Gell. 2.10.3, 13.12.1.

2581 Zu Ser. Sulpicius Rufus und M. Terentius Varro siehe S. 164 ff. und S. 331 ff., zur *causa Siliana* siehe S. 174, 205, 269.

2582 Siehe etwa Gell. 14.2.8–9: Der Rat des Favorinus stützt sich auf eine Rede von Cato.

2583 Val. Max. 7.3.5. Über seine Gründe siehe Cic. Cluent. 140.

2584 So Liebs, Rechtsschulen und Rechtsunterricht im Prinzipat, 214.

Die Zahl juristischer Werke war zu Ciceros Zeit vermutlich schon sehr hoch. Cicero nennt die Zahl der Autoren in einem Brief an Trebatius *plurimi* („sehr viele").[2585] Mitunter kam es auch zu einer „Mehrfachverwertung" der *responsa* in mehreren Werken desselben Autors.[2586] Leider ging jedoch schon im 2. Jhdt. n. Chr. ein großer Teil der republikanischen juristischen Literatur verloren.[2587]

Dem juristischen Unterricht entstammten der herrschenden Meinung nach die *regulae* (beispielsweise Q. Mucius Scaevolas *liber singularis* ὅρων), wiewohl Stein das Gegenteil vertrat.[2588] Erste Beispiele für Lehrbücher (*institutiones*) sind hingegen erst für die Zeit des Prinzipats erhalten, Varros *Eisagogikos* ist zwar zur Elementarliteratur zu zählen, sein Zielpublikum unterscheidet sich aber von jenem der Lehrbücher.

Differenziert man bei der juristischen Literatur hinsichtlich des von ihr behandelten Gebiets, so fällt auf, dass die Literatur zum *ius publicum* eng mit jener zum *ius sacrum* verknüpft war und eine starke Nähe zur antiquarischen Literatur aufwies – dies gilt vor allem für grammatikalisch-juristische Werke, wie etwa die Worterläuterungen des C. Aelius Gallus und des L. Aelius Stilo. Nörr hat daher zu Recht die Frage aufgeworfen, ob sich diese antiquarisch-sakralrechtliche Literatur überhaupt grundlegend von anderen Werken der römischen Geschichtsschreibung unterschied.[2589]

Ein grundsätzliches Problem der juristischen Literatur ist die Frage, an wen sie sich richtete. Sehr vieles spricht dafür, dass sich der Großteil der juristischen Literatur an Praktiker und juristisch interessierte Laien wandte.[2590] In besonderem Ausmaß gilt dies für Werke wie *de officio iudicis* von Q. Aelius Tubero und *de officio iurisconsulti* von L. Cincius, derer sich auch Gellius bei der Ausübung seines Richteramts bediente (oder der an Pompeius gerichtete *Eisagogikos*), eher an Juristen richteten sich wohl Werke wie die Kommentare zum *ius civile* oder zum Edikt, die im Lauf des Prinzipats immer mehr an Verbreitung gewannen. Eine Zwischenstellung nahmen schließlich die Werke zum *ius sacrum* und zum *ius publicum* ein, da es seit jeher große Überschneidungen zwischen historischer, antiquarischer und juristischer Literatur gab.

2585 Cic. fam. 7.19.

2586 Cic. de orat. 1.192.

2587 Weiss, Schwund und Konservierung im römischen juristischen Schrifttum, SZ 67 (1950) 501–511.

2588 Schulz, Geschichte der römischen Rechtswissenschaft, 209 f.; Stein, Regulae Iuris, 90–108; Liebs, Rechtsschulen und Rechtsunterricht im Prinzipat, 226–229. Siehe auch zu Ulpians *liber singularis regularum* Nelson/Manthe, Gai Institutiones III 182–225, 96–102.

2589 Nörr, Pomponius, 503.

2590 Vgl. Rawson, Intellectual Life in the Late Roman Republic, 56.

II.8. Behandelte Rechtsgebiete

Bei den Zivilprozessen der römischen Republik handelte es sich verhältnismäßig häufig um Status-, Familien- und Erbrechtsverfahren.[2591] Dies ergibt sich u. a. aus der Aufzählung von bekannten privatrechtlichen Prozessen in Ciceros *de oratore*.[2592] Fünf der zehn referierten Prozesse behandeln das Erbrecht, bei dreien geht es um die Klärung von *status*-Fragen und zwei Fälle haben Servitutsklauseln bei Kaufverträgen zum Thema. Ähnlich gestaltet sich die thematische Verteilung der Beispiele in Ciceros *Topica*. In den in §§ 10–24 vorgestellten Beispielen geht es hauptsächlich um Erbrecht (7), Sachenrecht (6) und Eherecht (3); je eine Rechtsauskünfte betrifft den Freiheitsprozess und die Stellung eines *vindex*.

Die Erteilung von Rechtsauskünften zum Erbrecht zählte zu den Hauptaufgaben der Juristen; diese Fälle wurden aber vermutlich nicht alle gerichtlich geklärt. Bezüglich des Erbrechts traten die Juristen nicht nur als Anwälte auf, sondern sie wurden auch „kautelarisch“ tätig, indem sie selbst Testamente oder

---

2591 Dieser Befund deckt sich auch mit den Untersuchungen von KELLY. KELLY, Studies in the Civil Judicature, 71–92, benutzt drei verschiedene Quellen, um eine Statistik der römischen Prozesskultur zu erstellen, die *responsa*, die *rescripta* und all jene Fälle, in denen sich ein Hinweis auf einen realen Prozess ergibt. Er kommt dabei auf 1306 *responsa* auf dem Gebiet des Privatrechts, wobei Rechtsauskünfte, die sich auf mehrere Rechtsgebiete verteilen, von ihm doppelt gezählt werden. Nach KELLY führt dabei das Rechtsgebiet Erbrecht mit 761 Nennungen vor Vertragsrecht (288 Nennungen), Familienrecht (114 Nennungen), Eigentum (85), Freiheitsprozessen (33) und (Quasi-)Delikten (22) (KELLY, Studies in the Civil Judicature, 79–83). Weiters zählt KELLY 773 Nennungen von *rescripta* (in den Digesten; der Codex wurde von ihm wegen des durchschnittlich späteren Datums der Reskripte außer Acht gelassen): Davon entstammen 167 dem Strafrecht, 137 dem öffentlichen Recht und 55 dem Prozessrecht. Von den verbleibenden 414 verteilen sich 257 auf das Erbrecht, 74 auf das Familienrecht, 48 auf das Vertragsrecht, 14 auf *status*-Prozesse, 12 betreffen das Eigentum und 9 Delikte (KELLY, Studies in the Civil Judicature, 85–87). Von den 81 Fällen der dritten Gruppe betreffen nach KELLY 5 das Strafrecht, 52 das Erbrecht, 11 das Vertragsrecht, 7 das Familienrecht, 4 das Eigentumsrecht, 2 das Deliktsrecht und 1 betrifft einen Freiheitsprozess (KELLY, Studies in the Civil Judicature, 88 f.).

2592 Cic. de orat. 1.173–184.

einzelne Klauseln formulierten.[2593] Dass die Heranziehung eines Juristen bei der Errichtung eines Testaments der Normalfall war,[2594] zeigen auch die Grabinschriften, die das Gegenteil betonen (d. h. dass kein Jurist hinzugezogen wurde) oder den Wunsch *iuris consultus abesto* äußern.[2595] Für die Wichtigkeit des Erbrechts spricht auch dessen vorrangige Stellung in jenen Juristenschriften der Republik, deren Gliederung rekonstruierbar ist, wie etwa Alfenus *digesta*[2596] oder die *iuris civilis libri* des Scaevola.[2597] Dass sich die Juristen mit dem Erbrecht identifizierten, lässt sich aus einer Fabel des Phaedrus erschließen, die nicht unbedingt ein gutes Licht auf diesen Stand wirft,[2598] und aus der Juristenkritik bei Seneca, der über die *acutae ineptiae* der Juristen beim Erbrecht spottet.[2599]

Gerade beim Erbrecht ist auch dessen politische Komponente zu beachten. Die Testamentserrichtung war für die Römer, wie es ein boshafter Grieche ausdrückte, „die einzige Gelegenheit die Wahrheit zu sagen."[2600] In einem Testament wurden Freund- und Feindschaften deutlich erkennbar, und die unterschiedliche politische Zugehörigkeit der Bedachten und nicht Bedachten führte häufig zu erbitterten Erbstreitigkeiten.[2601] Testamente und die in ihnen verfügten Vermögensverschiebungen unterlagen daher so starken moralischen Einschränkungen wie kaum ein anderes Rechtsgeschäft. Beispiele dafür finden sich in den Memorabilien von Valerius Maximus, der in den Kapiteln 7 und 8 von Buch VII bekannte Erbschaftsprozesse – teils vor dem *iudex unus*, teils vor den *centumviri* – aufführt.[2602] Auch in den Glossen zu den römischen Autoren sind unter den *verba iuris* häufig erbrechtliche Begriffe erläutert.[2603]

2593 Suet. Ner. 32. Siehe auch I 2.25 pr.

2594 Vgl. auch Cic. Verr. 2.1.107.

2595 Siehe etwa AE 1908, 0035; CIL VI 10525; CIL VI 12133; CIL X 4919. Vgl. auch Paul. l. s. de grad. et adfin. D. 38.10.10 pr.

2596 Zur Gliederung siehe Roth, Alfeni Digesta, 197 f.

2597 Siehe Liebs, Rechtsschulen und Rechtsunterricht, 223. Vgl. hierzu auch das ausgiebige Lob des Plinius hinsichtlich der erbrechtlichen Reformen von Trajan: Plin. paneg. 37–40, 43.

2598 Phaedr. 5.4. Eine Mutter war als Erbin eingesetzt worden, mit der Auflage, das Geld unter ihren Töchtern zu verteilen. Diese Auflage hatte folgenden Wortlaut „*Ni data possideant aut fruantur; simul habere res desierint quas acceperint, centena matri conferant sestertia.*" Die Mutter hatte mehrere Juristen herangezogen, die aber zu keiner Lösung gelangten, und schließlich die Erbschaft so verteilt, wie sie es für sinnvoll hielt, und somit instinktiv die richtige Auslegung getroffen.

2599 Sen. benef. 6.5.3–5.

2600 Lukian. Nigrin. 30. Siehe auch Champlin, Final Judgments, 7–9.

2601 Vgl. Val. Max. 7.7.2.

2602 Siehe auch Cic. Verr. 2.1.115.

2603 Serv. Aen. 4.624; SU 664 (Lindsay, Virgil Scholia in the Ansileubus Glossary, AJPh 58 (1937) 1), Serv. Aen. 5.533, 7.424, 8.642. Siehe auch Serv. Aen. 4.674, 11.476.

Der Interpretation von Vertragsklauseln wurde in der Republik ebenfalls breiter Raum eingeräumt. Auch hier ist im Regelfall eher von einer Beratung außerhalb des Prozesses auszugehen. Die Abfassung von Verträgen durch Juristen (*si lex perite fuerit scripta*) dokumentiert Vitruv, der erläutert, dass Verträge mit Achtsamkeit abgefasst werden müssten, damit keine der Parteien die andere übervorteilen könne.[2604] Ein wichtiger Aufgabenbereich für Juristen war zudem die Interpretation von Gesetzen.[2605] Prozessrechtliche *responsa* im engeren Sinn (z. B. Fragen zur Kompetenz des *iudex* und des *arbiter*) treten bei einigen Juristen gehäuft, bei anderen überhaupt nicht auf. Für die große Relevanz des Prozessrechts spricht eine Passage in der *Rhetorica ad Herennium*:

> Ex translatione controversia nascitur, cum aut tempus differendum aut accusatorem mutandum aut iudices mutandos reus dicit. Hac parte constitutionis Graeci in iudiciis, nos in iure [civili] plerumque utimur [in hac parte nos iuris civilis scientia iuvabit]: in iudiciis tamen nonnihil utimur ut hoc modo: Si quis peculatus accusatur, quod vasa argentea publica de loco privato dicatur sustulisse, possit dicere, cum definitione sit usus quid sit furtum, quid peculatus: secum furti agi, non peculatus oportere. Haec partitio legitimae constitutionis his de causis raro venit in iudicium, quod in privata actione praetoriae exceptiones sunt et causa cadit qui egit, nisi habuit actionem, et in publicis quaestionibus cavetur legibus, ut ante, si reo commodum sit, iudicium de accusatore fiat, utrum illi <li>ceat accusare necne. (Rhet. Her. 1.22)

Beim *status translationis*, bei dem es v. a. um die Zuständigkeit des jeweiligen Gerichts geht, betont der Autor, dass dieser *status* bei den Griechen eine höhere Relevanz besitze und dass derartige Fragen im römischen Recht eher vor dem zuständigen Magistrat geklärt würden: Im Zivilverfahren werde durch den Einschub von *exceptiones* die Zuständigkeit gewahrt; wenn das Gericht nicht zuständig sei, verliere der Kläger. Im Strafverfahren werde durch das Divinationsverfahren darauf geachtet, dass der *accusator* auch zur Anklage befugt sei. Der Satz: *in hac parte nos iuris civilis scientia iuvabit* ist meines Erachtens zu Unrecht getilgt worden.[2606] Bei sehr vielen juristischen *responsa* ging es dem Konsulenten darum zu klären, welche Klage er einzureichen hatte und damit auch, welches Richter(-kollegium) bestellt oder ernannt werden musste, etwa, ob ein Verfahren vor dem Einzelrichter oder den *recuperatores* durchzuführen sei oder ob das Zentumviralgericht oder eher ein *iudex unus* anzurufen sei.

2604 Vitr. 1.1.10.

2605 Cic. Mur. 28.

2606 Die Tilgung des handschriftlich gut überlieferten Satzes geht auf Christian Schütz zurück und wurde in fast alle modernen Editionen (M. Tullius Fasc. 1 ad C. Herennium de ratione dicendi ed. F. Marx, 1964; Rhétorique à Herennius. Ed. G. Achard, 1989; Rhetorica ad Herennium. Hrsg. von T. Nüsslein, 1994) übernommen.

Große praktische Relevanz hatte auch das Grundstücksrecht: Bekannt sind viele Fälle zur *cautio damni infecti*, zur *actio aquae pluviae arcendae* und zu den Realservituten, besonders zu den Wasserrechten,[2607] eher selten sind hingegen Fälle zum Familien- und Deliktsrecht.[2608] Kellys Erklärung, dass manche Prozesse aufgrund der mit ihnen verbundenen sozialen Schmach selten geführt wurden, scheint plausibel, zumal auch jene Vertragsklagen, deren Verurteilung *infamia*[2609] nach sich zog, selten von den römischen Juristen behandelt wurden und die römischen Magistraten sie nach Möglichkeit nicht vor Gericht zuließen.[2610]

Kaum zu klären ist die Frage nach der Unterscheidung zwischen *responsa*, die in der Lehre verwendet wurden, und *responsa*, die einen Bezug zur Praxis hatten. Zum einen gingen Lehre und Praxis häufig Hand in Hand, zum anderen hat sich gezeigt, dass die Indizien, die gewöhnlich als Nachweis eines „fachdidaktischen" *responsum* verwendet werden, wenig aussagekräftig sind. Die Verwendung von Distinktionen war eher dem persönlichen Stil geschuldet und vor allem bei P. Alfenus Varus und seinem Lehrer Ser. Sulpicius Rufus üblich. Beide waren Juristen mit einem sehr starken Bezug zur Praxis, sodass eine rein didaktische Ausrichtung der *responsa* unwahrscheinlich erscheint. Zum anderen ist auch die Heranziehung von Buchtiteln wenig aussagekräftig, da diese im 1. Jhdt. v. Chr. für die Prosaliteratur nicht immer üblich waren.[2611]

In der Literatur wurde die Tätigkeit der Juristen auf dem Gebiet des *ius publicum*, vor allem im Straf- und Sakralrecht bisher vernachlässigt. Besonders das *ius augurale* war ein Rechtsgebiet von großer politischer Bedeutung, das gerne und häufig zur Manipulation von politischen Debatten benutzt wurde und sich daher bei den *nobiles* der Republik außerordentlich großen Ansehens erfreute. Vergessen wird auch, dass die meisten römischen Juristen, sofern sie sich nicht gänzlich aus dem *cursus honorum* zurückzogen, *homines politici* waren, die aktiv am politischen Geschehen mitwirkten, z. B. bei Diskussionen im Senat oder als Mitglieder diverser Kommissionen. Das Abfassen von Gesetzen machte eine gewisse rechtliche Expertise erforderlich, die die Juristen der Republik zur Verfügung stellten und die als wesentlicher Teil ihres Tätigkeitsbereichs verstanden wurde.

2607 Cic. Mur. 22. Siehe dazu auch Costa, Cicerone giureconsulto, 115.

2608 Kelly, Studies in the Civil Judicature, 89 f.

2609 Zum Wortgebrauch von *infamia* (im technischen und untechnischen Sinn) und dem Einfluss der infamierenden Wirkung auf die Prozesswilligkeit der Römer Kelly, Studies in the Civil Judicature, 93–111 und Wolf, Das Stigma ignominia, SZ 126 (2009) 55–113. Vgl. auch Inst. 4.16 pr.

2610 Siehe hierzu auch die Ausführungen von Wolf, Das Stigma ignominia, SZ 126 (2009) 97.

2611 Daly, The Entitulature of Pre-Ciceronian Writings, FS Oldfather, 20–38.

Conclusiones

Neben einer prosopographischen Zusammenschau der Juristen der römischen Republik nebst ihren *responsa* liefert die vorliegende Arbeit folgende Forschungsergebnisse:

Zur Geschichte der Rechtswissenschaft der römischen Republik ist zu bemerken, dass *decreta* und *responsa* nicht als scharf voneinander zu trennende Gruppen von Rechtsauskünften zu verstehen sind, sondern die unterschiedliche Bezeichnung eher auf den Antwortcharakter bzw. die Verbindlichkeit der Auskunft abzielte. Deshalb ist es auch nicht möglich, aus der Bezeichnung *responsum* bzw. aus der Verwendung des Verbs *respondere* unbedingt auf einen prozessualen Kontext zu schließen.[2612]

Die Vorstellungen über moderne Archive und deren Zugänglichkeit lassen sich nur bedingt auf die Antike projizieren. Voreilige Schlussfolgerungen, Autoren, die sich mit dem *ius sacrum* befassten, hätten auf zu wenige Quellen aus erster Hand zurückgreifen können, wie sie leider in der Sekundärliteratur teilweise gezogen wurden, sind daher zu vermeiden. Außerdem ist davon auszugehen, dass für wissenschaftliche Arbeiten relativ häufig Familienarchive konsultiert wurden.[2613]

Berücksichtigt man die in der Einleitung genannten Kriterien und schränkt man die Rechtswissenschaft nicht auf die Privatrechtswissenschaft ein, so gab es viel mehr Fachjuristen in der römischen Republik als gewöhnlich in den Handbüchern zur Rechtsgeschichte dargestellt. Hierzu zählen beispielsweise Juristen, die primär zum *ius sacrum* publizierten, aber auch Juristen, die aufgrund ihrer niederen sozialen Stellung trotz vorhandener juristischer Kenntnisse bisher nicht als Juristen wahrgenommen wurden.[2614] Dies gilt auch für Persönlichkeiten wie Cato und Cicero, die nicht primär als Juristen bekannt sind, aber dennoch als solche wahrgenommen werden sollten.

2612 Siehe S. 47 ff.

2613 Siehe S. 53 ff.

2614 Zu diesem Themenkreis siehe auch LEHNE-GSTREINTHALER, Jurists in the Shadows, 88–99.

Aufgrund der starken familiären Vernetzung und der geringen Zahl an Familien der Oberschicht war die Rechtswissenschaft wohl in weit größerem Ausmaß eine „Familienangelegenheit" als bisher angenommen. Für eine Wissenschaftsgeschichte des Prinzipats sollten daher die Verschwägerung verschiedener „Juristenfamilien" untereinander und die Rolle der Familie bei der Ausbildung stärker beachtet werden, zumal beispielsweise die Meinungsverschiedenheiten zwischen Capito und Labeo durchaus eine ihrer Wurzeln in einem Familienkonflikt haben könnten.[2615]

Rechtswissenschaft und Politik waren eng miteinander verknüpft: Juristen der römischen Republik waren häufig aktive oder verhinderte Politiker, während Politiker oft Gesetzesentwürfe erstellten, die juristische Kenntnisse erforderten. Der Konnex der Rechtswissenschaft mit der Politik ist auch wichtig für eine angemessen Würdigung der Beschäftigung der Juristen mit dem *ius publicum* und dem *ius sacrum*. Diesbezügliche *responsa* hatte häufig einen realpolitischen Hintergrund und wurden in politischen Debatten verwendet.[2616]

Zur Stellung der Juristen und der Rechtswissenschaft innerhalb der römischen Gesellschaft ist anzumerken, dass der „gesellschaftliche Abstieg"[2617] der Jurisprudenz ein Mythos ist: Schon in der Republik wiesen Angehörige des Juristenstandes unterschiedliche soziale Hintergründe auf, nur wurden diese Juristen in der Überlieferung (die für die römische Rechtsgeschichte der Republik zu einem großen Teil auf Ciceros Werken basiert) kaum beachtet: Dabei müssen Ciceros Äußerungen stets im Kontext seiner Werke betrachtet werden (das ist nicht neu und wurde u. a. schon von Bürge, Wieacker und Tuori betont, wird aber nicht immer ausreichend gewürdigt); besonders gilt dies für die Formel *agere, cavere, respondere*.[2618] Dieses Zitat diente als plakative und daher notwendigerweise überspitzte Formulierung, für eine Betrachtung und Bewertung des Tätigkeitsbereichs der römischen Juristen ist sie weniger dienlich. Auch das von Cicero vermittelte Juristenbild entspricht nicht unbedingt der Realität, sondern Ciceros Sicht auf die Juristen der Oberschicht, das von seiner eigenen Herkunft als *homo novus* geprägt ist.

Wichtig ist in diesem Zusammenhang auch, dass die Jurisprudenz nicht primär eine (Haupt-) Beschäftigung der römischen Oberschicht war, sondern den Status einer Hilfswissenschaft hatte und stets der Rhetorik untergeordnet blieb. Das Erteilen von juristischem Rat wurde als Teil der Pflichten eines *vir bonus*

2615 Siehe S. 196.

2616 Siehe S. 120, 147 f., 153, 309 ff.

2617 Vgl. Wieacker, Römische Rechtsgeschichte I, 522 f.

2618 Siehe S. 371 f. Zu der ähnlich überbewerteten Formulierung *nihil hoc ad ius, ad Ciceronem* siehe auch Lehne, Die Stellung der Juristen, SZ 131 (2014) 240 f.

gesehen, aber es war selten die Haupttätigkeit der betreffenden Person – auch nicht bei denen, die immer schon als „genuine" Juristen wahrgenommen wurden. Sehr viel mehr Juristen als bisher angenommen waren z. B. als Anwälte tätig. In diesem Zusammenhang muss auch auf die Bedeutung des Patronats und der damit zusammenhängenden Pflichten (*officia*) verwiesen werden, die nach wie vor unterschätzt wird.[2619] Insbesondere der Zusammenhang des Patronats mit der Tätigkeit als Schiedsrichter wurde bis jetzt häufig verkannt.

Auch die Lehre des Rechts erfolgte viel weniger institutionalisiert und spezialisiert, als dies in einschlägigen Darstellungen erläutert wurde: Von einer professionellen Ausbildung ist wohl erst in der Zeit der Hochklassik auszugehen.[2620] Ähnliches gilt für die juristische Literatur: Nicht nur sind Buchtitel allein wenig aussagekräftig zur Verortung der in ihnen enthaltenen *responsa* in der Lehre, da Buchtitel in der Republik noch nicht wirklich üblich waren, auch der „juristische Charakter" der Bücher (bei Monographien) war vermutlich etwas unterentwickelt – ein starker historischer und philosophischer Ansatz ist selbst bei Schriften zum *ius civile* zu erwarten (unter anderem durch den Gebrauch von historischen *exempla* oder durch etymologische Ableitungen).[2621]

2619 Siehe S. 373 ff.
2620 Siehe S. 383 ff.
2621 Siehe S. 399.

Abkürzungen

AE	L'Année épigraphique, 1888–
ANRW	H. Temporini/W. Haase (Hrsg.), Aufstieg und Niedergang der römischen Welt. Geschichte und Kultur Roms im Spiegel der neueren Forschung, 1972–1998
AJPh	The American Journal of Philology
AUPA	Annali del seminario giuridico dell' università degli studi di Palermo, 1916–
BICS	Bulletin of the Institute of Classical Studies, 1954–
CGL	G. Löwe (Begr.)/G. Götz (Hrsg.), Corpus Glossariorum Latinorum. 7 Bde., 1888–1923
CPh	Classical Philology, 1906–
CIL	Corpus Inscriptionum Latinarum. 17 Bde., 1862–
CQ	The Classical Quarterly, 1907–
DNP	H. Cancik (Hrsg.), Der neue Pauly. Enzyklopädie der Antike. 16 Bde., 1996–2003
Georges	K. E. Georges, Ausführliches lateinisch-deutsches Handwörterbuch. 2 Bde., 1913/1918
ILS	H. Dessau (Hrsg.), Inscriptiones Latinae Selectae. 3 Bde, 1892–1916
JRS	The Journal of Roman Studies, 1910–
OLD	Oxford Latin Dictionary, Fasz. 1–8 in 2 Bd., 1982
RE	G. Wissowa/A. Pauly/W. Kroll (Hrsg.): Paulys Realencyclopädie der classischen Altertumswissenschaft, 1893–1980
RIDA^3	Revue Internationale des Droits de l'Antiquité, 1954–
RhM	Rheinisches Museum für Philologie, 1827–
Sb Berlin	Sitzungsberichte der königlich-preussischen Akademie der Wissenschaften zu Berlin, 1882–1900
SDHI	Studia et Documenta Historiae et Iuris, Rom 1934–
SZ	Zeitschrift der Savigny-Stiftung für Rechtsgeschichte. Romanistische Abteilung, 1880–
TAPA	Transactions of the American Philological Association, Baltimore 1869–
TLL	Thesaurus linguae latinae, 1893–
TR	Tijdschrift vor Rechtsgeschiedenis/The Legal History Review, Leiden 1918–

VIR M. Meinhart (Hrsg.), Vocabularium iurisprudentiae Romanae. Auspiciis instituti Savigniani fundatum perspectum per Fridericum Schwarz. 5 Tom., 1987

ZPE Zeitschrift für Papyrologie und Epigraphik, Bonn 1967–

Bibliographie

Primärliteratur

Juristische Texte

Corpus Iuris Civilis

O. Behrends/R. Knütel/B. Kupisch/H. H. Seiler, Corpus Iuris Civilis. Text und Übersetzung. I: Institutiones, 3. Aufl., 2007.

O. Behrends/R. Knütel/B. Kupisch/H. H. Seiler, Corpus Iuris Civilis. Text und Übersetzung. II–V: Digesten 1–34, 1995–2012.

T. Mommsen, Digesta Iustiniani Augusti. Editio maior, 1870.

T. Mommsen/P. Krüger/R. Schoell/G. Kroll, Corpus iuris civilis. Editio stereotypa, 1972.

T. Mommsen/P. Krüger/A. Watson, The Digest of Justinian. I–IV, 1985.

Vorjustinianische Rechtsquellen

M. Avenarius, Der pseudo-ulpianische liber singularis regularum: Entstehung, Eigenart und Überlieferung einer hochklassischen Juristenschrift, 2005.

M. Bianchi Fossati Vanzetti, Pauli sententiae. Testo e interpretatio, 1995.

F. Bremer, Iurisprudentiae antehadrianei quae supersunt, 1896–1901.

K. G. Bruns, Fontes iuris romani antiqui. Pars prior: Leges et negotia, 1909 (Ndr. 1969).

M. H. Crawford, Roman Statutes. II vol., 1996.

M. De Filippi, Fragmenta Vaticana: storia di un testo normativo, 1998.

M. Elster, Die Gesetze der mittleren römischen Republik, 2003.

D. Flach, Die Gesetze der frühen römischen Republik, 1994.

D. Flach, Das Zwölftafelgesetz, 2004.

P. F. Girard/F. Senn, Textes de droit Romain. II vols, [7]1967.

P. Huschke/E. Seckel/B. Kübler, Iurisprudentiae anteiustinianae reliquiae, 1908.

O. Lenel, Palingenesia Iuris Civilis. 2 Bde., 1889 (Ndr. 1960).

O. Lenel, Das edictum perpetuum. Ein Versuch zu seiner Wiederherstellung, [3]1927 (Ndr. 1974).

A. Lintott, Judicial Reform and Land Reform in the Roman Republic. A new edition, with translation and commentary, of the laws from Urbino, 1992.

U. Manthe, Die Institutionen des Gaius, 2004.

T. Mommsen, Fragmenta Vaticana, 1890.
T. Mommsen/P. M. Meyer, Theodosiani libri XVI cum constitutionibus Sirmondianis et leges novellae ad Theodosianum pertinentes. II vol., 1970.
H. L. W. Nelson/U. Manthe, Gai Institutiones III 1–87. Intestaterbfolge und sonstige Arten der Gesamtnachfolge. Text und Kommentar, 1999.
H. L. W. Nelson/U. Manthe, Gai Institutiones III 88–181. Die Kontraktsobligationen. Text und Kommentar, 1999.
H. L. W. Nelson/U. Manthe, Gai Institutiones III 182–225. Die Deliktsobligationen. Text und Kommentar, 2007.
S. Riccobono/J. Baviera/C. Ferrini/J. Furlani/V. Arangio-Ruiz, Fontes iuris Romani anteiustinianei, 1940–1943.
G. Rotondi, Leges publicae populi romani, 1912 (Nachdruck 1990).
E. Seckel/B. Kübler, Iurisprudentiae anteiustinianei quae supersunt. II vol., 1908/1927.

Sonstige Rechtsquellen

H. J. Scheltema/N. van der Wal/D. Holwerda, Basilicorum libri LX. Series A: Textus (I–LX). Series B: Scholia, 1953–1988.
J. H. A. Lokin/ R. Meijering/B. H. Stolte/N. van der Wal (Hrsg.), Theophili antecessoris institutionum paraphrasis. With a translation by A. F. Murison, 2010.

Hilfsmittel

H. G. Heumann/E. Seckel, Handlexikon zu den Quellen des römischen Rechts, [11]1971.

Literarische Quellen

allgemein

H. Beck/U. Walter (Hrsg.), Die frühen römischen Historiker 1. Von Fabius Pictor bis Cn. Gellius, 2001.
H. Beck/U. Walter (Hrsg.), Die frühen römischen Historiker 2. Von Coelius Antipater bis Pomponius Atticus, 2004.
J. Blänsdorf/C. Buchner/W. Morel (Hrsg.), Fragmenta Poetarum Latinorum Epicorum Et Lyricorum, 2010.
T. Cornell (Hrsg.), The fragments of the Roman historians. 3 vols., 2013.
H. Funaioli (Hrsg.), Grammaticae Romanae Fragmenta, 1907.
K. Halm (Hrsg.), Rhetores Latini minores, 1863.
A. S. Hollis (Hrsg.), Fragments of Roman Poetry, c. 60 BC–AD 20, 2007.
H. Keil (Hrsg.), Grammatici Latini. 7 Bde., 1857–1870.
H. Malcovati, Oratorum romanorum fragmenta liberae rei publicae. I: Textus, 1967.
H. Peter (Hrsg.), Historicorum Romanorum reliquiae. iteratis curis rec. H. P. Huius ed. conspectum librorum commentationum disputationum quae post annum 1900 conscripta sunt adiutrice W. Schaub composuit J. Kroymann, 1914 (Ndr. 1967).

nach Autoren

Claudius Aelianus

M. García Valdés/L. A. Llera Fueyo/L. Rodríguez-Noriega Guillén (Hrsg.), Claudius Aelianus: De natura animalium, 2009.

Ammianus Marcellinus

Ammianus Marcellinus, Römische Geschichte (4 Bde.). Hrsg. v. W. Seyfarth, 1968.

Ampelius

I. König (Hrsg.), Lucius Ampelius, 2010.

Appian

Appianus, Appian's roman history in IV vol. Transl. by H. White, 1962–1972.

Arnobius

Arnobius, Adversus nationes libri VII. Hrsg. v. C. Marchesi, 1934.

Athenaios

Athenaeus, The Deipnosophists in seven volumes. With an English Translation by C. Burton Gulick, 1961–1970.

Augustinus

Augustinus, De civitate Dei. Hrsg. v. B. Dombart/A. Kalb, 1955.

Aurelius Victor

Sexti Aurelii Victoris Liber de Caesaribus. Hrsg. v. F. Pichlmayer, 1911.

Sex. Aurelius Victor, Origo gentis Romanae: concordantiae et indices. De viris illustribus. Hrsg. v. L. Cardinali, 1997.

Augustus

Augustus, Imperatoris Caesaris Augusti Operum Fragmenta. Ed. H. Malcovati, 1947.

Ausonius

Decimi Magni Ausonii Burdigalensis opuscula. Hrsg. v. S. Prete, 1978.

Boethius

Anicius Manlius Severinus Boethius, Boethius's „In Ciceronis topica" Transl., with notes and an introd. by E. Stump, 1988.

Caesar

C. Iulius Caesar, Commentarii belli civilis. Hrsg. v. A. Klotz, 1927.

C. Iulius Caesar, Commentarii de bello Gallico. Hrsg. v. O. Seel, 1961.

Ps.-Caesar
A. KLOTZ (Hrsg.), Bellum Alexandrinum, Hispaniense, Africanum, 1927.

Cassiodor
Å. J. FRIDH (Hrsg.), Magni Aurelii Cassiodori Senatoris opera 1: Variarum libri XII, 1973.

Cassius Dio
Dio's Roman history. in nine volumes with an English Transl. by E. CARY. 1954–1961.

Cato
Opere di Marco Porcio Catone Censore. Ed. P. CUGUSI/M. T. SBLENDORIO CUGUSI, 2001.

Catull
Catull, Sämtliche Gedichte. Übers. und hrsg. v. M. v. ALBRECHT, 2001.
P. GREEN (Hrsg.), The Poems of Catullus, 2005.

Censorinus
Censorinus, De Die Natali Liber. Rec. F. HULTSCH, 1967.

Charisius
Flavius Sosipater Charisius, Ars grammatica. Ed. C. BARWICK, addenda et corrigenda collegit et adiecit F. KÜHNERT, 1964.

Cicero
Philosophische und rhetorische Schriften:
M. Tulli Ciceronis Scripta Quae Manserunt Omnia. Fasc. 42: Academicorum reliquae cum Lucullo. Ed. O. PLASBERG, 1922.
M. Tulli Ciceronis Paradoxa stoicorum. Ed. by G. LEE, 1953.
M. Tullius Cicero, De Inventione; De optimo genere Oratorum; Topica (lat./engl.): By H. M. HUBBELL, 1960.
M. Tulli Ciceronis De oratore libri tres. With introd. and notes by A. S. WILKINS, 1962.
M. Tullius Cicero, De Senectute; De Amicitia; De Divinatione. By W. ARMISTEAD FALCONER, 1964.
M. Tullius Cicero, De Re Publica; De Legibus (lat./engl.). Ed. by C. W. KEYES, 1966.
M. Tulli Ciceronis De natura deorum libri III. ed. by A. STANLEY PEASE, 1968.
M. Tullius Cicero, Brutus. lateinisch-deutsch. Ed. B. KYTZLER, 1970.
M. Tullius Cicero, Tusculanae disputationes. Mit ausführl. Anm. neu hrsg. v. O. GIGON, 1970.
M. Tullius Cicero, De officiis. Übers., komm. u. hrsg. v. H. GUNERMANN, 1976.
M. Tullius Cicero, De legibus. Hrsg. v. K. ZIEGLER, überarb. u. durch Nachtr. erg. v. W. GÖRLER, ^{3}1979.
M. Tullius Cicero, Partitiones oratoriae. Hrsg., übers. u. erläut. v. K. und G. BAYER, 1994.
M. Tullius Cicero, De finibus bonorum et malorum. Übers. u. hrsg. v. H. MERKLIN, 1996.
M. Tulli Ciceronis scripta quae manserunt omnia: Fasc 5: Orator, ed. v. R. WESTMAN, 2002.

M. Tullius Cicero, Der Staat: lateinisch. Übers. v. K. Büchner. Neu hrsg. v. H. Merklin, 2005.

Reden:
M. Tullius Cicero, Sämtliche Reden: Ausgabe in sieben Bänden. Eingel., übers. und erl. v. M. Fuhrmann, 1970–1982.
T. E. Kinsey, M. Tulli Ciceronis Pro P. Quinctio Oratio, 1971.
Scholien zu Ciceros Reden:
Ciceronis orationum scholiastae, Asconius, Scholia Bobiensia, Scholia pseudasconii Sangallensia, Scholia Cluniacensia et recentiora Ambrosiana ac Vaticana, Scholia Lugdunensia sive Gronoviana et eorum excerpta Lugdunensia, hrsg. v. T. Stangl, 1964.

Briefe:
M. Tullius Cicero, Atticus-Briefe. Ed. H. Kasten. 1959.
M. Tullius Cicero, M. Tulli Ciceronis epistulae ad Quintum fratrem, epistulae ad Brutum, fragmenta epistularum. accedit Q. Tulli Ciceronis commentariolum petitionis. ed. H. Kasten, 1965.
M. Tullius Cicero, Cicero's Letters to Atticus. Ed. by D. R. Shackleton Bailey, 1965–1970.
M. Tullius Cicero, Epistulae ad familiares. Ed. by D. R. Shackleton Bailey, 1977.
M. Tullius Cicero, An seine Freunde. Hrsg. u. übers. v. H. Kasten, 1989.

Q. Tullius Cicero
M. Tulli Ciceronis epistulae ad Quintum fratrem, epistulae ad Brutum, fragmenta epistularum. accedit Q. Tulli Ciceronis commentariolum petitionis. Ed. H. Kasten, 1965.

Clemens von Alexandria
Clemens Alexandrinus, Stromata Buch VII und VIII; Excerpta ex Theodoto. Eclogae propheticae quis dives salvetur. Fragmente. Hrsg. v. O. Stählin, 1985.

Columella
Luci Iuni Moderati Columellae de re rustica libri duodecim. Hrsg. u. übers. v. W. Richter, 1983.

Dio Chrysostomus
Dio Chrysostomus, Discourses in five volumes. With an English Transl. by J. W. Cohoon, 1961–1964.

Diodorus Siculus
Diodorus of Sicily in twelve volumes. With an English Transl. by C. H. Oldfather, 1957–1967.

Diogenes Laertius
Diogenis Laertii Vitae philosophorum. Hrsg. v. M. Marcovich, 1999.

Dionysius v. Halikarnassos

Dionysii Halicarnasei Quae Exstant Vol. V. Opsucula. Hrsg. v. H. Usener, 1899.

The Roman antiquities of Dionysius of Halicarnassus. In seven volumes with an Engl. Transl. by E. Cary, on the basis of the version of E. Spelman, 1960–1963.

Donatus

Aeli Donati quod fertur commentum Terenti. 3 vol. Hrsg. v. P. Wessner, 1902–1908.

Vitae Vergilianae. Vita Vergilii. Hrsg. v. J. Brummer, 1912.

Ennius

Q. Ennius, Römische Satiren. Aus d. Lat. übers. v. W. Binder, bearb. v. W. Krenkel, 1990.

Eutrop

Eutropii Breviarium ab urbe condita. recognovit C. Santini, 1992.

Festus

Sex. Pompeius Festus, De verborum significatu quae supersunt. Cum Pauli Epitome. Thewrewkianis copiis usus ed. W. M. Lindsay, 1997.

Frontinus

Sex. Iulius Frontinus, De controversiis agrorum, in: C. Thulin (Hrsg.), Agrimensorum Romanorum Corpus (lat.), 1971.

Galen

Claudius Galenus, Exhortatio ad bonas artes, in: P. N. Singer, Selected Works. Translated with an Introduction and Notes, 1997.

Gellius

A. Gelli Noctes Atticae ed. P. K. Marshall, 1968.

Granius

Granius Licinianus, Reliquiae. Ed. N. Criniti, 1981.

Hieronymus

Eusebius, Werke. 7. Hieronymi Chronicon. Hrsg. und bearb. v. R. Helm, 1956.

Historia Augusta

Scriptores Historiae Augustae ed. E. Hohl, 1927/1955.

Horaz

C. O. Brink, Horace on poetry. Epistles book II: the letters to Augustus and Florus, 1982.

Q. Horatius Flaccus, Sämtliche Gedichte. Mit einem Nachw. hrsg. v. B. Kytzler, 1992.

N. Rudd, Epistles Book II and Epistle to the Pisones (Ars poetica), 1989.

Scholien zu Horaz
Helenius Acro, Scholia Horatiana. 2 Bde. Post G. Fabricium nunc primum emendatiora ed. F. Pauly, 1861.
Pseudacronis Scholia in Horatium vetustiora. Rec. O. Keller, 1902/1904.

Isidor v. Sevilla
Isidori Hispalensis Episcopi Etymologiarum sive Originum libri XX ed. W. M. Lindsay, 1911.

Iulius Obsequens
Ab urbe condita T. Livi Periochae omnium librorum. Fragmenta Oxyrhynchi reperta. Iulii Obsequentis Prodigiorum liber. Ed. O. Rossbach, 1910.

Iulius Paris
Incerti auctoris liber de praenominibus, de nominibus, de cognominibus, de agnominibus, de appellationibus, de verbis in epitomen redactas a Iulio Paride, in: Valerii Maximi factorum et dictorum memorabilium. Rec. C. Kempf, 1982.

Iustinus
Iustini Martyris Apologiae pro christianis. Ed. M. Marcovich, 1994.

Juvenal
D. Iunius Iuvenalis, Satiren. Hrsg., übers. u. mit Anm. vers. v. J. Adamietz, 1993.

Scholia zu Juvenal
D. Iunius Iuvenalis, Satirae cum commentariis. Acced. scholia vetera eiusdem H. et L. Schopeni annotationibus criticis instructa, 1839.

D. Laberius
C. Panayotakis, Decimus Laberius. The Fragments, 2010.

Lactantius
Lactanti institutiones ed. H. Hrosa, 1963.
L. Caecilius Firmianus Lactantius, De ira dei. Hrsg. v. H. Kraft, 1983.

C. Licinius Macer
S. Walt (Hrsg.), Der Historiker C. Licinius Macer. Einleitung, Fragmente, 1997.

Livius
E. Kornemann, Die neuen Livius-Epitome aus Oxyrhynchus. Text und Untersuchungen, 1904.
T. Livi Ab urbe condita. 4. 4. Libri XLI–XLV; Periochae omnium librorum. Fragmenta Oxyrhynchi reperta. Iulii Obsequenti Prodigiorum liber. Ed. O. Rossbach, 1959.
T. Livius, Ab urbe condita. bearb. v. W. Weissenborn und H. J. Müller, 1965.

Lucanus
Lucani bellum civile. Ed. A. E. Housman, 1926.

Lucilius
Satiren: Lucilius. Lat. u. dt. v. W. Krenkel. 2 Bde., 1970.

Lukian
Luciani opera. 4 Bde. Ed. M. MacLeod, 1972–1987.

Lukrez
T. Lucretius Carus, Über die Natur der Dinge. Lat. und dt. Ed. J. Martin, 1972.

Lydus
Johannes Lydus, De magistratibus populi Romani libri tres. Ed. R. Wuensch, 1967.

Macrobius
Ambrosius Theodosius Macrobius, Saturnalia selecta varietate lectionis ornavit I. Willis, 1994.

Manilius
M. Manili Astronomicon libri quinque. Ed. G. P. Goold, 1985.

Martial
Martialis Epigrammata. Ed. W. Heraeus/J. Borovskij, 1976/1982.

Martianus Capella
Martianus Capella, De nuptiis Philologiae et Mercurii liber VII. Introd., trad. e commento di L. Scarpa, 1988.

Minucius Felix
M. Minucius Felix, Octavius. iteratis curis rec. M. Pellegrino, 1963.

Cornelius Nepos
Cornelii Nepotis quae exstant. Ed. E. Malcovati, 1944.

Nikolaus v. Damaskus
Nikolaus von Damaskus, Leben des Kaisers Augustus. Hrsg. v. J. Malitz, 2003.

Nonius
Nonii Marcelli De compendiosa doctrina libros XX. Onionsianis copiis usus ed. W. M. Lindsay, 1903.

Orosius
Paulus Orosius, Historiae adversum paganos. libri VII, 1889.

Ovid

P. Ovidi Nasonis Amores. Medicamina faciei femineae. Ars amatoria. Remedia amoris. Ed. brevique adnotatione critica instruxit E. J. Kenney, 1961.

P. Ovidi Nasonis Tristium libri quinque. Ibis. Ex ponto libri quatuor. Halieutica. Fragmenta. Recognovit, brevique adnotatione critica instruxit S. G. Owen, 1963.

P. Ovidius Naso, Fastorum libri sex. Edited with translation and commentary by J. G. Frazer, 1973.

Panegyrici Latini

XII panegyrici Latini. Hrsg. v. D. Lassandro, 1992.

Petron

T. Petronius, Satiricon. Aus dem Lat. übers. und mit einem Nachw. v. F. Tech., 1991.

Phaedrus

Phaedrus, Liber Fabularum/Fabelbuch. Ed. O. Schönberger, 1975.

Placidus

Placidus, Liber Glossarum. Ed. G. Goetz, 1893.

Plautus

T. Maccius Plautus, Trinummus – Truculentus – Vidularia – Fragmenta. Trad. par A. Ernout, 1940.

T. Maccius Plautus, Epidicus. Ed. with crit. apparatus and commentary by G. E. Duckworth, 1940.

T. Maccius Plautus, Miles gloriosus. Übers., Nachw. u. Anm. v. A. Thierfelder, 1966.

T. Maccius Plautus, Mostellaria. Ed., introd. et commentaire de J. Collart, 1970.

Plinius *maior*

C. Plinius Secundus Maior, Naturalis historiae libri XXXVII. post L. Iani obitum recognovit et scripturae discrepantia adiecta edidit C. Mayhoff, vol. VI, 1892–1909.

Plinius *minor*

C. Plini Caecili Secundi Epistularum libri novem, Epistularum ad Traianum liber, Panegyricus. Ed. M. Schuster et R. Hanslik, 1958.

C. Plinius Caecilius Secundus, Briefe. Lateinisch-deutsch ed. v. H. Kasten, 1984.

Plutarch

Plutarchus, Moralia. VII Vol. Edidit G. N. Bernardakis, 1889–1908.

Plutarch's lives in eleven volumes. With an Engl. Transl. by B. Perrin, 1954–1959.

Plutarch, Moralia in fifteen volumes. With an Engl. Transl. by F. Cole Babbit, 1959–1969.

Polybius

Polybius, The histories in six volumes. With an Engl. Transl. by W. R. Paton, 1960–1968.

Ptolemaios
Claudius Ptolemaeus, Le provisioni astrologiche. Hrsg. v. S. FERABOLI, 1995.

Quintilian
M. Fabius Quintilianus, Ausbildung des Redners. Zwölf Bücher. Hrsg. u. übers. v. H. RAHN, 1972/1975.
M. Fabii Quintiliani Declamationes minores. Ed. D. R. SHACKLETON BAILEY, 1989.

Rhetorica ad Herennium
M. Tullius Fasc. 1 ad C. Herennium de ratione dicendi ed. F. MARX, 1964.
Rhétorique à Herennius. Ed. G. ACHARD, 1989.
Rhetorica ad Herennium. Hrsg. von T. NÜSSLEIN, 1994.

Rutilius
Claudius Rutilius Namatianus. De reditu suo. Hrsg. v. E. CASTORINA, 1967.

Sallust
Sallusti opera. Ed. W. SCHÖNE/W. EISENHUT, 1969.

Seneca *maior*
L. Annaeus Seneca, Declamations: in two volumes transl. by M. WINTERBOTTOM, 1974.
L. Annaeus Seneca, Oratorum et rhetorum sententiae, divisiones, colores. Rec. L. HÅKANSON, 1989.

Seneca *minor*
L. Aenneus Seneca, Philosophische Schriften: lat. u. dt. 5 Bde. Hrsg. v. M. ROSENBACH, 1969–1989.
L. Annaeus Seneca, Ad Lucilium epistulae morales: in three volumes. With an Engl. Transl. by R. M. GUMMERE, 1971/1972.

Servius
Maurus Servius Honoratius, Servii Grammatici qui feruntur in Vergilii carmina. 3 Bde. Rec. G. THILO et H. HAGEN, 1881–1902.

Solinus
C. Iulius Solinus, Collectanea rerum memorabilium. iterum rec. T. MOMMSEN, 1895.

Strabo
Strabo, The Geography in eight volumes. With an Engl. Transl. by H. L. JONES, London/Cambridge/Massachusetts, 1960–1967.

Suda
Lexicographi Graeci. 1, Svidae lexicon. Ed. A. ADLER, 1928–1938

Sueton
C. Suetonius Tranquillus, De poetis e biografi minori. Ed. A. Rostagni, 1956.
C. Suetonius Tranquillus, Kaiserbiographien: lat. u. dt., mit 16 Tab. von O. Wittstock, 1991.
C. Suetonius Tranquillus, De grammaticis et rhetoribus. Ed. with a transl., introd., and commentary by R. A. Kaster, 1995.

Tacitus
P. Cornelius Tacitus, Annales. Texte établi et trad. par P. Wuilleumier, 1974–1978.
P. Cornelius Tacitus, Dialogus de Oratoribus – Das Gespräch über die Redner. Lat.-dt. ed. v. H. Volkmer, 1976.
P. Cornelius Tacitus, Historien: lat./dt. Übers. u. hrsg. v. H. Vretska, 1984.

Terenz
P. Terenti Afri Comoediae recognoverunt R. Kauer et W. M. Lindsay, 1926.
P. Terentius Afer, Adelphoe. Ed. by R. H. Martin, 1976.
P. Terentius Afer, Eunuchus. Ed. by J. Barsby, 1999.
P. Terentius Afer, Phormio. Übers. und hrsg. v. P. Kruschwitz, 1999.

Scholien zu Terenz
Aelius Donatus, Commentum Terenti. Rec. P. Wessner. Accedunt Eugraphi Commentum et Scholia Bembina. 3 Bde., 1902–1908.
Scholia Bembina. Hrsg. v. J. F. Mountford, 1934.

Tertullian
Q. Septimius Florens Tertullianus, Ad nationes und De testimonio animae. Übertragung und Komment. v. M. Haidenthaller, 1942.
Q. Septimius Florens Tertullianus, Apologeticum. Verteidigung des Christentums. Lat.-Dt. hrsg., übers. u. erläut. v. C. Becker, 1961.

Valerius Maximus
Valerius Maximus, Facta et dicta memorabilia. Ed. J. Briscoe, 1998.

Varro
P. Mirsch, De M. Terenti Varronis Antiquitatum Rerum Humanarum libris XXV, 1882, (Nachdruck 1972).
M. Terentius Varro, On the Latin Languae in II Vol. Translation by R. G. Kent, 1967.
M. Terentius Varro, Antiquitates rerum divinarum. Bd. I Die Fragmente u. Bd. II. Der Kommentar. Hrsg. v. B. Cardauns,1976.
M. Terentius Varro, Gespräche über die Landwirtschaft. 3 Bde. Hrsg., übers. und erl. v. D. Flach, 1996–2002.

Velleius Paterculus
Velleius Paterculus, Histoire Romaine. Ed. J. Hellegouarch, 1982.

Vergil
P. Vergili Maronis opera. Ed. R. A. B. Mynors, 1969.
R. A. B. Mynors, Virgil. Georgics, 1994.

Scholia zu Vergil
Scholia Bernensia ad Vergili Bucolica atque Georgica. Ed. emendavit praefatus est H. Hagen, 1867.

Vitruv
M. Vitruvius Pollio, Zehn Bücher über Architektur. Lat. u. Dt. Ed. C. Fensterbusch, 1964/1976.

Sekundärliteratur

A. Abramenko, Eine übersehene Stellungnahme des Trebatius zum Eigentumserwerb am partus ancillae furtivae. Zu Pomp. D. 41,10,4 pr. und Ulp. D. 6,2,11,2, SZ 114 (1997) 423–434.
J. N. Adams, The Regional Diversification of Latin 200 BC – AD 600, 2007.
B. Albanese, La sussidiarietà dell'a. de dolo, 1961.
B. Albanese, La divisibilità dell' usufrutto romano (con particulare riguardo a Fr. Vat. 75), AUPA 34 (1971) 5–73.
B. Albanese, Tre studi celsini, AUPA 34 (1971) 77–162.
B. Albanese, Volontà negoziale e forma in una testimonianza di Q. Mucio Scevola, in: U. von Lübtow/M. Harder/G. Thielmann (Hrsg.), De iustitia et iure. Festgabe für Ulrich von Lübtow zum 80. Geburtstag, 1980, 155–162.
B. Albanese, Il processo privato romano delle legis actiones, 1987.
B. Albanese, P. Mucio Scevola pontefice e l'uccisione sulla nave, BIDR 37/38 (1995/96) 25–44.
B. Albanese, Quattro brevi studi, Labeo 46 (2000) 345–378.
B. Albanese, Sulla sententia di Sesto Elio Peto in D. 19.1.38.1, AUPA 47 (2002) 77–85.
M. v. Albrecht, Geschichte der römischen Literatur, [3]2012.
J. M. Alburquerque, Alimentos y provisiones: Observaciones y casuística en tema de legados (D. 34,1 y D. 33,9), Revista de derecho uned 2 (2007) 13–38.
M. C. Alexander, Hortensius' Speech in Defense of Verres, Phoenix 30 (1976) 46–53.
M. C. Alexander, Forensic Advocacy in the Late Roman Republic, 1977.
M. C. Alexander, Trials in the Late Roman Republic. 149 B.C. to 50 B.C., 1990.
M. C. Alexander, The Case for the Prosecution in the Ciceronian Era, 2002.
M. C. Alexander, Law in the Roman Republic, in: N. S. Rosenstein/R. Morstein-Marx (Hrsg.), A Companion to the Roman Republic, 2006, 236–255.
G. Alföldy, Römische Sozialgeschichte, [4]2011.
M. Amelotti, Notariat und Urkundenwesen zur Zeit des Prinzipats, ANRW II 13 (1980) 386–399.

G. Amiotti, A proposito dell'immagine di P. Rutilio Rufo, in: M. Sordi (Hrsg.), L'immagine dell'uomopolitico: vita publica e morale nell'antichità, 1991, 159–167.
L. Amirante, Ricerche in tema di locazione, BIDR 62 (1959) 9–119.
C. F. Amunátegui Perelló, Potestas manus mancipiumque, RIDA 59 (2012) 57–92.
C. Ando/J. Rüpke (Hrsg.), Religion and Law in Classical and Christian Rome, 2006.
C. Ando, Aliens, Ambassadors and the Integrity of the Empire, Law and History Review 26 (2008) 492–519.
C. Ando, Roman Social Imaginaries: Language and Thought in the Context of Empire, 2015.
F. J. Andrés Santos, En torno al origen y fundamento de la prohibición de donaciones entre cónyuges: una reconsideración crítica, BIDR 43 (2001) 317–396.
N. H. Andrews, Occidere and the Lex Aquilia, Cambridge Law Journal 46 (1987) 315–329.
H. Ankum, „Überholende Kausalität" bei der Anwendung der lex Aquilia, in: U. von Lübtow/M. Harder/G. Thielmann (Hrsg.), De iustitia et iure. Festgabe für Ulrich von Lübtow zum 80. Geburtstag, 1980, 325–358.
H. Ankum, Das Verlassen von Liegenschaften, SZ 114 (1997) 402–422.
H. Ankum, La relation entre la litis contestatio et la sentence du juge dans l'exceptio rei iudicatae vel in iudicium deductae de la procédure formulaire du droit romain classique. Absorption ou superposition?, RIDA 55 (2008) 55–65.
H. Ankum/M. van Gessel de Roo/E. H. Pool, Die verschiedenen Bedeutungen des Ausdrucks in bonis alicuius esse/in bonis habere im klassischen römischen Recht, SZ 104 (1987) 238–436.
H. Ankum, Un problème relatif à l'exceptio rei iudicatae vel in iudicium deductae dans la procédure formulaire du droit romain classique, in C. Russo Ruggeri (Hrsg.), Studi in onore di Antonino Metro, 2009, I 25–50.
G. Antonelli, Crasso, il banchiere di Roma, 1986.
P. Apathy, Animus novandi: das Willensmoment beim römischen Schulderneuerungsvertrag, 1975.
P. Apathy, Mora accipiendi und Schadenersatz, SZ 101 (1984) 190–205.
P. Apathy, Sachgerechtigkeit und Systemdenken am Beispiel der Entwicklung von Sachmängelhaftung und Irrtum beim Kauf im klassischen römischen Recht, SZ 111 (1994) 95–154.
P. Apathy, Actio de in rem verso und indebitum solutum, in: J. Sondel/J. Reszczynski/P. Scislicki (Hrsg.), Ius Romanum et orbis iurisprudentiae universalis. Studia in honorem Vieslai Litewski, 2004, 25–31.
P. Apathy/G. Klingenberg/M. Pennitz, Einführung in das römische Recht, 62016.
V. Arangio Ruiz, Cicerone giurista, Ciceroniana. Rivista di studi ciceroniani 1 (1959) 3–19.
P. Arces, Note in tema di sacrorum detestatio, diritto@storia 5 (2006), http://www.dirittoestoria.it/5/Tradizione-Romana/Arces-Detestatio-sacrorum.htm, abgerufen am 22. 3. 2016.
P. Arces, Studi sul disporre mortis causa. Dall'età decemvirale al diritto classico, 2013.
G. G. Archi, La donazione: Corso di diritto romano, 1960.

G. G. Archi, Interpretatio iuris – interpretatio legis – interpretatio legum, SZ 87 (1970) 1–49.
G. Aricò Anselmo, Antiche regole procedurali e nuove prospettive per la storia dei comitia, 2012.
J. S. Arkenberg, Licinii Murenae, Terentii Varrones, and Varrones Murenae: I. A Prosopographical Study of Three Roman Families, Historia 42 (1993) 326–351.
M. Armgardt, Zum Bedingungsdogmatik im klassischen römischen Recht und zu ihren Grundlagen in der stoischen Logik, TR 76 (2008) 219–235.
R. Astbury, Varro and Pompey, CQ 17 (1967) 403–407.
G. Aste, Autore e tempo della lex Licinia de sumptu minuendo, Aevum 15 (1941) 581–588.
A. E. Astin, Cato the Censor, 1978.
R. Astolfi, Studi sull'oggetto dei legati in diritto romano I, 1964.
R. Astolfi, Studi sull'oggetto dei legati in diritto romano II, 1969.
R. Astolfi, Femina probosa, concubina, mater solitaria, SDHI 31 (1965) 15–60.
R. Astolfi, Abiti maschili e femminili, Labeo 17 (1971) 33–39.
R. Astolfi, Studi sull'oggetto dei legati in diritto romano III, 1979.
R. Astolfi, Passi di Sabino nel Commentario di Pomponio, in: Studi in onore di Arnaldo Biscardi, 1982, IV 201–214.
R. Astolfi, Il matrimonio nel diritto preclassico, [2]2002.
J. Aubert, Dealing with the Abyss: The Nature and Purpose of the Rhodian Sea-Law on Jettison (Lex Rhodia de iactu, D 14.2) and the Making of Justinian's Digest, in: J. W. Cairns/P. J. du Plessis (Hrsg.), Beyond Dogmatics: Law and Society in the Roman World, 2007, 157–172.
J. Aubert, Productive investments in Agriculture: Instrumentum fundi and peculium in the Later Roman Republic, in: J. Carlsen/E. Cascio (Hrsg.), Agricoltura e scambi nell'Italia tardo-repubblicana, 2009, 167–185.
J. Aubert, Dumtaxat de peculio: What's in a peculium or Establishing the Extent of the Principal's Liability, in: P. du Plessis (Hrsg.), New Frontiers: Law and Society in the Roman World, 2013, 192–206.
W. Ax, Text und Stil. Studien zur antiken Literatur und deren Rezeption, 2006.
H. W. Baade, The Education and Qualification of Civil Lawyers, in: J. Cairns/O. Robinson (Hrsg.), Critical Studies in Ancient law, comparative law and legal history. Essays in honour of Alan Watson, 2001, 214–234.
L. Bablitz, Actors and Audience in the Roman Courtroom, 2007.
U. Babusiaux, Id quod actum est. Zur Ermittlung des Parteiwillens im klassischen römischen Zivilprozeß, 2006.
U. Babusiaux, Papinians Quaestiones. Zur rhetorischen Methode eines spätklassischen Juristen, 2011.
U. Babusiaux, Prozessuales Denken und Interesseberechnung, in: P. Pichonnaz/F. Wubbe (Hrsg.), Volumen unicum: In honorem Felicis Wubbe antecessoris, 2013, 15–26.
U. Babusiaux, Funktionen der Etymologie in der juristischen Literatur, Fundamina 20 (2014) 39–60.
U. Babusiaux, Wege zur Rechtsgeschichte: Römisches Erbrecht, 2015.

M. P. Baccari, Successioni e persone concepite (da Gaio a Giorgio La Pira), in: Studi in onore di Remo Martini I, 2008, 125–143.
R. Backhaus, Casus Perplexus, 1981.
R. Backhaus, In maiore minus inest, SZ 100 (1983) 137–184.
R. Backhaus, Die Gefahrtragung bei gemeinsamen Unternehmungen und ihre Modifikation durch Parteiabsprachen im klassischen römischen Recht, SZ 121 (2004) 233–261.
R. Backhaus, Ethik und Recht in Cicero, de officiis 3.12.50 ff, in: B.-R. Kern/E. Wadle/K.-P. Schröder/C. Katzenmeier (Hrsg.), Humaniora. Medizin – Recht – Geschichte, Festschrift für Adolf Laufs zum 70. Geburtstag, 2005, 1–23.
R. Backhaus, Die Einstandspflicht des Verkäufers eines mit einer Servitut belasteten Grundstücks, in: H. Altmeppen/I. Reichard/M. Schermaier (Hrsg.), Festschrift für Rolf Knütel zum 70. Geburtstag, 2010, 57 –75.
E. Badian, P. Decius P. f. Subulo: An Orator of the Time of the Gracchi, JRS 46 (1956) 91–96.
E. Badian, From the Gracchi to Sulla (1940–59), Historia 11 (1962) 197–245.
E. Badian, Review of E. Malcovati (ed.), Scripta Quae Manserunt Omnia. Fasc. 4. Brutus, JRS 57 (1967) 223–230.
E. Badian, The Clever and the Wise: Two Roman Cognomina in Context, in: N. Horsfall (Hrsg.), Vir Bonus Discendi Peritus. Studies in Celebration of Otto Skutsch's Eightieth Birthday, Bulletin of the Institute of Classical Studies. Supplement 51 (1988) 6–12.
T. Baier, Werk und Wirkung Varros im Spiegel seiner Zeitgenossen: von Cicero bis Ovid, 1997.
T. Baier (Hrsg.), Studien zu Plautus' Poenulus, 2004.
P. Bajory, Beweisaufnahme im römischen Recht, in: Studia in honorem Velimirii Pólay septuagenarii, 1985, 41–56.
A. Balbo, Attività giudiziaria criminale e civile nello stato romano tra la fine della repubblica e i primi anni di Ottaviano (49–29 a. C.), in: B. Santalucia (Hrsg.), La repressione criminale nella Roma repubblicana fra norma e persuasione, 2009, 527–575.
C. Baldus, Regelhafte Vertragsauslegung nach Parteirollen im klassischen römischen Recht und in der modernen Völkerrechtswissenschaft, 1999.
E. Baltrusch, Regimen morum: die Reglementierung des Privatlebens der Senatoren und Ritter in der römischen Republik und frühen Kaiserzeit, 1989.
E. Baltrusch, Caesar und Pompeius, 2011.
C. J. Bannon, „Self-Help" and Social Status in Cicero's Pro Quinctio, Ancient Society 30 (2000) 71–94.
C. J. Bannon, Gardens and Neighbours. Private Water Rights in Roman Italy, 2009.
C. J. Bannon, Pipes and Property in the Sale of Real Estate (D.19.1.38.2), in: P. du Plessis (Hrsg.), New Frontiers: Law and Society in the Roman World, 2013, 207–225.
C. J. Bannon, C. Sergius Orata and the Rhetoric of Fishponds, The Classical Quarterly 64 (2014) 166–182.
S. Barbati, Sui presupposti di applicazione e la natura giuridica degli effetti del postliminium, in: S. Giglio (Hrsg.), Atti dell'Accademia Romanistica Costantiniana. XX convegno internazionale: Roma e i barbari nella tarda antiquitá, 2014, 587–814.
W. Barr, Lucilius and Accius, RhM 108 (1965) 101–103.

A. BARRA, Gli incrementi fluviali in diritto Romano, 1998.
J. BARTELS, Art. Valerius, L. [4], DNP 12.1 (2002) Sp. 1092.
J. BARTELS, Art. Valerius Messala Niger, M. [I 39], DNP 12.1 (2002) Sp. 1100–1103.
J. BARTELS, Art. Valerius Messala Rufus, M. [I 40], DNP 12.1 (2002) Sp. 1103.
J. BARTELS, Art. Visellius Aculeo, C. [1], DNP 12.2 (2003) Sp. 252.
J. BARTELS, Art. Visellius Varro, C. [2], DNP 12.2 (2003) Sp. 252.
C. A. BARTON, Roman Honor, 2001.
R. L. BATES, Rex in Senatu: A Political Biography of M. Aemilius Scaurus, Proceedings of the American Philosophical Society 130 (1986) 251–288.
F. BATTAGLIA, La parte e il tutto. L' oggetto del furto nel pensiero dei giuristi romani, 2012.
K. BAUER, Die Rutiliana constitutio des Julian, TR 54 (1986) 97–100.
R. A. BAUMAN, The duumviri in the Roman criminal law and in the Horatius legend, 1969.
R. A. BAUMAN, Five Pronouncements by P. Mucius Scaevola, RIDA 25 (1978) 223–245.
R. A. BAUMAN, The Gracchan Agrarian Commission: Four Questions, Historia 28 (1979) 385–408.
R. A. BAUMAN, The „Leges iudiciorum publicorum" and their Interpretation in the Republic, Principate and Later Empire, ANRW II 13 (1980) 103–233.
R. A. BAUMAN, Lawyers in Roman Republican Politics, 1983.
R. A. BAUMAN, Lawyers in Roman Transitional Politics, 1985.
R. A. BAUMAN, Personal Names, Adoptions and Families of the Roman Jurists, SZ 108 (1991) 1–20.
R. A. BAUMAN, Women and Politics in Ancient Rome, 1994.
R. A. BAUMAN, Crime and Punishment in Ancient Rome, 1996.
Ä. BÄUMER, Die Macht des Wortes in Religion und Magie (Plinius, Naturalis Historia 28, 4–29), Hermes 112 (1984) 84–99.
J. BARTELS, Art. Publicius, Q. [I 1], DNP 10 (2001) Sp. 579.
M. BEARD/J. A. NORTH/S. R. F. PRICE, Religions of Rome. A Sourcebook, 1998.
M. BEARD/M. CRAWFORD, Rome in the Late Republic. Problems and Interpretations, ^{2}1999.
H. BECK, Quintus Fabius Maximus – Musterkarriere ohne Zögern, in: K.-J. HÖLKESKAMP (Hrsg.), Von Romulus zu Augustus: große Gestalten der römischen Republik, 2000, 79–91.
H. BECK, Den Ruhm nicht teilen wollen. Fabius Pictor und die Anfänge des römischen Nobilitätsdiskurses, in: U. EIGLER/U. GOTTER/N. LURAGHI/U. WALTER (Hrsg.) Formen römischer Geschichtsschreibung von den Anfängen bis Livius. Gattungen – Autoren – Kontexte, 2003, 72–92.
H. BECK, Karriere und Hierarchie, 2005.
R. M. BECKMANN, Nichtigkeit und Personenschutz, 1998.
O. BEHRENDS, Der assessor zur Zeit der klassischen Rechtswissenschaft, SZ 86 (1969) 192–226.
O. BEHRENDS, Ius und Ius civile. Untersuchungen zur Herkunft des ius-Begriffs im Zivilrecht, in: D. LIEBS (Hrsg.), Sympotica Franz Wieacker sexagenario Sasbachwaldeni a suis libata, 1970, 11–58.
O. BEHRENDS, Die römische Geschworenenverfassung, 1970.

O. BEHRENDS, Die Prokuratur, SZ 88 (1971) 215–299.

O. BEHRENDS, Rez. zu Bretone, Techniche ed ideologie, Gnomon 45.8 (1973) 793–797.

O. BEHRENDS, Der Zwölftafelprozess, 1974.

O. BEHRENDS, Das nexum im Manzipationsrecht oder die Ungeschichtlichkeit des Libraldarlehens, RIDA 21 (1974) 137–184.

O. BEHRENDS, Die Causae coniectio der Zwölftafeln und die Tatbestandsdisposition der Gerichtsrhetorik, SZ 92 (1975) 162–185.

O. BEHRENDS, Rez. zu Karl-Heinz Ziegler: Das private Schiedsgericht im antiken römischen Recht, 1971, Gnomon 48 (1976) 678–689.

O. BEHRENDS, Die Wissenschaftslehre im Zivilrecht des Q. Mucius Scaevola pontifex, 1976.

O. BEHRENDS, Les veteres et la nouvelle jurisprudence à la fin de la Republique, RHD 55 (1977) 7–33.

O. BEHRENDS, Institutionelles und prinzipelles Denken im römischen Privatrecht, SZ 95 (1977) 187–231.

O. BEHRENDS, Tiberius Gracchus und die Juristen seiner Zeit, in: K. LUIG/D. LIEBS (Hrsg.), Das Profil des Juristen in der europäischen Tradition: Symposion aus Anlass des 70. Geburtstages von Franz Wieacker, 1980, 25–121.

O. BEHRENDS, Prinzipat und Sklavenrecht, in: U. IMMENGA (Hrsg.), Rechtswissenschaft und Rechtsentwicklung, 1980, 53–88.

O. BEHRENDS, Die fraus legis, 1982.

O. BEHRENDS, La mancipatio nelle XII tavole, IURA 33 (1982) 46–103.

O. BEHRENDS, Staatsrecht und Philosophie in der ausgehenden Republik – oder zur Bedeutung des Mottos „philosophari se velle, sed paucis", SZ 100 (1983) 458–484.

O. BEHRENDS, Überlegungen zum Vertrag zugunsten Dritter im römischen Privatrecht, in: Studi in onore di C. Sanfilippo, 1984, I 1–58.

O. BEHRENDS, Bodenhoheit und privates Bodeneigentum im Grenzwesen Roms, in: O. BEHRENDS/L. CAPOGROSSI COLOGNESI (Hrsg.), Die römische Feldmeßkunst, 1992, 192–284.

O. BEHRENDS, Die Spezifikationslehre, ihre Gegner und die media sententia in der Geschichte der römischen Jurisprudenz, SZ 112 (1995) 195–238.

O. BEHRENDS, Gesetz und Sprache. Das römische Gesetz unter dem Einfluss der hellenistischen Philosophie, in: O. BEHRENDS/W. SELLER (Hrsg.), Nomos und Gesetz. Ursprünge und Wirkungen des griechischen Gesetzesdenkens, 1995, 135–249.

O. BEHRENDS, Der Kommentar in der römischen Rechtsliteratur, in: J. ASSMANN/ B. GLADIGOW (Hrsg.), Text und Kommentar, 1995, 421–462.

O. BEHRENDS, Marcus Tullius Cicero, in: M. STOLLEIS (Hrsg.), Juristen. Ein biographisches Lexikon, 1995, 125–127.

O. BEHRENDS, Quintus Mucius Scaevola, in: M. STOLLEIS (Hrsg.), Juristen. Ein biographisches Lexikon, 1995, 444 f.

O. BEHRENDS, Servius Sulpicius Rufus, in: M. STOLLEIS (Hrsg.), Juristen. Ein biographisches Lexikon, 1995, 562 f.

O. BEHRENDS, Feste Regelungsstruktur oder auslegungsfähiges Pflichtenverhältnis, in: A. DUFOUR (Hrsg.), Mélanges en l'honneur du Professeur Bruno Schmidlin, 1998, 31–79.

O. Behrends, Die Gewohnheit des Rechts und das Gewohnheitsrecht, in: D. Willoweit (Hrsg.), Die Begründung des Rechts als philosophisches Problem, 2000, 19–136.

O. Behrends, Die lebendige Natur eines Baums, in: U. Manthe/C. Krampe (Hrsg.), Quaestiones iuris. Festschrift für Joseph Georg Wolf zum 70. Geburtstag, 2000, 1–51.

O. Behrends, Die condictio causa data causa non secuta. Ihr familienrechtlicher Tatbestand im klassischen Bereicherungssystem und ihre Erweiterung zur Kondiktion wegen Zweckverfehlung unter vorklassischem Einfluß, in: H.-G. Knothe (Hrsg.), Status familiae. Festschrift für Andreas Wacke zum 65. Geburtstag, 2001, 15–64.

O. Behrends, Das Gewaltmonopol der Magistratur der klassischen Republik in einer Fallentscheidung des Servius Sulpicius Rufus, in: L. de Ligt (Hrsg.), Viva Vox Iuris Romani. Essays in honour of Johannes Emil Spruit, 2002, 283–295.

O. Behrends, La Lex Licinia Mucia de civibus redigundis de 95 a. C. Une loi néfaste d'auteurs savants et bienveillants, in: S. Ratti (Hrsg.), Antiquité et citoyenneté. Actes du colloque international de Besançon (3–5 novembre 1999), 2002, 15–33.

O. Behrends, Selbstbehauptung und Vergeltung und das Gewaltverbot im geordneten bürgerlichen Zustand nach klassischem römischen Recht, SZ 119 (2002) 44–142.

O. Behrends, Der Vertragsgedanke im römischen Gesetzesbegriff auf den verschiedenen Stufen seiner Entwicklung, in: O. Behrends/C. Starck (Hrsg.), Gesetz und Vertrag I, 2004, 9–90.

O. Behrends, Sessualità riproduttiva e cultura cittadina. Il matrimonio romano fra spiritualità preclassica e consensualismo classico, in: Z. Służewska/J. Urbanik (Hrsg.), Marriage: Ideal, Law, Practice: Proceedings of a Conference Held in Memory of Henryk Kupiszewski, 2005, 7–62.

O. Behrends, Die geistige Mitte des römischen Rechts, SZ 125 (2008) 25–107.

O. Behrends, Wie haben wir uns die römischen Juristen vorzustellen?, SZ 128 (2011) 83–129.

J. Bellemore, Cato the Younger in the East in 66 B. C., Historia 44 (1995) 376–379.

H. Bellen, Sullas Brief an den interrex L. Valerius Flaccus. Zur Genese der sullanischen Diktatur, Historia 24 (1975) 555–569.

H. Bellen, Studien zur Sklavenflucht im römischen Kaiserreich, 1971.

H. Bellen, Politik – Recht – Gesellschaft. Studien zur Alten Geschichte, 1997.

S. Bello Rodriguez, La responsabilidad del naviero en el transporte de mercancías según D. 19.2.31, RIDA 69 (2002) 45–55.

N. Bellocci, Ius sacrum e sollemnes nuncupationes in Roma antic, Ius Antiquum-Drevnee Pravo 5 (1999) 166–174.

P. Belovsky, Usucapio of Stolen Things and Slave Children, RIDA 69 (2002) 57–99.

K. Below, Die Haftung für lucrum cessans im römischen Recht, 1964.

A. Bendlin, Mundus Cereris: Eine kultische Institution zwischen Mythos und Realität, in: C. Auffarth/J. Rüpke (Hrsg.), Epitomé tes oikoumenes. Studien zur römischen Religion in Antike und Gegenwart, 2002, 37–73.

Y. Benferhat, What if …? La possibilité d'un anneau, in: R. van den Bergh/G. van Niekerk (Hrsg.), Libellus ad Thomasium. Essays in Roman Law, Roman-Dutch Law and Legal History in Honour of Philip J. Thomas, Fundamina 16 (2010) 23–28.

Y. Benferhat, Cicero and the Small World of Roman Jurists, in: P. du Plessis (Hrsg.), Cicero's Law. Rethinking Roman Law of the Late Republic, 2016, 71–87.
N. Benke, Zum Eigentumserwerb des Unternehmers bei der locatio conductio irregularis, SZ 104 (1987) 156–237.
H.-P. Benöhr, Das sogenannte Synallagma in den Konsensualkontrakten, 1965.
H.-P. Benöhr, Arglist und Kenntnis der Hilfspersonen beim Abschluß schluldrechtlicher Geschäfte, SZ 87 (1970) 123–196.
H.-P. Benöhr, Finanzielle Transaktionen zwischen Cicero und Caesar in den Jahren 54 bis 50 v. Chr., in: H.-P. Benöhr/K. Hackl/R. Knütel/A. Wacke (Hrsg.), Iuris professio. Festgabe für Max Kaser zum 80. Geburtstag, 1986, 21–43.
H.-P. Benöhr, Ciceros Bürgschaft für Cornificius. Personalsicherheiten in Ciceros Zeit, in: Iuris vincula. Studi in onore di Mario Talamanca, 2001, I 203–219.
H.-P. Benöhr, Die Tochter, der Mörder und der Sohn. Wie sicher waren Personalsicherheiten zu Ciceros Zeit?, in: M. Schermaier/J. M. Rainer/L. C. Winkel (Hrsg.), Iurisprudentia universalis. Festschrift für Theo Mayer-Maly zum 70. Geburtstag, 2002, 51–63.
C. Bergemann, Politik und Religion im spätrepublikanischen Rom, 1992.
A. Berger, Art. Interdictum, RE IX (1916) Sp. 1609–1707.
A. Berger, Art. Interrogatio, RE IX (1916) Sp. 1720–1729.
A. Berger, Art. Iurisprudentia, RE X (1918) Sp. 1159–1200.
A. Berger, Art. Ius divinum, RE X (1918) Sp. 1212–1215.
A. Berger, Art. Ius pontificium, RE X (1919) Sp. 1286–1289.
A. Berger, Art. Ius sacrum, RE X (1919) Sp. 1292–1300.
A. Bergk, Studien zur römischen Nobilität, 2009.
R. van den Bergh, The Historical Development of the patronus as representative in civil proceedings, Studia Iurisprudentia 4 (2009) 129–139.
R. van den Bergh, The patronus as representative in civil proceedings and his contribution towards the attainment of justice in Rome, Fundamina 15 (2009) 159–173.
A. Bernard, La rémunération des professions libérales en droit romain classique, 1936.
R. Bernhardt, Luxuskritik und Aufwandsbeschränkungen in der griechischen Welt, 2003.
G. Bernhardy, Grundriß der römischen Litteratur, 1850.
A. H. Bernstein, Prosopography and the Career of Publius Mucius Scaevola, CPh 67 (1972) 42–46.
F. Bernstein, Ludi publici, 1998.
G. Beseler, Et (atque) Ideo, et (atque) idcirco, ideoque, idcircoque, SZ 45 (1925) 456–488.
G. Beseler, Romanistische Studien, SZ 46 (1926) 83–143.
G. Beseler, Bindung und Lösung, SZ 55 (1935) 226–272.
A. Bessenyo, Das Rätsel der actio oneris aversi. Eine Exegese von D.19.2.31, in: G. Hamza (Hrsg.), Iura antiqua, iura moderna. Festschrift für Ferenc Benedek, 2001, 23–55.
M. Bettini, Petilam suram (Paol. Diac. Hist. Lang. 1, 25; Festo 224 L.; Lucilio 583 e 1185 M.), Rivista di cultura classica e medioevale 18 (1976) 161–171.

M. Bettini, Il divieto fino al sesto grado incluso nel matrimonio romano (Actes de la table ronde des 2–4 octobre 1986 (Paris, Maison des sciences de l'homme), Publications de l'École Française de Rome 129 (1990) 27–52.
M. Bettini, Familie und Verwandtschaft im antiken Rom. Deutsch von Diemut Zittel, 1992.
E. Bianchi, D. 6.1.57 (Alf. 6 dig.). Responso a un caso concreto o riflessione teorica, Rivista di diritto Romano 13 (2013) 1–7.
P. Biavaschi, Ricerche sul precarium, 2006.
P. Biavaschi, Penus est quod esculentum aut posculentum est, Alessandria: Rivista di glottologia 2 (2008) 177–189.
P. Biavaschi, Ofilio e il legatum penoris: qualche osservazione in merito a Ulpiano D 33.9.3, in: A. Palma (Hrsg.), Scritti in onore di Generoso Melillo, 2009, 133–148.
P. Biavaschi, Quinto Mucio Scevola, Aulo Ofilio e l'ambito del legatum ligni: risvolti terminologici e conseguenze giuridiche, DO-SO-MO 9 (2011) 97–115.
P. Biavaschi, Caesari familiarissimus. Ricerche su Aulo Ofilio e il diritto successorio tra repubblica e principato, 2011.
P. Biavaschi, Cicerone cambia opinione? Ad familiares 7.21 e l'apparente ripensamento dei Topica, in: I. Piro (Hrsg.), Scritti per Alessandro Corbino, 2016, I 221–243.
E. Bickel, Lucius Caesar cos. 64 in der Origo Gentis Romanae, RhM 100 (1957) 201–236.
G. Binder, Compitalia und Parilia, Properz, 4, 1, 17–20, Museum Helveticum, 24 (1967) 104–115.
P. Birks, From legis actio to formula, The Irish Jurist 4 (1969) 356–367.
P. Birks, A New Argument for a Narrow View of litem suam facere, TR 52 (1984) 377–387.
P. Birks/A. Rodger/J. S. Richardson, Further Aspects of the Tabula Contrebiensis, JRS 74 (1984) 45–73.
P. Birks, New Light on the Roman Legal System: The Appointment of Judges, CLJ 47 (1988) 36–60.
E. Birley, Q. Lucretius Vespillo (cos. ord. 19), Chiron 30 (2000) 711–748.
A. Biscardi, La double configuration de la clause pénal en droit romain, in: U. von Lübtow/M. Harder/G. Thielmann (Hrsg.), De iustitia et iure. Festgabe für Ulrich von Lübtow zum 80. Geburtstag, 1980, 257–268.
B. Biscotti, Il mercante e il contadino, Labeo 45 (1999) 368–391.
B. Biscotti, Custodia, amministrazione, liquidazione di beni ereditari. Il responso di Salvo Giulianio in D. 3.5.12, Studi per Giovanni Nicosia, 2007, II 15–66.
E. Bispham, From Asculum to Actium. The Municipalization of Italy from the Social War to Augustus, 2007.
J. M. Blanch Nougues, Nuncupare Heredem, RIDA 47 (2000) 123–149.
J. M. Blanch Nougués, Reflexiones acerca de la societas leonina en el Derecho Romano, RIDA 55 (2008) 83–106.
H. Blanck, Das Buch in der Antike, 1992.
A. Blätz, Sacrae virgines. Studien zum religiösen und gesellschaftlichen Status der Vestalinnen, 2012.
J. Bleicken, Kollisionen zwischen sacrum und publicum, Hermes 85 (1957) 446–480.
J. Bleicken, Oberpontifex und Pontifikalkollegium, Hermes 85 (1957) 345–366.

J. Bleicken, Senatsgericht und Kaisergericht, 1962.
J. Bleicken, Staatliche Ordnung und Freiheit in der römischen Republik, 1972.
J. Bleicken, Lex publica. Gesetz und Recht in der römischen Republik, 1975.
J. Bleicken, Zum Begriff der römischen Amtsgewalt, Nachrichten der Akademie der Wissenschaften in Göttingen. Philologisch-Historische Klasse 9 (1981) 255–300.
J. Bleicken, Geschichte der römischen Republik, ^{6}2004.
D. Bloch, Res sanctae in Gaius and the Founding of the City, Roman Legal Tradition 4 (2006) 48–64.
W. M. Bloomer (Hrsg.), A Companion to Ancient Education, 2015.
W. Blösel, Die Geschichte des Begriffs mos maiorum von den Anfängen bis zu Cicero, in: B. Linke/M. Stemmler (Hrsg.), Mos maiorum, 2000, 25–98.
D. Bock, Römischrechtliche Ausgangspunkte der strafrechtlichen Beteiligungslehre: Täterschaft und Teilnahme im römischen Strafrecht, 2006.
R. G. Böhm, Emendationen zu Cic. de legib. II, in: V. Giuffrè (Hrsg.), Sodalitas. Studi in onore di Antonio Guarino, 1985, II 895–937.
R. Böhr, Das Verbot der eigenmächtigen Besitzumwandlung im römischen Privatrecht: ein Beitrag zur rechtshistorischen Spruchregelforschung, 2002.
J. M. Bollan, Pontificalis Honor: A Re-evaluation of Priestly Auctoritas and Sacro-Political Violence in the Transition from Republic to Principate, 2013.
F. Bömer, Der commentarius: Zur Vorgeschichte und literarischen Form der Schriften Cäsars, Hermes 81 (1953) 210–250.
F. Bona, Sulla fonte di Cicero, de oratore, 1,56, 239–240 e sulla cronologia dei „decem libelli" di P. Mucio Scevola, in: Ders., Cicerone tra diritto e oratoria, 1984, 5–60 (= SDHI 39 (1973) 425–480).
F. Bona, Cicerone e i „libri iuris civilis" di Quinto Mucio Scevola, in: Questioni di giurisprudenza tardo-repubblicana. Atti di un seminario, Firenze 27–28 maggio 1983, 1985, 205–279.
F. Bona, Alla ricerca del „De verborum …", BIDR 90 (1987) 119–168.
F. Bona, Das Ideal der Rhetorik bei Cicero und das „ius civile in artem redigere". Mit einer nota di lettura von Francisco Cuena Boy. Übersetzung von Christian Baldus und Massimo Miglietta, Rivista di diritto Romano 6 (2006) 1–13.
P. Bonfante, Corso di diritto Romano I: Diritto di famiglia, 1963.
S. F. Bonner, Roman Declamation in the Late Republic and Early Empire, 1949.
S. F. Bonner, Education in Ancient Rome. From the Elder Cato to the Younger Pliny, 1977.
F. des Boscs-Plateaux, L. Cornelius Balbus de Gadès: la carrière méconnue d'un Espagnol à l'époque des guerres civiles (I siècle avant J.-C.), Mélanges de la Casa de Velázquez 30 (1994) 7–35.
H. Botermann, Die Soldaten und die römische Politik in der Zeit von Cäsars Tod bis zur Begründung des zweiten Triumvirats, 1968.
A. Bottiglieri, Su alcuni aspetti dell'interpretatio di Q. Elio Tuberone il giovane, Labeo 42 (1996) 367–385.
K. Bottler, Die Bedeutung der altrömischen Grammatiker P. Nigidius Figulus und M. Terentius Varro für die Bildungsidee des Aulus Gellius, 2015.

G. W. Botsford, Some Problems Connected with the Roman Gens, Political Science Quarterly 22 (1907) 663–692.

A. A. Boyce, The Development of the decemviri sacris faciundis, TAPA 69 (1938) 161–187.

M. V. Bramante, Patres, filii e filiae nelle commedie di Plauto. Note sul diritto nel teatro, in: E. Cantarella/L. Gagliardi (Hrsg.), Diritto e teatro in Grecia e a Roma, 2007, 95–116.

M. Braukmann, Pignus: das Pfandrecht unter dem Einfluss der vorklassischen und klassischen Tradition der römischen Rechtswissenschaft, 2008.

M. J. Bravo Bosch, Sobre el origen histórico de la cláusula edictal qui adversus bonos mores convicium, RIDA 53 (2006) 109–149.

M. J. Bravo Bosch, La reorganización administrativa de Hispania con César y Augusto, RIDA 55 (2008) 107–137.

M. J. Bravo Bosch, La protección del medio ambiente en la antigua Roma, Index 42 (2014) 491–514.

F. P. Bremer, Die Rechtslehrer und Rechtsschulen im römischen Kaiserreich, 1868.

T. C. Brennan, The Praetorship in the Roman Republic, 2000.

M. Bretone, Servus communis: contributo alla storia della comproprietà romana in età classica, 1958.

M. Bretone, La nozione romana di usufrutto. I. Dalle origini a Diocleziano, 1962.

M. Bretone, Pomponio lettore di Cicerone, Labeo 16 (1970) 177–182.

M. Bretone, La tecnica del responso Serviano, Labeo 16 (1970) 7–16.

M. Bretone, Publius Mucius et Brutus et Manilius, qui fundaverunt ius civile (D. 1.2.2.39), in: La critica del testo. Atti del II congresso internazionale della Società Italiana di Storia del diritto, 1971, 103–116.

M. Bretone, Quale Tuberone?, IURA 27 (1976) 72–74.

M. Bretone, Cicerone e i giuristi del suo tempo, Ciceroniana 3 (1978) 47–68.

M. Bretone, Manilio e il nexum, IURA 32 (1981) 143–146.

M. Bretone, Techniche e ideologie dei giuristi Romani, 1982.

M. Bretone, Giuristi e profani a Roma fra repubblica e principato, in: Diritto e potere nella storia europea. Atti in onore di Bruno Paradisi, 1982, 73–92.

M. Bretone, Sesto Elio e le Dodici Tavole. Labeo 41 (1995) 66–82.

M. Bretone, Geschichte des römischen Rechts. Von den Anfängen bis Justinian, ²1998.

M. Bretone, Labeone e l'ordine della natura, in: D. Mantovani/A. Schiavone (Hrsg.), Testi e problemi del giusnaturalismo romano, 2007, 249–269.

F. Briguglio, Servio Sulpicio e la definizione di tutela: vis ac potestas o ius ac potestas?, in: Studi in onore di Antonino Metro, 2009, I 163–179.

K. Bringmann, Der Diktator Caesar als Richter? Zu Ciceros Reden „Pro Ligario" und „Pro rege Deiotaro", Hermes 114 (1986) 72–88.

K. Bringmann, Von der res publica amissa zur res publica restituta: Zu zwei Schlagwörtern aus der Zeit zwischen Republik und Monarchie, in: J. Spielvogel (Hrsg.), Res publica reperta. Zur Verfassung und Gesellschaft der römischen Republik und des frühen Prinzipats. Festschrift für Jochen Bleicken zum 75. Geburtstag, 2002, 113–123.

K. Bringmann, Cicero, ²2014.

G. BRINI, La sentenza di Bruto sul partus ancillae, in: Memorie dell'Accademia di Bologna, cl. Scienze Morali, Ser. I T. 4 (1910) 3–57.
D. BRIQUEL, Art. augures, DNP 2 (1997) Sp. 279–281.
J. BRISCOE, Supporters and Opponents of Tiberius Gracchus, JRS 64 (1974) 125–135.
N. BROCCA, Il proditor Stilicho e la distruzione dei Libri sibyllini, in: I. GUALANDRI/F. CONCA/R. PASSARELLA (Hrsg.), Nuovo e antico nella cultura greco-latina di IV–VI secolo, 2005, 137–184.
K. BRODERSEN/J. LEONHARDT, Art. Cicero, DNP 2 (1997) Sp. 1191–1202.
G. BROGGINI, Iudex arbiterve. Prolegomena zum Officium des römischen Privatrichters, 1957.
G. BROGGINI, Iudex arbiterve, Rivista di diritto Romano 2 (2002) 425–430.
T. R. S. BROUGHTON, The Magistrates of the Roman Republic. Vol. I: 509 B. C.–100 B. C., 1951.
T. R. S. BROUGHTON, The Magistrates of the Roman Republic. Vol. II: 99 B. C.–31 B. C., 1953.
T. R. S. BROUGHTON, The Magistrates of the Roman Republic. Vol. III: Supplement, 1986.
T. R. S. BROUGHTON, Mistreatment of Foreign Legates and the Fetial Priests: Three Roman Cases, Phoenix 41 (1987) 50–62.
T. R. S. BROUGHTON, Candidates Defeated in Roman Elections: Some Ancient Roman „Also-Rans", TAPA 81 (1991) 1–64.
E. F. BRUCK, Über römisches Recht im Rahmen der Kulturgeschichte, 1954.
F. J. BRUINSMA, Judicial Authority – D. 1.18.18–19, in: L. DE LIGT (Hrsg.), Viva vox iuris Romani. Essays in honour of Johannes Emil Spruit, 2002, 61–69.
P. A. BRUNT, Italian Aims at the Time of the Social War,. JRS 55 (1965) 90–109.
P. A. BRUNT, Social Conflicts in the Roman Republic, 1971.
P. A. BRUNT, The Fall of the Roman Republic and Related Essays, 1988.
W. BUCHWITZ, Vertragsklauseln und probatio: Anmerkungen zum römischen Bauvertragsrecht, SZ 126 (2009) 358–386.
W. BUCHWITZ, Servus alienus heres. Die Erbeinsetzung fremder Sklaven im klassischen römischen Recht, 2012.
Z. BUJUKLIC, Leges regiae: pro et contra, RIDA 45 (1998) 89–142.
E. BUND, Rahmenerwägungen zu einem Nachweis stoischer Gedanken in der römischen Jurisprudenz, in: M. HARDER/G. THIELMANN (Hrsg.), De iustitia et iure: Festgabe für U. von Lübtow zum 80. Geburtstag, 1980, 127–145.
R. BUNSE, Das römische Oberamt in der frühen Republik und das Problem der Konsulartribunen, 1998.
R. BUNSE, Die klassische Prätur und die Kollegialität (par potestas), SZ 119 (2002) 29–43.
P. BUONGIORNO, Ateii Capitones, IURA 59 (2011) 195–216.
P. BUONGIORNO, Definire il bosco nell'esperienza romana: fra letteratura antiquaria e giurisprudenza, in: M. BROCCA/M. TROISI (Hrsg.), I boschi e le foreste come frontiere del dialogo tra scienze giuridiche e scienze della vita dalle radici storiche alle prospettive future, 2014, 4–11.
P. BUONGIORNO, Senatus consulta: struttura, formulazioni linguistiche, tecniche (189 a. C.-138 d. C.), AUPA 59 (2016) 17–60.

A. Burdese, Controversie giurisprudenziali in tema di capacità degli schiavi, in: Studi in onore di Arnaldo Biscardi, 1982, I 147–180.

A. Burdese, Catone e la vendita di vino, SDHI 66 (2000) 269–276.

A. Burdese, Sulla refectio parietis nell'actio de servitute oneris ferendi, in: E. Cantarella (Hrsg.), Scritti in ricordo di Barbara Bonfiglio, 2004, 59–76.

A. Burdese, L'eccezione di dolo generale di Aquilio Gallo a Labeone, in: L. Garofalo (Hrsg.), L'eccezione di dolo generale. Diritto romano e tradizione romanistica, 2005, 17–48.

P. C. Burns, Augustine's use of Varro's Antiquitates Rerum Divinarum in his De Civitate Dei, Augustinian Studies 32 (2001) 37–64.

A. Bürge, Die Juristenkomik in Ciceros Rede Pro Murena. Übersetzung und Kommentar, 1974.

A. Bürge, Retentio im römischen Sachen- und Obligationenrecht, 1979.

A. Bürge, Vertrag und personale Abhängigkeiten im Rom der späten Republik und der frühen Kaiserzeit, SZ 97 (1980) 105–156.

A. Bürge, Fiktion und Wirklichkeit. Soziale und rechtliche Strukturen des römischen Bankwesens, SZ 104 (1987) 465–558.

A. Bürge, Cum in familia nubas. Zur wirtschaftlichen und sozialen Bedeutung der familia libertorum, SZ 105 (1988) 312–333.

A. Bürge, Occupantis melior est condicio, SZ 106 (1989) 248–291.

A. Bürge, Salarium und ähnliche Leistungsentgelte beim mandatum, in: D. Nörr/S. Nishimura (Hrsg.), Mandatum und Verwandtes. Beiträge zum römischen und modernen Recht, 1993, 319–338.

A. Bürge, Zum Edikt de edendo, SZ 112 (1995) 1–50.

A. Bürge, Römisches Privatrecht. Rechtsdenken und gesellschaftliche Verankerung. 1999.

P. J. Burton, Amicitia in Plautus: A Study of Roman Friendship, AJPh 125 (2004) 209–243.

G. Busolt, Griechische Staatskunde, 1972.

I. Buti, La cognitio extra ordinem, ANRW II 14 (1982) 29–59.

T. J. Cadoux, Marcus Crassus: A Revaluation, Greece & Rome 3 (1956) 153–161.

J. Caimi, Uomini e animali in pericolo: Esseni, Gesù, Quinto Mucio Scevola (secoli I a. C. – I d. C.), SDHI 69 (2003) 57–83.

F. Cairns, Rome and Her Tutelary Deity, in: C. S. Kraus/J. Marincola/C. Pelling (Hrsg.), Ancient Historiography and its Contexts. Studies in Honour of A. J. Woodman, 2010, 245–268.

J. W Cairns, Tiberius Coruncanius and the spread of knowledge about law in early Rome, The Journal of Legal History 5.2 (1984) 129–135.

G. Calboli, Apetti prosopografici nella cultura giuridica tardo-repubblicana, in: D. Mantovani (Hrsg.), Per la storia del pensiero giuridico romano: dall'età dei pontefici alla scuola di Servio. Atti del Seminario di S. Marino, 7–9 gennaio 1993, 1996, 41–60.

G. Calboli, Art. Hortensius L. f. Hortalus, Q. [7], DNP 5 (1998) Sp. 734–735.

G. Calboli, Introduzione alle inventio, in: B. Santalucia (Hrsg.), La repressione criminale nella Roma repubblicana fra norma e persuasione, 2009, 185–221.

L. Calboli Montefusco, Logica, retorica e giurisprudenza nella dottrina degli status, in: D. Mantovani (Hrsg.), Per la storia del pensiero giuridico romano: dall'età dei

pontefici alla scuola di Servio. Atti del Seminario di S. Marino, 7–9 gennaio 1993, 1996, 209–228.
M. A. Calzada Gonzalez, Ademptio legati y la configuración de la categoría de lo pro non scripto, in: P. Resina Sola (Hrsg.), Fundamenta Iuris. Terminología, Principios e Interpretatio, 2012, 269–276.
A. Cameron, Pontifex Maximus: From Augustus to Gratian – and Beyond, in: M. Kahlos (Hrsg.), Emperors and the Divine – Rome and Its Influence, 2016, 139–159.
F. Cancelli, Per una revisione del cavere dei giureconsulti repubblicani, in: Studi in onore di Edoardo Volterra, 1971, V 611–645.
F. Cancelli, La giurisprudenza unica dei pontefici e Gneo Flavio tra fantasie e favole romane e romastiche, 1996.
F. Cancelli, La codificazione dell'edictum praetoris, 2010.
J. M. Candau, Republican Rome: Autobiography and Political Struggles, in: G. Marasco (Hrsg.), Political Autobiographies and Memoirs in Antiquity: A Brill Companion, 2011, 121–160.
L. Canfora, Julius Caesar: The People's Dictator, 2006.
C. A. Cannata, Per una storia della scienza giuridica europea. I. Dalle origini all' opera di Labeone, 1997.
E. Cantarella/L. Gagliardi, Diritto e teatro in Grecia e a Roma, 2007.
P. Cantarone, Osservazioni sullo studio del diritto nella tarda repubblica romana, SDHI 67 (2001) 417–428.
P. Cantarone, Ius controversum e controversie giurisprudenziali nel II secolo a. c, in: F. D'Ippolito (Hrsg.), Philia. Scritti per Gennaro Franciosi, 2007, I 405–463.
S. Capasso, Il patronato civico durante la Repubblica e il Principato, Index 44 (2016) 168–177.
R. W. Cape, Cicero and the Development of Prudential Practice at Rome, in: R. Hariman (Hrsg.), Prudence: Classical Virtue, Postmodern Practice, 2003, 35–65.
L. Capogrossi Colognesi, Proprietà e diritti reali. Usi e tutela della proprietà fondiaria nel diritto romano, 1999.
L. Capogrossi Colognesi, Cittadini e territorio. Consolidamento e trasformazione della civitas Romana, 2000.
L. Capogrossi Colognesi, Remissio mercedis, 2005.
A. Carcaterra, Dolus bonus/dolus malus. Esegesi di 4,3,1,2–3, 1970.
A. Carcaterra, Sei kaluitur pedemue struit manum endo iacitod, SDHI 41 (1975) 159–204.
J. Carcopino, Les prétendues „lois royales“, Mélanges d'archéologie et d'histoire 54 (1937) 344–376.
J. Carcopino, Cicero, the secrets of his correspondence, 1951.
B. Cardauns, Varro und die römische Religion, ANRW II 16/1 (1978) 80–103.
R. Cardilli, L' obligation de praestare et la responsabilité contractuelle en droit romain, RIDA 43 (1996) 81–132.
R. Cardilli, La nozione giuridica di fructus, 2000.

R. CARDILLI, Il problema della resistenza del tipo contrattuale nel diritto romano tra natura contractus e forma iuris, in: R. FIORI (Hrsg.), Modelli teorici e metodologici nella storia del diritto privato 2, 2008, 1–75.

R. CARDILLI, Vir bonus e bona fides, in: A. LOVATO (Hrsg.), Vir bonus. Un modello ermeneutico della riflessione giuridica antica, 2013, 179–207.

R. CARDILLI, Nexum e damnatio, in: J. HALLEBEEK/M. SCHERMAIER/R. FIORI/E. METZGER/J.-P. CORIAT (Hrsg.), Inter cives necnon peregrinos. Essays in honour of Boudewijn Sirks, 2014, 93–114.

R. CARDILLI, Gestione empirica dell'imputazione e culpae adnumeratio nella riflessione dei giuristi romani, Index 42 (2014) 299–330.

T. F. CARNEY, Was Rutilius' Exile Voluntary or Compulsory?, Acta Juridica 1 (1958) 242–244.

V. CARRO, Su Alfeno Varo e i suoi Digesta, Index 30 (2002) 235–245.

C. CARSANA, Marco Celio falso accusatore? Indizi di un processo comiziale contro Milone nella tradizione di Appiano, Athenaeum 95 (2007) 793–802.

M. CARY, Notes on the Legislation of Julius Caesar, JRS 19 (1929) 113–119.

M. CARY, The Municipal Legislation of Julius Caesar, JRS 27 (1937) 48–53.

F. CASAVOLA, Lex Cincia: contributo alla storia delle origini della donazione romana, 1960.

F. CASAVOLA, Auditores Servii, in: Atti del il Congresso Internazionale della Società Italiana di Storia del Diritto, Venezia, 18–22 Settembre 1967, 1969, 1–11.

F. CASAVOLA, Cultura e scienza giuridica nel secondo secolo d. C.: il senso del passato, ANRW II 15 (1976) 131–175.

F. CASAVOLA, Il concetto di „urbs roma": giuristi e imperatori romani, Labeo 38 (1992) 20–29.

F. CASAVOLA, Giuristi adrianei, 2011.

C. CASCIONE, Tresviri capitales. Storia di una magistratura minore, 1999.

C. CASCIONE, Appunti su prensio e vocatio nei rapporti tra potestates romane, in: M. ZABLOCKA (Hrsg.), Au-delà des fontierès. Mélanges de droit romain offers à Witold Wołodkiewicz, 2000, I 161–178.

C. CASCIONE, Consensus. Problemi di origine, tutela processuale, prospettive sistematiche, 2003.

C. CASCIONE, Studi di diritto publico Romano, 2010.

C. CASCIONE, Minima de soricibus Catonianis, in: P. PICHONNAZ/F. WUBBE (Hrsg.), Volumen unicum: In honorem Felicis Wubbe antecessoris, 2013, 45 f.

C. CASTELLO, Sui rapporti tra „dominus" e „vilicus" desunti dal „De agri cultura" di Catone, Atti del Seminario romanistico internazionale (1972) 76–140.

C. CASTELLO, Nuovi spunti su problemi di storia, economia e diritto desunti dal „De agri cultura" di Catone, in: Studi in memoria di G. Donatuti, 1973, I 237–264.

C. CASTELLO, D. 50.16.203 – un passo di Alfeno Varo in tema di esenzione dal portorium, IURA 37 (1986) 101–113.

P. CASTILLO PASCUAL, Die Kontroverse de alluvione bei Gromatikern, eTopoi. Journal for Ancient Studies 2 (2012/2013) 1–23.

C. J. CASTNER, Prosopography of Roman Epicureans from the Second Century B. C. to the Second Century A. D., ²1990.
A. CASTRESANA, Das aestimatum – die unbekannte Geschichte einer prätorischen Abrede, SZ 128 (2011) 130–169.
A. CASTRESANA, Nihil animalis instrumenti esse: una nueva lectura de Alfeno Varo, Liburna 4 (2011) 95–101.
A. CASTRO SÁENZ, Catulo y Alfeno Varo (Ecos de un Jurista en la Poesía Latina del Siglo I A. C.: del Corpus Catuliano a los sermonum de Horacio), in: F. D'IPPOLITO (Hrsg.), Philia. Scritti per Gennaro Franciosi, 2007, I 523–550.
A. CASTRO SÁENZ, Itinerarios servianos: Servio Sulpicio Rufo ante Quinto Mucio pontifex, entre la historia y el mito (Pomp. Enchirid. D. 1.2.2.43 y Cic. Brut. 41.151–42.154), in: Studi in onore di Remo Martini, 2009, I 509–543.
A. CASTRO SÁENZ, Cicerón y la jurisprudencia romana. Un estudio de historia jurídica, 2010.
P. CATALANO, Contributi allo studio del diritto augurale I, 1960.
P. CATALANO, Per lo studio del ius divinum, Studi e Materiali di Storia delle Religioni 33 (1962) 129–153.
P. CATALANO, La religione romana internamente, Studi e Materiali di Storia delle Religioni 62 (1996) 144–159.
A. CAVARZERE, La Pro Caelio: vent'anni dopo, in: B. SANTALUCIA (Hrsg.), La repressione criminale nella Roma repubblicana fra norma e persuasione, 2009, 383–426.
A. CENDERELLI, Varroniana. Istituti e terminologia giuridica nelle opere di M. Terenzio Varrone, 1973.
A. CENDERELLI, Gestione d'affari ereditari ed editto de sumptibus funerum: punti di contatto ed elementi di differenziazione, in: Studi in onore di Arnoldo Biscardi, 1982, I 265–287.
A. CENDERELLI, In tema di origini e sviluppo delle actiones negotiorum gestorum, in: Studi in memoria di Giambattista Impallomeni, 1999, 85–106.
P. CERAMI, Il sistema ofiliano, in: E. DOVERE (Hrsg), La codificazione del diritto dall'antico al moderno incontri di studio; Napoli, gennaio – novembre 1996, 1998, 83–119.
P. CERAMI, „Mutua pecunia a magistro ‚navis reficiendae causa' sumpta" e „praepositio exercitoris" (profili storico-comparatistici), in: R. RUEDIN (Hrsg.), Mélanges en l'honneur de Carlo Augusto Cannata, 1999, 271–280.
P. CERAMI, Iuris publici interpretatio e contentio de iure publico (a proposito di alcune riflessioni di Alberto Burdese), AUPA 59 (2016) 183–207.
E. CHAMPLIN, Miscellanea Testamentaria, ZPE 62 (1986) 247–255.
E. CHAMPLIN, Final Judgments. Duty and Emotion in Roman Wills, 1991.
C. CHAPMAN, Cicero and Sulpicius Rufus (Tr. Pl. 88 B.C), Acta Classica 22 (1979) 61–72.
E. CHEVREAU, La lex Rhodia de iactu: un exemple de la réception d'une institution étrangère dans le droit romain, TR 73 (2005) 67–80.
E. CHEVREAU, L' evolution de la tutelle romaine a travers le mecanisme de l' excusatio tutelae, Fundamina 20 (2014) 139–149.
T. CHIUSI, Die actio de in rem verso im römischen Recht, 2001.

T. Chiusi, Haftung und Organisation im römischen Handelsverkehr, SZ 124 (2007) 94–112.
B. J. Choe, Regula Catoniana und Servius, der Meister, in: H. Altmeppen/I. Reichard/M. Schermaier (Hrsg.), Festschrift für Rolf Knütel zum 70. Geburtstag, 2010, 213–227.
K. Christ, Sulla. Eine römische Karriere, 2002.
K. Christ, Pompeius; der Feldherr Roms. Eine Biographie, 2004:
K. Christ, Krise und Untergang der römischen Republik, [8]2013.
J. Christes, Sklaven und Freigelassene als Grammatiker und Philologen im antiken Rom, 1979.
J. B. Churchill, „Sponsio Quae in Verba Facta Est?" Two Lost Speeches and the Formula of the Roman Legal Wager, CQ 50 (2000) 159–169.
C. Cichorius, Art. L. Cassius Hemina (47), RE III 2 (1899) Sp. 1723–1725.
C. Cichorius, Zur Lebensgeschichte des Q. Valerius Soranus, Hermes 41 (1906) 59–68.
M. R. Cimma, I feziali e il diritto internazionale antico, Ius antiquum 6 (2000) 24–32.
M. L. Clarke, Rhetoric at Rome, 1953.
C. J. Classen, Recht – Rhetorik – Politik. Untersuchungen zu Ciceros rhetorischer Strategie, 1985.
A. Claus, Gewillkürte Stellvertretung im römischen Privatrecht, 1973.
J. J. Clauss, Allusion and Structure in Horace Satire 2.1: The Callimachean Response, TAPA 115 (1985) 197–206.
J. J. Clauss, The Ignoble Consistency of M. Caelius Rufus, Athenaeum 78 (1990) 531–540.
D. Cloud, Parricidium: from the lex Numae to the lex Pompeia de parricidiis, SZ 88 (1971) 1–66.
D. Cloud, Lex Iulia de vi: Part 1, Athenaeum 66 (1988) 579–595.
D. Cloud, Lex Iulia de vi: Part 2, Athenaeum 67 (1989) 427–465.
D. Cloud, Satirists and the Law, in: S. H. Braund (Hrsg.), Satire and Society in Ancient Rome, 1989, 49–67, 132–136.
D. Cloud, Some thoughts on vadimonium, SZ 119 (2002) 143–176.
D. Cloud, Motivations in ancient accounts of the early history of the Quaestorship and its consequences for Modern Historiography, Chiron 33 (2003) 91–120.
D. Cloud, Πάθη, Affectus and the Roman Jurists, SZ 123 (2006) 19–48.
P. Cohee, Decrees and responses of the Roman Priesthoods during the Republic, 1994.
K. M. Coleman, Tiresias the Judge: Ovid, Metamorphoses 3.322–38, CQ 40 (1990) 571–577.
P. Collinet, Le rôle des juges dans le formation du droit romain classique, 1977.
J. G. Cook, Crucifixion in the Mediterranean World, 2015.
G. Coppola Bisazza, Dallo iussum domini alla contemplatio domini. Contributo allo studio della Rappresentanza, 2008.
A. Corbino, La Pro Caecina di Cicerone e l'acquisto della proprietà mediante intermediario estraneo, in: Studi in onore di A. Biscardi, 1982, III 277–287.
A. Corbino, Servitus oneris ferendi e refectio parietis, in: R. Ruedin (Hrsg.), Mélanges en l'honneur de Carlo Augusto Cannata, 1999, 25–35.
A. Corbino, Il caso di Visellio Varrone e Otacilia Laterense (Val. Max. 8, 2, 2), in: Iuris vincula. Studi in onore di M. Talamanca, 2002, 249–277.

A. Corbino, Il formalismo negoziale nell' esperienza romana. Lezioni, ²2006.
A. Corbino, Danno, lesioni patrimoniali e lex Aquilia nell' esperienza romana, in: F. D'Ippolito (Hrsg.), Philia. Scritti per Gennaro Franciosi, 2007, I 607–625.
P. Cordier, M. Caelius Rufus, le préteur récalcitrant, Mélanges de l'école française de Rome 106 (1994) 533–577.
C. Cosentini, Nota minima sui liberti, in: V. Giuffrè (Hrsg.), Sodalitas. Studi in onore di Antonio Guarino, 1985, III 1345–1351.
A. Coskun, Zu den Rechtsgrundlagen der römischen Bürgerrechtsvergabe infolge des Bundesgenossenkrieges, RIDA 51 (2004) 101–132.
A. Coskun, Bürgerrechtsentzug oder Fremdenausweisung? Studien zu den Rechten von Latinern und weiteren Fremden sowie zum Bürgerrechtswechsel in der Römischen Republik, 2009.
E. Costa, Cicerone giureconsulto. Nuova ed. rev. e ampliata dall'autore e in parte postuma. 1964.
H. M. Cotton, Cicero, Ad Familiares XIII, 26 and 28. Evidence for Revocatio or Reiectio Romae/Romam, JRS 69 (1979) 39–50.
C. P. Craig, The Central Argument of Cicero's Speech for Ligarius, The Classical Journal 79 (1984) 193–199.
C. P. Craig, Teaching Cicero's Speech for Caelius: What Enquiring Minds Want to Know, The Classical Journal 90 (1995) 407–422.
J. Crawford, M. Tullius Cicero: The Lost and Unpublished Orations, 1984.
M. Crawford, Foedus and Sponsio, Papers of the British School at Rome 41 (1973) 1–7.
M. Crawford, The Lex Iulia Agraria, Athenaeum 67 (1989) 179–190.
G. Crifò, Ex iure ducere exempla. Gaio Trebazio Testa ed i Topica ciceroniani, in: Studi in memoria di C. Esposito, 1972, II 1103–1124.
G. Crifò, Sul caso di C. Ostilio Mancino, in: R. S. Bagnall/A. A. Schiller/W. V. Harris (Hrsg.), Studies in Roman Law: In Memory of A. Arthur Schiller, 1986, 19–32.
N. Criniti, Granio Liciniano, ANRW II 34 (1993) 119–205.
S. Cristaldi, Sulla clausola „quanti Titius rem aestimaverit" nella riflessione dei giuristi romani, RIDA 58 (2011) 99–142.
S. Cristaldi, Unioni non matrimoniali a Roma, in: F. Romeo (Hrsg.), Le relazioni affettive non matrimoniali, 2014, 143–200.
A. Cristofori, Note Prosopografiche su personaggi di età tardorepubblicana, ZPE 90 (1992) 137–146.
J. A. Crook, Some Remarks on the Augustan Constitution, The Classical Review 3 (1953) 10–12.
J. A. Crook, Consilium principis: Imperial Councils and Counsellors from Augustus to Diocletian, 1955.
J. A. Crook, Law and Life of Rome, 1967.
J. A. Crook, Property in the Roman Republic, The Classical Review 20 (1970) 359–361.
J. A. Crook, Sponsione Provocare: Its Place in Roman Litigation, JRS 66 (1976) 132–138.
J. A. Crook, Lex rivalicia (FIRA I no.5), Athenaeum 64 (1986) 45–53.
J. A. Crook, Legal Advocacy in the Roman World, 1995.

F. Cuena Boy, La idea de rerum natura como criterio básico de la imposibilidad física de la prestación, RIDA 40 (1993) 227–262.
P. Culham, Archives and Alternatives in Republican Rome, CPh 84 (1989) 100–115.
M .F. Cursi, Il divieto degli atti di emulazione: le contestate origini romane di un principio moderno, in F. Reinoso-Barbero (Hrsg.), Principios generales del derecho. Antecedentes históricos y horizonte actual, 2014, 603–634.
M .F. Cursi, Modelle objektiver Haftung im Deliktsrecht: Das schwerwiegende Erbe des römischen Rechts, SZ 132 (2015) 362–407.
L. D'Amati, Civis, ab hostibus captis, 2004.
L. D'Amati, Litem deserere, in: L. Garofalo (Hrsg.), Il giudice privato nel processo civile romano. Omaggio ad Alberto Burdese, 2012, 175–239.
N. D'Anna, Publio Nigidio Figulo. Un pitagorico a Roma nel 1° secolo d. C., 2008.
F. D'Ippolito, Sextus Aelius Catus, Labeo 17 (1971) 248–283.
F. D'Ippolito, Sul pontificato di Tiberio Coruncanio, Labeo 23 (1977) 131–145.
F. D'Ippolito, I giuristi e la città, 1978.
F. D'Ippolito, Das ius Flavianum und die lex Ogulnia, SZ 102 (1985) 9–128.
F. D'Ippolito, Giuristi e sapienti in Roma arcaica, 1986.
F. D'Ippolito, Cicerone e i maestri di Servio, in: Atti del convegno „La giustizia tra i popoli nell'opera e nel pensiero di Cicerone", 1993, 53–71.
F. D'Ippolito, Sulla data dell' „actio de dolo", Labeo 41 (1995) 247–250.
F. D'Ippolito, Servio e le XII tavole, in: D. Mantovani (Hrsg.), Per la storia del pensiero giuridico romano: dall'età dei pontefici alla scuola di Servio. Atti del Seminario di S. Marino, 7–9 gennaio 1993, 1996, 29–40.
F. D'Ippolito, I memorialia di Sabino, in: D. Mantovani (Hrsg,), Per la storia del pensiero giuridico romano da Augusto agli Antonini. Atti del seminario di S. Marino, 12–14 gennaio 1995, 1996, 71–85.
F. D'Ippolito, Fabio Pittore rivisitato, Atene e Roma 43 (1998) 142–155.
F. D'Ippolito, Il diritto e i cavalieri, in: E. Dovere (Hrsg), La codificazione del diritto dall'antico al moderno incontri di studio; Napoli, gennaio - novembre 1996, 1998, 30–50.
F. D'Ippolito, Problemi storico-esegetici delle XII tavole, 2003.
A. Daher, The Shari'a: Roman Law wearing an Islamic Veil?, iHirundo: The McGill Journal of Classical Studies 3 (2005) 91–108.
H. Dahlmann, Art. M. Terentius Varro (84), RE Suppl. VI (1935) Sp. 1172–1277.
H. Dahlmann, Cäsars Rede für die Bithynier, Hermes 73 (1938) 341–346.
H. Dahlmann, Varroniana, ANRW I 3 (1973) 3–25.
H. Dahlmann, Über Helvius Cinna, 1977.
W. Dajczak, Erklärungen römischer Juristen zur Funktion der Wendung ex fide bona in Klageformeln, RIDA 46 (1999) 219–242.
W. Dajczak, Der Ursprung der Wendung res incorporalis im römischen Recht, RIDA 50 (2003) 97–117.
L. W. Daly, The Entitulature of Pre-Ciceronian Writings, in: Classical Studies in Honor of William Abbott Oldfather, 1943, 20–38.
C. Damon, Sex. Cloelius, scriba, Harvard Studies in Classical Philology 94 (1992) 227–250.

C. Damon, The Mask of the Parasite, 1997.
D. Daube, The Peregrine Praetor, JRS 41 (1951) 66–70.
D. Daube, Ne quid infamandi causa fiat, in: Atti del congresso internazionale di diritto romano e di storia del diritto, 1951, 411–450.
D. Daube, Zur Palingenesie einiger Klassikerfragmente, SZ 76 (1959) 149–264.
D. Daube, Ne quis fecisse velit, SZ 78 (1961) 390 f.
D. Daube, Texts and Interpretations in Roman and Jewish Law, Jewish Journal of Sociology 3 (1961) 3–28.
D. Daube, Licinia's dowry, in: Studi in onore di Biondo Biondi, 1965, I 199–212.
D. Daube, A Corrupt Judge sets the Pace, in: D. Nörr/D. Simon (Hrsg.), Gedächtnisschrift für Wolfgang Kunkel, 1984, 37–52.
D. Daube, Collected Studies, 1991.
J.-M. David, Promotion civique et droit à la parole: L. Licinius Crassus, les accusateurs et les rhéteurs latins, Mélanges de l'Ecole française de Rome. Antiquité 91 (1979) 135–181.
J.-M. David, Le patronat judiciaire au dernier siècle de la République Romaine, 1992.
J.-M. David, Die Rolle des Verteidigers in Justiz, Gesellschaft und Politik, in: U. Manthe/J. v. Ungern-Sternberg (Hrsg.), Große Prozesse der römischen Antike, 1997, 28–47, 196 f.
J. C. Davies, Cicero. Pro Quinctio, Latomus 28 (1969) 156 f.
M. De Bernardi, In margine a D. 50, 16, 144, in: G. Scherillo. Atti del convegno Milano 22–23 ottobre 1992, 1994, 71–89.
F. F. De Buján, Deductio mercedis, forma alternativa de ‚garantía' del conductor, RIDA 53 (2006) 151–177.
P. De Francisci, Cic. ad fam. 7.22 e i libri iuris civilis di Q. Mucio Scevola, BIDR 66 (1963) 93–94.
L. de Libero, Obstruktion: politische Praktiken im Senat und in der Volksversammlung der ausgehenden römischen Republik (70 – 49 v. Chr.), 1992.
N. De Marco, I loci publici dal I al III secolo: le identificazioni dottrinali, il ruolo dell'usus, gli strumenti di tutela, 2004.
P. W. De Neeve, Remissio Mercedis, SZ 100 (1983) 296–339.
L. de Sarlo, Alfeno Varo e i suoi Digesta, 1940.
M. De Wilde, The Dictatorship and the Fall of the Roman Republic, SZ 130 (2013) 1–39.
A. Degrassi, Fasti consulares et triumphales, 1947.
R. del Ponte, Santità delle mura e sazione divina, Diritto@Storia 3 (2004), http://www.dirittoestoria.it/3/TradizioneRomana/Del-Ponte-Santit%Eo-delle-mura.htm, abgerufen am 22. 3. 2019.
R. del Ponte, Documenti sacerdotali in Veranio e Granio Flacco: problemi lessicografici, Diritto@Storia 4 (2005).
A. della Casa, Nigidio Figulo, 1962.
J. Delgado Delgado, La legislación pontifical sobre los alimentos empleados en la práctica cultual romana, Revista de Ciencias de las Religiones 12 (2004) 15–32.
E. Deniaux, Clientèles et pouvoir à l'époque de Cicéron, 1993.
G. Deppenkemper, Negotiorum gestio – Geschäftsführung ohne Auftrag, 2014.

J. Derlien, Asyl. Die religiöse und rechtliche Begründung der Flucht zu sakralen Orten in der griechisch-römischen Antike, 2003.
L. Desanti, Sapere di agire contro la volontà del proprietario, credere di averne il permesso. Riflessioni intorno al dolo nel furto d'uso, Annali dell'università di Ferrara 5 (2010) 17–41.
M. H. Dettenhofer, Cicero und C. Cassius Longinus: Politische Korrespondenz ein Jahr vor Caesars Ermordung (Cic. fam. 15,16–19), Historia 39 (1990) 249–256.
M. H. Dettenhofer, Perdita iuventus. Zwischen den Generationen von Caesar und Augustus, 1992.
M. H. Dettenhofer, Herrschaft und Widerstand im augusteischen Principat. Die Konkurrenz zwischen res publica und domus Augusta, 2000.
M. Deufert, Textgeschichte und Rezeption der plautinischen Komödien im Altertum, 2002.
R. Develinal, The Atinian Plebiscite, Tribunes, and the Senate, CQ 28 (1978) 141–144.
M. Diesselhorst, Die Gerechtigkeitsdefinition Ulpians in D. 1,1,10, pr. und die Praecepta iuris nach D. 1,1,10,1 sowie ihre Rezeption bei Leibniz und Kant, in: O. Behrends/M. Diesselhorst/W. E. Voss (Hg.), Römisches Recht in der europäischen Tradition. Symposion aus Anlass des 75. Geburtstags von Franz Wieacker, 1985, 185–212.
L. Di Lella, Formulae ficticiae. Contributo allo studio della riforma giudiziaria di Augusto, 1984.
O. Diliberto, La satira e il diritto: una nuova lettura di Horat., sat. 1.3.115–117, AUPA 55 (2012) 385–402.
M. J. DiLuzio, A Place at the Altar: Priestesses in Republican Rome, 2016.
A. A. Dimopoulou, La rémunération de l'assistance en justice : études sur la relation avocat-plaideur à Rome, 1999.
M. Dingmann, Pompeius Magnus. Machtgrundlagen eines spätrepublikanischen Politikers, 2007.
G. Diosdi, Ownership in Ancient and Preclassical Roman Law, 1970.
F. Diosono, Pratiche cultuali in relazione a porti fluviali e canali, in: M. Serlorenzi/H. Di Giuseppe (Hrsg.), I riti del costruire nelle acque violate. Atti del Convegno Internazionale, [Roma 2008], 2010, 91–105.
B. Doer, Die römische Namengebung: ein historischer Versuch, 1974.
R. Domingo, Aditio hereditatis auctoritate tutoris non gerensis (Sobre la supuesta antinomia entre Pomponio, D. 26, 8, 4 y Juliano – Africano, D. 29, 2, 49), RIDA 35 (1988) 131–138.
R. Domingo, Die Gerichtszuständigkeit des Prätors, TR 64 (1996) 173–182.
N. Donadio, Sulla comparazione tra „desertor" e „fugitivus", tra „emansor" ed „erro" in D. 49.16.4.14, in E. Cantarella (Hrsg.): Scritti in ricordo di Barbara Bonfiglio, 2004, 137–177.
N. Donadio, Qualità promesse e qualità essenziali della „res vendita", Teoria e Storia del diritto privato 3 (2010) 1–150.
G. Donatuti, Lo statulibero, 1940.
G. Donatuti, Studi di diritto romano I, 1976.
E. Van Dongen, Contributory Negligence: A Historical and Comparative Study, 2014.

M. D'Orta, La giurisprudenza tra repubblica e principato. Primi studi su C. Trebazio Testa, 1990.
M. D'Orta, Trebazio Testa e la questura, SDHI, 59 (1993) 167–187.
D. Dozhdev, Il preteso consorzio domestico e l'autonomia individuale nel pensiero di Quinto Mucio, in: Fides humanitas ius: Studi in onore di Luigi Labruna, 2007, III 1645–1656.
F. Drogula, Commanders and Command in the Roman Republic and Early Empire. Studies in the History of Greece and Rome, 2015.
A. Drummond, Early Roman Clientes, in: A. Wallace-Hadrill (Hrsg.), Patronage in Ancient Society, 1989, 89–116.
P. du Plessis, A New Argument for the deductio ex mercede, in: R. Van den Bergh/G. Van Niekerk (Hrsg.), Ex iusta causa traditum. Essays in Honour of Eric H. Pool, 2005, 69–80.
P. du Plessis, The Roman Concept of Lex contractus, Roman Legal Tradition 3 (2006) 79–94.
P. du Plessis, Janus in the Roman Law of Urban Lease, Historia 55 (2006) 48–63.
P. du Plessis, Letting and Hiring in Roman Legal Thought: 27 BCE – 284 CE, 2012.
J. Dubouloz, La propriété immobilière à Rome et en Italie (Ier – Ve siècles). Organisation et transmission des praedia urbana, 2011.
R. Düll, Über Ansätze direkter Stellvertretung im frührepublikanischen römischen Recht, SZ 67 (1950) 162–187.
R. Düll, Rechtsprobleme im Bereich des römischen Sakralrechts, ANRW I 2 (1972) 283–294.
R. Düll, Seneca iurisconsultus, ANRW II 15 (1976) 364–380.
A. R. Dyck, A Commentary on Cicero, De Officiis, 1996.
A. R. Dyck, A Commentary on Cicero, De Legibus, 2004.
A. R. Dyck, Rivals into Partners: Hortensius and Cicero, Historia 57 (2008) 142–173.
A. R. Dyck, Cicero pro Murena 47 and 85, CQ 64 (2014) 417 f.
W. Eck, Die staatliche Organisation Italiens in der hohen Kaiserzeit, 1979.
W. Eder, Das vorsullanische Repetundenverfahren, 1969.
W. Eder, Strafsachen in Geschworenengerichten, in: U. Manthe/J. v. Ungern-Sternberg (Hrsg.), Große Prozesse der römischen Antike, 1997, 13–27, 195 f.
D. Effer-Uhe, Die Wirkung der condicio im römischen Recht, 2008.
U. Egelhaaf-Gaiser, Kulträume im römischen Alltag, 2000.
J. S. C. Eidinow, Horaece's Epistle to Torquatus (Ep. I 5), CQ 45 (1995) 191–199.
C. F. Eilers/N. P. Milner, Q. Mucius Scaevola and Oenoanda: A New Inscription, Anatolian Studies 45 (1995) 73–89.
G. Eisenring, Die römische Ehe als Rechtsverhältnis, 2002.
S. N. Eisenstadt/L. Roniger, Patrons, Clients and Friends. Interpersonal Relations and the Structure of Trust in Society, 1984.
J. Elmore, The Greek Cautio in Cicero, Fam. VII, 18, I, TAPA 44 (1913) 127–131.
J. Elmore, Recovery of Legal Competency in the XII Tables, CPh 20 (1925) 62–64.
M. Elster, Die römischen leges de civitate von den Gracchen bis Sulla, in: U. Walter (Hrsg.), Gesetzgebung und politische Kultur in der römischen Republik, 2014, 183–226.

K.-L. Elvers, Art. Aelius Tubero, Q. [I 16], DNP 1 (1996) Sp. 171.
K. L. Elvers, Art. Atilius, L. [I 7], DNP 2 (1997) Sp. 212.
K.-L. Elvers, Art. Aurelius Cotta, C. [I 5], DNP 2 (1997) Sp. 320.
K.-L. Elvers, Art. Caecilius Metellus, Q. [I 18], DNP 2 (1997) Sp. 888.
K.-L. Elvers, Art. Claudius Caecus, Appius [I 2], DNP 3 (1997) Sp. 8.
K.-L. Elvers, Art. Claudius Marcellus, M. [I 15], DNP 3 (1997) Sp. 10.
K.-L. Elvers, Art. Cornelius Cinna, L. [I 19], DNP 3 (1997) Sp. 171.
K.-L. Elvers, Art. Cornelius Lentulus Caudinus, L. [I 45], DNP 3 (1997) Sp. 174.
K.-L. Elvers, Art. Cornelius Scipio Nasica Corculum, P. [I 83], DNP 3 (1997) Sp. 184.
K.-L. Elvers, Art. Fabius Labeo, Q. [I 20], DNP 4 (1998) Sp. 368.
K.-L. Elvers, Art. Fabius Verrucosus, Q. [I 30], DNP 4 (1998) Sp. 372–373.
K.-L. Elvers, Art. Furius (?) Camillus, C. [I 10], DNP 4 (1998) Sp. 715.
K.-L. Elvers, Art. Gellius, L. [4], DNP 4 (1998) Sp. 896.
K.-L. Elvers, Art. Gellius Poblicola, L. [5], DNP 4 (1998) Sp. 896.
K.-L. Elvers, Art. Iunius Brutus, M. [I 8], DNP 6 (1999) Sp. 60.
K.-L. Elvers, Art. Iunius Congus (Gracchanus?), M. [I 20], DNP 6 (1999) Sp. 63.
K.-L. Elvers, Art. Laelius, C. [I 2], DNP 6 (1999) Sp. 1055 f.
K.-L. Elvers, Art. Lucilius Balbus, L. [I 3], DNP 7 (1999) Sp. 462.
K.-L. Elvers/T. Giaro, Art. Mucius Scaevola, Q. (Augur) [I 8], DNP 8 (2000) Sp. 426–427.
K.-L. Elvers/T. Giaro, Art. Mucius Scaevola, Q. (Pontifex) [I 9], DNP 8 (2000) Sp. 427–428.
K.-L. Elvers, Art. Sulpicius Rufus, P. [I 19], DNP 11 (2001) Sp. 1101.
J. Ermann, Strafprozess, Öffentliches Interesse und private Strafverfolgung, 2000.
J. Ermann, Zur völkerrechtlichen Qualität der sponsio, SZ 121 (2004) 314–322.
W. Ernst, Das Nutzungsrisiko bei der Pacht, SZ 105 (1988) 541–591.
W. Ernst, Gattungskauf und Lieferungskauf im römischen Recht, SZ 114 (1997) 272–344.
W. Ernst, Plinius, Epistulae 8,14: Abstimmungsprobleme im römischen Senat, Fundamina 20 (2014) 240–257.
T. Esch, Zur kommunalen Neuordnung Kleinasiens durch Pompeius: Kilikia Pedias und Pontos – Ein Vergleich, in: E. Schwertheim (Hrsg.), Studien zum antiken Kleinasien VII, 2011, 35–96.
K. A. Esdaile, The Apex or Tutulus in Roman Art, JRS 1 (1911) 212–226.
L. Estavan, Law in Plautus, Stanford Law Review 18 (1966) 873–909.
F. Eugenio, Flumen viam sustulit: Ποταμὸς ὁδὸν ἀφελόμενος (Dig. 41, 1, 38: Bas. 50, 1, 37. Dos textos coincidentes), in: Estudios de derecho romano en honor de Alvaro D'Ors, 1987, 409–415.
R. J. Evans/M. Kleijwegt, Did the Romans like Young Men? A Study on the lex Villia annalis, Causes and Effects, ZPE 92 (1992) 181–195.
U. Ewins, Ne quis iudicio circumveniatur, JRS 50 (1960) 94–107.
L. Fabiano Correa, La survivance des actiones adiecticiae qualitatis, RIDA 47 (2001) 31–40.
G. M. Facchetti, All' origine del „testamentum", Index 30 (2002) 227–234.
G. L. Falchi, Interpretazione tipica nella causa curiana, SDHI 46 (1980) 388–430.

M. Falcon, Ipsam rem condemnare in Gai 4.48, in: L. Garofalo (Hrsg.), Il giudice privato nel processo civile romano. Omaggio ad Alberto Burdese, 2015, III 521–582.
G. Falcone, Per una datazione del De verborum quae ad ius pertinent. significatione di Elio Gallo, AUPA 41 (1991) 223–261.
G. Falcone, Ofilio e l'editto, Labeo 42 (1996) 101–106.
G. Falcone, Ricerche sull'origine dell'interdetto uti possidetis, AUPA 44 (1996) 5–360.
G. Falcone, La trattazione di Gai 3.140–141 sul pretium nella compravendita tra regulae e ius controversum, AUPA 58 (2015) 37–56.
E. Fallu, Les rations du proconsul Cicéron, ANRW I 3 (1973) 209–238.
L. Fanniza, L'assenza del'accusato nei processi di età imperiale, 1992.
L. Fanniza, Senato e società politica tra Augusto e Traiano, 2001.
E. Fantham, The Trials of Gabinius in 54 B. C., Historia 24 (1975) 425–443.
E. Fantham, Cicero, Varro, and M. Claudius Marcellus, Phoenix 31 (1977) 208–213.
E. Fantham, The Roman World of Cicero's de oratore, 2004.
E. Fantham, Caesar as an Intellectual, in: M. Griffin (Hrsg.), A Companion to Julius Caesar, 2009, 141–156.
R. Färber, Zeit ist Geld. Kalendermanipulation und die ökonomische Bedeutung des Schaltmonats, in: A. Hartmann/G. Weber (Hrsg.), Zwischen Antike und Moderne. Festschrift für Jürgen Malitz zum 65. Geburtstag, 2012, 53–77.
I. Fargnoli, Studi sulla legittimazione attiva all'interdetto quod vi aut clam, 1998.
I. Fargnoli, Ricerche in tema di furtum, 2006.
F. Fasolino, Prime considerazioni in tema di tutela della salubritas fra III e I sec. A.C, Teoria e Storia del Diritto Privato 3 (2010) 1–31.
J. Faulkner, Aetiological Annales: the Early Roman Histories, 2014.
W. Fauth, Römische Religion im Spiegel der „Fasti" des Ovid, ANRW II 16.1 (1978) 104–186.
C. Fayer, La familia romana. Aspetti giuridici ed antiquari. Sponsalia matrimonio dote, 2005.
J. R. Fears, The Cult of Jupiter and Roman Imperial Ideology, ANRW II 17 (1981) 4–141.
R. Feenstra, Impossibilitas and causula rebus sic stantibus. Some aspects of frustration of contract in continental legal history up to Grotius, in: A. Watson (Hrsg.), Daube noster, 1974, 77–104.
R. Fehrle, Cato Uticensis, 1983.
B. Feldner, Zum Ausschluss der Frau vom römischen *officium*, RIDA 47 (2000) 381–394.
M. A. Fenocchio, Il momento genetico e l'evoluzione del concetto di furtum in diritto romano, 2008.
R. Fercia, La responsabilità per fatto di ausiliari nel diritto romano, 2008.
A. Fernández de Buján, A propósito del oficio de tabellio como jurista práctico en la experiencia jurídica romana, in: J. L. Linares (Hrsg.), Liber amicorum Juan Miquel: estudios romanísticos con motivo de su emeritazgo, 2006, 305–320.
F. Fernández de Bujan, Deductio mercedis, forma alternative de „garantía" del conductor, RIDA 53 (2006) 151–177.
J.-L. Ferrary, Cicéron et la loi judiciaire de Cotta (70 av. J.-C.), Mélanges de l'Ecole française de Rome. Antiquité 87 (1975) 321–348.

J.-L. Ferrary, À propos du fragment 90 Peter (IV, 15 Chassignet) des Origines de Caton et de la tradition varronienne sur les origines du Macellum, Revue de philologie, de littérature et d'histoire anciennes 75 (2001) 317–327.
J.-L. Ferrary, Les ordines et le droit, in: A. Corbeno/M. Humbert/G. Negri (Hrsg.), Homo, caput, persona: La costruzione giuridica dell'identità nell'esperienza romana: Dall'epoca di Plauto a Ulpiano, 2010, 315–345.
J.-L. Ferrary, L'iter legis, de la redaction de la rogatio à la publication de la lex rogata, et la signification de la législation comitiale dans le système politique de la Rome republicaine, in: J.-L. Ferrary (Hrsg.), Leges publicae. La legge nell'esperienza giuridica romana, 2012, 5–37.
G. Ferri, Valerio Sorano e il nome segreto di Roma, Studi e Materiali di Storia delle Religioni 73 (2007) 271–303.
M.-C. Ferriès/F. Delrieux, Quintus Mucius Scaevola, un gouverneur modèle pour les Grecs de la province d'Asie?, in: N. Barrandon/F. Kirbihler (Hrsg.), Les gouverneurs et les provinciaux sous la République romaine, 2011, 207–230.
J. Filip-Fröschl, Partus et fetus et fructus, in: M. J. Schermaier/Z. Végh (Hrsg.), Ars boni et aequi. Festschrift für Wolfgang Waldstein zum 65. Geburtstag, 1993, 99–121.
G. Finazzi, Amicitia e doveri giuridici, in: A. Corbeno/M. Humbert/G. Negri (Hrsg.), Homo, caput, persona: La costruzione giuridica dell'identità nell'esperienza romana: Dall'epoca di Plauto a Ulpiano, 2010, 633–861.
G. Finazzi, Intorno a Pomp. Ench. D. 1,2,2,43, in: J. Hallebeek/M. Schermaier/R. Fiori/E. Metzger/J.-P. Coriat (Hrsg.), Inter cives necnon peregrinos. Essays in honour of Boudewijn Sirks, 2014, 219–239.
T. Finkenauer, Direkte Stellvertretung bei Stipulationen, SZ 125 (2008) 440–497.
T. Finkenauer, Stipulation und Geschäftsgrundlage, SZ 126 (2009) 305–357.
T. Finkenauer, Vererblichkeit und Drittwirkungen der Stipulation im klassischen römischen Recht, 2010.
M. I. Finley, The Ancient Economy, [2]1985.
M. A. Fino, Contributo allo studio e alla palingenesi dei libri de fideicommissis di Pomponio, in: Studi in onore di Remo Martini, 2009, II 35–74.
M. Fiorentini, Struttura ed esercizio della servitù d'acqua nell'esperienza giuridica romana, Quaderni del Dipartimento di Scienze Giuridiche 8 (2003) 51–197.
M. Fiorentini, Culti gentilizi, culti degli antenati, in: G. Bartolini/M. G. Benedittini (Hrsg.), Atti del Convegno Internazionale Sepolti tra i vivi/ Buried Among The Living. Evidenza ed interpretazione di contesti funerari in abitato, Roma, 26–29 Aprile 2006, Scienze dell'Antichità 14 (2007/2008) 988–1046.
R. Fiori, Homo sacer: dinamica politico-costituzionale di una sanzione giuridico-religiosa, 1996.
R. Fiori, La definizione della locatio conductio. Giurisprudenza romana e tradizione romanistica, 1999.
R. Fiori, Contrahere e solvere obligationem in Q. Mucio Scevola, in: Fides humanitas ius : Studi in onore di Luigi Labruna, 2007, III 1955–1974.

R. FIORI, Bona fides. Formazione, esecuzione e interpretazione del contratto nella tradizione civilistica (Parte seconda), in: Modelli teorici e metodologici nella storia del diritto privato, 2011, 97–242.
R. FIORI, La convocazione dei comizi centuriati: diritto costituzionale e diritto augurale, SZ 131 (2014) 60–176.
D. FISHWICK, The imperial cult in the Latin West. I.2, 1987.
D. FLACH, Römische Agrargeschichte, 1990.
M. FLECK, Cicero als Historiker, 1993.
A. FLECKNER, Antike Kapitalvereinigungen. Ein Beitrag zu den konzeptionellen und historischen Grundlagen der Aktiengesellschaft, 2010.
M. D. FLORÍA HIDALGO, La casuística del furtum en la jurisprudencia romana, 1991.
J.-M. FLAMBARD, Nouvel examen d'un dossier prosopographique: le cas de Sex. Clodius/ Cloelius, Mélanges de l'Ecole française de Rome. Antiquité 90 (1978) 235–245.
H. FLOWER, The Dancing Lares and the Serpent in the Garden: Religion at the Roman Street Corner, 2017.
W. FLUME, Der bedingte Rechtsakt nach den Vorstellungen der römischen Klassiker, SZ 92 (1975) 69–129.
W. FLUME, Die regula Catoniana – ein Exempel römischer Jurisprudenz, in: E. JAYME/ A. LAUFS/K. MISERA/G. REINHART/R. SERICK (Hrsg.), Festschrift für Hubert Niederländer zum siebzigsten Geburtstag, 1991, 17–26.
M. T. FÖGEN, Römische Rechtsgeschichten, 2002.
T. FÖGEN, Patrii sermonis egestas: Einstellungen lateinischer Autoren zu ihrer Muttersprache, 2000.
B. FORD RUSSELL, Wine, Women, and the Polis: Gender and the Formation of the City-State in Archaic Rome, Greece & Rome 50.1 (2003) 77–84.
B. FORSCHNER, Das Schiff des Saufeius. Anmerkungen zu D.19.2.31, Forum Historiae Iuris 11 (2011).
B. FORSCHNER, Die Einheit der Ordnung. Recht, Philosophie und Gesellschaft in Ciceros Rede Pro Milone, 2015.
G. FORSYTHE, Some Notes on the History of Cassius Hemina, Phoenix 44 (1990) 326–344.
G. FORSYTHE, The Historian L. Calpurnius Piso Frugi and the Roman Annalistic Tradition, 1994.
G. FORSYTHE, A Critical History of Early Rome, 2005.
R. M. FRAKES, Some Hidden Defensores Civitatum in the Res Gestae of Ammianus Marcellinus, SZ 109 (1992) 526–532.
L. FRANCHINI, Voti di guerra e regime pontificale della condizione, 2006.
L. FRANCHINI, Aspetti giuridici del pontificato romano. L' età di Publio Licinio Crasso (212–183 a. C.), 2008.
E. FRAENKEL, Some Notes on Cicero's Letters to Trebatius, JRS 47 (1957) 66–70.
E. FRAENKEL, Ausgewählte kleine Schriften, 1960.
M. FRANTZEN, Mors voluntaria in reatu, 2012.
C. FRATEANTONIO, Art. Granius Flaccus [I 3], DNP 4 (1998) Sp. 1205.
P. FREZZA, Storia del processo civile in Roma fino alla età di Augusto, ANRW I 2 (1972) 163–196.

B. W. FRIER, The Tenant's Liability for Damage to Landlord's Property in Classical Roman Law, SZ 95 (1978) 232–269.
B. W. FRIER, Cicero's Management of His Urban Properties, The Classical Journal 74 (1978) 1–6.
B. W. FRIER, Landlords and Tenants in Imperial Rome, 1980.
B. W. FRIER, Urban Praetors and Rural Violence: The Legal Background of Cicero's Pro Caecina, TAPA 113 (1983) 221–241.
B. W. FRIER, The Rise of the Roman Jurists. Studies in Cicero's Pro Caecina, 1985.
B. W. FRIER, Law, Economics and Disasters down on the Farm: remissio mercedis revisited, BIDR 92/93 (1989/90) 237–270.
B. W. FRIER, Libri annales pontificum maximorum. The Origins of the Annalistic Tradition, 1999.
T. FRIGO, Art. Porcius Cato (Uticensis), M. [I 7], DNP 10 (2001) Sp. 158–161.
M. FUENTESECA DEGENEFFE, El significado de la lex Aebutia en el ordenamiento procesal romano, RIDA 54 (2007) 245–274.
M. FUENTESECA DEGENEFFE, Dare facere oportere y los orígenes de la obligatio ex contractu, RIDA 55 (2008) 203–239.
M. FUENTESECA DEGENEFFE, La „stipulatio aquiliana" como documento, Labeo 50 (2004) 175–187.
M. FUHRMANN, Interpretatio. Notizen zur Wortgeschichte, in: D. LIEBS (Hrsg.), Sympotica Franz Wieacker sexagenario Sasbachwaldeni a suis libata, 1970, 80–110.
M. FUHRMANN, Erneuerung als Wiederherstellung des Alten – zur Funktion antiquarischer Forschung im spätrepublikanischen Rom, in: R. HERZOG/R. KOSELLECK (Hrsg.), Epochenschwelle und Epochenbewusstsein, 1987, 131–151.
M. FUHRMANN, Cicero und die römische Republik, ^{4}1997.
G. FUNAIOLI, Art. Granius Flaccus (12), RE VII (1912) Sp. 1819 f.
G. FUNAIOLI, Art. Granius Licinianus (13), RE VII (1912) Sp. 1820–1822.
N. FUSTEL DE COULANGES, La cité antique, 1864.
E. GABBA, Mario e Silla, ANRW I 1 (1972) 764–805.
E. GABBA, Esercito e società nella tarda repubblica romana, 1973.
L. GAGLIARDI, Mobilità e integrazione delle persone nei centri cittadini romani I, 1996.
L. GAGLIARDI, Decemviri e centumviri. Origini e competenze, 2002.
L. GAGLIARDI, La figura del giudice privato del processo civile romano. Per un'analisi storico-sociologica sulla base delle fonti letterarie (da Plauto a Macrobio), in: E. CANTARELLA/L. GAGLIARDI (Hrsg.), Diritto e teatro in Grecia e a Roma, 2007, 199–217.
L. GAGLIARDI, Zur Figur des iudex privatus im römischen Zivilprozess. Eine historisch-soziologische Untersuchung auf der Grundlage literarischer Quellen, RIDA 55 (2008) 241–266.
L. GAGLIARDI, Cesare, Pompeo e la lotta per le magistrature. Anni 52–50 a. C., 2011.
T. GAGOS/P. VAN MINNEN, Settling a dispute. Towards a Legal Antropology of Late Antique Egypt, 1994.
G. GALÁN VIOQUE, Martial. Book VII: A Commentary, 2000.
H. GALSTERER, Zu den römischen Stadtgesetzen, SZ 114 (1997) 392–401.

R. GAMAUF, Ad statuam licet confugere. Untersuchungen zum Asylrecht im römischen Prinzipat, 1999.
R. GAMAUF, Vindicatio nummorum. Eine Untersuchung zur Reichweite und praktischen Durchführung des Eigentumsschutzes an Geld im klassischen römischen Recht, 2001.
R. GAMAUF, Aliquid de iure gustare: Portrayal and Criticism of Lawyers in Petronius, in: P. MACH/M. NEMEC/M. PEKARIK, Ius Romanum schola sapientiae. Pocta Pertrovi Blahovi k 70. narodeninám, 2009, 151–165.
R. GAMAUF, Kindersklaven in klassischen römischen Rechtsquellen, in: H. HEINEN (Hrsg.), Kindersklaven - Sklavenkinder. Schicksale zwischen Zuneigung und Ausbeutung in der Antike und im interkulturellen Vergleich, 2012, 231–260.
R. GAMAUF, Onesimus: fugitivus errove – Einsichten für die Bibelexegese aus der Digestenexegese?, in: P. MACH/M. PEKARIK/V. VLADÁR (Hrsg.), Constans et perpetua voluntas. Pocta Petrovi Blahovi k 75. narodeninám, 2014, 159–176.
R. GAMAUF, Eine Suche nach einem verschwundenen Sklaven. Eine Skizze zur Interpretationsgeschichte des ädilizischen Edikts, in: J. HALLEBEEK/M. SCHERMAIER/R. FIORI/E. METZGER/J.-P. CORIAT (Hrsg.), Inter cives necnon peregrinos. Essays in honour of Boudewijn Sirks, 2014, 269–287.
R. GAMAUF, Pro virtute certamen: Zur Bedeutung des Sports und von Wettkämpfen im klassischen römischen Recht, in: K. HARTER-UIBOPUU/T. KRUSE (Hrsg.), Sport und Recht in der Antike. Beiträge zum zweiten Wiener Kolloquium zur Antiken Rechtsgeschichte, 2014, 275–308.
G. GANDOLFI, Sull' evoluzione della „hereditas" alla luce dei „sacra" (Cic., de legibus, 2, 19–20, 47–49), SDHI 21 (1955) 223–248.
A. GANTER, Was die römische Welt zusammenhält. Patron-Klient-Verhältnisse zwischen Cicero und Cyprian, 2015.
A. GANTER, Normes et comportement: l'image du bon patron entre la République et le Principat, in: T. ITGENHORST/P. LE DOZE (Hrsg.), La norme sous la République et le Haut-Empire romains. Élaboration, diffusion et contournements, 2017, 253–262.
P. GARBARINO, Un'ipotesi di lettura di D. 47.10.23 (Paul. 4 ad ed.). Brevi note a proposito di in ius vocatio e presunta violazione di domicilio, in: E. CANTARELLA (Hrsg.), Scritti in ricordo di Barbara Bonfiglio, 2004, 231–240.
J. GARCIA CAMINAS, Régimen jurídico del iudicium calumniae decimae partis, in: Anuario de la Facultad de Derecho de la Universidad de La Coruña, 2000, 227–239.
M. J. GARCÍA GARRIDO, Due tradizioni testuali (Alfeno Varo e Ulpiano) sui danni causati di quadrupedes, in: D. MANTOVANI (Hrsg.), Per la storia del pensiero giuridico romano: dall'età dei pontefici alla scuola di Servio. Atti del Seminario di S. Marino, 7–9 gennaio 1993, 1996, 159–161.
J. GARCÍA SÁNCHEZ, Teoria de la Immissio, 1975.
J. GARDNER, Being a Roman Citizen, 1993.
D. J. GARGOLA, The Ritual of Centuriation, in: C. F. KONRAD (Hrsg.), Augusto augurio. Rerum humanarum et divinarum commentationes in honorem Jerzy Lindersky, 2004, 123–149.
P. GARNSEY, The Lex Iulia and Appeal under the Empire, JRS 56 (1966) 167–189.
P. GARNSEY, Social Status and Legal Privilege in the Roman Empire, 1970.

L. Garofalo, Iuris interpretes e inviolabilità magistratuale, BIDR 100 (1997) 525–541.
V. Gasparini, Santuari isiaci in Italia: criteri e contesti di diffusione, in: C. Bonnet/S. Ribichini/D. Steuernagel (Hrsg.), Religioni in contatto nel Mediterraneo antico (Loveno di Menaggio, 26–28 maggio 2006), 2007, 65–87.
M. Gebauer, Hypothetische Kausalität und Haftungsgrund, 2007.
U. C. J. Gebhardt, Sermo iuris. Rechtssprache und Recht in der augusteischen Dichtung, 2009.
C. Geelhaar, Some remarks on the lex de provinciis praetoriis, RIDA 69 (2002) 109–117.
R. M. Geer, M. Aemilius Scaurus (Suetonius Nero ii. 1 and Asconius on Cicero Pro Scauro 1), CPh 24 (1929) 292–294.
W.-D. Gehrich, Kognitur und Prokuratur in rem suam als Zessionsformen des klassischen römischen Rechts, 1963.
H.-J. Gehrke, M. Porcius Cato Censorius – ein Bild von einem Römer, in: K.-J. Hölkeskamp (Hrsg.), Von Romulus zu Augustus: große Gestalten der römischen Republik, 2000, 147–158.
J. Geiger, M. Hortensius M. f. Q. n. Hortalus, The Classical Review 20 (1970) 132–134.
M. Gelzer, Die Nobilität der römischen Republik, 1912.
M. Gelzer, Art. M. Iunius Brutus (49), RE X (1918) Sp. 971.
M. Gelzer, Art. M. Iunius Brutus (53), RE X (1918) Sp. 973–1020.
M. Gelzer, Art. M. Licinius Crassus (68), RE XIII (1926) Sp. 295–331.
M. Gelzer, Lex Vatinia de imperio Caesaris, Hermes 63 (1928) 113–137.
M. Gelzer, Römische Politik bei Fabius Pictor, Hermes 68 (1933) 129–166.
M. Gelzer/W. Kroll/R. Philippson/K. Büchner, Art. M. Tullius Cicero (29), RE VII (1939) Sp. 827–1274.
M. Gelzer, Cicero. Ein biographischer Versuch, 1969.
M. Gelzer, Pompeius. Lebensbild eines Römers. Neudruck der Ausgabe von 1984 mit einem Forschungsüberblick und einer Ergänzungsbibliographie von E. Herrmann-Otto, 2005.
M. Genovese, Res e relative qualifiche in rapport al commercium, Studi per Giovanni Nicosia, 2007, IV 87–147.
P. Gensel, Art. L. Coelius Antipater (7), RE IV (1900) Sp. 185–194.
A. von Gerkan, Das Subura-Problem, RhM 96 (1953) 20–30.
J.-F. Gerkens, Exégèse de Paul. D. 39,3 (de aqua et aquae pluviae arcendae), 2,6, TR 63 (1995) 11–26.
J.-F. Gerkens, État de nécessité et damnum incendii arcendi causa datum, RIDA 44 (1997) 121–153.
J.-F. Gerkens, Vis maior and vis cui resisti non potest, in: R. Van den Bergh/G. Van Niekerk (Hrsg.), Ex iusta causa traditum. Essays in Honour of Eric H. Pool, 2005, 109–120.
J.-F. Gerkens, Réflexions sur le damnum: Damnum et dommage, l'histoire de deux faux amis?, in: A. Ruelle/M. Berlingin (Hrsg.), Le droit romain d'hier à aujourd'hui: Collationes et oblationes, 2009, 79–10.
M. Geymonat, Servius as Commentator on Horace, in: P. Knox/C. Foss (Hrsg.), Style and tradition. Studies in Honor of Wendell Claussen, 1998, 30–39.

M. GIAGNORIO, Il contributo del civis nella tutela delle res in publico usu, Teoria e Storia del diritto privato 6 (2013) 1–73.
M. V. GIANGRIECO PESSI, Ricerche sull'actio de pauperie. Dalle XII tavole ad Ulpiano, 1995.
E. GIANNOZZI, L' emploi des standards en droit romain, Fundamina 22 (2016) 205–231.
T. GIARO, Dogmatische Wahrheit und Zeitlosigkeit, BIDR 90 (1987) 1–104.
T. GIARO, Geltung und Fortgeltung des römischen Juristenrechts, SZ 111 (1994) 66–94.
T. GIARO, Art. Aelius Gallus, C. [I 3], DNP 1 (1996) Sp. 169.
T. GIARO, Art. Aelius Paetus Catus, Sex. [I 11], DNP 1 (1996) Sp. 170.
T. GIARO, Art. Alfenus [4], DNP 1 (1996) Sp. 489.
T. GIARO, Art. Aquilius Gallus, C. [I 12], DNP 1 (1996) Sp. 937.
T. GIARO, Art. Aufidius Namusa [I 7], DNP 2 (1997) Sp. 270.
T. GIARO, Art. Cascellius, DNP 2 (1997) Sp. 1001.
T. GIARO, Art. Coruncanius, Ti., DNP 3 (1997) Sp. 210.
T. GIARO, Art. Ofilius, Aulus, DNP 8 (2000) Sp. 1120.
T. GIARO, Art. Porcius Cato Licinianus, M. [I 9], DNP 10 (2001) Sp. 161.
T. GIARO, Art. Sulpicius Rufus, Servius [I 23], DNP 11 (2001) Sp. 1102–1103.
T. GIARO, Art. Trebatius Testa, C. [2], DNP 12.1 (2002) Sp. 774.
T. GIARO, Römische Rechtswahrheiten. Ein Gedankenexperiment, 2007.
F. GIGLIO, The Taxonomy of the actio furti. Between Ownership and Commerce, SZ 314 (2017) 106–146.
G. GILIBERTI, Servus quasi colonus, ²1988.
N. GILLEN, De iure legum. Nichtige Gesetze in der römischen Republik und in Theodor Mommsens Staatsrecht, in: J.-L. FERRARY (Hrsg.), Leges publicae. La legge nell'esperienza giuridica romana, 2012, 39–51.
T. GIMENEZ-CANDELA, Notas en torno al vadimonium, SDHI 48 (1982) 126–166.
C. GIOFFREDI, Ius, Lex, Praetor. (Forme storiche e valori dommatici), SDHI 13/14 (1947/48) 17–140.
C. GIOFFREDI, Su Gai. 4.30, SDHI 44 (1978) 429–438.
A. M. GIOMARO, Unde quidam putant (Gai. 3.91): non solo critica alla bipartizione, non solo traccia dell'evoluzione concettuale di contractus, in: Studi in onore di Remo Martini, 2009, II 297–321.
A. M. GIOMARO, Dall'instruere all'instrumentum e viceversa nell'economia della Roma antica, Studi Urbinati 62 (2013) 105–166.
A. GIOVANNINI, Il pasaggio dalle istituzioni monarchiche alle istituzioni reppublicane, in: ACCADEMIA NAZIONALE DEI LINCEI (Hrsg.), Convegno sul Tema: Bilancio Critico su Roma Arcaica fra Monarchia e Repubblica. In memoria di F. Castagnoli (Roma, 3–4 giugno 1991), 1993, 75–96.
K. M. GIRARDET, Januar 49 v. Chr.: Caesars Militärputsch. Vorgeschichte, Rechtslage, politische Aspekte, 2017.
V. GIUFFRÉ, Sull'origine della „bonorum venditio" come esecuzione patrimoniale, Labeo 39 (1993) 317–364.
V. GIUFFRÉ, La traccia di Quinto Mucio: saggio su „ius civile"/„ius honorarium", 1993.

V. Giuffré, La substantia debitoris tra corpus e bona, in: F. Milazzo (Hrsg.), Praesidia Libertatis. Garantismo e sistemi processuali nell'esperienza di Roma repubblicana. Atti del Convegno Internazionale di Diritto Romano. Copanello 7 – 10 giugno 1992, 1194, 267–298.
A. S. Giumelli, Quia nec natura debet: una riflessione di Nerazio sulla solutio del pupillo, RIDA 57 (2010) 217–246.
P. Giunti, Consors vitae: matrimonio e ripudio in Roma antica, 2004.
C. Gizewski, Art. decemviri sacris faciundis, DNP 3 (1998) Sp. 343.
B. Gladigow, Condictio und Inauguratio: Ein Beitrag zur Römischen Sakralverfassung, Hermes 98 (1970) 369–379.
R. J. Goar, Cicero and the State Religion, 1972.
R. J. Goar, The legend of Cato Uticensis from the first century B. C. to the fifth century A. D.: with an appendix on Dante and Cato, 1987.
F. Goldbeck, Salutationes. Die Morgenbegrüßungen in Rom in der Republik und der frühen Kaiserzeit, 2010.
F. Goldbeck, Strategien der Wissensvermittlung in Rom: Zum sog. tirocinium fori in der späten Republik und der frühen Kaiserzeit, in: T. Fuhrer/A.-B. Renger (Hrsg.), Performanz von Wissen: Strategien der Wissensvermittlung in der Vormoderne, 2012, 71–94.
A. Gonzales, Les relations d'obsequium et de societas à la fin de la République, Dialogues d'histoire ancienne 23 (1997) 155–187.
Y. Gonzalez Roldan, Il legato dell'instrumentum nel pensiero di Nerazio, Quaderni Lupiensi di Storia e Diritto 4 (2014) 135–159.
M. L. Gordon, The Family of Vergil, JRS 24 (1934) 1–12.
R. Gordon, Art. pontifex, DNP 10 (2001) Sp. 135–138.
W. M. Gordon, The Actio de Posito Reconsidered, in: P. G. Stein/A. G. E. Lewis (Hrsg.), Studies in Justinian's Institutes: In memory of J. A. C. Thomas, 1983, 45–55.
H. C. Gotoff, Cicero's Caesarian Orations, in: J. M. May (Hrsg.), Brill's Companion to Cicero, 2002, 219–271.
D. Göttlicher, Auf der Suche nach dem gerechten Preis, 2004.
G. Götz, Art. L. Aelius Stilo Praeconinus (144), RE I (1893) Sp. 532 f.
G. Götz, Art. L. Ateius Praetextatus (11), RE II (1896) Sp. 1910 f.
G. Götz, Art. L. Aelius Stilo Praeconinus (144), RE Suppl. I (1903) Sp. 15.
A. Grafton, Joseph Scaliger. A Study in the History of Classical Scholarship, 1983.
M. G. Granino Cecere, L. Cornelius Balbus. Qualche riflessione sul suo cursus honorum, in: P. Desideri/M. Moggi/M. Pani (Hrsg.), Antidoron. Studi in onore di Barbara Scardigli Forster, 2008, 231–246.
A. H. J. Greenidge, The Legal Procedure of Cicero's Time, 1901.
F. Grelle, Diritto e società nel mondo romano, 2005.
G. Grevesmühl, Die Gläubigeranfechtung nach klassischem römischen Recht, 2003.
M. Griffin (Hrsg.), A Companion to Julius Caesar, 2009.
P. Grimzek, Studien zur taxatio, 2001.
E. Groag, Art. L. Cornelius Balbus (70), RE IV (1900) Sp. 1268–1271.
P. Groebe/A. Klotz, Art. C. Iulius Caesar (131), RE X (1918) Sp. 186–275.

P. GRÖSCHLER, Die tabellae-Urkunden aus den pompejanischen und herkulanensischen Urkundenfunden, 1997.
P. GRÖSCHLER, Actiones in factum, 2002.
P. GRÖSCHLER, Der Eid in TPSulp 28 und 29, SZ 121 (2004) 110–128.
P. GRÖSCHLER, Die Eigentumszuordnung beim Werkvertrag – ein Vergleich, in: W. ERNST/ E. JAKAB (Hrsg.), Usus Antiquus Juris Romani, 2005, 59–76.
G. GROSSO, Publio Mucio Scevola tra il diritto e la politica, Archivio giuridico 175 (1968) 204–211.
A. GROTEN, corpus und universitas: Römisches Körperschafts- und Gesellschaftsrecht zwischen griechischer Philosophie und römischer Politik, 2015.
N. GROTKAMP, Völkerrecht im Prinzipat, 2009.
E. S. GRUEN, The Political Allegiance of P. Mucius Scaevola, Athenaeum 43 (1965) 321–332.
E. S. GRUEN, Political Prosecutions in the 90's B. C., Historia 15 (1966) 32–64.
E. S. GRUEN, Pompey and the Pisones, California Studies in Classical Antiquity 1 (1968) 155–170.
E. S. GRUEN, Roman Politics and the Criminal Courts, 149–78 B. C., 1968.
E. S. GRUEN, Pompey, the Roman Aristocracy, and the Conference of Luca, Historia 18 (1969) 71–108.
E. S. GRUEN, The Last Generation of the Roman Republic, 1995.
A. GUARINO, Pauli de iure codicillorum liber singularis, SZ 62 (1942) 209–254.
A. GUARINO, Abalienatio, Labeo 4 (1958) 358–361.
A. GUARINO, Magister e gubernator navis, Labeo, 11 (1965) 36–42.
A. GUARINO, Ineptiae iuris Romani II, Atti dell'Accademia Pontaniana 21 (1973) 1–15.
A. GUARINO, Il dittatore appiedato, Labeo 25 (1979) 7–15
A. GUARINO, La formazione dell'editto perpetuo, ANRW II 13 (1980) 62–105.
A. GUARINO, La coerenza di Publio Mucio, 1981.
A. GUARINO, Appio Claudio de usurpationibus, Labeo 27 (1981) 7–11.
A. GUARINO, Ineptiae iuris Romani V, Atti dell'Accademia Pontaniana 30 (1982) 7–15.
A. GUARINO, Lex Voconia, Labeo 28 (1982) 188–191.
A. GUARINO, Catone giureconsulto, Index 15 (1987) 41–49.
A. GUARINO, Mecenate e Terenzia, Labeo 38 (1992) 137–146.
A. GUARINO, Trebazio, Labeone e i codicilli, in: DERS., Pagine di diritto romano V, 1994, 135–154.
A. GUARINO, I „libri iuris partiti" di Ofilio, in: M. SCHERMAIER/J. M. RAINER/L. C. WINKEL (Hrsg.), Iurisprudentia universalis. Festschrift für Theo Mayer-Maly zum 70. Geburtstag, 2002, 255–258.
J.-Y. GUILLAUMIN, La notice sur sanctum, religiosum, sacrum et profanum dans le commentum du Pseudo-Agennius, Dialogues d'histoire ancienne 39 (2013) 63–73.
M. GUIMARAES TABORDA, La jurisprudence classique romaine et la construction d'un droit des affaires fondé sur la fides, RIDA 47 (2001) 151–183.
H. GUNDEL, Art. P. Vatinius (3), RE VIII (1955) Sp. 495–520.
H. GUNDEL, Art. A. Verginius (6), RE VIII (1958) Sp. 1511 f.
H. GUNDEL, Art. C. Visellius Aculeo (1), RE IX (1961) Sp. 354 f.
H. GUNDEL, Art. C. Visellius Varro (3), RE IX (1961) Sp. 355–358.

H. GUNDEL, Art. L. Volcatius Tullus (98), RE IX (1961) Sp. 756.
H. GUNDEL, Art. P. Volumnius Eutrapelus (11), RE IX (1961) Sp. 878 f.
H. GUNDEL, Art. P. Quinctilius Varus (2), RE XXIV (1963) Sp. 898 f.
S. GÜNTHER, Vectigalia nervos esse rei publicae. Die indirekten Steuern in der römischen Kaiserzeit von Augustus bis Diokletian, 2008.
M. GUSSO, Appunti sulla notazione dei fasti Capitolini interregni caus(sa) per la (pro) dittatura di Q. Fabio Massimo nel 217 a. C., Historia 39 (1990) 291–333.
L. GUTIÉRREZ-MASSON, Peccatum iudicis y juramento promisorio en el proceso civil romano. Reflexiones de ayer y de hoy, in: Teoria e Storia del diritto privato II (2009), http://www.teoriaestoriadeldirittoprivato.com/media/rivista/2009/contributi/2009_Contributi_Gutierrez_Peccatum.pdf, abgerufen am 22. 03. 2019).
P. GUYOT, Eunuchen als Sklaven und Freigelassene in der griechisch-römischen Antike, 1980.
A. GUZMÁN BRITO, El communis usus loquendi en el derecho romano, Revista de estudios histórico-jurídicos 21 (1999) 37–64.
T. N. HABINEK, The world of Roman song: from ritualized speech to social order, 2005.
B. HÄCKER, Trees and neighbours, in: A. BURROWS/D. JOHNSTON/R. ZIMMERMANN (Hrsg.), Judge and Jurist. Essays in Memory of Lord Roger of Earlsferry, 2013, 591–618.
K. HACKL, Praeiudicium im klassischen römischen Recht, 1976.
K. HACKL, Der Sakramentsprozess über Herrschaftsrechte und die in iure cessio, SZ 106 (1989) 152–179.
K. HACKL, Der Zivilprozess in den Provinzen, SZ 114 (1997) 141–159.
U. HACKL, Senat und Magistratur in Rom von der Mitte des 2. Jahrhunderts v. Chr. bis zur Diktatur Sullas, 1982.
R. HAENSCH, Das Statthalterarchiv, SZ 109 (1992) 209–317.
R. HAENSCH, Capita provinciarum. Statthaltersitze und Provinzialverwaltung in der römischen Kaiserzeit, 1997.
F. VAN HAEPEREN, Le collège pontifical (3ème s. a. C.-4ème s. p. C.), 2002.
M. HAGEMANN, Iniuria: von den XII Tafeln bis zur Justinianischen Kodifikation, 1998.
A. HÄGERSTRÖM, Der römische Obligationsbegriff, 1941.
E. A. HAHN, The Characters in the Eclogues, TAPA 75 (1944) 196–241.
S. HÄHNCHEN, Ratio Voconiana – Gedanken zur erbrechtlichen Benachteiligung von Frauen, in: J. D. HARKE (Hrsg.), Facetten des römischen Erbrechts, 2012, 35–53.
S. HÄHNCHEN, Die Abgrenzung der locatio conductio von anderen Aktionen, in: F. J. ANDRÉS SANTOS/C. BALDUS/H. DEDEK (Hrsg.) Vertragstypen in Europa. Historische Entwicklung und europäische Perspektiven, 2011, 77–115.
E. W. HALEY, Suetonius, Claudius 24,1 and the Sons of Freedmen, Historia 35 (1986) 115–121.
J. P. HALLETT, „Over Troubled Waters". The Meaning of the Title Pontifex, TAPA 101 (1970) 219–222.
G. HANARD, Interdit Salvien et action Servienne. La genèse de l'hypothèque romaine, RIDA 41 (1994) 239–286.
H. HANISCH ESPINDOLA, La defensa de la libertad en el derecho romano, Revista de Estudios historico-juridicos 9 (1984) 13–40.

R. HANSLIK, Art. M. Valerius Messalla Rufus (268), RE VIII (1955) Sp. 166–169.
T. HANTOS, Res publica constituta. Die Verfassung des Dictators Sulla, 1988.
N. HÄPKE, Art. L. Licinius Crassus (55), RE XIII (1926) Sp. 252–268.
L. HARMAND, Un aspect social et politique du monde romain, 1957.
W. V. HARRIS, Rome in Etruria and Umbria, 1971.
W. V. HARRIS, Ancient Literacy, 1989.
J. HARRIES, Cicero and the Jurists. From Citizens' Law to the Lawful State, 2006.
J. HARRIES, Servius, Cicero and the res publica of Justinian, in: P. DU PLESSIS (Hrsg.), Cicero's Law. Rethinking Roman Law of the Late Republic, 2016, 123–141.
J. HARRIES, Iurisperiti: Men Skilled in Law, in: J. KÖNIG/G. WOOLF (Hrsg.), Authority and Expertise in Ancient Scientific Culture, 2017, 58–82.
J. D. HARKE, Liber homo bona fides serviens und Vertragsgeltung im klassischen römischen Recht, RIDA 52 (2005) 163–180.
J. D. HARKE, Societas als Geschäftsführung und das römische Obligationensystem, TR 73 (2005) 43–66.
J. D. HARKE, Locatio conductio, 2005.
J. D. HARKE, Vorübergehende Unmöglichkeit, SZ 123 (2006) 102–151.
J. D. HARKE, Geschäftsführung und Bereicherung, 2007.
J. D. HARKE, Die Wurzel der Gesamtobligation im römischen Recht, in: DERS. (Hrsg.), Drittbeteiligung am Schuldverhältnis, 2010, 1–16.
J. D. HARKE, Das Vertragsrecht in Afrikans Quästionen, in: DERS. (Hrsg.), Africani quaestiones – Studien zur Geschichte und Dogmatik des Privatrechts, 2011, 43–58.
J. D. HARKE, Verba und voluntas – Was bedeutet Testamentsauslegung für die Hochklassiker?, in: DERS. (Hrsg.), Facetten des römischen Erbrechts, 2012, 54–77.
J. D. HARKE, Actio utilis. Anspruchsanalogie im römischen Recht, 2016.
J. D. HARKE, Precarium, Besitzvertrag im römischen Recht, 2016.
J. D. HARKE, Possessionis causae mutatio, SZ 134 (2017) 234–279.
H.-J. HARTUNG, Religio und Sapientia Iudicum. Einige grundsätzliche Bemerkungen zu einem Geschworenenspiegel in Ciceros Reden, Hermes 102 (1974) 556–566.
H. HAUSMANINGER, Die bona fides des Ersitzungsbesitzers, 1964.
H. HAUSMANINGER, Celsus und die regula Catoniana, TR 36 (1968) 469–488.
H. HAUSMANINGER, Besitzerwerb solo animo, in: A. HERDLITCZKA/F. HORAK/W. WALDSTEIN (Hrsg.), Festgabe für Arnold Herdlitczka, 1972, 113–119.
H. HAUSMANINGER, Das Schadenersatzrecht der lex Aquilia, 1976.
H. HAUSMANINGER, Zur Legatsinterpretation des Celsus, IURA 35 (1984) 16–46.
H. HAUSMANINGER/W. SELB, Römisches Privatrecht, 2001.
N. HAYASHI, Der Auftrag und die sogenannten Innominatkontrakte, in: D. NÖRR/S. NISHIMURA (Hrsg.), Mandatum und Verwandtes, 1993, 179–191.
S. HEINEMEYER, Der Freikauf des Sklaven mit eigenem Geld – redemptio suis nummis, 2012.
R. HEINZE, Auctoritas, Hermes 60 (1925) 348–366.
R. HELM, Art. M. Porcius Cato Censorius, RE XXII (1953) Sp. 108–165.
R. HELM, Art. Q. Valerius Soranus (345), RE VIII (1955) Sp. 225 f.
M. I. HENDERSON, The Establishment of the Equester Ordo, JRS 53 (1963) 61–72.

G. L. HENDRICKSON, The Memoirs of Rutilius Rufus, CPh 28 (1933) 153–175.
J. HENGSTL, Rechtspraktiker im griechisch-römischen Ägypten, in: J. HENGSTL/U. SICK (Hrsg.), Recht gestern und heute. Festschrift zum 85. Geburtstag von Richard Haase, 2006, 115–134.
P. HENSELS, Die Bedeutung und Problematik des Wortes sacramentum, Archiv für Begriffsgeschichte 45 (2003) 61–82.
C. HERRMANN, Le cas d'Atilius Regulus, IURA 14 (1963) 159–175.
W. HERRMANN, Die Historien des Coelius Antipater, 1979.
E. HERRMANN-OTTO, Ex ancilla natus. Untersuchungen zu den „hausgeborenen" Sklaven und Sklavinnen im Westen des römischen Kaiserreichs, 1994.
G. HERMANSEN, The Medianum and the Roman Apartment, Phoenix 24 (1970) 342–347.
K. HERSCH, The Roman Wedding: Ritual and Meaning in Antiquity, 2010.
R. HESKY, Art. decretum, RE IV (1901) Sp. 2289–2306.
J. HEURGON, Trois études sur le ver sacrum, 1957.
J. HEURGON, L. Cincius et la loi du clavus annalis, Athenaeum 42 (1964) 432–437.
C. HEUSCH, Die Macht der memoria. Die Noctes Atticae des Aulus Gellius im Licht der Erinnerungskultur des 2. Jahrhunderts n. Chr., 2011.
G. HEYSE, Mulier non debet abire nuda: Das Erbrecht und die Versorgung der Witwe in Rom, 1994.
H. HILL, The Roman Middle Class in the Republican Period, 1952.
F. T. HINRICHS, Die Geschichte der Klage finium regundorum, SZ 111 (1994) 242–279.
H. F. HITZIG, Die Assessoren der römischen Magistrate und Richter, 1893.
H. F. HITZIG, Art. crimen, RE IV (1901) Sp. 1712–1718.
E. HÖBENREICH, Annona, 1997.
E. HÖBENREICH/G. RIZZELLI, Scylla. Fragmente einer juristischen Geschichte der Frauen im antiken Rom, 2003.
L. HODGSON, A faded reflection of the Gracchi. Ethics, eloquence and the problem of Sulpicius in Cicero's de oratore, CQ 67 (2017) 163–181.
J. B. M. VAN HOEK, D. 9,3,5,4: Übersetzungsfragen im Bereich der actio de deiectis vel effusis als Popularklage, SZ 117 (2000) 454–472.
W. HOFFMANN-RIEM, Die Custodia-Haftung des Sachmieters untersucht an Alf./Paul. D. 19,2,30,2, SZ 86 (1969) 394–403.
D. B. HOLLANDER, Money in the Late Roman Republic, 2007.
T. HONORÉ, Liability for Animals, in: H. ANKUM (Hrsg.), Satura Roberto Feenstra sexagesimum quintum annum aetatis complenti ab alumnis collegis amicis oblata, 1985, 239–250.
T. HONORÉ, Emperors and Lawyers, [2]1994.
H. HONSELL, Quod interest im bonae-fidei-iudicium, 1969.
H. HONSELL, In fraudem legis agere, in: D. MEDICUS/H. H. SEILER (Hrsg.), Festschrift für Max Kaser zum 70. Geburtstag, 1976, 111–126.
H. HONSELL, Ambiguitas contra stipulatorem, in: H.-P. BENÖHR/K. HACKL/R. KNÜTEL/A. WACKE (Hrsg.), Iuris professio. Festgabe für Max Kaser zum 80. Geburtstag, 1986, 73–88.
H. HONSELL, Römisches Recht, [8]2015.

H. HONSELL/T. MAYER MALY/W. SELB, Römisches Recht. Aufgrund des Werkes v. P. JÖRS/W. KUNKEL/L. WENGER, 1987.
F. HORAK, Rationes decidendi, 1969.
F. HORAK, Osservazioni sulla legge, la casistica e il ‚case law' nel diritto romano e nel diritto moderno, in: Legge, Giudici e Giuristi. Atti del Convegno tenuto a Cagliari nel giorni 18–21 maggio 1981, 1982, 67–82.
F. HORAK, Etica della giurisprudenza, in: D. MANTOVANI (Hrsg.), Per la storia del pensiero giuridico romano: dall'età dei pontefici alla scuola di Servio. Atti del Seminario di S. Marino, 7–9 gennaio 1993, 1996, 163–183.
N. HORSFALL, Labeo and Capito, Historia 23 (1974) 252–254.
N. HORSFALL, Some problems of titulature in Roman literary history, Bulletin of the Institute of Classical Studies 28 (1981) 103–114.
H. HÜBNER, Die römische Juristenausbildung, in E. SEIDL (Hrsg.), Aktuelle Fragen aus modernem Recht und Rechtsgeschichte. Gedächtnisschrift für Rudolf Schmidt, 1966, 551–566.
W. HÜBNER, Himmel und Erdvermessung, in: O. BEHRENDS/L. CAPOGROSSI COLOGNESI (Hrsg.), Die römische Feldmeßkunst – interdisziplinäre Beiträge zu ihrer Bedeutung für die Zivilisationsgeschichte Roms, 1992, 140–171.
M. HUMBERT, Municipium et civitas sine suffragio. L' organisation de la conquête jusqu'à la guerre sociale, ²1993.
M. HUMBERT, Droit et religion dans la Rome antique, in: H. ANKUM (Hrsg.), Mélanges Felix Wubbe, 1993, 181–206.
M. HUMBERT, Le calendrier des décemvirs: le témoignage négligé de Varron (Res Humanae 20), SZ 128 (2011) 1–16.
M. HUMM, Spazio e tempo civici: riforma delle tribù e riforma del calendario alla fine del quarto seculo a. C., in: C. BRUUN (Hrsg.), The Roman Middle Republic. Politics, Religion and Historiography c. 400–133 B. C., 2000, 91–119.
M. HUMM, Le mundus et le Comitium: représentations symboliques de l'espace de la cité, Histoire urbaine 10 (2004) 43–61.
M. HUMM, Appius Claudius Caecus. La République accomplie, 2005.
M. HUMM, The curiate law and the religious nature of the power of Roman Magistrates, in: O. TELLEGEN-COUPERUS (Hrsg.), Law and Religion in the Roman Republic, 2012, 57–84.
R. W. HUSBAND, On the Expulsion of Foreigners from Rome, CPh 11 (1916) 315–333.
P. HUVELIN, Études sur le furtum dans le très ancien droit romain, 1968.
D. IBBETSON, The Misbehaving Judge, in: H. DONDORP/J. HALLEBEEK/T. WALLINGA/L. WINKEL (Hrsg.), Ius romanum – ius commune – ius hodiernum. Studies in honour of Eltje J. H. Schrage on the occasion of his 65th birthday, 2010, 209–224.
M. IMBODEN, Bedeutung und Problematik juristischer Gutachten, in: Ius et lex. Festschrift für Max Gutzwiller, 1959, 503–522.
M. INDRA, Status quaestio. Studien zum Freiheitsprozess im klassischen römischen Recht, 2011.
B. INWOOD, Art. Poseidonius [3], DNP 10 (2001) Sp. 211–215.

B. S. Jackson, Liability for Animals in Roman Law: An Historical Sketch, The Cambridge Law Journal 37 (1978) 122–143.
J. Jahn, Interregnum und Wahldiktatur, 1970.
E. Jakab, Praedicere und cavere beim Marktkauf. Sachmängel im griechischen und römischen Recht, 1997.
E. Jakab, Vertragsformulare im Imperium Romanum, SZ 123 (2006) 71–101.
E. Jakab, Risikomanagement beim Weinkauf, 2009.
A. Jacobs, Carvilius Ruga vs. Uxor: A famous Roman divorce, Fundamina 15 (2009) 92–111.
C. J. H. Jansen, Haftung für Bauwerke, Fundamina 11 (2005) 172–181.
M. Jehne, Wirkungsweise und Bedeutung der centuria praerogativa, Chiron 30 (2000) 661–678.
M. Jehne, Statutes on Public Powers and their Relationship to mos, in: J.-L. Ferrary (Hrsg.), Leges publicae. La legge nell'esperienza giuridica romana, 2012, 405–428.
M. Jehne, Die römische Republik. Von der Gründung bis Caesar, ^{3}2015.
M. Jehne, Caesar, ^{5}2015.
M. Jehne/F. Pina Polo (Hrsg.), Foreign clientelae in the Roman Empire: A reconsideration, 2015.
A. Jeppesen-Wigelsworth, Political Bedfellows: Tullia, Dolabella, and Caelius, Arethusa 46 (2013) 65–85.
R. v. Jhering, Der Geist des römischen Rechts auf den verschiedenen Stufen seiner Entwicklung, 1852–1865.
H. D. Jocelyn, Varro's Antiquitates rerum diuinarum and Religious Affairs in the Late Roman Republic, Bulletin of the John Rylands University Library of Manchester 65 (1982) 148–205.
M. Johlen, Die vermögensrechtliche Stellung der weströmischen Frau in der Spätantike, 1999.
U. John, Die Auslegung des Legats von Sachgesamtheiten, 1970.
M. J. Johnson, The Pontifical Law of the Roman Republic, 2007.
D. Johnston, Three Thoughts on Roman Private Law and the Lex Irnitana, JRS 77 (1987) 62–77.
D. Johnston, Vadimonium, the lex Irnitana and the edictal commentaries, in: U. Manthe/C. Krampe (Hrsg.), Quaestiones iuris. Festschrift für Joseph Georg Wolf zum 70. Geburtstag, 2000, 111–123.
D. Johnston, Lenel's Palingenesia: Two Footnotes to Rodger, in: A. Burrows/D. Johnston/R. Zimmermann (Hrsg.), Judge and jurist. Essays in memory of Lord Rodger of Earlsferry, 2013, 179–193.
H. F. Jolowicz, Case Law in Roman Egypt, Journal of the Society of Public Teachers of Law 14 (1937) 1–15.
H. F. Jolowicz/B. Nicholas, Historical Introduction to the Study of Roman Law, 1972.
A. H. M. Jones, The Roman Civil Service. Clerical and Sub-Clerical Grades, JRS 39 (1949) 38–55.
A. H. M. Jones, Imperial and Senatorial Jurisdiction in the Early Principate, Historia 3 (1955) 464–488.

A. H. M. JONES, The Criminal Courts of the Roman Republic and Principate. Edited by J. A. CROOK, 1972.
P. JÖRS, Römische Rechtswissenschaft zur Zeit der Republik. Bis auf die Catonen, 1888.
P. JÖRS/E. KLEBS, Art. Alfenus Varus (8), RE I (1894) Sp. 1472–1474.
P. JÖRS, Art. C. Ateius (3), RE II (1896) Sp. 1902 f.
P. JÖRS, Art. Aufidius Namusa (31), RE II (1896) Sp. 2294 f.
P. JÖRS, Art. Aufidius Tucca (39), RE II (1896) Sp. 2296.
P. JÖRS, Art. T. Caesius (14), RE III (1897) Sp. 1312.
P. JÖRS, Art. Cartilius, RE III (1899) Sp. 1626.
P. JÖRS, Art. A. Cascellius (4), RE III (1899) Sp. 1634–1637.
P. JÖRS, Art. Q. Cornelius Maximus (264), RE IV (1900) Sp. 1406.
P. JÖRS, Art. Ti. Coruncanius, RE IV (1901) Sp. 1663–1665.
A. R. JUREWICZ, La lex Coloniae Genetivae Iuliae seu Ursonensis – rassegna della materia. Gli organi della colonia, RIDA 54 (2007) 293–325.
A. R. JUREWICZ, Kannte Alfenus Varus die *actio quod iussu* wirklich nicht? Glossa ad Alfeni lib. 2 digestorum D. 15.3.16, in: I. PIRO (Hrsg.), Scritti per Alessandro Corbino, 2016, VII 31–48.
A. KACPRZAK, L' actio aquae pluviae arcendae ed il concetto labeoniano di natura, in: D. MANTOVANI/A. SCHIAVONE (Hrsg.), Testi e problemi del giusnaturalismo romano, 2007, 271–298.
W. KAISER, Streit wegen einer satisdatio für ein Fideikommiss. Bemerkungen zu einer Inschrift aus Prusias ad Hypium (IK 27, 139), ZPE 86 (1991) 163–181.
W. KAISER, Ein unerkannter Auszug aus den Libri II de verborum, quae ad ius pertinent, significatione des Aelius Gallus, SZ 134 (2017) 310–352.
R. KALLET-MARX, The Trial of Rutilius Rufus, Phoenix 44 (1990) 122–139.
R. KALLET-MARX, Quintus Fabius Maximus and the Dyme Affair (Syll. 684), CQ 45 (1995) 129–153.
M. KASER, Besitz und Verschulden bei den dinglichen Klagen, SZ 51 (1931) 92–125.
M. KASER, Art. testimonium, RE V (1934) Sp. 1021–1061.
M. KASER, Besitz und Eigentum im älteren römischen Recht, 1943.
M. KASER, Natürliche Eigentumserwerbsarten im römischen Recht, SZ 65 (1947) 219–260.
M. KASER, Religione e diritto in Roma arcaica, Annali del Seminario Giuridico dell'Università di Catania 3 (1948/49) 77–98 (= M. SCHERMAIER/Z. VÉGH (Hrsg.), Ars boni et aequi. Festschrift für Wolfgang Waldstein zum 65. Geburtstag, 1993, 151–166).
M. KASER, Das altrömische ius, 1949.
M. KASER, Beweislast und Vermutung im römischen Formularprozess, SZ 71 (1954) 221–241.
M. KASER, Eigentum und Besitz, 1956.
M. KASER, Periculum locatoris, SZ 74 (1957) 155–200.
M. KASER, Partus ancillae, SZ 75 (1958) 156–200.
M. KASER, Fragmentum Vaticanum, Labeo 7 (1961) 290–307.
M. KASER, Zur Methode der römischen Rechtsfindung, 1962.
M. KASER, Das römische Privatrecht. Erster Abschnitt, 1971.
M. KASER, Die Stipulationsklausel quanti ea res erit, SZ 90 (1973) 184–219.

M. KASER, Stipulatio Aquiliana, SZ 90 (1973) 346–358.
M. KASER, Über Verbotsgesetze und verbotswidrige Geschäfte im römischen Recht, 1977.
M. KASER, Zur Problematik der römischen Rechtsquellenlehre, in: H. H. JAKOBS/B. KNOBBE-KEUK/E. PICKER/J. WILHELM (Hrsg.), Festschrift für Werner Flume zum 70. Geburtstag, 1978, 101–123.
M. KASER, Die actio furti des Verkäufers, SZ 96 (1979) 89–128.
M. KASER, Nochmals über Besitz und Verschulden bei den actiones in rem, SZ 98 (1981) 77–146.
M. KASER, Ius honorarium und ius civile, SZ 101 (1984) 1–114.
M. KASER, Die vindicatio pignoris zwischen ius civile und ius praetorium, in: G. BAUMGÄRTEL (Hrsg.), Festschrift für Heinz Hübner zum 70. Geburtstag, 1984, 64–84.
M. KASER, Ius publicum und ius privatum, SZ 103 (1986) 1–101.
M. KASER, Römische Rechtsquellen und angewandte Juristenmethode: ausgewählte, zum Teil grundlegend erneuerte Abhandlungen, 1986.
M. KASER, Zur legis actio sacramento in rem, SZ 104 (1987) 53–84.
M. KASER/K.-H. HACKL, Das römische Zivilprozessrecht, 1996.
R. A. KASTER, Art. Aelius Stilo Praeconinus, L. [II 20], DNP 1 (1996) Sp. 174.
R. A. KASTER, Art. Ateius Philologus, L. [5], DNP 2 (1997) Sp. 150.
R. A. KASTER, Art. Cornificius Longus [4], DNP 3 (1997) Sp. 199.
B. R. KATZ, Studies on the Period of Cinna and Sulla, L' antiquité classique 45 (1976) 497–549.
R. KATZOFF, Precedents in the Courts of Roman Egypt, SZ 89 (1972) 256–292.
R. KATZOFF, Responsa prudentium in Roman Egypt, in: Studi in onore di Arnaldo Biscardi, 1982, II 523–535.
H. KAUFMANN, Die altrömische Miete, 1964.
B. J. KAVANAGH, Pontifices, Bridge-Making and Ribezzo Revisited, Glotta 76 (2000) 59–65.
A. KEAVENEY, What happened in 88?, Eirene 20 (1983) 54–71.
G. KELLY, A History of Exile in the Roman Republic, 2006.
J. M. KELLY, The Growth-Pattern of the Praetor's Edict, The Irish Jurist 1 (1966) 341–355.
J. M. KELLY, Roman Litigation, 1966.
J. M. KELLY, Studies in the Civil Judicature of the Roman Republic, 1976.
G. KENNEDY, The Rhetoric of Advocacy in Greece and Rome, AJPh 89 (1968) 419–436.
G. KENNEDY, A New History of Classical Rhetoric, 1994.
W. KIERDORF, Ciceros Cato, RhM 121 (1978) 167–84.
W. KIERDORF, Art. Aelius Tubero, Q. [I 17], DNP 1 (1996) Sp. 171.
W. KIERDORF, Art. Cassius Hemina, L. [III 5], DNP 2 (1997) Sp. 1016–1017.
W. KIERDORF, Art. Porcius Cato, M., DNP 2 (1997) Sp. 1033–1035.
W. KIERDORF, Art. Cincius, L. [1], DNP 2 (1997) Sp. 1205.
W. KIERDORF, Art. Coelius Antipater, L. [I 1], DNP 3 (1997) Sp. 56–57.
W. KIERDORF, Art. Fabius Maximus Servilianus, Q. [I 29], DNP 4 (1998) Sp. 372.
W. KIERDORF/T. GIARO, Art. Rutilius Rufus, P. [I 3], DNP 10 (2001) Sp. 1169–1170.
W. KIERDORF, Art. Sempronius Tuditanus, C. [I 22], DNP 11 (2001) Sp. 395–396.
W. KIERDORF, Römische Geschichtsschreibung der republikanischen Zeit, 2003.

T. E. Kinsey, The Dates of the „Pro Roscio Amerino" and „Pro Quinctio", Mnemosyne 20 (1967) 61–67.
T. E. Kinsey, Cicero, Hortensius and Philippus in the Pro Quinctio, Latomus 29 (1970) 737 f.
A. Kirsopp Michels, Calendar of the Roman Republic, 1967.
P. Klausberger, Vom Tierdelikt zur Gefährdungshaftung – Überlegungen zur Haftungsstruktur bei der actio de pauperie und dem edictum de feris, Teoria e Storia del Diritto Privato IV (2011), http://www.teoriaestoriadeldirittoprivato.com/media/rivista/2011/contributi/2011_Contributi_Klausberger_Tierdelikt.pdf, abgerufen am 22. 3. 2019.
E. Klebs, Art. Acilius (7), RE I (1893) Sp. 252.
E. Klebs, Art. Aelius Gallus (58), RE I (1893) Sp. 492.
E. Klebs, P. Ailius Paitus (101), RE I (1893) Sp. 526.
E. Klebs, Art. Sex. Ailius Paitus Catus (105), RE I (1893) Sp. 527.
E. Klebs, Art. Q. Aelius Tubero (155), RE I (1893) Sp. 535–537.
E. Klebs, Art. Q. Aelius Tubero (156), RE I (1893) Sp. 537 f.
E. Klebs, Art. Aemilius (140), RE I (1893) Sp. 584–588.
E. Klebs, Art. T. Annius Velina (20), RE I (1894) Sp. 2263.
E. Klebs, Art. Pacuvius Antistius Labeo (35), RE I (1894) Sp. 2557.
E. Klebs/P. Jörs, Art. C. Aquilius Gallus (23), RE II (1895) Sp. 327–330.
E. Klebs, Art. C. Ateius Capito (7), RE II (1896) Sp. 1903 f.
E. Klebs, Art. C. Aurelius Cotta (96), RE II (1896) Sp. 2482–2484.
E. Klebs, Art. C. Bellienus (3), RE III (1897) Sp. 253.
G. Kleinfeller, Art. Iudex, RE IX (1916) Sp. 2473 f.
T. Kleiter, Entscheidungskorrekturen mit unbestimmter Wertung durch die klassische römische Jurisprudenz, 2010.
F. Klinck, Erwerb durch Übergabe an Dritte nach klassischem römischen Recht, 2004.
F. Klinck, Zur Bedeutung des Wortes procurator in den Quellen des klassischen Rechts, SZ 124 (2007) 25–52.
G. Klingenberg, „Constitutum est" in D. 47,2,14 ,4, RIDA 46 (1999) 243–314.
G. Klingenberg, Der servus fugitivus pro libero se gerens, in: T. Finkenauer (Hrsg.), Sklaverei und Freilassung im römischen Recht. Symposium für Hans Josef Wieling zum 70. Geburtstag, 2006, 109–130.
G. Klingenberg, Das modicum-Kriterium, SZ 126 (2009) 187–284.
G. Klingenberg, Minima non curat praetor, in: H. Altmeppen/I. Reichard/M. Schermaier (Hrsg.), Festschrift für Rolf Knütel zum 70. Geburtstag, 2010, 559–583.
R. Knütel, Stipulatio poenae. Studien zur römischen Vertragsstrafe, 1976.
R. Knütel, Die Haftung für Hilfspersonen im römischen Recht, SZ 100 (1983) 340–443.
R. Knütel, Die actio finium regundorum und die ars gromatica, in: O. Behrends/L. Capogrossi Colognesi (Hrsg.), Die römische Feldmeßkunst, 1992, 285–310.
R. Knütel, Von schwimmenden Inseln, wandernden Bäumen, flüchtenden Tieren und verborgenen Schätzen: zu den Grundlagen einzelner Tatbestände originären Eigentumserwerbs, in: R. Zimmermann/R. Knütel/J. P. Meincke (Hrsg.), Rechtsgeschichte und Privatrechtsdogmatik, 1998, 549–577.
J. Kodrebski, Rechtsunterricht in Republik und Prinzipat, ANRW II 15 (1976) 177–196.

C. Kohlhaas, Die Überlieferung der libri posteriores des Antistius Labeo, 1986.
M. Könczöl, Law, Fact and Narratives In Ancient Rhetoric: The Case of the Causa Curiana, International Journal for the Semiotics of Law 21 (2008) 21–33.
J. König, Introduction: Self-Assertion and Its Alternatives in Ancient Scientific and Technical Writing, in: J. König/G. Woolf (Hrsg.), Authority and Expertise in Ancient Scientific Culture, 2017, 1–26.
A. Koptev, Principles of the Nexum and Debt Law in the Twelve Tables, in: F. Reinoso Barbero (Hrsg.), Principios Generales del Derecho. Antecedentes históricos y horizonte actual, 2014, 227–246.
A. Koptev, The five-day interregnum in the Roman Republic, CQ 66 (2016) 205–221.
H. Kornhardt, „Postliminium" in republikanischer Zeit, SDHI 19 (1953) 1–37.
H. Kornhardt, Restitutio in integrum bei Terenz, in: O. Hiltbrunner/H. Kornhardt/F. Tietze (Hrsg.), Thesaurismata. Festschrift für Ida Kapp zum 70. Geburtstag, 1954, 65–78.
H. Kornhardt, Regulus und die Cannaegefangenen, Hermes 82 (1954) 85–123.
T. Köves-Zulauf, Die ἐπόπτιδες des Valerius Soranus, RhM 113 (1970) 323–359.
T. Köves-Zulauf, Reden und Schweigen, 1972.
T. Köves-Zulauf, Plinius d. Ä. und die römische Religion, ANRW II 16.1 (1978) 187–289.
G. Krämer, Das besitzlose Pfandrecht: Entwicklungen in der römischen Republik und im frühen Prinzipat, 2007.
C. Krampe, Die ambiguitas-Regel, SZ 100 (1983) 185–228.
C. Krampe, Das Mandat des Aurelius Quietus, in: U. Manthe/C. Krampe (Hrsg.), Quaestiones iuris. Festschrift für Joseph Georg Wolf zum 70. Geburtstag, 2000, 125–149.
C. Krampe, Alfenus D.9,2,52 pr.: ein Rechtsgutachten, in: H.-G. Knothe (Hrsg.), Status familiae. Festschrift für Andreas Wacke zum 65. Geburtstag, 2001, 247–250.
C. Krampe, Tabernarius consulebat, Alfenus respondit – D. 9,2,52,1 Alfenus 2 digestorum, in: L. de Ligt (Hrsg.), Viva vox iuris Romani. Essays in honour of Johannes Emil Spruit, 2002, 133–140.
C. Krampe, Eine Auslegungs-distinctio Alfens, in: M. Schermaier/J. M. Rainer/L. C.Winkel (Hrsg.), Iurisprudentia universalis. Festschrift für Theo Mayer-Maly zum 70. Geburtstag, 2002, 357–362.
C. Krampe, Aedilis lectos emptos concidit, Paulus, Alfenus D. 18,6,13,15, in: Fides Humanitas Ius, Studi in onore di Luigi Labruna, 2007, 2695–2700.
C. Krampe, Ambigua lex venditionis – Paulus/Alfenus D. 18.1.40 pr, in: J. M. Rainer (Hrsg.), Vis ac potestas legum. Liber amicorum Zoltán Végh, 2010, 65–73.
C. Krampe, Vom Weinfässer-Fall zur Garantiehaftung des Vermieters, in: H. Dondorp/J. Hallebeek/T. Wallinga/L. Winkel (Hrsg.), Ius romanum – ius commune – ius hodiernum. Studies in honour of Eltje J. H. Schrage on the occasion of his 65th birthday, 2010, 266–272.
C. Krampe, Lex Rhodia de iactu: contributio nave salva, in: H. Altmeppen/I. Reichard/M. Schermaier (Hrsg.), Festschrift für Rolf Knütel zum 70. Geburtstag, 2010, 585–599.

C. KRAMPE, Römisches Recht auf hoher See, in: I. FARGNOLI/S. REBENICH (Hrsg.), Das Vermächtnis der Römer, 2012, 111–150.
S. KREUTER, Die Beziehungen zwischen Rom und Kreta, in: C. SCHUBERT/H. H. SCHMITT/K. BRODERSEN/U. HÜTTNER (Hrsg.), Rom und der griechische Osten, 1995, 135–150.
W. KROLL, Art. Nigidius Figulus (3), RE XVII (1936) Sp. 200–212.
W. KROLL, Art. Octavius Hersennius (57), RE XVII (1937) Sp. 1830.
W. KROLL, Art. Titius (1), RE VI (1937) Sp. 1554.
L. KRONENBERG, Varro the Roman Cynic: The Destruction of Religious Authority in the Antiquitates rerum divinarum, in: J. KÖNIG/G. WOOLF (Hrsg.), Authority and Expertise in Ancient Scientific Culture, 2017, 306–328.
I. KROPPENBERG, Amicitia, Delegations- und Auftragsrecht, SZ 126 (2009) 284–304.
W. KRÜGER, Erwerbszurechnung kraft Status, 1979.
W. KUBITSCHEK, Art. advocatus, RE I (1893) Sp. 436–438.
B. KÜBLER, Der Process des Quinctius und C. Aquilius Gallus, SZ 14 (1893) 54–87.
B. KÜBLER, Art. Rechtsunterricht, RE I (1914) Sp. 394–405.
B. KÜBLER, Art. Q. Mucius Scaevola (21), RE XVI (1933) Sp. 430–436.
B. KÜBLER, Art. Q. Mucius Scaevola (22), RE XVI (1933) Sp. 437–446.
E. KUCUK, L'actio de effusis vel deiectis nel diritto romano, Revista de estudios histórico-jurídicos 30 (2008) 99–110.
C. KUGELMEIER, Art. Cornificius, Q. [3], DNP 3 (1997) Sp. 199.
M.-A. KUGENER, Hostia Bidens, in: Mélanges Paul Thomas: recueil de mémoires concernant la philologie classique dédié a Paul Thomas, 1930, 493–497.
K. KUMANIECKI, Der Prozess des Ligarius, Hermes 95 (1967) 434–457.
K. KUMANIECKI, De Varronis libro isagogico ad Pompeium eiusque dispositione, Acta classica universitatis scientarum Debrecensis 10/11(1974/75) 41–44.
W. KUNKEL, Das Wesen des ius respondendi, SZ 66 (1948) 423–457.
W. KUNKEL, Untersuchungen zur Entwicklung des römischen Kriminalverfahrens in vorsullanischer Zeit, 1962.
W. KUNKEL, Art. Quaestio, RE XXIV (1963) 720–786.
W. KUNKEL, Die Funktion des Konsiliums in der magistratischen Strafjustiz und im Kaisergericht, SZ 84 (1967) 218–244.
W. KUNKEL, Die Römischen Juristen. Herkunft und soziale Stellung, 1967 (Nachdruck 2001).
W. KUNKEL, Magistratische Gewalt und Senatsherrschaft, ANRW I 2 (1972) 3–22.
W. KUNKEL, Kleine Schriften, 1974.
W. KUNKEL/R. WITTMANN, Staatsordnung und Staatspraxis der römischen Republik, 1995.
W. KUNKEL/M. SCHERMAIER, Römische Rechtsgeschichte, [14]2005.
B. KUPISCH, Juv. Sat. 13.1–4 – ein korrupter Prätor, in: D. MEDICUS/H. H. SEILER (Hrsg.), Festschrift für Max Kaser zum 70. Geburtstag, 1976, 465–498.
B. KUPISCH, Paulus, schon wieder der „maledictus" Paulus. Diesmal: Digesten 27.3.12 (8 Brevis edicti), Fundamina 11 (2005) 190–214.

B. KUPISCH, Exceptio doli generalis und iudicium bonae fidei. Zur Frage der Inhärenz bei Verträgen nach Treu und Glauben, in: T. BAUMS/U. HUBER/J. WERTENBRUCH (Hrsg.), Festschrift für Ulrich Huber zum 70. Geburtstag, 2006, 401–422.

H. KUPISZEWSKI, Studien zum Verlöbnis im klassischen römischen Recht I, SZ 84 (1967) 70–103.

F. LA ROSA, Decemviri e centumviri, Labeo 4 (1958) 14–54.

F. LA ROSA, La protezione interdittale del pignus e l'actio Serviana, in: Studi in onore di Cesare Sanfilippo, 1987, VII 281–317.

L. LABRUNA, Plauto, Manilio, Catone: premesse allo studio dell'emptio consensuale, Labeo 14 (1968) 24–48.

K. LACHMANN, Kleinere Schriften zur classischen Philologie, 1876.

M.-L. LAKMANN, Favorinus von Arelate: Aulus Gellius über seinen Lehrer, in: B. CZAPLA/T. LEHMANN/S. LIELL (Hrsg.), Vir bonus dicendi peritus. Festschrift für Alfons Weische zum 65. Geburtstag, 1997, 233–243.

F. LAMBERTI, Suggestioni in tema di praesumptio Muciana, in: F. D'IPPOLITO (Hrsg.), Philia. Scritti per Gennaro Franciosi, 2007, II 1241–1280.

R. LAMBERTON, Homer the Theologian: Neoplatonist Allegorical Reading and the Growth of the Epic Tradition, 1986.

L. LAMBERTY, Amicus Caesaris. Der Aufstieg des L. Cornelius Balbus aus Gades, in: A. COSKUN (Hrsg.), Roms auswärtige Freunde in der späten Republik und im frühen Prinzipat, 2005, 155–173.

P. LAMBRINI, Il problema del concursus causarum, 2001.

S. LANCIOTTI, Due note al ‚de verborum significatu' di Festo, Materiali e discussioni per l'analisi dei testi classici 27 (1991) 131–144.

F. LANFRANCHI, Il diritto nei retori romani, 1938.

D. LANGE, Two Financial Maneuvers of Cicero, The Classical World 65 (1972) 152–155.

H. LANGE, Das Rechtsgutachten im Wandel der Geschichte, JZ 24 (1969) 157–163.

K. LATTE, Religiöse Begriffe im frührömischen Recht, SZ 67 (1950) 47–61.

K. LATTE, Römische Religionsgeschichte, 1960.

R. LAURENDI, Leges regiae e ius papirianum: tradizione e storicità di un corpus normativo, 2013.

H. LAUSBERG, Handbuch der literarischen Rhetorik: eine Grundlegung der Literaturwissenschaft. 2 Bde., 1960.

C. LÁZARO GUILLAMON, Von Ulpian bis Accursius: Responsa über D.8.5.8.5, RIDA 52 (2005) 233–247.

P. LAZO, „iussum" y „nominatio" en las adquisiciones a través de dependientes, Revista de Estudios Histórico-Jurídicos 31 (2009) 141–158.

P. LAZO, La interpretación de la cláusula eius rei nomine de los edictos de exercitoria y de institoria actione, Revista chilena de derecho 43 (2016) 1081–1099.

E. W. LEACH, Ciceronian „Bi-Marcus": Correspondence with M. Terentius Varro and L. Papirius Paetus in 46 B. C. E., TAPA 129 (1999) 139–179.

A. D. LEEMAN, Die Konsultierung des Trebatius. Statuslehre in Horaz Serm. 2.1., in: P. HÄNDEL/W. MEID (Hrsg.), Festschrift für Robert Muth, 1983, 209–215.

A. D. LEEMAN/H. PINKSTER/E. RABBIE, M. Tullius Cicero, de oratore libri III, Kommentar Bd. 3, 1989.
T. G. LEESEN, Gaius meets Cicero. Law and Rhetoric in the School Controversies, 2010.
E. LEFÈVRE, Der Phormio des Terenz und der Epidikazomenos des Apollodor von Karystos, 1978.
Y. LEHMANN, La dette de Varron à l'égard de son maître Lucius Aelius Stilo, Mélanges de l'école française de Rome 97 (1985) 515–525.
C. LEHNE, Die Stellung der Juristen im Formularverfahren, SZ 131 (2014) 216–312.
C. LEHNE-GSTREINTHALER, Jurists in the Shadows, in: P. DU PLESSIS (Hrsg.), Cicero's Law. Rethinking Roman Law of the Late Republic, 2016, 88–99.
F. LEIFER, Vorlesungen über Römischen Zivilprozess, 1947.
R. LEONHARD, Art. Iudicium, RE IX (1916) Sp. 2479–2481.
R. LEONHARD, Art. Iudicium privatum, RE IX (1916) Sp. 2485–2499.
R. LEONHARD, Art. Iudicium publicum, RE IX (1916) Sp. 2499–2505.
M. LEUMANN, Lat. disertus, in: J. BIBAUW (Hrsg.), Hommage à M. Renard, 1969, I 547–550.
E. LEVY, Zur Lehre von der Muciana cautio, SZ 24 (1903) 122–151.
E. LEVY, Nachträge zur Konkurrenz der Aktionen und Personen, 1962.
E. LEVY, Gesammelte Schriften. 2 Bde., 1963.
J. P. LEVY, La formation de la théorie romaine des preuves, in: Studi in onore di Siro Solazzi, 1948, 418–438.
H. L. LEVY, Cicero the Lawyer as Seen in His Correspondence, The Classical World 52 (1959) 147–154.
H. LEVY-BRUHL, Prudent et Préteur, RHD 5 (1926), 5–39.
A. LEWIS, Alluvio. The Meaning of Institutes II.1.20, in: P. G. STEIN/A. G. E. LEWIS (Hrsg.), Studies in Justinian's Institutes: In memory of J. A. C. Thomas, 1983, 87–95.
A. LEWIS, Digest 23.2.6, in: N. MACCORMACK/P. BIRKS (Hrsg.), The Legal Mind. Essays for Tony Honoré, 1986, 135–141.
A. D. E. LEWIS, Advocatio. A Postponement in iure, in: R. VAN DEN BERGH/G. VAN NIEKERK (Hrsg.), Ex iusta causa traditum. Essays in Honour of Eric H. Pool, 2005, 215–228.
R. G. LEWIS, Imperial Autobiography, Augustus to Hadrian, ANRW II 34 (1993) 629–706.
R. G. LEWIS, P. Sulpicius' Law to Recall Exiles, 88 B. C., CQ 48 (1998) 195–199.
O. LICANDRO, In ius vocatio e violazione del domicilio, SDHI 57 (1991) 205–263.
O. LICANDRO, In magistratu damnari. Ricerche sulla responsabilità dei magistrati romani durante l'esercizio delle funzioni, 1999.
O. LICANDRO, Domicilium: emersione di un istituto, Rivista di Diritto Romano 3 (2003) 1–23.
O. LICANDRO, Domicilium habere: persona e territorio nella disciplina del domicilio romano, 2004.
W. LIEBENAM, Art. Consilium, RE IV (1900) Sp. 915–922.
G. LIEBERG, Die Theologia tripertita in Forschung und Bezeugung, ANRW I 4 (1973) 63–115.
D. LIEBS, Contrarius Actus, in: DERS. (Hrsg.), Sympotica Franz Wieacker sexagenario Sasbachwaldeni a suis libata, 1970, 111–153.

D. LIEBS, Die Klagenkonkurrenz im römischen Recht, 1972.
D. LIEBS, Rechtsschulen und Rechtsunterricht im Prinzipat, ANRW II 15 (1976) 197–286.
D. LIEBS, Römische Provinzialjurisprudenz, ANRW II 15 (1976) 288–362.
D. LIEBS, Töchter klassischer Juristen, in: H. C. FICKER (Hrsg.), Festschrift für Ernst von Caemmerer zum 70. Geburtstag, 1978, 21–44 (überarbeitet einsehbar unter http://www.freidok.uni-freiburg.de/volltexte/3510/, abgerufen am 22. 3. 2019).
D. LIEBS, Nichtliterarische römische Juristen der Kaiserzeit, in: K. LUIG/D. LIEBS (Hrsg.), Das Profil des Juristen in der europäischen Tradition: Symposion aus Anlass des 70. Geburtstages von F. Wieacker, 1980, 123–198.
D. LIEBS, Römische Rechtsgutachten und „Responsorum libri", in: G. VOGT-SPIRA (Hrsg.), Strukturen der Mündlichkeit in der römischen Literatur, 1990, 83–94 (überarbeitet einsehbar unter http://www.freidok.uni-freiburg.de/volltexte/5088/, abgerufen am 22. 3. 2019).
D. LIEBS, Ist unter den römischen Juristen mit einem zweiten Cäcilius zu rechnen?, SZ 107 (1990) 371 f.
D. LIEBS, Rez. zu H.-J. Roth, Alfeni Digesta: eine spätrepublikanische Juristenschrift, Berlin 1999, SZ 117 (2000) 519–528.
D. LIEBS, Rechtskunde im römischen Kaiserreich, in: M. SCHERMAIER/J. M. RAINER/L. C. WINKEL (Hrsg.), Iurisprudentia universalis. Festschrift für Theo Mayer-Maly zum 70. Geburtstag, 2002, 383–407.
D. LIEBS, Besprechung von C. Zülch, der liber singularis responsorum des Ulpius Marcellus, Berlin 2001, SZ 120 (2003) 243–262.
D. LIEBS, Die Juristensippe der Marci Junii Bruti, in: I. H. SCHWENZER (Hrsg.), Festschrift für Peter Schlechtriem zum 70. Geburtstag, 2003, 107–117.
D. LIEBS, Der ungeliebte Jurist in der römischen Welt, SZ 123 (2006) 1–18.
D. LIEBS, Esoterische römische Rechtsliteratur vor Justinian, in: R. LIEBERWIRTH/H. RÜCK (Hrsg.), Akten des 36. deutschen Rechtshistorikertags, 2007, 40–79.
D. LIEBS, Vor den Richtern Roms. Berühmte Prozesse der Antike, 2007.
D. LIEBS, Bellum iustum, in: M. AVENARIUS/R. MEYER-PRITZL/C. MÖLLER (Hrsg.), Ars iuris. Festschrift für Okko Behrends, 2009, 305–318.
D. LIEBS, Hofjuristen der römischen Kaiser bis Justinian, 2010.
D. LIEBS, P. Alfenus Varus – Eine Karriere in Zeiten des Umbruchs, SZ 127 (2010) 32–52.
D. LIEBS, Eine Karriere in Zeiten des Umbruchs, in: G. M. A. MARGAGLIOTTA (Hrsg.), Art, intellect and politics. A diachronic perspective, 2013, 311–336.
D. LIEBS, Rechtsfortbildung durch römische Juristen der späten Republik, in: U. WALTER (Hrsg.), Gesetzgebung und politische Kultur in der römischen Republik, 2014, 47–81.
J. LINDERSKI, Ciceros Rede pro Caelio und die Ambitus- und Vereinsgesetzgebung der ausgehenden Republik, Hermes 89 (1961) 106–119.
J. LINDERSKI, The libri reconditi, Harvard Studies in Classical Philology 89 (1985) 207–234.
J. LINDERSKI, The Augural Law, ANRW II 16.3 (1986) 2146–3212.
J. LINDERSKI, Partus ancillae. A vetus quaestio in the light of a new inscription, Labeo 33 (1987) 192–198.
J. LINDERSKI, Art. Quindecimviri sacris faciundis, DNP 10 (2001) Sp. 713 f.
J. LINDERSKI, Roman Questions II: Selected Papers, 2007.

W. M. LINDSAY, The Latin Language, 1894 (ND 2010).

W. M. LINDSAY, Virgil Scholia in the Ansileubus Glossary, AJPh 58 (1937) 1–6.

B. LINKE, Von der Verwandschaft zum Staat: die Entstehung politischer Organisationsformen in der frührömischen Geschichte, 1995.

B. LINKE, Die agnatio: Ein römischer Sonderweg in der sozialen Organisation, Historische Anthropologie 6 (1998) 104–131.

B. LINKE, Appius Claudius Caecus. Ein Leben in Zeiten des Umbruchs, in: K.-J. HÖLKESKAMP (Hrsg.), Von Romulus zu Augustus: große Gestalten der römischen Republik, 2000, 69–78.

B. LINKE/M. STEMMLER (Hrsg.), Mos maiorum. Untersuchungen zu den Formen der Identitätsstiftung und Stabilisierung in der römischen Republik, 2000.

B. LINKE, Die römische Republik von den Gracchen bis Sulla, [3]2015.

A. W. LINTOTT, Trinundinum, CQ 15 (1965) 281–285.

A. W. LINTOTT, The Tribunate of P. Sulpicius Rufus, CQ 21 (1971) 442–453.

A. W. LINTOTT, Provocatio. From the Struggles of the Orders to the Principate, ANRW I 2 (1972) 226–277.

A. W. LINTOTT, Cicero and Milo, JRS 64 (1974) 62–78.

A. W. LINTOTT, The Procedure under the Leges Calpurnia and Iunia de Repetundis and the Actio per Sponsionem, ZPE 22 (1976) 207–214.

A. W. LINTOTT, Cicero on Praetors Who Failed to Abide by Their Edicts, CQ 27 (1977) 184–186.

A. W. LINTOTT, M. Caelius Rufus and Pausanias, CQ 30 (1980) 385–386.

A. W. LINTOTT, The leges repetundis and Associate Measures in the Republic, SZ 98 (1981) 162–212.

A. W. LINTOTT, The Constitution of the Roman Republic, 1999.

A. W. LINTOTT, Violence in Republican Rome, [2]1999.

A. W. LINTOTT, Cicero as Evidence. A Historian's Companion, 2008.

M. LIPKA, Roman Gods: A Conceptual Approach, 2009.

W. LITEWSKI, Consultatio ante sententiam, SZ 86 (1969) 227–257.

W. LITEWSKI, Römisches Seedarlehen, Iura 24 (1973) 112–183.

W. LITEWSKI, Le dépôt irrégulier, RIDA 21 (1974) 215–262.

W. LITEWSKI, Die Römische Appellation in Zivilsachen I, ANRW II 14 (1982) 60–96.

W. LITEWSKI, Bemerkungen zum römischen Seedarlehen, in: Studi in onore di Cesare Sanfilippo, 1983, IV 381–397.

W. LITEWSKI, Zwischenbescheide im römischen Prozeß, RIDA 44 (1997) 155–291.

W. LITEWSKI, Die Ablehnung (recusatio) des Richters im römischen Recht, TR 67 (1999) 39–56.

W. LITEWSKI, Die Personen des römischen Verwahrungsverhältnisses, RIDA 47 (2000) 235–249.

W. LITEWSKI, Die Zahlung bei der Sachmiete (vor oder nach Ablauf der Mietzeit) im römischen Recht, TR 70 (2002) 229–249.

R. B. LLOYD, Republican Authors in Servius and the Scholia Danielis, Harvard Studies in Classical Philology 65 (1961) 291–341.

G. E. R. LLoyd, Authority and Expertise: Some Cross-Cultural Comparisons, in: J. König/G. Woolf (Hrsg.), Authority and Expertise in Ancient Scientific Culture, 2017, 409–423.
S. Lohsse, Canem vel servum tenuit? D 9.2.11.5 and the applicability of the actio legis Aquiliae in cases involving inanimate objects used for killing, TR 70 (2002) 265–278.
S. Lohsse, Ius adcrescendi. Die Anwachsung im römischen Vermächtnisrecht, 2008.
F. Longchamps de Bérier, Il rispetto per la volontà del de cuius sull' esempio dei fedecommessi romani, RIDA 45 (1998) 479–500.
G. Longo, I quasi delicta – actio de effusis et deiectis – actio de positis ac suspensis, in: Studi in onore di Cesare Sanfilippo, 1983, IV 399–469.
S. Longo, Il credito del servus nei confronti di un extraneus: naturale creditum?, AUPA 58 (2015) 131–176.
M.-N. López Gálvez, Consideraciones casuísticas acerca de la nócion de combustible en la jurisprudencia romana, Revista de Derecho UNED 11 (2012) 517–539.
T. Łoposzko, Sextus Clodius Damio?, Historia 38 (1989) 498–503.
L. Loreto, La censura di Appio Claudio, l'edilità di Cn. Flavio e la razionalizzazione delle strutture interne dello stato romano, Atene e Roma 36 (1991) 181–203.
S. Lösch, Die coniunctio in testamentarischen Verfügungen des klassischen römischen Rechts, 2014.
L. Loschiavo, Figure di testimoni e modelli processuali tra antichità e primo Medioevo, 2004.
M. Lowrie, Slander and Horse Law in Horace, Sermones 2.1, Law and Literature 17 (2005) 405–431.
U. v. Lübtow, Catos leges venditioni et locationi dictae, in: H. Kupiszewski/J. Modrzejewski (Hrsg.), Symbolae Raphaeli Taubenschlag dedicatae III, 1957, 227–441.
U. v. Lübtow, Die Ursprungsgeschichte der exceptio doli und der actio de dolo malo, in: Eranion Giorgios S. Maridakis, 1963, I 183–201.
U. v. Lübtow, Miscellanea, in: Synteleia Vincenzo Arangio Ruiz, 1964, 353–378.
U. v. Lübtow, Eigentümerservitut und Eigentümernießbrauch im römischen Recht, in: E. Seidl (Hrsg.), Aktuelle Fragen aus modernem Recht und Rechtsgeschichte. Gedächtnisschrift für Rudolf Schmidt, 1966, 413–420.
U. v. Lübtow, Untersuchungen zur lex Aquilia de damno iniuria dato, 1971.
K.-M. Lucks, Aestimatio possessionis in Justinians Novellen 4,3 und 120,6,2, 1991.
F. M. Lucrezi, La corruzione elettorale nel Commentariolum petitionis, Fundamina 17 (2011) 83–100.
K. Luig, Zur Vorgeschichte der verschuldensunabhängigen Haftung des Vermieters für anfängliche Mängel nach § 538 BGB, in: G. Baumgärtel (Hrsg.), Festschrift für Heinz Hübner zum 70. Geburtstag, 1984, 121–144.
G. Luraschi, Sulle leges de civitate (Iulia, Calpurnia, Plautia Papiria), SDHI 44 (1978) 321–370.
G. MacCormack, The Role of Animus in the Classical Law of Possession, SZ 86 (1969) 105–145.
G. MacCormack, Custodia and Culpa, SZ 89 (1972) 149–219.

G. MacCormack, Aquilian culpa, in: A. Watson (Hrsg.), Daube noster. Essays in legal history for David Daube, 1974, 201–224.
G. MacCormack, Impossible Conditions in Wills, RIDA 21 (1974) 263–297.
G. MacCormack, Aquilian Studies, SDHI 41 (1975) 1–78.
G. MacCormack, Periculum, SZ 96 (1979) 129–172.
G. MacCormack, Juristic Interpretation of the lex Aquilia, in: Studi in onore di Cesare Sanfilippo, 1982, I 253–283.
G. MacCormack, The early history of the actio de in rem verso (Alfenus to Labeo), in: Studi in onore di Arnaldo Biscardi, 1982, II 319–339.
G. MacCormack, The Liability of the Judge, ANRW II 14 (1982) 3–28.
G. MacCormack, Aliud simulatum, aliud actum, SZ 104 (1987) 639–646.
G. MacCormack, Roman Jurisprudence and Interpretation: On Dolus as Ground of the Classical Actio de Dolo, in: Nozione, formazione e interpretazione del diritto: dall'età romana alle esperienze moderne. Ricerche dedicate al professor Filippo Gallo, 1997, 539–560.
N. MacCormick, De Iurisprudentia, in: J. Cairns/O. Robinson (Hrsg.), Critical Studies in Ancient Law, Comparative Law and Legal History. Essays in honour of Alan Watson, 2001, 80–82.
D. MacRae, The Laws of the Rites and of the Priests: Varro and late Republican Roman Sacral Jurisprudence, Bulletin of the Institute of Classical Studies 60 (2017) 34–48.
A. Maffi, Ricerche sul postliminium, 1992.
L. Maganzani, Gli incrementi fluviali in Fiorentino VI Inst. (D.41.1.16), SDHI 59 (1993) 207–258.
L. Maganzani, Arpenter la terre pour le procès: la consultation technique en droit romain, RIDA 52 (2006) 283–298.
L. Maganzani, Ripae fluminis e dissesti idrogeologici, in: G. Purpura (Hrsg.), Revisione ed integrazione dei Fontes Iuris Romani Anteiustiniani. Studi preparatori: Leges, 2012, 61–84.
A. Magdelain, Gaius IV 10 et 33: Naissance de la procédure formulaire, TR 59 (1991) 239–257.
A. Maiuri, Il lessico latino del mostruoso, in: I. Bagliono (Hrsg.), Collana di Studi del Museo delle Religioni „Raffaele Pettazzoni". Vol. II, 2013, 165–179.
A. Malenica, De la notion de res dans la doctrine juridique romaine, Diritto@Storia 5 (2006), http://www.dirittoestoria.it/5/Tradizione-Romana/Malenica-Res-dans-la-doctrine-juridique-romaine.htm, abgefragt am 22. 3. 2019.
J. Malitz, C. Aurelius Cotta Cos. 75 und seine Rede in Sallusts Historien, Hermes 100 (1972) 359–386.
J. Malitz, Die Kalenderreform Caesars. Ein Beitrag zur Geschichte seiner Spätzeit, Ancient Society 18 (1987) 103–131.
J. Malitz, Die Kanzlei Caesars – Herrschaftsorganisation zwischen Republik und Prinzipat, Historia 36 (1987) 51–72.
U. Malmendier, Societas publicanorum, 2002.
G. Mancini, Cives Romani municipes Latini, 1996.

G. MANCINI, D.48.22 de interdictis et relegatis et deportatis, in: F. LUCREZI (Hrsg.), Crimina e delicta nel tardo antico : atti del Seminario di studi, Teramo, 19 – 20 gennaio 2001, 2003, 211–254.

A. D. MANFREDINI, La „Bestrafung des schuldigen Gliedes", Index 26 (1988) 231–239.

A. D. MANFREDINI, Galba negabat, in: J. CAIRNS/O. ROBINSON (Hrsg.), Critical Studies in Ancient Law, Comparative Law and Legal History. Essays in honour of Alan Watson, 2001, 93–101.

V. MANNINO, La tolleranza dell'usus iuris nell'esperienza giuridica romana, 2001.

V. MANNINO, Questioni di diritto, 2007.

A. MANTELLO, Un' etica per il giurista?, in: D. MANTOVANI (Hrsg,), Per la storia del pensiero giuridico romano da Augusto agli Antonini. Atti del seminario di S. Marino, 12–14 gennaio 1995, 1996, 147–182.

A. MANTELLO, Natura e diritto da Servio e Labeone, in: D. MANTOVANI/A. SCHIAVONE (Hrsg.), Testi e problemi del giusnaturalismo romano, 2007, 201–248.

A. MANTELLO, L'analogia nei giuristi tardo repubblicani e augustei. Implicazioni dialettico-retoriche e impieghi tecnici, in: Studi in onore di Remo Martini, 2009, II 605–672.

U. MANTHE, Die libri ex Cassio des Iavolenus Priscus, 1982.

U. MANTHE, Stilistische Gemeinsamkeiten in den Fachsprachen der Juristen und Auguren der Römischen Republik, in: K. ZIMMERMANN (Hrsg.), Der Stilbegriff in den Altertumswissenschaften, 1993, 69–74.

U. MANTHE, Rez. Corpus Iuris Civilis: Text und Übersetzung; auf der Grundlage der von Theodor Mommsen und Paul Krüger besorgten Textausgaben. Band I: Institutionen gemeinschaftlich übersetzt von Okko Behrends; Rolf Knütel; Berthold Kupisch; Hans Hermann Seiler, Heidelberg 1990, Gnomon 66 (1994) 521–533.

U. MANTHE, Ein Sieg der Rhetorik über die Jurisprudenz, in: U. MANTHE/J. v. UNGERN-STERNBERG (Hrsg.), Große Prozesse der römischen Antike, 1997, 74–84.

U. MANTHE, Agere und aio: Sprechakttheorie und Legisaktionen, in: M. SCHERMAIER/J. M. RAINER/L. C. WINKEL (Hrsg.), Iurisprudentia universalis. Festschrift für Theo Mayer-Maly zum 70. Geburtstag, 2002, 431–440.

U. MANTHE, Dubletten im Text der Collatio als Spuren der Redaktionstätigkeit, in: K. MUSCHELER (Hrsg.), Römische Jurisprudenz – Dogmatik, Überlieferung, Rezeption. Festschrift für Detlef Liebs zum 75. Geburtstag, 2011, 395–412.

U. MANTHE, Geschichte des römischen Rechts, ^{5}2016.

D. MANTOVANI, Sull'origine dei libri posteriores di Labeone, Labeo 34 (1988) 271–322.

D. MANTOVANI, Gli esordi del genere lettterario ad edictum, in: D. MANTOVANI (Hrsg.), Per la storia del pensiero giuridico romano: dall'età dei pontefici alla scuola di Servio. Atti del Seminario di S. Marino, 7–9 gennaio 1993, 1996, 61–133.

D. MANTOVANI, Lessico dell'identità, in: A. CORBENO/M. HUMBERT/G. NEGRI (Hrsg.), Homo, caput, persona: La costruzione giuridica dell'identità nell'esperienza romana, 2010, 3–47.

A. MANZO, Dall' esecuzione personale all' esecuzione reale. La riforma di Publio Rutilio Rufo, in: F. D'IPPOLITO (Hrsg.), Philia. Scritti per Gennaro Franciosi, 2007, III 1611–1642.

A. Manzo, Un' ipotesi sul profilo intellettuale e sull' individualità scientifica di Lucio Acilio, in: A. Palma (Hrsg.), Scritti in onore di Generoso Melillo, 2009, 743–762.
A. Manzo, Magnum munus de iure respondendi substinebat: Studi su Publio Rutilio Rufo, 2016.
F. Marcattili, Iuppiter Pistor, Panda e il pane dell'asylum, Latomus 76 (2017) 293–303.
N. Di Marco, L'actio oneris aversi – appunti su un equivoco riconstruttivo, Labeo 49 (2003) 140–159.
F. Marco Simón, The Feriae Latinae as religious legitimation of the consuls' imperium, H. Beck/A. Dupla/M. Jehne/F. Pina Polo (Hrsg.), Consuls and Res Publica: Holding High Office in the Roman Republic, 2011, 116–132.
G. Di Maria, Sitne scripsisses an cavisses in Ciceronis Topicis (1, 4) legendum, in: Studi di filologia classica in onore di Giusto Monaco, 1991, II 843–848.
T. Marky, Appunti sul problema della retroattività delle norme giuridiche nel diritto romano, BIDR 53/54 (1948) 241–271.
V. Marotta, La letteratura giurisprudenziale tra III e IV secolo. Il problema della recitatio processuale, 2008.
K. J. Marquardt, Das Privatleben der Römer, 1886.
M. Marrone, Due interessanti testi di Pomponio a proposito di preclusione processuale, litis contestatio e sentenza, AUPA 45 (1998) 427–444.
M. Marrone, Danno temuto, danno già verificato e „officium iudicis", in: Atti del Convegno „Processo civile e processo penale nell'esperienza giuridica del mondo antico", Rivista di diritto romano I (2001) 185–194.
M. Marrone, Dominus litis, in: E. Dovere (Hrsg.), Munuscula: scritti in ricordo di Luigi Amirante, 2010, 185–218.
H.-I. Marrou, Geschichte der Erziehung im klassischen Altertum, 1957.
A. J. Marshall, The Survival and Development of International Jurisdiction in the Greek World under Roman Rule, ANRW II 13 (1980) 626–661.
B. A. Marshall, Crassus. A Political Biography, 1976.
J. Martin, Die Provokation in der klassischen und späten Republik, Hermes 98 (1970) 72–96.
S. D. Martin, A Reconsideration of probatio operis, SZ 103 (1986) 321–337.
S. D. Martin, Transportation and Law in the City of Rome, in: S. K. Dickison/J. P. Hallett (Hrsg.), Rome and her Monuments, 2000, 193–214.
R. Martini, Ancora sul legato di vesti, Labeo 17 (1971) 157–168.
A. Marzano, Hercules and the triumphal feast for the Roman people, in: I. B. Antela-Bernardez/T. Naco del Hoyo (Hrsg.), Transforming Historical Landscapes in the Ancient Empires, 2009, 83–97.
S. di Marzo, Saggi critici sui libri di Pomponio „ad Q. Mucium", 1899.
A. Masi, In tema di „cautio Muciana", IURA 13 (1962) 175–192.
C. Masi Doria, Die societas Rutiliana und die Ursprünge der prätorischen Erbfolge der Freigelassenen, SZ 106 (1989), 358–403.
C. Masi Doria, Civitas, Operae, Obsequium, 1993.
C. Masi Doria, Inpudicitia, SZ 110 (1993) 77–102.
C. Masi Doria, Spretum imperium, 2000.

C. Masi Doria, Verus filius e verus pater, in: F. Sturm/P. Thomas/J. Otto/H. Mori (Hrsg.), Liber Amicorum Guido Tsuno, 2013, 211–224.
C. Masi Doria, Litus maris: definition et controverses, in: E. Hermon/A. Watelet (Hrsg.), Riparia, un patrimoine culturel. La gestion intégrée des bords de l'eau, 2014, 233–242.
M. Massei, Le citazioni della giurisprudenza classica nella legislazione imperiale, in: Scritti di diritto romano in onore di Contardo Ferrini, 1946, 403–475.
S. Masuelli, Il principe come giudice privato. Modelli di intervento personale del principe nel processo civile ordinario, in: L. Garofalo (Hrsg.), Il giudice privato nel processo civile romano. Omaggio ad Alberto Burdese, 2012, 85–109.
A. Mateo, Sobre la supuesta lex Sulpicia rivalicia, SDHI 62 (1996) 287–308.
A. Mateo, Manceps, redemptor, publicanus, 1999.
L. Matthews/J. L. Hilton, Veiled or Unveiled (Plut. Quaest. Rom 267B–C), CQ 58 (2008) 340–345.
H. Mattingly, Saturninus' Corn Bill and the Circumstances of His Fall, The Classical Review 19 (1969) 267–270.
F. Mattioli, Ricerche sulla formazione della categoria dei cosiddetti quasi delitti, 2010.
J. W. Mayer, Imus ad villam, 2005.
M. Mayer-Olivé, Sobre el fragmento 4 ed. Swoboda de Publio Nigidio Fígulo, Cuadernos de Filologia Clásica 9 (1976) 319–328.
M. Mayer-Olivé, Publius Nigidius Figulus pythagoricus et magus, in: M. Piranomonte/F. Marco Simón (Hrsg.), Contesti Magici. Contextos mágicos, 2012, 237–245.
T. Mayer-Maly, Locatio conductio. Eine Untersuchung zum klassischen römischen Recht, 1956.
T. Mayer-Maly, Roms älteste Juristenschrift, in: Mnemosynon Perikles Bizoukides, 1960, 219–235.
T. Mayer-Maly, Art. Volcatius (9), RE IX (1961) Sp. 757 f.
T. Mayer-Maly, Studien zur Frühgeschichte der usucapio II, SZ 78 (1961) 221–276.
T. Mayer-Maly, Studien zur Frühgeschichte der usucapio III, SZ 79 (1962) 86–107.
T. Mayer-Maly, Das Putativproblem bei der usucapio, 1962.
T. Mayer-Maly, Obligamur necessitate, SZ 83 (1966) 47–67.
T. Mayer-Maly, Probleme der negotiorum gestio, SZ 86 (1969) 416–435.
T. Mayer-Maly, Rez. zu The Rise of the Roman Jurists. Studies in Cicero's pro Caecina by Bruce W. Frier, Gnomon 59 (1987) 411–414.
T. Mayer-Maly, Rutilia's Lake, Israel Law Review 29 (1995) 151–160.
T. Mayer-Maly, Juristische Reflexionen über ius II, SZ 119 (2002) 1–28.
T. Mayer-Maly, Argumentum, SZ 125 (2008) 251–275.
T. Mazurek, The decemviri sacris faciundis. Supplication and Prediction, in: C. F. Konrad (Hrsg.), Augusto augurio. Rerum humanarum et divinarum commentationes in honorem Jerzy Linderski, 2004, 151–168.
A. McClintock, The lex Voconia and Cornelia's Jewels, RIDA 60 (2013) 183–200.
W. C. McDermott, Manius Curius, The Classical Weekly 41 (1948) 279–284.
W. C. McDermott, The Verrine Jury, RhM 120 (1977) 64–75.

I. McDougall, The Reputation of Appius Claudius Pulcher, Cos. 143 BC, Hermes 120 (1992) 452–460.
T. McGinn, Prostitution, Sexuality and the Law, 2003.
A. Meadows/J. Williams, Moneta and the Monuments: Coinage and Politics in Republican Rome, JRS 91 (2001) 27–49.
D. Medicus, Id quod interest: Studien zum römischen Recht des Schadensersatzes, 1962.
D. Medicus, Zur Funktion der Leistungsunmöglichkeit im römischen Recht, SZ 86 (1969) 67–104.
T. van der Meer, Made for Men. A Study of the Origins and the Influence on Roman Society of the lex Voconia (169 BC), 1999.
T. van der Meer, The Voconian Law: Nova or Phoenix?, The Legal History Review 67 (1999) 115–123.
K. Meffert, Die Streitgenossenschaft im klassischen römischen Recht, 1974.
K. Z. Méhész, Advocatus romanus, 1971.
C. Meier, Res publica amissa, 1997.
C. Meier, Die Ohnmacht des allmächtigen Dictators Caesar. Drei biographische Skizzen, 2015.
F. S. Meissel, Societas, 2004.
E. Melilli, D.9.3. Tutela e sicurezza della circolazione urbana nel diritto romano, 2010.
G. Melillo, Forme e teorie contrattuali nella età del Principato, ANRW II 14 (1982) 449–508.
G. Melillo, Media (la) iurisprudentia e le limitazioni alla legittimazione successoria delle donne, in: Studi per Giovanni Nicosia, 2007, V 285–325.
J. Menner, D. 33.7.18.4 – vilicus und vilica als Objekte eines Erbschaftsstreits, in: T. Finkenauer (Hrsg.), Sklaverei und Freilassung im römischen Recht. Symposium für Hans Josef Wieling zum 70. Geburtstag, 2006, 153–188.
G. D. Merola, Cittadinanza e immunità doganale: Una categoria privilegiata?, in: F. D'Ippolito (Hrsg.), Philia. Scritti per Gennaro Franciosi, 2007, III 1719–1729.
A. Metro, Brevi note sulla mors litis per inattività, Fundamina 20 (2014) 638–647.
E. Metzger, A New Outline of the Roman Civil Trial, 1997.
E. Metzger, Interrupting Proceedings in iure: vadimonium and intertium, ZPE 120 (1998) 215–225.
E. Metzger, The Current View of the Extra-Judicial Vadimonium, SZ 117 (2000) 133–178.
E. Metzger, Roman Judges, Case Law and Principles of Procedure, Law and History Review 22 (2004) 243–275.
E. Metzger, Lawsuits in context, in: J. W. Cairns/P. J. du Plessis (Hrsg.), Beyond Dogmatics: Law and Society in the Roman World, 2007, 187–205.
E. Metzger, Having an audience with the magistrate, in: F. de Angelis (Hrsg.), Spaces of Justice in the Roman World, 2010, 27–42.
M. Meulder, Une trifonctionnalité indo-européenne dans Valère Maxime, RIDA 46 (1999) 315–368.
E. Meyer, Die Götter Rediculus und Tutanus, Hermes 50 (1915) 151–154.
E. A. Meyer, Legitimacy and Law in the Roman World, 2004.

D. MIANO, The Goddess Ops in Archaic Rome, Bulletin of the Institute of Classical Studies 58 (2015) 98–127.
M. MICELI, Sulla struttura formulare delle actiones adiecticiae qualitatis, 2001.
M. MICELI, L'actio institoria e l'azione concessa al preponente contro i terzi che hanno negoziato con un preposto libero, Studi in onore di Giovanni Nicosia, 2007, V 369–403.
M. MICELI, Studi sulla „rappresentanza" nel diritto Romano, 2008.
J.-H. MICHEL, Le droit romain dans le pro Murena e l'oeuvre de Servius Sulpicius Rufus, in: A. MICHEL/K. KUMANIECKI/R. VERDIÈRE (Hrsg.), Ciceroniana: hommages à Kazimierz Kumaniecki, 1975, 181–195.
J.-H. MICHEL, Gaius et le mandat mea, tua ou aliena gratia, RIDA 44 (1997) 293–309.
J.-H. MICHEL, La satire 2, 1 à Trébatius ou la consultation du juriste, RIDA 46 (1999) 369–391.
M. MIGLIETTA., Intorno al metodo dialettico della scuola serviana: cenni in materia di conflitto logico tra 'quaestio' e 'responsum' nei 'digesta' di Alfeno Varo, Diritto@Storia 3 (2004).
M. MIGLIETTA, Servius respondit: studi intorno a metodo e interpretazione nella scuola giuridica serviana, 2010.
M. MIGLIETTA, „Determinare infine la regola attraverso la quale stabilire ciò che è vero e ciò che è falso." I giuristi romani e la formazione della regula iuris, in: P. MORO (Hrsg.), Il diritto come processo, 2012, 37–68.
M. MIGLIETTA, Giurisprudenza romana tardorepubblicana e formazione della „regula iuris", Seminarios Complutenses de Derecho Romano 25 (2012) 187–243.
M. MIGLIORINI, L'adozione tra prassi documentale e legislazione imperiale nel diritto del tardo impero romano, 2001.
L. MIGNONE, The Augural Contest at Rome: The View from the Aventine, CPh 111 (2016) 391–405.
F. MILAZZO, „In legem non iurare" – Un'indagine su Cic. p. Cl. 91, 92, 96, in: U. MANTHE/C. KRAMPE (Hrsg.), Quaestiones iuris. Festschrift für Joseph Georg Wolf zum 70. Geburtstag, 2000,183–205.
A. MILAZZO, Statuliber ex die?, Rivista di diritto Romano 14 (2014) 1–22.
F. MILLAR, Triumvirate and Principate, JRS 63 (1973) 50–67.
F. MILTNER, Art. Sex. Pompeius (18), RE XXI (1952) Sp. 2059 f.
F. MILTNER, Art. Cn. Pompeius (31), RE XXI (1952) Sp. 2062–2211.
F. MILTNER, Art. M. Porcius Cato Licinianus (14), RE XXII (1953) Sp. 167 f.
F. MILTNER/W. H. GROSS, Art. M. Porcius Cato (16), RE XXII (1953) Sp. 168–213.
L. MINIERI, Vini usus feminis ignotus, Labeo 28 (1982) 150–163.
J. MIQUEL, La definición de Servio de silva caedua y la naturaleza de las cosas, in: Estudios en homenaje al profesor Juan Iglesias, 1988, 451–456.
K. MISERA, Der Bereicherungsgedanke bei der Schenkung unter Ehegatten, 1974.
K. MISERA, Der Nutzungstausch bei Nachbarn und Miteigentümern, SZ 94 (1977) 267–292.
K. MISERA, Der Kauf auf Probe im klassischen römischen Recht, ANRW II 14 (1982) 524–582.
K. MISERA, Akzession und Surrogation zufolge einer adiudicatio, SZ 103 (1986) 383–408.

J. F. MITCHELL, The Torquati, Historia 15 (1966) 23–31.
R. E. MITCHELL, Patricians and Plebeians, 1990.
T. N. MITCHELL, The Volte-Face of P. Sulpicius Rufus in 88 B. C., CPh 70 (1975) 197–204.
T. N. MITCHELL, The Leges Clodiae and obnuntiatio, CQ 36 (1986) 172–176.
S. VON MITSCHKE-COLLANDE, Die Auswirkungen der Geburt oder Adoption eines Kindes auf bereits errichtete Verfügungen von Todes wegen und Schenkungen, 2016.
L. MITTEIS, Römisches Privatrecht bis auf die Zeit Diokletians I, 1908.
C. MÖLLER, Die mercenarii in der römischen Arbeitswelt, SZ 110 (1993) 296–330.
C. MÖLLER, Servituten im römischen Recht und in der Rechtsprechung des Reichsgerichts, in: A. SCHMIDT-RECLA/E. SCHUMANN/F. THEISEN (Hrsg.), Sachsen im Spiegel des Rechts: ius commune propriumque, 2001, 127–156.
C. MÖLLER, Die Servituten, 2010.
I. MOLNÁR, Verantwortung und Gefahrtragung bei der locatio conductio zur Zeit des Prinzipats, ANRW II 14 (1982) 583–680.
I. MOLNÁR, Alfenus Varus iuris consultus, in: Studia in Honorem Velimirii Pólay, 1985, 311–328.
A. MOMIGLIANO, Alte Geschichte und antiquarische Forschung, in: DERS., Ausgewählte Schriften zur Geschichte und Geschichtsschreibung. Bd. 2 : Spätantike bis Spätaufklärung, 1999, 1–36, 259–270.
T. MOMMSEN, Römische Forschungen, 1864.
T. MOMMSEN, Römisches Staatsrecht I und II, 1887.
T. MOMMSEN, Römisches Staatsrecht III, 1888.
T. MOMMSEN, Römisches Strafrecht, 1899.
A. MONTANA CASANI, La veuve et la succession héréditaire dans le droit classique, RIDA 47 (2000) 415–448.
A. MONTANA CASANI, Postliminium receptum Gallus Aelius in libro significationum, quae ad ius pertinent…: origine storica del postliminium e sua classificazione, Studia Prawnoustrojowe 21 (2013) 87–98.
E. MONTANARI, L'idea giuridica e politica di Roma nell'opera di Fabio Pittore, in: Idea giuridica e politica de Roma e personalità storiche, 1991, 9–23.
L. C. MOORE, Ex senatu eiecti sunt. Expulsion from the Senate of the Roman Republic, c. 319–50 BC, 2013.
P. MOREAU, Lex Iulia de sacerdotiis, Athenaeum 66 (1988) 365–369.
J. D. MORGAN, The Death of Cinna the Poet, CQ 40 (1990) 558 f.
M. G. MORGAN, Pliny, N. H. III 129, the Roman Use of Stades and the Elogium of C. S. Tuditanus, Philologus 117 (1973) 29–48.
K. MORRELL, Pompey, Cato, and the Governance of the Roman Empire, 2017.
A. MOSCADI, Vernisera: messalia auguria (Paul. Fest. p. 520 L.), Prometheus 10 (1984) 70–74.
H. MOURITSEN, Plebs and Politics in the late Roman Republic, 2001.
S. D. MÜHLHÖLZL, Cicero „pro A. Caecina", 1992.
C. H. MÜLLER, Gefahrtragung bei der locatio conductio: Miete, Pacht, Dienst- und Werkvertrag im Kommentar römischer Juristen, 2002.

M. MÜLLER-EHLEN, Hereditatis petitio. Studien zur Leistung auf fremde Schuld und zur Bereicherungshaftung in der römischen Erbschaftsklage, 1998.
I. MÜLLER-SEIDEL, Q. Fabius Maximus Cunctator und die Konsulwahlen der Jahre 215 und 214 v. Chr., RhM 96 (1953) 241–281.
J. MUÑIZ COELLO, C. Flavius Fimbria, legado en la provincia de Asia (86/84 a. de C.), Studia historica. Historia antigua 13/14 (1995/96) 257–276.
J. MUÑIZ COELLO, Ap. Claudio Pulcro, cónsul del 54 a. C., Gerión 21 (2003) 205–228.
F. MÜNZER, Art. Q. Caecilius Metellus (81), RE III (1897) Sp. 1206–1207.
F. MÜNZER, Art. M. Caelius Rufus (35), RE III (1897) Sp. 1266–1272.
F. MÜNZER/C. CICHORIUS, L. Cincius Alimentus (5), RE III (1899) Sp. 2556 f.
F. MÜNZER, Art. Ap. Claudius Caecus (91), RE III (1899) Sp. 2681–2685.
F. MÜNZER, Art. C. Claudius Marcellus (214), RE III (1899) Sp. 2733.
F. MÜNZER, Art. M. Claudius Marcellus (226), RE III (1899) Sp. 2760.
F. MÜNZER, Art. M. Claudius Marcellus (229), RE III (1899) Sp. 2760–2764.
F. MÜNZER, Art. Ap. Claudius Pulcher (297), RE III (1899) Sp. 2849–2853.
F. MÜNZER, Art. Sex. Clodius (12), RE IV (1900) Sp. 65 f.
F. MÜNZER, Art. L. Cornelius Balbus (69), RE IV (1900) Sp. 1260–1268.
F. MÜNZER, Art. L. Cornelius Cinna (107), RE IV (1900) Sp. 1287 f.
F. MÜNZER, Art. L. Cornelius Lentulus (186), RE IV (1900) Sp. 1366 f.
F. MÜNZER, Art. P. Cornelius Scipio Nasica (353), RE IV (1900) Sp. 1497–1501.
F. MÜNZER, Art. M'. Curius (6), RE IV (1901) Sp. 1840.
F. MÜNZER, Aus dem Leben des M. Caelius Rufus, Hermes 44 (1909) 135–142.
F. MÜNZER, Art. Q. Fabius Labeo (91), RE VI (1909) Sp. 1773–1775.
F. MÜNZER, Art. Q. Fabius Maximus (116), RE VI (1909) Sp. 1814–1830.
F. MÜNZER, Art. Q. Fabius Pictor (126), RE VI (1909) Sp. 1836–1841.
F. MÜNZER, Art. Ser. Fabius Pictor (128), RE VI (1909) Sp. 1842–1844.
F. MÜNZER, Art. M. Fadius Gallus (6), RE VI (1909) Sp. 1958 f.
F. MÜNZER, Art. C. Flavius (11), RE VI (1909) Sp. 2526.
F. MÜNZER, Art. Cn. Flavius (15), RE VI (1909) Sp. 2526–2528.
F. MÜNZER, Art. C. Flavius Fimbria (87), RE VI (1909) Sp. 2598 f.
F. MÜNZER, Art. C. (Furius?) Camillus (40), RE VII (1910) Sp. 322.
F. MÜNZER, Art. L. Furius Philus (78), RE VII (1910) Sp. 360.
F. MÜNZER, Art. L. Gellius Poplicola (17), RE VII (1910) Sp. 1001–1003.
F. MÜNZER, Art. L. Gellius Poplicola (18), RE VII (1910) Sp. 1003–1005.
F. MÜNZER, Art. Haterius (1), RE VII (1912) Sp. 2513.
F. MÜNZER, Hortensius und Cicero bei historischen Studien, Hermes 49 (1914) 196–213.
F. MÜNZER, Art. P. Rutilius Rufus (34), RE I (1914) Sp. 1269–1280.
F. MÜNZER, M. Iunius Brutus (51), RE X (1918) Sp. 972.
F. MÜNZER, Art. M. Iunius Brutus (52), RE X (1918) Sp. 972 f.
F. MÜNZER, Art. T. Iuventius (10), RE X (1919) Sp. 1363.
F. MÜNZER, Römische Adelsparteien und Adelsfamilien, 1920.
F. MÜNZER, Art. P. Sempronius Sophus (85), RE II (1923) Sp. 1437 f.
F. MÜNZER, Art. C. Sempronius Tuditanus (92), RE II (1923) Sp. 1441–1443.
F. MÜNZER, Art. Cn. Servilius Caepio (46), RE II (1923) Sp. 1781.

F. Münzer, Art. Q. Servilius Caepio (48), RE II (1923) Sp. 1782 f.
F. Münzer, Art. C. Laelius (3), RE XII (1924) Sp. 404–410.
F. Münzer, Art. P. Licinius Crassus Dives (69), RE XIII (1926) Sp. 331–333.
F. Münzer, Art. P. Licinius Crassus Dives (72), RE XIII (1926) Sp. 334–338.
F. Münzer, Art. Lucilius (19), RE XIII (1927) Sp. 1640.
F. Münzer, Art. Q. Lucretius Vespillo (35), RE XIII (1927) Sp. 1691.
F. Münzer, Art. M'. Manilius (12), RE XIV (1928) Sp. 1135–1139.
F. Münzer, Art. A. Manlius Torquatus (75), RE XIV (1928) Sp. 1194.
F. Münzer, Art. A. Manlius Torquatus (76), RE XIV (1928) Sp. 1194–1199.
F. Münzer, Art. T. Manlius Torquatus (83), RE XIV (1928) Sp. 1209 f.
F. Münzer, Art. C. Marcius Figulus (62), RE XIV (1930) Sp. 1559.
F. Münzer, Art. P. Sulpicius Rufus (92), RE IV (1931) Sp. 843–849.
F. Münzer/B. Kübler, Art. Ser. Sulpicius Rufus (95), RE IV (1931) Sp. 851–860.
F. Münzer, Art. P. Mucius Scaevola (16), RE XVI (1933) Sp. 424 f.
F. Münzer, Art. P. Mucius Scaevola (17), RE XVI (1933) Sp. 425–428.
F. Münzer, Art. Q. Mucius Scaevola (19), RE XVI (1933) Sp. 429 f.
F. Münzer, Art. M. Octavius Herennus (56), RE XVII (1937) Sp. 1830.
F. Münzer, Art. A. Ofilius (4), RE XVII (1937) Sp. 2040 f.
F. Münzer, Art. P. Orbius (3), RE XVIII (1939) Sp. 880.
F. Münzer, Art. L. Postumius (15), RE XXII (1953) Sp. 898.
F. Münzer, Art. T. Postumius (26), RE XXII (1953) Sp. 901.
F. Münzer, Art. Vacerra, RE VII (1948) Sp. 2041.
F. Münzer, Art. L. Valerius (62), RE VII (1948) Sp. 2305 f.
F. Münzer, Art. M. Valerius Messala Niger (266), RE VIII (1955) Sp. 162–165.
F. Münzer, Art. Q. Publicius (13), RE XXIII (1959) Sp. 1897.
T. Murphy, Valerius Soranus and the Secret Name of Rome, in: A. Barchiesi/J. Rüpke/S. A. Stephens/Stanford University. Dept. of Classics (Hrsg.), Rituals in ink: a conference on religion and literary production in ancient Rome, 2004, 127–138.
R. Muth, Vom Wesen römischer *religio*, ANRW II 16.1 (1978) 290–354.
P. Nadig, Ardet ambitus. Untersuchungen zum Phänomen der Wahlbestechungen in der römischen Republik, 1997.
P. Nadig, Art. Iunius Silanus, D. [I 29], DNP 6 (1999) Sp. 64.
P. Nadig, Art. Licinius Crassus Dives, P. [I 18], DNP 7 (1999) Sp. 164.
P. Nadig, Art. Licinius Crassus Mucianus, P. [I 19], DNP 7 (1999) Sp. 164–165.
P. Nadig, Art. Manlius Torquatus, T. [I 20], DNP 7 (1999) Sp. 827.
G. Nagy, Six studies of sacral vocabulary relating to the fireplace, Harvard Studies in Classical Philology 78 (1974) 71–106.
E. Nardi, Aborto e omicidio nella civiltà classica, ANRW II 13.2 (1980) 366–385.
E. Nardi, Squilibrio e deficienza mentale in diritto romano, 1983.
E. Narducci, Introduzione a Cicerone, [2]2005.
C. Nasse, Zum Begriff hostia consultatoria, in: C. Batsch/U. Egelhaaf-Gaiser/R. Stepper (Hrsg.), Zwischen Krise und Alltag. Antike Religionen im Mittelmeerraum, 1999, 111–124.
M. Navarra, Ricerche sulla utilitas nel pensiero dei giuristi romani, 2002.

G. NEGRI, Per una stilistica dei Digesti di Alfeno, in: D. MANTOVANI (Hrsg), Per la storia del pensiero giuridico romano dall'età dei pontefici alla scuola di Servio. Atti del Seminario di S. Marino, 7 – 9 gennaio 1993, 1996, 135–158.

G. NEGRI, Riflessioni sparse sui posteriores Labeonis di Giavoleno, in: D. MANTOVANI (Hrsg), Per la storia del pensiero giuridico romano da Augusto agli Antonini. Atti del Seminario di S. Marino, 12 – 14 gennaio 1995, 1996, 57–70.

G. NEGRI, Un esempio di organizzazione sistematica dell'esperienza scolastica serviana, in: E. DOVERE (Hrsg), La codificazione del diritto dall'antico al moderno incontri di studio; Napoli, gennaio – novembre 1996, 1998, 121–128.

G. NEGRI, Per una ricerca sull'arte della transizione nei Digesta di Alfeno in: Fides humanitas ius. Studi in onore di Luigi Labruna, 2007, VI 3765–3776.

M. NENNINGER, Die Römer und der Wald, 2001.

W. NEUHAUSER, Patronus und Orator, 1958.

A. NEUMANN, Der Bürgenregress im Rahmen des Auftragsrechts. Studien zur formula in factum concepta, 2011.

C. NEUMEISTER, Grundsätze der forensischen Rhetorik, 1964.

A. NICE, C. Trebatius Testa and the British Charioteers: the Relationship of Cic. Ad Fam. 7.10. 2 to Caes. BG 4.25 and 33, Acta Classica 46 (2003) 71–96.

G. NICOSIA, Iura condere, in: F. COSTABILE (Hrsg.), Polis. Studi interdisciplinari sul mondo antico. Band 2, 2006, 267–275.

C. NICOLET, L'ordre équestre à l'époque républicaine, 312–43 av JC, 1966.

C. NICOLET, Les loix judiciaires et le tribunaux de concussion. Travaux récents et direction des recherches, ANRW I 2 (1972) 197–214.

J. NICOLS, Civic Patronage in the Roman Empire, 2014.

G. NICOSIA, Studi sulla deiectio, 1965.

G. NICOSIA, Possessio e res incorporales, AUPA 56 (2013) 275–283.

M. T. NICOTRI, De dote quantitate. A proposito di Cels. D.23.3.60 e 32.43, Teoria e storia del diritto privato IV (2011) 1–95.

H. NIEDERLÄNDER, Die Entwicklung des furtum und seine etymologischen Ableitungen, SZ 67 (1950) 185–260.

W. NIPPEL, Aufruhr und Polizei in der römischen Republik, 1988.

W. NIPPEL, Public Order in Ancient Rome, 1995.

W. NIPPEL, Orgien, Ritualmorde und Verschwörung? Die Bacchanalienprozesse des Jahres 186 v. Chr., in: U. MANTHE/J. v. UNGERN-STERNBERG (Hrsg.), Große Prozesse der römischen Antike, 1997, 65–73, 199–202.

V. DI NISIO, Osservazioni in tema di partus ancillae, in: Fides humanitas ius. Studi in onore di Luigi Labruna, 2007, III 1493–1517.

V. L. DA NÓBREGA, Herméneutique juridique appliquée à l'interdictum unde vi coactis armatisve dans le Pro Caecina de Cicéron, RIDA 7 (1960) 507–519.

B. NOORDRAVEN, Die Fiduzia im römischen Recht, 1999.

E. NORDEN, Aus altrömischen Priesterbüchern. Unveränd. Neudr. der Erstaufl., mit einem Nachw. von J. SCHEID, 1995.

D. NÖRR, Die Entwicklung des Utilitätsgedankens im römischen Haftungsrecht, SZ 73 (1956) 68–119.

D. NÖRR, Dig. 44.4.4.6. Bemerkungen zur spätrepublikanischen Kautelarpraxis, in: Eranion in honorem Georgii S. Maridakis, 1963, I 203–223.
D. NÖRR, Art. pragmaticus, RE Suppl. X (1965) Sp. 639–651.
D. NÖRR, Die Entstehung der longi temporis praescriptio, 1969.
D. NÖRR, Iurisperitus sacerdos, in: Xenion. Festschrift für Pan. J. Zepos, 1973, I 555–572.
D. NÖRR, Rechtskritik in der römischen Antike, 1974.
D. NÖRR, Pomponius oder „Zum Geschichtsverständnis der römischen Juristen", ANRW II 15 (1976) 497–604.
D. NÖRR, Der Jurist im Kreis der Intellektuellen: Mitspieler oder Außenseiter (Gellius, Noctes Atticae 16.10), in: D. MEDICUS/H. H. SEILER (Hrsg.), Festschrift für Max Kaser zum 70. Geburtstag, 1976, 57–90.
D. NÖRR, Cicero als Quelle und Autorität bei den römischen Juristen, in: F. BAUR/K. LARENZ/F. WIEACKER (Hrsg.), Beiträge zur europäischen Rechtsgeschichte und zum geltenden Zivilrecht. Festgabe für Johannes Sontis, 1977, 33–52.
D. NÖRR, Cicero-Zitate bei den klassischen Juristen: zur Bedeutung literarischer Zitate bei den Juristen und zur Wirkungsgeschichte Ciceros, in: Ciceroniana: Atti del III Colloquium Tullianum, 1978, 111–150.
D. NÖRR, Zum Traditionalismus der römischen Juristen, in: H. H. JAKOBS/B. KNOBBE-KEUK/E. PICKER/J. WILHELM (Hrsg.), Festschrift für Werner Flume zum 70. Geburtstag, 1978, 153–190.
D. NÖRR, Kausalitätsprobleme im klassischen römischen Recht: ein theoretischer Versuch Labeos, in: O. BEHRENDS (Hrsg.), Festschrift für Franz Wieacker zum 70. Geburtstag, 1978/1979, 115–144.
D. NÖRR, Causam mortis praebere, in: N. MACCORMICK/P. BIRKS (Hrsg.), The Legal Mind: Essays for Tony Honoré, 1983, 203–217.
D. NÖRR, Causa Mortis, 1986.
D. NÖRR, Zur Interdependenz von Prozessrecht und materiellem Recht am Beispiel der lex Aquilia, RJ 6 (1987) 99–116.
D. NÖRR, Aspekte des römischen Völkerrechts. Die Bronzetafel von Alcantara, 1989.
D. NÖRR, Mandatum, fides, amicitia, in: D. NÖRR/S. NISHIMURA (Hrsg.), Mandatum und Verwandtes. Beiträge zum römischen und modernen Recht, 1993, 13–37.
D. NÖRR, Condemnatio cum taxatione, SZ 112 (1995) 51–90.
D. NÖRR, Römisches Zivilprozessrecht nach M. Kaser: Prozessrecht und Prozesspraxis in der Provinz Arabia, SZ 115 (1998) 80–98.
D. NÖRR, Zu den Xenokriten (Rekuperatoren) in der römischen Provinzialgerichtsbarkeit, in: W. ECK/E. MÜLLER-LUCKNER, Lokale Autonomie und römische Ordnungsmacht in den kaiserzeitlichen Provinzen vom 1. bis 3. Jahrhundert [Kolloquium, München, 5. bis 7. Mai 1996], 1999, 257–302.
D. NÖRR, PSI VII 743r fr. e: Fragment einer römischen Prozessformel?, SZ 117 (2000) 179–215.
D. NÖRR, Pomponio o della intelligenza storica di giuristi romani, Rivista di diritto romano 2 (2002) 167–254.
D. NÖRR, Historiae iuris antiqui. 3 Bde., 2003.

D. Nörr, Probleme der Eviktionshaftung im klassischen römischen Recht, SZ 121 (2004) 152–188.
J. A. North, Disguising Change in the First Century, in: J. Rüpke (Hrsg.), The Individual in the Religions of the Ancient Mediterranean, 2013, 58–84.
T. Nótárí, Comments on the Origin of the legis actio in rem, Acta Juridica Hungarica 47 (2006) 133–155.
R. M. Ogilivie, Livy, Licinius Macer and the libri lintei, JRS 48 (1958) 40–46.
K. Olson, Dress and the Roman Woman, 2008.
I. Opelt, Die lateinischen Sprichwörter und verwandte sprachliche Erscheinungen, 1965.
R. Orestano, Dal ius al fas. Rapporto fra diritto divino e umano in Roma dall'età primitiva all'età classica, BIDR 46 (1939) 194–273.
A. Ormanni, Penus legata. Contributi alla storia dei legati disposti con clausola penale in età repubblicana e classica, in: Studi in onore di Emilio Betti, 1962, IV 579–736.
A. Palma, Publio Mucio Scevola e la dote di Licinia, in: Fraterna Munera: Studi in onore di L. Amirante, 1998, 323–330.
R. Palmer, The Archaic Community of the Romans, 1970.
T. Palmirski, Some Remarks on Ne quis in suggrunda protectove id positum habeat, cuius casus nocere possit praetor's edict, RIDA 50 (2003) 287–300.
T. Palmirski, Some Remarks on D. 16,3,15 and D. 50,17,45 pr., RIDA 51 (2004) 197–203.
L. Parenti, Osservazioni sul patientiam praestare in Labeone, Teoria e storia del diritto privato romano 5 (2012) 1–56.
J. Paricio, Labeo: Zwei rechtshistorische Episoden aus den Anfängen des Prinzipats, SZ 117 (2000) 432–444.
J. Paricio, La vocación de Servio Sulpicio Rufo, in: M. Schermaier (Hrsg.), Iurisprudentia universalis. Festschrift für Theo Mayer-Maly zum 70. Geburtstag, 2002, 549–568.
J. Paricio, Aulo Cascelio y su correcta ubicación cronológica, in: F. D'Ippolito (Hrsg.), Philia. Scritti per Gennaro Franciosi, 2007, III 1971–1987.
E. P. Parks, The Roman Rhetorical Schools as a Preparation for the Courts under the Early Empire, 1945.
J. Partsch, Aus nachgelassenen und kleineren verstreuten Schriften, 1931.
M. R. De Pascale, Una esegesi di D. 11.3.16, in: V. Giuffrè (Hrsg.), Sodalitas. Scritti in onore di A. Guarino 1984, VI 3021–3026.
M. R. De Pascale, Dall'Apollo medice delle Vestali all'ars fructosior di Plinio. Considerazioni sociali e giuridiche, Teoria e Storia del Diritto Privato 7 (2014) 1–51.
P. Paschalidis, What did iniuria in the lex Aquilia actually mean? RIDA 55 (2008) 321–363.
M. Paschalis, Virgil and the Delphic Oracle, Philologus 180 (1986) 44–68.
M. Pasco-Pranger, Naming Cato(s), The Classical Journal 108 (2012) 1–35.
P. Pasquino, Rimedi pretori in alcuni casi di accessione, Teoria e Storia del Diritto Privato 4 (2011) 1–105, http://www.teoriaestoriadeldirittoprivato.com/media/rivista/2011/contributi/2011_Contributi_Pasquino_Rimedi.pdf, abgerufen am 22. 3. 2019).
L. Passet, Frugalité et banquet offert au peuple à l'occasion de funérailles: la vaisselle de terre et les peaux de bouc de Q. Aelius Tuberon, Ktèma 35 (2010) 51–67.

J. PATERSON, „Salvation from the Sea": Amphorae and Trade in the Roman West, JRS 72 (1982) 146–157.
C. PAULUS, Die Idee der postmortalen Persönlichkeit im römischen Testamentsrecht, 1992.
C. PAULUS, Art. Arbiter, DNP 1 (1996) Sp. 974 f.
C. PAULUS, Das römische Bürgerrecht als begehrtes Privileg, in: U. MANTHE/J. v. UNGERN-STERNBERG (Hrsg.), Große Prozesse der römischen Antike, 1997, 100–114, 206 f.
C. PAULUS, Art. Iudex, DNP 5 (1998) Sp. 1200 f.
M. PEGLAU, Ein Antiquar zwischen Tradition und Aufklärung, in: A. HALTENHOFF/A. HEIL/F.-H. MUTSCHLER (Hrsg.), O tempora, o mores! Römische Werte und römische Literatur in den letzten Jahrzehnten der Republik, 2003, 137–164.
C. PELLOSO, Studi sul furto nell'antichità mediterranea, 2008.
C. PELLOSO, Do ut des e do ut facias. Archetipi labeoniani e tutele acontrattuali nella giurisprudenza romana tra primo e secondo secolo d. C., in: L. GAROFALO (Hrsg.), Scambio e gratuità. Confini e contenuti dell'attività contrattuale, 2011, 89–173.
C. PELLOSO, Sacertà e garanzie processuali in età regia e proto-repubblicana, in: L. GAROFALO (Hrsg.), Sacertà e repressione criminale in Roma arcaica, 2013, 57–144.
C. PELLOSO, Bis de eadem re sit actio: Osservazioni sulla ripetibilità delle azioni reali e sulla funzione dell'eccezione di cosa giudicata, in: L. GAROFALO (Hrsg.), Res iudicata, 2015, 209–255.
M. PENNITZ, Der „Enteignungsfall" im römischen Recht der Republik und des Prinzipats, 1991.
M. PENNITZ, Das periculum rei venditae: ein Beitrag zum „aktionenrechtlichen Denken" im römischen Privatrecht, 2000.
M. PENNITZ, Zu den Voraussetzungen der mora accipiendi, SZ 123 (2006) 152–184.
M. PENNITZ, Obligatio domini und obligatio servi, in: J. D. HARKE (Hrsg.), Drittbeteiligung am Schuldverhältnis, 2010, 71–96.
M. PENNITZ, Zur Noxalhaftung bei den sog. actiones de deiectis vel effusis und de posito (aut suspenso), RIDA (2011) 275–295.
M. PENNITZ, Acria et severa iudicia de furtis habita esse apud veteres … (Gellius 6,15,1). Überlegungen zum furtum usus, SZ 134 (2017) 147–187.
L. PEPPE, La nozione di populus e le sue valenze, in: W. EDER (Hrsg.), Staat und Staatlichkeit in der frühen römischen Republik, 312–343.
M. D. P. PÉREZ ÁLVAREZ, Observaciones sobre D. 17.1.22.10 (Paul. l.XXXII ad ed.), RIDA 45 (1998) 355–385.
X. PÉREZ LÓPEZ, Il praefectus urbi repubblicano e la sua proiezione nella tarda Repubblica e nel Principato, Rivista di diritto romano 13 (2013) 1–13.
B. PERIÑÁN GÓMEZ, El proceso contra L. C. Balbo Maior: estudio jurídico, 2011.
A. PERNICE, Zum römischen Sacralrechte I, Sitzungsberichte der königlich-preußischen Akademie der Wissenschaften zu Berlin (1885) 1143–1169.
A. PERNICE, Zum römischen Sacralrechte I, Sitzungsberichte der königlich-preussischen Akademie der Wissenschaften zu Berlin (1886) 1169–1203.
R. PESARESI, Studi sul processo penale in età repubblicana, 2005.

H. Petersmann, Bild und Gegenbild des vir bonus dicendi peritus in der römischen Literatur von ihren Anfängen bis in die Kaiserzeit, in: B. Czapla/T. Lehmann/S. Liedl (Hrsg.), Vir bonus dicendi peritus. Festschrift für Alfons Weische zum 65. Geburtstag, 1997, 321–329.

H. Petersmann, Lingua et religio, 2002.

A. Petrucci, Sopravvenienze e regolamento contrattuale: Riflessioni sul pensiero giurisprudenziale romano fra tarda repubblica e principato, in: I. Piro (Hrsg.), Scritti per Alessandro Corbino, 2016, V 521–558.

K.-E. Petzold, Geschichtsdenken und Geschichtsschreibung: kleine Schriften zur griechischen und römischen Geschichte, 1999.

M. Pfaff, Art. iudex quaestionis, RE IX (1916) Sp. 2474.

P. Pichonnaz/F. Wubbe, L'action servienne dans l'edit du préteur, in: M. Humbert/A. Magdelain/Y. Thomas (Hrsg.), Mélanges à la mémoire de André Magdelain, 1998, 361–382.

P. Pichonnaz, From clausula rebus sic stantibus to Hardship: Aspects of the Evolution of the Judge's Role, Fundamina 17 (2011) 125–143.

M. Piegdón, Marcus Licinius Crassus in relation to the trial of Publius Claudius Pulcher in the year 61 BC, in: E. Dąbrowa (Hrsg.), Titulus. Studies in memory of Dr. Stanisław Kalita, 2004, 91–104.

A. Piekenbrock, Befristung, Verjährung, Verschweigung und Verwirkung: eine rechtsvergleichende Grundlagenstudie zu Rechtsänderungen durch Zeitablauf, 2006.

P. Pieron, Zu Festus 174, 20–28 Lindsay, Hermes 129 (2001) 565–567.

M. Pierpaoli, Sull'edilità di Varro e Murena, Arctos 21 (1997) 87–99.

M. del Pilar Pérez Álvarez, Origini e presupposti del concorso dei creditori a Roma, in: Teoria e Storia del Diritto Privato 4 (2011) 1–40, http://www.teoriaestoriadeldirittoprivato.com/index.php?com=statics&option=index&cID=180, abgerufen am 22.3.2019).

F. Pina Polo, Contra arma verbis, 1996.

F. Pina Polo, Die nützliche Erinnerung: Geschichtsschreibung, mos maiorum und die römische Identität, Historia 53 (2004) 147–172.

F. Pina Polo, The Consul at Rome. The Civil Functions of the Consuls in the Roman Republic, 2011.

F. Pina Polo, Les Cornelii Balbi de Gadès: un exemple de clientélisme provinciale? in: N. Barrandon/F. Kirbihler (Hrsg.), Les gouverneurs et les provinciaux sous la République romaine, 2011, 189–203.

P. Pinna Parpaglia, La Lex Iulia de pecuniis mutuis e la opposizione di Celio, Labeo 22 (1976) 30–72.

J. Pinsent, Municeps II, CQ 7 (1957) 89–97.

D. J. Piper, Latins and the Roman Citizenship in Roman Colonies: Livy 34, 42,5–6; Revisited, Historia 36 (1987) 38–50.

J. Platschek, Das ius Verrinum im Fall des Heraclius von Syrakus, SZ 118 (2001) 234–263.

J. Platschek, Der auctor defensionis in Ciceros Rede für A. Caecina, SZ 121 (2004) 323–335.

J. Platschek, Studien zu Ciceros Rede für P. Quinctius, 2005.

J. PLATSCHEK, Rez. zu D. FLACH (HRSG.), Das Zwölftafelgesetz – leges duodecim tabularum, 2004, Forum Historiae Iuris vom 5. 1. 2005, einsehbar unter http://fhi.rg.mpg.de/rezensionen/0501platschek.htm, abgerufen am 22. 03. 2019.
J. PLATSCHEK, Ex iure manum conserere: Zur symbolischen Gewalt im frühen römischen Eigentumsprozess, TR 74 (2006) 245–260.
J. PLATSCHEK, Überlegungen zur *vis ac deductio*, in: Fides humanitas ius. Studi in onore di Luigi Labruna, 2007, VI 4395–4422.
J. PLATSCHEK, Bemerkungen zu Ciceros Rede für A. Caecina, in: N. BENKE/F.-S. MEISSEL (Hrsg.), Antike-Recht-Geschichte. Symposion zu Ehren von Peter E. Pieler, 2009, 127–136.
J. PLATSCHEK, Zur Rekonstruktion der bonae fidei iudicia, SZ 127 (2010) 275–285.
J. PLATSCHEK, Gai 4.35/36: Kein Beleg für eine actio Serviana des Vermögenskäufers, SZ 128 (2011) 366–369.
J. PLATSCHEK, Once more: debet or debetur in Gai 4,73?, TR 80 (2012) 39–46.
J. PLESCIA, The Development of Iniuria, Labeo 23 (1977) 271–289.
J. PLESCIA, Judicial Accountability and Immunity in Roman Law, AJPh 45 (2001) 51–70.
A. PLISECKA, Accessio and specificatio reconsidered, TR 74 (2006) 45–60.
A. PLISECKA, „Tabula picta“: aspetti giuridici del lavoro pittorico in Roma antica, 2011.
A. PÓKECZ KOVÁCS, Rücktrittsvorbehalt und pactum displicentiae (Ulp. D.19.5.20 pr.), RIDA 58 (2011) 315–338.
V. POLACEK, Comodato e furto: spunti d‘ interpretazione dialettica, Labeo 19 (1973) 161–184.
E. PÓLAY, Iniuria-Tatbestände im archaischen Zeitalter des antiken Rom, SZ 101 (1984) 142–189.
M. POLOJAC, Actio de pauperie: Anthropomorphism and rationalism, Fundamina 18 (2012) 119–144.
A. DI PORTO, La tutela della „salubritas“ fra editto e giurisprudenza: Il ruolo di Labeone, 1990.
V. PÖSCHL, Politische Wertbegriffe in Rom, Antike und Abendland 26 (1980) 1–17.
J. POWELL, The tribune Sulpicius, Historia 39 (1990) 446–460.
J. POWELL/J. PATERSON (Hrsg.), Cicero the Advocate, 2004.
F. PRÉCHAC, Notes on Trebatius the Velian, CQ 7 (1913) 273–281.
A. V. PREMERSTEIN, Art. commentarius, RE IV (1900) Sp. 726–759.
A. V. PREMERSTEIN, Lex Tappula, Hermes 39 (1904) 327–347.
A. V. PREMERSTEIN, Vom Werden und Wesen des Prinzipats, 1937
F. PRESCENDI, Art. fetiales, DNP 4 (1998) Sp. 496 f.
F. PRINGSHEIM, Id quod actum est, SZ 78 (1961) 1–91.
G. PUGLIESE, Figure processuali ai confini tra iudicia privata e iudicia publica, in: Studi in onore di Siro Solazzi, 1948, 391–417.
G. PUGLIESE, Cicerone tra diritto e retorica, in: Raccolta di scritti in onore di Arturo Carlo Jemolo, 1963, IV 561–587.
N. PURCELL, The Apparitores: A Study in Social Mobility, Papers of the British School at Rome 51 (1983) 125–173.

N. Purcell, The Way We Used to Eat: Diet, Community, and History at Rome, AJPh 124 (2003) 329–358.
G. Purpura, Il χειρέμβολον e il caso di Saufeio: responsabilità e documentazione nel trasporto marittimo romano, AUPA 57 (2014) 127–152.
R. Quadrato, Hominum gratia, in: Studi in onore di Remo Martini III, 2009, 273–288.
E. Quintana Oriva/J. M. Blanch Nougués, Nuevas consideraciones en torno al cognitor y al procurator in rem suam, RIDA 45 (1998) 322–353.
E. Quintana Orive, Observaciones sobre el depósito de la cosa debida en caso de mora creditoris, RIDA 46 (1999) 427–450.
F. Raber, Grundlagen klassischer Injurienansprüche, 1969.
R. Raccanelli, L'amicitia nelle commedie di Plauto: un'indagine antropologica, 1998.
M. Radin, Maintenance by Champerty, California Law Review 24 (1935) 48–78.
M. Radin, The Ancient Grudge. A Study in the Public Relations of the Legal Profession, Virginia Law Review 32 (1946) 734–752.
G. Radke, Art. Quindecimviri sacris faciundis, RE XXIV (1963) Sp. 1114–1148.
G. Radke, Die Götter Altitaliens, 1965.
G. Radke, Anmerkungen zu den kultischen Maßnahmen in Rom während des zweiten punischen Krieges, Würzburger Jahrbücher für die Altertumswissenschaft 6 (1980) 105–121.
G. Radke, Versuch einer Sprach- und Sachdeutung alter römischer Rechtsbegriffe, in: M. Harder/G. Thielmann (Hrsg.), De iustitia et iure: Festgabe für U. von Lübtow zum 80. Geburtstag, 1980, 9–44.
G. Radke, Wollgebilde an den Compitalia, Würzburger Jahrbücher für die Altertumswissenschaft 9 (1983) 173–178.
G. Radke, Fasti Romani. Betrachtungen zur Frühgeschichte des römischen Kalenders, 1990.
S. L. Radt, Favorin. φυγῆς col. XXI 5 ff.: Welcher Mucius?, ZPE 49 (1982) 1–2.
F. Ragoni, Actio legis Aquiliae, actio de pauperie, edictum de feris: responsabilità per danno cagionato da cani, Diritto@Storia 6 (2007), http://www.dirittoestoria.it/6/Tradizione-romana/Ragoni-Responsabilit-danno-cagionato-da-cani.htm.
J. M. Rainer, Bau- und nachbarrechtliche Bestimmungen im klassischen römischen Recht, 1987.
J. M. Rainer, Der paries communis im klassischen römischen Recht, SZ 105 (1988) 488–513.
J. M. Rainer, Servius und Labeo zur cautio damni infecti, in: M. Schermaier/Z. Végh (Hrsg.), Ars boni et aequi. Festschrift für Wolfgang Waldstein zum 65. Geburtstag, 1993, 285–302.
J. M. Rainer, Die Begründung des Sklavenstatus nach ius gentium und ius civile, 1999.
J. M. Rainer, Zum Ursprung der extraordinaria cognitio, in: J. Sondel/J. Reszczynski/P. Scislicki (Hrsg.), Ius Romanum et orbis iurisprudentiae universalis. Studia in honorem Vieslai Litewski, 2004, 69–74.
J. M. Rainer, Römisches Staatsrecht, 2006.

J. M. RAINER, Quintus Mucius, der Besitz und die cautio damni infecti, in: H. ALTMEPPEN/I. REICHARD/M. SCHERMAIER (Hrsg.), Festschrift für Rolf Knütel zum 70. Geburtstag, 2010, 887–908.

J. M. RAINER, Julian und die cautio damni infecti, in: R. VAN DEN BERGH/G. VAN NIEKERK (Hrsg.), Libellus ad Thomasium. Essays in Roman Law, Roman-Dutch Law and Legal History in Honour of Philip J. Thomas, Fundamina 16 (2010) 359–365.

N. RAMPAZZO, La falsa demonstratio e l'oggetto dei legati, Index 29 (2001) 259–299.

J. T. RAMSEY, Philippics I–II, 2003.

J. T. RAMSEY, Mark Antony's Judiciary Reform and its Revival under the Triumvirs, JRS 95 (2005) 20–37.

B. RANKOV, M. Junius Congus the Gracchan, in: M. WHITBY/P. HARDIE/M. WHITBY (Hrsg.), Homo Viator. Classical Essays for John Bramble, 1987, 89–94.

B. RANTZ, Les droits de la femme romaine tels qu'on peut les apercevoir dans le pro Caecina de Cicéron, RIDA 29 (1982) 265–280.

S. RASMUSSEN, Public Portents in Republican Rome, 2001.

R. RAU, Zu Ciceros Rede für A. Caecina, in: M. v. ALBRECHT/E. HECK (Hrsg.), Silvae. Festschrift für E. Zinn, 1970, 173–181.

N. K. RAUH, Cicero's Business Friendships. Economics and Politics in the Late Roman Republic, Aevum 60 (1986) 3–30.

M. RAVIZZA, Catilina, Crasso e le vestal, Rivista di diritto Romano 6 (2006) 1–10.

E. RAWSON, Cicero the Historian and Cicero the Antiquarian, JRS 62 (1972) 33–45.

E. RAWSON, Scipio, Laelius, Furius and the Ancestral Religion, JRS 63 (1973) 161–174.

E. RAWSON, The First Latin Annalists, Latomus 35 (1976) 689–717.

E. RAWSON, The Identity Problems of Q. Cornificius, CQ 28 (1978) 188–201.

E. RAWSON, Intellectual Life in the Late Roman Republic, 1985.

G. REDL, Die fahrlässige Tötung durch Verabreichung schädigender Substanzen im römischen Strafrecht der Prinzipatszeit, RIDA 52 (2005) 309–324.

I. REICHARD, Die Frage des Drittschadensersatzes im klassischen römischen Recht, 1993.

I. REICHARD, The creation of the stipulatio Aquiliana (first century BC) – a change of paradigm?, in: A. J. B. SIRKS (Hrsg.), Nova ratione. Change of paradigms in Roman law, 2014, 63–86.

C. REICHARDT, Sprachlich-stilistische Untersuchungen zu den frühen römischen Historikern, 2008.

H. REINAUS/J. v. UNGERN-STERNBERG, Vergangenheit in mündlicher Überlieferung, 1988.

C. RENEL, Le sens du mot „cliens“ et les origines de la clientèle romaine, Revue de linguistique et de philologie comparée 39 (1903) 213–225.

J. RESZCZYNSKI, Impendere, impensa, impendium (sulla terminologia delle spese in diritto romano, SDHI 55 (1989) 191–252.

J. RICH, Patronage and International Relations in the Roman Republic, in: A. WALLACE-HADRILL (Hrsg.), Patronage in Ancient Society, 1989, 117–136.

J. RICH, The fetiales and Roman International Relations, in: J. H. RICHARDSON/F. SANTANGELO (Hrsg.), Priests and State in the Roman World, 2011, 185–240.

J.-C. Richard, Praetor collega consulis est, Mélanges de l'Ecole française de Rome. Antiquité 95 (1983) 651–664.
J. H. Richardson, Ap. Claudius Caecus and the Corruption of the Roman Voting Assemblies: A new Interpretation of Livy 9.46.11, Hermes 139 (2011) 454–463.
J. H. Richardson, L. Iunius Brutus the Patrician and the Political Allegiance of Q. Aelius Tubero, CPh 106 (2011) 155–160.
J. S. Richardson, The Tabula Contrebiensis: Roman Law in Spain in the Early First Century B.C., JRS 73 (1983) 33–41.
R. T. Ridley, The Absent Pontifex Maximus, Historia 54 (2005) 275–300.
C. M. A. Rinolfi, Livio 1.20.5–7: pontefici, sacra, ius sacrum, Diritto@Storia 4 (2005), http://www.dirittoestoria.it/4/Tradizione-Romana/Rinolfi-Pontefici-sacra-ius-sacrum.htm#_ftn18, abgefragt am 22.3.2019.
J. Rives, Control of the sacred in Roman Law, in: O. Tellegen-Couperus (Hrsg.), Law and Religion in the Roman Republic, 2012, 165–180.
Y. Rivière, Les quadruplatores: la répression du jeu, de l'usure et de quelques autres délits sous la République romaine, Mélanges de l'école française de Rome 109 (1997) 577–631.
H. Rix, Lat. patronus, matrona, colonus, pecunia, in: K. Heller/O. Panagl/J. Tischler (Hrsg.). Indogermanica Europaea. Festschrift für Wolfgang Meid zum 60. Geburtstag am 12.11.1989, 1989, 225–240.
F. De Robertis, La responsabilità contrattuale nel diritto romano dalle origini a tutta l'età postclassica, 1996.
L. Robinson, The Personal Abuse in Lucilius' Satires, The Classical Journal 49 (1953) 31–35, 47.
O. Robinson, Ancient Rome: City Planning and Administration, 1992.
O. Robinson, The „iudex, qui litem suam fecerit" explained, SZ 116 (1999) 195–199.
O. Robleda, Il divorzio in Roma prima di Costantino, ANRW II 14 (1982) 347–390.
J.-M. Roddaz, L'ami de César, Lucius Cornelius Balbus, in: Hommages à François Hinard, 2011, 18–31.
A. Rodger, Roman Rain-Water, TR 38 (1970) 417–431.
A. Rodger, A Note on A. Cascellius, CQ 22 (1972) 135–138.
A. Rodger, Owners and Neighbours in Roman Law, 1972.
A. Rodger, The Rise and Fall of Roman Lakes, TR 55 (1987) 19–29.
A. Rodger, Mrs. Donoghue and Alfenus Varus, 1988.
A. Rodger, Jurisdictional Limits in the lex Irnitana and the lex de Gallia Cisalpina, ZPE 110 (1996) 189–206.
A. Rodger, Vadimonium to Rome (and Elsewhere), SZ 114 (1997) 160–196.
A. Rodger, The Praetor Hoist with his Own Petard, in: J. Cairns/O. Robinson (Hrsg.), Critical Studies in Ancient Law, Comparative Law and Legal History. Essays in honour of Alan Watson, 2001, 127–141.
R. H. Rodgers, Frontinus Aq. 76.2: An Unnoticed Fragment of Caelius Rufus?, AJPh 103 (1982) 333–337.
E. Rodriguez Diaz, Antecedentes históricos del art. 1.453 del Código civil español, RIDA 45 (1998) 585–648.
G. Rohde, Die Kultsatzungen der römischen Pontifices, 1936.

R. RÖHLE, Zur Rekonstruktion von D. 9.3.5.1, Iura 30 (1979) 86–89.
R. RÖHLE, Die Ellipse des Substantivs und der Genetivus Gerundivi finalis in den römischen Rechtsquellen, SZ 120 (2003) 177–188.
R. RÖLE, Propior sobrino, propius sobrino in der römischen Rechtssprache, SZ 98 (1981) 341–365.
A. ROLLE, Il. fr. 191B delle Menippee di Varrone: una testimonianza tardo-repubblicana del culto di Iside a Roma?, Prometheus 38 (2012) 133–144.
M. B. ROLLER, Demolished Houses, Monumentality, and Memory in Roman Culture, Classical Antiquity 29 (2010) 117–180.
C. ROLLINGER, Solvendi sunt nummi. Die Schuldenkultur der späten römischen Republik im Spiegel der Schriftem Ciceros, 2009.
D. ROMAN, Débuts oratoires et causa popularis à Rome au II siècle avant J.-C. L'exemple de L. Licinius Crassus, Ktèma 19 (1994) 97–110.
A. ROMANO, Capitis deminutio. An unresolved problem, Cuadernos de filología clásica. Estudios latinos 3 (1992) 49–70.
C. RÖSCH-BINDE, Vom δεινὸς ἀνήρ zum diligentissimus investigator antiquitatis: zur komplexen Beziehung zwischen M. Tullius Cicero und M. Terentius Varro, 1998.
E. ROSCINI, Gli oscilla e l'oscillatio presso i Romani: fonti antiche e terminologia archeologica a confronto, Scienze dell'antichità. Storia, archeologia, antropologia 19 (2013) 233–257.
H. J. ROSE, A Handbook of Latin Literature. From the earliest Times to the Death of St. Augustine, 1996.
S. ROSELAAR, Public Land in the Roman Republic. A Social and Economic History of Ager Publicus in Italy, 396–89 BC, 2010.
J. A. ROSENBLITT, The devotio of Sallust's Cotta, AJPh 132 (2011) 397–427.
J. ROSENTHAL, Custodia und Aktivlegitimation zur actio furti, SZ 68 (1951) 217–265.
C. ROSILLO LÓPEZ, La corruption à la fin de la République romaine (IIe-Ier s. av. J.-C.), 2010.
V. J. ROSIVACH, Caelius' Adherence to the Caesarian Cause, The Classical World 74 (1980/1981) 201–212.
L. ROSS TAYLOR, On the Chronology of Cicero's Letters to Atticus, Book XIII, CPh 32 (1937) 228–240.
L. ROSS TAYLOR, The Dating of Major Legislation and Elections in Caesar's First Consulship, Historia 17 (1968) 173–193.
L. ROSS TAYLOR, Republican and Augustan Writers Enrolled in the Equestrian Centuries, TAPA 99 (1968) 469–468.
L. ROSS TAYLOR, Party Politics in the Age of Caesar, 1971.
H. J. ROTH, Alfeni Digesta. Eine spätrepublikanische Juristenschrift, 1999.
U. ROTH, Thinking Tools, 2007.
N. ROULAND, Pouvoir politique et dépendance personnelle dans l'Antiquité romaine: genèse et rôle des rapports de clientèle, 1979.
G. ROWE, Reconsidering the auctoritas of Augustus, JRS 103 (2013) 1–15.
R. J. ROWLAND, C. Gracchus and the Equites, TAPA 96 (1965) 361–373.

R. J. ROWLAND, Crassus, Clodius, and Curio in the Year 59 B.C., Historia 15 (1966) 217–223.
W. ROZWADOWSKI, Studi sul trasferimento dei crediti in diritto romano, BIDR 76 (1973) 11–170.
S. RUCIŃSKI, Praefectus Urbi. Le Gardien de l'ordre public à Rome sous le Haut-Empire Romain, 2009.
A. RUELLE, Sacrifice, énonciation et actes de langage en droit romain archaïque, RIDA 49 (2002) 203–239.
K. RUFFING, Cato Uticensis und seine Wahrnehmung in der Antike, in: U. NIGGEMANN/ K. RUFFING (Hrsg.), Antike als Modell in Nordamerika? Konstruktion und Verargumentierung 1763–1809, 2011, 175–202.
J. RÜPKE, Domi militiae: die religiöse Konstruktion des Krieges in Rom, 1990.
J. RÜPKE, Kalender und Öffentlichkeit. Die Geschichte der Repräsentation und religiösen Qualifikation von Zeit in Rom, 1995.
J. RÜPKE/W. WILL, Art. Iulius Caesar, C., DNP 2 (1997) Sp. 908–920.
J. RÜPKE, Fasti Sacerdotum. 3 Bde., 2005.
J. RÜPKE, Religion in the lex Ursonensis, in: C. ANDO/J. RÜPKE (Hrsg.), Religion and Law in Classical and Christian Rome, 2006, 34–46.
J. RÜPKE, A Companion to Roman Religion, 2007.
J. RÜPKE, Radikale im öffentlichen Dienst. Status und Individualisierung unter römischen Priestern republikanischer Zeit, in: P. A. BARCELÓ (Hrsg.), Religiöser Fundamentalismus in der römischen Kaiserzeit, 2010, 11–21.
J. RÜPKE, Religion in Republican Rome, 2012.
J. RÜPKE, Rationalizing religious practices: The pontifical calendar and the law, in: O. TELLEGEN-COUPERUS (Hrsg.), Law and Religion in the Roman Republic, 2012, 85–106.
E. RUSCHENBUSCH, Die frühen römischen Annalisten. Untersuchungen zur Geschichtsschreibung des 2. Jahrhunderts v. Chr., 2004.
C. RUSSO RUGGERI, Osservazioni sulle cosidette Leges Iuliae de pecuniis mutuis e de bonis cedendis, Ius antiquum 1 (2000) 105–112.
F. X. RYAN, The Origin of the Phrase „ius sententiae dicendae", Hermes 121 (1993) 206–210.
F. X. RYAN, Cicero, Mur. 47: text and meaning, Gymnasium 101 (1994) 481 f.
F. X. RYAN, The Lex Scantinia and the Prosecution of Censors and Aediles, CPh 89 (1994) 159–162.
F. X. RYAN, Sexagenarians, the bridge, and the centuria praerogativa, RhM 138 (1995) 188–190.
F. X. RYAN, The quaestor †Canini Salustius, RhM 140 (1997) 281–285.
F. X. RYAN, Rank and participation in the Republican Senate, 1998.
F. X. RYAN, The Quaestorships of T. Ligarius and Q. Aelius Tubero, L'antiquité classique 68 (1999) 243–245.
F. X. RYAN, Varro bei Varro? Der Brief an Oppianus und das Handbuch für Pompeius, in: P. Defosse (Hrsg.), Hommages à Carl Deroux II: Prose et linguistique, médecine, 2002, 372–385.
F X. RYAN, Das Haupt des Appius, Studia Humaniora Tartuensia 5 (2004) 1–16.

F. X. Ryan, Eine Beteuerung Tuberos, eine Andeutung Caesars und eine Unterstellung Ciceros, Aevum 78 (2004) 51–58.
F. X. Ryan, The subscriptors of Laelius against Flaccus, HABIS 37 (2006) 217–230.
O. Sacchi, Il privilegio dell'esenzione dalla tutela per le vestali (Gai. 1.145): elementi per una datazione tra innovazioni legislative ed elaborazione giurisprudenziale, RIDA 50 (2003) 317–359.
O. Sacchi, Le nozioni di stato e di proprietà in Panezio e l'influenza della dottrina stoica sulla giurisprudenza romana dell'epoca scipionico-cesariana, RIDA 52 (2005) 325–357.
A. Saccoccio, Un provvedimento di Cesare del 49 a. C. in materia di debiti, in: S. Tafaro (Hrsg.), L'usura ieri ed oggi. Foggia, 7–8 aprile 1995, 1997, 99–175.
E. T. Sage/A. J. Wegner, Administrative Commissions and the Official Career, CPh 31 (1936) 23–32.
R. Saller, Personal Patronage under the Early Empire, 1982.
R. Saller, Patronage and Friendship in Early Imperial Rome: Drawing the Distinction, in: A. Wallace-Hadrill (Hrsg.), Patronage in Ancient Society, 1989, 49–62.
K. Sallmann, Die Geographie des älteren Plinius in ihrem Verhältnis zu Varro, 1971.
K. Sallmann, Art. Terentius Varro, M. [2], DNP 12.1 (2002) Sp. 1130–1144.
M. R. Salzman, Cicero, the Megalenses and the Defense of Caelius, AJPh 103 (1982) 299–304.
I. Samotta, Das Vorbild der Vergangenheit. Geschichtsbild und Reformvorschläge bei Cicero und Sallust, 2009.
G. C. Sampson, The Defeat of Rome: Crassus, Carrhae, and the Invasion of the East, 2008.
E. Samter, Familienfeste der Griechen und Römer, 1901.
E. Samter, Art. fetiales, RE VI (1909) Sp. 2259–2265.
D. N. Sánchez Vendramini, Naevius' Fehde mit Q. Caecilius Metellus, Mnemosyne 62 (2009) 471–476.
P. Sánchez, Le fragment de Cincius (Festus p. 276 L) et le commandement des armées du Latium, Cahiers du Centre Glotz 25 (2014) 7–48.
C. Sánchez-Moreno Ellart, El problema de la buena fe en la usucapio pro donato, Index 29 (2001) 339–360.
M. V. Sanna, L'usucapione del partus ancillae furtivae, SDHI 74 (2008) 397–438.
B. Santalucia, Diritto e processo penale nell'antica Roma, 1998.
F. Santangelo, Whose Sacrilege? A Note on Sal. 5.14, The Classical World 104 (2011) 333–338.
F. Santangelo, Divination, Prediction and the End of the Roman Republic, 2013.
C. Santi, I collegi sacerdotali di Roma arcaica negli studi storico-religiosi italiani, Ius Antiquum-Drevnee Pravo 5 (1999) 115–123.
R. Santoro, Sul ius papirianum, in: M. Humbert (Hrsg.), Mélanges de droit romain et d'histoire ancienne: hommage à la mémoire de André Magdelain, 1998, 399–416.
R. Santoro, Appio Claudio e la concezione strumantalistica del ius, AUPA 47 (2002) 293–365.
R. Santoro, Su D. 46.3.80 (Pomp. 4 ad Quintum Mucium), AUPA 55 (2012) 553–618.
G. Santucci, The equality of contributions and the liability of the partners, in: A. J. B. Sirks (Hrsg.), Nova ratione. Change of paradigms in Roman law, 2014, 87–105.

G. Santucci, Verba edicti e definitiones: Labeone e Pedio nel commento ulpianeo de pactis, AUPA 59 (2016) 101–110.

M. Sargenti, Osservazioni su D.41.1.38 in rapporto alla teoria dell'alveo abbandonato, in: A. Guarino/L. Labruna (Hrsg.), Synteleia Vincenzo Arangio-Ruiz, 1964, I 359–365.

S. Satterfield, Rome's Own Sibyl: The Sibylline Books in the Roman Republic and Early Empire, 2011.

I. Sauerwein, Die leges sumptuariae als römische Maßnahme gegen Sittenverfall, 1970.

C. Saunders, The Political Sympathies of Servius Sulpicius Rufus, The Classical Review, 37 (1923) 110–113.

M. G. Scacchetti, La presunzione muciana, 2002.

A. C. Scafuro, The Forensic Stage, 1997.

V. Scarano Ussani, L'utilità e la certezza. Compiti e modelli del sapere giuridico in Salvio Giuliano, 1987.

V. Scarano Ussani, Tra scientia e ars. Il sapere giuridico romano dalla sapienza alla scienza nei giudizi di Cicerone e di Pomponio, in: D. Mantovani (Hrsg.), Per la storia del pensiero giuridico dall'età dei pontefici alla scuola di Servio. Atti del Seminario di S. Marino, 7 – 9 gennaio 1993, 1996, 229–262.

V. Scarano Ussani, L'ars dei giuristi.Considerazioni sullo statuto epistemologico della giurisprudenza romana, 1997.

V. Scarano Ussani, Tuberone e la lingua, Ostraka 12 (2003) 89–101.

V. Scarano Ussani, Romanus sapiens and civilis vir: Quintilian's theory of the orator acting for the benefit of the imperial power, in: O. Tellegen-Couperus (Hrsg.), Quintilian and the Law: The Art of Persuasion in Law and Politics, 2003, 287–303.

R. Scevola, La responsabilità del iudex privatus, 2004.

C. Schäfer, Spitzenmanagement in Republik und Kaiserzeit, 1998.

N. Schäfer, Die Einbeziehung der Provinzialen in den Reichsdienst in augusteischer Zeit, 2000.

D. Schanbacher, Verpfändungspraxis und Pfandrecht, in: W. Ernst/E. Jakab (Hrsg.), Usus Antiquus Juris Romani: Antikes Recht in lebenspraktischer Anwendung, 2005, 191–204.

D. Schanbacher, Gefahrtragung im Pfandverhältnis: Lysias VIII,10, TR 74 (2006) 319–324.

D. Schanbacher, Zur Rezeption und Entwicklung des rhodischen Seewurfrechts in Rom, in: B.-R. Kern/E. Wadler/K.-P. Schroeder/C. Katzenmeier, Humaniora. Medizin – Recht – Geschichte. Festschrift für Adolf Laufs zum 70. Geburtstag, 2006, 257–273.

D. Schanbacher, Zum Einfluß der stoischen Sprachtheorie auf die römische Jurisprudenz: D. 33,10,7,2 (Cels. 19 dig.), in: H. Altmeppen/I. Reichard/M. Schermaier (Hrsg.), Festschrift für Rolf Knütel zum 70. Geburtstag, 2010, 1025–1035.

M. Schanz/C. Hosius (Bearb), Geschichte der römischen Litteratur bis zum Gesetzgebungswerk des Kaisers Justinian. 1. Die römische Literatur in der Zeit der Republik, 1927.

V. Schaub, Der Zwang zur Entlassung aus der Ehegewalt und die remancipatio ohne uxor, SZ 82 (1965) 106–131.

P. Scheibelreiter, Zwischen furtum und Litiskreszenz: Überlegungen zur poena dupli der actio ex causa depositi, RIDA 56 (2009) 131–154.
P. Scheibelreiter, De eo, qui sciens commodasset pondera. Zum Verleihen und Gebrauchen falscher Gewichte bei Trebaz und Paulus, SZ 134 (2017) 188–233.
J. Scheid, „Livres" sacerdotaux et erudition, in: C. Batsch/U. Egelhaaf-Gaiser/R. Stepper (Hrsg.), Zwischen Krise und Alltag. Antike Religionen im Mittelmeerraum, 1999, 161–170.
J. Scheid, The Expiation of Impieties Committed without Intention and the Formation of Roman Theology, in: J. Assmann/G. G. Stroumsa (Hrsg.), Transformations of the inner self in ancient religions, 1999, 331–348.
W. Scheidel, Sklaven und Freigelassene als Pächter und ihre ökonomische Funktion in der römischen Landwirtschaft, in: H. Sancisi-Weerdenburg/R. J. van der Spek/H. C. Teitler/H. T. Wallinga (Hrsg.), De Agricultura: In memoriam Pieter Willem de Neeve (1945–1990), 1993, 182–196.
M. Schermaier, D. 41,1,24 und 26 pr.: Ein Versuch zur Verarbeitungslehre des Paulus, SZ 105 (1988) 436–487.
M. Schermaier, Materia. Beiträge zur Frage der Naturphilosophie im klassischen römischen Recht, 1992.
M. Schermaier, Teilvindikation oder Teilungsklage?, SZ 110 (1993) 124–183.
M. Schermaier, Auslegung und Konsensbestimmung, Sachmängelhaftung, Irrtum und anfängliche Unmöglichkeit nach römischem Kaufrecht, SZ 115 (1998) 235–288.
M. Schermaier, Bonus Pater Familias, in: H. Dondorp/J. Hallebeek/T. Wallinga/L. Winkel (Hrsg.), Ius romanum – ius commune – ius hodiernum. Studies in honour of Eltje J. H. Schrage on the occasion of his 65th birthday, 2010, 347–362.
E. Scheuermann, Cicero und das Geld, 2015.
A. Schiavone, Quinto Mucio teologo, Labeo 20 (1974) 315–361.
A. Schiavone, Il caso e la natura, in: A. Giardina/A. Schiavone, Società Romana e produzione schiavistica. III. Modelli etici, diritto e trasformazioni sociali, 1981, 41–78, 354–364.
A. Schiavone, Giuristi e nobili nella Roma repubblicana, 1987.
A. Schiavone, Publio Mucio e la nascitá della letteratura giuridica romana, in: Roma tra oligarchia e democrazia. Atti del convegno Copanello, 28–31 maggio 1986, 1988, 139–160.
A. Schiavone, Forme normative e generi letterari. La cristallizzazione del ius civile e dell'editto fra tarda repubblica e primo principato, in: E. Dovere (Hrsg), La codificazione del diritto dall'antico al moderno incontri di studio; Napoli, gennaio – novembre 1996, 1998, 51–72.
A. Schiavone, Ius. L'invenzione del diritto in occidente, 2005.
A. Schiavone, Ius. L'invention du droit en Occident, 2008.
A. Schiavone, Dodici tavole e ortodossia repubblicana, in: J.-L. Ferrary (Hrsg.), Leges publicae. La legge nell'esperienza giuridica romana, 2012, 293–305.
A. A. Schiller, Jurists' Law, Columbia Law Review 58 (1958) 1226–1238.
A. A. Schiller, Roman Law. Mechanisms of development, 1978.

U. SCHLAG, Regnum in senatu. Das Wirken römischer Staatsmänner von 200 bis 191 v. Chr., 1968.
B. SCHLÖSSER, Die Bedeutung der praepositio für den Handelsverkehr im antiken Rom, 2007.
B. SCHMIDLIN, Das Rekuperatorenverfahren. Eine Studie zum römischen Prozess, 1963.
B. SCHMIDLIN, Die römischen Rechtsregeln. Versuch einer Typologie, 1970.
B. SCHMIDLIN, Zur Bedeutung der legis actio: Gesetzesklage oder Spruchklage?, TR 38 (1970) 367–387.
B. SCHMIDLIN, Horoi, pithana und regulae – Rhetorik, Dialektik und juristische Regelbildung, ANRW II 15 (1976) 101–130.
B. SCHMIDLIN, Regula iuris: Standard, Norm oder Spruchregel?, in: D. MEDICUS/H. H. SEILER (Hrsg.), Festschrift für Max Kaser zum 70. Geburtstag, 1976, 91–109.
B. SCHMIDLIN, Der verfahrensrechtliche Sinn des ex fide bona, in: U. VON LÜBTOW/ M. HARDER/G. THIELMANN (Hrsg.), De iustitia et iure. Festgabe für Ulrich von Lübtow zum 80. Geburtstag, 1980, 359–372.
B. SCHMIDLIN, Nominatsprinzip und actio praescriptis verbis, SZ 124 (2007) 53–93.
P. L. SCHMIDT, Art. Granius Licinianus, C. [II 2], DNP 4 (1998) Sp. 1206.
P. L. SCHMIDT, Art. Nigidius Figulus, P., DNP 8 (2000) Sp. 890–891.
P. L. SCHMIDT, Art. Valerius, Q. [III 7], DNP 12.1 (2002) Sp. 1117.
T. SCHMITT, Art. Sempronius Sophos, P. [I 20], DNP 11 (2001) Sp. 395.
T. SCHMITT, Suarum legum idem auctor ac subversor. Tacitus über Pompeius als Gesetzgeber 52 v. Chr., in: U. WALTER (Hrsg.), Gesetzgebung und politische Kultur in der römischen Republik, 2014, 227–284.
U. SCHMITZER, Raumkonkurrenz. Der symbolische Kampf um die römische Topographie im christlich-paganen Diskurs, in: T. FUHRER (Hrsg.), Rom und Mailand in der Spätantike. Repräsentationen städtischer Räume in Literatur, Architektur und Kunst, 2011, 237–262.
P. SCHOLZ, Sullas commentarii – eine literarische Rechtfertigung, in: U. EIGLER/U. GOTTER/ N. LURAGHI/U. WALTER (Hrsg.), Formen römischer Geschichtsschreibung von den Anfängen bis Livius. Gattungen – Autoren – Kontexte, 2003, 172–195.
P. SCHOLZ, Den Vätern folgen. Sozialisation und Erziehung der republikanischen Senatsaristokratie, 2011.
U. W. SCHOLZ, Zu L. Cassius Hemina, Hermes 117 (1989) 167–181.
U. W. SCHOLZ, Art. Fabius Pictor, Q. [I 35], DNP 4 (1998) Sp. 373–374.
E. J. H. SCHRAGE, The Judge's Liability for Professional Mistakes, Journal of Legal History 17 (1996) 101–129.
E. J. H. SCHRAGE, Die verschuldensunabhängige Haftung des Vermieters, Studia prawnoekonomiczne 83 (2011) 191–203.
F. SCHULZ, Prinzipien des römischen Rechts, 1934.
F. SCHULZ, Geschichte der römischen Rechtswissenschaft, 1961.
L. SCHUMACHER, Prosopographische Untersuchungen zur Besetzung der vier hohen römischen Priesterkollegien im Zeitalter der Antoniner und Severer, ANRW II 16.1 (1978) 655–819.

J. SCHWINDT, Prolegomena zu einer „Phänomenologie" der römischen Literaturgeschichtsschreibung, 2000.

S. SCIORTINO, Denegare actionem, decretum e intercessio, AUPA 55 (2012) 659–704.

H. SCOTT, Omnes unius aestimemus assis. A Note on Liability for Defamation in Catullus V, Roman Legal Tradition 3 (2006) 95–110.

F. SCOTTI, Diritto e agronomi latini: un caso in tema di actio aquae pluviae arcendae, Agri Centuriati. An International Journal of Landscape Archaeology 10 (2013) 9–39.

F. SCOTTI, Actio aquae pluviae arcendae e fossae agrorum siccandorum causa factae. Per un' esegesi di D. 39.3.2.1,2,4,7 alla luce delle tecniche agronomiche antiche, Jus 61 (2014) 273–308.

F. SCOTTI, Brevi riflessioni su Dig. 39.3.1.4,5,9 Ulp. 53 ad ed., RIPARIA 1 (2015) 133–159.

F. SCOTTI, Nuove osservazioni su Alf. 4 a Paul. epitom. D. 39.3.24 pr.-2, Teoria e storia del diritto privato 8 (2015) 1–51.

F. SCOTTI, Actio aquae pluviae arcendae e piccola bonifica agraria: Un esempio dalle fonti giustinianee, in: Z. BENINCASA/J. URBANIK (Hrsg.), Mater familias. Scritti romanistici per M. Zablocka, 2016, 725–783.

R. SEAGER, Of Vis and Weesa: D. 19.2.15.2 and 19.2.19.1, SDHI 31 (1965) 330–333.

R. SEAGER, D, 34,2,39,2, SDHI 35 (1969) 373 f.

R. SEAGER, Pompey the Great: A Political Biography, ^{2}2002.

E. SECKEL/E. LEVY, Die Gefahrtragung beim Kauf im klassischen römischen Recht, SZ 47 (1927) 117–263.

O. SEECK, Die Kalendertafel der pontifices, 1885.

A. SEELENTAG, Ius pontificium cum iure civili coniunctum. Das Recht der Arrogation in klassischer Zeit, 2014.

A. SEELENTAG, Das convicium als Beispiel außergerichtlicher Konfliktlösung in Rom, in: G. PFEIFER/N. GROTKAMP (Hrsg.), Außergerichtliche Konfliktlösung in der Antike. Beispiele aus drei Jahrtausenden, 2017, 105–139.

S. SEGNALINI, L' editto Carboniano, 2007.

M. SEHLMEYER, Stadtrömische Ehrenstatuen der republikanischen Zeit, 1999.

M. SEHLMEYER, Die Anfänge der antiquarischen Literatur in Rom. Motivation und Bezug zur Historiographie bis in die Zeit von Tuditanus und Gracchanus, in: U. EIGLER/U. GOTTER/N. LURAGHI/U. WALTER (Hrsg.), Formen römischer Geschichtsschreibung von den Anfängen bis Livius. Gattungen – Autoren – Kontexte, 2003, 157–171.

M. SEHLMEYER, Auseinandersetzungen mit Religion in antiquarischer Literatur von M. Fulvius Nobilior bis L. Iulius Caesar, in: A. BENDLIN/J. RÜPKE (Hrsg.), Römische Religion im historischen Wandel, 2009, 57–72.

E. SEIDL, Römische Rechtsgeschichte und römisches Zivilprozessrecht, 1971.

E. SEIDL, Labeos geistiges Profil, in: Studi in onore di Edoardo Volterra, 1971, I 63–81.

H. H. SEILER, Der Tatbestand der negotiorum gestio im Römischen Recht, 1968.

W. SELB, Actiones in factum und Formeltechnik (Vorbemerkungen zu einer geplanten Untersuchung), in: W. OGRIS/G. FROTZ (Hrsg.), Festschrift Heinrich Demelius zum 80. Geburtstag: Erlebtes Recht in Geschichte und Gegenwart, 1973, 223–235.

W. Selb, Zu den Anfängen des Formularverfahrens, in: H. H. Jakobs/B. Knobbe-Keuk/E. Picker/J. Wilhelm (Hrsg.), Festschrift für Werner Flume zum 70. Geburtstag, 1978, 199–204.

W. Selb, Formulare Analogien in actiones utiles und actiones in factum am Beispiel Julians, in: Studi in onore di Arnaldo Biscardi, 1982, III 315–350.

W. Selb, Formulare Analogien in actiones utiles und actiones in factum vor Julian, in: Studi in onore di Cesare Sanfilippo, 1984, V 729–759.

W. Selb, Vom geschichtlichen Wandel der Aufgabe des iudex in der legis actio, in: D. Nörr/D. Simon (Hrsg.), Gedächtnisschrift für Wolfgang Kunkel, 1984, 391–448.

W. Selb, Das prätorische Edikt: Vom rechtspolitischen Programm zur Norm, in: H.-P. Benöhr/K. Hackl/R. Knütel/A. Wacke (Hrsg.), Iuris professio. Festgabe für Max Kaser zum 80. Geburtstag, 1986, 259–272.

R. Selinger, Der Jurist in der römischen Kunst, in: L. Dollhofer/C. Kneringer/H. Noedl/K. Schaller/E. Trinkl (Hrsg.), Altmodische Archäologie. Festschrift für Friedrich Brein, 2000, 189–196.

R. Selinger, Das Ohrläppchenziehen als Rechtsgeste? *Licet antestari* im römischen Recht und *testes per aures tracti* in den germanischen Rechten, Forschungen zur Rechtsarchäologie und zur rechtlichen Volkskunde 18 (2000) 201–226.

R. Selinger, Die Forumsszenen der praedia Iuliae Felicis in Pompeij, SZ 118 (2001) 344–364.

S. Seyed-Mahdavi Ruiz, Die rechtlichen Regelungen der Immissionen im römischen Recht und in ausgewählten europäischen Rechtsordnungen, 2000.

D. R. Shackleton Bailey, Sex. Cloelius – Sex. Clodius, CQ 10 (1960) 41 f.

D. R. Shackleton Bailey, Two Studies in Roman Nomenclature, 1976.

D. R. Shackleton Bailey, Onomasticon to Cicero's Letters, 1995.

D. R. Shackleton Bailey, Onomasticon to Cicero's Treatises, 1996.

L. Shelfer, The Legal Precision of the Term παράκλητος, Journal for the Study of the New Testament 32 (2009) 131–150.

A. N. Sherwin-White, The Lex Repetundarum and the Political Ideas of Gaius Gracchus, JRS 72 (1982) 18–31.

D. Shotter, Cicero and the Treveri: New Light on an Old Pun, Greece & Rome 54 (2007) 106–110.

M. Siani-Davies, Ptolemy XII Auletes and the Romans, Historia 46 (1997) 306–340.

A. Sicari, Pomponio e Celio Antipatro, in: Studi in onore di Cesare Sanfilippo, 1982, II 548–577.

A. V. Siebert, Instrumenta Sacra: Untersuchungen zu römischen Opfer-, Kult- und Priestergeräten, 1999.

H. Siems, Bemerkungen zu sunnis und morbus sonticus, SZ 103 (1986) 409–446.

R. Signorini, Adsignare libertum, 2009.

F. M. Silla, Sulla distinzione gaiana fra actio in rem ed actio in personam, in: L. Garofalo (Hrsg.), Actio in rem e actio in personam. In ricordo di Mario Talamanca, 2011, I 3–52.

D. W. Simmons, From Obscurity to Fame and Back Again: The Caecilii Metelli in the Roman Republic, 2011.

H. Simon, Roms Kriege in Spanien 154–133 v. Chr., 1962.

M. de Simone, Riflessioni sul ruolo della prohibitio nella tutela petitoria della servitus altius non tollendi, AUPA 48 (2003) 83–154.
M. de Simone, „Vas appellatus qui pro altero vadimonium promittebat". Per una lettura di Varro, De ling. lat. 6.74, AUPA 53 (2009) 163–222.
A. D. Simpson, The Departure of Crassus for Parthia, TAPA 69 (1938), 532–541.
W. Simshäuser, Iuridici und Munizipalgerichtsbarkeit in Italien, 1973.
W. Simshäuser, Untersuchungen zur Entstehung der Provinzialverfassung Italiens, ANRW II 13 (1980) 401–452.
W. Simshäuser, Stadtrömisches Verfahrensrecht im Spiegel der lex Irnitana, SZ 109 (1992) 163–208.
F. Sini, Documenti sacerdotali. I. Libri e commentarii, 1983.
F. Sini, Bellum Nefandum. Virgilio e il problema del „diritto internazionale antico", 1991.
F. Sini, A quibus iura civibus praescribebantur, 1995.
F. Sini, Interpretazioni giurisprudenziali in tema di inviolabilità tribunizia (A proposito di Liv. 3, 55, 6–12), Ius Antiquum/Drevnee Pravo 1 (1996) 80–96.
F. Sini, Libri e commentarii nella tradizione documentaria dei grandi college sacerdotali romani, Ius Antiquum/Drevnee Pravo 5 (1999) 76–108.
F. Sini, Uomini e Dei nel sistema giuridico-religioso romano: Pax deorum, tempo degli dei (dies festi, feriae), sacrifici. Ius Antiquum/Drevnee Pravo 8 (2001) 8–30.
F. Sini, Sua cuique civitati religio: religione e diritto pubblico in Roma antica, 2001.
F. Sini, Libri e commentarii nella tradizione documentaria dei grandi collegi sacerdotali romani, SDHI 67 (2001) 375–415.
F. Sini, Religione e poteri del popolo in Roma repubblicana, Diritto@Storia 6 (2007), http://www.dirittoestoria.it/6/Tradizione-romana/Sini-Religione-poteri-Popolo-Roma-repubblicana.htm, abgerufen am 22. 3. 2019.
F. Sini, Una sententia di iuris interpretes sulla inviolabilità dei tribuni della plebe, Diritto@Storia. 6 (2007), http://www.dirittoestoria.it/6/Memorie/Tribunato_della_Plebe/Sini-Sententia-iuris-interpretes-inviolabilit-tribuni-plebis.htm, abgerufen am 22. 3. 2019.
F. Sini, „Urbs": concetto e implicazioni normative nella giurisprudenza, Diritto@Storia 10 (2011/12), http://www.dirittoestoria.it/10/Tradizione-Romana/Sini-Urbs-concetto-norme-giurisprudenza.htm, abgerufen am 22. 3. 2019.
K. Sion-Jenkis, Griechisches Denken im römischen Gewand: Überlegungen zu Ciceros Amnestie-Rede nach Cäsars Ermordung bei Cassius Dio (44,23–33), in: L.-M. Günther (Hrsg.), Widerstand, Anpassung, Integration. Die griechische Staatenwelt und Rom. Festschrift für Jürgen Deininger zum 65. Geburtstag, 2002, 189–206.
A. J. B. Sirks, Sacra, Succession and the lex Voconia, Latomus 53 (1994) 273–296.
A. J. B. Sirks, The farmer, the landlord, and the law in the fifth century, in: R. W. Mathisen (Hrsg.), Law, Society, and Authority in Late Antiquity, 2001, 256–271.
A. J. B. Sirks, Einiges zum prekarischen Besitz, in: H. Altmeppen/I. Reichard/M. Schermaier (Hrsg.), Festschrift für Rolf Knütel zum 70. Geburtstag, 2010, 1135–1146.
A. J. B. Sirks, Noxa caput sequitur, TR 81 (2013) 81–108.

A. J. B. Sirks, Did Q. Mucius Scaevola introduce a broad concept of culpa in the lex Aquilia? Reflections on D. 9.2.31, in: I. Piro (Hrsg.), Scritti per Alessandro Corbino, 2016, VII 5–18.

F. Sitzia, Ricerche in tema di „actio aquae pluviae arcendae“, 1977.

F. Sitzia, Considerazioni in tema di periculum locatoris e di remissio mercedis, in: Studi in memoria di G. D'Amelio, 1978, I 331–361.

F. Skutsch, Art. C. Helvius Cinna (12), RE VIII (1912) Sp. 226–228.

K. Slapnicar, Gratis habitare, 1981.

J. Small, Wax Tablets of the Mind: Cognitive Studies of Memory and Literacy in Classical Antiquity, 1997.

C. J. Smith, The Origo Gentis Romanae. Facts and Fiction, Bulletin of the Institute of Classical Studies 48 (2005) 97–136.

C. J. Smith, The Roman Clan: The gens from Ancient Ideology to Modern Anthropology, 2006.

C. J. Smith, Caesar and the History of Early Rome, in: G. Urso (Hrsg.), Cesare: precursore o visionario? Atti del convegno internazionale Cividale del Friuli, 17–19 settembre 2009, 2010, 249–264.

C. J. Smith, The magistrates of the early Roman Republic, in: H. Beck/A. Dupla/M. Jehne/F. Pina Polo (Hrsg.), Consuls and Res Publica: Holding High Office in the Roman Republic, 2011, 19–40.

W. Smith, Satiric advice on women and marriage: from Plautus to Chaucer, 2005.

S. Solazzi, Stipulazioni di servitù prediali, IURA 5 (1954) 126–150.

A. Söllner, Zur Vorgeschichte und Funktion der actio rei uxoriae, 1969.

A. Söllner, Bona fides – guter Glaube, SZ 122 (2005) 1–61.

P. Sonnet, Art. C. Trebatius Testa (7), RE VI (1937) Sp. 2251–2261.

G. Soricelli, Saltus, in: A. Storchi Marino (Hrsg.), Economia, amministrazione e fiscalità nel mondo romano. Ricerche lessicali, 2004, 97–123.

L. Spahlinger, Tulliana simplicitas. Zu Form und Funktion des Zitats in den philosophischen Dialogen Ciceros, 2005.

P. O. Spann, C., L. or M. Cotta and the „Unspeakable“ Fufidius: A Note on Sulla's Res Publica Restituta, The Classical Journal 82 (1987) 306–309.

T. Spagnuolo Vigorita, Joersiana IV: Livia, Augusto e il plebiscito Voconio, Index 40 (2012) 257–270.

H.-D. Spengler, Studien zur interrogatio in iure, 1994.

A. Spina, Ricerche sulla successione testamentaria nei „Responsa“ di Cervidio Scevola, 2012.

A. Spina, Note in materia di legato di omne argentum, dai Topica di Cicerone ai Digesta Iustiniani, Revista general de derecho romano 27 (2016) 1–19.

W. E. Spruit, Nocturne: Eine Auslegung von Alfenus D 9,2,52,1 aus soziologischer Sicht, TR 63 (1995) 247–262.

A. Staffhorst, Die Teilnichtigkeit von Rechtsgeschäften im klassischen römischen Recht, 2006.

J. F. Stagl, Favor dotis. Die Privilegierung der Mitgift im System des römischen Rechts, 2009.

J. STAMBAUGH, The Function of Roman Temples, ANRW II 16/1 (1978) 554–608.
A. A. STAMBUSKY, Roman Comedy on Trial in the Republic: The Case of Censorship against Gnaeus Naevius the Playwright, Educational Theatre Journal 29 (1977) 29–36.
B. STANLEY SPAETH, The Roman Goddess Ceres, 1996.
G. R. STANTON/B. A. MARSHALL, The Coalition between Pompeius and Crassus 60–59 B.C., Historia 24 (1975) 205–219.
P. STARACE, D. 40,7,29,1: L'interpretazione di Aristone, Labeo 46 (2000) 379–403.
B. STASSE, La loi curiate des magistrats, RIDA 52 (2005) 375–400.
E. S. STAVELEY, Iudex selectus, RhM 96 (1953) 201–213.
U. STECK, Der Zeugenbeweis in den Gerichtsreden Ciceros, 2009.
A. STEIN, Art. Flavius Priscus (154), RE VI (1909) Sp. 2609.
A. STEIN, Der römische Ritterstand. Ein Beitrag zur Sozial- und Personengeschichte des römischen Reichs, 1927.
A. STEIN, Art. Papirius (1–5), RE XVIII (1949) Sp. 1005–1007.
P. STEIN, Fault in the formation of contract in Roman law and Scots law, 1958.
P. STEIN, Regulae Iuris, 1966.
P. STEIN, The Two Schools of Jurists in the Early Roman Principate, Cambr. LJ 31 (1972) 8–31.
P. STEIN, The Place of Servius Sulpicius Rufus in the Development of Roman Legal Science, in: O. BEHRENDS (Hrsg.), Festschrift für Franz Wieacker zum 70. Geburtstag, 1978/1979, 175–184.
P. STEIN, School attitudes in the law of delicts, in: Studi in onore di Arnaldo Biscardi, 1982, II 281–293.
E. STEIN-HÖLKESKAMP, Marcus Porcius Cato – der stoische Streiter für die verlorene Republik, in: K.-J. HÖLKESKAMP (Hrsg.), Von Romulus zu Augustus: große Gestalten der römischen Republik, 2000, 292–306.
A. STEINER, Die römischen Solidarobligationen, 2009.
A. STEINWENTER, Art. Iudex, RE IX (1916) Sp. 2464–2473.
A. STEINWENTER, Art. Ius Papirianum, RE X (1919) Sp. 1285.
A. STEINWENTER, Fundus cum instrumento, 1942.
A. STEINWENTER, Rhetorik und römischer Zivilprozess, SZ 65 (1947) 69–120.
T. D. STEK, Cult Places and Cultural Change in Republican Italy, 2009.
M. STEMMLER, Eques Romanus – Reiter und Ritter: begriffsgeschichtliche Untersuchungen zu den Entstehungsbedingungen einer römischen Adelskategorie im Heer und in den Comitia centuriata, 1997.
H. W. P. STEVENS, Roman Law in the Roman Drama, Journal of the Society of Comparative Legislation 13 (1913) 542–569.
A. J. STEVENSON, Aulus Gellius and Roman Antiquarian Writing, 1993.
R. STEWART, The Jug and lituus on Roman Republican Coin Types: Ritual Symbols and Political Power, Phoenix 51.2 (1997) 170–189.
R. STEWART, Public Office in Early Rome: Ritual Procedure and Political Practice, 1998.
H. STIEGLER, Art. partitio legata, RE Suppl. XI (1968) Sp. 1033–1049.
D. STOCKTON, Cicero. A political biography, 1971.
D. STOCKTON, The Gracchi, 1979.

E. Stolfi, Quaestiones iuris. Casistica e insegnamento giuridico in romanisti e civilisti napoletani di fine Ottocento, Teoria e Storia del Diritto Privato 1 (2008) 1–61.

B. H. Stolte, Trebatius in Palimpsest: Notes on Cicero ad Familiares VII,18 in: R. Van den Bergh/G. Van Niekerk (Hrsg.), Ex iusta causa traditum. Essays in Honour of Eric H. Pool, 2005, 316–320.

A. M. Stone, Pro and anti. The dignitas of the senate in 88 B.C., in: P. McKechnie (Hrsg.), Thinking like a lawyer. Essays on legal history and general history for J. Crook on his eightieth birthday, 2002, 191–212.

B. C. Stoop, Non solet locatio dominium mutare. Some Remarks on specificatio in Classical Rome, TR 66 (1998) 3–24.

E. Storm, Masinissa. Numidien im Aufbruch, 2001.

H. Strasburger, Poseidonios on Problems of the Roman Empire, JRS 55 (1965) 40–53.

W. Stroh, Taxis und Taktik, 1975.

W. Stroh, Vom Faunus zum Faun: theologische Beiträge von Horaz und Ovid, in: W. Schubert (Hrsg.), Ovid. Werk und Wirkung, 1998, 559–612.

W. Stroh, Declamatio, in: B. J. Schröder/J.-P. Schröder (Hrsg.), Studium declamatorium. Untersuchungen zu Schulübungen und Prunkreden von der Antike bis zur Neuzeit. Joachim Dingel zum 65. Geburtstag, 2003, 5–34.

W. Stroh, De Domo Sua: Legal Problem and Structure, in: J. Powell/J. Paterson (Hrsg.), Cicero the Advocate, 2004, 313–370.

J. Stroux, Römische Rechtswissenschaft und Rhetorik, 1949.

W. v. Strzelecki, Zu Nonius und Fulgentius, Hermes 68 (1933) 349–352.

S. Stucchi, In causa ius est positum. Note su due frammenti di Alfeno, in: A. Setaioli (Hrsg.), Apis Matina. Studi in onore di Carlo Santini, 2016, 693–703.

G. Stühff, Vulgarrecht im Kaiserrecht: unter besonderer Berücksichtigung der Gesetzgebung Konstantins des Großen, 1966.

B. Stumpp, Prostitution in der römischen Antike, 1998.

F. Sturm, Abalienatio, 1958.

F. Sturm, Zur ursprünglichen Funktion der actio Publiciana, RIDA 9 (1962) 357–416.

F. Sturm, Stipulatio Aquiliana. Textgestalt und Tragweite der Ausgleichsquittung im klassischen römischen Recht, 1972.

W. Suerbaum, Fehlende Redner in Ciceros Brutus, in: B. Czapla/T. Lehmann/S. Liedl (Hrsg.), Vir bonus dicendi peritus. Festschrift für Alfons Weische zum 65. Geburtstag, 1997, 407–419.

W. Suerbaum (Hrsg.), Die archaische Literatur: von den Anfängen bis Sullas Tod, die vorliterarische Periode und die Zeit von 240 bis 78 v. Chr. Unter Mitarb. von J. Blänsdorf, 2002.

W. Suerbaum, Cato Censorius in der Forschung des 20. Jahrhunderts. Eine kommentierte chronologische Bibliographie für 1900–1999 nebst systematischen Hinweisen und einer Darstellung des Schriftstellers M. Porcius Cato, 2004.

G. V. Sumner, The Orators in Cicero's Brutus, 1973.

G. V. Sumner, Lex Aelia, Lex Fufia, AJPh 84 (1963) 337–358.

R. Syme, The Jurist Neratius Priscus, Hermes 85 (1957) 480–493.

R. Syme, Senators, Tribes and Towns, Historia 13 (1964) 105–125.

R. Syme, A Great Orator Mislaid, CQ 31 (1981) 421–427.
R. Syme, The Augustan Aristocracy, 1986.
E. Syska, Studien zur Theologie im ersten Buch der Saturnalien des Ambrosius Theodosius Macrobius, 1993.
G. Szemler, Religio, Priesthood and Magistracies in the Roman Republic, Numen 18 (1971) 103–131.
G. Szemler, The Priests of the Roman Republic, 1972.
G. Szemler, Art. pontifex, RE Suppl. XV (1978) Sp. 331–396.
G. Szemler, Priesthood and Priestly Careers in Ancient Rome, ANRW II 16.3 (1986) 2314–2331.
M. Szymański, Who Is Who in Cato's Progeny? (Plut. Cat. Mai. 27, 7), Hermes 125 (1997) 384–386.
M. Talamanca, Per la storia della giurisprudenza Romana, BIDR 80 (1977) 195–344.
M. Talamanca, Costruzione giuridica e strutture sociali fino a Quinto Mucio, in: A. Giardina/A. Schiavone (Hrsg.), Società romana e produzione schiavistica III: Modelli etici, diritto e trasformazioni sociali, 1981, 20–23.
M. Talamanca, Trebazio Testa fra retorica e diritto, in: Questioni di giurisprudenza tardo-repubblicana. Atti di un seminario, Firenze 27–28 maggio 1983, 1985, 29–204.
M. Talamanca, Dévéloppements socio-économiques et jurisprudence romaine à la fin de la république, in: Studi in onore di Cesare Sanfilippo, 1987, VII 773–791.
M. Talamanca, Pomp. sing. ench. D. 1.2.2.49 e le forme dei responsa dei giuristi repubblicani: una vicenda forse esemplare, in: Studi in onore di Luigi Labruna, 2007, VIII 5499–5565.
M. Talamanca, Elementi di diritto privato romano, ²2013.
N. Tamassia, Avvocatura e milizia nell'impero romano, Scritti di Storia Accademia di scienza lettere ed arti in Padova. Atti e memorie 33 (1917) 51–57.
P. Tansey, The Death of M. Aemilius Scaurus (Cos.115 B. C.) Historia 52 (2003) 378–383.
A. Tarwacka, Pirate – An enemy of all mankind or just a bandit?, Diritto@Storia 10 (2011/2012), http://www.dirittoestoria.it/10/monografie/Tarwacka-Pirate-enemy-bandit.htm, abgerufen am 22. 3. 2019.
A. Tarwacka, Cascellius and the Aedilician Edict on Throwing Fruit into the Arena, Diritto@Storia 11 (2013), http://www.dirittoestoria.it/11/tradizione/Tarwacka-Cascellius-Edilician-Edict-Fruit-Arena.htm#_ftn53, abgerufen am 22. 3. 2019.
W. J. Tatum, Catullus' Criticism of Cicero in Poem 49, TAPA 118 (1988) 179–184.
W. J. Tatum, P. Clodius Pulcher and Tarracina, ZPE 83 (1990) 299–304.
W. J. Tatum, Ultra Legem: Law and Literature in Horace, Satires II 1, Mnemosyne 51 (1998) 688–699.
R. Taubenschlag, The Legal Profession in Greco-Roman Egypt, in: Festschrift für Fritz Schulz, 1951, 188–192.
J. W. Tellegen, Oratores, Iurisprudentes and the „Causa Curiana", RIDA 30 (1983) 293–311.
J. W. Tellegen, Gaius Cassius and the Schola Cassiana in Pliny's Letter VII 24–8, SZ 105 (1988) 263–311.

J. W. TELLEGEN, The Immortality of the Soul and Roman Law, in: O. TELLEGEN-COUPERUS (Hrsg.), Law and Religion in the Roman Republic, 2012, 181–202.

J. W. TELLEGEN/O. TELLEGEN-COUPERUS, Law and Rhetoric in the causa Curiana, Orbis Iuris Romani 6 (2000) 171–202.

O. TELLEGEN-COUPERUS, C. Aquilius Gallus dans le discours pro Caecina de Cicéron, TR 59 (1991) 37–46.

O. TELLEGEN-COUPERUS, A Short History of Roman Law, 1993.

O. TELLEGEN-COUPERUS, Quintilian and the Roman Law, RIDA 47 (2000) 167–177.

O. TELLEGEN-COUPERUS, The Role of the Judge in the Formulary Procedure, The Journal of Legal History 22 (2001) 1–13.

O. TELLEGEN-COUPERUS, The so-called consilium of the praetor and the Development of Roman Law, TR 69 (2001) 11–20.

O. TELLEGEN-COUPERUS, Pontiff, Praetor and Iurisdictio in the Roman Republic, TR 74 (2006) 31–44.

O. TELLEGEN-COUPERUS/J. W. TELLEGEN, Nihil hoc ad Ius, ad Ciceronem, RIDA 53 (2006) 381–408.

O. TELLEGEN-COUPERUS, Cicero and Ulpian, Two Paragons of Legal Practice, RIDA 55 (2008) 485–497.

O. TELLEGEN-COUPERUS, Sacred Law and Civil Law, in: O. TELLEGEN-COUPERUS (Hrsg.), Law and Religion in the Roman Republic, 2012, 147–164.

O. TELLEGEN-COUPERUS (Hrsg.), Law and Religion in the Roman Republic, 2012.

C. TEN BRINK, Die Begründung der Marktwirtschaft in der römischen Republik, 1994.

L. TER BEEK, Dolus: een emantisch-juridische studie, 1999.

L. TER BEEK, Ciceros Bericht über die Einführung der Rechtsmittel gegen Arglist (dolus malus) durch Aquilius Gallus, in: A. P. M. H. LARDINOIS, M. G. M. VAN DER POEL, V. J. C. HUNINK ET AL. (Hrsg.), Land of dreams. Greek and Latin studies in honour of A. H. M. Kessels, 2006, 327–338.

F. TERRANOVA, Sull'antestatus negli atti per aes et libram, Iuris antiqui historia. An International Journal on Ancient Law 2 (2010) 103–146.

F. TERRANOVA, The ὅρος ἤτοι ἐτυμολογία of testamentum and the problem of sources in the Paraphrase of Theophilus, Subseciva Groningana 9 (2014) 243–265.

G. THIELMANN, Zum Eigentumserwerb durch Verarbeitung, in: U. v. LÜBTOW/M. HARDER/G. THIELMANN (Hrsg.), De iustitia et iure. Festgabe für Ulrich von Lübtow zum 80. Geburtstag, 1980, 187–232.

G. THIELMANN, Actio utilis und actio in factum. Zu den Klagen im Umfeld der lex Aquilia, in: Studi in onore di Arnaldo Biscardi, 1982, II 295–318.

G. THIELMANN, Traditio und Gefahrenübergang, SZ 106 (1989) 292–326.

P. THIELSCHER, Des Marcus Cato Belehrung über die Landwirtschaft, 1963.

J. A. C. THOMAS, Marginalia on certum pretium, TR 35 (1967) 77–89.

J. A. C. THOMAS, Pro noxal surrender, Labeo 17 (1971) 16–32.

J. A. C. THOMAS, Actiones Ex Locato/Conducto and Aquilian Liability, Acta Iuridica (1978) 127–134.

P. Thomas, Arranging Advocacy or Testimony, in: H. Dondorp/J. Hallebeek/T. Wallinga/L. Winkel (Hrsg.), Ius romanum – ius commune – ius hodiernum. Studies in honour of Eltje J. H. Schrage on the occasion of his 65th birthday, 2010, 383–398.
P. Thomas, The actio funeraria, in: R. van den Bergh/G. van Niekerk (Hrsg.), Libellus ad Thomasium. Essays in Roman Law, Roman-Dutch Law and Legal History in Honour of Philip J. Thomas, Fundamina 16 (2010) 321–335.
P. Thomas, The intention of the testator: from the causa Curiana to modern South African law, in: J. Hallebeek/M. Schermaier/R. Fiori/E. Metzger/J.-P. Coriat (Hrsg.) Inter cives necnon peregrinos. Essays in honour of Boudewijn Sirks, 2014, 727–740.
C. O. Thulin, Die etruskische Disciplin. I. Die Blitzlehre, 1906.
C. O. Thulin, Die etruskische Disciplin. II. Die Haruspicin, 1906.
C. O. Thulin, Die etruskische Disciplin. III. Die Ritualbücher, 1909.
G. Thür, Vindicatio und deductio im frührömischen Grundstücksstreit, SZ 94 (1977) 293–305.
W. Tietz, Dilectus ciborum: Essen im Diskurs der römischen Antike, 2013.
J. Timmer, Altersgrenzen politischer Partizipation in antiken Gesellschaften, 2008.
E. Todisco, Varro's writings on the Senate: a reconstructive hypothesis, Bulletin of the Institute of Classical Studies 60 (2017) 49–60.
C. O. Tommasi, Il nome segreto di Roma tra antiquaria ed esoterismo. Una riconsiderazione delle fonti, Studi Classici e Orientali 60 (2014) 187–219.
S. Tondo, Leges regiae e paricidas, 1973.
S. Tondo, Appunti sulla giurisprudenza pontificale, in: D. Mantovani (Hrsg.), Per la storia del pensiero giuridico romano: dall'età dei pontefici alla scuola di Servio. Atti del Seminario di S. Marino, 7–9 gennaio 1993, 1996, 1–15.
M. Torelli, Studies in the Romanization of Italy, 1995.
A. Torrent, El origen de la servitus aquaeductus a la luz de la tabula Contrebiensis, in: Studi in onore di Arnaldo Biscardi, 1982, II 261–279.
A. Torrent, Estudios sobre la servitus oneris ferendi. I. Utilitas, tipicidad, in: Cunabula iuris. Studi storico giuridici per G. Broggini, 2002, 419–436.
A. Torrent, Lex Irnitana. Cognitio de los magistrados locales in interdictos, y limitación a su competencia por cuantía, Teoria e Storia del diritto privato I (2008), http://www.teoriaestoriadeldirittoprivato.com/index.php?com=statics&option=index&cID=52, abgerufen am 22. 3. 2019).
A. Torrent, El aparente desinterés de la jurisprudencia tardo-republicana por las Societates Publicanorum, Teoría e storia del diritto privato 8 (2015) 1–88.
J. Touloumakos, Zum römischen Gemeindepatronat im griechischen Osten, Hermes 116 (1988) 304–324.
A. J. Torrent Ruiz, Ofilius, qui in equestri ordine perseveravit (Pomp., D. 1,2,2,44), Revista Internacional de Derecho Romano 18 (2017) 399–424.
S. Treggiari, Roman Freedmen during the Late Republic, 1969.
S. Treggiari, Cicero, Horace and Mutual Friends: Lamiae and Varrones Murenae, Phoenix 27 (1973) 245–261.

S. Treggiari, Roman Marriage: Iusti Coniuges from the Time of Cicero to the Time of Ulpian, 1991.
S. Treggiari, Terentia, Tullia and Publilia: the women of Cicero's family, 2007.
A. Triggiano, Conlega et familiaris meus: Note minime su Cicerone e Aquilio Gallo, Index 38 (2010) 373–400.
A. Trisciuoglio, Sull'interpretatio Alfeniana pro locatore in D. 19.2.29, Archivio giuridico 220 (2000) 581–610.
H. E. Troje, Graeca leguntur, 1971.
A. Tropper, Roman Contexts in Jewish Texts: On Diatagma and Prostagma in Rabbinic Literature, The Jewish Quarterly Review 95 (2005) 207–227.
K. Tuori, The ius respondendi and the Freedom of Roman Jurisprudence, RIDA 51 (2004) 295–337.
K. Tuori, The Myth of Quintus Mucius Scaevola: The Founding Father of Legal Science?, TR 72 (2004) 243–262.
K. Tuori, Ancient Roman Lawyers and Modern Legal Ideals, 2007.
K. Tuori, Roman Jurists and the Importance of Dressing Up, in: P. Andersen/P. Letto Vanamo/K. A. Modéer/H. Vogt (Hrsg.), Liber amicorum Ditlev Tann, 2011, 673–682.
K. Tuori, The Emperor of Law: The Emergence of Roman Imperial Adjudication, 2016.
G. Turelli, Appunti sulla struttura di Alfenus 6 dig. D.5.1.76, in: D. Charalambis/C. Papacharalambous (Hrsg.), Jus, ars, philosophia et historia. Festschrift für Johannes Strangas zum 70. Geburtstag, 2017, 771–787
W. Turpin, Formula, cognitio, and proceedings extra ordinem, RIDA 46 (1999) 499–574.
F. Tweedie, The Lex Licinia Mucia and the Bellum Italicum, in S. T. Roselaar (Hrsg.), Processes of Integration and Identity Formation in the Roman Republic, 2012, 123–139.
B. Twyman, The Metelli, Pompeius and Prosopography, ANRW I 1 (1972) 816–874.
R. B. Ulrich, Julius Caesar and the Creation of the Forum Iulium, American Journal of Archaeology 97 (1993) 49–80.
J. v. Ungern-Sternberg, Die gens Claudia, in: E. Stein-Hölkeskamp/K.-J. Hölkeskamp (Hrsg.), Erinnerungsorte der Antike: die römische Welt, 2006, 290–299.
J. v. Ungern-Sternberg, Römische Studien: Geschichtsbewusstsein – Zeitalter der Gracchen – Krise der Republik, 2006.
G. Urso, Cassio Dione e i magistrati: le origini della repubblica nei frammenti della Storia Romana, 2005.
H. Usener, Kleine Schriften II, 1913.
H. Usener, Kleine Schriften IV, 1913.
L. Vacca, Delitti privati e azioni penali nel principato, ANRW II 14 (1982) 682–721.
L. Vacca, Sul rischio del locatore nella locatio conductio rei, in: Studi per Giovanni Nicosia, 2007, VIII 305–331.
J. H. Valgaeren, The jurisdiction of the pontiffs at the end of the fourth century BC, in: O. Tellegen-Couperus (Hrsg.), Law and Religion in the Roman Republic, 2012, 107–118.
A. Valiño, La facultad de hipotecar en el condominio romano, Labeo 48 (2002) 72–103.
A. Valiño, La recepción del arbitraje romano en els Furs de Valènciaby, SDHI 69 (2003) 483–539.

A. Valiño, Servus communis uni ex dominis furtum fecerit: Exegese zu Afr. 8 Quaest. D. 47.2.62 pr., in: J. M. Rainer/E. Van den Haute (Hrsg.), Liber amicorum David Pugsley, 2013, 11–16.

F. Vallochia, ‚Silentium' nei documenti sacerdotali. Le interpretazioni di Veranio e di Ateio Capitone, Diritto@Storia 6 (2007), http://www.dirittoestoria.it/6/Tradizione-romana/Vallocchia-Silentium-documenti-sacerdotali-Veranio-Capitone.htm, abgerufen am 22. 3. 2019).

F. Vallochia, Sacerdozio, Magistratura e Populo, Diritto@Storia 8 (2009), http://www.dirittoestoria.it/8/Memorie/Roma_Terza_Roma/Vallocchia-Sacerdozio-Magistratura-Popolo.htm, abgerufen am 22. 3. 2019.

M. Varvaro, La compravendita di animali appartenenti alle res mancipi in Varrone e in Gaio alla luce della corrispondenza fra Baviera, Pernice e Mommsen, AUPA 56 (2013) 299–323.

M. Varvaro, La definizione della possessio nel Festo Farnesiano fra tradizione manoscritta, edizioni e interpretazione storiografica, in: I. Piro (Hrsg.), Scritti per Alessandro Corbino, 2016, VII 401–434.

J. W. Vaughn, Law and Rhetoric in the Causa Curiana, Classical Antiquity 4 (1985) 208–222.

Z. Végh, Ex pacto ius. Studien zum Vertrag als Rechtsquelle bei den Rhetoren, SZ 110 (1993) 184–295.

Z. Végh, Cui dens abest…: Bemerkungen zu einem zahnlosen Argument, Acta Universitatis Szegediensis. Acta juridica et politica 65 (2004) 401–412.

C. Venturini, Processo penale e società politica nella Roma repubblicana, 1996.

C. Venturini, Der dominus, der servus und die muliercula – Anmerkungen zu D. 11, 3, 16, in: T. Finkenauer (Hrsg.), Sklaverei und Freilassung im römischen Recht. Symposium für Hans Josef Wieling zum 70. Geburtstag, 2006, 243–250.

G. P. Verbrugghe, L. Cincius Alimentus – His Place in Roman Historiography, Philologus 126 (1982) 316–323.

H. S. Versnel, Triumphus: An Inquiry Into the Origin, Development and Meaning of the Roman Triumph, 1970.

H. S. Versnel, Inconsistencies in Greek and Roman Religion: Transition and Reversal in Myth & Ritual, 1994.

F. J. Vervaet, The lex Valeria and Sulla's empowerment as dictator (82–79 BCE), Cahiers du Centre Gustave Glotz 15 (2004) 37–84.

F. J. Vervaet, The official position of Cn. Pompeius in 49 and 48 BCE, Latomus 65 (2006) 928–953.

F. J. Vervaet, Pompeius' Career from 79 to 70 BCE: Constitutional, Political and Historical Considerations, Klio 91 (2009) 406–434.

F. J. Vervaet, Crassus' Command in the War against Spartacus (73–71 BCE): His Official Position, Forces and Political Spoils, Klio 96 (2014) 607–644.

P. Vesperini, Cicéron, Trebatius Testa et la crux de Cic., Fam., 7, 12, 1, Revue de philologie 85 (2011) 155–173.

C. Viglietti, The Servilian triens reconsidered, I quaderni del ramo d'oro on-line. Numero speciale (2012) 177–202.

R. VIGNERON/J.-F. GERKENS, The Emancipation of Women in Ancient Rome, RIDA 47 (2000) 107–121.

T. VILJAMAA, Suetonius on Roman Teachers of Grammar, ANRW II 33.5 (1991) 3826–3851.

R. VILLERS, Le Mariage comme institution d'etat, ANRW II 14 (1982) 285–301.

U. VINCENTI, „Duo genera sunt testium": contributo allo studio della prova testimoniale nel processo romano, 1989.

M. VINCI, Demonstratio finium e compravendita, in: L. GAROFALO (Hrsg.), La compravendita e l'interdipendenza delle obbligazioni nel diritto romano, 2007, 411–453.

M. VINCI, Interpretazione giuridica, tecnica agraria ed argomentazione lessicale: la seges ex stipula enata di D.18,1,40,3, Diritto@Storia 8 (2009), http://www.dirittoestoria.it/8/Tradizione-Romana/Vinci-Interpretazione-tecnica-agraria-argomentazione.htm, abgerufen am 22. 3. 2019.

K. VISKY, Retribuzioni per il lavoro giuridico nelle fonti del diritto Romano, IURA 15 (1964) 3–31.

K. VISKY, Das Seedarlehen und die damit verbundene Konventionalstrafe im römischen Recht, RIDA 16 (1969) 389–419.

K. VISKY, Geistige Arbeit und die „artes liberales" in den Quellen des Römischen Rechts, 1977.

P. VOCI, Diritto sacro romano in roma archaica, SDHI 19 (1953) 38–103.

P. VOCI, Linee storiche del diritto ereditario romano I. Dalle origini ai Severi, ANRW II 14 (1982) 392–448.

M. VOIGT, Über muriola, murrata und murrina, RhM 28 (1873) 56–64.

W. VOIGT, M. Claudius Marcellus in der Korrespondenz Ciceros, 1972.

K. VOLK, Signs, Seers and Senators: Divinatory Expertise in Cicero and Nigidius Figulus, in: J. KÖNIG/G. WOOLF (Hrsg.), Authority and Expertise in Ancient Scientific Culture, 2017, 329–347.

A.VÖLKL, Die Verfolgung der Körperverletzung im frühen römischen Recht. Studien zum Verhältnis von Tötungsverbrechen und Injuriendelikt, 1984.

A.VÖLKL, Zum Verfahren der actio legis Corneliae de iniuriis, in: Sodalitas. Studi in onore di Antonio Guarino, 1984, II 561–608.

A. VÖLKL, Mangelndes Eigentum des Vormanns als Grundlage des Eigentumserwerbs, in: M. SCHERMAIER/J. M. RAINER/L. C. WINKEL (Hrsg.), Iurisprudentia universalis. Festschrift für Theo Mayer-Maly zum 70. Geburtstag, 2002, 795–809.

F. VON DER MÜHL, Art. C. Helvius Cinna (11), RE VIII (1912) Sp. 225 f.

F. VON DER MÜHL, Art. Hortensius Hortalus (2), RE VIII (1913) Sp. 2470–2481.

W. VOSS, Art. Consilium, DNP 3 (1998) Sp. 132.

A. WACKE, Actio rerum amotarum, 1963.

A. WACKE, Kannte das Edikt eine in integrum restitutio propter dolum?, SZ 88 (1971) 105–135.

A. WACKE, Zur Lehre vom pactum tacitum und zur Aushilfsfunktion der exceptio doli, SZ 90 (1973) 220–261.

A. WACKE, Circumscribere, gerechter Preis und die Arten der List (Dolus bonus und dolus malus, dolus causam dans und dolus incidens) unter Berücksichtigung der §§138 Abs. II und 123 BGB, SZ 94 (1977) 184–246.

A. Wacke, Zum dolus-Begriff der actio de dolo, RIDA 27 (1980) 349–386.
A. Wacke, Zur bona fides bei Ersitzung, Geschäftsführung und Eviktionsregreß, in: U. v. Lübtow/M. Harder/G. Thielmann (Hrsg.), De iustitia et iure. Festgabe für Ulrich von Lübtow zum 80. Geburtstag, 1980, 260–290.
A. Wacke, Ein Unfall beim „Prellen": Kulturgeschichte eines Volksbrauchs und Rechtsgeschichte der fahrlässigen Tötung, RhM 123 (1980) 68–95.
A. Wacke, Die potentiores in den Rechtsquellen. Einfluss und Abwehr gesellschaftlicher Übermacht in der Rechtspflege der Römer, ANRW II 13 (1980) 562–607.
A. Wacke, Zum Rechtsschutz Minderjähriger gegen geschäftliche Übervorteilungen, TR 48 (1980) 203–225.
A. Wacke, Wettbewerbsfreiheit und Konkurrenzverbotsklauseln im antiken und modernen Recht, SZ 99 (1982) 188–215.
A. Wacke, Gefahrerhöhung als Besitzverschulden, in: G. Baumgärtel (Hrsg.), Festschrift für Heinz Hübner zum 70. Geburtstag, 1984, 668–695.
A. Wacke, Iurisdictio voluntaria, SZ 106 (1989) 180–209.
A. Wacke, Notwehr und Notstand bei der aquilischen Haftung, SZ 106 (1989) 469–501.
A. Wacke, Zur Beweislast im klassischen Zivilprozess, SZ 109 (1992) 411–449.
A. Wacke, Die adjektizischen Klagen im Überblick, SZ 111 (1994) 281–362.
A. Wacke, Plus est in re quam in existimatione, TR 64 (1996) 309–357.
A. Wacke, Max Kasers Lehren zum Ursprung und Wesen des römischen Pfandrechts, SZ 115 (1998) 168–202.
A. Wacke, Protection of Environment in Roman Law?, Roman Legal Tradition 1 (2002) 1–24.
A. Wacke, Ex post facto convalescere im römischen und im modernen Recht, in: M. Zablocka (Hrsg.), Au-delà des frontières: Mélanges offerts à Witold Wolodkiewicz II, 2000, 1025–1052.
A. Wacke, Die libera administratio peculii. Zur Verfügungsmacht von Hauskindern und Sklaven über ihr Sondergut, in: T. Finkenauer (Hrsg.), Sklaverei und Freilassung im römischen Recht. Symposium für Hans Josef Wieling zum 70. Geburtstag, 2006, 251–316.
A. Wacke, Molinos y tahonas: evolución histórica y Derecho romano, in: J. L. Linares (Hrsg.), Liber Amicorum J. Miquel. Estudios Romanísticos con motivo de su Emeritazgo, 2006, Barcelona, 1051–1086.
A. Wacke, „Erfenis is geen winste" – nämlich bei Errungenschaftsgemeinschaften, in: R. van den Bergh/G. van Niekerk (Hrsg.), Libellus ad Thomasium. Essays in Roman Law, Roman-Dutch Law and Legal History in Honour of Philip J. Thomas, Fundamina 16 (2010) 551–562.
A. Wacke, Zur Einrede des Notbedarfs (*ne egeat*) bei Schenkungsversprechen und im Dotalrecht, in: C. Russo Ruggeri (Hrsg.), Studi in onore di Antonino Metro, 2010, VI 447–479.
A. Wacke, Gallico aut germanico sermone stipulari? Zur Verwendbarkeit von Fremdsprachen nach römischem ius gentium, SZ 130 (2013) 234–272.
A. Wacke, Proagonaler Euergetismus. Privates „Sport-Sponsoring" nach römischen Rechtsquellen, in: J. Hallebeek/M. Schermaier/R. Fiori/E. Metzger/J. Coriat

(Hrsg.), Inter cives necnon peregrinos. Essays in honour of Boudewijn Sirks, 2014, 763–784.
A. WACKE, Führte die Unveräusserlichkeit des Mitgiftgrundstücks im römischen Recht zu relativer Nichtigkeit? Grenzen vom Verbot des venire contra factum proprium, in: Z. BENINCASA/J. URBANIK (Hrsg.), Mater familias. Scritti romanistici per M. Zablocka, 2016, 1069–1155.
H. WAGNER, Zur wirtschaftlichen und rechtlichen Bedeutung der Tabernen, in: Studi in onore di Arnaldo Biscardi, 1982, III 391–422.
H. WAGNER, Die lex Rhodia de iactu, RIDA 44 (1997) 357–380.
A. WALDE, Vergleichendes Wörterbuch der indogermanischen Sprachen I, 1930.
A. WALDE, Vergleichendes Wörterbuch der indogermanischen Sprachen II, 1927.
C. WALDE, Art. Licinius Crassus, L. [10], DNP 7 (1999) Sp. 158–161.
W. WALDSTEIN, Zum Fall der dos Liciniae, Index 3 (1972) 343–361.
W. WALDSTEIN, Entscheidungsgrundlagen klassischer Juristen, ANRW II 15 (1976) 3–100.
W. WALDSTEIN, Operae libertorum, 1986.
W. WALDSTEIN, Mandat und operae libertorum, in: D. NÖRR/S. NISHIMURA (Hrsg.), Mandatum und Verwandtes. Beiträge zum römischen und modernen Recht, 1993, 339–352.
W. WALDSTEIN, Cicero, Servius und die Neue Jurisprudenz, Iura 44 (1993) 85–147.
W. WALDSTEIN, Equità e ragione naturale nel pensiero giuridico del I secolo d. C., in: D. MANTOVANI/A. SCHIAVONE (Hrsg.), Testi e problemi del giusnaturalismo romano, 2007, 299–322.
W. WALDSTEIN, Natura debere, ius gentium und natura aequum im klassischen römischen Recht, AUPA 52 (2007/2008) 431–460.
W. WALDSTEIN, Patroni e liberti, in: A. CORBENO/M. HUMBERT/G. NEGRI (Hrsg.), Homo, caput, persona: La costruzione giuridica dell'identità nell'esperienza romana: Dall'epoca di Plauto a Ulpiano, 2010, 551–576.
W. WALDSTEIN, Patrone und Freigelassene, in: H. ALTMEPPEN/I. REICHARD/M. SCHERMAIER (Hrsg.), Festschrift für Rolf Knütel zum 70. Geburtstag, 2010, 1361–1384.
W. WALDSTEIN/J. M. RAINER, Römische Rechtsgeschichte, ¹¹2014.
A. WALLACE-HADRILL, Patronage in Roman Society: from Republic to Empire, in: DERS. (Hrsg.), Patronage in Ancient Society, 1989, 63–88.
G. WALSER, Der Prozeß gegen Q. Ligarius im Jahre 46 v. Chr., Historia 8 (1959) 90–96.
T. WALTER, Die Funktionen der actio depositi, 2012.
U. WALTER, Memoria und res publica. Zur Geschichtskultur im republikanischen Rom, 2004.
U. WALTER, Kalender, Fasten und Annalen – die Ordnung der Erinnerung, in: E. STEIN-HÖLKESKAMP/K.-J. HÖLKESKAMP (Hrsg.), Erinnerungsorte der Antike: die römische Welt, 2006, 40–58, 729–731.
A. M. WARD, Crassus' Slippery Eel, The Classical Review 24.2. (1974) 185–186.
A. M. WARD, Marcus Crassus and the Late Roman Republic, 1977.
A. WATSON, Actio de dolo and actiones in factum, SZ 78 (1961) 392–402.
A. WATSON, Contract of Mandate in Roman Law, 1961.
A. WATSON, The Divorce of Carvilius Ruga, TR 33 (1965) 38–50.

A. WATSON, The Law of Obligations in the Later Roman Republic, 1965.
A. WATSON, The Law of Persons in the Later Roman Republic, 1967.
A. WATSON, The Law of Property in the Later Roman Republic, 1968.
A. WATSON, D. 28.5.45 (44): An unprincipled Decision on a Will, The Irish Jurist 3 (1968) 377–391.
A. WATSON, Morality, Slavery and the Jurists in the Later Roman Republic, Tulane Law Review 42 (1968) 289–303.
A. WATSON, The Development of the Praetor's Edict, JRS 60 (1970) 105–119.
A. WATSON, The Law of Succession in the Later Roman Republic, 1971.
A. WATSON, Limits of Juristic Decision in the Later Roman Republic, ANRW I 2 (1972) 215–225.
A. WATSON, Ius Aelianum and Tripertita, Labeo 19 (1973) 26–30.
A. WATSON, Law Making in the Later Roman Republic, 1974.
A. WATSON, Studies in Roman Private Law, 1991.
A. WATSON, Legal Origins and Legal Change, 1991.
A. WATSON, The State, Law and Religion, 1992.
A. WATSON, Partus Ancillae and a Recent Inscription from Regium, Labeo 38 (1992) 335–338.
A. WATSON, International Law in Archaic Rome, 1993.
M. WEBER, Wirtschaft und Gesellschaft. Grundriß der verstehenden Soziologie, 1990.
K. WEGGEN, Der lange Schatten von Carrhae: Studien zu M. Licinius Crassus, 2011.
E. J. WEINRIB, The Prosecution of Roman Magistrates, Phoenix 22 (1968) 32–56.
S. WEINSTOCK, Art. obnuntiatio, RE XVII (1937) Sp. 1726–1735.
A. WEISHAUPT, Die lex Voconia, 1999.
E. WEISS, Recitatio und responsum im römischen Prozess, SZ 33 (1912) 212–239.
E. WEISS, Vorjulianische Ediktsredaktionen, SZ 50 (1930) 249–271.
E. WEISS, Schwund und Konservierung im römischen juristischen Schrifttum, SZ 67 (1950) 501–511.
K. E. WELCH, The Praefectura Urbis of 45 B. C. and the Ambitions of L. Cornelius Balbus, Antichthon 24 (1990) 53–69.
K.-W. WELWEI, Die frührömische Klientel, SZ 118 (2001) 220–233.
K.-W. WELWEI/M. MEIER/M. STROHMANN (Hrsg.), Res publica und Imperium. Kleine Schriften zur römischen Geschichte, 2004.
L. WENGER, Prätor und Formel, 1926.
U. WESEL, Geschichte des Rechts, 2001.
G. WESENER, Art. quadruplator, RE XXIV (1963) Sp. 710–714.
G. WESENER, Art. quaestor, RE XXIV (1963) Sp. 801–827.
G. WESENER, Nichtediktale Einrede, SZ 112 (1995) 109–150.
E. L. WHEELER, Sapiens and Stratagems: The neglected Meaning of a Cognomen, Historia (1988) 166–195.
K. D. WHITE, Farm Equipment of the Roman World, 2010.
P. WHITE, Cicero in Letters, 2010.
M. WIBIER, The topography of the law book, in: L. JANSEN (Hrsg.), The Roman Paratext: Frame, Texts, Readers, 2014, 56–72.

F. WIEACKER, Textstufen klassischer Juristen, 1960.
F. WIEACKER, Vom römischen Recht, 1961.
F. WIEACKER, Cicero als Advokat, 1965.
F. WIEACKER, The causa Curiana and Contemporary Roman Jurisprudence, The Irish Jurist 2 (1967) 151–164.
F. WIEACKER, Über das Verhältnis der römischen Fachjurisprudenz zur griechisch-hellenistischen Theorie, IURA 20 (1969) 448–477.
F. WIEACKER, Augustus und die Juristen seiner Zeit, TR 37 (1969) 331–349.
F. WIEACKER, Die römischen Juristen in der politischen Gesellschaft des zweiten vorchristlichen Jahrhunderts, in: W. G. BECKER/L. SCHNORR V. CAROLSFELD (Hrsg.), Sein und Werden im Recht. Festgabe für Ulrich von Lübtow zum 70. Geburstag, 1970, 183–214.
F. WIEACKER, Zur Rolle des Arguments in der römischen Jurisprudenz, in: D. MEDICUS/H. H. SEILER (Hrsg.), Festschrift für Max Kaser zum 70. Geburtstag, 1976, 3–27.
F. WIEACKER, Zur Ideologie der römischen Juristen, in: H. H. JAKOBS/B. KNOBBE-KEUK/E. PICKER/J. WILHELM (Hrsg.), Festschrift für Werner Flume zum 70. Geburtstag, 1978, 233–254.
F. WIEACKER, Ius civile und lex publica in der römischen Frühzeit, in: G. BAUMGÄRTEL (Hrsg.), Festschrift für Heinz Hübner zum 70. Geburtstag, 1984, 357–376.
F. WIEACKER, Altrömische Priesterjurisprudenz, in H.-P. BENÖHR/K. HACKL/R. KNÜTEL/A. WACKE (Hrsg.), Iuris professio. Festgabe für Max Kaser zum 80. Geburtstag, 1986, 347–370.
F. WIEACKER, Römische Rechtsgeschichte. 1. Abschnitt: Einleitung, Quellenkunde, Frühzeit und Republik, 1988.
F. WIEACKER, Römische Rechtsgeschichte. 2. Abschnitt. Die Jurisprudenz vom frühen Prinzipat bis zum Ausgang der Antike im weströmischen Reich und die oströmische Rechtswissenschaft bis zur justinianischen Gesetzgebung, 2006.
T. WIEDEMANN, The fetiales. A reconsideration, CQ 36 (1986) 478–490.
H. WIELING, Falsa demonstratio, condicio pro non scripta, condicio pro impleta im römischen Testament, SZ 87 (1970) 197–245.
H. WIELING, Testamentsauslegung im römischen Recht, 1972.
H. WIELING, Grund und Umfang des Besitzschutzes, in: U. v. LÜBTOW/M. HARDER/G. THIELMANN (Hrsg.), De iustitia et iure. Festgabe für Ulrich von Lübtow zum 80. Geburtstag, 1980, 565–584.
H. WIELING, Subjektive Reichweite der materiellen Rechtskraft im römischen Recht, SZ 102 (1985) 291–326.
H. WIELING, Vom untergegangenen, schlafenden und aufgewachten Eigentum bei Sachverbindungen, JuristenZeitung 40(1985) 511–518.
M. WIFSTRAND SCHIEBE, Vergil und die Tradition von den römischen Urkönigen, 1997.
A. WILCOX, Sympathetic Rivals: Consolation in Cicero's Letters, AJPh 126 (2005) 237–255.
W. WILL, Art. Antistius Labeo, Pacuvius [I 13], DNP 1 (1996) Sp. 796.
W. WILL, Art. Caelius Rufus, M. [I 4], DNP 2 (1997) Sp. 902.
W. WILL, Art. Claudius Pulcher, Ap. [I 24], DNP 3 (1997) Sp. 11.
W. WILL, Art. Iunius Brutus, M. [I 9], DNP 6 (1999) Sp. 60.

W. WILL, Art. Pompeius Magnus, Cn. [I 3], DNP 10 (2001) Sp. 99–107:
R. WILLVONSEDER, Die Verwendung der Denkfigur der conditio sine qua non bei den römischen Juristen, 1984.
M. WIMMER, Fälle des Concursus Causarum von Vermächtnis und Kauf im Römischen Recht, TR 69 (2001) 203–219.
M. WIMMER, Das Prälegat, 2004.
L. C. WINKEL, Quintus Mucius Scaevola once again, in: R. VAN DEN BERGH/G. VAN NIEKERK (Hrsg.), Ex iusta causa traditum. Essays in Honour of Eric H. Pool, 2005, 425–433.
C. WIOTTE-FRANZ, Hermeneus und Interpres: zum Dolmetscherwesen in der Antike, 2001.
T. P. WISEMAN, The Definition of Eques Romanus in the Late Republic and Early Empire, Historia 19 (1970) 67–83.
T. P. WISEMAN, New Men in the Roman Senate; 139 B. C. – A. D. 14, 1971.
T. P. WISEMAN, Review of E. Badian, Publicans and Sinners, Phoenix 27 (1973) 189–198.
T. P. WISEMAN, Legendary Genealogies in Late Republican Rome, Greece & Rome 21 (1974) 153–164.
T. P. WISEMAN, Roman Drama and Roman History, 1998.
T. P. WISEMAN, Art. Helvius Cinna, C. [I 3], DNP 5 (1998) Sp. 340–341.
J. WISSE/M. WINTERBOTTOM/E. FANTHAM, M. Tullius Cicero: De oratore libri III. A Commentary on Book III, 2008.
M. WISSEMANN, Das Personal des antiken römischen Bades, Glotta 62 (1984) 80–89.
G. WISSOWA, Art. augures, RE II (1896) Sp. 2313–2344.
G. WISSOWA, Art. L. Cincius (3), RE III (1899) Sp. 2555 f.
G. WISSOWA, Art. Q. Cornificius (8), RE IV (1900) Sp. 1624–1630.
G. WISSOWA, Art. Cornificius Longus (11), RE IV (1900) Sp. 1630 f.
G. WISSOWA, Constitutio Arae, Hermes 39.1 (1904) 156–160.
G. WISSOWA, Religion und Kultus der Römer, 1912.
G. WISSOWA, Art. M. Iunius Congus Gracchanus (68), RE X (1918) Sp. 1031–1033.
P. WITT, In ius vocare bei Plautus und Terenz: zur Interpretation römischen Rechts in klassischen Übersetzungen, 1971.
R. WITTMANN, Die Körperverletzung an Freien im klassischen römischen Recht, 1972.
R. WITTMANN, Die Prozessformeln der actio mandati, in D. NÖRR/S. NISHIMURA (Hrsg.), Mandatum und Verwandtes. Beiträge zum römischen und modernen Recht, 1993, 39–51.
M. WLASSAK, Die klassische Prozessformel, 1924.
K. WOJCIECH, Die Stadtpräfektur im Prinzipat, 2010.
G. WOLF, Historische Untersuchungen zu den Gesetzen des C. Gracchus, 1972.
J. G. WOLF, Die litis contestatio im römischen Zivilprozess, 1968.
J. G. WOLF, Lanx und licium, in: D. LIEBS (Hrsg.), Sympotica Franz Wieacker sexagenario Sasbachwaldeni a suis libata, 1970, 59–79.
J. G. WOLF, Die literarische Überlieferung der Publikation der Fasten und Legisaktionen durch Gnaeus Flavius, Nachrichten der Akademie der Wissenschaften in Göttingen 2 (1980) 9–29.

J. G. Wolf, „Comitia quae pro conlegio pontificum habentur". Zur Amtsautorität der pontifices, in: K. Luig/D. Liebs (Hrsg.), Das Profil des Juristen in der europäischen Tradition. Symposion aus Anlaß des 70. Geburtstags von Franz Wieacker, 1980, 1–24.

J. G. Wolf, Die Streitbeilegung zwischen L. Faenius Eumenes und C. Sulpicius Faustus, in: Studi in onore di Cesare Sanfilippo, 1985, VI 769–788.

J. G. Wolf, Das sogenannte Ladungsvadimonium, in: H. Ankum (Hrsg.), Satura Roberto Feenstra sexagesimum quintum annum aetatis complenti ab alumnis collegis amicis oblata, 1985, 59–69.

J. G. Wolf, Haftungsübernahme durch Auftrag? Eine Urkunde aus dem Jahr 48 n. Chr., in: D. Nörr/S. Nishimura (Hrsg.), Mandatum und Verwandtes. Beiträge zum römischen und modernen Recht, 1993, 69–91.

J. G. Wolf, Claudius Iudex, in: V. M. Strocka (Hrsg.), Die Regierungszeit des Kaisers Claudius (41–54 n. Chr.), 1994, 145–158.

J. G. Wolf, Funktion und Struktur der Mancipatio, in: M. Humbert/A. Magdelain/ Y. Thomas (Hrsg.), Mélanges à la mémoire de André Magdelain, 1998, 501–524.

J. G. Wolf, Der neue pompejanische Urkundenfund, SZ 118 (2001) 73–132.

J. G. Wolf, Iudex iuratus, Diritto Romano 4 (2004) 1–16.

J. G. Wolf, Das Stigma ignominia, SZ 126 (2009) 55–113.

J. G. Wolf, Lo stigma dell'ignominia, in: A. Corbeno/M. Humbert/G. Negri (Hrsg.), Homo, caput, persona: La costruzione giuridica dell'identità nell'esperienza romana: Dall'epoca di Plauto a Ulpiano, 2010, 491–550.

J. G. Wolf, Irni vor der Irnitana, IURA 58 (2010) 197–218.

J. G. Wolf, Eine Eidesdelation und eine Eidesleistung, in: H. Altmeppen/I. Reichard/ M. Schermaier (Hrsg.), Festschrift für Rolf Knütel zum 70. Geburtstag, 2010, 1459–1468.

J. G. Wolf, Aus dem neuen pompejanischen Urkundenfund. Gesammelte Aufsätze, 2010.

R. H. W. Wolf, Mysterium Wasser: eine Religionsgeschichte zum Wasser in Antike und Christentum, 2004.

H. J. Wolff, Das iudicium de moribus und sein Verhältnis zur actio rei uxoriae, SZ 54 (1934) 315–321.

A. Wolkenhauer, Sonne und Mond, Kalender und Uhr: Studien zur Darstellung und poetischen Reflexion der Zeitordnung in der römischen Literatur, 2001.

C. Wollschläger, Das eigene Verschulden des Verletzten im römischen Recht, SZ 93 (1976) 115–137.

C. Wollschläger, Das stoische Bereicherungsverbot in der römischen Rechtswissenschaft, in: O. Behrends/M. Diesselhorst/W. E. Voss (Hg.), Römisches Recht in der europäischen Tradition. Symposion aus Anlass des 75. Geburtstags von Franz Wieacker, 1985, 41–88.

R. D. Woodard, Myth, Ritual, and the Warrior in Roman and Indo-European Antiquity, 2013.

F. Wubbe, Der Streitwert bei der actio Serviana, in: D. Medicus/ H. H. Seiler (Hrsg.), Festschrift für Max Kaser zum 70. Geburtstag, 1976, 179–200.

F. Wubbe, Iavolenus contra Labeonem, H. Ankum (Hrsg.), Satura Roberto Feenstra sexagesimum quintum annum aetatis complenti ab alumnis collegis amicis oblata, 1985, 95–115.
F. Wubbe, Der Wille des Erblassers bei Iav. D. 32.1001.1, in: H.-P. Benöhr/K. Hackl/R. Knütel/A. Wacke (Hrsg.), Iuris professio. Festgabe für Max Kaser zum 80. Geburtstag, 1986, 371–379.
F. Wubbe, Afr. D. 19,2,33 de Hoetink à Cannata, in: R. Ruedin (Hrsg.), Mélanges en l'honneur de Carlo Augusto Cannata, 1999, 105–122.
S. Wussow, Die Persönlichkeit des Cato Uticensis, 2004.
T. Wycisk, Quidquid in foro fieri potest, 2008.
R. Yaron, De divortio varia, TR 32 (2014) 533–557.
Z. Yavetz, Julius Caesar and his Political Image, 1983.
T. Yoshimura, Die Auxiliartruppen und die Provinzialklientel in der römischen Republik, Historia 10 (1961). 473–495.
M. Zablocka, I problemi della ricostruzione delle fonti giuridiche romane nella scienza moderna, Ius Antiquum/Drevnee Pravo 3 (1998), http://www.dirittoestoria.it/iusantiquum/articles/N3Zablocka.htm, abgerufen am 22.3.2019.
J. Zablocki, The Image of A Roman Family in Noctes Atticae by Aulus Gellius, Pomoerium 2 (1996) 35–44.
A. Zack, Forschungen über die rechtlichen Grundlagen der römischen Außenbeziehungen während der Republik bis zum Beginn des Prinzipats. I. Teil: Fragen an Sextus Pomponius: Quellen- und sachkritische Untersuchungen zu Pomponius 37. lib. ad Muc. D. 49,15,5, Göttinger Forum für Altertumswissenschaften 14 (2011) 47–119.
A. Zack, Forschungen über die rechtlichen Grundlagen der römischen Außenbeziehungen während der Republik bis zum Beginn des Prinzipats. II. Teil: Fragen an Varro de lingua Latina 5,33: die augurale Ordnung des Raumes, Göttinger Forum für Altertumswissenschaften 15 (2012) 61–128.
A. Zack, Forschungen über die rechtlichen Grundlagen der römischen Außenbeziehungen während der Republik bis zum Beginn des Prinzipats. III. Teil: Der personenrechtliche Status der amici, socii und amici et socii und die formula amicorum und formula sociorum, Göttinger Forum für Altertumswissenschaften 16 (2013) 63–113.
G. Zanon, De intertium dando, SDHI 58 (1992) 309–325.
H. Zehnacker, Le triens des Servilii et le bronze patrimonial, Bollettino di Numismatica 4. Suppl. Studi per Laura Breglia (1987) II 9–17.
E. Ziebarth, Art. Schulen, RE II (1921) Sp. 758–768.
K.-H. Ziegler, Das private Schiedsgericht im antiken römischen Recht, 1971.
K.-H. Ziegler, Völkerrecht der römischen Republik, ANRW I 2 (1972) 68–114.
K.-H. Ziegler, Pirata communis hostis omnium, in: U. v. Lübtow/M. Harder/G. Thielmann (Hrsg.), De iustitia et iure. Festgabe für Ulrich von Lübtow zum 80. Geburtstag, 1980, 93–103.
K.-H. Ziegler, Kriegsverträge im antiken römischen Recht, SZ 102 (1985) 40–90.
K.-H. Ziegler, Lösegeld-Probleme im römischen Privatrecht, in: H.-P. Benöhr/K. Hackl/R. Knütel/A. Wacke (Hrsg.), Iuris professio. Festgabe für Max Kaser zum 80. Geburtstag, 1986, 381–393.

K.-H. Ziegler, Papinian zum privaten Schiedsgericht, SZ 109 (1992) 533–538.
M. Zimmermann, Die Haftung des Reeders mit der actio exercitoria: Ein Beitrag zur ökonomischen Analyse des römischen Rechts, SZ 129 (2012) 554–570.
R. Zimmermann, The Law of Obligations, 1996.
E. Zingg, Molucrum bei Festus und die Zubereitung der mola salsa durch die Vestalinnen, Glotta 87 (2011) 236–271.
A. Ziolkowski, The Capitol and the auspices of departure, in: S. Ruciński (Hrsg.), Studia Lesco Mrozewicz ab amicis et discipulis dedicata, 2011, 465–471.
J. Zlinsky, Gedanken zur legis actio sacramento in rem, SZ 106 (1989) 106–151.
L. Zollschan, The longevity of the fetial college, in: O. Tellegen-Couperus (Hrsg.), Law and Religion in the Roman Republic, 2012, 119–144.
M. G. Zoz, Sepoltura degli schiavi ed eventuali spese per il loro funerale, BIDR 100 (1997) 543–551.
B. Zucchelli, Un antiquario romano contro la nobilitas: M. Giunio Congo Graccano, in: Atti del convegno „Gli storiografi latini tramandati in frammenti“ (Urbino, 9–11 maggio 1974) = Studi Urbinati 49 (1975) 109–126.
F. Zuccotti, La tutela interdittale degli intervalla dierum et horarum previsti per l'esercizio dello ius aquae ducendae, in: Diritto e processo nella esperienza romana. Atti del seminario torinese (4 – 5 dicembre 1991) in memoria di Giuseppe Provera, 1994, 303–480.
F. Zuccotti, Fruges fructusque (studio esegetico su D. 50.16.77). Per una ricerca sulle origini della nozione di frutto, 2000.
F. Zuccotti, Dalla „refectio“ del „rivus“ e di altre amenità romanistiche, Rivista di Diritto Romano 3 (2003) 48–64.
F. Zuccotti, Il „custos“ nel diritto romano arcaico, Rivista di diritto romano 9 (2009) 1–55.
F. Zuccotti, Sacramentum civitatis, 2016.
F. de Zulueta, The new fragments of Gaius. Part III – the legis actiones, JRS 26 (1936) 174–186.

Personenindex

Quellenindex

Juristische Quellen

Literarische Quellen

Epigraphische Quellen

Papyri